EUGEN DREWERMANN

Bilder von Erlösung

EUGEN DREWERMANN

Das Markusevangelium

Zweiter Teil: Mk 9,14 bis 16,20

WALTER-VERLAG
OLTEN UND FREIBURG IM BREISGAU

Satz: Hieronymus Mühlberger GmbH, Augsburg
Druck und Einband: Grafische Betriebe des Walter-Verlags
Printed in Switzerland

ISBN 3-530-16872-6

«Wir überschreiten die Geschichte in den Grund der Geschichtlichkeit... In diesen Grund der Geschichtlichkeit führt uns die Geschichtlichkeit der eigenen Existenz. Von dem Punkt aus, wo wir in der Unbedingtheit unseres Übernehmens und Wählens dessen, wie wir uns in der Welt finden, unseres Entscheidens, unseres Sichgeschenktwerdens in der Liebe selbst, das Sein quer zur Zeit als Geschichtlichkeit werden, – von diesem Punkt aus fällt das Licht auf die Geschichtlichkeit der Historie vermöge unserer Kommunikation, die durch historische Wißbarkeit hindurch auf Existenz trifft. Hier überschreiten wir die Geschichte zur ewigen Gegenwart, sind als geschichtliche Existenz in der Geschichte über die Geschichte hinaus.»

Karl Jaspers: Vom Ursprung und Ziel der Geschichte, 260–261.

«Wie lange noch wird das Leben mit dem Buchstaben kämpfen?»

Erasmus von Rotterdam: Die Klage des Friedens, V 393.

Inhalt

DAS MARKUSEVANGELIUM

Zweiter Teil: Mk 9,14 bis 16,20

Vorwort

Warum mußte der Menschensohn sterben?
Wesentlich dieser Frage ist der 2. Band des vorliegenden Markuskommentars gewidmet, der vor allem die Passionsgeschichte Jesu enthält. Als wie zentral das Problem des Todes Jesu in der frühen Kirche empfunden wurde, bezeugt bereits die Tatsache, daß wir es in der Darstellung des Leidens und Sterbens Jesu vermutlich mit der ältesten Evangelienüberlieferung überhaupt zu tun haben; die Art der Schilderung selbst enthält dabei beides ineins: die Frage wie die Antwort, die Tragik wie ihre Überwindung, die menschliche Schuld wie ihre Erlösung.
Für kein Problem des menschlichen Lebens gibt es eine Klärung im Rahmen eines logischen oder theologischen Systems; doch wer den Spuren des Leids im Leben Jesu, wie Markus es schildert, aufmerksam nachgeht, wird immer wieder, Stelle für Stelle, nur um so deutlicher merken, daß der Messias Jesus (Mk 1,1) mit all seinen Wundern der Heilung und mit all seinen Worten der Weisung sich wie naturnotwendig, entsprechend der systematisierten und institutionalisierten Logik der Angst, den wachsenden Haß seiner Gegner zuziehen muß, indem er unentrinnbar in die Todesfallen ihrer so wohlfeilen Mischung aus gesetzestreuer Frömmigkeit und politischem Machtkalkül gerät. Mit der Szene von der Verklärung auf dem Berge (Mk 9,2–13), die das Ende des ersten Bandes dieser Arbeit bildete, ist der Höhepunkt des öffentlichen Wirkens Jesu erreicht und bereits überschritten. Wie vom Zenit her neigt die Sonne sich jetzt mehr und mehr dem Westen zu; ihr Schattenwurf wird stündlich länger. Ein jeder Schritt vom Berge der Verklärung weg wird fortan ein Stück mehr in Richtung Golgotha bedeuten. Und alles wird wie unausweichlich, wie nach göttlichem Ratschluß, seinen Ausgang nehmen.
Traditionsgeschichtlich mag es umstritten sein, von welcher Stelle an die Leidensgeschichte Jesu bei Markus beginnt; inhaltlich aber sind die Weichen bereits seit dem Moment gestellt, als Jesus bei der Heilung eines Besessenen in der Synagoge von Kapharnaum sich nur allzu deutlich von der Art der Schriftgelehrten unterschied (Mk 1,22.27)[1]. Auch jetzt, als er vom Berg seiner Verklärung in die Ebene hinabsteigt, trifft er als erstes einen dämonisch besessenen jungen Mann und, wie stets, in dessen Hintergrund *die Schriftgelehrten* (Mk 9,14). Sie werden ihn «in Empfang nehmen» (Mk 12,3) und ihn

[1] Vgl. E. Drewermann: Das Markusevangelium, 1. Bd., S. 180–202.

im Verein mit den Hohenpriestern, gemäß den Weissagungen Jesu selbst, den Händen der Heiden ausliefern (Mk 10,33). Noch einmal wird Jesus im Tempel, im Zentrum des Glaubens der Väter, an der Erfüllungsstätte aller Verheißungen also, entlang den provokativen Fangfragen seiner Gegner im 12. Kapitel des Markus-Evangeliums erläutern, wofür er unter Einsatz seines Lebens einsteht: für die Freiheit des Menschen von den Versklavungen des Geldes, für seine Würde gegenüber den Abhängigkeiten der Macht und für die Offenheit der Liebe gegenüber dem Terror der Angst; in all seinen Worten wird er die Allmacht eines Vertrauens bezeugen, das den Spuk der Entfremdung beendet und das es erlaubt, das Leben, gleich neugeborenen *Kindern,* noch einmal von vorn zu beginnen und eine Unschuld des Daseins zurückzugewinnen, wie sie allein in einem vorbehaltlosen Mut zum Dasein gegenüber der Grundkraft, die will, daß wir sind, zu wachsen vermag. Mit jedem Wort seiner Menschlichkeit wird Jesus indessen selbst sich das Urteil sprechen. Was hätte er auch anderes erwarten können? Gerade weil jedes Wort seines Mundes, versteht man es recht, verschüttetes Leben aus den Gräbern verängsteten Grauens und endloser Grausamkeiten hervorzurufen vermag, wird es die Vertreter und Handlanger des Todes selber tödlich bedrohen. Zum eigenen Selbsterhalt werden sie von ihm sagen *müssen*, daß er des Todes schuldig sei. Es ist, als bräche sich, wie in einem Gedicht der Barocklyrik[2], ein jedes seiner Worte auf unheilvolle Weise an den verkehrt gestellten Wänden unseres Herzens und erzeugte dort ein Echo, das allen Sinn in Unsinn verkehrt, indem es aus «bewußt» nur «Wust» und aus «Verstand» nur «Tand» heraushört.
Gewiß, wer die Passionsgeschichte Jesu in historisch-kritischer Absicht auf ihre literarischen Anspielungen und Vorlagen befragt, der findet dort eine «Theologie» von erfüllten Schriftzitaten, einen Midrasch zum Propheten Sacharja, einen frühchristlichen Schriftbeweis für den Glauben an den Messias Jesus vor. Wer aber auf die Menschen sieht, die ihm dort begegnen, der kommt nicht umhin zu bemerken, daß alles, was Markus erzählt, eine Geschichte beschreibt, die von Menschen gemacht wird, die allesamt im Getto der Angst das Gegenteil dessen tun und erreichen, was sie eigentlich möchten und wollen. Unheimlicher kann man Menschen nicht zeichnen, als Markus es in seinem Evangelium tut, indem er das Sterben Jesu selber wie einen Weltuntergang schildert, als den apokalyptischen Einsturz einer Welt der

[2] Vgl. Wencel Scherffer von Scherffenstein: Echo oder Wieder-Hall, in: M. Szyrocki (Hrsg.): Lyrik des Barocks, 2. Bd., I 80.

Unmenschlichkeit (Mk 13,1–37), die zugrundegehen muß, ehe ein neues Sein sich bilden kann; aber tröstlicher auch läßt sich die Botschaft des Vertrauens, der Überwindung des Todes, in das angstgeprägte Durcheinander der menschlichen Geschichte nicht hineinsprechen, als es am Ende dieser frühesten Frohbotschaft des Christentums in den Worten des Engels an die Frauen am Grab geschieht: «Vorausgeht er euch nach Galiäa. Dort werdet ihr ihn sehen, wie er euch gesagt hat.» (Mk 16,7) Es gibt noch Worte zu sagen jenseits der Gräber, es gibt Offenbarungen Gottes selbst in den Kammern des Todes, und es gibt Wege, die zurückführen zum Anfang in Galiläa, da alles begann. Nichts ist widerlegt vom Wesen und Dasein der Nähe und Wahrheit Jesu im Moment des Karfreitags; vielmehr wird unser ganzes Leben, die gesamte menschliche Geschichte fortan ihre verborgene Richtung darin finden, dort anzukommen, wo Jesus seit Ewigkeit steht und von wo er auf uns zukommen wird (Mk 13,26), wenn wir uns nur aufmachen, in die Fußspuren seines Voranweges nach «Galiläa» zu treten.
Ein Kommentar über derartige Texte, die uns vom Tod hinübergeleiten wollen ins Leben, steht selbst unter dem Anspruch, eine Vermittlung zum Leben zu bilden: er muß in jedem Falle lebendig genug sein, um die an sich toten Worte geschriebener Texte mit dem Atem jenes Gottesengels am Grabe vorzutragen, der jenseits der Buchstaben die Herzen der Leser aufruft zu ihrem eigentlichen Leben. Ein uraltes Wissen aller Religionen ist dies: alles Geschriebene tötet, wenn man es nur liest als geschriebenes; besser daher beinahe, es wäre nie geschrieben worden! Noch von dem kabbalistischen Mystiker Rabbi *Isaak Luria,* von der Art seiner Lehre und ihrer Aufzeichnung durch seinen Schüler Simon ben Jochai, konnte Lion Feuchtwanger sagen: «Die Worte seiner Lehre fielen von seinen Lippen und waren wie Schnee. Er ist da, er ist weiß und leuchtet und kühlt; doch halten kann man ihn nicht. So fiel von seinem (sc. Rabbi Isaaks, d. V.) Mund die Lehre, und man konnte sie nicht halten. Der Rabbi schrieb sie nicht nieder und duldete auch nicht, daß ein anderer sie schrieb. Weil das Geschriebene verwandelt ist und der Tod des Gesprochenen. So ist auch die Schrift nicht das Wort Gottes, sondern Maske und Verzerrung und ist, was Holz ist vor dem lebendigen Baum. Erst im Mund des Wissenden steht sie auf und lebt. – Allein nachdem der Rabbi verschwunden war, konnte sich der Schüler nicht enthalten, die Lehre aufs Papier zu zeichnen mit den geschwätzigen lügnerischen Zeichen der Schrift. Und er schrieb das Buch vom Lebensbaum, und er schrieb das Buch von den Verwandlungen der Seele. – Ach, wie weise war der Meister gewesen, daß er seine Erkenntnis nicht besudelt durch die Schrift, daß er die Lehre nicht verzerrt durch den üblen Zauber der Buchstaben. In seine Gesichte war Elia

der Prophet getreten, Simon ben Jochai in seine Nächte. Die Sprache der Vögel war ihm erschlossen, der Bäume, der Flamme, des Steins. Die Seelen derer in den Gräbern konnte er sehen und die Seelen der Lebenden, wenn sie sich an den Sabbatabenden zum Paradies schwangen, auch konnte er von den Stirnen der Menschen ihre Seele ablesen, sie an sich ziehen, mit ihnen sprechen, sie dann wieder zu ihren Eignern entlassen. Die Kabbala hatte sich ihm geweitet, durchsichtig war ihm der Leib der Dinge, er sah in *einem* Körper, Geist und Seele; Luft, Wasser, Erde war voll von Stimmen und Gesichtern, er sah das Weben Gottes in der Welt, die Engel kamen und hielten Zwiesprache mit ihm. Er wußte, daß überall Geheimnis war, aber ihm schlug das Geheimnis das Aug auf, schmiegte sich ihm wie ein folgsamer Hund. Wunder blühten an seinem Weg. Der Baum der Kabbala ging durch ihn durch, seine Wurzeln waren tief im Innern der Erde, seine Wipfel im Himmel fächelten das Gesicht Gottes. – Ach, aber wie wandelte sich in den Büchern des Schülers diese Weisheit. In wilder Unzucht keimte aus ihnen Narrheit und Erkenntnis. Falsche Propheten und Messiasse wuchsen aus den Buchstaben, Zauberei und Wirrwarr, Entrückung und Wunder und Hurerei und Machttaumel und Gottesversunkenheit entgoß sich aus ihnen in die Welt.»[3]
Wie kann man die toten Zeichen heiliger Schriften so in sich aufnehmen, daß sie die ganze Welt aufschließen und von innen her zu schauen geben? Wie gewinnt man aus dem Betrachten der Buchstaben eines Buches Einsichten, die zurückgeleiten zu der «Mitte des Gartens», da Himmel und Erde einander berühren und das Holz des Kreuzes sich zurückverwandelt in den Baum des Lebens (Gen 2,9)? Die Worte eines Kommentars sind im besten Falle wie die Schwingungen von Geigensaiten – sie sollen vermitteln zwischen der Partitur des Konzertstücks und den Ohren der Zuhörer, sie sollen Geschriebenes zum Klingen bringen. Doch man muß das Schwingen der Saiten vergessen, um die Macht einer Symphonie im Zittern des eigenen Herzens zu spüren. Dieses vorliegende Buch soll ein Wegweiser sein «hinüber nach Galiläa»; der Weg, den es beschreibt, ist jetzt, im 2. Teil, der lange, dornenreiche, mutige und wunderbare Weg, den Jesus für uns, mit uns, in uns geht und gehen will *vom Tabor bis nach Golgotha.* Nur wenn wir alles Wissenwollen nach der Art der «Schriftgelehrten» abtun, werden sich unsere Augen auftun, um Gräber geöffnet zu sehen und inmitten der steinernen Kammern des Todes den Engel der Auferstehung zu vernehmen: «Laßt uns hinübergehen nach Galiläa.»

[3] L. Feuchtwanger: Jud Süß, 305–307

DAS MARKUSEVANGELIUM

Zweiter Teil: Mk 9,14 bis 16,20

Mk 9,14–29: Die Vertreibung des reißenden Dämons

[14]Doch wie sie (wieder) zu den (anderen) Jüngern kamen, sahen sie viel Volk um sie her und *Schriftgelehrte,* die Vorbehalte gegen sie geltend zu machen suchten. [15]Doch all das *Volk* – kaum daß sie ihn sahen, erschauderten sie, kamen auf ihn zugelaufen und begrüßten ihn. [16]Er fragte sie: Warum habt ihr Vorbehalte gegen sie? [17]Da antwortete ihm einer aus dem Volk: Meister, ich habe meinen Sohn zu dir gebracht – er hat einen sprachlosen Geist; [18]und wo immer der ihn packt, reißt er ihn hin und her, daß er schäumt und schnarrt mit den Zähnen, und dann wird er ganz starr. Und so habe ich deinen Jüngern gesagt, sie sollten ihn austreiben, doch sie konnten es nicht. [19]Da gibt er zur Antwort und sagt ihnen: O (ihr) vertrauenslose Art, wie lange noch soll ich bei euch sein? Wie lange noch soll ich euch aushalten? Bringt ihn zu mir! [20]Und sie brachten ihn zu ihm. Doch der Geist, sobald er ihn sah, zog ihn zusammen, daß er auf die Erde fiel und sich wälzte, schäumend. [21]Da fragte er seinen Vater: Wie lange Zeit ist es (schon), daß dies ihm geschieht? Der sagte: Seit Kindertagen! [22]Ja, oft hat er ihn sogar ins Feuer geworfen oder auch ins Wasser, um ihn zu vernichten. Darum: wenn du etwas vermagst, komm uns zu Hilfe, aus Erbarmen mit uns! [23]Jesus aber sagte ihm: Das: «Wenn du vermagst» – alles ist möglich, dem, der vertraut. [24]Sogleich, aufschreiend, der Vater des Kindes, er sagte: Ich möchte vertrauen; hilf meinem Nicht-Vertrauen. [25]Wie aber Jesus sah, daß das Volk herbeilief, herrschte er den unreinen Geist an, sprechend zu ihm: Sprachloser und tauber Geist, *ich* gebiete dir: Ausfahre aus ihm und nie mehr fahre hinein in ihn. [26]Da: aufschreiend und heftig hin und her ziehend, ist er ausgefahren. Da ward er wie tot, daß die meisten sagten: Er ist gestorben. [27]Jesus aber faßte ihn bei der Hand und richtete ihn auf, daß er *auferstand.* (Mk 9,9.31)

[28]Und wie er nach Hause gekommen, unter sich, fragten die Jünger ihn: Warum vermochten *wir* ihn nicht auszutreiben? [29]Da hat er ihnen gesagt: Diese Art vermag durch nichts auszufahren außer durch Gebet.

Mit der Vision des Himmels vor Augen ist Jesus soeben den «Berg» der Verklärung hinabgestiegen, da trifft er auf – die Schriftgelehrten![1] Sie stehen

[1] Vgl. E. Drewermann: Das Markusevangelium, I 180–202; 280–294; 451–471. Sehr schön beschreibt G. Theissen: Der Schatten des Galiläers, 138–154, S. 149–150 die ständige Angst der Schriftgelehrten vor den «Konsequenzen» einer zu «laxen» Auslegung der Gesetze: «Er (sc. Jesus, d. V.) sieht nicht, daß jede Durchlöcherung der Sabbatregeln

am Anfang seines Weges, der nun vom «Tabor» unweigerlich hinüberführen wird nach Golgotha; – bei Tag und Nacht werden sie diesen Weg umlauern wie ein Rudel Hyänen, und auf ihre Weise werden sie siegreich sein.
Im Markusevangelium sind diese «Schriftgelehrten» überall zu finden, wo die Gegenmächte des Heils, wo die «Dämonen» sich versteckt halten; ja, sie verkörpern und begründen mit ihrer «Theologie» des Zwangs, mit ihrer Ideologie des Unlebens, mit ihrer Angst vor der Wirklichkeit der Menschen geradezu diese Scheinwelt der «Aber»-Geister, gegen die Jesus konsequent und prinzipiell auf Leben und Tod ankämpfen muß. Keine Stelle läßt Markus in seinem Evangelium aus, um auf diesen Zusammenhang von Schriftgelehrsamkeit, Krankheit und «Besessenheit» hinzuweisen. So gleich bei dem er-

später dazu führen könnte, daß wir wie die Heiden leben! Und diese Unbesonnenheit findet sich oft bei ihm! Er gibt sich mit zweifelhaften Gestalten ab: mit Säufern, Prostituierten, Betrügern. Das ist nicht verboten. Wer Sünder auf den rechten Weg zurückbringt, findet unsere Anerkennung. Wir wissen, daß Gottes Barmherzigkeit denen gilt, die versagen! Wir freuen uns über die Umkehr der Bösen! Aber er ißt mit ihnen zusammen, ohne sich zu vergewissern, daß sie sich von ihrem bisherigen Lebensweg abgekehrt haben. Er stellt keine Anforderungen. Er hofft, daß sie schon von sich selbst zur Umkehr kommen! Das nenne ich Leichtsinn. Vielleicht hilft er einigen Menschen so. Aber was für Auswirkungen hat es auf die vielen anderen? Werden sie nicht sagen: Warum muß ich mich noch anstrengen, das Gute zu tun?» Was THEISSEN im Sinne eines historischen Gemäldes aufführt, verdeutlicht psychoanalytisch betrachtet die ewige *zwangsneurotische* Dreinrede gegen jede Form einer voraussetzungslosen Güte, wie Jesus sie lebte – die Angst vor dem *Chaos,* sobald die Freiheit nicht mehr durch Gesetze geknebelt wird, die Angst vor der *Bequemlichkeit,* solange das Glücksstreben nicht mehr asketisch unterdrückt wird, und die Angst vor dem Verlust der persönlichen Identität, sobald die Identifikation mit den klar formulierten Spielregeln einer vorgegebenen, für unfehlbar gehaltenen (weil angeblich von Gott erwählten) Bezugsgruppe ins Wanken gerät. M. a. W.: die psychische Motivation der Religiösität dieses «schriftgelehrten» Typs basiert auf einer ständigen Angst vor der eigenen Person bzw. auf einem verinnerlichten System des Selbstmißtrauens und der Selbstablehnung. Daran liegt es, daß gerade dieser Stand der «Schriftgelehrten» auf alles Persönliche allergisch und auf alles Befreiende tödlich reagieren muß. Wesentlich geht es daher nicht um die «Schriftgelehrten» zur Zeit Jesu, sondern um die Psychologie einer bestimmten Deformation des Religiösen, die als Möglichkeit und Gefahr zu jeder Zeit, in jedem Menschen, in jeder denkbaren Religionsgemeinschaft (auch und gerade in der Kirche Christi!) besteht. Erst dann erkennt man, daß das Problem der «Schriftgelehrten» und «Pharisäer» niemals, wie THEISSEN meint, in der Verantwortung für die Sache Gottes und seines «Gesetzes» besteht, sondern in der Angst vor sich selbst, die sich zur Angst vor den Menschen ausweitet, indem sie sich als Sorge um Gott zu verschleiern sucht. Erst bei tiefenpsychologischer Sicht gewinnt man den existentiellen Ernst all der Konflikte, denen Jesus sich auf Leben und Tod gegenüber den Schriftgelehrten stellen mußte.

sten Wunder Jesu in der Synagoge in Kapharnaum, als Jesus in herbem Kontrast zu der Lehrweise der Schriftgelehrten einen «unreinen Geist» austreibt (Mk 1,22.23–28); so, als Jesus den Gelähmten in Kapharnaum heilt, indem er, erneut gegen den Einspruch der Schriftgelehrten, dem Kranken die «Sünden» vergibt (Mk 2,1–12); so, als er in der Synagoge den Vernichtungsbeschluß der Schriftgelehrten gegen sich provoziert, weil er am Sabbat einen Mann mit einer verdorrten Hand heilt (Mk 3,1–12). Es ist auf Schritt und Tritt dasselbe: die Schriftgelehrten versperren durch ihre bloße Gegenwart jeden Weg zu einer möglichen Heilung des menschlichen Daseins, und auf jede Erweiterung des Lebens reagieren sie mit einer weiteren Verengung ihrer gesetzesloyalen Angst[2]. Was also liegt näher, als sie für den eigentlichen Grund all der so schädlichen Verstellungen des Religiösen zu halten?

[2] Ein Mann, der aufgrund seiner eigenen zwangsneurotischen Gefährdungen ein ständig Suchender blieb, war L. N. TOLSTOI. In seinem Roman *Anna Karenina* (2. Teil, Kap. 33), S. 221–223 macht er sich selbst einmal den Unterschied zwischen einer Religion der Außenlenkung und Entfremdung und der Innerlichkeit und Liebe deutlich. «Kitty lernte auch Frau von Stahl kennen, und diese Bekanntschaft... hatte nicht nur einen starken Einfluß auf sie, sondern tröstete sie auch in ihrem Herzenskummer. Sie fand diesen Trost darin, daß sich ihr... eine völlig neue Welt erschloß, die mit ihrer Vergangenheit nichts gemein hatte – eine ideale, schöne Welt, die es ihr ermöglichte, diese Vergangenheit ruhig von oben herab zu betrachten. Sie machte die Entdeckung, daß es neben dem instinktiven Leben, das sie bisher geführt hatte, noch ein geistiges Leben gab. Dieses Leben erschloß sich ihr vermittels der Religion, einer Religion jedoch, die nichts mit jener gemein hatte, die Kitty von Kindheit an bekannt war, die im Besuch der Mittags- und Abendandachten im Moskauer Witwenhaus bestand, wo man seine guten Bekannten treffen konnte, und im Auswendiglernen der kirchenslawischen Texte, die der Priester einem einpaukte. Die neue Religion war von erhabener geheimnisvoller Art, sie war mit einem Komplex edler Gedanken und Gefühle verbunden, und es kam bei ihr nicht sowohl darauf an, zu glauben, weil es eben befohlen war zu glauben, sondern man konnte sie, diese Religion, auch lieben.» «Nur einmal hatte sie (sc. Frau von Stahl, d. V.) die Bemerkung gemacht, daß allem menschlichen Leid nur Liebe und Glauben wahren Trost gewährten und daß für Christus, den Allerbarmer, kein menschliches Leid zu gering sei.» Gedanken dieser Art waren es, die TOLSTOI zu dem bekanntesten christlichen «Ketzer» seiner Zeit machten – er wagte es, zu fordern, man solle Christus *leben*, statt ihn zu dozieren, und er brach zugleich mit dem Durchschnittsmaß aller bürgerlichen Ethik: *«Il ne faut jamais rien outrer»* (a. a. O., 223) – man soll nichts übertreiben. «Wie könnte man übertreiben bei der Befolgung einer Lehre, die gebietet, auch die andere Wange hinzuhalten, wenn man einen Schlag auf die eine bekommen hat?» Der einzige wirkliche Einwand gegenüber der Konzeption TOLSTOIS von der Grenzenlosigkeit der Liebe als Inhalt der Religion Jesu liegt allein in dem, was gerade diese Geschichte von der Heilung des besessenen Knaben zu zeigen vermag: daß Menschen nicht «gut» oder «gütig» sein können, solange sie nicht von den zerreißenden Widersprü-

In der Tat: Man muß unbedingt das geistige Hin- und Hergezerre vor Augen haben, das die irrsinnigen Debatten der Schriftgelehrten selbst den Jüngern Jesu, vor allem aber dem *Volk* aufnötigen, um die Natur auch dieses «Dämons» zu verstehen, der den Jungen eines solchen Mannes aus dem «Volk» seit Kindertagen zwischen «Feuer» und «Wasser» hin- und herreißt. Von dem *«Volk»* kann Markus noch kurz vor der Verhaftung und Hinrichtung Jesu sagen: «Der Großteil . . . hörte ihn gern.» (Mk 12,37)[3] Aber die Schriftgelehrten sind von den einfachen Leuten und ihren Problemen längst isoliert, und sie merken nicht, daß sie sich damit zugleich von der Wirklichkeit des Lebens selbst sowie von den eigenen Gefühlen und Empfindungen zugunsten ihres koscheren Scheinlebens vollkommen getrennt haben. Niemals sind sie imstande, ihre soziologische wie psychologische Isolation zu durchbrechen, und es wird ihr unheilbarer Wahn bleiben, man könne Gott näherkommen durch das Verleugnen menschlicher Nähe zugunsten einer fiktiven Gesetzesmoral und eines Haufens hoch ideologisierter Denktabus. Jesus ist den Umgang mit diesem *«ungläubigen Geschlecht»*[4], d. h. mit dieser ihrem ganzen

chen ihrer selbstzerstörerischen Selbstentfremdung *geheilt* sind. Vgl. dazu E. DREWERMANN: Der Krieg und das Christentum, 219–222.

[3] Zu dem *«Volk»* vgl. E. DREWERMANN: Das Markus-Evangelium, I 286–287, Anm. 9; 10; S. 335, Anm. 2; S. 454–456, Anm. 2; 3.

[4] Zu dem Wort von dem «ungläubigen Geschlecht» vgl. I, 514, Anm. 10. – Es führt von dem eigentlichen Konflikt der Auseinandersetzung weg, wenn man im Sinne der historisch-kritischen Exegese aus dem Wesensgegensatz zwischen Glauben und Unglauben ein bloßes Stilmittel der Formgeschichte von Wundererzählungen («Novellen») macht, wie M. DIBELIUS: Die Formgeschichte des Evangeliums, 91 es vorschlug: «Es handelt sich (sc. bei den Wundererzählungen des NT, d. V.) um *Epiphaniegeschichten,* in denen die göttliche Kraft des göttlichen Wundertäters sichtbarlich erscheint; Gottesschau aber wird nicht den Vielen zuteil. Die Kraft pflanzt sich auch nur im engen Kreis der Jünger fort: darum wird das Rezept wider den Dämon der Epilepsie auch nur esoterisch weitergegeben. Bei solcher Orientierung der Novellen ist es ganz selbstverständlich, daß das Wunder, und zwar meistens das große, unter Menschen ‹unmögliche› Wunder der wesentliche Gegenstand der Novelle ist.» Bei solcher (formal richtigen!) Betrachtung gerät nicht nur der spezifische Gegensatz dieser Stelle zwischen Jesus und den *Schriftgelehrten* aus den Augen, es wird vor allem aus der ewigen Erfahrung menschlicher Not und Verzweiflung ein bloßes Kontrastmittel der frühchristlichen Religionspropaganda. Noch stärker formalisierte R. BULTMANN: Die Geschichte der synoptischen Tradition, 225–226 die Auslegung der Stelle, indem er an sich zwei Wundererzählungen annahm, die bereits vor Markus zusammengewachsen seien: «Die erste Geschichte hat zur Pointe die Gegenüberstellung des Meisters und der Zauberlehrlinge, deren Unfähigkeit die Folie für die Kraft des Meisters bildet . . . Daher ist ursprünglich vorausgesetzt, daß der Meister (natürlich allein) sich von den Schü-

Wesen nach zu einem offenen und lebendigen Vertrauen unfähigen Menschenart, vollkommen leid – die Gräben sind bereits hier nicht mehr zu überbrücken, und indem Jesus den «Dämon» aus diesem kranken Kind vertreibt, schreitet die Auseinandersetzung mit den Schriftgelehrten indirekt nur einen weiteren Schritt ins Tödliche voran. Es ist, als wäre Jesus von Anfang an in dem unsichtbaren Netz der Schriftgelehrten gefangen und als zöge jedes seiner Wunder der Freiheit und der Menschlichkeit die Maschen der Intrigen und Verdächtigungen, der Ängste und des Hasses nur immer enger um ihn zusammen. Jede Heilungsgeschichte des Markusevangeliums wird damit zu einer vorweggenommenen Geschichte von *Tod und Auferstehung* (Mk 9,10)[5].

Nimmt man speziell in dieser Erzählung von einer Dämonenaustreibung die «Rahmung» beim Wort, die Markus der Geschichte gegeben hat, so kommt man in der Tat nicht umhin, in der Krankheit, in der «Besessenheit» dieses Kindes die Folge eines falschen, das «Volk» in seiner Not nur verwirrenden

lern getrennt hat und nun wieder zu ihnen stößt.» «Die zweite Geschichte hat mehr apophthegmatischen Charakter und beschreibt die Paradoxie des ungläubigen Glaubens. Beweis: 1. Die Jünger spielen nur in V. 14–19 eine Rolle und sind dann verschwunden, während mit V. 21 ff. der Vater zur Hauptperson wird, der in V. 17–19 nur eine Nebenrolle spielt. 2. Die Krankheit wird doppelt beschrieben V. 18 und 21 f. 3. Das Volk, das nach V. 14 schon anwesend ist, strömt nach V. 25 erst herbei. Reinliche Scheidung ist nicht mehr möglich; die erste Geschichte scheint etwa V. 14–20, die zweite V. 21–27 zu umfassen. Der Schluß der ersten Geschichte ist weggebrochen, wenn er nicht in V. 25 steckt, ebenso der der zweiten, der (von Mk) durch V. 28 f. ersetzt ist.» Demnach wäre gerade die «esoterische» Sonderbelehrung der Jünger kein Gattungsmerkmal der «Novelle», wie DIBELIUS meinte, sondern ginge auf das Konto der Redaktion des Markus, wofür vor allem stilistische Gründe, die Wortwahl (V. 18: *ischyo,* können; V. 28 f., entsprechend V. 23, *dynamai,* vermögen) sowie der Widerspruch «zwischen Instruktion (Austreibung durch Gebet V. 29) und vorbildlicher Aktion (Austreibung in der Kraft des Glaubens VV. 23–25) spricht.». R. PESCH: Das Markusevangelium, II 84.

[5] Es geht in Mk 9,26 keinesfalls nur um ein «skeptisches» Urteil der Menge, das als «ein versetztes Motiv» erst hier auftritt, während es «in der Regel vor der Wunderhandlung begegnet», wie R. PESCH: Das Markusevangelium, II 94 meint; im Zusammenhang mit dem Gespräch über die Auferstehung von den Toten in Mk 9,10 erscheint das Wunder Jesu vielmehr als eine erste Antwort auf die Frage der Jünger, was das wohl sei: die Auferstehung von den Toten. Sie ist, meint diese Erzählung, wesentlich ein Ende der Herrschaft der «Abergeister» durch ein stärkeres Vertrauen in das Ja Gottes, sie ist, wenn man so will, die Umkehrung eines Lebens inmitten von Gräbern, in denen die Dämonen hausen, zugunsten des geöffneten Grabes am Ostermorgen, in dem der Engel Gottes sichtbar wird; s. u. zu Mk 16,1–8.

Denkens zu erblicken. Markus deutet diesen Zusammenhang nur an – er ist für ihn mehr eine generelle, fast stereotype Motivkombination als eine prägnante Zuordnung; und dennoch kann man die Ahnung des Markus, daß hier in der Tat ursächliche Zusammenhänge bestehen, nur bestätigen[6]. Klinisch gesehen, handelt es sich bei der «Besessenheit» dieses Knaben um das recht genau beschriebene Bild eines schweren *epileptischen* Anfalls; *morbus sacer*, die «heilige Krankheit», lautet also die Diagnose[7]. Man nannte die

[6] Nicht zustimmen kann man R. BULTMANN: Die Geschichte der synoptischen Tradition, 225, wenn er das Auftreten der Schriftgelehrten in Mk 9,14 für eine «störende Einfügung» (des Markus?) hält; es scheint vielmehr, daß ursprünglich «von einem Streit der Volksmenge mit den Schriftgelehrten und deren erfolglosem Austreibungsversuch die Rede» war; vgl. R. PESCH: Das Markusevangelium, II 84. Erst die Überarbeitung scheint die Jünger Jesu als gleichermaßen erfolglose Exorzisten eingeführt zu haben. M. a. W.: Das Problem des schriftgelehrten Unglaubens hat in den Augen des Markus nicht aufgehört, es ist vielmehr bereits ein Problem der Jünger Jesu – mitten in der Kirche Christi. Dementsprechend muß natürlich auch in der Auslegung das Schwergewicht auf diese bleibende Spannung zwischen der Haltung des Vertrauens und des nur äußerlichen, ohnmächtigen Redens von und über Gott gelegt werden. Eine Theologie bzw. eine Vertreterschaft von Gottesgelehrten, die selber unmächtig ist zum Vertreiben der bösen Geister, ist Jesus selbst zu allen Zeiten unerträglich (Mk 9,19). Es ist eine Frage der Glaubwürdigkeit des Christlichen selbst, inwieweit man wieder begreift, daß die Doziererei einer vermeintlichen Glaubenslehre gerade das Gegenteil dessen darstellt, was Jesus wollte und will. Wie aber will die heutige Theologie die *heilende* Kraft des Vertrauens wiedererlernen, ohne als erstes von seiten der Tiefenpsychologie zu lernen, wie zerstörerisch alles äußere Sprechen von «Gott» in der Seele von Menschen wirken muß! – Das Wort von dem «*ungläubigen* Geschlecht» (Mk 9,19) charakterisiert die Schriftgelehrten nach der «Treulosigkeit», die *Moses* dem Volk Israel in Num 14,27; Dtn 32,5.20 vorwirft. In 1 Kge 19,14 klagt *Elias* am Horeb Gott seine Not mit dem Volk, das die Propheten tötet und auch Elias selbst nach dem Leben trachtet. Insofern schlägt das Wort auch eine Brücke zu Mk 9,2–13, – der Verklärung Jesu auf dem Berge, als Moses und Elias mit ihm redeten, und zu der Frage nach dem Kommen des Elias, hinter der sich ein Vorausbild auch des Todes Jesu verbirgt. Es ist zugleich ein Wort, das Jesus in der Nachfolge von Jer 5,23 zeigt: «Dieses Volk hat ein trotziges, widerspenstiges Herz.» Es geht um den ständigen Wesensgegensatz von prophetischem und schriftgelehrtem Reden von Gott. Zur Gestalt des *Propheten* vgl. E. DREWERMANN: Tiefenpsychologie und Exegese, II 355–377.

[7] Alles Sprechen über die Heilungswunder Jesu entscheidet sich in der Exegese an der Fähigkeit, sich in die Tiefe des Krankheitsgeschehens einzufühlen und die konkrete Not der Betroffenen mitzuempfinden. R. PESCH: Das Markusevangelium, II 91 z. B. meint zwar richtig: «Der Erzähler beschreibt einen akuten epileptischen Anfall in dämonistischer Interpretation: der Dämon handelt im Knaben.» Aber daraus folgt für ihn keinesfalls, sich in die entsprechende Psychodynamik der Epilepsie hineinzuversetzen und damit die «dä-

Epilepsie so, weil sie auf alle Beteiligten wegen der Plötzlichkeit und Heftigkeit des Anfallsleidens vollkommen rätselhaft und unheimlich wirkt(e); das Hin- und Hergezerrtwerden des ganzen Körpers, das Markus in seiner «Anamnese» dieser Krankengeschichte so eindrucksvoll schildert (Mk 9,18), das jähe Sich-Wälzen am Boden (Mk 9,20), das Sich-Verbeißen der Zähne (Mk 9,18), der Austritt von Schaum vor dem Munde (Mk 9,18), dann die völlige Erstarrung im Krampf (Mk 9,18), die schweren Schäden und Verletzungen, die je nach der Umgebung, in welcher der Anfall stattfindet, den Kranken zusätzlich ereilen können (Mk 9,22), die vollständige Hilflosigkeit aller guten Bemühungen der Angehörigen eines solchen Epilepsie-Kranken (Mk 9,22), der wie mit System absolut selbstschädigende und ruinöse Charakter des Anfalls selbst (Mk 9,22) und nicht zuletzt die unvermutete, wiederum schockierend rasche Auflösung des Anfallsgeschehens, bei dem der eben noch bewußtlos wie tot Daliegende mit einemmal, wie aus einem bösen Traum erwachend, die Augen aufschlägt und wieder vollkommen vernünftig wirkt (Mk 9,26–27), – das alles ließ die Epilepsie in der Antike als eine rechte Geißel Gottes, als ein exquisites Beispiel «dämonischer» Erkrankung schlechthin erscheinen – eine Ansicht, die selbst in der Rechtsprechung der

monistische Interpretation» selbst tiefenpsychologisch verständlich zu machen; es folgt für ihn vielmehr daraus, die typischen Merkmale des «Exorzismus», die «Austreibungstopik» darzustellen, wobei alle Einzelzüge (die Befragung des Vaters, Mk 9,21–22; der Zuspruch, 9, 23; der Schrei des Vaters, 9,24; der Zulauf der Menge, die exorzistische Drohung und der Austreibungsbefehl, 9,25; die Ausfahrt des Dämons und die Skepsis der Menge, 9,26; sowie schließlich der Heilsgestus der Kraftübertragung mittels Packen bei der Hand, 9,27) rein äußerlich konstatiert und katalogisiert werden. Im Rahmen der historischen-kritischen Methode ist eine andere Art des Vorgehens nicht vorgesehen; doch eben deshalb steht ihr Ergebnis in groteskem Widerspruch zu der Intention Jesu selbst: am Ende weiß man, daß Jesus einen «Besessenen» von seiner «Epilepsie» geheilt hat und daß er es so gemacht hat, wie es den Anschauungen und Praktiken seiner Zeit entsprach, doch dieses «Wissen» vermittelt heute keinerlei Glauben mehr, das über irgendeine seelische Not «Macht» gewinnen könnte, allenfalls liefert es eine Anleitung zu mancherlei abergläubigem Humbug. Nur eine Exegese, die mit Hilfe der Tiefenpsychologie die Ängste und Konflikte der jeweiligen Krankheitssymptomatik (hier: der Hysteroepilepsie) durcharbeitet, wird die unbewußten (und *deshalb* «dämonischen») Kräfte der menschlichen Seele den Menschen zurückgeben können; erst im Rahmen einer solchen tiefenpsychologisch fundierten Exegese wird Stelle um Stelle deutlich, was das Vertrauen auf Gott mit der Heilung von Krankheiten (Neurosen) und Besessenheiten (Psychosen) zu tun hat. – Sehr wichtig sind die Gedanken, die K. Jaspers: Der philosophische Glaube, 103–112, über die «Dämonologie» als eine Form von immanenter Transzendenz entwickelt hat, um eine Theologie des «Exorzismus, wie R. Pesch sie inhaltlich beschwört, in die Schranken zu weisen.

römisch-katholischen Kirche allem Anschein nach immer noch nicht außer Mode gekommen ist[8].

Tatsächlich *gibt* es einen geistig-seelischen Hintergrund der Epilepsie, nur

[8] So bestimmte der *Codex Iuris Canonici* von 1917 in Can 84,3, daß «Epileptiker, Psychotiker (amentes) und solche, die von einem Dämon besessen sind oder waren», nicht zur Weihe als Kleriker zugelassen werden dürfen. Auch die Neufassung des Codex von 1983 erklärt in Can 1041,1: «Irregulär für den Empfang der Weihen ist: wer an irgendeiner Form von Geisteskrankheit oder an einer anderen psychischen Erkrankung leidet, aufgrund derer er nach dem Rat von Sachverständigen als unfähig für die ordnungsgemäße Erfüllung des Dienstes beurteilt wird.» Es ist allein schon ungeheuerlich, daß die Kirche die «Geisteskranken», statt sich ihnen nach dem Beispiel Jesu in besonderer Weise zuzuwenden, den «Sachverständigen» überläßt; darüber hinaus zeigt sich an derlei Bestimmungen, wie aus dem Anspruch, Menschen von Krankheit und Leid zu erlösen, bloße Betriebsanweisungen für die ordnungsgemäße Verleihung von Ämtern geworden sind, deren «Träger» durchaus vor der Erkenntnis bewahrt bleiben müssen, wie sehr ihre eigene (Verdrängungs-)Gesundheit den vermeintlich «Kranken» allererst diejenigen Kränkungen und Krankheiten im Reden von Gott zufügt und auferlegt, die sich dann als «unheilbar» für die schriftgelehrten Jünger Jesu darstellen. Es kommt entscheidend darauf an, die *Aufspaltung* zu überwinden, nach der bereits in der Antike die «aufgeklärte», naturwissenschaftliche Ansicht der Epilepsie (und der Geisteskrankheiten insgesamt) dem dämonologischen, mystischen Krankheitsverständnis gegenübertrat. Insbesondere war es Hippokrates von Kos: *Peri hieräs nosoy* (Über die heilige Krankheit), der bereits in der Mitte des 5. Jh. v. Chr. sich um eine natürliche Erklärung der Epilepsie bemühte, indem er emphatisch allem magischen Aberglauben entgegentrat; seine Ansicht, daß die Epilepsie auf einer Störung des Schleimabflusses aus dem Gehirn beruhe, ist objektiv unsinnig, liegt aber als Methode in dem Bemühen um ein physiologisches Verständnis der Krankheit auch der heutigen Psychiatrie zugrunde. Vgl. U. v. Wilamowitz-Moellendorf: Die hippokratische Schrift peri hieres nosu (SB Berlin) 1901. Gemessen daran ist es eine schwere «Sünde wider den heiligen Geist», daß das Christentum den alten Dämonenglauben der Antike unvermittelt dogmatisiert hat, ohne das an sich richtige religiöse Wissen um die *seelischen* Hintergründe der Geisteskrankheiten mit dem Kenntnisstand der griechischen Aufklärung zu verbinden und dann zu zeigen, wie seelische Krankheiten von der Dynamik der Angst her auf Gott hin geöffnet werden könnten. Bis heute stehen in der christlichen Theologie daher die metaphysischen Mystifikationen der menschlichen Psyche in resignativer Rechthaberei einer seelenlos gewordenen, rein physiologisch denkenden Psychiatrie gegenüber. Allein die Psychoanalyse könnte heute zwischen Theologie und Medizin vermitteln. – Von besonderem Einfluß für die christliche Dämonologie wurde Tertullian: Apologetikum 22, II 105–108: «Gegenstand ihres (sc. der Dämonen, d. V.) Strebens ist, den Menschen zu verderben. So ... verursachen sie einerseits dem Körper sowohl Krankheiten als auch bittere Unfälle verschiedener Art, der Seele dagegen plötzliche und außerordentliche Ausschreitungen durch Gewalt. Es kommt», weiß Tertulian, «ihnen, um beide Bestandteile des Menschen angreifen zu können, ihre wunderbare Feinheit und Dünnheit zustat-

ten ...»(S. 106) Das Bild «plötzlicher Gewalttat» paßt natürlich zu dem Erscheinungsbild der Epilepsie besonders gut. – EPHRÄM DER SYRER: Hymnen gegen die Irrlehren, 29, II 108–113 bekam es schließlich sogar fertig, das gesamte *Traumerleben*, in der Asklepios-Religion noch ein zentrales Instrument zur Therapie seelischer Erkrankungen, als von den Dämonen gewirkt hinzustellen. Selbst der als Exeget relativ nüchterne CHRYSOSTOMUS: Matthäus-Kommentar, 57. Homilie, III 214 machte bei der Auslegung der Stelle von der Heilung des Knaben die «Aufklärung» wieder rückgängig, mit der Mt 17,14–21 die dämonische Besessenheit, von der Markus spricht, als *Mondsüchtigkeit* (Mt 17,15) interpretiert; dies geschehe, erklärte CHRYSOSTOMUS, nur entsprechend der Anschauung der Menge: «der Teufel ist der Urheber dieses Leidens und will, daß man dem Mond die Schuld dafür zuschreibe. So konnte auch diese irrtümliche Meinung bei den Ungebildeten platzgreifen, und infolgedessen gab man derartigen Teufeln den Namen Mondsüchtige. Doch stimmt dies nicht mit der Wahrheit überein.» F. J. DÖLGER: Der Einfluß des Origenes auf die Beurteilung der Epilepsie und Mondsucht im christlichen Altertum, in: A Ch 4, 1934, 95–109, wies vor allem auf die Rolle hin, die ORIGENES mit seiner Ablehnung der natürlichen Erkärung der Epilepsie im Sinne des Hippokrates für die Theologiegeschichte hatte: 700 Jahre (!) nach der griechischen Aufklärung definiert ORIGENES in seinem Kommentar zu Mt 13,6 die dämonologische «Erklärung» der Epilepsie gegenüber jeder medizinischen Theorie (des HIPPOKRATES) immer noch und wieder als den verbindlichen Glauben der Christen! Diese Einstellung besitzt durchaus dasselbe Format, mit dem die frühe Kirche bzgl. der äußeren Natur das alte geozentrische Weltbild gegenüber den vollkommen richtigen Entdeckungen des ARISTARCH VON SAMOS und des ERATOSTHENES über die Kugelgestalt der Erde und die Größe des Erdumfangs verteidigte und für mehr als anderthalbtausend Jahre lang dogmatisch zum ehernen Glaubensbestand erhob. R. PESCH: A. a. O., II 89. Anm. 16 konstatiert den Tatbestand, aber referiert ihn als theologisch auch heute noch gültig! – Der psychoanalytischen Wahrheit in der Erklärung der (Hystero-)Epilepsie kommt der *Talmud* beachtlich nahe, wenn er in der Epilepsie eine «Strafe für eine gegen den Anstand verstoßende Ausübung des Beischlafs» sieht. Vgl. H. L. STRACK – P. BILLERBECK: Kommentar zum Neuen Testament aus Talmud und Midrasch, I 758. Zur jüdischen *Dämonologie* vgl. DIES: A. a. O., IV 1, 501–535, bes. S. 535, wo den Dämonen die Macht zugeschrieben wird, alle möglichen Krankheiten zu verursachen und Menschen sogar zu töten. – In der *Überlieferung des Volkes* haben die Dämonen für gewöhnlich besondere Namen und spezielle Fähigkeiten und Aufgaben. Der Dämon der Epilepsie z. B. heißt bei den *Zigeunern Melalo*. Er ist ihnen am verhaßtesten von allen Dämonen. Sein Äußeres: «Mannshohe Vogelgestalt. Graugefiedert, dreckig, zwei Köpfe. Würgt seine Opfer mit schorfigen Krallen. Ruft Epilepsie, Tobsucht und Wutanfälle hervor. Stiftet an zu Vergewaltigungen und Mord. Wen er ohnmächtig schlägt mit den gewaltigen Flügeln, der wacht als Wahnsinniger auf oder kommt als Schwerkranker zu sich.» W. SCHNURRE: Der Schattenfotograf, 27. Vorstellungen dieser Art enthalten *symbolisch* bereits die ganze Psychoanalyse der Hysteroepilepsie: ihre geistige (vogelgestaltige) Herkunft, ihre Widersprüchlichkeit und Dialektik (die zwei Köpfe) sowie die sadistisch-aggressive Grundthematik. Einzig das graue Gefieder will allenfalls zu dem emotionslosen Erleben des Kranken in bewußtem Zustand passen; während des Anfalls ist gerade ein intensives Farberlebnis, verbunden mit Auditionen, keine Seltenheit.

liegt er nicht im Treiben metaphysischer «Teufel» begründet; er hat seinen Grund in den sehr irdischen Teufeleien eines Lebens, das aus lauter Angst sich selber nicht zu leben wagt.

An der Erzählung selbst fällt auf, welch eine große Rolle der *Vater* bei der Heilung seines Jungen spielt[9]. Fast immer sind solche «Familienangaben» in den Wunderberichten des Neuen Testamentes von zentraler Bedeutung, denn sie bieten zumeist den Erlebnishintergrund zum Verständnis sowohl der Krankheit wie der Heilung in der jeweiligen Geschichte. Man kann die tödliche Erkrankung der Tochter des Jairus beispielsweise nicht verstehen, ohne das Verhältnis zwischen Vater und Tochter als den Kern aller Verwicklungen zu betrachten (Mk 5,21–24.35–43); desgleichen läßt sich die «Besessenheit» der Tochter jener syrophönizischen Frau im Markusevangelium nur verstehen, wenn man die inständige Sorge dieser Frau um ihre Tochter zugleich als Ursache auch und gerade der Krankheit des Mädchens betrachtet (Mk 7,24–30). Auch hier, in der Erzählung von der Heilung des epileptischen Knaben, wird man annehmen dürfen, daß die Zwiespältigkeit des Vaters selbst den Hauptgrund der Erkrankung seines Sohnes darstellt[10].

Für gewöhnlich gilt gerade der Ausruf dieses Mannes «Ich glaube! Hilf meinem Unglauben!» als theologisches Musterbeispiel für einen Glauben, der trotz aller menschlichen Angefochtenheit bei Gott Erhörung findet[11]. Aber

[9] Es gilt immer wieder, alle Momente des Heilungsgeschehens als *Antwort* auf die entsprechende Krankheit zu verstehen; vgl. E. Drewermann: Tiefenpsychologie und Exegese, II 243–244. Infolgedessen genügt es keinesfalls, in dem Vater nur einen der üblichen «Stellvertreter» zu sehen, die (wie in Mk 5,22; 7,25) aufträten, «wenn der Kranke selbst nicht kommen kann oder, wie hier, unmündig ist» (wie R. Pesch: Das Markusevangelium, II 88 meint). An all den Stellen ist vielmehr davon auszugehen, daß der Vater bzw. die Mutter als die eigentliche Quelle von Krankheit und Heilung zu betrachten ist.

[10] Bes. S. Freud: Dostojewski und die Vatertötung, XIV 397–418 entwickelte zum ersten Mal eine psychodynamische Theorie der Hysteroepilepsie aus den verdrängten Aggressionen des Sohnes gegenüber der ödipalen Kastrationsdrohung seitens des Vaters. Vgl. dazu die ausführliche Diskussion bei E. Drewermann: Strukturen des Bösen, II 264–294. Die entsprechenden Theorien und Folgerungen werden im folgenden vorausgesetzt. Generell ist in dem vorliegenden Fall von der «Geistheilung» einer Form der Hysteroepilepsie auszugehen, die man auch als Affektepilepsie bezeichnet; die sog. symptomatische Epilepsie ist als hirntraumatische Schädigung keiner Psychotherapie zugänglich, also auch niemals Gegenstand einer Wundererzählung.

[11] So bes. E. Schweizer: Das Evangelium nach Markus, 102, der sozusagen das Beste aus der Stelle macht, indem er schreibt: «Das Aufschreien des Vaters zeigt seine Not. Aus ihr

so einfach läßt sich diese dramatische Szene nicht auf eine theologische Nutzanwendung hin abstrahieren; sie steht mit einem viel zu starken menschlichen Eigengewicht da, und es muß deshalb als erstes darum gehen, sich in die Art dieses Mannes ein Stück weit einzufühlen. Er sorgt sich aufs äußerste um seinen Jungen, dessen Krankheit ihn selber über die Maßen belastet und quält, doch es verlangt nicht viel Vorstellungskraft, um sich auszumalen, wie dieser ständige Widerspruch zwischen Fürsorge und Ohnmacht sich zu einem äußerst ambivalenten Verhältnis zwischen Vater und Sohn ausgestaltet haben wird. Deutlich schildert Markus die verzweifelte Not dieses Mannes, der alles nur Erdenkliche tun möchte, um seinen Sohn endlich von der furchtbaren Geißel dieses Leidens befreit zu sehen. Was aber hier als notvolle Bitte und Klage sich äußert, muß ein sehr ähnliches jahrelanges Vorspiel gehabt haben[12]. Stets wenn der Vater zum unfreiwilligen Zeugen eines neuerlichen Anfalls seines Sohnes wurde, muß in ihm dieselbe, sich jedesmal verstärkende Angst und Panik ausgebrochen sein: er stand einem Ereignis gegenüber, für das er weder Erklärung noch Hilfe finden konnte. Nach den Vorstellungen seiner Zeit war sein eigenes Kind das Opfer und der

heraus wird die Antwort geboren, die vielleicht die großartigste zu dieser Frage ist. Wer zu sagen wagt ‹ich glaube›, der muß in gleichem Atemzug sagen, daß er das nur kann, weil er darauf traut, daß Gott ihm immer neu zum Glauben verhilft, daß also gar nicht ‹ich›, sondern Gott letztlich Subjekt solchen Glaubens sein kann. Einzig im Wissen um den eigenen Unglauben kann man das Gottesgeschenk des Glaubens froh und getrost bekennen; denn nur wenn er auf Gottes Tat ruht, ist er gewiß. So ist Glauben jenes unbedingte Offensein auf *Gottes* Tun hin, jenes stete Warten, das im Blick auf sich selbst immer nur das Nichtglauben feststellen könnte, im Blick auf Gott aber sehr fröhlich und gewiß erkennt, daß er dieses Nichtglauben immer wieder heilt.» Das ist beste reformatorische Theologie, die nur das Mißliche an sich hat, daß sie von der konkreten Verknüpfung der Angst im Hintergrund dieses «Glaubens» mit einer bestimmten Krankheit (der Epilepsie) vollständig abstrahiert. Es ist nicht möglich, den Glauben an Gott zu theologisieren, ohne zunächst einmal die Psychodynamik der Angst zu erörtern, die durch die Haltung des Vertrauens gerade überwunden werden soll. Anderenfalls verwandelt sich das Vertrauen in ein bloßes Für-möglich-Halten von etwas, demgegenüber es selber äußerlich bleibt, d. h., es wird selber zu einer phantastischen Form von magischem Aberglauben. Bes. mit dem Blick auf Mk 9,23 hat M. Buber: Zwei Glaubensweisen, I 662–663 diesen Vorwurf erhoben. Vgl. dazu die Diskussion bei E. Drewermann: Tiefenpsychologie und Exegese, II 135–141.

[12] Immer sind die Wundererzählungen des Neuen Testamentes als *Verdichtungen* dessen zu lesen, was als Grundhaltung den gewöhnlichen Alltag bestimmt. Vgl. E. Drewermann: Tiefenpsychologie und Exegese, II 241–243.

Spielball unheimlicher Mächte, die jäh und unvorhersehbar in seinen Jungen fahren und ihn durchschütteln konnten wie der Chamsin die Zedern des Libanon. Immer wieder muß er versucht haben, Gott und die Geister zu beschwören, sie möchten dem grausamen Spuk Einhalt gebieten, und jedesmal, wenn ein neuer Anfallsschub ebenso plötzlich, wie er gekommen war, zur Überraschung aller wieder abklang, mag er die scheinbare Heilung als Erhörung seines Betens und Bittens verstanden haben – nur um wieder und wieder enttäuscht und verbittert mitansehen zu müssen, wie der nächste Anfall all die schon als sicher geglaubten Hoffnungen unter sich begrub.

Dieses ständige Auf und Ab zwischen Zuversicht und Verzweiflung, dieses furchtbare Wechselbad der Gefühle muß indessen das Klima gebildet haben, in dem der epileptische Knabe von Grund auf heranwuchs. Er wird erlebt haben, daß er durch seine Krankheit zum Konzentrationspunkt aller Aufmerksamkeit seiner Umgebung wurde; an *ihm* lag es, wie seine Familienangehörigen sich fühlten, auf ihm ruhte die Verantwortung, einen göttlichen Fluch von seinem Vaterhaus zu nehmen. Dementsprechend wird auch er oft genug heilige Eide geschworen und alle möglichen dafür vorgesehenen Riten und Gebete verrichtet haben, daß die «Dämonen» ihn beim nächsten Mal nicht wieder derart attackieren könnten, und natürlich wird er durch einen solchen inneren und äußeren Vermeidungsdruck den nächsten Anfall nur um so sicherer eingeleitet haben. Sehr früh schon muß der Knabe unter diesen Umständen jedes Vertrauen in sich selbst, vor allem aber in seine Angehörigen verloren haben.

Nichts ist schlimmer für ein Kind, als erleben zu müssen, daß die eigenen Eltern einer drohenden Gefahr absolut hilflos und selber voller Angst gegenüberstehen; für ein Kind bilden Vater und Mutter den wichtigsten Halt auf Erden; zu erleben, daß auch sie keinen Halt zu bieten vermögen, verwandelt die ganze Welt in eine Stätte nicht endender Angst. Anstelle der nötigen Geborgenheit muß der Junge die dringliche Forderung an sich gerichtet gespürt haben, seine Eltern und sich selbst retten zu müssen, indem er unter allen Umständen einen weiteren Anfall vermied – eine Anforderung, der er um so weniger gewachsen sein konnte, als er sie bedingungslos zu erfüllen suchte.

Ein Kind, das in einer derartig widersprüchlichen Welt aufwächst, muß damit leben, daß man als zentrale Erwartung an sein Leben eine schlechterdings nicht zu leistende Bedingung richtet; wieder und wieder wird es versuchen, das Unmögliche doch noch zu erreichen, und um so furchtbarer wird es beim nächsten Mal sein Versagen, seinen Fehler, seine Schuld sich selber zur Last legen. Wie ein Süchtiger[13] wird es anfangen, die Tage zu zählen, die seit dem letzten Anfall vergangen sind – jeder Tag eine wachsende Hoffnung, jedes Stück zeitlichen Abstands wie eine Verheißung: nie wieder! –, und doch wird gerade in der Euphorie, es vielleicht schon geschafft zu haben, bereits das nächste Gewitter sich vorbereiten. Ein aufs äußerste gespannter guter Wille und ein entsetzliches Maß an Enttäuschung und Entmutigung, gepaart zugleich mit dem Mittelpunktswahn einer ständigen Selbst- und Fremdbeobachtung – so wird man sich die Gefühlswelt vorstellen müssen, in der dieses Kind aufgewachsen ist. Und völlig untergeht selbst bei einer solchen tieferen Betrachtung des Erlebens dieses Jungen der eigentlich entscheidende Faktor bereits in der Entstehung dieser Krankheit: die vollständige, *ruckhafte* Verdrängung sehr starker *aggressiver* Impulse[14].

[13] Es ist nicht nur die «Gummiband»-Situation, in der ein Süchtiger immer wieder gegen den wachsenden Druck seiner Abhängikeit von der Wand weg in die Freiheit zu gehen versucht, nur um desto sicherer wieder von der Spannkraft der Sucht zurückgeschleudert zu werden, es ist vor allem die Ätiologie der Sucht selbst, die eine gewisse Ähnlichkeit mit dem Hintergrund der Hysteroepilepsie aufweist. So meint E. Bleuler: Lehrbuch der Psychiatrie, 276: «Als entscheidend zeigt sich dabei (sc. bei der psychogenen Symptomtradition des Alkoholismus, d. V.) die Rolle eines alkoholischen Vaters: Mit einem Teil seines Selbst will der Sohn dem Schicksal des Vaters aus dem Wege gehen, zu einem anderen Teil bleibt ihm das Verhalten des Vaters ein Vorbild, ist mit dem Ideal der Männlichkeit, der Selbständigkeit und der Kraft verschmolzen ... aus Gefühlen der Rache, des Trotzes und des Abscheus gegen den trinkenden Vater kann dunkel eine Nachahmung nahegelegt werden nach der Formel: ‹Es geschieht dir schon recht, wenn ich werde wie du.›» In ähnlicher Weise wird man auch die Hysteroepilepsie als eine direkte Nachahmung der psychischen Ambivalenzen des Vates sowie als eine indirekte Strafe dafür von seiten des Sohnes betrachten müssen, wobei der «Rausch» durch das Äquivalent des Anfalls vertreten wird.
[14] Bes. F. M. Dostojewskij: Der Idiot, II 5, S. 217 hat diesen Zustand einer konfliktfreien, als überaus glücklich erlebten Aura unmittelbar vor dem Anfall selbst mit großer Eindringlichkeit geschildert: «Er (sc. Fürst Myschkin, d. V.) dachte jetzt daran, daß es in seinem epileptischen Zustand einen Moment gab, der dem Anfall fast unmittelbar vorausging (wenn er sich des Anfalls bewußt wurde), da es inmitten der Traurigkeit, des seelischen Dunkels und der Depression in seinem Gehirn für Augenblicke gleichsam aufflammte und all seine Lebenskräfte sich plötzlich mit einem außerordentlichen Ruck anspannten. Das Empfinden des Lebens und das Selbstbewußtsein verzehnfachten sich fast in diesen Augenblicken, die nur die Dauer eines Blitzes hatten. Verstand und Herz wurden von einem ungewöhnlichen Licht durchdrungen, alle seine Zweifel und alle seine Unruhe schienen sich auf einmal zu besänftigen und in eine hölzerne Ruhe aufzulösen, die von einer hellen harmonischen Freude und Hoffnung und von der Vernunft und der Erkenntnis der Endursachen erfüllt war. Diese lichten Momente waren aber nur die Vorahnung

Eine seelische Erkrankung «liest» sich insofern zumeist recht einfach, als ihre Symptomatik auf der körperlichen Ebene äußert und darstellt, was seelisch immer wieder, wenngleich unbemerkt, zwischen Menschen abläuft. Wenn der epileptische Knabe, wie der Vater in seiner Leidensgeschichte es schildert, immer wieder von einem «Dämon» «ins Feuer und ins Wasser geworfen» wird, «um ihn zu vernichten» (Mk 9,22), so spiegelt sich in diesem absoluten Kontrast wohl symbolisch und symptomatisch die Art und Weise wider, in welcher der Sohn seinen Vater immer wieder erlebt[15]: mal erfährt er

jener endgültigen Sekunde (es dauerte nie mehr als eine Sekunde), mit welcher der Anfall selbst begann. Diese Sekunde war natürlich unerträglich. Wenn er später, wieder in gesundem Zustande, über diesen Augenblick nachdachte, sagte er sich oft, daß dieses ganze blitzartige Aufleuchten des höheren Selbstgefühls und Selbstbewußtseins und folglich auch ‹des höheren Seins› nichts anders als Krankheit, als Aufhören des normalen Zustandes sei; in diesem Falle könnte das aber gar nicht ein höheres Sein genannt werden, sondern müßte im Gegenteil zu den niedrigsten Momenten des Lebens gezählt werden. Und doch gelangte er endlich zu folgendem außerordentlich paradoxem Schluß: ‹Was folgt denn daraus, daß es eine Krankheit ist?› fragte er sich, ‹wen geht es etwas an, daß diese Spannung anormal ist, wenn das Resultat selbst, wenn der Augenblick dieser Empfindung, im gesunden Zustand betrachtet und ins Gedächtnis zurückgerufen, sich als im höchsten Grade harmonisch und schön erweist und ein bis dahin nie gekanntes Gefühl der Fülle, des Gleichmaßes, der Versöhnung und des begeisterten, an ein Gebet erinnernden Aufgehens in die höchste Synthese des Lebens ergibt?›» Freilich wußte das psychologische Genie DOSTOJEWSKIS zugleich auch um die Verdrängungseinseitigkeit des epileptiformen Glücksgefühls einer aggressionsfreien «Synthese», wie er sie, als Bild der Nachfolge Christi (!), in der Gestalt des Fürsten *Myschkin* darzustellen suchte: dem Fürsten zur Seite stellte er als seinen notwendigen Schattenbruder die Person des Wüstlings und Mörders *Rogoshin.* Es bleibt DOSTOJEWSKIS Frage an die gelebte Form des Christentums, wann wir es wagen, ihre latent epileptiforme Psychodynamik der Aggressionsumlenkung gegen das eigene Ich durch ein tieferes Vertrauen zu *heilen,* statt heilig zu sprechen.

15 Es ist gewiß zu allgemein, in «Feuer und Wasser» nur feindliche «Elemente» zu sehen, wie R. PESCH: Das Markusevangelium, II 92 vorschlägt. Wohl ist es richtig, daß «den Dämonen auch die Macht zu töten zugeschrieben» wurde; vgl. H. L. STRACK – P. BILLERBECK: Kommentar zum Neuen Testament aus Talmud und Midrasch, IV 1, 525–526. So erwähnt *Jubiläen* 10,2, daß die Söhne Noahs ihrem Vater von den Dämonen berichteten, «die seine Kindeskinder verführten und blendeten und töteten». E. LITTMANN: Das Buch der Jubiläen, in: E. Kautzsch (Hrsg.): Die Apokryphen und Pseudepigraphen des Alten Testamentes, II 57–58. Auch FLAVIUS JOSEPHUS: Der jüdische Krieg, 7, 6, 3; H. ENDRÖS (Übers.), II. Bd., S. 240–241 berichtet von einer Wurzel, mittels derer Dämonen sich austreiben ließen, «die in die Lebenden eindringen und diese töten». Insbesondere galten *Wasserstellen* als bevorzugter Aufenthaltsort der Dämonen; STRACK-BILLERBECK: A. a. O., IV 1, 517–518. Daß im Spätjudentum *das Feuer* nicht gleichermaßen als ein möglicherweise

ihn als über die Maßen fürsorglich bemüht, wohlwollend und hilfreich, dann aber wieder als abweisend, hilflos, verzweifelt und niedergeschlagen, je nachdem, wie die Phasen zwischen den Anfällen verlaufen. Dabei muß man nach allem menschlichen Ermessen voraussetzen, daß dieser Junge *eine* Wahrheit sehr deutlich spürt, die der Vater nur allzu gern unter dem Mantel der väterlichen Obhut verheimlicht sieht: die Wahrheit, daß er im Grunde seinen Sohn wie einen teuflischen Wechselbalg haßt für all das Hin und Her seiner Ängste, seiner Verkrampfungen, seiner wahnsinnsähnlichen Zustände[16]. Gerade

dämonisches Element betrachtet wurde, könnte daran liegen, daß die «altjüdische Dämonologie ... stark von ausländischen Ideen, besonders vom Parsismus her beeinflußt worden» ist; a. a. O., IV 1, 522. Gerade in der Zarathustrischen Religion Altpersiens war die «wichtigste Form des Kults ... der Dienst des heiligen Feuers»; vgl. H. v. Glasenapp: Die nichtchristlichen Religionen, 297. *Die Gathas,* Yasna 36,3 etwa beten zu dem Feuer des Ahura Mazda: «als sein heiligster Geist bist du uns angenehm. Oder was der zugkräftigste unter deinen Namen ist, o Feuer des *Weisen Herren,* mit diesem nahen wir dir.» K. F. Geldner: Die Zoroastrische Religion, 15. Das Feuer gilt in der (persischen) Dämonologie gerade nicht als ein dämonisches, sondern als ein göttliches, reinigendes Element. Nicht darum geht es also, daß Menschen durch Feuer oder Wasser verunglücken können; in Mk 9,22 ist vielmehr der *Gegensatz* von Feuer und Wasser das entscheidende: wesentlich ist m. a. W. die extreme *psychische* Gegensätzlichkeit zwischen «heißer» Affektivität und «kalter», auf Verdrängungen basierender Emotionslosigkeit; *sie* spielt in der Psychogenese einer epileptiformen Persönlichkeit die größte Rolle. Freilich muß man, um den Text so zu lesen, das, was die «Dämonen» tun, als Ausdruck und Folge einer psychischen Widersprüchlichkeit, mithin *symbolisch* lesen.

16 Man muß, um die «dämonischen» Verdrängungen des Kindes zu verstehen, bereits im Hintergrund seiner wichtigsten Kontaktpersonen mit entsprechenden Verdrängungen rechnen. Vor allem die *Frömmigkeit* des Vaters ist unter diesem Aspekt keinesfalls «unverdächtig». L. Szondi: Triebpathologie, 1. Bd.: Elemente der exakten Triebpsychologie und Triebpsychiatrie, 493 betrachtet als Folgen des sadistischen Überichs der epileptischen Persönlichkeit die Merkmale: «1. Demütigkeit, 2. Masochismus oder Sadomasochismus, 3. Religiösität.» Psychoanalytisch zeigt die Gestalt des Vaters in der vorliegenden Heilungsgeschichte gerade keine beispielhafte Form von Gottvertrauen, sondern sie erweist sich selbst als Ursache der Krankheit, die sie dann von Gott her beseitigt sehen möchte. Es hilft nichts: jenseits der schriftgelehrten Ohnmacht der Textauslegung muß man zum Verständnis dieser Stelle all die Familien vor Augen haben, in denen der Vater oder die Mutter Sitzung für Sitzung in der Psychotherapie versichern, es immer nur gut gemeint zu haben, und die händeringend beteuern, alles könnte doch so schön sein, wenn nur in der Tochter, in dem Sohn nicht der «Teufel» stecke, der allerdings viele Formen auch außerhalb des epileptiformen Gestaltkreises annehmen kann: Schizophrenie, Zwangsneurose, Drogensucht, Frigidität, Arbeitsunfähigkeit, Platzangst – alles im Namen «Gottes» Verdrängte fordert irgendwann seinen Preis, und es geht in der Geschichte von der Heilung

ein Vater, der es eigentlich besonders gut mit seinem Sohn meint, wird um so hilfloser und enttäuschter auf ein solches Krankheitsbild reagieren; er wird aber gerade als ein pflichtbewußter, wohlmeindender Vater seine Enttäuschung und Verbitterung weder vor sich selbst noch vor irgendeinem anderen Menschen zugeben können; er wird sie im Gegenteil in verstärkte Bemühungen um das Wohl seines Jungen umzuwandeln suchen. Und doch werden diese Bemühungen in ihrem – so verständlichen! – Überdruck den Unterton eines aggressiven Zwangs hörbar durchklingen lassen: der Vater «liebt» seinen Sohn *unter der Bedingung*, daß er gesund ist, in Wahrheit aber haßt er ihn, eben weil diese Bedingung unerfüllbar ist.

Diese totale Gegensätzlichkeit ist es, die der Junge *wesentlich* erlebt: er muß sich abgelehnt fühlen für eine Krankheit, die er willentlich nicht im geringsten beeinflussen kann, und selbst wenn sein Vater ihm mit gutgemeinten Ratschlägen zusetzt, wie er sich verhalten solle, um weitere Überfälle des «Teufels» zu vermeiden, wird er doch spüren, wie sehr sein Vater ihn im Grunde seiner Krankheit wegen selber verteufelt und ablehnt.

Eben diese Mischung aus Wohlwollen und Ablehnung, aus Verantwortungsgefühl und Ohnmacht, aus Überfürsorge und Haß bildet für den Jungen in der Tat einen unentrinnbaren Teufelskreis[17]. Der Vater *kann* seinem Sohn nicht sagen, was er ihm eigentlich sagen müßte: «Ich verstehe dich nicht. Du bist mir fremd. Du bedrohst mich durch dein ganzes Wesen. Du bist mir zuwider. Ich kann dich nicht als meinen Sohn anerkennen, solange du dich derart unberechenbar und zerstörerisch gebärdest. Ich fühle mich von dir ebenso überfordert wie herausgefordert. Am liebsten wünschte ich, du wä-

des epileptischen Knaben nicht nur um die Heilung einer *Krankheit*, es geht wesentlich auch um die Aufarbeitung einer krankmachenden Form von *Frömmigkeit* in Gestalt der «Schriftgelehrten» und (als deren Opfer!) in Gestalt des Vaters.

[17] Vor allem G. Bateson (u. a.): Vorstudien zu einer Theorie der Schizophrenie, in: Ökologie des Geistes, 270–301 erarbeitete 1956 die Theorie des *double bind*, um die innere Widersprüchlichkeit der entscheidenden Kontaktperson im Hintergrund jeder schweren seelischen Erkrankung zu kennzeichnen, wobei besonders der Gegensatz zwischen verbalem Verbot und non-verbalem Verhalten eine Hauptrolle spielt, – in der Sprache der Neurosenlehre der Psychoanalyse der Gegensatz von Hemmung und Haltung. Vgl. W. Schwidder: Hemmung, Haltung und Symptom, in: Fortschritte der Psychoanalyse, 1964, 115–128. Wenn der Vater in Mk 9,21 selber erklärt, der «Dämon» habe seinen Jungen bereits «von Kindheit an» heimgesucht, so wird man nicht anders sagen können, als daß es gerade die Widersprüche des frühkindlichen Erlebens sein werden, die jenen «Dämon» in Gestalt gewisser ödipaler Konflikte nebst der entsprechenden «Verteufelung» der zugehörigen Ambivalenzgefühle auf den Plan gerufen haben.

rest gar nicht auf der Welt.» Statt dessen unterdrückt der Vater diese tödlichen Gefühle von Haß und Ablehnung und kaschiert sie mit dem Terror einer verzweifelten Klage, vom Himmel mit einem solchen Sohn gestraft zu sein, und mit der ständigen Aufforderung an seinen Sohn, den Zustand der Krankheit um jeden Preis zu ändern. Der Sohn hinwiederum kann auf diese äußerst zwiespältige Haltung seines Vaters nicht anders antworten als durch die Sprache seiner Symptomatik: Auch er muß sich jede direkte Aggression gegenüber seinem Vater strikt untersagen, um so mehr, als die Antwort auf die latenten Tötungswünsche des Vaters unbewußt sich zu einer mörderischen Wut in ihm steigern kann[18]; als oberstes Gebot seines Lebens hat der Sohn vielmehr die Pflicht, seinen Vater, der sich für ihn derart demonstrativ aufopfert und wirklich alles Erdenkliche tut, in Dankbarkeit zu ehren und zu achten. Um an der Seite eines solchen Vaters zu (über-)leben, muß er seine Aggressionen, solange es irgend geht, *aufstauen*, und wenn sie schließlich wie in einem mit Überdruck befahrenen Kessel alle Ventile und Sicherungssysteme in einer einzigen explosiven Entladung zu durchschlagen drohen, zwingt ihn die unbewußte Angst vor der Rache des Vaters dazu, die aufgestauten Gefühle von Wut und Zorn reflexartig *gegen sich selbst zu richten* und den eigenen Körper, das eigene Ich, inmitten eines Klimas ständiger Schwüle zum Blitzableiter für den endlich sich entladenden Gewitterfunken zu benutzen[19].

Natürlich ist mit dieser Mechanik des Aufstauens und Umlenkens wechselseitiger Aggressionen der eigentliche Beziehungskonflikt zwischen Vater und Sohn nur scheinbar gelöst. Wohl verhindert der epileptische Anfall jeweils, daß sich der aufgestaute Zorn des Jungen mit der Energie eines Totschlägers gegen seinen Vater richtet und der latente Konflikt zwischen beiden offen ausbricht; auf der anderen Seite aber darf man nicht übersehen, daß der Junge, indem er mit seiner Krankheit *den Teufel im Leibe*[20] zu haben scheint,

[18] Vgl. L. SZONDI: Triebpathologie, I 492–493.

[19] Insbesondere S. FREUD sah in dem epileptischen Anfall eine Selbstbestrafung für die Schuld, den Vater (oder die Mutter) totgewünscht zu haben; der Epileptiker identifiziere sich mit dem Toten, gegen den sich der ursprüngliche Tötungswunsch richte. «Die ‹epileptischen Todesanfälle› wären nach Freud als eine ‹vom Über-Ich strafweise zugelassene Vateridentifikation› aufzufassen.» SZONDI: A. a. O., I 493.

[20] So der Titel des berühmten Romans von R. RADIGUET: Le diable au corps, Paris 1923; dt.: Den Teufel im Leib, übers. v. H. Jacob, Berlin 1925; dass., übers. v. F. Kemp, München-Wien 1954; Neudruck: Frankfurt (sv 147) 1965. RADIGUET beschreibt die tragische Liebe des 15jährigen François zu der um drei Jahre älteren Marthe, die, obwohl

seinem Vater das Leben buchstäblich zur Hölle macht. Was er auf dem Wege der Verdrängung an Aggressionen per Symptom abführt, erreicht auf dem Wege der Haltung sehr wohl seinen Adressaten.

Der epileptische Anfall des Kindes ist mithin *dreierlei* in einem: *eine genaue Kopie* der äußerst ambivalenten Einstellung des Vaters gegenüber seinem Sohn, inklusive der Unterdrückung aller aggressiven Affekte durch ein genau gegensätzliches Verhalten betonter Fürsorge und übersteigerter Bemühtheit; *eine Verschiebung* der bis zum Mörderischen aufgestauten Aggressionen, die sich ursprünglich gegen die latente mörderische Ablehnung durch den Vater richten, auf die eigene Person; und schließlich *eine Dennochdurchsetzung* des Wunsches, sich an dem Vater zu rächen. Mit einem Wort: Die Beziehung zwischen Vater und Sohn *verlangt* die Krankheit der Epilepsie, um sich selber stabilisieren zu können, während die Krankheit selbst zugleich das Mittel ist, um die Beziehung in ihrer Unerträglichkeit manifest zu machen. Der «böse Geist» der «Besessenheit» ist, tiefenpsychologisch betrachtet, also niemand anders als die Gestalt des Vaters selbst, mit all ihrer Angst, ihrer Auflehnung und dem Gefühl der Ohnmacht, das dieser Mann von sich auf seinen Sohn ablädt. Dieser «glaubende» und «betende» Vater ist selber die Ursache für die «Dämonie» seines Sohnes – diese unheimliche Dialektik muß man immer wieder von seiten der Tiefenpsychologie vor Augen haben, um die Tragik menschlicher Verstrickungen wirklich zu verstehen.

Besondere Beachtung verdient in diesem Zusammenhang noch die Kennzeichnung des «Dämons» als «stumm» (Mk 9,17) bzw. als «stumm und taub»[21] (Mk 9,25). Man kennt bei Epileptikern die Zähflüssigkeit, mit der sie

bereits mit einem jungen Soldaten verlobt, von ihm ein Kind empfängt, nach dessen Geburt sie im Hause ihrer Eltern stirbt. Es handelt sich um eine deutlich ödipale Liebe, die mit schicksalhafter Macht, jenseits von Gebot und Verbot, das Leben der beiden jungen Menschen verwüstet, wobei der Tod der Geliebten ein Problem löst, das sonst wohl nur durch Mord oder Selbstmord zu lösen wäre. In etwa verschafft diese Geschichte eine Vorstellung von den Turbulenzen, die auftreten, sobald die Verdrängungsdecke durchbrochen wird, als deren Symptom die verschobene Aggression der Hysteroepilepsie zu verstehen ist.

[21] Daß neben der Fallsucht auch die *Stummheit* des «Dämons» betont wird, führt bei historisch-kritischer Betrachtung der Stelle offenbar zu unauflöslichen Schwierigkeiten: entweder mutmaßt man mit G. Bornkamm: *Pneuma alalon.* Eine Studie zum Markusevangelium, in: Geschichte und Glaube, 2. Bd., München 1971, 21–36, S. 24, es überlagerten sich hier aus traditionsgeschichtlichen Gründen zwei ursprünglich verschiedene Krankheitsformen, oder man verurteilt sich zu einer «Erklärung», wie R. Pesch: Das Markusevangelium, II 88 sie versucht: es scheine «gerade die auffällige Besonderheit dieses

in klebriger Langsamkeit, wie wenn sie in einer für sie fremden Sprache nach Worten mühsam suchen müßten, in endlosen Pausen ihre wenigen, affektlos vorgetragenen, äußerst gemütsarm wirkenden Sätze vorbringen[22]. Der Eindruck trügt nicht: Es handelt sich um Menschen, denen man von Kindheit an verboten hat, eigene Gefühle mitzuteilen und mit «bösen» Bemerkungen den häuslichen «Frieden» zu «stören». Als Resultat einer solchen Erziehung imponiert die Starre und Unablenkbarkeit, mit welcher Epileptiker für gewöhnlich an ihrer einmal eingeschlagenen Gedankenbahn bzw. an ihrem jeweils für das Gespräch wie zufällig gewählten «Standpunkt» haften bleiben. Beide charakteristischen Verhaltensweisen bedingen einander: sie, die man niemals offen hat zu Wort kommen lassen, lassen auch an sich selbst kein Wort der Veränderung heran; und immer wieder entstehen auf diese Weise unausgesprochene Machtkämpfe mit einer endlosen Folge unterdrückter Aggressionen auf beiden Seiten, indem der epileptische Gesprächspartner subjektiv die Freundlichkeit und Zuvorkommenheit selbst zu sein vorgibt, während der «gesunde» Partner, der ihm zuhören soll, sich gerade durch dieses Gebaren einer viskosen Zuvorkommenheit ständig bis an die Grenzen seiner Geduld strapaziert fühlt, ohne indessen jemals die menschliche Erlaubnis zu besitzen, einem Kranken und Behinderten gegenüber seinen Unmut deutlich zu machen – ein Dilemma, das sich allerorten, im Kontakt mit jedem, wiederholen und immer neu verstärken wird[23].

Falles» darin zu bestehen, daß «der Dämon . . . sich nicht» äußert. In Wahrheit ist es gerade die *Wortlosigkeit* des Verdrängungsvorgangs selbst, der die Hysteroepilepsie erzwingt.

[22] Vor allem L. Szondi: Lehrbuch der experimentellen Triebdiagnostik, 1. Bd.: Textband, 103–104 hat auf die Kain- und Abelseite des epileptiformen Erlebens hingewiesen: «Der Triebfaktor, der den Menschen aus Wut und Haß, Zorn und Rache, aus Neid und Eifersucht zu einem Totschläger aus groben Affekten zu machen vermag, der den Menschen dazu treibt, seine Gemütsbewegungen in sich bis zum Bersten aufzustauen, um sie dann plötzlich, explosionsartig auf die Mitmenschen *überraschend* zu entladen, der die erwürgende Hand ‹Kains› – an Stelle des Bruders – auf die *eigenen* Gefäße des Gehirns, des Herzens, der Gedärme und der Extremitäten legt . . . , der die Zunge des Menschen im Sprechen bis zum Stottern hemmt, der die grauenhaften Ängste der Nacht und des Tages erregt, dieser furchterregende Faktor ist: der Faktor e» (= epileptiform). Insbesondere die *homo-sacer*-Berufe: Pfarrer, Mönche, Fürsorger, Krankenschwestern etc. gehören nach L. Szondi: Ich-Analyse, 362 zu dem Gestaltkreis des *morbus sacer*, der Epilepsie. Gerade der Mann Moses, der den Ägypter erschlägt (Ex 2,12), ist es, der sich vor Gott als «schwer von Zunge» zu erkennen gibt (Ex 4,10); vgl. zu der Erzählung von der *Berufung des Moses* E. Drewermann: Tiefenpsychologie und Exegese, II 379–392.

[23] Hierher gehört der Leidensweg fast aller *Stotterer*. «Gehen Sie erst mal hin und lernen Sie ordentlich sprechen; es ist ja nicht zum Anhören» – mit diesen Worten warf vor kurzem

Welch ein Ausweg läßt sich aus diesen inneren und äußeren Blockierungen finden?

Von allen Wunderheilungen, die Markus berichtet, erscheint die Heilung des «besessenen» Knaben vom Ergebnis her zunächst als höchst fragwürdig. Daß Jesus den wie tot daliegenden Knaben vor den Augen der erschrockenen Menge aufzurichten vermag, ist von der Dynamik des epileptischen Anfallsleidens her durchaus nicht verwunderlich – viele Male sogar müssen die Familienangehörigen bereits erlebt haben, wie rasch ein entsprechender Anfall sich auflösen kann; von einer wirklichen *Heilung* ließe sich mit Sicherheit erst reden, wenn man berichten könnte, daß auch nach mehreren Monaten und Jahren keinerlei Anfälle oder Krampfäquivalente bei dem epileptischen Knaben mehr zu beobachten gewesen seien. Um so mehr muß es erstaunen, daß diesmal alle, auch der Vater, sich von der Heilung des Knaben überzeugt geben. Das eigentliche Wunder liegt tatsächlich nicht so sehr in der Heilung des Knaben selbst, als offenbar in der Veränderung, die Jesus in dem Vater des Kindes bewirkt; *sie* eigentlich wird man als den entscheidenden Ansatzpunkt, als die Gewähr auch für die Heilung des Knaben ansehen müssen[24]. So wie Jesus in dem Gespräch mit der syrophönizischen Frau ein Vertrauen erzeugen konnte, das heilend auch auf die «dämonisch besessene» Tochter

noch ein Theologiedozent einen seiner Studenten aus der Prüfung. Das Thema der Prüfung: die Entwicklungen der Gnadenlehre seit Trient. Es ist ein furchtbares Schicksal, das S. Freud mit dem Begriff «Wiederholungszwang» bezeichnete, daß alle neurotischen Konflikte die Reaktionen der Mitmenschen immer wieder in dieselben Bahnen lenken, aus denen die Krankheit selbst entstanden ist; jede «normale» Reaktion aus Unkenntnis der Übertragungsmechanismen verstärkt mithin das Krankheitsbild selbst. M. a. W.: Welch eine Rechtfertigung soll es dafür geben, immer noch in Theologie und Seelsorge so zu tun, als bedürften wir der Tiefenpsychologie nicht, wenn wir nur nach der Manier der Schriftgelehrten die «Wunder» Jesu als die «Zeichen der durch den gottgesandten Messias anbrechenden Heilszeit» zu «verkündigen» vermöchten! S. Freud: Jenseits des Lustprinzips, XIII 35–37 – eine Pflichtlektüre!

[24] Es entbehrt nicht einer gewissen Tragikomik, wenn sich gerade die Heilung des epileptischen Knaben der traditionsgeschichtlichen Analyse «als historisch verbürgt» darstellt, wie R. Pesch: Das Markusevangelium, II 95 meint; denn gerade diese Geschichte erzählt ein «Wunder» das, als äußeres Faktum genommen, selbst einen Teil der Krankheit darstellt: daß der Epileptiker *plötzlich* aus seiner todesähnlichen Starre erwacht, gehört zum Krankheitsbild und beweist für die Heilung selber überhaupt nichts. Nur wenn man den seelischen Hintergrund der Krankheit sich vorstellt (und dabei nicht von einer symptomatischen, sondern genuinen bzw. funktionellen Epilepsie ausgeht), mag man die Art des Vorgehens Jesu für wirklich heilsam halten.

zurückzuwirken vermochte (Mk 7,24–39), so gelingt es ihm hier allem Anschein nach, den Vater aus seiner Haltung verzweifelter Larmoyanz (und verschleierter Aggression) herauszuführen und damit den Teufelskreis in dem Verhältnis zwischen Vater und Sohn zu unterbrechen. Eben noch hören wir den Mann laut um Hilfe rufen: «Erbarme dich unser, wenn du etwas vermagst», da greift Jesus diese ebenso flehentliche wie alle Verantwortung abgebende Bitte des Mannes in einer Weise auf, daß den Auslegern dieser Stelle – neben der pathogenen Ambivalenz dieses Vaters – ausnahmslos der entscheidende Faktor auch der Heilung in diesem Gespräch zwischen Jesus und dem Vater des epileptischen Knaben entgeht.

Man ist in der Bibelexegese, sobald das Wort «Glauben» fällt, zumeist derart auf theologische Aussagen und «christologische» «Verkündigungsinhalte» fixiert[25], daß man sich außerordentlich schwer tut zu begreifen, wie einfach im Grunde die Haltung *dieses «Glaubens»* oder besser, dieses Vertrauens ist, von der die Wundererzählungen gerade im Markusevangelium immer wieder sprechen. Es geht um einen «Glauben», wie er nur aus Not und Leid geboren wird[26]: eine flehentliche Hoffnung wider alle Hoffnung, ein Greifen nach dem letzten Strohhalm, eine fast blinde Erwartung, die sich mit aller Kraft an den anderen hängt und ihn um ein Wunder anfleht. Die heilende Tat soll

[25] So, wenn R. Pesch: Das Markusevangelium, II 97 nicht müde wird, den «exorzistischen Auftrag der Kirche» herauszustellen. Wo denn soll dieser «Auftrag» ohne Integration der Tiefenpsychologie enden, wenn nicht in *Klingenberg*? Vgl. S. Maderegger: Dämonen. Die Besessenheit der Anneliese Michl im Lichte der Analytischen Psychologie. Ein Beitrag zur Diskussion über die Personalität des Teufels, Wels 1981. Vor allem wird immer wieder (aus Ignoranz oder Arroganz) unterstellt, daß die Haltung der Psychotherapie auf eine Art von «Selbsterlösung» und «Selbermachen» hinausliefe, wohingegen die Haltung des gläubigen Christen in dem Vertrauen auf die Macht Gottes bestünde. Wo, wenn nicht in der Seele des Menschen, soll denn die Macht Gottes zur Erscheinung kommen? Man fördert stets nur die Krankheit, nicht die Gesundung, solange man Theologie ohne Kenntnis der menschlichen Psyche betreiben zu können glaubt. Vor allem gilt es dabei, den langen Weg der Psychogenese des Menschen im Verlauf der Evolution selbst als eine Form der (längst noch nicht abgeschlossenen) Offenbarung Gottes zu interpretieren. Zum Verständnis der Epilepsie z. B. bedarf es unbedingt der *Verhaltensforschung* und einer entsprechenden Kenntnis des *Totstellreflexes* in der Tiefenpsychologie. Vgl. J. Hirschmann: Primitivreaktionen, in: Handbuch der Neurosenlehre, II 92–101, S. 95, der zu Recht in der Affektepilepsie eine Mischung von Bewegungssturm und Totstellreflex realisiert sieht. Inhalte dieser Art sind es, die mit dem für historisch-kritische Exegeten so schwer verdaulichen Begriff des «Archetypischen» gemeint sind. Vgl. E. Drewermann: An ihren Früchten sollt ihr sie erkennen, 106 f.

[26] Vgl. E. Drewermann: Tiefenpsychologie und Exegese, II 123–125.

dabei ganz und gar von dem anderen, dem Arzt, dem Heiland, dem Mann Gottes ausgehen – schon die eigene Hilflosigkeit läßt einen anderen Gedanken gar nicht zu; alles kommt in dieser Sicht darauf an, was der andere wirklich zu bewirken vermag; – und eben diese Einstellung weist Jesus hier entschieden zurück! Es geht in seinen Augen durchaus nicht um eine besondere «Macht», die ihm zueigen wäre; im Gegenteil: Solange eine solche Einstellung bestehen bliebe, könnte sich an der inneren Verkrampfung, unbedingt etwas «machen» und erzwingen zu müssen, nicht das Geringste ändern; man käme an den Kern des «Krampf»-Leidens dieses Kindes niemals heran. Im Grunde geht es überhaupt nicht um die Person Jesu, so als wenn er über nur ihm zueigene, unvergleichliche, magische Qualitäten verfügen würde; die einzige Kraft, die Jesus für wirksam hält, ist die Kraft des Glaubens[27]. Nicht also: «Wenn du etwas vermagst» – sondern: «Dem Glaubenden ist alles möglich.» Nicht kraft seiner menschlichen Fähigkeiten ist Jesus in dieser Wundererzählung zum Heilen befähigt, vielmehr umgekehrt: Alles, was er vermag, alles, was er als Person anderen sein kann, hängt ab von seinem eigenen Vertrauen; nicht er selber wirkt hier; die Macht, die in Wahrheit etwas bewirkt, besteht allein in dem Vertrauen, das er (von Gott her) jeder Form menschlicher Not entgegenbringt. – Das Johannesevangelium wird diesen wichtigen Sachverhalt später in die Worte fassen, daß Jesus nichts «aus sich» redet und tut, sondern daß es der «Vater» ist, der in ihm (durch ihn) redet und wirkt (Joh 3,32.33; 8,26.38; 12,49)

An dieser Stelle des *Markusevangeliums* indessen geht es zunächst nicht einmal primär um den Glauben *Jesu;* wäre es *darum* entscheidend zu tun, so müßte der Vater des epileptischen Knaben Jesus auffordern, *er* möge um Himmels willen soviel «Glauben» «einsetzen» wie nur möglich; zumindest müßte er seine Zuversicht äußern, daß Jesus schon einen genügenden Glauben «besitze», um «alles» zu vermögen. Statt dessen beteuert dieser Mann

[27] G. Bornkamm: Jesus von Nazareth, 121; 191 Anm. 41 meint richtig zu Mk 9,23: «Jesus redet hier sicher nicht von seinem eigenen Glauben. Davon redet das Neue Testament bezeichnenderweise höchst selten. Vielmehr kennzeichnet sein Wort das Unvermögen des Vaters, dem der Glaube fehlt.» Andererseits verdirbt sich auch Bornkamm diese richtige Einsicht, indem er sie zu schnell theologisiert: «Ich glaube! – damit ist der Bittende in der Tat sich selbst voraus und sagt mehr, als was er an sich selbst zu erkennen vermag. Hilf meinem Unglauben! – damit gibt er sich selbst als den, der hinter diesem Glauben zurückbleibt, der Macht und Hilfe, die ihm in Jesus begegnet, hin. In dieser Paradoxie von Glaube und Unglaube wird, wie die Geschichte zeigen will, der Glaube echt und fähig, das Wunder Gottes zu empfangen.» (121)

seinen Glauben und bittet Jesus, *diesen* zu verstärken. Offenbar gibt es also keine andere Heilung dieses epileptischen Knaben, als indem der Vater selber in einem unbedingten Vertrauen sich festzumachen lernt – in einem Vertrauen, das ihn selber endlich davon befreit, *gegen* die Krankheit seines Kindes mit einer absolut «dämonischen» Mischung aus Fürsorge und Haß, Mitleid und Ohnmacht, Verantwortung und Ablehnung ankämpfen zu müssen[28].

Es ist ein wunderbares Wort, wenn Jesus später seinen Jüngern bezüglich dieser Haltungsänderung erklärt, «diese Art» der «bösen Geister» könne überhaupt nur *«durch Gebet»* ausgetrieben werden (Mk 9,29)[29]. Das «Beten» bedeutet hier gewiß nicht ein immer dringlicheres Bestürmen des Himmels;

[28] Die Situation ist ähnlich wie in Mk 5,35–43 bei der Heilung der Tochter des Jairus, die auch nur von den «Toten» auferweckt werden kann, indem zunächst der Vater seine Einstellung gegenüber seiner Tochter ändert. Vgl. E. DREWERMANN: Das Markus-Evangelium, I 371–375. DERS.: Tiefenpsychologie und Exegese, II 301–309.

[29] Formal trifft es zu, wenn R. PESCH: Das Markusevangelium, II 96 meint, daß in Mk 9,28–29 «der Text zu einer Anweisung für die exorzistische Praxis der Kirche» gerate, «die sich im Spiegel der Jünger Jesu den eigenen Unglauben (V 19: jetzt auf die Jünger mitbezogen) vorhält, im Typus des Vaters ihre Angewiesenheit auf Jesus neu erkennt (V 24) und die urkirchlichen Exorzisten auf die Kraft des Gebetes hinweist.» Doch von welcher Art soll dieses «Gebet» sein? Inhaltlich kommt es darauf an zu sehen, daß gerade die Weise der analytischen Psychotherapie, Menschen durch dick und dünn möglichst absichtslos zu begleiten, die heute überzeugendste Form eines solchen vertrauensvollen «Gebetes» darstellt. Insbesondere *die Einheit von Gebet und Fasten* (Mk 9,29) findet ihren wohl besten Kommentar durch ein uraltes religiöses Wissen (auch) außerhalb des Christentums, wie es z. B. im *Taoismus* des Alten Chinas lebte. So sagte DSCHUANG DSI: Südliches Blütenland IV 1, S. 62–63: «Yen Hui sprach: ‹Darf ich fragen, was das Fasten des Herzens ist?› Kung Dsi sprach: ‹Dein Ziel sei Einheit! Du hörst nicht mit den Ohren, sondern hörst mit dem Verstand; du hörst nicht mit dem Verstand, sondern hörst mit der Seele. Das äußere Hören darf nicht weiter eindringen als bis zum Ohr; der Verstand darf kein Sonderdasein führen wollen, so wird die Seele leer und vermag die Welt in sich aufzunehmen. Und der *Sinn* ist's, der diese Leere füllt. Dieses Leersein ist Fasten des Herzens.› Yen Hui sprach: ‹Daß ich noch nicht imstande bin, diesen Weg zu gehen, kommt wohl eben davon her, daß ich als Yen Hui existiere. Vermöchte ich ihn zu gehen, so wäre meine Existenz aufgehoben. Das ist wohl mit der Leere gemeint?› Der Meister sprach: ‹Du hast's erfaßt. Ich will es dir erklären. Wenn du diesen Standpunkt hast, dann kannst du in den Zwinger (der Menschenwelt) eintreten und darin wandeln, ohne daß du ihnen äußerlich zu nahe trittst. Findest du Einlaß, so singe dein Lied; findest du keinen Einlaß, so halte ein! Nicht von außen her durch die Tür, nicht mit Gewaltmitteln und Giften (kommst du zu den Menschen). Du bist ihr Hausgenosse und wohnst unter ihnen, als könnte es gar nicht anders sein. Auf diese

Weise kannst du vielleicht etwas erreichen. Seine Spuren verwischen ist leicht; nicht die Erde zu berühren beim Wandeln ist schwer. Als Abgesandter eines menschlichen Herrn mag man auch zum Truge greifen; der Himmel aber duldet in seinem Dienst keinen Trug. Du weißt, daß es möglich ist, mit Flügeln zu fliegen, aber du hast noch nicht davon gehört, wie man ohne Flügel fliegen kann. Du kennst die Weisheit, die aus der Erkenntnis entspringt; aber du hast noch nicht davon gehört, daß man auch ohne Erkenntnis weise sein kann. Sieh dort die Öffnung der Wand! Das ganze leere Zimmer wird dadurch erhellt. (Wer so ist), bei dem verweilen Glück und Segen, aber sie bleiben nicht auf ihn beschränkt. Von einem solchen mag man sagen, daß er imstande ist, alle Fernen zu durchdringen, während er ruhig an seinem Platze verweilt. Er gebraucht sein inneres Auge, sein inneres Ohr, um die Dinge zu durchdringen, und bedarf nicht verstandesmäßigen Erkennens. Zu einem solchen kommen die Unsichtbaren, um bei ihm Wohnung zu nehmen, wieviel mehr erst die Menschen. Auf diese Weise vermag man die Welt zu wandeln.» – Wer von uns Christen, wenn er von «Gebet und Fasten» hört, denkt, statt an den asketischen Krampf der «Andachten» der «Fastenzeit», an eine Haltung, «schwebend» über die Erde zu gehen und gewaltfrei im Herzen des anderen Einlaß zu finden, Lieder darin zu singen und weise zu werden durch die Entleerung und Preisgabe des verstandesmäßigen Denkens und des äußeren Hörens! Im Gegenüber solcher Texte zeigt sich die ganze Ohnmacht der christlichen Frömmigkeit, auch nur irgendein religiöses Wort wirklich religiös zu verstehen. *Deshalb,* nicht einer «gnostischen Universalreligion» zuliebe, wie manche Kritiker der tiefenpsychologischen Exegese unterstellen, sondern um allererst wieder zu lernen, was Religion sein und bewirken kann, bedarf die Exegese des Neuen Testamentes immer wieder des Kommentars der außerbiblischen Religionen sowie einer Menschlichkeit, die heute am heilsamsten in der analytischen Therapie realisiert wird. Vgl. E. DREWERMANN: An ihren Früchten sollt ihr sie erkennen, 116–118. – Die asiatische Haltung der Selbstentleerung hat ihre tiefste Entsprechung in dem *Herzensgebet der Ostkirche,* in dem (gegen den Einspruch des kalabrischen Mönches *Barlaam*) die alten psychotechnischen Mittel zur Erreichung der Vereinigung mit Gott aufgegriffen werden, «wie es *Symeon* . . . empfiehlt: ‹In einer ruhigen Zelle abgesondert sitzend, bemühe dich zu tun, was ich dir sage. Schließe dich von der Umwelt ab und ziehe deinen Geist von jedem eitlen und vergänglichen Gegenstand weg. Hierauf stütze das Kinn auf deine Brust und richte das Auge mit ganzer Aufmerksamkeit auf die Mitte des Bauches, das heißt, auf den Nabel. Halte den Atem an, damit du nicht nach Belieben atmest. Suche in deinem Inneren den Ort des Herzens aufzuspüren, wo von Natur aus alle Kräfte der Seele wohnen . . . Sobald nämlich der Geist den Ort des Herzens aufspürt, sieht er allsogleich, was er früher niemals erfahren hat. Denn er durchschaut die Schleier des Herzens und sieht sich in voller Klarheit.›» F. SPUNDA: Legenden und Fresken vom Berg Athos, 15. Vor eineinhalbtausend Jahren war die Ostkirche imstande, von den *Buddhisten* zu lernen, was *Beten* heißt; wer es heute als Theologe für unausweichlich hält, auch von den nichtchristlichen Religionen zu lernen, was Christus uns zu sagen hat, wird gewiß als Häretiker («Gnostiker») verdächtigt werden. Doch nur bei einer Einstellung, in der es ein und dasselbe ist, am Ort des Inneren des Herzens «sich selbst in voller Klarheit» zu begegnen und Christus zu finden, wird die christliche Theologie aufhören, eine Art von Glauben zur Pflicht zu erheben, die immer wieder eher Krankheit als Gesundheit zur Folge hat.

es ist im Gegenteil jene Form von «Beten», die Jesus in der Stille auf dem «Berg» übte, bevor er durch den Wind und Wogengang über dem «Wasser» zu seinen Jüngern ins Boot ging (Mk 6,46) – ein vollständiges Versinken in der Obhut Gottes und eben deshalb ein Getragenwerden gegenüber dem «Versinken» in der Angst und der Not. Gerade das Dilemma dieses epileptischen Anfallsleidens zeigt überdeutlich, wieviel an Unheil überhaupt erst dadurch entsteht, daß man mit aller Kraft etwas Bestimmtes glaubt erreichen zu müssen, das in Wirklichkeit nur zu erreichen ist, wenn der «Wind» sich legt und buchstäblich eine große «Stille» eintritt (Mk 4,39), als eine Gabe des Himmels, nicht als ein Gewaltakt des Menschen.

Das ist es, was Jesus immer wieder mit *«Glauben»* (oder hier auch mit «Gebet») bezeichnet: eine Haltung, die von dem Druck entlastet, alles hinge von uns selber ab, wir seien entscheidend «gefordert», wir seien «verantwortlich» – es ist ein solcher moralischer Krampf, daß das Krampfleiden als Krankheit wie notwendig sich daraus ergibt. *«Glauben»*, – das ist ganz im Gegensatz dazu eine unsäglich befreiende Entspannung. Es kommt auf uns *nicht* an. Es geht nicht einmal um Jesus; es geht vielmehr um eine Macht, die wir nicht «haben» und die uns doch durchfließen kann, wenn wir uns ihr nicht mit dem eigenen «Ich aber muß doch» und «Ich aber will doch» entgegenstellen.

Dann gibt es immer noch den Erwartungsdruck des «Volkes», das auf Jesus zukommt und dem vorweg Jesus schließlich «selbst» dem bösen Geist «gebietet»[30] (Mk 9,25), wie um – erneut – sich vor dem Andrang der Menge zu schützen. Man darf das nicht mißverstehen: Was die Heilung dieses Jungen bewirkt, ist nicht ein Erweis von «Macht» und «Kraft», die Jesus für sich selbst beanspruchen oder demonstrieren wollte, es ist eine Energie, die entsteht, sobald ein Mensch seine Angst verliert und den Verwicklungen des Lebens nicht länger mehr das Durcheinander seiner eigenen Person hinzufügt.

Wenn man ersinnen sollte, von welcher Art dieses «Gebet» ist, welches die «Dämonen» der Angst, der verdrängten Gefühle, der verwirrten Beziehungen zu verbannen vermag, so gibt es in den Gebeten des Alten Israel wohl

[30] Es geht nicht an, einfach zu konstatieren, daß der Exorzismus ein *Geheimhaltungsmotiv* enthalte, indem die Heilung abseits von der Menge einen Topos exorzistischer Wundergeschichten darstelle, wie G. Theissen: Wundergeschichten, 70f. herausstellt. Es kommt vielmehr darauf an zu verstehen, daß es gerade die Abhängigkeit von den anderen ist, die immer wieder die «dämonische» Selbstentfremdung des einzelnen auf den Plan ruft. Vgl. E. Drewermann: Das Markus-Evangelium, I 530–531, Anm. 29.

keinen Psalm, der tiefer eine solche Haltung des Vertrauens ausspricht, als den wunderbaren Psalm 103,1–22 (in eigener Übersetzung):
«Preise, meine Seele, den Herrn, alles, was in mir ist, seinen heiligen Namen; preise, meine Seele, den Herrn, und vergiß nicht, was er alles an dir getan – er, der all deine Schuld vergibt, der all deine Fehler und Krankheiten heilt, der aus dem Kerker dein Leben erlöst, der dich geradezu krönt mit Huld und Erbarmen, der dein Dasein sättigt mit dem, was gut ist, daß du adlergleich neu eine zweite Jugend erlebst.
Der Herr bewirkt Gerechtigkeit, Rechtfertigung allen Gebeugten. Er teilt seine Wege dem Moses mit, den Kindern Israels seine Taten. Barmherzig und voller Erbarmen ist Gott, langsam im Zürnen, doch reich an Gnade. Er zürnt nicht auf immer, er entbrennt nicht auf ewig, er verfährt nicht mit uns nach unseren Sünden, er übt nicht Vergeltung nach unserer Schuld. Denn so hoch der Himmel über der Erde, so machtvoll steht seine Huld über allen, welche ihn ehren. So weit auseinander wie Osten und Westen, so weit entfernt hat er von uns die Schuld. Denn er weiß genau: Wir sind nichts als Töpferton; er denkt daran, daß wir letztlich nur Staub sind. Das Menschlein: seine Tage wie Gras! Wie eine Feldblume blüht es auf, doch der Wind streicht darüber – schon ist sie entschwunden, und niemand erkennt mehr den Ort, wo sie war. Doch die Huld des Herrn währt von Ewigkeit her auf Ewigkeit hin für alle, welche ihn ehren, und er ist der Halt aller Menschenkinder, für die, welche seinen Bund achten, die seine Zuordnung in sich tragen und sie befolgen.
Der Herr hat im Himmel den Thron sich errichtet, und seine Herrschaft waltet in allem. Preiset den Herrn, ihr, seine Boten, ihr Starken an Kraft, die ihr folgt seinem Weg, daß ihr hört auf den Ruf seines Weges. Preiset den Herrn, all seine Scharen, ihr, seine Diener, die ihr tut, was er mag. Preiset den Herrn, all seine Geschöpfe, an allen Orten, wo er regiert. Ja, preise, auch *meine* Seele, den Herrn.»

Mk 9,30–37: Die zweite Leidensweissagung Jesu oder: Wer dieses Kind aufnimmt . . .

[30] Und von dort gingen sie hinaus und zogen dahin, quer durch Galiläa, doch er wollte nicht, daß jemand es bemerkte. [31] Immer wieder nämlich lehrte er seine Jünger und sagte ihnen: Der Menschensohn wird in Menschenhände ausgeliefert, und sie töten ihn, doch ist er getötet, nach drei Tagen wird er *auferstehen.* (Mk 9,9.27) [32] Doch verstanden sie die Aussage nicht und fürchteten sich auch, ihn zu fragen.
[33] So kamen sie nach Kapharnaum. Da, als er zu Hause war, fragte er sie: Was unterwegs habt ihr besprochen? [34] Sie aber schwiegen. Miteinander nämlich hatten sie unterwegs besprochen, wer größer sei. [35] Da setzte er sich, rief die Zwölf und sagt ihnen: Wenn jemand Erster sein will, werde er aller Letzter und aller Diener. [36] Und er nahm ein Kind, stellte es in ihre Mitte und, es umarmend, sagte er ihnen: [37] Wer solch ein Kind *aufnimmt* (Mk 10,15) *in meinem Namen* (Mk 9,38), mich nimmt er auf; und wer mich aufnimmt, nicht mich nimmt er auf, sondern den, der mich gesandt hat.

Je tiefer man einen Menschen zu kennen beginnt, desto deutlicher wird, daß alles, was er sagt und tut, einem geheimen, unsichtbaren Zentrum entspringt[1]. Der Alltag nötigt uns oft, mehr oder weniger entfernt von diesem Mittelpunkt unseres Lebens zu existieren; aber alles kommt darauf an, diesen Kern unseres Wesens zu finden und zu entfalten.
Auch wenn uns aus dem Leben Jesu nichts weiter überliefert worden wäre als nur diese eine Szene des Markusevangeliums, so würden wir doch alles, was Jesus war und wollte, aus diesem wenigen bereits auf das vollkommenste zu begreifen vermögen[2]. An dieser Stelle teilt Jesus sich so unmittelbar seinen

[1] So meinte TERESA VON AVILA von sich, sie komme sich vor wie ein Vogel, den Gott nur ein einziges Lied gelehrt habe. Wie hört man im menschlichen Umgang unter der Fülle der Worte die Stimme dieses einen unverwechselbaren Gesangs der Seele heraus?
[2] Es ist mit den Erzählungen des Neuen Testamentes nicht anders als mit den Fragmenten aller alten Religionen: sie enthalten in jedem scheinbar noch so unwichtigen Detail stets das Ganze; sie sind wie die Zellen eines lebendigen Organismus – sie enthalten jede für sich das Aufbauprogramm des gesamten Körpers sowie die Definition der jeweiligen Rolle, die sie selbst innerhalb des Ganzen zu spielen haben. Man sieht vor sich z. B. einen ägyptischen Gebrauchsgegenstand, die Kopfstützen des Pharao Tut-anch-Amun etwa, und man hat vor sich das Bild, wie der Luftgott *Schu* bei der Weltschöpfung das Chaos beseitigte, «indem er

Jüngern mit, daß das Geheimnis seines ganzen Lebens in diesem einen Augenblick enthalten ist. Markus selber hat dies so gesehen, indem er die Erzählung, wie Jesus ein Kind in die Mitte seiner Jünger stellt und es umarmt, unmittelbar in die Begebenheiten auf dem Wege Jesu nach Jerusalem einordnet. Man kann den Ernst dessen, was Jesus hier sagen will, im Sinne des Markus in der Tat nur begreifen auf dem Hintergrund der Frage von Sein oder Nichtsein, von Leben und Tod, von Vernichtung und Auferstehung. Hier geht es durchaus nicht nur um einen Rangstreit unter den Jüngern, hier geht es um alles. Längst ist der Frühling in Galiläa vorbei, und Jesus weiß in diesem Augenblick, daß er mit der Milde und Wärme seiner Worte bald schon furchtbare Winterstürme hervorrufen wird. Man haßt ihn wegen seiner Menschlichkeit.

Es gibt im Alten Testament, im Spätjudentum, die Vision von dem *Menschensohn*, von der Wesensgestalt dessen, wozu wir bestimmt sind[3]. Diese Gestalt, so sagt die alte Mythe, steht am «Throne Gottes» und «wartet», um in den Tagen der «Endzeit» «Wohnung» zu nehmen unter den Menschen; endgültig sollte ein jeder dann leben, was Gott mit ihm gemeint hat. So wollte es Jesus, und offenbar glaubte er, daß man in seiner Nähe etwas von dem Wesen des «Menschensohnes», der in ihm lebte, kennenlernen könnte. Gleichwohl scheint die Hoffnung Jesu getrogen zu haben[4], daß die Augen-

den Himmel erhob und damit von der Erde trennte.» J. Settgast: (Red.): Tutanchamun, 109. Selbst der Schlaf des Pharaos war ein Symbol des Schöpfungsmorgens, Gewähr und Vorbereitung des Auftauchens aller Dinge aus der Dunkelheit der Nacht. Alles kommt darauf an, die Texte der Evangelien so zu lesen, daß sie als lebendige «Zellen» der einen Person Jesu sich zu erkennen geben.

[3] Zum Begriff des *Menschensohnes* vgl. E. Drewermann: Das Markus-Evangelium, I 44 f., Anm. 30; 223 f.; 540, Anm. 13; vgl. E. Schweizer: Das Evangelium nach Markus, 89–91; J. Jeremias: Neutestamentliche Theologie, I 245–263. – Zur Gestalt des *Messias* vgl. E. Drewermann: A. a. O., I 551 f., Anm. 26. Vgl. auch E. Meyer: Ursprung und Anfänge des Christentums, II 330–352. – Zu dem Wort vom *«in die Hände gegeben werden»* (Mk 9,31) vgl. J. Jeremias: Neutestamentliche Theologie, I 280–282, der eine aramäische Überlieferung in dem Wort nachweist und die Anspielung auf Jes 53 herausstellt.

[4] Zu Recht weist E. Schweizer: Das Evangelium nach Markus, 103 auf das Wortspiel hin: «Der Menschensohn wird in die Hände der Menschen übergeben.» Es gilt gerade diesen Gegensatz zu verstehen, daß die Menschlichkeit Jesu, personifiziert in der Gestalt des «Menschensohnes», an der Allzumenschlichkeit der Menschen scheitert. Es geht bei den «Menschen» also nicht nur «um das auch sonst von Jesus angeklagte gegenwärtige Geschlecht, vgl. 8,12; 9,19)», wie R. Pesch: Das Markusevangelium, II 100 meint; es geht

zeugen seiner Wunder, die Ohrenzeugen seiner Worte sich bereit fänden, Gott in ihr Herz einzulassen. Mehr als den Teufel fürchteten sie offenbar Gott, mehr als den Haß die Liebe, mehr als das Zerstören den Aufbau. Es ist eine wahnsinnige Logik, es handelt sich um die Psycho-Logik einer schweren seelischen Erkrankung, aber es ist genau das, was Jesus erlebt. Vom ersten Moment an, gleich am Anfang des Markusevangeliums, als Jesus einen Mann mit einer verkrümmten Hand in der Synagoge dazu bringt, sich vor aller Leute Augen aufzurichten und seine Hände frei zu bewegen, hassen ihn die Schriftgelehrten (Mk 3,1–6). Sie wissen, wie man die Fallen stellen muß, um Jesus einen Strick zu drehen, oder, richtiger, wie man das Eisen heiß hält, um die Nägel zu schmieden für das Kreuz. *Die* Kunst beherrschen wir: Worte, die völlig eindeutig gemeint sind, in ihr Gegenteil zu verdrehen, Taten, die heilsam sind, zweideutig zu machen, und den Charakter eines Menschen, der von Gott ist, ins Anrüchige zu setzen, bis wir am Ende mutwillig umbringen, was einzig uns leben lassen könnte.

Und dennoch will Jesus, daß mindestens die kleine Schar seiner Jünger in diesem Augenblick etwas begreift, möge die Menge denken, was sie will, und mögen ihre Führer mit der Menge machen, was sie wollen: mindestens dieser kleine Kreis der Zwölf, stellvertretend für alle, soll wissen: Es ist das Leben, wenn es nur in sich wahr ist, mit keiner Lüge zu töten. Man kann Menschen physisch vernichten, ihr Leben aber steht bei Gott. Man mag ihr irdisches Dasein zertrampeln, man mag ihnen auf Erden schon die Gräber schaufeln – den Himmel wird man nicht verriegeln. Wohl kann es sein, daß die Nächte dunkel sind und kalt, in denen man nur noch das Heulen der Wölfe vernimmt, aber es ist auch wahr, daß nach den drei Nächten des Neumonds das

vielmehr um eine Haltung, die den Menschen im Feld der Gottesferne wesentlich kennzeichnet. Man wird den notwendigen (!) Widerstand jeder (seelischen) Krankheit gegen die Heilung, der Schuld gegen die Vergebung, der Selbstentfremdung gegen die Freiheit nicht verstehen können, ohne zur Erklärung die Psychodynamik der Angst in der menschlichen Psyche tiefenpsychologisch und existentialanalytisch durchzuarbeiten. Vgl. E. Drewermann: Das Markus-Evangelium, I 25–80. Zu dem «Irrtum» Jesu bzgl. der sog. *«Naherwartung»* vgl. Sch. Ben Chorin: Bruder Jesus, 97, der zu der Vater-unser-Bitte: «Dein Reich komme», sehr schön sagt: «Aus der Naherwartung des Reiches freilich wurde die Fernerwartung, aber der Glaube wird immer in der Erwartung leben, in der Erwartung des Unbekannten, des ganz anderen, und das ist ja das Reich Gottes ... Wenn auch das Reich Gottes das Fernste ist, so ist es für den Beter, wenn er ein rechter Beter ist, im Augenblick des Gebetes das Nächste. Ja, das Reich ist in der betenden Gemeinde schon vorweggenommen: Das Reich Gottes ist mitten unter euch (Luk 17,21).»

Licht wieder aufersteht[5]; und genauso sicher, meint Jesus, wird die Helligkeit der Liebe siegen über die Finsternis des Hasses. *Daran* glaubte er, und davon mochte er, daß wenigstens seine Jünger es verstünden.

[5] Als erster hat E. SCHWEIZER: Erniedrigung und Erhöhung bei Jesus und seinen Nachfolgern (ATh ANT 28) Zürich ²1962, 21 ff. gezeigt, daß die Passionsgeschichte des Markus dem Bild des *«leidenden Gerechten»* folgt, besonders in ihren Anspielungen auf die Psalmen. Zu der Vorstellung, daß der *Menschensohn* leidet, vgl. bes. G. BEER (Übers.): Das Buch Henoch, 38,2; 53,6; 71,14, in: E. KAUTZSCH: Die Apokryphen und Pseudepigraphen des Alten Testaments, II 217–310, S. 258; 260, wo die Erscheinung des Gerechten vor der Gemeinde der Auserwählten beschrieben wird und schließlich der Erzengel Michael sagt: «Du bist der Mannessohn, der zur Gerechtigkeit geboren wird; Gerechtigkeit wohnt über dir und die Gerechtigkeit des betagten Hauptes verläßt dich nicht.» – Zu der *Auferstehungshoffnung im Spätjudentum* vgl. P. SEIDENSTICKER: Zeitgenössische Texte zur Osterbotschaft der Evangelien, 27–42; H. L. STRACK – P. BILLERBECK: Kommentar zum Neuen Testament aus Talmud und Midrasch, IV 2, 1166–1198. – Insgesamt gilt es auch und gerade bei der Frage nach dem *«leidenden Gerechten»* nicht einfach als historisches Datum zu konstatieren, «daß der Gerechte *auf Grund* seiner Gerechtigkeit... leiden muß», wie es L. RUPERT: Jesus als der leidende Gerechte, Stuttgart (SBS 59) 1972, 42 mit bes. Bezug zu Jes 52,13–53,12; Ps 34; 37; 119 sowie Weish 2,12–20; 5,1–7 sowie an 4 Esr 7,79.89.96; 8,27.56 ff. und syr Baruchapokalypse 15,7 f.; 48,49 f.; 52,6 f. und 1 QH 2–8 herausgearbeitet hat. Es geht vor allem darum zu verstehen, *warum* ein solches Leiden *immer wieder, notwendig,* eintritt. An sich steht die Aussage von der *Auferstehung* des *Menschensohnes* in einer gewissen Spannung. Die apokalyptische Erwartung rechnet mit einer *Erhöhung* des Menschensohnes nach Dan 7,13–14, wie sie auch Jesus selbst in Mk 14,62 vorschwebt und in gewissem Sinne in Mk 9,2–10 geschildert wird; vgl. P. SEIDENSTICKER: Zeitgenössische Texte zur Osterbotschaft der Evangelien, 43–51. Auf diese Vorstellungen griff auch die frühchristliche Osterpredigt zurück (vgl. Mt 28,17–20; 2 Petr 1,16–19). «Die Menschensohn-Christologie hat sich freilich nur noch in der Eingangsvision zur Apokalypse erhalten (Apk 1,12–18...) und in der Vision des Stephanus Apg 7,56. Sie ist von der Messias-Christologie und von der Denkform ‹Auferstehung von den Toten› verdrängt worden.» (A. a. O., 43) Vgl. Joh 20,19–23; Lk 24,36–43. – Die Wendung «drei Tage» (Mk 14,58; 15,29; Lk 13,32,33 kann an keiner Stelle «von den drei Tagen von Karfreitag bis Ostern abgelesen sein». Es könnte sich, wie J. JEREMIAS: Neutestamentliche Theologie, I 271 meint, um einen Semitismus für «in Kürze» handeln. Vgl. J. B. BAUER: Drei Tage, Biblica 39, 1958, 354–358. Andererseits erinnern die drei Tage auch an Hos 6,2, wo offenbar auf den «Kult der sterbenden und wiederauferstehenden Vegetationsgötter (Adonis, Tammuz usw.)» angespielt wird; A. WEISER: Das Buch der zwölf Kleinen Propheten, 2. Bd. (ATD 24), 57. Auf diesem Hintergrund hatte A. DREWS: Die Christusmythe, 30–51 nicht unrecht, wenn er an die alten Rituale der «Ermordung eines Gottes» erinnerte (31) – mit Blick auf Sach 12,10 ff. und Ez 8,14. Die *drei Tage* können sich allerdings nicht, wie Drews meinte, auf das Schicksal der Sonne beziehen, die nach den 3 Wintermonaten und 5

Wer aber sind seine «Jünger»? – Es hat bis heute nicht aufgehört, daß sich mitten in der «Nachfolge Christi»[6] all die Fehler wiederholen, ja sogar in gewissem Sinne noch steigern können, die auch sonst allerorten unser Leben zu ruinieren drohen. Es zählt zu den Paradoxien unseres Lebens, daß wir mitten in der Kirche – und eigentlich dort noch mehr als sonst – bestimmten «Idealen» zuliebe unversehens in genau die Fragestellungen wieder zurückfallen können, die auch sonst unser Dasein zutiefst verwüsten. Selbst ein so einfaches Beispiel wie diese Zeichenhandlung Jesu läßt sich bis zur Unmenschlichkeit, bis zum Terroristischen verzeichnen. *«Der wähle den letzten Platz!»*[7] Eine fatale Doktrin zur Demütigung, zur Selbstpeinigung, zur Selbst-

Zusatztagen aus dem Gefängnis der Unterwelt zurückkehrt (a. a. O., 46), sondern allenfalls auf die drei Nächte der Neumondzeit. Insbesondere die christliche Mythologie von dem Sieg des Gottessohnes über die alte *Schlange* scheint solchen Vorstellungen uralter Mondmythologie zu entstammen. Vgl. E. SIECKE: Drachenkämpfe, 43; 47; 65–66. – Zum *dritten Tag* vgl. auch die Parallelen bei H. L. STRACK – P. BILLERBECK: Kommentar zum Neuen Testament aus Talmud und Midrasch, I 760.

[6] Vgl. TH. A KEMPIS: Nachfolge Christi (ca. 1450), übers. v. I. M. Sailer, bearb. v. F. Eulen, Kempen 1947, der (Kap. 35,2, S. 224) empfiehlt: «Versprich dir hienieden nicht viel Ruhe, sondern mache dich vielmehr auf viel Leid gefaßt. Suche den wahren Frieden nicht auf Erden, sondern im Himmel, nicht bei den Menschen oder anderen Geschöpfen, sondern bei Gott allein. Aus Liebe zu Gott sollst du alles Unangenehme gern auf dich nehmen: Mühe und Schmerz, Versuchung, Mißhandlung, Angst, Armut, Krankheit, Unrecht, Widerspruch, Tadel, Demütigung, Beschämung, Zurechtweisung und Verachtung. All das hilft zur Tugend; das bewährt den Jünger in der Kampfschule Christi und verschafft ihm die Ehrenkrone im Himmel.» Ein solches extrem masochistisch wirkendes Programm wurde von der Kirche immer wieder als vorbildlich hingestellt; «weil so wenig Menschen sich vollkommen absterben und sich vom eigenen Ich ganz und gar loslösen wollen, eben deswegen bleiben sie in sich verstrickt und können sich nicht im Geiste über sich selbst emporschwingen». (A. a. O., 53. Kap., 3; S. 273) Das ist (vor 500 Jahren!) bis in die Sprache hinein dieselbe Denkweise, die unverändert R. PESCH und G. LOHFINK: Tiefenpsychologie und keine Exegese, 109 verraten, wenn sie meiner tiefenpsychologischen Exegese vorwerfen, im Kern unchristlich zu sein, und als Hauptargument (!) dagegensetzen: «Nach der Erfahrung des Gottesvolkes ist der Einzelne, falls er sich nicht immer neu am Glauben der Gemeinde ausrichtet und sich von dieser auf das Evangelium ausrichten läßt, ständig in sich selbst verkrümmt und auf falschem Weg. Er will viel zu sehr sich selbst, seine eigenen Götter und seinen eigenen Lebensplan, als daß er ohne Hilfe von außen den wahren Gott und dessen Plan mit der Welt wollen könnte.» Vgl. dazu E. DREWERMANN: An ihren Früchten sollt ihr sie erkennen, 163 f.

[7] Es ist nicht einmal ohne psychische Ambivalenz, wenn ein so begnadeter Mann wie CHARLES DE FOUCAULD zu Mt 18,4 («Wer sich also demütigt wie dieses Kind, der ist der Größte im Himmelreich») sagt: «Gott hat das Heil nicht abhängig gemacht von Wissen-

abtötung kann daraus erwachsen, und umgekehrt: Eine groteske Ideologie zum Aufbau von Macht, von Herrschaft und von vergewaltigender Willkür läßt sich daraus gewinnen[8].

schaft, Intelligenz, Reichtum, langer Erfahrung und seltenen Talenten ... Jesus macht die himmlische Seligkeit hier abhängig von der Demut, vom tatsächlichen Sich-klein-machen, davon, daß man den letzten Platz einnimmt und gehorcht, an anderer Stelle macht er sie abhängig von der geistigen Armut, von der Reinheit des Herzens, von der Liebe zur Gerechtigkeit, von der Friedfertigkeit usw ... Laßt uns hoffen, weil durch die Barmherzigkeit Gottes das Heil uns so nahe ist, in unseren Händen liegt und weil ein wenig guter Wille genügt, es zu erlangen.» D. BARRAT (Ed.): Die Schriften von Charles de Foucauld, 148. Das Problem liegt darin, daß alle Begriffe wie «Demut», «Reinheit», «Gerechtigkeit» etc., verbunden mit «ein wenig gutem Willen», zu jeder Art von moralischem Masochismus herhalten können. Eine Theologie, die nicht die Ichpsychologie der Psychoanalyse strukturell in sich integriert hat, steht immer wieder in Gefahr, zu einer bloßen Instanz des Überichs zu verkommen. Für die Exegese der Worte Jesu ist es außerordentlich wichtig, Stelle für Stelle zu zeigen, wie die Bedeutung religiöser Rede sich von der Selbstentfaltung der Persönlichkeit des Einzelnen her ergibt, sie ermöglichend, fördernd und fordernd. Insbesondere die Psychotherapie zahlreicher Priester und Ordensleute ist heute der unwidersprüchliche Beweis für die Notwendigkeit, die «Unterscheidung der Geister» zunächst einmal nach den Erfahrungen und Maßstäben der Psychoanalyse vorzunehmen. Nichts mehr ist im Raum der Religion glaubwürdig, was nicht menschlich stimmt, und auch die Kirche hat kein Recht, eine «Verkündigung» unterhalb des psychologischen Instinktes und unterhalb des kritischen Reflexionsniveaus der Gesellschaft zu treiben, in der wir leben. An dieser Forderung ist die heutige Bibelauslegung zu messen.

[8] Man lese, was IGNATIUS VON LOYOLA: Satzungen, 6. Teil, 1. Kap., über den Gehorsam schreibt; vgl. A. GUILLERMOU: Ignatius von Loyola in Selbstzeugnissen und Bilddokumenten, 112, wo die Verschiebung des «Gehorsams» gegen Gott in Richtung einer bedingungslosen Unterwerfung unter den Willen des Ordensoberen ideologisch mit äußerster Konsequenz vollzogen ist. – Das Paradox liegt darin, daß der ganze Abschnitt Mk 9,33–50 «eine Art Gemeindekatechismus» darstellt, «den Mk durch die davorgesetzte Einleitung V. 33 f. zu einer Szene aus dem Leben Jesu umgewandelt hat. Auch dem V. 37 hat er in V. 36 eine höchst ungeschickte Einleitung gegeben, zu der er das Motiv aus 10,13–16 entnommen hat. V. 38–40 sind (von einem späteren Ergänzer?) in die Vorlage» zum Stichwort «in meinem Namen» eingeschoben worden, meinte R. BULTMANN: Die Geschichte der synoptischen Tradition, 260–261; V. 42 sei in der Vorlage auf V. 41 nach dem Stichwort «die Kleinen» bzw. «Kindlein» gefolgt, sodann V. 43–48 nach dem Stichwort vom «Ärgernis geben», «und weil sie für den Gemeindekatechismus inhaltlich gut paßten. Nach Stichworten (*Feuer* und *Salz*) sind dann V. 49 und 50 angereiht.» Mit Mk 9,35 werden also vor allem *die Zwölf* innerhalb der Gemeinde auf eine Haltung des Dienens, nicht des Herrschens, des Horchens, nicht des Befehlens verpflichtet. Es ist freilich bereits in der staatlichen «Administration» bekanntlich zweierlei, sich den Amtstitel eines *Ministers* («Dieners») zu erkämpfen und anderen Menschen wirklich dienlich zu sein; wenn aber

In Wirklichkeit geht es um die Frage, wie wir leben und wofür es sich zu leben lohnt. Jesus bezweifelt entschieden, daß das, was wir für gewöhnlich «Leben» nennen, diesen Namen wirklich verdient. Ihm schwebt im Gegenteil die Vision eines Neuanfangs vor, so radikal, daß es ist wie eine *neue Geburt*, wie *eine Taufe* (Mk 10,38), die das ganze alte Leben als Lüge und Verfälschung entlarvt, zugleich aber die Chance eröffnet, noch einmal neu zu beginnen, *als Kinder*[9], sagt Jesus, *als Erlöste*, kann man auch sagen.

schon der Titel eines *Bischofs* dem Namen nach so viel bedeutet wie «Aufseher» (Episkopos), wird es recht schwer, darin noch die Haltung eines «Kindes» zu erkennen. – Auch in der Frage des Umgangs mit der Macht hätten wir Christen von der *Weisheit anderer Religionen* ein Unendliches zu lernen, um zu verstehen, was Jesus meinte. Der beste Kommentar jedenfalls zu dem Wort Jesu von dem «kindlichen Dienertum» wurde bislang nicht von einem Christen, sondern von dem chinesischen Weisen LAOTSE: Tao te king, Nr. 61, S. 104 geschrieben: «Indem ein großes Reich sich stromabwärts hält, / wird es die Vereinigung der Welt. / Es ist das Weibliche der Welt. / Das Weibliche siegt immer / durch seine Stille über das Männliche. / Durch seine Stille hält es sich unten. / Wenn so das große Reich sich unter das kleine stellt, / so gewinnt es dadurch das kleine Reich. / Wenn das kleine Reich sich unter das große stellt, / so wird das dadurch von dem großen Reich gewonnen. / So wird das eine dadurch, daß es sich unten hält, gewinnen, / und das andere dadurch, daß es sich unten hält, gewonnen. / Das große Reich will nichts anderes / als die Menschen vereinigen und nähren. / Das kleine Reich will nichts anderes / als sich beteiligen am Dienst der Menschen. / So erreicht jedes, was es will, / aber das große muß unten bleiben.» – «das Weibliche siegt immer» – 2000 Jahre Christentum im Abendland haben diesen Satz beinahe Lügen gestraft. Für LAOTSE: A. a. O., Nr. 6, S. 46 war das Weibliche «der Geist des Tales». Wie anders als durch eine Rückkehr zu solchen uralten Wahrheiten sollen wir je das «Kindsein» Jesu erlernen? Die Herrschaft der Männer, die Unterdrückung der Frauen und die Verdrängung des Unbewußten sind (ineins mit der Zerstörung der Natur) die strukturellen Merkmale ein und desselben Typs einer religiös ideologisierten Form von Gewalt. Vgl. E. DREWERMANN: Der Krieg und das Christentum, 232–282.

[9] Zwar nicht psychologisch, wohl aber typologisch wird man J. CHRYSOSTOMUS: Matthäus-Kommentar, 58. Homilie, 3, Bd. III, S. 227 zustimmen können, wenn er sagt: «Er (sc. Jesus, d. V.) stellt ein Kind in ihre Mitte, um sie durch den Augenschein anzuleiten und zu bewegen, ebenso demütig und natürlich (!) zu sein. Denn ein Kind kennt nicht Neid, Eifersucht und Ehrgeiz; es besitzt die wichtigsten guten Eigenschaften: Schlichtheit, Einfalt, Demut.» Welch eine gesellschaftliche (und kirchliche) Brisanz in solchen Worten steckt und wie weit sie sich von dem verlogenen Demutsklischee der üblichen theologischen Erbauungsliteratur entfernt, hat ein Mann wie TH. FONTANE gewußt, als er 1892 seinen Roman: *Frau Jenny Treibel* mit den Worten schloß: «Für mich persönlich steht es fest, Natur ist Sittlichkeit und überhaupt die Hauptsache. Geld ist Unsinn, Wissenschaft ist Unsinn, alles ist Unsinn. Professor auch.» TH. FONTANE: Werke, II 921. Könnten, die so sprechen, auch so leben, es wäre das Ende der schrecklichen Aufspaltung des Menschen

Im Grunde richtet der Versuch Jesu einer Erneuerung des ganzen menschlichen Lebens sich gegen alles, was wir gewohnt sind. Wie denn lehrt man uns und zwingt man uns zu sein? Kaum auf die Welt gekommen, möchte man uns «erziehen», um möglichst bald «Erwachsene» aus uns zu machen. Dieser Druck ist so ungeheuerlich, daß, wo wir auch hinschauen, weit und breit kaum eine Erlaubnis besteht, sich so mitzuteilen, wie wir wirklich sind. Man mache die Probe aufs Exempel: Bei wem, und stünde er uns noch so nahe, wäre es erlaubt zu sagen: «Ich bin *nicht* groß, *nicht* fertig, *nicht* vollkommen, *nicht* tüchtig, *nicht* leistungsstark, *nicht* selbstsicher, *nicht* aufsteigend, *nicht* mannhaft?» Wo wäre es erlaubt, Gefühle zu äußern, die stimmen, zu weinen, wenn man sich so fühlt, zu lachen, wenn einem danach ist, seine Träume zu erzählen, wenn die verschwiegenen Enttäuschungen, die verborgenen Hoffnungen, die Ahnungen eines wirklichen Lebens nach einem Ausdruck suchen, und all die Teile des noch ungelebten Lebens ins Gespräch zu bringen – all das, was in uns schlummert seit den Anfangstagen, da wir hervorgingen aus den Händen Gottes? Statt dessen ist es fast etwas Peinliches, an die eigene Kindheit auch nur erinnert zu werden. Lieber verdrängt man sie oder hüllt sie ein in eine Wolke von Selbststilisierungen und -heroisierungen, von Verfälschungen aus Schamgefühl; ganze Jahrzehnte sind schließlich aus unserer Erinnerung infolge von Schuldgefühlen und Ängsten aller Art vollkommen gelöscht. Ganz im Ernst behaupten später viele auf solche Weise erwachsen Gewordene, sie wüßten sich an ihre Kindheit, ihre Jugend überhaupt nicht zu erinnern, wie wenn es so etwas in ihrem Leben gar nie gegeben hätte. Und sie haben mit ihrer Meinung nicht unrecht: Sie hatten wirklich in gewissem Sinne niemals eine Kindheit; sie mußten groß sein, noch ehe sie Kinder waren; und die unausbleibliche Folge davon ist, daß sie in ewigen Wiederholungszwängen niemals aufhören, große Kinder zu sein, indem sie in ständigen Infantilismen immer denselben grausamen, zwanghaften Kinderängsten und -verhaltensweisen unterliegen. Vor allem

in einen «Verstand», der nur in den brutalen Begriffen «vernünftiger» Zwecksetzungen und daraus folgender unmenschlicher «Pflichten» zu denken vermag, und ein deutsches Gemüt, das von der Liebe nur in der verschwommenen Romantik kulturellen Kitsches zu träumen vermag. Die seelische Aufspaltung von Denken und Fühlen übersetzt sich bei FONTANE politisch in die präfaschistischen Ideen des Leutnants *Vogelsang* von den zwei Prinzipien, auf die sich das öffentliche Leben gründen müsse: «ein freier Fürst und ein freies Volk.» (A. a. O., II 849) Kaiser und Volk – welch ein Konterfei zu den beiden Polen: Papst und Kirche, und welch ein Gegensatz zu diesem «Gemeindekatechismus» des Markus oder besser, zu dieser *«Hausordnung»* (Mk 9,33) der Gemeindeleiter!

der Wust an Minderwertigkeitsgefühlen, die man seit Kindertagen gegenüber den «Großen Leuten» (EXUPÉRY)[10] hat lernen müssen, verlangt immer wieder danach, mit allen möglichen Tricks überspielt zu werden; und ständig muß man dem Lehrsatz folgen: «Geliebt wirst du nicht für das, was du bist; geliebt wirst du einzig für das, was du vorzeigst.» Am Ende kann man niemandem mehr glauben, daß man in seiner Nähe sich ehrlich geben und unverfälscht leben könnte.

Vor diesem Hintergrund der *Machtbesessenheit aus Angst und Minderwertigkeitsgefühl* versteht man, was Jesus zu unserer Befreiung sagen wollte, als er ein Kind nahm und es umarmte[11], wie um seine Jünger anzuflehen: «Nehmt das an und nehmt das gütig auf, was ihr seid, gerade in den Teilen eurer Seele, die noch nicht fertig sind, aber doch voller Hoffnung, die noch nicht perfekt sind, aber doch wahr, die noch nicht vollendet sind, aber doch lebendig; laßt in euch gelten, was leben möchte, und weist es nicht zurück, nur weil es euch klein und mickerig, unausgebildet und unreif vorkommt. Wagt, nachzuholen und nachzuleben, was in euch nie hat leben dürfen, und traut Gott zu, mindestens Gott, daß ihr vor ihm ein Recht besitzt, so zu existieren, wie ihr gemeint seid, in der ganzen Länge und Breite eures Wesens.»

Könnten wir nach dieser Grundhaltung Jesu leben, so würden wir ein für allemal befähigt werden, die alten und verkehrten Einschüchterungen der ständigen Kain-und-Abel-Welt, die uns umgibt[12], abzustreifen. Gewiß treffen wir schon an der nächsten Ecke auf Leute, die in scheinbarer Sicherheit dastehen und unbeirrt wissen, wo es langgeht. Warum aber lassen wir uns von ihrer Großtuerei derartig unter Druck setzen? Warum hören wir nicht gerade bei den lautesten Schreiern, wie ihre Stimme zittert vor Angst? Warum hören wir nicht gerade bei den Tonangebern, wieviel an Angst sie mit ihrem Geschrei überbrüllen, nicht anders als der kleine Junge, der in den

[10] Vgl. A. DE SAINT-EXUPÉRY: Der kleine Prinz, 8; 17–18 über die «großen Leute». Zur Interpretation vgl. E. DREWERMANN – I. NEUHAUS: Das Eigentliche ist unsichtbar, 21–36.

[11] Man kann den Inhalt dieser Geste gegenüber jeder Theologie der Menschenunterdrükkung auch so ausdrücken: Es gibt wohl kein größeres Übel in der Welt, als daß immer wieder Menschen, die selber (oft genug aus Gründen kirchlicher «Moral») nicht zu leben vermögen, als Vater und Mutter anderen Menschen das Leben schenken. Wer das Wort vom «Kindsein» so auslegt, daß es Menschen «demütigt», statt erhebt, der mordet, ob er will oder nicht, die Kinder schon im Herzen ihrer Eltern, noch ehe sie das Licht der Welt erblicken.

[12] Vgl. dazu E. DREWERMANN: Strukturen des Bösen, III 376–381: der Sadomasochismus als Völkerschicksal.

Keller geht und pfeift? Warum sehen wir nicht in den Fäusten, die sich ballen, zunächst die Hände, wie sie zittern? Warum sehen wir überhaupt bei all den Leuten, die so groß dastehen, nicht in aller Deutlichkeit, wie klein sie in Wahrheit sind? Es ist die ganze Kunst, auch in dem anderen, und zwar ohne ihn zu demütigen und zu kränken, einfach mit einem Vertrauen, das sich bergend um ihn legt, das Kind wieder zum Vorschein zu bringen, das er ständig verleugnen mußte. Solche Orte der Geborgenheit braucht jeder Mensch, und wir haben die Chance, sie einander zu schenken. «Wo immer ihr das tut», sagt Jesus sinngemäß, «werdet ihr verstehen, wer ich bin, und *mich* in euer Herz aufnehmen.»[13]

[13] Mk 9,36 stellt eine «ideale Szene» dar, die offenbar zu dem Wort Jesu geformt wurde. «Das Wort könnte mit der... Einleitung V. 36 in vormark. Überlieferung an 10,13–16 angeschlossen gewesen sein.» R. Pesch: Das Markusevangelium, II 105. Gerade dann aber scheint es absurd, zu glauben, die «Aufnahme» der «Kinder» sei wesentlich als ein «karitativer Akt» (a. a. O., 106) zu verstehen. Natürlich ist in Gesellschaften mit niedriger Lebenserwartung, die eine entsprechende Sozialgesetzgebung nicht kennen, das Problem der unversorgten *Waisenkinder* (a. a. O., 107) außerordentlich drückend, und natürlich ist es verdienstvoll, solche Kinder zu adoptieren – schon 1500 v. Chr. wurde im alten Ägypten der Gott *Amun* als «Schützer der Waisen», als «Vater der Mutterlosen», als «Gatte der Witwen» verehrt; vgl. E. Drewermann: Dein Name ist wie der Geschmack des Lebens, 57. Aber an dieser Stelle ist von *Waisenkindern* nicht die Rede, und spätestens Mk 10,13–16 zeigt, daß das Kind, das Jesus hier in den Mittelpunkt, in die «Mitte» der Jünger stellt, eine *symbolische* Bedeutung besitzt. Diese schließt einen sozialen Inhalt im Sinne einer tätigen Nächstenliebe nicht aus, geht aber weit darüber hinaus, ja ermöglicht ihn eigentlich erst. Um es so zu sagen: man kann sehr wohl ein Kind bei sich aufnehmen oder sonstwie den «Kleinen» unter die Arme greifen und dabei selber es dennoch geradewegs vermeiden, «klein» zu werden wie ein Kind (Mk 10,13–16); nichts scheint schwieriger, als Mitleid zu üben, ohne den Hilfsbedürftigen zu demütigen. M. a. W.: Man kann ein Kind in sozialem Sinne erst wirklich bei sich aufnehmen, wenn man das Kind in sich selbst in psychischem Sinne bei sich aufgenommen, es akzeptiert und integriert hat. Zudem gilt es zu sehen, daß das Problem der «Waisenkinder» in unserer Gesellschaft, sozial betrachtet, fast verschwunden ist, während es psychisch enorm angewachsen ist. Ja, beide Ebenen verzahnen sich oft auf unglücklichste Weise: eine Ordensschwester z. B. die selber aus einem zerrütteten Elternhaus stammt und (womöglich deshalb!) in eine Gemeinschaft «ehrwürdiger Schwestern» eingetreten ist, wird als Sozialpädagogin in einem Kinderheim für Schwererziehbare oder in einem Waisenhaus als Pflegerin oder in einem Internat als Lehrerin eingestellt und muß nun erleben, wie die Kinder all die Verhaltensweisen und «Fehler» an den Tag legen, die man bei ihr selber unterdrückt hat, als sie selbst noch ein Kind war. Eine solche Schwester wird in durchaus «karitativer» Haltung die aggressiven Streiche, die sexuellen Spielereien, die herausfordernde Habgier der ihr anvertrauten Kinder unvermeidbar mit derselben Härte zu bekämpfen suchen, mit der sie selbst seit Kinder-

Man weiß von dem sogenannten «historischen» Jesus so gut wie nichts; aber je mehr an Menschlichkeit wir leben, desto besser werden wir verstehen, wer er ist und was er uns zu sagen hat[14]; und wo immer wir die unverfälschte, kindliche Gestalt in dem Wesen eines anderen Menschen berühren, rühren wir an die Schöpferhände Gottes, die wollten, daß er so ist. Etwas Wunderbares haben wir einander zu vermitteln, wenn wir uns wechselseitig erlauben, das Allereinfachste zu tun: einfach zu leben und zu denken, daß Gott uns und all die Menschen, die uns nahe sind, für das liebt, was wir *wirklich* sind. Alles andere macht lediglich kompliziert, verworren und grausam. Selbst in der Kirche hat die Frage: Wer steht oben und wer unten, wer darf treten und wer wird getreten, wer hat das Sagen und wer hat die Plagen, nicht wirklich aufgehört, und es ist die Frage potentieller Mörder, das Leben so zu betrachten. Es gibt nur eine einzige Form, menschlich zu sein; sie zeigt Jesus uns in dieser Szene auf: es gilt ganz einfach, das Kind in uns selber anzunehmen und dann auch im anderen leben zu lassen. Denn so sind wir alle: *Kinder* eines

tagen das Kind in sich unterdrückt. Mit einem Wort: es genügt nicht, «Gutes» tun zu wollen; man muß als erstes lernen, gut zu werden, indem man zu sich selber gut wird, oder noch einfacher gesagt: die Menschen sind allesamt arme «Kinder», und am schlimmsten sind die dran, die immer für andere dasein müssen, um wenigstens stellvertretend, in anderen armen «Kindern», zu erleben, daß es entgegen der gesamten eigenen Lebenserfahrung eine Chance gibt, die eigenen Bedürfnisse befriedigt zu sehen.

[14] So wie es nur möglich ist, Jesus von den Erfahrungen des eigenen Lebens her zu verstehen, so gilt auch umgekehrt, «daß die wichtigste Regel für die Deutung der Worte Jesu sein eigenes beispielhaftes Verhalten ist. Er selbst ist der Kommentar zu seinen Worten.» D. Barrat (Ed.): Die Schriften von Charles de Foucauld, 168. – Ganz im Sinne einer Mahnung, zunächst die *eigene Kleinheit* zu sehen und zu akzeptieren, deutet E. Schweizer: Das Evangelium nach Markus, 104 die Gestalt des «Kindes» als «Bild für den hilfsbedürftigen Jünger (vgl. V. 41). Er soll diesen Stand nicht scheuen... Vielleicht ist der Gedanke eingeschlossen, daß wer selber klein sein kann, nicht mehr... alle nur möglichen religiösen Anstrengungen auf sich nehmen muß, um Gott zu finden, sondern dort sein darf und soll, wo der Tag mit seinen Aufgaben ihn eben fordert, z. B. beim Waisenkind, das auf seine praktische Hilfe angewiesen ist.» – Zu Mk 9,37: «Wer mich aufnimmt, der nimmt nicht mich auf, sondern den, der mich gesandt hat», vgl. J. Jeremias: Neutestamentliche Theologie, I 242. Der Satz, der den Dienst an den «Kleinen» als Messiasdienst deutet und den «Messiasdienst» wortwörtlich als «Gottesdienst» versteht, hat seine Vorlage in dem zeitgenössischen Sprichwort des Spätjudentums: «Wer die Gelehrten aufnimmt, ist wie einer, der die *Šekina* (sc. die Einwohnung Gottes auf ihrer Wanderschaft in der Fremde, d. V.) aufnimmt.» Dagegen Jesus: nicht der «Gelehrte», der «Schriftgelehrte», sondern der Ärmste der Armen ist der Ort, da man Jesus als den göttlichen König, da man Gott selber findet.

Vaters und also befähigt, miteinander *geschwisterlich* umzugehen, als Schwestern und Brüder auf dem Weg zur Ewigkeit, indem wir die Kleinheit erkennen in dem, was uns oft so groß erscheint, und die verborgene Größe in dem, was uns oft so klein vorkommt.

Noch einmal Mk 9,30–37: Die zweite Leidensweissagung Jesu und der Rangstreit der Jünger

Die Zusammenstellung dieser Jesusworte ist offensichtlich mehr als mißverständlich.
Daß Jesu Weg wie unvermeidlich in das Leiden führt, ist bereits für die Jünger schwierig zu begreifen. Wenn nun noch das nächste Wort Jesu im Markusevangelium sich speziell gegen das Großtun der Jünger wendet und ausdrücklich betont, es gelte in diesem Leben, klein zu werden, der kleinste von allen – welch eine Auslegung läge dann nicht näher als die Folgerung, es sei einzig christlich, den Menschen mit Absicht kleinzuhalten, schon um ihn auf dem Wege des Leidens die «Nachfolge Christi» zu lehren[1]? Die Menschen möchten von Natur aus groß dastehen; als christlich also muß es gelten, sie zu ducken und zu demütigen. Die Menschen, wie man weiß, möchten sich in ihrem Leben freuen und glücklich sein; das Christentum hingegen lehrt das Kreuz, es nötigt zum Leid[2].

[1] Vgl. im vorigen Kap. zu Mk 9,30–37 Anm. 6.

[2] Eine Theologie, die nicht auf die wirklichen Gefühle der Menschen Rücksicht nimmt, sie nicht versteht, ja, sie nicht einmal verstehen will, muß notwendig in der Äußerlichkeit ihrer Beurteilung zu einer Moral der Außenlenkung und der Unterdrückung geraten. – Nirgendwo ist dieser Tatbestand heute wohl so eklatant wie an dem Beispiel der Diskussion um den *Paragraphen 218*, wo kirchlicherseits die «soziale» Indikation sehr zu Recht mit dem Argument in Zweifel gezogen wird, daß wirtschaftliche Gründe in unserer Gesellschaft nicht als Begründung einer Abtreibung herhalten dürften; aber folgt daraus, daß alle Frauen, die abtreiben, «egoistisch», von «ungeordneter Selbstliebe erfüllt», «verantwortungslos», «kraß materialistisch» und dgl. seien? Ein einziger Fall, wie ich ihn in E. DREWERMANN: Das Tragische und das Christliche, in: Psychoanalyse und Moraltheologie, 1. Bd., 19–78, S. 40–45 dargestellt habe, genügt, um ein für allemal eines anderen, besseren, belehrt zu werden. Vgl. dazu insbesondere die wichtige Studie von S. v. PACZENSKY:

In dieser Art einer menschenfeindlichen Ideologie ließe sich endlos fortfahren, und am Ende ließe sich sogar noch das Bild Jesu von dem Kind in der Mitte der Jünger ins Inhumane verfälschen: Die Menschen möchten selbständig sein, und, was für bestimmte Leute stets am gefährlichsten ist, sie möchten ihren eigenen Kopf gebrauchen dürfen; wie also, wenn es im Sinn des Christentums läge, die Menschen *unmündig* zu halten, sie *wie kleine Kinder* hin und her zu kommandieren und ihnen jeden eigenen Gedanken auszutreiben? Gefühlsmäßig wie intellektuell müßte aus dem Christentum bei dieser Einstellung ein einzigartiges Zwangssystem der Erniedrigung und der Quälerei werden; aber legen es die Worte Jesu an dieser Stelle des Markusevangeliums nicht außerordentlich nahe, in dieser Art vom Christentum zu sprechen?

Gemischte Gefühle von Frauen, die ungewollt schwanger sind, München 1987. Das größte Problem unserer Gesellschaft besteht wohl darin, daß wir uns nötigen, alle wichtigen Fragen «emotionslos» abzuhandeln, und am schlimmsten ist es, daß die Theologie mit dem hohlen Intellektualismus ihrer Selbstreflexion eine solche Grundeinstellung der Gefühlsverdrängung nicht nur kulturgeschichtlich mitbegründet hat, sondern sich außerstande zeigt, den seelischen Schaden, der sich daraus ergibt, von sich her abzuarbeiten. Am Ende wird selbst ein verdienter Psychoanalytiker wie A. GÖRRES aufgeboten, vor der Bischofskonferenz gegen die «Nebenmoral» der kirchlichen Beratungsdienste zu Felde zu ziehen, in denen angeblich so «haarsträubende Dinge» wie «Abtreibung», «homosexuelle Verbindungen», «außereheliche Verhältnisse» u. a. m. «gebilligt» oder gar «empfohlen» würden. A. GÖRRES: Kirchliche Beratung – eine dringende Antwort auf Symptome und Ursachen seelischer Krisen, in: Arbeitshilfen, Nr. 51; Kirchliche Beratungsdienste. Studientagung 1986 der Herbst-Vollversammlung der Deutschen Bischofskonferenz, Bonn 1987, S. 5–9. Die falsche Polarisierung der Begriffe in diesem Referat ging selbst in die Presseerklärung (a. a. O., S. 82) ein, wo es heißt: «Die Beratung muß dabei immer ein Verhältnis der Werte (sc. im Sinne der katholischen Moralauffassung, d. V.) vermitteln, wobei das nicht Indoktrination bedeuten kann. Kirchlicher Beratungsdienst, der nur am vordergründigen Wohl des Menschen und nicht an seinem Heil interessiert ist, kann weder kirchlich noch ein Dienst am Menschen genannt werden.» So wäre «Dienst am Menschen» nur, was die Engstirnigkeit und Engherzigkeit der kirchlichen Moraltheologen zu Fragen immer wieder (!) speziell der Sexualmoral (inklusive der Fragen Ehescheidung, Zölibat etc.) als «Heil» definiert, und die oft notwendigen Wege zur Heilung im Widerspruch zur kirchlichen Moral dienten nur dem vordergründigen «Wohl» der Menschen? Das Kernproblem besteht nach wie vor, daß jeder, der das «Heil» des Menschen «von oben», auf Grund eines positiven «Offenbarungswissens» definieren will, die Theologie *gegen* den Menschen richten muß; was Gott uns zu offenbaren trachtet, sagt er uns in der Sprache der Seele, notfalls in der Sprache seelischer Erkrankungen. Eine Kirche, die an dieser Stelle das «Umdenken» verweigert, schließt sich selber von den Menschen ab und bezeugt für sich selbst die Gruppenpsychologie einer Sekte.

Um es so deutlich wie möglich zu sagen: Man versteht die Worte Jesu absolut falsch und legt sie vollkommen gegen ihren Sinn aus, wenn man sie in einer solch bedrückenden und unterdrückenden, aber praktisch außerordentlich verbreiteten Weise versteht, und so fromm das Getue, das daraus entsteht, sich auch gerieren mag, mit den Absichten Jesu hat es in Wahrheit kein wirkliches Wort gemeinsam.

Man wird über das Streben nach Größe im menschlichen Leben einmal grundsätzlich ins Nachdenken kommen müssen; zu überlegen ist, was es denn eigentlich damit auf sich hat , wenn wir Menschen, in der Tat, «groß» dastehen möchten, welches unsere Motive dabei sind und was daran so gefährlich und falsch geraten kann, daß erst die Religion, eine veränderte Einstellung zu Gott, uns davon befreien kann – in einer Art von Sterben an allem, in einer Art von Neubeginn des ganzen Lebens[3].

Ein jeder wird sich noch daran erinnern, wie es mit ihm stand, als er noch ein Kind war. Kein Traum war damals schöner, als sich vorzustellen, wie es sein würde, wenn man einmal groß wäre. Keine größere Freude konnten Vater und Mutter uns damals bereiten, als indem sie uns davon erzählten, wie auch wir eines Tages dieselben Dinge zu tun vermöchten, die wir bei ihnen so sehr bewunderten: in ein paar Jahren schon würden wir unsere Arme und Beine in der gleichen Weise zu rühren wissen wie sie: wir würden einen Nagel mit Bravour in die Wand schlagen können; wir würden die Schuhe selber besohlen und mit elektrischem Licht umzugehen wissen; wir würden stark und groß sein, wie Vater und Mutter.

Soll ein so unverdächtiger Kindertraum wirklich vollkommen falsch sein, und soll die Religion ein Interesse daran haben müssen, ihn uns zu verübeln? Ganz sicher nicht!

Wir können nur erwachsen werden durch die *Funktionslust*[4], die es bedeutet, jede Fähigkeit unseres Lebens so intensiv wie möglich reifen zu lassen und

[3] Vgl. E. DREWERMANN: Das Markus-Evangelium, I 45–80 (zum «Leid» als notwendigem Weg der Erlösung); 136–141 (zur Taufe Jesu).

[4] Ohne eine entsprechende «Lustprämie», welche von der Natur bereits auf den bloßen Gebrauch unserer sensorischen, motorischen und geistigen Tätigkeiten an sich selbst gesetzt worden ist, müßte die wichtigste Antriebsquelle zur Entwicklung und Einübung unserer menschlichen Fähigkeiten versiegen. Zur *Funktionspsychologie* vgl. CH. BÜHLER: Psychologie im Leben unserer Zeit, 28–59. Es ist interessant, daß ganz nach Art der Funktionslust bereits ARISTOTELES: Nikomachische Ethik, I 13 (1101 b 25–1108 a 13), S. 29 «das Glück ein Tätigsein der Seele ... im Sinne der ihr wesenhaften Tüchtigkeit» nannte.

auszuprobieren, was geht und was nicht geht. Ohne diesen *Rausch* des eigenen Wachsens, ohne dieses Glück der eigenen Entfaltung würde niemand sich ins Leben getrauen, und dieser Wille, *groß* zu werden und *erwachsen* zu sein, ist an sich das Unschuldigste und Richtigste, was uns als Mitgift des Lebens auf den Weg gegeben wurde.

Aber es gibt eine andere Art, *groß* sein zu wollen, und obwohl auch sie zum Leben gehört und ihm sehr wohl zu dienen vermag, liegt sie doch bereits auf der Grenze zum möglicherweise Gefährlichen. Man betrachte im Hühnerhof einen Hahn, der eines anderen Hahnes gewahr wird, wie sich ihm die Nackenfedern sträuben, wie sein Kamm schwillt, wie er spornstreichs und lauthals schreiend auf den Konkurrenten losgehen möchte, wie er in Körperhaltung und Gebärde buchstäblich sich *aufplustert* und *großmacht*, indem er viel mehr darzustellen sich bemüht, als er selber ist[5]. Viele Tiere haben auf ihre

[5] Zum *Drohverhalten* der Tiere und dem ensprechenden Imponierverhalten vgl. H. U. Reyer: Formen, Ursachen und biologische Bedeutung innerartlicher Aggression bei Tieren, in: K. Immelmann (Hrsg.): Verhaltensforschung, 343–391. Zu den entsprechenden Verhaltensweisen des Menschen vgl. I. Eibl-Eibesfeldt: Liebe und Haß, 27–31: «Beim Drohen rollen wir die Arme einwärts und heben die Schultern an. Gleichzeitig verkürzen sich die kleinen Muskeln, welche die Haare an Armen, Rücken und Schultern aufrichten, was wir als leichten Schauer spüren. Beim Schimpansen finden wir ein formal gleiches Drohverhalten. Nur sträubt er beim Drohen seinen Pelz und ändert damit eindrucksvoll sein Erscheinungsbild. Die Stellung hat bei uns die Reduktion des Haarkleides überdauert. Sicher wurden auch bei unseren Menschenahnen einst die Haare aufgerichtet, wobei sich im Zuge der Aufrichtung des Körpers einige Besonderheiten entwickelten... daß der Haarstrich bei den Menschen – anders als bei Menschenaffen – an Schultern und Oberarm aufwärts gerichtet ist, so daß sich bei stark behaarten Menschen auf den Schultern richtige Haarbüschel bilden. Wenn dies schon bei unseren stärker behaarten Vorfahren so war, was höchst wahrscheinlich ist, dann wurde beim Haaresträuben besonders die Schulterregion betont. Noch heute neigt der Menschenmann dazu, seine Schultern durch Kleidung und Schmuck zu betonen... Eine angeborene Präferenz dürfte ihn dazu leiten.» (27–28) Offensichtlich ergibt sich daraus auch die ausgefallene Präferenz der kirchlichen «Würdenträger», ihre Schultern mit Hilfe von Chorhemd, Schulterkragen und einem Ornat aus Samt und Hermelin «imponierend» zu gestalten. Gerade an sie als die «Nachfolger» der «Apostel» hat Jesus indessen sein Wort von Mk 9,35–37 von der «Dienerschaft» und dem «Aufnehmen des Kindes» gerichtet! – Der Unterschied zwischen einer historisch-kritischen und einer tiefenpsychologischen Exegese zeigt sich an dieser Stelle besonders grotesk. R. Pesch: Das Markusevangelium, II 106 sieht in dem Aufnehmen des Kindes «historisch» nichts weiter als einen «karitativen Akt». Dazu aber gehört u. U. nicht eben viel: es wird derselbe Chorherr, angetan mit derselben Kostümierung, unverzüglich, nachdem er soeben ein «Hochamt» für die «Elendenbruderschaft St. Georg» «zelebriert» hat,

Weise vergleichbare Verfahren erlernt, einem möglichen Gegner oder Feind zu imponieren[6], indem sie vor seinen Augen sich möglichst voluminös machen oder ihn mit (zumeist ungefährlichen) Scheinattacken aus dem Revier zu treiben suchen. Auch wir Menschen kennen noch den Reflex, der uns einen *Schauder*[7] oder eine *Gänsehaut* über den Rücken jagt, und wären wir noch im Besitze eines entsprechend prächtigen Felles, so würden wir unwillkürlich in Augenblicken von Angst und Zorn aufgrund solcher angeborener Mechanismen ungemein wuchtiger, kolossaler und imposanter vor unserem Gegner erscheinen können, als wir uns sonst in unserer verhuschten Kleinheit zutrauen würden.

All dies sind an sich ebenso wichtige wie witzige Tricks der Natur im Kampf ums Überleben; auch sie sind harmlos, und wir Menschen wissen sie sogar noch weit virtuoser als die Tiere zu handhaben. Wie vieles an Koketterie, an Imponiergehabe, an Schauspielkunst und Charme würde uns fehlen ohne dieses Erbe aus der Tierreihe[8]! Aber nun unterscheidet uns Menschen von

sich der «karitativen» «Pflicht» unterziehen, ein gemeinsames «Agape-Mahl» zu feiern, oder er wird, in Ausübung seiner Amtspflicht, zu Weihnachten im Beisein der Presse die Blindenschule und das Waisenhaus besuchen. Ist es nicht evident, daß wir in der Kirche heute zunächst einmal das «Kind in uns» akzeptieren müßten, indem wir die Angstflucht eines zur rituellen Amtstracht geronnenen buchstäblichen Imponiergehabes männlicher Prägung aufgeben müßten, ehe wir zu einer glaubwürdigen, unbeamteten, einfach menschlichen Form der Güte, wie Jesus sie wollte und verkörperte, imstande wären? Wer eigentlich ist hier pervers – die Frau, die während einer kirchlichen Amtshandlung einen unwiderstehlichen Brechreiz bekommt, weil sich ihr beim Küssen des Hirtenstabs ihres «Oberhirten» gewisse Fellatiophantasien aufdrängen, oder das Ritual der kirchlichen Amtshandlung selbst, das 80 Jahre nach FREUD und 40 Jahre nach K. LORENZ immer noch glaubt, Frauen derartige Spiele des männlichen Imponiergehabes zumuten zu können, pardon: zu *müssen* um der «Nachfolge Christi» willen?

[6] Vgl. I. EIBL-EIBESFELDT: Liebe und Haß, 225–226 (die Tänze der Waikas), der insbesondere (S. 253–254) darauf hinweist, daß in der heutigen Massengesellschaft eine Art «Vermausgrauung» des Mannes stattfinde – ein *Abbau* des männlichen Imponiergehabes. Der Schmuck der Epauletten ist heute nur noch in der Oper sinnvoll – und in der Kirche?

[7] Das Aufrichten der *Haare* gehört *verhaltenspsychologisch* zum Imponiergehabe; zu der Variationsbreite der *kulturellen Bekleidungssignale* vgl. D. MORRIS: Der Mensch, mit dem wir leben, 322–344.

[8] Vgl. bei I. EIBL-EIBESFELDT: Der vorprogrammierte Mensch, 44–45 allein die Tabelle evolutiv vorgegebener Formen des Gesichtsausdrucks! Natürlich stellt insbesondere die Kosmetik- und Bekleidungsindustrie ein gewaltiges Arsenal zur Verfügung, um das Erscheinungsbild des männlichen und weiblichen Körpers entlang den vorgegebenen (se-

den Tieren ein entscheidender Faktor. Dem Hahn schwillt der Kamm im Augenblick eines drohenden Konfliktes; der Frosch pumpt sich auf im Moment einer Gefahr. Wir Menschen, anders als die Tiere, verfügen über ein *Bewußtsein*, das imstande ist, *jede* nur denkbare Angstsituation *vorwegzunehmen*[9], und daran liegt es, daß wir nicht nur von Fall zu Fall in Angst sind oder in Angst geraten, sondern daß unser gesamtes Dasein angstgetönt ist, bis zum Rand der Paranoia[10], wie manche Verhaltenspsychologen sagen. Kaum daß wir erwachen, sinnt unser Bewußtsein auf mögliche Gefährdungen, denen es durch Planung zuvorkommen könnte, und selbst in den Nächten verfolgen uns noch die Ängste des Tages. Diese ständige Angstgewärtigung unseres Bewußtseins führt dahin, permanent mit einem geschwollenen Kamm, wenn man so will, herumzulaufen; sie nötigt uns ein unablässiges Imponiergehabe auf, das die Gefahr mit sich bringt, daß wir ständig und immerzu als größer und stärker erscheinen müssen, als wir wirklich sind, und daß wir mit unseren eigenen Vielversprechereien uns am Ende selber überfordern.

Auf diese Weise geraten wir in die vielleicht menschlichste, ganz sicher aber schlimmste Gefahr unseres Lebens hinein, nämlich uns über jedes Maß hinaus in eine chronische Großtuerei, Großsprecherei und Angeberei hineinmogeln und hineinlügen zu müssen. Das Großseinwollen *des Kindes* dient im Grunde nur dem Zweck, ein richtiges Maß in seinem Leben als Zielvorstellung zu entwickeln; *dieses* Großtun *aus Angst* aber dient von vornherein der Überzeichnung des natürlichen Maßes. Und wenn nun ein *jeder* Mensch in

xuellen) Signalen und Verhaltensmustern entsprechend den individuellen Wünschen und den modischen Trends der jeweiligen Gesellschaft zu modifizieren und zu manipulieren. Vgl. D. Morris: Der Menschenzoo, 256–318.

9 K. Lorenz: Das sogenannte Böse, 64–65, hält es für möglich, «daß das verderbliche Maß an Aggressionstrieb, das uns Menschen heute noch als böses Erbe in den Knochen sitzt, durch einen Vorgang der intraspezifischen Selektion verursacht wurde, der durch mehrere Jahrzehntausende, nämlich durch die ganze Frühsteinzeit, auf unsere Ahnen eingewirkt hat.» Es zeigt sich vor allem, daß die sog. «Strafen» Gottes bei der Vertreibung des Menschen aus dem Paradies (Gen 3,8 ff.) sich in verhaltenspsychologischer bzw. paläoanthropologischer Sicht allesamt als diejenigen Formen situativer Angst deuten lassen, die aufgrund der Herkunft des Menschen aus der Tierreihe archetypisch angelegt sind. Vgl. E. Drewermann: Strukturen des Bösen, II 221–235. Diese Grundformen der *Daseinsangst* werden vom menschlichen *Bewußtsein* ins Unendliche reflektiert und lassen sich nur durch eine *religiöse* Antwort beruhigen.

10 Vgl. E. Drewermann: Der Krieg und das Christentum, 74–75 (Die Angst, die aus dem Geist entsteht); 103–106 (Der Krieg – ein kollektiver Wahnsinn).

der Gefahr steht, aus Angst ein Übertreiber der eigenen Dimensionen seines natürlichen Formates zu werden, dann versteht man, warum Jesus sagen kann und muß, es gelte, vor Gott einen völlig anderen Lebensstil zu lernen als diese ständige paranoische Aufgeplustertheit, als diesen ewigen Konkurrenzkampf bedrohter Machtansprüche, als diese ständige Hahnenstreiterei miteinander. Es ist nicht menschlich, so zu existieren, wie wir als Menschen im Erbe und *im Unterschied* zu allen Tieren sonst leben zu müssen glauben. Das, was wir im Sinne Jesu als Menschen lernen sollten, wäre die Fähigkeit, *gegen die Angst* unseres eigenen Maßes froh zu werden und nicht *mehr* zu tun, als wozu wir selber bestimmt sind[11]. Nur so könnten wir zur Ruhe kommen. Nur auf diese Weise würde der ständige Überschuß an Adrenalin, den wir unausgesetzt produzieren, langsam auf ein vernünftiges Maß sinken[12]. Nur so würden wir aufhören, uns ständige Nervenkrisen und Daseinskrisen zuzumuten und unseren Mitmenschen aufzuerlegen. Ja, es könnte mit unserem Leben eine erstaunliche Wandlung vor sich gehen: ein anderer Stil des Menschseins könnte geboren werden, indem die Grundfrage unseres Lebens nicht länger mehr lautete, wie führe ich mich den anderen vor oder wie führe ich mich vor den anderen auf, sondern einzig darauf ausgerichtet wäre, wie ich dem anderen von Nutzen sein kann. Es ginge nicht länger mehr darum, wie ich mich vor den Augen der anderen durch Potemkinsche Dörferbauten, durch Größenstaffagen scheinbarer Herrlichkeit, absichern kann, es ginge darum, wie ich selber zu meiner eigenen Angst ja sagen und mit ihr ein Stück vertrauensvoller umgehen kann. Am Ende entstünde ein Freiraum, der es sogar ermöglicht, die Hilflosigkeit, die Angst, die Klein-

[11] Da es immer wieder «Rezensenten» gibt, die mir vorwerfen, ich löste die Theologie in «Tiefenpsychologie» auf, so muß ich mindestens präzisieren: der hier vertretene Standpunkt entspricht gerade nicht dem psychoanalytischen Ansatz FREUDS, sondern gibt in etwa das Grunddogma der *humanistischen Psychologie* wieder. Doch lehre ich auch keinen «reinen» Humanismus, – ganz im Gegenteil (s. o. Anm. 9!); und um zu begründen, warum eine rein «humanistische Psychologie» mir nicht zu genügen scheint, benutze ich das Instrumentarium des Existentialismus und der dialektischen Geschichtsphilosophie. Wie die verschiedenen Methoden ineinandergreifen, vgl. E. DREWERMANN: *Strukturen des Bösen,* 1. Bd., S. XXXI–LIX; LXIV–XCIII, 2. Bd. S. XII–XLIX; 3. Bd., S. XII–LXIV. Ich kann nur nicht, wie manche Autoren es offenbar verlangen, in jedem Buch zu jedem beliebigen Thema im Grunde immer wieder dasselbe schreiben.

[12] Zu den psychologischen und physiologischen Prozessen von *Streß* vgl. TH. v. UEXKÜLL – W. WESIACK: Psychosomatische Medizin und das Problem einer Theorie der Heilkunde, in: Th. v. Uexküll (Hrsg.): Lehrbuch der psychosomatischen Medizin, 7–21, S. 10–19.

heit auch im anderen wahrnehmen und ihm die Chance zu geben, gefahrlos von den Podesten herunterzusteigen, auf die er in seiner Angst geflohen war. Wir alle leiden daran, daß wir in unserer Jugend viel zu schnell aufhören mußten, Kinder zu sein, und deshalb als schrecklich «Erwachsene» in gewissem Sinne ewigen Kindereien bis hin zur Neurose ausgeliefert sind. Aber erlaubt uns jemand, zu unserer Kleinheit ja zu sagen, gewährt er uns einen Raum, in dem wir das, was noch in uns kindlich geblieben ist, wirklich zu leben vermögen, dann wird die ganze Welt innerlich menschlicher, so daß Jesus mit Recht sagen kann: «Wo immer ihr so tut, nehmt ihr den Menschensohn selbst bei euch auf. Und nicht nur, daß ihr dabei menschlich an wirklicher Größe gewinnt, ihr werdet dadurch den Kräften Gottes in euch selber nahe sein; ihr nehmt zugleich den auf, der mich gesandt hat. In eurem Mitleid, in eurem Verständnis, in eurer Güte, geboren aus Angstfreiheit und Glauben, werdet ihr neue Menschen sein, versöhnt mit eurem Ursprung. Und niemals seid ihr größer und schöner in den Augen Gottes und in den Augen aller Menschen, als wenn ihr euch fragt, wem ihr mit eurem Dasein dienstbar sein könnt.»[13]

So wie man viele Glaubenssymbole des Christentums nur im Kommentar der Bilder anderer Religionen wirklich verstehen kann[14], so versteht man manche Lehren Jesu am besten durch die religiösen Einstellungen und Erfahrungen, die in anderen Kulturkreisen gemacht wurden[15]. Immer wieder stößt man

[13] Im Sinne eines projektiven Tugendvorbildes meinte AMBROSIUS: Lukaskommentar, VIII 57, Bd. II 495 zu dem Lob der *Kinder* (in Lk 18,16): «Warum ... gerade die Kinder ... ? Vielleicht weil sie nichts von Bosheit wissen, sich nicht auf Trug verstehen, einen Schlag nicht zu erwidern wagen, kein Grübeln kennen, nicht nach Reichtum, Ehre und Tugend haschen.» Gerade in diesem Punkte hat AUGUSTINUS: Bekenntnisse, I 7, Bd. VII 8–10 sehr zu Recht seinem Lehrer widersprochen. Es geht in der Gestalt des Kindes nicht um eine psychologisch phantastische, von allen möglichen regressiven Wunschphantasien geprägte Idealisierung des Kindes, sondern es gilt zu verstehen, daß erst der religionspsychologische *Typos* der Gestalt des *Kindes* die zeichenhafte Bedeutung der Zeichenhandlung und des Wortes von Mk 9,36–37 erschließt.

[14] Gerade die zentralen Glaubenssymbole der katholischen Kirche erweisen sich ethnologisch und religionsgeschichtlich als allgemeinmenschliche Zeichen und Audrucksgebärden; vgl. bes. zum Verständnis der evolutiven Grundlagen von *Ritus* und *Ritual* E. DREWERMANN: Tiefenpsychologie und Exegese, I 298–350.

[15] Will das Christentum in seiner bisher ausschließlich abendländisch geprägten Form nicht zu einer gewalttätigen Kreuzzugsideologie (bzw. zu einem religiös verbrämten Kulturfaschismus) entarten, so gilt es, das Wort von K. JASPERS: Der philosophische Glaube,

dabei auf überraschende Parallelen und Gemeinsamkeiten der Anschauungen Jesu mit bestimmten Erzählungen, Gleichnissen und Argumentationsfiguren vor allem des altchinesischen Taoismus. Besonders über die Haltung des kämpferischen «Sich-Vergrößerns» schrieb ebenso ironisch wie weise der wunderbare DSCHUANG DSI[16]: «Tschi- Hsing-tse richtete für /König Husan Kampfhähne ab. / Der König fragte immer wieder: / Wann liefert er den ersten Kampf? / ‹Noch nicht›, meinte Tschi Hsing-tse, / ‹er hat Feuer, / und er brennt darauf, / den Feind zu rupfen. Er ist eitel / und vertraut der eigenen Stärke.› / Nach zehn Tagen mußte der König hören: / ‹Noch nicht. Er sträubt die / Federn, wenn er andere Hähne krähen hört.› / Wiederum zehn Tage später dasselbe: / ‹Noch nicht. Immer noch / sträubt er sein Gefieder, / und aus seinen Augen / sprüht helle Wut.› / Zehn Tage später dies: / ‹Jetzt ist er bald soweit. / Wenn ein anderer Hahn kräht, / bleibt sein Auge ruhig. / Er steht unbeweglich, / wie aus Holz. / Er ist ein reifer Kämpfer. / Schon bei seinem Anblick / suchen die anderen Hähne / schleunigst das Weite.›» – Schöner läßt sich die Haltung unbedrohter Angstfreiheit im Gleichgewicht des eigenen Maßes nicht beschreiben.
Was indessen die Haltung einer *absichtslosen Dienerschaft* gegenüber allen Dingen und Menschen als der innigsten Form der Begegnung mit Gott angeht, so gibt es kaum Worte in der Dichtung des Abendlandes, die schöner sind als die Zeilen, die R. M. RILKE ins «Stundenbuch»[17] schrieb:

«Ich finde dich in allen diesen Dingen,
denen ich gut und wie ein Bruder bin;

80, zu beherzigen: «Ein Verhängnis ... ist ... die Verwandlung der Unbedingtheit existentiellen Entschlusses zu einem in Forderung aussprechbaren Wissen vom Richtigen, oder die Verkehrung der geschichtlich gebundenen Unbedingtheit des Glaubens in allgemeingültige Wahrheit für alle.» Und S. 81: «Die Politik wird (sc. aufgrund dieser Verkehrung, d. V.) das Mittel der Kirchen. So wird der Machtwille zu einem Grundfaktum dieser religiösen Wirklichkeit, deren Ursprung mit Macht nichts zu tun hat. Anspruch auf Weltherrschaft ist die Folge des Ausschließlichkeitsanspruches der Wahrheit.» Schon weil keine Kultur der Menschheit und keine sie tragende Religionsform der Geschichte den ganzen Menschen in all seinen Möglichkeiten realisiert hat und realisieren kann, brauchen wir *als Christen* den lebendigen Kommentar *aller* Völker und Kulturen, um den ganzen Inhalt der Verkündigung Jesu, der Gestalt des *Menschensohnes* zu verstehen.

[16] Nach TH. MERTON: Sinfonie für einen Seevogel und andere Texte des Tschuangtse, 86; vgl. LIÄ DSI: Quellender Urgrund, II 20, S. 70.

[17] R. M. RILKE: Das Stundenbuch, in: Sämtliche Werke, I 249–366, S. 266.

als Samen sonnst du dich in den geringen
und in den großen giebst du groß dich hin.

Das ist das wundersame Spiel der Kräfte,
daß sie so dienend durch die Dinge gehn:
in Wurzeln wachsend, schwindend in die Schäfte
und in den Wipfeln wie ein Auferstehn.»

Mk 9,38–41: Der fremde Exorzist

38 Sprach zu ihm Johannes: Meister, wir sahen jemanden *in deinem Namen* (Mk 9,37) Abergeister austreiben, und wir versuchten, ihn zu *hindern* (Mk 10,14), weil er sich uns nicht angeschlossen hat. 39 Jesus aber hat gesagt: Hindert ihn nicht. Es gibt ja niemanden, der einen Machterweis auf meinen Namen zu wirken und so schnell mich schlechtzureden vermöchte. 40 Ja, wer nicht gegen uns ist, für uns ist der.
41 Ja, wer mit einem Trunk Wasser euch tränkt, *im Namen*, daß ihr zum Messias gehört, wahrlich, sage ich euch: *Nein*, der wird seinen Lohn nicht verwirken!

Es ist, wie wenn Jesus unmittelbar ein praktisches Beispiel für die Worte geben wollte, die er, Markus zufolge, soeben den Jüngern gesagt hat: «Wirkliche Größe verleiht allein der Dienst an anderen Menschen.» Mit diesem Ausspruch beendete Jesus die Frage der Jünger, wer von ihnen der Größte sei (Mk 9,34.35). Wie aber verhält es sich dann mit seiner eigenen Person und Sendung?
Man versteht die Frage des Johannes nach dem fremden Geistheiler in ihrer ganzen Brisanz erst, wenn man sie als eine zentrale Anfrage an das System der Jüngergemeinschaft, der «Kirche» insgesamt, auffaßt[1]. Im Verlauf von

[1] Zu Recht betont E. Schweizer: Das Evangelium nach Markus, 105, daß der Abschnitt Mk 9,38–40 «wohl von Markus aus der Tradition aufgenommen» wurde, daß aber die Verse deutlich «in die Zeit der Gemeinde», «nicht in die Jesu» weisen: im Neuen Testament sonst ist niemals «von einem anderen ‹Nachfolgen› als dem gegenüber Jesus die Rede»; nie wird davon gesprochen, es gelte «uns», d. h. dem Jüngerkreis nachzufolgen. «Abgesehen davon, daß sie kaum je eine selbständige ohne Jesus handelnde Gruppe gewesen sind, können sie sich doch nicht darüber wundern, daß einer ‹ihnen› nicht nachfolgt. Jesus hat ja

zweitausend Jahren haben Theologen immer wieder gemeint, Christus am besten dienen zu können, indem sie die «volle Mitgliedschaft» zur Kirche mit besonderem Nachdruck als Zeichen des Glaubens forderten und verteidigten[2]. Inmitten der Wasser der Sintflut sah und empfahl sich die Kirche selber als die rettende Arche Noah, außerhalb deren kein Heil sei[3]; jeder, der sich

nie alle aufgefordert, sich dem Zwölferkreis anzuschließen (vgl. 5,19).» Es handelt sich bei der Frage der Mitgliedschaft in der Gemeinde Jesu also deutlich um ein Problem, das erst in der Gemeinde selbst akut wurde. «Dann fragte man: ‹Wie hätte Jesus selber entschieden?› und ein christlicher Prophet mag im Namen des erhöhten Jesus (vgl. Offb. 2,1) die Antwort V. 40 gegeben haben, die dann durch V. 39 erläutert wurde.» Dagegen hält R. Pesch: Das Markusevangelium, II 109 die Szene für alte Überlieferung, wofür er besonders die Namensangabe des Johannes anführt sowie den Gegensatz zwischen der Intoleranz der Jünger und der Toleranz Jesu. Es ließe sich in der Tat denken, daß die Rolle der «Donnersöhne» im Kreis der Jünger durch eine Intervention ähnlich der vorliegenden charakterisiert war; vgl. E. Drewermann: Das Markus-Evangelium, I 308–310 (zu Mk 3,17); der Kontrast zwischen Toleranz und Intoleranz aber ist ein Konflikt, der die ganze Kirchengeschichte durchzieht als ein ewiger Gegensatz zwischen Jesus und seinen Jüngern.

[2] Vgl. z. B. J. Brinktrine: Die Lehre von der Kirche, Paderborn 1963, 21, der vor allem aufgrund der Enzyklika Pius XII: *Humani generis*: A. A. S. 1950, 571 zu der Folgerung gelangte, daß der «mystische Leib Christi» und die römisch-katholische Kirche «ein und dieselbe Sache sind»; vor allem betonte er die Verbindung mit dem Lehr- und Hirtenamt, d. h. die Einheit mit dem römischen Papst (a. a. O., 35). Es hat nicht den Anschein, als sei dieser buchstäblich «vorkonziliäre» Ansatz bis heute wirklich überwunden.
Insbesondere in der Frage der *Mahlgemeinschaft von Katholiken und Protestanten* weigert sich die katholische Kirche auch heute noch, die Interkommunion zuzulassen, mit der Begründung, daß nur die volle Mitgliedschaft zur Kirche Christi die Gemeinschaft des Mahles ermögliche; aus dem entscheidenden Mittel, Gemeinschaft zu bilden, indem man sich nach 400 Jahren der Trennung wieder «im Namen Jesu» an einen Tisch setzt, wird somit der «Ausdruck» einer Gemeinschaft, die eben daran scheitert, daß man sich selbst über das Mahl der Einheit ideologisch zerstreitet. Vgl. zu dem Archetyp des *Mahles* E. Drewermann: Der Krieg und das Christentum, 282–337. Das Hauptproblem liegt wohl in dem *methodischen Ansatz* der Dogmatik, denn je nachdem, ob man die Glaubenslehre der Kirche von «unten» oder von «oben» entwickelt, ist das Ergebnis im Grunde bereits vorwegentschieden. Wie schwer z. B. tat sich F. Malmberg: Ein Leib – ein Geist, 223–273, die Inkarnation des Logos als Grund der Einheit der Kirche zu betrachten, um auf diese Weise eine Mitgliedschaft aller Menschen mindestens ihrem impliziten Verlangen nach an der römischen Kirche (als der sichtbaren sakramentalen Kirche) postulieren zu können (206–207)! Und wie wenig haben diese äußerst komplizierten, spekulativen und erfahrungsfremden Ansätze mit der einfachen Menschlichkeit und Akzeptationsbereitschaft zu tun, die an dieser Stelle (Mk 9,38–40) Jesus in den Mund gelegt werden!

[3] Vgl. Cyprian: An Magnus, 2. Kap., Bd. II, 308; Augustinus: Gottesstaat, XV 26, Bd. II 422–424. Der berühmte Satz: «Außerhalb der Kirche gibt es kein Heil», bildet das

nicht in Ausdrücklichkeit als Mitglied der Kirche bekannte, galt in dieser Betrachtung als Gegner des Kreuzes Christi, und lieber als auf dieses weitherzige Wort Jesu im Markusevangelium: «Wer nicht gegen uns ist, der ist für uns», setzte man auf den nahezu gegenteiligen Ausspruch bei Matthäus: «Wer nicht mit mir ist, der ist gegen mich» (Mt 12,30) – ein Denken in klaren Abgrenzungen und institutionell geregelten Zugehörigkeiten, die Kirche als *«societas perfecta»*[4], als vollständige Verwaltungsgesellschaft also.

Aber das ursprüngliche Jesus-Wort war nicht ein solches Wort der Angst und der Einengung, es war ein grenzenlos offenes Wort: «Wer nicht gegen uns ist, der ist für uns» (Mk 9,40), – so spricht niemand, der um sein Ansehen oder um seinen Besitzstand fürchtet; so spricht nur jemand, der voller Vertrauen voraussetzt und erwartet, daß etwas, das wahr und hilfreich für die Menschen ist, sich auf jedem nur möglichen Wege verbreitet und durchsetzt, und

Kernstück des Kirchenverständnisses, das CYPRIAN: An Jubaianus, 21. Kap., Bd. II 352 entwickelte. Es ist das massivste Argument zugunsten des Ausschlusses der «Ketzer». K. DESCHNER: Kriminalgeschichte des Christentums, 161–162 meint: «Für Cyprian . . . ist die katholische Kirche alles und alles andere im Grunde nichts.» «Nichts hat Cyprian mit ‹Ketzern› gemein, mit Schismatikern, zwischen denen er gar nicht unterscheidet, weder Gott noch Christus, den Heiligen Geist, weder Glauben noch Kirche. Alle sind sie Feinde für ihn.» Man kann es kaum anders sehen, als daß die Kirchenordnung spätestens vom 3. Jh. n. Chr. an zunehmend einen Geist verrät, der sich mit der Haltung dieser wunderbaren Bibelstelle von dem «fremden Exorzisten» kaum verträgt, wohl aber mit der Gemeinderegel von *Qumran*: «ewigen Haß gegen die Männer der Grube»; 1 QS IX 21–22; E. LOHSE: Die Texte aus Qumran, Hebräisch und Deutsch, S. 35.

[4] Der eigentliche Zweck der Lehre von der Kirche als der von Christus gegründeten *vollkommenen* Gesellschaft wird von J. BRINKTRINE: Die Lehre von der Kirche, 37 in orthodoxer Unverblümtheit auf den Begriff gebracht: «Die *theologische Begründung* für die Wahrheit, daß die excommunicati vitandi (sc. die zu meidenden Ausgestoßenen, d. V.) nicht mehr Glieder der Kirche sind, liegt darin, daß die Kirche eine vollkommene Gesellschaft ist. Dieser kommt es aber zweifellos zu, Glieder, die sich ihrer unwürdig gemacht haben, aus ihrer Gemeinschaft auszuschließen.» Bereits im Neuen Testament macht die Haltung Jesu an dieser Stelle der frühen Kirche offenbar die größten Schwierigkeiten. Insbesondere *Matthäus* läßt die Szene von dem fremden Exorzisten ganz weg und folgt (mit Lk 11,23) lieber einer Überlieferung der Logienquelle (Q), die statt der geforderten Toleranz eher zu missionarischem Eifer mahnt, während Lk 9,50 auch das Wort aus Mk 9,40 aufgreift. Beide Sätze, so sehr sie sich zu widersprechen scheinen, können, je nach der Situation, durchaus «jesuanisch» sein. O. MICHEL: *skorpizo* u. a., in: G. Friedrich (Hrsg.): Theologisches Wörterbuch zum Neuen Testament, VII 419–424. S. 421 meint, das Wort von Mt 12,30 könnte sich an unentschiedene und abwartende Hörer gerichtet haben, vielleicht an Pharisäer in Galiläa.»

sei es auch außerhalb der unmittelbaren Gemeinschaft der Jünger[5]. Wichtiger als das Bekenntnis zu der Gruppe seiner Anhänger ist Jesus das, was wirklich geschieht, und wo immer Menschen von ihrer Besessenheit geheilt werden unter Berufung auf seinen Namen, da kann es in seinen Augen nicht falsch sein. Statt in dem Bild von Sintflut und Arche denkt Jesus gewissermaßen in dem Bild von Wüste und Wadi: Wenn nach Monaten der Dürre und der Starrnis endlich der glühende Himmel mit Wolken sich überzieht und prasselnd den erlösenden Regen über das Land schickt, treten die Wasser in den vorgebahnten Trockentälern rasch über ihre Ufer, teilen und verzweigen sich in unzähligen Seiten- und Nebenarmen und streben doch allesamt dem gleichen Ziel entgegen: sich ins Meer zu ergießen. Gehören, scheint Jesus zu denken, nicht all diese «Abzweigungen» zu demselben Stromsystem? Speisen sie sich nicht alle aus dem gleichen Wasser? *Müssen* sie sich nicht in alle Richtungen verteilen, um einer möglichst ausgedehnten Fläche der Wüste Leben und Schönheit zurückzubringen?

In der Tat: Wer die Wildwasser der Regenzeit auf einen einzigen Flußlauf begrenzen wollte, der müßte aus einem lebendigen Fluß ein eingegrenztes Kanalsystem fertigen, dessen Wasser sich nur durch die künstlich vorgegrabenen Rinnen ergießen könnten; entlang eines solchen Kanals entstünde vielleicht ein geregeltes, berechenbares und kontrollierbares Plantagenleben, aber dieses «Leben» müßte den Regen, aus dem es selbst sich erhält, doch Jahr für Jahr seiner reißenden Hochfluten wegen wie eine Gefahr fürchten; im ganzen bedeutete es nicht ein reicheres und fruchtbareres Leben, es bliebe stets nur ein winziger Teil der möglichen Vielfalt der «Wüste». Jesus jedenfalls hatte offenbar keine Angst vor den «Seitenarmen» der «Wadis». Sie galten ihm nicht als Zersplitterungen und Abweichungen, sondern als Formen pulsierenden Lebens bis hinein in die sonst versperrten Bezirke des Ödlands.

Erstaunlich wären die Folgerungen, die sich auf der Stelle ergeben müßten, nähme man diese Einstellung Jesu ernst. Als erstes ginge es darum, das

[5] So meint E. Schweizer: Das Evangelium nach Markus, 105: «Johannes verkörpert (sc. mit seiner Frage von Mk 9,38, d. V.) die natürliche Haltung des Menschen, der auf Gewinnung von Mitgliedern und Stärkung seiner kirchlichen Gruppe bedacht ist, daher für Randsiedler, die nicht beitreten wollen, nicht allzuviel übrig hat. Daß die Gemeinde nie ängstlich ihr äußeres Wachstum im Auge haben, sondern weitherzig für den Außenseiter offen sein soll, entspricht Jesu Haltung.» Vgl. E. Drewermann: An ihren Früchten sollt ihr sie erkennen, 158–165.

wiederholte «er aber geht nicht mit uns zusammen» (Mk 9,38)[6] in der Beurteilung von Menschen aufzugeben. Die entscheidende Frage im Kreise auch und gerade der Jünger Jesu dürfte nicht der Kirchenzugehörigkeit eines Menschen gelten, sondern müßte sich auf das richten, was jemand wirklich ist und tut[7]. Der Mann, dessen Wirken Johannes und die anderen Jünger partout unterbinden wollen, so als tue er, getrennt von Jesus, etwas in sich Illegitimes, heilt in Wahrheit Menschen von der schlimmsten aller Krankheiten, der Besessenheit, und er beruft sich dabei sogar ausdrücklich auf Jesus.
Kann man also mit Jesus verbunden sein und trotzdem außerhalb der Jüngergemeinschaft bleiben[8]?

[6] In gewissem Sinne tendiert jede Gemeinschaft zur Meinungskonformität ihrer Mitglieder; R. BATTEGAY: Der Mensch in der Gruppe, I 46–48; E. DREWERMANN: Der Krieg und das Christentum, 61.

[7] Je nach dem Grad der Intellektualisierung des Glaubens im Sinne einer Lehre über letztgültige, an und für sich existierende Wahrheiten wird aus der Kirche als einer Gemeinschaft von Schwestern und Brüdern, die gemeinsam unterwegs sind, eine Institution, die über eine absolut richtige Heilslehre befindet und entscheidet. K. JASPERS: Der philosophische Glaube, 77 meinte schon vor 40 Jahren warnend dazu: «In der biblischen Religion ist angelegt und in allen ihren Verzweigungen zutage getreten, aber vielleicht nicht notwendig und für immer zugehörend: der Ausschließlichkeitsanspruch. Dieser Anspruch ist in seinem Motiv wie in seinen Folgen das Unheil für uns Menschen. Wir müssen um die Wahrheit und um unsere Seele ringen gegen diesen tödlichen Anspruch.» Tun wir das nicht, so droht sich der Einwand zu bestätigen, der sich schließlich gegen die Religion insgesamt richtet: «Die Religionen züchten eine alldurchdringende Unwahrhaftigkeit. Weil sie das Unbegriffene, die Gedankenlosigkeit, das Absurde an den Anfang setzen, es der Frage entziehen, schaffen sie eine Grundstimmung dumpfen Gehorsams. Wo etwa die Frage sich regt, da vergewaltigt man den eigenen Verstand und hält diese Unredlichkeit für ein Verdienst. Die Gewohnheit des Nichtweiterfragens erleichtert die Unwahrhaftigkeit auch überall sonst. Man übersieht die Widersprüche im Denken und im eigenen Verhalten. Man läßt Verkehrungen des ursprünglichen Wahren zu, weil man sie nicht bemerkt. Religiöser Glaube und Unwahrhaftigkeit haben eine Affinität.»

[8] Es ist die Frage, die sich auch *Paulus* 1 Kor 12,1–3 stellt; er entscheidet: «daß ein Mensch, solange er sich nicht ausdrücklich von Jesus scheidet («Verflucht sei Jesus» 1. Kor 12,3!) zur Gemeinde Jesu gehört.» E. SCHWEIZER: Das Evangelium nach Markus, 105. Ein Mann wie MAHATMA GANDHI: Freiheit ohne Gewalt, 123 der (Harijan, 7-1-1939) sagen konnte, «das Beispiel von Jesu Leiden» sei in seinem «unerschütterlichen Glauben an Gewaltlosigkeit ein Faktor», der all seine Tätigkeiten, die geistigen und die weltlichen bestimmt habe, auch wenn er nicht beanspruchen könne, «ein Christ in sektenhaftem Sinne zu sein», ist unzweifelhaft im Sinne des Kriteriums des Paulus ein Mitglied der Gemeinde Jesu – und wieviel könnten wir Christen von diesem großen Manne lernen, um Christus zu verstehen! Markus jedenfalls versteht «die Verse im Anschluß an V. 33–37 als

Immer wieder haben die Gesetze der Kirche bereits eine derartige Fragestellung mit einem rigorosen Nein zu unterdrücken versucht. Jesus aber versichert an dieser Stelle sehr betont, daß man den Kraftstrom, der von ihm ausgeht, nicht auf eine überschaubare Gruppe beschränken oder reglementieren kann. Im Gegenteil, man sollte im Sinne Jesu vielmehr darauf vertrauen, daß jemand, der von derselben Quelle ausgeht, auch auf einem getrennten Wege zu dem gleichen Ziel gelangt. Statt eines Denkens in wechselseitiger Konkurrenz, wie es allen, auch religiösen Gruppierungen eigen scheint, empfiehlt Jesus weit eher ein Denken der wechselseitigen Ergänzung, ja, der Lernbereitschaft und des Erfahrungsaustauschs untereinander. Was Jesus vorschlägt, stellt mithin das genaue Gegenteil der heute noch geübten kirchlichen Praxis dar.

Um ein besonders krasses, ja, skandalöses, aber um so beredteres Beispiel zu wählen: Gerade die Austreibung der «Geister» – ursprünglich der erklärte Auftrag der Jünger Jesu (Mk 6,7)[9] – bildet heute allenfalls noch einen dogmatischen, keinesfalls aber einen praktischen Anspruch der Kirche. Wohl gibt es noch gewisse – nahezu abstrus wirkende – Riten des sog. «Exorzismus»[10],

Warnung vor einer Überheblichkeit der Gemeinde (vgl. Apg. 19,15 ff.) und zugleich als Präzisierung des Aufrufs zur Nachfolge dahin, daß es nicht auf die äußere Zugehörigkeit zur Gemeinde, sondern auf ein Leben in der Vollmacht des Geistes ankomme.» E. SCHWEIZER: A. a. O., 106. Diese Einstellung widerspricht diametral einem Kirchenverständnis, wie es G. LOHFINK – R. PESCH: Tiefenpsychologie und keine Exegese, 42–46; 102–106 in einem geradezu triumphalistischen Heilspositivismus entwickeln. Man kann nur wünschen, daß R. PESCH: Das Markusevangelium, II 112 seiner eigenen Erkenntnis diesbzgl. Folge leistet: «freilich kann man (sc. in Anbetracht dieser Stelle, d. V.) sich in systematischer Reflexion auf den Weg der Kirche in der Leidensnachfolge Jesu, wie ihn Markus aspekthaft anleuchtet, auch weitergehenden Fragen nicht verschließen.» Allerdings geht es gerade dann, wenn man die Szene, wie R. PESCH es vorschlägt, im Leben Jesu verankert (s. o. Anm. 1), durchaus nicht um «Leidensnachfolge», sondern um Toleranz und Bescheidenheit in dem Selbstverständnis der «Gemeinde» Jesu. Wie die Dinge liegen, tut die Offenheit und Selbstbescheidung, die Jesus lebte und praktizierte, allerdings weh – eine «Leidensnachfolge» *für die Institution Kirche* erster Ordnung!

[9] Vgl. E. DREWERMANN: Das Markus-Evangelium, I 390–404 zu Mk 6,7–13.

[10] Vgl. *Codex Juris Canonici*, lateinisch-deutsche Ausgabe, Kevelaer 1983, Can. 1172, § 1; 2, S. 515, die zeigen, wie hilflos die katholische Kirche im Grunde heute der eigenen Exorzismus-Praxis gegenübersteht. Aus einem zentralen Auftrag Jesu an seine Jünger ist ein einziger Kirchenrechtsparagraph geworden, der rein negativ gewisse Formen von Willkür, Mißbrauch und Aberglauben einzuschränken sucht. Das hindert nicht, daß Teufelsaustreibungen besonders in Rom sich derzeit wieder einer wachsenden Beliebtheit erfreuen.

doch trotz aller möglichen theologischen Theorien über die Existenz böser Geister ist das gesamte theoretische Konzept dieser Lehren hoffnungslos veraltet – ein mittelalterliches Relikt, dessen Wiederaufführung in der Gegenwart die Kirche selber eher fürchtet als betreibt. Gleichwohl ist die Sehnsucht nach einer Heilung von den «Abergeistern» in unserer Zeit eher gewachsen, nur daß dieser entscheidende Teil der «Seelsorge» heute *de facto* aus der Kirche ausgewandert und in die Gesprächszimmer der Psychotherapie übergesiedelt ist[11]. Wohl haben Tiefenpsychologen wie A. MAEDER[12], O. RANK (in seiner Spätzeit)[13] oder C. G. JUNG[14] sich oft genug auf das religiöse Erbe ihres Denkens berufen; aber der offiziellen Kirche blieb die Psychoanalyse mit ihrer Betonung des Unbewußten, mit ihrer antriebsfreudigen Grundhaltung, mit ihrer undogmatischen Denkweise nicht nur fremd, sie sah in ihr eine Feindin und Konkurrentin im Kampf um die Seelen der Menschen, die sie für Christus «gewinnen» wollte, und bis heute formuliert sie ihre «Verkündigung» immer noch in Unterschied und Widerspruch zu dem vermeintlich «nur» therapeutischen Konzept der «Selbstfindung» oder «Selbstverwirklichung». In einem beharrlichen Zwang zum Mißverstehen sieht sie die analytische Psychotherapie nach wie vor als «Egoismus», «Hedonismus», «Individualismus», jedenfalls als etwas Antichristliches und Antikirchliches. Sollte es, muß man sich angesichts einer solchen jahrzehntelangen Polemik fragen, wirklich so schwer sein, die wunderbare menschliche Größe SIGMUND FREUDS, sein einzigartiges Bemühen um ein möglichst vorurteilsfreies

[11] Besonders die *Charismatische Bewegung* versucht, den Auftrag Jesu, Kranke zu heilen und Dämonen auszutreiben, beim Wort zu nehmen und zu aktualisieren; vgl. H. MÜHLEN: Die Erneuerung des christlichen Glaubens, 241–245; aufgrund der systematischen Ausblendung der Tiefenpsychologie führt dieser Ansatz indessen zu einem fundamentalistischen Wörtlichnehmen des biblischen Wunderglaubens und zu einer Praxis des Gesundbetens, die höchst ambivalente Wirkungen hervorrufen muß, indem mit solchen «Techniken» lediglich das Überich der Gemeindeteilnehmer verstärkt wird. Es ist nicht möglich, im Namen des Glaubens zu verlangen, man solle aus der Gegenwart geradewegs in die Urkirche auswandern. Insofern gibt es keinen anderen Weg, als daß die kirchliche Theologie von der Tiefenpsychologie zu lernen beginnt. Vgl. E. DREWERMANN: An ihren Früchten sollt ihr sie erkennen, 71–77.

[12] Vgl. A. MAEDER: Persönliche Erinnerungen an Freud und retrospektive Besinnung, in: Der Psychotherapeut als Partner, 79–84.

[13] Vgl. die Darstellung des Weges von O. RANK bei A. MAEDER: Mein Weg von der Psychoanalyse zur Synthese, in: Der Psychotherapeut als Partner, 92.

[14] Zu dem *Gottesbegriff* bei C. G. JUNG vgl. E. DREWERMANN: Strukturen des Bösen, I 24–38 (zu den Begriffen «Selbst», «Trinität», «Urmensch», «Christus»).

Verstehen selbst des Ungeheuerlichsten im Menschen, seine ehrliche Wahrheitssuche entgegen allen wunschgeprägten Illusionen als etwas durch und durch Christliches zu erkennen und endlich, nach einem ganzen Jahrhundert der Ablehnung, anzuerkennen[15]? Daß es möglich ist, auch anders zu denken als in der Enge und Engstirnigkeit des ständigen Freund-Feind-Schemas, zeigt das Beispiel der anglikanischen Kirche: Als man den 100. Geburtstag FREUDS (6. Mai 1856) in der Westminster-Cathedral in einer großen Feierstunde beging, erklärten die Verantwortlichen auf die erstaunte Frage, wie man einen «Atheisten» kirchlich feiern könne: «It is our firm believe, that Mr. Freud is not any longer an atheist.»[16] Es wird in der jüngeren Kirche nur schwerlich ein Beispiel geben, das der Haltung Jesu gegenüber dem «fremden Exorzisten» derart entspricht.

Hinzufügen muß man allerdings, daß man solche «Christen» außerhalb der Kirche nicht einfach gewähren lassen kann, indem man sie in einer Haltung interessierter Gleichgültigkeit rein passiv toleriert. Zu vermuten steht, daß es nicht einfach ein Zufall ist, wenn Menschen wie S. FREUD ihren Platz nur außerhalb jeder Religion finden zu können meinten. Zwar wäre bereits viel gewonnen, könnte die Kirche die zahlreichen Philosophen, Psychologen, Theologen, Künstler – *Menschen* allerorten, in ihrer Wesensverwandtschaft mit sich selbst und ihrem eigenen Anliegen in einem viel breiteren Umfang als bisher wiedererkennen[17]. Darüber hinaus aber müßte man heute erwarten,

[15] An keiner Stelle hat FREUD jemals sich auf Jesus von Nazareth bezogen; er hat niemals ausdrücklich «in seinem Namen» geheilt. Aber es gibt in unserem Jahrhundert niemanden, der so wie SIGMUND FREUD die einfache Menschlichkeit gegen jede Form von frommer Tyrannei gestellt hat – wie Jesus. Was Jesus tat, als er am Sabbat heilte (vgl. Mk 1,21–28; E. DREWERMANN: Das Markus-Evangelium, I 171–180), kann man, mehr als aus allen theologischen Kommentaren, in unserer Zeit am Beispiel dieses Mannes lernen.

[16] Referiert nach einem mündlichen Beitrag von J. TAUBES: «Frist» als Form apokalyptischer Zeiterfahrung, in: O. Schatz – H. Spatzenegger (Hrsg.): Wovon werden wir morgen geistig leben? 89–99, wo die betreffende Passage leider aus drucktechnischen Gründen weggekürzt ist.

[17] Als theologische Grundlage einer solchen Einstellung könnte die Einsicht gelten, die GREGOR VON NAZIANZ, XVIII. Rede: Grabrede auf den Vater in Gegenwart des Basilius, 6. Kap.; 1. Bd., S. 356 am Grabe seines Vaters in den wunderbaren Worten ausdrückte: «Als der Verstorbene noch außerhalb unseres Schafstalles (sc. der Kirche, d. V.) war, gehörte er schon zu uns. Sein sittliches Leben hatte ihn mit uns verbunden. Wie viele von uns eigentlich nicht zu uns gehören, da ihre Lebensführung sie dem gemeinsamen Körper entfremdet, so gehören andererseits viele der Außenstehenden zu uns, sofern ihr sittliches

daß die Kirche als Institution, als verfaßte Organisation, als offizielle Lehrinstanz sich von ihren «fremden Exorzisten» selbst befragen und nötigenfalls auch in Frage stellen ließe. Es ist nicht möglich, Gemeinsamkeiten mit Menschen auch außerhalb der Kirche einfachhin neutral oder womöglich auch «dankbar» anzuerkennen, ohne sich unter Umständen schmerzlich der Künstlichkeit der eigenen Grenzziehungen bewußt zu werden. Zu der Offenheit und Weitherzigkeit der Gesinnung Jesu gehört auch die Fähigkeit, daß die Kirche von ihren «fremden Exorzisten» sich immer wieder darauf hinweisen läßt, daß ihr Weg nicht der einzige sein kann, der zum «Meer» führt, und daß es im Mündungsdelta viele Arme gibt und geben muß, um möglichst viel «Land» zu «bewässern». So genügt es z. B. nicht, SIGMUND FREUD «nicht länger mehr» als «Atheisten» zu betrachten, es ist unerläßlich, die Einseitigkeit des gesamten im Abendland überkommenen Welt- und Menschenbildes zu korrigieren, in dem es all die Verwicklungen des Unbewußten nicht gibt, auf welche die Psychoanalyse, aber auch die Philosophie SCHOPENHAUERS[18] und NIETZSCHES[19] hingewiesen hat. Die kirchliche Lehre

Verhalten dem Glauben vorauseilt und ihnen nur der Name, nicht die Sache fehlt. Zu den letzteren zählte auch mein Vater; er war zwar ein fremder Zweig, doch durch sein Leben hatte er sich zu uns geneigt.» Gerade in die umgekehrte Richtung weist freilich ein Mann wie EPIPHANIUS VON SALAMIS: Anakephalaiosis, in: Ausgew. Schriften, 185–227, der Ende des 4. Jh. bereits 20 vorchristliche und 60 nachchristliche Häresien aufzuzählen weiß, die wilden Tieren und Schlangen glichen, wohingegen «die Braut Christi, die heilige Kirche, die eigentlich vom Anfange der Welt an existierte, ... erst im Laufe der Zeit durch die Erscheinung Christi im Fleische neben den ... Häresien geoffenbart» worden sei. Wie weit entfernt ist diese Einstellung von der Güte und Toleranz, mit der ERASMUS VON ROTTERDAM erklärte: «Wo immer du die Wahrheit antriffst, betrachte sie als christlich.» ST. ZWEIG: Triumph und Tragik des Erasmus von Rotterdam, 81.

[18] Vor allem A. SCHOPENHAUER: Die Welt als Wille und Vorstellung, 2. Bd., Kap. 46; Sämtliche Werke, III 657–775: *«Von der Nichtigkeit und dem Leiden des Lebens»* ist eine Herausforderung an die christliche Erlösungslehre, die aus den Tiefen der Welt selbst kommt, und daran gemessen erscheinen die Antworten der christlichen Theologie wie ein ohnmächtiger Trost, wie eine Schilfhütte, über die unerbittlich von See her der Sturm hereinfällt. R. SCHNEIDER: Winter in Wien, 221–223 resümierte verzweifelt und resigniert angesichts der SCHOPENHAUERSCHEN Bilanz: «Die Natur, auch die unterm Sündenfall, müßte doch vom Bilde Gottes beantwortet werden. Aber Offenbarung und Theologie sind uns dieses Bild schuldig geblieben.» (222)

[19] Vgl. F. NIETZSCHE: Umwertung aller Werte, 199–242, S. 230 ff. – ein paar Zitate mögen genügen: «Die *Kirche* ist exakt das, wogegen Jesus gepredigt hat – und wogegen er seine Jünger kämpfen lehrte.» «Jede Kirche ist der Stein am Grabe eines Gottmenschen: sie will

müßte ihre eigene Poesie und Menschlichkeit wiederentdecken, indem sie sich selber befähigt, mit Hilfe der Symbole ihres Glaubens das Leben der Menschen, ähnlich den Gleichnissen Jesu, so nachzuerzählen und zu begleiten, daß es sich auf Gott hin öffnet; sie müßte ihre nahezu systematische Ignoranz in allen Fragen der seelischen und leiblichen Herkunft des Menschen aus der Tierreihe aufgeben[20]; sie müßte das große Konzert der Natur und des Kosmos wieder zu vernehmen lernen, innerhalb dessen der Mensch nur ein Teil und das menschliche Bewußtsein nur ein verschwindender Ausschnitt ist[21].

Vor allem aber müßte die Kirche ihre weitverbreitete Aufspaltung zwischen Gottfindung und Selbstfindung, zwischen Wahrheit und Selbstverwirklichung, zwischen Frömmigkeit und Menschlichkeit überwinden. Es ist in der vorliegenden Form des Markusevangeliums nicht ohne weiteres klar, wie sich der Sprung mitvollziehen läßt, mit dem das Thema der Anerkennung des «fremden Exorzisten» plötzlich wechselt und auf die Behandlung der Jünger Jesu durch die Leute zu sprechen kommt[22]. Gleichwohl verrät Markus, in-

durchaus, daß er nicht wieder auferstehe!» «Das gerade, was im *kirchlichen* Sinne das Christliche ist, ist das Antichristliche von vornherein: lauter Sachen und Personen statt der Symbole, lauter Historie statt der ewigen Tatsachen, lauter Formeln, Riten, Dogmen statt einer Praxis des Lebens. Christlich ist die vollkommene *Gleichgültigkeit* gegen Dogmen, Kultus, Priester, Kirche, Theologie.» Die entsprechenden, äußerst wichtigen Gedanken sind ausgeführt bei F. NIETZSCHE: Der Antichrist, Nr. 32–34, in: Der Antichrist. Ecce Homo. Dionysos-Dithyramben, S. 34–38. Unterhalb dieser Herausforderung dürfte seit 100 Jahren niemals mehr eine Auslegung irgendeines Evangeliums erfolgen! Wenn es *danach* noch «Sachen und Personen», «Historie», «Riten» und «Dogmen» geben soll, dann nur, indem man sie aus den «Symbolen», aus den «ewigen Tatsachen», aus dem Leben selbst *entwickelt.* Klarer läßt sich das Programm einer tiefenpsychologischen Exegese, wie sie hier am Markus-Evangelium versucht wird, nicht auf den Begriff bringen. Die *Offenheit* des «Kirchlichen» im Sinne dieser Stelle von dem fremden Exorzisten ist dabei eine der obersten Prämissen – und Desiderate.

[20] Immer noch tut die Theologie in ihren Hauptdisziplinen (Dogmatik, Exegese, Moraltheologie) so, als ob es nicht nötig wäre, alle Begriffe der Religion auf dem Hintergrund der Evolutionslehre *neu* zu formulieren. Vgl. E. DREWERMANN: An ihren Früchten sollt ihr sie erkennen, 108–110.

[21] Vgl. E. DREWERMANN: Der tödliche Fortschritt, 142–160.

[22] R. BULTMANN: Die Geschichte der synoptischen Tradition, 152 meinte, daß Mk 9,37.41 eine ursprüngliche Einheit gebildet hätten und erst durch Mk 9,38–40 voneinander getrennt worden seien; das «euch» in Mk 9,41 stelle eine sekundäre Korrektur dar, die es ermögliche, das Wort auf die christliche Gemeinde anzuwenden, später sei das *«im Namen, daß ihr zum Messias gehört»* hinzugetreten. «Es wäre dann möglich, daß die ur-

dem er den Satz nachdrücklich mit «denn» einleitet, daß er assoziativ hier so etwas sieht wie eine wechselseitige Begründung: «*Denn:* Wer mit einem Trunk Wassers euch tränkt, *im Namen,* daß ihr zum Messias gehört, wahrlich, sage ich euch: Nein, der wird seinen Lohn nicht verwirken!» Irgendwie handelt es sich für Markus um so etwas wie eine Universalität der Menschlichkeit. Es wird Menschen geben, die den Jüngern Jesu menschlich und gastfreundlich gegenübertreten, einfach weil in ihnen etwas vom Reich Gottes lebt und sichtbar wird; und so wird man auch umgekehrt in allem, was menschlich wahr und gut ist, etwas von Gott wiederfinden können. Mögen auch die Wege zu Gott vielfältig sein, so ist doch Gott unteilbar in allem gegenwärtig, was Menschen zu sich selbst befreit und dazu beiträgt, den Ungeist der Angst und der Selbstentfremdung zu bannen.

Es ist von daher wirklich ein und dieselbe Bewegung, in der Menschlichkeit der Dämonenaustreibung jenes fremden Exorzisten etwas vom Reich Gottes zu erkennen und Menschen um des Reiches Gottes willen menschlich zu begegnen[23]. Ja, es gibt bzw. sollte geben eine wechselseitige Gastfreund-

sprüngliche Form des Wortes keine Beziehung auf Jesu Person hatte, sondern ein jüdisches Wort war, in dem gesagt war, daß die Wohltat am geringsten Menschen von Gott als eine ihm erwiesene angerechnet wird... Mag das Urteil der Sicherheit entbehren, so ist doch dies sicher, daß hier ein älteres Wort von der christlichen Tradition in der Weise bearbeitet worden ist, daß es als eine Vorschrift des erhöhten Christus – denn dieser redet hier – für das Verhalten der Seinen dienen konnte, und zwar für das der Seinen untereinander.» – Der ganze Abschnitt Mk 9,37–50 basiert auf der Mnemotechnik der *Stichwortkomposition* und könnte eine vormarkinische Sammlung darstellen, die für Unterrichtszwecke zusammengestellt wurde; E. SCHWEIZER: Das Evangelium nach Markus, 106. Wenn, wie mit BULTMANN anzunehmen, Mk 9,41 statt von *«euch»* ursprünglich von *«einem dieser Kleinen»* sprach, bildet dieses Wort die Einheit von Mk 9,41–42; zuvor verknüpft die Wendung *«im Namen»* Mk 9,37–38 und Mk 9,39.41 miteinander; das *«verführen»* («zu Fall bringen») verbindet Mk 9,42–43; das «Feuer» Mk 9,48–49; das «Salz» Mk 9,49–50. Beispiele dieser Art beweisen die These von B. GERHARDSSON: Memory and Manuscript, Uppsala ²1964, daß die Jesusworte in ähnlicher Weise *mündlich* tradiert wurden, wie es bei den Rabbinen üblich war, und daß die «mündliche Thora» der jüdischen Überlieferung (die sog. Halakha und Haggada), die Überlieferung der Alten (Mk 7,3.5), durch die Überlieferung des Herrn (1 Kor 11,2.23) ersetzt wurde. Vgl. H. ZIMMERMANN – K. KLIESCH: Neutestamentliche Methodenlehre, 131. – Zu der Wendung *«im Namen»* vgl. H. BIETENHARD: *onoma,* in: G. Friedrich (Hrsg.): Theologisches Wörterbuch zum Neuen Testament, V 274, der in der Wendung eine wörtliche Übernahme des semitischen *lschem* im Sinne von *«mit Rücksicht darauf daß; weil... ist»* erblickt.

[23] Sehr lesenswert ist die Betrachtung, die S. KIERKEGAARD: Der Augenblick, XIV 297f., Werkausgabe, II 503ff. zu der Parallelstelle Mt 10,41–42 anstellt: «Was Christus im Auge

schaft: die der Kirche gegenüber ihren «Fremdlingen» und die der Menschen gegenüber allen, die Fremde sind auf Erden, weil nur der Himmel ihre Heimat ist (2 Kor 5,1).

hat, ist: die Anerkennung als Jünger, als Prophet, und das in der Gleichzeitigkeit. Ob man die Anerkennung dadurch ausdrückt, daß man ihm ein Glas kaltes Wasser gibt, oder daß man ihm ein Königreich gibt, ist das völlig Gleichgültige; das anerkennende Weil der Gleichzeitigkeit ist das, worauf es ankommt; d. h. es ist nicht so, wie die pfäffischen Geldschneider um ihrer Stolgelder willen erst den Leuten weismachen: da 10 Reichstaler mehr seien als ein Glas kaltes Wasser, so tue der, welcher einem Propheten, einem Jünger, 10 Reichstaler gebe, aber *nicht weil* er ein Prophet, ein Jünger ist, das weitaus Vollkommenere als der, welcher ihm ein Glas kaltes Wasser gebe, *weil* er ein Prophet, ein Jünger ist. Nein, daß die Gabe gegeben wird, *weil,* also ausdrückt, daß man diesen Menschen anerkennt als das, was er in Wahrheit ist, darauf kommt es an. Und das ist nicht leicht in der Gleichzeitigkeit; dazu wird wohl nicht erfordert, daß man selber ein Prophet, ein Jünger, sei, aber doch (was im übrigen, vergiß es nicht, jeder haben kann, falls er es redlich will), daß man zwei Drittel vom Wesen eines Jüngers, eines Propheten habe. Denn in der Gleichzeitigkeit kann dieser Becher Wasser, oder richtiger, dieses Weil, einem teuer zu stehen kommen. In der Gleichzeitigkeit oder im lebendigen Leben wird nämlich der Prophet, der Jünger, verhöhnt, verlacht, gehaßt, verflucht, verabscheut, auf jede Weise verfolgt – und du kannst sicher sein, daß zumindest die Strafe gesetzt ist darauf, ihm einen Becher Wasser zu reichen, ‹weil er ein Jünger› ist, die Strafe ... nämlich, daß man aus der Synagoge ausgestoßen wird.» Erst in dieser Auslegung versteht man, was dieses Wort Jesu mit dem Generalthema der Leidensnachfolge von Mk 9,31 zu tun hat: es geht für Markus nicht (mehr) darum, «karitative Akte» gegenüber den «Armen» anzumahnen, es geht überhaupt nicht darum, dem Jünger Jesu Wasser zu reichen, es geht entscheidend darum, ob wir mit unserem Leben einem Jünger Jesu «das Wasser reichen können», wie man sprichwörtlich im Anschluß an diese Stelle und in vortrefflichem Gespür für ihre Bedeutung im Deutschen zu sagen pflegt.

Mk 9,42–50: Von Verführung und Verstümmelung oder: Habt Salz und Frieden

42 Doch: wer einen dieser Kleinen, die – an mich – glauben, verführt, gut ist es für den eher, wenn ein Eselsmühlstein um seinen Hals gelegt und er ins «Meer» geworfen worden wäre.
43 Und wenn deine Hand dich verführt, hau sie ab! Besser ist es, du gehst verkrüppelt ins ewige Leben ein, als daß du mit beiden Händen abgehst in die Hölle, ins Feuer, das unauslöschliche, (44 wo ihr Wurm nicht stirbt und das Feuer nicht erlischt).
45 Und wenn dein Fuß dich verführt, hau ihn ab! Besser ist es, du gehst ins ewige Leben hinkend ein, als daß du mit beiden Füßen in die Hölle geworfen wirst, (46 wo ihr Wurm nicht stirbt und das Feuer nicht erlischt).
47 Und wenn dein Auge dich verführt, reiß es aus! Besser ist es, du gehst einäugig in das Königtum Gottes ein, als daß du mit zwei Augen in die Hölle geworfen wirst, 48 wo *ihr Wurm nicht stirbt und das Feuer nicht erlischt* (Jes 66,24).
49 Jeder nämlich wird mit Feuer gesalzen werden. 50 Gut ist das Salz! Wenn aber das Salz unsalzig wird, womit wollt ihr es dann würzen? Habt *in euch selbst* Salz – und Frieden haltet *untereinander*.

Es gibt im Markusevangelium keinen Abschnitt von Worten Jesu, die fataler wirken könnten als diese. Sobald von «Verführung» die Rede ist, assoziieren wir damit, wie schon das Matthäusevangelium (Mt 5,27–30), fast unvermeidlich eine Verlockung zu geheimen, verbotenen Wünschen, und sehen wir genauer hin, so sind es fast ausschließlich bestimmte sexuelle Neigungen, denen wir nur allzu gern folgen würden, stünden ihnen nicht starke Gebote mit entsprechenden Strafandrohungen entgegen[1]. Eingeklemmt zwischen

[1] E. Stauffer: Die Botschaft Jesu damals und heute, 83 meint zu Mt 5,28: «Das Lieblingsthema der kleinen Moralisten ist allezeit das Thema ‹Unzucht›. Jesus hat sich von den zelotischen Strafpredigten seiner Zeitgenossen demonstrativ ferngehalten. Wahrscheinlich hat er die moralisierenden Schimpfworte Hure, huren und Hurerei in seinem persönlichen Sprachgebrauch grundsätzlich vermieden.» (Vgl. Lk 15,30, im Munde des älteren Bruders!) «Mt 5,28 ist ein Lieblingsspruch der jüdischen Supermoral, der nur im Sondergut des Mt begegnet und ausgezeichnet zu den rigoristischen Idealen des Matthäuskreises paßt, aber mit Jesu Kampf gegen die Extrafrömmigkeit unvereinbar ist. Mit solchen Sätzen haben die Pharisäer den kleinen Mann in Gewissensnot, Höllenangst und unaufhörliche Bußprobleme gejagt ... Mit solchen Erpressermethoden hat man das Volk zu terrorisieren

Trieb und Moral, erscheinen uns die Worte Jesu in gewissem Sinne womöglich ganz einleuchtend, wir sollten angesichts der schrecklichen Höllenstrafe Gottes handeln wie ein Fuchs, der in der Falle sitzt und den Jäger kommen hört: er beißt sich (wenigstens der Legende nach) eher das eingeklemmte Körperteil ab, als daß er sich mit Haut und Haaren dem sicheren Tod übergibt.

Man muß das Bild der Hölle, wie es schon *die alten Ägypter* an die Wände ihrer Grabkammern malten[2], sich nur deutlich genug vor Augen stellen, und man darf hoffen, daß die Angst vor der eigenen Verdammung all die zweifelhaften Gelüste wirksam unterdrücken wird, denen wir uns immer wieder ausgeliefert fühlen; wo aber nicht, so gilt es offenbar mit Berufung auf diese Worte Jesu, auch vor drakonischen Notfallmaßnahmen bis hin zur Selbstver-

versucht. Denn wenn Gott der Herr den Menschen nach dem Maße von Mt 5,28 richtet, dann bleibt für einen Mann von Fleisch und Blut allerdings nur die Wahl zwischen Verzweiflung und Theomachie (sc. Aufstand gegen Gott, d. V.). Jesus hat jene These, jene Praxis bekämpft bis aufs Blut. Er hat keine Geißler um sich versammelt und keine Wüstenmönche.» In der Tat: an der Einstellung auch und wesentlich zur Sexualität entscheidet sich das Verständnis von Religiösität und Moralität insgesamt, und es scheint im Sinne Jesu eine außerordentlich große Gefahr zu sein, den «kleinen Mann» schon dadurch «zu Fall zu bringen» (Mk 9,42), daß man ihn mit einer asketisch-sadistischen Sexualmoral konfrontiert, die ihn in endlosen Gefühlen von Schuld, Selbsthaß, Ekel, Zerstörung und Abhängigkeit gefangenhält. Es blieb R. SCHNACKENBURG: Die sittliche Botschaft des Neuen Testamentes, 53 vorbehalten, hier nicht nur kein Problem zu sehen, sondern – wirklich in Übereinstimmung mit dem immer noch herrschenden Trend der katholischen Sexualmoral! – zu verkünden: «Dieses Wort (sc. Mk 9,42–47, d. V.) bringt Matthäus ... im Rahmen der Bergpredigt, um zu zeigen, wie radikal man die sexuelle Begierlichkeit bekämpfen müsse (5,29 f.). – Schon dieses eine Wort genügte, um die Radikalisierung des sittlichen Imperativs in der Botschaft Jesu zu beweisen.» Nein, umgekehrt: dieses eine Zitat von R. SCHNACKENBURG genügt, um zu beweisen, wie fast unmöglich es selbst im Jahre 1988 ist, zwischen der Psychoanalyse und der (katholischen) Theologie Brücken der Menschlichkeit und der Vernunft zu finden.

2 E. SCHWEIZER: Das Evangelium nach Markus, 107 meint abmildernd: «Die schwerste Warnung ist nur noch im alttestamentlichen Zitat ausgesagt. Wer daraus schlösse, er müsse an ewige Höllenqualen glauben, hätte nicht recht verstanden. Dagegen ließe sich auf Röm 11,32 oder 1. Tim 2,4 weisen. So ist der dogmatische Satz, daß einige in der Hölle büßen werden, ebenso unmöglich wie der gegenteilige, daß alle selig sein werden. Beide nehmen vorweg, was nur Gott zusteht.» Das ändert nicht, daß diese Worte gesagt wurden und eine ungeheure Angst auslösen – auslösen sollen! – Die *Höllenvorstellung* selbst dürfte in ihrem frühesten geschichtlich belegbaren Material *ägyptischen* Ursprungs sein. Vgl. E. HORNUNG: Tal der Könige, 149–164 (Zum Nichtsein verdammt).

stümmelung nicht zurückzuschrecken. Welch eine Gefahr könnte schließlich größer sein, als die Drohung des unersättlichen *«Wurms»*, der *Apophis-Schlange* der Ägypter, dieses Symbols ewiger Nacht und Nichtigkeit[3], nebst der *Strafe des unauslöschlichen Feuers*[4], mit dem nach ägyptischer Vorstellung die «Große Fresserin» (Ammjt)[5] die im Totengericht verurteilten Opfer für ihre kannibalische Mahlzeit vorbereitet?

Nun waren aber die alten Ägypter an sich ein sinnenfrohes Volk, dem die gezierte Prüderie des Christentums noch völlig fernlag. Ihr Totengericht bestand an sich darin, auf der Waage der Weltordnung zu prüfen, inwieweit das Herz des Menschen sich im Gleichgewicht mit der Harmonie des Alls befindet[6]. Erst in den Händen des Christentums verwandelten sich besonders ihre Vorstellungen von der «Hölle» in moralische Horrorvisionen, in denen rigide Formen sexueller Selbstunterdrückung sich mit extremen sadistischen Strafphantasien mischten[7]. Schon Jahrhunderte vor den Jahrhunderten des Hexenwahns gelangte das Christentum auf diese Weise dahin, das Erleben der «Welt», die Empfindungen des eigenen «Körpers», die Bereiche von Trieb, Traum und Verlangen mit wachsender Angst zu belegen und als Quellen nicht endender «Versuchungen» zu fliehen[8]. Was also lag näher, als diese Worte Jesu im Markusevangelium so wörtlich wie möglich zu nehmen? Der große Kirchenvater ORIGENES wurde das wohl berühmteste Opfer dieser Einstellung, indem er, um dem höllischen Feuer zu entgehen, der Weisung Jesu gemäß sich selber entmannte[9]. «Es werden ja wohl nicht die Hände, die

[3] Zu den ägyptischen *Jenseitsvorstellungen* vgl. E. DREWERMANN: Tiefenpsychologie und Exegese, II 511–541; bes. S. 529 ff. zu der Vorstellung von der *Apophis*-Schlange.

[4] A. a. O., 532 zu dem *unauslöschlichen Feuer.* Vgl. bes. CH. SEEBER: Untersuchungen zur Darstellung des Totengerichts im Alten Ägypten, 184–186 zu der Vorstellung vom *Feuersee.*

[5] Vgl. CH. SEEBER: Untersuchungen zur Darstellung des Totengerichts im Alten Ägypten, 163–184 zu der Totenfresserin *Ammit.*

[6] Vgl. CH. SEEBER: A. a. O., 67–83; E. DREWERMANN: Dein Name ist wie der Geschmack des Lebens, 38–39.

[7] J. DELUMEAU: Angst im Abendland, II 456–510 weist vor allem nach, wie am Ende des 16. und zu Beginn des 17. Jh. die Frauen zunehmend in Agenten des Satans verwandelt wurden.

[8] Wie im Gefälle der kirchlich geschürten Sexualangst die große Hexenverfolgung um sich griff und greifen mußte, vgl. J. DELUMEAU: A. a. O., II 511–571.

[9] Vgl. EUSEBIUS: Kirchengeschichte, VI 8, Bd. II 272, der noch hinzufügt, daß der dortige Bischof Demetrius, als er von der Selbstverstümmelung des Origenes erfuhr, «ihm ob der kühnen Tat größte Bewunderung» zollte und «seinen Eifer und die Echtheit seines Glaubens» lobte.

Füße und die Augen gemeint sein», höhnte FRIEDRICH NIETZSCHE noch im vergangenen Jahrhundert über die Angstmoral masochistischer Selbstzerstörung im Christentum[10]. Selbst ein so freiheitsliebender *homo religiosus* und sensibler Dichter wie der Libanese KHALIL GIBRAN malte im Jahre 1946 als Karikatur dieser Bibelstelle die Geschichte von der *«gesegneten Stadt»*[11]:

«In meiner Jugend erzählte man mir von einer Stadt, wo jedermann nach der Heiligen Schrift lebte.

Da sagte ich: ‹Ich will diese gesegnete Stadt suchen.› Es war weit dorthin, und ich traf große Vorbereitungen für meine Reise. Nach vierzig Tagen erblickte ich mein Ziel, und am einundvierzigsten Tag betrat ich die Stadt. Und siehe, alle Bewohner hatten nur ein Auge und nur eine Hand. Ich war überrascht und dachte bei mir: Sollten gerade jene in dieser so heiligen Stadt nur ein Auge und nur eine Hand haben?

Dann sah ich, daß auch sie erstaunt waren und sich über meine beiden Hände und meine zwei Augen wunderten. Während sie so sprachen, trat ich auf sie zu und fragte: ‹Ist dies die gesegnete Stadt, wo jedermann nach der Heiligen Schrift lebt?› Sie antworteten mir: ‹Ja, sie ist es.›

‹Aber was›, fragte ich weiter, ‹ist euch zugestoßen, und wo sind eure rechten Augen und eure rechten Hände?›

Da ging eine Bewegung durch die Menge, und sie sagten: ‹Komm und sieh.› Dann führten sie mich in die Mitte der Stadt zum Tempel. Darin sah ich eine große Zahl verwester Hände und Augen liegen. Erschrocken fragte ich: ‹Welcher Eroberer vollbrachte solche Greueltat an euch?›

Wieder ging ein Raunen durch die Menge. Einer der Ältesten trat vor und sprach: ‹Das haben wir selbst getan. Gott machte uns zum Sieger über das Böse, das in uns wohnte.›

Darauf führte er mich zum Hochaltar. Alle folgten uns. Und er zeigte mir eine in Stein gehauene Inschrift, und da las ich: ‹Wenn dein rechtes Auge dir zum Stein des Anstoßes wird, dann reiß es aus und wirf es von dir; denn es ist besser für dich, eines deiner Glieder zu verlieren, als daß dein ganzer Leib der Hölle vorgeworfen werde. Und wenn deine rechte Hand dir zum Stein des Anstoßes wird, dann haue sie ab und wirf sie von dir; denn es ist besser für dich, eines deiner Glieder zu verlieren, als daß dein ganzer Leib der Hölle vorgeworfen werde.›

[10] Vgl. F. NIETZSCHE: Der Antichrist, Nr. 45, in: Der Antichrist. Ecce Home. Dionysos-Dithyramben, 48. Vgl. DERS.: Also sprach Zarathustra, S. 26–29: Von den Verächtern des Leibes; und: Von den Predigern des Todes, S. 36–37.

[11] KH. GIBRAN: Der Narr, 28–30.

Da verstand ich. Ich wandte mich der Menge zu und rief: ‹Hat kein Mann und keine Frau unter euch zwei Augen und zwei Hände?›
Sie antworteten: ‹Nein, kein einziger. Keiner ist ganz, außer jene, die noch zu jung sind, um das Gebot der Schrift zu verstehen.›
Als wir aus dem Tempel herauskamen, verließ ich augenblicklich jene gesegnete Stadt, denn ich war nicht mehr zu jung, um das Gebot der Schrift zu verstehen.»
Soll das Christentum, die Kirche, wirklich, gestützt auf ein Jesus-Wort, eine derart «heilige» Stadt der «Beschnittenen» und «Verschnittenen» sein? Eine Stätte der Moral, an der nur die vermeintlich unschuldigen Kinder, die noch nicht zur Geschlechtsreife erwacht sind, eine gewisse Zeit erlaubter Unversehrtheit erleben dürfen, bis ihnen das Gebot Gottes, ähnlich den Priestern der Göttermutter Kybele[12], das Opfer der Selbstverstümmelung auferlegt? Man kann KHALIL GIBRAN nur zustimmen: Es wäre nichts weiter als ein Zeichen pubertärer Unreife bzw. das Symptom einer schweren kollektiven Neurose, sich nach derartigen Anweisungen zu richten, und von Herzen sollte man der Menschheit wünschen, sie möchte irgendwann einmal diese durch und durch masochistische Verehrung eines blutrünstigen und eifersüchtigen Dämons von Gott aufzugeben lernen. Was aber ist es dann mit dieser Spruchsammlung des Markusevangeliums?
Tatsächlich scheint von dem ansonsten so gütig gezeichneten Bild des väterlichen Gottes Jesu Christi in diesen Worten nichts übrig geblieben zu sein. Dennoch kommt dieser Eindruck nur dadurch zustande, daß man Worte, die einzig als religiöse Rede einen Sinn machen, ins Ethische zieht[13]. Als Mittel

[12] Zum Kult der Kybele und zu ihren kastrierten Priestern, den Galli, vgl. APULEJUS: Der goldene Esel, VIII, S. 147–149; E. DREWERMANN: Strukturen des Bösen, II 474.
[13] Richtig akzentuiert E. SCHWEIZER: Das Evangelium, 107: «Das Abhauen der Glieder ... ist radikaler Ausdruck dafür, daß Gehorsam gegen Gott unter allen Umständen wichtiger ist selbst als die eigenen Körperglieder... Vor allem geht es nicht um verdienstvolle Selbstverstümmelung, sondern darum, sich von allem zu befreien, was die Gemeinschaft mit Gott hindern will. Das wird in jedem Einzelfall etwas anderes sein.» Warum aber dann diese drastisch konkrete Sprache? Klar ist, daß die Worte Jesu religiös, nicht ethisch gemeint sind und daß man sie nicht äußerlich, also in falscher Weise «wörtlich» nehmen darf. Andererseits aber geht es auch nicht an, sie in völliger Abstraktheit ihres konkreten Inhaltes zu berauben und sie als ein bloßes Beispiel für alles möglich zu verstehen, was man sich notfalls «abhacken» oder «ausreißen» müßte. CHRYSOSTOMUS: Matthäus-Kommentar, 59. Homilie, Bd. III 246 z. B. hielt die Worte Jesu für eine Mahnung vor bösem Umgang: «Mit diesen Worten meint Jesus nicht etwa die eigentlichen Gliedmaßen, sondern die Freunde, die Angehörigen, welche uns ebenso teuer sind wie notwendige Glieder.» Es

der Selbstdisziplinierung gegenüber gewissen moralischen «Verführungen» müßte die Aufforderung Jesu zur Selbstverstümmelung in der Tat unfehlbar wie eine Aufforderung zu jeder Art von Verdrängung und Desintegration wirken[14]. Wie aber, wenn es um «Moral» hier überhaupt nicht ginge? Wie, wenn Jesus in seiner Rede *von* Menschen *zu* Menschen sprechen würde, die bereits im Glauben stehen und in psychologischem Sinne angstfrei und integriert genug sind, um im Interesse einer vermeintlich höheren Moral nichts an sich «abschneiden» oder «ausreißen» zu müssen?

Daß es sich wirklich so verhält, zeigt sich bereits in der Einleitung dieser

kommt im Gegensatz zu derartigen willkürlichen Auslegungen darauf an, den *symbolischen* Sinn der entsprechenden Sätze zu verstehen.

[14] Das Abschlagen z. B. der «Hände» kann tiefenpsychologisch als Symbol für oral-kaptative Gehemmtheiten verstanden werden; entsprechende Bilder tauchen etwa in den Märchen der Völker auf; vgl. E. Drewermann – I. Neuhaus: Das Mädchen ohne Hände, 32–33. Es geht also nicht an, ja, es ist psychologisch geradewegs schädlich und gefährlich, mit R. Pesch: Das Markusevangelium, II 115 von vornherein eine moralische Bedeutung der Worte von Mk 9,43.45.47–50 zu unterstellen und sie zu lesen als «radikale Anweisungen zur unbedingten Absage an das Böse, die Sünde, die Versuchung». Es zeugt vielmehr von einem unhaltbaren Vorverständnis, das «Böse» in moralischem Sinne ohne weiteres mit dem Begriff «Sünde» ineins zu setzen und Religion und Ethik unreflektiert miteinander zu identifizieren; und noch ärger kommt es, wenn Pesch: A. a. O., II 115 die «Amputation der Glieder» als «radikale Absage an die unheilbringenden Vitalinteressen des Menschen» präzisiert und damit die «Sünde» (in fast manichäischer Weise) vor allem in die Nähe der «Vitalität» rückt; wie unsicher er sich freilich bei dieser Interpretation ist, zeigt seine teils tautologische, teils willkürliche Reihung, mit der er fortfährt: «ein unbedingter Ruf zur Umkehr, zur Kompromißlosigkeit im guten Handeln.» (A. a. O., II 115–116) Noch viel weiter geht G. Stählin: *skandalon,* in: G. Friedrich (Hrsg.): Theologisches Wörterbuch zum Neuen Testament, VII 351–352, der ganz offen ausspricht: «Die Sünde gegen das 6. Gebot hat solches Gewicht, daß sie das... (in die Hölle geworfen werden) bewirkt, offenbar weil sie wie der Unglaube von Gott trennt und damit ins Verderben stürzt. Das gleiche will uns Markus sagen. Zur Vermeidung des... (verführt werden) ist kein Preis zu hoch. Dabei entspricht es der durchgehenden Unerbittlichkeit seiner Forderung, wenn Jesus das Gebot... (vom Abschlagen der Glieder) genau so wörtlich meint, wie er mit der Wirklichkeit der verführerischen Kraft der Glieder rechnet.» Es läßt sich kaum ein Beispiel ausdenken, an dem sich krasser zeigen ließe, welch eine Katastrophe für die betroffenen Menschen eine Exegese bewirken muß, die in ihrer historisch-kritischen Einseitigkeit nicht nur völlig gefühllos für alle psychologischen Fragen ist, sondern sich Stelle für Stelle außerstande zeigt, den konkreten Symbolismus psychosomatischen Ausdrucksgeschehens und entsprechender Ausdrucksweisen zu verstehen. Vgl. E. Drewermann: Tiefenpsychologie und Exegese, II 210–221.

Worte, wenn Jesus mit wuchtigen Worten davor warnt, einen der «Kleinen», *die da glauben,* zu Fall zu bringen (Mk 9,42)[15]. Um den Abfall vom *«Glauben»* also geht es bei den «Verführungen», nicht um den Abfall von bestimmten moralischen Geboten. Was aber ist dann gemeint? Wir müssen versuchen, die spezifische Art der «Verführung» zu verstehen, die den Glauben bedrohen könnte und zu deren Abwehr in den Augen Jesu jedes Opfer gerechtfertigt, ja, unbedingt notwendig scheint.

An sich gibt es in der Seele von Menschen keine Macht, die derart alle Kräfte der Persönlichkeit gegen die Zersplitterungen der Angst sammeln und zusammenführen könnte, wie die Haltung eines grundlegenden Vertrauens. Nur in der Sphäre einer Geborgenheit, wie sie einzig der Glaube eröffnet, kann ein Mensch zur Einheit mit sich selbst gelangen, und es ist letztlich sein Verhältnis zu Gott, das darüber entscheidet, in welch einem Verhältnis jemand zu sich selber steht. Gegenüber einer solchen (tiefenpsychologischen und existentialanalytischen)[16] Verbindung zwischen Gottfindung und Selbstfindung wird von seiten mancher theologischer «Kritiker» mit Vorliebe geltend gemacht, der Glaube habe «überhaupt nichts» mit den Fragen seelischer Gesundheit und Integration zu tun, vielmehr sei ein solches

[15] Es ist für die Interpretation auch der folgenden Verse entscheidend, diese Themenvorgabe zu beachten und durchzuhalten; die Verklammerung von 9,42–43 durch das Wort «verführen» (zu Fall bringen) ist nicht nur «mnemotechnisch» begründet (s. o. zu Mk 9,38–41, Anm. 22), sie zeigt vor allem, daß die Art der Versuchung in 9,42 dieselbe ist wie in 9,43 ff.: ihr Inhalt ist auch hier der Glaube, eben nicht «der sündige Trieb, die Begierde», wie R. Pesch: Das Markusevangelium, II 115 unterstellt.

[16] Wie tief verwurzelt diese Einstellung ist, zeigen G. Lohfink – R. Pesch: Tiefenpsychologie und keine Exegese, 41: «Das zentrale Problem des Verstehens (sc. des Gotteswortes in der Bibel, d. V.) . . . ist das Problem der Verstockung.» « . . . die Verstellungen der Eigensucht hindern Einsicht und Verständnis. Die biblische Hermeneutik, welche Gottes Offenbarung auszulegen sucht, hat nicht als zentrale Frage die, wie der Mensch zum Verstehen gelangt, sondern die, wie Gott sich bei uns Gehör verschaffen kann, uns Neues zu zeigen.» Die Menschen also sind «eigensüchtig»; unter diesem Begriff wird die gesamte Problematik der menschlichen Erlösungsbedürftigkeit subsumiert, und dann wird geradewegs das theologische Postulat erhoben, sich um den Menschen gar nicht mehr zu kümmern, um vermeintlich desto «christlicher» Gott in den Mittelpunkt zu rücken. In Wahrheit geht es gerade darum, all die Versperrungen der Angst im Menschen durchzuarbeiten kraft eines Vertrauens, wie Jesus es lebte; nur so versteht man die Tödlichkeit des Widerspruchs von Verzweiflung und Erlösung. Jede moralisierende Vermischung von Religion und Ethik erzeugt zwar den Anschein, es besonders ernst mit der Sache Gottes zu meinen, aber sie erspart sich im Grunde die eigentliche Aufgabe: den Weg der Erlösung entlang den notwendigen inneren und äußeren Widerständen der menschlichen Geschichte mitzugehen.

«egoistisches» Denken dem Christentum völlig fremd[17]. Zum Beweis für diese These ließe sich dem Wortlaut nach tatsächlich auf diese Jesus-Worte hinweisen.

Wer aber sagt eigentlich, wie es immer wieder unterstellt wird, daß «Selbstfindung» identisch ist mit «Selbstbewahrung»?

Die Psychoanalyse ebenso wie die Religion kann nur dazu beitragen, daß Menschen, statt sich unablässig mit den neurotischen Problemen ihrer eigenen Psyche zu beschäftigen, ihre seelischen Energien dafür verwenden, nach Möglichkeit diejenigen Probleme ein Stück weit zu lösen, die unabhängig von ihnen in der «Wirklichkeit» draußen existieren. Die Vorstellung trifft durchaus nicht zu, daß «Psychoanalyse» und «Psychiatrie» lediglich einen Zustand konfliktfreier Selbstzufriedenheit herstellen wollten. Im Gegenteil. Kein Problem, das es wirklich gibt, läßt sich auf die Dauer vermeiden, und die meisten seelischen Erkrankungen entstehen gerade dadurch, daß Menschen sich bestimmte Fragen über Gebühr vom Halse halten möchten. Je seelisch gesunder hingegen ein Mensch ist und je mehr ihm die Organe des «Sehens», des «Zugreifens» und des «Feststehens» als seine eigenen zur Verfügung sind, desto konfliktfähiger und widerstandsbereiter wird er auch nach außen hin sein; gerade ein Mensch, der gelernt hat, seine Angst in sich selbst zu besiegen, wird um so gefestigter und geschlossener den Widersprüchen seiner Umgebung entgegentreten können. Eben dies aber scheint die Mahnung Jesu als erstes zu besagen: daß wir uns nicht von den zu erwartenden Widerständen der Umgebung einschüchtern lassen sollten[18]. Immer wieder wird man erleben, daß unsere soziale Umwelt keinesfalls, weder in Gestalt der bürgerlichen Gesellschaft noch in Gestalt der Kirche, auf die Schritte eines Menschen zur eigenen Verselbständigung einfachhin neutral reagiert; sie wird vielmehr durch jedes Stück erkämpfter Freiheit sich selbst in Frage gestellt und herausgefordert fühlen. Gerade wer beginnt, dem eigenen Wesen gemäßer zu leben, riskiert für gewöhnlich bald schon Kopf

[17] Zu der entsprechenden «Opfertheologie» vgl. E. DREWERMANN: Das Markus-Evangelium, I 45–80, S. 63–71.

[18] Inhaltlich liegen die Worte vom Abtrennen der Glieder in etwa auf der Linie von Mt 10, 28: «Fürchtet euch nicht vor denen, die den Leib töten, die Seele aber nicht töten können...», nur daß es hier um den Umgang mit Gefahren, die aus dem eigenen Inneren, dort um Gefahren, die von außen kommen, geht. Nur sehr begrenzt geht es dabei um die Gefahr der «Selbstsucht», wie etwa A. v. HARNACK: Das Wesen des Christentums, 59 zur Stelle meinte.

und Kragen, und er kann gerade nicht erwarten, daß das Prinzip der inneren Integration und Integrität sich inmitten einer ebenso zerstörerischen wie in sich selbst zerstörten Welt auch nach außen hin ungebrochen fortsetzt. Um so mehr aber gilt uneingeschränkt, was Jesus hier sagt: Es hat keinen Sinn, in äußerem Sinne seine Haut retten zu wollen[19]. Jede Wahrheit, die zu leben wir aus Angst vermeiden, wird in uns selbst zu einem Feuer, das nie erlischt; und jedes Wort, das wir aus Furcht verschweigen, so erfuhr es der Prophet Jeremias bereits[20], beginnt im eigenen Gebein zu «brennen» wie ein höllisches Feuer (Jer 20,9). Immer, wenn wir der Verzweiflung den Vorzug geben vor der Hoffnung, breitet sich das Reich des «Apophis» in unserer Seele aus, und das «Wurmen» über die versäumten Chancen des ungelebten Lebens nimmt kein Ende. Es gibt schlimmeres zu fürchten als die Hölle, die uns andere bereiten; am schlimmsten ohne Zweifel ist die Hölle, in die wir selbst uns stürzen, wenn wir es nicht wagen, unseren Glauben und unsere Wahrheit wirklich zu leben. – So besehen handelt es sich bei diesen Worten um eine Warnung, wie Jesus sie schon einmal im Markusevangelium ausgesprochen hat, als er, ebenfalls im Anschluß an einen Hinweis auf die Unvermeidbarkeit

[19] In gewissem Sinne läßt sich an die buddhistische Meditationstechnik erinnern, die sich immer wieder, entlang der Körperglieder, klarmacht: «Das ist nicht mein Selbst.» Vgl. K. Schmidt (Übers.): Buddhas Reden. Majjhimanikaya, Nr. 10, S. 38–41; Nr. 39, S. 134–139; Nr. 74, S. 208–209; Nr. 119, S. 280–283: «Wer dies unvermeidlich und eifrig übet, dem schwinden die weltlichen Wünsche und Sorgen, sein Geist beruhigt sich...» Die Voraussetzung ist, daß man die «Verführung» (zur Sünde) im Sinne der Tiefenpsychologie als neurotische Daseinsverformung oder Fehlidentifikation bzw. im Sinne der Existenzphilosophie als Entfremdung versteht. Sehr schön sagt P. Tillich: Die Frage nach dem Unbedingten, 233: «‹Entfremdung› ist der Zustand, in dem die Angst der Schuld mit der Angst der Endlichkeit verschmilzt. Die wichtigsten religiösen Symbole für diese Angst sind Gericht, Verdammnis, Strafe und Hölle.» Statt in der «Hölle» also, wie ausnahmslos alle historisch-kritischen Exegeten, eine Strafe für die (moralische) Schuld gegenüber einem äußerlich vorgestellten Gott zu erblicken und aus der Strafangst ein masochistisches Programm der Selbstverstümmelung zu entwickeln, ist gerade die gegenteilige Aussage in den Worten Jesu enthalten: es gilt, den *Selbstverlust*, die Entfremdung zu *vermeiden*, indem man nicht aus Angst vor dem Verlust eines relativ nebensächlichen Teils des eigenen Lebens die eigene Integrität aufs Spiel setzt. Solange in der Theologie immer noch «Selbstfindung» *gegen* «Gottfindung» (bzw. «Offenbarung») gestellt wird, muß es ein theologisches Interesse bleiben, die Tiefenpsychologie zu verdächtigen und abzuwehren. Stellen wie Mk 9,42ff. werden dann auch weiterhin als Beweise für den Fanatismus religiöser Selbstunterdrückung herhalten müssen.

[20] Zu Jer 20,7–13 vgl. A. Weiser: Der Prophet Jeremia, Kap. 1–25,14, S. 169–174.

des tödlichen Konfliktes mit den Hohenpriestern und Schriftgelehrten, das Paradox jedes gläubigen Lebens auf die knappe Formel brachte: «Wer sein Leben retten will, der wird es verlieren, und wer sein Leben verloren gibt, der wird es retten» (Mk 8,35)[21].

Dabei bilden die Herausforderungen *von außen* relativ noch die *geringeren* Schwierigkeiten. *In den Fragen des Glaubens* gilt es, noch weit mehr vor allem *innerlich* immer wieder *abzugeben,* ja, sich gewaltsam *«auszureißen»,* was man gerade noch für sicher gegeben halten mochte. Der Glaube ist keine «Weltanschauung», die man, einmal gewählt, nur einfach weiter beizubehalten brauchte; vielmehr wird das Leben uns Zug um Zug zeigen, daß es kein fertiges Bild von Gott geben kann[22].

Immer, wenn wir die Religion als eine *«Einsicht»* verstehen, die ein für allemal Geltung besäße, werden wir bald schon an Gott und an uns selber irre werden; es werden dann unsere *«Augen»* sein, die uns *«in Versuchung führen»,* und wir müssen uns von ihnen trennen, um blind, wie neugeborene Kinder, das Sehen noch einmal von vorn zu lernen.

Oder wir verwechseln den Glauben mit der Selbstsicherheit unseres Stehvermögens, indem wir unbeirrt an die Richtigkeit unseres einmal eingenommenen *«Standpunktes»* glauben; doch bald schon werden wir merken, daß wir, um in Gott verwurzelt zu sein, nicht auf Erden Wurzeln schlagen dürfen; und es sind dann *unsere Füße,* die uns in Versuchung führen, und wir müssen auf die eigene «Beständigkeit», auf die eigenen «Füße» verzichten, um das «Laufen» bzw. das Getragenwerden von Gott noch einmal von vorn zu lernen.

Oder wir halten den Glauben für etwas, das wir fest in Händen hätten und wie einen praktischen Gegenstand *«handhaben»* könnten; doch bald schon werden wir merken, daß Gott nichts zum «Festhalten» ist; es sind dann *unsere «Hände»,* die uns in Versuchung führen, und wir müssen oft genug unsere «Hände» erst opfern, ehe Gott uns wie Kinder von neuem an die Hand nehmen und durchs Leben führen kann.

In all diesen Fällen handelt es sich im Grunde um ein und dieselbe Art von «Verführung», vor der Jesus bereits eingangs gegenüber den «Kleinen, die da

[21] Vgl. E. Drewermann: Das Markus-Evangelium, I 572–585.

[22] Sehr schön hat im Sinne des semitischen Bilderverbotes M. Buber: Moses, in: Werke, II 9–230, S. 62–63 den Gottesnamen in Ex 3,14 übersetzt mit «Ich werde dasein, als der ich dasein werde»; er begründete diese Übersetzung: «Er, der seine stete Gegenwart, seinen steten Beistand verspricht, weigert sich, sich auf bestimmte Erscheinungsformen festzulegen.»

glauben», warnen wollte; doch erst jetzt versteht man den inneren Zusammenhang dieser Worte. Die «Kleinen», das sind offenbar Menschen, die *nicht* versuchen, groß «dazustehen», den «Durchblick» zu haben und die Fäden des Lebens «in der Hand zu behalten»[23]; die «Kleinen», das sind Menschen, die von all den Machtansprüchen, Rangstreitigkeiten (Mk 9,34) und Zugehörigkeitsstreitereien (Mk 9,38–40) nur verwirrt und «zur Sünde» des Unglaubens «verführt» werden. Dabei sind gerade sie förmlich dazu prädestiniert, in ihrer Einfachheit Gott nahe zu sein. Sie erliegen niemals der schriftgelehrten Einbildung, man bedürfe erst eines besonderen, auswendig zu lernenden «Wissens», um die Sachen Gottes «standfest» und «einsichtig» «behandeln» und «abhandeln» zu können; sie brauchen keine besonderen Privilegien, im Wahne, erst mit Hilfe von Titeln und Ehren Gott näher kommen zu können; dafür aber sind sie jederzeit darauf vorbereitet, Gott und dem Leben gewissermaßen nackt gegenüberzutreten.

In den Augen Jesu ist es unvermeidlich, *eine Wahl* zu treffen. Entweder man lernt, Gott gegenüber alle «Sicherheiten» und Evidenzen der «Augen», «Hände» und «Füße» zu *«verbrennen»* und, wie *«in Feuer getauft»*, noch

[23] E. Schweizer: Das Evangelium nach Markus, 107 versteht zu Recht als die *«Kleinen»* «die wehrlosen Jünger». «Die Unbedeutenden, Uninteressanten, Zurückgestoßenen, an den Wänden Herumklebenden, Seltsamen und Langweiligen werden der Gemeinde besonders ans Herz gelegt. Man wird auch an die denken, die nicht allem folgen können, was die Theologie erkennt.» Was, wenn es so steht, ist dann von dem theologischen Terror zu halten, mit dem immer wieder ganze Volksschichten und Volksgruppen aus der Kirche herausgerückt wurden, nur weil sie mit dem Intellektualismus und dem Machtinteresse bestimmter kirchlicher Sprachspiele nicht zurecht kamen? Vgl. Ch. Lea: Die Inquisition, 75–105, der die wachsende Unduldsamkeit der Urkirche vom 3. Jh. an in erschütternder Weise beschreibt: «In der Einfachheit der apostolischen Zeit wurden ihre Mitglieder durch das Band der Liebe zusammengehalten.» «Die großen ursprünglichen Grundsätze des Christentums reichten für den Eifer der Gläubigen noch aus. Eine dogmatische Theologie mit ihren endlosen Verwicklungen und ihren metaphysischen Spitzfindigkeiten gab es noch nicht; sogar ihr Wortschatz mußte noch geschaffen, und ihre zahllosen Glaubensartikel mußten noch aus den zufälligen Äußerungen biblischer Schriftsteller über ganz andere Gegenstände und durch die buchstäbliche Auslegung der bildlichen, poetischen Schreibweise der Heiligen Schrift heraus entwickelt werden.» (S. 75–76) Wann endlich versteht man die Ungeheuerlichkeit, die darin liegt, daß eine Stelle, die mit dem «Eselsmühlstein» alle bedroht, die den einfachen Leuten das Vertrauen zu Gott in eine unerträgliche Last verwandeln, von eben den Theologen selbst auch heute noch so ausgelegt wird, daß sie wieder, statt der beabsichtigten Freiheit von der Tyrannei der «Oberhirten», moralische Unterdrückung und nicht endende Schuldgefühle erzeugen muß?

einmal von vorn zu beginnen[24], oder man wird auf ewig zum Opfer seiner eigenen Angst werden; man wird dann «verbrennen» an der Sehnsucht eines unerfüllten Lebens, und *dieses* Leid wird in seiner Unfruchtbarkeit und Sinnleere jeden Rest an Lebendigkeit und Hoffnung verwüsten.

So kommt es darauf an, jede Art von Leiden zu akzeptieren, *wenn* es und *solange* es dem Leben dient[25]. Wievieler Tränen bedarf es, um den herben Geschmack von *«Salz»*[26] zu erzeugen! Aber er ist kostbar und lebensnotwendig, dieser Kristall der Schmerzen, und es kann nicht die Aufgabe des Glaubenden sein, sich so süß und «angenehm» wie «Zucker» seiner Umwelt zu präsentieren. Zum «Glauben» im Sinne Jesu gehört die Bereitschaft, den oft

[24] Der Satz Mk 9,49 ist textkritisch verschieden überliefert und war wohl schon sehr früh nicht mehr verständlich. Am ehesten zuzustimmen ist dem Vorschlag von T. J. Baarda: Mark 9,49, in NT St 5, 1958–59, S. 318–321, der von einer Fehlübersetzung des hebr. *jtbl* = getauft werden (griech. *baptisthäsetai*) ausgeht; das Wort entspräche dann der «Taufe im Feuer» von Mt 3,12; Lk 3,16; es handelte sich dann um ein Gerichtswort, das in seiner passiven Formulierung das Tun Gottes umschreibt; vgl. J. Jeremias: Neutest. Theologie, I 20–24, zum *Passivum divinum*. Das «eschatologische Gericht» muß in der Auslegung freilich erneut als ein *Bild* verstanden werden (s. o. Anm. 19); alles Nachsprechen biblischer Redewendungen erzeugt in seiner Äußerlichkeit nur eine falsche Angst an falscher Stelle.

[25] Es sollte als das entscheidende Kriterium dienen, ob eine bestimmte Form von Leid in Kauf genommen wird um einer Wahrheit, einer Aufgabe, einer lebendigen Zielsetzung willen, oder ob es gerade dadurch entsteht, daß Menschen gezwungen werden, das Leben aus Angst zu vermeiden. Die Notwendigkeit des Leids auf dem Weg der Erlösung darf nicht zu einer theologischen Ideologie entarten, die immer wieder neurotisches Leid aller Art als moralische Pflicht festschreibt. Vgl. E. Drewermann: Das Markus-Evangelium, I 64–65, Anm. 35.

[26] Mk 9,50 liegt, wie J. Jeremias: Neutest. Theologie, I 37–38 gezeigt hat, ein aramäisches Wortspiel zugrunde; die Varianten in Mt 5,13; Lk 14,34f. erklären sich gegenüber Mk 9,50 als Übersetzungsfehler, indem der Stamm *tpl* sowohl «salzlos sein» als auch «töricht reden» bedeuten kann. Inhaltlich nimmt J. Jeremias: Die Gleichnisse Jesu, 168–169 bei dem Salzspruch ein Drohwort gegen Israel an: «Die letzte Generation des Gottesvolkes, die Messiasgeneration ist die Entscheidungsgeneration; sie ist entweder Trägerin der Gesamtschuld (Mt 23,35; Lk 11,50 vgl. Mk 12,9) oder Empfängerin der vollen Gnade (Lk 19,42). Aber Jesu Unheilsverkündigung richtet sich auch – und darin erreicht sie ihre höchste Schärfe – an die messianische Heilsgemeinde. Auch durch ihre Mitte wird die Scheidung hindurchgehen.» «In einmaliger konkreter Situation sind die Gleichnisse, die von der drohenden Krisis handeln, gesprochen ... Sie wollen nicht ethische Maximen einprägen, sondern sie wollen ein verblendetes, in sein Verderben rennendes Volk wach-

«beißenden» Widerspruch zur Umwelt auszuhalten[27]. Doch dann ist es die ebenso wichtige Kunst, bei allem Schmerz nicht zu vergessen, wozu alles Leiden dienen soll: «Habt Frieden untereinander.» Sollte es so unmöglich sein, *zugleich* wahrhaftig *und* kompromißfähig, mit sich identisch *und* aufopferungsbereit, *zugleich* geläutert wie durch *«Feuer»*, herausfordernd wie *«Salz»* und sanft wie der *Friede* zu sein[28]?

rütteln, vorab seine Führer, die Theologen und die Priester.» Und zwar, so wird man ergänzen müssen, bei Mk 9,50 die Theologen der Kirche Christi! – Eine Dichterin, die der Metapher *Salz* eine zentrale Bedeutung beigemessen hat, war NELLY SACHS. «Salz» bedeutet für sie so viel wie geronnene Tränen. Eines ihrer Gedichte lautet:

> «Immer wieder neue Sintflut
> mit den herausgefolterten Buchstaben
> die an der Angel redenden Fische
> im Skelett des Salzes
> die Wunde lesbar zu machen –
>
> Immer wieder Sterben zu lernen
> am alten Leben
> Flucht durch die Lufttür
> neue Sünde zu holen aus schlafenden Planeten
> Äußerste Übung am alten Element des Atems
> mit neuem Tod erschreckt
> Wo ist die Träne hin
> wenn die Erde schwand?»

In: Späte Gedichte, 177. *«Salz»*, das ist hier so viel wie Träne und Schmerz, wie die fast verlorene Fähigkeit zum Weinen, das ist der Geschmack der Bitterkeit, das ist die Schärfe der Wehmut.

27 So meint E. SCHWEIZER: Das Evangelium nach Markus, 108 richtig: «Am nächsten liegt (sc. in Mk 9,50, d. V.) das Verständnis: Habt den Geist des sich opfernden Leidens, des Widerstandes gegen die Welt, aber Frieden untereinander.»

28 Es gibt offenbar im Sinne Jesu keinen «faulen Frieden»; im Gegenteil! Vgl. Mt 10,34 – das Schwertwort!

Mk 10,1–12: «Was Gott verbunden hat ...»

[1] Dann bricht er von dort auf und kommt in die Gegenden von Judäa – und – jenseits des Jordans; da versammeln sich abermals Scharen zu ihm, und wie er gewohnt war, abermals lehrte er sie.
[2] Da kamen Pharisäer herzu und fragten ihn, ob es einem Manne erlaubt ist, (seine) Frau zu entlassen – als Fangfrage für ihn meinten sie das. [3] Er aber als Antwort hat ihnen gesagt: Was hat euch Moses geboten? [4] Da sagten sie: Gestattet hat Moses, einen Scheidebrief zu schreiben und zu entlassen (Dtn 24,1.3). [5] Da aber hat Jesus ihnen gesagt: Auf euere Herzensstarrheit hin hat er euch diese Anweisung aufgeschrieben. [6] Vom Grund der Schöpfung her aber (gilt): *männlich und weiblich hat er sie gemacht* (Gen 1,27); [7] *deswegen wird (jeder) Mann seinen Vater und die Mutter verlassen – und seiner Frau anhangen –* [8] *und es werden die zwei zu einem Fleisch werden* (Gen 2,24); so daß sie nicht mehr zwei sind, sondern ein Fleisch. [9] Was also Gott zusammengefügt hat, das soll ein Mensch nicht trennen.
[10] Doch zu Hause fragten ihn abermals die Jünger danach. [11] Da sagt er ihnen: Wer seine Frau entläßt und heiratet eine andere, der bricht die Ehe an ihr. [12] Und wenn sie ihren Mann entläßt und einen anderen heiratet, bricht sie die Ehe.

«Was Gott verbunden hat, das soll ein Mensch nicht trennen.» – Diese Worte aus dem Munde Jesu dienen seit Jahrhunderten der Kirche zur Begründung ihrer Rechtsprechung in Fragen der Ehe und bestimmen sie dazu, jede Verbindung zwischen Mann und Frau, die als Sakrament vor Gott geschlossen wird, für in alle Zeiten einzig durch den Tod als auflösbar zu erachten[1]. Es

[1] Vgl. *Codex Iuris Canonici,* Can 1141: «Die gültig geschlossene und vollzogene Ehe zwischen Getauften kann durch keine menschliche Gewalt und aus keinem Grunde, außer durch den Tod, aufgelöst werden.» Die Unauflösbarkeit der Ehe wird als «Wesenseigenschaft» der Ehe betrachtet, «die in der christlichen Ehe im Hinblick auf das Sakrament eine besondere Festigkeit» erlange. (Can 1056) Die Meinung der *Kirchenväter* bereits war in dieser Frage jedoch keineswegs einhellig. Basilius: Brief an Amphilochius über Kanones, can. 9, Bd. I 196–197 z. B. kommt mit Berufung auf Mt 5,32 und andere Bibelstellen zu dem für die Männer äußerst günstigen Resultat: «Diejenige ..., die ihren Mann verläßt und zu einem anderen Manne geht, ist eine Ehebrecherin; der verlassene Mann aber verdient Nachsicht, und diejenige, die mit einem solchen zusammenlebt, wird nicht verdammt.» Die Haltung der *Ostkirche* war, wohl in Angleichung an die staatliche Gesetzgebung *Justinians,* von altersher in dieser Frage toleranter und blieb es bis heute, indem sie die Formel: «bis daß der Tod euch scheidet» als den Tod der Liebe, nicht des Leibes eines der Ehepartner deutete. In der *lateinischen* Kirche hingegen wurde der Standpunkt des Am-

fällt schwer, durch den Schleier einer solchen gesetzlichen Regelung hindurch den ursprünglichen Sinn dieses Schulgesprächs zwischen Jesus und den Pharisäern klarer zu sehen; denn nicht von der Unauflöslichkeit der Ehe will Jesus hier sprechen, sondern er will einer bestimmten Art von Willkür, kon-

BROSIUS: Lukaskommentar, VIII 2–12, Bd. II 463–468 maßgebend: «Wenn nun jede Ehe von Gott stammt, darf keine Ehe aufgelöst werden.» Dieser Grundsatz, führt AMBROSIUS aus, gilt nicht bei Ehen, die mit Heiden geschlossen wurden, aber er ist ohne Einschränkung gültig bei Eheschließungen unter Christen. Wie stark die Einstellung zur Ehe dabei von einer negativen Einstellung gegenüber der Sexualität bestimmt wird, erklärt AMBROSIUS selber, wenn er a. a. O., I 43, Bd. II 44–45 lang und breit darlegt, daß Geschlechtsverkehr nur zum Zwecke der Kinderzeugung erlaubt sei; und PAPST LEO I: Sermo XXII, Bd. I 82–83 erläuterte sogar, daß «bei allen Müttern die Empfängnis nicht ohne sündige Befleckung vor sich geht»; das, so meint LEO I, sei der Grund für die Jungfräulichkeit Mariens; es ist in jedem Falle der Hauptgrund für das beharrliche Festhalten der katholischen Kirche an der biologisch verstandenen Jungfräulichkeit Mariens bis heute; DERS.: Sermo XXIV, Bd. I 96 erklärt in gleichem Sinne von Maria: «Diese sollte unter Wahrung ihrer jungfräulichen Keuschheit nur die Geberin seines Leibes sein, auf daß die Befleckung durch menschlichen Samen wegfiele und so der neue Mensch rein und wahr zugleich wäre.» Völlig konsequent hielt denn auch schon zuvor TERTULLIAN: Über die einmalige Ehe, cap. 3, Bd. II 478 die Ehe überhaupt für «etwas Schlechtes». «Die Unverehelichten denken an Gott, die Verehelichten dagegen daran, wie jeder in der Ehe dem anderen gefalle.» Die *Lustfeindlichkeit* schon der frühen lateinischen Kirche hat vor allem AUGUSTINUS: Gottesstaat, XIV 21–24, Bd. II 344–352 in die Erkenntnis gefaßt, daß die geschlechtliche Lust überhaupt erst «nach der Sünde» entstanden sei; ohne die Erbsünde würde ... der Mann Nachkommenschaft zeugen, das Weib sie aufnehmen, mit Zeugungsgliedern, die durch den Willen, wann und soviel es nötig wäre, in Bewegung gesetzt, nicht durch Lust zur Erregung gebracht würden.» (Gottesstaat, XIV 24, Bd. II 350) Es ist klar, daß unter solchen Voraussetzungen an eine Ehescheidung überhaupt nicht zu denken war und ist. BASILIUS z. B., der eben noch den verlassenen Männern eine zweite Heirat gestattete, setzte (Hexaemeron, 7. Homilie, 6, Bd. II 119) für die *Frau* fest: «Daß die Gattin ihren Mann, auch wenn er rauh ist und ungeschlacht, geduldig ertragen muß und unter keinem Vorwande die Verbindung lösen darf. Er ist ein Schläger? Gleichwohl der Mann. Ein Trunkenbold? Gleichwohl dir verbunden durch die Natur. Er ist rauh und mürrisch? Gleichwohl ist er ein Glied von dir, und zwar der Glieder vorzüglichstes.» Dem schließt sich voll und ganz AMBROSIUS: Exameron, V, cap. VII 17–20, Bd. I 178–182 an, ja, er fügt noch hinzu: «Es ist ... nur gerecht, daß das Weib den Mann, den es zur Schuld verleitet, zum Führer nimmt, um nicht wiederum in weibliche Unbeständigkeit zu fallen. Aber er ist so struppig und ungeschlacht: Er hat dir ein für allemal gefallen!» BASILIUS wie AMBROSIUS erörtern das Thema der Liebe mit Inbrunst an den für ihre Betrachtung so naheliegenden Beispielen der Vipern, Schlangen, Muränen und Tintenfische. – Es bedarf keines Kommentars, daß bei allen Fragen einer Integration von Tiefenpsychologie und Theologie das Verständnis von Sexualität und Ehe so etwas wie ein Leitsymptom darstellt.

zentriert zu seiner Zeit in dem wie selbstverständlichen Herrschaftsrecht der Männer gegenüber «ihren» Frauen, ein Ende bereiten[2]. Man muß die Frage schon mit gesetzesgelehrten Ohren hören, die die Pharisäer, entsprechend der Frage- und Prüfungspraxis ihrer Zeit, in rabbinischer Klarheit Jesus vor-

[2] Ganz richtig wies E. STAUFFER: Die Botschaft Jesu damals und heute, 72 darauf hin, daß schon um 20. v. Chr. *Rabbi Schammai* mit seiner «strengen» Auffassung, der Mann dürfe die Frau nur im Falle von Unzucht und Ehebruch verstoßen (vgl. Mt 5,32!), eigentlich die Frauen vor den Männern habe schützen wollen. «Schammai gilt als der große Rigorist unter den Thoralehrern seiner Zeit. Wie kann ein Rigorist anstelle der Todesstrafe die Verstoßung der Ehefrau befürworten? Wir antworten: Er kann es, wenn er damit die doppelte Moral bekämpfen will, jene Doppelmoral, die uns in der Susannageschichte (vgl. W. ROTHSTEIN: Die Zusätze zu Daniel, in: E. Kautzsch: Die Apokryphen und Pseudepigraphen des Alten Testamentes, I 172–193, S. 184–193, d. V.) und den Psalmen Salomos begegnet.» (Vgl. Ps Sal 4, 1–6; 8, 7–13, in: R. KITTEL: Die Psalmen Salomos, in: E. Kautzsch: Die Apokryphen und Pseudepigraphen des Alten Testamentes, II 127–148, S. 134–135; 138) «Der Mann erlaubt sich alles, aber die Frau wird gesteinigt. Das ist, so scheint uns, die Heuchelei, die der rigoristische Schammai mit aller Strenge bekämpft. Der Mann mag seine untreue Ehefrau verstoßen. Aber er hat kein moralisches Recht, sie zu steinigen.» Auf der Linie dieser Grundeinstellung liegt zunächst auch das Wort Jesu in Mk 10,5–9, wenn es auch viel weiter geht. – Man muß zum Verständnis des Verbots der Ehescheidung in Mk 10,9 von den Ehebruchs-Klauseln in Mt 5,32; 19,2 ebenso absehen wie von der Regelung bei Lk 16,18, wo Jesus zwar die Ehescheidung gestattet, die Wiederverheiratung aber als Ehebruch verurteilt, ganz wie es Mk 10,10–12 auslegt und wie es dem Wort nach auch der heutigen Praxis der römisch-katholischen Kirche entspricht. Die größte Ähnlichkeit hat das Jesus-Wort von Mk 10,9 mit dem ältesten diesbzgl. Ausspruch von 1 Kor 7,10–11: «Den Verheirateten aber gebiete nicht ich, sondern der Herr, daß eine Frau sich von ihrem Manne nicht trennen soll – wenn sie sich aber doch getrennt hat, so bleibe sie unverheiratet oder versöhne sich wieder mit ihrem Manne – und daß ein Mann seine Frau nicht entlassen soll.» Der eingeschobene Satz ist offenbar eine paulinische Klausel; läßt man den Einschub fort, so bleibt ein Satz übrig, der sowohl der Frau als auch dem Manne die Ehescheidung kategorisch untersagt. In dieser Form aber setzt der Ausspruch ein Scheidungsrecht voraus, wie es im antiken Palästina nie bestand: nie durfte dort eine Frau ihren Mann entlassen. (Vgl. freilich H. L. STRACK – P. BILLERBECK: Kommentar zum Neuen Testament aus Talmud und Midrasch, I 318) «Ergo kann das ursprüngliche Herrenwort nur den Scheidungsakt des Mannes verboten haben. Paulus aber hat dieses Verbot mit Rücksicht auf das Eherecht der korinthischen Umwelt sinngemäß auf den Scheidungsakt der Frau ausgedehnt. Was ... übrig bleibt, ist ein Jesuswort, das dem Ehemann ohne Wenn und Aber die Verstoßung seiner Ehefrau verbietet ... Ergo muß dieses Logion als das einzig echte Jesuswort zum Thema Ehescheidung gelten.» E. STAUFFER: Die Botschaft Jesu damals und heute, 74. Betrachtet man die Rechtlosigkeit, mit der in den Tagen Jesu die Frau dem Manne gerade in der Scheidungsfrage gegenüberstand, und nimmt

legen: Darf ein Mann seine Frau – man muß ergänzen: *aus jedem beliebigen Grunde* – entlassen, wie eine bestimmte Richtung im Spätjudentum dies vorschlug, oder – so die strengere Richtung – nur in bestimmten Ausnahmefällen[3]?

Das Gesetz des Moses bzw. das Gesetz, das sich auf ihn beruft, ist an dieser Stelle nicht sehr präzise: Ein Mann darf seine Frau entlassen, heißt es Dtn 24,1, *«im Fall einer unehrbaren Sache»*. Man muß in der Tat kein Schriftge-

man noch die soziale Mittellosigkeit hinzu, in die hinein eine Frau, wann immer ihr Mann es wollte, verstoßen werden konnte, so wird deutlich, daß Jesus, radikaler noch als *Schammai,* mit seinem generellen Verbot der Ehescheidung *seitens der Männer* als allererstes zugunsten der Frauen Partei ergreifen will, indem er der Männerwillkür das Handwerk zu legen sucht. «In der Zeit und Heimat Jesu ist das Scheidungsrecht ein Privileg des Mannes... Das darf man keinen Augenblick vergessen, wenn man die sozialgeschichtliche Bedeutung von Mk 10,9 sachgerecht würdigen will. Das Scheidungsverbot Jesu ist ein Akt der Menschlichkeit, eine Deklaration zum Schutze der Frau gegen die legalisierte Willkür, Brutalität und Ausbeutungspraxis des Mannes... ein Dokument der Ritterlichkeit...» E. STAUFFER: A. a. O., 76. Nicht was der Mann will, hat Geltung, sondern was Gott will; und Gott will die Einheit der Liebe. So ist Mk 10,9 zu verstehen: «Was Gott zusammengefügt hat, soll man (= der Mann!) nicht trennen.» Wann aber hat Gott etwas zusammengefügt und wie läßt es sich erkennen? Das ist die eigentliche entscheidende Frage der Auslegung von Mk 10,1–12.

[3] So die rabbinisch korrekte Frage von Mt 19,3. Zur Analyse von Mt 19,3–12 vgl. H. ZIMMERMANN – K. KLIESCH: Neutestamentliche Methodenlehre, 101–112; 238–244. Die Wendung: *«aus jedem beliebigen Grunde»* von Mt 19,3 entspricht der Auslegung von Dtn 24,1 durch die Anhänger *Rabbi Hillels,* die Klausel *«(nur) im Fall der Unzucht»* von Mt 19, 9 deutet die Stelle im Sinne der Schule von *Rabbi Schammai.* Offenbar soll in Mt 19, 4–6 der Ansicht *Hillels* ebenso widersprochen werden wie in Mt 19,9 der Ansicht *Schammais;* «ganz draußen bleibe die Diskussion um die Unzuchtklausel» müßte man Mt 19,9 übersetzen; vgl. a. a. O., 243. Es ist von erheblicher Bedeutung zu sehen, daß *Matthäus* das ganze Gespräch um die Ehescheidung in Mt 19,3–12 wesentlich auf die Verse 10–12 hingeformt und nur deshalb die «Historisierung» der jüdischen Gelehrtenschulen eingeflochten hat. Im Grunde gibt Matthäus einen Abriß der *Heilsgeschichte:* am Anfang die Schöpfungsordnung (19,4–6), dann, wegen der Herzenshärte der Menschen gegenüber Gott, das mosaische Gesetz (19,7–8), dann die Wiederherstellung der ursprünglichen Ordnung (19,9) und als Ziel (!) von allem die Ehelosigkeit der Jünger (19,11.12). Vgl. a. a. O., 243. In diesem Sinne ist die strikte «Unauflöslichkeit der Ehe» also als Wiederherstellung des Paradieses und *in diesem Sinne* zugleich als «Sakrament» zu verstehen. Und es ist jetzt ganz entscheidend zu betonen, daß nur für Menschen, die in den Raum der ursprünglichen Ordnung zurückgekehrt sind, die Ehe «unauflöslich» sein kann. Die «Rückkehr» in den Zustand des «Paradieses» ist gewiß kein rechtlich zu verordnender Akt, sondern eine Umkehr der gesamten Existenz des Menschen.

lehrter sein, um die Neigung zu verspüren, sich den Kopf darüber zu zerbrechen, was das wohl sei: eine «unehrbare Sache». *Ehebruch*, sagt die Richtung des strengen *Rabbi Schammai*; im Grunde, was du willst, sagt die menschenfreundliche, für Männer sogar überaus freundliche Lehrmeinung des *Rabbi Hillel*[4]. Und zwischen diesen Parteien wogt zur Zeit Jesu der Streit der Rechtsgelehrten hin und her. Eine unehrbare Sache – das ist, wenn eine Frau das Mittagessen anbrennen läßt, so die Gesetzesauslegung der Freizügigen. Aber auch auf der anderen Seite: Was ist «Ehebruch», und wo beginnt er? Selbst das Matthäusevangelium wird diesen kritischen Punkt mit moralischer Strenge zu lösen versuchen (Mt 5,28). Doch unterhalb dieser üppigen Vegetation eines Schlingpflanzendickichts aus Paragraphen und Paraphrasen wuchert uneingeschränkt die Willkür, mit der die Männer sich ihrer Frauen entledigen können, wann sie wollen und wie sie wollen. Sie können ihre Frauen zu allem bringen, und wenn es soweit ist, stehen die Frauen zur Zeit Jesu vollkommen schutzlos auf der Straße: als Entehrte, als Entrechtete, als Unversorgte – als Freiwild[5].

[4] Zu den Streitigkeiten zwischen *Hillel* und *Schammai* über Dtn 24,1 vgl. H. L. STRACK – P. BILLERBECK: Kommentar zum Neuen Testament aus Talmud und Midrasch, I 312–321. Als *«schandbare Sache»* konnte gelten, wenn die Frau «mit aufgelöstem Haar ausgeht, wenn sie auf der Straße spinnt, wenn sie mit jedem beliebigen redet» (a. a. O., I 316). In summa: «Aufgrund der ... beigebrachten Stellen wird man sagen dürfen, daß es in der mischnischen Periode keine Ehe im jüdischen Volk gegeben hat, die nicht kurzerhand vom Manne in völlig legaler Weise durch Aushändigung eines Scheidebriefes hätte gelöst werden können.» A. a. O., I 319–322. Auch FLAVIUS JOSEPHUS: Jüdische Altertümer, IV 8, S. 237 referiert als legale Praxis die Ehescheidung im Sinne *Hillels* «aus irgendeinem Grunde» und fügt noch, frivol fast, hinzu: «solcher Gründe hat man viele». Im ganzen galt bzgl. den Ansichten *Hillels* und *Schammais* der Ausspruch: «Die Ungeduld Schammais hat uns aus der Welt vertreiben wollen, die Sanftmut Hillels hat uns unter die Flügel der Einwohnung nahen lassen.» Schabbat 31 a, in: R. MAYER: Der babylonische Talmud, 204.

[5] Zur gesellschaftlichen Stellung der Frau zur Zeit Jesu vgl. J. JEREMIAS: Jerusalem zur Zeit Jesu, 395–413; erst vor dem Hintergrund der entwürdigenden Rolle der Frau im antiken Palästina versteht man die Worte Jesu in Mk 10,3–9, die J. JEREMIAS: Neutestamentliche Theologie, I 216 zu Recht nicht als ein Verbot der Scheidung, sondern als Verbot der Entlassung der Ehefrau versteht. Es handelt sich hier, wie ausdrücklich zu vermerken ist, nicht um eine Toraverschärfung, sondern um eine Toraaufhebung (a. a. O., I 217). Als lebendigen Kommentar muß man unbedingt die geradezu revolutionäre Einstellung hinzunehmen, die Jesus im Umgang mit Frauen an den Tag legte: sie muß einen Skandal von solcher Schärfe ausgelöst haben, daß MARCION als Anklagegrund gegen Jesus in einer Textvariante zu Lk 23,2 auch aufführt, daß er «die Frauen und die Kinder» (sc. von den Familien, d. V.) abwende». «Jesu Verhalten hat zur Folge, daß sich die Frauen zu ihm

Dies ist der Punkt, den Jesus sich inmitten all der gelehrten Rechtsdebatten als wesentlich vornimmt und den er als den einzig wichtigen Kern der ganzen Frage in den Mittelpunkt zu rücken versucht: den Schutz der Frauen vor der Willkür der Männer.

Wie aber versucht er, dieses Problem zu lösen? – Bestünden zwischen Jesus auf der einen Seite und den Schriftgelehrten und Pharisäern auf der anderen Seite auch nur die geringsten Gemeinsamkeiten, so müßte Jesus an dieser Stelle sich unausweichlich der Sprache des Gesetzes bedienen; er müßte mit rechtsgelehrten Begriffen den Sinn des mosaischen Gesetzes, gestützt auf die Kommentare angesehener Rabbiner, zu erhellen suchen und von daher in vorsichtigen Andeutungen gewisse Hinweise auf eine mögliche Änderung der bestehenden Rechtspraxis durchblicken lassen. 40 Jahre nach Jesus ist der große Rabbi Jochanan ben Zakkai in der Tat diesen Weg gegangen[6]. Jesus aber hat nie versucht, die Sprache des Gesetzes zu sprechen; er rekurriert hier

drängen; sie haben ihm, wie die Passionsgeschichte zeigt, eine Treue gehalten, zu der die Jünger nicht fähig waren... Jesu Umwelt will die Frau schützen, indem sie sie abschließt, weil man die Begierde für unüberwindlich hielt.» J. JEREMIAS: Neutestamentliche Theologie, I 218. Die Haltung Jesu demgegenüber kannte nicht die Angst vor der Sexualität und bedurfte also auch nicht der Erniedrigung der Frauen, um die eigene Identität zu stabilisieren. Zu der Rolle der Frauen im Neuen Testament und in der frühen Kirche vgl. die ausgezeichnete Studie bei A. VON HARNACK: Die Mission und Ausbreitung des Christentums in den ersten drei Jahrhunderten, 589–611, der (S. 589–590) auf die religiöse Selbständigkeit der Frau hinweist, die sich aus dem Beispiel Jesu ergab und Frauen, wie Phöbe in Rom 16,1.3, als «Apostolin» wirken ließ (S. 591). – Zu der Lage einer verstoßenen Frau vgl. H. DANIEL-ROPS: Die Umwelt Jesu, 137, der an Jes 54,6 erinnert, um die Trübsal einer solchen Frau zu kennzeichnen. Wohl schuldete der Mann der Frau einen Schadensersatz, die *kethuba*, die zur Mitgift der Frau in einem gewissen Verhältnis stehen mußte, aber die Rabbinen hatten eine ganze Liste von Ausnahmefällen ertüftelt. Allerdings waren Scheidungsfälle in der Praxis lange nicht so häufig, wie man vermuten könnte. *Rabbi Schammai* vor allem erklärte in Auslegung von Mal 2,13: «Der Altar selbst vergießt Tränen über den Mann, der seine Frau verstößt.» (Zit. nach DANIEL-ROPS: A. a. O., 138) In jedem Falle war die Scheidungspraxis in Israel gewiß nicht so liberal wie im antiken Rom während des «goldenen Zeitalters». Vgl. dazu P. GRIMAL: Liebe im Alten Rom, 98–126; 127–164, bes. S. 144–145, zur Ehegesetzgebung des AUGUSTUS, der mit seiner «Ehereform» eigentlich dem Erhalt der führenden gesellschaftlichen Schichten als der Grundpfeiler des Imperiums dienen wollte.

[6] Er tat dies, indem er Hos 4,14 gegen Num 5,11 ff. ausspielte, mit dem Ergebnis, daß hier formaljuristisch den Männern das Recht abgesprochen wurde, über ehebrecherische Frauen zu Gericht zu sitzen, gewissermaßen wegen Befangenheit in eigener Sache. E. STAUFFER: Die Botschaft Jesu damals und heute, 73; 81.

wie allerorten einzig auf eine gewisse Evidenz der Menschlichkeit. Und so erklärt er, daß es eines ist, Gesetze zu haben, und ein ganz anderes, ein Herz zu haben; daß es ein Unterschied ist, im Rahmen der bürgerlichen Ordnung Verfügungen zu erlassen, oder sich zu fragen, wie man zu Gott steht. Einzig an dieser letzteren Frage aber entscheidet sich im Sinne Jesu, was für ein Mensch jemand ist. In aller Schärfe behauptet Jesus, daß Fragen des Gesetzes nicht die Fragen des Herzens regeln können. Im Gegenteil, Gesetze führt man ein, wenn die innere Klarheit derart von Angst durchsetzt ist, daß ein Mensch sich selbst nicht mehr zu folgen wagt. Ein Gesetz ist nötig, um die Willkür des einen an der Willkür des anderen zu begrenzen[7]. Aber das menschliche Herz, wenn man es in Ordnung ließe, wäre seinem ganzen Wesen nach fernab jeder Willkür[8]. Im Herzen des Menschen könnte man vernehmen, was Gott zu sagen hat, wenn man darauf nur hören wollte.

In den Fragen der Liebe – darauf vertraut Jesus – könnte ein jeder Mensch von innen heraus wissen, was menschlich stimmt und was nicht stimmt; in einem jeden lebt ein verborgenes Wissen, das schlechterdings mit keiner gesetzlichen Ordnung, mit keinem bürgerlichen Reglement zur Deckung zu bringen ist; und gerade die Liebe ist dem Paradies nahe, der Wahrheit des Menschen in der Unverfälschtheit seines Ursprungs. Eben deshalb zitiert Jesus kein religiöses Gesetz, sondern greift zurück auf die Szene des Schöpfungsmorgens. Das Bild vom «Anfang» meint dabei keine vergangene, für uns entlegene Zeit, keine vorweltliche Ära der menschlichen Entwicklung; das Bild des «Paradieses» am «Anfang» der Menschheit lebt als ein *Wesensbild*, als ein «Prinzip» der Wahrheit des Fühlens und des Denkens in unserem

[7] Am deutlichsten hat diese Wahrheit LAOTSE: Tao te king, Nr. 38, S. 81 ausgesprochen: «Ist der *Sinn* verloren, dann das *Leben.* / Ist das *Leben* verloren, dann die Liebe. / Ist die Liebe verloren, dann die Gerechtigkeit. / Ist die Gerechtigkeit verloren, dann die Sitte. / Die Sitte (sc. das moralische Gesetz, d. V.) ist Treu und Glaubens Dürftigkeit / und der Verwirrung Anfang.» Vgl. DERS.: A. a. O., Nr. 2, S. 42: «Wenn auf Erden alle das Schöne als schön erkennen, / so ist dadurch auch das Häßliche gesetzt.» Vor allem: Nr. 18, S. 58: «Geht der große *Sinn* zugrunde, / so gibt es Sittlichkeit und Pflicht. / Kommen Klugheit und Wissen auf, / so gibt es die großen Lügen. / Werden die Verwandten uneins, / so gibt es Kinderpflicht und Liebe. / Geraten die Staaten in Verwirrung, / so gibt es die treuen Beamten.»

[8] Noch einmal LAOTSE: Tao te king, Nr. 19, S. 59: «Tut ab die Heiligkeit, / werft weg das Wissen, / so wird das Volk hundertfach gewinnen. / Tut ab die Sittlichkeit, werft weg die Pflicht, / so wird das Volk zurückkehren zu Kindespflicht und Liebe.»

Herzen, und Jesus möchte, daß wir es wieder sehen lernen, sehr behutsam, sehr langsam, mit einem großen Mut und einem nie erlahmenden Vertrauen[9]. Vor unseren Augen aufsteigen müßten im Sinne Jesu, wenn von der «Ehe» die Rede ist, die Bilder auf den Anfangsseiten der Bibel, wie Adam im Paradies der Welt voller Sehnsucht nach einem Partner seiner Liebe allen Lebewesen begegnet und ihnen Namen gibt, als vernähme er ihre Sprache wie einen

[9] Bzgl. des Gesprächs in Mk 10,2–8 wird E. STAUFFER: Die Botschaft Jesu damals und heute, 76–77 zuzustimmen sein, daß dieses Streitgespräch erst in der Jerusalemer Urgemeinde entstanden ist (gg. J. JEREMIAS: Neutestamentliche Theologie, I 217); das Gespräch «zeigt sehr instruktiv, wie die junge Christenheit das apodiktische und thorakritische Votum Jesu in ihren Kontroversen mit der Synagoge schrifttheologisch zu rechtfertigen versucht hat. Man zitiert den mosaischen Scheidungsparagraphen ..., aber man relativiert ihn: Die mosaische Vorschrift ist nur eine Konzession an die menschliche Herzenshärtigkeit in einem abtrünnigen Zeitalter ... Der synoptische Jesus aber greift hinter die mosaische Notstandsordnung auf die Schöpfungsordnung zurück ... So schlägt die biblizistische Christusgemeinde die thoratheologischen Gegner Jesu mit ihren eigenen Waffen, und das jüdische Postulat, daß eine Thoravorschrift nur durch ein anderes Schriftwort außer Geltung gesetzt werden kann, ist erfüllt.» Allerdings wird man die Redewendung *«auf euere Herzensstarrheit hin»* (Mk 10,5) nicht als «Konzession», sondern eher als Zeugnis der Verstockung, als «dauernde Anklage», verstehen müssen, wie E. SCHWEIZER: Das Evangelium nach Markus, 109 meint. Der Rückgriff auf die Schöpfungsordnung von Gen 1, 27 («als Mann und Frau machte er sie») findet sich auch in der *Damaskusschrift* (CD IV 20–21; E. LOHSE: Die Texte aus Qumran, 75) und dient dort zur Begründung der Einehe. Entscheidend ist, daß das Sprechen vom «Anfang» oder «Urstand» niemals als bloße Diskussion über eine zeitlich frühere Ordnung verstanden werden kann; «Anfang» *(in principio)* bedeutet stets soviel wie «wesentlich», «eigentlich», «prinzipiell» *(a principio)*; vgl. E. DREWERMANN: Strukturen des Bösen, I. Bd., S. XVIII–XXXI; es geht an dieser Stelle also nicht um eine nur rechtsgelehrte Debatte mit Hilfe von Bibelstellen, es geht um das Wesen der Liebe, wie Gott sie «prinzipiell» gemeint hat. Zur Beschreibung der Liebe, wie Gen 2,18–25 sie beschreibt, vgl. E. DREWERMANN: Strukturen des Bösen, I. Bd., 3. erw. Aufl., S. 389–408: Von der Geborgenheit im Ring der Liebe. Es ist von großer Bedeutung zu verstehen, daß nur in einer Welt ohne Angst, in der Einheit mit Gott, der Mensch zu einer Liebe fähig ist, die ihm als Segen, nicht, wie ab Gen 3, 16, als *Fluch* erscheinen muß. – Die *«Herzenshärte»* ist dabei als Inbegriff der Trennung der menschlichen Existenz von Gott zu betrachten, sehr angenähert dem, was im Sprachgebrauch der christlichen Dogmatik «Erbsünde» genannt wird, ein Begriff, von dem P. TILLICH: Die Frage nach dem Unbedingten, 233 wohl zu Recht meinte, daß er nicht zu retten sei – Entfremdung, Uneigentlichkeit, Neurose, Fremdbestimmung entsprechen im heutigen Sprachgebrauch in etwa dem gemeinten Begriffsfeld; auf keinen Fall geht es um eine Art «Lieblosigkeit» in moralischem Sinne. Es geht daher nicht um einen bloßen «Rückgriff»

Gesang, der in ihm selber zum Klingen kommen will, und doch findet sich an seiner Seite kein Geschöpf, das ihm gleich wäre. Einzig ein Wesen, das aus der «Wunde» seines Herzens Gestalt gewinnt und das Gott ihm zuführt wie nach einem langen Schlaf, wird zum Gefährten seines Lebens – ein Wesen, in allem wie er selbst und dennoch ganz anders, *als Frau* – eine «Männin», wie

auf die Schöpfungsordnung in schriftgelehrtem Sinne, es geht um die ganz zentrale Frage, wie ein Mensch aus der Angst seiner Existenz, die das Glück der Liebe immer von neuem zerstört, zu der Haltung eines Vertrauens zurückfinden kann, das dem «Paradies» am «Anfang» entspricht. Erst von dieser Frage her versteht man, wieso die Ehe als ein *Sakrament,* als ein Zeichen des Vertrauens unter Menschen, die durch den Glauben *erlöst* wurden, mit der Befähigung und mit dem Anspruch der «Unauflöslichkeit» versehen werden kann. Vgl. E. Drewermann: Ehe – tiefenpsychologische Erkenntnisse für Dogmatik und Moraltheologie, in: Psychoanalyse und Moraltheologie, II 38–76. – Es läuft in Anbetracht der Wirklichkeit auf eine bloße Rechtsfiktion hinaus, zu unterstellen, daß in einer Volkskirche alle Menschen, die einander vor dem Pfarrer und zwei Zeugen das Ja-Wort geben, im Sinne der Worte Jesu aus Mk 10,2–8 in jene erlöste Offenheit und Angstfreiheit der Existenz zurückgekehrt seien, die zu dem Wesen der Liebe im «Ursprung» gehört. Vor allem von seiten der Psychoanalyse zeigt sich, wie zerstörerisch die *unbewußten* Übertragungsprozesse im Verlauf einer Ehe sein können. Vgl. dazu E. Drewermann: Das Tragische und das Christliche, in: Psychoanalyse und Moraltheologie, I 19–78, bes. S. 33–39. Es ist nicht möglich, Fragen der Existenz mit Hilfe juristischer Klauseln beantworten zu wollen. – Wie sich das Prinzip der «Unauflöslichkeit der Ehe» in seiner moralisierenden Starrheit in der Psychotherapie ausnimmt, dazu vgl. F. Tanner: Bis daß der Mord euch scheidet. Ein Therapeut zum verhängnisvollen Weiterführen zerrütteter Ehen, Olten-Freiburg 1981, bes. S. 84–123: «Höllische Ehen». Der Satz von Mk 10,9 muß in jedem Falle sich mit der *Erfahrung* der Eheleute decken: «Was *Gott* geschlossen hat, das soll der Mensch (der Mann) nicht trennen.» Wenn sich zeigt, daß eine Ehe eben *nicht* von Gott, sondern aufgrund der «Dämonie» neurotischer Übertragungen bzw. infolge der spezifischen Anziehungskraft und Unverträglichkeit bestimmter Charaktere nur zum Leid der Betroffenen zustande kam, so wird kein Außenstehender das Recht haben, mit Berufung auf das Wort Jesu den Willen Gottes gegen die Evidenz des menschlichen Unglücks zu reklamieren. Vgl. E. Drewermann: Von einer besonders tragischen Form des Mißverständnisses in der Ehe – oder: vom Recht auf Scheidung und auf Wiederverheiratung in der katholischen Kirche, in: Psychoanalyse und Moraltheologie, II 77–111. Wenn R. Schnakkenburg: Die sittliche Botschaft des Neuen Testamentes, 103 zu dem Ergebnis kommt: «Die Worte Jesu sind so eindeutig, daß man ihrer Verbindlichkeit nur ausweichen kann, wenn man seine sittliche Botschaft insgesamt als nicht wörtlich verpflichtend erklärt oder anders abschwächt», so zeigt er damit lediglich, wohin (immer wieder!) eine Exegese führen muß, die von der Tiefenpsychologie nicht Notiz nimmt und sich statt dessen um so eifriger bemüht zeigt, die Äußerlichkeit des eigenen Verständnisses als den Willen Gottes oder als die Botschaft Jesu auszugeben.

Adam sie nennt[10]. Nur wer diese Bilder vor sich sieht, weiß, was Jesus meint, wenn er sagt: «Am Anfang war es nicht so», nämlich daß man mit Gesetzen die Liebe «regeln» zu müssen und zu können glaubt; «im Anfang» schuf Gott die Menschen als Mann und Frau, als Wesen, die einander bedürfen, um ganz zu sein und das Leben zu spüren als ein Geschenk der Gnade. Die Liebe ist die einzige Macht, die uns ein Stück von jener Welt zeigt, wie Gott sie meinte, als er uns erschuf; und nur von diesem Grunderleben des Glücks der Liebe her ordnen sich auch die Schwierigkeiten der Ehe.

Erst wenn man begreift, wie entschieden Jesus es ablehnt, Fragen des Herzens mit Hilfe von Gesetzen zu ordnen, merkt man, was hier auf dem Spiel steht[11]. Man begreift vor allem, daß es grotesk ist, wenn kirchliche Theologen immer noch glauben, sie könnten in Fragen der ehelichen Gesetzgebung sich auf einen Mann berufen, der nicht nur selber unverheiratet war[12], sondern,

[10] Es ist entsprechend dem Wortspiel von «Mann» und «Männin» in Gen 2,23 die Einheit und Unterschiedenheit, welche den Sog der wechselseitigen Anziehung zwischen den Geschlechtern bedingt; vgl. E. Drewermann: Strukturen des Bösen, I 398–400. Insofern ist die hebräische Redewendung, *«ein Fleisch»* zu werden, gewiß nicht zentral als «biologischer Ehevollzug» zu verstehen, wie E. Stauffer: Die Botschaft Jesu damals und heute, 75 meint, sondern als *personale* Einheit, die sich in der körperlichen Begegnung ausdrückt, aber nicht darin gründet oder besteht. Sexualität und Liebe müssen keinesfalls immer dasselbe sein. Ausgeschlossen sind in jedem Falle Motivationen der Ehe, die *de facto* noch heute wirksam sind und zur Zeit Jesu sogar für weit wichtiger gelten mußten als die persönliche Zuneigung: der Erwerb von Macht und Ansehen der Sippe, die Aufteilung und der Austausch von Vermögen, die Notwendigkeit vieler Kinder als Arbeitskräfte u. a. m. Wann wird man in der katholischen Kirche begreifen, daß die hohe Scheidungsrate in der Bundesrepublik (ca. 100 000 Scheidungen auf ca. 300 000 Heiraten im Jahr) wesentlich eine Folge nicht der «Bindungsangst» und «Untreue» der Eheleute, sondern der *Personalisierung* der Ehe darstellt, wie sie den Worten Jesu in Mk 10,3–8 gerade entspricht: nichts als die Liebe selbst hält eine Ehe heute noch zusammen; um so mehr muß es erlaubt sein, die Liebe *lernen* zu dürfen; und oft genug ist gerade eine zweite (oder dritte!) Ehe der einzige Weg, in *die* Welt zurückzukehren, von der Jesus meinte, daß sie «am Anfang» bestand, daß sie m. a. W. wesentlich von Gott her in uns liegt.

[11] O. Pfister: Das Christentum und die Angst, 162–163 meinte sehr richtig, daß die Worte Jesu in Mk 10,3–8 der *Autonomie,* nicht der Heteronomie des Menschen dienten: «Die Theonomie erweist sich als Autonomie, sofern Jesus den Willen Gottes nicht aus der Autorität der heiligen Schrift und Synagoge, sondern entscheidend *aus den eigenen Gotteserlebnissen* kennenlernt, und *diese entsprechen seinem eigenen Wesen.*»

[12] Einzig Sch. Ben-Chorin: Bruder Jesus, 98–106 (Jesus und die Frauen) hat (S. 103–105) die Ansicht vertreten, daß Jesus, «wie jeder Rabbi in Israel, verheiratet war. Seine Jünger und seine Gegner hätten ihn gefragt, wenn er von diesem allgemeinen Brauche abgewichen

anderen Bibelworten zufolge, sogar mit großem Nachdruck dazu aufgefordert hat, die Familie zu verlassen und die gesamte bürgerliche Ordnung: ihre Eigentumsregelungen, ihre Wirtschaftsverhältnisse, ihre Ansprüche auf institutionelle Festlegungen der «Sexualität» dranzugeben um des Himmelreiches willen (Mk 10,28–31). Mit einem solchen Mann ist alles zu machen, bloß kein staatliches oder kirchliches Gesetzbuch[13].

Und trotzdem ist er keinesfalls, wie seine Gegner behaupten, ein Anarchist (Lk 23,5). Er ist lediglich ein Mann zwischen all den Stühlen, auf denen man sonst als frommer Brüger geruhsam Platz zu nehmen beliebt. Er ist ein Mann der Freiheit, und eben deshalb ist er jemand, der bedingungslos auf seiten der Liebe steht. Jesus glaubt tatsächlich, daß, wenn Menschen ehrlich zueinander sind, sie durchaus wissen können, wie man miteinander menschlich umgeht. Erst wenn man Menschen zutiefst verunsichert hat, so daß sie mit sich selber nicht mehr ein noch aus wissen, muß man sie wirklich, wie an Dürre entkräftete Blumen, an die Spaliere der Gesetze binden, um von außen zu stützen, was an innerem Halt fehlt. – Nur darf man solche «Stützen» nicht mit dem Wachsen und Reifen gesunder Pflanzen verwechseln.

Die eigentliche Frage lautet, wie man die Menschen wieder zu dem Paradies der Liebe, zu dem eigentlichen Gotteswillen, wie er am «Anfang» bestand, zurückführen kann. Keine Gesetzgebung der Welt kann diese entscheidende Aufgabe wirklicher «Seelsorge» ersetzen.

Die Liebe, wie sie im Paradies bestand, ist nach Jesu Meinung das einzige, dem man wirklich folgen sollte; nur sie lehrt uns zu verstehen, warum es rings um uns her die ganze Welt geben muß, indem sie uns durch die Zuneigung zu einem einzigen Menschen zu dem Ort führt, an dem alle Dinge ihren Grund haben; nur durch die Liebe werden wir in den Stand gesetzt, uns selbst und einen anderen Menschen vorbehaltlos zu bejahen und die Kraft zu

wäre.» (S. 105) Aber Jesus war kein «Rabbi», sondern ein *Prophet*. Vgl. J. JEREMIAS: Neutestamentliche Theologie, I 81–84. – Wie man sich eine «Ehe» Jesu vorstellen müßte, hat R. GRAVES: König Jesus, 275–293, als kultische Hochzeit des «König Adam» mit Maria, der Tochter des Kleophas, ausphantasiert, indem er sie ins Gnostische übersetzte und Jesus in der Brautnacht sagen ließ: «Geliebte, wir wollen die Tat der Dunkelheit, die eine Tat des Todes ist, nicht begehen. Du bist meine Schwester!»(292) Für GRAVES wollte Jesus, dem BUDDHA ähnlich, die Menschen von der Fessel des Todes erlösen, an welche alle Geschlechtlichkeit bindet (vgl. a. a. O., 370).

[13] Vgl. oben Anm. 5 die Variante des MARCION zu Lk 23,21. Vgl. dazu auch A. v. HARNACK: Die Mission und Ausbreitung des Christentums in den ersten drei Jahrhunderten, 590, Anm. 2.

gewinnen, auf die Ewigkeit eines gemeinsamen Reifens, eines unendlichen Weges zu zweit von ganzem Herzen zu hoffen und zu bauen; einzig der Atemwind der Liebe ist so unendlich und stark wie Gott selber. Eine solche Liebe *soll* nicht nur ein Mensch nicht trennen, er wird es überhaupt gar nicht vermögen, sie zu trennen. Man kann die Liebenden unglücklich machen, man kann sie zwingen zu allen möglichen Formen von Krankheit und Leid, man kann sie bis in den Tod hetzen – die Dramenbücher aller europäischen Sprachen sind voll davon –, aber töten kann man die Liebe nicht[14].

Insofern *braucht* die Liebe von sich her prinzipiell keine Gesetze. Man muß sie nicht beschützen, sie ist stärker als alles, was sonst im Menschen lebt. Sie ist ebenso unsichtbar wie ausdrucksvoll, ebenso schwebend wie bindend, ebenso zart wie machtvoll. Sie ist sanft wie der Sommerwind und dennoch stark wie ein Sturm. Sie allein ordnet die Welt zu einem uns wohlbekannten Zuhause, und dennoch trägt sie über Ozeane hinweg in den Horizont der Ewigkeit. Einzig die Liebe ist imstande, die Erde mit dem Himmel zu verbinden, den Geist mit dem Körper, die Seele mit dem Fleisch, die «Sinnlichkeit», wie man so sagt, mit der Sittlichkeit, die Wahrheit des Herzens mit der

[14] Oder doch? Wie viele Frauen gibt es, die gerade aufgrund der katholischen Sexualmoral Frauen sein mußten, noch ehe sie Mädchen sein durften, und dann alsbald Mütter werden mußten, noch ehe sie Frauen sein konnten! Wenn nach Jahren der Gefühlszerstörung und der Heuchelei zugunsten des Mannes der letzte Rest an Liebe aufgezehrt ist, steht die gleiche katholische Kirche, die zunächst mit ihrer rigiden Moral das einfache Glück der Eheleute zerstörte, wieder da, um die äußere Trennung der innerlich längst Geschiedenen moralisch zu verbieten. Die symptomatische Verdrängung des Unbewußten in der Theologie macht schlechterdings blind für die offensichtliche Tatsache, daß es kaum einen Faktor gibt, der das an sich recht feste Gefüge einer Ehe derart zu zerstören vermöchte wie die endlosen Gefühle von Selbsthaß und Ekel, die in der katholischen Sexualmoral selbst kleinen Kindern schon gegenüber sich selber eingeimpft werden. – Wer übrigens gehofft hatte, es handelte sich hier um Probleme der 50er Jahre, die längst und ein für allemal als überwunden gelten dürften, der irrt sich groß. Es gehört zu dem festen Programm von PAPST JOHANNES PAUL II, der Jugend das Ideal der *Maria Goretti* erneut vor Augen zu stellen, die von PIUS XII zur Ehre der Altäre erhoben wurde, weil sie bei einem Vergewaltigungsversuch ums Leben kam: «Lieber der Tod als die Sünde» lautet der ihr zugeschriebene Wahlspruch eines solchen Martyriums der Keuschheit. Bereits sechs Frauen mit einem ähnlichen Schicksal wurden inzwischen selig gesprochen, darunter 1985 die Ordensschwester *Anuarite,* die als eines von 2000 Opfern mit 23 Jahren in Zaire ermordet wurde; *Karoline Kozka,* die 1914 im Alter von 16 Jahren ermordet wurde, sowie am 4. Okt. 1987 *Antonia Mesina,* die 1935 als 16jährige ermordet wurde; *Pierina Morosini,* die mit 27 Jahren starb. Vgl. dazu die Sendung von GISELA HEINEN: Sterben für die Keuschheit? Maria Goretti mal vier, 11. 1. 88, WDR III.

Weisheit des Geistes. Der Riß, der den Menschen seit den Tagen der Angst, seit dem Augenblick des Sündenfalls durchzieht, wird einzig geheilt durch die Macht der Liebe.

Das war es, wovon Jesus an dieser Stelle mit seinem Rückgriff auf die Ordnung des Paradieses sprechen wollte und wovon er glaubte, daß wir es jederzeit verstehen könnten: Gott könnten wir verstehen, und uns selber könnten wir verstehen, wenn wir uns nur erlauben würden, die Macht, die als einzige von Gott ist und die allein uns in die Mitte der Welt, in die Heimat des Glücks zurücktragen kann, wirklich in unser Herz einzulassen. *Daran* glaubte Jesus. Daß er damit alle seit Menschengedenken gerade im Zusammenhang mit den Fragen der Liebe geschürte Angst gegen sich aufrief und jede Art von Gesetzeslogik in alle Zeiten nötigen würde, ihn als einen anarchischen Phantasten zu verteufeln, muß er gewußt haben. Er wollte dennoch, daß wir uns immer wieder fragen, auf welch einem Niveau wir unser Leben ordnen wollen: auf der Ebene der Ordnung Gottes oder auf der Ebene der Verordnungen von Menschen.

Was geht daraus hervor für unsere heutigen staatlichen und kirchlichen Gesetzbücher?

Zur Zeit Jesu heiratete man nicht, man wurde verheiratet, mit 12 bzw. 14 Jahren, als Mädchen oder Junge, so wie in einfachen Gesellschaften noch heute[15]. *Mahatma Gandhi* z. B. erinnert sich in seiner Autobiographie[16], wie es war, als er, kaum der Kindheit entwachsen, mit einer Frau verheiratet wurde, die er nie zuvor gesehen hatte. Niemand fand etwas dabei, denn alle waren der Meinung, man werde sich schon aneinander gewöhnen und die

[15] Vgl. H. Daniel-Rops: Die Umwelt Jesu, 118–134.

[16] M. K. Gandhi: Eine Autobiographie, 19–21: «Es scheint, daß ich dreimal verlobt wurde, ohne daß ich davon wußte.» «Dabei wurde nicht an unser Wohlergehen, noch weniger an unsere Wünsche gedacht. Es wurden einzig die Bequemlichkeit der Eltern und die Sparsamkeit berücksichtigt.» (S. 19) Die Praxis hat sich im Grunde bis heute nicht geändert. Braut und Bräutigam, die von den Familienoberhäuptern füreinander ausgesucht werden, sehen sich vor der Hochzeit nur ein einziges Mal während eines nur Minuten dauernden Rituals, das man als «Mädchenschauzeremonie» übersetzen muß. «Neben dem grausamen Brauch der Kinderheirat hat die Hindugesellschaft einen anderen Brauch, der in gewissem Grade die Übel des ersten mindert: Die Eltern erlauben jungen Paaren nicht, lange zusammenzubleiben. Die Kindfrau verbringt über die Hälfte ihrer Zeit in ihres Vaters Haus.» (A. a. O., 23–24) M. a. W.: Die *Institution* der Ehe hat an sich mit den Interessen der Personen nichts zu tun; das *Sakrament* der Ehe aber hängt ganz und gar an der Beziehung zweier Personen zueinander, die sich finden als wechselseitigen Segen Gottes im eigenen und fremden Leben.

Liebe, will sagen: das sexuelle Einvernehmen, werde irgendwann schon von alleine sich ergeben – wie alle Welt werde man Kinder haben, die Großfamilie, der Clan, werde sie aufnehmen, und so werde das Leben weitergehen. Derart unpersönlich vollzieht sich das Leben, wenn es ganz und gar geregelt ist – vielleicht mit vierzig ist man schon gestorben, in Erfüllung dessen, was als die Pflicht eines irdischen Lebewesens gilt: der Reproduktion der eigenen Gene[17]. – So, *als Institution*, völlig unabhängig von der Person des Einzelnen, kann man es in der Tat zur Pflicht machen, daß die Ehe unauflöslich ist. Aber wollte Jesus das? – Ganz sicher wollte er, daß wir Menschen uns *nicht* mehr bestimmen lassen vom Rhythmus der Biologie und von den Lebensinteressen der Gesellschaft. Ganz sicher wollte er, daß wir als Personen in Freiheit leben und damit die Liebe als das Allerriskierteste, als das Allerpersönlichste, als das Allervertrauensvollste wagen und uns ehrlich einander zu schenken versuchen.

Vielleicht brauchen wir wirklich 2000 Jahre (und mehr) an geschichtlicher Entwicklung, um klar zu sehen, wie anders Jesus war, wie grundverschieden von allem üblichen, wie wenig einzuordnen in die normalen Schablonen. Seine Antwort an die Pharisäer *bricht mit einem Prinzip*. Mann und Frau sind miteinander nicht verbunden aufgrund des Willens von Menschen, sie können auch nicht auseinandergebracht werden durch den Willen von Menschen; was Mann und Frau miteinander verbindet, ist die einzige Kraft, die wir spürbar von Gott her in uns tragen: die wunderbar befreiende und wunderbar versklavende Allmacht der Liebe. *Personen, nicht Institutionen, gründen die Ehe.*

Ob man aus diesen Worten ableiten kann, was die römische Kirche[18] bis in die Gegenwart hinein als ihre Rechtsauffassung abzuleiten versucht hat, wird

[17] Es ist gerade an der kirchlichen Auffassung von der Ehe als eines Sakramentes hoch zu rühmen, daß sie der Theorie nach die biologischen Zwecksetzungen der Ehe eigentlich weit hinter sich gelassen hat. Um so paradoxer mutet es an, wenn die katholische Kirche im *Codex Iuris Canonici* von 1917 in Can. 1013, § 1 in brutaler Einseitigkeit verfügte: «Der oberste Zweck einer Ehe ist die Zeugung von Nachkommen.» Diese Denkweise ist es, die noch heute in der Diskussion um die «richtige» Methode der Empfängnisverhütung die sonderbarsten Blüten treibt. Wohlgemerkt: weder in Gen 2,23 noch in Mk 10,7 steht von «Nachkommenschaft» auch nur ein einziges Wort. Es geht um die Liebe zweier Menschen, nicht um die Institution der Familie.

[18] Es sei nicht nur auf die unterschiedliche Praxis der Kirchen des Ostens sowie der Kirchen der Reformation hingewiesen; es gilt vor allem, innerlich mitzuvollziehen, daß schon im Neuen Testament Ehen «aufgrund von Unzucht» (Mt 5,21) bzw. aus Glaubensgründen (1 Kor 7,15 f.) geschieden wurden. Es ist unbegreiflich, wie R. SCHNACKENBURG:

man bezweifeln müssen. Wohl ist es möglich, Menschen, vornehmlich Frauen, wie zur Zeit Jesu, durch eine gesetzliche Willkürerlaubnis zu erniedrigen. Aber es ist genausogut möglich, Menschen, und erneut vornehmlich Frauen, durch willkürliche Gesetzesverbote zu erniedrigen, und in dieser Gefahr befindet sich die Kirche heute ohne Zweifel, wenn sie die alten institutionellen Formen des Eheabschlusses, die durch Jesu Rekurs auf die Ordnung des «Anfangs» gerade überwunden werden sollten, in überwertiger Weise wieder einzuführen versucht, womöglich mit Berufung auf Jesus (im Sinne von 1 Kor 7,10)[19]. Was aber hätte Jesus denn in Wahrheit anderes

Die sittliche Botschaft des Neuen Testamentes, 197–198, diese klaren Befunde vor Augen, resümieren kann: «Mit dem Prinzip der Unauflöslichkeit hat die christliche Ehe ein Fundament gewonnen, auf dem sich eine hohe Eheauffassung entfalten mußte, selbst wenn noch hier und da minder edle Anschauungen zu überwinden waren.» (S. 198) Die «minder edlen Anschauungen» wurden ja nicht «überwunden», sie machten sich allererst gegen den Wortlaut des Jesuswortes von Mk 10,9 breit, und es käme gerade darauf an, den Realismus der frühen Kirche mit Bezug zu den heutigen Konflikten weiterzuentwickeln. *«Unzucht»* in gesetzlichem Sinne stellt nach Auflockerung der patriarchalischen Doppelmoral, die den Männern alles, den Frauen nichts gestattete, heute sicher nicht mehr das Hauptproblem dar; wohl aber gibt es Formen der Ehe, in denen *begangene Schuld* jede Verständigungsbasis zerstört; vgl. E. DREWERMANN: Aus Schuld geschieden – verdammt zum Unglück? Von dem Recht auf Vergebung auch in der katholischen Kirche. Ein Plädoyer, in: Psychoanalyse und Moraltheologie, II 112–137. Und *«Glaubensverschiedenheit»?* Kann es nicht sein, daß Menschen nach Jahren des Bemühens sich eingestehen müssen, in den wesentlichen Zielsetzungen ihres Lebens zu verschieden zu sein, um ein gemeinsames Leben führen zu können? *«Glaubensverschiedenheit»* – das kann auch heißen: Unterschiedlichkeit des Charakters, des Temperaments, des Ausdrucksvermögens, der Lebenseinstellung. Es kommt nur darauf an, die einschlägigen Texte der Bibel nicht «historisch-kritisch» als Gesetzgebungen einer vergangenen Zeit zu interpretieren, sondern ihre psychische Bedeutung zu erfassen und mit dem gegenwärtigen Erleben zu verbinden.

19 Sehr wahr meint E. SCHWEIZER: Das Evangelium nach Markus, 110–111, aller äußeren Gesetzlichkeit zuwider: «Jesus lädt ein, vom Geschenk des Schöpfers zu leben... In solcher von Jesus geschenkten Freiheit von allen nur gesetzlichen Erwägungen ist also das Ziel der Schöpfung erreicht... Mit einer gesetzlichen Regelung, die die Scheidung verbietet, ist also nichts geholfen... Scheidung *kann* Zeichen der Buße sein, in der zwei Menschen zu ihrer Schuld stehen, daß es ihnen nicht gelungen ist, nach Gottes Willen aus seinem Geschenk heraus zu leben, und *kann* darum freimachen zu neuer Barmherzigkeit Gottes. Umgekehrt kann ein äußeres Weiterführen einer zerbrochenen Ehe solche Schulderkenntnis gerade verwischen. Aber das sind äußerste Möglichkeiten, die nur am Ende eines langen Weges stehen, auf dem ein Mensch immer wieder den Zugang zum anderen gesucht hat und schließlich gerade um des anderen oder um der Kinder willen zu seiner Schuld stehen und auch die äußere Konsequenz ziehen muß. Trauung Geschiedener dürfte

gewollt, als daß Menschen ein Recht haben, der Sprache ihrer Seele, dem Weg ihres Glücks, der Freiheit und der Bindung ihrer Liebe mit ihrer ganzen Existenz zu folgen und gerade in dem Mut ihres Herzens bei Gott zu sein? Es ist nicht individualistisch, es ist nicht willkürlich, und es wird auch nicht chaotisch, wenn eine Rose zu blühen wagt im Glanz der Sonne und in der Wärme des Sommers, nach den Gesetzen, die sie in jeder Faser, in jedem Blütenblatt in sich trägt. Nicht durch die Energie des Lebens gerät die Natur durcheinander; ihre Gesetze durchziehen vielmehr das Innerste von allem, was lebt, und es kommt nur darauf an, diesem Innersten zu folgen; in unserem Herzen lebt die einzige Ordnung, die wirklich *ist*. Die Ordnung der Gesetze hingegen ist ein Sinnentrug, eine Verwaltung des Chaos, ein Reglement am Abgrund[20]. Gesetze braucht man, wenn die Liebe zu Ende ist[21];

also weder gesetzlich verboten noch wahllos durchgeführt werden...» – Dem bleibt nur hinzuzufügen, daß die «Schuld» von Eheleuten, die aneinander scheitern, so gut wie niemals moralisch festzumachen ist; es ist fast immer das ungelebte, verdrängte Leben infolge einer Hypothek von Generationen, die schließlich in dem Unglück einzelner manifest wird. Es war S. FREUD, der bereits 1924 darauf hinwies, daß so manche «Neurose, die allen therapeutischen Bemühungen getrotzt hat, verschwinden kann, wenn die Person in das Elend einer unglücklichen Ehe geraten ist.» S. FREUD: Das ökonomische Problem des Masochismus, XIII 369–383, S. 379. Was haben Ehen dieses Typs mit dem zu tun, «was Gott geschlossen hat» (Mk 10,9)? Im Sinne der kirchlichen Moraltheologie und des Kirchenrechts aber gibt es infolge der kompletten Verleugnung des Unbewußten nicht die geringsten Kriterien, einen solchen Fall auch nur für möglich zu halten – Ehen, die nur geschlossen werden, um durch ihr permanentes Unglück die Schuldgefühle abzubüßen, mit denen die kirchliche Moral die Sexualität belegt hat! Solche Menschen richten sich ganz nach den Worten von 1 Kor 7,9: sie können sich nicht «enthalten», aber sie haben im Namen des paulinischen Keuschheitsideals gelernt, sich lebenslänglich für ihr «Versagen» zu quälen. – Schließlich gibt es noch den Faktor der *Unreife*. J. STEINBECK: Der fremde Gott, 57 z. B. formulierte das erschütternde Gebet, das *Elisabeth Wayne* bei ihrer Eheschließung spricht: «Herr Jesus, mach alles leicht für mich, weil ich so Angst habe. Da habe ich nun Zeit genug gehabt, etwas über mich zu lernen, und gelernt habe ich gar nichts. Sei gut zu mir, o Jesus – wenigstens bis ich lerne, was für eine Art Wesen ich bin.» Sie heiratet einen Mann, der sich schließlich selbst im Namen eines grausamen Gottes zum Opfer bringt, um eine Dürre abzuwenden.

[20] So sagt DSCHUANG DSI: Südliches Blütenland, XIV 2, S. 157–158: «Wie will man... in einem Atemzug von Liebe und kindlicher Ehrfurcht reden? Was man so gewöhnlich unter kindlicher Ehrfurcht, Brüderlichkeit, Liebe und Pflicht, Treue und Glauben, Reinheit und Uneigennützigkeit versteht, das sind alles Dinge, zu denen man sich gewaltsam aufschwingt, um der Tugend zu dienen; aber sie sind nicht viel wert... Denn der *Sinn* kann durch nichts anderes ersetzt werden.»

[21] Ebenso bitter wie wahr meinte DSCHUANG DSI: A. a. O., XV, S. 170–171: «Sich auf

man braucht sie nicht, wo der Weg ins Paradies offensteht. Gerade das aber wollte Jesus, nicht mehr, nicht weniger: Er wollte den Weg der Liebe wieder freimachen, zurück in das verlorene Paradies; eine von Zwang, Angst, Erniedrigung und Schuldgefühlen befreite Menschheit wollte Jesus, und sein «das soll ein Mensch nicht trennen» läßt sich nicht abspalten von dem alles verwandelnden Hinweis: «im Anfang war das nicht so». Nur die «Herzenshärte»[22] braucht Gesetze, und die Gesetze, die wir in der Herzenshärte brauchen, sind nicht die Worte, die Gott eigentlich uns sagen will und die wir einander zutrauen und zumuten dürfen in der Liebe.

Auch die «Gesetze», die Jesus hernach im Kreis seiner Jünger bezüglich der Ehescheidung erläßt und erläutert[23], gelten erst für Menschen, die zu der

einen Wandel nach starren Grundsätzen etwas zugute tun, sich von der Welt absondern und alles anders machen als die anderen, hohe Reden führen und bitteres Urteil fällen: das ist der Menschenhaß... Von Liebe reden und Pflicht, von Treu und Glauben, von Ehrfurcht und Mäßigkeit, Bescheidenheit und Gefälligkeit: das ist die Moral.» «Aber ohne starre Grundsätze erhaben sein, ohne die Betonung von Liebe und Pflicht Moral haben, ohne Werke und Ruhm Ordnung schaffen, ohne in die Einsamkeit zu gehen Muße finden, ... alles vergessen und alles besitzen in unendlicher Gelassenheit und dabei doch alles Schöne im Gefolge haben: das ist der *Sinn* von Himmel und Erde, das *Leben* des berufenen Heiligen.» «Darum heißt es: Der berufene Heilige läßt ab. Ablassen bringt Gleichgewicht und Leichtigkeit... Darum heißt es: das Leben des berufenen Heiligen ist Wirken des Himmels... In seiner Stille ist er eins mit dem Wesen der Nacht; in seinen Regungen ist er eins mit den Wogen des Tags. Er sucht nicht dem Glück zuvorzukommen noch dem Unglück zu begegnen; er entspricht nur den Anregungen, die auf ihn wirken; er bewegt sich nur gezwungen und erhebt sich nur, wenn er nicht anders kann; er tut ab Vorsätze und Erinnerungen und folgt allein des Himmels Richtlinien... Sein Leben ist wie Schwimmen, sein Sterben ist wie Ausruhen. Er macht sich keine Sorgen und schmiedet keine Pläne; er ist licht ohne Schimmer (sc. ohne Heiligenschein, d. V.), er ist wahr ohne Beteuerungen.»

[22] Zu dem Begriff der *«Herzenshärte»* s. o. Anm. 9; vgl. E. DREWERMANN: Ehe – tiefenpsychologische Erkenntnisse für Dogmatik und Moraltheologie, in: Psychoanalyse und Moraltheologie, II 38–76, S. 68–70. DERS.: Das Markus-Evangelium, I 289, Anm. 13. – Ohne den zentral *religiösen* Inhalt der «Herzenshärte» herauszustellen, wird aus den Worten Jesu über die Ehe nichts weiter als ein *sittliches Prinzip* der Unauflöslichkeit der Ehe, wie es G. W. F. HEGEL: Grundlinien der Philosophie des Rechtes, hrsg. v. H. Reichelt, § 163, S. 154–155 mit ausdrücklicher Berufung auf diese Bibelstelle formuliert hat. Es ist sehr wichtig für die kirchliche Moraltheologie, sich von einer bloßen Sittenlehre durch das Wissen um die Erlösungsbedürftigkeit des Menschen zu unterscheiden.

[23] In Mk 10,11–12 wird «nicht mehr wie Mt 5,32 die polygame jüdische, sondern eine monogame hellenistische Eheordnung vorausgesetzt»; deshalb «muß neben der Entlassung... die Wiederheirat ausdrücklich genannt werden; denn 1. wird das Institut des

Ordnung des Anfangs zurückgefunden haben und die wissen, was es heißt, mit einem anderen Menschen so zu verschmelzen, daß darin der Himmel auf die Erde herabkommt und der andere zum Ort wird, an dem das ganze Dasein sich zurückempfängt im Schoße der Gnade. Es ist eine Welt, in der

Scheidebriefes nicht vorausgesetzt, so daß Trennung und Scheidung nicht klar unterschieden sind; 2. macht erst die neue Heirat eine Trennung unwiderruflich (während eine zweite Heirat im polygamen jüdischen Recht die erste Ehe nicht bricht).» R. PESCH: Das Markusevangelium, II 125. Das ist richtig; aber gleich dreierlei geht in dieser Feststellung unter: *Zum einen* richtet sich Mk 10,11–12, wörtlich genommen, in seiner Schroffheit sogar gegen die heutige Praxis der katholischen Kirche; denn es stimmt, wenn R. PESCH: A. a. O., II 125 hinzufügt: «Keineswegs werden ‹Trennung› als erlaubt und nur ‹Wiederheirat› als verboten bezeichnet.» Das katholische Eherecht (CIC, Can. 1152–1153) indessen kennt sehr wohl die Trennung der Ehegatten «bei bleibendem Eheband», und zwar im Anschluß an Mt 5,31, im Fall des Ehebruchs, oder wenn das gemeinschaftliche Leben unerträglich wird. Selbst die strengste Auslegung der Unauflöslichkeit der Ehe in Gestalt der römisch-katholischen Rechtsprechung umgeht also gerade die Bibelstelle, auf die den Worten nach sie sich ständig bezieht. *Zudem* ist zu fragen, ob zur Begründung der Einehe, die Markus in 10,11–12 voraussetzt, wirklich der zuvor zitierte Abschnitt von Gen 2,24 maßgeblich sein kann; er war es (s. o. Anm. 9) eigentlich nur bei den Wüstenmönchen in Qumran. Der Rückgriff auf die «Schöpfungsordnung» bedeutet keineswegs die Bevorzugung einer bestimmten Gesellschaftsform; er bedeutet lediglich eine Erinnerung an das Wesen der Liebe. Daß es nur in monogamen Beziehungen möglich sei, einander wirklich zu lieben, scheint mehr als fraglich; ganz gegen die Absicht Jesu scheint es jedenfalls zu sein, wenn die Kirche mit Berufung auf die *hellenistische* Form der Ehe, die Jesus als Jude gar nicht im Sinn gehabt haben kann, die aber im abendländischen Kulturraum verpflichtend geworden ist, sich das Recht nimmt, in ihrer Missionsarbeit z. B. in Schwarzafrika die polygamen, z. T. polyandrischen Familienverhältnisse zu zerstören, um gerade auf diese Weise, unter schwerem menschlichem Leid und sozialem Unrecht, den Boden des Christentums zu bereiten. *Schließlich* und vor allem ist zu beachten, daß Mk 10,11–12 buchstäblich die *«Hausordnung»* des Markus widerspiegelt; es handelt sich um Worte, die nur für Menschen gelten können und vollziehbar sind, die (wie in Mk 4,11) am «Geheimnis des Gottesreiches» teilhaben. Nur diejenigen also, die in der Nähe Jesu am eigenen Leibe die Ängste durchgearbeitet haben, die uns Menschen vom Paradiese trennen, können (und werden) mit einiger Wahrscheinlichkeit in ihrem Leben keinen entscheidenden Grund mehr finden, das Band ihrer Liebe unter einem Übermaß an Leid irgendwann lösen zu müssen. Von wem aber inmitten einer Volkskirche, deren Mitglied man aufgrund der Kindertaufe, nicht durch Entscheidung wird, kann man das sagen? Und wer hätte den Mut, es von sich selber zu behaupten? Und bei wem, wenn er so sagen würde, dürfte man es irrtumsfrei als sicher gelten lassen, um ein ganzes Eherecht darauf zu gründen? – Fragen über Fragen, nicht an die Eheleute, wohl aber an die Theologen, die, als Kleriker selbst unverheiratet, den Eheleuten jene Gesetze machen. Wann hätte man in diesen Kreisen

die Angst wie aufgehoben ist – ein Stück der Welt wie vor dem Sündenfall, eine Erinnerung sowohl an den «Anfang» wie eine Hoffnung auf die Vollendung, und jene Kraft, die uns dazu verhilft, den Weg dazwischen auszuhalten.

Mk 10,13–16: Der Mensch wird in Gott geboren oder: Jesus und die Kinder

> [13]Da wollten sie zu ihm Kinder bringen, daß er sie berühre, die Jünger aber herrschten sie an. [14]Als aber Jesus (das) sah, ward er unwillig und hat ihnen gesagt: Laßt die Kinder zu mir kommen, *hindert* (Mk 9,38) sie nicht, denn ihresgleichen ist das Königtum Gottes. [15]Wahrlich, sage ich euch, wer nicht das Königtum Gottes *aufnimmt* (Mk 9,37) wie ein Kind, kommt nicht hinein. [16]Dann umarmte und segnete er sie, indem er ihnen die Hände auflegte.

Von Diktatoren weiß man, daß sie gerne Kinder segnen. Mitten beim Durchschreiten des Spaliers einer jubelnden Menge bleiben sie plötzlich stehen und streicheln das Kind auf dem Arm einer Frau, und alle Kameras richten sich auf die glücklich leuchtenden Augen der Mutter, der die Huld eines so gütigen Landesvaters zuteil wird: Die Zukunft ihres Kindes – in seiner Hand wird sie gut aufgehoben sein. Wenn Diktatoren Kinder segnen, meinen sie nicht die Kinder, sie benutzen sie nur als Staffage ihrer Macht, als Dekoration ihrer zur Schau getragenen «Menschlichkeit».
Es ist erstaunlich zu sehen, wie konsequent sich Jesus jedem Hang der Jünger zur Entfaltung eines Starkultes um seine Person widersetzt hat. Nach der Darstellung des Markusevangeliums hat er die Menge nie gesucht[1]; er floh sie förmlich, wann immer er konnte. Aber hier, als die Leute mit ihren Kindern zu ihm kommen, möchte er nicht, daß die Jünger seinen Raum der Stille schützen oder gar einen Kordon protokollarischer Vorschriften um ihn le-

(zuzüglich zu Mk 10,9) jemals das Wort Jesu in Mt 23,4 ernstgenommen: «(Die Schriftgelehrten) binden schwere Bürden und legen sie auf die Schultern der Menschen; doch sie selbst wollen sie nicht einmal mit dem Finger bewegen»?

[1] Vgl. Mk 1,35; 4,35 u. ö.

Emil Nolde, «Christus und die Kinder», Öl 1910, Museum of Modern Art, New York.
Copyright by Stiftung Seebüll Ada und Emil Nolde.

Emil Nolde, «Die Zinsmünze», Öl 1915, Kunsthalle Kiel.

Otto Dix, «Petrus und der Hahn», Farblitho 1958.

Josef von Arimathäa erbittet den Leichnam Jesu von Pilatus, koptische Buchmalerei,
Ms. Copte 13, fol. 131 r, anno 1180.

gen[2]. Wenn irgendetwas auf der Welt, dann sollen Kinder Zugang zu ihm haben dürfen, unverwehrt! Sie sind ein Bild für Jesus, wie man zu Gott hinfinden kann, ja muß[3] (siehe Tafel 1). Und so spricht er die wunderbarsten

[2] Es scheint, daß Mk 10,13–14.16 einer vormarkinischen Tradition zugehörte, die auch Mk 9,36–37 umfaßte; in diesem Sinne tritt Jesus in der vorliegenden Begegnung mit den Kindern gewissermaßen als Vorbild und als lebender Kommentar zu seinem eigenen Wort auf, sehr im Gegensatz zu seinen Jüngern. Warum diese die Kinder von Jesus fernhalten wollen, wird nicht gesagt; daß sie einem «magischen» Glaubensverständnis wehren wollten, das sich von der Berührung Jesu besondere Kräfte erhoffte, scheint sehr unwahrscheinlich (gegen E. Schweizer: Das Evangelium nach Markus, 111). Weit eher geht es darum, daß die Jünger die «Belästigung» ihres Meisters durch etwas so Geringes wie diese «Kinder» verhindern möchten; Jesus aber «hat der seinem Volke geläufigen Geringachtung der ‹Kleinen› eine betonte Hochwertung entgegengestellt»; A. Oepke: *pais,* in: G. Friedrich (Hrsg.): Theologisches Wörterbuch zum Neuen Testament, V 636–653, S. 647. H. W. Kuhn: Ältere Sammlungen im Markusevangelium (SUNT 8), Göttingen 1971, 146–191 hat zudem gezeigt, daß der Abschnitt Mk 10,13–16 einen vormarkinischen «Katechismus» unterbricht, der die Themen «Ehe» (Mk 10,2–12), «Reichtum» (Mk 10,17–27) und Macht bzw. Rangordnung (Mk 10, 35–45) umfaßte, – Themen, die auch in Qumran eine große Rolle spielten (a. a. O., 169 f.). In diese Sammlung, die im hellenistischen Judenchristentum entstanden sein muß (wie z. B. die Verwendung der Septuaginta beweist), hat Markus offenbar ergänzend das Thema von den *Kindern* im Anschluß an das Thema «Ehe» eingeschaltet und damit eine Art «Haustafel» geschaffen, die der «Offenheit» gegenüber den Kindern am Beispiel Jesu eine hervorragende Aufgabe zuspricht. Lediglich diese Ebene der Aussage berührt R. Schnackenburg: Die sittliche Botschaft des Neuen Testamentes, 107, wenn er von einer «Hochschätzung des Familienlebens» an dieser Stelle spricht. Man kann vor allem nicht die Tatsache leugnen oder harmonisieren wollen, daß die Botschaft Jesu immer wieder bestehende Familien auseinanderzureißen vermochte. Sch. Ben-Chorin: Bruder Jesus, 69 verweist sogar auf das *Thomasevangelium,* Logion 101 a (vgl. Mt 10,37; 12,49–50): «Wer seinen Vater nicht hassen wird und seine Mutter, wie ich, wird mein Jünger nicht sein.» Von einer Hochschätzung des Familienlebens sind solche Worte gewiß nicht geprägt. – Die «Zulassung» der Kinder zum Heil könnte auch bereits eine Antwort auf die Frage der *Kindertaufe* darstellen, die in der frühen Kirche an die Stelle der Beschneidung trat (Kol 2,11); vgl. A. Oepke: Theologisches Wörterbuch, V 649. Entscheidend in dem Abschnitt aber wird das ursprünglich isolierte Wort von Mk 10,15, das der Evangelist selber hier einfügt und das aus den «Kindern» in soziologischem oder psychologischem Sinne ein *Symbol* für die Grundhaltung eines bedingungslosen Vertrauens gegenüber Gott als dem Vater *aller* Menschen macht. – Gerade wenn die vorliegende Spruchsammlung im hellenistischen Raum entstanden ist, so sprengt sie zudem das Verständnis der jüdischen Rabbinen, wonach die Kinder der Nichtisraeliten (in Auslegung von Jer 51, 39) nach ihrem Tode weder auferweckt noch gerichtet werden; vgl. H. L. Strack – P. Billerbeck: Kommentar zum Neuen Testament aus Talmud und Midrasch, I 786.

[3] Sehr schön formuliert E. Schweizer: Das Evangelium nach Markus, 111–112: «...

Worte, die das Neue Testament uns überliefert hat: «Wahrlich, sage ich euch, wer nicht wie ein Kind das Königtum Gottes aufnimmt, kommt nicht hinein.»

Immer wieder hat man bei der Auslegung dieser Stelle herumgerätselt, was an dem Wesen eines Kindes wohl als derart vorbildlich gelten mag, daß Jesus daran die entscheidende Bedingung zum Heil knüpfen konnte[4]. Alle möglichen Vermutungen wurden geäußert, indem man die Eigenart eines Kindes im Sinne der Wunschphantasien der jeweiligen Kultur und Zeit zu verstehen suchte[5]. In Wahrheit aber ergibt sich die Antwort weit einfacher aus dieser

gerade als die, die nichts vorzuweisen haben, keine Leistungen aufrechnen können, sind sie gesegnet. Ja, Jesus weitet die Verheißung auf alle aus und spricht in einer Autorität, wie sie nur Gott beanspruchen kann, das Gottesreich denen zu, deren Glaube wie die leere Bettlerhand ist, weil sich keine eigenen Leistungen oder Gottesvorstellungen zwischen sie und Gott eindrängen.» Vgl. zu der Gestalt des *Kindes* E. DREWERMANN: Dein Name ist wie der Geschmack des Lebens, 98–104; DERS.: Tiefenpsychologie und Exegese, I 504–509; 519–522; 526–528 zu den Bildern von Neuanfang und Wiedergeburt in den Kindheitsgeschichten von Mt 1; 2 und Lk 1; 2.

[4] Das gnostische *Thomasevangelium*, Logion 22 und Logion 37 deutete die Gestalt des Kindes als Symbol eines Lebens jenseits der Widersprüche von Innen und Außen, Oben und Unten, Mann und Frau, Hand und Fuß – Bewußtsein und Unbewußtem also, wie man tiefenpsychologisch sagen kann; zugleich verband es mit dem Kind die Vorstellung von dem Ablegen der Scham, vom Ablegen der Kleidung, – von der Rückkehr ins Paradies also. E. HENNECKE – W. SCHNEEMELCHER: Neutestamentliche Apokryphen, I 215. Diese Deutung unterscheidet sich in ihrem religiösen Verständnis sehr vorteilhaft von den moralisierenden Spekulationen etwa des hl. CHRYSOSTOMUS und AMBROSIUS, s. o. zu Mk 9, 30–37, Anm. 9, und: Noch einmal Mk 9,30–37, Anm. 13.

[5] Vor allem die Romantik machte aus dem *Kind* eine antitypische Idealgestalt der Herzensreinheit und einfältigen Unschuld im Gegensatz zu der menschenfeindlichen Hochnäsigkeit des heraufziehenden Zeitalters der «Wissenschaft» und Technik. Insbesondere E. T. A. HOFFMANN: Das fremde Kind, in: Die Serapionsbrüder, in: Werke, V 244 schilderte in der Gestalt des *Pepasilio* das Unwesen solcher «Erwachsener» bzw. «Gelehrter»: «Das abscheulichste war aber wohl, daß er (sc. Pepasilio, d. V.) mit Hilfe seiner Gesellen die schönen, funkelnden Edelsteine des Palastes, die bunt schimmernden Blumen, die Rosen und Lilienbüsche, ja selbst den glänzenden Regenbogen mit einem ekelhaften schwarzen Saft zu überziehen wußte, so daß alle Pracht verschwunden und alles tot und traurig anzusehen war. Und wie er dies vollbracht, erhob er ein schallendes Gelächter und schrie, nun sei erst alles so, wie es sein solle, denn er habe es beschrieben.» Ganz ähnlich klagte HÖLDERLIN: Hyperion, in: Werke, I 298–299: «Ach! wär ich nie in eure Schulen gegangen. Die Wissenschaft, der ich in den Schacht hinunter folgte, von der ich, jugendlich töricht, die Bestätigung meiner reinen Freude erwartete, die hat mir alles verdorben. Ich bin bei euch so recht vernünftig geworden, habe gründlich mich unterscheiden gelernt von dem,

Szene selbst. Die Kinder werden zu Jesus gebracht mit dem Gefühl, bei ihm berechtigt und zugelassen zu sein; es ist das Vertrauen, das jedes Kind mitbringt, das in diese Welt geboren wird: daß es ein Recht besitzt, *unter allen Umständen* Beachtung und Aufnahme zu finden[6]. Für ein Kind gilt nicht, was unter erwachsenen Menschen sonst Gültigkeit beansprucht: daß der andere müde, indisponiert oder mit wichtigerem beschäftigt sein kann – ein

was mich umgibt, bin nur vereinzelt in der schönen Welt, bin so ausgeworfen aus dem Garten der Natur, wo ich wuchs und blühte, und vertrockne an der Mittagssonne. – O ein Gott ist der Mensch, wenn er träumt, ein Bettler, wenn er nachdenkt, und wenn die Begeisterung hin ist, steht er da, wie ein mißratener Sohn, den der Vater aus dem Hause stieß, und betrachtet die ärmlichen Pfennige, die ihm das Mitleid auf den Weg gab.» «Ruhe der Kindheit! himmlische Ruhe! wie oft steh ich stille vor dir in liebender Betrachtung, und möchte dich denken! Aber wir haben ja nur Begriffe von dem, was einmal schlecht gewesen und wieder gut gemacht ist; von Kindheit, Unschuld haben wir keine Begriffe. – Da ich noch ein stilles Kind war und von dem allen, was uns umgibt, nichts wußte, war ich da nicht mehr, als jetzt, nach all den Mühen des Herzens und all dem Sinnen und Ringen? Ja! ein göttlich Wesen ist das Kind, solang es nicht in die Chamäleonsfarbe der Menschen getaucht ist. Es ist ganz, was es ist, und darum ist es so schön. Der Zwang des Gesetzes und des Schicksals belastet es nicht; im Kind ist Freiheit allein. In ihm ist Frieden; es ist noch mit sich selber nicht zerfallen. Reichtum ist in ihm; es kennt sein Herz, die Dürftigkeit des Lebens nicht. Es ist unsterblich, denn es weiß vom Tode nichts. Aber das können die Menschen nicht leiden. Das Göttliche muß werden, wie ihrer einer, muß erfahren, daß sie auch da sind, und eh es die Natur aus seinem Paradiese treibt, so schmeicheln und schleppen die Menschen es heraus, auf das Feld des Fluchs, daß es, wie sie, im Schweiße des Angesichts sich abarbeite.» Gänzlich verzweifelt schließlich klagte HÖLDERLIN: Hyperion, in: Werke, I 316: «Wenn ich ein Kind ansehe... und denke, wie schmählich und verderbend das Joch ist, das es tragen wird, und daß es darben wird, wie wir, daß es Menschen suchen wird, wie wir, fragen wird, wie wir, nach Schönem und Wahrem, daß es unfruchtbar vergehen wird, weil es allein sein wird, wie wir, daß es – o nehmt doch eure Söhne aus der Wiege, und werft sie in den Strom, um wenigstens vor eurer Schande sie zu retten.» Das *Kind* als Bild und Verkörperung einer natürlichen Einheit mit sich selbst und mit dem All der Natur ist dem gewiß nicht widersprechend, was Jesus in Mk 10,15 sagen wollte; es beschreibt allerdings eher das *Ergebnis* dessen, was Jesus vor Augen hatte, als er zu einer Umkehr der ganzen «erwachsenen» Lebensrichtung in der Haltung eines «kindlichen» Vertrauens zu Gott aufrief oder, besser, einlud.

[6] Vgl. J. JEREMIAS: Neutestamentliche Theologie, I 154–155, der das «Kindwerden» so versteht, daß es gelte, zu Gott wieder «Abba» sagen zu lernen: «sein volles Vertrauen auf den himmlischen Vater werfen, in das Vaterhaus und in die Arme des Vaters zurückkehren. Den Beweis dafür, daß dieses Verständnis nicht ganz fehlgehen dürfte, liefert Lk 15,11–32. Die Buße des verlorenen Sohnes besteht darin, daß er zu seinem Vater heimfindet. Letztlich und endlich ist Buße nichts anderes als das Sichverlassen auf die Gnade Gottes.»

Kind hält sich instinktiv für das Wichtigste auf Erden. Wenn es ruft, möchte es, daß jemand *kommt*, und es *hat* ein Recht auf dieses «Entgegenkommen», – es würde krank, wenn niemand auf sein Rufen hören würde. Und wenn ein Kind zu einem anderen *gehen* möchte, so *hat* es in gewissem Sinne einen Anspruch auf die «Zugänglichkeit» dieses anderen – es würde etwas Wesentliches vermissen ohne die grundlegende Erfahrung, daß ihm die ganze Welt eröffnet und zuhanden ist. Dieses *Urvertrauen* bringt ein Kind mit auf diese Welt und muß es leben dürfen; alle Beschränkungen und Bedingungen kommen später; sie sind buchstäblich sekundär.

Gerade im Sinne eines solchen kindlichen Urvertrauens möchte Jesus, daß wir unser ganzes Leben in bezug zu Gott betrachten lernen[7]. Wir sollten Gott gegenüber das absolute Vertrauen mitbringen, immer und unter allen Umständen berechtigt und zugelassen zu sein; wir sollten die Angst verlieren, lästig und ungelegen zu kommen. Gott, wie Jesus ihn sieht, möchte, daß es uns gibt, und am meisten möchte er, daß wir ihm seine Liebe glauben[8]. Die Leute haben also völlig recht, wenn sie ihre Kinder zu Jesus bringen. Wer so wie er eine derartige Haltung unbedingten Vertrauens in seinem Leben

[7] P. Tillich: Die neue Wirklichkeit, 134 meinte in Erinnerung an die Kindgötter der Mysterienreligionen: «Wie die ersten Christen, so fühlten sie alle, daß die Erlösung nur durch die Geburt eines Kindes geschehen könne. Ein Kind ist zugleich etwas Wirkliches und noch nicht Wirkliches, es ist *in* der Geschichte und doch noch nichts Geschichtliches. Sein Wesen ist zugleich sichtbar und unsichtbar, es ist hier und doch nicht hier. Und genauso verhält es sich mit der Erlösung. *Erlösung hat die Art des Kindes*» – Zu dem *Archetyp* des Kindes in der Gestalt Jesu vgl. P. Schwarzenau: Das göttliche Kind, 101–144.

[8] Als «Eines zu sein mit Allem» beschrieb Hölderlin: Hyperion, in: Werke, I 297 dieses Lebensgefühl: «Mein ganzes Wesen verstummt und lauscht, wenn die zarte Welle der Luft mir um die Brust spielt. Verloren ins weite Blau, blick ich oft hinauf an den Aether und hinein ins heilige Meer, und mir ist, als öffnet' ein verwandter Geist mir die Arme, als löste der Schmerz der Einsamkeit sich auf ins Leben der Gottheit: Eines zu sein mit allem, das ist Leben der Gottheit, das ist der Himmel des Menschen. – Eines zu sein mit Allem, was lebt, in seliger Selbstvergessenheit wiederzukehren ins All der Natur, das ist der Gipfel der Gedanken und Freuden, das ist die heilige Berghöhe, der Ort der ewigen Ruhe, wo der Mittag seine Schwüle und der Donner seine Stimme verliert und das kochende Meer der Woge des Kornfeldes gleicht. – Eines zu sein mit Allem, was lebt! Mit diesen Worten legt die Tugend den zürnenden Harnisch, der Geist des Menschen den Zepter weg, und alle Gedanken schwinden vor dem Bilde der ewigeinen Welt..., und das eherne Schicksal entsagt der Herrschaft, und aus dem Bunde der Wesen schwindet der Tod, und Unzertrennlichkeit und ewige Jugend beseligt, verschönert die Welt.» *Das* muß es heißen, Kind Gottes zu werden!

verkörpern und mitteilen will, der kann nicht anders, als in diesen Kindern sich selber wiederzuerkennen und sie zu segnen schon um ihres Vertrauens willen. Ein Kind muß man lieben einfach dafür, daß es da ist; es hat noch nichts, es kann noch nichts, in seiner Welt zählen nicht die Differenzen von Besitz und Leistung[9]. Ein Kind *ist* einfach nur, und es verlangt mit der Zudringlichkeit eines urtümlichen Rechtsanspruchs, daß man es annimmt seines Daseins wegen. Was jedes Kind gegenüber seiner Mutter, gegenüber seinem Vater an Vertrauen und Forderung mitbringt, ist gerade die Einstellung, die wir im Sinne Jesu als Erwachsene Gott gegenüber leben sollten: mit dem gleichen bedingungslosen Vertrauen, mit der gleichen selbstverständlichen Unverschämtheit, mit derselben lebenswichtigen Unverwehrtheit und Unverstörtheit.

Entsprechend der Art, wie wir für gewöhnlich leben, kommt diese Haltung Jesu einem vollkommenen Neuanfang, einer *Wiedergeburt* gleich[10]. In unserer Erwachsenenwelt teilen sich die Menschen deutlich in die Kategorien der Erfolgreichen, der Guten, der Vorbildlichen auf der einen Seite und der Gescheiterten, der Minderwertigen, der Verachtenswerten auf der anderen Seite; in der Welt der «erwachsenen» Leute ist es unmöglich zu glauben, man werde uns akzeptieren einfach dafür, daß wir da sind; vielmehr haben wir alle auf unsere Weise gelernt, daß wir uns die Zuneigung bzw. die Zuwendung des anderen durch besondere Fähigkeiten, Tugenden und Qualitäten allererst verdienen müssen.

Alle Quälereien, die wir uns wie pflichtweise als Erwachsene zumuten, haben wir zumeist schon als Kinder gelernt und geübt. «Das Unglück des Menschen, sagt DESCARTES, rührt daher, daß er zunächst Kind gewesen ist. In der Tat», fügt S. de BEAUVOIR diesem Zitat hinzu, «lassen sich die un-

[9] Wieder ist hier von dem chinesischen Weisen LAOTSE: Tao te king, Nr. 49, S. 92 der beste Kommentar geschrieben worden: «Der Berufene hat kein eigenes Herz. / Er macht das Herz der Leute zu seinem Herzen. / Zu den Guten bin ich gut, / zu den Nichtguten bin ich auch gut, / denn das *Leben* ist die Güte. / Zu den Treuen bin ich treu, / zu den Untreuen bin ich auch treu, / denn das *Leben* ist die Treue. / Der Berufene lebt ganz still / und macht sein Herz für die Welt weit. / Die Leute alle blicken und horchen nach ihm. / Und der Berufene nimmt sie alle an als seine Kinder.»

[10] Nur insofern vermittelt sich das Bild von den Kindern zu der Thematik der *Taufe;* s. o. Anm. 2. Zu den Erfahrungen, die tiefenpsychologisch die «Wiedergeburt» eines Menschen zu begleiten pflegen und sich in dem Archetyp von der *Geburt des Kindes* aussprechen, vgl. E. DREWERMANN: Tiefenpsychologie und Exegese, I 502–529, zur Kindheitsgeschichte von Mt 1, 2.

glücklichen Entscheidungen, die die meisten Menschen treffen, nur dadurch erklären, daß sie schon in der Kindheit ihren Anfang genommen haben. Bezeichnend für die Situation des Kindes ist, daß es sich in eine Welt geworfen sieht, die zu begründen es nicht beigetragen hat, die ohne sein Zutun geformt wurde und in seinen Augen etwas Absolutes ist, dem es sich nur unterordnen kann. Für das Kind sind die menschlichen Erfindungen, die Worte, die Sitten, die Werte, im voraus gegebene, unveränderliche Fakten wie der Himmel und die Bäume.»[11] Je eingeschüchterter wir schon als Kinder leben mußten, desto mehr werden wir dazu neigen, in gewissem Sinne derartig abhängige Kinder zu bleiben, indem wir andere Menschen wie Götter verehren und fürchten und zu ihnen ebenso bewundernd und ohnmächtig aufblicken wie ein Kind zu seinen Eltern; ja, es wird unser geheimer Wunsch sein, eines Tages selber zu der Schar der «Götter» aufzusteigen, nur um schließlich festzustellen, daß wir immer noch die alten Ängste, Wertsysteme und Ideologien in uns tragen, die uns schon als Kinder drangsaliert und deformiert haben. Es ist eine Welt, in der infantil gebliebene Großtuer den Ton angeben, eine Welt, in der die Angst von Mund zu Mund weitergereicht wird wie schlechte Atemluft in einem erstickend engen Zugabteil, eine Welt, in der «ewige Kinder» erwachsen spielen, indem sie die wirklichen Kinder daran hindern, jemals erwachsen zu werden. Im Sinne Jesu kommt es darauf an, die Gefängnismauern dieser Welt der Icheinschränkung, der Doppelbödigkeit und der Entfremdung zu durchbrechen, indem man den Kindern gerade in der Zeit ihrer größten Abhängigkeit ein solches Vertrauen entge-

[11] S. de Beauvoir: Soll man de Sade verbrennen? Drei Essays zur Moral des Existentialismus, 100. Dies.: Memoiren einer Tochter aus gutem Hause, 101 schildert ihre Gefügigkeit, in der sie als Kind ihrer Mutter gegenüber glaubte, «daß alles in allem Gott sie von mir forderte... Im Cours Désir wurden wir am Tage vor unserer ersten Kommunion ermahnt, uns unseren Müttern zu Füßen zu werfen und sie für alle unsere Vergehen um Verzeihung zu bitten.» Es ist der christlichen Verkündigung offenbar immer wieder gelungen, Jesus als den «Kinderfreund» hinzustellen, nur um den «Kindern» alsbald ganz nach dem Vorbild der Jünger in Mk 10,13 alle möglichen Hindernisse in den Weg zu stellen, die wesentlich dem Zweck dienen, die Menschen zu «demütigen» und die «Kleinen» noch kleiner zu machen. Wenn Jesus sich in Mk 10,14 über die Sturheit seiner Jünger damals *empörte*, was erst würde er heute sagen, müßte er mit ansehen, wieviel an frühkindlichem Leid, an neurotischen Ängsten und an krankhaften Verbiegungen «in seinem Namen» (Mk 9,39) von seiten der Kirche heranwachsenden Menschen immer noch auferlegt wird! Das «er ward unwillig» von Mk 10,14 entspricht der Reaktion, mit der Jesus in Mk 1,41.43; 3,5 auf Krankheit und Unglauben mit «Ingrimm» antwortet; E. Schweizer: Das Evangelium nach Markus, 111.

genbringt und ermöglicht, daß sie die Angst vor der vermeintlichen Größe der Erwachsenen verlieren[12]. Nur weniges wirkt schwerer in unserem Leben, als ein Kind zu entmutigen, zu enttäuschen, zu verschrecken und zu demütigen[13]. Zur Selbständigkeit gelangen kann ein Kind nur, wenn es in einem Klima der Erlaubnis und der ehrlichen Bestätigung aufwächst, in dem seine Fähigkeiten zum Spielen[14], zum Beobachten, zum Überlegen, zum Sprechen, zum Probieren nach Möglichkeit gefördert werden. Die Erwachsenen sind keine Götter, aber nur ein Kind, das gelernt hat, auch kritische Wahrnehmungen machen und mitteilen zu dürfen, wird seine Autoritätshörigkeit nach und nach verlieren und die Feststellung treffen können, daß Vater und Mutter (sowie deren Nachfolger) wirklich nur Menschen sind. Einzig in einer Haltung des Vertrauens gewinnt ein Kind genügend Halt, um seine eigene Freiheit zu wagen; der Hintergrund dieses Vertrauens aber ist es, den Jesus Gott nennt und den er als seinen und unseren Vater bezeichnet[15].

[12] Bes. F. M. Dostojewskij: Die Brüder Karamasoff, 2. Teil, 5. Buch, 4. Kap., Bd. I 293–306 hat in dem erschütternden Vorspann zu seiner berühmten Erzählung vom «Großinquisitor» die Wehrlosigkeit gerade der Kinder gegenüber den Grausamkeiten der Erwachsenen geschildert, in dem Wissen, daß es keinen schlimmeren Einwand gegen die Existenz Gottes gibt, als das Leiden unschuldiger Kinder. «Ich» sagt *Iwan,* «will mit meinen eigenen Augen sehen, wie die Hirschkuh sich neben den Löwen legt... Auf dieses Verlangen gründen sich alle Religionen auf der Erde... Aber siehst du, da bleiben ja die Kinderchen... Wenn alle leiden müssen, um durch Leiden ewige Harmonie zu erkaufen, was haben dann die Kinder damit zu schaffen?» (305–306)

[13] So schilderte F. M. Dostojewskij: Die Erniedrigten und Beleidigten, 4. Teil, 7.–9. Kap., 328–346 die Geschichte der kleinen *Nelli,* deren Mutter von dem zynischen Fürsten *Walkowsky* brutal ins Elend gestoßen wird. «Mütterchen sagte mir..., es sei keine Sünde, arm zu sein, wohl aber sei es eine Sünde, reich zu sein und die Armen zu beleidigen... und Gott strafe sie.» (S. 330) Kein Dichter der Weltliteratur hat so oft und so eindringlich dieses Thema der Erniedrigung und Demütigung des Menschen durch den Menschen geschildert, um in absoluter Konsequenz an der Seite Jesu Partei zu ergreifen für all die «armen Leute», vornean für die Kinder dieser Erde.

[14] Zu der Rolle des *Spiels* bereits im Tierreich vgl. M. Burton: Die Kindheit der Tiere, 82–85; 110–113 zum Spiel bei Delphinen und Schimpansen; zum Spiel als der wesentlichen Form, *Unbekanntes* einzuüben, vgl. E. Drewermann – I. Neuhaus: Schneeweißchen und Rosenrot, 33–35. Zur *Anthropologie* des Spiels vgl. J. Huizinga: Homo ludens. Vom Ursprung der Kultur im Spiel, Hamburg 1956.

[15] In der Psychotherapie taucht die religiöse Dimension der Elternimagines regelmäßig in dem Prozeß der Übertragung auf, und es ist sehr wichtig, die infantile Elternbindung ebenso aufzulösen wie die Abhängigkeit vom Therapeuten; es gelingt eine solche Ablösung eigentlich nur durch die Verschiebung absoluter Sehnsüchte nach Halt und Geborgenheit

Insofern ist es für Jesus ein und dasselbe, zu Gott hinzufinden und von Menschen unabhängig zu werden[16]. Religiös zum «Kind» zu werden, bedeutet für Jesus gerade, in psychologischem Sinne «erwachsen» zu werden[17]. Statt in neurotischer Weise stets ein Kind bleiben zu müssen, weil man ständig «erwachsen» sein mußte, möchte Jesus gerade, daß wir es uns erlauben, *das Kind in uns* anzuerkennen und leben zu lassen, weil wir nur so dazu kommen, wirklich erwachsen zu werden.
Bildlich gesprochen, trägt indessen jeder von uns eine solche Gruppe von «Jüngern» mit sich herum, die alles abwehren möchten, was man an «Kindern» uns nahebringt. Immer glauben wir mit der überlegenen Pose der Erwachsenen, wenigstens kurzfristig eine gewisse «Ruhe» zu finden, während wir in Wirklichkeit auf diese Weise nur immer ruheloser und gehetzter werden, und nichts scheint schwieriger, als das Allereinfachste zu leben und immer einfacher zu werden. Wie aber kann man den verinnerlichten Selbsthaß der Kindertage abbauen und überwinden durch ein tieferes Vertrauen in die Berechtigung unseres Daseins? Wie kann man den Anspruch auf Perfektion und Größe aufgeben durch ein stärkeres Gefühl, auch in der eigenen Schwäche akzeptiert zu sein? Wie kann man den permanenten Zwang zur Lüge verringern durch die Gewißheit, mit der eigenen Wahrheit, und sei sie noch so unscheinbar und mangelhaft, zugelassen zu sein unter den Augen

auf eine absolute Person im Hintergrund der Begegnung mit den Personen anderer; vgl. E. Drewermann: Ehe – tiefenpsychologische Erkenntnisse für Dogmatik und Moraltheologie, in: Psychoanalyse und Moraltheologie, II 38–76, S. 62–67. Vgl. auch die personalistische Theologie bei M. Buber: Ich und Du, in: Werke, I 77–170, S. 169–170: «Die Bezeichnung Gottes als einer Person ist unentbehrlich für jeden, der ... mit ‹Gott› kein Prinzip meint ... und der ... mit ‹Gott› keine Idee meint.» «Gott nimmt – so dürfen wir ... sagen – seine Absolutheit in die Beziehung mit auf, in die er zum Menschen tritt. Der Mensch, der sich ihm zuwendet, braucht sich daher von keiner anderen Ich-Du-Beziehung abzuwenden: rechtmäßig bringt er sie alle ihm zu und läßt sie sich ‹in Gottes Angesicht› verklären.»

[16] Damit soll gesagt sein, daß «Gott» gerade nicht, wie es der marxistischen Theorie entspricht, lediglich die Verabsolutierung der objektiven Abhängigkeit des Menschen von den herrschenden Kräften (der Natur und) der Gesellschaft darstellt; vgl. F. Engels: Herrn Eugen Dührings Umwälzung der Wissenschaft, MEW XX, 1–303, S. 294–295.

[17] Es *muß* also nicht so sein, wie S. Freud: Die Zukunft einer Illusion, XIV 323–380, S. 363–368 meinte, daß die Religion als eine «allgemeine menschliche Zwangsneurose» zu betrachten sei, die «wie die des Kindes ... aus dem Ödipuskomplex der Vaterbeziehung» stamme. (S. 367)

Gottes? Es bildete die feste Überzeugung Jesu, daß all die «Kinder» dieser Erde, die «Kleinen» wie er sie auch nannte (Mk 9,42), die wahren «Lieblinge Gottes»[18] seien.

Der libanesische Dichter KHALIL GIBRAN klagte einmal ganz im Sinne Jesu über «die vollkommene Welt», man könnte auch sagen über die Welt der «Erwachsenen»; er schrieb[19]:

«Gott der verlorenen Seelen, der du verloren bist unter allen Göttern, höre mich! . . .

Ich lebe inmitten einer vollkommenen Welt, ich, der Allerunvollkommenste.

Ich, ein menschliches Chaos, ein Nebel aus vertauschten Elementen, bewege mich zwischen vollendeten Welten – Menschen mit Recht und Ordnung, mit rechten Gedanken und geordneten Träumen, Wunschbildern, die allseits bekannt und aufgezeichnet sind.

Ihre Tugenden, o Gott, sind abgemessen, ihre Sünden abgewogen, und sogar jene zahllosen Dinge im Zwielicht zwischen Tugend und Sünde haben Rang und Ordnung.

Untadelige Gesetze schreiben vor, was bei Tag und Nacht zu tun ist:

Essen, trinken, schlafen, seine Blößen bedecken und zur rechten Zeit müde sein.

Arbeiten, spielen, singen, tanzen, und still dazuliegen, wenn die Stunde schlägt.

Dieses denken, jenes fühlen, und mit denken und fühlen aufzuhören, wenn ein bestimmter Stern am Horizont erscheint.

Lächelnd einen Nachbarn auszurauben, huldvoll zu verschenken, von oben herab zu loben, vorsichtig zu tadeln, mit einem einzigen Wort eine Seele zu vernichten, mit einem Atemstoß einen Körper zu verbrennen, und nach des Tages Arbeit die Hände zu waschen.

Zu lieben, wie sich's gehört, auf vorgeschriebene Art Kurzweil zu treiben, die Götter gebührend zu verehren, die Teufel kunstvoll an der Nase zu führen – und wenn es sein muß, alles zu vergessen, wie wenn die Erinnerung gestorben wäre.

An einer Idee Gefallen zu finden, mit Bedacht zu meditieren, inniglich das Glück zu genießen, vornehm zu leiden – und dann den Becher zu leeren, auf daß der morgige Tag ihn wieder fülle.

[18] «Kinder Gottes», *Harijan*, war der Name, den MAHATMA GANDHI den Kastenlosen gab. Vgl. O. WOLFF: Indiens Beitrag zum neuen Menschenbild, 52.

[19] KH. GIBRAN: Der Narr, 45–47.

All diese Dinge, o Gott, werden mit Voraussicht geplant, zu ihrer Bestimmung in die Welt gesetzt, sorgsam gehegt, nach Regeln regiert, vom Verstand geführt und schließlich, wie es vorgeschrieben ist, geschlachtet und begraben. Und sogar die stillen Gräber in der menschlichen Seele sind gekennzeichnet und gezählt.
Eine vollkommene Welt ist es, eine Welt vollendeter Vortrefflichkeit, eine Welt grenzenloser Wunder, die reifste Frucht in Gottes Garten, der Meister-Gedanke des Universums.
Aber warum, o Gott, muß ich darin leben, ich, ein Samenkorn unausgereifter Leidenschaft, ein irrer Sturm, der nicht nach Ost und nicht nach Westen bläst, ein verheerter Überrest eines längst verbrannten Planeten?
O Gott der verlorenen Seelen, der du verloren bist unter allen Göttern, warum muß ich hier leben?»
«Du mußt hier leben», hat Jesus, der das Gleichnis vom «Senfkorn» dichtete (Mk 4,30–33), sinngemäß zu all den *verlorenen Seelen* an jenem Abend, als er die Kinder umarmte, gesagt, «weil Gott gerade das Unfertige liebt[20] und weil er sehen möchte, wie das ausgesäte Samenkorn reift. Alles Fertige ist schon wie tot auf dieser Welt; doch auf der Stirn eines jeden Kindes ruht etwas von der anfanghaften Verheißung des Himmels. Laß dich von der vermeintlichen Größe der anderen nicht abschrecken, noch laß dich blenden von dem Anschein ihrer Vollendung. Es kommt in diesem Leben einzig darauf an, wahrhaftig zu werden, mit einem grenzenlosen Vertrauen, daß vor Gott nichts anderes zählt als das eigene Leben mit den nur ihm eigenen Größen und Grenzen.»
Es ist eine Haltung, wie sie ein kleines Gebet des Alten Israel, der *Psalm 131,1–3* (in eigener Übersetzung), Gott vorträgt:
«Herr, nicht hoch hinaus will mein Herz, meine Augen richten sich nicht in die Höhe, ich gehe nicht großen Dingen nach, solchen, die mir doch nur zu rätselhaft sind. Nein, beschieden habe ich mich, ruhig bin ich in mir geworden, wie ein Kind auf dem Schoß seiner Mutter, wie ein Kind ist meine Seele in mir. Vertraue Israel auf den Herrn, von nun an bis in Ewigkeit.»

[20] So der Zentralgedanke der Erzählung von St. Andres: Wir sind Utopia, 44–45: «Gott geht nicht nach Utopia! Aber auf diese tränenfeuchte Erde kommt er – immer wieder! Denn hier ist unendliche Armut, unendlicher Hunger, unendliches Leid! Gott liebt das ihm ganz andere, liebt den Abgrund, und er braucht – verstehen Sie mich um des heiligen Namens willen recht – braucht die Sünde! . . . Gott liebt die Welt, weil sie unvollkommen ist. – Wir sind Gottes Utopia, aber eines im Werden.»

Mk 10,17–31: Von Armut und Reichtum

[17]Und wie er sich eben auf den Weg hinausbegab, lief einer herzu, fiel vor ihm auf die Knie und fragte ihn: Guter Meister, was muß ich tun, um ewiges Leben zu erben? [18]Jesus aber hat ihm gesagt: Was nennst du mich gut? Keiner ist gut denn einer: Gott. [19]Die Gebote kennst du: *Morde nicht! Brich nicht die Ehe! Stiehl nicht! Lege kein falsches Zeugnis ab! Raube nicht. Ehre deinen Vater und die Mutter* (Ex 20,12–16; Dtn 5,16–20; Sir 4,1). [20]Der aber sprach zu ihm: Meister, das alles habe ich beachtet von Jugend auf. [21]Da blickte Jesus ihn liebevoll an und hat ihm gesagt: Eins fehlt dir: geh hin, was du hast – verkauf es und gib es – den – Armen; dann wirst haben: einen Schatz im Himmel! Dann komm und folge mir. [22]Der aber ward umdüstert bei diesem Wort und ging fort voller Trauer, denn er war reich begütert.

[23]Und ringsum blickend sagt Jesus seinen Jüngern: Wie schwer werden die Begüterten in das Königtum Gottes eingehen. [24]Die Jünger aber schauderten bei seinen Worten. Jesus aber als Antwort sagt ihnen abermals: Kinder, wie schwer ist es, in das Königtum Gottes einzugehen. [25]Leichter ist es, daß ein Kamel durch – das – Öhr – der – Nadel hindurchgeht, als daß ein Reicher in das Königtum Gottes hineingeht. [26]Da waren sie entsetzt, über die Maßen, und sagten zueinander: Ja, wer vermag dann noch gerettet zu werden? [27]Da blickt sie Jesus an und sagt: Bei Menschen unmöglich! Doch nicht bei Gott. Denn alles ist möglich bei Gott.

[28]Anhub Petrus, er sagte ihm: Hier, wir haben alles verlassen und sind dir gefolgt. [29]Sprach Jesus: Wahrlich sage ich euch, da ist keiner, der Haus oder Brüder oder Schwestern oder Mutter oder Vater oder Kinder oder Äcker verlassen hätte, um meinetwillen und um der Heilsbotschaft willen, [30]ohne daß er Hundertfaches empfinge, jetzt, in dieser Zeitspanne, Häuser, Brüder, Schwestern, Mütter, Kinder, Äcker, unter Verfolgungen (allerdings), und in der kommenden Weltzeit ewiges Leben. [31]Und zwar werden viele sein: als Erste letzte und als – die – Letze(n) erste.

Manche Evangelientexte hören nicht auf, denjenigen zu beunruhigen, der einmal begonnen hat, zu ahnen, was in ihnen steht. Diese kleine Erzählung von der Begegnung Jesu mit dem reichen Jüngling ist ein solcher Text. Er enthält die einzige Berufungsgeschichte im Neuen Testament, die mit einem glatten Mißerfolg endet[1], und sie mündet deshalb in die prinzipielle Mahnung

[1] Schon R. Bultmann: Die Geschichte der synoptischen Tradition, 20–21 meinte, daß Mk 10,17–22 «das eigentliche Apophthegma» des Abschnittes Mk 10,17–31 darstelle, das le-

und Warnung Jesu ein, sich vor dem Reichtum, vor jeder Art von Geldbesitz, zu hüten, ärger als vor dem Teufel.
Es nutzt nichts, an der Härte dieser Aussage auch nur einen Deut herumzureden, wie wenn Jesus hier nur in orientalischer Übertreibung gesprochen hätte[2]. Es ist durchaus nicht möglich, diese Stelle so auszulegen, als wenn am

diglich in 10,17 a redaktionell eingeleitet, im übrigen aber «einheitlich konzipiert» sei (17 a dürfte – gegen BULTMANN – indessen wohl schon vor Markus den Anschluß an 10,10 gebildet haben); dann aber seien in 10,23–27 ein bzw. zwei Logien über den Reichtum mit folgender Jüngerdebatte angeschlossen worden, sowie in 10,28–30, durch die Petrus-Frage veranlaßt, ein Logion über die Vergeltung im Gottesreich, und schließlich in 10,31 das Wort von den Ersten und den Letzten. Mk 10,24, das sich zwischen die zusammengehörigen Worte von 10,23.25 drängt, dürfte von Markus selbst zusammen mit 10,26–27 in die Vorlage von 10,17–22.23.25 eingeschoben und angehängt worden sein. 10,28 (die Petrusfrage) könnte eine redaktionelle Überleitung sein, deren Inhalt aus dem Jesuswort 10, 29.30 gewonnen wurde. Vgl. E. SCHWEIZER: Das Evangelium nach Markus, 113. Besonders mit dem Wort von 10,24.26 a betont Markus (wie in Mk 1,27; 10,32) das Entsetzen und Nichtverstehen der Jünger. Auch scheint in 10,21 die Aufforderung «Dann komm und folge mir» von Markus selbst zu stammen; d. h.: erst in der Redaktion des Markus wird aus der Erzählung von dem reichen Jüngling eine Berufungsgeschichte, die negativ endet und zum warnenden Vorbild für die Jünger selber wird. Anders ausgedrückt: die Ablehnung der Berufung durch Jesus ist für Markus kein Thema der Vergangenheit, sie setzt sich vielmehr im Jüngerkreis, in der Kirche, unverändert fort; zu allen Zeiten also gilt es nach Markus zu wählen zwischen Gott und dem Mammon (Mt 6,24; Lk 16,13). – Zu der Auslegung des Abschnitts vom reichen Jüngling vgl. die Interpretation bei E. DREWERMANN: Tiefenpsychologie und Exegese, II 697–707.

2 Es scheint, daß Mk 10, 21 ursprünglich einfach gelautet hat: «Geh hin, was du hast – verkauf es und gib es den Armen; dann komm und folge mir»; die Worte: «Eins fehlt dir», und: «Dann wirst du haben: einen Schatz im Himmel» könnten aus der Gemeindeparänese stammen; «Verdienstgedanke und himmlische Lohnverheißung vertragen sich schlecht mit dem Jesuslogion ... 10,18.» E. STAUFFER: Die Botschaft Jesu damals und heute, 188, Anm. 36. Andererseits taucht das *Lohnmotiv* (vgl. Mk 10,28–30) im Munde Jesu oft genug auf; vgl. dazu R. SCHNACKENBURG: Die sittliche Botschaft des Neuen Testamentes, 116–123. Daß der reiche Jüngling seinen Besitz den «Armen» geben soll, bedeutet, im Unterschied zu dem Gemeindekommunismus von Qumran, nicht «die Herstellung von Gemeindeeigentum, vielmehr sollen diejenigen seiner Jünger, die auf ihren Besitz verzichten, ihn den Armen geben. Wer das tut, legt sein Hab und Gut in Gottes Hände; er sammelt sich einen Schatz im Himmel ..., wobei der Ton nicht auf den zwei verschiedenen Arten von Schätzen liegt, sondern auf den zwei verschiedenen Aufbewahrungsorten.» J. JEREMIAS: Neutestamentliche Theologie, I 214–215. – Die Vorstellung vom *«Schatz im Himmel»*, die bis in die katholische *Ablaßpraxis* hineinwirkt, ist im Spätjudentum wohlbekannt; so, wenn es in der *syrischen Baruchapokalypse*, 14,12–13 heißt: «Denn die Gerech-

Ende auch die fettesten Kamele noch durch das Nadelöhr gelangen könnten[3]. Jesus meint seine Worte im Gegenteil bitter ernst; er will, daß man sich entscheidet, ganz so, wie er an anderer Stelle sagt: «Ihr könnt nicht Gott dienen und dem Mammon.» (Mt 6,24) Entweder – oder, also.

Einen Augenblick lang mag man darüber nachdenken, warum diese Alternative Jesus so ernst ist und warum er im Geld geradewegs einen Gegengott, einen Moloch sieht, mit dem auch nur den geringsten Kompromiß zu schließen darauf hinausläuft, sich Gott vom Leibe zu halten[4]. Es sind zwei bzw. drei Gründe, die ihn dazu bestimmten: das Motiv des Mitleids und das Motiv

ten erwarten gern das Ende, und furchtlos gehen sie aus diesem Leben. Weil sie bei dir einen Schatz von Werken haben, der in den Vorratskammern aufbewahrt wird, darum verlassen sie auch furchtlos diese Welt, und voll freudiger Zuversicht harren sie darauf, daß sie *die* Welt empfangen, die du ihnen verheißen hast.» H. Gunkel: Die syrische Baruch-Apokalypse, in: E. Kautzsch (Hrsg.): Die Apokryphen und Pseudepigraphen des Alten Testaments, II 404–446, S. 417. Zum *Lohngedanken* im Judentum vgl. H. L. Strack – P. Billerbeck: Kommentar zum Neuen Testament aus Talmud und Midrasch, IV 1, 562–565.

[3] Es handelt sich in Mk 10,25 um ein Sprichwort aramäischen Ursprungs; vgl. G. Dalman: Jesus – Jeschua, 208, der als Parallele zitiert: «Wisse, daß man den Menschen... weder eine goldene Palme noch einen Elefanten, der durch ein Nadelöhr geht..., zeigt.»

[4] Zu Jesu radikaler Kritik am Eigentum vgl. M. Hengel: Eigentum und Reichtum in der frühen Kirche, 31–34, der zu Recht den Unterschied zur pharisäischen Schriftgelehrsamkeit hervorhebt, «die in der kasuistischen Ausdeutung der Tora sich intensiv auch mit dem... privaten Sachenrecht befaßte.» Demgegenüber habe «die Verkündigung Jesu ganz und gar prophetisch-religiösen Charakter.» Dann aber genügt es keinesfalls, die Einstellung Jesu rein historisch zu begründen, also z. B. auf die Gemeindeordnung von Qumran hinzuweisen, von deren Gütergemeinschaft und Armenfürsorge Flavius Josephus: Der jüdische Krieg 2, 8, 6; Bd. 1, S. 174 sagt: «Es bleibt ihnen (sc. den Mitgliedern, d. V.) selbst anheimgestellt, dort zu helfen, wo Hilfe nötig ist, und Nahrung zu verabreichen, wo ein Bedürfnis vorliegt. An Verwandte aber darf ohne Erlaubnis der Vorsteher nichts gegeben werden.» Vgl. *Damaskusschrift,* CD XIV 12–16, E. Lohse: Die Texte aus Qumran, 97, wo die Fürsorge für die Waisen, die Elenden und Armen, die Alten und Sterbenden sowie für die Heimatlosen, Kriegsgefangenen und Loszukaufenden ausdrücklich erwähnt wird. Zu Recht hebt E. Stauffer: Die Botschaft Jesu damals und heute, 87–88 hervor, daß Jesus im Unterschied zu Qumran keinen Wüstenorden auf sozialwirtschaftlicher Basis gegründet habe, «daß Jesus kein Wirtschaftspionier und agrarpolitischer Heilsprophet gewesen ist». (88) Insofern kommt es wesentlich darauf an, das Armutsmotiv, das der Botschaft Jesu zentral ist, *religiös,* nicht (ausschließlich oder wesentlich) sozial zu begründen; es geht um den ewigen Gegensatz zwischen *Gott* und dem Gold, und entsprechend muß eine Auslegung dieser Stelle verständlich machen, wie dieser Gegensatz zustande kommt und worin er besteht.

der Wahrhaftigkeit sowie, im Zentrum beider, die Aufhebung der Angst gegenüber der Ungesichertheit des menschlichen Daseins.
Das Motiv des Mitleids liegt uns heute vielleicht näher als den Zeitgenossen Jesu selbst, denen der Anblick von Armut selbstverständlich war[5]. Immerhin konnte noch um 400 der Bischof von Cäsarea, BASILIUS, eine Rede an «die Reichen», an Leute also, die nicht anders lebten als wir alle heute, eine Rede etwa des Inhalts und des Tenors richten: «Was erfrechst du dich, reicher Jüngling, zu behaupten, du habest die Gesetze Gottes gehalten? Wie kannst du in einer Welt von Not reich sein und erklären, du hieltest den Willen Gottes?»[6] Die Rede endet mit der Behauptung, es laufe auf eine bloße Ausdehnung des persönlichen Egoismus hinaus, wenn jemand erkläre, er habe eine Frau und er habe Kinder, die er versorgen müsse, und deshalb brauche er das Geld. «Woher denn willst du wissen», fragt BASILIUS dagegen, «daß deine Frau und deine Kinder unfähig sind zu Weitherzigkeit, Menschlichkeit und Nächstenliebe?» 400 Jahre nach Christus bekunden solche Worte noch ein Stück vom Atemwind der Propheten und ein Stück vom Atem Jesu, ohne Zweifel.
Dennoch geht es Jesus noch um Tieferes als um die Pflege der Armen und um das Motiv des Mitleids mit der weltweiten Not[7]. Das Hauptproblem Jesu ist

[5] Noch heute kann jeder, der ein Entwicklungsland auch nur wenige Wochen bereist, bei sich selber den Vorgang der Abstumpfung und Gewöhnung feststellen, der am Ende den Skandal der Armut als etwas ganz Normales erscheinen läßt! Zu den sozialen Spannungen im antiken Judentum vgl. M. HENGEL: Eigentum und Reichtum in der frühen Kirche, 23–27, der auf die apokalyptischen Gerichtsdrohungen gegen die ungerechten Reichen hinweist. Das Wort von Lk 6,20: «Wehe euch Reichen», findet sich bereits in *Äthiopisch. Henoch* 94,6–10; vgl. G. BEER: Das Buch Henoch, in: E. Kautzsch (Hrsg.): Die Apokryphen und Pseudepigraphen des Alten Testaments, II 217–310, S. 301.
[6] Vgl. BASILIUS: An die Reichen, in: Homilien und Predigten, II 239–257; ausführlich zitiert in: E. DREWERMANN: Tiefenpsychologie und Exegese, II 699, Anm. 1. In die gleiche Richtung wies bereits das *Nazaräerevangelium,* 16, das Jesus selbst das Wort in den Mund legt: «Wie kannst du sagen, Gesetz und Propheten habe ich erfüllt? Steht doch im Gesetz geschrieben: Liebe deinen Nächsten wie dich selbst; und siehe, viele deiner Brüder, Söhne Abrahams, starren vor Schmutz und sterben vor Hunger – und dein Haus ist voll von vielen Gütern, und gar nichts kommt aus ihm heraus zu ihnen!» E. HENNECKE – W. SCHNEEMELCHER: Neutestamentliche Apokryphen in deutscher Übersetzung, I 97.
[7] Zu Recht meint M. HENGEL: Eigentum und Reichtum in der frühen Kirche, 37: «Wir müssen, um Jesu Verhältnis zum Eigentum zu verstehen, zu seiner messianischen *Predigt vom nahen Gottesreich* zurückkehren, die im Gegensatz zu seinem Vorläufer, Johannes dem Täufer, nicht mehr primär unter dem Zeichen des Gerichts, sondern der alles über-

nicht die Armut, sondern der Reichtum[8]. Seine Frage ist, warum wir uns immer wieder in die Klauen des Geldes und der Geldgier treiben lassen. Vergessen wir einmal die ständigen Entschuldigungen und Ausreden von den scheinbaren Notwendigkeiten, den Zwängen und den Sachverpflichtungen, die uns zum Geldbesitz anhalten, so ist der wahre Kern unserer Abhängigkeit vom «Mammon» wohl darin gelegen, daß das Geld die Macht besitzt, unsere wichtigsten Daseinsängste scheinbar zu beruhigen, Ängste, die nur wir Menschen haben und die uns deshalb immer wieder dazu zwingen, nach maßlosen und illusionären Antworten zu suchen.

windenden *Liebe Gottes* steht. Weil Menschen ... die Gewißheit erhalten, daß Gottes Güte ihr Leben trägt und erhält, müssen sie sich nicht mehr täglich um ihren Lebensunterhalt absorgen, sondern können kindlich bitten: ‹Unser täglich Brot gib uns heute› (Lk 11,3 = Mt 6,11).»

8 In der griechisch-römischen Antike verbreitet war die Vorstellung von der Besitzlosigkeit des Urstandes; im Goldenen Zeitalter des «Anfangs», das OVID: Metamorphosen, I 89–112, übers. u. hrsg. v. H. Breitenbach, S. 26–27 besingt, lebten alle Menschen «sorglos in behaglicher Ruhe». Es ist dieser Zustand, den die Bibel als das «Paradies» beschreibt (Gen 2,4b–25). Anschauungen dieser Art prägten vor allem die Verhaltensweisen und den Lebensstil der *Kyniker,* von denen besonders ANTISTHENES und DIOGENES VON SINOPE zu nennen sind, die durch vollkommene Bedürfnislosigkeit die «unsterbliche Königin Freiheit» zu erringen hofften; vgl. K. VORLÄNDER: Philosophie des Altertums, I 71–74, S. 73. Selbst CICERO: Vom pflichtgemäßen Handeln, I 20–21, S. 27 meinte: «Von Natur aus gibt es ... kein Eigentum ... Ursprünglich gab es ... nur Gemeinbesitz, wem davon (auf einer Rechtsgrundlage) ein Anteil zugefallen ist, der darf ihn behalten, wer aber davon irgend etwas für sich hinzuverlangt ..., der verletzt das in der menschlichen Gesellschaft gegründete Recht.» Insbesondere die *Stoiker,* indem sie die Ethik auf die Selbsterhaltung bzw. Selbstverwirklichung des Menschen gründeten, sahen das Ziel aller Bemühungen darin, «mit sich einstimmig ..., sich selbst getreu (ZENON) oder, wie KLEANTHES es ausdrückte, mit der Natur ... einstimmig, der Natur gemäß zu leben ... Höchstes Ziel des Individuums ist, aufzugehen im Allgemeinen: ein Gedanke, der in dieser Reinheit nur in der indischen Philosophie, in der neueren Zeit erst bei SPINOZA zu finden ist.» «In stärkster Gegnerschaft zu ARISTOTELES und seiner Schule werden die sogenannten äußeren Güter wie Ehre, Besitz, Gesundheit, ja selbst das Leben als gleichgültige Dinge ... behandelt ... Der Weise allein ist frei, reich, glücklich, ein wahrer König, ja den Göttern gleich.» K. VORLÄNDER: A. a. O., I 145. Sieht man einmal von der philosophischen Selbstdarstellung der stoischen Ethik ab, so wird man nicht anders sagen können, als daß das Streben der Stoiker von derselben Motivation und der gleichen Sittlichkeit getragen war wie das Armutideal der Botschaft Jesu. Der einzige, allerdings entscheidende Unterschied liegt darin, daß in der Gestalt Jesu nicht die Selbstüberwindung des ethischen Individuums die Grundlage des Lebens bildet, sondern die Haltung des Vertrauens gegenüber Gott; erst in bezug zu der Frage der Angst der menschlichen Existenz versteht man, warum die stoische

Wir Menschen sind nicht wie die Tiere. Wenn der Spätherbst beginnt, werden die Eichhörnchen Nahrungsdepots gegen die Zeit der Kälte und des Schnees anlegen. Sie handeln dabei so, wie die Natur es ihnen eingibt[9], und es ist für sie objektiv vernünftig, so zu verfahren. Wir Menschen hingegen sind die einzigen Lebewesen dieser Erde, die wissen, daß wir der Kälte des Todes niemals entrinnen können. Winter um Winter werden wir älter und ärmer, und am Ende gibt es keinen Aufschub. Gedanken dieser Art gehören zu uns, weil wir bewußte Wesen, weil wir Menschen sind; aber es stellt sich uns von daher die Frage, wie wir auf die radikale Infragestellung unseres Lebens angesichts des Todes antworten sollen. Wir können bis zum Wahnsinn mit den Mitteln tierischer Vernunft nach den alten Verhaltensmustern der Evolution Lösungen für Fragen herbeizuzwingen suchen, auf die es mit biologischen Reaktionsweisen niemals eine Antwort gibt. Gemessen an unserer Angst, können wir niemals genügend Depots gegen den «Winter» anlegen, und es wird nie eine Grenze unserer Angst, nie ein Ende unseres Terrors geben, selbst wenn wir noch so reich sind. Es gibt in Wahrheit nur einen Weg, mit der ständigen Bedrohtheit unseres Daseins sinnvoll umzugehen, und er besteht darin, unsere *wesentliche* Armut von Gott her zu akzeptieren und unser Herz dadurch weit zu machen für die relative Armut anderer[10]. Das ist es eigentlich, was Jesus möchte.

Ethik immer wieder zu früh ansetzt und den Trost und die Freiheit nicht zu vermitteln vermag, die vor allem SENECA zur Zeit *Neros* zu geben versuchte. Doch dieser Unterschied wird erst wirklich sichtbar, wenn man, ausgehend von der Tiefenpsychologie der Angst, die Psychodynamik des Unbewußten theologisch zur Kenntnis nimmt und religiös durcharbeitet. Die Parallele zwischen der Armutsforderung Jesu und der stoischen Ethik vermag allerdings mit Macht daran zu erinnern, daß man das Verhältnis zu Gott nicht als etwas von außen Kommendes interpretieren darf, so als ob sich Gotteswillen und Menschenwillen, Glaubensgehorsam und Selbstverwirklichung, Religiosität und Humanität als gegensätzlich zueinander in Beziehung setzen ließen, sondern daß umgekehrt das, was Gott vom Menschen will, theologisch als «Gehorsam» des Menschen gegenüber seinem eigenen unverfälschten Wesen verstanden werden muß.

[9] Das Verhalten des Vorratssammelns der Eichhörnchen stellt eine echte, durch bestimmte Schlüsselreize ausgelöste Instinkthandlung dar; vgl. H. A. FREYE: Die übrigen Erd- und Baumhörnchen, in: B. Grzimek (Hrsg.): Enzyklopädie des Tierreichs in 13 Bden., Bd. 11, Säugetiere Bd. 2, 234–266, S. 235.

[10] Zu der Frage nach der «Armut» vgl. E. DREWERMANN: Das Markus-Evangelium, I 236–247; vgl. auch A. v. HARNACK: Das Wesen des Christentums, 62–63; 63–68, der (S. 68) resümiert: «Das Evangelium ist eine soziale Botschaft von heiligem Ernst und erschütternder Kraft; es ist die Verkündigung der Solidarität und Brüderlichkeit zugunsten

Bereits der Beginn dieses Gesprächs mit dem reichen Jüngling ist dafür bezeichnend. Der reiche Jüngling wendet sich respektvoll mit der Anrede an Jesus: «Guter Meister»; doch Jesus entgegnet, fast im Ton des Vorwurfs: «Was nennst du mich gut? Nur Gott ist ‹gut›.[11] Bei allem Verlangen nach

der Armen. Aber diese Botschaft ist verbunden mit der Anerkennung des unendlichen Wertes der Menschenseele, und sie ist eingebettet in die Predigt vom Reiche Gottes.»

[11] Die Anrede «guter Meister» hält G. DALMAN: Die Worte Jesu, 277 für «etwas Ungewöhnliches und im Munde des Redenden nur eine grobe Schmeichelei». Jesus, der seinen Jüngern Mt 23,8 verbietet, sich *«Rabbi»* nennen zu lassen, wird gerade bei Markus «besonders oft» als *«Meister»* bzw. *«Lehrer»* angeredet (Mk 4,38; 9,17.38; 10,17.20.35; 12,14.19), ohne daß er die Bezeichnung zurückweisen würde. Der Ausdruck *«guter* Meister» hat dabei nichts mit «Güte» in sittlichem Sinne zu tun, sondern es müßte eigentlich «Gütiger Meister» im Sinne des Mitleids und der Liebe heißen. «Die Ablehnung der Bezeichnung hat darum auch nicht den Sinn, daß nur Gott sittlich vollkommen sei, wie man es allgemein versteht, sondern daß Er allein die Güte in Person ist. Wenn Ps. 25,8; 34,9; 135,3 hervorgehoben wird, daß Gott... (gut, d. V.) sei, so bedeutet das stets sein gütiges Wesen.» DALMAN: A. a. O., 277. Dennoch bleibt die Schwierigkeit gegenüber dem christlichen Dogma bestehen, auf die K. JASPERS: Der philosophische Glaube, 85 hingewiesen hat: «Jesus wird zum Christusgott. Aber von vornherein steht dagegen der Satz von Jesus selbst: Was nennst du mich gut? Niemand ist gut als der eine Gott.» Vgl. E. MEYER: Ursprung und Anfänge des Christentums, II 447, Anm. 3, der darauf hinwies, daß schon Mt 19,16f. das Wort vom «Guten» von Jesus weg in die Frage verschoben habe: «Was Gutes soll ich tun?» Sehr treffend bemerkte P. TILLICH: Das Neue Sein in Jesus dem Christus als die Überwindung der Entfremdung, in: Systematische Theologie, Bd. II 137–146, S. 137f.: «Der paradoxe Charakter seines (sc. Jesu, d. V.) Seins liegt in der Tatsache, daß er, obwohl er endliche Freiheit ist..., vom Grunde seines Seins nicht entfremdet ist. Wir finden keine Züge des Unglaubens, d. h. der Wegwendung seines persönlichen Zentrums vom göttlichen Zentrum... Ebenso zeigt das biblische Bild keinen Zug von *hybris* oder Selbst-Erhöhung.» «Er lehnt es ab, daß das Wort ‹gut› auf ihn angewandt wird, weil niemand gut sein kann, der es nicht aufgrund seiner Einheit mit Gott ist. Damit rückt er das Problem an den richtigen Platz. Sein Gutsein ist Gutsein nur, insofern er an dem Gutsein Gottes teilhat. Wie jeder Mensch war auch Jesus endliche Freiheit. Wäre er das nicht gewesen, dann wäre er uns nicht gleich gewesen und hätte nicht für uns der Christus werden können. Gott allein ist jenseits von Freiheit und Schicksal. In ihm allein sind die Spannungen dieser und aller anderen Polaritäten in Ewigkeit überwunden. In Jesus sind sie aktuell und müssen in ständigem Kampf vor dem Auseinanderbrechen bewahrt werden. Der Begriff ‹Sündlosigkeit› ist eine Rationalisierung des biblischen Bildes dessen, der die Mächte der existentiellen Entfremdung in der Existenz besiegt hat. Schon im Neuen Testament erscheinen Rationalisierungen auch an anderen Stellen, z. B. in einigen Wundergeschichten – der Geschichte vom leeren Grab, der Jungfrauengeburt, der leiblichen Himmelfahrt usw. Ob die Rationalisierungen in Geschichten oder Begriffen vorkommen, sie

einem richtigen Leben geht es im Sinne Jesu zunächst um eine grundsätzliche Erkenntnis: Daß wir das Beste an uns nicht mit eigener Anstrengung und gutem Willen aus uns hervorbringen können. Das Schönste an uns ist ein Geschenk aus den Händen Gottes; das, was uns groß und kostbar macht, ist etwas Geliehenes, das wir nicht erworben haben und für das wir nur dankbar sein können; und ob wir groß sind oder klein, ob mächtig oder armselig – ein jedes Menschenleben verfügt über die wunderbare Fähigkeit, sich zum Himmel zu erheben und Gott über sich wahrzunehmen, der schützend, bergend und führend uns begleitet.

Es ist eine Umwandlung der ganzen Existenz, die Jesus hier einleiten möchte, indem er von uns Menschen einen Augenblick lang völlig absieht und einzig hinweist auf Gott. Wer diese Veränderung der gesamten Blickrichtung tief genug spürt: «Gott allein ist gut», dem beruhigt sich alle Angst, dem klärt sich sein Herz, dem ordnet sich sein Leben[12]. Es ist bereits sehr viel, wenn der reiche Jüngling begreift, wie wenig selbst in moralischem Sinne bei ihm selber steht. So kennt er z. B. die Gebote und behauptet, sie zu halten; und ist es wirklich etwas so Geringes, kein Verbrecher zu sein? Muß man das Gute stets suchen im Außergewöhnlichen? Oft lohnt es sich, eine Art von Dankbarkeit für das Bescheidene zu lernen, für das, was uns gerade noch geglückt ist; denn nichts ist zerbrechlicher als der Hochmut des sogenannten moralisch guten Willens.

Freilich, überall treffen wir «reiche Leute», die im Vertrauen auf ihre Tüchtigkeit, ihre Vernunft, ihre Macht, ihren Einfluß zu wissen scheinen, wie das Leben auszusehen hat. Keiner Fehler sind sie sich bewußt, und wenn sie etwas falsch gemacht haben, so wissen sie mit Bravour in der Öffentlichkeit, in der Politik, in der Verwaltung, überall, die richtigen Erklärungen dafür zu

haben immer den gleichen Charakter: Eine gläubige Aussage über den Christus (und später auch über seine Jünger) wird auf das Niveau naturwissenschaftlicher Absurditäten herabgedrückt. Eine religiöse Aussage von existentiell-symbolischem Charakter wird in eine theoretische Aussage von rational-objektivierendem Charakter verkehrt.»

[12] Richtig meint E. Schweizer: Das Evangelium nach Markus, 114: «Überraschend weist Jesus ... den Frager, der etwas Besonderes leisten will, nur auf die Gebote hin, ohne sie auszulegen, und zwar auf die praktischen, die aus der zweiten Hälfte der zehn Gebote sorglos und in zufälliger Reihenfolge aus dem Gedächtnis zitiert werden. Schon das zeigt das Fehlen aller gesetzlichen Pedanterie. Damit steht Jesus nahe bei Mi. 6,8, bei hellenistischen Juden und Samaritanern. Er weist also den, der an die Spitzenleistungen eines besonderen Heiligen denkt, schlicht in die Gemeinde, zu all denen, die Gott gehorsam zu sein versuchen. Dort ist das ‹Leben› zu finden.»

finden. Auf diese Leute kommt es an, auf sie muß man hören. Und doch spüren wir an dieser Stelle des Markusevangeliums ganz deutlich, wie eine bestimmte Art von Veräußerlichung des Lebens unmittelbar zusammenhängt mit der Verdinglichung unseres Daseins in den Maßstäben von Geld und Besitz[13]. Die Wahrheit ist, daß der ständige Rekurs auf das, was wir *haben*, uns letztlich daran hindert, zu *sein*[14] und zu leben. Wie lebendig Tote schütten wir uns förmlich zu mit «Besitz», sei es moralisch, sei es finanziell, sei es geistig, wie wenn wir nach dem Vorbild der Alten Ägypter schon zu Lebzeiten eine Grabkammer aus Gold um uns errichten müßten, und das Geld, das wir unser eigen nennen, macht uns notwendig blind für die Not, die es an unserer Seite gibt, macht unsere Ohren stumpf für das Wehgeschrei der Verelendeten und macht unser Herz hart gegen die einfachsten Gefühle von Mitleid und Barmherzigkeit[15]. Am Ende merken wir gar nicht mehr, was für

[13] Vgl. E. Fromm: Die psychologischen und geistigen Probleme des Überflusses, in: Gesamtausgabe, V 317–328, S. 322: «Fragt man ... heute die Menschen, was sie ... eigentlich glücklich macht, dann lautet die Antwort, daß sie sich all das leisten können, wonach sie begehren. Das ist der populäre Glücksbegriff, den heute wahrscheinlich die meisten Menschen haben: daß im Konsum nicht nur die Freiheit begründet liegt, sondern auch das Glück und daß das einzige, was die Freiheit und das Glück hindern, darin besteht, nicht genug Geld zu haben, um all das zu konsumieren, was man konsumieren möchte.» Und S. 322–323: «Im Alten Testament werden die Sünden der Hebräer aufgezählt, und als Resümee der schwersten Sünde wird gesagt: ‹Weil du dem Herrn, deinem Gott, nicht gedient hast aus Freude ..., daß alles in Fülle da war› (Dtn 28,47). Es ist gar nicht so leicht zu verstehen, wie das schon damals gesagt werden konnte, aber ich glaube, wenn man von einem religiösen Standpunkt aus die moderne Gesellschaft kritisieren würde, dann könnte man diesen Satz wortwörtlich wiederholen.»

[14] Vgl. E. Fromm: Haben oder Sein, in: Gesamtausgabe, II 269–414, bes. S. 320–331 (Die Existenzweise des Habens), 332–346 (Die Existenzweise des Seins).

[15] Wie tief die Botschaft Jesu von der *Solidarität mit den Armen* in der frühen Kirche weiterwirkt, zeigt A. v. Harnack: Die Mission und Ausbreitung des Christentums, 170–220. – Es kommt aber darauf an zu verstehen, daß es vor allem aufgrund von Mk 10, 27 («bei Menschen unmöglich!») an dieser Stelle gerade nicht darum geht, etwas aus eigener Anstrengung zu tun, um dadurch sittlich vollkommener zu werden. Solange man die «Armut» im Sinne der Ethik als eine soziale Pflicht oder persönliche Tugend versteht, solange geht der entscheidende Satz gerade unter: die Einsicht in die prinzipielle Armut all unseres «Vermögens» vor Gott. Vgl. E. Drewermann: Tiefenpsychologie und Exegese, II 703–706. E. Jüngel: Paulus und Jesus, 184 meinte: «... während nach den Rabbinen und Apokalyptikern der Mensch bestimmte Bedingungen zur Erlangung der eschatologischen Herrlichkeit erfüllen muß, zeigt Jesus gerade, wie ... (schwierig, d. V.) es mit allen menschlichen Bedingungen für den Zugang zur Gottesherrschaft ist. Sie gehören sämtlich

Monstren wir aus uns gemacht haben, sondern halten unseren Zustand für absolut normal und richtig.

Zu fürchten haben wir daher nicht die äußere Armut, zu fürchten haben wir den skandalösen Reichtum, der unser Herz leerplündert und brutal macht, ob wir es wollen oder nicht, ob wir es uns eingestehen oder nicht. Notgedrungen sitzen wir schließlich der größten aller Lügen auf, daß das Geld so etwas zu verleihen vermöchte wie Unabhängigkeit und Freiheit. Das Gegenteil ist richtig: Lohnsklaven des Geldes sind wir geworden, Abhängige in der Tretmühle des Kapitals, und je logischer wir in der Logik des Geldes zu rechnen lernen, desto unselbständiger und angstbesetzter werden wir[16]. Nichts fällt uns am Ende schwerer, als auch nur auf irgend etwas «Verzicht» zu tun. Dabei käme es dringend darauf an, all den lästigen Ballast über Bord zu werfen, so wie man ein überfrachtetes Schiff leichtert, das bei zu starkem Seegang ins Schlingern geraten ist. Das Schiff ist wichtiger als die Fracht, und es hat einzig die Aufgabe, uns ans jenseitige Ufer zu bringen. So zu handeln wäre an sich nicht schwer, wenn es uns nicht schwerer als alles fiele, die eigentlichen Erschwernisse unseres Lebens, die falschen Erleichterungen, die Schneckenhäuser unseres Daseins aufzugeben.

Aber was haben wir eigentlich zu verlieren? – Ein Mann wie Leo Tolstoi hat sein Leben lang mit diesem Gespräch Jesu mit dem reichen Jüngling gerungen. In seinem großen Roman *«Krieg und Frieden»*, einem Dokument der Habgier und der Vernichtungsgewalt von Menschen im Kampf gegen Menschen, beschreibt er in einer kleinen Szene, wie der Fürst *Andrej Bolkonskij* in der Schlacht bei Austerlitz gegen die Truppen Napoleons schwer verwundet auf dem Schlachtfeld niedersinkt, wenige Minuten zuvor noch erfüllt von Tatendrang, von Ruhmessucht, vom Schwingen der Fahnen und vom Donner der Kanonen. In dem Moment, da er am Boden liegt, sieht *Andrej Bolkonskij* über sich den hohen, weiten Himmel, an dem friedlich die

zu den ... (bei Menschen unmöglichen Dingen, d. V.) ... Die Gottesherrschaft kommt wunderbar von selbst, wie es uns das Gleichnis von der selbstwachsenden Saat erzählte. Das heißt aber: Der Mensch kann die Gottesherrschaft nur *empfangen* als den neuen Anfang.»

[16] Vgl. E. Fromm: Wege aus einer kranken Gesellschaft, in: Gesamtausgabe, IV 1–254, bes. S. 136–147 (Entfremdung und seelische Gesundheit), der meint (S. 137): «Unsere heutigen psychiatrischen Definitionen der seelischen Gesundheit heben alle jene Eigenschaften hervor, die zum entfremdeten Gesellschaftscharakter unserer Zeit passen: Anpassung, Bereitschaft zur Zusammenarbeit, Aggressivität, Toleranz, Ehrgeiz usw.» Vor allem werde ständig die wirtschaftliche Sicherheit an die Stelle psychischer Sicherheit gesetzt.

Wolken ziehen. «Wie ganz anders», denkt er einen Moment lang, «ziehen doch diese Wolken dahin, als ich gerade noch eben dahingestürmt bin. Welch eine unendliche, schweigende Ruhe! Es gibt nichts außer diesem hohen Himmel. Gott sein Dank.»[17]

Um diesen Punkt einer veränderten Weltsicht ist es Jesus vor allem zu tun, wenn er den reichen Jüngling auffordert, all seinen Besitz den Armen zu geben und sich einen Schatz im Himmel zu erwerben. Es ist völlig richtig: um zu leben, brauchen wir ein Gefühl der Sicherheit. Aber je gesicherter wir in dieser Welt uns einrichten, desto deutlicher werden wir merken, daß es gegenüber dem Tod keine Sicherheit gibt. Das einzige, was uns bleibt, ist das, was wir *sind*, was unabtrennbar als Personen zu uns gehört, und dort gilt es, einen Reichtum zu erwerben, den uns niemand mehr rauben kann (Mt 6,19–21).

Es handelt sich um eine Evidenz des Lebens, die man nicht erzwingen kann. Solange Menschen Angst haben, werden sie glauben, sich durch Besitz aller Art schützen zu müssen. Aber es gibt das Glück einer Geborgenheit, die weiß, daß sie derartige Panzerungen nicht mehr nötig hat. *Das* ist die Armut, die nur Gott uns geben kann; sie ist ein Geschenk, keine sittliche Leistung, eine Art Offenbarung ähnlich der, wie sie dem heiligen Franziskus auf dem Monte Alverno zuteil wurde[18]; sie ist kein asketisches Ideal, sie ist eine Selbstverständlichkeit für alle, denen es «gegeben» ist, «die Geheimnisse des Gottesreiches» zu verstehen; «denen draußen aber geschieht all dies in Rätseln» (Mk 4,11); sie *können* diese Armut nicht leben, da sie entsprechend der Logik der Angst, einen schweren Fehler begehen würden, wenn sie sich leichtsinnigerweise des notwendigen Schutzes ihrer materiellen Sicherheit begäben.

[17] L. Tolstoi: Krieg und Frieden, 3. Teil, Kap. 16, S. 375.

[18] Vgl. I. Gobry: Franz von Assisi in Selbstzeugnissen und Bilddokumenten, 46–50. Auf sehr einfühlsame Weise schildert G. K. Chesterton: Franziskus. Der Heilige von Assisi, 128–129 die zentrale Idee der franziskanischen Armut: «Der gute Bischof von Assisi sprach sich mit einem gewissen Entsetzen über das harte Leben aus, das die ‹Minderbrüder› bei der Portiunkula führten, ein Leben ohne Behaglichkeit, ohne Habe, an Nahrung nur das, was sie eben bekommen konnten, Schlafen irgendwo auf dem nackten Boden. Sankt Franziskus antwortete ihm mit jenem eigentümlichen und fast verblüffenden Scharfsinn, den der Weltfremde manchmal wie eine Steinkeule zu handhaben vermag. Er sagte: ‹Wenn wir irgendwelchen Besitz hätten, so bräuchten wir Waffen und Gesetze, um ihn zu verteidigen.›» Auch die «Armut» ist in diesem Sinne kein «Besitz». «Der heilige Franziskus war der letzte, der von den gewöhnlichen Menschen um ihrer Gewöhnlichkeit willen geringer gedacht hätte.»

In Wirklichkeit ist die Armut im Sinne Jesu etwas, das unmittelbar seinen Lohn in sich trägt. Wer erst einmal begriffen hat, wie klein in Wahrheit die Menschen sind, die wir zumeist für so groß halten (Mk 10,31), wird wissen, daß er kaum etwas zu verlieren, alles aber zu gewinnen hat, wenn er die Welt der Häuser- und der Äckerbesitzer verläßt[19]. Statt zu verarmen, wird die Welt um ihn fortan viel einfacher. Sie besteht für ihn nicht länger mehr aus Komplizen, Feinden und Konkurrenten, sondern fortan aus Schwestern und Brüdern, und dieses *Gefühl einer neuen Gemeinsamkeit*, unabgetrennt durch die Wände des Besitzes, macht sein Leben unermeßlich viel reicher, fruchtbarer, heimischer und bodenständiger als vorher; wirklich wird er alles «hundertfältig» zurückerhalten an «Häusern», «Kindern», «Müttern» und «Äkkern»[20]. Ein solches Gefühl, das nur in der Ungeschütztheit der Armut wirklich zu wachsen vermag, ist wohl der «schönste Lohn», den Jesus schon hier auf Erden in Aussicht gestellt hat: daß man Menschen, die man niemals zuvor kannte, als «geschwisterlich» zu erleben beginnt; in ihnen findet man dieselbe Sehnsucht, dieselbe Art zu denken, dieselbe Stimme des Gebetes, das gleiche innige Verlangen wieder, und alles dies verbindet miteinander weit tiefer als sonst sogar die Bindung zwischen Familienmitgliedern. «Wer

[19] Es war F. Nietzsche: Der Antichrist, Nr. 33, in: Der Antichrist. Ecce Homo. Dionysos-Dithyramben, S. 36–37, der in psychologischem Sinne sehr zu Recht meinte: «In der ganzen Psychologie des ‹Evangeliums› fehlt der Begriff Schuld und Strafe; insgleichen der Begriff Lohn. Die ‹Sünde›, jedwedes Distanz-Verhältnis zwischen Gott und Mensch ist abgeschafft, – *eben das ist die ‹frohe Botschaft›*. Die Seligkeit wird nicht verheißen, sie wird nicht an Bedingungen geknüpft: sie ist die *einzige* Realität – der Rest ist Zeichen, um von ihr zu reden ... Die Folge eines solchen Zustandes projiziert sich in eine neue Praktik, die eigentlich evangelische Praktik. Nicht ein ‹Glaube› unterscheidet den Christen: der Christ handelt, er unterscheidet sich durch ein *anderes* Handeln.» «... die ganze jüdische *Kirchen*-Lehre war in der ‹frohen Botschaft› verneint. – Der tiefe Instinkt dafür, wie man leben *müsse*, um sich ‹im Himmel› zu fühlen, um sich ‹ewig› zu fühlen, während man sich bei jedem anderen Verhalten durchaus *nicht* ‹im Himmel› fühlt: dies allein ist die psychologische Realität der ‹Erlösung›. – Ein neuer Wandel, *nicht* ein neuer Glaube ...» Besser kann man es nicht sagen. Das hindert nicht, daß Jesus vor allem in seinen Gleichnissen die vitale Erwartung eines «lohnenden» Lebens immer wieder auf die religiöse Ebene hin öffnet und sublimiert; vgl. E. Drewermann: Tiefenpsychologie und Exegese, II 725–734.

[20] Richtig meint E. Schweizer: Das Evangelium nach Markus, 115–116: «Nachfolge Jesu führt nicht in Armseligkeit, sondern in die Fülle, in die Verwirklichung des Lebens. Wo immer echte, frohe, aus dem Gottesgeschenk lebende Hingabe ist, die auch den Verzicht gelernt hat, da erfüllt sich diese Zusage. Konkret ist an die Gemeinschaft zu denken, die der Jünger in der Gemeinde finden wird.»

den Willen meines Vaters tut, der ist mir Bruder und Schwester und Mutter» (Mk 3,35) – das Wort, das damals nur wie eine provozierende Erklärung war, ist jetzt Verheißung und Gewißheit[21]. Allein in einer solchen Haltung der Weltbrüderschaft wird diese Welt unser Zuhause werden können, zum Ort, da schon auf Erden etwas dem Reich Gottes ähnlich wird. Wohl verbindet Markus diese Verheißungen Jesu bereits mit den bitteren Erfahrungen der ersten Christenverfolgungen[22]; aber es kann sich nur bestätigen: In alle Ewigkeit werden wir mit nichts in unserem Leben intensiver einverstanden sein als mit den Augenblicken, in denen wir die Größe aufgebracht haben, weitherzig genug zu sein, um uns «klein» zu machen vor der Armut eines anderen Menschen.

Ein Mann, der sein Leben dem Gedanken des «wahren Reichtums» gewidmet hat, war Jean Giono. Schon 1937 schrieb er Sätze, die an prophetischer Schärfe in unserem Jahrhundert nichts verloren haben[23]: «Du mußt die Gesellschaft, die sich auf dem Geld aufbaut, zerstören, ehe du glücklich sein kannst. Besitz gereicht dem Menschen wohl zur Ehre, wenn das, was er besitzt, der Mühe wert ist. Das, was man dir bietet, ist nicht der Mühe wert. Du spürst wohl, daß unsere Zeit unsicher und wankend ist; zu viele Menschen sind ihrer natürlichen Freuden beraubt. Alle. Denn der Reichste hat sich nicht bereichert; er bleibt stets ein armer Mann. Ich sage dir nicht, daß du dich für kommende Generationen opfern sollst – das sind Redensarten, mit denen man die gegenwärtige Generation täuscht –, ich sage dir: begründe du die Gesellschaft, die das richtige findet. Es bedarf nur noch eines kleinen Anstoßes von dir, auf daß sie werde.» «Was man dir vorenthält, ist: Wind, Schnee, Sonne, Berge, Flüsse und Wälder. Dein Vaterland. An seiner Stelle hat man dir ein wirtschaftliches Vaterland gegeben, ein Ungeheuer, das in gewissen Zeitabständen das Opfer junger Männer fordert. Du denkst mit Schrecken an jene Zeiten im alten Mexiko, in denen man Scharen von Männern auf dem Altar des Gottes Tezcatlipoca opferte, wie man Trauben kelterte. Das Vaterland, das man für dich erfand, hat noch größeren Hunger . . .

[21] Vgl. zu Mk 3,35 E. Drewermann: Das Markus-Evangelium, I 311–321.

[22] Es ist vor allem das Wort von 10,31 von der Umkehrung der Reihenfolge der Ersten und der Letzten, das zeigt, daß es hier buchstäblich um eine «Umwertung aller Werte» geht: wann können wir wirklich sagen, unser Leben habe sich «gelohnt», – außer nach den Maßstäben, die Jesus im Gleichnis vom Großen Weltgericht (Mt 25,31–46) aufstellt? Vgl. J. Jeremias: Die Gleichnisse Jesu, 204–207.

[23] J. Giono: Vom wahren Reichtum, 149–150.

Es gibt keine menschliche Bindung zwischen dir und diesem Bündel unmenschlicher und grausamer Gesetze. Keines von ihnen dient deinen Füßen, deinen Armen, deinem Herzen, deinen Lippen. Deine Intelligenz ist unfähig, dich gegen dieses Ungeheuer zu verteidigen; es sprudelt Wissen hervor wie Speichel; einen Betäubungstrank, der dich dazu bringt, dir blindlings Gefallen zu lassen, daß man dich in den Glutofen seines Leibes wirft.» «Was man dir vorenthält, ist: Wind, Regen, Schnee, Sonne, Berge, Flüsse und Wälder, der wahre Reichtum des Menschen! Alles ist für dich gemacht. In der Tiefe deiner verborgenen Adern bist du für alles gemacht. Wenn der Tod kommt, gräme dich nicht. Er ist die logische Fortsetzung. Versuche nur, dann so reich als möglich zu sein. In jenem Augenblick werde, was du bist.»

Mk 10,32–45: Das Leid des Menschensohnes oder: Die Regenten der Völker und die Diener Gottes

32 Sie waren aber unterwegs, beim Hinaufzug nach Jerusalem, und
Jesus war es, der ihnen vorauszog, da schauderten sie, und während
sie folgten, waren sie voll Furcht. Da nahm er abermals die Zwölf
beiseite und hub an, ihnen zu sagen, was ihm künftig widerfahren
werde: 33 Ja, wir ziehen hinauf nach Jerusalem, da wird der Men-
schensohn ausgeliefert werden: den Hohenpriestern und den Schrift-
gelehrten, und verurteilen werden sie ihn – zum Tode, und sie werden
ihn ausliefern: den Heiden, 34 und die werden ihn verspotten und ihn
anspucken und ihn geißeln und töten; doch nach drei Tagen wird er
auferstehen.
35 Da kommen zu ihm Jakobus und Johannes, die Söhne des Zebe-
däus, und sagen ihm: Meister, wir möchten, daß du, was wir dich
bitten wollen, tust – für uns! 36 Er sagte ihnen: Was möchtet ihr, daß
ich tue – für euch? 37 Sie sagten ihm: Gib uns, daß wir, einer zu deiner
Rechten, einer zu deiner Linken sitzen dürfen in deiner Herrlichkeit.
38 Jesus aber sagte ihnen: Ihr wißt nicht, was ihr bittet. Könnt ihr den
Becher trinken, den ich trinke, oder mit der Taufe, mit der ich getauft
werde, getauft werden? 39 Sie sagten ihm: Wir können es. Jesus aber
sagte ihnen: Den Becher, den ich trinke, mögt ihr trinken, und mit
der Taufe, mit der ich getauft werde, mögt ihr getauft werden, 40 aber
das Sitzen zu meiner Rechten oder Linken ist nicht meine Sache zu
vergeben, sondern (es ist) für die, denen es bereitet ist.
41 Als die Zehn das hörten, fingen sie an, sich zu entrüsten über Jako-
bus und Johannes. 42 Da ruft sie Jesus herbei und sagt ihnen: Ihr wißt,
daß die vermeintlichen Führer der Völker auf sie herunterherrschen
und ihre Großen auf sie herunterwillküren. 43 Nicht so hingegen ist es
bei euch, sondern wer groß werden will bei euch, sei euer Diener,
44 und wer bei euch Erster sein will, sei aller Knecht. 45 Auch der
Menschensohn ist nicht gekommen, um sich bedienen zu lassen, son-
dern um zu dienen und sein Leben zu geben als Lösegeld für viele.

Es ist im Markusevangelium das dritte und das letzte Mal, daß Jesus auf sein Leiden hinweist (vgl. Mk 8,31; 9,31), wie wenn er Stufe um Stufe bei seinem Weg «hinauf nach Jerusalem» die Empore eines Opferaltares bestiege, der unvermeidbar auf ihn wartet. Fast ist das Ziel erreicht – im nächsten Kapitel schon beginnt mit dem Einzug in die heilige Stadt das Vorspiel der Passionsgeschichte; aber Markus legt den größten Wert darauf, daß Jesus nicht blind

zum Opfer eines Verhängnisses wird, sondern sehenden Auges (vgl. Mk 10,46–52) in das Schicksal seines Todes hineingeht[1].
Indessen, nimmt er wirklich «freiwillig das Leiden auf sich», wie man in den Wandlungsworten der Kirche (seit der Liturgiereform) betont hervorhebt[2]? Ja und nein. Jesus wollte nicht leiden; er wollte es am wenigsten «freiwillig».

[1] In historischem Sinne ist die Leidensweissagung von Mk 10,33–34 gewiß «nachösterlich», in «Angleichung ... an den tatsächlichen Gang der Ereignisse» formuliert; vgl. J. JEREMIAS: Neutestamentliche Theologie, I 267–268. Psychologisch aber ist es absolut wahrscheinlich, daß Jesus in vollem Bewußtsein des Schicksals, das er provozierte, nach «Jerusalem» «hinaufzog». Die tiefenpsychologische Exegese «leugnet» nicht die Geschichte, wie oft unterstellt wird, sie teilt lediglich nicht die Meinung, daß man die Sprache der Fakten und die Analyse der Traditionsgeschichte als den wesentlichen Teil des «Geschichtlichen» betrachten müsse; das scheinbar «nur» Nachträgliche, Deutende, Legendäre, Mythische ist zumeist, wenn man es psychologisch, statt hsitorisch-kritisch reflektiert, die Offenbarung der Bedeutung des Geschehenen und Geschehenden. In Mk 10, 32–34 unterbricht der Evangelist bewußt den vormarkinischen «Katechismus» von 10, 2–12. 17–27. 35–45 (s. o. zu Mk 10,13–16, Anm. 2) und stellt damit besonders den folgenden Abschnitt von dem «Herr-» und «Knechtsein» unter das Vorzeichen der Leidensnachfolge. Von Markus selbst dürfte vor allem das Motiv von dem «Vorausgehen» in 10,32 stammen; es ist ein Wort, das schon auf 14,28; 16,7 hinweist: so wie Jesus den Jüngern hier nach «Jerusalem», dem «Ort» des Todes, «vorausgeht», so wird er ihnen später nach «Galiläa», dem «Ort» des Lebens in der Wahrheit Gottes, «vorausgehen». Vgl. E. SCHWEIZER: Das Evangelium nach Markus, 116. – Die «Auslieferung» an die «Heiden» könnte darauf hinweisen, daß 10,33–34 in einer judenchristlichen Gemeinde als eine liturgische oder katechismusartige Formel verwandt wurde. Das «Hinaufgehen» in 10,33 entstammt wohl der redaktionellen Überleitung des Markus, ist aber der *terminus technicus* im Zusammenhang «mit dem kultischen Leben oder kultischen Handlungen»; J. SCHNEIDER: *baino* u. a., in: G. Kittel (Hrsg.): Theologisches Wörterbuch zum Neuen Testament, I 516–521, S. 517. Angedeutet ist, daß der Weg Jesu in den Tod selbst göttlicher Bestimmung entspricht und den Sinn eines Opfers hat.

[2] In der Liturgiereform des 2. Vaticanums suchte man (zu Recht) die einseitige Opfertheologie im Verständnis der Eucharistie durch den Gedanken des Mahles, des wandernden Gottesvolkes, der eschatologischen Verheißung u. a. zu ergänzen, und so betonte man z. B. in dem Formular des 2. Eucharistischen Hochgebetes die Freiwilligkeit des Leidens Jesu. Dieser Akzent ist natürlich berechtigt gegenüber der Vorstellung einer rein passiven Fügsamkeit und Unterwerfung gegenüber einem rein äußerlich gedachten göttlichen Willen; aber er droht falsch zu werden, wenn man nicht deutlich betont, daß Jesus (auch für sich!) gerade nicht das Leid, sondern die Freude, nicht den Tod, sondern das Leben wollte – so sehr, daß er gegen alle Widerstände sich selber treu blieb und den absurden Kompromiß eines «bißchen weniger» Freude und eines «bißchen weniger» Leben kategorisch ablehnte.

Er wollte mit seiner Botschaft von Gott ganz im Gegenteil so viel an Glück und Freiheit vermitteln als nur irgend möglich (Mk 2,19)[3]. Er versteckte sich oft genug vor den Anschlägen der Pharisäer und Herodianer (Mk 3,7); er hielt eine Welt für verrückt und besessen, in der die eigenen Familienangehörigen jemanden für «verrückt» und «besessen» erklären, sobald er die Strukturen seelischer Unfreiheit aufbricht und ein Stück Menschlichkeit in die Enge des Alltags trägt (Mk 3,20–30; vgl. 6,1–5). Aber eben deshalb weigerte sich Jesus beharrlich, die immanente Logik dieser Tyrannei der Angst zu übernehmen; noch weniger als das Leid wollte er die Feigheit falscher Kompromisse und «vernünftiger» «Anpassungen». Er wollte bleiben, wie er war und was er war – woher sonst hätte er das Recht gewinnen können, alle anderen geradewegs dazu aufzufordern, ihrem eigenen Wesen zu folgen? Und so glich seine Situation der Lage eines Rebhuhns nach Einbruch des Winters: Noch trägt sein Gefieder die Farbe des Sommers; aber der erste Schneefall entzieht seiner Schönheit jeglichen Schutz und macht es auf groteske Weise für jeden Beutegreifer weithin sichtbar. Jesus wollte das Gewand des Sommers niemals ablegen, nur weil die Welt bitter kalt und unter zentimeterhohem Schnee wie unter einem weißen Leichentuch begraben liegt. Er glaubte an den Sommer. *Nur deshalb akzeptierte er das Leid.* Er lebte in dem Wesensbild des «Menschensohnes». Nur deshalb akzeptierte er den Tod. Er setzte auf die Güte und die Allmacht Gottes. So hoffte er auf «Auferstehung». Sein Weg ins Leiden war deshalb von einer inneren Entschlossenheit, die seine Jünger «schaudern» und «voll Furcht» sein ließ (Mk 10,32)[4].

[3] Vgl. E. Drewermann: Das Markus-Evangelium, I 247–267 (zu Mk 2,18–22).

[4] Es ist, wie wenn der «Schrecken» und das «Erstaunen», die schon Mk 1,27 anläßlich der Lehre und der Dämonenaustreibung in Kapharnaum zum Ausdruck kamen, jetzt noch einmal, und zwar vor allem im Kreis der Jünger Jesu, ausbrächen, wo die innere Konsequenz der Person Jesu in der ganzen Art ihres Redens und Handelns unübersehbar deutlich wird. War es damals der Unterschied zu den *Schriftgelehrten,* der sogleich besonders intensiv bemerkbar wurde, so ist es jetzt gewissermaßen die logische Bilanz dieses Kontrastes, daß eben die Schriftgelehrten den «Menschensohn» ausliefern werden, ja müssen (Mk 10,33). Krasser läßt sich der tödliche Widerspruch zwischen Jesus und dieser «Berufsgruppe» bzw. Menschenart nicht dokumentieren als durch die Wiederholung ein und derselben Redewendung von Schrecken und Erstaunen: damals bei der ersten Ahnung von Freiheit und Heilung, jetzt anläßlich der sicheren Gewißheit von Folter und Tod. Zu dem Gegensatz zwischen Jesu und den Schriftgelehrten vgl. E. Drewermann: Das Markus-Evangelium, I 180–202. – Insofern ist es gewiß unzureichend, wenn G. Bertram: *thambos,* in: G. Kittel (Hrsg.): Theologisches Wörterbuch zum Neuen Testament, III 3–7, S. 6 meint, «das Erschrecken des Menschen» gehöre «zum Typischen einer Offenbarungsszene

Und doch wollte Jesus, daß wenigstens sie, seine Jünger, ihn verstünden. Gerade ihnen erklärte er wieder und wieder das «Geheimnis der Gottesherrschaft», daß diese Welt nur erlöst werden kann, indem man die Angst vor der Angst der anderen verliert und sich mitten in den Herd aller Verdrängungen und Vermeidungen hineinbegibt[5]. Von den Hohenpriestern und Schriftgelehrten verurteilt zu werden, das bedeutete, im Namen von Religion und Frömmigkeit, von Gesetz und Glaubenslehre, von Moral und Überlieferung abgelehnt und verworfen zu werden, das bedeutete umgekehrt, selber das gesamte System des bestehenden Gottesdienstes für eine wahnsinnige Form der Gottesverleumdung und der Menschenunterdrückung, der legalisierten Oberflächlichkeit und der methodischen Gefühlsabstumpfung, des bornierten Traditionalismus und der charakterlosen Schwäche erklären zu müssen, das bedeutete letztlich, als absoluter Außenseiter dazustehen, nur weil man gegen die Zentrifugalkraft rotierender Angst aus der Mitte des Lebens statt von der Peripherie her existieren mochte[6]. «Verspotten und anspeien», sagt Jesus, werden «sie» den «Menschensohn»; man wird auf ihn spucken, voller Verachtung, man wird die Mäuler verziehen, voller Hohn und Gemeinheit,

oder einer Epiphanieszene». Die Gefühle von Menschen werden niemals wirklich verstanden, solange man sie (in rein schriftgelehrter Manier!) zum bloßen Stilmittel erklärt. Wenn z. B. in Mk 10,24 noch von dem Erschrecken der Jünger über die Armutsforderung Jesu die Rede war, so ging es auch dort wesentlich um die Reaktion der Jünger selber, nicht um die «Epiphanie» Jesu. Von daher kann man auch von Mk 10,32 nicht sagen: «Nicht der Weg nach Jerusalem oder das, was dort zu erwarten ist, ruft Erschrecken bei den Jüngern und Furcht bei den Nachfolgern hervor, sondern die Mächtigkeit des Herrn, der sein und ihr Geschick in der Hand hält, offenbart sich für den Evangelisten wie für seine Leser in dem ehrfurchtsvollen Schauder, der die Haltung seiner Umgebung bestimmt.» (A. a. O.) Es gilt insgesamt, in der Exegese die falsche Alternative aufzugeben, wonach man immer wieder die Ebene des Menschen vernachlässigen muß, um die Manifestation des Göttlichen vermeintlich um so herrlicher erscheinen zu lassen; umgekehrt: das menschliche Gefühl ist gerade der Spiegel bzw. der Resonanzboden, um das Göttliche sichtbar und hörbar zu machen.

[5] Zum Prozeß der Erlösung von der Angst vgl. E. Drewermann: Das Markus-Evangelium, I 25–80.

[6] Es kommt darauf an, die Konkretheit der Angaben von Mk 10,33 über die *«Hohenpriester»* und *«Schriftgelehrten»*, denen die Schuld am Tode Jesu zugeschrieben wird, nicht als bloß historische Tatsache oder rein zeitbedingte theologische Fiktion zu interpretieren, sondern als eine für alle Zeiten gültige, wesentliche Interpretation von Haltungen und Verhaltensweisen zu erkennen, die immer wieder allem tödlich im Wege stehen, was von Gott her Freiheit und Leben schenken könnte. Vgl. E. Drewermann: Das Markus-Evangelium, I 55–60.

und jedes der Worte wird weh tun in seiner infamen Hinterhältigkeit, in seiner frömmelnden Verlogenheit, in seiner wüsten Mischung von Haß, Selbstschutz und Verblendung. Maler von *Hieronymus Bosch*[7] über *Goya*[8] bis hin zu *George Grosz*[9] und *Otto Dix*[10] haben Menschen gemalt, wie sie im Umkreis des Kreuzweges Jesu erscheinen: froschmäulige Visagen mit fischkalten Augen unter flachen Stirnen – eine vertierte Menschheit, die die Tiere beleidigt, weil sie sich weigert, menschlich zu sein.

Hat es einen Sinn, sich für diese Sorte «Mensch» zu opfern[11]? – Warum sie stören, wenn sie es doch selbst nicht anders wollen? Warum sie nicht ganz einfach lassen, wie sie sind?

Es ist dies der entscheidende Punkt, an dem jede Form von Humanismus notwendig zerbricht. Mit einem Menschenbild, wie Jesus auf dem Weg nach Jerusalem es vor sich sieht, kann man im Grunde nur resignieren und von Herzen wünschen, die Welt möge ihren absurden Tanz in den Abgrund in immer rascheren Taumelbewegungen möglichst bald zu Ende bringen. Aber religiös ist es nicht erlaubt, am Menschen zu verzweifeln. Es ist nicht möglich, an Gott zu glauben und gleichzeitig den Menschen zu verachten. Gerade wer so, wie Jesus es tut, den ungeheueren Abstand ermißt, der den Menschen von seinem eigenen Wesen und Ursprung trennt, der sieht auch zugleich, wie sehr die Menschen an sich selber leiden, wie jedes Stück Wahrheit und jeder Funken Glücks ihrer Angst förmlich abgetrotzt werden muß und wie sogar der Gedanke an ihre wirkliche Schönheit und Würde ihnen zunächst fast bizarre Verrenkungen des Selbsthasses abverlangt. Notgedrungen wird er mit diesen Menschen, die sich selber derart die Hölle bereiten, zugleich Mitleid haben müssen wegen ihres Leids. Der «Menschensohn» muß an den Menschen glauben, um Gottes willen; also müssen im Menschen noch

[7] Vgl. L. BALDASS: Hieronymus Bosch, Abb. 117: Die Ausstellung Christi vor dem Volke, (Frankfurt am Main, Städelsches Kunstinstitut), S. 156, 163.

[8] Vgl. P. LECALDANO: Goya. Die Schrecken des Krieges, S. 85: die Abbildungen der *Descastres,* T. 32 (Por qué? – Warum?) und T. 33 (Que hay que hacer más? – Kann man noch Ärgernis tun?).

[9] Vgl. CH. M. JOACHIMIDES u. a. (Hrsg.): Deutsche Kunst im 20. Jahrhundert, Abb. 128: G. GROSZ: Sonnenfinsternis, 1926, Heckscher Museum, Huntington, N.Y.; Abb. 129: G. GROSZ: Stützen der Gesellschaft, 1926, Nationalgalerie Berlin.

[10] Vgl. *Galerie der Stadt Stuttgart:* OTTO DIX zum 80. Geburtstag, S. 41: Der Krieg, 1929–32.

[11] Zu der Wendung «diese Art Mensch» (Mk 8,12; 8,38; 9,19; 13,30) vgl. E. DREWERMANN: Das Markus-Evangelium, I 512, Anm. 10.

andere Möglichkeiten, als an der Oberfläche sichtbar, verborgen liegen, wenn wirklich die Menschen Gottes Geschöpfe sind und bleiben; und würden denn die Menschen derart an sich selber leiden, wenn sie nur so wären, wie sie in Erscheinung treten? Es muß für den Menschen selber eine «Auferstehung» geben; ohne diese Hoffnung müßte der Wille zum Leben ersterben. Und so muß Jesus den Tod akzeptieren, um für das Leben Zeugnis zu geben, und er ist selber überzeugt, daß auch über seinem Leben wie über dem Leben aller Menschen Gott allein das letzte Wort behalten wird.

Aber: wie sollte dieses Wort Gottes sich aussprechen, ohne daß es Menschen gäbe, die darauf hörten? Es liegt Jesus so sehr daran, daß wenigstens seine Jünger verstehen. Und sie *haben* in gewissem Sinne etwas verstanden. Mitten in ihrem «Schaudern» vor «Furcht» haben sie doch in etwa begriffen, *was* Jesus hier auf sich zukommen sieht; ja, sie scheinen sogar das Wort von der Auferstehung von den Toten, das ehedem so rätselhaft für sie war (Mk 9,10), zum erstenmal wirklich aufzunehmen. Und doch ist die Art ihres Verstehens zunächst nur eine Fortsetzung des alten Mißverstehens. Wenn es schon so sein soll, daß ein wahrhaftiger Mensch auf alle Dekorationen und Embleme der Macht und der Eitelkeit Verzicht tun muß, bleibt dann nicht doch die ewige Frage des Petrus unausgesprochen bestehen: «Wir da, wir haben alles verlassen und sind dir nachgefolgt» (Mk 10,28) – was werden wir dafür erhalten? Kann ein Mensch auf etwas «verzichten» ohne die Aussicht einer angemessenen Belohnung? Und hat nicht Jesus selbst mit seinem Wort von den «Ersten» und «Letzten» (Mk 10,31) ein solches Denken nach den Maßstäben einer himmlischen Hierarchie geradezu gefördert?

Es scheint nur natürlich, wenn die Söhne des Zebedäus, Jakobus und Johannes, mit ihrer Bereitschaft, bis zum Äußersten bei Jesus zu bleiben, zugleich ihren Wunsch beteuern, dann auch auf ewig an der Seite Jesu im Himmel Platz nehmen zu dürfen[12]. Zum Wort «Auferstehung» ist dies zudem seit alters die rechte Assoziation. Bereits das Alte Ägypten kannte die Vorstellung vom Sitzen zur Rechten des Gottes Osiris[13], dieses grüngesichtigen

[12] Das «Sitzen» an der Seite der «Herrlichkeit» des «Menschensohnes» (Mk 8,38; 13,26), in welche dieser durch Leid und Auferstehung eingeht (Mk 10,34.38), begegnet auch Apk 20,4 und entstammt (wie die Vorstellung vom Thron der Herrlichkeit) offenbar apokalyptischem Denken; vgl. HENOCH 45,3; 51,3; 55,4; 61,8. G. BEER: Das Buch Henoch, in: E. Kautzsch: Die Apokryphen und Pseudepigraphen des Alten Testamentes, II 217–310, S. 262; 265; 267; 270. Vgl. R. PESCH: Das Markus-Evangelium, II 155.

[13] In *Rasetjau* (dem Gang im Felsengrab) hoffte der Ägypter, in die bleibende Nähe des Gottes *Osiris* zu gelangen: «Ich werde nicht von dir ferngehalten. Osiris!», lautete die

Gottes, der stirbt und im Tod das Leben schenkt, gleich dem Gehen und Kommen des Mondes, gleich dem Abstieg und Aufstieg der Sonne[14]. Schon die Ägypter hofften, im Tod unter die «Nachfolger des Horus» (die šmśw Ḥr) gezählt zu werden[15], so daß es in alle Zeiten die höchste Auszeichnung bedeutete, als «oberster Diener» berufen zu sein.
Eine solche Erwartung scheint in der Tat nicht unbillig, ja sie ist in der menschlichen Psyche tief verankert; und dennoch lehnt Jesus sie rundum ab; sie verschöbe das Gleichgewicht von Gott weg zum Menschen, sie brächte die Ordnung zum Einsturz, aus der wir in Wirklichkeit leben, sie verwandelte auf geschickte Weise Gottesdienst in Menschenhoffart.
Stimmt denn bereits die Voraussetzung? Man kann den vorsichtigen Zweifel nicht überhören, mit dem Jesus die beiden Zebedäus-Söhne fragt, ob sie auch wissen, wovon sie reden[16]. In den Krieg zu ziehen, melden viele sich bereit-

Zuversicht in Spruch 119 des Totenbuches; vgl. E. Hornung: Das Totenbuch der Ägypter, S. 228; ders.: Tal der Könige, 186. – Zum *Sitzen* als herrscherlichem Ritus vgl. C. Schneider: *kathämai,* in: G. Kittel (Hrsg.): Theologisches Wörterbuch zum Neuen Testament, III 443–447, S. 444–446, der aber das Alte Ägypten nur wie nebenbei erwähnt. Vgl. auch O. Schmitz: *thronos,* in: Theolog. Wörterb., III 160–167, S. 160–163 mit den alttestamentlichen Belegstellen und S. 165 zum *Thron der Herrlichkeit* in der Apokalyptik. Um wievieles älter die *ägyptische* Vorstellung insbesondere vom *«Sitzen zur Rechten»* (des Gottes) ist und wie sehr sie dem israelitischen Denken an sich widerstrebte, das den König (außer in Ps 110,1) nicht *neben,* sondern allenfalls *vor* Gott sitzen ließ (Ps 61,8; 89,37), dazu vgl. O. Keel: Die Welt der altorientalischen Bildsymbolik und das Alte Testament, Abb. 353, S. 246–247. Wie wichtig das *Sitzen auf dem Thron* für den Ägypter war, mag man daran ersehen, daß die Göttin Isis *(ś.t)* ursprünglich nichts anderes war als der Thronsitz, dessen Zeichen sie auf den Darstellungen als ihr Erkennungssymbol auf dem Kopf trug. «Der Thron macht den König zum König. Er ist seine Mutter.» Keel: A. a. O., 247.

[14] Vgl. E. Drewermann: Tiefenpsychologie und Exegese, II 518–536; 599–600.

[15] Vgl. Ch. Seeber: Untersuchungen zur Darstellung des Totengerichts im Alten Ägypten, 90; 108; 115; 135; 152; 153. Die *«Horusdiener»* sind die seligen Toten selber. Wichtig ist, daß im Ägyptischen gerade die Auszeichnung des Mitregierens und Mitrichtens an der Seite des *Osiris* oder des *Horus* als «Dienen» verstanden wurde; so, wenn der Verstorbene im Totengericht sagte: «Thot hat mich berechnet als einen von diesen Göttern, den ‹Horusdienern›. Ich bin ein Diener von deinem Tempel, Osiris. Mögest du mir Atemluft und Wasser geben.» (A. a. O., 90)

[16] Das Bild vom *Leidenskelch* in Mk 10,38 entstammt dem Alten Testament; vgl. Jes 51, 17.22; Klgl 4,21; Ps 74,9; *die Ausschließlichkeit des Leidens des Erwählten* Gottes bezeugt *Mart. Jes.* 5,13, wo Jesaja, bevor er von König *Manasse* zersägt wird, zu den umstehenden Propheten sagt: «Geht in die Gegend von Tyrus und Sidon, denn mir hat Gott den Becher gemischt.» Übrigens schrie Jesaja nicht noch weinte er, als er gemartet wurde, «sondern

willig, und um so mehr, als das Wort des ERASMUS zutrifft: *«dulce bellum inexpertis»*[17] – «Nur die, die keine Ahnung haben, können sich begeistern für den Krieg.» Es geht nicht darum, blindlings einfach etwas «mitzumachen», auch nicht an der Seite Jesu; es gilt zu sehen, welch ein Maß an Bitterkeit, an Widerspruch und Ablehnung der akzeptieren muß, der diese Welt von innen her zu ändern unternimmt. Man kann einen solchen Vorsatz nicht fassen, wie man sich vornimmt, einen Klafter Holz zu hacken oder eine Tonne Kohlen einzuschaufeln. Die Konflikte, denen man sich stellen muß, wenn man für *den* Menschen Partei ergreift gegen *die* Menschen, lassen sich nur durchstehen, wenn man den Grund all dieser Auseinandersetzungen nicht aus den Augen verliert. Nur von Gott her entdeckt man den inneren Widerspruch der menschlichen Existenz; nur von Gott her kann man eine Rettung für möglich halten; nur von Gott her vermag man die Spannungen zu ertragen, die sich aus einer solchen Einstellung unausweichlich ergeben. So wenig, wie man die «Armut» «wollen» «kann» (Mk 10,27), so wenig «kann» man das Leiden «wollen». Alles «Können» geht von der Kraft des Menschen aus, hier aber

sein Mund unterhielt sich mit dem heiligen Geist» (5,14). Die Parallele zum Bild des Gottesknechtes in Jes 53,7 und zum Tode Jesu (Mk 14,60; 15,5) sind deutlich. G. BEER: Das Martyrium Jesajae, in: E. Kautzsch (Hrsg.): Die Apokryphen und Pseudepigraphen des Alten Testamentes, II 119–127, S. 127. – Schwierig ist das Wort von der *Taufe* zu deuten. In Ps 42,8; 69,2 f.; Jes 43,2 wird beschrieben, wie der Beter in seiner Not (wie) von Wassern überflutet wird und sich fühlt wie auf dem Grunde des Meeres. «Nur einmal heißt es: ‹Die Ungerechtigkeit tauft (= überflutet) mich (Jes 21,4). Jüdische Apokalyptiker haben am Weltende das Sterben und die Wiedergeburt von allem erwartet... Da auch die Johannestaufe deutlich apokalyptische Züge besitzt, ist vielleicht schon vor Jesus die Taufe als Vorwegnahme endzeitlicher Not, eventuell gar als Wiedergeburt verstanden worden... es ließe sich an eine ‹Generaltaufe› denken, in der Jesus gewissermaßen in seinem eigenen Schicksal die endzeitliche Not übernimmt und so die ‹Wiedergeburt› der Welt vollzieht.» E. SCHWEIZER: Das Evangelium nach Markus, 119. Dafür spräche, daß vor allem in Mk 13 (der apokalyptischen Rede) der Untergang der Welt von Markus offenbar als Bild des Todes Jesu verstanden wird: im Sterben Jesu vollendet sich bereits das Ende der bestehenden Ordnung und die Neugestaltung der Welt. Bei «Becher» und «Taufe» dürften auch bereits sakramentale Vorstellungen von Abendmahl und Taufe, die hier im Leiden Jesu als Einheit gedacht sind, eine Rolle spielen.

[17] Vgl. sinngemäß E. VON ROTTERDAM: Institutio Principis Christiani – Erziehung des christlichen Fürsten, in: Ausgewählte Schriften, V 110–357, S. 341–342; DERS.: Querela pacis – Die Klage des Friedens, in: A. a. O., 358–451, S. 407; *Dulce bellum inexpertis* ist der Titel des berühmten Aufsatzes in *Adagiorum Chiliades* Des Erasmi Roterodami, Basel 1515, 4. Ausg. 1551. Vgl. auch ST. ZWEIG: Triumph und Tragik des Erasmus von Rotterdam, 96.

gilt es, in die völlige Ohnmacht einzuwilligen, und eben eine solche Einwilligung ins Leid kann man nicht wollen, man kann sich nur, wie in der Erzählung vom Seewandel Jesu (Mk 6,45–52), über das Meer der Angst von Gott hinwegtragen lassen; «meistern» kann man es nicht.

Es spricht für die Vorsicht im Umgang Jesu mit seinen Jüngern, wenn er den Söhnen des Zebedäus durchaus ihre Frage nicht als Überheblichkeit oder Vermessenheit zum Vorwurf macht[18]. Ist es nicht ein erster und wichtiger Schritt auf dem Weg zu Gott, mit einem jugendlichen Idealismus zu beginnen, der sich beherzt und spontan ohen Selbstzweifel zutraut, die Welt schon von der rechten Seite her anzupacken und dann nicht locker zu lassen, koste es, was es wolle? Man darf den Baum des Idealismus nicht zu früh verpflanzen, sonst verliert er die Blätter, noch ehe er Blüten treibt[19]. Und doch kann Jesus die Selbstgewißheit von Johannes und Jakobus auch nicht ohne weiteres bestehen lassen. Könnten sie nur ein wenig in die Zukunft schauen, d. h.: würden sie sich doch nur um ein weniges besser kennen! Nur vier Kapitel weiter, und es wird von den Jüngern ausnahmslos heißen: «Da verließen ihn und flüchteten *alle.*» (Mk 14,50) Wohl hat das Johannesevangelium sich die größte Mühe gegeben, zu schildern, wie der «Lieblingsjünger», anders als Petrus, bis unter das Kreuz an der Seite Mariens den Todesweg Jesu begleitet (Joh 18,15; 19,26); im Markusevangelium, das Jahrzehnte vor der Darstellung des vierten Evangelisten entstanden ist, gibt es indessen nicht den geringsten Hinweis auf eine solche «Ehrenrettung» wenigstens eines der Zebe-

[18] *Formal* ist Mk 10,35–38 ein *Bittgespräch*, das dann in 10,39–40 erweitert wird. «Das angefügte *Apophthegma* (VV 41–45) verleiht der Gesamterzählung *paradigmatischen Charakter.* Die Gemeinderegel (VV 42b–44), eine Fortbildung der Demutsregel 9,35, kontrastiert weltliche Herrschaft mit dem Dienst in der Jüngergemeinde ... Das *Menschensohn-Logion* (V 45) gehört zu den sekundären, vorgegebene Logien kommentierenden Sprüchen.» R. PESCH: Das Markusevangelium, II 154. *Inhaltlich* aber kommt es darauf an, die «Gegenfrage» Jesu in 10,38 nicht nur als «typisch» für Streit- und Bittgespräche zu konstatieren, sondern sich zu fragen, warum man Bitten der vorgebrachten Art tatsächlich zunächst nur durch Gegenfragen in ihrem Anspruch bewußt machen kann, will man sie nicht einfach schroff abweisen. Nicht was in einem Gespräch «gemacht» wird, gilt es festzustellen, sondern was das «Gemachte» mit den Menschen «macht», die es führen, gilt es herauszuspüren, will man solche Gespräche von innen her verstehen.

[19] Sehr eindrucksvoll zeigt sich das *geduldige* Bemühen Jesu darum, dem «Blinden» die Augen zu öffnen, einfach dadurch, daß er die Gebärden des Vertrauens erneuert und verstärkt, in der Wundererzählung von Mk 8,22–26; vgl. E. DREWERMANN: Das Markus-Evangelium, I 520–532, S. 528–529.

däussöhne[20], von den Familienangehörigen Jesu ganz zu schweigen[21]. Es steht offensichtlich nicht beim Menschen selber, zu wissen, wer er in einem bestimmten Augenblick sein wird und wie er unter bestimmten Bedingungen sich verhalten kann. Umgekehrt: was für ein Mensch jemand ist, hängt davon ab, in welch einem Verhältnis er zu Gott steht: Er wird um so menschlicher sein, je mehr er sich selber von Gott her versteht; er wird um so stärker auch in Augenblicken der Gefahr auftreten, je weniger er selber sich zum «Mut» «entschließen» muß; und er wird als Person um so glaubhafter sein, je intensiver er seine Existenz im Glauben an Gott gefestigt sieht. Um Vertrauen geht es, nicht um Tapferkeit.

Was aber soll dann noch das Verrechnen vermeintlicher «Leistungen» gegenüber Gott?

Man muß sich immer wieder klarmachen, daß im Markusevangelium der Kreis der «Jünger» oder der «Scharen» die spätere «Kirche» nicht nur vorwegnimmt, sondern direkt meint und bezeichnet[22]. Keine Frage innerhalb

[20] E. Meyer: Ursprung und Anfänge des Christentums, I 145 meinte indessen, es werde in 10,31 bereits das Martyrium der Zebedäus-Söhne im Jahre 44 vorausgesetzt. «... das weist auf eine jerusalemische Tradition. Von Petrus ist nicht die Rede, die beiden Zebedäussöhne treten in den Vordergrund, wie 9,38 Johannes der Sprecher ist. Damit hängt offenbar zusammen, daß im Apostelkatalog zwar Petrus die erste Stelle behält..., aber Andreas von ihm getrennt ist und Jakobus und Johannes unmittelbar an ihn gerückt werden.» (Vgl. Mk 3,16)

[21] Zu dem Verhältnis Jesu zu seinen Angehörigen berichtet Mk 3,21, daß die Angehörigen Jesus für verrückt hielten; vgl. E. Drewermann: Das Markus-Evangelium, I 311–321; 376–389.

[22] Das gilt um so mehr, wenn man bedenkt, daß der Abschnitt Mk 10,35–38 mit seinen zwei Erweiterungen (39–40. 41–44) und dem abschließenden Satz 10,45 bereits in der vormarkinischen Tradition einem «Katechismus» angehörte, der zusammen mit 10,2–12 und 10,17–23.25 die Themen: Ehe (Keuschheit), Reichtum (Armut) und Macht (Demut) umfaßte. Von seiten der Tiefenpsychologie meinte H. Schultz-Hencke: Der gehemmte Mensch, 39–40 zu den drei sog. «evangelischen Räten»: «Sie wurden in dieser Gestalt zum Gebot erhoben, weil eben jene drei Gebiete menschlichen Strebens innerhalb der Vielfalt des Strebens... sich durch besondere... Züge auszeichnen. Es handelt sich um diejenigen drängenden Bedürfnisse, an die der Mensch leicht sein Herz verliert, an die er sich triebhaft hinzugeben neigt, zum Schaden seiner Mitmenschen, aber mehr noch zum Schaden seiner selbst... Nicht daß er strebt, liebt, begehrt, ist dann das Wesentliche, sondern daß er sich verliert, daß zum Laster wird, was ruhig sich entfaltendes Leben sein könnte.» (39) Viel stärker freilich, als Schultz-Hencke es tut, ist auf den Faktor der *Angst* hinzuweisen, der die Grundbedürfnisse des Menschen: Oralität (Haben), Analität (Herrschen) und Sexualität (Liebe) allererst bis zum Selbstverlust überschießend macht. Zudem ist es theologisch

des «Jünger»-Kreises hat in der Kirche bis heute an Aktualität verloren, insbesondere nicht die Frage nach dem «Sitzen zur Rechten und zur Linken». Der Egoismus eines Denkens in göttlichen «Belohnungen» ist bereits schlimm genug. Noch ärger aber als eine solche religiöse Kosten-Gewinn-Rechnung ist der Umstand, daß die (beamteten!) «Diener» Gottes[23] in allen Religionen und

äußerst wichtig, die sog. *evangelischen Räte*, die in dem vorliegenden Gemeindekatechismus bereits anklingen, nicht als asketische Tugendübungen mißzuverstehen, sondern in ihnen Wege zur Erlösung der angstverkrampften Grundhaltung des Ichs im Getto der eigenen Selbstentfremdung zu sehen. Der Zusammenhang mit dem Passionsweg, in den Markus diese Texte stellt (vgl. Mk 10,32) hat zwar immer wieder in der Kirchengeschichte bis in unsere Tage hinein dazu geführt, dem Leiden einen gottgewollten Wert an sich zuzusprechen; es ist aber zum Verständnis dieser Worte deshalb um so wichtiger, die Dialektik der Erlösung des Menschen durch das Leid als Folge der Psychodynamik der Angst und ihrer eigenen Abwehrmechanismen zu verstehen, da sonst eine Perversion der christlichen Erlösungslehre in eine masochistische Ideologie unvermeidlich ist; vgl. E. Drewermann: Das Markus-Evangelium, I 45–80. Dementsprechend muß Stelle für Stelle der befreiende, heilende, angstlösende Aspekt der Worte Jesu in der Auslegung betont werden. Vgl. E. Drewermann: Tiefenpsychologie und Exegese, II 673–681 zur Interpretation religiöser Rede.

23 Vgl. S. Kierkegaard: Der Augenblick, XIV 271, in: Werkausgabe, II 479: «Laß mich ein Beispiel geben. Derart zu leben, daß man angestrengter arbeitet als irgendein Lohnarbeiter und damit erreicht, daß man Geld zusetzt, daß nichts aus einem wird, daß man ausgelacht wird und dergleichen: diese Art zu leben muß sich für die Masse der Menschen als eine Art Narrheit darstellen, auf jeden Fall werden sie sich alle fremd fühlen, werden ein solches Leben befremdet ansehen. Die Wahrheit indessen ist die, daß ein solches Leben dem Christentum des neuen Testamentes entspricht. Laß nun jemanden, der solcherart lebt, in einer christlichen Gesellschaft leben, wo es eine ganze Besetzung von eidlich auf das neue Testament verpflichteten Lehrern gibt: dann entsteht die Niedertracht. Diese vereidigten Lehrer, ja, angesichts derer und deren Leben fühlt die Masse sich nicht fremd, das kennen sie alle gut, es ist ja ihr Eigenstes: Es lebe der Vorteil, die Tätigkeit im Gewerbe, was sich in jeder Hinsicht bezahlt macht. Aber diese Lehrer sind ja Geistliche, sie müssen also doch wohl, als auf das neue Testament Vereidigte, wissen, was Christentum ist, also geben sie der Masse die Gewähr dafür, daß dies Haschen nach dem Vorteil und dergleichen, daß dies wahres Christentum sei. Wenn dann die Masse, dergestalt belehrt, angesichts eines solchen Lebens, wie des beschriebenen, sich befremdet fühlt und geneigt ist, es für Narrheit zu halten (was noch nicht niederträchtig ist, sondern menschlich), so glaubt jetzt die Masse, sie sei, *christlich* berechtigt, über ein solches Leben das Urteil zu fällen, daß es eine Narrheit sei. Dies ist niederträchtig, und diese Niedertracht verdankt man – dem Dasein der ‹Geistlichen›.» Man muß im Sinne Kierkegaards noch hinzufügen, daß diese eifrige Schar von Theologen nicht müde wird, die Notwendigkeit des Leids, des Kreuzes, der Leidensnachfolge zu predigen, um desto vorteilhafter die

zu allen Zeiten aus der Vorstellung einer solchen Hierarchie der Löhne bei Gott im Himmel eine Ideologie der Herrschaft über Menschen auf Erden abzuleiten pflegen. Muß man betonen, daß die real existierende Kirche in diesem Punkte sich in nichts von den Eitelkeiten «weltlicher» Institutionen unterscheidet, bis auf den Umstand, daß in der Kirche als «Gnade» und als «Segen» zu gelten hat, was außerhalb der Kirche ohne weiteres als ein ganz ordinäres Geckentum betrachtet wird? Jeder kennt hinlänglich den Aufwand und Pomp an Titeln und Kostümen der «geistlichen Würdenträger» im allgemeinen; doch nehmen wir nur ein einziges konkretes Beispiel: Wer immer in der Kirche ein höheres «Amt» zu «bekleiden» gedenkt, bedarf naturgemäß auch der öffentlichen, d. h. akademischen Reputation seiner Befähigung; so sehr, daß, wofern diese fehlt, seine Eminenz der (Kardinalerz)Bischof der jeweiligen Diözese in seiner Eigenschaft als Magnus Cancellarius der ihm unterstellten theologischen Fakultät an der staatlichen Hochschule des Bischofssitzes den Rector magnificus zu verständigen hat, um die Professorenkonferenz zu ersuchen, jene durch ein geistliches Amt auszuzeichnende Amtsperson in ihrer persönlichen Qualifikation durch die Verleihung der Würde eines *Doctor honoris causa* auszuzeichnen. Doch gereicht diese übliche Praxis zur «Ehre»? Wofür man sich schämen müßte unter den Augen Christi, das soll in der Kirche Christi das «Ansehen» mehren?

Man sage nicht, derartige Mätzchen verdienten nicht die Beachtung, daß man sie an einem Jesus-Wort messen müßte; wenn sie keine Beachtung verdienten, warum pflegt und hegt man sie dann seit Generationen mit Sorgfalt? Und wie gedenkt man den Eindruck zu vermeiden, daß es sich hier keinesfalls nur um nebensächliche Allüren der Vergangenheit, sondern um Symptome, um Manifestationen einer Geisteshaltung handelt, die sich mit dem Heiligenschein vom Haupte Jesu schmückt, nur um jeden seiner Gedanken mißachten zu können? «Stell Dir vor», schlug vor 150 Jahren Sören Kierkegaard vor, «Gott habe verboten, am Sonntag mit einer Kutsche in den Tierpark zu fahren; was müßte man tun, um sowohl das Vergnügen als auch die Frömmigkeit miteinander zu verbinden? Man müßte einen Bischof bestellen,

eigenen Lehrstühle und Ämter zu «bekleiden» und zu «besitzen», indem sie die «Berufung» der jeweiligen Fakultät, des jeweiligen Domkapitels annimmt – immer in Nachfolge der «Berufung» Jesu, ihn zu begleiten nach Golgotha. Das beste Mittel aber, um diese Zweideutigkeit von Lehre und Leben aufrechtzuerhalten, besteht darin, die «Hohenpriester» und «Schriftgelehrten» von Mk 10,33 als zufällige Statisten der Vergangenheit hinzustellen, statt sie in der Gegenwart: im eigenen Wesen und in den Strukturen der Kirche selber wiederzuerkennen.

der den Kutschwagen feierlich einsegnet und sogar selber auf dem Kutschbock Platz nimmt. Dann hast Du die Christenheit, die es vortrefflich versteht, ein heiliges und gottwohlgefälliges Werk aus gerade dem Tun zu machen, das Gott ausdrücklich untersagt hat.»[24] Jesus *hat* ausdrücklich verboten, in Sachen Gottes sich genauso eitel, anmaßend, herrschsüchtig und ehrpuzzelig zu benehmen wie in allen anderen Fragen des öffentlichen Lebens, und er wollte gewiß nicht, daß sein Verbot einzig dazu benutzt würde, um die menschlichen Monströsitäten, wie sie sonst im Schwange sind, nunmehr zu gottwohlgefälligen Pflichten zu verweihräuchern.

Was Jesus wirklich meinte, hat andererseits auch nichts mit «Bescheidenheit» zu tun, so als gelte es, für sich eine besondere moralische Tugend der Selbstdisziplin einzuüben. Hier wie allerorten geht es Jesus allein um Gott und gerade nicht um «Tugenden». Gott allein ist es und bleibt es in den Augen Jesu überlassen, zu beurteilen und festzusetzen, wie hoch der «Wert» eines Menschen zu bemessen ist[25].

Für die kirchliche Dogmatik, in welcher die Person Jesu mit einer Fülle göttlicher Attribute umkleidet wird, muß es immer wieder bestürzend und schockierend wirken, mit welch gelassener Selbstverständlichkeit Jesus im Markusevangelium in Wahrheit alle göttlichen Prärogative als Anmaßung zurückgewiesen hat. «Was nennst du mich gut? Keiner ist gut denn einer: Gott!» – so entgegnete Jesus dem reichen Jüngling (Mk 10,18); und nicht anders erklärt er hier seinen Jüngern, daß er sich nicht für das hält, was das christliche Glaubensbekenntnis den Worten nach in ihm sieht: den «Richter der Lebenden und der Toten«[26]. Wenn etwas im Sinne einer recht verstande-

[24] S. KIERKEGAARD: Der Augenblick, XIV 358, in: Werkausgabe, II 560.

[25] Mk 10,40 umschreibt, unter Vermeidung des Gottesnamens, wie sehr jedes Lohnstreben Jesus fremd ist gegenüber der absoluten Souveränität Gottes. Vgl. J. JEREMIAS: Neutestamentliche Theologie, I 206–211, der, im Unterschied zur pharisäischen Leistungsreligion, das *neue Motiv* der Dankbarkeit gegenüber Gott als Grundlage des Handelns Jesu herausstellt.

[26] Vgl. die Formel des *Apostolischen Glaubensbekenntnisses:* «von dannen er (Christus) kommen wird, zu richten die Lebenden und die Toten»; H. DENZINGER – A. SCHÖNMETZER: Enchiridion Symbolorum, Num. 10–76, S. 20–42. Papst Benedikt XII sprach sogar davon, daß alle Menschen «vor das Tribunal Christi» treten müßten; DENZINGER: A. a. O., Nr. 531 (1002), S. 297. Doch diese Überzeugung geht wesentlich zurück auf Mt 25, 31–46, das Gleichnis vom Weltgericht; vgl. J. BRINKTRINE: Die Lehre von den letzten Dingen, 103. Gerade in diesem Gleichnis aber zeigt sich, daß einzig die Menschlichkeit selbst der Maßstab des göttlichen Gerichtes sein wird und daß der «Menschensohn» eben

nen christlichen Glaubenslehre an Jesus «göttlich» ist, so gerade diese Menschlichkeit, mit der seine Person von Gott bestimmt wird und sich tragen läßt, und eben diese durchsichtige Offenheit, die keinen Schatten wirft zwischen dem Licht Gottes und der Sicht der Menschen, macht ihn am ehesten zu dem, was die Dogmatik mit dem Wort vom «Sohn Gottes» umschreibt[27]. «Der Gottessohn lebt nicht für Gottes Lohn», könnte man mit

deshalb der «Richter» ist, weil er diese Menschlichkeit wesentlich in sich verkörpert. Keinerlei christologische Verfeierlichung kann daran vorbeiführen, daß Jesus gerade keinen Kult seiner Person, sondern ein einfaches Tun seiner Worte wollte (vgl. Mt 7,24–27).

[27] Insbesondere Mk 10,45, das Wort vom «Menschensohn», der sein Leben hingibt als «Lösegeld» «für viele», macht deutlich, in welchem Sinne Jesus seine Lebensaufgabe versteht: er sieht sich selber nicht als den «Richter», sondern als den «Löser» bzw. Loskäufer aller Menschen im Endgericht. J. JEREMIAS: Das Lösegeld für Viele (Mk 10,45), in: Abba, 216–229 hat darauf hingewiesen, daß der Wortlaut sich an Jes 53,10–12 (und zwar an den hebräischen Text gegen die LXX) anschließt (S. 227). Der Text von Jes 52,13 – 53,12 wurde in der zeitgenössischen Exegese endzeitlich verstanden und muß auch an dieser Stelle so gedeutet werden; vgl. HENOCH 46,4 f.; 48,8; 55,4; 62.1.3.6.9; 63,1–11, die Stellen über den messianischen Richter. Vgl. auch J. JEREMIAS: *pais theoy* im Neu. Testament, in: Abba, 191–216, der (S. 211–212) auf die Sicherheit hinweist, mit der Jesus mit einem gewaltsamen Tod rechnen mußte: Mk 2,7, der Vorwurf der Gotteslästerung bedeutete die Androhung der Steinigung; Mk 2,23 – 3,7 berichtet von der ersten Verwarnung wegen Sabbathbruchs; Mk 3, 1 ff. wagt Jesus schon sein Leben und muß sich durch Flucht (3, 7) retten. «Falls Mk 3,22 b ... den Vorwurf der Zauberei enthalten, so wird auch hierdurch Jesus eines Verbrechens bezichtigt, das mit Steinigung bestraft wurde. Die Todesstrafe drohte schließlich auch dem falschen Propheten (vgl. Lk 13,33).» Vgl. dazu H. L. STRACK – P. BILLERBECK: Kommentar zum Neuen Testament aus Talmud und Midrasch, I 631 (Jesus als Zauberer). Alles spricht nun dafür, daß Jesus, mit der Gewißheit seines Todes vor Augen, in Jes 53 «den Schlüssel für die Notwendigkeit und den Sinn seiner Passion» gefunden hat. Als Beleg dafür darf nicht zuletzt Mk 14,24 (das Abendmahlswort) gelten; vgl. J. JEREMIAS: Abendmahlsworte, 179–181; 194 f. Gerade aber, wenn man die *Gründe* vor Augen hat, weswegen die Hohenpriester und Schriftgelehrten Jesus mit dem Tode bedrohen, muß man sich hüten, die vom kultischen Opfergedanken her beeinflußten Vorstellungen von Jes 53 christologisch oder soteriologisch in Gott oder in den «Menschensohn» hineinzuprojizieren. Gott bedarf nicht des Opfers eines Unschuldigen, um die Menschheit mit sich zu versöhnen; vgl. E. DREWERMANN: Das Markus-Evangelium, I 64–73. Umgekehrt: Jesus muß immer wieder erlebt haben, daß es gerade die einfache Menschlichkeit ist, die ihn in den tödlichen Widerspruch zu den Hohenpriestern und Schriftgelehrten treibt, und so muß er sein eigenes Schicksal als typisches Prophetenschicksal verstanden haben, das er Gott anheim stellte, in der Hoffnung, die Menschen möchten zu eben der Einsicht gelangen, die Jes 52–53 beschreibt. C. COLPE: *ho hyios toy anthropoy,* in: G. Friedrich (Hrsg.): Theologisches Wörterbuch zum Neuen Testament, VIII 403–481,

einem Wortspiel sagen; er läßt Gott sein, wie reine Luft den Strahl der Sonne durchläßt. So wie der Windgott Schu bei den Ägyptern als Kind des Himmels und der Erde galt, so darf die Gestalt Jesu gerade wegen ihrer «Geistigkeit» als «geboren» aus den Menschen und «gezeugt» vom Himmel gelten[28]. «Von Gott» ist am meisten jene Lebensform, die auf Machtansprüche aller Art verzichtet, damit die Macht, die Gott im Herzen eines Menschen zukommt, so unverfälscht wie möglich wirksam werde.

Es gibt nur wenige Worte Jesu, die so unmittelbar «politisch» sind wie diese: das «Reich Gottes» hat nicht nur nichts gemein mit den «Reichen dieser Welt», es ist das strikte Gegenteil von Herrschaft und Gewalt. Dabei greift Jesus im Grunde die Einstellung des Alten Israels auf. Noch in der frühen Eisenzeit, im 11. Jh. v. Chr., als Abimelech von der Stadt Sichem aus das erste Mal im Alten Testament sich königliche Würde anzumaßen suchte, rief der Prophet Jotham vom Berge Garizim warnend seine *Fabel vom Dornstrauch* dem Volke zu: Einst wollten die Bäume sich einen König wählen und fragten der Reihe nach den Ölbaum, den Feigenbaum, den Weinstock, ob sie König über die Bäume sein wollten, doch sie alle wollten nicht ihren Nutzen, ihre Süße und ihre Schönheit eintauschen gegen Herrschermacht; schließlich erhob sich der Dornstrauch zum König über die Bäume, und das Feuer, das aus ihm hervorbrach, vernichtete die Zedern des Libanon (Ri 8,1–57)[29]. Ganz wie diese Fabel des Jotham scheint Jesus zu denken. Wirk-

S. 458 meint, daß Markus in 10,45 «der Tradition» gefolgt sei, «die Menschensohn- und Leidensaussagen miteinander verbindet... Er zeigt damit die letzte Tiefe des Dienens Jesu auf und spitzt es... auf das zu, worauf es innerlich angelegt war, nämlich auf die Selbsthingabe seines Lebens im Dienste der Erlösung aller»; Mk 10,45 b selbst aber gehöre «zur ältesten palästinensischen Überlieferung der Herrenworte» und müsse «auf ein echtes Jesuswort zurückgehen». Die Art der Erlösung gibt Markus dabei selbst am klarsten wieder: es geht nicht darum, in einer kultischen Opfermagie die eigenen Sünden dem «Lamm Gottes» aufzuladen, sondern die Haltung jener «Dienstbereitschaft» von Jesus zu übernehmen und in seiner Nachfolge zu lernen, die das Richtmaß eigentlicher menschlicher Größe ausmacht.

[28] Diese Vorstellung prägte sich am deutlichsten in dem Mythem von der himmlischen Geburt des Erlösers aus; vgl. E. Drewermann: Dein Name ist wie der Geschmack des Lebens, 51–66.

[29] Zu dieser stärksten antimonarchischen Dichtung der Weltliteratur vgl. M. Buber: Königtum Gottes, Werke, II 485–723, S. 562. «Das Königtum, so lehrt das an Gehalt und Darstellung nur einigen taoistischen Bildreden zu vergleichende Gedicht, ist kein produktiver Beruf; es ist müßig, aber verwirrend und zersetzend, daß Menschen über Menschen

lich «groß» sind nur die Menschen, die anderen von Nutzen sind; solche aber wollen nicht «herrschen», sie verweigern sich der «Macht». Nach Macht tragen in Wahrheit stets nur die Unnützen, die Minderwertigen Verlangen, und es ist regelmäßig zum Schaden aller, wenn man sich ihnen unterwirft. Bereits im 4. Jh. v. Chr. hat der chinesische Weise DSCHUANG-DSI mit Worten, die einem Gleichnis Jesu bemerkenswert ähneln (Mk 3,27), das System der Herrschaft von Menschen über Menschen kritisiert und vor allem darauf

herrschen; jeder soll seinem ihm eigentümlichen Geschäft nachgehen und die mannigfaltigen Fruchtbarkeiten werden zu einer Gemeinschaft zusammenwirken.» Man muß hinzufügen, daß die Jothamfabel «boshaft» genug ist, zu unterstellen, daß sich einzig die minderwertigen, niedrigen und unnützen Charaktere dazu eignen und danach drängen, «Politiker zu werden», und gerade diesen Gedanken scheint Jesus zu teilen! «Die Kritik Jesu an den politischen Machthabern seiner Zeit ist vernichtend», meint E. STAUFFER: Die Botschaft Jesu damals und heute, 95 mit Blick auf Mk 10,42 f. «In keinem Evangelium vertritt Jesus die übliche Theorie, daß die Obrigkeit von Gott eingesetzt sei (vgl. Lk 4,6 u. a. m.)... Nirgends fordert oder befürwortet Jesus das übliche Gebet für die Obrigkeit (vgl. Mt 6, 9–13 p)... In keinem Jesuswort begegnet der Grundbegriff der üblichen Untertanenethik, der Begriff des Gehorsams... – Man kann verstehen, daß alle loyalen Juden Jesus für einen galiläischen Anarchisten hielten und die Männer des Großen Synhedriums dem römischen Prokurator versicherten: ‹... Er hetzt die Bevölkerung auf›.» (Lk 23,2–5) A. VON HARNACK: Das Wesen des Christentums, 70 meinte von Mk 10,42: «Ihre (sc. der Machthaber, d. V.) Funktionen beruhen auf *Gewalt,* und eben deshalb fallen sie für Jesus außerhalb einer sittlichen Beurteilung, ja sie stehen derselben prinzipiell gegenüber.» Das stimmt; aber v. HARNACK glaubte, das Problem der Macht zeitgeschichtlich relativieren und letztlich noch im Rahmen der Ethik und der Rechtsphilosophie abhandeln zu können. In der Sicht Jesu aber gibt es keinen «ethischen», sondern wesentlich nur einen religiösen Standpunkt: es geht nicht um eine Änderung der Politik, sondern um ihre Verwandlung, nicht um die Lösung gewisser Fragen im Umgang mit der Macht (Eid, Steuern, Kriegsdienst u. a.), sondern um die Erlösung der Motive von Machtbesitz und Machtausübung. Dies auch gegen die 60 Jahre später (!) von R. SCHNACKENBURG: Die sittliche Botschaft des Neuen Testamentes, 87 geäußerte Verharmlosung, ja, Ignorierung des ganzen Problems, wenn er von Mk 10,42 lediglich notiert, der Satz von dem «Herunterherrschen» der «Großen» auf ihre Völker bestätige «zunächst den realistischen Blick Jesu. Das ist ein Erfahrungsurteil und keine grundsätzliche Verwerfung der politischen Institutionen. Jesus sieht aber ähnlich wie beim Reichtum das Gefährliche und Verführerische der Macht.» Kann man, darf man nach Auschwitz und Hiroshima, nach REINHOLD SCHNEIDER und MIGUEL DE UNAMUNO so einfältig Theologie betreiben? Warum denn ist allerorten das «Erfahrungsurteil» über die menschliche Macht dasselbe? Und wenn Jesus befahl, allen Besitz aufzugeben, ist es dann nicht nur konsequent, dasselbe genauso uneingeschränkt auch von der Macht zu denken?

hingewiesen, wie vortrefflich die Dressate der Moral sich zur Kaschierung blanker Machtwillkür in den Händen der Regierenden eignen[30]:
»Um sicher zu sein vor denen, die Geldbörsen stehlen, Koffer rauben und Geldschränke aufbrechen, muß man all sein Hab und Gut mit Stricken,

[30] DSCHUANG DSI: Südliches Blütenland, X 1, S. 110; zitiert nach TH. MERTON: Sinfonie für einen Seevogel, 44–46 (Diebstahl zum Wohle des Volkes). – Ähnlich lehrte LIÄ DSI: Quellender Urgrund, II 17, S. 66: «Es gibt in der Welt einen immer sieghaften Sinn und einen immer sieglosen Sinn. Der sieghafte Sinn heißt Demut, der sieglose Sinn heißt Gewalt... Gewalt verläßt sich darauf, daß andres dem eigenen Selbst nicht gleichkommt; Demut verläßt sich auf das, was aus dem eigenen Selbst hervorgeht. – Wenn einer sich darauf verläßt, daß andere seinem eigenen Selbst nicht gleichkommen, und die anderen erreichen es dann doch, seinem eigenen Selbst gleichzukommen, so kommt er in Gefahr. Wer sich auf das verläßt, was aus seinem eigenen Selbst hervorgeht, kommt nie in Gefahr. Dadurch siegt man über Ein Ich wie nichts; dadurch waltet man über der Welt, wie nichts. Das heißt: man siegt nicht, es siegt sich von selber. Man waltet nicht, es waltet sich von selber. – ... Willst du Härte, mußt du sie durch Weichheit wahren. Willst du Stärke, mußt du sie durch Schwäche schützen. Übe dich in Demut, so wirst du fest. Übe dich im Schwachsein, so wirst du stark. Wenn du darauf siehst, was einer übt, so weißt du, ob Glück oder Unglück ihm naht. Die Gewalt siegt über das, was dem eigenen Selbst nicht gleichkommt. Das, was dem eigenen Selbst gleichkommt, stößt hart mit ihr zusammen. Demut siegt durch das, was aus ihrem eigenen Selbst hervorgeht, ihre Macht ist ohne Maß. – Lau Dan (sc. Lao tse, d. V.) sprach:
‹Sind Waffen stark, so bersten sie.
Ist ein Baum stark, so zerbricht er.
Weichheit und Schwäche sind Gesellen des Lebens,
Festigkeit und Stärke sind Gesellen des Todes.›»
Es ist für unseren so machtbesessenen und gewalttätigen europäischen Kulturraum unerläßlich, die Haltung Jesu sich heute wie von außen erklären zu lassen, um wenigstens zu ahnen, was gemeint ist. In den christlichen Kommentaren sind gerade die Worte Jesu von Mk 10,42 f. so sehr mit den Vorstellungen von Leid und Selbstunterdrückung verknüpft, daß sie ihrerseits neuerliche Gewalt bewirken müssen. Die sanfte psychologische Argumentation der Taoisten knüpft dort an, wo man anknüpfen muß, um Worte der Erlösung richtig zu verstehen: beim Selbst des Menschen. Sehr konzis, aber im gleichen Sinne wie die Worte Jesu meinte LAOTSE: Tao te king, Nr. 66, S. 109: «Daß Ströme und Meere Könige aller Bäche sind, / kommt daher, daß sie sich gut unten halten können. / Darum sind sie die Könige aller Bäche. // Also auch der Berufene: / Wenn er über seinen Leuten stehen will, / so stellt er sich in seinem Reden unter sie. / Wenn er seinen Leuten voran sein will, / so stellt er sich in seiner Person hintan. / Also auch: / Er weilt in der Höhe, / und die Leute werden durch ihn nicht belastet. / Er weilt am ersten Platze, / und die Leute werden von ihm nicht verlezt. / Also auch: / Die ganze Welt ist willig, ihn voranzubringen, / und er wird nicht unwillig. / Weil er nicht streitet, / kann niemand auf der Welt mit ihm streiten.»

Schlössern, Riegeln wohl versehen. Wer etwas besitzt, der muß sich schützen. Das ist nur natürlich. Aber kommt einmal ein starker und geschickter Dieb und packt gleich alles auf seine Riesenschultern, dann hat der nur die eine Sorge: Hoffentlich halten Stricke, Schlösser, Riegel oben auf meinem Rücken. So ist das, was alle Welt ein ‹gutes Geschäft› nennt, nichts weiter als dies: Du nimmst deine Beute, verschnürst, verriegelst sie, damit ein kühner Dieb sie mühelos entführen kann. Wer unter den sogenannten Klugen hätte je etwas anderes getan, als Beute aufzustapeln für einen Dieb, der noch gerissener ist als unser Neunmalkluger?

In Khi liegt Dorf an Dorf. Hähnekrähen, Hundebellen. Fischer warfen ihre Netze aus, Bauern pflügten ihre weiten Äcker, und die Grenzlinien zwischen den einzelnen Höfen waren säuberlich gezogen. Über fünfhundert Quadratmeilen waren Ahnentempel und Altäre für Feldgeister und Korngeister verstreut. In jeder Gemeinde, in jedem Kreis, in jeder Provinz wurden die Gesetze peinlich genau befolgt – bis eines Morgens der Justizminister, Tien Khang-tse, den König absetzte und die Macht im ganzen Staate übernahm. Er begnügte sich nicht mit dem Land der Bauern, er übernahm auch die Gesetze, die Rechtsanwälte und die Polizei. Er nahm alles.

Natürlich wurde Khang-tse ein Dieb genannt, aber das machte ihm nichts aus, solange ihn das Volk in Ruhe herrschen ließ. Die kleinen Staaten ließen ihn gewähren, und auch die großen respektierten ihn. So blieb Khi zwölf Generationen lang im Besitz der Familie des Khang-tse. Niemand machte der mächtigen Familie das Recht auf Khi je streitig.

Die Erfindung der Maße und Gewichte macht den Diebstahl leichter. Verträge und Siegel machen das Rauben sicherer. Ermahnungen zu Liebe und Pflichterfüllung sind das Vokabular, mit dem man leicht beweisen kann, daß Diebstahl genau gesehen dem Wohl des Volkes dient. Einen Armen hängt man auf, wenn er ein Riemenschloß gestohlen hat. Wenn aber ein Reicher ein ganzes Land zu seinem Eigentum erklärt, feiert man ihn als den Staatsmann des Jahres.

Wenn du also die besten Reden über Liebe, Pflicht, Gerechtigkeit und ähnliches hören willst, lausche Politikern!

Aber wenn der Fluß austrocknet, wächst im Tal nichts mehr. Wenn ein Damm eingeebnet ist, dann ist die Mulde nebenan gefüllt. Und wenn die Politiker und Rechtsanwälte und die, welche von Pflichten reden, nicht mehr da sind, dann hört der Diebstahl auf, und die Welt hat endlich Frieden.

Die Moral: Je mehr sittliche Grundsätze und Pflichten verkündet werden, um einen jeden auf die allgemeine Linie einzuschwören, um so größer ist die Beute für Diebe vom Schlage Khangs. Mit sittlichen Argumenten und Moral-

prinzipien werden die größten Verbrechen als notwendig für das Wohlergehen aller hingestellt.»
Nimmt man DSCHUANG DSI beim Wort, so ist es nicht möglich, das «Herunterherrschen» der «Mächtigen» durch eine Verbesserung der moralischen Ordnungen zu überwinden; es gibt gegenüber der Macht weder eine politische noch eine ethische, nur eine religiöse Lösung: das *Tao*, nennt sie der chinesische Weise, das «Reich Gottes», nennt Jesus sie. Beide meinten im Grunde dasselbe, bis auf den Unterschied, daß Jesus kein «Weiser» war, sondern – eher – ein «Prophet», und während DSCHUANG DSI in der Versenkung des *Tao* seinen Frieden fand, nötigt die Haltung Jesu bereits an dieser Stelle zu der absoluten Wahl zwischen dem Reich Gottes und dem Reich der Menschen, zwischen Christus und Barabbas (Mk 15,11), zwischen der Macht der Liebe und der Macht der Gewalt[31]. Wer so wie Jesus sich zum »Dienst« an den Menschen im Namen Gottes bekennt, der muß als erstes mit den Schlägen der Geschlagenen, mit den Tritten der Getretenen, mit dem Spott der Verspotteten, mit der Wut der Verzweiflung gegenüber einem jeden rechnen, der inmitten dieser Welt nicht nur für sich allein mit Gott seinen Frieden machen, sondern den Frieden Gottes allen anderen bringen will. Wir können Gott nur danken, daß Jesus kein «Weiser» war; wann aber werden wir selber aus der Torheit seines Todes Weisheit lernen? Zwischen dem Exodus der Freiheit, getragen vom «Nomadenideal» des Alten Israel[32], und der Wohlversorgtheit in der Unterdrückung eines Pharaonenstaates gibt es in der Tendenz durchaus keinen Mittelweg. «Der Menschensohn» erlaubt allein das «Dienen», nicht das Herrschen, selbst wenn die Menschen sich vor nichts mehr fürchten als vor ihrer Freiheit[33].

[31] Vgl. unten zu Mk 15,1–15: Pilatus.
[32] Zum sog. *«Nomadenideal»* bei den semitischen Wüstenstämmen, wonach im theokratischen Sinne nur Gott allein die Herrschaft über Menschen zukommt, vgl. M. BUBER: Königtum Gottes, in: Werke, II 485–723, S. 684–686; 719–720.
[33] Zu der Problematik der *Angst vor der Freiheit* vgl. E. DREWERMANN: Strukturen des Bösen, III 460–479.

Mk 10,46–52: Die Heilung des blinden Bartimaios oder: Die Blindheit der Unansehnlichkeit

[46]So kommen sie nach Jericho. Und als er (wieder) fortging aus Jericho, mit seinen Jüngern und mit einem beträchtlichen Volk, saß da der Sohn des Timaios, Bartimaios, ein blinder Bettler, am Weg. [47]Wie er da hörte: Jesus, der Nazarener, ist es, hub er an zu schreien und zu sagen: Sohn Davids, Jesus, erbarm dich meiner! [48]Da herrschten viele ihn an, daß er schweige; er aber, noch viel mehr, schrie auf: Sohn Davids, erbarme dich meiner. [49]Da blieb Jesus stehen und sagte: Ruft ihn. Da rufen sie den Blinden und sagen ihm: Nur Mut, steh auf, er ruft dich. [50]Da warf er seinen Mantel ab, sprang auf und kam zu Jesus. [51]Doch ihm zur Antwort hat Jesus gesagt: Was für dich, möchtest du, soll ich tun? Der Blinde aber hat ihm gesagt: Rabbuni (mein Meister), daß ich wieder sehe. [52]Da hat Jesus ihm gesagt: Geh hin, dein Vertrauen hat dich gerettet. Und sogleich wurde er wieder sehend und folgte ihm auf dem Wege.

Als Jesus seine Jünger ausschickte, «zogen sie hinaus und verkündeten, es heiße umkehren; auch viele Abergeister trieben sie aus, sie salbten mit Öl viele Kranke und heilten«. (Mk 6,12.13) So eng also gehörten für Jesus die Verkündigung von Gott und die Heilung des Menschen zusammen[1]. Gott nahe zu kommen, bedeutete für ihn, sich selber zurückgegeben zu werden. Den Glauben an Gott verstand Jesus so, daß man aufhören konnte, Gedanken zu denken, die nicht die eigenen sind, und Absichten durchzuführen, die künstlich, von außen, dem Ich gegen seinen Willen eingeprägt wurden und sich nunmehr als fremde Geister gegen die eigene Person, gegen das eigene Denken, gegen das eigene Empfinden und Wollen richten[2]. Der Gott Jesu Christi verträgt sich, den Worten der Jüngeraussendung zufolge, nicht mit der dämonischen Sklaverei eines derartig fremdgeleiteten Unlebens; er möchte vielmehr, daß die Menschen wieder ihren eigenen Sinnen, ihrem

[1] Vgl. zu Mk 6,7–13 E. DREWERMANN: Das Markus-Evangelium, I 390–404; DERS.: Zum Verhältnis von Psychotherapie und Seelsorge, in: Psychoanalyse und Moraltheologie, I 163–178.

[2] Zum Begriff der «Dämonen» bzw. der «Abergeister» vgl. E. DREWERMANN: Das Markus-Evangelium, I 25–44.

eigenen Verstand, ihren eigenen Händen und Füßen zu vertrauen lernen und wissen, daß Gott, der sie geschaffen hat, *ihr* Dasein möchte. Im Namen Gottes sollten die Menschen sich angenommen und aufgerichtet, gestärkt und ermutigt fühlen. Man sollte von Gott in einer Weise sprechen hören, daß es wohltuend und heilend sei – wie Öl[3]; und wenn Jesus sagte, es gelte umzukehren, so meinte er offenbar vor allem, man müsse aufhören, Gott wie ein Prinzip des Schreckens, der Angst und der Verstümmelung des Lebens zu verstehen[4]; man müsse durch die Angst hindurch wieder zu Gott Vertrauen fassen lernen, sonst sei man ungerecht sich selber gegenüber, Gott gegenüber, allem gegenüber.

Religion war für Jesus insofern wesentlich eine Heilung von der Angst und ihren heillosen Verkrüppelungen und Verengungen; er sah im Glauben an Gott eine Art, dem Menschen seine persönliche Würde und Gott die schuldige Dankbarkeit zurückzugeben. Von dieser Einstellung Gott gegenüber war Jesus so durchdrungen, daß er an Menschen glaubte, die den Glauben an sich selbst längst aufgegeben hatten, und daß in seiner Nähe immer wieder Menschen förmlich angesteckt wurden durch sein Vertrauen in die Größe und die Weite ihres Lebens.

Die Heilungswunder, die von ihm berichtet werden, sind vor allem solche Beispiele eines Glaubens an die Macht des Vertrauens[5]. Sie sind fast alle

[3] In Mk 6,13 mutet die Salbung der Kranken mit Öl sehr sonderbar an, hat doch Jesus zuvor den Jüngern geradewegs geboten, nichts weiter mitzunehmen als nur einen Stab und Sandalen an den Füßen; die Jünger müßten sich das (als Lampenöl in jedem Haus vorrätige) Heilmittel also von Fall zu Fall geben lassen. Aber eine solche Zeremonie macht nur Sinn, wenn die Anwendung des Öles so sehr zur Art des Auftretens und Wirkens passend ist, daß eine gewissermaßen sakramentale Einheit von Wort und Zeichen sich ergibt; das Öl allein bliebe ein äußeres Material, ohne Worte, welche die Seele eines Kranken so sehr zu rufen vermöchten, daß das Öl sich belebte und zum Zeichen göttlicher Güte zu werden vermöchte. Zum Öl als gebräuchlichem Heilmittel in der Antike vgl. H. Schlier: *elaion*, in: G. Kittel (Hrsg.): Theologisches Wörterbuch zum Neuen Testament, II 468–470, S. 470. Hinzufügen muß man freilich, daß das Öl das Mittel ist, nicht nur Kranke, sondern Könige zu salben, und daß es bei der Verkündigung der Gottesherrschaft gerade darum geht: Menschen zu heilen, indem man ihnen ein Gefühl für ihre königliche Würde unter den Augen Gottes zurückgibt.

[4] Zu Mk 6,12 vgl. E. Drewermann: Das Markus-Evangelium, I 397–399.

[5] Zum Verständnis und zur Psychologie der Heilungswunder vgl. E. Drewermann: Tiefenpsychologie und Exegese, I 74–141; 188–238. Redaktionsgeschichtlich ist zu beachten, daß Markus die Wundererzählung von der Heilung des Bartimaios unmittelbar zwischen die Jüngerbelehrung über das Leiden und Dienen des Menschensohnes (Mk 10, 33.45) und

ausführliche Krankenbeschreibungen, so eindringlich und genau, daß man die Hoffnungslosigkeit und abgrundtiefe Ohnmacht leibhaft spüren kann, die Menschen ohne Gott, im Feld einer von Angst gejagten Gottesferne, wie notwendig heimsuchen muß; und sie sind Zeugnisse einer fast schon für unmöglich gehaltenen Rettung. Auch die Geschichte von der Heilung des blinden Bartimaios ist in diesem Sinne beides: ein Dokument tiefer Aussichtslosigkeit und ein Dokument, das sehen lehrt, indem es zeigt, wie jemand wieder sehen lernte.

die nachfolgende Geschichte vom Einzug in Jerusalem (Mk 11,1–11) gestellt hat, mit der die Passionsgeschichte beginnt. Offensichtlich will Markus mit der «Blindenheilung» dem Leser gewissermaßen die Augen öffnen für das Geheimnis des Menschensohnes, der hier «Sohn Davids» genannt wird (10,47) und wirklich wenig später als König des Friedens in die Heilige Stadt einzieht, doch nur, um bar aller äußeren Macht durch sein Leid als der wahre «König» aller Menschen von Gott her beglaubigt zu werden. «Nur wo dem Menschen so durch Gottes Wundertat die Augen aufgetan werden, daß er sehen kann, was in Jesus geschieht, und ihm ‹auf dem Weg nachfolgen› kann, versteht er das, wovon jetzt nur noch zu berichten ist, den Weg des Menschensohnes ins Leiden.» E. Schweizer: Das Evangelium nach Markus, 121. Darüber hinaus scheint es, daß die Erzählung schon in der vormarkinischen Passionsgeschichte Mk 10,32–34 (die dritte Leidensweissagung) mit 11, 1–11 (dem Einzug in Jerusalem) verband, also schon dort eine entsprechende theologische Deutung besaß, die von Markus lediglich unterstrichen wird. *Jericho* könnte dabei der Ort sein, an dem die Passahpilger (die Volksmenge von 10,46?) sich vor ihrem Aufbruch nach Jerusalem sammelte; vgl. R. Pesch: Das Markusevangelium, II 167–168; 170. Mk 10,46 a («und sie kommen nach Jericho») dürfte von Markus selbst aus 10,46 b («aus Jericho») erschlossen worden sein. Die gesamte «Vorstellung eines Zuges Jesu von Galiläa durch das Ostjordanland über Jericho nach Jerusalem», die Markus vermittelt, könnte also der rein «theologisch bedingten Anordnung dieser Erzählung» entstammen; E. Schweizer: A. a. O., 121. – Was das Verständnis der Wundererzählung selbst angeht, so gilt es, den Unterschied zu beachten, der zwischen der theologischen Deutung besteht, mit der Markus die Blindenheilung als Symbol christlicher «Einsicht» interpretiert, und der psychologischen Bedeutung, die die Blindheit selbst als Symbol bzw. Symptom besitzt. Die Kraft der Heilung besitzt niemals ein «Glauben, daß» . . . (Jesus z. B. der Messias sei), sondern nur ein *Glaube* im Sinne von *Vertrauen,* der stark genug ist, die Angst aufzulösen, welche die Psychodynamik der Krankheit, hier speziell der Blindheit, erzwingt. Vgl. zu dem Glauben, der heilt, E. Drewermann: Tiefenpsychologie und Exegese, II 129–141. Sehr zu Recht verwahrte sich schon R. Bultmann: Jesus, 130 gegen den intellektualistischen Glaubensbegriff, «wonach der Gottesglaube ein Stück Weltanschauung ist», wie man sie in der Missionspraxis gegen den heidnischen Polytheismus zu setzen versucht habe. Für Jesus sei «Glaube . . . die Kraft, in bestimmten Augenblicken des Lebens Ernst zu machen mit der Überzeugung von der Allmacht Gottes, . . . die Gewißheit, daß man in solchen bestimmten Augenblicken wirklich Gottes Handeln erfahren wird, . . . die Überzeugung, daß

Man mag sich fragen, was denn Angst und Glaubenslosigkeit mit dem Verlust der Sehkraft zu tun haben[6]. Einen Teil der Antwort auf diese Frage hat wohl jeder an sich selbst bereits im Umkreis ganz einfacher psychosomatischer Zusammenhänge erlebt, z. B. in Gestalt plötzlicher *Migräne*anfälle[7]: auf seinem Tisch liegt eine Arbeit, die er im Grunde nicht bearbeiten will, die er aber dennoch glaubt bearbeiten zu müssen; infolge dieses Widerspruches treten heftige Kopfschmerzen auf; er zwingt sich dennoch weiterzuarbeiten, – die Kopfschmerzen steigern sich; die Augen, meist halbseitig, beginnen zu stechen, als würden sie vom Augenhintergrund her mit flachen Zangen zusammengedrückt; Schwindelgefühle und heftiger Brechreiz machen sich be-

der ferne Gott wirklich der nahe ist, wenn der Mensch nur seine gewöhnliche Haltung verlassen will und wirklich bereit ist, den nahen Gott zu schauen.» Lediglich den Glauben an die «Allmacht Gottes» muß man dahin «entmythologisieren», daß Gott seine Macht faktisch in die Ordnung dieser bestehenden Welt entäußert und an sie gebunden hat; nicht alle beliebigen Krankheiten sind einer «Heilung durch den Geist» zugänglich, sondern nur die von der menschlichen Psyche selbst verursachten. An dieser Stelle ist die existentiale Hermeneutik immer wieder durch ein konkretes Verständnis der Psychosomatik der Angst zu ergänzen und in gewissem Sinne zu überwinden.

[6] Erst auf dem tiefenpsychologischen Hintergrund eines wirklichen Verständnisses der jeweiligen Symptomatik innerhalb bestimmter Ängste und Konflikte wird die Möglichkeit einer Heilung durch den «Glauben» selbst verständlich; dann erst versteht man, wieso die Botschaft von der «Nähe» Gottes derartiger Wunder der Heilung mächtig und bedürftig ist. Vgl. E. Drewermann: Tiefenpsychologie und Exegese, II 210–221; 221–238; bes. 212–213; speziell zur Symptomatologie der *Augen* vgl. ders.: Das Markus-Evangelium, I 520–532 zu Mk 8,22–26: Die Heilung des Blinden in Bethsaida; dort (S. 525–529, Anm. 10–26) auch weitere Literaturhinweise. Die *Hysterische Blindheit,* die als spezifische Symptomatologie einer *Konversionshysterie* bei der Wunderheilung in Mk 10,46–52 vorauszusetzen ist, tritt auf bei Menschen, die in der Regel «affektiv ausgeglichen, besonders geduldig und fügsam» wirken. «Das Symptom der Sehstörung» geht einher «mit einer eingeengten Bewußtseinslage . . ., wie sie bei psychogenen Dämmerzuständen zu beobachten ist.» S. Stephanos, W. Biebl u. F. G. Plaum: Die Konversionssyndrome, in: Th. von Uexküll (Hrsg.): Lehrbuch der psychosomatischen Medizin, 441–452, S. 446–447.

[7] Zur *Migräne* vgl. F. Alexander: Psychosomatische Medizin, 117–123, der eine Mischung aus «Zwangscharakteristika, Perfektionismus, Ehrgeiz, exzessive Konkurrenzhaltung, Starrheit und Unfähigkeit, Verantwortung abzugeben», für die psychogenen Ursachen der Migräne hält. Daneben steht der «Spannungskopfschmerz» infolge von Kontraktionen der Muskulatur im Bereich von Stirn, Kopf, Hals und Schultern, der heute oft mit Hilfe der Verhaltenstherapie behandelt wird; vgl. O. W. Schonecke: Verhaltenstheoretisch orientierte Therapieformen in der psychosomatischen Medizin, in: Th. v. Uexküll (Hrsg.): Lehrbuch der psychosomatischen Medizin, 389–407.

merkbar; – es gibt schließlich nur *ein* Mittel dagegen: die Vorhänge zuzuziehen, das Zimmer zu verdunkeln, sich ins Bett zu legen und die Augen zu schließen. Die Kopfschmerzen und der Augendruck erreichen am Ende also mit Macht gerade das, was man am Anfang selber wollte, sich aber nicht zu gestatten traute: schon das ursprüngliche Gefühl von Augendruck und Kopfschmerz besagte eindeutig, daß da etwas war, das man «nicht sehen» konnte; aber man erlaubte sich nicht, die Augen davor zu verschließen; – *jetzt* muß man es wie zur Strafe auf viele Stunden hin.

Die Migräne ist nur *ein* Beispiel für eine *momentane* Sehstörung durch etwas «Unansehnliches». Das «Unansehnliche» indes kann sehr viel länger dauern, und alle Formen der Steigerung, zeitlich wie qualitativ, sind dabei denkbar. Jeder Augenarzt kennt Fälle, in denen Patienten zu ihm kommen, deren Sehvermögen ohne feststellbaren organischen Befund deutlich verringert scheint; für gewöhnlich verschreibt er ihnen als erste Maßnahme eine stärkere Brille; aber wenn er sich die Mühe macht, herauszufinden, wann die Sehtrübung einsetzte, wird er oftmals auf einen bestimmten dramatischen Anlaß stoßen: ein schwerer Unglücksfall, ein niederdrückender beruflicher Rückschlag, eine unheilbare Krankheit im Kreise der engsten Angehörigen – etwas, das nicht mehr zu ändern ist und das man dennoch nicht «mitansehen» kann. Solche Zusammenhänge bestehen im Falle psychogener Sehstörungen gar nicht so selten: Traurigkeit «verdunkelt» die Welt; «Aussichtslosigkeit» «legt sich auf die Augen»; in der Nähe von etwas zu leben, das man «nicht sehen» kann, zwingt eines Tages dazu, wirklich nicht mehr sehen zu *können*.

Muß man nun zeigen, daß es keine schlimmere Aussichtslosigkeit gibt als die Gottesferne, um zu verstehen, was Glaubenslosigkeit mit Blindheit zu tun hat? Alle Heilungsgeschichten des Neuen Testamentes enthalten Momente einer verdichteten Krankheits-Anamnese, und ihre Darstellung des Heilungsvorganges beschreibt oft ineins sowohl die alten Zwänge und Widerstände der Krankheit als auch ihre Überwindung. Anders kann es im Grunde aus sachlichen Gründen auch gar nicht sein. Jede Krankheit, die psychische Wurzeln hat, stellt trotz der Schwere ihrer Symptomatik in gewissem Sinne auch einen Schutz, einen gewissen Krankheitsgewinn dar; sie bildet ein Verfahren, mit etwas Inakzeptablem zu leben, und wenn sie aufgelöst werden soll, müssen zunächst die alten Ängste, Nöte und Schuldgefühle, eben die Haltungen, die seinerzeit die Krankheit erzwangen, wieder auf den Plan gerufen werden, ehe sie ein für allemal überwunden werden können. Der Heilungsvorgang enthüllt daher fast immer in komprimierter Form die Genese und Diagnose der betreffenden Krankheit. Infolgedessen ist es möglich, aus der Art der Heilung Rückschlüsse auf die Art des zugrundeliegenden

Konfliktes zu ziehen; und wer eine Heilungsgeschichte verstehen will, tut gut daran, alle Einzelheiten des Verhaltens der geschilderten Personen so genau wie möglich zu beachten und dabei zu unterstellen, daß gerade in solchen entscheidenden Szenen nichts willkürlich und zufällig, sondern im Gegenteil alles in spezifischer Weise[8] charakteristisch und notwendig sich so zutragen muß, wie es geschildert wird.

Das am meisten Auffallende in der Geschichte des blinden Bartimaios ist zweifellos der Konflikt, den sein lautes Hilferufen auf der Stelle allen anderen gegenüber auslöst; und wenn es stimmt, was gerade gesagt wurde, daß die Einzelzüge einer Heilungsgeschichte zumeist das Typische eines an sich selbst erkrankten Menschenlebens verdichten, dann wird man an dieser Stelle sagen müssen, daß vor allem das Problem von Hilferuf und Zurückweisung zentral mit der Blindheit des Bartimaios selbst zu tun hat; und es ist nicht schwer, diesen Zusammenhang zu verstehen[9].

Denn was wirft man dem Blinden eigentlich vor? Doch nur, daß er mit seinem Rufen aus der Reihe fällt und die öffentliche Ordnung durcheinanderbringt; er, Bartimaios, soll sich nicht für so wichtig nehmen, daß er den Triumphzug des Messias[10] stören dürfte; er soll in der Rolle bleiben, die er bisher gespielt

[8] Gerade in Fällen der Konversionshysterie sind die Krankheitssymptome psychosomatisch zentral als Ausdrucksgeschehen verdrängter Triebwünsche zu interpretieren; vgl. E. Drewermann: Tiefenpsychologie und Exegese, II 210–221.

[9] Bes. J. P. Sartre: Das Sein und das Nichts, 338–397 hat die ontologische Phänomenologie des *Blicks* im Sinne eines wechselseitigen Verobjektivierens, Fixierens und Unterwerfens meisterhaft beschrieben. Es geht nach Sartre beim Angeblicktwerden bzw. beim Anblicken um den Zweikampf zweier Freiheiten, die ihr Fürsichsein dadurch zu behaupten suchen, daß sie den anderen in ein Ansichsein zurückverwandeln. Gerade das Gefühl der Unterwerfung und Abhängigkeit ist für das Verständnis des blinden Bartimaios im folgenden sehr wichtig.

[10] Von einem solchen «Triumphzug» ist um so mehr auszugehen, wenn man annimmt, daß die Erzählung von der Blindenheilung schon in der vormarkinischen Passionsgeschichte fest mit dem Einzug in Jerusalem verbunden war (s. o. Anm. 5). Es geht dann nicht allein darum, Jesus auf seinem Weg ins *Leiden* zu «erkennen», sondern (ganz im Sinne von Mk 10,45, sozusagen als praktisches Beispiel für das «Dienen» des «Menschensohnes») zu beachten, daß die «Größe» Jesu gerade darin besteht, den Bettler am Wegesrand für wichtiger zu nehmen als die ganze Menge derer, die seine Messiaswürde feiern und bekennen; ein Mensch, der leidet, bedeutet für Jesus offensichtlich mehr als der ganze Haufen gläubig bekennender Claqueure. Dies: die Not des Einzelnen höher zu achten als den Beifall der Menge, ist die ganze Art, Jesus von «Jericho» nach «Jerusalem» «nachzufolgen». Die großen «Bekenntnisse» erreichen ihn nicht!

hat: die Rolle eines unauffälligen, an den Rand gedrängten Lebens passiver Abhängigkeit und Hilfsbedürftigkeit; man hat ihn bisher in seiner Blindheit *versorgt*, aber er soll eben nicht glauben, daß er ein Recht hätte, sich – Bettler, der er ist – unter den Augen des Messias sehen zu lassen. Faßt man das, was sich in dieser Szene begibt, als *Wesensbild* des bisherigen Verhaltens im Leben des blinden Bartimaios auf, so ergibt sich der Eindruck eines vollendeten Teufelskreises. Bartimaios sucht sich bemerkbar zu machen – und wird als lästiger Schreier zurückgewiesen; man akzeptiert und unterstützt ihn, solange er still und zurückhaltend bleibt; er bekommt alles, solange er darum bettelt, er bekommt nichts, sobald er fordert. M. a. W.: Er hat kein Recht, sich selbst zu Wort zu melden; er hat von sich zu denken, daß er mit seinen eigenen Wünschen nur lästig fallen wird; er besitzt nur solange ein gewisses Ansehen, als er es allen gestattet, mitleidig auf ihn herabzusehen.

Diese beiden Dinge scheinen unmittelbar im Leben des Bartimaios zusammenzugehören: das Gefühl seiner eigenen Unansehnlichkeit und seine schließliche Erblindung. Dies gilt es zu verstehen, und der Zusammenhang dürfte darin bestehen, daß man die Welt eines Tages buchstäblich nicht mehr sehen kann, wenn man darin nur wahrzunehmen vermag, wie vorwurfsvoll und überlegen die anderen einem in die Augen blicken. Es ist das Ende eines Machtkampfes, wie manches Kind ihn gewiß einmal mit seiner Hauskatze gespielt hat: Das Tier kam zur Tür herein und war unsicher, ob es geduldet wurde; es schaute uns mit seinen großen grünen Augen einen Moment lang fragend an, doch wenn wir es scharf anblickten, schloß es sofort die Augen und huschte weg. Die Katze damals hatte viele Orte, an die sie sich zurückziehen konnte. Ein Mensch, den jemand mit den Blicken niederzwingt, kann nirgendwohin ausweichen als wieder nur zu anderen Menschen; und betrachten die ihn genauso kritisch und abweisend, so muß er chronisch die Augen schließen und kann sich nur noch hilflos im Kreise drehen. Die Blindheit einer solchen Unansehnlichkeit ist eine Art ständiger Scham, eine Weise, ständig unter den Blicken aller anderen die Augen niederzuschlagen, ein Abtauchen ins Dunkel aus Furcht vor der grellen Entblößung fremder Zudringlichkeit.

Vor allem aber ist sie eine Form von Gehorsam[11]. Im Grunde akzeptiert man

[11] Im Sinne SARTRES ist die «Blindheit» zu verstehen als die Preisgabe der eigenen Subjektivität, als das Ausfließen des eigenen Weltentwurfes, der eigenen Welt*sicht*, in Richtung der fremden Qualifizierungen unter den Augen des Anderen. Vgl. J. P. SARTRE: Das Sein und das Nichts, 353: «Unter dem Blick des Anderen weicht die ‹Situation› von mir oder ...: ich

in der Erblindung endgültig die niederdrückenden Rollenvorschriften der Umgebung; man nimmt die Allmacht der anderen, die Totalität der eigenen Ohnmacht in der Erblindung als endgültig hin; die moralische Unfähigkeit, den anderen in die Augen zu schauen, verfestigt sich in der Blindheit zur Naturtatsache: was man ursprünglich nicht durfte, vermag man jetzt auch physisch nicht mehr. Man ist im Grunde jetzt nur noch das, wozu man gemacht wurde: ein Objekt fremder Blicke[12], ein wehrloser Gegenstand vor den Augen anderer, ein vollendetes Erzeugnis fremden Willens.

Wenn in der Religionsgeschichte ein Volk ein anderes eroberte und dessen Götter töten wollte, so zerstörte es an den Kolossalstatuen, die man nicht beseitigen konnte – wie etwa bei dem 50 m großen Buddha im afghanischen Tal von Bhamian an den Westausläufern des Hindukusch[13] –, die Oberseite des Gesichtes: man vernichtete die Augen der Statue, man «blendete» sie und beraubte sie damit ihrer Seele. – Gerade so muß man die Erblindung der Scham und des Gehorsams als eine Art Kastration verstehen, als eine Verstümmelung der eigenen Lebenspotenz, als eine Pars-pro-toto-Tötung, als eine Seelenberaubung, durch welche man magisch in ein totes Ding zurückverwandelt wird[14]. Ständig gesehen zu werden, ohne selbst sehen zu können,

bin nicht Herr der Situation.» Und S. 354: «... die Leute, die ich *sehe,* lasse ich zu Objekten erstarren, ich bin in bezug auf sie wie ein Anderer in bezug auf mich; indem ich sie ansehe, ermesse ich meine Macht. Aber wenn ein Anderer sie und mich ansieht, verliert mein Blick seine Kraft: er kann diese Leute nicht in Objekte *für den Anderen* verwandeln, denn sie sind ja schon Objekte seines Blickes.» M. a. W.: ich erfasse in meinem Blick lediglich ein Ich-Objekt in bezug zu seinem erblickten Objekt, die radikale Andersheit des mir fremden Weltentwurfs aber läßt sich weder aufheben noch zerstören; das Subjekt-Objekt-Schema der Intersubjektivität gilt nur zwischen Ich und Ich, nicht in bezug zu einem Er in der Weltsicht eines Anderen.

[12] Vgl. J. P. SARTRE: A. a. O., 371–372: «... in jedem Blick findet die Erscheinung eines Objekt-Anderen als konkrete und wahrscheinliche Anwesenheit in meinem Erfahrungsfeld statt, und gelegentlich gewisser Haltungen dieses Anderen bestimme ich mich selbst als einen, der von Scham, Angst usw. ergriffen werden muß.» Zu dem autobiographischen Hintergrund derartiger Überlegungen vgl. J. P. SARTRE: Die Wörter, 52–56, zum Erleben von Kontingenz, Angst, Zwangssymptom und Tod; zum «Blick» Gottes vgl. a. a. O., 59; und zu dem beschämenden Angeblicktwerdens durch die Spielkameraden, 77–78.

[13] Vgl. E. BACON: Brücke zum Osten, in: E. Bacon (Hrsg.): Versunkene Kulturen, 251–277, S. 276; Abb. 2; M. BRION: Die frühen Kulturen der Welt, 181–183.

[14] Zu dem Zusammenhang von Erblindung und Kastrationsdrohung (= Blendung) vgl. K. ABRAHAM: Über Einschränkungen und Umwandlungen der Schaulust, in: Psychoanalytische Studien zur Charakterbildung, 324–382, S. 326–343.

ist ein extremer Ausdruck von Tiefrangigkeit und Selbstentwertung[15]. Noch tiefer geht es nicht.
Paradoxerweise kann man sich gleichwohl nur schwer vorstellen, daß jemand in ein solches Schicksal der Passivität und der völligen Entmachtung einwilligt, ohne einen entsprechenden Vorteil, einen hinreichenden Krankheitsgewinn dabei zu erlangen. Gewiß: der Druck der Angst und der Scham mögen für sich allein bereits so stark sein, daß sie zu einer Flucht in die Blindheit zwingen, und der erste Vorteil, den die Krankheit bringt, liegt offensichtlich darin, die Last der fremden Blicke nicht mehr wahrnehmen zu müssen. Aber im Leben des Bartimaios zeigt sich zugleich auch, daß die Krankheit sich gewissermaßen selbst bezahlt macht: die anderen, deren Blicken er ausweicht, belohnen ihn gewissermaßen für seine Kapitulation mit Unterhalt: sie spenden ihm ihr Mitleid, sie beweisen ihm Tag für Tag, daß es wirklich besser ist, die anderen die Augen für das eigene Leben offenhalten zu lassen; – sie werden es schon wissen und richtig machen[16].
Eigentümlicher kann die verheerende Umkehr von Ziel und Ergebnis der Antriebskräfte eines Menschen sich nicht gestalten als im Falle einer solchen Flucht in die Krankheit. Die Blindheit wird «gewählt», um der Angst zu entkommen, man sei mit dem eigenen Dasein, mit den eigenen Wünschen und Anliegen in den Augen der anderen nur lästig und unberechtigt; die Folge aber ist, daß man jetzt objektiv den anderen tatsächlich ständig zur Last fallen muß. Die Erblindung verspricht eine subjektive Erlösung aus dem beschämenden Gefühl der Unansehnlichkeit; die Folge aber ist, daß man nunmehr den Blicken aller anderen wirklich in jedem Augenblick vollkommen schutzlos ausgeliefert ist. Das Geheimnis dieser Umkehr besteht eigentlich nur in einer extremen Steigerung der Scham: sie wird fortan so offensichtlich, daß sie sich im Mitleid der anderen zur Krankheit verfestigt. Damit aber führt auch das Verhalten der anderen zu einer paradoxen Gegenläufigkeit: ihr Bemühen um Hilfe demütigt; ihr Anspruch: «Wir sehen schon für dich zu», entmündigt; ihre Almosen rauben mehr, als sie zu geben vermö-

[15] Vgl. E. Drewermann: Strukturen des Bösen, II 223–226.
[16] Die Symptombildung ist nie nur das Produkt der Verdrängung eines ursprünglichen Triebwunsches, sie ist stets auch eine Dennochdurchsetzung des Verdrängten; hinzu kommt der *«sekundäre Krankheitsgewinn»*, der dazu führen kann, daß nach einem berühmten Worte S. Freuds der Dachdecker, dessen Beine nach einem Unfall gelähmt sind, als Invalide besser gestellt ist denn als Arbeiter; S. Freud: Bruchstücke einer Hysterie-Analyse («Dora»), V 161–286, S. 202–205; ders.: Vorlesungen zur Einführung in die Psychoanalyse, XI 398–400.

gen; – sie entwerten gerade durch den objektiven Wert ihrer Fürsorge subjektiv den letzten Rest an Selbstwertgefühl.
Es grenzt in sich schon an ein Wunder, daß ein Mann wie Bartimaios in seine Erniedrigung zwar bis zur Erkrankung eingewilligt, die Krankheit selbst aber ebensowenig akzeptiert hat wie das gesamte Arrangement, aus dem sie hervorgegangen ist. Anscheinend hat er bislang niemals irgendeine Chance gesehen, um dem Getto der Erblindung zu entkommen. Aber kaum sieht er bzw. *hört* er ein einziges Mal davon, daß hier vielleicht doch eine Möglichkeit besteht, da ergreift er sie mit der grenzenlosen Energie des Leids, und niemand kann ihn daran hindern[17].
Manche Wüstenblumen verhalten sich so. Jahrelang vegetieren sie in einer gnadenlosen Dürre und Trockenheit dahin, als wenn schon kein Leben mehr in ihnen wäre und als ob sie ihre ganze Anstrengung nur darauf gerichtet hätten, sich durch äußere Versteinerung der unerträglichen Härte der Umgebung anzupassen; kaum aber fällt Regen auf den ausgedörrten Boden, da schießen sie auf und treiben Blüten und zeigen auf erschütternde Weise, daß sie niemals gänzlich vergessen haben, was es heißt zu leben.
So der blinde Bartimaios. – Als er erfährt, daß Jesus vorübergeht, sprengt er mit einem Mal die Fesseln der Angst und der Gewohnheit und ruft um Hilfe. Er, der Bettler Bartimaios, wagt zu tun, was er bis dahin nicht für möglich halten konnte: er meldet sich mit seinem Anliegen zu Wort und tritt unter den Augen aller in die Öffentlichkeit; er, den alle nur als hilflos sehen konnten und wollten, ringt jetzt um die Gabe der Selbständigkeit und um die Zurückgabe der eigenen Augen; er, der niemals seinen eigenen Augen trauen durfte, nimmt sich jetzt das Recht heraus, sich selbst zu Wort zu melden. Es ist scheinbar das erste Mal in seinem Leben, daß er den Glauben aufbringt, es wäre vielleicht auch für ihn noch ein anderes Dasein möglich, und diese Zuversicht verleiht ihm die Kraft, das Spalier der fremden Vorwürfe und Weisungen zu durchbrechen. Zum erstenmal riskiert er es, sich dem Einspruch und der Behinderung der anderen wirklich auszusetzen; erstmals in seinem Leben protestiert er gegen den Zwang zum Stillhalten in der Aussichtslosigkeit purer Resignation; in dieser Stunde rebelliert er gegen den mitleidigen Terror blinder Unmündigkeit.

[17] Religionspsychologisch wird man gerade diesen Vorgang in recht eigentlichem Sinne als «*Offenbarung*» bezeichnen müssen: wenn das eigene Wesen von der Person eines anderen so tief berührt und angesprochen wird, daß es der eigenen Wahrheit und Wirklichkeit inne wird; vgl. E. Drewermann: An ihren Früchten sollt ihr sie erkennen, 97.

Daß er die Kraft zu diesem Hilferuf besitzt, ist in sich selbst schon mehr als wunderbar[18]. So lange Zeit hat Bartimaios sich den Menschen gegenüber gefügt und seinen Mund gehalten; jetzt aber, wo *der* Mann aus den Mauern Jerichos kommt, den viele für den Messias halten, da wagt er immer wieder laut zu rufen: «Jesus, Sohn Davids, erbarme dich meiner!»[19] Immer wieder

[18] Es ist das Vertrauen, von dem jede Psychotherapie auf seiten des Therapeuten lebt: daß, so verschüttet auch immer, in der Tiefe der Seele des Kranken eine gewisse Ahnung der eigenen Wahrheit und eine gewisse Sehnsucht, sie zu verwirklichen, niemals ganz verloren gegangen sein wird. Alle Psychotherapie ist so etwas wie die archäologische Restauration einer auf den Boden des Meeres vor Jahrtausenden versunkenen Statue, deren Antlitz und Gestalt es von allen Ablagerungen und Zerstörungen der Zeit zu befreien und in ihrer ursprünglichen Schönheit wiederherzustellen gilt. Vgl. E. Drewermann: An ihren Früchten sollt ihr sie erkennen, 86 f.

[19] Zur jüdischen Herleitung des Messias von David vgl. G. Dalman: Die Worte Jesu, 260–262. Der Ausdruck *«Sohn Davids»* wird von Markus nur an dieser Stelle verwandt. Schon E. Meyer: Ursprung und Anfänge des Christentums, II 343–344 verwies dabei auf die Spannung zu Mk 12,35 ff., wo Jesus die Behauptung verwirft, der Messias müsse ein Sohn Davids sein. «In Wirklichkeit... enthüllt sich hier die tiefe Kluft zwischen den altüberlieferten prophetischen Erwartungen und der neuen, von den Gläubigen als eben so unfehlbar übernommenen Eschatologie. Auch von hier aus bestätigt sich, daß diese ein Fremdkörper ist, der dem Judentum eingepfropft worden ist.» Dieses Argument gilt um so mehr, wenn man mit R. Schnackenburg: Gottes Herrschaft und Reich, 187–188 die Echtheit des Gesprächs von Mk 12,35–37 verteidigt, um sonderbarerweise gerade so zu belegen, daß die urchristliche Davidssohn-Christologie «ein Fundament in Jesu Selbstzeugnis» gehabt habe. F. Hahn: Christologische Hoheitstitel, 242–279, S. 262 meint zu dem Ruf des blinden Bartimaios in Mk 10,47: «Es ist der Schrei der Kranken und Leidenden, die von Jesus Hilfe erwarten und tatsächlich erfahren. Wenn sich mit dieser fast formelhaften Wendung der Davidssohntitel verbindet, dann zeigt sich, daß Jesu irdisches Wirken von seinem Erbarmen mit den Menschen und seinem hilfreichen Tun her verstanden wird. Jesus ist als Davidssohn der Helfer der Notleidenden, an ihn dürfen sie sich mit ihren Bitten wenden und sollen in seinem Wirken das göttliche Erbarmen wunderbar erfahren. In welchem Maße hier eine spezifisch christliche Ausprägung der Davidssohnvorstellung zum Ausdruck kommt, ergibt sich daraus, daß der messianische König im Judentum eben nicht als Wundertäter erwartet wurde.» Es handelt sich mithin um eine vollkommene Umwertung in der Vorstellung von der Königswürde Jesu: er ist nicht der «Herr» einer äußeren Macht, sondern seine Macht gründet sich einzig auf ein Mitleid und eine Güte, die ein Vertrauen zu erwecken vermag, das Herr wird über die Angst so vieler seelischer Erkrankungen; und umgekehrt: jemand, dem man zutraut und an dem man erfährt, daß die eigene Angst durch ein stärkeres Vertrauen sich beruhigt, der *ist* der verheißene Heiland der Welt, der Messias Israels. E. Lohse: *hyios David,* in: G. Friedrich (Hrsg.): Theologisches Wörterbuch zum Neuen Testament, VIII 482–492, S. 489 meint

gebraucht er diese Anrede: «Sohn Davids», «Messias» also, «König Gottes». Alle anderen meinen, er habe diesem Hochgeehrten, Hochgepriesenen gegenüber noch weniger ein Recht, sich zu melden, als den gewöhnlichen Einwohnern Jerichos gegenüber; Bartimaios aber denkt gerade umgekehrt. Alle anderen haben ihn sein ganzes Leben lang daran gehindert, selber zu leben, und hindern ihn noch; dieser eine, der Messias aber, wird vielleicht gerade darin seine Größe zeigen, daß er ihn, den Bettler, nicht wie alle anderen erniedrigt[20]. Wenn schon alle anderen nicht, so wird vielleicht doch er ihm den Weg öffnen und ihn unter die Augen treten lassen – und ihm mit seinem Ansehen auch sein Gesicht zurückgeben.

Dies ist der zweite, eigentliche Teil des Wunderbaren, daß Jesus wirklich den Hilferuf aus der Menge nicht überhört. Sonst wohl pflegen die Großen der Welt ihre Triumphzüge zu markanten Punkten absichtsvoll zu unterbrechen: jeder soll sehen, wie sehr ihnen das Wohl ihrer Untertanen am Herzen liegt. Bei einem Bettler legt kein Großer Ehre ein. Ein Bettler ist immer lästig. Ein solcher verwirrt stets nur den Wohlklang des Beifalls. Er stört das Protokoll. Aber Jesus bleibt stehen und überhört das Rufen dieses Bettlers nicht. Für ihn ist dieser eine Ruf um Hilfe wichtiger als tausend Hosianna-Rufe[21].

Und es kommt noch eigenartiger. – Man kennt Berichte aus dem Altertum, daß beim Vorübergang des römischen Kaisers Blinde sehend wurden[22], und die Erzählungen darüber werten derlei Vorkommnisse natürlich als Beweis

denn auch, daß der Titel «Davidssohn» in Mk 10,47 lediglich ausdrücke, «daß er (sc. Bartimaios, d. V.) vom Messias Heil und Rettung erhofft.» Die theologische Pointe in dieser historisch zutreffenden Feststellung aber liegt darin, daß man offenbar den zentralen Titel, mit dem das Christentum Jesus von Nazareth als den «Messias» bezeichnet, inhaltlich nur mitvollziehen kann, wenn die Not der seelisch Leidenden in ihrer Angst und Verzweiflung sich auf die Macht des Vertrauens hin öffnet, das in Jesus Gestalt gewinnt.

[20] Es ist gerade diese spezifische Umkehrung in der Vorstellung von dem «Sohn Davids», die es dem Blinden in Jericho ermöglicht und erlaubt, sich an Jesus um Hilfe zu wenden. Dieses Königtum der Liebe ist es, in dem Jesus als der «Messias» zu erscheinen vermag. Die kleine Szene von Mk 10,46–52 zeigt insofern den denkbar unpolitischen, allgemein menschlichen Erfahrungshintergrund auf, in dem das Erbarmen Macht gewinnt über das Elend und das Vertrauen über die Angst. Diese seelisch bis in ihre Physis hinein Leidenden sind es, die den Zug des «Messias» nach Jerusalem begleiten werden, der erst unter den Augen der «Schriftgelehrten» und der «Hohenpriester» als eine unverständliche, todwürdige Demonstration des Abfalls und der Widersetzlichkeit erscheint.

[21] So lebt Jesus, was er selber den Jüngern soeben noch nahelegte: «Wer groß werden will bei euch, sei euer Diener.» (Mk 10,43)

[22] Vgl. E. Drewermann: Das Markus-Evangelium, I 522, Anm. 5.

für die göttliche Macht des Cäsars. Ganz anders hier. Jesus vermeidet es nahezu peinlich streng, seine eigene Größe in dieser Heilung zu demonstrieren. Es geht ihm nur um die Größe des Bettlers Bartimaios[23]. Man sollte meinen, nichts wäre offensichtlicher und augenfälliger, als daß der Blinde von Jesus geheilt werden will und daß er deshalb um Hilfe ruft. Trotzdem scheint Jesus gerade hier von einer atemberaubenden Langsamkeit des Verstehens zu sein. Er hat verfügt, daß man den blinden Rufer zu ihm führe, und die Leute haben deswegen auf der Stelle ihre Meinung geändert: nunmehr befehlen sie Bartimaios geradezu, daß er Jesus gegenübertritt; er brauche keine Angst zu haben, sagen sie; Jesus rufe ihn, erklären sie[24]. Und tatsächlich steht Bartimaios auf. Aber eigentlich «selbständig» ist er damit noch nicht; was er tut, geschieht nach wie vor im Bannkreis fremder Vorschrift und Duldung; und bliebe es dabei, würde der «Aufstand» des Bartimaios sofort wieder erstickt sein – nie fände er als nur als Gehorsamer sein Augenlicht zurück. Offenbar deshalb kommt es Jesus so sehr darauf an, daß der Blinde selbst von sich her ausspricht, was er möchte; eben deshalb stellt er die

[23] Es geht darum, die «Blindheit» bzw. das «Sehen» in dieser Wundererzählung nicht abstrakt ins Theologische zu verflüchtigen, sondern den Inhalt des «Dienens» Jesu aus Mk 10,44–45 an seinem konkreten Verhalten gegenüber dem Bettler Bartimaios selber sichtbar zu machen.

[24] Gerade die Widersprüchlichkeit all dessen, was «die anderen» sagen, was «man» sagt, daß «man» es tun sollte, zeigt im Negativbild um so deutlicher, daß es einzig die Beziehung zwischen dem Bettler Bartimaios und «seinem» «König» ist, die dem Blinden die Eindeutigkeit seiner «Weltsicht» zurückzugeben vermag. Auch dieses «Zureden» der Leute jetzt ist ein zweifelhaftes Bemühen und keinesfalls schon ein Zeugnis des Glaubens. Wenn E. Schweizer: Jesus Christus, 130–131 von Mk 10,46–52 meint, es gehe hier um «Gottes Wunder, das dem blinden Menschen die Augen öffnet und ihm ermöglicht, Jesus auf seinem Weg nachzufolgen», so übersieht diese psychologisch zu rasche Deutung die eigentliche Dramatik in der Auseinandersetzung zwischen dem Blinden und der ihn umlagernden Menge, die ihn selbst dann überfremdet, wenn sie ihn beordert, zu Jesus zu gehen. Wenn die Thematik der Heilung dieses Blinden auf die Art der «Nachfolge» (in) der Kirche Anwendung finden soll, dann vor allem in der Weise, daß die «Gemeinde» der «Jesus Nachfolgenden» endlich davon lassen sollte, anderen Menschen vorzuschreiben, was sie zu tun und zu lassen haben; selbst der «Anruf» Jesu ist weder Grund noch Rechtfertigung dafür, anderen mit wohlmeinenden Befehlen und Anweisungen in den Ohren zu liegen. Die Art Jesu ist es, den Blinden selbst zu fragen, was *er* will; *das* ist das «Vorbild», dem es «nachzufolgen» gälte. Es kostete die Kirche selber, wie sie sich heute darstellt, weiß Gott, «Leid» und «Opfer» genug, während das Sprechen von der «Leidensnachfolge» sonst immer wieder nur den Menschen, die zu Jesus Zugang finden möchten, als quälender Dirigismus entgegentritt.

seltsam schwerfällige, scheinbar alles nur verzögernde Frage: «Was willst du, daß ich dir tun soll?» Alles scheint für Jesus in diesem Augenblick daran zu hängen, daß Bartimaios selber formuliert, was er am meisten wünscht, daß er sich öffentlich zu seinem Anliegen bekennt und daß er somit endgültig die Angst überwindet, er könnte viel zuviel verlangen, er würde doch nur lästig werden, er müßte sicherlich als zudringlich betrachtet werden.

Kein Psychotherapeut der Welt vermag eine Heilung gegen den Willen seines Patienten zu vollbringen. Im Gegenteil. Die Heilung besteht eigentlich immer nur darin, daß der Kranke lernt, wieder einen eigenen Willen zu bekommen; sie gelingt, wenn er das Vertrauen aufbringt, den eigenen Wunsch gegen den Widerstand seiner Angst zu äußern; sie ist abgeschlossen, wenn *er* sich buchstäblich wieder zu seinen eigenen Augen, zu seiner Einsichtsfähigkeit entschließt[25].

An einer Stelle wie dieser Wundererzählung des Markusevangeliums ist die unmittelbare Einheit zwischen Gottvertrauen und Selbstvertrauen, zwischen Religion und Psychotherapie mit Händen zu greifen. Jesus selber tut beim Vorgang dieser Heilung scheinbar gar nichts. Er ist sozusagen nur der Mittler auf dem Weg, der den blinden Bartimaios vor Gott zu sich selber zurückführt[26]. Die einzige *Handlung* Jesu besteht darin, den Blinden nach seinem

[25] Es ist für die Interpretation solcher Wundererzählungen sehr wichtig, die konkrete Angst und Not der jeweiligen Symptomatik durchzuarbeiten, will man nicht Gefahr laufen, derartige Texte der Heilung in Doktrinen der Entfremdung umzuwandeln. Sehr wahr sagte schon vor 35 Jahren P. TILLICH: Wesen und Wandel des Glaubens, 7: «Es gibt kaum ein Wort in der religiösen Sprache – weder in der theologischen noch in der populären –, das mehr Mißverständnissen, Verzerrungen und fragwürdigen Definitionen ausgesetzt ist als das Wort ‹Glaube›. Es gehört zu jenen Ausdrücken, die selber ‹geheilt› werden müssen, ehe man sie zum Heil der Menschen verwenden kann. Heute hat das Wort ‹Glaube› mehr Krankheit als Gesundheit zur Folge.» Glaube als «das Ergriffensein von dem . . ., was uns unbedingt angeht (9; 121) ist für P. TILLICH Grund der Ermöglichung eines in sich ganzen, geeinten, wahrhaft personhaften Lebens; «die Macht, die diese Ganzheit der Person schafft, ist der Glaube.» (122) *So* darf und muß man den entscheidenden Satz interpretieren, den Jesus zu dem Geheilten sagte: «Dein Glaube (Vertrauen) hat dich geheilt (gerettet).» (Mk 10,52)

[26] Zu dem Begriff des «Mittlers» vgl. A. OEPKE: *mesitäs,* in: G. Kittel (Hrsg.): Theologisches Wörterbuch zum Neuen Testament, IV 602–629, bes. S. 624–625, der (S. 625) richtig sagt: «Die Hauptform des Mittlerbewußtseins Jesu ist die apokalyptisch-messianische Menschen- und Gottessohnschaft . . . Es scheint die ureigenste Tat Jesu zu sein, daß er dies Machtideal mit dem Demutsideal des leidenden Gottesknechtes unlösbar verknüpft hat.» Aber man hantiert in dieser Sprechweise mit historischen Begriffen herum, deren existentieller Sinn sich um so mehr verdunkelt, je griffiger sie von den Lippen kommen. In

Willen zu fragen. So weit zieht Jesus sich zurück, so sehr vermeidet er absichtlich jede eigene Handlung, daß es ganz und gar nur auf den Willen des Bartimaios selbst ankommt. Alle anderen bisher mögen gemeint haben, sie sähen schon, was dem blinden Bettler fehle[27]; aber wenn es um die Heilung der Krankheit und nicht nur um die Linderung der Symptome gehen soll, darf offenbar von außen gar nichts «gemacht» werden; wenn Bartimaios selber sehen lernen soll, darf es nur darum gehen, was er von sich aus selber will. Auf ihn allein kommt es jetzt an; er selbst muß sagen, was er will; erst das Vertrauen, daß dies möglich ist, gibt ihm das Augenlicht zurück. Wie um gerade dies am Ende noch besonders zu unterstreichen, fügt Jesus sogar eigens hinzu: «*Dein* Glaube hat dich geheilt.»[28] Nichts Äußerliches also, auch nicht die Person Jesu – er selbst, er, Bartimaios, mit seinem Glauben ist das Wichtige[29]. Selbst Jesus ist an dieser Stelle nur der Anlaß, nicht der

Wahrheit geht es gerade darum zu *sehen,* daß einzig die Selbstzurücknahme Jesu, die etwas ganz anderes ist als eine moralisch aufgesetzte Demutshaltung, allererst die «Macht» besitzt, den Blinden von Jericho sich selbst zurückzugeben. Es ist dieses *therapeutische* «Mittlertum», das sich selber nicht zum Thema macht, sondern sich einzig mit der eigenen Person für die Person des anderen engagiert und interessiert, das derartige «Wunder» der Heilung zu bewirken vermag. Nur der Jesus, der selber nicht leuchten will, vermag das «Licht für die Menschen» zu sein (Joh 1,4).

[27] Eben dieses ständige «Sehen für andere», das wir «Rücksicht», «Vorsicht», «Nachsicht» oder «Verantwortung» nennen, wähnend, es für den anderen übernehmen zu müssen, ist die eigentliche Ursache so mancher «Erblindung». In diesem Sinne trifft zu, was M. Heidegger: Sein und Zeit, 122 als die *einspringende* und die *vorspringende* Fürsorge unterschied: «Die Fürsorge hat hinsichtlich ihrer positiven Modi zwei extreme Möglichkeiten. Sie kann dem anderen die ‹Sorge› gleichsam abnehmen, ... für ihn *einspringen.* ... In solcher Fürsorge kann der andere zum Abhängigen und Beherrschten werden. ... Die einspringende ... Fürsorge ... betrifft zumeist das Besorgen des Zuhandenen.» «Ihr gegenüber besteht die Möglichkeit einer Fürsorge, die für den anderen nicht so sehr einspringt, als daß sie ihm in seinem existentiellen Seinkönnen *vorausspringt,* nicht um ihm die ‹Sorge› abzunehmen, sondern erst eigentlich als solche zurückzugeben. Diese Fürsorge, die wesentlich die eigentliche Sorge – das heißt die Existenz des anderen betrifft und nicht ein *Was,* das er besorgt, verhilft dem anderen dazu, *in* seiner Sorge sich durchsichtig und *für* sie *frei* zu werden.»

[28] Es ist ganz ähnlich wie in Mk 5,34 und 9,24; vgl. E. Drewermann: Das Markus-Evangelium, I 366–370; s. o. zu Mk 9,14–29, Anm. 16.

[29] Zu dem Glauben, der heilt, vgl. E. Drewermann: Tiefenpsychologie und Exegese, II 129–141. Vgl. M. Dibelius: Die Formgeschichte des Evangeliums, 49, Anm. 1: «Der Ton liegt ... nicht, wie bei der Gattung der ‹Novelle› ..., auf dem Wunder, sondern auf ... dem Vertrauen des Blinden.»

Grund der Heilung. Der blinde Bartimaios aber, sich selbst zurückgegeben, sieht bei den Worten Jesu die ganze Welt mit eigenen Augen wieder. Das Markusevangelium hebt noch hervor, er sei fortan Jesus auf seinem Wege nachgefolgt. Es ist, so wird man dies verstehen dürfen, für Bartimaios nunmehr eine Bindung möglich, die gerade nicht mehr eine neue Form sklavischer Abhängigkeit bedeutet[30]. Nachfolgen ist nicht Mitlaufen, und erst jetzt, wo er selbst sehen kann, wird Bartimaios fähig, in Jesu Fußstapfen zu gehen.

Es fällt an der Erzählung von der Heilung des blinden Bartimaios noch eine letzte Merkwürdigkeit auf. In all den zahlreichen Wunderberichten des Neuen Testamentes werden Menschen vorgestellt, deren Namen wir nicht kennen; nur Bartimaios wird namentlich erwähnt. Man hat gemeint, das liege daran, daß Bartimaios ein bekanntes Mitglied des Jüngerkreises in der Umgebung des Markusevangeliums gewesen sei[31] und daß die Erzählung von seiner Heilung so etwas wie eine frühe Heiligenlegende darstelle. Vielleicht ist das so; näher aber liegt etwas anderes. Denn wie, wenn es nach dem Gesagten gerade darauf ankäme, den Namen des Bartimaios zu nennen? Wie, wenn wirklich alles davon abhinge, daß der unansehnliche Blinde von Jericho in alle Ewigkeit einen Namen besitzt? Bartimaios = «Sohn des Timaios» ist ja eigentlich kein Eigenname, so wenig wie die Frau des Jakobssohnes Juda im Alten Testament, die man nur «Schuas Tochter» nannte (Gen 38,2.12), einen eigenen Namen besaß[32]; es ist eine Art, so angeredet zu werden, als sei man nur ein folgsames Annex der Eltern, gar kein eigenes Wesen; und dieser

[30] Die «Berufung» durch die Heilung von der Blindheit des Daseins ist wesentlich als «Öffnung» und «Befreiung» zum «Licht» zu verstehen; nichts Einengendes, Zwingendes, masochistisch Quälendes ist damit vereinbar. Zur Thematik der Berufung zur «Nachfolge» vgl. E. Drewermann: Das Markus-Evangelium, I 236–247 (zu Mk 2,13–17).

[31] So meinte M. Dibelius: Die Formgeschichte des Evangeliums, 49–50, der Name Bartimaios gehöre offenbar zu Jericho, so als sei er dort eine bekannte Figur gewesen; vermutlich habe man den Namen dieses Bettlers von Jericho in ein *Paradigma* eingetragen, das ursprünglich einzig von dem Erbarmen Jesu und dem Glauben des Blinden habe sprechen wollen. «Und diesen namenlosen Kranken hätte man später mit einem bekannten Blinden aus Jericho identifiziert. Daß der Name nicht als konstitutiv für die Geschichte empfunden wurde, beweisen Matthäus und Lukas, die ihn verschweigen. Die Erwähnung des Namens wird bei Markus noch unauffälliger, wenn man annimmt, daß Bartimaios Jesu Anhänger und später Glied der Gemeinde wurde. Darauf mag der Schluß deuten: ‹und er folgte ihm nach auf dem Wege›.»

[32] Zu *Schuas Tochter* vgl. E. Drewermann: Tiefenpsychologie und Exegese, II 640 ff. (Die Frauen im Stammbaum Jesu).

Eindruck fügt sich gut in das Gesamtbild der Erkrankung des blinden Bartimaios. Wie aber, wenn es nun zu der Heilung dieses Mannes gehören würde, wenigstens mit diesem Namen «Sohn des Timaios» Anspruch und Geltung zu besitzen? – Des Namens Bartimaios wird man gedenken, solange dieses Evangelium besteht. Aber daß er geheilt wurde, war wohl nur möglich in dem sicheren Gefühl: «Ich habe einen Namen, der vor Gott niemals vergessen wird[33]. Ich, Bartimaios, auch ich bin ein Mensch vor Gott.»

Noch einmal kann man daher lernen, was es im Sinne Jesu bedeutet, ein «königlicher» Mensch zu sein und «in Macht» dem «Reiche Gottes» anzugehören.

Wunderbar sind manche Wunder des Neuen Testamentes nicht als Ereignisse, sondern in der Art, wie sie zustande kommen. Unmittelbar vor dieser Erzählung hat Markus noch berichtet, wie die Jünger Jesu sich untereinander um die ersten Plätze des Himmelreiches streiten. Es ist für Markus auch die Frage, wie wir, die wir zu sehen meinen, in Sachen Gottes wirklich sehend werden. Diese Wundererzählung von der Heilung des blinden Bartimaios läßt zum erstenmal in der Öffentlichkeit ein Bekenntnis zu Jesus als dem «Sohn Davids», als dem Messias-König, erkennen, und unmittelbar danach wird Jesus unter dem Jubel der Menge in Jerusalem Einzug halten, «sanftmütig, auf einem Esel», ganz wie der Prophet Sacharja (9,9) den kommenden Retter Israels beschrieben hat.

Aber was ist «Königtum» in den Augen Gottes? Nichts anderes, als die Augen eines anderen Menschen zu öffnen, indem man ihm den Mut gibt, wieder selbst zu sehen. Wer es vermag, auf das Leben eines anderen Men-

[33] Zu der Bedeutung des *Namens* vgl. H. Bietenhard: *onoma,* in: G. Friedrich (Hrsg.): Theologisches Wörterbuch zum Neuen Testament, V 242–281, S. 281: «Die Namen derer, die Gott und Christus gehören, haben eine besondere Bedeutung. Jesus erweist sich als der gute Hirte dadurch, daß er alle seine Schafe persönlich kennt: er ruft sie einzeln beim Namen, faßt den Menschen in dem, was sein eigenes Ich ausmacht (Joh 10,3). Daß ihre Namen in den Himmel geschrieben sind (Lk 10,20), bedeutet, daß sie selbst von Gott angenommen sind ... Dem ‹Sieger› verheißt Christus Apk 3,5, daß er ‹seinen Namen nicht auslöschen› wird. Die Geltung dieser Namen vor Gott beruht darauf, daß Christus diese Namen bekennt und damit seine Gemeinschaft mit den Trägern der Namen vor Gott und den Engeln bezeugt.» Den Namen aus dem «Lebensbuche» bzw. im Himmel *löschen* bedeutete nach spätjüdischer Vorstellung, daß ein Mensch von Gott dem (ewigen) Tod überantwortet wird; vgl. H. L. Strack – P. Billerbeck: Kommentar zum Neuen Testament aus Talmud und Midrasch, II 169; einen *neuen* Namen bekam nach rabbinischer Anschauung jeder, der Buße getan hat; Strack–Billerbeck: A. a. O., III 794.

schen keinen Schatten zu werfen, wer sich soweit zurücknimmt, daß er die «Aussichten» des anderen nicht verstellt, wer so durchscheinend wird, daß das Licht des Himmels ihn durchleuchtet wie das Fenster einer Kathedrale, der ist im Sinne Jesu am meisten ein königlicher Mensch vor Gott. Es geht niemals um Macht und Titel, nicht einmal um den Titel eines «Christen», es geht allein um diese Einsicht: Vor Gott zählt einzig eine Art der Menschlichkeit, die Blinde sehen, Lahme gehen, Tote auferstehen läßt (Jes 35,5.6; 61,1).

Mk 11,1–11: Der Einzug Jesu in Jerusalem

[1]Und als sie sich Jerusalem nähern, Richtung Bethphage und Bethanien am Ölberg, schickt er zwei seiner Jünger aus [2]und sagt ihnen: Geht in das Dorf, da gegenüber von euch, und gleich wenn ihr dort hineinkommt, werdet ihr ein angebundenes Füllen finden, auf das noch nie jemand jemals sich gesetzt hat; bindet es los und holt es. [3]Und wenn jemand euch sagen sollte: Wieso macht ihr das?, sagt: Der Herr benötigt es; er schickt es auch gleich wieder hierher zurück. [4]Da gingen sie fort und fanden ein Füllen, ans Tor gebunden, draußen an der Straße, und binden es los. [5]Und einige der dort Stehenden sagten ihnen: Wieso macht ihr das – bindet das Füllen los! [6]Sie aber sagten ihnen, wie Jesus gesagt hatte; da ließ man sie. [7]So bringen sie das Füllen zu Jesus, legen ihm ihre Mäntel auf, und er setzte sich darauf. [8]Und viele breiteten ihre Mäntel auf den Weg, andere Grasbüschel, die sie aus den Feldern rupften, [9]und die voranzogen und die nachfolgten schrien:
Hosanna! (Bringe doch Hilfe!)
Gepriesen, der da kommt im Namen des Herrn (Ps 118, 25 f.).
[10]Gepriesen, das da kommt: das Königtum unseres Vaters David.
Hosanna in den Höhen (Ps 148,1; Hiob 16,19).
[11]Dann zog er in Jerusalem ins Heiligtum ein, und nachdem er sich alles angeschaut hatte, schon zu später Stunde, zog er hinaus nach Bethanien mit den Zwölf.

Um keine Erzählung des Neuen Testamentes haben sich so gegensätzliche Spekulationen und Vermutungen gerankt wie um diese Geschichte vom Einzug Jesu in Jerusalem[1]. Was hat Jesus mit diesem Schritt bezweckt? Merkwürdig ausführlich erzählt *Markus* von den Details bei der Beschaffung *des Esels* – ähnlich wie später bei der Herrichtung des Abendmahlssaales (Mk

[1] R. Bultmann: Die Geschichte der synoptischen Tradition, 281 hielt es für «absurd», den Bericht, «daß Jesus die Erfüllung von Sach 9,9 inszenieren wollte», «als geschichtlich anzusehen». Allenfalls «der Bericht von Jesu Eintreffen in Jerusalem mit einer Schar von Festpilgern voll Jubel und Erwartung (des nunmehr kommenden Gottesreichs) könnte die geschichtliche Tatsache sein, die dann unter dem Einfluß von Sach 9,9 zur Messiaslegende wurde». Als Parallele gilt zumeist die Szene bei Flavius Josephus: Der jüdische Krieg, II 17, 8–9, Bd. I 223–225, wo *Manaim,* ein Sohn des *Judas Galiläus,* «der unter Quirinius die Juden beschuldigt hatte, sie wollten nicht nur Knechte Gottes, sondern auch Knechte der Römer sein», «wie ein König» «nach Jerusalem zurück» kommt, nachdem er in Masada das

Zeughaus des Königs Herodes erbrochen und seine Spießgesellen mit Waffen versehen hatte; Manaim belagert die heilige Stadt und beherrscht sie auf kurze Zeit mit tyrannischer Despotie, ehe er, mit königlichen Kleidern angetan, im Tempel von den Leuten *Eleazars* überfallen und, flüchtend, am Berge Ophel verhaftet wird, auf daß er «nach vielen Martern» in den Tod gegeben wird. – Wenn man den Begriff des «Messianischen» rein religiös faßt, so wird mindestens für die Redaktion der jetzigen Erzählung die Ansicht von E. MEYER: Ursprung und Anfänge des Christentums, I 161–167 nach wie vor zutreffen, daß der Einzug Jesu in Jerusalem «den Anspruch auf das messianische Königtum ganz unzweideutig» enthalte. «Nicht von der Bevölkerung Jerusalems und seiner Nachbarschaft geht die Demonstration aus, wie schon Matthäus 21,15 und vollends das Johannesevangelium 12,12 ff. die Szene umdeutet, sondern von Jesus und seinem Gefolge.» (162–163) Aber auch wenn der Eindruck einer messianischen Demonstration wohl erst nachträglich geschaffen wurde (s. u. *F. Hahn*), so bleibt die messiaspolitische Erwartung der Menge ein äußerst gefährlicher Sprengstoff. «Für den orthodoxen Juden ist es selbstverständlich, daß der Messias das Reich der Heiden stürzt und die Herrschaft des auserwählten Volkes aufrichtet. Auch Petrus selbst hat nicht anders gedacht... Durch den Versuch, gestützt auf die Anhänglichkeit der Massen, das außerweltliche Gottesreich in der geistigen Gemeinde, die er schaffen will, zu verwirklichen, ist Jesus weit über die prophetische Predigt des Johannes hinausgegangen, auf dessen Vorbild er sich beruft, und hat einen Konflikt geschaffen, in dem er erliegen mußte... Denn wenn auch Jesus mit seinem Anhang alle politischen Absichten ganz fernlagen, so mußte dennoch, falls er sich durchzusetzen vermochte, die innere Umgestaltung der Gemeinde schließlich mit Notwendigkeit in den Konflikt mit Rom hineintreiben: die reinliche Scheidung zwischen der geistigen, transzendenten Gemeinde und der politisch organisierten Kirche mit ihren weltlichen Interessen läßt sich nun einmal im realen Leben nicht durchführen.» (164–165) Der Hinweis darauf, daß hier ein Problem vorliegt, das bis in die Struktur der heutigen Kirche hinein ungelöst blieb, trifft gewiß zu und ist sehr ernst zu nehmen. Aber soll man mit MEYER: A. a. O., II 45 infolgedessen einfach denken, «daß Jesus die Situation nicht richtig beurteilt hat: er war in den kleinen Verhältnissen Galiläas aufgewachsen und nie darüber hinausgekommen, von den Bedingungen, welche das Treiben der Großstadt bestimmten, konnte er keine klare Anschauung besitzen. Der Versuch, sie durch die Demonstationen, mit denen er auftrat, zu beherrschen oder wenigstens hier einen festen Rückhalt zu gewinnen, mußte notwendig scheitern»? Es scheint vielmehr so zu sein, als ob Jesus gerade aufgrund seiner Erfahrungen mit den einfachen Leuten sehr wohl hat glauben dürfen und wollen, daß das «Volk vom Lande» weit mehr Sehnsucht nach dem Erbarmen des Himmels als nach kriegerischen Auseinandersetzungen mit den Römern hatte und man es ihm durchaus zutrauen konnte, zu verstehen, daß Gott in den Herzen der Armen und nicht in den Palästen der Mächtigen wohnt. Nicht am Volk, an den *Führern* des Volkes ist Jesus «gescheitert». Gleichwohl ist die Frage immer wieder erörtert worden, ob Jesus nicht doch der revolutionär-politischen Bewegung der *Zeloten* nahegestanden und einen gewaltsamen Umsturz mit seiner Messiashoffnung verbunden habe. J. CARMICHAEL: Leben und Tod des Jesus von Nazareth, Frankfurt 1968, 131 meinte vor allem aus dem Namen des Petrus *(Bar Jona)*, den er als «offenes Land» übersetzte, schließen zu können, daß Jesus eine Gruppe von «Dolchmännern» angeführt habe, als dessen «Eckpfeiler» er «Petrus» erwählt habe. Insbesondere aus der Nähe zu *Qumran* wollte J. LEHMANN: Jesus Report, 83–87 die Verwandtschaft Jesu zu der späteren messiaspolitischen Aufstandsbewegung des «jüdischen Krieges» gegen die Römer nachweisen. H. VON MENDELSSOHN: Jesus – Rebell oder Erlöser, 106–128 hält es gleichermaßen für erwiesen, «daß Jesus zur Widerstandsbewegung gehört hat» (120), wobei stets die Arbeit von R. EISLER: *Jesus Basileus u Basileusas.* 2 Bde., 1929–1930, bes. I 188 ff.; II 697 ff., mit der These von der Nähe Jesu zu den zelotisch gesonnenen *Essenern* als Vorbild dient. Aber eben diese «Nähe» besteht durchaus nicht, ganz im Gegenteil, und die «Unruhe», wegen der man Jesus tötet (MENDELSSOHN: A. a. O., 120–121), ist absolut innerlicher, nicht politischer Art. M. a. W.: Es ist nicht möglich, die Darstellung insbesondere des *Markus* für eine bloße Retusche zu erklären, die, nach der Uminterpretation der Gestalt Jesu bei Paulus, aus dem (politischen) Sündenbock das messianische Opferlamm des Jesaja gemacht hätte; ganz im Gegenteil gilt es zu sehen, daß das *ganze* Markusevangelium konsequent um den zutiefst *religiösen* Konflikt Jesu mit den Schriftgelehrten und Hohenpriestern bzgl. der *Freiheit* des Menschen kreist; vgl. E. DREWERMANN: Das Markus-Evangelium, I 45–80. – Zur *Zelotenbewegung* zur Zeit Jesu vgl. M. HENGEL: Untersuchungen zur jüdischen Freiheitsbewegung im späthellenistischen Zeitalter, Herodes I bis 70 n. Chr., Leiden – Köln 1961. Zu der Frage zelotischer Tendenzen bei Jesus vgl. F. HAHN: Christologische Hoheitstitel 154 f.; 161–173, der nicht nur nachweist, daß es kein spezifisch zelotisches Motiv in der Verkündigung Jesu gibt (170), sondern der vor allem darauf hinweist, daß besonders Mk 11,10 «ein ausgesprochen christliches Interpretament ist» und daß ferner «die Findungslegende V. 1b–6 überhaupt erst im Bereich der hellinistischen Gemeinde auf Grund von Sach 9,9 LXX eingefügt worden (ist). Was als Grundbestand erkennbar bleibt, ist eine Begrüßung Jesu durch die Festteilnehmer.» Dabei sei lediglich die Formel des Wallfahrtspsalms 118,25 f. (vgl. Mk 11,9) auf Jesus bezogen worden. «Ist dies die älteste Schicht und somit das früheste Verständnis des Ereignisses durch die Gemeinde, dann kann der Einzug keinen messianischen Charakter haben, wie er auch kaum Aufsehen erregt haben wird, da sonst die Römer sofort eingegriffen hätten und Pilatus bei der Verurteilung schwerlich so zögernd gewesen wäre.» (172–173) G. BORNKAMM: Jesus von Nazareth, 141–144 hält gleichwohl den Entschluß, «nach Jerusalem zu ziehen», für «die entscheidende Wende in Jesu Geschichte». Der Grund für diesen Entschluß sei jedoch weder eine zelotische Kriegserklärung an die Römer gewesen noch ein mystisch verbrämter Wunsch, sich zu opfern und in den Tod zu gehen; vielmehr: «Es galt, die Botschaft der kommenden Gottesherrschaft nun auch in Jerusalem... auszurichten. Wie für jeden Juden ist... für Jesus Jerusalem nicht nur Landeshauptstadt, sondern der Ort, mit dem in besonderer Weise das Schicksal Israels verknüpft ist.» (142) Der Sinn des Einzugs in Jerusalem lag allem Anschein nach im Sinne Jesu *wesentlich* darin, den *religiösen* Führern des Volkes, den Schriftgelehrten und Hohenpriestern, auf Entweder-Oder die Entscheidungsfrage aufzunötigen, ob sie dem «hundertsten Schaf» (Lk 15,4) die Tore der heiligen Stadt öffnen oder versperren wollten, – ob sie die *Nähe Gottes leben* oder *verwehren* wollten. Gerade indem Jesus das Verhältnis zu Gott rein menschlich betrachtet, muß er es zu allen Fragen der Macht in Gegensatz setzen und die Vertreter der politischen wie religiösen Macht zu allen Zeiten tödlich herausfordern. – Wir werden im Verlauf der Passionsgeschichte des *Markus* diesem Problem immer wieder begegnen.

14,12–16)[2]; aber von dem eigentlich Entscheidenden – von dem Sinn dieser feierlichen Prozession in die Heilige Stadt – scheint er vorauszusetzen, daß jeder Leser die Bedeutung dieser Szene ohne Kommentar, gewissermaßen wie von selbst, versteht.

Jedoch – es ist in sich schon unklar, ob wenigstens die Leute, die Jesus in diesem Moment zujubeln, ihn richtig verstehen. Sie feiern ihn unter den Hosiannah-Rufen des Psalms 118,25.26 als denjenigen, der «das Reich unseres Vaters David» bringen soll. Aber was meinen sie mit diesem «Reich Davids»[3]? Der Psalm 118, dessen Worte Jesus selber wenig später (Mk 12,10.11) aufgreifen wird, schildert, daß Gott seinem Volk gegen die Belage-

[2] R. BULTMANN: Die Geschichte der synoptischen Tradition, 281 meint zu Recht: «In dieser Erzählung ist zunächst die Beschaffung des Reittiers ein deutlich legendarischer Zug, und zwar ist es wie 14,12–16 ein Märchenmotiv.» Nach der psychologischen Bedeutung eines solchen Motivs aber kann in der historisch-kritischen Exegese nicht gefragt werden, und so bleibt es allenfalls bei der richtigen, aber recht abstrakten Feststellung, die E. SCHWEIZER: Das Evangelium nach Markus, 125 trifft: «Die genaue Erfüllung des von Jesus Vorausgesehenen unterstreicht die Bedeutung des Reitens: Gott selbst fügt alles und bewegt die Menschen nach seinem Willen.»

[3] Zu der Vorstellung vom *«Reich Gottes»* in der Verkündigung Jesu vgl. an dieser Stelle bes. M. DIBELIUS: Jesus, 52–73, bes. 76–77; 105, der in dem Einzug in Jerusalem «eine bewußte Herausforderung der führenden Kreise der jüdischen Religion, die sich für die berufenen Sachwalter Gottes halten, der Schriftgelehrten und der Mitglieder des Synhedriums», sah (77). – Zu dem *Reich Davids* bzw. zu dem Begriff *«Davidssohn»* in Mk 11,10 vgl. F. HAHN: Christologische Hoheitstitel, 264–267, der die Aussage von Mk 11,10 für «ausgesprochen unjüdisch» hält. «Das gilt vor allem für die Vaterbezeichnung Davids; doch ist auch die Redeweise von der ‹kommenden› davidischen Königsherrschaft nicht geläufig.» In Wahrheit sei Mk 11,10a eine Parallelbildung zu 11,9b: «vom ‹Vater› Davids ist offensichtlich nur auf Grund der geläufigen Bezeichnung Jesu als Davids ‹Sohn› die Rede... Davidssohn ist Bezeichnung speziell des irdischen Jesus geworden» (265). «Da die Messiaswürde Jesu rein himmlischer Art, auf der anderen Seite Jesus aber der verheißene, tatsächlich dem Königsgeschlecht entstammende Davidssohn ist, konnte seine irdische Funktion, in der sich die künftige Hoheit schon abschattet, geradezu als davidisches ‹Königtum› beschrieben werden.» «Die irdische Königswürde sollte... nicht an die Stelle der himmlischen treten, sondern ein vorläufiges Amt sollte der endgültigen messianischen Herrschaft vorausgehen.» (266) M. a. W.: Die «Scharen», die Jesus beim Einzug als den Sohn Davids bekennen, sind nicht die Zeitgenossen Jesu, sondern die gläubigen Christen. «Daher sind nicht wie im Judentum die Erzväter die maßgebenden Gestalten der Geschichte Gottes, sondern David ist der eine Vater, auf den sich die Christenheit beruft.» (265) Vgl. auch E. LOHMEYER: Gottesknecht und Davidssohn, FRLANT NF 43, [2]1953, S. 80ff.

rung «aller Völker» (Ps 118,10) geholfen und es «Lust» habe sehen lassen an seinen «Hassern» (Ps 118,7)[4]. Sieg über die Feinde des Hauses Aaron also wäre die Hoffnung, die das Volk beim Einzug in Jerusalem auf Jesus setzte. Zur Stützung dieser Ansicht ließe sich vor allem auf die *Palmenzweige*[5] hinweisen, die (nach Joh 12,13) die Leute in den Händen halten, während sie den Triumphzug des «Messias» begleiten. Die Palme ist das nationale Wappenzeichen Palästinas; man kennt sie von den Palästina-Münzen der Makkabäerzeit bis hin zu den Münzen des römischen Kaisers Hadrian[6]: da sieht man die opfernde oder kniende Frau Judäa, umgeben von palmtragenden Kindern, die dem ankommenden Kaiser in feierlicher Prozession entgegenziehen. So verstanden, feierte die Menge Jesus bei seinem Einzug in Jerusalem als Messiaskönig, als Gegenkaiser Roms, als Befreier vom Joch der römischen Besatzungsmacht. In der Tat haben manche Forscher aus dieser Szene denn auch den Schluß ziehen wollen, daß Jesus mit seinem Einzug in Jerusalem einen offenen Volksaufstand, einen Putsch gegen die Römer habe vorbereiten wollen und *deshalb* verhaftet und hingerichtet worden sei[7].

Aber zu dieser Annahme paßt die Darstellung des *Markus*-Evangeliums absolut nicht. Im Gegenteil hat Jesus dort von Anfang an (Mk 8,30) dem Petrus verboten, in der Öffentlichkeit sein Messiasbekenntnis zu erneuern, und auch jetzt scheint ihm entscheidend daran zu liegen, die Hoffnungen der

[4] Zur (Be-)Deutung von Ps 118 vgl. J. Becker: Israel deutet seine Psalmen, 56: «Man trifft... das alttestamentliche Verständnis von Ps 118, wenn man sich Israel im eschatologischen Aufbruch hin zur heiligen Stadt und zum Tempel vorstellt in einer Welt des Wunders und vollendeter Heiligkeit, wie sie uns z. B. aus Is 11–12; 24–27; 34–35; 40–66; Ez 40–48 und Zach 12–14 entgegentritt.» Zur Zeit Jesu scheint der Psalm deutlich messianisch verstanden worden zu sein; vgl. H. L. Strack – P. Billerbeck: Kommentar zum Neuen Testament aus Midrasch und Talmud, I 850. Auch die Erwähnung des *Ölbergs* (Mk 11,1) scheint eine alte Weissagung zu erfüllen: Entsprechend den Worten aus Sach 14,4 erwartete man gerade dort die Ankunft des Messias. Flavius Josephus: Jüdische Altertümer, XX 8, 6, S. 662 erwähnt z. B. einen Propheten, der zur Zeit des *Nero* aus Ägypten nach Jerusalem kam und mit dem Volk auf den Ölberg steigen wollte: «Dort, sagte er, wolle er ihnen zeigen, wie auf sein Geheiß die Mauern Jerusalems zusammenstürzten, durch welche er ihnen dann einen Eingang in die Stadt bahnen würde.» – *Bethphage* («Feigenstätte») wurde als entlegenster Stadtteil zu Jerusalem gerechnet; vgl. H. L. Strack – P. Billerbeck: Kommentar zum Neuen Testament aus Talmud und Midrasch, I 839–840.

[5] Zur messiaspolitischen Symbolik des *Palmzweigs* vgl. E. Stauffer: Jesus, 84.

[6] A. a. O.

[7] S. o. Anm. 1.

Menge auf einen neuen König David zu korrigieren[8]. Dabei spielt allerdings *der Esel* die größte Rolle[9], so daß seine Auffindung in der Tat besondere Beachtung verdient. Jeder zur Zeit Jesu kannte die Weissagung des Propheten *Sacharja*: «Frohlocke laut, Tochter Zion! Jauchze, Tochter Jerusalem! Siehe,

[8] Möglich ist es, daß die Szene von dem Einzug Jesu in Jerusalem zwei verschiedene Begebenheiten miteinander verknüpft hat: Ovationen bei Bethanien und einen Ritt nach Jerusalem. «Der Jubel in Bethanien könnte die Behörden auf Jesus aufmerksam gemacht haben, während bei einem messianischen Einzug in Jerusalem die Römer sicher sofort eingegriffen hätten.» E. SCHWEIZER: Das Evangelium nach Markus, 124. So sehr also die Erwartungen der Menge an und um Jesus messianisch gefüllt gewesen sein dürften, so wenig scheint Jesus selbst darauf eingegangen zu sein; erst in der späteren Deutung der Ereignisse durch die Gemeinde wird aus dem Einzug in Jerusalem eine messianische Demonstration. Das Ausbreiten der Kleider in Mk 11,8 scheint im übrigen vorauszusetzen, daß Jesus *zu Fuß* den Boden der Hl. Stadt betritt. Vermutlich also hat Jesus überhaupt jede messiaspolitische Attitude seines Auftretens vermeiden wollen, oder er hätte selbst die friedliche, rein religiöse Seite seiner Mission mit der Wahl des *Esels* unter Beweis stellen wollen, spräche nicht alles dafür, daß die Szene selbst erst aus Sach 9,9 gebildet worden ist (s. o. Anm. 1).

[9] Zu dem *Esel* vgl. O. MICHEL: *onos*, in: G. Friedrich (Hrsg.): Theologisches Wörterbuch zum Neuen Testament, V 283–287, der (S. 284) hervorhebt, daß nach Gen 49,11 und Sach 9,9 der König der Endzeit «auf einem Eselhengst ..., dem Reittier der Urzeit, erscheint», und der (S. 286) vor allem herausstellt, daß der Esel an das Geheimnis des *niedrigen* Königs gemahne, der in den Tod gehe. Aber man darf hier nicht Ursache und Wirkung verwechseln: Zwar ist es die «Armut» Jesu, welche die Machthaber so sehr bedroht, daß sie seinen Tod beschließen, aber die «Armut» Jesu besteht nicht in seinem Willen zum Sterben. Für die Interpretation der Stelle gilt es besonders zu beachten, daß gerade die endzeitlichen Hoffnungen stets vorbildartig sich an urzeitliche Erinnerungen anlehnen, wie es zum Wesen mythennaher Symbole gehört; vgl. E. DREWERMANN: Tiefenpsychologie und Exegese, I 230–250. Speziell bei der Wahl des Reittieres bestand der Grundsatz, «daß ein Tier oder Gerät, das für einen heiligen Dienst ausersehen ist, vom menschlichen Gebrauch ausgeschlossen sein soll», wie es in Num 19,2; Dtn 21,3 und 1 Sam 6,7 zum Ausdruck kommt; vgl. O. MICHEL: A. a. o., V 286. Das Heilige ist religionspsychologisch stets eine Wiederherstellung des Wesensursprungs, der Einzug in die Hl. Stadt stets eine Art Rückkehr ins Paradies. Im Sinne eines solchen Symbols der Wiederherstellung der ursprünglichen Gottesnähe ist die Szene auszulegen. – Einen bemerkenswerten «Kommentar» zur Stelle überliefert S. LANDMANN: Jüdische Witze, 241, indem das Verhältnis von Messianismus und Zionismus dort ganz richtig an der Machtfrage der *Führer* abgehandelt wird: «Alle Merkmale der messianischen Zeit sind heute da: die Armut, die Not, die Verderbtheit, die Herrschaft der Dreisten – nur der Esel fehlt, auf dem der Messias einreiten soll, denn alle Esel sind inzwischen zu jüdischen politischen Führern avanciert.» M. a. W.: Immer wieder wird die Nähe Gottes verhindert durch die Dummschlauheit derer, die sich in Gottes Namen «aufs hohe Roß» setzen.

dein König kommt zu dir; gerecht und siegreich ist er. Demütig ist er und reitet auf einem Esel, auf dem Füllen einer Eselin. Er wird die Streitwagen ausrotten aus Ephraim und die Rosse aus Jerusalem; ausgerottet werden auch die Kriegsbogen. Er schafft den Völkern Frieden durch seinen Spruch, und seine Herrschaft reicht von Meer zu Meer, vom Euphrat bis an die Enden der Erde.»[10] Es ist das Bild eines unumschränkten Friedenskönigs. Freilich bietet auch *Sacharja* schrechliche Visionen und scheußliche Beschreibungen, wie die siegreichen Kinder Israels unter der Führung ihres Königs «Blut trinken werden wie Wein und davon voll werden wie die Opferschale, wie die Ecken des Altares». (Sach 9,15)[11] Und doch verbindet sich mit diesem «sanftmütigen» Einzug Jesu auf einem Esel so sehr das Bild eines Königs des Friedens, daß damit die Erwartungen der Menge eindeutig *religiös* beantwortet werden.

Trifft dies zu, so ließe sich – entsprechend dem Vorschlag der meisten Exegeten – vorstellen, daß Jesus mit seinem Gang nach Jerusalem alles auf eine

[10] Die Deutung der Stelle auf den Messias ist in der rabbinischen Literatur «gang und gäbe»; H. L. STRACK – P. BILLERBECK: Kommentar zum Neuen Testament aus Talmud und Midrasch, I 842–844.

[11] Tatsächlich stand Sach 9,9 gewissen nationalistischen Großmachtträumen keinesfalls im Wege; im Gegenteil! Mit Bezug auf Jes 11,14 wird in der rabbinischen Literatur in Aussicht gestellt, wie man «die Morgenländer», Edom und Moab, leerplündern wird; STRACK-BILLERBECK: A. a. O., I 843. Insofern ist die Situaiton an sich durchaus nicht so eindeutig, wie E. STAUFFER: Jesus, 84–85 es dartellt: «Die Evangelien lassen keinen Zweifel darüber, daß es sich bei dieser messiaspolitischen Demonstration (sc. des Einzugs Jesu in Jerusalem) um ein entsetzliches Mißverständnis handelte... Jesus antwortet auf die Ovationen seiner Anhänger mit einer gänzlich unpolitischen Gegendemonstration. Er besteigt den Esel... Denn der Esel ist... das Wahrzeichen des gewaltlosen Friedenskönigs, ist nach der altrabbinischen Auslegung jener Prophetenstelle das Bekenntnis zum Weg der Niedrigkeit und der Passion.» So schwierig (oder unmöglich!) es auch Stelle für Stelle ist, die «wahre» Geschichte Jesu hinter den Geschichten der Christusverkündigung zu rekonstruieren, so scheint es doch gänzlich unwahrscheinlich, daß ein religiöses Genie wie Jesus von Nazareth am Ende aufgrund eines bloßen Mißverständnisses ums Leben gekommen wäre. Weit eher ist anzunehmen, daß die Menschen zur Zeit Jesu nur allzu gut verstanden, was er wollte, doch während die einfachen Leute ihm zujubelten, bedrohte er *gerade dadurch* die «Hohenpriester» und «Schriftgelehrten» in der heiligen Stadt. Gleichgültig, ob der Einzug in Jerusalem geschichtlich «wirklich» stattgefunden hat, – gerade der «Friede», den Jesus zu bringen kam, bedeutete nicht mehr und nicht weniger als eine tödliche Kriegserklärung an die Machthaber in Staat und Synagoge (Kirche). In *wesentlichem* Sinne ist diese Dialektik des Symbols des «Friedenskönigs» offenbar von der Gestalt des historischen Jesus unabtrennbar.

Karte habe setzen wollen, um eine endgültige Entscheidung zugunsten seiner Auffassung von der kommenden Gottesherrschaft zu erzwingen[12]. In Erfüllung der alten Weissagungen habe er in Jerusalem den Ort erblickt, an dem er selber sich als Gründer des beginnenden Gottesreiches auf Erden habe ausrufen lassen müssen, und entgegen dem wachsenden Druck der führenden Kreise habe er mit gewissem Recht bei seinem Plan vor allem auf die Zustimmung des Volkes, vornean der Passahpilger, in der Heiligen Stadt gesetzt[13]. Gerade so aber sei er erst recht in die Mühle aller Interessenkonflikte geraten: die Menge habe im Grunde nach einem weltlich-politischen «Messias» mit theokratischen Zügen verlangt; die politisch einflußreichen Kreise hingegen hätten die gerade dadurch möglicherweise entstehenden Unruhen unter den Augen der Römer gefürchtet; und so hätten die Massen Jesus, bald schon enttäuscht, in der Wahl zwischen ihm und dem Barabbas (Mk 15,6–15) wieder fallengelassen, als sie die absolut unpolitischen Zielsetzungen Jesu erkannten, während die Hohenpriester ihn nach wie vor wegen seiner Nähe zum Volk gefürchtet und wegen seiner aufrührerischen Lehren verurteilt hätten[14].

[12] S. o. Anm. 1.

[13] Die Frage ist freilich, ob es sich wirklich, wie allgemein angenommen wird, um die *Passahzeit* beim Einzug Jesu in Jerusalem gehandelt haben kann. SCH. BEN-CHORIN: Bruder Jesus, 116 meint: «Die Umstände, die bei dem Einzug Jesu in Jerusalem beschrieben werden, weisen eindeutig auf Sukkoth hin, das Laubhüttenfest. Bewohner Jerusalems ziehen dem Rabbi aus Nazareth mit Zweigen in der Hand entgegen. Hosianna singend ... Es handelt sich hier um den Palmzweig, Lulav, des Laubhüttenfestes, der zusammen mit dem Ethrog, ‹der Frucht vom schönen Baume›, einer Zitrusart, der Bachweide und der Myrte als Feststrauß beim Umzug um den Altar gewunden wurde, ein Ritual, das sich bis heute in der Synagoge erhalten hat. Hierzu wurde und wird der 118. Psalm, 25. Vers, rezitiert: ‹Ach Herr, hilf doch.› ... Die ‹Hilf-doch›-Formel des Psalms hat spätere Ausformungen erfahren, die aber vielleicht schon zur Zeit Jesu bekannt sein mochten. Hier sei an die dunkle Formel ‹Ani wehu hoschiana› (Ich und *ER*, hilf doch) erinnert, die im Mischna-Traktat des Hüttenfestes, Sukka IV 5 bezeugt ist.» So ähnlich muß die Szene vor allem erscheinen, wenn man Joh 12,13 zugrunde legt. Nun spricht zwar Mk 11,8 gar nicht von Palmen, sondern von «Büscheln», aber auch die «Büschel» «könnten auf einen Einzug im Herbst hinweisen, weil sie beim Laubhüttenfest üblich waren.» E. SCHWEIZER: Das Evangelium nach Markus, 125. – Zu dem Ausruf *«Hosanna»* in Mk 11,9 vgl. G. DALMAN: Die Worte Jesu, 180–182, der meint, daß die Wendung von Mk 11,10 («Hosanna in der Höhe») ein deutender Zusatz sei. «Das bloße *hoscha na* ..., wie es Markus (11,9) mitteilt, wird der wirkliche Ruf des Volks gewesen sein.» (181)

[14] So etwa die Rekonstruktion bei J. BLINZLER: Der Prozeß Jesu, 54: «Einzig das Anfangswirken am See Gennesaret, der ‹galiläische Frühling›, scheint ganz ungetrübt und unge-

Indessen enthalten auch Mutmaßungen dieser Art eine Vielzahl von Widersprüchen, und sie unterstellen insgesamt eine geradezu unwahrscheinliche Anhäufung historischer Mißverständnisse auf allen Seiten. Jesus müßte in der Einschätzung der wirklichen Lage sich vollkommen geirrt haben; er selber hätte mit der Gunst eines Volkes taktiert, dessen Überzeugung er nie geteilt hätte; die Hohenpriester und Schriftgelehrten wiederum hätten Jesus bei einem Volk diffamieren müssen, dessen Messiashoffnungen sie trotz aller Angst im Grunde selber befürworteten und dessen Gesetzesferne sie einen Augenblick lang gänzlich ignoriert hätten; kurz, man müßte bei dieser Theorie in allem geradezu das Gegenteil von dem unterstellen, was *Markus* wirklich erzählt. Erneut stoßen wir hier auf das alte Paradox, daß die biblischen Erzählungen gerade dort, wo sie «Historie» zu überliefern scheinen, dies in einer Weise tun, daß es in geschichtlicher Absicht zu einer haltlosen Illusion wird, zu glauben, es lasse sich hinter den Texten der Evangelien – und gegen deren Zielsetzung! – das eigentliche historische Geschehen, wie es «wirklich» war, rekonstruieren, um dadurch eine Grundlage für die Botschaft des Glaubens zu gewinnen[15]. Die einzige

stört gewesen zu sein. Aber je mehr das Volk, wenn auch nur in äußerlicher Begeisterung, dem großen Lehrer und Wundertäter zuströmte, desto mehr wuchs das Mißtrauen des offiziellen Judentums gegen ihn und seine ‹neue Lehre› (Mk 1,28). Das Mißtrauen wurde zu offener Feindschaft, die Feindschaft verhärtete sich zu tödlichem Haß.» S. 57: «Man wird fragen, was die sonst so uneinigen jüdischen Parteien und Richtungen (sc. die Herodianer, Sadduzäer, Pharisäer, Schriftgelehrten u. a., d. V.) zu gemeinsamem Kampf gegen Jesus zusammengeführt hat. Hauptsächlich war es die große Popularität Jesus, die von allen führenden Kreisen mit Besorgnis, Unwillen und Eifersucht beobachtet wurde (Mk 11,18 . . .) . . . Ob die Synedristen wirklich damit rechneten, die Römer würden gegen Jesus einschreiten, ist fraglich, aber die Sorge um ihre Machtstellung . . . war gewiß eines der stärksten Motive für ihre feindselige Einstellung gegen Jesus.» – Zur Forderung der Menge, den *Barabbas* freizugeben, vgl. a. a.O., 223–225.

[15] Statt eine Rekonstruktion der vermeintlich «wahren» Geschichte hinter den «Geschichten», die die Evangelien überliefern, zu versuchen, muß es in religiöser und psychologischer Absicht darum gehen, in Analogie zu der Mytheninterpretation des *Strukturalismus* die einzelnen Darstellungen in sich selbst als geschlossene Gestaltungen desselben Themas zu verstehen, die gerade im Vergleich miteinander diejenigen Strukturen aufweisen, in denen der Konflikt erscheint, um dessen Lösung es wesentlich geht und dessen Inhalt man dann auch in historischem Sinne für wahrscheinlich halten mag. Dieser Konflikt lautet in allen Evangelien nicht: nationale Messiashoffnung gegen römische Besatzungspolitik, sondern: Barmherzigkeit gegen Gesetzlichkeit, Freiheit gegen Außenlenkung, Selbstbestimmung gegen Fremdbestimmung, Gottesherrschaft gegen Machterhalt, die Evidenz der Menschlichkeit gegen die Interessen hierarchischer Obrigkeit, eine Gottesverehrung des

Möglichkeit eines religiösen Verständnisses solcher Erzählungen besteht darin, den Text zu nehmen, wie er dasteht, und dem menschlichen Sinn seiner spezifischen Darstellungsweise nachzuspüren.
Dann muß man sagen, daß es – anders als bei *Johannes*! – im *Markus*evangelium *an dieser Stelle* durchaus nicht um den Gegensatz von Gottesreich und Weltherrschaft, von Religion und Staat, von *civitas Dei* und *civitas terrena* geht; es geht vielmehr darum, inwieweit so etwas wie eine *religiöse* Revolution möglich ist[16], durch welche das «Volk Gottes» nach mehr als eineinhalbtausend Jahren des Hoffens und Wartens endlich dahin gebracht werden könnte, zu tun und zu leben, wovon die Propheten immer wieder gesprochen haben (Mk 12,35–37) und was den Sinn aller Gebote des Moses ausmacht (Mk 12,28–34): unmittelbar könnte man im Sinne Jesu dem «Königtum Gottes» «nahe» sein in der Liebe zu Gott und in der Liebe zu dem Menschen. Punkt für Punkt wird Jesus im folgenden Kapitel des *Markus*evangeliums gegenüber den Hohenpriestern, den Schriftgelehrten und den Ältesten sowie gegenüber den Herodianern und den Sadduzäern *in Jerusalem* diesen seinen Standpunkt noch einmal, und dann ein für allemal darlegen: An Gott zu glauben bedeutet gerade nicht, den (römischen) Kaiser mit Gewalt verjagen zu müssen; es bedeutet vielmehr, in sich selber die eigene Königswürde und Freiheit wiederzuentdecken und darin den Anspruch aller Macht von Menschen über Menschen zu relativieren (Mk 12,13–17); es bedeutet vor allem, die Macht Gottes über das menschliche Leben so intensiv zu glauben, daß selbst der Tod sie nicht in Frage stellen kann (Mk 12,18–27); und es bedeutet, entsprechend der Weisung des Moses, Gott zu lieben mit ganzem Herzen – mit der Seele, mit dem Denken, mit allen Kräften (Mk 12,30; Dtn 6,45), und den Nächsten wie sich selbst (Lev 19,18)[17].
Nichts an diesen Gedanken läuft auf irgendeinen Konflikt mit den Römern

Herzens gegen ein Gottesbekenntnis der Lippen. – Zur *Methode der strukturalistischen Textauslegung* vgl. E. Drewermann: Strukturen des Bösen, 1. Bd., S. XLVI–LIV.

[16] Sehr wahr meinte E. Stauffer: Die Botschaft Jesu damals und heute, 95–118, S. 112–113: «Die politische Moral Jesu ist weder militant noch konservativ, weder quietistisch noch utopisch. Sie ist realistisch und schöpferisch zugleich. «Es ist der Weg des Dienstes, die geräuschlose und beharrliche Gegendemonstration des Menschensohns gegen die Wege der politischen Machtergreifung und militärischen Gewalt ... Er wird auf diesem Weg zum heimlichen Herrscher der Menschheit und gewinnt durch seinen Dienst und Opfertod ein echtes Herrentum, eine Macht über die Herzen, von der sich die brutalen Gewalthaber und falschen Herren dieser Welt nichts träumen lassen (Mk 10,42).»

[17] S. u. zu Mk 12,28–34: Welches Gebot ist das wichtigste?

oder auf den Wunsch nach politischer Rache hinaus; es ist ein *religiöser* Glaube, der sich hier ausspricht, und einzig im Sinne einer solchen *religiösen* Veränderung der Welt mochte Jesus dem *Markus*evangelium zufolge von sich glauben, es geschehe zu Recht, in ihm den erwarteten «Messias» zu erblikken. Wenn Menschen inmitten eines Lebens in Nacht und Aussichtslosigkeit, wie der blinde *Bartimaios* in der unmittelbar vorhergehenden Erzählung, Jesus als den «Sohn Davids» bekennen (Mk 10,47.48), so sind solche Worte absolut zutreffend und unmißverständlich, denn sie sind aus gerade *der* Not heraus gesprochen, auf die Jesus in der Tat mit seiner ganzen Person antworten mochte; sie enthalten nicht die geringste Möglichkeit einer politischen Verzeichnung[18]. Ebenso kann Jesus in dem Verhör vor dem Hohenpriester auf die entscheidende Frage: «Bist du der Messias?» nach *Markus* eindeutig antworten: «Ich bin» (Mk 14,61.62), wenngleich er unmittelbar danach von sich als dem kommenden *Menschensohn* spricht (Mk 14,62)[19]. Vor allem aber

[18] S. o. zu Mk 10,46–52: Die Heilung des blinden Bartimaios, Anm. 10; 19; 20. Einzigartig ist in Mk 11,3 allerdings die «singuläre Verwendung» des Wortes «Herr» (in Parallele zu Mk 14,14). «Es geht um eine Würdebezeichnung, in der die Vollmacht Jesu zum Ausdruck kommt.» «Die Herkunft (sc. dieser Formel, d. V.) aus hellenistisch-judenchristlicher Gemeinde ist nicht zu bestreiten.» F. HAHN: Christologische Hoheitstitel, 87; 88. W. FOERSTER: *Kyrios*, in: G. Kittel (Hrsg.): Theologisches Wörterbuch zum Neuen Testament, III 1081–1098, S. 1092 freilich meint demgegenüber, daß in Mk 11,3 das (aramäische) Wort «Herr» «ein Suffix nicht entbehren» könne, und er schlägt (in Anlehnung an Mk 14,14) vor: «unser Herr», als Übersetzung des Aramäischen «Mari», aus dem sich (auf hellenistischem Boden) der «Kyrios-Titel» der frühkirchlichen Christologie entwickelt haben dürfte. E. SCHWEIZER: Das Evangelium nach Markus, 125 meint dementsprechend: «Nie sonst heißt Jesus bei Markus ‹der Herr› (vgl. nur 12,36 f. und die Anrede 7,28). Vielleicht war einmal gemeint: ‹unser Meister›; zur Zeit des Markus aber kann man darin nur noch die Aussage sehen, daß Jesus absolut und über alle ‹der Herr› ist.» Für die Auslegung der Stelle ist es entscheidend, daß man nicht einfach die Formelsprache des Neuen Testamentes rezitiert, sondern sich fragt, wie man die Gestalt Jesu so in die «Heilige Stadt» (in das eigene Herz) einziehen läßt, daß er zum «Herrn» des eigenen Lebens wird. Dazu gehört unbedingt das Ende aller Angst gegenüber jedweder irdischen Macht. G. DALMAN: Die Worte Jesu, 269–272, S. 272 stellt zu Recht betont den Gegensatz heraus, mit dem die frühen Christen Jesus als den wahren göttlichen *Herrn* dem «Gotte und Herrn» auf dem römischen Kaiserthron gegenüberstellten: «Auf jüdischer Seite konnte ein völlig entsprechender Sprachgebrauch sich in bezug auf den Messias nicht entwickeln, da man ihn nicht neben Gott zu stellen wagte. Aber etwas Ähnliches ist es gewesen, wenn man mit Nachdruck betonte, wie jeder Israelit täglich die ‹Himmelsherrschaft› auf sich zu nehmen habe.»
[19] In Mk 14,61 f. «liegt eine eigentümliche Verschmelzung der Anschauung vom königlichen Messias und vom Menschensohn vor. Zur Menschensohnkonzeption gehört das

macht Jesus «im Heiligtum lehrend» (Mk 12,35), mit der Adresse an die Schriftgelehrten, vor allem Volke klar, daß man den «Messias» überhaupt nicht als «Davidssohn» verstehen kann[20]. «David»: das stünde prinzipiell für jene Form der Macht, die Menschen mit Geschick, Fortune und Skrupellosigkeit sich selbst erwerben können; – es ist für Jesus grundsätzlich nicht denkbar, daß sich auf diesem Wege etwas wirklich Heilendes und Heilsames begründen ließe. Umgekehrt, meint Jesus: wenn etwas «groß» war an David, dann war es sein Wissen, stets einen «Herrn» über sich zu haben (Mk 12,36). Die Gestalt des Messias kann man daher nicht in Verlängerung menschlicher Machtentfaltung verstehen, sondern einzig und allein von Gott her; der «Messias» Gottes, wenn er kommt, bedarf mithin keiner irdischen Macht – er kommt einzig in der Kraft, die Gott selber ist: in der Macht der Liebe[21].

Kommen auf den Wolken des Himmels.» Zur «Messianologie» hingegen gehört die Vorstellung vom Sitzen zur Rechten Gottes. «Die messianische Inthronisation ist ebenso wie das Kommen auf den Wolken des Himmels ein eschatologisches Ereignis; Machtübertragung und Parusie gehören zusammen, beides spielt sich daher vor den Augen der Welt ab. Wenn Jesus in sein messianisches Amt eingesetzt wird, dann ist auch der Zeitpunkt gekommen, an dem er als Richter der Welt auftreten wird.» Es handelt sich dabei um eine bewußte Umformung ehemaliger Parusieaussagen auf dem Boden der frühen hellenistisch-judenchristlichen Gemeinde. «War die Auferstehung Jesu bisher die Vorwegnahme eines Endereignisses und die Himmelfahrt das Zeichen für ein nur vorübergehendes Hinweggenommenwerden des Auferstandenen bis zu seiner siegreichen Wiederkunft, so wurde die Auffahrt zum Himmel jetzt mit dem Inthronisationsakt verbunden und somit dem himmlischen Aufenthalt und Wirken Jesu eine neue und eigenständige Bedeutung zuerkannt... Jesus hat als der Erhöhte den Platz des Messias an der Rechten Gottes bereits eingenommen und übt sein Herrscheramt im Himmel jetzt schon aus.» F. Hahn: Christologische Hoheitstitel, 128–129. Historisch-kritisch gesehen hat Jesus selber die Worte von Mk 14,61 f. gewiß nicht gesagt; *psychologisch* betrachtet aber gibt die Aussage Jesu vor dem Hohen Priester sehr korrekt wieder, was der Mann aus Nazareth uns vermitteln wollte: In seiner Nähe war es möglich, den Himmel nahe zu spüren und zu wissen, daß es in alle Zeiten keinen anderen Maßstab des Lebens geben werde als das Beispiel und die Befähigung einer einfachen *Menschlichkeit*, wie sie in Jesus als dem Gestalt gewordenen *«Menschensohn»* lebte.

[20] S. u. zu Mk 12,35–37a: Wessen Sohn ist der Messias?

[21] Eben das ist die Überzeugung der frühen Kirche von der Macht, die der «Messias» und «Menschensohn» Jesus Christus schon jetzt zur «Rechten Gottes» ausübt: Es ist seine Menschlichkeit, deren Stärke und Macht darin besteht, daß sie den Tod nicht fürchtet, sondern uns gerade im Tode die Macht verleiht, die Angst zu überwinden, die uns immer wieder daran hindert, das Stück Menschlichkeit zu leben, zu dem wir wesenhaft («eschatologisch») berufen sind. Erst wenn die Menschlichkeit als das eigentlich Bestimmende unse-

Sollte das Volk, das Jesus zum überwiegenden Teil gern zuhört (Mk 12,37), all dies falsch verstanden haben, verblendet von dem Wahn nationaler Größe und politischer Machtentfaltung? Gewiß nicht. Folgt man der Darstellung des *Markus*evangeliums, so ergibt sich vielmehr ein ganz anderer Zusammenhang. Nicht mit Palmen in den Händen, wie im *Johannes*evangelium (Joh 12,13), begleiten bei *Markus* die Leute den Weg Jesu in die Heilige Stadt, sie schneiden vielmehr Grasbüschel von den Feldern und bestreuen damit die Straßen (Mk 11,8); von einem Symbol nationalistischer Messiashoffnung in Form von «Palmzweigen» kann bei *Markus* also keine Rede sein. Statt dessen legen nach seiner Darstellung manche der Leute beim Einzug Jesu *ihre Ge-*

res Lebens gefühlt, geglaubt, gelebt wird, verschmilzt, mythisch gesprochen, die Gestalt des «Menschensohnes» mit der Gestalt des «Messias», der eingesetzt wird an der Seite Gottes als «Richter» der «Welt». Es kommt entscheidend darauf an, in der Auslegung solcher Vorstellungen die *Warnung vor einem unsymbolischen Verständnis* derartiger Anschauungen zu beherzigen, die P. Tillich: Systematische Theologie, II 119 aussprach: «Im Neuen Testament werden vorzugsweise folgende christologische Symbole gebraucht: Sohn Davids, Menschensohn, Messias, Sohn Gottes, Kyrios, Logos. Man kann vier Erscheinungsweisen dieser Symbole unterscheiden. Sie wachsen heraus aus einer spezifischen religiösen und kulturellen Situation; sie werden für einzelne oder Gruppen zum Ausdruck ihres existentiellen Selbstverständnisses; sie werden in dieser Funktion vom Christentum übernommen und umgestaltet; sie verlieren dabei oft ihren existentiell-symbolischen Sinn und werden auf das Niveau eines abergläubischen Supranaturalismus herabgedrückt.» Der Begriff *«Menschensohn»*, der auf das parsistische Symbol vom Urmenschen zurückgeht, beschreibt in der apokalyptischen Tradition seit Daniel «die Entfremdung..., die Gott und Mensch trennt, ... die Herrschaft dämonischer Mächte in der entfremdeten Welt und die Hoffnung, daß der ‹Menschensohn› die gegengöttlichen Kräfte überwinden wird. Wenn nun... das Symbol des Menschensohnes von Jesus auf sich selbst angewandt wird, verändert sich sein Charakter entscheidend, obwohl der traditionelle Rahmen und die existentielle Bedeutung des Symbols bewahrt bleiben. Das Maß dieser Veränderung wird deutlich, wenn in dem Prozeß Jesu der Hohepriester die Anklage der Blasphemie erhebt, weil Jesus die Weissagung vom Kommen des Menschensohnes auf den Wolken des Himmels auf sich selbst bezieht. Auf der vierten Stufe wird das Symbol wörtlich genommen. Man stellt sich ein transzendentes Wesen vor, das zu irgendeiner Zeit von einem himmlischen Ort herabgesandt und in einen Menschen verwandelt wurde. Auf diese Weise wird aus einem wahren und machtvollen Symbol etwas Absurdes, und der Christus wird zu einem Halbgott, zu einem Wesen das zwischen Gott und Mensch steht.» (120) Man kann auch sagen: Eine solche Intellektualisierung und Objektivierung der Erfahrungen einer gelebten Menschlichkeit, wie sie die Person Jesu im Gegenüber Gottes wesenhaft bestimmte, führt psychologisch mit den Mitteln eines schriftgelehrten Terrors den Status der Entfremdung wieder ein, den Jesus selbst um den Preis seines Todes gerade überwinden wollte.

wänder auf den Weg, und darin könnte sich allerdings etwas Symbolisches ausdrücken, besitzt doch diese Szene ein berühmtes Vorbild im Alten Testament[22].

In den Tagen der Söhne des Königs *Ahab* hatte der Prophet *Elisäus* einen seiner Diener zu *Jehu* nach Ramoth in Gilead gesandt, um ihn zum König zu salben und damit zum «Rächer» an dem Hause Ahabs zu bestellen; vor diesem von Gott berufenen «König über Israel» breiteten die Leute damals «ein jeglicher sein Gewand aus und legten es unter seine Füße auf die bloßen Stufen; dann stießen sie in die Posaune und riefen: Jehu ist König!» (2 Kön 9,12.13) In grausigen Szenen beschreibt das zweite Buch der *«Könige»*, wie *Jehu* sich alsbald ans Werk macht und nacheinander alle Familienangehörigen und Verbündeten der Dynastie Ahabs ermordet, an der Spitze den Ahabssohn *Joram*, dann *Ahasja*, den König von Juda, hernach Ahabs Frau, die stolze Phönizierin *Isabel* (2 Kön 9,30–37), sowie siebzig Prinzen aus Ahabs Geschlecht mitsamt den Vertrauten und Priestern in Samaria (2 Kön 10,1–11)[23]. So blutrünstig die Erinnerung an diese dunkle Stunde Israels auch anmutet, so deutet sie im Zusammenhang mit der Person Jesu doch in eine bestimmte Richtung, die von dem meist vermuteten Gegensatz zwischen den nationalistischen Messiashoffnungen der «Menge» und den römischen Machtinteressen weit wegführt, indem wir unvermutet auf jenen Konflikt treffen, der das ganze *Markus*evangelium auch sonst durchzieht: auf den Gegensatz zwischen dem Volk, das an Gott glauben möchte, und seinen geistigen Führern, die es durch ihre Äußerlichkeit und Machtbesessenheit systematisch in die Irre führen[24]. *Jehus* «prophetische» Revolte galt ja nicht der Beseitigung einer politischen Fremdherrschaft, sie drängte auf eine gewaltsame «Säuberung» des Gottesvolkes von einer korrupten Herrscherclique, die als ganze ausgerottet werden mußte, bevor die innere Entfremdung des Volkes von sich selber revidiert werden konnte. Was *Jehu* damals mit äußeren – und folglich gewalttätigen! – Mitteln unternahm, das gilt es nach der Darstellung des *Markus* offensichtlich in den Tagen Jesu innerlich zu tun. Nur so versteht man, daß Jesus bei seinem Einzug in die Heilige Stadt als erstes «hinein in den Tempel» geht und sich dort «alles ansieht» (Mk 11,11). Es ist an diesem Tage «schon (zu) spät», um die notwendige Reinigung des

22 S. o. Anm. 13.

23 Zu dem geschichtlichen Hintergrund der Begebenheiten vgl. M. NOTH: Geschichte Israels, 216–217.

24 Vgl. E. DREWERMANN: Das Markus-Evangelium, I 191–202.

Heiligtums selber noch ins Werk zu setzen; aber eben dies: die Wiederherstellung der Gottesordnung im Zentrum der Religion ist der eigentliche Sinn, weswegen Jesus, einem zweiten *Jehu* gleich, dem *Markus*evangelium zufolge nach Jerusalem hinaufzieht, und zwar ganz und gar im Wissen, daß er dort endgültig und zum letztenmal auf seine tödlichen Gegner: auf die Ältesten, die Hohenpriester und die Schriftgelehrten treffen wird (Mk 10,33–34)[25].
Nur in dieser Blickrichtung widerspricht sich nichts in dem, was *Markus* sagen will, und alle Details fügen sich in seiner Darstellung zu einem einheitlichen, in sich nun freilich erschütternden Gesamtbild zusammen; denn offenbar weiß Jesus, als er unter dem Jubel der Menge die Heilige Stadt betritt, daß er buchstäblich «zu spät» kommt – unmittelbar danach, in der Szene von dem verfluchten und verdorrten Feigenbaum (Mk 11,12–14.20–21), wird er seinen Jüngern in einer Zeichenhandlung noch einmal verdeutlichen, wie er den Zustand des Gottesvolkes und mithin das Schicksal seines eigenen Lebens beurteilt: Keinesfalls wird es ihm gelingen, wie *Jehu* in den Tagen der Könige, die Machenschaften der Herrschenden zu zerschmettern; all seine Worte, all seine Werke, seine ganze Mission in den Tagen der Entscheidung werden vielmehr buchstäblich «zu spät» kommen; er wird nichts mehr retten können. Auch die «Reinigung» des Tempels am folgenden Tag (Mk 11,15–19) wird nichts Entscheidendes an dieser Tatsache mehr ändern; sie wird lediglich ein letztes ohnmächtiges Zeichen sein, das deutlich macht, wie Gott sein Volk vom Ursprung her gewollt hat – ein Bekenntnis trotz allem, eine symbolische Provokation, ehe die Macht endgültig ihre Faust ballt, um ihn zu töten[26].
Auch in historischem Sinne dürfte es schwerfallen, diese eminent religiöse Spannung, die das gesamte Wirken Jesu im *Markus*evangelium von Anfang bis Ende durchzieht, für eine spätere Konstruktion zu erklären, so als habe der Evangelist, um die römische Administration von einem versehentlichen Fehlurteil zu entlasten und die späteren Auseinandersetzungen zwischen der frühen Kirche und der Synagoge in die Zeit Jesu zu reprojizieren, den tödlichen Gegensatz zwischen Jesus und der Gruppe der Hohenpriester und Schriftgelehrten selbst erfunden[27]. Viel wahrscheinlicher auch in historischem

[25] S. o. zu Mk 10,32–45, Anm. 1.

[26] S. u. zu Mk 11,12–26: Zwischen Glauben und Geschäft.

[27] So erneut die These von W. FRICKE: Standrechtlich gekreuzigt, 131–175: Die Römer, nicht die Juden, S. 172: «Allzu vordergründig politisch motiviert ist das Anliegen der Evangelisten, einen Antagonismus zwischen den Pharisäern und Jesus zu konstruieren.

Sinne ist es, zu denken, daß Jesus nicht aus politischen Gründen von den Römern getötet wurde, weil man ihn mißverstanden hätte, sondern daß er aus religiösen Gründen mit Hilfe der politischen Machthaber liquidiert wurde, weil man ihn nur allzu gut verstand. Nicht um einen geschichtlichen Zufall handelt es sich beim Tode Jesu, sondern um eine Zwangsläufigkeit, die sich aus dem Wesen dessen, was wir «Geschichte» nennen, unausweichlich ergibt[28].

Insofern spielt es auch keine Rolle, daß sich dieser tödliche Konflikt zwischen Jesus und der Synagoge unter den speziellen Gegebenheiten des 1. Jhs. in *Palästina* zugetragen hat; vielmehr steht das Volk der Juden mit seinen Hohenpriestern, Ältesten und Schriftgelehrten in diesem Augenblick stellvertretend auf der Bühne der gesamten menschlichen Geschichte, um ein Drama auszutragen, das in Heil und Unheil unser aller Widerspruch und Rettung darstellt und bedeutet; einzig daß nirgendwo auf Erden sonst das, was wir die menschliche Geschichte heißen, in dieser Klarheit sichtbar wird, ist der herausragende Beitrag der Geschichte Israels bei diesem letzten Akt im Leben Jesu. Was sich im Schicksal Jesu am Beispiel des Spätjudentums als Schicksal Gottes darstellt, ist immer unser aller Los, und nichts von dem, was sich in diesem Augenblick beim Einzug Jesu in Jerusalem begibt, ist jemals nur gewesen, nur «Geschichte», nur Vergangenheit; vielmehr geht es hier um die bleibende, sich stets von neuem stellende Frage, wie wir den «Einzug» Gottes in unser Leben verstehen[29].

Denn ab dem Jahre 70 bedeutet das, Jesus so weit und nachhaltig wie möglich aus dem Judentum zu verdrängen und ihn in der Welt des romfreundlichen Heidenchristentums anzusiedeln. So gesehen ist das im ganzen Neuen Testament deutlich zutage tretende Bestreben, die Schuld der Römer am gewaltsamen Tode Jesu abzuschwächen, auch eine wichtige Voraussetzung für eine möglichst erfolgreiche Verkündigung des Evangeliums im römischen Kaiserreich gewesen.»

[28] Insofern gilt es, den fest eingewurzelten, aber unfruchtbaren und falschen Gegensatz zwischen «Mythos» (Symbol) und «Geschichte» (Faktum) aufzugeben und zu begreifen, daß die Geschichte lediglich die Themen vorgibt, an denen die Wahrheit des Religiösen sich bricht und darstellt; nicht die Geschichte als Sammlung von Tatsachen, sondern der Inhalt, der in ihr zum Ausdruck kommt, ist Grund und Gegenstand religiöser Erkenntnis. Die Aufmerksamkeit einer religiösen Interpretation geschichtlicher Texte gilt diesem überzeitlich Gültigen, bleibend Menschlichen, nicht der historisch zufälligen Einzelheit.

[29] Von daher gilt als Maxime einer *religiösen* Interpretation, was S. KIERKEGAARD: Einübung im Christentum, XII 1, Werkausgabe, II 13 schrieb: «Wohl ist es achtzehnhundert Jahre her, daß Jesus Christus hier auf Erden gewandert ist; aber es ist ja nicht eine Begebenheit gleich anderen Begebenheiten, welche zuerst, als vergangene, übergehen in die

Die Kirche hat diesen Tatbestand sehr gut erfaßt, indem sie den Einzug Jesu in die Heilige Stadt Jahr für Jahr in der Festtagsliturgie des Palmsonntags *rituell* darstellt[30]. Der Innenraum der Kirche selbst rückt für die Dauer einer Feierstunde an die Stelle der Stadtmauern der Heiligen Stadt, und der Jubelruf der Menge damals setzt sich fort in den Liedern und Gebeten der Gläubigen, entsprechend dem Psalm 24,8.10: «Wer ist denn der König der Herrlichkeit? Der Herr, der Starke, der Held, der Herr, der Held im Streite ... der Herr der Heerscharen, er ist der König der Herrlichkeit.»[31] Wie aber äußert

Geschichte, und dann, als längst vergangene, übergehen in die Vergessenheit. Nein, seine Gegenwart hier auf Erden wird niemals zu etwas Vergangenem, wird also auch nicht mehr und mehr in Vergangenheit vergehen, – wenn denn anders sich Glaube findet auf Erden; sonst, ja sonst ist es im gleichen Augenblick lang her, daß er gelebt hat. Solange hingegen ein Glaubender ist, muß er auch, um es geworden zu sein, gleichzeitig sein mit seiner Gegenwart – ebenso gleichzeitig wie jene, die ihm gleichzeitig waren, diese Gleichzeitigkeit ist Bedingung des Glaubens und näher bestimmt ist sie der Glaube. Herr Jesu Christ, möchten wir doch auch so gleichzeitig werden mit dir ... Möchten wir dich sehen als das, was du bist, und warst und sein wirst, bis daß du wiederkommst in Herrlichkeit, als des Ärgernisses Zeichen und des Glaubens Gegenstand, den geringen Menschen ... zu suchen.» – Bereits für die *philosophische* Auffassung geschichtlicher Gestalten meinte richtig K. Jaspers: Die maßgebenden Menschen, 37–38: «Daß jeder Denker seiner Zeit und Welt angehört und historisch in ihr gesehen werden muß, schließt nicht aus, daß aus ihm spricht, was jederzeit von Menschen gehört werden kann. Es ist das Zeichen der Größe des Denkers, daß er in die mögliche Gleichzeitigkeit mit allen gelangt, daß er sagt, was über die Zeiten hinweg menschliche Möglichkeiten erweckt, ihnen zum Spiegel wird, sie ermutigt und stärkt, mit ihnen im Kampf steht. Ein Denker, der nur zeitgebunden ist und durch unsere historische Analyse schon angemessen und wesentlich getroffen scheint, gehört nicht in den Kreis der Großen. – Sofern aber kein Mensch schlechthin nur zeitgebunden ist, vermag auch der Geringste von uns aus seiner Unabhängigkeit einzutreten in jene Gleichzeitigkeit mit den Großen. Dort hört er Antworten, erfährt er Impulse, Anziehungen und Abstoßungen. Die Großen sind seine ewigen Zeitgenossen.»

[30] Sehr wahr sagt A. Läpple: (Hrsg.): Neues Meßbuch für Sonn- und Feiertage, Kirchenjahr B, 285 vom *«Palmsonntag»*: «Beim Einzug Jesu in die Davidsstadt Jerusalem wurde wie ‹im Vorübergang› sichtbar, was sich unsichtbar in der Weltgeschichte ereignet: der Königseinzug Jesu Christi zum Gericht.»

[31] Ps 24,7–10 «sind die liturgischen Begleitworte zur Epiphanie Jahwes im Tempel». «Daß späterhin nach der Überlieferung der Psalm im jüdischen Kult jeden Sonntag im Tempel gesungen wurde, zeigt, wie fest die alte Theophanietradition im gottesdienstlichen Leben des Judentums verankert war ... daß der Mensch der Gegenwart ... die Vergangenheit als ewige und doch zugleich akutelle Gegenwart des natur- und geschichtsmächtigen Gottes erkennt, die gerade ihn im gegenwärtigen Augenblick zur Entscheidung ruft.» A. Weiser: Die Psalmen, I 156; 159.

sich diese «Herrlichkeit» des «Gesalbten» Gottes? Diese alles entscheidende Frage richtet sich wesentlich an die Kirche selber, und sie muß in jeder Epoche neu beantwortet werden.

Man rühmt z. B. in der Kirchen- und Stadtgeschichte *Paderborns*[32] – und vergleichbar in den meisten Bischofssitzen – die Bauleistung, die im Jahre 1009, neun Jahre nach einer verheerenden Brandkatastrophe, von dem aus sächsischem Adel stammenden Bischof *Meinwerk* geleistet wurde, indem er in sechseinhalb Jahren einen neuen Dom errichtete, dessen Hauptkennzeichen «ein schwarz-weiß gemusterter Fußboden aus geschliffenen Kalkstein- und Schieferplatten» war – mehr als 4000 Platten, die «wie eine Prozessionsstraße durch das langgestreckte Mittelschiff» führten – «man hat . . . den Eindruck, daß diese Architektur in hohem Maße auf die feierliche Prozession des Bischofs und des Königs bezogen war, der an den Hochfesten ‹unter der Krone ging›.»[33] So stellte sich im Mittelalter eine Kirche dar, die als «Reichskirche» «in hohem Maße auf die Spitzen der Gesellschaft, auf König und Bischof konzentriert war». Aber ist eine solche Kirche, wie sie sich seit *Konstantin* begründete und im Mittelalter groß entfaltete, wirklich konzentriert auf den «König der Herrlichkeit»? Beim Einzug Jesu in Jerusalem stand bereits fest, daß gerade sein «sanftmütiges» Königtum des Friedens von den Herrschenden nur als ein Gegenreich ihrer eigenen Vorstellungen vom Reich Gottes auf Erden verstanden werden konnte, und der «Triumphzug» Jesu war deshalb nichts weiter als ein letzter Hinweis darauf, daß man «die Scharen» des Volkes von Gott her gesehen radikal anders «führen» müßte als in der Weise der «Großen», der «Fürsten» der Völker (Mk 10,42). Das einzige, was Jesus nach seinem Einzug in Jerusalem wirklich interessierte, war der Ort des Heiligtums, des Tempels; *ihn* schaut er sich an, mit Bitterkeit und Schmerz, denn gerade dieses Zentrum Gottes, dieser «Ort», an dem die Erde ihren Mittelpunkt besitzen müßte, ist durch die Korruption der Ältesten, der Priester und der Schriftgelehrten, sprich: durch ihre Machtgier, ihre Eitelkeit und ihren Formalismus buchstäblich in den «Ausverkauf» gekommen.

Dabei sind «Tempel» und «Stadt» nicht nur Symbole im «Raum», Chiffren des Judentums oder Chiffren der Kirche als einer sozialen Größe, sie sind zugleich auch Symbole der Seele. Es ist nicht nur eine Frage an die beste-

[32] Vgl. G. Gerke: Ostwestfalen, 104–112: Raum Paderborn-Höxter-Büren, S. 106. Zu den Ausgrabungen unter dem *Dom zu Paderborn* vgl. U. Lobbedey: Der Dom zu Paderborn. Das Ende eines Forscherstreits, in: Archäologie in Deutschland, Heft 1 (1987) 4–7.

[33] U. Lobbedey: A. a. O., 6–7.

hende Form der Religion in einer bestimmten Zeit, es ist wesentlich eine Frage an jeden einzelnen von uns, wie er den «König der Herrlichkeit», den «Gottesgesandten» entsprechend den Weissagungen der Propheten in sein Herz «einläßt». Gerade die rituelle Symbolik dieser Szene greift ein uraltes *archetypisches* Bild auf. Zahlreiche *Märchen* beschreiben, wie der «Erlöser», der rettende «Held», inmitten einer Schar von Tieren in die «Königsstadt» der zu erlösenden «Prinzessin» Einzug hält[34] oder geradewegs, wie in dem Märchen vom *«Goldenen Vogel»*[35], auf einem *«Hilfstier»*[36] in die Königsstadt einreitet. Auch so versteht man das eigenartige Aufheben, das *Markus* von der Auffindung des *«Esels»* macht: in den Märchenerzählungen der Völker würde an dieser Stelle gewiß geschildert, welch eine besondere Bewandtnis es mit einem solchen (meist sprechenden, der Geheimnisse kundigen) Tier auf sich hat. *Der Reiter und sein Tier* beschreiben symbolisch einen Seelenzustand, in dem das bewußte Ich sich mit den Kräften seines Es in Übereinstimmung befindet; doch es ist jetzt die Frage, wie dieses erlösende *Bild* einer möglichen Einheit sich zu der Wirklichkeit verhält, die es in der «Heiligen Stadt», im Raume des Selbst, antrifft[37]. Auch psychologisch bleibt es die Kernfrage, wie wir den «römischen» Besatzungszustand äußerer Gewalt und die «hohepriesterliche» und «schriftgelehrte» Entfremdung in unserem Inneren zu überwinden gedenken; und fast immer wird es zunächst so zugehen, wie in dieser Erzählung vom Einzug Jesu in «Jerusalem»: daß wir die Symbolgestalt unserer Erlösung zunächst begeistert bejubeln, nur um sehr bald schon in Angst vor uns selber ihr untreu zu werden, wenn wir mitansehen müssen, wie tödlich der Gegensatz zwischen unserer wahren Bestimmung und den scheinbar so bewährten, in Generationen aufbewahrten, von allen herrschenden Instanzen vorgeschriebenen Gewohnheiten der «Menge» sich ausnimmt.

[34] Vgl. besonders das außerordentlich alte und weitverbreitete Märchen der *Brüder Grimm:* Die zwei Brüder (KHM 60). Zu den Varianten der Erzählung vgl. J. Bolte – G. Polivka: Anmerkungen zu den Kinder- und Hausmärchen der Brüder Grimm, 1. Bd., Leipzig 1913, 528–556.

[35] Zur Deutung des Märchens (KHM 57) vgl. E. Drewermann – I. Neuhaus: Der goldene Vogel, 40; 51–52.

[36] Zu dem Motiv der hilfreichen Tiere vgl. E. Drewermann: Tiefenpsychologie und Exegese, I 401–402.

[37] Zu dem Symbol der *Heiligen Stadt* vgl. W. Müller: Die heilige Stadt. Roma quadrata, himmlisches Jerusalem und die Mythe vom Weltnabel, Stuttgart 1961. Zur psychologischen Bedeutung des Symbols vgl. E. Drewermann: Tiefenpsychologie und Exegese, I 514–515.

Für jeden, der den Fortgang dieser Geschichte des *Markus*evangeliums vor Augen hat, mutet es wohl am meisten bestürzend an, als wie leicht verführbar und manipulierbar das Votum der «Menge», *jeder* Menge sich darstellt. So willkommen Jesus der Jubel der Menge an sich auch erschienen sein mag, er wird sich keinen Augenblick lang darüber getäuscht haben, daß die eigentliche Aufgabe für jeden einzelnen jetzt erst beginnt: aus der Menge herauszutreten und für sich selbst die «Entscheidung» aller noch einmal zu wiederholen. Dann wird sich sehr bald schon zeigen, daß nicht einmal die Jünger imstande sein werden, ihre wahre Überzeugung gegen die scheinbare Allmacht der Angst durchzusetzen (Mk 14,50). Es ist, als wenn Jesus in den folgenden Kapiteln des *Markus*evangeliums, unmittelbar vor dem Beginn der Passionsgeschichte, nur noch Worte sprechen könnte, die wie von einem fernen Stern in der Weite des Alls ihr Licht an Menschen verstrahlen, die es erst wahrnehmen werden, wenn jener Stern selbst bereits längst schon verloschen ist: alles muß jetzt in den wenigen verbleibenden Tagen ein letztes Mal noch gesagt werden, damit es gilt für die Zeit, die danach kommt; aber es sind Reden an ungleichzeitige Hörer[38], und es wird auf immer die Frage an uns sein, wie weit wir selber im Abstand von Jahrtausenden für diese Worte Jesu erreichbar sind, die seinen Tod bedeuteten, indem sie die Tödlichkeit unseres Lebens offenbar machen.
Schon hat, als Jesus den Tempel der Heiligen Stadt betritt, die *«Nacht»* sich über *«Jerusalem»* gelegt, ein Bild für jenen Seelenzustand, da nach den Worten des *Johannes*evangeliums (Joh 9,4) «niemand mehr wirken kann»[39]; und sobald die Sonne sich wieder erheben und in den «Wust» der Interessen und Intrigen am heiligen Ort hineinleuchten wird, wird Jesus voll Zorn die Peitsche gegen «die Händler» schwingen, wohl ahnend, daß augenblicklich die Ordnungshüter ihre «Stände» und «Märkte» als ihr vermeintlich gutes Recht verteidigen werden. Auch diese Fragen nach dem Umgang mit Gott und dem

[38] Immer wird in diesem Sinne Jesus uns «vorangehen nach Galiläa» (Mk 16,7; s. u. zu Mk 16,1–8: Der Weg zum Grab und der Weg nach Galiläa). – Auf den schärfsten Begriff brachte F. NIETZSCHE: Ecce homo. Warum ich so gute Bücher schreibe, 1. Kap., S. 108 *das Problem des ungleichzeitigen Hörers*: «Ich selber bin noch nicht an der Zeit, einige werden posthum geboren.» Und er fügte (S. 109) hinzu: «Zuletzt kann niemand aus den Dingen, die Bücher eingerechnet, mehr heraushören, als er bereits weiß. Wofür man vom Erlebnisse her keinen Zugang hat, dafür hat man kein Ohr.»
[39] Vgl. zur Stelle R. BULTMANN: Das Johannesevangelium, 251; zu dem Symbol der «Nacht» vgl. G. DELLING: *nyx*, in: G. Kittel (Hrsg.): Theologisches Wörterbuch zum Neuen Testament, IV 1117–1120, S. 1119.

Mammon werden nie verstummen, und immer wieder werden sie die Praxis der Kirche in Frage stellen. Muß z. B. die Kirche nicht Geld einnehmen? Kann sie nicht überhaupt erst mildtätig und wohltätig Geld ausgeben, wenn sie es zuvor eingenommen hat?

Jeder heute kennt diese *Marktbudenlogik des Geldes an heiliger Stätte*. – Die Kirche in Europa etwa würde selbstredend um die Armen in Äthiopien, in Brasilien, in Indien sich «kümmern», wenn sie nur könnte! Aber sie kann ihr Geld nur bekommen aus den Kirchensteuermitteln, und diese wiederum richten sich nach der Höhe der Einkommen vor allem der Arbeitnehmer; also bedarf es als erstes im Interesse der Nächstenliebe eines Abbaus der Arbeitslosigkeit und mithin einer Erweiterung der Arbeitsplätze; das aber setzt eine Erweiterung der Binnennachfrage voraus; und daraus wieder folgt, daß wir zu allererst möglichst viel – und jedenfalls noch weit mehr als bisher – *konsumieren* müssen, um der Kirche überhaupt erst jene Mittel zufließen zu lassen, die sie dann «einsetzen» könnte, um nun auch ihrerseits als erstes im Rahmen ihrer sozialen Verantwortung von sich aus – nicht den anderen zu helfen, sondern *Arbeitsplätze* zu schaffen – z. B. durch eine erweiterte Auftragsvergabe zur Renovierung oder, noch besser, zum Neubau von Kirchen, Pfarrhäusern, Altenheimen, Pfarrzentren u. a. m.; und erst nach Ableistung all dieser logischerweise *vordringlichen* Aufgaben wird zu prüfen sein, welche Mittel sich zur Linderung der Not in den Ländern der Dritten Welt «erübrigen» lassen[40].

Jeder kennt diese Zwangsläufigkeit fiskalischer Vernunft auch und gerade inmitten der Kirche. Aber es ist die Frage an uns, wie wir den «König der Herrlichkeit» «Einzug» halten lassen in sein «Eigentum» (Joh 1,11) – auf der Königsstraße der Macht oder auf den Königspfaden des Herzens? Und was werden *wir* sagen, wenn er kommt, sich im «Heiligtum» «alles anzusehen»? In seinem großen *Bild: Der Einzug Christi in Brüssel im Jahre 1888* hat der Maler James Ensor diese Themenstellung in radikaler Weise aufgegriffen und für die Gegenwart aktualisiert[41]: auf seinem Bild ist die Idee des «Messias» ersetzt durch ein riesiges rotes Transparent mit der Aufschrift: *Vive la So-*

[40] Sehr lesenswert sind in dem Zusammenhang die kritischen Vorschläge von W. Bühlmann: Weltkirche, 12–21: Von der Westkirche zur Weltkirche, und S. 123–134: Franziskus, Bruder aller Menschen, bes. S. 131–132: Ökumene mit den Armen.

[41] Vgl. Bild und Beschreibung bei H. Read: *James Ensor*, in: Kindlers Malerei Lexikon, IV 15–22. Das Bild (Leinwand, 258 mal 431 cm) hängt in Antwerpen, Koninklijk Museum voor schoone Kunsten.

ciale, an die Stelle der Palmenzweige ist ein Meer von Fahnen getreten; eine Militärkapelle mit Pauken und Fanfaren geht dem Zug Jesu voran und bahnt sich den Weg durch eine karnevalistisch anmutende Menge von Köpfen aller Art, als deren schlimmster ganz im Vordergrund die Gestalt eines Bischofs mit Mitra sichtbar wird. «Vive Jesus roi de Bruxelles», steht an der grünlakkierten Ehrentribühne auf der rechten Seite des Bildes. War der Einzug Jesu in Jerusalem, fragt ENSOR uns Heutige, wirklich nichts weiter als ein solches Happening der Dummheit, des Amüsements, der hochtrabenden Phrasen, ein «Triumph», in dem Jesus mit seiner Person und mit seinem Anliegen von vornherein untergehen muß – und soll? Nicht als Geschichtserzählung ist der Einzug Jesu in Jerusalem von Wichtigkeit; er ist das Sinnbild einer *Wahl*, die allem, was wir menschliche Geschichte nennen, zu Heil und Unheil maßgeblich zugrunde liegt.

Mk 11,12–26: Zwischen Glauben und Geschäft – die Tempelreinigung und der verdorrte Feigenbaum

[12]Dann, am folgenden Tag, als sie aus Bethanien herauszogen, hatte er
Hunger. [13]Wie er da einen Feigenbaum von weitem voll Blätter sah,
ging er hin, ob er vielleicht etwas fände an ihm, doch wie er zu ihm
kam, – nichts fand er, außer Blätter; denn es war keine Feigenzeit.
[14]Da als Antwort hat er ihm gesagt: Nie mehr in Ewigkeit soll von dir
jemand eine Frucht essen. Das hörten seine Jünger.
[15]So kommen sie nach Jerusalem. Und kaum daß er das Heiligtum
betrat, hub er an, die Händler und Käufer im Heiligtum hinauszuwer-
fen, die Tische der Wechsler und die Stühle der Taubenhändler stieß er
um [16]und ließ nicht zu, daß jemand ein Gerät durch das Heiligtum
trug. [17]Und er lehrte und sagte ihnen: Steht nicht geschrieben:
Mein Haus soll ein Bethaus heißen
für alle Völker (Jes 56,7)?
Ihr aber habt es zu einer *Räuberhöhle* gemacht (Jer 7,11).
[18]Doch hörten auch die Hohenpriester und die Schriftgelehrten (da-
von) und suchten, wie sie ihn vernichten könnten; denn sie fürchteten
ihn, denn das ganze Volk war außer sich über seine Lehre.
[19]Doch als es spät geworden war, zogen sie hinaus, außerhalb der
Stadt.
[20]Doch als sie frühmorgens vorüberkamen, sahen sie den Feigenbaum
verdorrt von den Wurzeln her. [21]Da erinnert sich Petrus und sagt
ihm: Rabbi, da, der Feigenbaum, den du verflucht hast, ist verdorrt.
[22]Da als Antwort sagt Jesus ihnen: Habt Gottvertrauen. [23]Wahrlich
sage ich euch, wer zu diesem Berge sagt: Hebe dich hinweg und stürze
dich ins «Meer», und nicht zweifelt in seinem Herzen, sondern ver-
traut, daß geschieht, was er spricht, dem trifft es ein. [24]Deswegen sage
ich euch: Alles, was ihr erbetet und erfleht, vertraut, daß ihr es emp-
fangen, so trifft es euch ein.
[25]Und wenn ihr euch hinstellt zum Gebet, so vergebt, wenn ihr etwas
gegen jemanden habt, damit auch euer Vater in den Himmeln euch
euere Verfehlungen vergibt. [[26]Wenn aber ihr nicht vergebt, wird auch
euer Vater in den Himmeln euere Fehltritte nicht vergeben.]

Man darf sich nichts vormachen: Es gibt Augenblicke in unserem Leben, die endgültig sind, und wer bestimmte Entscheidungen immer wieder aufschiebt, für den kann es eines Tages unerbittlich heißen: zu spät! Wer einen Abschnitt zuvor noch glauben mochte, Jesus habe bei seinem Einzug in

Jerusalem sich auf der Woge des Triumphs gefühlt und diese Stunde seiner Macht wie einen Sieg genossen, der wird von *Markus* auf der Stelle mit drastischen Mitteln eines anderen belehrt. Gewiß, an sich wäre es durchaus möglich gewesen, daß das Volk Jesus in religiösem Verlangen als seinen Befreier erkannt hätte; ein Königtum der Liebe, des Vertrauens und des Friedens hätte in die Herzen der Menschen Einzug gehalten; und die Fragen der Macht und der Zwietracht hätten sich verflüchtigt wie stickige Nebel unter einer von See her einfallenden Brise. Aber es scheint ein bitteres und trauriges Gesetz der menschlichen Geschichte zu sein, das in der Rolle Israels nur zum erstenmal und in greller Klarheit in Erscheinung tritt: daß Gott offensichtlich in unserem Leben immer erst spürbar wird, wenn wir buchstäblich am Ende sind.

Als Jesus den Boden Jerusalems betritt, geht es ihm nach der Darstellung des *Markus*evangeliums durchaus nicht mehr darum, seine Position zu verbessern oder seinen Standpunkt zu verdeutlichen[1]. Die Entscheidungen, die jetzt

[1] Zu Recht meint G. Bornkamm: Jesus von Nazareth, 146, in dieser Szene werde (ineins mit dem Einzug Jesu in Jerusalem) der «Kampf gegen die geistlichen Führer des Volkes» eröffnet. Es geht dabei um mehr als um «eine reformatorische Tat, die nur dem Gottesdienst seine Reinheit wiedergeben soll. Das Bild, das sich Jesus im Vorhof bot, war für keinen Juden besonders anstößig. Es entspricht dem Treiben, das heute noch zu allen Wallfahrten gehört. Krämer und Geldwechsler machen ihre Geschäfte, bieten Opfertiere an und tauschen das fremde Geld der Pilger in althebräische oder phönizische Währung, die für Handel und Tempelsteuer vorgeschrieben war. Daß die heiligen Bereiche des Tempels davon nicht berührt wurden, dafür war ja gesorgt. Aber Jesus macht mit geschwungener Geißel diesem Treiben ein Ende und reinigt das Heiligtum für den Anbruch der Gottesherrschaft. Man darf auch hier diesen eigentlichen Horizont des Geschehens nicht außer acht lassen noch den Anspruch, der diese Tat begründet.» Es kann nicht zweifelhaft sein, daß Jesus *wußte*, welche Reaktionen von seiten der Hohenpriester er mit dieser Demonstration auslösen würde. – Zum «*Tempel*, wie Jesus ihn kannte», vgl. die eindrucksvolle Beschreibung bei H. Daniel-Rops: Die Umwelt Jesu 349–355. – Die Szene selber muß sich im *Vorhof der Heiden* zugetragen haben; denn nur dort war es erlaubt, Opfertiere zu verkaufen. «Freilich ist undenkbar, daß Jesus den riesigen Tempelplatz hätte räumen können, ohne daß die jüdische Tempelpolizei oder das in der Nähe stationierte römische Militär eingegriffen hätte.» «Auf der einen Seite hat also die Überlieferung einen Vorgang, der zeichenhaft auf einen Winkel des Platzes beschränkt war, so berichtet, daß der Eindruck von etwas viel Größerem entsteht. Auf der anderen Seite ist in der Zeit, in der die Gemeinde Jesu noch innerhalb des Judentums lebte, das Ereignis verharmlost worden, als ob es Jesus nur um eine Reform des Tempelbetriebs gegangen wäre.» E. Schweizer: Das Evangelium nach Markus, 127. – Vermutlich gehört das Wort von Mk 14,58 vom Einreißen und Wiederaufbauen des Tempels, das Markus im Prozeß Jesu nur als

unzutreffende Verleumdung der Ankläger Jesu referiert, als eigentlicher Kommentar zu dem Vorgehen Jesu an diese Stelle. Gerade wenn die Handlung Jesu sich im Vorhof der Heiden abspielte, könnte sie «als eine auf die den Heiden gegebene eschatologische Verheißung bezogene Gleichnishandlung zu verstehen» sein. F. HAHN: Christologische Hoheitstitel, 171. Nach Ez 40–48; Henoch 90,28–30 erwartete man (im Sinne von Jes 2,2–4) am Ende der Tage die Wallfahrt aller Völker nach Jerusalem; eben diese Öffnung des Tempels für die Menschen *aller* Religionen sieht Jesus offenbar durch die Geschäftspraktiken der Hohen Priester verwehrt. C. ROTH: The Cleansing of the Temple and Zechariah XIV 21, Novum Testamentum 4 (1960) 174–181 sieht Jesu Vorgehen dabei als eine klare Absage an die Zeloten: In Sach 14,21 wird verheißen, es werde «an jenem Tage» «im Hause des Herrn der Heerscharen» «keinen *kana'ani* mehr geben». Die Zeloten verstanden den Satz so, daß es gelte, alle «Kanaanäer», alle «Heiden» also, aus dem heiligen Ort (und dem heiligen Volk) zu entfernen; Jesus aber möchte den Tempel (und die Religion Israels) in dieser Szene gerade für die «Heiden» öffnen – sein Protest richtet sich gegen den *kana'ani* als *Händler*, und damit trifft er wesentlich die *Priester.* «Kanaankrämer» übersetzt M. BUBER: Bücher der Kündung, 755 sehr treffend die Stelle. – «Die Tempelreinigung war eine prophetische Zeichenhandlung und ist auch als solche verstanden worden, wie die Anklage, Jesus sei ein falscher Prophet (sc. in Mk 14,65, d. V.)..., zeigt. Jesus... droht damit der Kaste des Priesteradels, die den Schacher an der heiligen Stätte organisiert hat, das Gericht an... die Priester haben den Tempel zum Schlupfwinkel gemacht, von dem aus sie wie Räuber immer wieder zu neuen Raubzügen ausziehen. Sie mißbrauchen ihren Beruf, den Kultus zur Ehre Gottes zu vollziehen, zu Geschäft und Profit. Damit tun sie etwas Furchtbares: sie stellen Gott in den Dienst der Sünde.» J. JEREMIAS: Neutestamentliche Theologie, I 145. – Zu den *Hohen Priestern* wird man (nach Apg 5,17) auch die *Sadduzäer* hinzurechnen müssen. Historisch gesehen dürfte sich der Vorwurf Jesu insbesondere in der Person und Sippe des Hohen Priesters *Hannas* konzentriert haben, der von 6–15 n. Chr. das Amt des Hohen Priesters innehatte und Schwiegervater des Kaiphas war; vgl. E. STAUFFER: Jerusalem und Rom, 68; J. JEREMIAS: Jerusalem zur Zeit Jesu, 54–55. FLAVIUS JOSEPHUS: Jüdische Altertümer, XX 9, 2, S. 667 berichtet auch in der späteren Zeit noch von dem gleichnamigen *Sohn des Hannas*, er habe es sehr gut verstanden «Geldgeschäfte zu machen» und mit Hilfe «nichtswürdiger Knechte» den Zehnten von den Tennen zu rauben. Vgl. E. MEYER: Ursprünge und Anfänge des Christentums, I 163, Anm. 2. – Die Angabe aus Mk 11,15 von den *Tischen der Wechsler* erlaubt es, die «Tempelreinigung» auch *zeitlich* einzuordnen; denn die Tische «waren nicht das ganze Jahr über auf dem Tempelplatz zu finden, sondern nur in den drei Wochen vom 25. Adav bis zum Passafest». J. JEREMIAS: Neutestamentliche Theologie, I 145, Anm. 15. Vgl. H. L. STRACK – P. BILLERBECK: Kommentar zum Neuen Testament aus Talmud und Midrasch, I 761–762. – Doch so konkret historisch die Szene der Tempelreinigung auch erscheint – gerade deshalb gilt es, den geschichtlichen Konflikt als *wesentlich* zu begreifen: Es ist der ewige Gegensatz zwischen der Macht und Pofitgier, die auch und besonders sich der Religion bedient, um nach Vorschrift und Gesetz das «Volk» zu reglementieren und auszubeuten, *und* der Offenheit des Geistes, die den «Tempel» Gottes *allen* Menschen öffnet, die Gott betend, *innerlich*, verehren. Der Übergang von der einen zu der anderen Haltung ist in der Tat wie ein Einreißen und Wiederaufrichten des Tempels (Mk 14,58), etwas, das sich in den «Tagen

fallen, sind längst gefallen, sie werden nur jetzt erst offenbar. Es ist wie beim Ausbruch einer akuten Neurose[2]: stets glaubt der Patient, seine seelische Erkrankung sei das Ergebnis eines rätselhaften Schicksalseinbruchs, die Folge einer momentanen Krise – eines Wechsels im Beruf, des Todesfalles eines seiner Familienangehörigen, eines Mißerfolgs in den Bemühungen um die Gunst eines bestimmten Menschen –, doch immer zeigt es sich, daß der gegenwärtige Konflikt nur deshalb schicksalbestimmend wird, weil er ein ganzes Bündel von Fehlentwicklungen und Fehlentscheidungen der Vergangenheit symptomatisch zum Vorschein bringt. Niemals entscheidet sich unser Leben in dem Moment, da wir zu wählen glauben; die wirklich schicksalhaften Augenblicke lassen nur sichtbar werden, was längst entschieden wurde – zumeist weil wir unschlüssig und entscheidungsunfähig aus Angst und Gleichgültigkeit die wichtigen Fragen unseres Lebens wie blind haben dahintreiben lassen. So steht für Jesus unmittelbar bei seinem Einzug in Jerusalem mit dem Blick auf den Zustand des «Tempels» als längst vollzogene Tatsache fest, daß seine Sache verloren ist und es nur noch darauf ankommt, den Part Gottes zu Ende zu spielen, egal, was daraus werden wird, einzig in der Hoffnung vielleicht, daß die Katastrophe selber womöglich eine letzte

der *Endzeit*» ereignen muß, wenn das, was Religion heißt, *«endlich»* von der Äußerlichkeit weg zu seiner Wahrheit gelangt. Entsprechend ist die Szene auszulegen: als eine radikale Infragestellung nicht allein der Hohen Priester (und der Sadduzäer) zur Zeit Jesu, sondern der Priesterreligion aller Zeit. Insbesondere die Kirche muß an dieser Stelle sich fragen lassen, wie ernst sie die Öffnung des «Heiligtums» für die Menschen aller Religionen eigentlich nimmt: ob sie weiter in den ehernen Mauern der festgefügten Überlieferung den Menschen den Zugang zum «Allerheiligsten» versperren will, oder ob sie unter Verzicht auf jedes Denken in Macht, Prestige, Profit und Repression es wagt, sich den Menschen zu öffnen, *wie sie sind.* Nicht um «Heiden» geht es, sondern um Menschen, die im Feld der Gottesferne in ihrer Not und Verzweiflung nicht aus noch ein wissen; mit ihnen ist kein seelischer und materieller Schacher zu treiben, sondern es gilt, sie zu akzeptieren, ohne «Opfer» einzufordern.

[2] Über die *auslösende Situation* beim Ausbruch einer Aktualneurose vgl. H. SCHULTZ-HENCKE: Lehrbuch der analytischen Psychotherapie, 92–101. Beim Ausbruch einer Neurose zeigt sich, daß der Charakteraufbau einer Persönlichkeit (die «prämorbide Persönlichkeitsstruktur») selber immer schon neurotische Qualitäten besaß. Ähnlich konnte *existentialanalytisch* S. KIERKEGAARD: Die Krankheit zum Tode, 24 von der *Verzweiflung* sagen: «Wenn die Verzweiflung sich zeigt, dann erweist es sich, daß der Mensch verzweifelt war.» Vgl. dazu E. DREWERMANN: Strukturen des Bösen, III 467.

Verwandlung einleiten könnte, eine Erschütterung *post festum*, einen Wendepunkt an der Extremstelle geschichtlicher Bewegung[3].
Es ist ein erschütterndes Bild, wie Jesus auf dem Weg von Bethanien «hungrig» auf einen Feigenbaum «voller Blätter» «von weitem» her zugeht und ihn verflucht, weil er ihn leer findet[4]. Gott selber, will diese Gleichnishandlung besagen, hat Israel gepflanzt wie einen erlesenen Feigenbaum[5]; Gott selber

[3] Sehr schön weist M. Dibelius: Jesus, 77–78 darauf hin, wie Jesus bereits als Zwölfjähriger nach der Erzählung von Lk 2,46 f. die Lehrer seines Volkes in Staunen setzte. «Auf ähnliche Weise mag er nun als Mann Herrenrecht im heiligen Hause beansprucht haben.» Zur Szene von Lk 2,41–52 vgl. E. Drewermann: Dein Name ist wie der Geschmack des Lebens, 125–138.

[4] Gegen R. Pesch: Das Markusevangelium, II 192 ist von einer *symbolischen* Handlungsweise Jesu in der Szene vom Feigenbaum auszugehen; vgl. L Goppelt: *peinao*, in: G. Friedrich (Hrsg.): Theologisches Wörterbuch zum Neuen Testament, VI 12–22, S. 20: «Die Verfluchung des Feigenbaumes ... kann nur entweder als Gleichnishandlung oder wahrscheinlicher als Gleichnis verstanden werden, das – vielleicht in Anknüpfung an einen bekannten verdorrten Feigenbaum bei Jerusalem – erst durch die Tradition zur Geschichtserzählung geworden ist ... Der Sinn der Erzählung ... kann nur folgender sein: Jesus kündigt das Gericht über Israel bzw. Jerusalem, das einem unfruchtbaren Baume gleicht (vgl. Mi 7,1 ...), an (vgl. Hos 9,16 ...). Das Hungern Jesu braucht nicht äußerer Anlaß der Gleichnishandlung ... zu sein; es kann ein ursprünglicher Zug des Gleichnisses sein. Als solcher würde es besagen: Jesus hungert gleich denen, die er selber selig preist (Mt 5,6), nach Frucht der Gerechtigkeit, hier an Israel, und kündigt den Fluch über die an, die ihn vergeblich nach Barmherzigkeit (Mt 9,13; 12,7) hungern lassen (vgl. Mt 25,41 ff.).» Damit ist zugleich der *Inhalt* des «Hungerns» Jesu bestimmt; der Sinn der Szene entspricht dann in etwa dem *Gleichnis von dem unfruchtbaren Feigenbaum* (Lk 13,6–9); vgl. A. Jülicher: Die Gleichnisreden Jesu, II 433–448, S. 444: «Bleibt Israel auch jetzt verstockt, so ist es nicht mehr zu retten.» Setzt man mit R. Pesch: A. a. O., II 190–191 voraus, daß die Verschachtelung der Verfluchung des Feigenbaumes mit der Szene der Tempelreinigung nicht erst von Markus geschaffen wurde, sondern bereits zur ursprünglichen Form der vormarkinischen Passionsgeschichte gehört (gegen E. Schweizer: Das Evangelium nach Markus, 126), so ist die Gleichnishandlung selbst ein weiterer Kommentar zu der Art, wie Jesus *von den religiösen Führern* des Volkes denkt und worin er den Grund für die Unfruchtbarkeit Israels erkennt (s. u. zu Mk 12,1–12: Das Gleichnis von den ungetreuen Weinbergpächtern). Entsprechend ist die Auslegung zu zentrieren. –

[5] Vgl. Lk 13,6–9. J. Jeremias: Die Gleichnisse Jesu, 170–171 verweist zu Recht darauf, daß Jesus in dem Gleichnis den Obstgärtner ausdrücklich noch Fürbitte für den unfruchtbaren Feigenbaum einlegen läßt. *Jetzt* ist die Gnadenfrist Gottes offenbar endgültig abgelaufen. Das Umgekehrte wird man demgemäß auch unterstellen müssen: daß die Hohen Priester und Schriftgelehrten Jesus zu diesem Zeitpunkt ebenso endgültig und gnadenlos

hat sich in Israel an die menschliche Geschichte gebunden, so als stünde sein eigenes Wohl und Wehe zugleich mit ihm auf dem Spiel; und es ist Gottes sehnsüchtiges Verlangen, daß sein Volk Frucht tragen möge; es besitzt eine Wahrheit, von der die Welt leben könnte, und es gibt weit und breit keinen Ersatz dafür; Israel steht einzig da im Raum der Geschichte, und Gott bedürfte seiner zum Wohle der Menschen. Tatsächlich sieht denn auch der «Feigenbaum» Israel sehr vielversprechend aus unter dem Schirm seiner Blätter, und man muß schon nahe genug herangehen, getrieben vom wirklichen Hunger nach «Nahrung», um den Betrug zu bemerken: daß dieser «Baum» überhaupt *nur* Blätter treibt, um die Nahrung zu verweigern, indem ihm der Anblick einer üppigen «Krone» aus Laub weit wichtiger ist als Frucht und Ertrag!

Natürlich liegt der Einwand auf der Hand, und er ist vordergründig ganz berechtigt, den man Jesus machen kann: Es ist jetzt nicht die Zeit der Feigenernte; auch Jesus kann nicht zur Unzeit verlangen, daß ein Feigenbaum Frucht trägt. Aber was äußerlich als Paradox erscheint, gewinnt innerlich betrachtet eine äußerste Zuspitzung: Es stimmt nur zu sehr, daß jetzt «keine Feigenzeit» ist; denn Gott könnte kommen, wann immer er wollte – er käme stets zur Unzeit[6], es wäre aus scheinbar ganz natürlichen Gründen niemals

ablehnen, wie Jesus selbst die Haltung der Theologen seiner Zeit nunmehr für unrettbar von Gott verflucht erklärt hat.

[6] C. H. Hunzinger: *sykä*, in: G. Friedrich (Hrsg.): Theologisches Wörterbuch zum Neuen Testament, VII 751–759, S. 753 erläutert zum *Zeitpunkt* der Feigenernte: «Wie der Weinstock... wirft der Feigenbaum im Herbst (November) seine Blätter ab und schlägt im Frühling (ab Ende März) neu aus... Bei den Früchten unterscheidet man Frühfeigen und Spätfeigen. Die Frühfeigen, schon im März an den alten Zweigen ansetzend, sind bereits ab Ende Mai reif und als das erste Obst des Jahres sehr beliebt (vgl. Jes 28,4). Den Hauptertrag bringen jedoch erst die Spätfeigen, die an den neuen Trieben ansetzen und im Spätsommer reifen, wobei das Ernten nicht auf einmal erfolgt, sondern sich von Mitte August bis weit in den Oktober hinein erstreckt.» Von diesen Realangaben aus meint Hunzinger, erst Markus habe die Szene von 11,12–14, die nur in der Feigenzeit (August bis Oktober) denkbar sei, mit dem Einzug Jesu in Jerusalem verknüpft; 11,13 («es war nämlich nicht Feigenzeit») sei ein Zusatz des Markus. Tatsächlich aber gewinnt die Gleichnishandlung Jesu ihre paradoxe Schärfe überhaupt erst, wenn man die Bemerkung in Mk 11,13 für ursprünglich hält, indem die Begebenheit tatsächlich in der Passahzeit spielt; dann ist es freilich auch nicht möglich, mit R. Pesch: Das Markusevangelium, II 192–193 Jesus auf die Suche nach den «Frühfeigen» gehen zu lassen – auch für diese ist es «nicht die Zeit». Zudem meint E. Schweizer: Das Evangelium nach Markus, 127 ganz richtig: «Die Enttäuschung eines Hungrigen genügt nicht für einen Fluch von dieser Wucht, der nur als

der rechte Augenblick, und wann immer die Frage eines wirklich religiösen Hungers an Israel ergeht, was an Substanz es den Menschen zu bieten habe, wird man unter einem verlockenden Äußeren mit Magengrimmen leer und enttäuscht zurückgelassen werden. Ein solcher «Feigenbaum» spricht sich selber das Urteil: er *soll* nicht nur, er kann wirklich niemals in dieser Weise «Nahrung» hervorbringen.
Man muß, um von der historischen Außenseite dieser Erzählung weg zum Wesen ihrer Bedeutung vorzudringen, die Frage beiseite stellen, ob «Israel» als eine geschichtliche Größe, als das Volk der Juden zur Zeit Jesu (oder, richtiger, zur Zeit der Abfassung des *Markus*evangeliums) eine solche Verfluchung «in alle Ewigkeit» gerechterweise verdient hat[7]. Man kann es nicht oft

Gerichtszeichen wider Israel verständlich ist.» Daraus aber folgt wiederum auch nicht, wie E. Schweizer meint, daß der «Hunger» Jesu (ebenso wie die Erklärung von der «falschen» Zeit für die Feigenernte) eine später hinzugefügte Erklärung sei; im Gegenteil: Der «Hunger» Jesu ist ebenso symbolisch zu verstehen wie die «Unzeitgemäßheit» seiner Suche nach «Früchten». Immer wieder dokumentiert sich an solchen Stellen das Unvermögen der historisch-kritischen Exegese, Bilder als Bilder zu verstehen und aus den Widersprüchlichkeiten, ja Ungereimtheiten ihrer eigenen Resultate auf die Unsachgemäßheit bzw. Oberflächlichkeit ihrer jeweils zugrundegelegten Fragestellung zu schließen.

[7] In Mk 11,14 («niemand mehr *soll* von deinen Früchten essen») könnte ursprünglich das aramäische Imperfekt *jekol* in futurischem Sinne gestanden haben («niemand *wird* mehr von deinen Früchen essen»); es hat sich dann vielleicht um eine Ankündigung des baldigen Endes gehandelt, das noch vor Beginn der Feigenzeit hereinbrechen wird; aus einem Mahnwort wäre dann ein Fluchwort geworden, und aus diesem hätte sich dann das Fluchwunder entwickelt. Vgl. J. Jeremias: Neutestamentliche Theologie, I 91. Die Gleichnishandlung erinnerte dann sehr stark an das Wort von Mk 13,28 f.: «Der verstorbene Feigenbaum grünt, der Sommer kommt, die Vollendung ist im Anbruch.» «Ist die Vermutung richtig, daß das dem *phagoi* (sc.: «soll essen») Mk 11,14 zugrundeliegende aramäische Imperfekt *jekol* ursprünglich futurisch gemeint war..., dann hätten wir eine besonders drastische Fassung der Naherwartung vor uns: Noch vor der Feigenernte kommt die Wende.» J. Jeremias: A. a. O., I 132–133. In historischem Sinne müssen wir annehmen, daß diese Form der Naherwartung auf einen tragischen Irrtum hinauslief. Die *Wende*, die Jesus vor Augen sah, *kam* zwar, es gelang ihm wirklich, die Hohenpriester und Schriftgelehrten zur Entscheidung zu zwingen, aber diese Entscheidung machte nur ganz entschieden deutlich, wie unfruchtbar und unlebendig, wie lebenverhindernd und tödlich die ganze Art der offiziellen Religion des Gesetzes und der Synagoge war, wie unfähig zu jeder Güte, Barmherzigkeit und Menschlichkeit; und nur wer das Ende des Lebens Jeus selber als Ende der ganzen bisherigen Welt(ordnung) erkennt, versteht den Wendepunkt, den die Tage vor Ostern endgültig für alle Welt bedeuten. Insofern hängt alles davon ab, *nicht* bei einer historischen Betrachtung der Szene stehenzubleiben, sondern all die gezeigten Konflikte

genug sagen: Jede historische Betrachtung des Religiösen endet auf Grund der Äußerlichkeit ihrer Fragestellung notwendig in Ideologie und Gewalt, und nichts verrät deutlicher die Gefahr einer Glaubenseinstellung, die sich an den Daten der Geschichte statt an den Erfahrungen des Herzens festzumachen sucht, als die erschreckende Tatsache, daß das Christentum selbst mit seiner einseitigen Betonung der «historischen» Begründung der «Heilstatsachen» wider besseres Wollen die ideologische Grundlage für die Unheilsgeschichte des abendländischen Antisemitismus in mehr als anderthalb Jahrtausenden geliefert hat[8]. Es geht nicht um Israel als um eine Religionsform der Geschichte, es geht um «Israel» als um die Chiffre einer Grundhaltung der Existenz, die stets so widersprüchlich ist, wie *Markus* sie in dem Konflikt zwischen Jesus und den Menschen seiner Zeit darstellt[9].

als etwas *Wesentliches* zu begreifen, das in der Geschichte Israels an der Person Jesu lediglich in einzigartiger Weise sichtbar wird.

[8] Zu den antijüdischen Zügen schon des Neuen Testamentes vgl. K. DESCHNER: Kriminalgeschichte des Christentums, 124–126, der besonders dem *Johannesevangelium* vorwirft, «eine krasse Schwarzweiß-Zeichnung» vorzunehmen: «da die Kinder Gottes, Licht, Wahrheit, Glaube, dort die Söhne Satans, Nacht, Lüge, ‹Ketzerei›.» (125–126) Noch W. GUTBROD: *Israel*, in: G. Kittel (Hrsg.): Theologisches Wörterbuch zum Neuen Testament, III 360–394, S. 378–381 konnte sagen (S. 381): «In diesem Sprachgebrauch (sc. des Joh.-Evgl.'s, d. V.) wird die Entfernung sichtbar, die die Geschichte zwischen der Christusgemeinde und der Judenschaft herbeigeführt hat, die Kluft, die darin begründet ist, daß die Judenschaft den ihr gesandten Christus im ganzen verworfen hat, und zwar eben mit Berufung auf ihr Judesein, mit Berufung auf den religiösen Besitz, der ihnen als dem Volk Gottes eignete ... (Die Juden) ist dann Bezeichnung derer, die den Herrschaftsanspruch Jesu ablehnen und eben damit Juden bleiben.» Solche Worte, 1938(!) geschrieben, bildeten wie selbstverständlich den christlichen Beitrag zu der antisemitischen Ideologie der Nazis; sie führten dazu, daß zur selben Zeit die Theologiestudenten in *Paderborn* in der Exegesevorlesung zischten und scharrten, wenn das Wort «Jude» fiel.

[9] Der eigentliche Fehler liegt jedoch nicht darin, daß die christliche Theologie rassistisch gedacht hätte, der kardinale Fehler liegt nach wie vor darin, ein Problem *historisch* abzuhandeln, das, weil religiös, sich nur verstehen läßt, wenn man es existentiell bzw. essentiell betrachtet. Solange man das Neue Testament äußerlich, historisch, liest, solange müssen «die Juden» wesentlich als Titel des historischen Volkes der Juden verstanden werden und solange wird die christliche Theologie in ihrer Mitschuld an den antisemitischen Exzessen des christlichen Abendlandes befangen bleiben. Alle äußere Betrachtung des Religiösen ist strukturell gewalttätig, und nur wenn man das Historische lediglich als den Erscheinungsort der wesentlichen Konflikte der menschlichen Existenz betrachtet, vermag man in der «Schuld» der «Juden» am Tod Jesu die Typologie einer Haltung zu erkennen, die in jedem Menschen, in jeder Religion, auch im Christentum, als eine tödliche Gefahr

Es handelt sich um eine Zerrissenheit, wie wir sie alle kennen. – Auf der einen Seite gibt es starke Kräfte in uns, die der Wahrheit Jesu begeistert entgegenjubeln – wie das *«Volk»* damals beim Einzug Jesu in Jerusalem; spontan und unverfälscht verstünden wir sofort, daß in der Botschaft Jesu und in seiner Person gerade das lebt, was wir seit eh und je am meisten ersehnen; und würden wir einfach leben, wonach wir wirklich «Hunger» haben, so brächte der «Feigenbaum» in der Nähe «Jerusalems» das ganze Jahr über «Früchte».
Was aber zwingt uns zur Unfruchtbarkeit? Was nötigt uns, am Ende nichts als Laub hervorzutreiben und unter dem Anschein eines blühenden Lebens vollkommen «leer» zu bleiben?
Man findet die Antwort des *Markus*evangeliums auf diese Frage in der eingeschalteten Szene von der «Tempelreinigung», und auch sie beschreibt nicht eigentlich einen vergangenen Vorgang der Geschichte, sondern sie stellt lediglich die andere Seite dar, die wir auch und immer wieder in uns tragen: das furchtbare Diktat und das furchtsame Arrangement der «Schriftgelehrten» und der «Hohenpriester» in uns. *Sie* sind im *Markus*evangelium der Wesensgegensatz zu jeder Art von religiösem Leben, und ihre ganze Macht besteht in der Angst, die von der Äußerlichkeit ihrer Verwaltungsreligion sowohl beruhigt wie erzeugt wird – eine tödliche Falle hier wie aller Orten[10].

wirksam ist. Nicht um die Juden als ein historisches Volk, sondern um das, was wir als Menschen sind, geht es, wenn man den Tod Jesu als Erlösung aller Menschen verstehen will.

[10] Daß insbesondere die Tempelreinigung direkt gegen die *Hohenpriester* gerichtet ist, läßt sich mit den Mitteln der historisch-kritischen Methode zeigen; vgl. J. Jeremias: Neutestamentliche Theologie, I 144–145. Aber die Brisanz dieser Szene wird doch erst deutlich, wenn man den bestehenden Konflikt *in der Gegenwart* sich vor Augen stellt. Einzig S. Kierkegaard: Der Augenblick, XIV 147–148, in: Werkausgabe, II 363–365 hatte dazu den Mut. Es klingt bei ihm so: «Ja, das Sonntagschristentum und die ungeheure Zunft der handeltreibenden Pfarrer muß ja wie rasend werden über eine solche Rede, die mit einem einzigen Wort alle Läden zumacht.» «Denk Dir, wenn die Leute sich in einer Kirche in der Christenheit versammeln, daß dann – Christus plötzlich in diese Versammlung einträte; was, glaubst Du, würde er tun? – Nun, was er tun würde, kannst Du ja im Neuen Testament lesen. Er würde sich gegen die *Lehrer* wenden – denn über die *Gemeinde* würde er wohl wie ehemals urteilen: Sie sei irregeführt – er würde sich gegen die ‹in den langen Kleidern› (sc. Mk 12,38, d. V.) wenden, die Kaufleute, die Gaukler, welche Gottes Haus, wenn nicht in eine Räuberhöhle, so doch in einen Laden oder eine Schaubude verwandelt haben, und würde sprechen: ‹Ihr Heuchler, Ihr Schlangen, Ihr Ottergezüchte› (sc. Mt 23,33, d. V.); und er würde wohl wie ehemals eine Geißel aus Stricken machen, um sie zum

Es gibt ein ewiges und stets untrügliches Indiz dafür, wie stark eine Religion von der Herrschaft der «Hohen Priester» und der «Schriftgelehrten» geprägt ist: es besteht in der Bedeutung, die *das Geld* für die Selbsterhaltung des religiösen Lebens besitzt[11]. Alles, was wirklich mit Gott zu tun hat, ist so

Tempel hinauszutreiben. – Du, der Du dies liesest – ich bin vollkommen darauf vorbereitet; falls Du das Christentum nicht anders kennst als aus dem Sonntagstratsch, so wirst Du Dich gegen mich empören, es wird Dir vorkommen, als mache ich mich der grauenvollsten Gotteslästerung schuldig damit, daß ich Christus dergestalt darstelle; ‹ihm solche Worte in den Mund zu legen: Schlangen, Ottergezücht, das ist ja entsetzlich; das sind ja Worte, die man aus eines Gebildeten Munde niemals hört; und sie ihn mehrere Male wiederholen zu lassen, das ist ja so furchtbar gewöhnlich; und Christus zu einem Menschen zu machen, der Gewalt braucht!› – Mein Freund, Du kannst ja im Neuen Testament nachsehen. Wenn aber das, was durch Verkündigung und Lehren des Christentums erreicht werden soll, ein behagliches, genußreiches Leben in angesehener Stellung ist, so muß das Christusbild (freilich, d. V.) ein wenig verändert werden.»

[11] G. Mensching: Die Religion. Erscheinungsformen, Strukturtypen und Lebensgesetze, 328–330 hat sehr treffend die *«Religion der Mittel»* der «Religion der Unmittelbarkeit» gegenübergestellt. «Im statischen Typus der Religion haben wir es mit einer Religionsform zu tun, die den Verkehr zwischen Gott und Mensch in ein stabiles System von konkreten sakralen Mitteln gefaßt hat. Schon in der Volksreligion, in der ein Kollektivheil gegeben ist, an dem der einzelne Anteil hat, ist das Bemühen darauf gerichtet, den bestehenden Heilszustand zu erhalten durch Pflege (= cultus) der festen und geordneten Beziehungen zur Gotteswelt. Hier herrscht die Tradition der Väter, und die Vermittlung zwischen Gott und Mensch trägt ein kompliziertes Ritualsystem, das von beamteten Funktionären, den Priestern, in Gang gehalten wird. – Die Universalreligion (sc. die Religösität des Menschen in ihrem eigentlichen Wesen, d. V.) erscheint überall in ihren Stiftern und ersten Gemeinden als Religion der Unmittelbarkeit. Der persönlichen und daher unmittelbaren Beziehung des einzelnen zu seinem Gott bzw. zu seiner Gottheit entspricht die Ablehnung der Mittel und der Vermittlung des Verkehrs mit der Gottheit und des Heils, das man erstrebt. In den prophetischen Religionen zumal beobachten wir daher überall eine Frontstellung zum vermittelnden Priestertum und zu den statischen Vermittlungsinstitutionen und den von ihnen geforderten Werken als Hilfsmittel, die Gnade der Gottheit zu erwirken. Ganz auf sich selbst gestellt steht der Mensch jetzt der Gottheit gegenüber, deren Gnade er verdienstlos empfängt. Der Ritual- und Observanzreligion tritt die Gnaden- und Glaubensreligion gegenüber... Die prophetische Religion insbesondere ist tief durchddrungen von der Unbedingtheit der willensmäßigen Gottheit, die nicht gebunden ist durch rituelle Akte des Menschen, auf die hin sie ihre Gnadengaben zu geben notwendig und ex opere operato verpflichtet wäre. Die kultische Sicherheit, gegen die z. B. die Propheten Altisraels kämpften, wird hier zerschlagen. Das Wunder der Berufung und Begnadung ist an kein stabiles, sich immer mehr, zumal in der Kultreligion, komplizierendes System sakraler Mittel gebunden.» (S. 328–329)

unentgeltlich zu haben wie die Luft und der Sonnenschein. Um mit Gott zu sprechen, braucht man keinen gefüllten Geldbeutel, sondern einzig ein aufnahmebereites Herz; um einem anderen Menschen nahezukommen, bedarf man nicht eines bestimmten Einkommens, sondern nur einer gewissen Zuvorkommenheit; um bei sich selber zu Hause zu sein, ist es nicht nötig, ein Eigenheim zu erwerben, sondern nur, ein Stück Eigenständigkeit zu entwikkeln. Alles wirklich Religiöse kostet nichts, es ist unmittelbar zu Gott, unmittelbar zu den Menschen und unmittelbar zu sich selbst. Erst durch die Einführung einer Beamtenschaft von *«Hohenpriestern»* entsteht die Vorstellung, daß Gott an sich dem Menschen unerreichbar sei und erst vermittels bestimmter Opferpraktiken und Rituale gnädig gestimmt werden müsse. Folgt man dieser «hochpriesterlichen» Idee, so braucht man auf der Stelle eine abgestufte Hierarchie von Spezialisten mit eigenen Würden, Rangabzeichen und Gehältern, und augenblicklich gilt der Grundsatz, daß die Höhe des eingesetzten Geldes auch über die Nähe eines Menschen zu Gott entscheidet. Je mehr Opfergaben, desto gnädiger der Himmel, und je wohlwollender der Priester, desto willfähriger der Gott.

Und genauso bezüglich des *geistigen* «Besitztums» der *«Schriftgelehrten»*. Auch ihre Betätigung gründet sich darauf, daß man nur in Bestätigung komplizierter Bestimmungen und Belehrungen wissen und tun kann, was vor Gott recht ist; nicht das Herz, sondern der Gehorsam, nicht die innere Einsicht, sondern die äußere Aufsicht, nicht das eigene Gewissen, sondern das auswendig gelernte Wissen entscheidet darüber, wie jemand zu Gott steht.

Die «Hohenpriester» und die «Schriftgelehrten» aller Zeiten werden in jeder Religion ein Interesse daran haben, den Tempel Gottes angefüllt zu sehen mit «Händlern» und mit «Wechslern»; – sie sind in eigener Person gleichzeitig Grund und Folge jeder Veräußerlichung des Religiösen[12].

[12] Noch einmal dazu G. MENSCHING: A. a. O., 329–330, der besonders die Funktion des *Priesters* in der *Massenpsychologie* hervorhebt: «Die Masse verlangt nach konkreten und dinglichen Mitteln, nach Garantien der Gnade, nach bestimmten Vorschriften, denen zufolge Lohn und Gnade zu erwarten sind. Die persönliche Glaubensgemeinschaft wandelt sich in eine Gnadenanstalt. Nicht persönliche religiöse Erfahrung der Gnade, sondern die Unterstellung unter eine objektive Gnadeninstitution, die die Gnadengüter objektiv verwaltet, ist jetzt die Bedingung für den Erwerb religiöser Güter. Diese Institution, Kirche genannt, stellt sich wiederum als stabiles Gebäude mit vielerlei Mitteln dar, deren sich der Fromme bedienen kann. Die Gebete z. B. werden verdienstliche Leistungen, sie werden weniger nach ihrer Tiefe als nach ihrer Zahl bewertet. Der Kultus gewinnt wieder Opfer-

Wie einfach doch die Logik dieser professionellen Mittler in Sachen Gottes ist! – Um zu beten, kann es hilfreich sein, zu mehreren gemeinsam zu beten; doch um zu mehreren zu beten, braucht es bestimmter Orte des Gebetes; und um die Orte des Gebetes zu schützen, braucht es entsprechender Gebäude und Anlagen; um aber die Gebäude und Anlagen zu schützen, braucht es eine Anzahl von Aufsehern, Pflegern und Bediensteten; des weiteren braucht man Bilder und Statuen, Lieder und Instrumente, Vorbeter und Musikanten, Zermonienmeister und Aufsichtsbeamte; und je mehr an solchen »priesterlichen» «Dienstleistungen» in Sachen Gottes erbracht wird, desto größer scheinbar ist die Gewähr dafür, daß die Gottheit objektiv *richtiger* verehrt wird als in der naiven Schlichtheit eines einzelnen; um so zufriedener also wird Gott mit den betenden und opfernden Menschen sein, je mehr man die einzelnen zum rechten Beten anleitet und erzieht. Und wenn nun noch die «Schriftgelehrten» hinzutreten und die heiligen Texte und Überlieferungen – die Worte Gottes in jeder Religion! – in Sorgfalt, Scharfsinn und Verantwortung auslegen, darlegen und vorlegen – regelmäßig eine Wissenschaft für sich! –, so scheint der Weg unfehlbar, sicher und in jeder Hinsicht wahr und heilsam geordnet zu sein.

Und doch handelt es sich bei alledem um eine ungeheuerliche Verführung zum Götzendienst! Und doch ergreift Jesus ein ungeheurer Zorn, als er dieser scheinbar ganz normalen, geschäftstüchtigen Geschäftigkeit im Tempel ansichtig wird!

Im Geiste des Propheten *Jesaja* hatte einmal ein Prophet in der Zeit des babylonischen Exils die Verheißung in Aussicht gestellt, es würden, wenn Israel treu die Gerechtigkeit Gottes übe, Tage des Heils kommen, da alle Menschen, auch die Heiden, zum heiligen Berg nach Jerusalem wallfahren würden, um im «Haus des Gebetes» Brandopfer und Schlachtopfer darzubringen, die Gott wohlgefällig seien (Jes 56,7)[13]; gerade mit dieser Weissa-

charakter, und der Priester tritt als notwendiger Vollzieher des Opfers und als Vermittler zwischen Gott und Mensch wieder in Erscheinung. Die Welt der Mittel wächst ins Ungemessene, und die persönliche Frömmigkeit des Herzens, die schlichte Laienfrömmigkeit, wird immer mehr von dem Übermaß der notwendigen Mittel erdrückt. Dann aber stehen wir ... bei dem Stadium, da reformatorischer Geist lebendiger Unmittelbarkeit gegen die Religion der Mittel und damit gegen die Stabilisierung der Religion protestiert.»

[13] Zu Jes 56,3–8 vgl. C. Westermann: Das Buch Jesaja. Kap. 40–66 (ATD 19), 248–252. Die Stelle des *Tritojesaja* (Jes 56–66) stammt aus der Zeit zwischen 537–455, d. h. nach der Verkündigung der Propheten *Haggai* und *Sacharja*, auf deren Bestreben im Jahre 515 das neue Heiligtum des Tempels eingeweiht wurde, und vor der Reform unter *Esra* und

gung über die Einhaltung des Sabbatgebotes schien man die bestehende Praxis der Hohenpriester und Schriftgelehrten glänzend rechtfertigen zu können. Aber war es denn die Absicht der «alten Propheten» (Mk 6,15; 8,28!), die Äußerlichkeit des Tempelkultes und die Entfremdung eines hohlen Gesetzesdienstes zu rechtfertigen? Wörtlich zitiert Jesus an dieser Stelle eine Rede des Propheten *Jeremias* – die härteste, kompromißloseste und tödlichste Rede, die je ein Prophet in Israel gegen die Sinnlosigkeit einer Religion beamteter Betriebsamkeit gehalten hat, rund 600 Jahre vor Christus, doch gültig und wahr bis ans Ende der Welt[14]: «Das Wort, das vom Herrn an Jeremias erging: Tritt ins Tor des Hauses des Herrn und predige dort dieses Wort und sprich: Hört das Wort des Herrn, ihr alle aus Juda, die ihr durch

Nehemia im Jahre 445. Jes 56,7 verheißt, daß die Fremden teil haben werden an der Freude der Heimkehr Israels; «doch es ist jetzt eine ganz aus dem Geschichtlichen gelöste ‹Freude an den schönen Gottesdiensten Jahwes›. Daß der Tempel jetzt ‹Haus des Gebetes› heißt, ist bezeichnend: Im Exil war das Wortelement für den Gottesdienst beherrschend geworden, weil die Opfer wegfielen.» (S. 251) Indem die Erwähnung der *Opfer* in Jes 56,7b wie mit Absicht in Mk 11,17 übergangen wird, scheint Jesus mit der Verurteilung des Tierhandels im Tempel zugleich auch die blutigen Opfer selbst beseitigen zu wollen. Der Satz deutete wohl schon vor *Markus* das Tun Jesu in diesem kultfeindlichen Sinne. «Markus versteht ... die Tempelreinigung als grundsätzliche Aufhebung einer rein-innerjüdischen Institution. Als Stätte des ‹Gebets› soll sie auf jene Haltung hinweisen, in der der Mensch nichts zu leisten und Gott anzubieten hat, die also auch den Heiden offensteht. Damit ist alle Gesetzlichkeit überwunden, wie es schon 2,23 – 3,6 programmatisch zeigten.» E. SCHWEIZER: Das Evangelium nach Markus, 128. An die Stelle der Opfer tritt eine Frömmigkeit des Gebetes. «‹Bethaus für alle Völker› wird der Tempel damit, daß *jetzt* Gliedern anderer Völker der Zugang zum Tempel ... geöffnet wird.» WESTERMANN: A. a. O., 251. Das Christentum, wenn diese Worte Geltung haben sollen, müßte demnach im Sinne Jesu ebenso innerlich wie offen, ebenso frei wie tolerant, ebenso geistlich wie universell sein, es müßte aufhören, eine Opferreligion in den Händen einer mächtigen und machtbesessenen Oberschicht von Hohenpriestern und schriftgelehrten Ideologen zu sein.

[14] Vgl. A. WEISER: Der Prophet Jeremia. Kap. 1 – 25,14 (ATD 20), 61–68 zu Jer 7,1–15: Die Tempelerede; Jer 7,16–20: Der Kult der Himmelskönigin; Jer 7,21–28: Gegen den Opferkult. «Wie in (Jer) 6,20 sieht auch hier Jeremias in dem Opferkult einen der Jahwereligion in seinem Wesen fremden allzumenschlichen Religionstypus, der aus anderen Wurzeln stammt als diese, mag er auch von dort her in den Jahwekult eingedrungen sein und bei Priestern und Volk an Wertschätzung und Bedeutung immer mehr gewonnen haben ... Der Jahewebund ist auf einer ganz anderen Ebene geschlossen worden, und sein Kult ruht auf einem anderen Fundament ... eine andere, von Gott ausgehende und nicht wie beim Opferkult vom Menschen dinghaft vermittelte Beziehung zwischen Gott und Mensch.» (S. 66–67)

diese Tore geht, den Herrn anzubeten! . . . Bessert euren Wandel und eure Taten, so will ich euch an diesem Ort wohnen lassen. Verlaßt euch nicht auf täuschende Worte wie diese: ‹Der Tempel des Herrn, der Tempel des Herrn, der Tempel des Herrn ist hier!›, sondern bessert euren Wandel, bessert eure Taten! . . . Ist denn dieses Haus, das nach meinem Namen genannt ist, in euren Augen eine Räuberhöhle geworden? . . . Geht doch einmal zu meiner Stätte in Silo . . . und seht, was ich ihr um der Bosheit meines Volkes Israel willen getan habe! . . . Ich will euch von meinem Angesicht verstoßen, wie ich all eure Brüder, das ganze Geschlecht Ephraim, verstoßen habe. Du aber, bete nicht für dieses Volk, erhebe für sie kein Flehen, kein Gebet und dringe nicht in mich, denn ich erhöre dich nicht . . . Häuft nur eure Brandopfer zu euren Schlachtopfern und eßt Opferfleisch! Denn ich habe euren Vätern, als ich sie aus dem Land Ägypten herausführte, nichts von Brandopfern und Schlachtopfern gesagt noch geboten, sondern dieses Gebot habe ich ihnen gegeben: Hört auf meine Stimme, so will ich euer Gott sein.» (Jer 7,1–4.11–12.15–16.21–23)

In den Augen Jesu ist die Veräußerlichung der Religion gerade im Tempel wie in den Tagen des *Jeremias* zu einer reinen Götzendienerei, zu einem blanken Baalsdienst verkommen, und so schwebt in seinen Augen, wie in den Tagen des *Jeremias*, erneut und endgültig der Untergang über der Stadt und über dem Tempel von Jerusalem[15]. Nichts hat sich anscheinend geändert seit den Tagen des Propheten, lediglich, daß statt der Babylonier jetzt die Römer die Aufgabe des Dreschflegels Gottes übernommen haben.

Muß Religion immer so sein? So doppelbödig, so heuchlerisch, so hochpriesterlich und schriftgelehrt verfremdet und entfremdet?

Wohl kein Ereignis der Kirchengeschichte vermag die tragische Travestie des Christentums in Sachen Armut und Reichtum deutlicher zu kennzeichnen

[15] In diesem Sinne wird man die Gleichnishandlung von der Verfluchung des Feigenbaums auch innerlich zu der Tempelreinigung in Beziehung setzen müssen, ganz wie in der Botschaft des *Jeremias* die «Tempelrede» und die Verdammung der kultischen Mißbräuche in die Vision der Vernichtung einmündet (Jer 8,1–3). Dabei ist der Grundgedanke im Tun Jesu bis ins Wort hinein «jeremianisch»: «Will ich bei ihnen ernten – ist Jahwes Spruch –, da sind keine Trauben am Weinstock und keine Feigen am Feigenbaum, und das Laub ist verwelkt. So hab' ich ihnen bestimmt, die ‹sie abfressen sollen›.» Jer 8,13. Jesus ist an dieser Stelle beides ineins: derjenige, der an Gottes Stelle zur «Ernte» kommt, und derjenige, der durch seinen Fluch das Laub verwelken läßt (Mk 11,21), um den «Baum» (Israel) seinen Feinden in die Hände zu liefern, bzw. um festzuschreiben, daß «Jerusalem» fest in den Händen seiner Feinde: der Hohenpriester und Schriftgelehrten, gefangen ist.

und zu brandmarken als die Gestalt des heiligen *Franziskus*; seiner ist deshalb in diesem Zusammenhang besonders zu gedenken. Denn ganz in den Fußspuren Jesu im Sinne dieser Szene der Tempelreinigung wollte der Poverello von Assisi die Kirche seiner Zeit neu aufbauen, indem er heilige Armut gelobte und nicht anders gekleidet ging als die einfachen Leute vom Lande. Nie hat es in der Kirche einen Mann gegeben, dem man in seiner Einfachheit und Schlichtheit die Nähe zu Jesus unmittelbarer hätte glauben mögen. Doch um seinen «Orden» auf päpstliches Geheiß hin zu organisieren, mußte im Jahre 1221 das erste Generalkapitel abgehalten werden, und schon da zeigte sich die ganze Zwiespältigkeit der Wirkungsgeschichte dieses großen Heiligen. Weil «Franziskus zu entkräftet war, um den Vorsitz zu führen, so übernahm Elias dieses Amt, während Franziskus zu seinen Füßen saß und ihn am Gewande zupfte, wenn er wünschte, daß etwas gesagt werden sollte . . . Und als Franziskus, weil er krank war oder sich zu schwach fühlte, um die Disziplin des Ordens aufrechtzuerhalten, das Generalat niederlegte, wurde Elias Generalvikar des Ordens, und Franziskus unterwarf sich ihm ebenso demütig wie der niedrigste Bruder. Als der Heilige am 3. Oktober 1226 starb, war es Elias, der den Brüdern in ganz Europa dieses Ereignis anzeigte und ihnen zugleich Mitteilung von den Wundmalen machte, welche Franziskus aus Bescheidenheit immer verborgen hatte . . . Ein Weltkind und von Ehrgeiz erfüllt, stand er [Elias] in dem Rufe, einer der gewandtesten Geschäftsmänner in Italien zu sein. Er erkannte, welche Machtfülle in der Herrschaft über den Orden lag, und er machte sich keine Skrupel über die Mittel, in den Besitz dieser Herrschaft zu gelangen. Er unternahm den Bau einer prächtigen Kirche in Assisi, um darin die Gebeine des demütigen Franziskus beizusetzen, und wurde nicht müde in seinen Geldforderungen, um den Bau zu fördern. Alle Provinzen wurden zur Beisteuer aufgefordert, obwohl in den Augen aller wahren Brüder schon das bloße Umgehen mit Geld verabscheuungswürdig war. Um die Gaben der Frommen aufzunehmen, wurde ein marmorner Schrein vor dem Gebäude aufgestellt.»[16] Mit einem Wort: der heilige Franz war gerade tot, als auf der Stelle die schnödeste Gewinngier und das widerwärtigste Machtstreben ihr ewig grausames Spiel mit seinem Leben zu treiben begannen, bis daß schließlich der Papst selber in Gestalt von *Bonifatius VIII.* die famose Idee und die freche Unverschämtheit hatte, die Forderung der Armut dahin zu interpretieren, daß die Ordensangehörigen des heiligen Franziskus das Recht, Eigentum zu besitzen, dem

[16] H. Ch. Lea: Die Inquisition, 392.

Heiligen Stuhl übereignen sollten, während sie dafür das Recht erhielten, das päpstliche Eigentum nach Maßgabe Roms zu gebrauchen[17]. – Perfider haben «Hohepriester» und «Schriftgelehrte» niemals im Tempel Gottes ihr Unwesen getrieben als in der Mitte des 13. Jhs.; denn niemals war der Zusammenprall von Heiligkeit und Weltlichkeit, von Innerlichkeit und Äußerlichkeit, von Frömmigkeit und Frivolität derartig kraß wie in dieser Zeit.

Doch das Problem ist keinesfalls auf eine bestimmte Zeit der Kirche, auf eine bestimmte Epoche der Kultur oder auf eine bestimmte Form von Religion beschränkt. Immer wieder und allerorten stellt sich die Frage, wie man den «Tempel Gottes», das eigene Herz, von dem Regiment der «Hohenpriester» und «Schriftgelehrten» reinigen kann. Sie sind allgegenwärtig, sie scheinen allmächtig, in jeder Kultur, in jeder Religion.

Soll man z. B. mit Freude oder mit Entsetzen in den Museen der Welt die wunderbaren Bildwerke der *Gandhara-Zeit* betrachten, in denen zum erstenmal die Gestalt des *Buddha* abgebildet und mit Gold umkleidet wurde[18] – die Person eines Bettlers, verfeierlicht als die Figur eines Gottes, wandelnd unter den Menschen? Der ästhetische Reiz dieser Statuen ist ebenso großartig, wie ihr Kontrast zu dem religiösen Urbild grotesk anmutet. Sechshundert Jahre liegen zwischen dem Auftreten des Königssohnes aus Kapilavastu, der in die Armut und in die Einsamkeit ging, um die Menschen von jedem Anhaften an die Welt der Begierden zu befreien, *und* dieser stillschweigenden Wiedereinsetzung des Siddharta Gautama in die Sphäre prächtiger Paläste und triumphaler Tempel.

Dieselbe religiöse Peinlichkeit und Wehmut empfindet der Betrachter, wenn er in einer Sonderausstellung christlicher Kunst etwa den *«Schatz von San Marco»* in Venedig zu Gesicht bekommt[19]: so viel an Kunstverstand und

[17] H. Ch. Lea: A. a. O., 421–430.

[18] Vgl. C. Sivaramamurti: Indien. Kunst und Kultur, 164–165; Abb. 441–445. Der eigentliche Durchbruch des Buddhismus erfolgte 256 Jahre nach Buddhas Tod, als Kaiser *Ashoka* sich durch einen Mönch «auf den Pfad der Tugend» führen ließ. Ashoka, der 273 v. Chr. den Thron bestieg, war ein Enkel des großen *Candragupta*, der um 320 die *Maurya-Dynastie* begründete. Wunderbare Buddha-Darstellungen finden sich bereits zwischen 185–70 v. Chr. in der *Shunga-Dynastie*, die im Norden das Erbe der *Maurya* antritt, und bei den *Shatavahanas* im Süden. A. a. O., 158 ff.; M. Percheron: Buddha, 69–70.

[19] Vgl. H. Hellenkemper (Hrsg.): Der Schatz von San Marco in Venedig, Römisch-Germanisches Museum, Köln 1984.

handwerklichem Können aus dem ersten Jahrtausend der byzantinischen Kirche, und doch: wieviel klebt an Blut, Betrug und Raub an all diesen «Wertobjekten» und «Pretiosen» eines «Christentums», das sich in ihnen mehr verhüllt als ausdrückt!

Wie reinigt man den «Tempel Gottes» von den «Wechslern» und den «Händlern»?

Es ist das einzige Mal im ganzen Neuen Testament, daß Jesus vor lauter Zorn handgreiflich wird – eine unglaubliche Szene, die niemand ersinnen oder vermuten würde, stünde sie nicht ausdrücklich in allen vier Evangelien aufgezeichnet[20]. Das Auftreten Jesu erscheint an dieser Stelle als so fremdartig, daß man ernsthaft geglaubt hat, Jesus folge hier gar nicht sich selber, sondern er wolle eine alte Verheißung des Propheten *Sacharja* aufgreifen und erfüllen, die in der Tat die Darstellung der Passionsgeschichte der Evangelien zutiefst geprägt hat[21]. Es handelt sich um Visionen, die man nur in Augenblicken einer völligen Resignation, im Zerbrechen aller Hoffnungen, wirklich verste-

[20] S. o. Anm. 10.

[21] So der völlig phantastische, aber lesenswerte Jesus-Roman von R. Graves: König Jesus, 380–383; 397–398: «In einer Vision (sc. Sach 11,4–17, d. V.) sieht Sacharja sich auf göttlichen Befehl eine furchtbare Rolle spielen: er verkörpert den nichtswürdigen Schafhirten, der weder die verlorenen Lämmer zu suchen geht, noch die kranken Tiere füttert, die nicht auf ihren Beinen stehen und weiden können, noch das im Dickicht gefangene Tier rettet – den nichtswürdigen Schafhirten, der alle seine Pflichten vernachlässigt und sich (wie der Tempellevit) reichlich und selbstzufrieden von gebratenem Fleisch nährt... Ein fürchterliches Paradox: er sieht sich in Gottes Namen eine falsche Lehre predigen und in seiner Gottesliebe alle Sünden des Volkes auf sich nehmen.» (398) Die Rolle dieses aus Gottesliebe zum Lügenpropheten Entarteten habe Jesus im Moment der «Tempelreinigung» übernehmen wollen. So sinnwidrig diese Interpretation auch anmutet, sie verrät an sich mehr Gespür für den zerreißenden Widerspruch, mit dem Jesus den Priestern seines Volkes in Jerusalem glaubte im Namen Gottes entgegentreten zu müssen, als die phraseologischen Erklärungen der exegetischen Kommentare. Vgl. etwa R. Pesch: Das Markusevangelium, II 200, wenn es heißt: «Programmatischen Charakter erhält ‹Jesu Tempelopposition›, die prophetischer Tradition verpflichtet ist..., erst im Zusammenhang seines Sammlungsanspruchs, Israel zum eschatologischen Gottesvolk zu erwecken.» «Sofern die Verfluchung des Feigenbaumes als historisches Ereignis auf denselben Tag datiert, kann auf eine aggressive Stimmungslage Jesu geschlossen werden.» Ja, ist es nicht genug, daß Jesus die behäbigen Händler mit der Peitsche durchwalkt, daß man hier noch auf eine «aggressive Stimmungslage» «schließen» müßte! Und weiter: «Die Tendenz der prophetischen Provokation Jesu stimmt mit seinem grundlegenden Sendungsanspruch der religiösen Erneuerung und eschatologischen Sammlung Israels überein.» Was eigentlich kann man noch

hen kann, in einer Gefühlslage also, die der Situation Jesu angesichts der «Hochpriester» und der «Schriftgelehrten», der «Händler» und der «Wechsler» im Tempel von Jerusalem vollkommen entspricht[22]. *Sacharja* setzt genau den Zustand voraus, auf den Jesus hier trifft: ein Volk, das von «Hirten» geführt wird, die ihre Herden wie «Schlachtschafe» behandeln, «deren Käufer sie schlachten und es nicht büßen, deren Verkäufer sprechen: ‹Gott sei gelobt! Ich bin reich geworden›» (Sach 11,4.5)[23]. In solchen Zeiten, weissagt der Prophet, werde Gott einen «Hirten» bestellen, der den Stab «Huld» im Namen Gottes wird zerbrechen müssen und der beinahe zynisch in den Untergangswillen seines Volkes einwilligen wird. «Ich sprach», wird dieser «Hirte» erklären, «ich mag euch nicht weiden; was sterben will, das sterbe, und was verkommen will, verkomme, und von denen, die übrigbleiben, fresse eines des anderen Fleisch.» (Sach 11,9)[24] Es ist wie ein letzter Aufschrei, um aus der Position einer absoluten Unterlegenheit mit den Verführern und Irrlehrern des Volkes abzurechnen, wenn Jesus sich auf derartige Schriftstellen bezieht. Zu ändern ist *de facto* nichts mehr – das muß auch Jesus ganz deutlich gewußt haben. Aber eben deshalb greift er offenbar in seinem Handeln auf diese Aussagen des *Sacharja* zurück. Alles wird so kommen, wie er es geschildert hat, und es gilt, dieses anscheinend unvermeidbare Schicksal, so unbegreifbar auch immer, in einer Art blinder Zuversicht trotz

tun, um diese Art der schriftgelehrten Rederei «prophetisch» zu «provozieren», damit endlich («eschatologisch») wieder ein Stück Wahrheit in die Theologensprache von Gott gelangt! S. o. Anm. 10!

[22] Vgl. K. Elliger: Die Propheten (ATD 25), 159–165 zu Sach 11,4–16: Huld und Eintracht sind zerbrochen.

[23] Vgl. K. Elliger: A. a. O., 161–162, zu Sach 11,4–7.

[24] K. Elliger: A. a. O., 162 betont zu Recht, an dieser Stelle (Sach 11,8–11) verliere der neue Hirt allmählich die Geduld mit den Schafen, weil auch sie seiner überdrüssig würden. «Die Folge ist, daß er beschließt, die Herde ihrem Todesschicksal zu überlassen ... Er ... zerbricht ... damit den Bund Gottes mit dem Volk.» Erst vor diesem Hintergrund wird deutlich, wieso Jesus in Mk 14,24 von dem «Blut des Bundes» sprechen kann, so als gelte es, einen *neuen* Bund zwischen Gott und dem Volk zu begründen, und erst so versteht man, was die «Tempelreinigung» letztlich bedeutet: die Aufhebung des alten Bundes zwischen Gott und dem Volk sowie die Beseitigung aller Opfer; fortan wird es nur noch eines einzigen «Opfers» zu gedenken geben, in dem der Neue Bund geschlossen wird: des Todes Jesu und seiner Auferstehung. In nuce enthält diese kleine Szene mithin bereits die ganze «Theologie» von Christus als dem «Hohenpriester» des Neuen Bundes, die Hebr 9,11 – 10,18 später entfaltet.

allem als Willen und Fügung Gottes zu verstehen[25]. Das einzige, was jetzt noch möglich ist, besteht darin, den vorgegebenen Weg in herausfordernder Klarheit bis zum äußersten zu gehen, und das tut Jesus in aller Entschlossenheit.

Er weiß genau, wie seine Gegner reagieren werden. Zum viertenmal, und jetzt endgültig, beschließen sie, Jesus zu vernichten (vgl. Mk 1,22; 6,2; 7,37)[26]; alles wird so kommen, wie es bei *Sacharja* geschrieben steht, aber es wird nicht der Urteilsspruch dieser geängstigten «Machthaber», es wird der Wille Gottes sein, der sich in der Weissagung dieses Propheten aussprach[27]: «Erhebe dich, Schwert, wider meinen Hirten, wider den Mann, der mir am nächsten steht; ich schlage den Hirten, daß die Schafe sich zerstreuen, und kehre meine Hand wider die Kleinen.» (Sach 13,7) Gerade dies werden die Worte sein, mit denen Jesus selber wenig später schon beim Gang zum Ölberg seine Jünger zu stärken suchen wird – es wird dann *seine* vierte und letzte Leidensankündigung sein, die wiederum keiner seiner Jünger wirklich verstehen wird (Mk 14,26)[28]. Niemand, auch im Kreise der Jünger nicht, wird einen derart tödlichen Kontrast in Gott, in den Menschen, im eigenen Herzen sich vorzustellen und auszuhalten vermögen. Aber gerade diese Widersprüchlichkeit ist die Wahrheit, und man muß sie akzeptieren, wenn es

[25] Wie sehr Jesus in Jerusalem die Entscheidung suchte, macht M. Dibelius: Jesus, 50–51 deutlich: «In Jerusalem stellt sich die neue Bewegung den Gewalten des Landes; in Jerusalem muß es zur Entscheidung der Sache kommen; in Jerusalem werden die Hoffnungen auf das Reich Gottes verwirklicht werden.» Wenn es der Sinn der Botschaft Jesu vom Reich Gottes war, daß Menschen zu Gott wieder zurückfinden und im Vertrauen auf seine Vergebung ein neues Leben beginnen könnten (R. Schnackenburg: Gottes Herrschaft und Reich, 70), dann ist jetzt die Stunde gekommen, diese Haltung des Vertrauens in letzter Radikalität zu leben.

[26] Vgl. E. Drewermann: Das Markus-Evangelium, I 171–180; 371–389; 492–501. Die drei genannten Stellen bezeugen die wesentliche *Andersartigkeit* Jesu im Urteil der Menge gegenüber den Schriftgelehrten; der *Todesbeschluß* der Pharisäer und Schriftgelehrten formt sich über Mk 2,7 (der erste Protest), Mk 2,16 (der erste Verdacht), Mk 2,24 (der erste Beweis), über Mk 3,6 zum ersten Plan, Jesus umzubringen; Mk 3,22 enthält bereits den Vorwurf des Teufelsbündnisses; Mk 7,1.5 berichtet vom weiteren Sammeln von Verdachtsmomenten und von der ersten offenen Konfrontation; ähnlich Mk 8,11. In Mk 10,5 korrigiert Jesus das Gesetz des Moses. Jetzt in Mk 11,27 werden die Gegner Jesus nach seiner Vollmacht fragen; in 12,12 geht es bereits schon um die Festnahme.

[27] Zu Sach 13,7–9 vgl. K. Elliger: Die Propheten (ADT 25), 174–177, der an die Vorstellungen von den «Wehen des Messias» erinnert (vgl. Ez 38; 39).

[28] S. u. zu Mk 14,26–42: Die Nacht von Gethsemane oder: Die begnadete Angst.

einen Weg zur Lösung geben soll. Selbst Judas mit seinem Verrat wird wenige Kapitel später nur erfüllen und offenbar machen können, was *Sacharja* von diesem «Hirten» in den dunkelsten Tagen des kommenden Endes voraussah: man wird ihm als Lohn «dreißig Lot Silber» auswiegen, der Herr aber wird zu ihm sagen: «Wirf ihn in den Schatz, den herrlichen Preis, dessen sie dich wertgeachtet haben. Da nahm ich die dreißig Lot Silber und warf sie in den Schatz im Hause des Herrn. Dann (aber) zerbrach ich auch meinen zweiten Stab ‹Verbindung›» (Sach 11,12–14)[29].

Das ist es, was Jesus eigentlich bei seiner Reinigung des Tempels hier tut: er zerbricht die letzte Verbindung zwischen sich und den «Gegenhirten», er unterschreibt sein Todesurteil, er tritt in vollem Bewußtsein aufgrund der Widersprüchlichkeit der Menschen hinein in die Widersprüchlichkeit Gottes, der nunmehr opfern muß, was er liebt, um die zu retten, die ihn unter einem Wust von frommen Formeln hassen[30]. Anders gesagt: es gibt überhaupt kein

[29] Recht hat SCH. BEN CHORIN: Bruder Jesus, 117 wenn er meint, die spezielle Sacharja-Tradition, die sich neben Sach 9,9 auch in der Szene der Tempelreinigung dokumentiert, sei gewiß «Kerygma der Gemeinde»; daß es sich bei der Erzählung von der Vertreibung der Wechsler und Händler um eine reine «Erfüllungssage» handele (122), die aus Sach 14,21 herausgesponnen worden sei, ist indessen mehr als unwahrscheinlich. Viel eher wird gelten, daß Jesus seine eigene Situation am ehesten im Sinne der Visionen des Sacharja glaubte verstehen zu müssen.

[30] Treffend hat M. DIBELIUS: Jesus, 104–105 den Gegensatz zwischen Jesus und den *Schriftgelehrten* und Pharisäern herausgearbeitet. «Wohl ‹glauben› auch die strengsten Vertreter jüdischer Frömmigkeit, eben die Pharisäer, an den kommenden Messias und sein Reich, aber sie begehren nicht nach ihm, denn sie finden Genüge an der Gegenwart. Sie glauben mit Gott im reinen zu sein, wie es der Pharisäer im Gleichnis ausspricht (Luk 18,11). Die Entwertung jener Pflichten durch das ‹Eins ist not› muß ihnen als Untergrabung und Vernichtung des ganzen Systems der Frömmigkeit erscheinen. Schon hier gibt es keine Verständigung. – Ein anderes kommt hinzu. Wer im Judentum auf den Messias hofft, denkt dabei an erneuten Glanz des Volkes; ... Jesus weiß anderes vom Schicksal dieses Volkes... Die Juden sind wie die Festgäste, die zum Mahl geladen werden, aber anderes für wichtiger halten und sich entschuldigen... – Aber der entscheidende Grund zur Feindschaft ist damit noch nicht getroffen. Die strenge jüdische Frömmigkeit der Zeit Jesu beruht auf der Auslegung der Bibel. Alles muß aus der Schrift abgeleitet, alles muß aus der Schrift bewiesen werden; Jesus hat gelegentlich Schriftgelehrte mit einer Schriftstelle widerlegt (Mark 12,26), aber er hat seine Botschaft nicht aus der Bibel abgeleitet. Das Gesetz könnte mit seinen Vorschriften den Menschen zum Anlaß werden, den absoluten Gotteswillen zu erkennen. Aber die Menschen haben sich um diese Möglichkeit betrogen durch ihren Ausbau der Vorschriften zum gesetzlichen System. So muß Jesus nun verkünden,

«Rezept», um den «Hochpriestern» und «Schriftgelehrten» und ihren Handlangern im «Tempel» das Handwerk zu legen, außer daß man den Konflikt zwischen Geist und Geschäft in jeder Religion bis zum äußersten treibt, indem man die eigene Wahrheit nicht aufgibt[31].
Es ist zunächst wohl unvermeidlich, daß dieser Standpunkt einer äußersten Entschlossenheit nach außen als gelebter Masochismus erscheint, als eine Leidensbereitschaft purer Verzweiflung und Hoffnungslosigkeit[32]. In Wahrheit aber geht es hier um etwas gänzlich anderes; es geht darum, ein für

was im Reiche Gottes zu gelten hat, den reinen Willen Gottes... er tut es als der, der Gottes Willen weiß, ohne Ableitung und ohne Begründung. Er redet als einer, der Macht besitzt, und nicht wie ihre Schriftgelehrten (Matth 7,29) – das aber muß in den Augen der Juden als *Ketzerei* erscheinen. Denn die Stimme der Propheten ist verklungen, und niemand hat das Recht, den Willen Gottes von sich aus zu verkünden. So muß die Autorität, die Jesus übte – ganz gleich, mit welchem Titel man sie bezeichnet –, als Lästerung erscheinen. Jesus ist der Erzketzer – was brauchen sie weiteres Zeugnis!» Hinzufügen muß man freilich, daß *zu allen Zeiten* eine in Traditionalismus, Legalismus und Intellektualismus erstarrte Religion das Leben tötet, das Jesus zu bringen kam. Die Probe aufs Exempel lautet stets: Wieviel Wert besitzt in den Augen der «Amtsträger» die Evidenz des Menschlichen? An dieser Frage entscheidet sich das Schicksal des *«Menschensohnes»* immer und immer wieder.

31 P. Tillich: Wesen und Wandel des Glaubens, 111–114 hat als Kriterium für die Wahrheit des Glaubens u. a. die *«Lebendigkeit»* genannt und hinzugefügt, daß im Glauben, insofern er das Unbedingte nur in *Symbolen* vergegenwärtigen kann, stets ein Element der Selbst-Verneinung liege, «daß jede Glaubensaussage unter einem Ja und Nein steht. – Von diesem Kriterium geleitet, hat der Protestantismus die Römische Kirche verurteilt. Es waren nicht so sehr die Lehrmeinungen, die die Kirchen in der Reformationszeit spalteten, es war die Wiederentdeckung des Grundprinzips, daß keine Kirche das Recht hat, sich an die Stelle des Unbedingten zu setzen. Jede Wahrheit einer Kirche wird vom Unbedingten gerichtet; und was von der Kirche gilt, gilt auch von der Bibel..., daß es... unmöglich ist, die Bibel als Ganzes mit der Glaubenswahrheit gleichzusetzen.» M. a. W.: Es ist kein Glaube denkbar ohne «die Integration der Person» (a. a. O., 121–128), die im Prinzip wichtiger ist als die Integration von möglichst vielen in einer bestimmten Kirche oder Gemeinde.

32 So Th. Reik: Aus Leiden Freuden, 404–409, der nicht zu Unrecht darauf hinwies, wie schon in der Bibel das Leiden als «Gnadenmittel» willkommen geheißen (1 Petr 2,20) oder als Geschenk göttlicher Liebe gepriesen wird (Hebr 12,5 f.). «Das Leben und Sterben Christi selbst wird zur Verklärung des Leidens und seiner Überwindung, der königliche Weg des Kreuzes zum Weg, den alle Menschheit wandeln sollte.» (408) Keine Auslegung der Passionsgeschichte verdient «christlich» genannt zu werden, die nicht den tiefenpsychologischen Verdacht auszuräumen vermag, es handle sich bei dem Sterben Christi wesentlich um einen masochistischen Triumph der «Ungeduld» des «Duldenden».

allemal zu zeigen, daß es mehr zu fürchten gibt als die Angst vor Menschen (Mk 8,33–38), und daß es ein größeres Vertrauen gibt als das Vertrauen in das sichtbare Glück der Oberfläche[33]. Es ist möglich, menschlich gesehen zu scheitern, gerade weil man es ablehnt, bis in den Umgang mit Gott hinein nur das Kalkül der Buchhalter und der Versicherungsbeamten zuzulassen; doch es stimmt nicht, daß eine solche Haltung des Glaubens in sich «unpraktisch», «nutzlos» oder «unfruchtbar» wäre. Im Gegenteil. Wie zerstörerisch und wurzellos die Einstellung gerade der scheinbar so mächtigen «Schriftgelehrten» und «Hohenpriester» ist, zeigt sich auf der Stelle: Sie sind wie der verdorrte Feigenbaum, und man kann nur noch einmal dem Propheten *Jeremias* aus vollem Herzen zustimmen, wenn er auf dem Hintergrund äußerster Not und Verfolgung in seinem eigenen Leben erklärte: «Verflucht ist der Mann, der auf Menschen vertraut und (das schwache) Fleisch (die natürliche Existenz des Menschen) zu seinem Arm macht, während sein Herz von dem Herrn weicht. Er wird sein wie der kahle Strauch in der Steppe, er wird nicht erleben, daß Gutes kommt; im Glutland der Wüste wird er wohnen, im unwirtlichen Salzland. Gesegnet ist der Mann, der auf den Herrn vertraut und dessen Hoffnung der Herr ist. Er wird sein wie ein Baum, der am Wasser gepflanzt ist, der nach dem Bach seine Wurzeln ausstreckt. Er hat nichts zu fürchten, wenn die Hitze kommt, seine Blätter bleiben grün; auch im Jahr der Dürre bangt ihm nicht, er hört nicht auf, Früchte zu bringen.» (Jer 17,5–8; vgl. Ps 1,3.4; 92,13.15)[34] – Sich festzumachen in Gott und die eigene Wahrheit nicht zu verleugnen sind die einzigen Entscheidungen in diesem Leben, die sich als wirklich «fruchtbar» erweisen, während alles andere das Dasein nur immer mehr auszehrt und bis in die Wurzeln vertrocknet.

Es ist in sich bereits unendlich befreiend, diese Entdeckung auf Leben und Tod zu machen, wie sinnlos, wie wurzellos, wie ausgetrocknet die Welt von Geld und Ruhm, von Hochpriestertum und Schriftgelehrtheit ist. Es ist ein Offenbarungseid, zu dem Jesus seine Gegner mit seinem spektakulären Auftritt im Tempel wie in den Tagen des *Jeremias* nötigt: Sie können nichts als

[33] Zu Mk 8,33–38 vgl. E. Drewermann: Das Markus-Evangelium, I 560–571; 572–585.

[34] Zu Jer 17,5–11 vgl. A. Weiser: Der Prophet Jeremia. Kap. 1 – 25,14 (ATD 20), 145–146, der sehr wahr betont: «Menschenfurcht und Menschenvertrauen ist immer das Zeichen mangelnder Gottesfurcht und Gottvertrauens.» In Worten dieser Art übernimmt der *Prophet* eigentlich die Funktion des *Priesters,* aus dessen kultischer Domäne «Fluch und Segen stammen». (145)

töten, sie sind selber nichts als der Tod, und erst jenseits der Grenze ihrer Macht beginnt so etwas wie ein wahres, erneuertes Leben. Dieses Leben aber ist keine Illusion. Der Glaube ist nicht nur imstande, zu erkennen, was Menschen zerstört, er ist auch die Kraft, die dazu verhilft, die oft bergehoch scheinenden Hindernisse auf dem Weg zum Leben fortzuräumen[35].

Oft genug türmen sich vor unseren Augen bestimmte Schwierigkeiten wie unübersteigbare Gebirgszüge auf. Ein Student steht vor einer Examensarbeit und traut sich vor lauter Minderwertigkeitsgefühlen nicht zu, auch nur eine einzige gültige Zeile zu Papier zu bringen; eine Studentin leidet unter der zerbrochenen Liebe zu einem jungen Mann, der sie verlassen hat, und sie fühlt sich völlig verzweifelt, da sie sich durchaus nicht zutraut, jemals die Liebe eines anderen Menschen erringen zu können; ein Mann kommt aus der Verkrampfung seiner Ehe nicht heraus, da er unbewußt nur in der Position der Stärke sich liebenswert genug fühlt, um seiner Frau zu begegnen, und er merkt nicht, daß gerade der ständige Terror seiner endlosen Rechthabereien und Perfektionsansprüche ihm den letzten Rest an Zuneigung auf seiten seiner Gattin zerstört. Unser Leben ist randvoll von solchen Teufelskreisen geheimer Ängste und Selbstzweifel, die uns die Hindernisse auf dem Weg zum Leben als unübersteigbar erscheinen lassen *müssen*, weil sie sich überhaupt erst aufgrund unserer Ängste und Selbstwertzweifel als derart aus-

[35] So wie *Markus* in 11,17 einzig das *Gebet* als den wesentlichen Inhalt des Tempelkultes gelten läßt, so greift er in 11,24 ff. erneut als Endpunkt des Ganzen das Thema des Gebetes auf. Mk 11,22–25 «finden sich in den anderen Evangelien auch an anderer Stelle als Einzelworte zum Thema des Gebets, die bald da, bald dort aufgenommen werden. Da sie die Verfluchung des Feigenbaumes als Beispiel für die Macht des Gebetes darstellen, während diese für Markus (wie wohl für die ersten Erzähler) göttliches Gerichtszeichen ist, hat vermutlich schon die Gemeinde vor Markus diese Worte hier angefügt.» E. Schweizer: Das Evangelium nach Markus, 127. *«Gebet»* erscheint dabei einfach als die Haltung gelebten Vertrauens, in der in Erfüllung geht, was Mk 1,3 (nach Jes 40,3) als das «Geradema-chen» der Wege in Aussicht stellte. – Zu den *Gebetsanweisungen Jesu* vgl. J. Jeremias: Neutestamentliche Theologie, I 186–188. – Speziell das *Symbol* von dem Verschwinden bergehoher Lebenshindernisse ist ein beliebtes Motiv in den *Märchen,* die immer wieder erzählen, wie unlösbar scheinende Aufgaben beseitigt werden können, wenn man sie in Vertrauen, statt in Angst angeht. Vgl. E. Drewermann – I. Neuhaus: Der goldene Vogel, 49–51: «Und sprächest Du zum Berge: Hebe dich hinweg»; E. Drewermann: Der Trommler, 44–54: «Durch das Nicht-Machen ist alles gemacht.» – Die Fassung des Wortes von Mk 11,23 in der Logienquelle (Mt 17,20; Lk 17,6) scheint selber auf den «kontextgebunden überlieferten Spruch» bei Markus zurückzugehen; vgl. R. Pesch: Das Markusevangelium, II 205. Zur Macht des vertrauensvollen Gebetes vgl. Sir 7,10.

sichtslos darstellen; und je mehr wir durch eigene Anstrengung, durch noch mehr Arbeitseinsatz und Leistungsanforderung die gestellten Hindernisse beseitigen wollen, desto gewaltiger türmen sie sich vor unseren Augen auf. Andererseits können wir immer wieder die Erfahrung machen, daß die wirklich entscheidenden Probleme unseres Lebens sich wie von selber lösen, wenn wir nur zu einem ruhigeren und zuversichtlicheren Vertrauen in uns selbst hinfinden. Die «Berge», die den Weg ins Leben versperren, lassen sich fast niemals mit «Spitzhacke» und «Schaufel», mit «Nachdenken» und «Arbeiten» beseitigen; aber sie verschwinden wie von selbst durch das Gefühl, auf einer tieferen Ebene unseres Daseins, von Gott her, berechtigt und angenommen zu sein. Dieses Gefühl ist es eigentlich, das die gesamte Welt der «Hochpriester» und der «Schriftgelehrten» als eine einzige lebensfeindliche und lebensgefährliche Lüge entlarvt.
Niemals also kann es darum gehen, im Sinne von noch mehr priesterlich organisierten «Opfern» und einem noch größeren Maß an schriftgelehrter Pflichterfüllung das Leben «in Ordnung bringen» zu wollen; es kommt im Gegenteil darauf an, den Blick aus der Horizontalen weg in die Höhe zu richten und frei zu werden beim Anblick des Himmels. Diese Veränderung der gesamten Perspektive des Lebens ist es, die Jesus mit dem abgegriffenen Wort *«Beten»* beschreibt[36]. Wenn unser Herz aus den Engen heraustritt und wir eine Ahnung gewinnen von der Weite des «Meeres» und der Größe des «Himmels», wenn sich die scheinbar so wichtigen Fragen unseres Lebens relativieren durch eine neue Zentrierung unseres Daseins und wenn wir uns aufrichten und selber zu einer lebenden Verbindung werden zwischen Himmel und Erde, so treten wir ein in die Sphäre eines solchen «Gebetes», wie Jesus es an dieser Stelle meint. Auch wenn er den Worten nach von «Bitten», «Flehen» und «Empfangen» spricht, so denkt er doch nicht daran, bestimmte Dinge und Sachverhalte von Gott zu erhalten. Man wird das Versprechen Jesu: «Betet, und ihr werdet empfangen» im Gegenüber Gottes wohl so

[36] Sehr schön sagte JOHANNES TAULER in seiner Predigt zu 1 Petr 4,8, in: L. GNÄDINGER (Hrsg. u. Übers.): Johannes Tauler. Gotteserfahrung und Weg in die Welt, 102 vom *Gebet,* es sei ein Stehen «in Sanftmut unter dem Dach des göttlichen Willens». «Wenn ein solch starkes Gewitter in einem aufsteht, sollte sich der Mensch geradeso benehmen, wie die Leute tun, wenn ein Wetter heraufkommt, Regen und Hagel: Sie fliehen unter ein Dach und warten, bis das Unwetter vorbei ist. Geradeso ...» Sehr empfehlenswert ist in diesem Zusammenhang die Sammlung ehrlicher Versuche von Gebeten. die L. JERPHAGNON: Prières pour les jour intentables, Paris 1959, dt.: An unerträglichen Tagen, übers. v. W. Schreckenberg, Graz [10]1969, vorgelegt hat.

ähnlich verstehen müssen, wie es ein Kind erlebt, das vor Weihnachten seinen Wunschzettel an die Eltern bzw. an das Christkind schreibt: es bittet darauf um einen roten Ball, um eine Puppe mit Schlafaugen, um einen Teddy, um ein braunweißes Hamsterchen, um alles mögliche, aber genau besehen bittet es gar nicht um all diese Dinge, sondern nur um ein sicheres Zeichen, von den Eltern – oder dem «Christkind»! – geliebt zu werden; und je reifer es wird bzw. je inniger sein Vertrauen zu den Eltern sich formt, desto weniger wichtig werden ihm die Gaben der Liebe gegenüber dem Gefühl und der Gewißheit der Liebe[37].

Eine alte indische Legende erzählt, daß einst bei Delhi auf dem Felde von Kurukshetra zwei Brudersippen entschlossen zum Kampf in fertiger Phalanx einander gegenüberstanden. Da baten die beiden feindlichen Generäle die Götter um ihren Beistand, und der Gott *Vishnu* bot ihnen zur Wahl die Streitmacht der Götter oder die Nähe des Gottes selber; der eine der Heerführer wählte die Streitmacht der Götter, *Arjuna* aber wählte einzig die Nähe des Gottes selbst[38].

Bei jedem Gebet geht es um eine solche Wahl, die wir in unserem ganzen Leben zu treffen haben: ob wir Gott nur dazu brauchen, uns die Dinge der Welt zu Füßen zu legen, oder ob wir im Vertrauen auf Gott die Dinge der

[37] In der Psychoanalyse hat sich der Ausdruck von dem *materiellen Mißverständnis»* eingebürgert, um diese Ersetzung der Liebe durch Geschenke, der Personen durch Gegenstände, des Seins durch das Haben zu bezeichnen. Vgl. dazu auch E. FROMM: Die psychologischen und geistigen Probleme des Überflusses, in: Gesamtausgabe, V 317–332, S. 322 zu der Identifikation des Glücks mit dem *Konsum.*

[38] So spricht *Arjuna* vor der Schlacht zu seinem Bruder *Yudhisthira*: «Denke daran, daß eine kleine Armee eine viel größere besiegen kann, wenn die Sache, für die sie kämpft, gut und gerecht ist. Wir kämpfen für solch eine gerechte Sache, und daher werden wir siegen. Außerdem ist der große *Vasudeva* (sc. die Erscheinungsform *Krishnas,* d. V.) auf unserer Seite; er allein verbürgt uns den Sieg.» B. ROY (Ed.): Das Mahabharata. Ein altindisches Epos, 216. – Daneben steht die Legende, wie *Arjuna* mit dem Gott *Shiva* in der Gestalt *Kiratas* kämpft bis zur Bewußtslosigkeit und dann, voll Trauer über seine Niederlage, ein Standbild des Gottes *Shiva* errichtet, vor dem er betet, bis er erkennt, daß sein Gegner *Kirata* kein anderer ist, als der Gott *Shiva* selbst; und während er sich dem großen Gott zu Füßen wirft, spricht dieser mit einer Stimme wie Donnergrollen zu ihm: «O Arjuna, ich bin sehr zufrieden mit dir. Du bist mir fast ebenbürtig an Tapferkeit und Kraft. Daher will ich dir eine Waffe geben, die dir Unbesiegbarkeit verleiht.» A. a. O., 130. Diese Legende, die an die biblische Geschichte vom Kampf *Jakobs* am Jabbok erinnert (Gen 32,22–32), zeigt zugleich, daß Gebet und Tatkraft, Weisheit und Handeln keinen Gegensatz bilden müssen – das zentrale Thema der *Bhagavadgita.*

Welt soweit zu relativieren vermögen, daß wir aus der Einheit mit Gott nie mehr herausfallen. An dieser Alternative entscheidet sich wesentlich, ob wir die Religion lediglich als eine erweiterte Form von Magie betrachten, oder ob wir die Religion als den entscheidenden Ort unserer inneren und äußeren Freiheit zu begreifen lernen; je nachdem, werden wir die Herrschaft der *«Hochpriester»* für schlechterdings absolut halten, oder wir werden die «Priesterherrschaft» als eine Form der Entfremdung durchbrechen und es wagen, uns unmittelbar gegenüber Gott zu verhalten[39].
Noch ein anderes gehört für Jesus zentral zu der Erfahrung des *«Gebetes»*: die Relativierung der *«Schriftgelehrten»* und ihres moralisierenden Anspruchs. Man kommt zu Gott wesentlich nicht durch «Opfer»; doch ebensowenig bestimmt sich das Verhältnis zu Gott durch Gesetzlichkeit und moralisches Rechtverhalten[40]. Wenn es grundsätzlich stimmt, daß die entscheidenden Probleme des Lebens *«allein durch den Glauben»* zu lösen sind, so ist auch klar, daß ein Mensch nicht einfach «gut» sein kann, wenn und wann er will. Die Fragen der menschlichen Existenz sind zu abgründig und zu tief, als daß sie mit den Mitteln von Willen und Verstand zu beantworten wären. An die Vergebung Gottes zu glauben und die Bereitschaft zur Vergebung miteinander zu leben, bedeutete für Jesus den Kern aller Religiösität und Menschlichkeit. Wie sonst hätte er zum «Freund der Zöllner und der Sünder» werden können (Mt 11,19; Lk 7,34)? Das *Markus*evangelium enthält nicht das Vater-unser als ausformuliertes Gebet Jesu; aber diese Stelle enthält im Kern alles, was Jesus über den Glauben, über das Gebet und über die Vergebung sagen wollte: für

39 S. o. Anm. 11; 12.

40 S. o. Anm. 30. – Eindrucksvoll beschreibt E. Schweizer: Jesus Christus, 29 die Widersprüchlichkeit, in der Jesus auf seine Zeitgenossen gewirkt haben muß. «Sie hätten den Asketen verstanden und geduldet, der um der künftigen Königsherrschaft Gottes willen diese Welt abschrieb. Sie hätten den Apokalyptiker verstanden und geduldet, der völlig uninteressiert am Handel und Wandel, an Politik und Kultur nur der Hoffnung lebte. Sie hätten den Pharisäer verstanden und geduldet, der mit äußerster Schärfe zum Aufsichnehmen der Königsherrschaft Gottes hier und jetzt im Gehorsam gegen das Gesetz aufgerufen hätte, um des Anteils an der künftigen Königsherrschaft Gottes willen. Sie hätten den Realisten und Skeptiker verstanden und geduldet, der nur in diesem Leben mit beiden Füßen auf dieser Erde gestanden wäre und sich hinsichtlich aller Zukunftserwartungen als Agnostiker erklärt hätte.» Was sie aber offensichtlich nicht hinzunehmen vermochten, war die *Einheit* all dieser Gegensätze zwischen Realismus und Zukunftshoffnung, zwischen Liebe zur Welt und Sehnsucht nach Gott, diese Ausgespanntheit zwischen Diesseits und Jenseits, die gerade das Wesen der religiösen Existenz ausmacht.

Menschen, die in dieser Welt umkommen vor «Hunger», ist Gott alles – der Grund des Lebens und die Kraft zum Leben, der Arm, der uns trägt, und die Hand, die uns hält, die Liebe, die uns gelten läßt, und die Güte, die uns nie verläßt. Wenn wir an die Vergebung vor Gott nicht *wesentlich* glauben könnten, sondern nur von Fall zu Fall, nach begangener Schuld, nicht *als Prinzip* unseres Daseins vorab zu allem, was wir an Fehlern und Vergehen auf uns laden könnten, so hätte kein Mensch auf Erden den Mut, sein Leben zu wagen und seine Wahrheit zu riskieren. Wie reich, wie leicht, wie fruchtbar und wie frei hingegen könnten wir leben in der Schule Jesu! Es ist ein Reichtum, der die eigene Armut nicht flieht; es ist eine Leichtigkeit, die das Schwere im Leben nicht meidet; es ist eine Fruchtbarkeit, die der Zerstörung nicht ausweicht; es ist eine Freiheit, die sich nicht scheut, in die Mühlen der Macht, des Geldes und des Gesetzes zu geraten. *Nichts* mehr hat der zu fürchten, der in Vertrauen und in Vergebung Gottes Part ergriffen hat.
In gewissem Sinne hat das *Johannes*evangelium die Szene von der Tempelreinigung und das Wort Jesu von dem Glauben an Gott (mit Bezug zu Mk 14,58) am tiefsten aufgegriffen und gedeutet. Indem das *Johannes*evangelium die Tempelreinigung ganz an den Anfang des Wirkens Jesu rückt, läßt es das gesamte Tun Jesu programmatisch als eine Art «Tempelreinigung» erscheinen, und zu Recht sieht es in dem Vorgang selbst bereits den Tod und die Auferstehung Jesu vorweggenommen[41]. «Brecht diesen Tempel ab», kommentiert Jesus im *Johannes*evangelium sein Vorgehen, «in drei Tagen will ich ihn wiedererstehen lassen» (Joh 2,19)[42]. Es ist die Wahrheit,

[41] Zu Joh 2,13–22 vgl. R. SCHNACKENBURG: Das Johannesevangelium, I 359–371, S. 370, der von der Voranstellung der «Tempelreinigung» meint: Johannes «vermittelt eine Tiefenschau, die die verborgenen Triebkräfte des Unglaubens ... schon am Anfang ahnen läßt.»
[42] Zu Joh 2,19 vgl. a. a. O., 363–365, 370: «Die Tempelreinigung soll die Überwindung des jüdischen Kultes durch Jesus, seine Person ... veranschaulichen.» – Als *symbolische* Deutung der Tempelreinigung ist die Predigt von MEISTER ECKHART zu Mt 21,12 ein vortreffliches Beispiel für das, was man heute von seiten der Tiefenpsychologie als eine Interpretation auf der *«Subjektstufe»* bezeichnen würde. In: F. HEER (Hrsg.): Meister Eckhart. Predigten und Schriften, 175–178: «Der Tempel, in dem Gott mit seiner Gewalt und nach seinem Willen herrschen will, das ist des Menschen Seele.» «Darum will Gott diesen Tempel frei haben, so daß rein nichts mehr in ihm sein soll als er selbst.» (173) Andererseits zeigt sich zugleich an diesem Beispiel auch, daß es nicht möglich ist, unmittelbar an die stark allegorisch geprägten Deutungen der Kirchenväter bzw. der mittelalterlichen Mystiker anzuknüpfen. In den *«Händlern»* beispielsweise sieht MEISTER ECKHART Menschen, die alles «nur darum tun, daß ihnen unser Herr etwas dafür gebe» (174); in den

für die Jesus stirbt und ewig steht, daß es nur einen Ort gibt, der Gott wirklich heilig ist: das Herz von Menschen, die ihm seine Güte vorbehaltlos glauben.

Mk 11,27–33: Die Fragen und Antworten Gottes

[27]So kommen sie abermals nach Jerusalem. Und wie er im Heiligtum umhergeht, kommen zu ihm die Hohenpriester, die Schriftgelehrten und die Ältesten, [28]und sie sagten ihm: In welcher Vollmacht tust du das? Oder wer hat dir die Vollmacht dazu gegeben, du solltest das tun? [29]Jesus aber hat ihnen gesagt: Ich will euch eines fragen; antwortet ihr mir, dann will auch ich euch sagen, in welcher Vollmacht ich das tue: [30]Die Taufe des Johannes – war sie vom Himmel oder von Menschen? Antwortet mir! [31]Da diskutierten sie untereinander, sprechend: Wenn wir sagen: vom Himmel, wird er sagen: Warum habt ihr ihm – dann – nicht vertraut?! [32]Aber sollen wir sagen: von Menschen?! Sie fürchteten das Volk; alle nämlich hielten dafür, daß Johannes wirklich ein Prophet war. [33]So antworten sie Jesus und sagen: Wir wissen es nicht. Und Jesus sagt ihnen: Auch ich sage euch nicht, in welcher Vollmacht ich das tue.

Von der Natur haben wir im Verlauf der letzten Jahrhunderte gelernt, daß sie uns nur antwortet, wenn wir die «richtigen» Fragen in der «richtigen» Weise an sie richten, und so haben wir uns angewöhnt, die Bedingungen unserer Fragestellungen immer objektiver, präziser und berechenbarer zu wählen; alles Persönliche, nur «Subjektive» hat bei der Betrachtung der Natur in diesem Sinne ausgeklammert zu bleiben. Erst die neuere Physik hat uns gezeigt, daß wir in jedem Experiment die Gegenstände selbst beeinflussen, so

Tauben erkennt er «das Behindernde und Eigentümliche all jener Werke, die an sich gut sind, bei denen der Mensch nicht das Seine sucht». (176) Es geht in Wirklichkeit in der Szene der Tempelreinigung um die Beseitigung von Geld- und Machtgier unter dem Decknamen Gottes, und so ist das Auftreten Jesu weit gewaltsamer, als Meister Eckhart es wahrhaben möchte; richtig aber ist es, daß man Texte wie diese nur als göttliche Botschaft, als *Predigt* vermitteln kann, wenn man sie auf das Herz des Menschen bezieht. Tiefenpsychologische Schriftinterpretation ist nichts anderes als der Versuch, das Anliegen der Mystik unter den Bedingungen der Aufklärung mit den Mitteln des neuzeitlichen Bewußtseins für die Religion wieder fruchtbar zu machen.

daß wir unvermeidlich in den Antworten, die wir erhalten, immer auch schon selbst enthalten sind[1].

Eine Erkenntnis, die nur objektiv sein könnte, gibt es nicht[2]. Fragen wir vor allem nach der Wahrheit nicht eines Gegenstandes oder Sachverhaltes, sondern nach der Wahrheit einer anderen Person, so gilt noch weit mehr, daß unsere Art, zu fragen, die Antwort mitbeeinflußt, die wir bekommen werden. In der Frage nach bestimmten Sachen oder Sachverhalten mögen und müssen wir uns mit den eigenen Gefühlen und Interessen relativ zurückhalten; von der Wahrheit einer anderen Person (und von der Wahrheit unserer selbst!) werden wir indessen nur so viel erfahren, wie wir von uns selbst an eigenem Interesse in die Frage hineinlegen[3].

Daran liegt es, daß man insbesondere nach Gott als der schlechthin absoluten Person nicht anders fragen kann, als indem man die gesamte eigene Existenz dabei aufs Spiel setzt – und gerade dadurch zu gewinnen hofft[4]! Man kann

[1] Vgl. W. HEISENBERG: Der Teil und das Ganze, 141–149 (Quantenmechanik und Kantsche Philosophie), der in der modernen Atomphysik eine glänzende Bestätigung der Erkenntnistheorie I. KANTS erblickte, wonach der Begriff der Kausalität nicht aus der Empirie gewonnen wird, sondern lediglich die subjektive Voraussetzung zur Konstruktion eines möglichen Gegenstandes der Erkenntnis darstellt.

[2] Sehr richtig betonen H. R. MATURANA – F. J. VARELA: Der Baum der Erkenntnis, 13: «Realität ergibt sich . . . aus dem erkennenden Tun des Beobachters . . . Realität erweist sich als ein Konzept.» Und S. 31: «Die Erfahrung von jedem Ding ‹da draußen› wird auf eine spezifische Weise durch die menschliche Struktur konfiguriert, welche ‹das Ding›, das in der Beschreibung entsteht, erst möglich macht.»

[3] Vgl. P. TILLICH: Die Frage nach dem Unbedingten, 149–152, S. 150: «‹Person› . . . gründet in der Begegnung eines Ich-Selbst mit einem anderen Selbst, einer Begegnung, die oft ‹Ich-Du-Beziehung› genannt wird und die nur in Gemeinschaft mit anderen Personen möglich ist.» Und S. 151: «Die personhafte Begegnung in der religiösen Erfahrung ist so wirklich wie die Begegnung von Subjekt und Objekt im Erkenntnisbereich oder die Begegnung von Vision und Deutung in der künstlerischen Erfahrung. In diesem Sinne drückt der religiöse Personalismus eine Wirklichkeit aus, nämlich die Wirklichkeit innerhalb der religiösen Begegnung.»

[4] Vgl. P. TILLICH: Die Frage nach dem Unbedingten, 152: «Der Gott, der unbedingt ist in Macht, Forderung und Verheißung, ist der Gott, der uns erst ganz zur Person macht und der folglich ganz personhaft ist in unserer Begegnung mit ihm. Es ist nicht so, daß wir zuerst wissen, was Person ist, und dann diesen Begriff auf Gott anwenden. Sondern in der Begegnung mit Gott erfahren wir zuerst, was Person sein soll, wie sie sich von allem Unpersönlichen unterscheidet.» Und S. 153: «Jede Beziehung zwischen Personen beruht auf freier Gegenseitigkeit. Wenn eine der beiden nicht imstande ist, als *Person* zu handeln, so tritt eine Ich-Ding-Beziehung an die Stelle der Ich-Du-Korrelation . . . Aber . . . das

sich nach Gott nicht «erkundigen» wie nach einem Straßennamen oder einer Autonummer. Alles, was wirklich mit Gott zu tun hat, betrifft unsere gesamte Lebenseinstellung, den Inhalt all unserer Hoffnungen, die Fragen unserer Herkunft und Zukunft – unser gesamtes Dasein in seinen wesentlichen Punkten. Nur jemand, der mit unendlichem «Hunger» (Mk 11,12) nach Gott fragt, wird in der Luft der Ewigkeit gesättigt werden; nur das, was uns *unbedingt* angeht, ist «Gott». Der Name Gott, so meinte man im Mittelalter deshalb auch, sei der «Begriff», von dem man niemals denken könne, daß sein Inhalt nicht wirklich sei. Überträgt man diesen Gedanken aus der Logik und Erkenntnistheorie in den Raum der persönlichen, existentiellen Erfahrung, so muß man sagen: Gott ist diejenige Person, die ich absolut brauche, um zu begründen, warum es mich gibt. «Du würdest mich nicht suchen», läßt Blaise Pascal Gott sagen[5], «wenn du mich nicht gefunden hättest.» Das ist eine gute Beschreibung dieser Erlebniseinheit einer absoluten Infragestellung der menschlichen Existenz und eines absoluten Fragens nach Gott. Ein solches absolutes Fragen bedeutet, die Bedingtheit, die Relativität, die Kontingenz der eigenen Existenz so radikal zu begreifen, daß nur das Verhältnis zu Gott die fundamentale Infragestellung des menschlichen Lebens zu beruhigen vermag. Die Eigenart solchen Fragens bildet den Kern der gesamten abendländischen Metaphysik[6].

Ganz entsprechend zu der absoluten Weise des Menschen, nach Gott zu fragen, schildert die Bibel umgekehrt auch die Art Gottes, nach uns Menschen zu «fragen». Wenn Gott etwa nach dem Sündenfall *«Adam» (den* Menschen) fragt, wo(hin) er (geraten) ist (Gen 3,9)[7], so möchte er mit dieser

Objekt, auf das sich das Handeln (sc. dann, d. V.) richtet, ist nicht völlig determiniert, weil es wesenhaft Subjekt ist.»

[5] B. Pascal: Über die Religion, Nr. 555, S. 247.

[6] Vgl. E. Coreth: Metaphysik, 286–287: «Endliches Seiendes ist auf bedingte Weise gesetzt: Wenn die Bedingungen erfüllt sind, ist es als Seiendes gesetzt. Wenn es aber als Seiendes gesetzt ist, so ist es unbedingt gesetzt. Ist es aber als etwas, das ‹ist›, unbedingt gültig gesetzt, dennoch bedingt ... gesetzt, verlangt es eine Bedingung, welche alle bedingten Bedingungen übersteigt und selbst unbedingt gültig, notwendig erfüllt, schlechthin absolut gesetzt ist: eine unbedingte Bedingung.» «Nun ist Seiendes aber bedingt, weil und insofern es endlich ist, also zwar ‹ist›, in seinem Sein unbedingt gesetzt ist, aber nicht das Sein selbst ist und darum in seinem Sein bedingt gesetzt ist. Daraus folgt, daß die unbedingte Bedingung alles Bedingten nicht mehr ein bestimmtes und begrenztes Seiendes ist, sondern das Sein selbst: das absolute Sein.»

[7] Vgl. zur Stelle E. Drewermann: Strukturen des Bösen, I 79–86.

Frage den Menschen selber in seinem jetzigen «Standpunkt» in Frage stellen, er möchte, daß «Adam» von sich aus darüber nachdenkt, wohin sein Lebensweg ihn geführt hat und wie es weitergehen soll. Wenn er *Kain* fragt, wo sein Bruder Abel (geblieben) ist (Gen 4,9)[8], so will er, daß der Brudermörder sich selbst zu seiner Untat bekennt und sich auf Gedeih und Verderb der Gerechtigkeit (und dem Erbarmen!) Gottes ausliefert. In jeder Frage Gottes an den Menschen geht es um Heil oder Unheil, Leben oder Tod, Alles oder Nichts. Nur *die* Fragen sind von Gott, die sich uns unabweisbar immer wieder stellen, in schlaflosen Nächten und taghellen Träumen, beglückend oder bedrückend, je nach den Umständen, immer aber mit dem Anspruch letzter Entschiedenheit und Entschlossenheit. Nur wer sich *ganz* herausgefordert fühlt, spürt *Gottes* Frage an sich selbst im eigenen Leben und fragt mit seinem eigenen Leben selbst nach Gott.
Eines also kann man sicher nicht vor Gott: «Nachforschungen» und «Ermittlungen» anstellen, wie es in diesem Streitgespräch im *Markus*-Evangelium – wieder einmal! – «die Hohen Priester», «die Schriftgelehrten» und die «Ältesten» tun. Alles, was *Markus* über diese Berufsgruppen zu sagen hat, läuft auf eine furchtbare etappenweise Demaskierung hinaus[9], auf eine schonungslose Abrechnung, auf eine rückhaltlose Aufdeckung ihrer ewigen und immerwährenden Schuld an der kühl kalkulierten Liquidierung Jesu, und man kann es nicht oft genug wiederholen: alles, was *Markus* dazu sagt, ist *wesentlich* zu nehmen, nicht als Schuldzuweisung in Richtung einer bestimmten historischen Gruppe vor ca. 2000 Jahren, sondern als Offenlegung einer Lebenseinstellung, bei der wir unsere eigene Existenz ebenso verfehlen müßten wie das Gegenüber und den Hintergrund jeder personalen Erfahrung: Gott[10]. Hier wie allerorten stehen die «Hohen Priester», die «Schriftgelehr-

[8] Vgl. E. Drewermann: A. a. O., I 134–143.

[9] Vgl. J. Jeremias: Neutestamentliche Theologie, I 142–150: Das Wehe über Priester, Schriftgelehrte und Pharisäer; und: Die von Gott trennende Frömmigkeit. S. 147: «Die Verharmlosung der Sünde durch Kasuistik und Verdienstgedanken ... zerstört nach Jesu Meinung das ganze Leben.»

[10] Vgl. P. Tillich: Systematische Theologie, I 247–251: Gott und «was uns unbedingt angeht»: «Gott ist die Antwort auf die Frage, die in der Endlichkeit des Menschen liegt, er ist der Name für das, was den Menschen unbedingt angeht. Das heißt nicht, daß es zunächst ein Wesen gibt, das Gott genannt wird, und dann die Forderung, daß es den Menschen unbedingt angehen soll. Es heißt, daß das, was einen Menschen unbedingt angeht, für ihn zum Gott (oder Götzen) wird ... Der Konflikt zwischen Konkretheit und Unbedingtheit des religiösen Anliegens ist aktuell, wo immer Gott erfahren und diese Erfahrung ausgedrückt wird.» (S. 247)

ten» und die «Ältesten» da als Totengräber jedes wahren Lebens, als «Vertreter» einer Form von «Religion», die aus lauter Angst vor ihrer eigenen Infragestellung sich mit ihren «Fragen» stets beweisen muß, daß es im Grunde überhaupt keine wirklichen Fragen geben kann noch darf; sie repräsentieren eine Beamtenschaft in Sachen Religion, die auf das «Funktionieren» geradezu von berufswegen unendlich mehr Wert legen muß als auf das Leben. In diesen Kreisen der «Theologen» vom Fach wird man allemal wissen und «urgieren», daß ein Unterschied besteht zwischen «Theologie» und «Religion»[11], und sie werden es sich geflissentlich verbitten, wenn man ihnen zumutet, unter dieser selbstgeschaffenen Kluft zwischen Reflexion und Erfahrung wenigstens zu leiden, ja, sie werden förmlich um Verständnis dafür bitten, daß sie sich in den Silos ihrer Schreibstuben und Kanzleien derart «abarbeiten», daß sie für ein persönliches Leben gar keinen Spielraum mehr finden.

Vor 100 Jahren hat STENDHAL in *«Rot und Schwarz»* einmal die Karikatur einer solchen «Theologie» gemalt, indem er in *Julien Sorel* einen Mann schilderte, der die ganze Bibel auf lateinisch zu zitieren vermag, einzig, um damit eine Probe seiner Intelligenz zu geben und seinen Anspruch auf Karriere und Macht zu untermauern[12]. Ist dies das Holz, aus dem man «Theologen» schnitzt?

[11] So richtig es ist, daß eine religiöse Erfahrung und das Nachdenken über das rechte Verständnis einer religiösen Erfahrung nicht ein und dasselbe sind, so wohlfeil und so verlogen ist der Hinweis auf diesen Unterschied, wenn er dazu herhalten soll, die beamtete Theologenschaft in Sachen Christi zu legitimieren. Hier gilt der bittere Satz von S. KIERKEGAARD: Der Augenblick, XIV 336, in: Werkausgabe, II 359: «Der Beweis für die Wahrheit des Christentums, der darin liegt, daß man alles dafür aufs Spiel gesetzt hat, wird ja dadurch widerlegt oder verdächtig gemacht, daß der Pfarrer, der diesen Beweis vorträgt, genau das Gegenteil tut. Sieht man... die Wahrheitszeugen, so kommt man zu dem Schluß: Das Christentum muß die Wahrheit sein; achtet man auf den Pfarrer, so kommt man zu dem Schluß: Das Christentum ist doch nicht die Wahrheit, sondern der Nutzen ist die Wahrheit.»

[12] Vgl. STENDHAL: Rot und Schwarz, 25. Kap., S. 207–215; 26. Kap., S. 216–227. *Julien* muß bei seinem ehrgeizigen Lernen jedoch erleben, «daß jegliches Hervortreten in den verschiedenen Unterrichtsfächern, in Dogmatik, Kirchengeschichte und so weiter... nichts weiter als eine sündhafte Überheblichkeit sei. Seit Voltaire... scheint die Kirche in Frankreich zu der Einsicht gekommen zu sein, die Bücher seien ihre wahren Feinde. Und in ihren Augen bedeutet der demütige Gehorsam des Herzens alles. Erfolge in den Studien, sogar den geistlichen, sind ihr verdächtig... Die in ihren Grundfesten erschütterte Kirche klammert sich an den Papst und sieht in ihm ihre einzige Rettung. Der Papst allein kann

Vor 50 Jahren hat EXUPÉRY in *«Der kleine Prinz»* an berühmter Stelle einen «Weltverzeichner», einen «Geographen», geschildert, der, am Schreibtisch sitzend und Bleistifte spitzend, darauf wartet, daß ihm ein «Forscher» seine Erfahrungen über die Welt mitteilt, damit er sie auf das genaueste eintragen und ordnen könne[13]. Muß man, darf man das Leben derartig zwischen Erkunden und Verkünden, zwischen Erfahren und Verwahren, zwischen Ergründen und Begründen auseinanderreißen? Und wenn es derartige «Aufspaltungen» in jedem profanen Bereich des Lebens und des Lehrens geben dürfte, wäre es dann wirklich nur konsequent und ganz normal, diesem Beispiel auch in der «Schrift-» und «Gottesgelehrtheit», der «Theologie», nachzueifern?

Stell dir, im Unterschied zu einem «Apostel», einen solchen Professor der Theologie nur einmal wirklich als lebenden Zeitgenossen Jesu vor, empfahl SÖREN KIERKEGAARD bereits um 1840 als Probe aufs Exempel[14]. Ein Gläubiger ist jemand, der Jesus auf dem Weg nach Golgotha *nachfolgt*. Was aber tut der Professor der Theologie? Er *kommt mit*! Jesus wirkt Wunder und verkündet die Gottesherrschaft – der Professor kommt mit: erster Abschnitt seiner Aufzeichnungen: «Ort und Wort der Person Jesu». Jesus treibt Dämonen aus und wird auf dem Berge verklärt – der Professor kommt mit: zweiter Abschnitt: «Mythische Elemente im Neuen Testament aus der Vorstellungswelt der Antike». Jesus wird verurteilt und gekreuzigt – der Dozent der Theologie hat Mühe mitzukommen, denn die Ereignisse überschlagen sich, aber er schafft es: letzter Abschnitt: «Die Heilsbedeutsamkeit der Selbsthingabe des Sohnes an den Vater und die Geistsalbung des Leibes Christi in der

versuchen, das individuelle kritische Denken zu paralysieren und durch das fromme Gepränge seiner Hofzeremonien auf den gelangweilten und angekränkelten Geist der Weltkinder Einduck zu machen.» (218) – Es geht, wie STENDHAL schon vor 130 Jahren richtig beschrieb, im Sinne einer wohlverwalteten Religion nicht allein um die Gewinnung von Macht, sondern vor allem um die Gewinnung jenes Elixiers aller Beständigkeit einer institutionalisierten Ämterhierarchie: um die möglichst umfängliche Synthese der Macht mit der Dummheit und Phantasielosigkeit, die man u. a. auch als Glauben und Demut gepriesen findet.

[13] A. DE SAINT-EXUPÉRY: Der Kleine Prinz, Kap. XV, S. 51–55; vgl. dazu E. DREWERMANN – I. NEUHAUS: Das Eigentliche ist unsichtbar, 32–33; 35.

[14] S. KIERKEGAARD: Tagebücher, IV 177–179; vgl. auch die Zitate bei E. DREWERMANN: Das Markus-Evangelium, I 185, Anm. 6, 7; S. 189–190, Anm. 14; 191, Anm. 15; 193, Anm. 18; 398–399, Anm. 18.

Dieselbigkeit des Gekreuzigten mit dem Auferstandenen»[15]. Das Resultat: Statt der Dornenkrone trägt der Dozent der Theologie einen Doktorhut, statt der Fesseln des Verhafteten in Gethsemane umkränzt man ihn mit der Kette der Rektorenwürde, statt des Spottmantels der römischen Kohorten umgibt man ihn mit dem Samt und Hermelin des Hofstils der eitelsten und gecken-haftesten Renaissance-Fürsten. SÖREN KIERKEGAARD hat recht: Es ist das größte Gaunerstück der Weltgeschichte, derartig das «Erhabene» zu «verkünden», daß man es sich selber stets vom Leibe hält[16].

Indessen: Wäre all dies nur die private Tragikomödie eines speziellen Berufsstandes, der die Herausforderung wirklich religiöser Erfahrungen vermeidet, indem er die Erfahrungen anderer in Verfahren der «Forschung» und der «Lehre» verwandelt, dann könnte man getrost denken, eine solche Kaste christlicher Brahmanen und Mandarine werde an der selbstverordneten Lebensauszehrung schon von allein zugrundegehen. Aber dieser Stand von Untoten vermag es immer wieder zu allen Zeiten und zu allen Zonen, sich mit der Schläue von Fledermäusen und Vampiren am Leben zu erhalten: des Nachts, in den Spukgestalten uralter Schuldgefühle, beginnen sie ihr blutsaugerisches Werk – man muß neben S. KIERKEGAARD unbedingt FRIEDRICH NIETZSCHE[17] lesen, um die psychologischen Mechanismen zu studieren, mit-

[15] Vgl. etwa die Ausführungen bei J. MOLTMANN: Theologie der Hoffnung, 179–184; 304–312, dessen Arbeit sich im Rahmen der dogmatisch üblichen Sprachspiele in Wahrheit um eine Aktualisierung und Konkretisierung des christlichen Selbstverständnisses bemüht; aber wie soll das gelingen in der ständigen professoralen Distanz zu all den Erfahrungen, von denen Menschen erlöst werden müßten, um das Zauberwort «eschatologisch» allererst mit Inhalt füllen zu können?

[16] Vgl. S. KIERKEGAARD: Der Augenblick, XIV 205, in Werkausgabe, II 412: «Gott zum Narren zu halten, ist nicht zweideutig, zweideutig aber ist es, das zu tun unter dem Vorgeben, daß man ihm diene; das Christentum abschaffen zu wollen, ist nicht zweideutig, aber es ist zweideutig, das Christentum abzuschaffen unter dem Vorgeben, es zu verbreiten; Geld zu zahlen, um dem Christentum entgegenzuarbeiten, ist nicht zweideutig, aber zweideutig ist es, Geld zu nehmen, um ihm entgegenzuarbeiten unter dem Vorgeben, für das Christentum zu wirken.» A. a. O., XIV 240; II 448: «Christentum ist Absage an diese Welt. Das lehrt der Professor, und dann benutzt er die Lehren zu seinem Fortkommen, ohne irgend einmal zuzugeben, daß dies doch eigentlich nicht Christentum sei . . . Der Pfarrer predigt, er ‹zeugt› . . ., das Christentum sei Entsagen, und dann macht er das Predigen zu seinem Broterwerb, seinem Fortkommen . . . so wird also der amtliche Gottesdienst zur Heuchelei.»

[17] Vgl. F. NIETZSCHE: Der Antichrist, Nr. 38, in: Der Antichrist. Ecce homo. Dionysos-Dithyramben, S. 40: «Alle Begriffe der Kirche sind erkannt als das, was sie sind, als die

tels derer sich die «Hohen Priester», die «Schriftgelehrten» und die «Ältesten» im Amt zu halten vermögen. Das *Markus*-Evangelium sagt es ganz offen: «Sie fürchteten das Volk» (Mk 11,32)[18]. Es geht ihnen bei allem Reden von Gott in Wahrheit überhaupt nicht um Gott, es geht ihnen um den blanken «Erhalt» von Macht und Einfluß, und ihr wirkungsvollstes Instru-

bösartigste Falschmünzerei, die es gibt, zum Zweck, die Natur, die Natur-Werte zu entwerten; der Priester selbst ist erkannt als das, was er ist, als die gefährlichste Art Parasit, als die eigentliche Giftspinne des Lebens... Jedermann weiß das: und trotzdem bleibt alles beim Alten. Wohin kam das letzte Gefühl von Anstand, von Achtung vor sich selbst, wenn unsere Staatsmänner sogar, eine sonst sehr unbefangene Art Mensch und Antichristen der Tat durch und durch, sich heute noch Christen nennen und zum Abendmahl gehen?... Jede Praktik jedes Augenblicks, jeder Instinkt, jede zur Tat werdende Wertschätzung ist heute antichristlich: was für eine Mißgeburt von Falschheit muß der moderne Mensch sein, daß er sich trotzdem nicht schämt, Christ noch zu heißen!» – Insbesondere erzürnte NIETZSCHE sehr zu Recht die Zerstörung der *griechischen* Kultur und Geistigkeit durch *die christliche Verleugnung und Verleumdung der Natur.* Nr. 59, S. 69–70 «Die ganze Arbeit der antiken Welt *umsonst*: ich habe kein Wort dafür, das mein Gefühl für etwas so Ungeheures ausdrückt... Alle Voraussetzungen zu einer gelehrten Kultur, alle wissenschaftlichen *Methoden* waren bereits da, man hatte die große, die unvergleichliche Kunst, gut zu lesen, bereits festgestellt – diese Voraussetzung zur Tradition der Kultur, zur Einheit der Wissenschaft; die Naturwissenschaft, im Bunde mit Mathematik und Mechanik, war auf dem allerbesten Wege, – der *Tatsachen-Sinn,* der letzte und wertvollste aller Sinne, hatte seine Schulen... Alles *Wesentliche* war gefunden, um an die Arbeit gehen zu können... die ganze *Rechtschaffenheit* der Erkenntnis... *Alles umsonst*! Über Nacht, bloß noch eine Erinnerung... Und nicht durch ein Natur-Ereignis über Nacht verschüttet! Nicht durch Germanen und andere Schwerfüßler niedergetreten! Sondern von listigen, heimlichen, unsichtbaren, blutarmen Vampiren zuschanden gemacht! Nicht besiegt, – nur ausgesogen!... Die versteckte Rachsucht, der kleine Neid *Herr* geworden! Alles Erbärmliche, An-sich-Leidende, Von-schlechten-Gefühlen-Heimgesuchte, die ganze *Getto-Welt* der Seele mit einem Male *oben auf!* ... Man würde sich ganz und gar betrügen, wenn man irgendwelchen Mangel an Verstand bei den Führern der christlichen Bewegung voraussetzte: – o sie sind klug, klug bis zur Heiligkeit, diese Herrn Kirchenväter! Was ihnen abgeht, ist etwas ganz anderes. Die Natur hat sie vernachlässigt, – sie vergaß, ihnen eine bescheidene Mitgift von achtbaren, von anständigen, von *reinlichen* Instinkten mitzugeben.» Die Leseprobe mag genügen, um NIETZSCHES Furor zu fühlen und sich von seinem *Gefühl* führen zu lassen: Man stößt unweigerlich auf die Resultate, die FREUD dann 50 Jahre später unausweichlich in seinem Behandlungszimmer auf der Berggasse 19 in Wien wiederentdeckte.

[18] Es ist die ewige Einheit von *Masse* und *Macht,* wie E. CANETTI: Masse und Macht, 340–341 sie u. a. als die «Domestikation des Befehls» beschrieben hat: «Statt seinem Herrn als Nahrung zu dienen, statt gefressen zu werden, bekommt das Geschöpf, dem diese Art

ment dazu besteht *aus* Angst *in* Angst: erst wenn sie das Volk selber so weit «eingeschüchtert» haben, daß es sich Gott nur noch in Begleitung der «Priester», in Anleitung der «Schriftgelehrten» und im Geleit der «Ältesten» zu nähern wagt, ist diese Zunft der etablierten Macht berechtigt und gerechtfertigt; erst jetzt, als unersetzlich, wird sie unersättlich in ihrem Anspruch, alle Details des privaten und öffentlichen Lebens kontrollieren, normieren und zensieren zu wollen oder vielmehr: zu sollen. Denn fortan tut sie stets nur ihre Pflicht. Sie kennt nur ihre Verantwortung. Sie handelt stets in Ausübung des Amtes.

Was machen solche Leute mit Jesus von Nazareth? – Sie «fragen» ihn nach der «Vollmacht», mit der er «das» (die gewaltsame Säuberung des Tempels) «tut»! Sie «erkundigen» sich mithin nach genau dem Unterschied, der von Anfang an zwischen ihnen selbst und der Person Jesu bestand. Bereits bei dem ersten Wunder, das Jesus überhaupt gewirkt hat, als er in der Synagoge von Kapharnaum einen unreinen Geist aus einem Kranken austrieb, wunderten sich die Leute über diese «neue Lehre aus Macht» (Mk 1,27); denn er lehrte sie «als Machthabender, und nicht wie die Schriftgelehrten» (Mk 1,22). Sie, die Hohen Priester, Schriftgelehrten und Ältesten also, haben es nötig, inmitten des Blendwerkes ihrer machtbesessenen Ohnmacht Jesus nach seiner «Vollmacht» zu fragen[19]! Es ist eine «Frage», die eine Falle ist oder

von Befehl erteilt wird, selbst zu essen.» – (341) Die «Auflösung des Stachels», der in dem Befehl des Machthabers liegt, geschieht in der *Umkehrungsmasse*: «Der König, der köpfen ließ, wird selbst geköpft.» (367) «Die untere Masse, die sich erhoben hat, formt sich zu einer überall zusammenhängenden Masse..., bildet eine Reihe von... Meuten.» (366) Nichts fürchten die Mächtigen so wie die Masse. – W. Schmidbauer: Ist Macht heilbar? 146–159 enthält einen höchst aktuellen Katalog von Fragen, die *heute* von den machthabenden Politikern ausgeblendet oder liegengelassen werden, weil man bereis das Eingeständnis, daß hier ungelöste Fragen existieren, mehr fürchtet als die Folgen der Verdrängung und der Heuchelei.

[19] In Mk 11,27ff. setzt sich die vormarkinische Passionsgeschichte fort, die durch den Einschub von Mk 11,24–25 unterbrochen wurde. Die «Vollmacht», nach welcher die Leute des Synhedriums Jesus fragen, bezieht sich inhaltlich auf «das Recht zur Tempelreinigung, das aus eigener Vollmacht (etwa als Prophet) oder aus Beauftragung durch einen anderen stammen könnte... Das ist daraus zu verstehen, daß damals im Judentum das Gefühl lebendig war, es seien keine Propheten da. Auch die rabbinische Auslegung will nur Auslegung, keine Prophetie sein, d. h. sie spricht nicht mit unmittelbarer Autorität... (Diese) setzt göttlichen Auftrag und Bevollmächtigung voraus, die zugleich Macht ist... Indem der Träger... der Macht, zu heilen und Sünden zu vergeben, da ist, ist auch das Reich Gottes nahe.» W. Foerster: *exoysia,* in: G. Kittel (Hrsg.): Theologisches Wörter-

wenigstens sein soll. Man drückt sich höflich aus in diesen Kreisen; man argumentiert dort nicht mit der Peitsche; man «ermittelt» vielmehr, man prüft und gewichtet die Vorgänge, man geht selber mit Umsicht und Bedacht vor. Und so glaubt man, alles geschickt arrangiert zu haben. Entweder muß Jesus eingestehen, daß er seine Kompetenzen aus persönlichem Fanatismus bei weitem überschritten hat, als er die Wechsler und die Händler aus dem Tempel trieb, oder er muß sich zu seinem wirklichen Anspruch bekennen, dessen häretischer Charakter sich vermeintlich leicht beweisen läßt. Der Tempel ist der Sitz Gottes, und es ist absurd zu denken, daß Gott ausgerechnet den Mann aus Nazareth zu seiner Peitsche bestellt hat, um sich damit selber zu verprügeln; *im* Tempel Gottes herrschen die Gesetze und Gebote, die schon Moses erlassen hat, und ihre Einhaltung überwachen jene Amtsträger, die er selber dazu eingesetzt hat: vornean die Priester aus dem Hause Aaron – sie sind die blutmäßigen, die rechtmäßigen Nachfolger der Männer, auf die Gott seine Weisungen gegründet hat[20]! Wer ihre Autorität mißachtet,

buch zum Neuen Testament, II 559–571, S. 566. Zu denken ist in diesem Zusammenhang an Mk 1,22.27: Die Heilung des Besessenen in Kapharnaum; vgl. E. Drewermann: Das Markus-Evangelium, I 171–180. Entscheidend ist es freilich zu sehen, daß das Problem nicht in dem «spätjüdischen» Gefühl besteht, es gebe keine «Propheten» mehr, sondern darin, daß jede schriftgelehrte Form von Frömmigkeit den «Propheten» nicht nur ersetzt, sondern tötet, wo immer er auftaucht. Der letzte große Prophet des christlichen «Abendlandes» war ohne Zweifel Sören Kierkegaard, wenn man nicht F. Nietzsche mit seiner Kritik an der Priesterreligion von außerhalb des Christentums noch dazurechnen will: «Sie (sc. die Priester des Judentums, d. V.) haben aus den mächtigen, *sehr frei* geratenen Gestalten der Geschichte Israels, je nach Bedürfnis armselige Ducker und Mucker oder ‹Gottlose› gemacht, sie haben die Psychologie jedes großen Ereignisses auf die Idioten-Formel ‹Gehorsam *oder* Ungehorsam gegen Gott› vereinfacht.» «Der Ungehorsam gegen Gott, das heißt gegen den Priester, gegen ‹das Gesetz›, bekommt nun den Namen ‹Sünde›; die Mittel, sich wieder mit Gott zu versöhnen, sind, wie billig, Mittel, mit denen die Unterwerfung unter den Priester nur noch gründlicher gewährleistet ist: der Priester allein ‹erlöst›... Psychologisch nachgerechnet, werden in jeder priesterlich organisierten Gesellschaft die ‹Sünden› unentbehrlich: Sie sind die eigentlichen Handhaben der Macht, der Priester *lebt* von den Sünden, er hat nötig, daß ‹gesündigt› wird.» F. Nietzsche: Der Antichrist, Nr. 26, S. 28–29. Die Antwort des offiziellen Christentums auf diese prophetische Herausforderung, die nur mit einer radikal vertieften Ehrlichkeit *in psychologicis* zu beantworten ist, war dies: Man verbot schlicht und schlecht alle Werke dieses großen Mannes; man suchte, unfähig inzwischen, physisch zu töten, so gut es ging, mundtot zu machen, was doch bis heute so überlaut ruft und gehört werden will.

20 In historischem Sinne wird J. Blinzler: Der Prozeß Jesu, 58–59 recht haben, wenn er, bezogen auf die Pharisäer, meint: «Jesu Religiösität war ihnen eine völlig fremde Welt. Er verwarf die Überlieferung der Alten, auf die sie sich so viel zugute taten (Mk 7,1–12), er

der mißachtet Gott, der kann keine Vollmacht besitzen, die Gott ihm gegeben hätte! Man lasse diesen selbsternannten Propheten aus Nazareth nur reden; was immer er sagt, – er wird sich selbst das Urteil sprechen!
Es macht wenig Sinn, in der Antwort oder «Entgegnung» Jesu so etwas sehen

mißachtete in Wort und Tat ihre kasuistischen Gesetzesauslegungen, die ihnen heilig waren wie das Gesetz selbst (Mk 3,2–5; 2,27...), er duldete Sünder, Zöllner und Dirnen in seiner Umgebung, Menschen also, mit denen sich kein Frommer abgeben konnte, ohne sich zu verunreinigen (Mk 2,16...), er sprach von Gott und von seinem Verhältnis zu ihm in Worten, die sie nicht anders denn als Gotteslästerung auslegen zu müssen glaubten (Mk 2,7...), er führte einen schonungslosen Kampf gegen alle Buchstabenreligion und alle im religiösen Formalismus erstarrte Scheinfrömmigkeit (Mk 12,38–40...) und rüttelte damit an den Fundamenten ihres Lebens. Machtgier, Profitgier und engherziger religiöser Fanatismus, das waren nach der Darstellung der Evangelien die treibenden Kräfte unter den Feinden Jesu.» «Die evangelische Überlieferung läßt noch einigermaßen erkennen, auf welche Weise... die Feinde Jesu gegen ihn vorgegangen sind. Zunächst scheint man sich damit begnügt zu haben, von ihm eine Rechtfertigung seines Verhaltens zu verlangen (Mk 7,5; 2,16.18.24; 11,27f...). Dann ging man daran, ihm das Volk abspenstig zu machen: Man verdächtigt sein Wunderwirken als Teufelswerk (Mk 3,22...), man fordert ein Schauwunder, um ihn durch dessen Ausbleiben bloßzustellen (Mk 8,11), man hofft ihn durch abstruse Fragestellungen der Lächerlichkeit preiszugeben (Mk 12,18–23), man sucht ihn zu einer Entscheidung über Kontroversfragen zu gewinnen, um dadurch irgendeine Partei gegen ihn mobil zu machen (Mk 10,2), man legt ihm eine aktuelle Frage vor, deren Beantwortung ihn entweder mit der Volksstimmung oder mit der Besatzungsmacht in Konflikt bringen muß (Mk 12,13–17...).» Und jetzt, in Mk 11,28, handelt es sich offenbar um eine Frage, die geeignet war, «der Ausgangspunkt einer gerichtlichen Untersuchung gegen ihn zu werden. Es würde seinen Gegnern gewiß nicht schwer geworden sein, in seinem Auftreten im Tempel irgend etwas zu entdecken, was gegen die Halakha verstieß. In diesem Falle würde vermutlich das gegen den *saqen mamre,* den dissentierenden Lehrer, übliche Verfahren... zur Anwendung kommen», ganz nach Dt 17,8–13: «Wenn aber einer sich vermißt, auf den Priester, der daselbst im Dienste des Herrn, deines Gottes, steht, oder auf den Richter nicht zu hören, der soll sterben.» (Dt 17,12). H. L. Strack – P. Billerbeck: Kommentar zum Neuen Testament aus Talmud und Midrasch, I 860. – Es ist erschreckend, bestürzend und skandalös zu sehen, daß auch heute noch, 2000 Jahre nach den Ereignissen in Jerusalem, in der Kirche Christi (!) sich nichts, aber auch gar nichts an den Praktiken der Synagoge damals geändert hat. Vgl. L. Kaufmann: Ein ungelöster Kirchenkonflikt. Dokumente und zeitgeschichtliche Analysen, 93–389, wo geschildert wird, wie Prof. *Stephan Pfürtner* zwischen 1966–1971 für Thesen, die man dem gesunden Menschenverstand zuschreiben sollte, wie z. B. die sittliche Erlaubtheit einer frei gewählten Geburtenkontrolle, erst ins Abseits, dann in die Verurteilung gedrängt wurde. Die unsägliche, die unerträgliche Feigheit und schadenfrohe Komplizenschaft der «priesterlichen» «Mitbrüder» im «Amt» sowie der theologischen «Dozenten» auf den «Lehrstühlen» ist dabei am meisten empörend.

zu wollen wie einen geschickten Schachzug, mit dem Jesus einer an sich verlorenen Partie doch noch ein Remis abzutrotzen versuchte. Es geht an dieser Stelle nicht um Finessen und Finten, um Bauernschläue gegen gelehrte Verschlagenheit, es geht einfach um die prinzipielle Gegnerschaft und Unvereinbarkeit zwischen einer beamteten, dienstaufsichtlichen Frage nach einem theologischen Sachverhalt und einer wirklich religiösen Frage nach Gott. Religiös ergibt sich die «Vollmacht» eines Menschen aus seiner Nähe zu Gott, aus der Kraft seiner Person, aus der Lauterkeit seines Lebens, nicht, wie es die theologische «Begründung» gerne sähe, aus der Verleihung eines «Amtes». Wohl bestellt Gott «Hirten» über sein Volk, aber wie diese ihr Hirtenamt ausüben, ergibt sich nicht aus ihrem Amt selbst, sondern aus der Art ihrer Person. Gerade die «Macht» der Person Jesu läßt sich nur erfahren, wenn jemand auf die Scheinberuhigungen seines Beamtenstatus in Sachen Gottes Verzicht tut und es wagt, als Person, als er selbst, auf den Anspruch Jesu zu antworten[21]. Dann aber muß er aufhören, vor dem «Volk» Angst zu haben, um an der Macht zu bleiben, und Angst zu verbreiten, um Macht auszuüben. Er darf überhaupt nicht im Kollektiv der Behörde hören wollen, was Jesus zu sagen hat, er muß sich bedingungslos fragen, was die Worte Jesu ihm persönlich zu sagen haben könnten[22]. Und dann kann es sein, daß alles

[21] Dies eigentlich war die Forderung, die S. Kierkegaard: Der Augenblick, XIV 360–361, in: Werkausgabe, II 563 dahin karikierte, daß es schließlich die Hauptschuld Jesu war, eine eigene Person zu sein: «Leute, die selber das Herz im Halse, auf der Zunge, in den Hosen haben, kurz an jedem, nur nicht am rechten Fleck, machen sich ganz natürlich dessen schuldig, daß sie den der Herzlosigkeit bezichtigen, gerade den, der das Herz am rechten Fleck hat. – Nachdem sie nämlich sein Herz an jeder der ihnen bekannten Stellen für das Herz vergeblich gesucht haben, sind sie dessen sicher, daß er kein Herz hat; er hat es nämlich am rechten Fleck, und es da zu suchen, das fällt ihnen nicht ein.» Dabei, meinte Kierkegaard, bestehe die tatsächliche Bedeutung des Pfarrers für die Gesellschaft gerade darin, «daß er die Heuchelei deckt, indem die Gesellschaft die Verantwortung von sich weg dem ‹Pfarrer› zuschiebt». (A. a. O., XIV 360; II 562) M. a. W.: die verwaltete Unpersönlichkeit aller bildet geradezu die Herrschaftsgrundlage der «Priester», die es ihrerseits in potenzierter Form vermeiden müssen, eine eigene Person auszubilden, da sie ja, statt für sich selber, schon von Amts wegen für das Ganze der Gemeinde Christi «verantwortlich» sind.

[22] Allein daran hängt die (religions)psychologisch entscheidende Frage, wie befreiend oder versklavend der Gottesglaube zu wirken vermag, je nachdem, inwieweit das Gottesbild mit den festgelegten Zügen des Überichs verschmilzt oder dazu auffordert, die eigene Person zu entfalten und von daher die Inhalte auch des eigenen Überichs zu hinterfragen. Vgl. Th. Reik: Der eigene und der fremde Gott, 182–212, der vor allem die Opfervorstellungen der

sich umkehrt, daß nichts mehr stimmt, daß man endlich begreifen muß, wieviel man in sich selber und in anderen tötet, wenn diese Ordnung des Fassadengottesdienstes (Mk 7,6!) sich störungsfrei versteinern und verfestigen sollte.

«Ist es möglich», fragt RILKES *Malte Laurids Brigge*, «daß man trotz Erfindungen und Fortschritten, trotz Kultur, Religion und Weltweisheit an der Oberfläche des Lebens geblieben ist? Ist es möglich, daß man sogar diese Oberfläche, die doch immerhin etwas gewesen wäre, mit einem unglaublich langweiligen Stoff überzogen hat, so daß sie aussieht wie die Salonmöbel in den Sommerferien?»[23]

«Ist es möglich, daß es Leute gibt, welche ‹Gott› sagen und meinen, das wäre etwas Gemeinsames? – Und sieh nur zwei Schulkinder: es kauft sich der eine ein Messer, und sein Nachbar kauft sich ein ganz gleiches am selben Tag. Und sie zeigen einander nach einer Woche die beiden Messer, und es ergiebt sich, daß sie sich nur noch ganz entfernt ähnlich sehen, – so verschieden haben sie sich in den verschiedenen Händen entwickelt. (Ja, sagt des einen Mutter dazu: wenn ihr auch gleich immer alles abnutzen müßt.) Ach so: Ist es möglich, zu glauben, man könne einen Gott haben, ohne ihn zu gebrauchen? Ja, es ist möglich.»[24]

Was alles muß einstürzen, wenn dies nicht nur *möglich*, sondern ganz gewiß so ist?

An dieser Stelle drängt sich die Parallele zu der Botschaft *Johannes des Täufers* wie von selber auf. So unrecht hatte *Herodes* nicht, als er in Jesus eine Reinkarnation dieses großen Predigers der «Umkehr» sah (Mk 6,16), nur daß der Täufer in seiner Kritik an der Jerusalemer Führungsschicht noch viel weiter ging als Jesus selbst. Die Gruppe der Essener, der *Johannes* allem Anschein nach sehr nahe stand, lehnte den Tempel und den Tempelkult rigoros ab[25] – sie gab vielleicht der frühen Kirche später sogar ein erstes

christlichen Eucharistiefeier mit den frühkindlichen Kastrationsängsten und den entsprechenden sadistischen Schuldgefühlen nebst dem zugehörigen Fanatismus des Christentums gegenüber den (gleichartigen!) Inhalten der nichtchristlichen Religionen in Verbindung bringt.

[23] R. M. RILKE: Die Aufzeichnungen des Malte Laurids Brigge, in: Sämtliche Werke, VI 709–978, S. 727.

[24] A. a. O., VI 728.

[25] Vgl. J. M. ALLEGRO: Die Botschaft vom Toten Meer, 98–99, der neben der Ablehnung der Jerusalemer Priesterschaft durch die Qumran-Gemeinde vor allem auf den unterschiedlichen Ritualkalender verweist.

wichtiges Beispiel dafür, daß und wie es gerade aus Frömmigkeit und Treue gegenüber Gott möglich sein kann, auf den Jerusalemer Tempel förmlich zu verzichten, mindestens für die Zeit, während der das Heiligtum Gottes sich in den Händen solcher «Priester», «Schriftgelehrten» und «Ältesten» befindet[26]. Jesus hat die vernichtende Kritik und endgültige Ablehnung des Täufers offenbar nicht geteilt: Er ist nicht in die Wüste emigriert, sondern er hat sich unter das Volk begeben; er hoffte auf eine innere Wandlung und Erneuerung ganz Israels durch die Worte und Werke eines grenzenlosen Vertrauens und einer uneingeschränkten Güte; er wollte selbst in der Szene der «Tempelreinigung» (Mk 11,15–19) das Heiligtum Gottes nicht als eine Stätte des Greuels verwerfen, sondern als ein «Haus des Gebetes» wiederherstellen[27]. Aber man kann den Standpunkt Jesu, vor allem seine Hoffnung auf die bedingungslose Vergebungsbereitschaft Gottes, nur auf dem Hintergrund der dramatischen Gerichtsdrohungen und Strafankündigungen des Täufers wirklich verstehen. Erst wenn man die Sicht des Täufers akzeptiert, wird deutlich, warum Jesus, statt von Gesetz und Opfer, einzig von der Haltung eines vorbehaltlosen Vertrauens und eines vorurteilsfreien Verstehens das Heil erwartete[28].

[26] Vgl. Y. Yadin: Die Tempelrolle, 271–277, der insbesondere auf die Gleichung aufmerksam macht, die in Qumran wie in der Kirche zwischen der *Gemeinde* und dem *Tempel* vorgenommen wird.

[27] S. o. zu Mk 11,12–26, Anm. 1.

[28] Freilich darf man dabei die enorme Spannung nicht übersehen, die zwischen dem *Täufer* und Jesus bestanden haben muß. E. Stauffer: Jesus, 64 meint richtig: «Er (sc. Jesus, d. V.) stand zu den Qumranleuten, ihrer Thoraauslegung und ihrer Extrafrömmigkeit in denkbar schroffstem Gegensatz. Aber auch zur Täuferbewegung trat Jesus ... in eine Kontrastellung, die für beide Teile offenbar sehr, sehr bitter war, so eifrig sich die Evangelisten auch bemühen, diesen Gegensatz zu bagatellisieren. Schon die Tatsache, daß Jesus in der Hochperiode seiner Wirksamkeit die Täufertaufe nicht mehr vollzieht noch vollziehen läßt, beweist, daß hier eine neue Ära angebrochen ist. Jesus hat die Täufertaufe nicht verworfen (s. Mk 11,30 ff.), aber aufgegeben. In der Täufertradition hört man sehr harte Worte über Jesus. Und auch die christliche Jesusüberlieferung hat die Erinnerung an die todernsten Spannungen zwischen Jesus und dem Täufer nicht gänzlich verleugnet.» Ja, es scheint, als sei die Abkehr vom Täufer identisch mit den Thorakonflikten, die Jesu Strafverfolgung und schließlich seine Hinrichtung begründen. Dabei war der *Täufer* selbst schon inakzeptabel für die Jerusalemer Kreise. Es ist das Prophetische an sich, das sich ihnen gegenüber immer von neuem verdächtig, und das heißt bereits: *schuldig* macht. – Zur Methodik, in Religiongesprächen auf eine Frage mit einer Gegenfrage zu antworten, vgl. H. L. Strack – P. Billerbeck: Kommentar zum Neuen Testament aus Talmud und Midrasch, I 861–862.

Wie aber haben die «Priester», die «Schriftgelehrten» und die «Ältesten» auf das «Phänomen» *Johannes der Täufer* «reagiert»? Es gab so viele Menschen, Huren und Zöllner, die erschüttert und betroffen auf ihr vertanes Leben schauten (Mt 21,31–32) und voller Sehnsucht auf ein Zeichen der Gnade hofften. Von all diesen Krisen, Aufregungen und Infragestellungen hat jene Schicht von Berufstheologen nicht das geringste mitbekommen; während andere, geschüttelt zwischen Verzweiflung und Vertrauen, es lernten, sich auf Gedeih und Verderb dem «Gericht» Gottes zu überantworten, bestand das Problem der Jerusalemer Zionswächter allein darin, die Bewegung des Täufers zu «beobachten» und nach Möglichkeit zu «kontrollieren»[29]. Man kann den entscheidenden Punkt, auf den es Jesus ankommt, in seiner Monströsität sich gar nicht drastisch genug vorstellen. Da gibt es Leute, die es sich schließlich zum Verdienst anrechnen, gegenüber den «Schwarmgeistern» der Täufersekte stets die «notwendige kritische Distanz» bewahrt zu haben, und die es auf ihre Weise für die rechte Art von Gottesdienst halten, sich jede Erschütterung ihrer Existenz im Namen Gottes vom Leibe gehalten zu haben. Die für sie wesentliche Frage gilt nicht der Suche nach Wahrheit; sie lautet nicht: Ist etwas von Gott oder (nur) von den Menschen, gilt etwas unausweichlich und absolut, oder ist es nur eine Laune der menschlichen Vorstellungskraft? Ihre Frage richtet sich einfach darauf, in welch einer Anzahl bestimmte Gruppen etwas Bestimmtes glauben; aus einer religiösen Erschütterung wird in ihrer Betrachtungsweise eine soziologische «Erhebung»; und sie, die bei jeder Gelegenheit sonst das «Volk» verachten, erklären es in Wahrheit zu ihrem eigentlichen Gott[30]. Unfähig zu einem eigenen Bekenntnis, bildet die Erkenntnis dessen, was andere Leute glauben (oder geglaubt haben), den einzig wirklichen «Gegenstand» ihrer Überlegungen und Bemühungen. Persönlich halten sie sich mit ihrer eigenen Existenz ständig in *statu suspenso*, und ihre klassische Antwort auf jede Frage, die eine religiöse Entscheidung, eine existentielle Konsequenz, eine gewisse Konfliktbereitschaft voraussetzen würde, lautet stereotyp: «Das weiß ich (das wissen wir) nicht.» Es handelt sich bei solchen Antwortverweigerungen niemals um eine «Unwissenheit» aus Mangel an Erkenntnismitteln, es handelt sich stets um eine

[29] So die lange Liste der Maßnahmen des Beobachtens, Materialsammelns und hinterlistigen Fallenstellens, s. o. Anm. 20.

[30] Zu dieser Abhängigkeit des Mächtigen von der Masse s. u. zu Mk 15,1–15: Pilatus oder: Das Königtum Gottes.

«Unwissenheit» aus Mangel an Persönlichkeit, aus Mangel an Mut, aus Mangel an Entschlossenheit[31].
Und nun erklärt Jesus, daß er auch von sich her solchen Meistern des Ausweichens keine Antwort geben will noch kann. Man kann nicht mit einem religiösen Bekenntnis antworten, wenn die Frage einzig auf den Erhalt von Macht, Gesetz und Ordnung zielt; es hat keinen Sinn, das eigene Selbstverständnis Leuten gegenüber darzulegen, die überhaupt nicht verstehen wollen, was eine prophetische Botschaft, eine religiöse Mission, ein wirklicher Neuanfang (Mk 2,21–22) bedeutet. Es ist ein erschütterndes Finale, in dem dieses Streitgespräch endet: in einem wortlosen Auseinandergehen, – man hat sich buchstäblich nichts mehr zu sagen.
Hört man, wie Jesus sonst in den Evangelien spricht, so versteht man freilich, daß es anders gar nicht kommen kann. Alle Worte Jesu in den ersten drei Evangelien zeichnen sich durch eine außerordentliche Bildhaftigkeit und Anschaulichkeit aus, sie sind gefüllt mit Leben und erfüllt von lebendiger Erfahrung, sie sind niemals trocken-lehrhaft oder theoretisch-abstrakt; alles, was Jesus sagt, entstammt einer unmittelbaren Evidenz des Menschlichen und einer unerhörten Transparenz der Schilderung; wann immer Jesus spricht, spricht er die Sprache der Dichter, der Propheten, der Visionäre Gottes. Niemals hören wir Jesus die Klauseln des Gesetzes erläutern oder die Paragraphen des Buches *Leviticus* zitieren. Es gibt nur eine Sprache, die zu reden oder auch nur zu erlernen Jesus sich konsequent geweigert hat: die Sprache der Schriftgelehrten, der Hohen Priester und der Ältesten. Es ist die Nähe zum Volk, die dichte Verbindung zum wirklichen Leben, die Jesus hinderte, sich auf das Wiederkäuen all der ebenso erhabenen wie erdrückenden Leerformeln über «Gott» zurückzuziehen[32].
Dennoch darf man auch diese Nähe Jesu zum «Volk», das ihn so begeistert empfing und dessen Gegenwart seine Gegner immer wieder fürchteten (Mk 3,6.7; 11,18–32; 12,12; 14,2), wohl als die Bedingung, nicht aber als den eigentlichen Grund für die Denk- und Sprechweise Jesu verstehen. Unzweifelhaft: inmitten der einfachen Leute fühlte Jesus sich wohl; zu ihnen am meisten fühlte er sich gesandt; sie für Gott zurückzugewinnen war sein größ-

[31] Zu dem *Existential* der *«Entschlossenheit»* vgl. M. Heidegger: Sein und Zeit, 295–301: «Die Entschlossenheit bedeutet Sich-aufrufen-Lassen aus der Verlorenheit in das Man ... In der Entschlossenheit geht es dem Dasein um sein eigenstes Seinkönnen.» (S. 299)
[32] Zu der wesentlich *prophetischen* Sprechweise Jesu vgl. J. Jeremias: Neutestamentliche Theologie, 81–84. Vgl. E. Drewermann: An ihren Früchten sollt ihr sie erkennen, 34.

tes Anliegen. Aber gerade darin lag zugleich eine ungeheuere Spannung, voller Möglichkeiten des Mißverstehens und Enttäuschtwerdens. Sieht man noch heute die «Händler» und «Wechsler» im Basar, an den Straßenrändern, auf den Marktplätzen allüberall in arabischen Städten, so kann man den Haß erahnen, den Jesus auch bei ihnen, den einfachen Leuten, mit seiner gewaltsamen Aktion im Tempel provozieren mußte[33]. So sehr Jesus gerade für das Volk gegenüber den Schriftgelehrten, Hohen Priestern und Ältesten einzutreten suchte, so sehr mußte er den unmittelbaren Interessen dieses «Volkes» mit seiner religiösen Botschaft ein Fremder bleiben, und am Ende gehörte er nirgendwohin, verurteilt von den einen, verraten von den anderen, ein echtes Prophetenschicksal, niemandes Kind zu sein[34]. Es ist der Punkt, an dem es sich absolut verbietet, das religiöse Anliegen Jesu in ein sozialpolitisches Reformprogramm zu verfälschen. Die «sozialen» Fragen auch der «einfachen Leute»: ihre Existenzsicherung, die Sorge für ihre Familie, ihr geregeltes Ein- und Auskommen hat Jesus in der Szene der Tempelreinigung buchstäblich «über den Haufen geworfen»[35].

Wäre es bei ein wenig mehr Geduld und Toleranz nicht möglich gewesen, all diese Handlanger des rituellen Opferbetriebs zu dulden und sie gewähren zu lassen?

Welch eine Wallfahrtskirche ohne Gaststätten, ohne Devotionalienmärkte,

[33] Zu Recht weist M. Dibelius: Jesus, 104–105 darauf hin, wie sehr Jesus sich bei seiner Art des Auftretens auch den Zorn des Volkes zuziehen mußte. A. a. O., 82 betont er vor allem, daß Jesus in seinem ganzen Verhalten, entgegen den Erwartungen des Volkes, rein religiös und völlig *unpolitisch* geprägt war. «Wollte Jesus politisch vorgehen, so mußte er... seine Anhänger anders auswählen, mußte mehr auf Massengewinnung und öffentlichen Erfolg bedacht sein, mußte in den Hauptstädten des Landes auftreten... und mußte in Wort und Tat Aktionswillen und Kampfeslust seiner Jünger wider das Bestehende richten. Getan hat er von dem allen das Gegenteil... Das Schwert..., von dem er gesagt hat, daß er es bringe (Matth. 10,34), geht, wie die Fortsetzung zeigt, durch die Familien und nicht durch die Nationen.»

[34] Sehr schön hat M. Buber: Der Gesalbte, in Werke, II 725–845, S. 772–773 auf den «Wortwitz» der Volksetymologie hingewiesen, die in 1 Sam 10,12 mit der Frage: «Und wer ist denn ihr Vater» anscheinend das Wort für «Prophet» *(nabi)* von «vaterlos» *(ejn abi)* ableitet, vielleicht, wie A. Klostermann: Die Bücher Samuelis und der Könige (1887) zur Stelle meinte, weil jeder, der dem Bunde der Propheten beitrat, aus seinem Familienverband ausschied.

[35] Im Grunde kommt hier lediglich zum Abschluß, was in den Berufungsszenen bereits begann. Vgl. zu Mk 2,13–17: Folge mir nach, E. Drewermann: Das Markus-Evangelium, I 236–247.

ohne touristische Attraktionen, ohne gepflegte Folklore – ohne unschuldige Amüsements!
Auch auf das «Volk» hat Jesus nicht gehört. Er kam von Gott zum Volke; er sah nicht im Volk Gott. Er sah Gott näher bei den Niedrigen; aber er wollte und duldete keine Kompromisse zwischen Gott und dem Mammon (Mt 6,24). Weil er Gott wählte statt des Geldes, wird das «Volk» bald schon statt seiner den Barabbas wählen[36], und als es darauf ankommt, stehen sogar die Hohen Priester dem Volk näher als der Mann aus Nazareth (Mk 15,11). *Das* muß es heißen: Vollmacht zu besitzen aus den Händen Gottes; es heißt, immer von neuem ohnmächtig und wehrlos «Menschenhänden ausgeliefert» zu sein (Mk 9,31).

[36] Zur Wahl des *Barabbas* s. u. zu Mk 15,1–15: Pilatus oder: Das Königtum Gottes, Anm. 42.

Mk 12,1–12: Das Gleichnis von den ungetreuen Weinbergpächtern

1 Dann hub er an, ihnen in Gleichnisworten zu sprechen: Einen Weinberg pflanzte jemand, legte darum einen Zaun, grub einen Keltertrog und baute einen Turm; dann verpachtete er ihn an Bauern und reiste außer Landes (Jes 5,1 f.; Ps 80,9 f.).
2 Und er sandte zu den Bauern zur (Ernte-)Zeit einen Knecht, um von den Bauern (seinen Anteil) an den Erträgen des Weinbergs in Empfang zu nehmen.
3 Die aber nahmen ihn in Empfang: sie prügelten ihn und schickten ihn leer wieder weg.
4 Da schickte er abermals zu ihnen einen anderen Knecht, doch den schlugen sie auf den Kopf und schändeten ihn.
5 Da schickte er noch einen anderen, doch den töteten sie, und noch viele andere, – die einen prügelten sie, die anderen töten sie.
6 Noch hatte er einen: einen geliebten Sohn; den schickte er als letzten zu ihnen, denn er dachte: Vor meinem Sohn werden sie zurückweichen.
7 Jene Bauern aber sprachen zueinander: Das ist der Erbe! Auf, töten wir ihn, und unser wird das Erbe sein!
8 Und sie nahmen ihn und töteten ihn und warfen ihn hinaus aus dem Weinberg.
9 Was – nun – wird der Herr des Weinbergs tun? Kommen wird er und die Bauern vernichten, und den Weinberg wird er anderen geben.
10 Auch diese Schriftstelle habt ihr nicht gelesen:
Den Stein, den die Bauleute verwarfen,
der ist zum Eckstein geworden.
11 *Das hat der Herr vollbracht,*
und es ist wunderbar in unseren Augen (Ps 118,22 f.)?
12 Da suchten sie ihn festzunehmen, doch sie fürchteten das Volk; denn sie hatten gemerkt, daß er auf sie hin das Gleichnis gesprochen hatte. So ließen sie ihn los und gingen weg.

Im *Markus*-Evangelium gibt es Worte Jesu, die so traurig sind, daß man sie gar nicht erwähnen möchte, und die dennoch so wahr sind, daß man unbedingt darüber reden muß. So dieses Gleichnis.

Jeder unter den Hörern, der es vernahm, muß sich erinnert gefühlt haben an das peitschende Wort des Propheten *Jesaja:* «Der Weinberg meines Freundes aber, das ist Israel.» «Er hoffte auf Guttat und erntete Bluttat.» (Jes 5,7)[1]

[1] Die Grundstelle von Jes 5,1 f. hat bereits die Überlieferung, die Markus vorliegt, um etliches gekürzt, Lukas (20,9–19) hat die Wohltaten, die Gott bei Jesaja seinem «Weinberg» erweist, sogar gänzlich gestrichen; der Grund dafür ist ebenso klar wie wichtig zum

Verständnis des Gleichnisses: «Bei Jes dienen sie (sc. die Arbeiten Gottes) dazu, den Gegensatz zwischen dem Undank, den der Weinberg mit seiner Unfruchtbarkeit Gott gegenüber offenbart, und der von Gott an den Weinberg verschwendeten Liebe einzuprägen; hier in der Parabel wird die treffliche Ausstattung des Weinbergs nicht weiter als Motiv verwendet; nicht der Weinberg, sondern die Pächter täuschen hier die Erwartungen des Besitzers, und mit jenen Vorrichtungen dient ein Weinbergsherr doch im Grunde nur seinem eigenen Interesse, weil die Verpachtung dann leichter und zu höheren Preisen gelingt.» A. JÜLICHER: Die Gleichnisreden Jesu, II 387. M. a. W.: Während das Lied des Jesaja wesentlich auf das *Volk* Israel abzielt, ist es bei Markus gerade nicht die *Erde* bzw. der Weinberg selbst, der den Ertrag verweigert, sondern es sind die «Bauern» (= *Pächter*), die sich weigern, den Ertrag, der ihnen nicht gehört, *abzuliefern*; d. h.: es geht darum, «die definitive Verwerfung der messiasmörderischen Hierarchie Israels zu lehren». A. a. O., II 402. Formal ist die Geschichte eine *Allegorie*: «Der Mann, der seinen Weinberg ohne alle Rechtsgarantien bei der Auswanderung an unzuverlässige Pächter ausliefert, einen Sklaven nach dem anderen, ohne daß er die Vergeblichkeit seines Systems merkt, den brutalen Mißhandlungen jener Schamlosen preisgibt, und, als ihm alle Knechte hingemordet worden sind, noch seinen einzigen Sohn opfert, während er dann plötzlich bei der Rückkehr die Macht besitzt, den Pächtern den Garaus zu machen, und die Lust, es noch einmal mit anderen ... (Pächtern) zu versuchen, der ist als Weinbergbesitzer eine ebenso unmögliche Erscheinung wie die Pächter, die nicht etwa nur dem Herrn das Seine vorenthalten, sondern in den unsinnigsten Provokationen sich überbieten und bei der Ermordung des Sohnes eine Rechnung aufstellen, in der der Herr selber nur als Null figuriert.» A. a. O., II 402. All das macht nur Sinn unter der Voraussetzung, daß jener Weinbergbesitzer *Gott* ist, der die Ermordung seines «Sohnes» (Jesus!) an den Führern des Volkes, an den Pharisäern und Hohenpriestern, unfehlbar rächen wird; «eine polemische Beziehung gegen das ganze Volk Israel in exklusiv heidenfreundlichem Sinne ist weder bei Mt noch bei Mc noch bei Lc wahrzunehmen, denn als die Mörder der Propheten und insbesondere Jesu gilt noch nicht das Volk Israel, sondern die jüdischen Hierarchen». (A. a. O., II 404–405) Obwohl Jesus sonst nicht in Allegorien, sondern in Parabeln gesprochen hat, könnte die Erzählung Mk 12,1–8 an sich sehr wohl von Jesus selber stammen; zwar wirkt Mk 12,6–8 wie eine Rückwärtsprojektion der Ereignisse der Hinrichtung Jesu; «aber weder, daß Jesus sich als Sohn gegenüber Knechten gefühlt hat, wenn er seinen Beruf mit dem der Propheten, selbst eines Johannes verglich, noch daß er seine Ermordung durch die Machthaber in Jerusalem schließlich mit Sicherheit voraussah, wird man angesichts von Mc 14,21–24 leugnen». A. a. O., II 406. *Gegen* die Echtheit des Gleichnisses sprach lange Zeit entscheidend die Wendung: «Dieser ist der Erbe» in Mk 12,7: So «haben die Hierarchen von Jesus nie gesagt oder gedacht; ihr Bild wird auch schon mit Einmischung *christlicher* Urteile gezeichnet. Das Urchristentum, nicht Jesus selber scheint Mc 12,1–11 das Wort zu führen». A. a. O., II 406. Dieses Argument war kaum zu widerlegen; dafür sprach nicht zuletzt die stark schematische Darstellung der Akteure der Erzählung, deren Motive für ihr merkwürdiges Verhalten zu erläutern die Geschichte sich gar nicht erst Mühe gibt. Zur *allegorischen* Grundgestalt der Erzählung vgl. bes. J. JEREMIAS: Die Gleichnisse Jesu, 67–74, der in der Einführung des *«Sohnes»* freilich «nicht theologische Reflexion über die Gottessohnschaft des Messias» am Werke sieht, sondern die einfache Logik der Erzählung, die Missetaten

Genau das ist die Situation Jesu. Angesichts der drohenden Verurteilung und Hinrichtung, bereits in deutlichem Wissen um die Fesseln, die die Intrigen seiner Gegner tödlich um ihn legen, schildert Jesus, in Anlehnung an das Weinberglied des *Jesaja*, die Geschichte des auserwählten Volkes mit deutlichem Bezug auf sich selbst, – ein Gleichnis, das Anklage und Trost zugleich ist. Das Schicksal Jesu wird verständlich als ein typisches Prophetenschicksal. Immer war es so, daß die Boten Gottes abgewiesen wurden, ermordet wurden, ausgestoßen wurden. Wie also sollte es in *seinem* Leben anders sein[2]?

der «Pächter» zum äußersten zu steigern, indem sie gerade den Erben zu ermorden suchen. Der «geliebte Sohn» ist dabei (wie die Übersetzung der Septuaginta von Gen 22,2 zeigt) die Wiedergabe des hebräischen Ausdrucks: der *einzige* Sohn. Vgl. DALMAN: Die Worte Jesu, 230, der das Wort als einen Beleg des eigenartigen Sohnesverhältnisses Jesu zu Gott deutet. Zudem scheint eine frühere Version im *Thomas-Evangelium* 65 vorzuliegen, und sie ist dort wohl *als ein echtes Gleichnis* (!) zu verstehen, das, ganz ohne allegorisierende Züge, «realistisch die revolutionäre Stimmung der galiläischen Bauern gegen die landfremden Großgrundbesitzer» wiedergibt, «wie sie der in Galiläa beheimatete Zelotismus geweckt hatte». J. JEREMIAS: A. a. O., 72, mit Berufung auf C. H. DODD: The Parables of the Kingdom, London (rev.) 1936, 124 ff.; gegen R. PESCH: Das Markusevangelium, II 213, der in Thom. Ev. 65 eine «entallegorisierende Verkürzung» annimmt, als ob sich je ein Gleichnis aus einer Allegorie entwickeln würde! Die Fassung des *Thomasevangeliums*, 65 lautet: «Er sprach: Ein gütiger Mann besaß einen Weinberg. Er gab ihn Bauern, damit sie ihn bearbeiteten und er seine Frucht bekomme von ihnen. Er sandte seinen Knecht, damit die Bauern ihm die Frucht des Weinbergs gaben. Sie ergriffen seinen Knecht, sie schlugen ihn; beinahe hätten sie ihn getötet. Der Knecht kam; er sagte es seinem Herrn. Sein Herr sagte: Vielleicht (haben sie ihn nicht) erkannt? Er sandte seinen anderen Knecht. Die Bauern schlugen den anderen. Da sandte der Herr seinen Sohn; er sagte: Vielleicht werden sie sich scheuen vor ihm, meinem Sohn! Jene Bauern, da sie wußten, daß er der Erbe des Weinbergs sei, ergriffen sie ihn, erschlugen ihn. Wer Ohren hat, möge hören.» In solchen Worten könnte Jesus selber die Führer des Volkes auf ihre hinterhältige Tötungsabsicht hingewiesen und sie in eine Reihe mit den Prophetenmördern vergangener Zeiten gestellt haben (vgl. Mt 23,29–36). Es handelte sich dann um die einzige Stelle, in der Jesus direkt Motive des zeitgenössischen Zelotentums aufgreifen würde – und wie fern gerückt ist er ihm! Der Aufstand der Pachtbauern gegen den Großgrundbesitzer als ein Bild für den Aufstand der Hohenpriester gegen Gott! Deutlicher kann nicht werden, wie wenig Jesus politisch, wie zentral er indessen *religiös* gedacht hat. – Zu der sozialen Stellung des *Colonus*, des Landpächters, vgl. H. L. STRACK – P. BILLERBECK: Kommentar zum Neuen Testament aus Talmud und Midrasch, I 871–875.

[2] Neben dem *typischen* Schicksal des Propheten hatte sich in neutestamentlicher Zeit vor allem die Vorstellung von dem *Leiden des Gerechten* ausgebildet, wonach «der Gerechte *auf Grund* seiner Gerechtigkeit leiden *muß*». L. RUPPERT: Jesus als der leidende Gerechte? Der Weg Jesu im Lichte eines alt- und zwischentestamentlichen Motivs (SBS 59), Stuttgart

Doch wenn diese Sicht der israelitischen, der menschlichen Geschichte stimmt, welch eine grauenhafte Bilanz ergibt sich dann vor unseren Augen! Müssen wir wirklich und immerfort zuerst töten, was uns leben ließe, vernichten, was uns helfen könnte, ableugnen, was uns Wahrheit brächte, und immer erst am Ende, jenseits der Schranken der Zerstörung, käme die Reue, das Erwachen, die stets zu späte Einsicht[3]? HIERONYMUS BOSCH, als er den Weg Jesu nach Golgotha malte[4], hat den Menschen in der Tat ein Porträt gegeben, das so grauenhaft aussieht wie dieses Geschichtsbild: Gesichter mit Augen, stechend vor Gier und Geilheit, mit einem Mund, zynisch verrenkt im Spott, mit Backen, gedunsen und aufgeblasen von Haß, und mit Händen, sich ausstreckend und zupackend im Würgegriff des Todes. Soll es wirklich nur dieses Bild von uns Menschen geben? Und ist dies die einzige Sicht, die menschliche Geschichte zu betrachten? Gewiß, man kann denken: Dies alles war vor 2000 Jahren. Es betraf Israel, und es betraf Jesus. Was geht es uns an? Schon das *Markus*-Evangelium, das dieses Gleichnis überliefert, hegt die Hoffnung, der «Weinberg» des Herrn werde «anderen» gegeben (Mk 12,9)[5],

1972, 42. Dabei sind Texte maßgebend wie Ps 34; 37; 119 sowie Jes 52,13–53,12 und bes. Weis 2,12–20; 5,1–7. Auch die *Loblieder* von Qumran (1QH II–VIII; E. LOHSE: Die Texte aus Qumran, 117–145) teilen diese Ansicht. Wie stark das «Dogma» von dem «leidenden Gerechten» die Gestaltung der vormarkinischen Passionsgeschichte beeinflußt hat, dazu vgl. L. SCHENKE: Der gekreuzigte Christus, 64–66; 68–76. Es kommt aber sehr darauf an, nicht bloß zu konstatieren, *daß* man zur Zeit Jesu so gedacht hat, sondern sich zu fragen, *warum* man so denken mußte und was für ein Menschenbild entsteht, *wenn* man so denkt. Recht haben dürfte J. GNILKA: Die Verstockung Israels, 73–74, wenn er betont, wie stark «der christologische Gesichtspunkt durch die Parabel» hindurchscheine; es geht jetzt gewiß nicht mehr nur darum, daß die Hohenpriester etwa die *Armen* vernachlässigt hätten, wie J. JEREMIAS: Die Gleichnisse Jesu, 74 meint, so daß diesen jetzt der «Weinberg» gegeben werde; es geht um den ewigen *tödlichen* Gegensatz zwischen den «Priestern» und «Schriftgelehrten» einerseits und dem «Gottesgesandten» andererseits, als deren endgültig «letzten» Jesus sich selber betrachtet. – *Tiefenpsychologisch* liest sich dieser Konflikt als der *strukturelle* Gegensatz zwischen Bewußtsein und Unbewußtem; s. u. Anm. 7.

[3] Vgl. dazu E. DREWERMANN: Das Markus-Evangelium, I 45–80.

[4] Vgl. L. BALDASS: Hieronymus Bosch, Abb. 124: Die Kreuztragung Christi, Gent, Musée des Beaux-Arts, S. 164.

[5] Mk 12,9 fehlt nicht nur im *Thomasevangelium*, 65 (s. o. Anm. 1), der Vers knüpft zudem an Jes 5,5 nach einem Zitat der Septuaginta an; er ist gewiß sekundär; vgl. J. JEREMIAS: Die Gleichnisse Jesu, 72. In der erweiterten allegorisierten Form von Mk 12,1–9 bildete der Vers wohl einmal den Schluß der Erzählung: Die Wendung «er wird kommen» umschreibt, wie in Mk 13,26.35 f., das eschatologische Gericht; «vernichten» «gehört hierher als der übliche Terminus für das Verfahren des Himmels mit seinen Feinden». A.

die ihrer Aufgabe vor Gott besser entsprächen. Doch was haben wir gelernt aus dem Tod Jesu, und was haben wir begriffen als den Inhalt wahren Lebens, als den «Eckstein»[6], auf dem alles gründet (Mk 12,10; Ps 118,22.23; vgl. Sach 10,4)?

Vielleicht sollte man das Gleichnis Jesu noch einmal nacherzählen, so daß es die Geschichte eines jeden von uns sein kann, nicht als ein Bild der menschlichen Geschichte im allgemeinen, sondern als eine Anfrage an das eigene Leben. Als die Gottesboten, die in unser Leben gesandt werden, läßt sich jede menschliche Begegnung, jede Seelenregung, jede innere Vision des eigenen Wesens verstehen, und wie gehen wir mit ihnen um[7]? Das ist die Frage, die sich dann erhebt.

JÜLICHER: Die Gleichnisreden Jesu, II 394. Die «anderen», denen der «Weinberg» gegeben wird, dürften im Kontext des Markus die «Heiden» sein; aber den Gedanken: «die Juden bisher, fortan ein anderes Volk, hat Jesus nicht denken können.» A. a. O., II 404: Eher dürften mit den «anderen», im Gegensatz zu den Pharisäern und Hohenpriestern, die «Zöllner und Huren» gemeint gewesen sein, wie Mt 21,32 im Vorspann zu dem Gleichnis von den bösen Weinbergpächtern *dort* sagt.

[6] Mk 12,10.11 mit dem Zitat von Ps 118,22f. ist «ein beliebter Beweistext der frühen Kirche für die Auferweckung und Erhöhung des verworfenen Christus». J. JEREMIAS: Die Gleichnisse Jesu, 71. Die Verknüpfung dieser Verse ist in gewissem Sinne bereits im *Thomasevangelium*, 66 vorbereitet, wo es im Anschluß an das Weinberggleichnis heißt: «Jesus sprach: Belehrt mich über diesen Stein, den die Bauleute verworfen haben! Er ist der Eckstein.» In der jetzigen Form setzt das Psalmzitat die christologische Allegorie der Gleichniserzählung fort, wozu insbesondere in Mk 12,6 die Rede von dem «geliebten Sohn» als Vorlage dienen konnte: Das Wort verweist im Kontext des Markus deutlich auf Mk 1,11 und 9,7, die beiden zentralen Offenbarungsstellen des Evangeliums (neben 14,62 und 15,39). J. JEREMIAS: A. a. O., 71. – Zu Ps 118,22f. vgl. A. WEISER: Die Psalmen, II (ATD 15), 501–502: «Das Gleichnis (sc. von dem verworfenen Eckstein, d. V.) illustriert den Wandel im Schicksal des Geretteten: Von Menschen war er verworfen, verachtet und verfolgt, aber von Gott gerettet, anerkannt und mit einer besonders wichtigen Aufgabe betraut.» Der Psalm wurde bereits von den Rabbinen auf den Messias als den Sohn Davids gedeutet; vgl. H. L. STRACK – P. BILLERBECK: Kommentar zum Neuen Testament aus Talmud und Midrasch, I 875–877. – Zu Sach 10,4 vgl. K. ELLIGER: Die Propheten (ATD 25), 155–156; hier erscheint Israel selbst als ein Volk wehrloser Kämpfer, die Gott mit Waffen des Sieges ausstatten wird.

[7] Die methodische Voraussetzung einer solchen Interpretation auf der *Subjektstufe* besteht darin, das Sprechen von der Ankunft der «Gottesherrschaft» nicht als ein historisches Datum zu fixieren, sondern darin ein erfahrbares Ereignis zu sehen, das sich *innerlich* mitvollziehen läßt. Dann darf man in den *Landpächtern* nicht nur Chiffren für bestimmte Kreise des Spätjudentums zur Zeit Jesu erkennen, sondern die Frage muß lauten, welche

Ist nicht die Seele eines jeden Menschen, der zur Welt kommt, unter den Augen Gottes wirklich wie ein Weinberg[8], darinnen alles angelegt ist aus den Schöpferhänden Gottes, so vollendet und so schön, wie es sorgsamer gar nicht einzurichten wäre? Es ist wahr, daß Gott diesen Weinberg unserer Seele immer wieder anderen Menschen, seinen «Pächtern», anvertrauen muß; wir selber aber sollten uns begreifen niemals als Herren und als Eigentümer des uns Anvertrauten; in jedem Augenblick sollten wir wissen, daß wir nur ein

Seiten in uns selbst sich in den historischen Gestalten von damals reflektieren – welche Motive, Verhaltensweisen, Gefahren und Neigungen; die Gestalten der *Gottesboten* müssen dann als *Botschaften* verstanden werden, durch die wir (freilich nur gegen den erheblichen Widerstand derjenigen Seelenkräfte, die sich in den «Pächtern» symbolisiert finden) an sich zu lernen vermöchten, wie wir zu einem Leben jenseits der Selbstentfremdung und der inneren Vergewaltigung gelangen könnten. Während wir im Rahmen der historisch-kritischen Gleichnisinterpretation lediglich vermuten können, daß die vorliegende Erzählung in gewisser Form von Jesus vorgetragen worden sein *könnte*, um eventuell die Tatsache der Todfeindschaft seiner Gegner zur Sprache zu bringen, stoßen wir in tiefenpsychologischer Betrachtung auf eben die Konflikte, die jederzeit im Menschen den Prozeß der Selbstfindung und Selbstbefreiung verhindern und die Jesus auch in historischem Sinne mit aller Sicherheit in extremer Weise hat herausfordern müssen. Zur *Interpretation auf der Subjektstufe* vgl. E. Drewermann: Strukturen des Bösen, I. Bd., S. XXXVII–XLV; ders.: Tiefenpsychologie und Exegese, I 156–158. – Sehr schön hat H. Thielicke: Das Bilderbuch Gottes, 128 gemeint, «daß der Weinberg für die Sprache der Bibel ein feststehendes Bild... für alles ist, was dem Herrn als Eigentum gehört». Ganz richtig hebt er als das aktuelle Problem des Gleichnisses die Frage hervor, ob wir unser Leben «als unser eigen» oder «als uns anvertraut betrachten» (131). In der Tat entscheidet sich an dieser Alternative alles. Leider überakzentuiert Thielicke freilich den Gegensatz der christlichen Botschaft gegenüber dem Autonomieideal des neuzeitlichen Bewußtseins; wahr aber bleibt als Aussage der Erzählung: «Die Weingärtner... verneinen ihren Herrn... und leben so im Krampf» (132), bes. wenn Thielicke diesen «Krampf» als ein Leben der «Gerechtigkeit statt Liebe» kennzeichnet. – Das Bild von den *«Knechten»* wurde schon im AT für die *Propheten* als «Knechte Jahwes» verwandt; vgl. W. Zimmerli: *pais theoy*, in: G. Friedrich (Hrsg.): Theologisches Wörterbuch zum Neuen Testament, V 653–676, S. 663–664. – Beispiele zu *Prophetenmorden* finden sich 1 Kg 18,4.13; 19,10; 2 Chr 24,20 ff.; Jer 26,20 ff.; 2 Kg 21,16; 24,4; vgl. H. L. Strack – P. Billerbeck: Kommentar zum Neuen Testament aus Talmud und Midrasch, I 943: «Welcher Prophet wäre ihnen erstanden, den sie nicht zu töten gesucht hätten?!» – Das war ein rabbinischer Satz, den man *Jeremias* in den Mund legte.

[8] Der *«Weinberg»* bzw. der «Garten» als ein *subjektales* Symbol ist von W. Teichert: Gärten, 67–76 auf vorbildliche Weise als örtliches Zentrum der Evangelien beschrieben worden. Die sexualsymbolische *(objektale)* Bedeutung des «Weinbergs» als eines weiblichen Symbols ist besonders deutlich in Hld 2,15 erkennbar, wobei die «Füchse» offen-

geliehenes Gut überantwortet bekommen haben, das heranreift zu einer Vollendung, zu einer Schönheit und zu einer Fruchtbarkeit, die allein Gott gehört.

Welch eine Kunst ist es, diesen Weinberg Gottes, die Seele eines Menschen zu ihrer Bestimmung reifen zu lassen! Um ihr zu entsprechen, müßten die Worte, die wir miteinander tauschen, so leicht sein wie der Wind, der die Blätter des Weinlaubs durchweht und sie mit seinem milden Atem belebt. Unsere Augen müßten so warm und hell sein wie die Sonne am Himmel, die den reifenden Früchten den Mut gibt, sich zu entfalten, und ihnen Süßigkeit verleiht zur Zeit der Vollendung. Und das Tun unserer Hände müßte so befruchtend sein wie der Morgenregen und so erfrischend wie der Tau auf den Blättern. *So* sollten wir einander reifen lassen im «Weinberg des Herrn». Warum ist es so schwer, miteinander in dieser Weise zu leben?

Das Gleichnis Jesu meint, alles beginne mit jenem Mißverständnis oder mit jener Verweigerung, die uns dazu bestimmt, uns nicht als «Pächter» zu verhalten, sondern uns als Herrscher und als Eigentümer aufzuspielen[9].

Der Darstellung dieses Gleichnisses zufolge muß man die Pachtwinzer gewiß für egoistische, machtbesessene und habgierige Schufte halten, und es mag sein, daß unser Verhalten, daß der Gang der Weltgeschichte, von außen her betrachtet, tatsächlich einen solchen Anblick bietet[10]. Aber die eigentliche Motivation ist zumeist komplizierter und verwickelter. Die Strebungen, die uns nach Macht, nach Eigentum, nach Eigensinn und Willkür greifen lassen,

sichtlich männlich-phallische Inhalte vertreten; ähnlich Hld 4,12.15; 5,1 und, mit gewisser Anspielung sogar auf Mk 12,1, in Hld 8,1: «Einen Weinberg hatte Salomo in Baal Hamon; den Weinberg übergab er den Hütern ...» Die Liebe, will dieses Lied sagen, ist mehr wert als alle Weinbergerträge im äußeren Sinne; der «wahre Weinberg» ist der Leib und die Liebe des Geliebten. – Zu dem «Weinberg» als einem Symbol für *Israel* vgl. O. H. STECK: Israel und das gewaltsame Geschick der Propheten. Untersuchungen zur Überlieferung des deuteronomistischen Geschichtsbildes im Alten Testament, Spätjudentum und Urchristentum, Neukirchen-Vluyn 1967, 270–271.

9 Historisch-kritisch gesehen ist die «revolutionäre» Haltung der Pächter einfach als Bild aus der sozialen Umwelt genommen; s. o. Anm. 1. Was aber bedeutet eine derartig gewalttätige und usurpatorische Haltung Gott gegenüber, in bezug zu der eigenen Seele, im Umgang mit den Geheimnissen Gottes?

10 Insbesondere weil das vorliegende Gleichnis sich direkt an die theologischen Führer des Volkes wendet, macht die brutale Annexion des «Weinbergs» durch die «Pächter» überaus deutlich, was Jesus von den Hohenpriestern und Schriftgelehrten *seiner* Zeit und *aller* Zeiten hält.

sind in der Regel fein gesponnen. Sie kaschieren sich für gewöhnlich mit dem Begriff der Verantwortung; und ihre Logik entbehrt nicht einer gewissen Art von Moral[11].

Man hat etwas *anvertraut* bekommen; daraus geht hervor, daß man für das Anvertraute *verantwortlich* ist; und also *muß man* die Verantwortung auch *wahrnehmen*. Bezogen auf einen toten Gegenstand, mag man in dieser Denkweise in der Tat noch eine recht sinnvolle Devise erkennen; bezogen auf die Wahrheit des menschlichen Lebens jedoch, die Jesus mit seinem Gleichnis ansprechen will, ergibt sich aus einer solchen Einstellung ein Prinzip aller möglichen Verfälschungen. Denn: «Ich bin verantwortlich», – das heißt: Du bist *un*zuständig für dein Leben. «Ich muß so handeln, daß es richtig ist», – das heißt: Du bist im Unrecht und weißt auf dich nicht selber aufzupassen. «Ich bin zuständig», – das heißt: Ich habe die Macht, auch in deinem Leben über Gut und Böse, Richtig und Falsch, Erlaubt und Verboten zu befinden. Gilt dieser Grundsatz terroristischer «Verantwortung», so müssen wir alsbald aus «Pächtern» Eigentümer fremden Lebens werden, und ehe wir überhaupt sehen können, von welcher Art die Früchte im Weinberg der Seele des anderen sind, beginnt schon das Ausreißen und das Zurückschneiden, das Reglementieren und das Spaliere-Setzen, das Abernten und Verwüsten.

Rainer Maria Rilke hat einmal beschrieben, wie diese anmaßende Haltung der «Eigentümer» auf ihn wirkte, indem er ihnen vorwarf, die geheime Melodie im Herzen aller Dinge wie mutwillig zu töten[12]:

«Ich fürchte mich so vor der Menschen Wort.
Sie sprechen alles so deutlich aus:
Und dieses heißt Hund und jenes heißt Haus,
Und hier ist Beginn und das Ende ist dort.

[11] Es gehört zu dem Machtanspruch der Hohenpriester, daß er nicht in offenem Machiavellismus ausgelebt wird, sondern, zwangsneurotisch verstellt, von der Diktatur des eigenen Überichs exekutiert wird; die seelisch gewalttätigsten sind stets diejenigen, deren Ich selber am grausamsten vergewaltigt wurde. F. Nietzsche: Der Antichrist, Nr. 49, S. 53–54; Nr. 51, S. 55–57 hat diese Herrschaft der «Priester» durch und mit Hilfe des Schuldgefühls in seiner krankmachenden Wirkung in grellen, aber hellen Worten beschrieben. «Priester» (oder «Schriftgelehrte») steht dabei stets in Anführungsstrichen. Es geht um einen Typus, nicht ohne weiteres um eine Berufsbezeichnung.

[12] R. M. Rilke: Die frühen Gedichte, in: Sämtliche Werke, I 143–200, S. 194.

Mich bangt auch ihr Sinn, ihr Spiel mit dem Spott.
Sie wissen alles, was wird und war;
Kein Berg ist ihnen mehr wunderbar;
Ihr Garten und Gut grenzt grade an Gott.

Ich will immer warnen und wehren: Bleibt fern.
Die Dinge singen hör ich so gern.
Ihr rührt sie an: sie sind starr und stumm.
Ihr bringt mir alle die Dinge um.»

Es ist im Grunde furchtbar, mitansehen zu müssen, ein wie geringes Maß an bösem Willen eigentlich zu dieser Art der Todespraxis gehört. Ohne Zweifel: im Sinne Jesu sollten wir miteinander Umgang pflegen, als ob wir unser eigenes Dasein vertrauensvoll dem anderen gleich einer Harfe in die Hände gäben, auf deren Saiten er die schönsten Lieder spielt. Jedoch aus lauter Angst unterdrücken wir den anderen viel zu oft, drangsalieren ihn mit unseren eigenen Vorstellungen, engen ihn ein, machen ihm Vorschriften und Vorhaltungen und wissen dabei scheinbar in allem ganz genau Bescheid. In Wahrheit zerstören wir auf diese Weise nur seine uns noch völlig unbekannten Träume, seine Hoffnungen, seine Erwartungen; am Ende gibt es keine Wunder mehr, keine Aufregungen mehr, keinerlei Phantasie mehr, und es scheint, als sei dies sogar der Sinn all der geheimen Zwangsverwaltungen im Weinberg der Seele, daß wir am Ende einander völlig im Griff zu haben glauben. Doch alles, was man «besitzen» kann, ist tot, und mit jeder Form der Aneignung plündert man nur die Aussaat Gottes leer, statt sie sich in Ruhe entfalten zu lassen (Mk 4,26–29).
Mitunter kommt man sich als Seelsorger, als Priester, als Therapeut fast wie ein Sanitäter auf einem Truppenverbandsplatz vor, auf dem nach schwerstem Beschuß immer neue Gruppen von Menschen mit gräßlichen Verwundungen eingeliefert werden; es kostet Monate, bis jemand schließlich seine Gliedmaßen wieder gebrauchen kann, und doch weiß man genau, daß er, kaum geheilt, augenblicklich wieder in dasselbe Feuer gejagt werden wird; – alles wird ebenso rücksichtslos weitergehen wie bisher, und wie soll man den anderen schützen? Man kann nur hoffen, daß er sich eines Tages besser wehren kann; aber wann wird das sein, und wieviel wird inzwischen passieren müssen, solange die Praxis der wechselseitigen Zerstörung wie etwas ganz Normales andauert?
Als Beispiel dafür, was passiert, wenn wir uns im Weinberg Gottes, im Umgang miteinander, zu Herren aufschwingen, statt uns als Diener, als

«Pachtbauern» zu verstehen, mag die Geschichte einer 25jährigen Frau tauglich sein, die vor etwa 5 Jahren den Sohn eines relativ reichen Unternehmers geheiratet hatte. Auf den Schultern dieses jungen Mannes ruhten die Hoffnungen seiner Eltern; er sollte als ihr Erbe später den gesamten väterlichen Betrieb übernehmen, und eben deshalb sperrten die Eltern sich anfangs strikt gegen die Heirat. Gleichwohl war diese Zeit im Rückblick der beiden Eheleute die für sie schönste Zeit ihres Lebens. Drei Jahre lang wohnten sie relativ armselig, aber glücklich in einer Zwei-Zimmerwohnung zusammen. Dann gaben die Eltern ihren Widerstand auf und bauten ihnen ein eigenes Haus, statteten es auf das allerfeinste aus, und die jungen Leute mußten Wand an Wand neben der Wohnung der Eltern ihr Zuhause einrichten. Fortan begann für das Leben der jungen Frau die wahre «Hölle», denn es war ihr nicht möglich, irgendetwas zu tun, ohne in Konkurrenz zu ihrer Schwiegermutter zu geraten, und auch ihr Ehemann vermochte in seiner ohnmächtigen Bindung an seine Eltern daran nichts zu ändern. Sie legte eine Decke auf den Tisch, die sie selber umhäkelt hatte; – in den Augen ihrer Schwiegermutter war das nicht gut genug, gibt es doch irgendwo bestimmt Decken mit echten Brüsseler Spitzen zu kaufen. Sie stellte eine Blumenvase auf den Tisch; – in den Augen ihrer Schwiegermutter war das nicht standesgemäß, gibt es doch bestimmt irgendwo eine Vase aus Delfter Porzellan zu kaufen. Sie kaufte sich selber ein neues Kleid; – auch daran fand die Schwiegermutter etwas auszusetzen, es war nicht gut genug für den nächsten Empfang, den sie den erlauchten Leuten der Stadt zu geben beabsichtigte. Und so ging das Tag für Tag, bis daß die junge Frau es einfach nicht mehr aushielt und die Stellung räumte – sie ging fort und lernte bald schon einen anderen Mann kennen. Jetzt aber kam ihr das eigene Gewissen und die Moral *ihrer* Eltern in die Quere: eine Ehe, die vor Gott, d. h. vor dem Priester und zwei bestellten Zeugen, geschlossen worden ist, darf im Sinne der Kirche nie wieder gelöst werden[13]!

Die junge Frau ist erst ganze 25 Jahre alt und doch schon völlig am Ende. Denn alle Leute ringsumher betrachteten und betrachten sich wie Eigentümer dieses in Wahrheit ihnen völlig unbekannten Lebens. Ein jeder schien und scheint offenbar besser als diese Frau selber zu wissen, was sich gehört und wozu sie gehört, so als wäre ihr Leben von außen programmiert wie der Fahrplan bei der Bundesbahn. Nichts kann sich unter solchen Umständen entfalten, nichts sich entwickeln, alles ist wie abgestorben, noch ehe es über-

[13] S. o. zu Mk 10,1–12: «Was Gott verbunden hat...», Anm. 1.

haupt eine Chance hat, zu reifen. Um wirklich zu leben, muß diese junge Frau alles in Frage stellen, was sie unterdrückt: die Wertungen der Kirche, die Wertungen der Gesellschaft, die Wertungen der Umgebung, ja, sie müßte sogar den Mut aufbringen, den anderen notfalls mit ihren Entscheidungen ein Stück weit weh zu tun. Aber auf wessen Seite wird Jesus stehen, wenn er in den Weinberg seines Vaters kommt? Soll tatsächlich, wie es das Kirchenrecht lehrt, diese Frau Jahre lang darauf hoffen, daß ihr Gemahl irgendwann einmal stirbt und sie erlaubtermaßen nach seinem Tode den Mann heiraten darf, den sie wirklich liebt, oder soll sie darauf warten, daß sie möglichst bald selber krank wird und sich gar nicht mehr rühren kann[14]? Was wird Gott schließlich sagen, wenn er kommt, seinen «Weinberg» zu besuchen und «die Früchte einzuholen»? Und was wird er den «Winzern» sagen, die sich zu Eigentümern eines «Gartens» erklärten, der ihnen nur als Pacht geliehen war, und die den *«Sohn»* des Weinbergeigners töteten[15], um sich sein «Erbrecht» anzueignen?
Es bleibt die Hoffnung, daß Jesus nicht umsonst gestorben ist und wir irgendwann einmal aus dem Kreislauf von Zerstörung und Reue herausfinden.

[14] S. o. zu Mk 10,1–12, Anm. 2; 9; 14. – Es geht wesentlich darum zu begreifen, daß Seelenzerstörung und Gefühlsverdrängung immer wieder furchtbare Wirkungen auch in der heutigen Kirche nach sich ziehen müssen, wenn sie von seiten der geistlichen «Führer» des «Volkes» wie von Amts wegen «ausgeübt» werden. Zu dem Beispiel der Ehescheidung vgl. A. SCHILLING: Evangelium von einem Menschen, 58–63: «Keine Ehescheidung! Aber nicht die Ehe, sondern den Menschen schützen!»: «Ich glaube, daß beim Lesen und Bedenken eines solchen Markus-Textes einem jeden Christenmenschen wieder klarwerden kann, warum das Evangelium, die Botschaft von Jesus, für uns eine frohe Botschaft ist. Die Ordnung, die Jesus verkündet, ist keine Ordnung ‹in sich›, sondern eine Ordnung für den Menschen. Darum ist Jesus ja so unerbittlich in der Frage der Ehescheidung, weil er sich schützend vor den Menschen stellt, wenn dessen Ehe durch eigenen Leichtsinn oder fremde Verantwortungslosigkeit in Gefahr gerät. Ich zweifle aber auch keinen Augenblick daran, daß er sich ebenso schützend auch vor den Menschen stellen würde, der vor den Trümmern dieses Leichtsinns oder der Verantwortungslosigkeit steht und der nach einem neuen Anfang mit Gott und mit einem anderen Menschen sucht.» Wie erst, wenn gar nicht «Leichtsinn» und «Verantwortungslosigkeit», sondern Tragik und Scheitern eine Rolle spielen!
[15] Gerade wenn man (s. o. Anm. 6) in dem «Sohn» theologisch eine Anspielung auf die Messianität Jesu sieht, so gilt es um so mehr, psychologisch sich zu fragen, welch eine seelische und geistige Einstellung in uns leben will und muß, um zu verstehen, woraus Jesus lebte, wenn er imstande war, uns mit uns selber und mit Gott zu versöhnen. – Zu dem *Symbol* des *«Messias»* und seiner psychologischen Deutung vgl. E. DREWERMANN: Tiefenpsychologie und Exegese, II 452–467.

Wäre es denn nicht möglich, wir würden eines Tages wieder unseren Träumen Glauben schenken, die oft so verschüttet sind; wir würden unserer tieferen Berufung Folge leisten; und wir würden der Kraft unseres Gefühls in unserem eigenen Ich Raum geben, daß es uns wie der aufsteigende Saft in den Reben eines Weinbergs durchflutete? Berufen sind wir zum Leben, nicht zur Knechtschaft; auf dem Haupt eines jeden von uns ruht die Größe, die Berufung und die Verheißung eines unsichtbaren Königreichs; bestimmt sind wir dazu, daß unser Dasein reich und fruchtbar sei und sich in seiner ganzen Pracht entfalte. Alles hingegen, was uns ängstigt, erstickt oder versteinert, verdient vor Gott nicht anerkannt zu werden. Wohl besteht das Paradox immer wieder, daß, je freier jemand wird, er einem anderen womöglich zunächst um so mehr Angst einjagen wird, und daß, je stärker sein Leben aufbricht, er als erstes die Bande und Umwicklungen alter Abhängigkeiten zerschneiden muß; und doch ist es wahr, daß Gott auf der Seite der Freiheit und auf der Seite der Schönheit unserer Seele steht. Am Jüngsten Tage wird die entscheidende Frage nicht lauten: Was haben wir richtig gemacht? Was haben wir falsch gemacht?, so als sei es die Hauptaufgabe unseres Lebens, über jeden möglichen Fehler, über jeden möglichen Irrtum, über jeden riskanten Entwicklungsschritt voller Sorge zu wachen. Die entscheidende Frage wird lauten, wieviel an «Frucht» wir zu bringen vermochten und wieviel an Süßigkeit des Lebens wir weiterzugeben imstande waren[16]. Einzig danach wird der «Sohn» des Weinbergbesitzers sich erkundigen; allein die Art, wie wir selber einander zu leben ermöglichen, entscheidet darüber, inwieweit wir das Leben Jesu in uns töten oder in uns aufnehmen.
Erschreckend und traurig ist vor allem das Ende, mit dem *Markus* das Gleichnis von den Weinbergpächtern beschließt. Die «Hohen Priester», die «Schriftgelehrten» und die «Ältesten» (Mk 11,27), diese ewigen Gegner Jesu, erkennen genau, «daß er auf sie hin das Gleichnis gesprochen hatte»; aber was folgt *für sie* daraus? Nichts weiter, als daß sie sich in ihrem Haß und in ihrer Angst bestätigt fühlen[17]! Es ist offenbar möglich, ja, von einem be-

[16] Insofern gilt der Schlüsselsatz Jesu: «An ihren Früchten sollt ihr sie erkennen.» (Mt 7,20)

[17] Nur bei Ausfall jeder psychologischen Betrachtung ist es einfach «unbegreiflich», wie die «Pächter» mit den «Boten» ihres «Herrn» verfahren; gegen E. SCHWEIZER: Das Evangelium nach Markus, 132; richtig aber ist, daß Markus, entgegen jeder Selbstüberheblichkeit, «betont, wie das jüdische Volk im Gegensatz zu seinen Führern Jesus zugetan ist (V. 12), vor allem aber am Beispeil der Jünger Jesu zeigt, wie alle im Unglauben stehen und davon bedroht sind (vgl. ... 8,14–21)»; a. a. O., 132. Entscheidend indessen ist zu verste-

stimmten Punkt an sogar notwendig, daß man durchaus wissen kann, was wahr ist, und dennoch gerade deshalb alles daran setzt, den Träger dieser Wahrheit umzubringen und den «Eckstein» so weit als möglich zu zermalmen[18]. Es ist denkbar, daß Menschen innerlich so zerstört und tot sind, daß sie auf jede Regung geistigen Lebens nur mit Tod und Zerstörung antworten können. Ein ungeheuerlicheres Zeugnis über das Wesen gerade der maßgeblichen Theologenkreise im Konterfei zu der Gestalt Jesu ist gar nicht vorstellbar als das Bild, das *Markus* hier entwirft: eine Gruppe von Menschen, die ständig Gott und das «Gesetz» im Munde führen und die doch einzig und allein den Tod verkörpern und verhängen, indem sie alle Fragen menschlicher Entscheidung und Wahrheit in Fragen des politischen Kalküls und der Strategie der Macht verwandeln[19]. Sie werden vor der Hand immer und immer wieder in der menschlichen Geschichte auf brutale Weise «erfolgreich» sein; aber die Chance besteht, daß immer wieder auch Menschen geboren werden, die begreifen, wie sehr sich das wirkliche Leben gerade auf all das gründet, was von den scheinbar so Mächtigen und Wissenden mit Regelmäßigkeit zu ihrem Selbsterhalt verworfen wird und werden muß.

Während die Dinge im *Markus*-Evangelium in eherner Konsequenz ihrem tragischen Ende zutreiben, zwingt Jesus seine Gegner zu einer äußersten Offenbarung ihrer latenten Menschenfeindlichkeit und nötigt sie zu ihrem letzten Aufgebot an taktischen Finessen. In diesem letzten 12. Kapitel des *Markus*-Evangeliums, unmittelbar vor der Rede Jesu vom Weltuntergang, unmittelbar vor dem Beginn der Passionsgeschichte, senden diese Kreise der Reihe nach ihre «Fragensteller» und Fallensteller, ihre Ermittlungsorgane, ihre mehr oder minder gedungenen Spitzel aus: die Pharisäer und Herodianer (Mk 12,13–17), die Sadduzäer (Mk 12,18–27) und ihre Schriftgelehrten (Mk 12,28.38); aber gerade so werden sie auch Jesus dazu nötigen, ein letztes Bekenntnis dafür abzulegen, wofür er in den Tod gehen wird: Es gibt die Freiheit des Menschen gegenüber jeder staatlichen Macht (Mk 12,13–17); es gibt ein ewiges Leben gegenüber der Macht des Zynismus (Mk 12,18–27);

hen, daß dieser «Unglaube» nichts zu tun hat mit einem mangelnden Begreifen dessen, was Jesus will, – im Gegenteil: gerade je besser man begreift, was er will, desto mehr ergreift *Angst* das theologische Lehrgebäude der gußeisernen Begriffe und der tradierten Autoritätsbeweise.

[18] Vgl. dazu E. Drewermann: Das Markus-Evangelium, I 45–80.

[19] Es geht zu wie in dem Bonmot Voltaires: Entre nous Socrate a raison, mais il a tort d'avoir raison si publiquement – unter uns, Sokrates hat recht, aber er hat unrecht, so öffentlich recht zu haben. Vgl. E. Drewermann: Der Krieg und das Christentum, 13–14.

und es gibt die Macht der Liebe (Mk 12,28–34), ein unzerstörbares Wissen um die Würde vor Gott (Mk 12,35–37) und eine Weitherzigkeit des Mitleids, die selbst die Grenzen der eigenen Not gänzlich vergessen macht (Mk 12,41–44)[20]. All diese Wahrheiten sind es, die den Tod nicht zu scheuen brauchen, weil wir in Ewigkeit aus ihnen leben werden. Alles, was Menschen errichten und verrichten, geht unter im Mahlstrom der Zeit; doch wenn der Sand der Geschichte verweht ist, wird der Blick frei für die Steine aus Porphyr, Basalt und Granit, auf die jenseits des Wandels alles sich gründet, was menschlich Bestand hat.

[20] Mk 12,13 ff. ist wie ein Supernova-Ausbruch vor dem Zusammensturz, eine Explosion des Lichts angesicht der äußersten tödlichen Bedrohung. Dabei muß man sich klarmachen, daß es den Gegnern Jesu nur noch darum geht, ihren angstbesetzten Anfangsverdacht zu erhärten – alle «Anfragen» und «Anhörungen», die jetzt folgen, dienen nur dem Zweck, dem Anschein des Gesetzes, der formalen Legalität, Genüge zu tun, eine rein narzißtische Gewissensberuhigung. Doch während sich auf diese Weise die Tödlichkeit des Gesetzesdenkens endgültig offenbart, zeigt sich umgekehrt die Freiheit und die Größe Jesu nur um so strahlender.

Mk 12,13–17: Das Gespräch über die Steuermünze oder: Der religiöse Realismus Jesu[1]

[13]Doch schicken sie zu ihm einige der Pharisäer und der Herodianer, um ihn mit einem Wort zu fangen. [14]So kommen sie und sagen ihm: Meister, wir wissen, daß du wahr bist und dich um niemanden kümmerst; denn du siehst nicht auf die Maske der Menschen, sondern in Wahrheit lehrst du den Weg Gottes. Ist es erlaubt, Steuer dem Kaiser zu zahlen oder nicht? Sollen wir zahlen oder sollen wir nicht zahlen? [15]Er aber, wissend um ihre Hinterlist, hat ihnen gesagt: Was stellt ihr mich auf die Probe? Bringt mir einen Denar, damit ich sehe! [16]Sie brachten ihm (einen). Da sagt er ihnen: Wessen Bild und Aufschrift ist das? Sie sagten ihm: Des Kaisers. [17]Jesus aber sagte ihnen: Was des Kaisers, gebt dem Kaiser, doch was Gottes ist, Gott! Da waren sie sehr erstaunt über ihn.

Die Szene von der Steuermünze ist, historisch gesehen, wohl eines der am besten überlieferten Bilder der Gestalt Jesu[2], und so soll bei der Auslegung dieses Streitgesprächs die theologisch hier anklingende Frage nach dem Ver-

[1] Eine ausführliche Interpretation der Stelle findet sich in E. Drewermann: Tiefenpsychologie und Exegese, II 683–686.

[2] Selbst R. Bultmann: Die Geschichte der synoptischen Tradition, 25 urteilte: «Kaum ist Jesu Wort V. 17 einmal isoliert überliefert gewesen. Vielmehr liegt ein einheitlich konzipiertes und ausgezeichnet geformtes Apophthegma vor, bei dem man nur in V. 13 mit der redaktionellen Arbeit des Mk zu rechnen hat. An Gemeindebildung zu denken, liegt m. E. kein Grund vor.» Freilich zeigt Thomasevangelium, 100, daß Mk 12,17 sehr wohl auch ohne den Kontext eines Schulgesprächs überliefert werden konnte. Auch dürfte die «Vorstellung der Pharisäer und Herodianer *als Boten* des Synedrions» «nicht auf die Redaktion des Evangelisten» zurückgehen. Vielmehr zeigt sich hier die Kontextbindung der Erzählung an 11,27 – 12,12 deutlich an. R. Pesch: Das Markusevangelium, II 225. In der Exegese der Stelle scheint aber niemandem aufgefallen zu sein, daß Mk 12,1 mit der Aussendung der «Boten» an das vorhergehende *Gleichnis* anknüpft. Es stehen einander gegenüber: Gott, der *seine* Boten zu den Führern Israels schickt (Mk 12,2.4.6), und die Führer Israels, die *ihre* Boten zu Jesus schicken; die Pharisäer und Herodianer sind, entsprechend dieser Zuordnung, als die wahren *Antipropheten* zu verstehen, wie in den Tagen des Jeremias, und der Hohe Rat spielt in diesem Sinne die Rolle eines Gegengottes; er erfüllt die Rolle, die man Jesus in Mk 3,22 zuweist; vgl. E. Drewermann: Das Markus-Evangelium, I 311–321.

hältnis des Christen zum Staat einmal in den Hintergrund treten[3], um stattdessen vornehmlich die Art Jesu, zu denken und zu handeln, so intensiv wie möglich vor Augen zu stellen. Wenn es gelänge, seine Person durch diese Erzählung ein Stück mehr lieb zu gewinnen als zuvor und sie uns noch wärmer, persönlicher und näher erscheinen zu lassen, so wäre das Ziel einer solchen Betrachtung vollauf erreicht. Am besten wird es dabei sein, sich zunächst den äußeren Rahmen vorzustellen, innerhalb dessen diese Erzählung spielt.

Nach der Darstellung des *Markus*-Evangeliums findet dieses Gespräch während der Passahzeit in Jerusalem statt[4]. Eben erst ist Pilatus an der Spitze seiner Truppen in die Heilige Stadt eingezogen, wie er es alljährlich in diesen Tagen zu tun pflegt; eben erst hat Jesus an der Spitze einer Schar von Tempelpilgern und Messiasdemonstranten seinen Einzug in die Stadt gehalten. Der Boden ist heiß. Religiöse und politische Gegensätze schwelen im Untergrund und sind in diesen Tagen brisanter als zu anderen Zeiten; und Jesus steht als

[3] Dafür sprechen besonders die «farblosen» «Angaben über Situation und Gesprächspartner... So handelt es sich mindestens bei dieser Einkleidung, zum Teil auch beim Inhalt, wahrscheinlich um den Niederschlag der Diskussionen jüdischer Gruppen mit der Gemeinde, die versuchte, bei allen an sie herantretenden Problemen zu fragen: Wie hätte Jesus darauf geantwortet.» «So wird gerade nicht zwischen einem staatlichen Bezirk, in dem der Kaiser, und einem religiösen Bezirk, in dem Gott regiert, abgegrenzt. Der erste Satz (sc. Mk 12,17a) ist völlig vom zweiten (sc. Mk 12,17b, d. V.) beherrscht. Denn wer bestimmt, was wirklich dem Kaiser gehört und wo die Loyalität ihre Grenze findet? Doch nur Gott selbst. Also muß man, auch mit Jesu Antwort, in den neu auftauchenden Problemen immer wieder von neuem nach Gottes Willen fragen, so daß weder der pharisäische Friedensschluß mit den Römern noch die zelotische Auflehnung gegen sie, weder der Staatskonservatismus noch die Revolution endgültig gerechtfertigt bleibt.» E. SCHWEIZER: Das Evangelium nach Markus, 133; 134. Soviel wird man allerdings doch gegenüber jedem «Katechismus der christlichen Staatsbürgerethik» sagen müssen: «Wenn man die höchst individuelle Stellung Jesu zur Staatsgewalt herausarbeiten will, tut man gut, drei Fehlanzeigen vorauszuschicken: Erstens: In keinem Evangelium vertritt Jesus die übliche Theorie, daß die Obrigkeit von Gott eingesetzt ist (vgl. Lk 4,6 u. a. m.). Zweitens: Nirgends fordert oder befürwortet Jesus das übliche Gebet für die Obrigkeit (vgl. Mt 6,9–13p). Drittens: In keinem Jesuswort begegnet der Grundbegriff der üblichen Untertanenethik, der Begriff des Gehorsams.» E. STAUFFER: Die Botschaft Jesu damals und heute, 95.

[4] Diese Situationsangabe gehört fest zum Bestand der vormarkinischen Passionsgeschichte; insofern dienen die *Kaschen* der Gegner Jesu von vornherein nur dem Zweck, die Verhaftung Jesu ideologisch vorzubereiten und juristisch zu legitimieren. Vgl. J. BLINZLER: Der Prozeß Jesu, 59–60. Aus der Angabe der Passahzeit läßt sich das folgende Szenarium entwickeln; vgl. E. STAUFFER: Die Botschaft Jesu damals und heute, 98–99.

Fremdling und Feind zwischen allen Fronten und Parteien. Daß er im Volk als Messiaskönig verehrt wird, ist den *Herodianern* verdächtig, die auf seiten der römerfreundlichen Politik ihres Königs stehen; indem die Menge Jesus als Messias ausruft (Mk 11,10), befürchten sie ein militärisches Eingreifen der Römer, mit den vorhersehbaren blutigen Repressalien und Strafaktionen. – Daß er ein Ketzer ist, der das Gesetz des Moses in flagranter Weise übertritt, halten die *Pharisäer* für erwiesen. Aus politischen wie aus theologischen Erwägungen ist das Auftreten Jesu in Jerusalem mithin unerwünscht und untragbar. Es ist also klar: er muß verschwinden. Und so wird die Falle gestellt, meisterlich, wie man zugeben muß. Für diesen einen Fall verbünden sich die sonst unversöhnbaren Gegner: die Herodianer und die Pharisäer, und stellen gemeinsam Jesus jene berühmte Frage nach der Steuerpflicht des Kaisers, die ihn, wie immer er auch antwortet, unweigerlich einer der beiden Gruppen in die Hände und damit an den Galgen liefern kann und soll[5].

[5] Die *«Herodianer»*, d. h. die Anhänger des Herodes, werden auch in Mk 3,6 gemeinsam mit den *Pharisäern* genannt, und zwar als die koalierenden Verbündeten, wenn es darum geht, Jesus in den Tod zu treiben (vgl. Mk 8,15). «Die Nennung von Herodianern ... mag auf Tradition zurückgehen, weil mit Herodes verbundene politische Gruppen zu Jesu Zeit aus politischen Gründen mit den Pharisäern kooperierten oder weil in den Jahren 41–44 Pharisäer stark mit Herodes Agrippa zusammenarbeiteten.» E. SCHWEIZER: Das Evangelium nach Markus, 36. Die politische Rücksicht auf die Orthodoxie geht schon auf Herodes d. Gr. zurück, wenngleich es immer wieder zu Unruhen kam; vgl. E. MEYER: Ursprung und Anfänge des Christentums, II 323–327. «So absurd ihm (sc. Herodes d. Gr., d. V.) auch ihre (sc. der Pharisäer, d. V.) Lehren und Forderungen erscheinen mochten, so war ihm völlig klar, daß er jeden offenen Konflikt mit der die Menge beherrschenden Partei vermeiden und sich dadurch zum mindesten ihre stillschweigende Duldung sichern mußte. Aber auch bei den Pharisäern war, trotz alles gesetzlichen Rigorismus, offenbar ein Verständnis für seine Lage ... vorhanden. Daß er die von ihnen über alles gehaßten Gegner vernichtete, wenn auch aus ganz anderen Motiven, konnte ihnen nur willkommen sein.» A. a. O., 325. Immer zeigt sich dieses paradoxe Bündnis zwischen einer borniert-fanatischen Traditionsfrömmigkeit und einer brutalen Logik der Macht. – Zur Stellung der *Pharisäer* in der altjüdischen Literatur vgl. H. L. STRACK – P. BILLERBECK: Kommentar zum Neuen Testament aus Talmud und Midrasch, IV 1, 334–339, die bes. den Haß der einfachen Leute auf diese Extrafrommen wiedergeben; man lachte über die *«Stößel-Pharisäer»*, die so verkrümmt wie ein Mörserstößel durch die Stadt gingen, bzw. über die *Schulter-Pharisäer*, die ihre guten Werke wie einen Sack zur Schau trugen; ihre Art der Gesetzesauslegung bezeichnete man als die «Schläge der Pharisäer»; a. a. O., 337–338. Es ist immer die *Angst* einer sich als religiöse Elite fühlenden Minderheit, die dazu treibt, bei den ihr an sich völlig fremden politischen Mächten Rückhalt zu suchen – und sich von

Schon den Ort dieses «Lokaltermins» muß man sich unbedingt als Kulisse plastisch hinzudenken. Da kommt, vielleicht am Tempelvorhof, unterhalb der Mauern der Burg Antonia, in der Pilatus residiert, eine Gruppe von Männern auf Jesus zu, alle vornehm gekleidet, feierlich, mit ihren lang wallenden Gewändern[6]; eine ehrerbietige Begrüßung – und dann, raffiniert und süffisant, die Einleitung: «Rabbi, wir wissen, du bist wahrhaftig und fragst nach niemandem. Denn du siehst nicht die Person (die «Maske des Menschen») an, sondern lehrst den Weg Gottes in Wahrheit.»

Man sollte immer vorsichtig sein, wenn man gelobt wird; denn oft genug irrt sich der andere, oder es droht sein Lob uns in den Kopf zu steigen, oder man soll für bestimmte Interessen eingespannt werden. Das Lob der Pharisäer und Herodianer jedenfalls ist nur der Köder in einer tödlichen Falle. «Du fragst nach niemandem» – das soll heißen: du bist ein radikaler Rabbi, der keine andere Autorität gelten läßt als Gott allein. «Du siehst nicht die Person an» – das soll bedeuten: wir wissen, du beugst dich vor niemandem, außer vor Gott[7]. Solche Worte klingen sehr gut, – sie könnten jedem aufrichtigen Theologen in der Tat zur Ehre gereichen; hier aber sind sie nichts als süßes Gift. Sie sollen Jesus unvorsichtig machen. Wenn man ihn lobt, daß er um die Meinung keines Menschen sich bekümmere, dann wird er womöglich gar nicht merken, wie sehr er in diesem Moment in Gefahr schwebt, oder er wird das Bewußtsein der Bedrohung stolz ignorieren; mindestens wird er sich doch wohl bemühen, einem so hervorragenden Lob zu entsprechen, und sobald er sich durch diese Anrede geschmeichelt fühlt, kann die tödliche Falle zuschnappen.

Die Frage selbst, um die es geht, ist uralt. Man hat sie seit Jahrzehnten hin und hergewendet[8]. Daß Jesus zu diesem Problem etwas Neues zu sagen

ihnen aussaugen zu lassen. – Zu der *unterschiedlichen* Fragestellung der *Herodianer* (der Steuerfreunde) und der *Pharisäer* (der Steuergegner) vgl. E. Stauffer: Christus und die Caesaren, 110.

[6] Es sind die Gewänder, die Jesus wenig später Mk 12,38 als Merkmal der Warnung anprangern wird. Zu dem Konflikt zwischen Jesus und den Pharisäern vgl. J. Jeremias: Jerusalem zur Zeit Jesu, 279–303, S. 299–303.

[7] Vgl. E. Stauffer: Die Botschaft Jesu damals und heute, 95: «Er fragt nach niemand, das heißt, er ist ein radikaler Rabbi, der keine andere Autorität gelten läßt als Gott selbst. Er sieht nicht die Person an, das heißt, er beugt sich vor niemand als vor Gott allein. Aber, wer sich vor niemand beugt, ist der nicht ein Anarchist, und wer sich dabei auf Gott beruft, ist der nicht ein nihilistischer Schwarmgeist?»

[8] Zur Vorgeschichte der Steuerfrage und zu der Ausbeutungs- und Provokationspolitik

wüßte, ist völlig unwahrscheinlich; außerdem gilt in Jerusalem das Sprichwort: «Was kann aus Galiläa schon Gutes kommen?[9]» Man tut gut daran, sich immer wieder klarzumachen, wie Jesus allein schon mit seinem galiläischen Dialekt des Aramäischen in Judäa und besonders in Jerusalem eine Reaktion erzeugt haben muß, die in etwa dem Eindruck glich, den ein Bayer von 50 Jahren in Preußen hinterließ[10]. Von diesem galiläischen Rabbi, der sich soeben erst als Messiaskandidat suspekt gemacht hat, erwartet man ehrlicherweise keine wirkliche Antwort. Es geht einzig und allein darum, ihn schachmatt zu setzen. Das allerdings geschieht mit dem Geschick eines echten Kabinettstücks politischer Intriganz. Es handelt sich um eine Doppelfrage, deren Teile von jeder Gruppe einzeln gestellt werden. «*Dürfen wir* geben oder nicht» – fragen die Pharisäer; es ist die theologische Frage der Thorapartei. «*Sollen wir* geben oder nicht» – fragen die Herodianer; es ist die politische Frage der Römerpartei. Sagt Jesus Ja, so ist er für das Volk erledigt; – ein Messias, der mit dem Kaiser paktiert, ist kein Messias. Sagt Jesus Nein, so wird er vor den Römern als Aufrührer zu gelten haben. Die Zwickmühle ist fertig. Jesus kann tun, was er will, – entweder wird er zur politischen und theologischen Bedeutungslosigkeit verdammt sein, oder er wird als Hochverräter zu gelten haben. Er kann aber auch nicht ausweichen. Denn die Frage ist viel zu wichtig. – Sie stellt sich in der Tat auf zwei Ebenen.
Die Besatzungspolitik der Römer war sozial gesehen schlechterdings brutal, die wirtschaftliche Ausbeutung ihrer Provinzen bedrückend[11]. Aber hinzu

der Römer von Augustus bis Tiberius vgl. E. Stauffer: Christus und die Caesaren, 105–109.

[9] Vgl. Joh 1,46, das sich nur auf «Nazareth» bezieht, aber doch insgesamt für *Galiläa* steht, dessen Gebiet sich schon um 930 v. Chr. unter *Jeroboam* als das Königreich *Israel* von dem südlichen Königtum *Juda* getrennt hatte; da es landschaftlich zum Terrain des fruchtbaren Halbmondes gehörte, war es von Anfang an als der politisch und wirtschaftlich interessantere Teil Palästinas weit stärker den «heidnischen» Einflüssen der kulturellen Umgebung ausgesetzt als der strengere, wüstenreiche Süden.

[10] Zum Aramäischen als der Muttersprache Jesu vgl. G. Dalman: Jesus – Jeschua, 6–15; 21–25; J. Jeremias: Neutestamentliche Theologie, I 14–19.

[11] Vgl. E. Stauffer: Christus und die Caesaren, 105–109; ders.: Die Botschaft Jesu damals und heute, 96: «Die ideologische Grundlage des römischen Steuerrechts ist die famose Theorie, daß der Grund und Boden der Provinzialbewohner durch den Eroberungszug der römischen Legionen in den Besitz des Römischen Reiches übergegangen sei. Das römische Volk überläßt den unterworfenen Eigentümern ihren bisherigen Grundbesitz großzügig zur weiteren Bewirtschaftung, aber sie sind jetzt nicht mehr Besitzer, sondern nur noch so etwas wie Pächter und schon darum zur Zahlung von Grundsteuer, Ertragssteuer und

kam in Palästina vor allem der religiöse Protest des Gottesvolkes gegen das Heidenvolk, wie ihn in den Tagen Jesu bereits *Judas Galilaeus* und andere formuliert hatten und wie er von allen jüdischen Aufstandsbewegungen wiederholt wurde[12]. Jesus soll, mit anderen Worten, Stellung zu einer Frage nehmen, die nicht nur seit einem Menschenalter das Volk in Gärung hält, sondern bei der man vor allem aufgrund der engen Verzahnung von Theologie und Politik das religiöse Anliegen Jesu als eine Frage der Macht «abhandeln» kann.

anderen Abgaben verpflichtet. Dazu kamen die gefürchteten Liturgien, d. h. Spanndienste, Notstandsarbeiten, Zwangsleistungen aller Art, regelmäßige und außerordentliche. Der Erfolg dieser makaberen Ausbeutungspolitik war eine epidemische Landflucht. Die Bauern verließen Haus und Hof, um der ständigen Überforderung und Überlastung durch die römische Bürokratie zu entrinnen. *Regieren heißt stehlen*, sagt Caligula bei *Camus.*» Vgl. A. Camus: Caligula, in: Dramen, 15–73, 1. Akt, 8. Auftritt, S. 24: «Übrigens sind die Menschen samt und sonders gleichermaßen schuldig. Abgesehen davon ist es nicht unmoralischer, die Bürger direkt zu bestehlen, als indirekte Steuern in den Preis von Lebensmitteln zu schmuggeln, deren sie nicht entraten können. Regieren heißt stehlen, das weiß jedes Kind. Auf das Wie kommt es an.»

[12] Flavius Josephus: Der jüdische Krieg, II 8,1; 1. Bd., S. 172 berichtet: «Aus dem Land des Archelaos (sc. Judäa, Samaria und Idumäa, d. V.) wurde nun (sc. 6 n. Chr., d. V.) eine Provinz gemacht, in die Coponius, ein Römer aus dem Ritterstand, als Statthalter entsandt wurde, der vom Kaiser alle Gerechtsame einschließlich der Verlängerung der Todesstrafe erhielt. Während seiner Amtsperiode (die von 6–9 n. Chr. währte, d. V.) verführte ein Galiläer namens Judas die Einwohner zum Abfall; er behauptete nämlich, es sei ein Frevel, wenn sie es bei der Steuerzahlung an die Römer bewenden ließen und nächst Gott auch Sterbliche als ihren Herrn duldeten. Es handelte sich dabei jedoch um einen Schulmeister, der seine eigene Lehre hatte und keinerlei Gemeinsamkeiten mit den anderen Juden aufwies.» In Wahrheit vertrat Judas, der Galiläer, offenbar, wie E. Stauffer: Die Botschaft Jesu damals und heute, 97 meint, «ein apokalyptisches Aktionsprogramm: Judas Galilaeus will der messianische König sein und sein Volk zum Reichsvolk der Erde erheben». Flavius Josephus: Jüdische Altertümer, XVIII 1,1, S. 504–505 berichtet selber, wie der Pharisäer *Sadduk* gemeinsam mit *Judas Galilaeus* dazu aufforderte, die Freiheit zu ergreifen, denn nur dann werde Gott bereit sein, ihnen zu helfen; Judas und Sadduk, meint Josephus, seien der eigentliche Urprung der «Verwirrung» gewesen, die später «unserem Staat den Untergang bereitete». (S. 506) Demgegenüber hatte der Hohepriester *Joazar* relativ erfolgreich versucht, das Volk zum Einverständnis mit der Steuerschätzung zu überreden. Das Ende des *Judas* berichtet Apg 5,37: Die Römer schlugen die Aufstandsbewegung blutig nieder, die Steuerschätzung ging ihren Gang. «Aber die Steuerfrage sollte nicht mehr zur Ruhe kommen. Dafür sorgten nunmehr die Prokuratoren selbst.» E. Stauffer: Die Botschaft Jesu, 98; ders.: Christus und die Caesaren, 106–109.

Zudem eignet sich das Problem der Steuerzahlung an den Kaiser auch aus gewissermaßen methodischen Gründen, um gegen Jesus vorzugehen. Streitfragen des Rechtes werden durch die Schrift entschieden. Man darf also erwarten und verlangen, daß Jesus seine Antwort auf ein Bibelwort oder auf eine halachische Thoraexegese zu stützen sucht[13]. Man kann also endlich ein theologisches Streitgespräch mit ihm inszenieren, und dann, so darf man hoffen, wird man ihn schon in die Enge treiben. Alle Fragen nach Gott werden «wissenschaftlich» beantwortet aus dem Wortlaut der Schrift und mit Verweisen auf die Auslegungsgeschichte. So ist es Theologenart, damals wie heute.

Um so erstaunlicher und bezeichnender ist es, daß Jesus mit der Kraft seiner ganzen Persönlichkeit den gesamten Denkstil seiner theologischen Gegner aufbricht[14]. Die Biologie kennt kleine einzellige Lebewesen, die man in einem rechteckigen Raum einsperren kann, weil sie wohl eine räumliche Vorstellung in der Ebene, nicht aber in der Höhe zu entwickeln vermögen – sie kennen nicht die Dimension der Vertikalen[15]. So ähnlich scheint Jesus hier ein Gefängnis von Menschen zu betreten, die ihrem Wesen nach unfrei sein müssen, weil sie jede Frage nach Gott grundsätzlich nur auf der Ebene von Verwaltung, Machterhalt und politischem Opportunismus reflektieren können; sie sind beim besten Willen außerstande zu begreifen, daß es Menschen gibt, die sich im Fragen nach Gott nicht durch die scheinbare Allmacht von Tradition, Gruppenkonsens und dogmatischer Starre bestimmen lassen. Die ganze Art, in der Jesus seine Antwort gibt, verrät ein unglaubliches Maß an innerer Freiheit und Unabhängigkeit. Natürlich hätte er auch irgendeine

[13] Dafür spricht vor allem die Anrede in Mk 13,14: «Meister» (Rabbi). «Man hat den Galiläer als Thoralehrer angeredet und ein Bibelwort von ihm erwartet oder eine halachische Thoraexegese, man wollte ein schrifttheologisches Gespräch inszenieren, um ihn in die Enge zu treiben... Aber er tut es nicht.» E. Stauffer: Die Botschaft Jesu damals und heute, 99.

[14] Es ist eben dieser Gegensatz zwischen schriftgelehrtem und prophetischem Umgang mit dem Gotteswort, zwischen Buchstabengehorsam und geistiger Freiheit, der auf Schritt und Tritt Jesus von seinen Gegnern trennt und der ihn letztlich in den Tod treibt.

[15] Vgl. z. B. die Bewegungsweise mancher *Wimpertiere* wie der *Pantoffeltierchen*, die allein durch Rückwärtsschwimmen, Seitwärtsdrehen und Vorwärtsschwimmen einem Hindernis auszuweichen suchen, obwohl sie auch Schmerzreizen zugänglich sind und in Form von Aufwärtsbewegungen (negative Geotaxis) darauf reagieren. P. Rietschel u. K. Rohde: Die einzelligen Tiere, in: B. Grzimek (Hrsg.): Grzimeks Tierleben, Bd. 1: Niedere Tiere, 89–137, S. 124.

Bibelstelle ausgraben können; z. B. den Propheten *Jeremias*, der ihm so nahesteht: Jer 27,5–8 etwa: «Die ganze Erde habe ich geschaffen . . .; aber jetzt habe ich alles in die Hand Nebukadnezars, des Königs von Babel, gelegt . . . und das Volk, das ihm nicht im Joch dient, werde ich heimsuchen mit Hunger, Pest und Schwert, bis ich sie fertiggemacht habe durch seine Hand.»[16] – Doch offenbar weiß Jesus, daß man im abstrakten Raum der Theologie alles beweisen kann; wo Interessen eine Rolle spielen, womöglich politische Interessen, da sind, wie bei SHAKESPEARES *Falstaff*, anscheinend Argumente feil wie Brombeeren[17]; da kann man die Gottgewolltheit der Demokratie offenbar ebenso wie die Unerläßlichkeit der Diktatur aus der Schrift «beweisen»[18], den Rassismus und die Sklaverei ebenso wie die Allgemeinheit der Menschenrechte[19], die Einführung der Todesstrafe ebenso wie

[16] Vgl. E. STAUFFER: Die Botschaft Jesu damals und heute, 99.

[17] Zitiert nach S. FREUD: Zeitgemäßes über Krieg und Tod, in: Gesammelte Werke, X 323–355, S. 339: «Logische Argumente seien also ohnmächtig gegen affektive Interessen, und darum sei das Streiten mit Gründen, die nach Falstaffs Worten so gemein sind wie Brombeeren, in der Welt der Interessen so unfruchtbar.»

[18] Während die Ideale der Französischen Revolution und der Philosophie der Aufklärung heute von den Theologen zumeist als Folge und Wirkung der christlichen Botschaft selbst interpretiert werden, konnte ein so ehrlicher Dichter und Denker wie R. SCHNEIDER: Winter in Wien, 191 noch darunter leiden, daß mit der Beseitigung der Monarchie auch der Glaube an das Königtum Gottes zerstört worden sei; denn: «Das Reich (sc. das heilige römische, d. V.) war das weltliche Gleichnis des Reiches Gottes, ging ihm voraus, zeigte es an.»

[19] Wie schwer es noch heute ist, die Folgen der *Sklaverei* in den Südstaaten Nordamerikas zu beseitigen, zeigt E. BULLEN: Die Neger in der Landwirtschaft im Süden der USA, in: E. Evans-Pritchard (Hrsg.): Bild der Völker, IV 64–71. Die klassische Bibelstelle zur Rechtfertigung der Sklaverei war stets Gen 9,25.27: der Fluch Gottes über «Kanaan» (d. h. über die hamitischen Völker) als «Knecht der Knechte». Zur Auslegung der Stelle vgl. E. DREWERMANN: Strukturen des Bösen, I 255–260. Zur Allgemeinheit der Praxis, vor allem *Kriegsgefangene* als sprechende Arbeitstiere zu halten, vgl. E. DREWERMANN: Der Krieg und das Christentum, 38; 41; 71–72; 191. Eine epochale Wende bedeutete die *Bill of Rights* von Virginia vom 12. 6. 1776, deren berühmter *Artikel 1* lautet: «Alle Menschen sind von Natur gleichermaßen frei und unabhängig und besitzen gewisse angeborene Rechte . . . nämlich das Recht auf Leben und Freiheit und dazu die Möglichkeit, Eigentum zu erwerben und zu behalten und Sicherheit zu erstreben und zu erlangen.» Abgedruckt in R. R. PALMER: Der Einfluß der amerikanischen Revolution auf Europa, in: G. Mann (Hrsg.): Propyläen Weltgeschichte, VIII 29–58, S. 50. Die theologische Rechtfertigung der Sklaverei wurde ironischerweise noch von L. FEUERBACH: Über Philosophie und Christentum, in: Werke, II 261–330, S. 319, Anm. als «mit vollem Recht» im biblischen Sinne bezeichnet.

ein radikales Verbot des Wehrdienstes[20], die Gleichberechtigung der Frau ebenso wie die Meinung, daß eine Frau, die Hosen trägt, als Hexe verbrannt zu werden gehört[21], das Nutzungsrecht des Menschen auf alle Geschöpfe ebenso wie die Notwendigkeit des Umweltschutzes[22]. Alles das ist im Verlauf der christlichen Theologiegeschichte schon aus der Schrift bewiesen worden, und ebenso widersprüchliche, ja zum Teil absurde Ansichten wurden zur Zeit Jesu aus der Bibel abgeleitet und begründet. Jesus weiß, daß ein solches

[20] Ein Moraltheologe wie G. ERMECKE konnte noch 1958 in seiner Rektoratsrede an der Theologischen Akademie in *Paderborn* für die Wiedereinführung der Todesstrafe plädieren, indem er mit Hilfe der «Rechtverwirkungstheorie» die entsprechenden organizistischen Staatstheorien *Pius XII.* zu rechtfertigen suchte. Als «Argument» diente u. a. die Bemerkung von H. DOMBOIS: Mensch und Strafe, Witten 1957, 112, daß Jesus durch die Todesstrafe hingerichtet worden sei – man stelle sich Jesus als lebenslänglichen Häftling vor! Die ganze Opfer- und Sühnetheologie fiele dahin! G. ERMECKE: Zur ethischen Begründung der Todesstrafe heute. Vortrag beim Antritt des Rektorats am 17. Okt. 1958, Paderborn 1959, 14; 30–36. Wohlgemerkt: es ist noch heute in der katholischen Kirche kein Ketzer, wer, im vollen Wissen um die grauenhaften Konsequenzen solcher Theorien, derartige Ansichten als die Meinung der katholischen Kirche hinstellt; ein Ketzer ist, wer z. B. zu begründen versuchen sollte, daß es Fälle der Tragik geben kann, in der u. U. für eine alleinstehende Frau eine Abtreibung den einzigen denkbaren Ausweg darstellt; vgl. E. DREWERMANN: Das Tragische und das Christliche, in: Psychoanalyse und Moraltheologie, I 19–78, S. 40–45. – In der Frage von *Krieg und Frieden* war es bes. J. LASSERRE: Der Krieg und das Evangelium, 56–64, der jegliche Gewaltanwendung als prinzipiell unvereinbar mit der Botschaft des Neuen Testamentes hinstellte. Zur Stellung der Kirche zum Krieg vgl. E. DREWERMANN: Der Krieg und das Christentum, 135–139.

[21] Zu der pathologischen *Hexenangst* der abendländischen Theologen vgl. W. BEHRINGER: Vom Unkraut unter dem Weizen. Die Stellung der Kirchen zum Hexenproblem, in: R. van Dülmen (Hrsg.): Hexenwelten, 15–47. Die entscheidende Schriftstelle war Ex 22,18: «Die Zauberer sollst du nicht am Leben lassen.» – Wie weit und wandelbar der Weg der katholischen Kirche in der *Frauenfrage* war und ist, zeigt W. BEINERT: Theologie und kirchliches Frauenbild, in: Frauenbefreiung und Kirche, 51–76; DERS.: Die Frauenfrage im Spiegel kirchlicher Verlautbarungen, 77–97. – Gegenüber der jederzeit möglichen Ideologiebildung in der Auslegung biblischer Texte käme gerade der historisch-kritischen Exegese die größte Bedeutung zu; statt aber dieser Aufgabe gerecht zu werden, sieht man sie selber als willkommene Rechtfertigungsinstanz jedes gerade herrschenden Trends in Tätigkeit: Die objektive Belanglosigkeit bloß historischer Ergebnisse in der Bibelauslegung sowie das Bewußtsein von der Wandelbarkeit aller historischen Erscheinungen macht offenbar zur Aufnahme aller möglichen Inhalte von außen besonders geneigt.

[22] Zu der gegensätzlichen, höchst ambivalenten Einstellung der Kirche zur Problematik des *Umweltschutzes* vgl. E. DREWERMANN: Der tödliche Fortschritt, 4. erw. Aufl., 90–110; 188–208.

Vorgehen keinen Zweck hat; wohl schon deshalb war er in diesem Sinne niemals ein «Theologe». Es ist für ihn prinzipiell nicht möglich, Gott in theoretischen Deduktionen und Abstraktionen zu finden. Auch in der Schrift findet man Gott in seinen Augen nur insoweit, als man das eigene Leben in den Texten der Bibel wiedererkennt. Daß beim Lesen der Schrift sich unser Herz öffnet und Gott unsere Augen berührt – das ist der Sinn der heiligen Worte, aber nicht, daß man daraus alle möglichen dubiosen und rigorosen Theorien, Hypothesen und Axiome ableitet[23].
Unter den Exegeten vom Fach ist seit Jahrzehnten ein großer Streit darum entbrannt, welche Jesusworte oder Berichte über seine Taten im einzelnen historische Glaubwürdigkeit besitzen. Aber bei diesem Streit wird oft übersehen, daß etwas ganz Entscheidendes allein schon in der historisch sicher verbürgten Tatsache liegt, daß Jesus über Gott niemals gelehrt und abstrakt geredet hat[24]. Jesus hat nie von der konkreten Wirklichkeit der Menschen an seiner Seite abgesehen, um im Jenseits ihres Lebens vermeintlich desto leichter Gott zu finden. Im Gegenteil: er hat die Wirklichkeit in all ihren Details so ernst wie möglich genommen; und gerade darin, im Konkreten der Gegenwart, in den Tatsachen, so wie sie waren, hat er Gott zu sehen versucht und zu sehen vermocht. Nur in dieser Haltung konnte ein jedes Stück der Welt für ihn durchsichtig werden auf Gott hin. Zu Recht sagt das Sprichwort: Für eine große Liebe gibt es keine kleinen Dinge. Jesus hat alle Dinge der Welt offenbar so sehr geliebt, daß er in ihnen allen ein Zeichen Gottes zu erblicken imstande war: in den Lilien, im Regen, im Sonnenuntergang, in den Alltagstätigkeiten: im Brotbacken, im Kornmahlen, im Dorfrat-Abhalten, im Hausputzmachen, im Schafehüten, – in allem fand er Spuren und Hinweise auf Gott. Es ist das Gegenstück der Wahrheit, die Dostojewski zu dem bitteren Satz veranlaßt hat: «Abstrakt zu reden, lieben nur die Egoisten.»[25]
Dostojewski hat vollkommen recht, und man kann die Richtigkeit seiner

[23] Das entscheidende Wort gegen jede theologische Ideologie enthält der Gottesname in Ex 3,14; zur Deutung dieser Stelle vgl. M. Buber: Moses, in: Werke, II 9–230, S. 55–66.
[24] s. o. zu Mk 11,12–26, Anm. 30.
[25] F. M. Dostojewski: Der Jüngling, 2. Teil, 2. Kap., 1. Abschn., S. 262. Das Thema der Abstraktheit des Denkens und Existierens durchzieht wie ein roter Faden den ganzen Roman; s. S. 262; 294; 406; 468; 472. Wie kein anderer Roman des russischen Dichters beschreibt er das schreckliche «Aufgehen in Theorie bei vollständiger Unkenntnis des Lebens infolge maßloser Eigenliebe». 3. Teil, 4. Kap., 1. Abschn., S. 406.

Behauptung auf der Stelle nachprüfen. Da redet z. B. jemand immerzu von der Liebe; er liebt die ganze Menschheit, ja, er wird sich, glaubt man seinen Worten, vermutlich sogar martern lassen für die Menschheit, so begeistert spricht er von seiner allumfassenden Menschheitsliebe; – aber es braucht nur jemand beim Essen am Tisch seinen Vortrag durch ein Rülpsen zu unterbrechen, – schon packt ihn die Wut; er selbst freilich wird den Widerspruch in seiner Existenz kaum bemerken; er wird die Menschheit unbeirrt und unverdrossen weiterlieben[26]. Aber was besagt schon eine solche Liebe zur Menschheit, wenn nicht eine maßlose Verliebtheit in die Idealität des eigenen Ichs? Nein, die Liebe ist konkret; die Wahrheit ist konkret; Gott ist konkret. Und der religiöse Weg zu Gott ist niemals der Weg einer Abstraktion oder einer partiellen Verleugnung der Wirklichkeit, sondern im Gegenteil der Weg einer äußersten Verdichtung des Erlebens.

Erst auf diesem Hintergrund begreift man die wie selbstverständlich wirkende Gelassenheit, mit der Jesus die Frage seiner Gegner nach dem Kaisertribut aufgreift. Ja, gewiß, auch er wird ihnen eine «Deduktion» liefern, aber nicht eine nach philosophischen Prinzipien oder nach rabbinischer Gelehrtenweise; er wird die ganze Problematik, herausgefordert durch eine tödliche Fangfrage, sogar mit einer gehörigen Portion Ironie und mit glänzendem Humor angehen[27]. «Gebt mir einen Denar, *damit ich sehe.*» Als wenn Jesus noch nie einen solchen Denar gesehen hätte, – diese kleine römische Silbermünze im Wert von etwa 80 Pfennigen! Warum das? Man versteht die Bitte Jesu nur, wenn man weiß, daß ein Denar – bei aller Vielfalt – mit Sicherheit den Aufdruck trägt: «Tiberius, Kaiser, der anbetungswürdige Sohn des anbe-

[26] Vgl. F. M. Dostojewskij: Die Brüder Karamasoff, 1. Teil, 2. Buch, 4. Kap.: Die kleingläubige Dame; 1. Bd., S. 73.

[27] Es war S. Freud: Der Humor, XIV 381–389 der erkannte, daß der *Humor* einen «Beitrag zur Komik durch die Vermittlung des Über-Ichs» (388) darstellt, indem das Ich sich in die Rolle der eigenen Eltern begebe und dadurch «die anderen zu Kindern herabdrücke» (386). Diese Definition paßt glänzend zu der vorliegenden Szene, in der Jesus in Einheit («Identifikation») mit Gott (seinem «Vater») eine Überlegenheit gewinnt, die bei aller objektiver Gefahr seine Gegner als unbedrohlich erscheinen läßt. Was Freud nicht beschrieben hat, ist der umgekehrte Vorgang: daß sich der Spott des Ichs *gegen* das Über-ich richtet und der Humor den Zweck verfolgt, durch «Identifikation mit dem Angreifer» die moralisierende Rolle der Eltern so weit zu übertreiben, daß sie der Lächerlichkeit preisgegeben wird. Meisterlich dargestellt findet sich dieser Fall in dem Märchen der Brüder Grimm: Schneeweißchen und Rosenrot (KHM 161); zur Interpretation der Erzählung vgl. E. Drewermann – I. Neuhaus: Schneeweißchen und Rosenrot, 35–38.

tungswürdigen Gottes.»[28] Ausdrücklich nennt Jesus zudem die Münze nach dem römischen Fremdwort: *Denar*. Dieses Stück Geld, das mit dem für jüdische Augen blasphemischen Aufdruck geprägt ist, dieses Symbol der kaiserlichen Macht und seiner gottgleichen Verehrung, gerade dieses Stück Geld also läßt er sich geben, «damit ich sehe». «Sie aber reichten ihm einen Denar.» Offenbar begreifen weder die Pharisäer noch die Herodianer in diesem Moment, daß sie im Sinne der konkreten Logik Jesu sich mit diesem Vorgang selbst bereits die Antwort geben. Entscheidend kommt es darauf an, daß die Gegner Jesu selber gerade die Münzen bei sich tragen, aus denen sie sich angeblich ein so großes Gewissen machen; damit erhält die endlos hin und her diskutierte Frage endlich wieder einen Bezug zu den Gegebenheiten des wirklichen Lebens.

Um so grotesker und kauziger mutet natürlich die steife Künstlichkeit an, mit der Jesus die Lebensferne seiner Gegner nachahmt, indem er so tut, als ob er noch niemals römisches Geld in Händen gehalten hätte und es sich zunächst einmal zeigen und erklären lassen müßte wie ein Stück vom Mond.

[28] Zur Aufschrift der Kaisermünze vgl. E. Stauffer: Christus und die Caesaren, 111–115, der darauf hinweist, daß allein der *Denar* als «die maßgebende Silbermünze für das gesamte Reichsgebiet», der «auf seiner Vorderseite das Brustbild des Kaisers Tiberius in olympischer Nacktheit, geschmückt mit dem Lorbeerkranz, der seine göttliche Würde bezeichnet», trägt, für die «Beweisführung» Jesu geeignet ist. Die Münze trug in Abkürzungen die Inschrift: Tiberius Caesar Divi Augusti Filius Augustus, bzw. in Griechisch auf den syrischen Provinzialmünzen: Tiberios Kaisar Theoy Sebastoy Hyios Sebastos: Kaiser Tiberius, der anbetungswürdige Sohn des anbetungswürdigen Gottes. «Die Rückseite bringt den Abschluß dieser hochamtlichen Titulatur: *Pontifex Maximus* = Hoherpriester. Im übrigen zeigt die Rückseite die Kaiserinmutter Julia Augusta (Livia) auf einem Götterthron sitzend, in der Rechten das Olympische Langszepter, in der Linken den Ölzweig, der sie als irdische Inkarnation der himmlischen Pax charakterisiert. Man sieht, solch ein Denar ist Machtsymbol und Kultsymbol zugleich. – Er ist ein Machtsymbol. Denn er ist Instrument der römischen Reichspolitik (Wahrzeichen der kaiserlichen Oberhoheit im ganzen Orbis Romanus), der römischen Währungspolitik (Einheitsmünze für alle Reichsteile und Normativkourant für alle ihre Lokalwährungen), der römischen Steuerpolitik (vorgeschriebene Tributmünze für alle Reichsprovinzen).» (113–114) «Zum Kultsymbol wird der Tiberiusdenar schon dadurch, daß er das Kaiserbildnis bringt. Denn das Münzporträt hat in der hellenistischen Welt seit Alexanders Zeiten kultische Bedeutung.» (114) Im allgemeinen galt bei den Rabbinen der Grundsatz: «Das Herrschaftsgebiet eines Königs deckt sich mit dem Gültigkeitsgebiet seiner Münzen.» H. L. Strack – P. Billerbeck: Kommentar zum Neuen Testament aus Talmud und Midrasch, I 884–885. Vgl. auch E. Stauffer: Die Botschaft Jesu damals und heute, 100–103.

Ja, um sein ironisches Spiel, das eines SOKRATES würdig ist[29], bis zum Höhepunkt zu treiben, bittet er seine Gegner gar, ihm vorzulesen und zu erläutern, was die Inschrift auf der Münze wohl besagen will und was das Bild bedeutet, das Kaiser Tiberius als olympische Gottheit darstellt. Dann aber schlägt mit einem Mal die Ironie in absoluten Ernst um. «Wie denn», so müßte man den Gedankengang Jesu ergänzen, «ihr tragt da Geld mit euch herum, das nach euren eigenen Worten dem Kaiser gehört? Ist es denn da nicht selbstverständlich, daß der Kaiser über sein Eigentum verfügen und es zurückfordern kann, wie es ihm beliebt? Wenn ihr selbst des Kaisers Geld benutzt, werdet ihr ihm wohl Steuern zahlen müssen.» «Gebt also dem Kaiser (zurück), was des Kaisers ist.»
Das ist die Antwort, die sowohl die Herodianer wie auch die Pharisäer sich selbst ehrlicherweise aufgrund des eigenen Verhaltens hätten geben können[30]. Dann aber fügt Jesus plötzlich hinzu, wonach ihn eigentlich niemand gefragt hatte: «Gebt Gott zurück, was Gott gehört.» M.a.W.: die politischen und wirtschaftlichen Angelegenheiten mögen den Kaiser betreffen, und sie haben darin ihre Notwendigkeit, aber auch ihre Grenzen. Wohl: Geld gehört dem Kaiser, aber auch nur das Geld. Einen göttlichen Anspruch hat der Caesar nicht. Denn der Mensch selbst gehört Gott. Wie das Kaiserbild in das tote Metall der Münze geprägt wurde, so hat Gott sein Bild in das Wesen unserer Herzen eingeprägt; wir sind und bleiben auf ewig Gottes Eigentum[31].

[29] Vgl. die Promotionsarbeit von S. KIERKEGAARD: Über den Begriff der Ironie, 160–198. «*Die Ironie setzt Schranken, verendlicht, begrenzt*, und gewährt damit *Wahrheit, Wirklichkeit, Inhalt* ... und gibt damit *inneren Zusammenhalt* ... Wer Ironie schlechterdings nicht versteht, wer für ihr Raunen kein Gehör besitzt, der ermangelt eben damit (eo ipso) desjenigen, das man *den absoluten Anfang des persönlichen Lebens* nennen könnte.» (319–320)

[30] Vgl. E. STAUFFER: Die Botschaft Jesu damals und heute, 104–107; DERS.: Christus und die Caesaren, 117–119.

[31] Vgl. E. STAUFFER: Christus und die Caesaren, 121–122: «Die Kaisersteuer ist der praktische Ausdruck für die grundsätzliche Haltung des Gottesvolkes zum Kaiserreich. In der Tempelsteuer dokumentiert sich die Stellung des Gottesvolkes zum Gottesreich. Die Glorificatio Dei (sc. Verherrlichung Gottes, d. V.) ist die Urbestimmung aller Kreatur. Die Menschenwelt hat diese ihre Urbestimmung verraten ... Ein Volk aber gibt es in der römischen Völkerwelt, dem die Glorificatio Dei der Inbegriff seiner geschichtlichen Sendung ist. Das ist das Volk Jesu Christi.» Zu Recht stellt STAUFFER: A. a. O., 122 das Jesuswort der «Weisheit» von Spr 24,21 entgegen: «Fürchte den Herrn und den König und sei keinem von beiden ungehorsam.» Es geht Jesus durchaus nicht um die behagliche «Ausgewogenheit» des Weltbürgers entsprechend solcher weisen Lehren.

Selbst das *Markus*-Evangelium kennt nur wenige Szenen, die Jesus derart souverän, mit einem solchen absoluten Ernst und zugleich mit einem derart starken Humor zeigen wie diese Szene um die Steuermünze: wie Jesus diese tödliche Falle gelassen umgeht und in all dem mit überwältigender Güte selbst bei seinen Todfeinden noch den Teil ihrer Problematik zur Sprache bringt, der wirklich religiös ist: wenn ihr *Gott* sucht – ihr seid sein Eigentum! Wer die Wirklichkeit des Lebens so realistisch sieht wie Jesus und sie so wenig metaphysisch ideologisiert, für den allerdings wird in alle Zeit die Staatsmacht nie mehr etwas anderes sein als das Werk schwacher Menschen – nichts Göttliches, Erhabenes oder Anbetungswürdiges gibt es mehr darin[32]. Es ist eine Haltung, die allen Kaiserkult wie selbstverständlich, ohne jedes Pathos, vom Thron fegt; und dies allein schon rechtfertigt wenig später die Anklage: er wiegele das Volk auf (Lk 23,5)! Aber wichtiger noch als der Inhalt der Worte Jesu ist an dieser Stelle die Haltung Jesu – wie er da steht, einer tödlichen Gefahr gegenüber, ruhig, prüfend, die Tatsachen vorführend, alle Waffen der Ironie und des Humors beherrschend, und dann, inmitten dieser aus Angst und Haß verwüsteten Welt, jener Lichtstrahl, der die gesamte Lage neu erkennen läßt, indem er Gott sichtbar macht mitten im Leben: «Gebt Gott zurück, was Gott gehört.» Die Herodianer wie die Pharisäer erhalten damit jeweils ihre Antwort; sie lautet: Vergeßt Gott nicht über eure politischen Anpassungen – dies an die Adresse der *Herodianer*; und: Vergeßt nicht das wirkliche Leben mit Gott über euer Nachdenken und Reden über Gott – dies an die Adresse der *Pharisäer*.

In einem wunderbaren Bild hat E. NOLDE[33] die Szene von der Steuermünze auf seine Weise ausgelegt (siehe Tafel 2). Man sieht vor sich die Gestalten zweier Männer: einer, wohl der Pharisäer, mit riesigen, fragenden Augen, mahnend nach Gelehrtenart den Finger erhoben, und daneben, klein, verschlagen, kahlköpfig, den Mund, der die Frage ausspricht, geöffnet, ein anderer, der Herodianer offenbar; und ihnen gegenüber Jesus, wie er mit spitzigen Fingern das *Corpus delicti* weit von sich weghält; seine Gesichtszüge verraten gerade diese unnachahmliche Mischung von Ernst, Nüch-

[32] «Jesus ... holt dem Kaiser den metaphysischen Glorienschein vom Haupte. Vor seinem schonungslosen Realismus zerflattert das ganze romantische Maskenspiel, das die Menschheit fünftausend Jahre lang mit ihren gekrönten Häuptern getrieben hat, alles, was Kaiserapotheose und Reichsmetaphysik, aber auch alles, was Gottesgnadentum und politische Religion heißen mag.» E. STAUFFER: Die Botschaft Jesu damals und heute, 108.

[33] Siehe Abb. Tafel 2.

ternheit und Überlegenheit, gepaart mit ironischem Scharfsinn und gütigem Humor; im Hintergrund aber steht stechenden Blicks schon der Aufpasser. – Das *Markus*-Evangelium erklärt, sie seien «sehr erstaunt» gewesen «über ihn» (Mk 12,17). Es wird nur eine letzte Atempause vor dem Ende sein.

Noch einmal Mk 12,13–17: Ist es erlaubt, dem Kaiser Steuern zu zahlen oder: Von der Freiheit eines Christenmenschen

Wohl schon die frühe Kirche wird diese Worte Jesu in der Hoffnung überliefert haben, darin eine Antwort auf die Frage nach dem Verhältnis von Staat und Kirche zu finden[1]. Jesus aber war nicht an dem Verhältnis von Staat und Kirche gelegen, ihn interessierten nicht die Fragen der Institutionen und der Apparate und schon gar nicht die Fragen nach deren Miteinander oder Gegeneinander[2]. Was ihn interessierte, leidenschaftlich und mit dem Einsatz seines Lebens, war die Frage nach der Wahrheit des Menschen vor Gott.

[1] Siehe oben zu Mk 12,13–17, Anm. 3.

[2] Richtig meint SCH. BENCHORIN: Bruder Jesus, 122–123, daß «dieser Spruch nicht verabsolutiert werden» dürfe, «so daß aus ihm eine Zwei-Schwerter-Lehre abgeleitet würde, eine Teilung in ein weltliches und ein geistliches Reich. Tatsächlich wurde das Gespräch um den Zinsgroschen erst in späterer Überlieferung (Papyrus Egerton 2 und von Justin) zu einer allgemein ethischen Frage erhoben, wahrscheinlich in dem Bemühen, die Loyalität der Christen gegenüber dem römischen Staat zu bekunden. Im Gegensatz dazu wird die Absicht der ursprünglichen Erzählung sichtbar, jene Frage geringzuachten gegenüber der im eschatologischen Augenblick geforderten Beugung unter den Willen Gottes.» Man müsse, meint SCH. BEN-CHORIN, den *Niggun*, den Tonfall, hören, mit dem Jesus sagt: «So gebet (schon ... was ist das schon Großes?) dem Cäsar (dem ‹Goi›), was des Cäsars ist (er will doch nur Geld und wieder Geld von euch!), und/aber ([das biblische und ‹we› hat mannigfache Bedeutungen, sehr oft im Alten Testament steht es für ‹aber›]. ... jetzt kommt das große Aber, auf das es ankommt!) Gott, was Gottes ist!» (123; 124) Es handle sich um «das Wort eines Galuth-Juden, eines Menschen der Diaspora ... Die Galuth war ja schon in Palästina selbst eingebrochen durch die imperialistische Oberherrschaft der Römer». (124–125) Der *Papyrus Egerton 2* formuliert Mk 12,14 die Frage an Jesus in der grotesken Form: «Ist es erlaubt, dem Kaiser zurückzuerstatten, was der Regierung zusteht?» E. STAUFFER: Die Botschaft Jesu damals und heute, 106.

Darin lag der Aufruhr, den er stiftete, darin der Grund seiner Gegner, ihn loswerden zu wollen[3].
Diese Szene des Streitgesprächs zwischen Jesus und der Gruppe der Herodianer und Pharisäer vibriert vor Größe und Gemeinheit, Souveränität und Niedertracht – ein Zusammenprall wie beim Zusammenstoß verschiedener Klimazonen, die einen Taifun über das Meer zu jagen vermögen. Von unerhörter Gewalt und Zerstörungskraft ist die Wahrheit, die in diesem Augenblick aus der Vermischung absoluter Gegensätze geboren wird. Nicht völlig grundlos betrachten die Gegner Jesu die Lehren des Nazareners als Anarchie, als Umsturz, als Beseitigung aller scheinbaren Sicherheiten, aller traditionell verbürgten Rechte bzw. aller moralisch verinnerlichten Normen[4]. Zu viel an

[3] M. Buber: Geltung und Grenze des politischen Prinzips, in: Werke, I 1095–1108, meinte sehr wahr im Anschluß seiner Auslegung von der Geschichte vom Zinsgroschen, hier werde jede Anerkennung der Politik als eines Sonderbereichs neben der «Religion» der Boden entzogen (S. 1099). «Die menschliche Wahrheit ... ist ja nichts anderes als die Treue des Menschen zu der einen Wahrheit, ihr, die er nicht besitzen, der er nur eben dienen kann, seine Treue zu der Wahrheit Gottes.» «Wir leben in einer Weltstunde, in der das Problem des gemeinsamen Menschengeschicks so widerborstig geworden ist, daß die routinierten Verweser des politischen Prinzips zumeist sich nur noch zu gebärden vermögen, als ob sie ihm gewachsen wären. Sie reden Rat und wissen keinen; sie streiten gegeneinander, und eines jeden Seele streitet gegen ihn selber. Sie brauchten eine Sprache, in der man einander versteht, und haben keine als die geläufige politische, die nur noch zu Deklarationen taugt. Vor lauter Macht sind sie ohnmächtig und vor lauter Künsten unfähig, das Entscheidende zu können ... Sie, denen die Sprache der menschlichen Wahrheit gemeinsam ist, müssen ... zusammentreten, um mitsammen zu versuchen, endlich Gott zu geben, was Gottes ist, oder, was hier, da eine sich verlierende Menschheit vor Gott steht, das gleiche bedeutet, dem Menschen zu geben, was des Menschen ist, um ihn davor zu retten, daß er durch das politische Prinzip verschlungen wird.» (1107–1108) M. a. W.: ohne die wesentliche Relativierung des Politischen durch den absoluten Anspruch Gottes müßte die Herrschaft der Mittel stets die Sehnsucht der Ziele korrumpieren und verstellen. Es geht um die Erlösung des Menschen nicht mit den Mitteln der Politik, es geht um die Erlösung von der Vergötzung des Politischen: der Herrschaft des Geldes, dem Terror der Macht und dem Zynismus des «Machbaren».

[4] Vgl. zu Mk 10,32–45, Anm. 29. Die Brisanz des Wortes von Mk 12,17 liegt in dem Wort vom *«Zurückgeben»*. E. Stauffer: Die Botschaft Jesu damals und heute, 110 weist zu Recht darauf hin, daß Jesus hier zwar die Steuerzahlung will, aber «nur von den Nutznießern des Systems. Hier wird die kritische, die revolutionäre Bedeutung des Begriffs der Rückerstattung akut. Wer vom Kaiser nichts empfangen hat, der ist ihm nichts schuldig. Denn die Steuerpflicht ist nach Mk 12,17 keine Gewissenspflicht, die in irgendeiner romantischen Staatstheologie verankert wäre, sondern eine moralische Rückerstat-

Freiheit, an Offenheit, an Wagnis geht scheinbar von diesem Mann aus. Schon deshalb will man ihn los sein. Die Synagoge fühlt sich beunruhigt ihrer Gesetzestreue wegen; die Pharisäer insbesondere fühlen sich von der Art herausgefordert, wie Jesus die Sabbatordnung aus Mitleid für Menschen, die in Not sind, übertritt (Mk 2,23–28). Die Herodianer hingegen haben Grund zu fürchten, daß die Besatzungsmacht der Römer mit eisernem Dreschflegel dreinschlägt, wenn es wieder durch irgendwelche Messiasgerüchte zu Aufruhr und Durcheinander kommen sollte. Alle also haben sie Grund, Jesus zu fürchten; alle haben den Wunsch, ihn loszuwerden, nur daß man sich nicht getraut, auf geradem Wege gegen Jesus vorzugehen. Lieber möchte man wie auf unsichtbaren Knopfdruck hin die Mühle des Gesetzes ins Laufen bringen, um Jesus zwischen ihre Mahlsteine zu schieben. Und man weiß schon, wie ein solcher Plan gelingen kann.

Seit den Tagen, da die Schritte der römischen Legionen Judäa für die Weltmacht Rom besetzten – ein Land, das ihnen etwa so viel (oder wenig) bedeutete wie Vietnam den Amerikanern oder wie Afghanistan den Sowjets –, diskutierte man unentwegt in Israel über die Frage, ob man dem Kaiser Steuern zahlen dürfe oder nicht[5]. Gott allein ist König in Israel[6]; ein Kaiser,

tungspflicht, die in dem Augenblick aufhört, wo ich die Vorleistungen des Staates zurückweise. Wer auf die Segnungen der Römerherrschaft keinen Wert legt, braucht selbstverständlich keine Steuern zu zahlen. Aber er muß konsequent sein.» Und 111: «Mk 12,17 garantiert jedem Menschen das moralische Widerstandsrecht.» Zum Begriff des *«Zurückgebens»* im Sinne des Steuerrechts vgl. DERS.: Christus und die Caesaren, 116–120.

[5] S. o. zu Mk 12,13–17, Anm. 5; 11; 12.

[6] Vgl. SCH. BEN-CHORIN: Bruder Jesus, 124: «Man muß unter palästinensischen Juden gelebt haben, um die gewitterschwüle Atmosphäre eines solchen Gespräches ganz zu spüren ... Gespräche wie das im Evangelium geschilderte ... waren ungeheuer aktuell für uns. Nun wird man immer wieder eine besondere Eigenart jüdischen Verhaltens in dieser Beziehung zum fremden Imperium feststellen können, gerade in den Kreisen, die darum wissen, was Israel ist von Ewigkeit zu Ewigkeit! Eine kühle Distanz, eine am Letzten orientierte und deshalb an der Macht desinteressierte Abstandshaltung gegenüber dem Machtkoloß zeichnet diese echtesten Juden aus. Ganz anders ist ihre Haltung gegenüber den Juden, die nicht mehr wissen wollen um das, was Israel aufgetragen ist, die Jahwe an den Baal verraten und sein wollen ‹wie alle Völker›. Hier gibt es keine kühle Distanz, hier zieht ‹ein echter Israelit, in welchem kein Falsch ist› (Joh 1,47), ordentlich vom Leder. So ist in Jesu Verhalten gegenüber seinem jüdischen Landesherrn Herodes nichts von der splendid isolation zu spüren, die seine Haltung gegenüber dem Cäsar charakterisiert. Jenen Assimilanten und Römling nennt er rundheraus einen ‹Fuchs› (Luk 13,32), was immerhin eine handfeste Majestätsbeleidigung ist.» M. a. W.: selbst indem Jesus, wie die Herodianer,

der sich selbst für Gott erklärt, ist ein Gegengott, ein Götze, schlimmer als der Baal! Weswegen sonst wäre man aus Ägypten ausgezogen, um die Knechtschaft der Pharaonen abzuschütteln, wenn man nicht jetzt, etwa 1200 Jahre später, mit allen Kräften sich dagegen wehren wollte, erneut unter das Joch geschickt zu werden, nur jetzt von anderen Gottkönigen mit anderen Namen und in neuer Herrschaftsgewandung! Eine solche Unterwerfung zu dulden widerspricht den stärksten Impulsen des ganzen Alten Testamentes[7]. Also gibt es genügend Leute zur Zeit Jesu, die, wie sie meinen, im Namen Gottes zum Schwert greifen, um die Römer aus dem Land hinauszufegen, eine religiös motivierte Guerilla mit dem Ziel, an die Taten der Richter in der Zeit der Philisterkriege anzuknüpfen[8]. Selbst im Umkreis der Jünger Jesu gab es mindestens einen, der aus den Kreisen der «Eiferer», der «Dolchmänner» kam, ehe er sich Jesus anschloß: Judas der Zelot (Mk 3,18)[9].

Es gab daneben andere Kreise, vor allem die der Sadduzäer bzw. der Herodianer, die so dachten, wie BERTOLT BRECHT es in der Geschichte von Herrn Keuner und der Macht vorschlägt[10]. Die Mächtigen sind die Mächtigen, dagegen kann man nichts machen; folglich muß man sie gut ernähren, bis daß

das Steuerzahlen befiehlt, unterscheidet er sich doch aufs tödliche von der Art der Herodianer durch das Motiv seiner Einstellung und durch die Gelassenheit, mit der er das Problem löst.

[7] Vgl. M. BUBER: Königtum Gottes, in: Werke, II 485–723, der (S. 719) bes. auf den Freiheitsgedanken hinweist, der den Kampf um die Theokratie bestimmt; er entstammt offenbar «dem Urbeduinentum» und hat neben der Bibel vor allem die Geschichte des Islam wesentlich geprägt.

[8] Vgl. E. STAUFFER: Jerusalem und Rom, 74–87 (Die jüdische Naherwartung), der die lange Liste der jüdischen Freiheitshelden mit messianischem Anspruch vom 2. Jh. v. Chr. bis zum 2. Jh. n. Chr. durchgeht – als eine endlose Kette von Fehlerwartungen, martialischen Grausamkeiten und furchtbaren Enttäuschungen.

[9] Vgl. zu Mk 3,18 E. DREWERMANN: Das Markus-Evangelium, I 310, Anm. 37.

[10] Vgl. B. BRECHT: Geschichten, 165–166: Maßnahmen gegen die Gewalt: «Als Herr Keuner, der Denkende, sich in einem Saale vor vielen gegen die Gewalt aussprach, merkte er, wie die Leute vor ihm zurückwichen und weggingen. Er blickte um sich und sah hinter sich stehen – die Gewalt. ‹Was sagtest du?› fragte ihn die Gewalt. ‹Ich sprach mich für die Gewalt aus›, antwortete Herr Keuner. – Als Herr Keuner weggegangen war, fragten ihn seine Schüler nach seinem Rückgrat. Herr Keuner antwortete: ‹Ich habe kein Rückgrat zum Zerschlagen. Gerade ich muß länger leben als die Gewalt.» Und er erzählte eine Geschichte, wie jemand einen Agenten der Gewalt in seiner Sadt beherbergt und bewirtet und ihn zu Tode pflegt, bis daß er endlich dazu kommt, sein Nein gegen die Dienstbarkeit gegenüber der Gewalt offen auszusprechen.

ihnen entweder der Wanst platzt oder das Herz sich verfettet; dann sterben sie schneller. Die entscheidende Kunst, die es im Umgang mit der Macht zu lernen gilt, besteht darin, sie zu überleben. Man muß mit den Mächtigen solange paktieren, bis ihnen die Haare grau werden und der Bart lang; spätestens wenn ihnen die Zähne ausfallen, ist die Zeit gekommen, sie zu verjagen.

Kann man zwischen diesen beiden Standpunkten wählen oder zwischen ihnen vermitteln? Kann man ihnen widersprechen, wenn man Verstand besitzt und an den Gott Israels glaubt? Jesus widerspricht keinem der beiden Standpunkte, aber er teilt auch keinen dieser beiden Standpunkte. Im Gegenteil versucht er, die ewige Hoffnung auf die Herrschaft Gottes aus dem Herzen des Menschen selbst zu begründen und unmittelbar im Zusammenleben der Menschen zu verwirklichen. Von daher lehnt Jesus es prinzipiell ab, die Politik als Mittel oder gar als Bedingung der Religion zu verstehen. Der Gegensatz ist absolut. In den Augen Jesu geht es nicht an, die Frage nach Gott mit der Frage nach der Organisation von Menschenmacht zu identifizieren und die Probleme, die sich dann stellen, auf dem Niveau juristischer Spitzfindigkeiten und ideologischer Rechthabereien lösen zu wollen. Politische oder wirtschaftliche Fragen kann man nur beantworten, indem man sie relativiert und es geradezu vermeidet, in ihnen etwas absolut Entscheidendes zu sehen; es handelt sich um praktische Probleme, die man pragmatisch lösen muß[11]. Die Herodianer und Pharisäer z. B., die hier zu Jesus kommen, tragen die Steuermünzen des Kaisers selber bei sich; sie handeln und machen Geschäfte mit seinem Geld; also ist es widersinnig, so zu tun, als wenn die

[11] Dennoch gilt es, neben der *Relativierung* des Politischen vor allem den *Gegensatz* des Politischen so klar wie möglich herauszustellen. Es war L. Feuerbach: Über Philosophie und Christentum in Beziehung auf den der Hegelschen Philosophie gemachten Vorwurf der Unchristlichkeit, in: Werke, II 261–330, der (S. 318) die Christen allesamt «Heuchler und Lügner» nannte, indem sie inmitten des von Grund auf *unchristlichen*, säkularen Staates die «Früchte des alten Glaubens ... im Jenseits genießen» wollten, «aber im Diesseits ... unterdessen die Früchte des modernen Unglaubens (sich) köstlich schmecken lassen» wollten. Er fährt (S. 319) fort: «... sind denn unsere Staaten wirklich *christliche* Staaten? Stimmt der Begriff des Staates überhaupt mit dem Christentum überein ... Weiß das Christentum von etwas anderem als von einer religiösen Gemeinde? Widerspricht nicht selbst schon eine solche religiöse Gemeinde, die äußerlichen Staat und Prunk macht, die selbst durch den Donner der Kanonen die Kraft ihres geistlichen Segens unterstützt, dem Wesen des Christentums, geschweige erst der Staat?» Es ist, wie Feuerbach sehr richtig sagen wollte, mit dem Namen des Christus alles, nur kein Staat zu machen.

Frage nach der Steuer an den Kaiser nicht *de facto* längst entschieden wäre[12]. Die eigentliche Frage stellen weder die Pharisäer noch die Herodianer, aber sie ist diejenige, auf die Jesus wirklich antwortet: Auf die römische Münze ist das Bild des Kaisers geprägt worden, und folglich gehören dem Kaiser die Denare in Silber, die sein Portrait tragen; aber in das menschliche Herz hat Gott sein Bild eingeprägt, und so lautet die entscheidende Frage, wem wir als Menschen gehören.

Es geht uns religiös heute gewiß nicht zentral um die Frage des Finanzamts und um die Notwendigkeit, unseren «Pflichten» als Bürger eines säkularen Staates nachzugehen; aber ein wesentliches Problem liegt darin, in welchem Umfang wir an Autoritäten glauben, die es uns nur begrenzt oder gar nicht erlauben, menschlich zu denken oder zu handeln[13]. Man braucht nur an die

[12] Die «Logik Jesu» ist sehr einfach: «Die Gegner Jesu haben den Reichsdenar in der Tasche, obgleich er die Hoheitszeichen des Kaisers trägt. Sie haben darum kein Recht, dem Reichsoberhaupt aus politischen Gründen den Steuertribut vorzuenthalten.» E. STAUFFER: Die Botschaft Jesu damals und heute, 106. Vgl. G. BORNKAMM: Jesus von Nazareth, 111–112: «die Gegner werden bei einer Entscheidung behaftet, die sie ja längst schon getroffen haben. Munter treibt man Handel und stößt sich nicht an Bildnis und Kaiseremblemen... Erst wenn es ums Steuerzahlen geht, ... sieht man sich zum ‹Bekenntnis› aufgerufen.»

[13] Es ist in historisch-kritischem Sinne ganz richtig, wenn R. SCHNACKENBURG: Die sittliche Botschaft des Neuen Testamentes, 89 zur Stelle bemerkt: «Jesus gibt dem römischen Kaiser nicht die Gloriole des Gottesgnadentums – sonst könnte er Kaiser und Gott nicht so gegenüberstellen... 2) In seinem Bereich hat der Staat, auch der heidnische, seine Bedeutung... 3) ... Jesus aber... macht... gegenüber der Staatsgewalt Vorbehalte: Sie darf Gottes Ehre nicht antasten... 4) Die Begrenztheit und Vergänglichkeit des Staates hebt Jesus zwar nicht ausdrücklich hervor; aber er weiß um seine Abhängigkeit von Gottes Willen und Macht.» *Theologisch* aber und *psychologisch* tut R. SCHNACKENBURG so, als ob die Gebilde menschlicher Staatengemeinschaften nicht samt und sonders Notverordnungen und Notgemeinschaften im Felde der Angst darstellen würden. Nicht um die «Vergänglichkeit» des Staates geht es, sondern um die verinnerte Gewalt, an der er selber zugrunde gehen muß; und nicht die «Begrenztheit» des Staates ist das Problem, sondern die ständige Notwendigkeit und Neigung aller staatlichen Gebilde, aus Angst um den eigenen Bestand Menschen in Mittel für ihre vermeintlich höheren Zwecke, für das «Gemeinwohl» z. B., zu verwandeln. Zu den Strukturen der Gruppenbildung im Felde der Gottesferne vgl. E. DREWERMANN: Strukturen des Bösen, III 340–343. Indem Exegeten wie R. SCHNACKENBURG den *wesentlichen* Konflikt zwischen dem «Reich Gottes» und den Reichen dieser Welt in lediglich historischen Vokabeln zu beschreiben sich unterfangen, verharmlosen sie nicht nur das bestehende Problem, sondern sie reden *de facto* dem bürgerlichen Autoritätsdenken das Wort und widerlegen im Grunde den Christus, wo sie

Erfahrungen des Dritten Reiches zu erinnern, um zu wissen, wie verführbar wir der Macht gegenüber sein können. Menschen, deren bürgerliche Moral an sich außer Frage stand, gute Familienväter, treusorgende Ehemänner, erfolgreiche Beamte, waren damals nicht nur fähig, sondern glaubten sich geradezu verpflichtet, mit den Nazis paktieren zu müssen; nur deshalb dienten sie den braunen Machthabern, setzten ihre Befehle durch, ließen sie sich selber nach dem Vorbild des «Führers» einen Schnauzbart wachsen und hängten das Hitlerbild an die Wand ihrer Wohnstuben; noch einen Monat vor der Kapitulation, am Geburtstag des Führers, hißten sie die schwarz-weiß-rote Fahne. Sie alle *wußten*, was sie taten; aber eine amtliche Behörde, eine staatliche zumal, galt in ihren Augen als etwas Heiliges, dem man Gehorsam, Treue, Opferbereitschaft, die Erfüllung eidlicher Verpflichtungen in jeder Weise *schuldig* war, schon einfach deshalb, weil in den Händen dieser Instanz die Macht lag[14].
Man muß nicht aufzählen, was die Folgen einer solchen Mentalität der Angst, der Ohnmacht und des Untertanengeistes zu sein pflegen. Es braucht ein jeder nur die Gefühle zu beachten, mit denen er zu irgendeiner Behörde geht, egal, ob zu einer kirchlichen, staatlichen oder sonstigen «Dienststelle». Allein schon, daß man einer «Autorität» gegenübersteht, macht aus uns als ansonsten erwachsenen Menschen große Kinder. Der Pulsschlag erhöht sich, die Speichelabsonderung versiegt im Mund, die Beine werden wackelig; Menschen, die normalerweise vernünftig zu denken und zu reden vermögen, fangen plötzlich an zu stottern, nur weil jemand ihnen als Vertreter der Macht, als Beamter gegenübertritt. Man hört auf, ein Mensch zu sein, sobald man nur einer «Behörde» mit ihren «Amtsträgern» begegnet. Und diese Entwürdigung gegenüber der Macht und ihren Repräsentanten scheint heute

vorgeben, seine Worte wortgetreu auszulegen. Mit Recht betont G. Bornkamm: Jesus von Nazareth, 113, es gehe in Mk 12,17 nicht darum, «schiedlich-friedlich-säuberlich die Bereiche des Politischen und Religiösen voneinander» abzugrenzen, sondern es gehe um die Freiheit der Gottesherrschaft gegenüber den politischen Verhältnissen; aber eben diese Relativierung des Politischen ist das Problem!

[14] Vgl. das wichtige Buch von H. Arendt: Elemente und Ursprünge totaler Herrschaft, Frankfurt 1955, mit einem Vorw. v. K. Jaspers, in dem der Nachweis erbracht wird, daß totalitäre Systeme förmlich darauf gründen, «jeden Menschen auf eine sich immer gleich bleibende Identität von Reaktionen zu reduzieren, so daß jedes dieser Reaktionsbündel mit jedem anderen vertauschbar» ist. Zu dieser Verwandlung des Menschen in die bloße *«Serialität»* vgl.. E. Drewermann: Strukturen des Bösen, III 338–340; 365–370; 381–387; 420–425.

die eigentliche Form zu sein, «Steuern» zu zahlen, Steuern nicht in Form von Geld, aber in Form von Seelenpreisgabe, von Prostitution. Das ist es offenbar, was Jesus sagen wollte: in unserem Herzen sollte einzig Gott die Macht besitzen; vor Menschen aber, egal, was sie für ein Gewand anhaben, ob ein graues oder grünes oder schwarzes, als Soldaten, Polizisten oder Priester, lohnt es nicht, sich zu fürchten. Es macht unendlich glücklich, weit und groß, auf Gott zu hören, der in unserem eigenen Herzen redet, sehr leise oft, doch immer ganz deutlich. Wir Menschen sind nicht dazu da, als Sklaven irgendwelcher Herren zu fungieren, und erst wenn wir uns selber zu Sklaven des Geldes machen lassen, werden wir in die Abhängigkeit der Geldhersteller gezwungen. Nur wenn wir das Geld so verehren wie Gott, müssen wir die Herren der Welt zu Göttern erklären; dann gelten in unserem Leben nur die Ziele, die man verwalten kann; dann sind wir die untersten Untertanen im Reiche der Macht, des Geldes und der Gewalt.

Wenn aber das Geld nur Geld ist, so relativiert sich alles. Wenn die Macht erkannt wird in ihrer Ohnmacht, hat Gott die Chance, unser Herz mit Licht und Wärme zu durchstrahlen. Wenn die Angst verfliegt, die uns an das Geld bindet, wie an einen Abgott, wie an einen Fetisch, können wir endlich beginnen, für unser eigenes Leben zuständig zu sein[15]. Denn wir tragen Gottes Bild in unserem Herzen. Diese wunderbare Würde besitzen wir. Die ganze Kunst unseres Lebens besteht darin, uns selber und die Menschen, die uns nahestehen, so wahrnehmen zu lernen, daß sie uns erscheinen als Abbild und als Spiegel, in dem wir Gottes Antlitz sehen. Was wäre Liebe unter Menschen sonst, wenn nicht dieses Vermögen, das Bild des Ewigen in der Seele eines anderen sterblichen Menschen wiederzuerkennen, mit einem Gefühl voller Dankbarkeit und reich beschenkt mit dem Glück des Himmels?

Im Raum einer solchen Freiheit und Liebe kann und muß die Praxis beendet sein, mit der wir uns hinter den «Autoritäten» verschanzen, – das Lakaientum, die Speichelleckerei, das Schuheabputzen, das Staubfressen kann endlich aufhören. Ein eigenes Rückgrat, ein eigener Stolz, ein eigener Mut vermag fortan unser Handeln zu bestimmen. Stets sind es die Ohnmächtigen, die Zwerge, die kleinen Geister, die nach den Autoritäten rufen, um sich selbst zu legitimieren, um ihre Handlungsweisen zu rechtfertigen und um sich selber aufzublähen in dem Wahn einer fremden, geliehenen Größe. *«La médiocrité fonda l'autorité»*. Die Franzosen haben recht[16].

[15] S. o. zu Mk 10,17–31.

[16] So meinte A. VON HARNACK: Das Wesen des Christentums, 125, von der Entwicklung

Vielleicht ist dies das Schlimmste, jedenfalls markiert es die Schranke jeder Menschlichkeit, daß regelmäßig die größte Feigheit sich verbirgt in der Obhut geborgter Macht. So die Pharisäer, so die Herodianer. Sie alle sind plötzlich einmütig und einträchtig die ergebenen Handlanger des Kaisers in Rom[17]. Sie müssen eine drohende Gefahr abwenden! Es geht ihnen wirklich nur um das Wohl des Vaterlandes, um das Wohl des auserwählten Volkes! Am Ende werden sie sogar Pilatus gefügig machen mit der Erklärung, man wisse nur zu gut, wer des Kaisers Freund sei oder nicht (Joh 19,12). Sie werden den Widerspruch nicht einmal merken, mit dem sie als die sorgsamen Vertreter der Sache Gottes schließlich römischer sind als die Römer. Es braucht die Feigheit stets ihr objektives Alibi, um sich dahinter zu verstekken, und die angstvoll Gehorsamen sind stets am frühesten und promptesten die Gefolgsleute der Führer, der scheinbar ganz Großen, der Unpersonen auf den Sockeln der Geschichte.
Das ist es, was Jesus meinte, als er sagte: «Gebt dem Kaiser, was des Kaisers ist.» Was einem «Kaiser» gehört, ist so banal, so simpel, so billig und so

der Priesterreligion im Katholizismus des 3. Jh.s: «Ganz abzuweisen... ist die oberflächliche Meinung, daß der persönliche Ehrgeiz einiger die Gesetzlichkeit und das ganze Priesterwesen begründet habe... La médiocrité fonda l'autorité. Wer die Religion nur als Sitte und Gehorsam kennt, der schafft den Priester, um einen wesentlichen Teil der Verpflichtungen, die er fühlt, auf ihn abladen zu können; er schafft auch das Gesetz, denn ein Gesetz ist den Halben bequemer, als ein Evangelium.» Nicht nur mit Bezug zum *Staat*, – die Kirche selbst muß sich fragen, inwieweit sie im Getto der Angst Strukturen von Herrschaft und Macht in ihre Praktiken und Institutionen aufgenommen hat, die sich gerieren wie ein «Königtum» von Gottes Gnaden, nur schlimmer: Im Raum der Kirche hängt vermeintlich die Beziehung des Menschen zu Gott davon ab, ob jemand mit den anerkannten Lehren und Ordnungen der Kirche übereinstimmt oder nicht, und ob er sich den approbierten Vermittlungsinstanzen gehorsam zeigt oder ob er es wagt, gerade in Sachen Gottes ein eigenes Herz zu behalten und seinen eigenen Kopf zu gebrauchen.

[17] Man muß sich klarmachen, daß diese Einheit von Religion und Macht, die Jesus tötet, bereits mit der Auslegung beginnt, die JUSTIN: Erste Apologie, 17, in: G. Rauschen (Übers.): Frühchristliche Apologeten und Märtyrerakten, I 11–84, S. 29–30 der Stelle von Mk 12,17 gibt: «Darum beten wir zwar Gott allein an, euch (sc. den Kaisern, d. V.) aber leisten wir im übrigen freudigen Gehorsam, indem wir euch als Könige und Herrscher der Menschen anerkennen und beten, daß ihr nebst eurer Herrschermacht auch im Besitze vernünftiger Einsicht erfunden werdet.» Mit solcher Exegese empfahlen die Christen sich als die *besseren* Bürger Roms und wurden es schließlich auch; Jesus aber ging es um die Gottesherrschaft, indem er die tödliche Macht Roms und aller Herrschaftsgebilde der Welt in ihrer strukturellen Gewalt herausforderte und entlarvte.

relativ, – es ist nicht unser Leben, und es braucht nicht unser Leben zu bestimmen. Aber: «Gebt Gott, was Gottes ist.» Denn er ist unsere Größe, unsere Schönheit, unsere Würde, unsere Freiheit. Wir sollten unser Leben nicht vertun, indem wir an die Macht von Menschen glauben. Es gibt nur eine Macht, sehr sanft, sehr stark, in unserem Herzen – die Macht der Liebe Gottes. Sie ist imstande, Eis zu schmelzen, Eiszeiten zu beenden und in Wüsten Wälder anzupflanzen. Die Sanftmut ist die furchtbarste Gewalt der Erde[18].

Mk 12,18–27: Die Frage nach der Auferstehung der Toten

[18]Auch kommen Sadduzäer zu ihm, die da sagen, eine Auferstehung
gebe es nicht, und sie fragten ihn, sprechend: [19]Meister, Moses hat
uns vorgeschrieben: *Wenn einem der Bruder stirbt* und läßt eine Frau
zurück, *hinterläßt aber kein Kind,* so *nehme sein Bruder die Frau und*
lasse Nachkommen seinem Bruder erstehen (Dtn 25,5 f.; Gen 38,8).
[20]Da waren sieben Brüder: Der erste nahm eine Frau, und als er starb,
hinterließ er keinen Nachkommen. [21]Da nahm der zweite sie, doch
auch er starb, ohne einen Nachkommen zu hinterlassen, und der
dritte ebenso, [22]und so hinterließen die sieben keinen Nachkommen.
Zu allerletzt starb auch die Frau. [23]Bei der Auferstehung, – wenn sie
dann auferstehen, – wessen Frau von ihnen wird sie dann sein? Alle
sieben hatten sie ja zur Frau. [24]Sprach zu ihnen Jesus: Irrt ihr nicht
deswegen, weil ihr weder die Schriften noch die Macht Gottes kennt?
[25]Wenn sie nämlich von den Toten auferstehen, heiraten sie weder
noch werden sie verheiratet, sondern sie sind wie die Engel in den
Himmeln. [26]Über die Toten aber – daß sie auferweckt werden, habt
ihr nicht gelesen im Buche des Moses, beim Dornbusch, wie Gott zu
ihm sagte, sprechend: *Ich bin der Gott Abrahams und – der – Gott*
Isaaks und – der – Gott Jakobs (Ex 3,6.15 f.)? [27]Nicht ein Gott von
Toten ist er, sondern von Lebenden. Sehr irrt ihr euch!

[18] Nach F. M. Dostojewskij: Der Idiot, 3. Teil, Kap. 6, S. 385: «Man sagt, Sanftmut sei eine furchtbare Macht: ich muß mich beim Fürsten danach erkundigen, das ist sein eigener Ausdruck.»

So konstruiert und lächerlich auch immer, – worauf die Frage der Sadduzäer sich richtet, macht den Kernpunkt all unserer Hoffnung aus. Gibt es ein ewiges Leben oder nicht[1]? Dürfen wir hoffen auf eine Auferstehung jenseits des Todes? Daran entscheidet sich *alles*.

Um die Bedeutung dieser Frage ins rechte Licht zu rücken, hat der französische Philosoph und Mathematiker Blaise Pascal [2] einmal die Herausforderung der Skeptiker aufgegriffen. Streng deinen Kopf an, meinte Pascal , und geh mit mir eine Wette ein. Du sagst: Wer beweist mir die Tatsache des ewigen Lebens? Du fragst: Komme ich mit dem Glauben an ein jenseitiges Leben nicht in die Gefahr, das Diesseits darüber zu versäumen? Nun, so vergleiche miteinander. Ich setze den Glauben an ein unendliches Leben im Jenseits gegen das endliche Leben im Diesseits. Gesetzt, *du* hast recht; ich verliere die Wette, und es gibt kein Jenseits. Was hätte ich dann verloren? Gemessen an der Unendlichkeit, buchstäblich ein Nichts; nichts hätte ich verloren gegenüber der Ewigkeit. Aber jetzt du. Gesetzt noch einmal, *du gewinnst* die Wette, und es gibt nur das Diesseits; was hältst du dann in Händen? Ein paar Jahrzehnte, wenn es gutgeht, eine kurze Weile durchschnittlichen Glücks, und dann eine Ewigkeit lang gar nichts. Und wie erst, *du verlierst* die Wette, und es gibt die Ewigkeit; es existiert die Unendlichkeit, du aber hast versäumt, an sie auch nur zu denken? Dann verlierst du alles, und zwar alles für ein Nichts. – Wähle also, wie du das Gewicht deines Lebens verteilen willst. Vermeiden zu wählen kannst du nicht. Wir werden sehen.

Es ist eigenartig, daß das Alte Testament als die einzige große Religion der Menschheit den Glauben an die Auferstehung eigentlich nicht kennt[3]. In

[1] Zu Recht meinte I. Kant: Kritik der praktischen Vernunft, Werke, VII 103–302, S. 252–254, daß die Forderung des Sittengesetzes subjektiv nur solange als sinnvoll gedacht werden könne, als man annehme, daß es einen *unendlichen* Progreß der sittlichen Vervollkommung gebe, als deren Träger eine *unsterbliche Seele* vorgestellt werden müsse.

[2] Vgl. das Argument der Wette bei B. Pascal: Über die Religion, Nr. 195, S. 110–112.

[3] Man wird dieses Faktum wohl nur aus der massiven Abwehr der *ägyptischen* Religion erklären können, in deren Mittelpunkt die Lehre von der Unsterblichkeit des Menschen eine überragende Rolle spielte. Freilich gab es auch im Alten Ägypten «Weisheitslehren», denen in bitterem Sarkasmus jede Form von Jenseitshoffnung für die pure Illusion galt und die stattdessen zu einem möglichst intensiven Genuß des allzu kurzen Lebens aufriefen, wie das Harfnerlied im Grabe des Veziers *Paser*: «Feiere einen schönen Tag, o Gleichmütiger! Was der Gott liebt, das gibt er Dir. Brot, Bier, Wein und Salböl ... Siehe, das Geschick vermehrt nicht seine Tage ... Niemand der fortging, kam wieder.» S. Schott:

Altägyptische Liebeslieder, 134–135. Das sind Gefühle und Gedanken, wie sie z. T. auch im Alten Testament vertreten werden; vgl. Hi 7,9: «Die Wolke entschwindet und geht dahin; so kommt nicht herauf, wer ins Totenreich stieg.» Aber *dagegen* steht immer wieder das ägyptische Credo: «Was die Zeit, die man auf Erden verbringt, betrifft, so ist sie diese (kurze) Zeit eines Traumes, und (schon) sagt man: ‹Willkommen, heil und wohlbehalten!› dem, der den Westen erreicht.» A. a. O., 137. Es ist *ägyptisches* Gedankengut, wenn in Weish 1,16 – 2,20 die Leugnung der Unsterblichkeit als gottlos abgelehnt wird; vgl. K. Siegfried: Die Weisheit Salomos, in: E. Kautzsch (Hrsg.): Die Apokryphen und Pseudepigraphen des Alten Testaments, I 476–507; vgl. Fr. W. von Bissing: Altägyptische Lebensweisheit, 143–145. F. Nötscher: Altorientalischer und alttestamentlicher Auferstehungsglaube, 177–185, der eine «ägyptische Beeinflussung des israelitischen Auferstehungsglaubens» für «höchst unwahrscheinlich» erklärte (S. 185), betonte zwar zu Recht den Unterschied zwischen der mythischen Religion der Ägypter und dem geschichtlichen Denken Israels, aber er übersah (wie viele seiner Nachfahren) gänzlich die Vorbildfunktion, welche die mythische Vision gegenüber der späteren philosophischen (vor allem platonischen) Reflexion besitzt, sowie die *archetypische*, nur psychologisch (nicht historisch) verstehbare *Einheit*, die den ägyptischen *Osiris* mit den sterbenden und auferstehenden Göttern des Alten Orients verbindet. Wie radikal Israel den Tod entmythisierte, die Begräbnisstätten entheiligte, das Tote als «unrein» bezeichnete und mit aller Macht die *Totenbeschwörung* zu unterbinden suchte, dazu vgl. H. W. Wolff: Anthropologie des Alten Testamentes, 150–162. W. Eichrodt: Theologie des Alten Testamentes, II 151 betonte sehr richtig, daß es vor allem der Ausschließlichkeitsanspruch des iraelitischen Gottes war, der jede Art von Totenkult ebenso bekämpfen mußte wie die Vergöttlichung der Natur (als deren Teil der Tod erscheint): «Die Bedeutungslosigkeit der Toten für das normale Leben des Israeliten ist eine unzweifelhafte Tatsache, die in der antiken Religionsgeschichte nur... eine Parallele findet... im Griechentum Homers... In der feudalen Gesellschaft der homerischen Zeit ist es ein ungehemmter Lebenswille, der... den Toten... auf den Hades beschränkte... In Israel dagegen war es das erschütternde Erlebnis des göttlichen Herrscherwillens, das die Pforte des Totenreiches verschloß und den Verkehr mit den Abgeschiedenen unter Verdikt stellte. Jahwes exklusiver Herrschaftsanspruch erstreckte sich nicht nur auf fremde Götter, sondern auch auf die unterirdischen Mächte... Dabei beschränkte sich seine Herrschaft mit Bewußtsein auf das Diesseits, auf dieser Erde sollte Gottes Reich aufgerichtet werden.» «So schloß also die mosaische Religion das Tor der Sche'ol (sc. der Unterwelt, d. V.) hermetisch ab.» Es ist die Ausdehnung der Macht Jahwes auch über die Mächte der Natur, die schließlich auch das Vakuum des Todes dem Anspruch Gottes zurückgibt und die ersten Ansätze eines Auferstehungsglaubens vorbereitet; vgl. H. W. Wolff: Anthropologie des Alten Testamentes, 162–166 mit Bezug zu Ps 36,8–10; 73; 88; 139,8 u. a. V. Maag: Tod und Jenseits nach dem Alten Testament, Schweizerische Theologische Umschau, 1964, 17–37, S. 30 sagt demgemäß vor allem mit Bezug zu den Vorstellungen der *Apokalyptik*: «Wenn Gott alles in allem ist, kann es in der Apokalyptik konsequent keinen Tod mehr geben.» Vgl. Jes 25,8; 26,19. Dennoch bleibt die Einstellung gegenüber dem Tod im Erbe des *Kampfes* Jahwes gegen den *Mythos* der Unsterblichkeit nach wie vor zwiespältig: «Der Tod liegt extrem fern von Gott und er bildet keine selbständige Gegenmacht.» Wolff: A. a. O., 166. Auf der anderen Seite ist es gerade die gläubige Gottesgewißheit, die Gott zutraut, insbesondere die *Märtyrer* in der Stunde des Todes nicht allein zu lassen, eine Meinung, die besonders von dem Kreis der *Pharisäer* nachdrücklich vertreten wurde; vgl. U. KELLERMANN: Auferstanden in den Himmel, 99–109. FLAVIUS JOSEPHUS: Jüdische Altertümer, XVIII 1, 3, S. 506 referiert ausdrücklich als Meinung der Pharisäer, «daß die Seelen unsterblich sind und daß dieselben, je nachdem der Mensch tugendhaft oder lasterhaft gewesen, unter der Erde Lohn oder Strafe erhalten». Vgl. DERS.: Der jüdische Krieg, II 8,14; Bd. I 179; s. auch F. NÖTSCHER: Altorientalischer und alttestamentlicher Auferstehungsglaube, 269–272; H. L. STRACK – P. BILLERBECK: Kommentar zum Neuen Testament aus Talmud und Midrasch, IV 2, 1130–1144. – *Religionspolitisch* ist insbesondere der *kämpferische* Charakter zu beachten, der dem Auferstehungsglauben im Spätjudentum zukommt, so daß M. HENGEL: Die Zeloten, Leiden-Köln 1961, 263–277 gerade für die *Zeloten* die Hoffnung auf Auferstehung und auf gerechte Belohnung (der Märtyrer) als wesentlich herausstellt. FLAVIUS JOSEPHUS: Jüdische Altertümer, XVII 6, 2, S. 464; DERS.: Der jüdische Krieg, I 33,2–3, Bd. 1, S. 147–148 berichtet denn auch, wie z. B. die Gesetzeslehrer *Judas* und *Matthias* dazu aufrufen, unter Einsatz des Lebens den goldenen Adler zu entfernen, den Herodes am Tempel hatte anbringen lassen: «Wer auf diese Weise ende, dessen Seele werde unsterblich sein und werde sich für ewige Zeiten in Glück und Seligkeit fühlen.» – Demgegenüber vertraten die *Sadduzäer* die im Grunde ältere Ansicht, die FL. JOSEPHUS: Der jüdische Krieg, II 8,14 so wiedergibt: «Gott, so behaupten sie, habe gar nichts zu tun mit bösem Handeln, ja es interessiere ihn überhaupt nicht, vielmehr sei es dem Menschen anheimgegeben, das Gute oder das Schlechte zu wählen, und die Menschen griffen nach dem einen oder nach dem anderen, je nachdem, wie sich der einzelne entscheide. Ein Fortleben der Seele, ferner Belohnung und Strafe im Hades verwerfen sie.» Vgl. H. L. STRACK – P. BILLERBECK: Kommentar zum Neuen Testament aus Talmud und Midrasch, IV 1,334–352, S. 344. Wesentlich zum Verständnis dieser Einstellung ist die Tatsache, daß die Sadduzäer «im Unterschied zu den Pharisäern von vornherein eine politische Partei» waren. «An der Spitze des kleinen jüdischen Staatswesens stand seit mindestens um 200 v. Chr. ein aristokratischer Senat... (später Synedrion genannt); in seiner Hand allein lag die Regierung und Rechtsprechung. Der Senat setzte sich zusammen aus Vertretern der vornehmen Priesterschaft, der *benej tsadoq*, und aus Laien... Als Vorsitzender des Senats fungierte der auf Lebenszeit bestellte Hohepriester.» A. a. O., IV 1,339. Obwohl die Zadoqiden in den Makkabäerkriegen das Hohepriestertum an die Hasmonäer abgeben mußten, blieb die Institution des Synhedriums dennoch erhalten; es blieb vor allem die enge Bindung der «Sadduzäer» an die Priesterschaft erhalten, wenn auch die «Schriftgelehrten», die eigentlichen Gesetzeskundigen im Synhedrium, «sicher meist Pharisäer gewesen» sind – (a. a. O., IV 1,342–343). Vgl. R. MEYER: Saddoykaios, in: G. Friedrich (Hrsg.): Theologisches Wörterbuch, VII 35–54, S. 43–46. – Erst vor dem Hintergrund der entscheidend *politischen* Ausrichtugn der *Sadduzäer* versteht man den Zusammenhang, den die Frage nach der Auferstehung mit der vorhergehenden pharisäischen und zelotischen Frage nach der Kaisersteuer hat: Wer an ein ewiges Leben glaubt, liefert ein weiteres Indiz dafür, daß er möglicherweise politisch gefährlich ist – ihm gelten die Rücksichtnahmen der politischen Vernunft nicht als die *ultima ratio* aller Überlegungen, er macht Verdacht, das Zeug zum Martyrium in sich zu haben; und es ist gerade der Wille der

gewissem Sinne hat es diese Vorstellung sogar bekämpft. Es fürchtete, daß, wer an ein Weiterleben nach dem Tode glaubt, augenblicklich von Geister- und Gespensterfurcht erfaßt würde; die Schatten der Vorfahren würden unser Leben heimsuchen und mit Angst durchziehen, und Ahnenkult und Unterwürfigkeit würden uns die Freiheit einer eigenen Existenz rauben; die Personen unserer Eltern wären schließlich unendlich mächtiger als wir, und so blieben wir an die Vergangenheit gebunden; sie verdeckte alle Zukunft. Demgegenüber meinte das Alte Testament, Gott, der uns geschaffen habe, wolle, daß wir selber leben, unverfälscht und würdig, in Verantwortung des eigenen Lebens, mit der Eröffnung einer eigenen Zukunft[4].

Sadduzäer, *keine* Märtyrer zu schaffen, der in dem pharisäischen Glauben an die Auferweckung der Toten, speziell der Märtyrer, einen politisch gefährlichen Fanatismus erblikken muß. – Merkwürdigerweise wird in den historisch-kritischen Kommentaren zur Stelle die politische (und gesellschaftliche!) Brisanz der Auferstehungsfrage im Munde der Sadduzäer ausnahmslos übersehen oder übergangen; schon RUD. BULTMANN: Die Geschichte der synoptischen Tradition, 25, der in dem ganzen Gespräch eine nach rabbinischem Charakter geformte Gemeindebildung zu erkennen glaubte, wunderte sich deshalb, «daß die Sadduzäer gerade den Auferstehungsglauben der Gemeinde als Angriffspunkt gewählt haben sollten.» R. MEYER: *Saddoykaios*, in: G. Friedrich (Hrsg.): Theologisches Wörterbuch zum Neuen Testament, VII 35–54, folgt (S. 46) der Darstellung des JOSEPHUS, daß nach sadduzäischer Vorstellung Gott «weder in die Gesamtgeschichte» eingreifen, noch ... für den Einzelmenschen» sorge, und folgert daraus: «Der Sadduzäismus erscheint damit als eine Schulrichtung, die zwar nicht theoretisch die Existenz Gottes leugnet, wohl aber auf einen praktischen Atheismus hinauskommt.» So wird man gerechterweise nicht sagen können; eher sollte man in den Sadduzäern Männer sehen, die – ähnlich dem aufgeklärten Standpunkt von B. DE SPINOZA: Theologisch-politischer Traktat, 228 – der Meinung waren: «Glücklich fürwahr wäre unsere Zeit, wenn wir sie von allem Aberglauben befreit sehen könnten.» Der *Vorteil* der sadduzäischen Haltung lag ohne Zweifel in der politischen Friedfertigkeit und dem soliden Pragmatismus ihrer Einstellung. Gerade ihm aber wird Jesus buchstäblich «geopfert» werden; s. u. Mk 14,53–65: Kaiphas oder: Es ist besser, wenn einer stirbt, als das Volk. – Als sehr ausgewogen und verständnisvoll erscheint nach wie vor die Darstellung bei E. MEYER: Ursprung und Anfänge des Christentums, II 279–329, bes. S. 299 zur Auferstehungsfrage, der zu Recht meint, die Sadduzäer verträten keinesfalls «eine aus Mißdeutung entsprungene Ketzerei ... In Wirklichkeit liegt die Sache gerade umgekehrt. Die Sadduzäer sind auf dem Standpunkt der Schriftgelehrsamkeit stehengeblieben; Werke wie die Weisheit des *Jesus Sirach* oder die *Chronik* und die gleichartigen Schriften wären, wenn man die spätere Terminologie schon in diese Zeit hineintragen dürfte, durchaus als sadduzäisch zu bezeichnen.» Es zeigt sich freilich, daß man in gewissem Sinne religiös konservativ sein kann, um desto mehr die Hände für den politischen Alltag frei zu bekommen.

[4] Sehr schön meint P. TILLICH: In der Tiefe ist Wahrheit, 35–38 zu dem *Zeitverständnis*

Was aber machen Menschen, die gerade in der Religion des Alten Testamentes sich ihres Wertes und ihrer Würde von Gott her bewußt geworden sind? Sie beginnen noch einmal und noch viel mehr die Sehnsucht nach dem Unendlichen zu spüren, und jetzt nicht mehr als Verschattung von Angst, als Verstörung des Lebens durch die Macht der Vergangenheit, sondern gerade umgekehrt, als Hoffnung, die eigene Bestimmung würdig zu leben und ausgreifen zu dürfen auf die Unendlichkeit Gottes[5].

Dies ist die wahre Verheißung der Religion, daß Gott, der uns schuf, uns von Ewigkeit her wollte und in Ewigkeit möchte, daß wir sind. Die ewige Liebe,

der Bibel: «Die Zeit ist nicht sinnlos. Sie hat einen verborgenen Sinn – Erlösung. Sie hat ein verborgenes Ziel – das Reich Gottes. Sie bringt eine verborgene Wirklichkeit hervor – die neue Schöpfung. Es ist die unendliche Bedeutung eines jeden Augenblicks der Zeit, daß wir uns in ihr entscheiden und daß in ihr über uns – über unsere ewige Zukunft – entschieden wird.» (S. 38) Paradoxerweise aber mußte offenbar der Jenseitsglaube als erstes in seiner mythischen Unmittelbarkeit *zerbrochen* werden, um die (altägyptische) Hoffnung auf ein ewiges Leben aus der Freiheit und Individualität des Menschen noch einmal zu begründen.

[5] Es ist ein ebenso bezeichnendes wie tragisches Mißverständnis, wenn F. SCHLEIERMACHER: Über die Religion, 87–88 die Sehnsucht nach dem Unendlichen, die er für die Quelle und den Inhalt der Religion hielt, geradewegs in Gegensatz zu der Hoffnung des Menschen auf individuelle Unsterblichkeit setzte: «Was aber die Unsterblichkeit betrifft, so kann ich nicht bergen, die Art, wie die meisten Menschen sie nehmen, und ihre Sehnsucht darnach ist ganz irreligiös, dem Geist der Religion gerade zuwider, ihr Wunsch hat keinen anderen Grund als die Abneigung gegen das, was das Ziel der Religion ist. Erinnert Euch, wie in ihr alles darauf hinstrebt, daß die scharf abgeschnittenen Umrisse unserer Persönlichkeit sich erweitern und sich allmählich verlieren sollen ins Unendliche, daß wir durch das Anschauen des Universums soviel als möglich eins werden sollen mit ihm; sie aber sträuben sich gegen das Unendliche, sie wollen nicht hinaus, sie wollen nichts sein als sie selbst und sind ängstlich besorgt um ihre Individualität.» (87) Das Gegenteil ist richtig: der Glaube an die individuelle Unsterblichkeit verstärkt nicht, sondern beruhigt und überwindet den Egoismus der Angst vor der Nichtigkeit der Existenz. Alle Angst vor dem Tode ist letztlich ein Reflex der Endlichkeit des individuellen Daseins, und eben diese Angst ist es, die dazu führt, sich wie verzweifelt an das endliche Leben zu klammern. Einzig das Vertrauen in die *Unendlichkeit* der individuellen Person vermag das Getto des Unheils der irdischen Existenz aufzubrechen; erst sie setzt die Kräfte frei, die zur Verschmelzung mit dem anderen Menschen oder mit dem «Universum» führen. SCHLEIERMACHER indessen verstand unter *Liebe* wesentlich die Liebe zur Menschheit, die Liebe zum All; was aber wäre die Liebe zur Menschheit wert, wenn sie sich nicht als Liebe zu dem einzelnen Menschen zu erkennen gibt? Wie aber kann man einen einzelnen Menschen lieben, ohne zugleich die Würde und Einzigkeit seiner Person ins Unendliche zu setzen? Nicht der Egoismus, die Liebe ist der tragende Grund dafür, Unsterblichkeit zu glauben.

die beschloß, uns ins Dasein zu rufen, will niemals mehr diesen Ruf zurücknehmen. In jeder Religion ist diese Zuversicht enthalten[6].

Was eigentlich spricht gegen diese Hoffnung außer dem Zeugnis der Sinne? Ein Mensch, der stirbt, hinterläßt einen Körper, der erkaltet, der ins Grab sinkt, der verwest[7]. Dies sagen uns die Sinne, und darin sind sie untrüglich. Wer nur den Sinnen glaubt, wird an kein jenseitiges Leben eine Hoffnung richten können; aber sein Dasein wird auch insgesamt unter den Bestimmungen rein äußerer Zwecksetzungen sich verströmen und verschleißen müssen. Seine Einteilungsschemata sind Glück und Pech, Gesundheit und Krankheit, Erfolg und Mißerfolg, Wohlergehen und Schmerz; dann aber wartet nach kurzer Zeit schon das Alter und schließlich der Tod auf ihn[8]. Dies war sein

[6] Besonders paläontologische Funde sprechen dafür, daß die Religion ihren Ursprung wesentlich der «Entdeckung» der Individualität und damit der Problematik des Todes verdankt. So meint H. MÜLLER-KARPE: Geschichte der Steinzeit, 248: «Die Personalität und die darauf beruhende (!) Religiösität des Menschen spiegeln sich besonders eindringlich in seinem Verhältnis zum Tod und zu den Toten wider... Der ausnahmslosen innerweltlichen Erfahrung zum Trotz wird der Tod nicht als etwas Endgültiges und die menschliche Existenz Auslöschendes hingenommen. Da der Lebende als Person nicht einfachhin mit seinem Körper identisch ist, wird der Verstorbene auch nicht als restlos tot angesehen... Ausschlaggebend ist hier... das angesichts eines Toten in besonderer Intensität zum Bewußtsein kommende Erleben dessen, was man Ewigkeit nennt... Insofern ist eine religiöse Haltung dem Tod und dem Toten gegenüber bereits vom Anfang des Menschseins an denkbar und wohl vorauszusetzen.» Vgl. E. DREWERMANN: Tiefenpsychologie und Exegese, II 504–506.

[7] W. F. OTTO: Die Manen oder von den Urformen des Totenglaubens, 99–104 hat zu Recht zur Begründung der Herkunft des Totenglaubens auf «jenes seltsame Grauen» (104) hingewiesen, das die Erfahrung des Todes, das Entsetzen vor dem Leichnam, auslöst. «Ein Gefühl, das sich mit solcher Energie zu allen Zeiten und bei allen Völkern geltend macht, ist älter als die primitivste Kultur, die wir kennen..., älter als alle uns bekannten Vorstellungen, älter als jede noch nur einigermaßen zur Klarheit und Formulierung gelangte Weltauffassung.» A. CAMUS: Der Mythos von Sisyphos, 19 sah demgegenüber in der Totenstarre den Inbegriff des Absurden und die sinnlich erfahrbare Widerlegung jedes Jenseitsglaubens: «Alle schönen Gespräche über die Seele bekommen hier... einen neuen Beweis ihres Gegenteils. Aus dem leblosen Körper, auf dem eine Ohrfeige kein Mal mehr hinterläßt, ist die Seele verschwunden.»

[8] Sehr eindringlich beschreibt der ägyptische Denkstein einer Frau aus der Ptolemäerzeit die stumpfe Majestät des Todes: «Was den Tod betrifft, so ist sein Name: Komm! / Alle, die er zu sich ruft, / kommen sofort zu ihm. / Ihre Herzen erschrecken aus Furcht vor ihm. / Es gibt keinen von Göttern und Menschen, der ihn erblickt, / und doch sind die Großen in seiner Hand wie die Kleinen. / Es gibt keinen, der seinen Wink abweisen könnte, / von

Leben; aber war es ein *menschliches* Leben? Kein Maulwurf möchte, wenn er denken könnte, derart existieren, um wieviel weniger ein Mensch, dessen oberste Bestimmung es ist, Geist zu sein und vom Geist bestimmt zu werden. Der Körper ist, geistig betrachtet, eigentlich nur der erste Ort, an dem die Seele zu leuchten beginnt; das scheinbar so zuverlässige Zeugnis der Sinne hingegen trifft selbst im Umgang mit der Materie nur sehr begrenzt zu. Schon längst haben wir aufgehört zu glauben, wenigstens die Materie sei etwas uns Bekanntes und Vertrautes; jeder Physiker wird uns heute erklären, daß Materie in Wahrheit nichts weiter sei als gefrorene Energie, geordnet nach mathematischen Gesetzen jenseits unseres Vorstellungsvermögens, rückverwandelbar vollständig in Energie[9]. Oder schauen wir in die Räume des Weltalls – vorstellen können wir uns seine Maße niemals; allein schon, um den Strukturen seiner Geometrie in etwa nahezukommen, bedürfen wir einer Mathematik der vierten Dimension[10]. Und in Wahrheit ist alles vermutlich noch unendlich viel komplizierter und großartiger, als wir es zu ahnen vermögen[11]. Schon um die unterste Stufe der Wirklichkeit zu begreifen, muß

sich und von denen, die er liebt. / Er reißt den Sohn von seiner Mutter / lieber als den Greis, / der in seiner Nähe herumgeht. / Alle Furchtsamen bitten vor ihm. / Er leiht ihnen nicht sein Ohr. / Er kommt nicht zu dem, der ihm huldigt. / Er hört nicht auf einen, der ihn rühmt. / Er blickt nicht auf irgend etwas, das ihm geschenkt wird. / O ihr alle, die ihr zu diesem Lande (sc. des Todes, d. V.) kommt, / weiht mir Weihrauch und Wasser an allen Festtagen des Westens.» S. Schott: Altägyptische Liebeslieder, 144–145. – Vor allem L. A. Seneca: Trostschrift an Marcia, XVII 2–XVIII 8, M. Rosenbach: Seneca, Philosophische Schriften, I 359–367 verglich in einem ergreifenden Bild das menschliche Leben mit einer Seefahrt nach *Syrakus*, die uns belohnt durch ihre Schönheit, doch an deren Ende der Tyrann *Dionysius* auf uns wartet.

9 Vgl. H. Reeves: Woher nährt der Himmel seine Sterne, 39–41 (Die Aschen des Urknalls); H. Fritzsch: Vom Urknall zum Zerfall, 265–281 (Der achtfache Weg der kosmischen Entwicklung).

10 Die beste Einführung zum Verständnis der «Geometrisierung der Zeit», die notwendig ist, um das nicht-euklidische Raum-Zeit-Kontinuum einer vierdimensionalen Welt zu beschreiben, ist nach wie vor A. Einstein: Über die spezielle und die allgemeine Relativitätstheorie, 56–65.

11 Besonders H. von Ditfurth: Der Geist fiel nicht vom Himmel, 297–318 hat die Folgerung aus der Tatsache gezogen, daß unser Gehirn ein Organ ist, dessen Strukturen nicht darauf berechnet sind, die Wirklichkeit so objektiv wie möglich abzubilden, sondern die lediglich so viele Informationen aufgreifen, daß ein Abbild der «Welt» entsteht, mittels dessen unsere Spezies unter den jeweiligen Bedingungen Orientierung und Überleben zu sichern vermochte. «Der Gedanke, das Gehirn hätte nach einer Hunderte von Jahrmillio-

unser Geist mithin das Feld unseres Vorstellungsvermögens bei weitem übersteigen.

Gewiß, in Anbetracht des Kosmos, als reine Gebilde der Materie, sind wir winzige Wesen, ist unsere Erde nur ein Staubkorn und ist selbst unsere Sonne nur so groß wie eine Erbse; schon rein zeitlich ist unser Dasein, gemessen an den Dimensionen des Kosmos, weniger als das Leben einer Eintagsfliege. Aber sollte man Gott, der die riesigen Räume erschuf, der die Hunderte von Milliarden Sonnen zu einer einzigen Milchstraße formte und aus Hunderten von Milliarden Galaxien das Weltall bildete, nicht auch zutrauen, daß er die winzigen Samenkörner des Geistes – fähig, ihn anzuschauen mit Augen, die ihm gleichen, begierig, sich zurückzusehnen nach ihm als ihrem Ursprung, – *einsammeln* möchte aus den Tiefen des Alls und sie zurückführen möchte zu unserer ewigen Heimat[12]? Sollte man denken, daß Gott dem Menschen den Verstand nur gegeben hätte, um daran verrückt zu werden, weil die Natur

nen umspannenden Geschichte gerade heute, gerade bei uns den höchstmöglichen Entwicklungsstand erreicht, ist absurd. Die evolutionäre Betrachtung zwingt uns vielmehr anzunehmen, daß unser Gehirn mit Sicherheit noch nicht jenes – möglicherweise für alle Zeiten utopische – Niveau erreicht hat, auf dem sein Fassungsvermögen ausreicht für die Summe aller Eigenschaften der realen Welt.» (313)

[12] Dies ist der *Sinn* des gnostischen bzw. kabbalistischen *Mythos vom sich selbst erlösenden Erlöser*. G. Quispel: Gnosis und hellenistische Mysterienreligionen, in: U. Mann (Hrsg.): Theologie und Religionswissenschaft, 318–331, S. 330 hat wohl zu Recht die Meinung vertreten, daß der «Mythos von der gefallenen Weisheit, welche die Geister der Menschen erzeugt und diese Geister auch wieder sammelt», «die orphisch-pythagoräische Deutung des Zagreus-Mythos» voraussetze; zu Recht erinnert er daran, daß bereits Ch. Baur: Die christliche Gnosis, Tübingen 1835, insbesondere die Philosophie G. W. F. Hegels als ein gnostisches System betrachtete, das tief im Christentum verankert sei. Hinzuzufügen ist, daß der Mythos des *Dionysos-Zagreus* die größten Ähnlichkeiten mit dem *ägyptischen* Mythos des *Osiris* besitzt und offenbar altmediterranem Religionsgut entstammt; vgl. K. Kerényi: Dionysos, 78–85 zu dem *kretischen* Ursprung der Dionysosreligion, die er als «Urbild des unzerstörbaren Lebens» deutet; und S. 224–225; 245 zu der Verwandtschaft zwischen *Osiris* und *Dionysos*. – Da es immer wieder «Rezensenten» gibt, die nur das Wort «Gnosis» zu lesen brauchen, um sogleich Häresieverdacht zu schöpfen, sei zudem erneut festgestellt: Das Christentum ist gerade *keine* Gnosis – es kennt keinen Gott, der sich selbst erlöst, und es weiß viel zu sehr um die Erlösungsbedürftigkeit *des Menschen*, als daß es die Idee einer «Selbsterlösung» für möglich halten könnte. Vgl. E. Drewermann: Das Markus-Evangelium, I 45–80; wohl aber beschreibt die gnostische Mythologie ganz richtig die Abfolge der *Bilder*, entlang denen sich die «Erlösung» des Menschen zu sich selbst und zu Gott zu katalysieren vermag.

keine einzige Frage beantwortet, die wirklich menschlich ist[13]? Wir Menschen tragen wesensnotwendig die Sehnsucht nach Unendlichkeit in uns; wir verzehren uns aus Durst nach Unsterblichkeit; und wir müssen schon sehr weit in der Verzweiflung abgestumpft sein, um solche Gefühle gar nicht mehr zu kennen. Ja, wir müßten unsere Seele schon sehr stranguliert haben, um uns in den Kategorien des Endlichen zur Ruhe zu setzen und den seelischen Erstickungstod des Alltags beinahe wie eine Erleichterung von allen wesentlichen Fragen zu begrüßen. Nein, für jemanden, der in der Wüste verdurstet, ist der Durst ein *Beweis*, daß es Wasser geben muß, selbst wenn an dem Ort, da er lebt, weit und breit kein Wasser zu finden ist. Daß es Durst gibt, zeigt unwiderleglich, daß es Wasser gibt, denn ohne das Wasser gäbe es keinen Durst. Und so ganz analog: Daß wir Menschen an Gott denken können, zeigt, daß es ihn gibt, denn sonst würde in unseren Kopf ein solcher Gedanke gar nicht hineinkommen können; und schon weil wir uns nach der Unendlichkeit sehnen, zeigt dies, daß wir aus dem Unendlichen kommen und in das Unendliche gehen[14].

Dann aber gibt es gegen die Hoffnung des Religiösen eigentlich nur dieses im Grunde bizarre Argument der Sadduzäer: Der Glaube an die Auferstehung stört die äußere Ordnung bürokratischer Selbstzufriedenheit[15]. Wie denn,

[13] Vor allem F. M. Dostojewski: Tagebuch eines Schriftstellers, 255–259 hat den logischen Selbstmord eines jungen Studenten beschrieben, der durch seine Selbstvernichtung gegen eine Natur revoltiert, die den Menschen offenbar lediglich als so einen unverschämten «Versuch in die Welt gesetzt» hat, «um zu sehen, ob sich ein solches Geschöpf auf der Erde wirklich» werde «einleben können oder nicht.» (S. 258) Vgl. ders.: Der Idiot, III 7, S. 399–402 – die Beichte des lungenkranken Ippolit.

[14] Vgl. F. M. Dostojewski: Die Brüder Karamasoff, I 5,3, Bd. 1, S. 291: «Siehst du, mein Täubchen, es war da ein alter Sünder im achtzehnten Jahrhundert, der meinte, daß, wenn Gott nicht sei, man ihn erfinden müsse. Und tatsächlich hat der Mensch Gott ausgedacht. Und nicht das ist seltsam, nicht das wäre zum Staunen, daß Gott tatsächlich ist, vielmehr das ist erstaunlich, daß ein solcher Gedanke – der Gedanke von Gottes Unentbehrlichkeit – einem so wilden und bösen Tiere, wie dem Menschen überhaupt in den Kopf kriechen konnte... Und deshalb erkläre ich dir auch, daß ich Gott geradewegs und einfach anerkenne.» Wie niemand sonst wußte Dostojewski darum, daß der Mensch nur solange Größe und Würde besitzt, als ihm der Gedanke von der Unentbehrlichkeit Gottes nicht gänzlich abhanden gekommen ist, und wie kein anderer gründete er den Inhalt aller Religion und Sittlichkeit einzig auf die Idee und Hoffnung der Unsterblichkeit. «... daß wir alle von den Toten auferstehen und einander wiedersehen werden», ist denn auch das Ende und Ziel dieses seines wohl größten Romans; a. a. O., Epilog 3; Bd. 2, S. 964.

[15] Sehr in Theologendeutsch verbrämt, aber der Sache nach richtig meint E. Schweizer:

Das Evangelium nach Markus, 136: «Er (sc. Jesus, d. V.) weist auf Gottes Macht, die unsere Denkgrenzen überschreitet, und auf Gottes Zusage heute, die alles Vorstellen übertrifft ... Er erwartet also vom Menschen, daß er sich von sich und seinen Möglichkeiten weg ganz auf Gott wirft.» – Keiner der Kommentare historisch-kritischer Provenienz beschreibt auch nur von ferne, was passieren muß, wenn man den Menschen zumutet, ihre kleine, wohlabgezirkte, berechenbare und überschaubare Welt in das Unausdenkbare und Unvorstellbare als in den Raum der eigentlichen Wirklichkeit hinein zu öffnen! In dieser *Angst* und mit dieser *Hoffnung* zu leben ist indes das einzige, was im Sinne Jesu den Namen «Existenz» verdient. – Bereits die «rabbinischen Gelehrten haben die Auferstehung der Toten begründet durch einzelne Schriftworte, teils durch die alttestamentlichen Erzählungen von bereits erfolgten Totenauferweckungen, teils durch Vernunftschlüsse.» H. L. STRACK – P. BILLERBECK: Kommentar zum Neuen Testament aus Talmud und Midrasch, I 893–897. In Mk 12,26.27, das die Tatsache der Auferstehung betont, ist die Argumentation Jesu mithin keinesfalls originell, sondern ganz und gar in *pharisäischem* bzw. apokalyptischem Sinne konventionell. Die Art der Begründung mutet in «historisch-kritischer Sicht» freilich horrende an. «Abgesehen von ganz späten Stellen (Ps 73,24?; Hi 19,25?; Jes 26,19; Dan 12,1–3) spricht das Alte Testament nicht von einer Existenz nach dem Tod, die den Namen ‹Leben› verdient ... Religionsgeschichtlich steht es mit seinem Glauben, der auf jenseitige Belohnung verzichtet, fast einzigartig da.» E. SCHWEIZER: Das Evangelium nach Markus, 135. Gerade deshalb aber zeigt die rabbinische Auslegungsweise mit ihren Analogien und Typologien, daß man bei einer religiösen Auslegung heiliger Texte von lebendigen Erfahrungen, nicht von dem Buchstaben des Wortlauts ausgehen muß – gerade die Interpretation der Bibel muß darin bestehen, das Tote zum Leben, das Vergangene ins Gegenwärtige und Zukünftige zu erwecken, oder es ist nicht Gott, von dem die Rede ist. – Auch das Wort von den *Engeln im Himmel* (Mk 12,25) greift spätjüdische Verstellungen auf, nach denen die Auferstandenen und Gerechten in der messianischen Zeit wie die Engel im Himmel sein werden; vgl. *Henoch* 51,4; 104,6; G. BEER: Das Buch Henoch, in: E. Kautzsch (Hrsg.): Die Apokryphen und Pseudepigraphen des Alten Testamentes, II 217–310, S. 265; 308; *syrische Baruchapokalypse* 51,10; H. GUNKEL: Die Apokalypse des Baruch, in: E. Kautzsch: A. a. O., II 402–457, S. 431; vgl. H. L. STRACK – P. BILLERBECK: A. a. O., I 891. Wie aber ist dieses apokalyptische *Mythem* zu *verstehen*, statt es «historisch-kritisch» in bloßem Nachsprechen *stehenzulassen*? Es ist typisch für das Unvermögen der heute herrschenden Form der Bibelauslegung, wenigstens im Sprechen von «Auferstehung» Gott und Mensch als Einheit, statt als Gegensätze zu begreifen; so, wenn R. PESCH: Das Markusevangelium, II 233 formuliert: «Wie Engel im Himmel sind und wie die Auferstandenen existieren, bestimmen nach Jesu Auffassung nicht menschliche Projektionen, sondern Gottes Allmacht, bestimmt Gott als der Gott der Lebenden, und zwar in seiner geheimnisvollen Selbstoffenbarung.» Als ob die Vorstellung von den «Engeln» etwa *keine* menschliche «Projektion» darstellen würde, sondern nichts weiter wäre als die «geheimnisvolle Selbstoffenbarung Gottes» an und für sich, und als ob es überhaupt eine «Offenbarung Gottes» geben könnte ohne die Aktivierung eben derjenigen Vorstellungsmuster, die in unserer Seele bereitliegen, um bewußtseinsjenseitige Erfahrungsinhalte zu beschreiben. Gerade das Bild des «Engels» gilt es *tiefenpsychologisch* zu deuten – als Chiffre des *Wesens* des Menschen; vgl. E. DREWERMANN: Dein Name ist wie der Geman sollte leben mit einem Menschen an der Seite, der begabt ist mit der Kraft der Ewigkeit? Der Mensch neben uns wäre berufen, ein ewiges Leben in sich zu tragen? Dann zerbräche all das, worauf sich für gewöhnlich unsere «Ordnung» gründet, z. B. das so selbstgewisse Einteilungsverfahren: du gehörst zu mir, du gehörst zu jenem; du bist mein Besitz, ich bin dein Besitz, – dies alles womöglich gerechtfertigt noch unter dem Vorzeichen der Liebe, gefordert sogar unter dem Stichwort der Ehe. Als ob man mit Menschen so umgehen könnte, wie wenn sie Besitzstücke, Prunkstücke, Anstecknadeln, Trophäen, Skalps, je wie es beliebt, wären! In dieser Weise verbriefter Besitzrechte weiterleben – *das* freilich kann man nicht mehr, wenn es die Ewigkeit gibt[16]. Man kann die Würde, die Größe, die unendliche Kraft der Freiheit eines jeden Menschen an unserer Seite nicht mehr verleugnen und nicht mehr schänden, wenn es die Ewigkeit gibt. Niemand ist dann mehr befugt, sich

schmack des Lebens, 37–44. Paraphrasiert müßte man etwa sagen: Wenn Menschen zur Vollendung ihrer selbst gelangt sind, besitzt die Liebe wesentlich nicht mehr den Sinn wechselseitiger Ergänzung, sie ist dann frei und offen, jenseits aller irdischen Einengungen, Festlegungen und Vorschriften. – M. Buber: Die Erzählungen des Chassidim, in: Werke, III 467 erzählt von Rabbi *Nachum von Stepinescht*, daß er eines Tages seine Schüler im Lehrhaus beim Damespielen antraf. «Kennt ihr auch die Gesetze des Damespiels?», fragte er sie. «Ich will euch die Gesetze ... sagen. Das erste ist, man darf nicht zwei Schritte auf einmal gehen. Das zweite, man darf nur vorwärtsgehen, gehen und sich nicht rückwärts kehren. Und das dritte, wenn man oben ist, darf man schon gehen, wohin man will.» Dieser vollkommene Einklang von Wesen und Wollen des Menschen – *das* heißt, zu sein «wie die Engel», *das* ist die Art, wie Gott sich uns mitteilt, *das* ist das Glück des Himmels. – Zu den spätjüdischen Vorstellungen von dem endzeitlichen *«Garten Eden»* vgl. H. L. Strack – P. Billerbeck: A. a. O., IV 2, 1144–1165. – Zu der *Engellehre* des Judentums vgl. G. Kittel: *aggelos*, in: G. Kittel (Hrsg.): Theologisches Wörterbuch zum Neuen Testament, I 79–87, S. 79–81.

16 St. u. Ch. Grof: Jenseits des Todes, 31 meinen zu Recht: «Durch den Aufstieg der materialistischen Wissenschaft wurden die alten Lehren und Begriffe der exoterischen Religion als naiv oder absurd verurteilt. Erst jetzt erkennen wir, daß diese Mythen und Vorstellungen von Gott, Himmel und Hölle nicht als physische Entitäten, zeitliche Ereignisse oder geographische Orte gemeint sind, sondern als psychische Realitäten während veränderter Bewußtseinszustände. Diese Realitäten gehören unabdingbar zum Wesen der menschlichen Persönlichkeit und lassen sich nicht unterdrücken oder verleugnen, ohne die Qualität des Lebens ernsthaft zu schädigen. Wir müssen sie anerkennen und erforschen, und dabei können uns die bildlichen Darstellungen des Jenseits behilflich sein. – Wir besitzen heute eine Menge klinisches Beweismaterial für die Behauptung der Religion und Mythologie, daß der biologische Tod der Anfang eines Bewußtseinsabenteuers ist.»

hinzustellen und zu sagen: meine Frau, mein Kind, mein Hund, mein Haus, mein Baum, mein Auto, mein alles. Nichts gehört im Schatten der Ewigkeit letztlich uns selber, sondern wir alle miteinander gehören einzig zu Gott. Die allein wichtige Frage, wenn es so steht, lautet dann, wie wir das Glück des Himmels ein Stück weit schon hier auf Erden vorweg lernen können. Befähigt sind wir, in dem anderen, in unserem Bruder, in unserer Schwester, einen Menschen zu sehen, der zwar im Augenblick noch auf der Erde wohnt, doch dessen Stirn bereits den Himmel berührt; in seiner Sprache weht der Atemwind des Ewigen, in seinen Augen schimmert eine Seele, die berufen ist, zu Gott zurückzukehren. Nur scheinbar leben wir als Körperwesen wirklich[17]. Die körperliche Existenz ist nur die erste Form, Geist zu ermöglichen; sie ist der Anfang der Ewigkeit, der Beginn der Unendlichkeit, eine Hülle, die eines Tages ihren Wert verliert, wie der Kokon für eine Raupe, die zum Schmetterling geworden ist[18]. Und wenn auch in der Ewigkeit der Un-

[17] Es gilt der Satz des griechischen Dichters PINDAR: Oden. Pythische Oden, VIII 95; E. Dönt (Übers. u. Hrsg.): Oden. Griech.-Deutsch, S. 152; 153: «Unser Leben ist eines Schattens Traum.» Vgl. oben Anm. 3 – das *ägyptische* Credo.

[18] Vgl. K. GIBRAN: Der Prophet, 59–60: «In der Tiefe eures Hoffens und Wollens liegt euer stillschweigendes Wissen um das Jenseits; / Und dem Samen gleich, der unter dem Schnee träumet, so träumt euer Herz von dem Lenze. / Trauet euren Träumen, denn das Tor der Ewigkeit ist darin verborgen. / Eure Furcht vor dem Tode ist nur das Zittern des Hirten, so er stehet vor dem König, dessen Hand sich als Zeichen des Wohlwollens auf ihn legt. / ... Denn was bedeutet Sterben anders als nackt im Winde stehn und in der Sonne zerfließen? / Und was bedeutet das Stocken des Atems anders als dessen Befreiung aus den rastlosen Fluten, auf daß er sich erhebe und entfalte und Gott suche unbeschwert? / Erst so ihr trinket aus dem Flusse des Schweigens, werdet ihr wahrhaftig singen. / Und erst so ihr den Gipfel des Berges erklommen, werdet ihr anfangen zu steigen. / Und erst, so die Erde ihren Anspruch erhoben auf eure Gliedmaßen, werdet ihr wahrhaft tanzen.» DERS.: Das Khalil Gibran Lesebuch, 62: «O Seele, begehrte ich nicht Unsterblichkeit, hätte ich nie das Lied erlernt, gesungen durch den Kosmos der Zeit. / Ein Selbstmörder wäre ich gewesen, nichts wäre von mir geblieben als meine Asche, verborgen im Grab. / O Seele, hätten mich nicht Tränen getäuft und die Geister der Krankheit nicht meine Wimpern getuscht, so würde ich das Leben dunkel wie durch einen Schleier gesehen haben. / O Seele, das Leben ist eine Düsternis, die endet wie im Sonnenglast des Tages. / Die Sehnsucht meines Herzens sagt mir, es ist Frieden im Grab. / O Seele, wenn ein Narr mir sagt, die Seele verdirbt wie der Körper und das, was stirbt, kehrt nie wieder, so sage ihm, die Blume verdorrt, doch das Samenkorn bleibt und liegt vor uns wie das Geheimnis des immerwährenden Lebens.» – In gewissem Sinne ist es verlockend, zumindest die Worte von Mk 12,26.27 als echte Jesusworte zu betrachten – so also hat er gedacht! Und *das* waren die Gedanken, die ihn auch den Tod nicht scheuen ließen! J. JEREMIAS: Neutestamentliche Theologie, I 180,

terschied zwischen der Seele einer Frau und der Seele eines Mannes wohl nicht gänzlich aufhören wird, so könnten und sollten wir doch heute schon damit aufhören, unter dem Firmenschild der Liebe einander mit Besitzansprüchen zu drangsalieren und einander durch die Tyrannei der Angst zu vergewaltigen. Die einzige Frage, die sich uns *wesentlich* stellt, besteht darin, wie wir es vermögen, würdig dem Himmel entgegenzureifen.
Eine jede Liebe aber, die den anderen in der Schönheit seines Wesens entdeckt, die warm genug ist, seine Kräfte auf Gott hin zu entfalten und sein Herz weit genug zu machen, um Gott in sich aufzunehmen, eine solche Liebe kann nur denken, daß der andere unsterblich ist. Sie selbst ist das sprechendste Zeugnis von Gottes ewiger Güte. Sie selbst ist wie ein Weg zurück zu jenem Schöpfungsmorgen, als Gott sprach: Es werde Licht. – Und es ist wie ein ewiges Gebet, das wir einer für den anderen sprechen, bis wir im Himmel uns wiedersehen: «Im Glanz der Sonne *werde* dein Name, *reife* dein Wesen; kehre zurück aus dem Schweigen der Räume des Alls nach den wenigen Jahren des irdischen Daseins, zurück in die ewige Heimat dessen, der dich erschuf. Er, der von Ewigkeit her an dich dachte, wird in Ewigkeit niemals deiner vergessen.»

Anm. 28 meint: «Die beliebte Zuweisung des Sadduzäergesprächs ... an die Gemeinde scheint mir aus zwei Gründen nicht schlüssig: 1. V 24 f. wird das ‹Wie› des Auferstehungszustandes durch Verweis auf die Engel beschrieben, die Urkirche verweist nicht auf die Engel, sondern den auferstandenen Herrn (Rom 8,29; 1 Kor 15,49; Phil 3,21); 2. V 26 f. wird die Frage nach dem ‹Daß› der Auferstehung mit Ex 3,6 beantwortet; die Urkirche begründet das ‹Daß› mit der Auferstehung Jesu (1 Kor 15,12 ff.). Beide Beobachtungen erweisen die Sadduzäerperikope als vorösterlich.» In jedem Falle wird man festhalten müssen, daß Jesus den Glauben an die Auferstehung vorgefunden, nicht begründet hat; nur *lebte* er daraus in einer Weise, die für alle Zeit den Tod verwandelt.

Mk 12,28–34: Welches Gebot ist das wichtigste?

28 Und hinzu trat einer der Schriftgelehrten, der ihre Vorbehalte gehört und gesehen hatte, wie treffend er ihnen antwortete; er fragte
ihn: Welches ist das größte Gebot von allen?
29 Antwortete Jesus: das erste ist: *Höre Israel, der Herr, unser Gott, einziger Herr ist er;*
30 *darum sollst du den Herrn, deinen Gott, lieben aus deinem ganzen Herzen und aus deiner ganzen Kraft* (Dtn 6,4.5; Jos 22,5).
31 Das zweite ist dies: *Liebe deinen Nächsten wie dich selbst* (Lev 19,18). Größer als diese ist kein anderes Gebot.
32 Da sagte ihm der Schriftgelehrte: Treffend, Meister, der Wahrheit gemäß, hast du gesagt: *Einziger ist er* (Dtn 6,4), *und einen anderen außer ihm gibt es nicht* (Dtn 4,35; Jes 45,21);
33 und: *Ihn lieben aus ganzem Herzen und aus ganzem Verstand und aus ganzer Kraft* (Dtn 6,5; Jos 22,5) und: *Den Nächsten lieben wie sich selbst* (Lev 19,18) – weit mehr ist das als alle Verbrennungsopfer und Schlachtopfer.
34 Als Jesus – ihn – sah, daß er verständnisvoll antwortete, sagte er ihm: Nicht weit bist du vom Königtum Gottes. Und nicht wagte jemand jemals mehr ihn zu befragen.

Es ist möglich, auf eine Weise nach Gott zu fragen, bei der man von Gott gar nichts vernehmen *kann*. So geschieht es in diesem 12. Kapitel des *Markus*-Evangeliums Stelle für Stelle. Man erkundigt sich nach einem Gotteswort, aber nur, um eine Handhabe zu gewinnen, den anderen im Dunstkreis eines vermeintlichen Wissens um Gott zu vernichten, im Gefühl einer nicht endenden Rechthaberei und auf dem Hintergrund des puren Hasses[1]. Es gehört ein sehr weites Herz dazu, angesichts einer solchen Herausforderung mit solcher Ruhe und Klarheit zu sprechen, wie Jesus es hier tut. Denn wohl zeichnet sich der Schriftgelehrte, der zu ihm kommt, durch eine besonders wohltuende Aufgeschlossenheit aus, aber auch er tritt zunächst nur aus dem Hintergrund der theologischen «Fallensteller» hervor, die auch dieses Gespräch unverwandt «mithören»[2]. Die Frage, um die es geht, richtet sich nicht eigent-

[1] S. o. zu Mk 11,27–33, Anm. 3; 4; 16; 20.

[2] Es kann sein, «daß 12,18–27 und 12,28–34 schon als ein ‹Diptychon› in vormarkinischer Überlieferung zusammengehörten, die Sadduzäer und einen der Schriftgelehrten kontrastierte.» R. PESCH: Das Markusevangelium, II 236. – Ursprünglich ist die Kennzeichnung dieses Schriftgelehrten sicher positiv gemeint gewesen: Er gilt als «verständnisvoll» und

lich auf das wichtigste *«Gebot»* im *«Gesetz»*, so wie wir im Deutschen diese Begriffe assoziieren, die Rede ist vielmehr von dem, worauf es in unserem Leben am meisten ankommt[3].

Jeder von uns kennt Fragen dieser Art. – Wenn jemand verzweifelt ist, fragt er sich, warum er überhaupt lebt; wenn jemand gelangweilt ist, fragt er sich, was für einen Sinn sein Leben haben soll. Nur wenn wir sehr glücklich sind,

«nicht weit vom Königtum Gottes» (Mk 12,34). Zudem könnte dieses *Schulgepräch* einmal selbständig überliefert worden sein, – die Parallelen Mt 22,34–40 und Lk 10,25–28 sprechen für eine eigenständige Überlieferung in der Logienquelle (Q), und zudem ist die Einleitung in Mk 12,28 so überladen, daß es sich hier gewiß um eine sekundäre Formung handelt. «Der wichtige Text läßt sich, wie Fragestellung, Einzelmotive und LXX-Abhängigkeit zeigen, in der vorliegenden Form nicht in den palästinensischen Horizont Jesu und der ersten Gemeinde zurückführen. Er scheint sekundär im hellenistischen Judenchristentum, am ehesten der Jerusalemer ‹Hellenisten›..., entstanden zu sein; und zwar durch Überarbeitung (VV 28–31) und Erweiterung (VV 32–34) einer ursprünglicheren, wohl aus dem Leben Jesu überlieferten Tradition.» A. a. O., II 244. «Die erschließbare Urform des Gesprächs könnte also gelautet haben: ‹Und es fragte einer von den Schriftgelehrten, ihn prüfend: Lehrer, welches ist das größte Gebot im Gesetz? Er aber sprach zu ihm: Lieben sollst du den Herrn, deinen Gott, mit deinem ganzen Herzen und mit deiner ganzen Seele und mit deinem ganzen Denken (oder: mit deiner ganzen Kraft). Dieses ist das größte Gebot. Ein zweites ist diesem gleich: Lieben sollst du deinen Nächsten wie dich selbst. An diesen beiden Geboten hängt das ganze Gesetz und die Propheten.» A. a. O., II 245–246. – Trotz der ursprünglich günstigen Kennzeichnung des «Schriftgelehrten» ist zu beachten, daß *im Kontext der Stelle jetzt* der Auftritt der Schriftgelehrten eindeutig negativ determiniert ist: 12,13 kamen die Pharisäer und Herodianer auf Weisung des Hohen Rates, in 12,18 traten die Sadduzäer auf, der Schriftgelehrte jetzt vervollständigt für Markus lediglich die Liste derer, die trotz aller Gegensätze untereinander gemeinsam die Schuld an dem Tode Jesu tragen: die Hohenpriester und Schriftgelehrten von Mk 10,33, bzw. die Ältesten, Hohenpriester und Schriftgelehrten von Mk 8,31; ja, die dreigliedrige Sammlung der Schulgespräche in Mk 12,13–17. 18–27. 28–34 ist bereits wie eine vorgreifende Erfüllung der Leidensweissagungen Jesu an den angegebenen Stellen zu verstehen.

[3] Die Begriffe *«Gebot»* und *«Gesetz»* sind im Deutsch der Gegenwart religiös nicht mehr zu retten, weil viel zu preußisch-*kantianisch* überfrachtet; Worte wie: *Wesensausrichtung* oder, besser, *Bestimmung* sind weit besser geeignet, um auszudrücken, wie Menschen so leben sollten, daß es zu «stimmen» beginnt. Sehr schön sagt E. STAUFFER: Die Botschaft Jesu damals und heute, 44 bzgl. des «Gebotes»: «Der Schriftgelehrte fragt in Mk 12,28 nach dem allerhöchsten Gebot. Die Antwort Jesu aber geht weit über diese Fragestellung hinaus. Denn sie schließt in Mk 12,31 mit dem polemischen Satz: ‹Es gibt kein anderes Gebot, das größer wäre als diese.› Die beiden Dialogpartner sprechen von ganz verschiedenen Problemen. Der Thorajurist stellt die systematische Frage nach dem obersten Gebot, das den ganzen Inhalt der Thora in sich befaßt, so daß alle anderen Thoravorschriften

stellen sich derartige Fragen scheinbar gar nicht mehr, sondern beantworten sich von innen her wie von selbst, durch ein Gefühl der Sicherheit und der Geborgenheit im Dasein. Es gibt aber diese Augenblicke, in denen wir uns vergewissern müssen, was es bedeutet, die paar Jahrzehnte unserer Existenz auf dieser Erde zu verbringen, und dann müssen wir wissen, wie wir unser Leben angehen sollen, welche Maßstäbe es gibt, welche Inhalte und welche Ziele am meisten zu beachten sind. Uns Heutigen klingt das Wort, das Jesus auf die Frage des Schriftgelehrten entgegnet, womöglich schon sehr abgegriffen: «Du sollst den Herrn, deinen Gott, lieben mit deinem ganzen Herzen.» Doch so sehr wir diese Antwort auch zu kennen glauben, wie bringen wir es fertig, wirklich nach ihr zu leben?

Es gibt Psalmen, die die ganze Schöpfung auffordern, Gott zu preisen und zu lieben[4]. «Ihr Vögel des Himmels, ihr Fische im Meer, Schnee, Regen und Hagel, preiset den Herrn!» (Ps 148,1–10)[5] Mit diesen Worten endet das Gebetbuch des alten Israel, das offensichtlich jedes Teil der Kreatur beschwören möchte, miteinzuschwingen in den großen Zusammenhang des Lebens, aus dem heraus es gestaltet wurde. Dieser Gedanke eines universel-

daraus deduziert werden können. Jesus spricht von der kritischen Frage, wie der Mensch im Konfliktfall sich zu entscheiden habe, und stellt zwei Gebote heraus, die in solchem Falle den Vorrang haben vor jedem anderen Gesetz. Die implizite Voraussetzung Jesu ist dabei, daß ein Konflikt zwischen diesen beiden Geboten, zwischen Gottesliebe und Nächstenliebe, nie eintreten kann. Die explizite Voraussetzung aber ist die, daß Konflikte zwischen diesem Doppelgebot und anderen Thoravorschriften jederzeit möglich sind. In allen diesen Fällen, sagt Jesus, darf es gar kein Zweifeln und Zögern geben. Die Liebe zu Gott und dem Nächsten befreit von jedem anderen Gebot oder Verbot, das ihr entgegensteht, von jedem. ‹Es gibt kein anderes Gebot, das größer wäre als diese.›» Die innere «Bestimmung» der Gottesliebe und der Menschlichkeit vermag also in jeder Situation zu zeigen, was jeweils «geboten» ist. Nicht Heteronomie, sondern Autonomie, und zwar nicht formalistisch, sondern als innere Evidenz des Erlebens, ist das, was Jesus als «Gebot» vorschwebt. – Die *philosophische* Diskussion der Problematik, die hinter diesen Fragen sichtbar wird, führte M. SCHELER: Der Formalismus in der Ethik und die materiale Wertethik, Ges. Werke, Bd. 2, Bern 1954, hrsg. v. M. Scheler. – Zur Frage der «großen» und der «kleinen» Gebote im Gesetz vgl. H. L. STRACK – P. BILLERBECK: Kommentar zum Neuen Testament aus Talmud und Midrasch, I 900–905.

[4] Vgl. bes. Ps 19,1–7. 8–15 mit dem Gleichklang von Naturordnung und Menschenordnung. Was im AT freilich nur als ein relativ seltener Einklang auftaucht, bildete in den Sonnen-Hymnen des Alten Ägyptens eine feste Zuordnung der kosmischen und der personhaften Ebene der Wirklichkeit; vgl. J. ASSMANN: Ägyptische Hymnen und Gebete, 35.

[5] Vgl. A. WEISER: Die Psalmen II. Psalm 61–150, S. 578–580.

len Hymnus der Welt ist großartig und schön; denn er legt es uns als Menschen nahe, von allem, was uns umgibt, zu lernen, was es heißt, Gott zu lieben.

So können z. B. auf der untersten Stufe der Schöpfung bereits *die Schneekristalle* uns eine Form der Gottesliebe lehren, indem sie uns zeigen, in welch einer Schönheit sie im Spiel von Wind und Kälte ihre Gestalt gewinnen[6]. Aus einem Wassertropfen formt sich nach den Gesetzen der Physik ein Gebilde, das es im ganzen Weltall, in dem unermeßlichen Auf und Ab des Kosmos, nur ein einziges Mal gibt. Aber indem es sich so fügt, preist es seinen Schöpfer. – Einen Schritt weiter, und es können *die Tiere* uns lehren, was es heißt, Gott zu lieben. Wenn im Frühling eine Schwalbe unter dem wärmenden Gefieder der Elterntiere das Licht der Welt erblickt, folgt sie dem Hunger, folgt sie der Sehnsucht nach Wärme, folgt sie bald schon dem Verlangen nach Weite. Mit einem unglaublich scheinenden Mut begibt sie sich wenige Wochen nach ihrer Geburt bereits aus dem Nest, tut es dem Vorbild ihrer Eltern, mehr noch aber dem Gesetz ihres eigenen Herzens nach und breitet ihre Flügel aus, um sich dem unsichtbaren Medium der Luft zu überlassen, für das sie ihrem ganzen Dasein nach geschaffen wurde. Es ist ein ungeheuerer Augenblick im Leben eines solchen kleinen Vogels, und doch gibt es keinen anderen Weg, um eine Schwalbe zu werden, als sich dem unbekannten Luftreich auszusetzen. Nur wenige Monate werden vergehen, dann wird die kleine Schwalbe, zu voller Größe herangewachsen, Sternbildern folgen, die sie noch nie gesehen hat, und Hunderte und Tausende von Kilometern wird sie nach Süden fliegen[7], über Wälder, Gebirge und Meere, nur dem Gesetz

[6] Zu der wunderbaren Schönheit von Schneekristallen vgl. W. A. BENTLEY – W. J. HUMPHREYS: 2453 Photographien natürlicher Schneekristalle, New York 1931; M. EIGEN – R. WINKLER: Das Spiel, 125. – Definiert man *Kristalle* als Strukturen gleichartiger Stoffe bei *regelmäßigem* Aufbau, so wird man die Grundsubstanzen des Lebens (Proteine und Nukleotide) als *«aperiodische»* Kristalle bezeichnen können, indem die gleichen Stoffe (das C-C-N-Gerüst der Peptide sowie die Abfolge von Desoxyribose und Phosphorsäure bei der DNA) mit einer völlig unregelmäßigen Sequenz der jeweiligen organischen Reste bzw. der jeweiligen organischen stickstoffhaltigen Basen verkoppelt sind. Es scheint diese kristalline Schönheit zu sein, die den geometrisch vollkommenen Formen des Lebens, ihrer «Symmetrie» «unadressierter Gestalten», zugrunde liegt. A. PORTMANN: An den Grenzen des Wissens, 57; 138 ff. sprach deshalb dem Leben eine Tendenz zur vollkommenen «Selbstdarstellung» zu; Leben sei «Innerlichkeit», «die sich äußert.» (139)

[7] Zu dem Rätsel des Vogelzugs vgl. K. SCHMIDT-KOENIG: Vogelzug und Vogelorientierung, in: K. Immelmann (Hrsg.): Verhaltensforschung, 182–188: «Aus allen Laborversu-

folgend, das in ihr selber liegt. Die Psalmen haben recht: «Ihr Vögel des Himmels, preiset den Herrn!» – Sie können nicht wissen, die Schneekristalle und die Schwalben, daß ihr ganzes Dasein ein einziger Lobpreis Gottes ist; und doch sind sie gänzlich in Übereinstimmung mit ihrem Schöpfer, indem sie allen Ängsten und Widerständen zum Trotz leben und zu sein versuchen, was ihrem Wesen entspricht.

Ganz ähnlich zu handeln sind wir Menschen berufen. Oft zeigt man uns Gott wie einen fernen, fremden Gesetzgeber, unter dessen Macht wir uns beugen müßten wie unter einer unsichtbaren Diktatur[8]. Oder man zeigt uns Gott wie jemanden, den zwar wir selber niemals sehen können, der aber uns mit seinen Augen ständig verfolgt, belauert und bespitzelt[9]. Im Getto solcher Ängste kann man formal vielleicht alle Gebote einhalten, und doch ist man nicht bei Gott, sondern befindet sich in einem Netz vollendeter Außenlenkung, Abhängigkeit und fortschreitender Selbstzerstörung[10]. Niemals wird man auf

chen ergab sich, daß Vögel Himmelsrichtungen mit Hilfe von *Kompassen* einschlagen können – mit Hilfe eines Sonnen-, Sternen- oder Magnetkompasses.» (187) Dabei scheint die Flugrichtung sowie die Flugentfernung durch eine Art angeborener «Vektornavigation» zustandezukommen.

[8] Vor allem J. P. SARTRE: Die Wörter, 17 beschreibt in zynischem Sarkasmus die tugendhafte Schauspielerei seiner kirchlichen Frömmigkeit erst unter den Augen seiner Mutter, dann unter den Augen Gottes. S. 56: «im katholischen Glauben erzogen, erfuhr ich, der Allmächtige habe mich zu seinem Ruhm erschaffen. Das war mehr, als ich zu träumen gewagt hatte. In der Folge aber erkannte ich in dem gesellschaftsfähigen Gott, den man mir beibrachte, nicht denjenigen, den meine Seele erwartete. Ich brauchte einen Weltschöpfer, man gab mir einen obersten Chef...; lustlos diente ich dem pharisäischen Idol, und die offizielle Lehre nahm mir die Lust, meinen eigenen Glauben zu suchen.»

[9] Vgl. J. P. SARTRE: Die Wörter, 59: «Ein einziges Mal hatte ich das Gefühl, es gäbe Ihn. Ich hatte mit Streichhölzern gespielt und einen kleinen Teppich versengt; ich war im Begriff, meine Untat zu vertuschen, als plötzlich Gott mich sah. Ich fühlte Seinen Blick im Innern meines Kopfes und auf meinen Händen; ich drehte mich im Badezimmer bald hierhin, bald dorthin, grauenhaft sichtbar, eine lebende Zielscheibe. Mich rettete meine Wut: ich wurde furchtbar böse wegen dieser Dreistigkeit, ich fluchte, ich gebrauchte alle Flüche meines Großvaters. Gott sah mich seitdem nie wieder an.»

[10] Noch einmal J. P. SARTRE: Die Wörter, 48–49: »Meine Wahrheit, meinen Charakter und meinen Namen hatten die Erwachsenen in der Hand; ich hatte gelernt, mich mit ihren Augen zu sehen; ich war ein Kind, ein Monstrum, das sie mit Hilfe ihrer eigenen Sorgen fabrizierten. Waren sie nicht da, so hinterließen sie ihren Blick, der eins wurde mit dem Licht; ich lief und hüpfte herum unter diesem Blick, der mir meine Natur eines vorbildlichen Enkels aufzwang, der mir meine Spielsachen und das Universum schenkte... Jedoch: ohne daß ein Wort gesprochen wurde, formlos und undicht, verborgen hinter jener un-

diesem Wege dahin gelangen, Gott zu lieben, schon gar nicht mit ganzem Herzen, mit ganzer Seele und mit ganzem Denken. Würden wir demgegenüber von den Tieren, von den Schneekristallen, von jedem Stück Natur ringsum uns zeigen lassen, was es heißt, Gott zu lieben, so müßte die Antwort einmütig lauten: Folge auch du, wie alle Dinge der Welt, dem Gesetz, das in dir liegt; befolge es gegen jeden Widerstand, sei ihm treu gegen alle Angst; vertrau dich ihm an mit aller Entschlossenheit, deren du fähig bist.

Es ist dies das Gesetz des Lebens, das Israel selber gelernt hat, als es dem *Gott seiner Väter* folgte[11]: daß an Gott zu glauben identisch ist mit Aufbruch und Freiheit, mit dem Abschütteln von Ketten, mit dem Verlassen eines Zuhauses, das zwar äußere Wohlversorgtheit, mehr noch indessen Unterdrückung und Sklaverei bedeutet, und daß es gilt, dem Ruf zu folgen, der in ein eigenes Land, in ein eigenes Glück, in ein eigenes Leben hinüberführt.

Es ist das Wichtigste, was wir im Leben lernen können: das eigene Wesen zu finden und ihm treu zu bleiben. Allein darauf kommt es an, und nur auf diese Weise dienen wir Gott *ganz*[12]: daß wir begreifen, wer wir selber sind, und

schuldigen Transparenz, machte eine transparente Gewißheit alles zunichte: ich war ein Schwindler.» «Da ich dazu verurteilt war, Wohlgefallen zu erregen, spielte ich eine Grazie, die auf der Stelle verwelkte; überall schleppte ich meine falsche Herzlichkeit, meine müßige Wichtigtuerei mit mir herum.» «Das schlimmste war, daß ich die Erwachsenen im Verdacht hatte, ihrerseits zu heucheln. Die Wörter, mit denen sie mich anredeten, waren Bonbons: unter sich sprachen sie ganz anders.» Es ist die konventionelle, zum «Charakter» verfestigte Lüge im Namen «Gottes», die schließlich den «Atheismus» zu einer notwendigen Form der Selbsterschaffung macht.

[11] Zu der Formel vom «Gott der Väter» vgl. E. DREWERMANN: Strukturen des Bösen, 1. Bd., 3. erw. Aufl., 360–362 (Der «Gott der Väter» ist kein «fremder Gott»).

[12] Vgl. zu dem *«Ganzsein»* vor Gott M. BUBER: Abraham der Seher, in: Werke, II 871–893, S. 882–885, der auf die Parallelen von Gen 6,9 (Noe), 17,1 (Abraham) und Dtn 18,31 hinweist; vgl. DERS.: Die Schrift und ihre Verdeutschung, in: Werke, II 1093–1182, S. 1143–1144. Der *Ganzheit* des Menschen entspricht die *Einzigkeit* Gottes, die sich in dem *Bekenntnis* des «Höre, Israel», des *Schema'* von Dtn 6,4–9, ausspricht, das Jesus hier aufgreift. «Es ist das Grundbekenntnis Israels zu dem *einen* Gott und zu seinem Gebot. Allein die Stellung ... in der synagogalen Gebetsliturgie ... und ... seine Umrahmung mit bestimmten Gebeten haben es vielfach auch als Gebet erscheinen lassen. Das Bewußtsein um den ursprünglichen Bekenntnischarakter ... hat sich ... im Sprachgebrauch insofern lebendig erhalten, als man nie vom Beten, sondern immer vom Lesen oder Rezitieren ... geredet hat.» H. L. STRACK – P. BILLERBECK: Kommentar zum Neuen Testament aus Talmud und Midrasch, IV 1, 189–207, S. 189. Das «Höre, Israel» bestand aus drei Teilen (Dtn 6,4–9; 11,13–21 und Num 15,37–41) und wurde morgens und abends rezitiert. Es ist

den Mut gewinnen, uns selber zu leben. Denn es gibt Melodien, es gibt Worte, es gibt Bilder, es gibt Gesänge, die nur in uns, in unserer Seele schlummern, und es bildet die zentrale Aufgabe unseres Lebens, sie auszusagen und auszusingen. Einzig zu diesem Zweck sind wir gemacht; und keine andere Aufgabe ist wichtiger, als herauszufinden, welch ein Reichtum in uns liegt. Erst dann wird *unser Herz ganz*,erst dann wird *unsere Seele weit,* erst dann wird *unser Denken stark.* Und erst mit *allen* Kräften, die in uns angelegt sind, dienen und preisen wir unseren Schöpfer, wie er es verdient.
Niemals wird man aus religiösen Gründen begreiflich machen können, warum Gott immer wieder so geschildert wird, daß *das Denken* durch Glaubenssätze unterdrückt wird, die dem Verstand unverständlich sind[13]. Nie-

sehr wichtig zu verstehen, daß Jesus die Einhaltung der «Gebote» Gottes ganz und gar abhängig macht von dem Bekenntnis bzw. von der *Erfahrung* der Einzigkeit Gottes. Im Spätjudentum erwartete man von der Rezitation dieser Texte Schutz gegen die bösen Geister sowie die Niederringung des bösen Triebes und eine Verlängerung des Lebens; a. a. O., IV 1,203. Nimmt man diese Vorstellungen nicht rein äußerlich, so sind sie aufs Wort wahr: es ist nicht möglich, «gut» in moralischem Sinne sein zu wollen einfach durch Vorsatz und Anstrengung (gegen E. STAUFFER: Die Botschaft Jesu damals und heute, 45); es ist allein die Beziehung des Menschen zu Gott, die unser Dasein so «ganz» werden läßt, daß wir innerlich geschlossen, ohne Abspaltungen und «Sonderungen» – ohne «Sünde» in etymologischem Sinne – zu leben vermögen. – Für *die Herkunft dieses «Schulgesprächs»* ist es u. a. wichtig zu sehen, daß die Wendung in Mk 12,33: «aus ganzem Verstand» das hebr. *leb* = Seele, Herz nach der Septuaginta zitiert; die Abhängigkeit der Stelle von der Septuaginta, die sich auch sonst zeigt (s. o. Anm. 1), spricht für eine Herkunft der Stelle aus dem hellenistischen Judenchristentum. Die «Theologie» dieser Gruppen aber zeigt sich am deutlichsten in Mk 12,33, wenn der «Schriftgelehrte», also der Repräsentant des orthodoxen Judentums schlechthin, in singulärer Weise selber sagt, das «Gebot» der Gottes- und Nächstenliebe sei weit mehr als alle Opfer – das bedeutet das Ende aller Kultforderungen. STRACK-BILLERBECK: A. a. O., I 500 zeigt in der Tat, daß die Rabbinen, gestützt auf Hos 6,6; Spr 21,3 zu vergleichbaren Äußerungen imstande waren. Besonders *Jochanan ben Zakkai* (gest. um 80 n. Chr.) sah in den «Liebeserweisungen» einen Ersatz für das zerstörte Heiligtum des Tempels – womit das Thema von Mk 11,12–26 indirekt anklingt. Darüber hinaus aber geht es zugleich um das Ende der pharisäischen Gesetzlichkeit. Das Gottesreich ist «nahe» – es ist jetzt schon da, wenn Menschen die Liebe leben statt des «Opfer- und Leistungsdenkens»! Wohlgemerkt: das ist die *Deutung* der Botschaft Jesu durch die «Gemeinde», aber auch in historischem Sinne wird man denken dürfen: So war (ist) Jesus wirklich! «In Jesus, in seinem Verhalten und in seinem Wort ist das Gottesreich an die Menschen herangetreten.» E. SCHWEIZER: Das Evangelium nach Markus, 138.

[13] Es stellt eine äußerst folgenschwere Weichenstellung der frühen Kirchengeschichte dar, daß man bereits vom 2. Jh. an damit begann, den Glauben an Christus in eine intellektuelle

mals wird man begreifen können, warum man immer wieder Gott so schildert, daß *das Fühlen* durch «Gebote» eingezwängt wird, die gegen jedes menschliche Empfinden von vornherein bestimmen, was gut ist und was böse[14]. – In Wahrheit ist Gott die Weite unseres Herzens und die Unendlichkeit unseres Denkens. Alles, was wir je von Gott verstehen werden, ist in den Gesetzen unserer Entwicklung und Reifung eingeschrieben, die kein anderes Maß und kein anderes Ziel kennen als ihn selber, den Unendlichen. Denn dies ist das Geheimnis unserer Art, Gott zu begegnen: Je tiefer wir unser eigenes Wesen spüren, desto mehr werden wir merken, daß es keine Grenzen gibt; so wenig, wie es den Schwalben im Sommer genügen kann, nur zwischen den Häuserzeilen eines kleinen Dorfes hin- und herzufliegen, und so sehr sie spätestens in den ersten Septembertagen die Sehnsucht nach der grenzenlosen Weite der Meere und Gebirge überkommen wird, so wird uns die Sehnsucht zum Unendlichen ergreifen. Je tiefer wir uns selbst verstehen, desto mehr verlockt es uns zur Ewigkeit Gottes, zur Liebe des Himmels.

Lehre, in ein begrifflich dozierbares, theologisches System zu verwandeln, dessen terminologisch korrektes Nachsprechen in der Weise fertiger Katechismusformeln als «Glauben» im Sinne von «Orthodoxie» verstanden wurde und das darüber entschied, ob jemand als Mitglied der «Kirche Christi» gelten könne oder nicht. An dieser Stelle bereits beginnt der Weg in die Ketzermacherei, in die Intoleranz, in die Inquisition – nicht die Haltung, nur die Machtmittel ändern sich im Laufe der Zeit und erweitern sich. Vgl. dazu die bittere Abrechnung bei K. Deschner: Kriminalgeschichte des Christentums, 143–181 (Die Verteufelung von Christen durch Christen beginnt); 351–397 (Kirchenlehrer Athanasius); 399–459 (Kirchenlehrer Ambrosius); es zeigt sich, mit welch fanatischer Rechthaberei und mit welchen Mitteln der Infamie und der Intrige dieser Kampf um die «Reinheit» eines solchen «Glaubens» nach innen und nach außen gegen Christen wie Heiden geführt wurde. Wie man Christus «bekennt», wurde seither entschieden wichtiger, als wie man tut, was Jesus wollte, – als ob er es gewußt hätte: Mt 7,21! Wie sehr Markus selber daran liegt, die Nähe des Gottesreiches, wie Jesus es brachte, als das *Ende* der theologischen Diskutiererei darzustellen, sagt er in 12,34: «Niemand mehr wagte ihn zu fragen . . .» Vgl. Mk 1,22. Es gilt, mit Berufung auf Jesus nicht länger mehr Streit- und Schulgespräche zu führen, sondern die Liebe zu leben.

[14] Eine entscheidende Einsicht S. Freuds bestand darin, daß, wer *Triebe* unterdrückt, gleichzeitig auch das Denken unterdrücken muß, indem er an die Stelle des Gebrauchs der Ratio die Kunst des Rationalisierens setzen muß. Vgl. Th. Reik: Der unbekannte Mörder, 388–393 (Zur Psychogenese des Über-Ichs), der (S. 393) von dem sadistischen Terror der verinnerlichten Vaterangst in dem, was gemeinhin «Gewissen» heißt, nicht zu Unrecht meinte: «‹Was für ein Glück, daß nicht nur die Gejagten müde werden, sondern auch der Jäger!› Das mag ein Trost für die Gehetzten sein. Es ist keiner mehr für diejenigen, welche mit gebrochenen Augen auf der Strecke geblieben sind.»

Insofern ist es ein und dasselbe, uns selber zu entdecken und Gott zu finden, Gott zu lieben und uns selber treu zu sein; und so schließt sich auf immer ein Ring der Erfahrung zwischen der Kleinheit unserer Existenz und der unermeßlichen Größe Gottes.

Gemessen daran, kann unsere kleine, endliche Welt oft so erstickend sein. Immer wieder werden wir daran gewöhnt, uns nach Gesetzen auszurichten, die weder in uns liegen noch von Gott sind, sondern von Menschen erfunden wurden, die nur sich selbst beruhigen wollten, oder die damit ihr Geld zu verdienen, ihre Macht zu entfalten oder sich selber groß zu machen beabsichtigten. Der Schatten solcher Menschen liegt finster und düster über der Welt, die Sonne verdunkelnd, die Herzen erfrierend. Viel können Menschen tun, um das wahre Bild Gottes in der Seele eines anderen Menschen zu verwischen, es zu verhüllen und es mit falschen Worten einzunebeln. Aber viel können wir Menschen auch tun, um durch unsere Nähe einem anderen Menschen Gott nahe zu bringen.

Es war vor Jahren einmal erschütternd, eine kleine Fernsehaufzeichnung von einer Predigt zu sehen, die MARTIN LUTHER KING vor einer Gruppe von Farbigen in den Südstaaten hielt[15]. Eigentlich wollte er diesen Text des *Mar-*

[15] Vgl. M. L. KING: Wohin führt unser Weg, 54, der das perfekte System jeder Sklavenhalterei auf die Formel brachte: «Gewöhne ihn (sc. den Neger, d. V.) an starre Disziplin, verlange von ihm bedingungslose Unterwerfung, gib ihm das Gefühl seiner angeborenen Minderwertigkeit, entwickle in ihm eine lähmende Furcht vor dem weißen Mann, erziehe ihn dazu, den Kodex des Herrn für gutes Benehmen anzunehmen, und flöße ihm das Gefühl der vollkommenen Abhängigkeit ein!» «Sogar die Semantik hat sich verschworen, alles Schwarze häßlich und erniedrigend zu machen... Das am meisten aus der Art geschlagene Mitglied einer Familie ist das ‹schwarze Schaf›, nicht das ‹weiße Schaf›.» Demgegenüber rufe *Black Power* den Neger «zu einem neuen Bewußtsein seines Menschentums, zu einem tiefen Gefühl des Rassenstolzes und zu einer kühnen Würdigung seines Erbes» auf. «Der Neger muß von einer neuen Erkenntnis seiner Würde und seines Wertes ergriffen werden. Er muß sich erheben in einem System, das ihn noch immer unterdrückt, und ein unangreifbares erhabenes Gefühl seines eigenen Wertes entwickeln. Er darf sich nicht mehr schämen, schwarz zu sein.» (56) Ein «unangreifbares Gefühl des eigenen Wertes» – das ist es, was als wesentliche Funktion des Glaubens gelten muß. Es geht nicht an, wie R. PESCH: Das Markusevangelium, II 241 dies versucht, die Nächstenliebe alternativisch gegen «Selbstsucht... Selbsterhaltungswillen... Angst» zu stellen; es kommt vielmehr darauf an zu begreifen, daß die notwendige Egozentrik *der Angst* im Felde der Gottesferne sich erst durch ein tieferes «Bekenntnis» zu dem «einzigen Gott» überwinden läßt; dann sind «Selbstliebe» (als Maß) und «Nächstenliebe» (als Bedürfnis, als Muß) keine Gegensätze mehr. – Die *Einheit* der beiden «Gebote» von Gottesliebe und Menschenliebe findet

kus-Evangeliums auslegen: «Du sollst den Herrn, deinen Gott, lieben mit ganzem Herzen und deinen Nächsten wie dich selbst.» MARTIN LUTHER KING predigte zu Menschen, denen man alles Mögliche angetan hatte, um ihr Fortkommen zu beschneiden, ihre Würde zu schänden, ihre menschliche Aussicht auf Zufriedenheit und Glück zu zerstören, ja, oft sogar ihre Gesundheit zu verwüsten; er sprach zu den Ärmsten der Armen in Alabama, und er hielt eine Rede, in der er eigentlich nur aufzählte, was man seinen Zuhörern möglicherweise zugefügt hatte. Er tat dabei so, als wenn er jeden einzelnen anredete: Es kann sein, du hast nie eine Schule besuchen können; es kann sein, du hast nie ein Paar Schuhe an deinen Füßen getragen; es kann sein, du kannst nicht einmal deine eigene Muttersprache richtig reden; es kann sein, daß du deine Mutter nicht einmal kennengelernt hast; es kann sein, daß du kein Zuhause hast; es kann sein, daß du kein Einkommen besitzt; es kann sein, daß du nicht weißt, wo du heute abend schlafen sollst. Doch nach jedem dieser Sätze fügte MARTIN LUTHER KING hinzu: *«Aber ich bin jemand.»* Es kann sein, man hat dir oft erzählt, daß du ein Nigger bist; «but I am somebody» – aber ich bin jemand! – Nach wenigen Sätzen schon verwandelte sich diese Predigt in einen Gesang, in dem die ganze Gruppe von Farbigen mit glänzenden Augen, mit wiegenden Oberkörpern, refrainartig immer wiederholte, rhythmisch, klopfend: *Aber ich bin jemand* – but I am somebody. Menschen zu zeigen, wie sie von Gott her ihre Würde wiederfinden können, das bedeutet es, Gott zu lieben mit ganzem Herzen und den Nächsten wie sich selbst.

Was dann im einzelnen zu tun ist auf dem Weg der Liebe, weiß man oft gar nicht. Wir leben in einer Kultur, die uns immer wieder anweist, «verantwortlich» handeln zu müssen. Vielleicht hat sie darin ihre Größe, ganz sicher hat sie darin ihre Grenze. Was wir in unserem Kulturraum offenbar zu wenig lernen, ist die Kunst, füreinander *nicht* zu handeln, *nicht* zu denken, *nicht* etwas zu *machen,* sondern füreinander *dazusein.* Immer wenn wir die «Nächstenliebe» verstehen als ein «Machen für», schalten wir den anderen

sich auch bei den Rabbinen – als Lehre *Hillels* und als Lehre *Rabbi Aqibas*; H. L. STRACK – P. BILLERBECK: Kommentar zum Neuen Testament aus Talmud und Midrasch, I 357–358. Vgl. auch E. KAUTZSCH: Die Testamente der 12 Patriarchen, in: E. Kautzsch (Hrsg.): Die Apokryphen und Pseudepigraphen des Alten Testaments, II 458–506, *Test. Sebulon*, 5,1, S. 482, wo neben dem Erbarmen gegen den Nächsten zugleich (selten genug!) hinzugefügt wird: Barmherzigkeit «nicht allein gegen Menschen, sondern auch gegen unvernünftige Tiere.» Vgl. *Test. Benjamin*, 3,3, S. 503: «Fürchtet den Herrn und liebt den Nächsten.»

nicht ein, sondern aus, setzen wir ihn nicht in seine Freiheit, sondern beschneiden ihn, geben wir dem anderen nicht das Leben, auf das er Anspruch hat, sondern liefern ihn an Dinge aus, die ihn ersticken. Aber wenn es uns gelingt, Worte zu finden, die eine solche Resonanz haben wie jene Worte von Martin Luther King in Alabama, die ein Gefühl für die unvertauschbare Würde, für die unableitbare Schönheit eines jeden Menschen erwecken, üben wir in der Liebe zu Gott wahre Nächstenliebe. Jeder von uns wird an seiner Seite solche Menschen brauchen, die ihn lehren, sich selber mit den Augen der ewigen Güte zu betrachten.

Es kann durchaus auch bei uns sich so verhalten wie in einer Südstaatengemeinde von Farbigen, daß die Menschen, mit denen wir unmittelbar leben mußten, die eigenen Eltern, die Nachbarn, die Arbeitgeber, die Erzieher, soziologisch oder psychologisch allesamt eher dazu beitrugen, das Bild Gottes in unserer Seele zu verfälschen als zu reinigen[16]. Und dennoch können wir entdecken, daß es ein unverwechselbares Bild der Sehnsucht in unserem Herzen gibt und daß oft ein einziger Anruf genügt, um es wieder freizulegen. Wir alle besitzen vor Gott eine unvertauschbare Bedeutung, Würde und Größe. Wann immer wir einen Menschen von Herzen lieben, wird dieser Glanz seine Seele erhellen; und wann immer wir es fertigbekommen, einen anderen Menschen von seiner Größe zu überzeugen, werden wir gemeinsam näher zu Gott gelangen. Es gibt kein Gesetz außer diesem einen: sich selber treu zu sein und Gott, der uns gemacht hat. Das ganze Gesetz und alle Propheten finden darin ihre Ausdeutung und ihre Befolgung.

[16] Es ist immer wieder nötig, darauf hinzuweisen, daß die «Theologie der Befreiung» und die tiefenpsychologische Schriftauslegung keinen Gegensatz bilden, sondern einander bedingen. Wer von ganzem Herzen Freiheit und Menschenwürde z. B. für die Farbigen der Südstaaten der USA fordert, der wird doch nicht die Augen davor verschließen können, wieviele «schwarze Schafe» es durch psychische Formen von Entwürdigung und Abhängigkeit gibt! Vgl. E. Drewermann: An ihren Früchten sollt ihr sie erkennen, 128–137.

Mk 12,35–37a: Wessen Sohn ist der Messias?

[35]Doch als Antwort (auf die Fangfragen der Schriftgelehrten) sagte Jesus, im Heiligtum lehrend: Wieso sagen die Schriftgelehrten, der Messias sei Davids Sohn? [36]Selber hat David im heiligen Geiste gesagt:
Es sprach der Herr zu meinem Herrn:
Setze dich zu meiner Rechten,
bis ich deine Feinde lege
unter deine Füße (Ps 110,1).
[37a]Selbst nennt David ihn Herr; in welchem Sinne ist er dann sein Sohn?

Zwischen die Frage eines Schriftgelehrten nach dem wichtigsten aller Gebote (Mk 12,28–34) und die Warnung Jesu vor der Eitelkeit, Habsucht und Scheinheiligkeit der Schriftgelehrten (Mk 12,38–40) hat das *Markus*-Evangelium diese Frage Jesu gestellt: «Wessen Sohn ist der Messias?»[1] Alle Reden

[1] Unmittelbar an die Frage nach der «Nähe» zu Gott in dem «Gebot» der Liebe (Mk 12,34) schließt sich jetzt die Frage nach dem an, der diese Nähe Gottes verkörpert und bringt – wer ist er? Eines steht durch die Fortsetzung von Mk 12,38 fest: Er ist das Ende aller Schriftgelehrsamkeit! Er ist zugleich das Ende der Vorstellungen, in denen die «Schriftgelehrten» ihrer ganzen Art nach die zentrale Gestalt der göttlichen Verheißungen – den «Messias» – verstehen müssen: als Inbegriff von Macht und Ansehen im äußeren, geschichtlich-politischen Sinne. Freilich hat erst die frühe Gemeinde durch den Tod Jesu diese Wahrheit gelernt und formuliert. R. Bultmann: Die Geschichte der synoptischen Tradition, 145–146 meint zu Recht, es werde hier «die Hoffnung auf einen politischen Messias bestritten»; daß dies freilich aufgrund der *Menschensohn*vorstellung geschehe, ist nicht auszumachen. F. Hahn: Christologische Hoheitstitel, 113–114 meint zur Stelle: «Ein Traditionsstück der palästinensischen Gemeinde kann hier nicht vorliegen, erst recht keine authentische Aussage Jesu ... Schon die Tatsache, daß Jesus die Initiative ergreift und ein Problem der jüdischen Messiasdogmatik aufwirft, ist auffällig; hinzu kommt, daß die Frage unter der Voraussetzung jüdischer Messiaslehre gar nicht zu beantworten ist. Gegen die Echtheit spricht auch das so betont christologische Interesse dieses Überlieferungsstückes, im besonderen das Schwergewicht, das auf die Hoheitstitel fällt. Ferner wird in einer so ausgesprochen spitzfindig schriftgelehrten Art argumentiert, wie wir dies sonst bei Jesus nicht kennen; ohne Anlaß stellt er eine Frage, gibt eine Antwort und stellt daraufhin nochmals eine Frage, deren Antwort erschlossen werden muß. Hier liegt der Niederschlag christologischer Reflexion vor, welche auf apologetische Weise von der Schrift her begründet werden soll, wobei die schon spätalttestamentliche Anschauung von der davidischen Verfasserschaft von Ps 110 zu Hilfe genommen ist. Daß dieses Überliefe-

rungsstück nicht auf palästinensischem Boden entstanden sein kann, ergibt sich einmal schon aus der Erhöhungsvorstellung. Dazu kommt aber auch der sprachliche Befund. Mk 12,36 enthält fast wörtlich den Text der Psalmstelle nach der Septuaginta.» Und S. 115: «Ganz einfach liegen... die Dinge, wenn man bei der christologischen Anschauung des hellenistischen Judenchristentums einsetzt. Dort treffen zwei Elemente zusammen: die alte, aus palästinensischer Tradition übernommene Herrenbezeichnung Jesu (sc. mit dem aramäischen Titel: *Mari*, d. V.), ferner das unter Heranziehung von Ps 110,1 ausgebildete Erhöhungsmotiv. In der Eingangswendung von Ps 110,1 ist deren Verschmelzung geradezu schrifttheologisch begründet, wobei aber nicht der Urtext, sondern die Septuaginta vorausgesetzt ist.» Bereits W. WREDE: Jesus als Davidssohn. Vorträge und Studien, 1907, 166ff. vertrat die These, daß in Mk 12,35–37 der Titel Davids-Sohn für den Messias überhaupt bestritten werden solle. Tatsächlich bezeichnet der Ende des 1. Jh.s entstandene *Barnabasbrief* 12,10 die Anschauung von der Davidssohnschaft des Messias denn auch als einen «Irrtum der Sünder», d. h. der Juden; F. ZELLER (Übers.): Der Barnabasbrief, in: Die Apostolischen Väter, 70–105, S. 95. Gleichwohl ist diese Anschauung nicht ohne weiteres bereits für die Urgemeinde vorauszusetzen. G. BORNKAMM: Jesus von Nazareth, 207 schlug eine «Deutung vor, die das *Verhältnis* von Davidssohnschaft und Herrsein des Messias zur Pointe des Wortes macht: Was bedeutet es, daß der Herr Davids zugleich sein Sohn ist? Dann aber ist hier der Titel ‹Davids Sohn› schon nicht mehr im genuin jüdischen Sinn als Hoheitstitel für den Messias gebraucht, sondern sein späterer christlicher Sinn vorausgesetzt, wonach die Abkunft von David den Messias im Stande seiner Menschlichkeit und Niedrigkeit im Gegensatz zu seiner Erhöhung und Herrschaft bezeichnet (Rom 1,3; 2 Tim 2,8...).» Diesem Vorschlag folgt auch F. HAHN: A. a. O., 259–262, der den Text im Sinne der «Zweistufenchristologie» interpretiert: Die Messianität und das «Herrsein» gelte «für den Auferstandenen und Erhöhten; diese über alle Menschen und Welt erhabene Würde... schließt aber nicht aus, daß Jesus zu seinen Lebzeiten ‹Sohn Davids› war und als solcher eine ganz besondere Würdestellung einnahm.» (261) Gerade aber wenn der Titel «Davidssohn» lediglich die irdische Wirksamkeit Jesu «im Sinne einer vorläufigen Hoheitsstufe» bezeichnet und somit in Gegensatz «zur messianischen Macht des Erhöhten gerückt» wird (262), so geht es für die Auslegung der Stelle als erstes darum, die Ungeheuerlichkeit zu begreifen und herauszuarbeiten, die darin liegt, daß das gesamte Auftreten Jesu der spätjüdischen Vorstellung von dem Kommen des Messias diametral widersprach, und es gilt deutlich zu machen, daß gerade in der Art, wie Jesus lehrte und lebte, die wahre, weltüberlegene Macht Gottes sich realisiert. M. a. W.: es kommt darauf an, die mythisch geprägten Vorstellungen der Urgemeinde von dem «erhöhten» «Menschensohn» und dem «Messias» (Davidssohn) in «Knechtsgestalt» vom Leben Jesu her zu kommentieren und existentiell verbindlich auszulegen, statt es für «Theologie» zu halten, wenn man die entsprechende Terminologie in rein historischer Korrektheit weiterrezitiert. Die Gruppen der frühen Kirche jedenfalls, in denen Mk 12,35–38 entstanden ist, müssen sich selbst deutlich von den *jüdischen* Schriftgelehrten haben absetzen wollen; und so könnte das Gespräch gerade in Auseinandersetzung mit Vorwürfen der Synagoge entstanden sein, das Messiasbekenntnis zu Christus sei nicht «schriftgemäß». Als Entstehungsort käme dann (gegen F. HAHN) sehr wohl «palästinensischer Boden» in Frage. So hat D. DAUBE: The New Testament and Rabbinic Judaism (Jordan Lectures 1952), London 1956, 158–169

des 12. Kapitels des *Markus*-Evangeliums finden im Tempel zu Jerusalem statt; sie sind buchstäblich Heiligtumsreden, Worte Gottes am Ort seines eigenen Wohnsitzes, letzte Zusammenfassungen der Kernpunkte der Botschaft Jesu[2]. «Du sollst den Herrn, deinen Gott lieben aus deinem ganzen Herzen, aus deiner ganzen Seele, aus deinem ganzen Denken und aus deiner ganzen Kraft» (Mk 12,30; Dtn 6,4.5), und: «Du sollst deinen Nächsten

gezeigt, daß gerade die Gesprächsform, die F. HAHN zu Recht als völlig unjesuanisch empfand, einem bestimmten Typus der rabbinischen Frageform, nämlich der *haggadischen Antinomiefrage*, entspricht: «Diese geht von einem Widerspruch in der Schrift aus und fragt, wie er sich erkläre. Die Antwort lautet regelmäßig: Die sich widersprechenden Angaben sind beide gültig, beziehen sich aber auf Verschiedenes. Wendet man diese Erkenntnis auf Mk 12,35–37 an, so lautet die offen gelassene Antwort auf die Frage nach der Antinomie zwischen ‹Davids Sohn› und ‹Davids Herr›: Der Widerspruch ist nur scheinbar; in Wirklichkeit beziehen sich die beiden Bezeichnungen auf Verschiedenes: ‹Davids Sohn› auf die Gegenwart, ‹Davids Herr› auf die Zukunft. Wenn Jesus trotz der Inanspruchnahme der Davidssohnschaft, die Mk 14,58 par. am deutlichsten hervortritt, den Titel meidet, so ist offensichtlich dessen politische Belastung der Anlaß für seine Zurückhaltung gewesen.» J. JEREMIAS: Neutestamentliche Theologie, I 247. Ähnlich E. LOHSE: *hyios David*, in: G. Friedrich (Hrsg.): Theologisches Wörterbuch zum Neuen Testament, VIII 482–492, S. 488–489. Dagegen freilich, daß das Gespräch auf Jesus selbst zurückgehen könnte, spricht das alte Argument von R. BULTMANN: Die Geschichte der synoptischen Tradition, 145, der es für «zu phantastisch» hielt, «daß Jesus angenommen habe, er werde dereinst zum ‹Menschensohn› *werden*». Zudem zeigen H. L. STRACK – P. BILLERBECK: Kommentar zum Neuen Testament aus Talmud und Midrasch, IV 1, 452–465, daß Ps 110 in der altrabbinischen Literatur niemals messianisch gedeutet wurde. «Die Annahme, daß solche Auslegungen verschwanden, weil sie den Christen halfen, ist mindestens für Qumran unmöglich.» E. SCHWEIZER: Das Evangelium nach Markus, 139. Wie also sollte Jesus auf eine derart singuläre Deutung mit Bezug zu seiner eigenen Person verfallen sein? Es bleibt die einfache, durchaus nicht schriftgelehrte Tatsache, daß Jesus Gott nahe glaubte in jedem Akt der Liebe (Mk 12,34), und wer an seiner Seite zu einem Vertrauen in Gott fand, so daß er es lernte, «aller Sklave» zu sein statt «aller Erster» (Mk 10,44), der mochte gerade in der Armut des «Menschensohnes» (Mk 10,45) die wahre Größe des «Sohnes Davids» vor Gott erkennen. Dieser Kontrast zwischen äußerer Ohnmacht und göttlicher Größe ist das Entscheidende für die existentielle Bedeutung der mythisch formulierten «Zweistufenchristologie».

[2] Die Formel *«im Heiligtum lehrend»* hat Markus offenbar selbst hier eingefügt; es ist das redaktionelle Leitmotiv für Mk 11; 12, insgesamt, wie 11, 17.27; 12,38a zeigen; wie wichtig das Wort für Markus ist, zeigt der Umstand, daß er die Wendung in Mk 14,49 noch einmal aufgenommen hat. F. HAHN: Christologische Hoheitstitel 113, Anm. 2. Im Grunde beantwortet die Frage Jesu nach dem rechten Verständnis des «Messias» auch die

lieben wie dich selbst» (Mk 12,11; Lev 19,18) – diese beiden Zitate aus dem Alten Testament hielt Jesus mit manchen Rabbinen seiner Zeit für die Zusammenfassung aller Weisungen Gottes[3], ganz so, wie jener Schriftgelehrte «verständig antwortete», die Liebe zu Gott und den Menschen sei weit mehr wert als «alle Vollbrandopfer und Schlachtmahle» (Mk 12,34.33). Es ist, als wenn die beiden folgenden Abschnitte im *Markus*-Evangelium noch einmal in zwei zentralen Bereichen zeigen wollten, was sich aus dem Gebot der Gottes- und der Nächstenliebe unmittelbar ergibt. «Du sollst den Nächsten lieben wie dich selbst» – das ist mit dem Dünkel und dem Parasitentum der «Schriftgelehrten», dieser Gottestheoretiker und Parteiideologen, unmöglich zu vereinbaren; eine einfache Frau aber, die als «Witwe» gerade das indirekte Opfer dieser Theologenkaste ist (Mk 12,40–42)[4], kann durch ihr einfaches Verhalten zeigen, was gemeint ist.

Frage der Hohenpriester, der Schriftgelehrten und der Ältesten von Mk 11,27: »In welcher Vollmacht tust du dies?» Wie in Mk 2,25.26 (beim Ährenraufen am Sabbat) beruft Jesus sich auch hier auf das Vorbild *Davids*; aber es gilt, *«im heiligen Geist»* (Mk 12,36) auf David zu hören, eben nicht schriftgelehrt, und dann wird man merken, daß David «geistig» weit mehr zu sagen hat, als was die Messiastheologie der Schriftgelehrten mit dem Begriff «Davidssohn» meinte. Das Reden vom *«Geist»* ist übrigens erneut ein Indiz dafür, daß die Stelle eine Bildung der Gemeinde darstellt. Denn: «Daß Jesus selbst kaum vom Geist gesprochen hat, dürfte historische Tatsache sein.» «Die einzige Geistaussage», die «mit einiger Gewißheit in ihrer Substanz auf Jesus» sich zurückführen läßt, ist Mk 13,11. E. SCHWEIZER: *pneuma*, in: G. Friedrich (Hrsg.): Theologisches Wörterbuch zum Neuen Testament, VI 387–453, S. 400–401. Gleichwohl ruht über dem Auserwählten, dem Menschensohn», «der Geist der Weisheit und der Geist, der Einsicht gibt», «der Geist des Rates und der Geist der Kraft», wie *äth. Henoch* 49,3 im Anschluß an Jes 11,2 sagt; E. SCHWEIZER: A. a. O., VI 382. Nur: wenn der «Auserwählte» kommt, so *redet* er nicht vom «Geist», er spricht und wirkt einfach von innen her aus Gott. Gerade darin liegt der entscheidende Gegensatz, der Jesus von den Schriftgelehrten aller Zeiten, auch denen der frühen Kirche bereits, trennt.

[3] S. o. zu Mk 12,28–34, Anm. 12. Vgl. H. L. STRACK – P. BILLERBECK: Kommentar zum Neuen Testament aus Talmud und Midrasch, I 907–908 zu den Versuchen der Synagoge, die Forderungen der Thora auf einige große Prinzipien zurückzuführen. So sagte Rabbi *Hillel* um 20 v. Chr.: «Was dir unliebsam ist, das tu auch deinem Nächsten nicht. Das ist die ganze Thora, das andere ist ihre Auslegung». Vgl. Mt 7,12.

[4] Sehr wahr und in bleibender Aktualität meint J. JEREMIAS: Neutestamentliche Theologie, I 145–146 von den Vorwürfen Jesu «gegen die studierten *Theologen*» in Mt 23, 1–13.16–22.29–36: «Ihrer virtuos gehandhabten, scharfsinnigen Theologie fehlt die Ehrfurcht vor Gott... Sie rufen mit ernsten Worten das Volk auf, durch Sühnemäler die Prophetenmorde der Väter zu sühnen, und stehen selbst im Begriff, einen Prophetenmord,

Was aber *ist* gemeint, wenn man Gott liebt mit ganzen Herzen? – An dieser Frage korrigiert sich vor allem das Bild, das sich die Schriftgelehrten von dem kommenden Messias machen.
Wie auch sonst, so muß man sich an dieser Stelle ganz besonders davor hüten, dem Problem, das sich hier stellt, durch historisierende «Erklärungen» auszuweichen[5]; die Zeitgeschichte eines religiösen Textes steht niemals für sich selbst; sie bietet nur einen Anwendungsfall, ein Beispiel für Konflikte und Konfliktlösungen, die zu allen Zeiten der menschlichen Geschichte eine *unbedingte* Bedeutung besitzen[6].

furchtbarer als die Morde der Väter, zu begehen ... sie nutzen ihre juristischen Kenntnisse aus, um Hilflose zu übervorteilen (Mk 12,40 par.). Alle diese Sünden der Theologen hängen mit ihrer theologischen Bildung, ihrem richterlichen Amt und ihrer gesellschaftlichen Stellung zusammen. Die Weherufe gegen die Schriftgelehrten lassen sich zusammenfassen in dem einen Vorwurf: Sie verlassen sich auf ihr theologisches Wissen, kennen und predigen den Willen Gottes, aber sie erfüllen ihn nicht.»

5 So läßt sich hervorragend spekulieren, ob Jesus von Nazareth in genealogischem Sinne davidischer Abstammung war oder nicht und wie wohl das Verhältnis Jesu zu seinen Eltern, Brüdern, Schwestern und Vettern beschaffen war; vgl. A. MEYER – W. BAUER: Jesu Verwandtschaft, in: E. Hennecke – W. Schneemelcher: Neutestamentliche Apokryphen, I 312–321, die in fast sarkastischer Sprache den Verzweigungen der «Familienlegende» Jesu nachgehen. Man mache sich die Differenz nur recht klar: «Nach Mk 6,3 ist es im Munde der Einwohner von Nazareth kein Ehrentitel, wenn sie Jesus ‹Sohn› der Maria nennen; auch sie hält den Sohn für von Sinnen und will ihn heimholen (3,21.31), weshalb sich Jesus auch von ihr lossagt (34 f.) ... rücksichtsvoller gegen die Mutter Jesu ist Lk. (4,22; 8,20) Dafür weiß er zart und sinnig von ihr über die Vorgänge vor und nach der Geburt zu erzählen (1,26–2,52).» In der Tat: erst wenn man den *Glaubenssatz* von der Davidssohnschaft Jesu genealogisch und den Glauben an die Gottessohnschaft biologisch (miß-)versteht, beginnt die Historie zur wesentlichen Glaubensgrundlage zu werden; aber man verwechselt dann die Ebene der Symbole zur Beschreibung einer personalen Wahrheit mit der Ebene von Fakten, die nicht nur unerweisbar, sondern geradewegs absurd sind. Es ist theologisch unnötig und irreführend, wenn F. HAHN: Christologische Hoheitstitel, 242–251, S. 250 meint: «Die Tatsache der Abstammung Jesu aus Davids Geschlecht konnte ... im Sinne der legitimen Voraussetzung verstanden werden, denn der von Gott Erwählte mußte ja ein Davidide sein.» Die Frage Jesu an die Schriftgelehrten zeigt gerade, daß der Glaube auf «Voraussetzungen» dieser Art eben nicht angewiesen ist. Fragen des Heils sind Fragen der Existenz, nicht Fragen der Biologie. Vgl. auch G. DALMAN: Die Worte Jesu, 262–266, der zwar mit Rom 1,3 und 2 Tim 2,8 an der davidischen Herkunft Jesu festhält, aber (263) zu Recht feststellt, daß die «Gottesoffenbarung daran nicht hängt».

6 Vgl. P. TILLICH: Die Frage nach dem Unbedingten, 31, der den idealen Typus der autonomen Religion als Form eines gläubigen Realismus versteht, der zwischen Romantik

So ist es richtig und erwähnenswert, daß die Schriftgelehrten zur Zeit Jesu, soweit sie den Kreisen der Pharisäer nahestanden, in einer hochgespannten Erwartung auf die Ankunft des Messias hin lebten[7]. Die *Psalmen Salomos* etwa, entstanden z. T. unmittelbar nach dem Einmarsch des Pompejus in Jerusalem (63 v. Chr.), gaben der Hoffnung der Pharisäerkreise sehr deutlichen Ausdruck: «Sieh' darein, o Herr, und laß ihnen erstehen ihren König, den Sohn Davids, / zu der Zeit, die du erkoren, Gott, daß er über deinen Knecht Israel regiere. / Und gürte ihn mit Kraft, daß er Ungerechte zertrete! / Weise (und) gerecht treibe er die Sünder weg vom Erbe, / zerschlage des Sünders Übermut wie Töpfergefäße. / Mit eisernem Stabe zerschmettere er all ihr Wesen, / vernichte die gottlosen Heiden mit dem Worte seines Mundes, / daß bei seinem Drohen die Heiden vor ihm fliehen, / und er die Sünder zurechtweise ob ihres Herzens Gedanken. // Dann wird er ein heiliges Volk zusammenbringen, das er mit Gerechtigkeit regiert, / und wird richten die Stämme des vom Herrn, seinem Gotte, geheiligten Volks.» (Ps Sal 17,21–26)[8]. *Das* also bedeutete für die pharisäischen Schriftgelehrten das Bekenntnis, der Messias sei der Sohn Davids! Es bedeutete, in der Heiligen Stadt, in Jerusalem, «ein Reich von Gerechten und Heiligen» zu gründen, zu dem «Fremde . . . nicht zugelassen» sein sollten; nach den Vorstellungen der Pharisäer müssen als Vorbedingung für das Kommen des Messias «nur heilige, gesetzestreue Juden in Jerusalem wohnen (Ps Sal 17,26–29). Darauf unterwirft er (der Messias, d. V.) alle Heiden seinem Szepter . . . (17,30–32). Das alles vollbringt er in der Hilfe des Herrn, nicht in irdischer Kraft, und weil er rein von Sünden ist und voll heiligen Geistes, so daß sein Wort gleich Engelsworten gilt.»[9]
Es sind gleich zwei entscheidende Fragen, in denen Jesus mit diesen Vorstellungen nicht übereinstimmen kann.
Die erste Frage durchzieht als Dauerkonflikt das ganze *Markus*-Evangelium: die pharisäische Vorstellung von dem fundamentalen Gegensatz zwischen den

und Utopie angesiedelt sei – «in dem in Jesus Christus angeschauten neuen Sein, das freilich nicht gebunden ist an irgendein historisches Faktum, das wirklich ist in allen Wirklichkeiten, das aber seinen Maßstab findet an jenem Ort, wo das Dämonische überwunden ist durch das Göttliche.»

[7] Vgl. R. Kittel: Die Psalmen Salomos, in: E. Kautzsch (Hrsg.): Die Apokryphen und Pseudepigraphen des Alten Testaments, II 127–148, S. 127–130 zu der Messiastheologie der *Pharisäer*.

[8] A. a. O., II 146.

[9] A. a. O., II 129.

«Gerechten» und den «Sündern», zwischen den «Frommen» und den «Gottlosen». Noch einmal dazu die *Psalmen Salomos:* «Strauchelt der Gerechte, so erkennt er des Herrn Gerechtigkeit an. / Irrtumssünden sühnt er mit Fasten und kasteit sich gründlich; / der Herr aber spricht jeden frommen Mann und sein Haus rein. // Strauchelt der Gottlose, so verflucht er sein Leben, / . . . Er häuft Sünde auf Sünde, solange er lebt; / . . . Des Sünders Verderben ist ewig.» (Ps Sal 3,5.8–11)[10] Und: «Unser Thun (geschieht) nach unseres Herzens Wahl und Willen, / daß wir Recht und Unrecht thun in unserer Hände Werk, / und in deiner Gerechtigkeit suchst du die Menschenkinder heim. / Wer rechtschaffen handelt, erwirbt sich Leben beim Herrn, / und wer Unrecht thut, verwirkt selbst sein Leben in Verderben; / denn des Herrn Gerichte sind gerecht gegen Person und Haus.» (Ps Sal 9,4–5)[11] Jesus teilt keinesfalls diese ebenso praktische wie selbstzufriedene Grenzziehung, nach der man glaubt, die Menschen in die simplen Schemata von Schwarz und Weiß einteilen zu können. Für Jesus sind alle Menschen im Guten wie im Bösen durch ein Geflecht unterirdischer Verbindungen miteinander verknüpft, und statt die Moral dazu zu verwenden, die Menschen, die eine unauflösliche Schicksalsgemeinschaft miteinander bilden, voneinander zu trennen, käme es in seinem Sinne weit eher darauf an, eine Moralität der Brüderlichkeit statt der Polarisierung, der Vergebungsbereitschaft statt der Verurteilung, der Stellvertretung statt der Sündenbocksuche anzustreben[12].

Und stimmt es denn, daß Menschen im Sinne der Oberflächlichkeit eines ethischen Optimismus[13] ganz wörtlich ihres «Glückes Schmied» sind und alles zu tun vermögen, was sie sich moralisch vornehmen? Träfe diese Ansicht zu, so hätte es in der Tat mit der Bußpredigt *Johannes des Täufers* sein Bewenden haben können[14]. In Wirklichkeit erschienen die Menschen in den

[10] A. a. O., II 134.

[11] A. a. O., II 140.

[12] Sehr prägnant charakterisiert J. JEREMIAS: Neutestamentliche Theologie, I 146–150 die «von Gott trennende Frömmigkeit» bei den «Frommen» in den Tagen Jesu: «Sie nehmen die Sünde nicht ernst.» «. . . im pharisäischen Judentum wird die Sünde durch ein Doppeltes verharmlost: durch die Kasuistik und durch den Verdienstgedanken.» (146; 147) Das Ergebnis besteht in einer verständnislosen Selbstsicherheit, die nach Jesu Meinung das ganze Leben zerstört.

[13] Vgl. dazu E. DREWERMANN: Strukturen des Bösen, 3. Bd., S. LXIX–LXXXIV (Vorrede zur 2. Aufl.: Das Ende des ethischen Optimismus).

[14] Vgl. E. DREWERMANN: Dein Name ist wie der Geschmack des Lebens, 67–81; DERS.: Das Markus-Evangelium, I 136–141.

Augen Jesu eher als hilflos, ausgesetzt und preisgegeben denn als böswillig, charakterlos und verderbt, und als er in einem Gleichnis zu schildern versuchte, wie wir unsere Situation unter den Augen Gottes betrachten könnten, erzählte er seinen Zuhörern die Geschichte von einem königlichen Diener, der sich bei seinem Herrn hoffnungslos verschuldet hat; wohl fleht er den König um Vergebung an und bittet ihn um Geduld, bis er seine Schuld durch die Veräußerung all seiner Habe, ja sogar durch den Verkauf seiner Familienangehörigen in die Sklaverei begleichen werde; der Vorschlag selbst ist grotesk – nicht ein winziges vermöchte dieser armselige Schuldner, selbst wenn er alles verpfändete, seinem König zurückzuzahlen; doch gerade deshalb erbarmt sich der König seines Dieners und erläßt ihm aus Mitleid seine ganze Schuld (Mt 18,21–27)[15]. *So,* will Jesus sagen, ist unsere Situation vor Gott: wir leben einzig vom Erbarmen Gottes; es ist nicht möglich, sich vor Gott als «richtig» und «im Recht» zu fühlen, und sieht man nur ein Stück genauer hin, so sind die Unterschiede nichtig, die uns Menschen voneinander trennen, gemessen an dem Abstand aller Menschen zu der Wahrheit Gottes. Etwas von seiner Güte weiterzugeben – das allenfalls wäre die rechte Art, mit Gott ins reine zu kommen. Wer aber, wie der Pharisäer in einem anderen Gleichnis Jesu, sich vorne in den Tempel stellt, um seine guten Taten vorzuzeigen und andere als Zöllner und als Sünder zu verachten (Lk 18,9–44)[16], der hat die Sintflutpredigt des *Johannes* wirklich nicht begriffen, dem ist noch nicht einmal die Konsequenz des eigenen Wartens auf das kommende Reich Gottes aufgegangen.

Vor allem aber weigert Jesus sich, seinen Auftrag vor Gott als ein moralisches Richteramt zu verstehen, als ein Trennen und Aussondern, als ein Einschüchtern und Angstmachen, als ein ständiges Bedrängen in den Kategorien von Lohn und Strafe. Was ist denn der Mensch schon, daß er vor Gott eine «Belohnung» einfordern könnte? «Wenn ihr alles getan habt, so denkt: was

[15] Vgl. J. JEREMIAS: Die Gleichnisse Jesu, 207–211. Jesus widerspricht mit dieser Haltung diametral der jüdischen Apokalyptik, die nach *4 Esra* 7,33–34 lehrte: «Der Höchste erscheint auf dem Richterthron; dann kommt das Ende, und das Erbarmen vergeht, das Mitleid ist fern, die Langmut verschwunden; mein Gericht allein wird bleiben.» H. GUNKEL: Das 4. Buch Esra, in: E. Kautzsch (Hrsg.): Die Apokryphen und Pseudepigraphen des Alten Testaments, II 370–371. Ebenso: *Äthiop. Henoch* 38,6: «Von da an (sc. im Endgericht, d. V.) wird keiner (von den Bösen) bei dem Herrn der Geister um Gnade bitten (können), weil ihr Leben zu Ende ist.» G. BEER: Das Buch Henoch, in: E. Kautzsch: A. a. O., II 217–310, S. 258.

[16] Vgl. J. JEREMIAS: Die Gleichnisse Jesu, 139–143.

wir schuldig waren, haben wir getan» (Lk 17,10), sagt Jesus zu seinen Jüngern[17]. Statt die «Guten», die «Gerechten», die «Rechtschaffenen» zu sammeln, fühlt Jesus sich gesandt zu den Verlorenen und Unglücklichen, als Arzt zu den Kranken (Mk 2,17)[18], als Hirt zu den Versprengten (Lk 15,1–7)[19], als Exorzist zu den «Besessenen». Um die Heilung der menschlichen Existenz in der Tiefe ihrer Verzweiflung, um die Befreiung des Menschen aus den Fesseln der Angst und der Gottesferne ist es Jesus zu tun. *Das* war seine Vorstellung von dem kommenden «Messias», – keine Säuberung, sondern Versöhnung stellte das Ziel all seiner Bemühungen dar[20].

Und doch gelang es Jesus nicht, seine Auffassung den Pharisäern akzeptabel zu machen[21]. Wenn er auch den Ausdruck «Messias» für sich selber streng vermied (Mk 8,30), so genügte doch sein Auftreten, um entsprechende Vorstellungen im Volke wachzurufen, und letztlich wies Jesus die Verehrung als Messias auch nicht ganz zurück, sondern nahm es ohne Widerspruch hin, daß z. B. der Bettler *Bartimaios* ihn als «Sohn Davids» anredete (Mk 10,47) und die Menge ihn beim Einzug in Jerusalem als denjenigen pries, der da im Namen des Herrn komme, um «das Reich unseres Vaters David» zu bringen (Mk 11,9.10)[22].

Darin aber liegt das zweite mindestens ebenso wichtige Problem, das die Auseinandersetzung zwischen Jesus und den Pharisäern zentral bestimmte: die Frage, von welcher Art die «Herrschaft» ist, die Gott durch seinen «Gesandten» auf Erden begründen möchte. Wer den «Messias» als den «Sohn Davids» bezeichnet, scheint damit wie selbstverständlich auch schon zu sagen, daß sein Reich von gleicher Art sei, wie König David 1000 Jahre zuvor sein Großkönigtum begründete, indem er, offenbar nach dem Vorbild der Alten Ägypter, ein Reich aufbaute, das ihn nach vielen Siegen zum «Stadtkönig von Jerusalem, König der Staaten Juda und Israel, König von Ammon,

[17] Vgl. a. a. O., 192.

[18] Vgl. E. DREWERMANN: Das Markus-Evangelium, I 236–247.

[19] Vgl. J. JEREMIAS: Die Gleichnisse Jesu, 132–135.

[20] Am allerdeutlichsten wird dieses Bemühen Jesu in dem sog. Gleichnis von der «Liebe des Vaters» (bzw. vom «verlorenen Sohn») in Lk 15,11–32; vgl. J. JEREMIAS: Die Gleichnisse Jesu, 128–132: «Das Gleichnis ist zu Menschen gesagt, die dem älteren Bruder gleichen, d. h. zu Menschen, die sich am Evangelium ärgern. Sie sollen im Gewissen getroffen werden. *Ihnen* sagt Jesus: So groß ist Gottes Liebe zu den verlorenen Kindern, und Ihr seid freudlos, lieblos, undankbar und selbstgerecht.» (131)

[21] E. STAUFFER: Jerusalem und Rom, 62–66 (Die Schriftgelehrten und Pharisäer).

[22] S. o. zu Mk 11,1–11, Anm. 1; 18; 19; 21.

Beherrscher der Provinzen Aram (Damaskus) und Edom» und Herrn «des Vasallenkönigtums Moab» machte[23]. Weder die Texte der Pharisäer noch die Schriften der (mit ihnen zwar verfeindeten, aber doch verwandten) *Essener*[24] sind an dieser Stelle eindeutig: sie schwelgen in schauerlichen Visionen von der kommenden Rache, die Gott an den Gottlosen – den «Sündern» und den «Heiden» –, entsprechend den Prophezeiungen solch glühender Nationalisten wie der Propheten *Joel*[25] oder *Habakuk*[26] nehmen wird; dann aber gibt es auch Stellen, an denen das göttliche Strafgericht sich *durch das Wort* aus dem Munde des Messias vollziehen wird[27]. Sind all die militärischen Drohungen über die Gegner Israels für die Tage der Endzeit am Ende nur symbolisch

[23] I. LISSNER: Das Rätsel der großen Kulturen, 367.

[24] Vgl. J. M. ALLEGRO: Die Botschaft vom Toten Meer, 119–120 zur Auslegung des Propheten *Habakuk*; S. 129–134: die messianischen Vorstellungen von Qumran und der Urkirche; S. 131: «Der davidische Messias ist dabei wirklich als Kriegsherr und Richter gedacht.» Vgl. auch E. STAUFFER: Jerusalem und Rom, 49–61. Wichtig ist dabei, daß in *Qumran* eine *Zweiheit* von Heilbringern, ein eschatologisches Dioskurenpaar, erwartet wird: der Hohepriester (der Messias aus Aaron) und der Kriegsheld (der Messias aus Israel, der *Davidssohn*). Der Begriff des davidischen Messias, des Davidssohnes, ist *identisch* mit den Vorstellungen vom heiligen Gotteskrieg und der apokalyptischen Endschlacht gegen die Feinde Gottes. *Das* ist der Hintergrund des Gesprächs zwischen Jesus *und dem Volk* (! Mk 12,37) über die Schriftgelehrten. Es geht um das Ende der davidischen Großmachtträume, um die Beseitigung der Ideologie von Krieg und Eroberung, es geht um die einfache menschliche Größe vor Gott. So etwas verstehen die einfachen Leute und hören es gern; so etwas weigern sich zu verstehen zu allen Zeiten die beamteten Hüter der offiziellen Religion. Man muß zugleich vor Augen haben, daß mit dieser *Absage* an die gängigen apokalyptischen Vorstellungen vom Anbruch der Gottesherrschaft sich bereits die apokalyptische Rede von Mk 13 vorbereitet, deren Wahrheit sich in der Passion Jesu erweisen wird.

[25] Zu dem Propheten *Joel* vgl. A. WEISER: Die Propheten I (ATD 24), 105–127; vor allem zu Joel 4,9–12.13–17, S. 124–126.

[26] Zu dem Propheten *Habakuk* vgl. K. ELLIGER: Die Propheten, II (ATD 25), 23–55. Bes. zu Hab 3,1–19 vgl. a. a. O., 49–55.

[27] Entsprechende Vorstellungen sind auch in das frühe Christentum eingedrungen. J. M. ALLEGRO: Die Botschaft vom Toten Meer, 132: «Wie von dem Messias von Qumran wurde von Jesus erwartet, daß er ‹die Bösen töte mit dem Hauch seiner Lippen› (2. Thessalonicher 2,8), und die Inschrift, die die Soldaten über sein Kreuz nagelten, hätte vielleicht besser ‹Fürst Israels› lauten müssen als ‹König der Juden›, denn das erstere ist der Titel des Messias von Qumran ebenso wie später der des Führers im Zweiten Jüdischen Aufstand, bar Kochba.» Wie weit ist all das entfernt von der wahrhaft «königlichen» Würde, die Jesus in Mk 10,41–45 seinen Jüngern vorzeichnet!

zu verstehen? Klar ist, daß Jesus sie – allenfalls! – symbolisch verstanden hat, die pharisäischen Schriftgelehrten seiner Zeit indessen nicht[28]; im Gegenteil – für sie bildete die objektive politische Ohnmacht Israels geradezu die Hefe für einen phantastischen Gärungsprozeß von Ressentiment- und Haßgefühlen aller Art, – Wunschgebilde der Einbildungskraft von Entrechteten und Unterdrückten, gewiß, und insofern gewiß *auch* symbolisch, aber die Vorstellungen doch auch realer Hoffnungen, und insofern durchaus realistisch gemeint.

Damit spitzt sich in den Tagen Jesu ein Problem aufs äußerste zu, das die gesamte Religionsgeschichte der Menschheit durchzieht: die Frage nach dem Verhältnis von Gottesmacht und Menschenmacht, von Religion und Politik, von Glaubensgemeinschaft und Volksgemeinschaft. Gesetzt, die Kreise der Pharisäer hätten recht, so bedürfte das Reich Gottes notwendig irdischer Machtmittel, die Politik bildete einen Teil der Religion, und gesellschaftliche Herrschaft zu erringen und in die rechten Hände zu legen bedeutete die unerläßliche Voraussetzung zur Verwirklichung des Gotteswillens. Man muß betonen, daß die Pharisäer das Alte Testament in diesem Zusammenhang mit gutem Grund aufgreifen; es enthält in der Tat unzählig viele Stellen, die diesen Glauben, diese Hoffnung stützen; sein Ansatz stellt bis heute in Gestalt des *Islam* die maßgebende Auffassung und Lebensform einer der großen Weltreligionen dar[29] – vom Ideal des Zionismus[30] und der Gründung des

[28] Zur *wesentlich* symbolistischen Interpretation apokalyptischer Texte vgl. E. Drewermann: Tiefenpsychologie und Exegese, II 486–511.

[29] Vgl. G. Konzelmann: Der unheilige Krieg, 21–49, der in eindrucksvoller Weise den Kampf der Drusen, der Schiiten und der Sunniten, aber auch der christlichen Maroniten und der europäischen (christlichen) Eroberer um den Besitz des Libanon über einen Zeitraum von mehr als 1000 Jahren beschreibt. Im *Islam* gilt die *Einheit* von Religion und Politik noch heute als *wesentlich*. Man vergißt leicht, daß die Prinzipien der Demokratie und der Gewaltenteilung erst in der Französischen Revolution *gegen* den Willen der Kirche durchgesetzt wurden: Klerus und Adel (zwei Prozent der Bevölkerung!) regierten damals über den «Dritten Stand», über den Rest der Bevölkerung – im Namen Gottes, wie man glauben mußte.

[30] Es zeugt von einer erstaunlichen Begriffsverwirrung, wenn D. Neuhaus: Der Schatten der Bilder. Versuch eines Protestanten, den Bildern ins Wort zu fallen, in: Einwürfe, 4, 1987, 79–114 mir «Antijudaismus» vorwirft, nur weil ich (Tiefenpsychologie und Exegese, I 324) darauf hinweise, daß jede Veräußerlichung religiöser Hoffnungen ins Politische gewalttätig ist, und dabei auch und gerade den Zionismus als Beispiel anführe. Als ob nicht Männer wie Martin Buber eindringlich vor den Gefahren der zionistischen Ideologie

Staates Israel einmal ganz abgesehen. Der «Vorteil» eines solchen Denkens liegt denn auch scheinbar auf der Hand: «Staat» und «Kirche» sind im Rahmen einer derartigen Konzeption keine getrennten Größen, das menschliche Zusammenleben findet zu einer inneren Geschlossenheit und Einheit, wie sie in Westeuropa seit den Tagen der französischen Revolution und der dadurch eingeleiteten Säkularisation fast unvorstellbar geworden ist[31], und das politische Handeln gewinnt, in göttlicher Beauftragung, eine Motivationsstärke und Durchschlagskraft, die an der jeweils gestellten Aufgabe ebenso wenig Zweifel aufkommen läßt wie in der Wahl der Mittel.
Es ist sehr wichtig zu verstehen, daß nicht erst die frühe Kirche aufgrund der traurigen Erfahrungen der Hinrichtung Jesu versucht hat, an ein Reich Gottes jenseits der irdischen Macht zu glauben, sondern daß umgekehrt Jesus systematisch in den Tod getrieben wurde, *weil* er an ein Reich Gottes der Macht und der Rache, der «Befriedung» der «Feinde» durch Unterwerfung, *nicht* zu glauben vermochte. Nicht das Scheitern seines Messiasanspruchs, sondern die Konsequenz seiner Messiasvorstellung machte ihn zum wirklichen «Aufrührer». Er teilte nicht den religiös-politischen Indifferentismus der Sadduzäer, er teilte aber auch nicht die ideologische Gewaltsamkeit der Pharisäer. Er vereinigte vielmehr in sich den Friedenswillen der Sadduzäer und die religiöse Leidenschaft der Pharisäer, und er verband beide zu einem «dritten Standpunkt», der gerade dem «dritten Stand», dem Volk, in seinen wirklichen Problemen *durch eine religiöse Vertiefung* der verschiedenen Positionen mehr entgegenkam, als all diese «Hirten» Israels es sich eingestehen

gewarnt hätten und als müßten wir nicht Tag für Tag in den Zeitungen lesen, wieviel Leid, Ungerechtigkeit und Friedlosigkeit das zionistische Programm der Wiederherstellung von Groß-Israel zur Folge hat: Land für Frieden – eben nicht! Vgl. D. Strothmann: Das doppelt gelobte Land – Vierzig Jahre Israel: Ein Rückblick voller Sorgen, in: Die Zeit, Nr. 17, 22. 4. 88, der sehr zu Recht fragt: «Ist es also wieder nur der berechtigte Zwang der Verhältnisse gewesen, der Herzl wie auch Ben Gurion so gründlich widerlegte? Jenen Theodor Herzl, der hoffte: Die Welt wird durch unsere Freiheit befreit, durch unseren Reichtum bereichert und vergrößert durch unsere Größe, jenen David Ben Gurion, der kategorisch entschied: Der Zionismus hat nicht das moralische Recht, auch nur einem einzigen arabischen Kind Schaden zuzufügen, selbst wenn er um diesen Preis alle seine Bestrebungen verwirklichen könnte.» Es war offenbar unmöglich, die religiöse Vision des Zionismus rein zu bewahren, als man sie zum politischen Anspruch entwertete.

31 Bes. zur Rolle der Kirche während der Französischen Revolution vgl. R. Nürnberger: Das Zeitalter der Französischen Revolution und Napoleons, in: G. Mann (Hrsg.): Propyläen Weltgeschichte, VIII 59–191, S. 81–84. Zu dem Einfluß von Ch. Montesquieu auf das revolutionäre Bürgertum vgl. a. a. O., 80.

mochten[32]. Doch offenbar war keine der Gruppen und Gruppierungen des «auserwählten Volkes» imstande, die eigenen Interessen *religiös* zu interpretieren und damit zu entideologisieren: *das Volk,* so scheint es, war nicht imstande, seine objektive Ferne zu dem «Gesetz» als eine religiöse Erkenntnis, als eine wesentliche Erfahrung von der Unbedingtheit des göttlichen Erbarmens zu begreifen[33]; *die Sadduzäer*[34] waren außerstande, zu bemerken, daß der politische Opportunismus gegenüber den Römern, den sie forderten, durch eine Intensivierung des religiösen Lebens gerade nicht in Gefahr geriet, sondern im Gegenteil überhaupt erst von innen her, als Relativierung des Politischen aus dem Glauben an Gott, überzeugend hätte begründet werden können; und *die Pharisäer*[35] schließlich wollten nicht verstehen, daß ihre radikale Gesetzesauslegung in letzter Konsequenz gerade zur Überwindung der Gesetzlichkeit durch eine Grundhaltung des Verstehens gegenüber der konkreten Not einzelner hätte führen müssen, die das Gesetz nicht aufhob, aber in einem Raum voraussetzungsloser Gnade allererst hätte vermenschlichen und lebbar machen können; insbesondere ihr Ernstnehmen der alten Prophezeiungen hätte zu einer *symbolischen Verinnerlichung* der *religiösen* Hoffnungen des Gottesvolkes anleiten müssen, statt sich in fundamentalistischer Äußerlichkeit immer wieder an den Wänden der Wirklichkeit zu reiben und zu stoßen[36].

Von Anfang an war es für Jesus ein zentrales Anliegen, den Glauben an die Ankunft der Gottesherrschaft *innerlich* zu verstehen, unabhängig von den Institutionen und Instrumentarien der Machtpolitik, gegründet allein auf die «Umkehr» der gesamten Einstellung des Lebens, wie er sie bereits in seinen ersten Worten im *Markus*-Evangelium (Mk 1,15) forderte: das Ende eines Lebens der Angst und der Enge und der Beginn eines Lebens in Vertrauen und Weite des Herzens. Die menschliche Ebene des Umgangs miteinander war Jesus buchstäblich *unendlich* viel wichtiger als die Frage politischer Machtverteilungen und Machtverschiebungen. Äußere Macht erschien ihm

[32] Vgl. zu Mk 6,35–44 E. Drewermann: Das Markus-Evangelium, I 430–440, S. 434, Anm. 5.

[33] Zu dem Motiv der *«Umkehr»* in der Botschaft Jesu vgl. die vortreffliche Darstellung bei J. Jeremias: Neutestamentliche Theologie I 155–156.

[34] Zur Stellung der *Sadduzäer* s. o. zu Mk 12,18–27, Anm. 3.

[35] Zu den *Pharisäern* vgl. E. Drewermann: Das Markus-Evangelium, I 451–465 zu Mk 7,1–23.

[36] Vgl. E. Drewermann: Tiefenpsychologie und Exegese, II 627 ff.

als prinzipiell lieblos (Mk 10,42), und einzig die Liebe hielt er niemals für gänzlich machtlos[37]. Er wollte nicht den Gottesstaat auf Erden, er wollte den Staat ebenso wie das Geld, die Familie, das Eigentum, die Strafjustiz, den Eid in ihrem Anspruch relativieren, gerade angesichts der spürbaren Macht Gottes[38].

Zum Beleg für die Richtigkeit einer solchen Auffassung dient Jesus in dieser kurzen Gesprächspassage aus dem *Markus*-Evangelium einer der klassischen Messiashymnen des Alten Testamentes, der Psalm 110: «Es sprach der Herr zu meinem Herrn». Der Psalm läßt sich unter Umständen verstehen als *eine Prophezeiung* für die Tage des Messias, und es handelt sich der Tradition nach um *ein Gebet Davids;* unter diesen beiden Voraussetzungen nennt in der Tat David den kommenden Messias *«meinen Herrn»*[39]. Für Jesus geht es

[37] S. o. zu Mk 10,32–45, Anm. 29; 30.

[38] Insofern ist der Gegensatz sehr wohl berechtigt, den E. STAUFFER: Christus und die Caesaren, 102–125, S. 122 zwischen der Botschaft Jesu und *allen* Interessengruppen in Staat und Gesellschaft herausarbeitet: «... er ist weder Pharisäer noch Herodianer, weder Zelot noch Sadduzäer. Es gibt keine Gruppe und Gruppendoktrin, in die man ihn einordnen könnte. Warum? Weil er der Christus ist!» – Lediglich daß das Imperium Caesaris der Weg sein soll, auf dem sich das Imperium Dei als das Ziel der Geschichte vorbereitet, wie STAUFFER (123) meint, unterschätzt erheblich den Konflikt, auf den er selber immer wieder hingewiesen hat.

[39] Zu Mk 12,36 vgl. G. DALMAN: Die Worte Jesu 270–271; E. SCHWEIZER: Das Evangelium nach Markus, 139 meint demgemäß: «Das Zitat V. 36 kann kaum im hebräischen Text entdeckt worden sein, wo *adonai* (‹mein Herr›) Ps 110,5 und oft Bezeichnung für Gott ist; wohl aber in aramäischer Wiedergabe *(amar mare lemari)*... Schon die aramäisch sprechende Gemeinde hat, vor allem beim Abendmahl, zur Einschärfung des Gottesrechtes ... nach Jesus gerufen: *maranatha* (‹unser Herr, komm!›), wie 1. Kor. 16,22 ... (vgl. Offb 22,20) beweisen. Das könnte auf die Anrede des irdischen Jesus (... 7,28) zurückgehen. Jedenfalls ist es ins Griechische übernommen worden, wo gerade beim Abendmahl ‹Herr› in ganz ungewöhnlichen Wortverbindungen auftaucht (1. Kor. 10,21; 11,23.26.27.29). Auch daß besonders der Irdische und Wiederkommende so genannt wird, paßt dazu.» Vgl. auch F. HAHN: Christologische Hoheitstitel, 67–132, S. 126–132, zur Einheit von Erniedrigung und Erhöhung in dem frühchristlichen Kyriostitel. Nicht übersehen werden darf bei der Übertragung der aramäischen Anrede *mari* («Herr») für Jesus, daß dieser Begriff im hellenistischen Sprachgebrauch durch sich selbst die Verneinung der Göttlichkeit des römischen Kaisers bedeutete; vgl. G. DALMAN: A. a. O., 271. So berichtet SUETON: Leben der Caesaren, Domitian, cap. 13, S. 338, daß der Kaiser in seiner «Anmaßung» ein amtliches Rundschreiben, «das er im Namen seiner Steuerbeamten diktierte, mit den Worten» begann: «Unser Herr und Gott befiehlt folgendes.» «Daher wurde es Brauch, ihn später schriftlich und mündlich nie anders anzureden» (sc. als *Dominus et Deus noster* – unser

dabei jedoch nicht um Spitzfindigkeiten der Schriftauslegung, sondern er möchte, abweichend von der Meinung der Schriftgelehrten, dem Volk eine andere, religiös tiefere Auffassung von dem Wesen der Gottesherrschaft und von der Person des «Messias» nahelegen. Wenn David selber den Messias «seinen Herrn» nennt, dann ist ganz deutlich, daß man den Gesandten Gottes *nicht* als «Davidssohn» verstehen kann; dann ist es nicht möglich, das Heil Gottes in der Kontinuität irdischer Machtentfaltung zu sehen; dann liegt der Anfang der Gottesherrschaft gerade darin, daß die Macht der Machthaber sich beugt vor einem Adel und einer Würde, die ihnen absolut überlegen sind, weil sie der Sphäre Gottes, nicht der Sphäre des Menschen zugehören[40]. David selbst war, so verstanden, mit der Größe seines Reiches in der Tat «prophetisch»: was er begründete, war nicht die Wirklichkeit, auf deren Wiederherstellung sich hoffen ließe; die Art seiner Machtausübung war vielmehr «nur» ein Zeichen, ein Symbol für den Anspruch, den Gott *innerlich* an den Menschen und an die menschliche Geschichte stellt, und offensichtlich kommt es in den Fragen der Religion entscheidend darauf an, nicht immer wieder die Außenseite, die nur Bild ist und sein kann, als etwas Eigentliches und Letztes mißzuverstehen[41]. Es ist, wie wenn jemand sich ein Haus gebaut

Herr und Gott). Vgl. auch W. Foerster: *kyrios*, in: G. Kittel (Hrsg.): Theologisches Wörterbuch zum Neuen Testament, III 1081–1098, S. 1094, der von dem Titel «Herr» meint, es sei «kein Grund . . ., das Wort nicht aus der palästinensischen Urgemeinde stammen zu lassen.» «Wer ‹Davids Herr› ist, ist damit auch Israels Herr, und im Glauben der Urgemeinde Herr des neuen Israel.»

[40] Sehr schön sagte bereits A. v. Harnack: Lehrbuch der Dogmengeschichte, I 75: «Als der von Gott erwählte Messias hat Jesus sich selbst von Moses und allen Propheten bestimmt unterschieden und damit die alte Zeit für abgeschlossen erklärt: Wie seine Predigt und sein Werk *Erfüllung* des Gesetzes und der Propheten ist, so ist er selbst nicht Mosesschüler und Davidssohn, sondern er korrigiert jenen Gesetzgeber, ist David's *Herr* und bringt einen neuen *Bund*, d. h. eine neue Ordnung zwischen Gott und den Menschen. Die Herrschaft erweist er während seines irdischen Wirkens in der Ausführung der ihm gegebenen Machttaten (vor allem in der Bekämpfung des Teufels und seines Reiches) und – nach dem Gesetze des Gottesreiches – eben deshalb in dem *Dienst*, den er leistet.»

[41] Vgl. P. Tillich: Systematische Theologie, III 407–411 («Das Symbol ‹Reich Gottes› als die Antwort auf die Frage nach dem Sinn der Geschichte»), der meint: «Das ist in dem Doppelcharakter des Symbols ‹Reich Gottes› begründet . . . Soweit es innergeschichtlich ist, nimmt es an der Dynamik der Geschichte teil; soweit es übergeschichtlich ist, enthält es die Antwort auf die Fragen, die mit der Zweideutigkeit der geschichtlichen Dynamik gegeben sind. In der ersten Eigenschaft manifestiert es sich in der ‹Gegenwart des göttli-

hat und nun denkt, daß er sich damit wirklich bereits ein «Zuhause» eingerichtet habe; er wird bald merken, daß ein Haus zu bauen keinesfalls bedeutet, zu Hause zu sein. «Zu Hause» ist man nur, wenn man im eigenen Inneren heimisch wird, – ein Hausbau äußerlich hat damit nichts zu tun, er steht «nur» als Symbol für etwas, das im Herzen Wirklichkeit sein müßte, um im Äußeren sinnvoll zu werden.

Ganz so die Reiche dieser Erde angesichts der Herrschaft Gottes: alle «Könige» der Welt können nur *zeigen*, was einen Menschen «königlich» sein läßt.

In diesem Punkte waren *die Alten Ägypter* vorbildlich: sie waren nicht nur die ersten, die ihren Herrscher als Gottkönig glaubten, sie wußten auch in hohem Maße um den Symbolismus aller menschlichen Machtansprüche[42]. «Königlich» war für sie jemand, der auf seinem «Thron» als «Vereiniger beider Länder» Platz genommen hatte[43] – der Länder von Ober- und Unterägypten, von Himmel und Erde, Diesseits und Jenseits, Osten und Westen, Leben und Tod, Bewußtsein und Unbewußtem, ein Mensch, der souverän dadurch war, daß er die Gegensätze des Lebens in sich harmonisch miteinander versöhnt hatte, der auf diese Weise zu einem «priesterlichen», «vermittelnden» Wesen hingefunden hatte und der in seiner ganzen Gestalt etwas von Gott sichtbar werden ließ – ein «lebendes Bild des Gottes Amun (auf Erden»), ein Tut-anch-Amun (*twt ʿnh jmn*)[44], wie die Ägypter von einem ihrer Pharaonen sagen konnten. Ein solcher Mensch hatte aufgehört, nur ein Kind seiner Eltern bzw. seiner (dynastischen) Vorfahren zu sein, er war, ganz entsprechend den Worten des *Johannes*-Evangeliums (Joh 3,3), «wiedergeboren» aus dem Geiste – *Amun* war für die Ägypter der Gott des Windes, die geistige Schöpferkraft des Alls[45]. Ein königlicher Mensch war, so

chen Geistes›, in der zweiten Eigenschaft ist es identisch mit dem ‹Ewigen Leben›. Dieser Doppelcharakter macht ‹Reich Gottes› zu einem äußerst wichtigen und äußerst schwierigen Symbol im christlichen Denken und sogar zu einem höchst kritischen Symbol für den politischen und kirchlichen Absolutismus.» (407)

42 Vgl. J. Assmann: Der König als Sonnenpriester, 65–67: Die himmlische und irdische «Akzeptation» des Königs als Sonnenpriester in seiner Wesensgemeinschaft mit dem Sonnengott. – Es fällt schwer, in der christlichen Dogmatik irgendeine christologische Formel oder Vorstellung aufzutreiben, die nicht ihre mehr als zweitausendjährige Vorbereitung im Alten Ägypten gehabt hätte!

43 Vgl. E. Drewermann: Dein Name ist wie der Geschmack des Lebens, 32–66, S. 49–50.

44 A. a. O., 56.

45 A. a. O., 52.

betrachtet, nicht der Sohn von Menschen, sondern ein «Kind des Lichts» (Eph 5,8)[46], ein Sohn der Sonne (ein s3 R^{C})[47].
Wer einem anderen Menschen so zu begegnen vermag, daß es in seinem Leben warm und hell wird, den mag man in ägyptischem Sinne als ein solches «Kind des Lichts» verehren; und wer dem anderen so gegenübertritt, daß es in seinem Leben frei, bewußt und weit wird bis zum Horizont, der darf als «Sohn des Windes», als Kind des Geistes gelten[48]. Ein solcher ist ein königlicher Mensch, gerade weil er aufhört, sich von anderen Menschen abhängig zu fühlen.
In absolutem Sinne kann der Messias daher nicht als «Davidssohn» verstanden werden; er, der zum Heil der Menschen in die Welt gesandt ist, läßt sich nur als ein «Kind Gottes», als Sohn aus «Licht» und «Geist», gezeugt aus Wind und Sonne, in seinem Wesen wirklich verstehen[49].
Nun gibt Jesus eine derartig «ägyptische» Antwort auf seine eigene Frage selber freilich nicht. Er problematisiert lediglich die übliche Vorstellung von der Gestalt des Messias; doch mit seiner Frage hinterfragt er die gesamte «Ordnung» der menschlichen Geschichte, die Praxis des Christentums in 2000 Jahren miteingeschlossen! Denn so sehr anfänglich die frühe Kirche jede Vergöttlichung irdischer Macht mit dem Hinweis auf den Christus strikt ablehnte und eher das Martyrium auf sich nahm, als daß sie in der Wahl zwischen Gott und dem Caesar den Caesar gewählt hätte, so rasch wendete sich das Blatt von der Mitte des 4. Jhs. an[50]. Zur Reichsreligion erklärt, stand

[46] Vgl. H. Schlier: Der Brief an die Epheser, 237–238, der vor allem auf die Terminologie von Qumran hinweist. Vgl. F. Nötscher: Zur theologischen Terminologie der Qumrantexte, Bonn 1956, 97–99. Der Ausdruck *«Söhne des Lichtes»* findet sich in 1 QS I 9; II 9; III 13.24.25; I QM I 1.3.9.11.13. Vgl. J. Maier: Die Texte vom Toten Meer, II 211.
[47] E. Drewermann: Dein Name ist wie der Geschmack des Lebens, 48.
[48] A. a. O., 52–53.
[49] A. a. O., 59–66.
[50] A. v. Harnack: Das Wesen des Christentums, 126–130 sah bereits um 200 n. Chr. vier Momente wirksam werden, die dem Christentum seine heutige Gestalt verliehen: a) «die Abhängigkeit von der Lehre, dem Priester, dem Kultus und dem ‹Buch›»; b) «der griechisch-philosophische Gedanke, daß die wahre Religion in erster Linie ‹Lehre› sei und zwar Lehre, die sich über den gesamten Kreis des Wissens erstrecke»; «Intellektualismus»; c) «Das *Kircheninstitut* . . . wurde . . . zu etwas Unumgänglichen . . .; der Geist wirkt nur hier, und alle seine Gnadengaben sind nur hier zu finden»; d) aus *Furcht* «wurde die Ethik unfreier, gesetzlicher und rigoristischer. Der Rigorismus ist ja stets die Kehrseite der Weltlichkeit». M. a. W.: Schon um 200 n. Chr. hat die Kirche des Abendlandes jene «katholische» Ausprägung erfahren, die es später ermöglichte, als staatstragende Ideologie des

das Christentum nunmehr selbst vor der Aufgabe, die Geschäfte des Staats «theologisch» zu begründen und zu rechtfertigen; der Kaiser war zwar kein Gott, aber er regierte doch mit göttlicher Gnade, Weisheit und Vollmacht[51]; er war der Erwählte, der Herold Gottes, der Wegbereiter des Christentums unter den Heiden. M. a. W.: 350 Jahre nach Christus befand sich das Christentum paradoxerweise gerade in der Position, die das *Judentum* von altersher hatte einnehmen wollen und für deren Verweigerung Jesus sogar in den Tod gegangen war[52].

Seither steht das Christentum in einem unauflöslichen Widerspruch zu sich selbst, indem es jahrhundertelang die Messiastheologie der Pharisäer wiederaufgriff, um die Gestalt eines Mannes zu interpretieren, der den Titel «Messias» («Christus») mindestens vermieden, wo nicht geradezu für sich selbst zurückgewiesen hat. Es konnte unter diesen Umständen nicht ausbleiben, daß die unglückliche Ehe von Macht und Gnade, Staat und Kirche, Thron und Altar im christlichen Abendland irgendwann wieder geschieden werden mußte, doch bezeichnenderweise ging der Impuls dazu am Ende des 18. Jhs. nicht von einem geläuterten Verständnis des Christentums aus, – er entwickelte sich vielmehr aus dem Protest breiter Schichten der Bevölkerung gegen eine Kirche, die sich bis zum Verlust ihrer religiösen Identität an den Staat prostituiert hatte – eine Fusion von Klerus und Adel, der das «Bürgertum» sozial und politisch entrechtet gegenüberstand[53]. Es wäre viel gewonnen, wenn die Kirche als ganze ihre Unabhängigkeit von allem Denken in den

römischen Reiches zu fungieren. Zu der Rolle, die besonders AUGUSTINUS für die *autoritäre* Auffassung der «Heilsbedeutung» der Kirche spielte, dazu vgl. A. v. HARNACK: Lehrbuch der Dogmengeschichte, III 78–82.

[51] «‹Die Stabilität des Staates beruht in höherem Maße auf der Religionsübung als auf der Verwaltung und der Arbeit›, liest man in einer Verfügung, die Constantius, II 361 kurz vor seinem Tode, erlassen hatte... Die theologische Konzeption Eusebius von Caesarea... hatte gesiegt.» W. SESTON: Verfall des römischen Reiches im Westen. Die Völkerwanderung, in: G. Mann (Hrsg.): Propyläen Weltgeschichte, IV 487–603, S. 512.

[52] Vgl. C. SCHNEIDER: Das Christentum, in: A. a. O., IV 429–485, S. 476–485.

[53] Vgl. R. NÜRNBERGER: Das Zeitalter der Französischen Revolution und Napoleons, in: A. a. O., VIII 59–191, S. 81–84: Finanzkrise und Kirchenkonflikt. Paradoxerweise entstand die Trennung von Staat und Kirche eigentlich aus dem gescheiterten Versuch, eine neue Form von Staatsreligion, einen patriotischen Kultus, an die Stelle der alten Religion zu setzen. Vor allem ST. ZWEIG: Joseph Fouché, 78–80 beschreibt den Versuch *Robespierres*, «eine Religion zu schaffen, die sich einerseits erhebt über das landläufige bilderanbetende Christentum und ebenso über den leeren Materialismus und Atheismus» (79).

Strukturen von Macht, Hierarchie und Obrigkeit bis hinein in den Innenraum ihrer Selbstdarstellung endlich aufgeben könnte, um zu leben, was Jesus wirklich wollte: ein «Königtum» aus Geist und Licht, ein Reich der Kreativität und Liebe, der Poesie und Phantasie, des Verstehens und der Gemeinsamkeit.

REINHOLD SCHNEIDER, der zeit seines Lebens um die Lösung des ewigen Konfliktes zwischen *«Macht und Gnade»*[54], zwischen *«Herrschern und Heiligen»*[55] gerungen hat, schildert beispielhaft in seiner Novelle *«Las Casas vor Karl V.»* den Gegensatz zwischen den zwei Auffassungen von dem Wesen des «Christus» als eines «Davidssohnes» oder eines «Gottessohnes». Es geht in seiner Erzählung um die Frage der Indianermission in den spanischen «Besitzungen»: Muß man, wie *Dr. Sepulveda* meint, zunächst mit staatlichen Mitteln die Grundlagen schaffen, um in einem fremden Volk und in einer fremden Kultur die Botschaft von Christus verkünden zu können, oder braucht es, wie *Padre Las Casas* beschwörend erklärt, gerade den Verzicht auf jegliche Machtmittel zugunsten einer brüderlichen Begegnung mit diesen «Wilden», die in Wahrheit ein ungestörtes Leben «in den Bäumen des großen Gartens» führten, «den der Herr inmitten des Meeres als das Wunder aller Wunder angelegt hat». «Das erste Gesetz sei, Ordnung auf Erden zu schaffen», lehrt *Dr. Sepulveda,* «erst wenn sie begründet sei, gelte die Forderung des christlichen Lebens ... Wolle man aber das Gebot Christi als ein Unbedingtes nehmen und seinen notwendigen Bezug auf die Ordnung des irdischen Lebens übersehen oder hintansetzen, so führe es seiner Einsicht nach zu einer heillosen Verwirrung der menschlichen Existenz. Das schlimmste ... sei, daß diese beziehungslose Hingabe, die von Gott dem Herrn keinesfalls gewünscht sein könne, am Ende der Erfüllung der Gebote Christi selbst widerstreite; denn es müsse sich herausstellen, daß mit der Gefährdung eines christlichen Staates dem Christentum selbst der schwerste Schaden drohe. Dagegen seien alle Mittel, die dem christlichen Staate dienten, auch dem Christentum selbst förderlich; was zur Festigung dieses Staates beitrage, sei gut; was ihm schade, müsse nicht unbedingt schlecht, aber doch wenigstens falsch und töricht sein. Sei der christliche Staat begründet, so auch das Christentum; und die Neuen Indien von Mexiko bis Peru, von den Lucayos bis zum Isthmus seien dann endlich dem Gesetze Christi gewonnen, wenn sie

[54] Vgl. R. SCHNEIDER: Macht und Gnade. Gestalten, Bilder und Werte in der Geschichte, Wiesbaden 1946; Neudruck: München-Zürich (Knaur 41) 1964.

[55] DERS.: Herrscher und Heilige, Köln-Olten 1953.

dem Zepter der spanischen Könige unterworfen seien. Maßnahmen, die dazu führten, dienten dem Glauben; und darum müsse er noch einmal auf das bestimmteste versichern, daß er die Kriege der Spanier, deren Ziel die Unterwerfung und Bekehrung der Indios sei, für eine gerechte, ja eine heilige Sache halte.»[56]

In klareren Worten läßt sich nicht ausdrücken, was es bedeutet, wenn die «Schriftgelehrten», jüdische oder christliche (oder islamische), erklären, der «Messias» oder der «Christus» (oder der Mahdi) sei ein *«Sohn Davids»*. Es bedeutet, daß das Reich Gottes in diese Welt nur Einzug halten kann auf den Bajonettspitzen der stärksten Bataillone. Und gerade diese Ansicht ist es, die Jesus hinterfragt, wenn er den Königspsalm 110 zitiert und ihn auf eine Weise liest, wie ihn noch nie jemand gelesen hat: als ein Bekenntnis zu der Königswürde des Menschen, nicht der Gottgleichheit der Könige.

Padre Las Casas ist es, der bei REINHOLD SCHNEIDER diesen Anspruch Jesu in die Politik hineinzutragen versucht. Er muß den Vorwurf *Sepulvedas* sich gefallen lassen, nichts weiter zu sein als ein «Träumer», ein «Ritter im weißen Mantel»[57], ein Verkünder von «Hirngespinsten», die den klaren Standpunkt von Recht und Ordnung «vernebelten» – es sind gerade die Vorwürfe, die einmütig die «Pharisäer» und die «Sadduzäer» Jesus selbst bereits gemacht haben und zu allen Zeiten werden machen müssen. Und wenn auch *Las Casas* persönlich keine unmittelbar pragmatische Lösung für die Fragen der Neuen Indien bereit hielt, so vermochte er doch die Folgen eines christlich ideologisierten «Messianismus» in den Alpträumen seiner eigenen Erfahrungen in schrecklichen Darstellungen zu schildern. Seine Rede endet in der Darstellung REINHOLD SCHNEIDERS mit den Worten: «Das alles habe ich gesehen, und ich konnte doch nichts tun, als in die Luft ein Kreuzzeichen zu machen über Bergen von Leichen.» «... ich habe die fluchen hören, denen ich das Evangelium der Liebe gepredigt habe, und ratlos mit angesehen, daß Sterbende das Sakrament verweigerten, um nicht in das Paradies der Spanier zu kommen. Vor mir stürzten die Seelen der Unglücklichen in die ewige Verdammnis hinab. Und welche Schreie habe ich gehört! Die Schreie derer, die unter Peitschenhieben starben, und derer, die lebendig verbrannt wurden auf dem Kriegszug in Higuey, und derer, die in der Folter hingen. Und die Schreie sind noch nicht das Furchtbarste, viel schlimmer sind die Klagen und

[56] DERS.: Las Casas vor Karl V. Szenen der Konquistadorenzeit, Frankfurt-Berlin (Ullstein Tb. 9) 1962, 143; 118–119.

[57] A. a. O., 130.

das Weinen und die stummen, von Tränen quellenden Augen; und das Schlimmste sind die Fragen in diesen Augen, die nicht begreifen können und emporblicken zum Himmel und suchen und nicht wissen, wer da oben wohnt.»[58]

In der Tat: wie können die «Schriftgelehrten» sagen, der Messias sei der «Sohn Davids»! Und selbst wenn Jesus in den Augen der Gottesgelehrten seiner Zeit einen Vers der Bibel entstellend zitiert oder entsprechend ihren Spielregeln methodisch unkorrekt ausgelegt hätte – schließlich gibt es kein einziges Beispiel in der Auslegungsgeschichte dieses Psalms, auf das Jesus sich in seinem Sinne berufen könnte![59] –, so hat und behält er doch unendlich recht aufgrund der Vision seiner Menschlichkeit. Es gibt endgültig kein Reich Gottes als Königreich Davids mehr; stattdessen aber kann es geben ein einziges Volk Gottes, in dessen Mitte alle Menschenkinder Kinder Gottes sind; und je geschwisterlicher sie einander begegnen, desto näher kommen sie dem, was es heißt, in den Tagen der «Endzeit» ein «Gesandter» Gottes zu sein.

[58] A. a. O., 145.

[59] S. o. Anm. 1. – Wie weit die Kirche sich später von der Korrektur der spätjüdischen Davidssohn-Vorstellung durch Jesus bzw. die Urkirche entfernte, mag am Beginn des Mittelalters die Gestalt *Karls d. Gr.* verdeutlichen, für dessen Hoftheologen *Alkwin* «durch die Triumphe von Karls Tapferkeit» Jesu «Macht... vielen Reichen der Erde offenbar» wurde. A. Nitschke: Frühe christliche Reiche, in: G. Mann (Hrsg.): Propyläen Weltgeschichte, V 273–393, S. 304: «Jede Ausdehnung des Reiches zeigte also, daß Gott Karl Macht und Tapferkeit verliehen und damit die Voraussetzungen geschaffen hatte, den Gläubigen zu helfen, die Ungläubigen zu bekämpfen und zu bekehren.» Das ist, als hätte es Mk 12,35–37 nie gegeben und als wäre Jesus nur gekommen, die Messiashoffnung der *Pharisäer* zu erfüllen, die er gerade um den Preis seines Lebens überwinden wollte.

Mk 12,37b–44: «Hütet euch vor den Schriftgelehrten» und: «Diese arme Witwe ...»

37b Und – das – Volk in Vielzahl hörte ihn gern. 38 So sagte er in seiner Lehrrede: Seht euch vor den Schriftgelehrten vor, die in Talaren einherzuwandeln lieben, Begrüßungen auf den Marktplätzen, 39 erste Sitze in den Synagogen, erste Liegen bei den Gastmählern, 40 sie, die die Häuser der Witwen verschlingen, sogar unter heuchlerisch langen Gebeten – diese werden ein um so härteres Urteil empfangen.
41 Da nahm er Platz gegenüber dem Opferstock und sah zu, wie das Volk Geld in den Opferstock wirft. Da warfen viele Reiche viel hinein. 42 Da kam auch eine Witwe, eine Bettlerin, und warf zwei Kleinmünzen, das ist ein Pfennig, hinein. 43 Da rief er seine Jünger herzu und sagt ihnen: Wahrlich, sage ich euch, diese Witwe, die Bettlerin, – mehr als alle hat sie eingeworfen von denen, die in den Opferstock einwerfen. 44 Denn alle haben aus ihrem Überfluß eingeworfen, sie aber, aus ihrem Mangel heraus, hat alles, was sie hatte, eingeworfen, ihr ganzes Leben.

Wenn wir im Neuen Testament die Worte hören «Hütet euch», und wir würden den Text des *Markus*-Evangeliums nicht kennen, so müßte uns der Fortgang dieser Worte eigentlich feststehen: Hütet euch vor denen, die euch zur Sünde verführen; hütet euch vor den Mördern, vor den Dieben, vor den Lügnern; hütet euch vor allem Bösen[1]. Derlei Mahnungen sind wir gewohnt. Wie aber, wenn es heißt: Hütet euch vor denen, die im Namen Gottes die Worte Gottes auszulegen versuchen! Hütet euch vor dem Stand, den ihr in jeder Religion antrefft: vor den Schrifterklärern und den Gottesgelehrten! Hütet euch vor denen in langen Gewändern![2]

[1] Ganz wie in den *Lasterkatalogen* Rom 1,29–31; 13,13; 1 Kor 5,10–11; 6,9f.; 2 Kor 12,20–21; Eph 4,31; 5,3–5; Kol 3,5–8; 1 Tim 1,9f.; 2 Tim 3,2–7; Didache 1–6.

[2] Vgl. S. Kierkegaard: Der Augenblick, XIV 211–214, in: Werkausgabe, II 417–421: «Also, an sich ist es völlig gleichgültig, ob lange oder kurze Kleider die Standeskleidung bilden. Das Entscheidende dagegen ist folgendes: Sobald der Lehrer einen ‹Ornat› bekommt, eine besondere Tracht, eine Standeskleidung, dann hast Du den amtlichen Gottesdienst – und den will Christus nicht haben. Lange Kleider, prächtige Kirchengebäude usw., all das hängt zusammen und ist die menschliche Fälschung des neutestamentlichen Christentums, eine Fälschung, die es sich schandbar zunutze macht, daß sich leider die Menge der Menschen nur allzuleicht von einem Sinneseindruck betören läßt und deshalb (geradewegs dem Neuen Testament zuwider) geneigt ist, das wahre Christentum an einem

Es gilt, eine Wahl zu treffen, und offenbar möchte Jesus, daß man zu allen Zeiten und an allen Zonen, wenn es um Gott geht, sich entscheide zwischen dem Dozieren und dem Existieren[3]. Nichts, so meint er, sei *mehr* zu fürchten, als daß im Reden *von* Gott und *über* Gott uns auf merkwürdige Weise Gott selbst abhanden kommt, indem die Religion sich verwandelt in Religionskunde und aus Gott ein geistiges Gebilde wird, das sich kennenlernen läßt wie etwas an sich Bekanntes, wie etwas Auswendigzulernendes.

Immer steht die Religion in der Gefahr, daß sie an ihrer eigenen Lehr«tätigkeit» verkommt. Es ist, wie wenn Falschmünzer sich ans Werk machen, um «Blüten» in Umlauf zu bringen, die den echten Geldscheinen sehr ähnlich sehen und gerade deshalb lange Zeit unentdeckt bleiben; je mehr aber von diesen gefälschten Scheinen auf den Markt kommt, desto sicherer verfällt der Kurs der Währung[4]. – Ähnlich im Umgang mit Gott. Wir nennen *Judas* einen Verräter, weil er für dreißig Silberlinge Jesus umarmte und küßte, um ihn «dingfest» machen zu lassen (Mk 14,10–11.43–45). Wie aber steht es dann

Sinneseindruck zu erkennen. Das ist die menschliche Fälschung des neutestamentlichen Christentums; und mit dem geistlichen Stand steht es nicht so wie mit anderen Ständen, daß an und für sich nichts Böses an dem Stande ist, nein, der geistliche Stand ist, in christlichem Sinne, an und für sich vom Bösen, ist etwas Verdorbenes, menschliche Selbstsucht, die das Christentum gerade umgekehrt wendet wie Christus es getan hat.» (419)

[3] Vgl. E. Drewermann: Das Markus-Evangelium, I 180–202. Vgl. M. Dibelius: Jesus, 104–105.

[4] Das entsprechende Bild verwendet S. Kierkegaard: Der Augenblick, XIV 178–179, in: Werkausgabe, II 389–390; aber: «Wer sich durch Nachahmen von Zollstempeln oder berühmten Fabrikmarken bereichert, der verlang doch nicht, daß er geehrt und geachtet werde als treuer Freund des Zollwesens oder jener Fabriken. Das blieb den christlichen Falschmünzern vorbehalten. Jener Eifer, der Eifer der Selbstsucht, viele Christen zuwegezubringen auf eine Weise, die gerade dem Christentum im innersten Herzen zuwider ist, jener Eifer hat sich aufgeputzt, als sei er der wahre christliche Eifer und Leidenschaft für die Verbreitung der Lehre, als sei es das Christentum, dem man auf solche Weise diente, und als sei es nicht vielmehr so, daß man das Christentum verriet, indem man sich selber diente. Dennoch wurde dieser Eifer der Selbstsucht falsch gestempelt als christlicher Eifer; diese Falschmünzer verlangten, daß sie als die wahren Freunde des Christentums betrachtet würden. Und seine unglücklichen Millionen, die man um ihr Geld prellte und die man als sinnenfällige Macht mißbrauchte, während man sie zum Entgelt um das Ewige prellte . . .: jene Millionen achteten und ehrten die christlichen Falschmünzer als wahre Diener des Christentums.» «Der Staat bestraft Verbrechen; aber die eigentlichen Verbrechen, mit denen verglichen die Verbrechen, welche der Staat bestraft, kaum mehr Verbrechen genannt werden können, die werden nicht bestraft – in dieser Zeit.»

mit der Kaste der Schrifterklärer und Gottesgelehrten, die ihr Gehalt dafür beziehen und eine Pension dafür bekommen, daß sie versuchen, Gott in bekannte Begriffe einzuzwängen und unter der Rubrik «Auswendigzulernendes», weil «Auswendiggelerntes», seiner «habhaft» zu werden[5]? Offenbar damit sich nicht bereits eine Generation später schon die neue Zunft von Schrifterklärern über seine Worte hermacht, hat Jesus sich konstant geweigert, irgendeines seiner Worte, irgendeine seiner Reden, irgendeine seiner Taten schriftlich aufzuzeichnen[6]. Jesus glaubte, wie all die Großen der Religionsgeschichte, wie LAOTSE[7], SOKRATES[8], DIOGENES[9], PYTHAGORAS[10] u. a.,

[5] Vgl. S. KIERKEGAARD: Der Augenblick, XIV 131–132, in: Werkausgabe, II 347–349: «Im Neuen Testament sind alle Verhältnisse, alle Proportionen im Großen angelegt. – Das Wahre ist ideal dargestellt; auf der anderen Seite wieder sind die Irrtümer, die Verwirrungen nach einem großen Maßstab gesehen: Es wird vor Heuchelei gewarnt, vor allerlei Irrlehren, vor Werkheiligkeit usw. usw. – Recht wunderlich aber – wovon es leider in dieser Welt eine geradezu ungeheuerliche Masse gibt, ja was eigentlich den Gehalt dieser Welt ausmacht: Geschwätz, Jämmerlichkeit, Mittelmäßigkeit, Klatsch und Tratsch, Christentum nur zu spielen, alles in Redensarten zu verwandeln usw., darauf wird im Neuen Testament überhaupt keine Rücksicht genommen. Daraus entspringt nun die Schwierigkeit, daß es nahezu unmöglich ist, mit Hilfe des Neuen Testaments das wirkliche Leben zu treffen, die wirkliche Welt, in der wir uns befinden, wo auf je einen echten Heuchler 100 000 Schwatzmäuler kommen, auf je einen echten Ketzer 100 000 Tiftler.» «Das Verhältnis ist folgendes: So hoch das wahre Christentum über allen Ketzereien und Irrtümern und Verirrungen steht, so tief liegt das Geschwätz unter den Ketzereien, den Irrtümern und Verirrungen.»

[6] Vgl. E. DREWERMANN: Das Markus-Evangelium, I 108–112; DERS.: Tiefenpsychologie und Exegese, II 666–673.

[7] Vgl. LAOTSE: Tao te king, Nr. 1, S. 41: «Der *Sinn*, der sich aussprechen läßt, ist nicht der ewige *Sinn*. Der Name, der sich benennen läßt, ist nicht der ewige Name ... Des Geheimnisses noch tieferes Geheimnis ist das Tor, durch das alle Wunder hervortreten.»

[8] Vgl. K. VORLÄNDER: Philosophie des Altertums, I 64: «Sokrates war weder ein Bücherschreiber noch ein einsamer Grübler noch ein dozierender Professor. Er ging auf den Markt und die Straßen. Es war ihm Bedürfnis, die Wahrheit im Zwiegespräch mit anderen zu finden. Wo sich ihm nur die geringste Aussicht auf Erfolg bot, knüpfte er es an. Dabei ging er von dem, was dem Betreffenden – war er nun Handwerker oder sonstiger Praktiker oder Politiker oder Dichter – am nächsten lag, seiner Arbeit oder Beschäftigung aus und bat ihn um Aufschluß über Wesen und Zweck seiner Tätigkeit.»

[9] Zu dem Auftreten der jüngeren Kyniker vgl. K. VORLÄNDER: A. a. O., I 73–74.

[10] Zur Philosophie des *Pythagoras* vgl. W. SCHADEWALDT: Die Anfänge der Philosophie bei den Griechen, 267–293, S. 273: «Wenn wir versuchen, uns über seine (sc. des Pythagoras, d. V.) Gestalt klar zu werden, so erscheint Pythagoras zunächst als eine Art ‹Medizin-

daß es nur *eine* Weise geben könne, in der eine Wahrheit von Gott sich verbreiten lasse: indem man Menschen ausschickt, die mit ihrer eigenen Existenz für das geradestehen, was sie von Gott verstanden haben, und es in ihrem eigenen Leben bewahrheiten. Es muß Jesus als ein Unding erschienen sein, wenn zu seiner Zeit die Schriftgelehrten das Wort Gottes dazu benutzten, um untereinander zu konkurrieren, gegeneinander zu argumentieren und durch wechselseitige Profilierung voneinander zu profitieren. Niemals hat Jesus, um Gott zu erkennen, die Bibel zitiert. Er hat vielmehr das menschliche Leben betrachtet wie ein aufgeschlagenes Buch[11]. Was also hätte er von dem theologischen Betrieb unserer Tage gehalten, wo man für Millionengelder halbe Bibliotheken und ganze Institute darauf ansetzt, herauszufinden, was der Viertelabschnitt eines Bibelverses im Alten oder Neuen Testament wohl «wirklich» meint – was er gemeint *hat*, was er gemeint haben *könnte*[12]?

Man sagt von dem heiligen FRANZISKUS, daß er Jesus wie kein anderer wirklich verstanden habe und in seinem Leben auf die rechte Weise ihm nachgefolgt sei[13]. Der heilige FRANZISKUS verkaufte sogar seine Bibel für einen Armen, denn er sagte sich, es komme nicht darauf an, welche Worte in der Bibel stünden, es komme darauf an, welche Worte von Gott man selber im eigenen Leben verstanden habe[14]. Der Papst forderte FRANZISKUS dazu auf,

mann›, wie Burnet das nennt, ein Wundermann. Wir haben keine Schriften von ihm, und es hat vielleicht auch keine gegeben.»

[11] Vgl. E. DREWERMANN: An ihren Früchten sollt ihr sie erkennen, 34.

[12] A. a. O., 26–29.

[13] Vgl. W. NIGG: Große Heilige, 33–95, S. 36: «Seine Christus-Ähnlichkeit... Das ist der Gesichtspunkt, unter den dieses Leben gestellt werden muß.»

[14] Vgl. R. SCHNEIDER: Innozenz der Dritte, 103–109, der (S. 105) von *Franziskus*, als er dem Papst gegenübertritt, meint: «Er (sc. der Heilige) erneuert die Gefahr, das Feuer im Erdball; aber so wenig wie Christus darf er siegen. Er muß helfen und zerbrochen werden...; wenn er seine Freiheit, sein herrlichstes und gefährlichstes Gut, hingab an die Welt, so muß ihn die Welt gefangennehmen. Und um das Herz, einen Überschwang ohngleichen, krümmen sich die eisernen Kugelschalen der Gewohnheit.» Und S. 104: «Franz haßt die Häuser. Er selbst steigt auf das Dach eines Hauses, das die Einwohner von Assisi für das Generalkapitel erbaut haben, und beginnt es niederzureißen; als man von der Zelle des Franziskus spricht, gerät er in heftigen Zorn. Wie Christus lebt er als Wanderer; und diese Art, zu sein, ist die reinste Form der Armut. Er nennt einen Bettler seinen Vater und läßt sich von diesem segnen...; mit dem Haus fällt auch die Familie, deren Lebensraum es ist. Dieses Dasein ist zerstörender Natur, und es ist doch die reine Verwirklichung evangelischer Worte; ja, es bleibt noch weit hinter ihnen zurück.» Vgl. DERS.: Herrscher

eine Ordensregel für seine Minderbrüder zu formulieren, und nach langem Zögern mußte FRANZISKUS sich in das Unvermeidliche fügen: Er *schrieb* eine Ordensregel, aber er fügte hinzu, man solle sie *leben «sine glossa»*, ohne Kommentar[15]. Der Poverello von Assisi hatte die richtige Ahnung. Wenige Jahre nach seinem Tode schon waren seine Minderbrüder darüber unheilbar zerstritten, wie man seine Ordensregel, statt sie zu leben, «auslegen» solle[16].

Immer wieder in der Geschichte der Menschheit scheint sich diese Perversion zu vollziehen: Irgendwo wird ein Genie geboren; es zerrüttet für die Sache, an die es glaubt und die es verkörpert, seine Nerven, es verschleißt seine Gesundheit, es verbringt schlaflose Nächte, es erleidet äußerlich Schiffbruch. Aber drei, vier Jahrzehnte später schon machen sich die Kunsthistoriker, die Literarhistoriker, die Kirchengeschichtler über sein Leben und sein Werk her und erklären mit Akribie und Fleiß, warum BAUDELAIRE[17], HÖLDERLIN[18],

und Heilige, 253–265, S. 261, der auch von *Dominikus* berichtet, daß er «in seinen Studienjahren in Palencia, als das Volk hungerte auf den Straßen, ... seine Bücher (ergriff), verkaufte sie und verteilte den Erlös unter die Armen». – Wie *innerlich* Franziskus seine Wahrheit lebte und begründete, sagt er selber in seinem *«Testament»*: «Niemand zeigte mir, was ich zu tun hatte, sondern der Allerhöchste selbst hat mir geoffenbart, daß ich nach der Weise des heiligen Evangeliums leben sollte.» I. GOBRY: Franz von Assisi, 57.

[15] Vgl. H. CH. LEA: Die Inquisition, 391: «Die Verwirrung (sc. um die strenge Armutsforderung des Franziskus, d. V.) war um so größer, als der hl. Franziskus die zukünftigen Versuche, den Geist der Regel zu umgehen, vorausgesehen und in seinem Testament alle Änderungen, Glossen und Erläuterungen derselben strenge verboten ... hatte.»

[16] Vgl. a. a. O., 389–399.

[17] Vgl. F. BLEI: Einleitung in: Charles Baudelaire. Ausgewählte Werke, S. IX–XXXIV, S. XVII f.: «Als Baudelaire in den *Fleurs du Mal* das Confiteor seines Verborgensten ablegte, seinen Gegenstand, wie immer der Dichter, erschaffend, da erschrak man und hielt es für das Geständnis eines Kranken; da nahm man es für ein schamlos-zynisches Sündenregister und entrüstete sich. Die Justiz verurteilte ihn, und auf dem Mistbeete bourgeoiser Hypokrisie wucherten die lächerlichen und giftigen Pilze absurder Anekdotik, überwucherten das Werk, dessen düstere, grausame Schwere eine Zeit nicht vertrug, die an der leichten Verdichtung verliebter Allgemeingefühle ... sich delektierte.»

[18] Vgl. R. SCHNEIDER: Verpflichtung und Liebe, 169–174; ST. ZWEIG: Der Kampf mit dem Dämon, 23–108; HÖLDERLINS Brief an *Susette Gontard*, in: Werke, II 920–921, wo HÖLDERLIN von seiner unglückselig-seligen Liebe zu *Susette* sagt: «Immer habe ich die Memme gespielt, um Dich zu schonen, – habe immer getan, als könnt ich mich in alles schicken, als wär ich so recht zum Spielball der Menschen und der Umstände gemacht und hätte kein festes Herz in mir ...» Das enthält in wenigen Sätzen ein lebenslanges Leid, das bis zum Wahnsinn ging.

Goya[19], Van Gogh[20], Savonarola[21], Giordano Bruno[22], oder Jeanne d'Arc[23], große Leute waren. Von den wirklichen Auseinandersetzungen und Kämpfen dieser «Großen» findet in ihr eigenes Leben durchaus nichts Eingang. Sie machen sich lediglich selber groß damit, daß sie erklären, warum jene anderen groß *waren;* sie selber halten sich mit all ihren Erklärungen vollkommen aus dem Spiel, ja, sie sind um so bessere Erklärer, je weniger sie ihr eigenes Leben thematisieren[24]. Und eben diese Verfälschung des Lebens in die Lehre vom Leben, diese Verkehrung jeder geistigen Lebendigkeit in die

[19] Vgl. L. Feuchtwanger: Goya oder Der arge Weg der Erkenntnis, 573–574: «Francisco (Goya) / Aber sprach: ‹Ich bin doch dort ge- / Wesen, Doktor, in der Hölle. / Sie, wenn einer, wissen's doch. Und / Mir hat auch geschwindelt. Und daß / Es die andern schwindle, sehen / Sie, genau das habe ich ge- / Wollt. So ist es richtig Doktor.›»

[20] Vgl. W. Weisbach: Vincent van Gogh. Kunst und Schicksal, 2 Bde., Basel 1949–1950.

[21] Vgl. G. Stemberger: (Hrsg.): 2000 Jahre Christentum, 963: «1498 wurde Savonarola als Ketzer und Schismatiker gehenkt, seine Leiche verbrannt. Obwohl heute seine moralische und dogmatische Haltung in der katholischen Kirche anerkannt ist, bleibt die Schuldfrage (sic.!) bezüglich seiner Gehorsamsverweigerung (!) gegenüber dem Papst unklar. Dies hat bisher seine Heiligsprechung verhindert.»

[22] Vgl. W. Nigg: Das Buch der Ketzer, 456–468, S. 465: «Die Kirche hatte schon Kopernikus' wissenschaftliche Auffassung abgelehnt, weil sie darin eine Zerstörung ihres weltanschaulichen Gebäudes sah. Noch viel mehr aber galt diese Befürchtung Brunos philosophischer Unendlichkeitslehre, welche den ganzen Trost des Christentums in ein Nichts aufzulösen drohte. Das wölbende Himmelsdach ging dem Christen verloren, zu dem er bis dahin mit flehender Gebärde hinausgeblickt hat und das ihm wie ein letzter Schutz vorkam.» Vgl. G. Bruno: Das Aschermittwochsmahl, 174, der von der rechten Auslegung der Hl. Schrift meinte: «... man darf nicht bildlich nehmen, was nicht im übertragenen Sinne gemeint ist, und auf der anderen Seite nicht das für wahr halten, was nur als Gleichnis gesagt wird. Aber diese Unterscheidung von bildlicher und wahrer Redeweise will und kann nicht jeder verstehen.» Vgl. ders.: Über die Ursache, das Prinzip und das Eine, 4. Dialog, S. 124, wo G. Bruno den Gedanken der materiellen Evolution aller Dinge ausspricht und die Materie als etwas Göttliches, als gütigste Urmutter bezeichnet.

[23] Vgl. W. Nigg: Große Heilige, 96–143, der S. 143 als Hauptanklagesatz gegen die Heilige zitiert: «In aller Öffentlichkeit verkündet man, sie sei eine Botin Gottes und mehr ein Engel als eine Frau.» *Das* genügte zur kirchlichen Hinrichtung.

[24] Sogar ein so kirchenfrommer Mann wie H. Thielicke: Leiden an der Kirche, 33 meinte kritisch zu der «Pathologie der geistlichen Existenz»: «Diese Zeit der verfremdeten Personalität hat die Sehnsucht nach Glaubwürdigkeit und nach dem ‹eigenen Ton› ins Ungemessene wachsen lassen. Auch die absonderlichsten Dinge wäre man bereit anzuhören und ernstzunehmen, wenn sich der tolle Fall ergäbe, daß ein ernstzunehmender Mensch selber daran glaubt und damit ernst macht.»

Gelehrsamkeit des geistigen Lebens, diese Perversion echten religiösen Wissens in die Religionswissenschaft hat Jesus vor Augen, wenn er eindringlich warnt: Hütet euch vor denen in langen Gewändern[25]. Wenn es schon der «Talare» bedarf, um die autoritäre Wichtigkeit eines solchen Standes notorischer Wichtigtuer zu unterstreichen, dann kann man sicher sein, daß hier unter dem Vorwand, Gott erklären und auslegen zu wollen, Gott auf groteske Weise zum Narren gehalten wird.
Man mag im Raum der Kunst und der menschlichen Profangeschichte es einigermaßen hinnehmen und jedenfalls sich daran wie an etwas Normales gewöhnt haben, daß die Leistungen der Großen auf Generationen hin von Kleingeistern verwaltet werden; aber im Bereich des Religiösen kann und darf man es nicht hinnehmen. Dafür steht Jesus mit seiner ganzen Person ein. Er wollte, daß wir seine Worte *leben* (Mt 7,24) und nicht zu ihnen in ein Verhältnis treten, das seine Lehre und seine Person festlegt und festschreibt und es am Ende ermöglicht, mit Titeln und Ehren als «Hochwürden» und «Eminenzen» dazustehen, die nicht einmal mehr merken, wie lächerlich sie sich mit ihrer theologischen Maskerade machen[26]. Ja, es kann schließlich das

[25] Zu dem Gegensatz zwischen Jesus und den Lehrern des Volkes vgl. M. Dibelius: Jesus, 103–104: «... gerade weil sie dem Volk ... Lasten auflegen und vom Wesentlichen schweigen, ... greift er sie an.» «Eine Predigt, die so allein auf das Kommende drängt, muß in schärfsten Gegensatz treten zu einem System, das auf Geben und Nehmen zwischen Mensch und Gott in der Gegenwart aufgebaut ist.» – Es fehlte zur Zeit Jesu durchaus nicht an ähnlicher Kritik gegenüber den Schriftgelehrten und den Hohenpriestern. Vgl. C. Clemen: Die Himmelfahrt Moses, 5,4 ff.; 6,1; 7,3 ff., in: E. Kautzsch (Hrsg.): Die Apokryphen und Pseudepigraphen des Alten Testaments, II 311–331, S. 323; 324; 324–325: «Denn die Schriftgelehrten, die dann ihre Lehrer sind, werden auf die Person ihrer Lieblinge und die Annahme von Geschenken achten und Entscheidungen verkaufen.» «... über sie werden verderbliche und gottlose Menschen herrschen, die lehren, sie seien gerecht, ... nur sich selbst zu Gefallen lebend ..., der Armen Güter fressend und behauptend, sie thäten das aus Mitleid.» Diese Prophezeiungen aus dem Jahre 4 n. Chr. sah Jesus in seinen Tagen offenbar als erfüllt an. – Zu der Kritik an den *Pharisäern* vgl. E. Stauffer: Jerusalem und Rom, 65–66.
[26] Vgl. U. Wilckens: *stolä*, in: G. Friedrich (Hrsg.): Theologisches Wörterbuch zum Neuen Testament, VII 687–692, S. 691, der zu Mk 12,38 meint: «Der Vorwurf richtet sich nicht so sehr gegen bestimmte Auswüchse an persönlicher Eitelkeit und Geltungssucht, als vielmehr gegen den Anspruch der Rabbinen überhaupt, um ihrer Lehre willen, der sie unmittelbare Offenbarungsdignität beimaßen, eine herausgehobene Funktion in der Heilsgemeinde zu haben und deswegen vom Volk entsprechend gewürdigt zu werden.» – Zu den *«Mänteln»* vgl. H. L. Strack – P. Billerbeck: Kommentar zum Neuen Testament,

Possenstück dahin geraten, daß der Kostümzwang der Schriftgelehrten sogar zu einem «Zeichen» wirklichen Bekennertums erhoben wird[27] – ein clowneskes Martyrium, das seine eigene Lebensfremdheit schon zur Eigentlichkeit des Religiösen, ja, zum idealen Vorbild gelebter Frömmigkeit erhebt.
Nein, angewidert vom Betrieb der Theologenzunft, wechselt Jesus die Bühne des Gesprächs und setzt sich an den Opferkasten am Tempeleingang. Viele

II 31–33, die auf die besonderen Kennzeichen einer *Gelehrten-Tallith* hinweisen und den Spott referieren, mit dem man das komische Aussehen gewisser Pharisäer mit einem «umgestülpten Mörser» verglich. Das ist ähnlich boshaft und treffsicher, wie man manche Ordensschwestern ihrer exorbitanten Kopfbedeckung wegen als «Sturzkampfbomber» oder die Prälaten der Kirche der aparten Farbe ihrer Soutanen wegen mancherorts als «Rotwild» bezeichnet. – Es hat sich nichts geändert.
[27] Zu Recht attackiert W. Bühlmann: Von der Kirche träumen, 224–231 die Machenschaften aus dem Jahre 1982 zur Wiedereinschärfung der Pflicht aller Kleriker, nur in Amtstracht in der Öffentlichkeit zu erscheinen; er fragt: «Was würde Jesus zu diesen ... kirchlichen Gesetzen über die Kleidung sagen, er, der die Kaste der Pharisäer mit ihrer religiösen Gewandung nicht ertragen konnte? ... Jesus hat doch nicht gesagt: ‹Daran wird man erkennen, daß ihr meine Jünger seid, daß ihr den römischen Kragen tragt›, sondern ‹daß ihr euch liebt›.» – Hinzu kommt die *«Begrüßung»* und öffentliche Ehrung. Vgl. dazu: H. Windisch: *aspazomai*, in: G. Kittel (Hrsg.): Theologisches Wörterbuch zum Neuen Testament, I 494–500, S. 496: «Wenn Jesus den Anspruch der Rabbinen ... (sc. *zuerst* gegrüßt zu werden, d. V.) tadelt, will er, daß seine Jünger die Ehrung durch den Gruß nicht begehren, vielmehr mit ihrem Gruß den anderen zuvorkommen; daß letzterer Grundsatz auch von manchen Rabbinen gelehrt wurde, vor allem von Jochanan ben Sakkai, ist bekannt.» Vgl. dazu H. L. Strack – P. Billerbeck: Kommentar zum Neuen Testament aus Talmud und Midrasch, I 382: Von Jochanan berichtete man, «daß ihm nie jemand mit dem Friedensgruß zuvorgekommen sei, selbst nicht ein Goi auf der Straße». Flavius Josephus: Jüdische Altertümer, XI 8,5, Bd. 2, S. 54 erzählt demgegenüber, wie sogar *Alexander d. Gr.* beim Einzug in Jerusalem «den Hohenpriester zuerst» begrüßt und dazu erklärt habe: «Nicht ihn habe ich angebetet, sondern Gott, dessen höchste Priesterwürde er bekleidet.» – Es bedeutet nicht mehr und nicht weniger als das Ende des gesamten hierarchischen Denkens, wenn Jesus gerade mit Berufung auf Gott die Grußpflicht gegenüber den Schriftgelehrten (und Hohen Priestern) ablehnt. Der Gott Jesu wird angebetet, indem Menschen einander brüderlich begegnen, nicht indem sie einander nötigen, sich als Träger eines Amtes zu betrachten, in welchem Gott selber zur Erscheinung komme. – Wie die Parallelen zu Mk 12,38–40 in der Logienquelle Q zeigen (Mt 23,4.6.13.23.25.27.29; Lk 11,43.46.52.42.39.44.47), hat es schon recht früh «eine schriftstellerische, d. h. eine Komposition» gegeben, «die als solche sekundär ist, wie man aus der Siebenzahl schließen muß». «Daß die Weherufe ursprünglich gegen die Musterfrommen, die Pharisäer und Schriftgelehrten ... gerichtet waren, sichert ihr Inhalt.» R. Bultmann: Die Geschichte der synoptischen Tradition, 119. Die Form der Weherufe in der Logienquelle war gewiß

Leute kommen dort daher, relativ begüterte Leute zumeist – so wie wir es sind –, und sie alle entrichten, wie gewöhnlich, einen gewissen Betrag ihres Eigentums als «Almosen» für die Armen[28]. Es ist die übliche Art, Religion zu haben; so definiert sie sich in der bürgerlichen Existenz[29]. Sie bildet buchstäblich einen Teilbetrag des Lebens, das man auch noch hat, einen Bereich ohne Aufregung, wohlverwaltet, wohlgeordnet, eine «Liebesgabe», mit der

ursprünglicher als die Form der Warnung bei Markus. – Zu den *«Ehrenplätzen»* in der Synagoge und bei den Gastmählern vgl. STRACK – BILLERBECK: A. a. O., I 914–916, die bes. auf die historische Glaubwürdigkeit dieser Kritik hinweisen (S. 116). Vgl. auch W. MICHAELIS: *protos, protokathedria* u. a., in: G. Friedrich (Hrsg.): Theologisches Wörterbuch, VI 866–883, S. 871–872: «Jesus rügt in dem Logion von Mk 12,39... die selbstgefällige und eitle Art der Pharisäer.»

28 H. L. STRACK – P. BILLERBECK: Kommentar zum Neuen Testament aus Talmud und Midrasch, II 37–45, S. 44 freilich verwerfen die Ansicht, die Spenden hätten der Armenpflege gedient. «Freiwillige Almosen wurden von den Almosenpflegern in der Armenbüchse gesammelt, und wer im Tempel der Armen gedenken und eine Gabe für sie spenden wollte, dem war dazu in einer besonderen Schatzkammer Gelegenheit geboten.» Stattdessen denken sie sich als Schauplatz der Handlung den 13. Geldbehälter, «der ganz allgemein für freiwillige Gaben bestimmt war, d. h. für Gaben, bei denen eine Zweckangabe fehlte». Offenbar handelte es sich um Gaben, die «auf irgendeinem Gelöbnis ihres Spenders beruhten. Das machte... eine Verhandlung zwischen dem Priester und dem Spender nötig: Dieser hatte die Höhe der von ihm angelobten Geldsumme zu nennen, und jener stellte fest, ob das überreichte Geld dieser Summe entsprach; dann erst wanderte das Geld in seinen Behälter. Bei der anderweit bezeugten Sucht, freiwillige Spenden, besonders wenn sie große Summen bedeuteten, möglichst allgemein bekannt werden zu lassen (... Mt 6,2...), werden die reichen Spender auch am 13. Geldbehälter ihre angelobten Summen gewiß meist mit kräftiger Stimme dem Priester genannt haben. Natürlich hatte auch der, dem die Entrichtung einer geringen Summe infolge eines Gelübdes oblag, deren Höhe anzugeben. So konnte es geschehen, daß einmal eine Frau wegen ihrer kleinen Gabe sogar spitzige Spottreden vom Priester vor allem Volk hinnehmen mußte.» (43–44) J. JEREMIAS: Jerusalem zur Zeit Jesu, 127ff. weist darauf hin, daß es den *Schriftgelehrten* an sich verboten war, sich für ihre Tätigkeit bezahlen zu lassen. Gleichwohl lebten sie von Unterstützungen, und so dürfte bei dem *«Fressen der Häuser der Witwen»* in erster Linie an «die schmarotzerische Ausnützung der Gastlichkeit durch die Schriftgelehrten» gedacht sein (130). FLAVIUS JOSEPHUS: Jüdische Altertümer, XIII 15,5, Bd. 2, S. 196 erzählt sogar, daß *Alexander Jannäus*, als er 76 v. Chr. im Sterben lag, seine Frau noch vor den Pharisäern gewarnt und sie zu ihrem eigenen Schutz gebeten habe, ihnen irgendein Vorrecht einzuräumen.

29 So meinte J. BURCKHARDT: Weltgeschichtliche Betrachtungen, 57 von dem *Untergang* einer Religion: «Eine Religion gründet z. B. früh ein heiliges Recht, d. h. sie verschlingt sich enge mit einem ganzen, von ihr garantierten öffentlichen Zustand, oder sie gründet

man glaubt, eines Tages sogar vor Gott hintreten zu können. Wer wird auch etwas dagegen sagen können? Es leben doch fast alle so, und man begreift mit einem Mal, warum es im Interesse der «Menge» liegen kann, eine solche Elite von Spezialisten der Gottesgelehrtheit überhaupt herauszubilden: je spezieller die Wissenschaft von Gott, desto ohnmächtiger ist sie, den Alltag zu durchdringen und zu gestalten[30]. Jesus aber wollte nicht, daß wir so leben. Er wollte, daß es uns im Umgang mit Gott niemals um *etwas*, sondern um *alles* gehe.

Da sieht er *diese Witwe* an den Opferkasten treten. Man muß sich eine solche Frau vorstellen, wie sie zur Zeit Jesu ohne Zweifel ihr Dasein fristen mußte: Eine Witwe zu sein bedeutete, keinen Unterhalt, kein Einkommen, kein Auskommen zu haben; eine solche Frau besaß nichts, außer vielleicht zwei, drei Kinder, die sie ernähren mußte. Wenn des Morgens die Sonne aufging, wußte sie durchaus nicht, wie sie durch den Tag kommen sollte[31]. Sie lebte wortwörtlich von der Hand in den Mund. Doch gerade *vis à vis* zu einer solchen Frau versteht man, was Jesus meinte, als er uns zu beten lehrte: «Unser tägliches Brot gib uns heute» (Mt 6,11)[32]. Jesus traute uns zu, daß wir zu dem Wunderbarsten imstande sind, das es in unserem Leben geben kann, zu etwas, das man vielleicht wirklich nur durch Armut, durch Not und durch

ihre Hierarchie neben den Staaten, aber im politischen Rapport mit ihnen. Diese ihre äußeren Einrichtungen, enge mit allem Materiellen verflochten und auf die Massen und deren Gewöhnung gestützt, können eine solche Religion unendlich lang äußerlich aufrecht erhalten, wie alte Bäume, innen ganz morsch, von ihrer Rinde und ihren Blättern leben und noch große Figur damit machen; der Geist aber ist schon lange teilweise daraus gewichen.»

[30] Vgl. demgegenüber M. Buber: Der Weg des Menschen nach der chassidischen Lehre, in: Werke, III 713–738, bes. S. 735–738: «Die Umwelt, die ich als die natürliche erfahre, die Situation, die mir schicksalhaft zugeteilt ist, was mir Tag um Tag begegnet, was mich Tag um Tag anfordert, hier ist meine wesentliche Aufgabe und hier die Erfüllung des Daseins, die mir offensteht... Denn hier, wo wir stehen, gilt es das verborgene göttliche Licht aufleuchten zu lassen.»

[31] Zur Stellung der *Witwen* vgl. J. Jeremias: Jerusalem zur Zeit Jesu, 150; 175; 408. Es muß als eine wichtige soziale Maßnahme betrachtet werden, daß man in Jerusalem testamentarisch festzulegen pflegte, daß eine Witwe «für die Dauer ihrer Witwenschaft im Hause des Mannes wohnen bleiben und von seinem Vermögen leben durfte». (150) Wenn die Frau *ihren ganzen Lebensunterhalt* in Form von *«zwei Lepta»* in den Opferkasten wirft, muß man voraussetzen, daß sie (inzwischen) vom Betteln lebt. – Zur Bedeutung des *Almosens* für Bettler vgl. H. Daniel-Rops: Die Umwelt Jesu, 399.

[32] Vgl. zur Stelle E. Schweizer: Das Evangelium nach Matthäus, 96–97.

Leid zu lernen vermag: mitleidig zu werden, mitfühlend zu werden und weitherzig zu sein. Diese Witwe im *Markus*-Evangelium hat nichts zu verlieren; offenbar deshalb vermag sie alles zu geben. Sie hat nichts zu verteidigen; eben deshalb hat sie nichts, was sie von anderen trennen könnte. Sie erfährt jeden Tag, daß sie im Grunde einzig aus den Händen Gottes lebt und daß sie Menschen braucht, die auch sie selbst ein Stück weit an die Hand nehmen, um sie durch den Tag zu begleiten[33]. Wenn wir nur einmal fühlen würden, wie bedürftig, wie abhängig, wie schutzlos wir wirklich sind, wir würden Gott so nahe sein! Es gäbe dann keine Grenze mehr, an der wir uns behaupten, auf unser Recht bestehen oder uns vor den anderen schützen müßten. So weit der Sonnenaufgang entfernt ist vom Sonnenuntergang (Ps 103,12), so weit könnte unser Herz sein! Diese *Armen des Geistes* waren es, die Jesus seligpries (Mt 5,3)[34]; ihnen fühlte er sich verwandt.
Es ist ein schweres Mißverständnis, wenn in unseren Tagen gesagt wird, das Christentum oder die Religion sei dazu bestimmt, *von* der Armut zu *erlösen.* Die Religion Jesu ist dazu bestimmt, *zur* Armut zu *befreien*[35], und die ganze Kunst besteht darin, wie wir einen Menschen dazu bringen können, daß er inmitten seiner Armut aufhört, sich zu schämen, und den Reichtum fühlt, den er besitzt, wenn er nur weitherzig und großzügig genug ist. Es gibt dieses Wunder der leeren Hände[36], es gibt diesen unschätzbaren Schatz einer universellen Gemeinsamkeit aller Menschen unter den Augen und in den Händen Gottes – in seiner Obhut und in seinem Segen.
Indessen kann man die Haltung dieser Witwe am Opferkasten von Jerusalem auch nicht als ein neues moralisches Vorbild hinstellen. Weder geistig noch materiell gibt es vor Gott irgend etwas, auf das wir als eine sittliche Leistung pochen könnten[37]. Die Güte dieser armen Witwe, die alles gibt, was sie

[33] A. a. O., 97: «So richtet sich die Bitte (sc. des Vaterunsers, d. V.)... darauf, daß man zwar nicht im Überfluß und nicht gesichert gegen alle Notzeit, aber doch ohne Sorgen schlafen kann, weil für den kommenden Tag vorgesorgt ist.»

[34] A. a. O., 49–51.

[35] Vgl. E. Drewermann: Das Markus-Evangelium, I 161–171, S. 164–165, Anm. 4. Vgl. aber E. Stauffer: Die Botschaft Jesu damals und heute, 86–94.

[36] Vgl. E. Drewermann: Das Markus-Evangelium, I 502–506, S. 504, Anm. 5.

[37] So sagt sehr schön E. Schweizer: Das Evangelium nach Markus, 142: «So preist die kleine Geschichte jene stille, selbstverständliche und ganze Hingabe, die von ihrer Tat keine Geschichte macht, in der der Mensch aber sehr praktisch sich selbst und alle seine Sicherungen fahrenläßt und sich ganz Gottes Barmherzigkeit ausliefert.» Vgl. auch H. L. Strack – P. Billerbeck: Kommentar zum Neuen Testament aus Talmud und Midrasch, II

besitzt, ist nicht gedanklich aufgesetzt, sie ist nicht «gemacht», sie «tut» nicht etwas, das man als edel oder ideal hinstellen könnte. Sie handelt und verhält sich einfach so, wie Jesus es an anderer Stelle einmal ausgedrückt hat: Wenn wir geben und wenn wir uns bemühen, gut zu sein, soll unsere linke Hand nicht wissen, was die rechte tut (Mt 6,3)[38]. Der Liebe Tun sollte uns selbstverständlich sein, weil wir es «instinktiv» als unsere Wahrheit spüren, und es sollte uns aus dem Herzen kommen ohne weitere Absicht, ohne weiteres Nachdenken, als etwas unmittelbar Gefühltes und unmittelbar Verwirklichtes.

Dann bleibt es an jedem Tag unseres Lebens die Frage, wieviel wir von uns mitzuteilen wagen. Wir sind so reich mitten in unserer Armut, wenn wir uns nicht selber festhalten. Es mag sein, daß uns vor der Schutzlosigkeit, vor der Ungeborgenheit, vor der Offenheit wirklicher Armut eine große Angst überkommt. Und dennoch werden wir in jedem Augenblick einer absichtslosen Güte reich belohnt, denn wir sind nahe bei Gott. Je weitherziger wir werden, desto näher sind wir dem Unendlichen, und je tiefer wir inmitten unserer Armut die Zusammengehörigkeit aller Menschen spüren, desto weniger Grund haben wir, uns zu schämen, uns zu verteidigen, einander zu bekämpfen. Es gibt diesen einen, großen und gütigen Gott, der es regnen läßt über Gute und Böse (Mt 5,45), über Große und Niedrige, und dem nichts fremd ist, was menschlich ist an uns. Das Schönste an uns aber ist unsere Menschlichkeit inmitten unserer Armut[39].

Man kann diese Szene von der Witwe am Opferkasten nicht vor sich sehen, ohne eines großen Mannes zu gedenken, der gewiß kein Heiliger war, aber an dieser Erzählung des *Markus*-Evangeliums sich sein halbes Leben lang gequält hat: des russischen Dichters Leo Tolstoi[40]. Menschen wie die Witwe

45: «Speziell die Wohltätigkeit sollte sich nach der Leistungsfähigkeit des Wohltäters richten. Vor allem aber sollte der Geber, ob er viel oder wenig gab, aus lauterer Gesinnung, um Gottes willen geben; denn auch das Speiseopfer der Armen sieht Gott so an, als hätte dieser sein Leben dargebracht. Anders haben darüber habsüchtige Priester gedacht. Es mag sein, daß Jesu Worte Mk 12,43 f. auch gegen solche Priester gerichtet sind, die geringfügige Gaben verachten.» Das Wort: sie gab «ihr ganzes Leben» besagt natürlich: ihren ganzen Lebens*unterhalt*; vgl. Spr 27,27; aber mitgemeint ist gewiß doch auch die Hingabe des ganzen *Lebens*; deshalb scheint es richtig, das griech. *bios* an dieser Stelle «wörtlich» zu übersetzen.

[38] Vgl. zur Stelle E. Schweizer: Das Evangelium nach Matthäus, 89.

[39] Zu Mt 5,45 vgl. a. a. O., 81–82.

[40] Vgl. St. Zweig: Drei Dichter ihres Lebens, 151–255; Tatjana Tolstoi: Ein Leben mit meinem Vater, München-Zürich 1980.

aus diesem Evangelium sterben niemals aus; und so geschah es, daß der Zimmermann *Simeon,* mit dem TOLSTOI Holz zu sägen pflegte, ohne jede Absicht, einfach durch sein Tun, das Leben des Grafen und Großgrundbesitzers TOLSTOI von Grund auf veränderte. Sie gingen in Moskau über die Dragomilow-Brücke, als sie einem Bettler begegneten. Da zog der arme Zimmermann ein Dreikopekenstück aus der Tasche, gab es dem Bettler und erbat zwei Kopeken zurück. Der Bettler hatte nur eine Kopeke. Die wollte der Zimmermann nehmen, besann sich aber, gab sie dem armen Greis zurück, zog die Mütze, bekreuzigte sich und ging weiter. TOLSTOI gab zwanzig Kopeken. Darauf ging er «in echt russischer Seelenauslotung mit sich zu Rate. ‹Wenn der Zimmermann, dessen Barschaft sechseinhalb Rubel betrug, drei Kopeken schenkte, so hätte ich, im Besitz von 600 000 Rubeln, dem Bettler 3000 Rubel reichen müssen und ihn bitten, mir 2000 wiederzugeben. Trenne ich mich auch von 100 000 Rubeln, so bin ich noch nicht in der Lage, wirklich Gutes zu tun, denn mir verbleiben immer noch 500 000.› Er ergeht sich in wüsten Selbstanklagen: ‹Ich bin ein ganz von Kräften gekommener, zu nichts tauglicher Parasit. Ich bin die Laus, die die Blätter des Baumes abnagt.›»[41] An jenem Tag beschloß TOLSTOI, dem Gebot Jesu zu folgen und alles: Haus, Kinder, Äcker, zu verlassen (Mk 10,29), sein Geld den Armen zu geben (Mk 10,21) und selber Bettler zu werden, «um würdig zu sein, Gutes tun zu dürfen». TOLSTOI brauchte Jahre, um kurz vor seinem Tode seinen Entschluß wahr zu machen; aber allein schon seine heilige Unruhe war ein Segen für die ganze Welt[42].

Was indessen die «Hohen Priester» und die «Schriftgelehrten» angeht: Es gab einmal in den Tagen der Könige eine Zeit, da befahl der König *Joas,* die Priester sollten nicht länger mehr Geld aus den Händen des Volkes in Empfang nehmen, sondern alles Opfergeld für die Ausbesserung des Tempels zur Verfügung stellen, und der Priester *Jojada* nahm eine Lade, bohrte ein Loch in den Deckel und stellte sie neben den Malsteinen rechts am Eingang zum Tempel des Herrn auf (2 Kön 12,9). Wenn der Messias Gottes kommt, mit welchem «Geld» wird er dann den «Tempel Gottes» ausbessern? Und diente nicht gerade der Opferkasten am Tempeleingang ursprünglich dazu, die Habgier der Witwenplünderer in heiligen Gewändern einzuschränken? Man

[41] I. LISSNER: Wir sind das Abendland, 488–499, S. 491.

[42] Vgl. K. HAMBURGER: Tolstoi. Gestalt und Problem, 73–94 (Der Kampf um den Glauben).

gäbe etwas darum, in den Tagen *Jojadas*, des Priesters, zu leben, als *Joas* 40 Jahre lang regierte und «tat, was dem Herrn wohlgefiel, sein ganzes Leben lang» (2 Kön 12,2)[43].

[43] Zu dem Problem der *«Schatzkammer»* vgl. H. L. STRACK – P. BILLERBECK: Kommentar zum Neuen Testament aus Talmud und Midrasch, II 37–45. FLAVIUS JOSEPHUS: Jüdische Altertümer, XIX 6, 1, Bd. 2, 621 erzählt, wie *König Agrippa* eine goldene Kette «innerhalb des Tempels über der Schatzkammer aufhängen» ließ, als Zeugnis für alle. Daraus folgt, daß es nicht nur eine Mehrheit von Schatzkammern gab, sondern eine, die besonders hervorgehoben war und offenbar im Frauenvorhof des Tempels lag, da sie sonst nicht allen zugänglich gewesen wäre. – Dem geistigen Gehalt nach erinnert die Szene stark an die Frömmigkeit des *Sokrates*, die XENOPHON: Memorabilien, I 3, S. 31 beschreibt: «Die Opfer, die er darbrachte, waren klein wie auch sein Vermögen; aber er glaubte darum denen nicht nachzustehen, die von einem großen Vermögen große Opfer darbrachten. Denn der Götter, meinte er, wäre es unwürdig, wenn sie an den großen Opfern größeres Wohlgefallen hätten als an den kleinen; oftmals müßten ihnen dann die Gaben schlechter Menschen angenehmer sein als die der rechtschaffenen; und für die Menschen wäre das Leben nicht mehr lebenswert, wenn die Opfer der Bösen den Göttern willkommener wären als die der Guten.» – H. HAAS: Das Scherflein der Witwe und seine Entsprechung im Tripitaka, 1922 hat auf die *buddhistische* Parallele hingewiesen, in der ein Mädchen zwei Geldstücke opfert. Daß diese Geschichte deswegen aber in traditionsgeschichtlichem Sinne der Erzählung bei Markus als Vorbild gedient habe, ist durchaus nicht nötig anzunehmen (gg. R. BULTMANN: Die Geschichte der synoptischen Tradition, 32–33). Es handelt sich vielmehr um die Erfahrung einer Wahrheit, die allgemeinmenschlich ist und sich in allen Religionen in analoger Weise finden läßt. Diese allgemein menschliche Wahrheit bildet den Abschluß der Lehrreden Jesu vor seiner Passion! Dies ist der Inhalt, für den er leidet! Die Stelle hat bei Markus daher eine ähnliche Funktion wie das Gleichnis vom großen Weltgericht in Mt 25,31–46 bei Matthäus. – Wie die Wahrheit dieser Erzählung in der Form eines *Märchens* (statt einer Legende) erscheinen kann, zeigt die Geschichte der Brüder Grimm: Die Sterntaler (KHM 153).

Mk 13,1–37: Die Apokalyptische Rede

[1]Und wie er aus dem Heiligtum kommt, sagt ihm einer seiner Jünger:
Meister, sieh doch, was für Steine und was für Bauten! [2]Doch Jesus
hat ihm gesagt: Du siehst diese großen Bauten? Nein, hier läßt man
nicht Stein auf Stein, nichts, was nicht niedergerissen würde. [3]Wie er
dann am Ölberg saß, gegenüber dem Heiligtum, fragte ihn, eigens für
sich, Petrus sowie Jakobus, Johannes und Andreas: [4]Sag uns, wann
wird das sein und was für ein Zeichen, wenn es (so) kommt, daß dies
sich vollendet – alles! [5]Jesus aber hub an, ihnen zu sagen: Seht zu, daß
niemand euch irreführt! [6]Viele werden kommen *in meinem Namen*
(vgl. dagg.: Mk 9,37.38.41) und sagen: Ich bin, und viele werden sie
(damit) irreführen. [7]Wenn *ihr* indessen hört von Kriegen und Kriegs-
gerüchten, erschreckt nicht; es muß geschehen, aber ist noch nicht das
Ende. [8]Denn erheben wird sich Volk gegen Volk (2 Chron 15,6),
Königreich gegen Königreich (Jes 19,2; 4 Esra 13,31), es werden Erd-
beben sein mancherorten (Jes 13,13), es werden Hungersnöte sein (Jes
8,21) – der Wehenbeginn.

[9]Seht aber ihr auf euch selbst! Ausliefern werden sie euch an Gerichte
und an Synagogen, ausgepeitscht werdet ihr, und vor Statthalter und
Könige wird man euch stellen um meinetwillen, ihnen zum Zeugnis.
[10]Doch (gerade so) muß zu allen Völkern zuerst die Heilsbotschaft
verkündet werden. [11]Und wenn man euch hinschleppt zur Ausliefe-
rung, sorgt euch nicht vorher: Was sollt ihr reden?, sondern was
immer euch (von Gott) gegeben wird in jener Stunde, das redet! Denn
nicht ihr seid die Redenden, sondern der heilige Geist. [12]Doch auslie-
fern wird der Bruder den Bruder zum Tod, und der Vater das Kind,
und aufstehen werden die Kinder gegen die Eltern und werden den
Tod ihnen antun (Dtn 13,6–11!). [13]Und ihr werdet gehaßt sein von
allen wegen meines Namens. Wer aber ausharrt bis ans Ende, der wird
(von Gott) gerettet werden (Dan 12,12; 4 Esra 6,25).

[14]Wenn ihr aber seht *den Greuel der Verwüstung* (Dan 12,11; 11,31;
9,27), aufgestellt, wo er nicht darf, – wer immer es liest, merke auf! –,
dann sollen die in Judäa fliehen in die Berge (vgl. dagg. Ez 7,12–16),
[15]der auf dem Dach steige nicht hinunter, gehe nicht mehr hinein,
noch etwas zu holen aus seinem Haus, [16]und der auf dem Land kehre
nicht noch zurück, seinen Mantel zu holen. [17]Wehe aber den Schwan-
geren und Stillenden in jenen Tagen!

[18]Betet deshalb, daß es nicht winters geschieht. [19]Denn jene Tage
werden eine Drangsal sein, wie sie derart nicht war seit Anfang der
Schöpfung, die Gott geschaffen, bis jetzt, noch jemals sein wird (Dan
12,1; Joel 2,2; Ex 9,18; Dtn 4,32). [20]Ja, wenn nicht der Herr die Tage
verkürzt hätte, kein lebend Wesen würde gerettet; doch wegen der
Auserwählten, die er sich ausgewählt, hat er die Tage gekürzt.

21 Und wenn dann jemand euch sagt: Sieh, hier, der Messias!, sieh,
dort!, glaubt's nicht. 22 Denn erstehen werden Lügenmessiasse und
Lügenpropheten (Jer 6,13; Dtn 13,2), die werden Zeichen und Wun-
der bieten zur Irreführung, wenn möglich, (sogar) der Auserwählten.
23 Ihr aber seht zu! Vorausgesagt hab' ich euch alles.
24 Aber dann: in jenen Tagen nach jener Drangsal
wird die Sonne sich verfinstern
und der Mond wird seinen Schein nicht geben,
25 *und es werden die Sterne* aus dem Himmel *fallen*
(Jes 13,10; Joel 2,10; 3,4),
und die Mächte in den Himmeln werden erschüttert werden
(Jes 34,4).
26 Und dann werden sie schauen *den Menschensohn, kommend auf*
Wolken mit großer Macht *und Herrlichkeit* (Dan 7,13 f.). 27 Und dann
wird er die Engel aussenden und – seine – Auserwählten versammeln
von den vier Winden (Sach 2,6), vom Erdrand bis zum Himmelsrand
(Dtn 30,4).
28 Vom Feigenbaum aber lernt das Gleichnis: Wenn sein Zweig schon
zartgrün wird und Blätter hervortreibt, erkennt man: nah ist der Som-
mer. 29 So auch ihr, wenn ihr seht, wie das alles geschieht, erkennt: er
ist nahe am Tor.
30 Wahrlich, sage ich euch: diese Art Mensch wird nicht vergehen, bis
daß all das geschieht. 31 Himmel und Erde werden vergehen, doch
meine Worte werden niemals vergehen (Jes 51,6).
32 Von jenem Tag aber oder der Stunde weiß niemand, nicht einmal die
Engel im Himmel, nicht einmal der Sohn, nur der Vater.
33 Seht zu! Schlaft nicht! Denn ihr wißt nicht, wann die Zeit ist. 34 Wie
ein Mann außer Landes, der sein Haus verlassen und seinen Knechten
die Vollmacht (darüber) gegeben hat, einem jeden seine Arbeit, und
dem Türhüter hat er befohlen, zu wachen, – 35 wachet deshalb! Denn
ihr wißt nicht, wann der Hausherr kommt, ob abends spät, ob um
Mitternacht, ob beim Hahnenschrei, ob am Morgen, – 36 nicht daß er
plötzlich kommt und findet euch schlafend! 37 Was ich aber euch sage,
sage ich allen: Wacht!

Dieser Text des *Markus*-Evangeliums zählt zu den rätselhaftesten und unheimlichsten des ganzen Neuen Testamentes[1]. Kein Wunder, daß er deshalb

[1] Vgl. das lange Klagelied der Schrifterklärer zu Mk 13, das R. Pesch: Naherwartungen. Tradition und Redaktion in Mk 13, S. 14 referiert, mit dem steten Unsiono: «Die... synoptische Apokalypse, gehört zu den schwerst verständlichen und darum umstrittensten Stücken der ganzen synoptischen Überlieferung.» (J. Schmid: Das Evangelium nach Markus, Regensburg, 4. Aufl. 1958, 234.)

die Menschen zu allen Zeiten der Kirchengeschichte in Atem gehalten hat[2]. Wird hier nicht verbindlich Zukünftiges gedeutet? Fordert ein solcher Text nicht förmlich dazu auf, sich die Details kommender Katastrophen und kommender Schicksalsschläge bis hin zum Weltuntergang so genau wie möglich auszurechnen? Manches in dieser Rede ist wie mit heißem Atem gesprochen: «Dieses Geschlecht wird nicht vergehen, bis all dies geschieht» (Mk 13,30), – heißt das nicht unmittelbar, daß noch in den Tagen der Zeitgenossen Jesu das Ende Israels, das Ende der Welt hereinbrechen werde[3]? Seither aber sind fast schon zwei Jahrtausende vergangen. Irrt sich Jesus also nicht mit diesen Worten[4]? Und war dann nicht auch er ein Opfer der «Naherwartung» und der Ungeduld seiner Zeit?

[2] Zu der (teilweise verheerenden) Wirkungsgeschichte der Stelle vgl. J. DELUMEAU: Angst im Abendland, II 314–326, der (S. 326–330) zudem beschreibt, wie die apokalyptischen Vorstellungen der Bibel zu einer intensiven Propaganda der Angst miß- oder gebraucht werden konnten und wurden. Besonders in Zeiten der Not, wie im 14. Jh. während des Wütens der Pest, oder während des Hundertjährigen Krieges, des Vordringens der Türken sowie infolge des «immer mehr auf Macht und Geld fixierten Papsttums» (330), bediente man sich mit Vorliebe der entsprechenden Texte zur Deutung der Zeitereignisse.

[3] Bes. A. SCHWEITZER: Geschichte der Leben-Jesu-Forschung, II 402–450, S. 417 meinte (freilich ohne Bezug zu Mk 13, dafür aber mit Berufung auf Mt 10,23): «Die ganze Geschichte des ‹Christentums› bis auf den heutigen Tag ... beruht auf der ‹Parusieverzögerung›: d. h. auf dem Nichteintreffen der Parusie, dem Aufgeben der Eschatologie, der damit verbundenen fortschreitenden und sich auswirkenden Enteschatologisierung der Religion.»

[4] Vgl. DERS.: A. a. O., I 245–256; obwohl Mk 13 eine deutlich *interpolierte* Rede darstellt (s. u. Anm. 5) so teilt sie doch das Problem der «Naherwartung» der Botschaft Jesu. Dazu referiert A. SCHWEITZER (I 255) zustimmend J. WEISS (Die Predigt Jesu vom Reiche Gottes, Göttingen 1892; 2. neubearb. Aufl. 1900) bzgl. der Vorstellung Jesu von der kommenden Gottesherrschaft: «... ein Reich Gottes, das rein zukünftig ist, entsprechend der Bitte des Herrengebets: dein Reich komme. Als zukünftiges ist es jetzt rein überweltlich. Gegenwärtig ist es nur wie eine Wolke, die ihren Schatten auf die Erde wirft, sofern nämlich seine Nähe aus der Kraftlosigkeit des Satansreiches erkannt wird. In der Tatsache, daß Jesus Dämonen austreibt, sollen die Pharisäer, nach Mt 12,25–28, erkennen, daß das Reich Gottes schon über sie gekommen ist. – Eine andere Gegenwart des Reiches kennt Jesus nicht. Er übt keine ‹messianische Tätigkeit› aus, sondern er wartet mit den anderen, daß Gott es auf übernatürliche Weise heraufführe. Nicht einmal Zeit und Stunde weiß er, wann dies geschehen wird (sc. Mk 13,32, d. V.). – Die Missionsreise der Jünger (sc. Mk 6,7–13, d. V.) bedeutet nicht eine Ausbreitung des Reiches Gottes, sondern ist nur eine fliegende Verkündigung der Reichsnähe. – Aber die Nähe ist ferner, als Jesus damals dachte. Die Verstocktheit eines großen Teils des Volkes, die unversöhnliche Feindschaft seiner Gegner läßt es ihm zur Gewißheit werden, daß die Errichtung des Reiches durch Gott noch nicht

Überhaupt scheinen alle Worte dieses Textes mühsam zusammengefügt – ein Gewebe aus einer Fülle von alttestamentlichen Zitaten. Selbst ein Mann, der die Bibel auswendig kennt, wird in einer freien Rede so nicht formulieren. Man nimmt heute an, daß es sich bei dieser «Rede» um ein «Flugblatt» handelt, das aus der Zeit um 40 n. Chr. stammen könnte[5]. Damals hatte der römische Kaiser Caligula sein Standbild im Tempel zu Jerusalem aufstellen lassen[6] – ein für die bilderlose Religion der Juden unerhörter Akt, in dem

stattfinden könne, daß die bisherige Buße nicht genüge, und noch ein gewaltiges Hindernis, die Verschuldung des Volkes aus dem Wege zu räumen sei.» Nach SCHWEITZER hat Jesus in der Predigt des Täufers bereits die *Aussaat* des Gottesreiches erkannt, und er selbst unterschied sich von *Johannes* allein dadurch, daß ihm die Vision während der Taufe seine eigene messianische Berufung offenbarte. Als die Jünger zurückkehrten, habe er «noch einige Zeit auf die Offenbarung seiner Menschensohn-Herrlichkeit und das Kommen des Reiches gezählt und dabei die allgemeine Drangsal nicht mehr und sein isoliertes Leiden und Sterben noch nicht in Rechnung gesetzt, sondern auf Grund der Nichterfüllung seiner bei der Aussendung ausgesprochenen Weissagungen einfach angenommen, daß die Bitte des Vaterunsers um Erlaß ... (der «Versuchung», der endzeitlichen Drangsal, d. V.) erhört worden sei.» (II 444) Dann aber habe Jesus, angeleitet von dem Vorbild der Hinrichtung des Täufers und aufgrund der Deutung von Jes 53, seinen eigenen Tod förmlich provoziert, um die (nach der Enttäuschung von Mt 10,23 geläuterte) dogmatische Überzeugung (den Willen Gottes) in Geschichte umzusetzen. Aber war dann nicht gerade sein Sterben die Widerlegung jedes «übernatürlichen» Glaubens an die Gottesherrschaft? Und ist es möglich, Jesus ein Denken in derartigen «sakramentalen», «dogmatischen» Vorstellungen zuzutrauen? Ein halbes Jahrhundert *nach* A. SCHWEITZER zeigt sich noch viel klarer als damals, wie stark derartige Vorstellungen erst späterhin in das Leben Jesu eingetragen wurden.

[5] So die These von G. HÖLSCHER: Der Ursprung der Apokalypse Mrk 13, in: Th. Bl. 12 (1933), 193–202; der ursprüngliche Text hätte demnach die Verse Mk 13,7.8.12. 14–20.24–27 umfaßt. R. PESCH: Naherwartungen, 208–211; 216–218, der sich im wesentlichen dieser Auffassung anschließt, versucht, als Text der vormarkinischen Apokalypse Mk 13,6.22. 7b.8.12.13b. 14–17.18 (?). 19.20a. 24–27 zu bestimmen. Die alttestamentlichen Zitate, die den so rekonstruierten Text gestalten, ergeben sich wie folgt: *Mk 13,6* – Jer 29,9; Dt 18,7ff.; *Mk 13,22* – Dt 13,2; *Mk 13, 7b* – Dan 2,28; *Mk 13,8* – Jes 19,2; 2 Chr. 15,6; *Mk 13,12* – Mi 7,6; Jes 19,2; *Mk 13,13b* – Mi 7,7; *Mk 13,14a* – Dan 9,27; 11,31; 12,11; *Mk 13,14b* – Gen 19,17; *Mk 13,16* – Gen 19,17; *Mk 13,19* – Dan 12,1; *Mk 13,24* – Jes 13,10; *Mk 13,25* – Jes 13,4; *Mk 13,26* – Dan 7,13f.; *Mk 13,27* – Dt 30,3f.; Sach 2,10. «Aus dieser Übersicht erhellt, daß Daniel nicht leitend ist. Die alttestamentliche Apokalypse bekommt nur ein Schwergewicht durch die Zitation in V. 14.» R. PESCH: A. a. O., 213.

[6] Zu den Ereignissen vgl. FLAVIUS JOSEPHUS: Jüdische Altertümer, XVIII 8, 2ff.; S. 551–559. Obwohl *Caligula* ursprünglich dem Legaten *Petronius* befohlen hatte, mit

man offenbar eine dunkle «Weissagung» des «Propheten» *Daniel* bestätigt und erfüllt sah: «Auf das Heilige (d. h. den Altar) kommt ein Greuel der Verwüstung zu stehen, bis Vertilgung und Strafgericht sich über die Verwüstung ergießt.» (Dan 9,27; vgl. Dan 11,31; 12,11)[7] Dabei war der Frevel des römischen Kaisers durchaus nicht originell, er lehnte sich vielmehr an ein geschichtliches Vorbild an: Bereits im Jahre 167 v. Chr. hatte der Syrerkönig Antiochus[8] «den Greuel der Verwüstung auf dem Rauchopferaltar errichten» und «in den Städten Judas ringsum» Altäre bauen lassen (1 Makk 1,54); die jüdische Religion sollte in ihrem Zentrum vernichtet werden, die Beschneidung, die Speisegebote, die Opfer im Tempel – alles spezifisch Jüdische sollte verboten, unterdrückt, ausgerottet werden; im Herrschaftsbereich des

militärischer Gewalt die Errichtung des Kaiserstandbildes im Tempel Gottes durchzusetzen (XVIII 8,2), gab er aufgrund der Intervention König *Agrippas* in einem neuerlichen Schreiben an Petronius schließlich nach: «Sollte... die Bildsäule schon errichtet sein, so entferne sie wieder; hast du sie aber noch nicht aufgestellt, so mache dir deshalb keine weitere Mühe... Ich habe nämlich beschlossen, von der Errichtung der Bildsäule abzusehen.» (XVIII 8,8) Inzwischen hatten die Juden freilich in Caesarea demonstriert, daß sie es eher zum Krieg kommen lassen würden, als die Schändung des Heiligtums durch das Kaiserbild hinzunehmen, und Petronius hatte ihretwegen selbst bei Caligula um Aufhebung des verhängnisvollen Befehles nachgesucht. Als nun Caligula *diesen* Brief empfing, verfluchte er den Petronius wegen Verweigerung eines kaiserlichen Befehls zugunsten der Juden; doch ehe Petronius dieses Antwortschreiben erhielt, wurde Caligula am 24. 1. 41 n. Chr. ermordet – eine Fügung Gottes, wie die Juden glaubten.

[7] Zur Auslegung der Stellen vgl. N. W. Porteous: Das Danielbuch, 118–120; das plötzliche Ende des *Antiochus* (Dan 11,44.45) wurde in dem Flugblatt offenbar als Parallele zu dem Ende *Caligulas* gesehen. Vgl. zu Dan 7–12 auch P. D. Hanson: Alttestamentliche Apokalyptik in neuer Sicht, in: K. Koch – J. M. Schmidt (Hrsg.): Apokalyptik, 444–470, S. 462–470, der sehr zu Recht die Ausbreitung des Mythischen in apokalyptischen Vorstellungen herausarbeitet.

[8] Vgl. N. W. Porteous: Das Danielbuch 119: Besonders schrecklich «für jüdisches Empfinden war es, daß auf eine Ecke des Brandopferaltars ein *Betylos* für die Opferdarbringung für Zeus Olympius gestelt wurde, mit dem hellenisierende Juden Israels Gott identifizierten, obwohl in Wirklichkeit ‹Zeus Olympius› schon ein Titel war, hinter dem sich die kanaanäische Gottheit Ba'al Šamem (Gott des Himmels) verbarg.» Der «Greuel der Verwüstung» entstammt vermutlich (nach einem Vorschlag von Nestle: ZAW 4,248) einem Wortspiel zwischen dem «Gott des Himmels» (*Ba'al šamem*) und dem Wort für *Verwüstung* (*m^{e} šomem*) bzw. der *Verwüster* (*šomem*). Vgl. Dan 8,13; 9,27; 12,11. «Die Entweihung des Altars sollte solange dauern, bis ein vorherbestimmtes Ende den Verwüster... und d. h. Antiochus überwältigen sollte.» Vgl. auch W. Gesenius – F. Buhl: Hebräisches und aramäisches Wörterbuch über das Alte Testament, 843.

Königs Antiochus sollte es kulturell und religiös keine Juden mehr geben.[9]

Immer wieder in seiner langen Geschichte ist Israel vor derart grauenhafte «Endlösungen» gestellt worden[10], und immer wieder stellte sich ihm am eindringlichsten und verzweifeltsten die Frage, wie Gott, der den Vätern so große Visionen und Verheißungen geschenkt hatte, eine solche Demütigung, eine solche Zerstörung seines Volkes zulassen könnte. Die alten Propheten hatten darauf geantwortet, dies geschehe, um die Sünden des Volkes zu strafen; aber auch andere Völker «sündigten», und ihnen schenkte Gott Heil und Gelingen; und war es gerecht, ein ganzes Volk mit Frauen und Kindern, mit so vielen unzweifelhaft Unschuldigen, derart erbarmungslos heimzusuchen[11]? Vielleicht war der alte Glaube an die kommende Größe Israels ein historisches Mißverständnis, eine Illusion? Vielleicht war der Gott Israels einfach zu schwach im Kampf gegen die Götter der «Heiden»? Vielleicht gab es überhaupt keinen Gott, und alles war nur Lüge und Wahnsinn[12]?

[9] Vgl. E. KAUTZSCH: Das erste Buch der Makkabäer, in: E. Kautzsch (Hrsg.): Die Apokryphen und Pseudopigraphen des Alten Testaments, I 24–81, S. 26–30. E. STAUFFER: Jerusalem und Rom, 14 meint von der Politik des *Antiochus IV Epiphanes*: «Ein Reich, Eine Reichskultur, Eine Reichsreligion – das ist sein Regierungsprogramm (1 Makk 1,43).»

[10] Vgl. F. HEER: Gottes erste Liebe. Die Juden im Spannungsfeld der Geschichte, 36–44 (Juden, Griechen, Römer); S. 40–41 meint HEER zu der Herrschaft des *Antiochus*: «Seine Schreckensherrschaft bedeutete: Aufhebung des Heiligen Gesetzes, Verbot des Tempelkultes und des Rituals bei Todesstrafe, Aufzwingung der griechischen Kulte, den Befehl, Schweinefleisch zu essen; Teilnahme an den dionysischen Orgien; Ermordung, Folterung der Gottesknechte.»

[11] Diese Fragen sind in der jüdischen Geschichte niemals verstummt; I. B. SINGER: Die Gefilde des Himmels, 55 z. B. meint in seiner biographischen Darstellung des *Baalschem Tow* bzgl. der Deutungen, die dieser den «Geburtswehen des Messias» gibt: «Israel (d. h. Baalschem Tow, d.V.) selbst war keineswegs zufrieden mit den Antworten, die er anderen gab. Wohl war es wahr, daß ohne Leiden, ohne Belohnung und Strafe der Mensch die größte Gabe nicht genießen konnte, die Gott ihm anvertraut hatte: die freie Wahl. Doch wodurch waren die kleinen Kinder schuldig geworden? Und warum mußten die Ochsen, die Kühe, die Pferde und die anderen Tiere leiden?»

[12] Am tiefsten hat wohl R. SCHNEIDER: Winter in Wien, 235–236 dieser apokalyptischen Infragestellung Gottes durch die menschliche Geschichte und umgekehrt dieser *Notwendigkeit* Gottes angesichts der menschlichen Geschichte Ausdruck verliehen: «Die wenigen tausend Jahre ‹Geschichte›, gegenüber der Geschichte der Erde und des Kosmos, bedeuten einen Ablauf von rasender Schnelle, eine Bewegung, deren Heftigkeit kaum in ein Verhältnis gebracht werden kann zu Prozessen natürlicher Gestaltung. Es ist ein in das Dunkel der Natur geworfener Blitz: Was für ihn ‹Zeit› ist, das ist nicht Zeit der Natur sowenig wie die

Auf der anderen Seite aber war nach jedem scheinbaren Ende auch immer wieder ein Neubeginn möglich gewesen, und so wie Gott die Väter aus Ägypten herausgeführt hatte, so hatte er das versprengte Volk Israel gleichermaßen aus Babylon zurückgeführt; ja, er hatte schließlich sogar König Antiochus mit Schwermut und Unterleibskrankheit gestraft und durch einen Wagenunfall schmählich zugrundegehen lassen (1 Makk 6,8–16; 2 Makk 9,5–7)[13]. Aus jeder Niederlage hatte Israel zuguterletzt neue Hoffnung zu schöpfen gewußt, und gerade die schlimmsten Katastrophen seiner Geschichte wurden ihm auf diese Weise zu Zeugnissen für die Stärke und die Treue seines Gottes.

Dennoch hatte das Leid an der Geschichte zur Zeit Jesu einen Grad erreicht, der Zweifel an der Weltordnung insgesamt wecken mußte. Die apokalyptische Literatur des Spätjudentums[14] lebte zunehmend aus dem Gefühl, daß die Erde im Verlauf der Jahrtausende immer älter, immer verfallener, immer weniger lebensfähig geworden sei – das Ende der Welt stehe unmittelbar bevor. In dieser Sichtweise konnte es nicht mehr genügen, daß Gott von Fall zu Fall, von Niedergang zu Niedergang sein Volk immer wieder vor der endgültigen Vernichtung bewahrte – das Böse erschien selbst viel zu sehr in die Grundlagen der menschlichen Geschichte eingewoben, es bildete offenbar selbst einen Teil der Welteinrichtung. Das ganze irdische Leben glich dem Dasein von Gefangenen in einem Kerker, dessen Wände, wie in der berühmten Novelle von E. A. Poe, von diabolischen Folterknechten, von Mönchen der heiligen Inquisition, immer enger aufeinander zugedreht wurden – eine

Flugzeit der Eintagsfliege Zeit ist des Baumes, des Felsens, der Meere. Mit Geschichte bricht das eigentlich Unheimliche ein. Völker, Kulturen werden in einer Nacht wie Scheite verzehrt; Geschichte ist die in den Kosmos projizierte Schrift aus dem Palaste zu Babylon (sc. das ewige Menetekel des Untergangs, d. V.), ein der gesamten Umwelt wesensfremder Prozeß; *nur* der Glaube, und zwar ein übermenschlicher Glaube, kann als Ziel der Geschichte die Entscheidung über das Weltall stabilisieren ... Wer das nicht vermag, sieht nur den Feuerzack über Bruegels aufgewühlter See, die apokalyptische Hieroglyphe über ertrinkenden Seglern, Größe in der Erscheinungsform der Flucht, nach deren Verlöschen es sein wird, wie es vorher war.»

[13] Vgl. E. Kautzsch: Das erste Buch der Makkabäer, in: E. Kautzsch (Hrsg.): Die Apokryphen und Pseudepigraphen des Alten Testaments, I 50; vgl. A. Kamphausen: Das zweite Buch der Makkabäer, in: A. a. O., I 81–119, S. 104.

[14] Zur Darstellung und Interpretation apokalyptischer Texte vgl. E. Drewermann: Tiefenpsychologie und Exegese, II 436–541.

mechanische Gesetzmäßigkeit, in Gang gesetzt und in Gang gehalten von den Dienern eines perversen Götzenkultes[15].

Apokalyptische Texte sind Visionen der Angst, vorgetragen vor Menschen der Angst; aber sie entstammen einem Erleben, das den Höhepunkt der Angst bereits überschritten hat[16]. Solange sich jemand jung und gesund fühlt, wird er, wenn überhaupt, an den Tod nur denken als an eine ferne Gefahr; er fürchtet ihn, aber seine Furcht besitzt noch keinen wirklichen Inhalt. Eine eigentliche Todesfurcht entsteht, wenn jemand das Ende bereits vor sich sieht, aber noch viel zu sehr am Leben hängt, um in das Sterben einzuwilligen. Noch einen Schritt weiter indessen, und der Tod erscheint schon wieder wie ein Freund, der die Last des Lebens und die Schwere des Schmerzes für immer von der Schulter nimmt. Von einem bestimmten Punkt an hört der Tod auf, ein grausamer und ängstigender Gegner zu sein; von einem bestimmten Punkt an verwandelt er sich in einen willkommenen Gast, dessen Ankunft man fast sehnsüchtig erwartet. «Tired with all these / The restful death I cry» (All dessen müde, rufe ich nach dem friedlichen Tod) – SHAKESPEARE hat diese *Hoffnung* auf das Ende auf die eindringlichste Formel gebracht[17]. Es ist der Satz, der das Lebensgefühl der *Apokalyptik* am sprechendsten ausdrückt.

In gewöhnlichen Zeiten der Not und der Angst mögen Menschen darum beten, vor Zerstörung und Unheil bewahrt zu bleiben; doch wenn man begriffen hat, daß all die Ereignisse, vor denen Menschen sonst fliehen: Kriege, Hungersnöte, Naturkatastrophen aller Art, in gewissem Sinne unausweichlich sind, so kann es fast zu einem Anliegen werden, Gott darum zu bitten, daß er möglichst bald das Ende hereinbrechen lasse. Wenn es in dieser Welt und für diese Welt durchaus nichts mehr zu erwarten und zu erhoffen

[15] Vgl. E. A. POE: The Pit and the Pendulum, 1843; dt.: Grube und Pendel, in: Werke IV 721–745.

[16] Vgl. E. DREWERMANN: Tiefenpsychologie und Exegese, II 473–485.

[17] W. SHAKESPEARE: Die Sonette, LXVI, in: Sämtliche Werke, 900: «Müde von alle *diesem* wünsch ich Tod: / Verdienst zum Bettler sehn geboren werden, / Und hohle Dürftigkeit in Grün und Rot, / Und wie sich reinste Treu entfärbt auf Erden, / Und goldnen Ehrenschmuck auf Knechteshaupt, / Und jungfräuliche Tugend frech geschändet, / Und Hoheit ihres Herrschertums beraubt, / Und Kraft an lahmes Regiment verschwendet, / Und Kunst im Zungenbande der Gewalt, / Und Schulenunsinn, der Vernunft entgeistert, / Und schlichte Wahrheit, die man Einfalt schalt, / Und wie vom Bösen Gutes wird gemeistert: / Müde von all dem, wär der Tod mir süß; / Nur, daß ich sterbend den Geliebten ließ!»

gibt, so bleibt offenbar nichts anderes mehr übrig, als mit allen Kräften das Ende dieser Welt zu erwarten und zu erbitten[18].
Alle Texte der spätjüdischen Apokalyptik sind solche Versuche der Zuversicht inmitten der Verzweiflung, Fieberträume des Vertrauens inmitten der Angst, Fatalismen der Einsicht inmitten einer Welt der Ohnmacht und der Unvernunft[19]. Es ist der äußerste Rand, an dem so etwas wie Glaube noch gerade gedeihen kann; einen Schritt weiter, und es begänne der blanke Zynismus, die Lust an der Zerstörung, die nihilistische Freude am Untergang. So aber suchen die Schriften der Apokalyptiker sich selbst und ihren Lesern zu versichern, daß Gott selbst *dann* der Herr der menschlichen Geschichte und der Erde ist und bleibt, wenn man ihn aus der Welt vertreibt, und daß der Tod, so siegreich er in unserem Leben auch erscheinen mag, niemals das letzte Wort behalten wird.
Immer, wenn Menschen die Erde unter den Füßen zu beben beginnt, wenn ihre Welt vom Einsturz bedroht ist und wenn sie vor lauter Angst und Not nicht mehr ein noch aus wissen, drängen sich ihrer Phantasie die Bilder und Vorstellungen apokalyptischer Visionen des Schreckens und der Hoffnung auf[20]. Die Zeit des römischen Kaisers Caligula erwies sich als nicht so bedrohlich – er war zumindest für Israel kein zweiter Antiochus. Dann aber kam das Jahr 70, als die Römer nach anfänglichen Überraschungssiegen jüdischer Aufständischer[21] ihren fähigsten General und späteren Kaiser *Titus* mit

[18] Vgl. E. Drewermann: Tiefenpsychologie und Exegese, II 477.
[19] Vgl. a. a. O., II 476.
[20] A. a. O., II 480ff. Es ist sehr wichtig, das Weltbild der Apokalyptik nicht als eine kulturgeschichtliche, zeitbedingte Anschauungsform zu erörtern, sondern zu verstehen, welchen Gefühlen und Gestimmtheiten die Bilder der Apokalyptik *psychologisch* entstammen.
[21] Vgl. R. Pesch: Naherwartungen, 218–219: «Die Vorzeichenkette des apokalyptischen Flugblattes ließ sich ... gegen das Jahr 70 und während dieses Jahres vor der Tempelzerstörung recht gut auf den Jüdischen Krieg deuten. Vor der Zerstörung des Tempels hätte man den Bruch zwischen Gegenwart und Zukunft – wie um das Jahr 40 – zwischen den Vv. 13b und 14 angesetzt. Man hätte auf die Erfüllung der alten Weissagung gewartet und damit auch unmittelbar auf die Ankunft des Menschensohnes. Für die jüdischen Zeloten am Jerusalemer Tempel sind ähnliche Erwartungen überliefert, und eine christliche Gemeinde auch außerhalb Jerusalems konnte gegen Ende des Jüdischen Krieges lebhaft in der Bedrohung der Heiligen Stadt und des Tempels die Bedrohung ihrer Herkunft und ihrer Muttergemeinde erleben und dadurch in apokalyptische Stimmungen versetzt werden. – Angesichts der Zerstörung des Tempels mußte sich der Standpunkt in solcher Weise Hoffender entlang des Geleits, welches das apokalyptische Flugblatt anbieten mochte, bei V. 20a in

dem Kommando über ihre in der syrischen Provinz stationierten Truppen betrauten und nach einer Zeit der Belagerung die Heilige Stadt gegen den fanatischen Widerstand ihrer Verteidiger Zug um Zug eroberten[22]; sogar der Tempel ging in Flammen auf; das sichtbare Zentrum der jüdischen Religion hatte aufgehört zu existieren und verschwand aus der Geschichte bis auf den heutigen Tag. Es war, als seien die Tage des Propheten *Jeremias* zurückgekehrt, als der babylonische König *Nebukadnezar* zum erstenmal Jerusalem zerstörte und den Tempel plünderte und brandschatzte.

Es scheint, daß man damals vor allem in den Kreisen der frühen Christen den Untergang Jerusalems als ein Zeichen für den beginnenden Untergang der Welt wertete und dieses alte Flugblatt aus dem Jahre 40 n. Chr. wie zum Beweis dafür heranzog[23]. Hatte nicht Jesus all dies schon vorausgesehen? Mußte nicht eine Stadt, eine Welt zugrunde gehen, die sich außerstande gezeigt hatte, die Botschaft des Lebens, das Angebot der Versöhnung, den Beginn der Herrschaft Gottes auf Erden zuzulassen? Durfte man nicht glauben, daß Jesus selbst diese Worte des Untergangs in visionärer Schau hätte sprechen können, ja, durch seinen Tod (und seine Auferstehung) sogar wirklich gesprochen hatte?

Markus, der sein Evangelium vermutlich im Jahre 71 in Rom zusammenge-

unmittelbarer Erwartung des Endes ansiedeln. Möglicherweise haben Schwärmer das Ende unmittelbar mit der Zerstörung des Tempels verknüpft und sich dabei auf das Flugblatt als eine alte Weissagung (Jesu ??) berufen. Nur der Schlußakt der Geschichte stand noch aus, das Zeichen für die Vollendung war schon gegeben.»

22 Flavius Josephus: Der jüdische Krieg, VI 5, 2, Bd. 2, S. 201 berichtet, daß noch an dem Tage des Tempelbrandes ein «falscher» Prophet verkündete, «Gott befehle den Bewohnern, sie sollten sich zum Tempel hinaufbegeben, wo sie die Zeichen ihres Heils empfangen würden.» Ein grausiges Gemetzel war die Folge dieser apokalyptischen Heilsweissagung. Die Tragik jener Tage hat L. Feuchtwanger: Der jüdische Krieg, 412–417 (die Zerstörung des Tempels) in dramatischen Worten geschildert.

23 So meint R. Pesch: Naherwartungen, 221: «Die Tempelzerstörung wurde von den Parusieverführern offensichtlich als ‹das Zeichen› des Endes ausgegeben, sie wurde als *das* apokalyptische Ereignis vorgestellt... Eine apokalyptische Interpretation des Ereignisses des Jahres 70 n. Chr. lag wohl keineswegs so fern, wie man denken könnte, wenn man auf die spärlichen Reflexe im Neuen Testament blickt. Vom ‹Mißbrauch› des apokalyptischen Flugblatts durch Falschpropheten kann man denn auch nur vom Blickpunkt des Markus aus sprechen. Die Leute, die Markus als Pseudopropheten kennzeichnet, müssen durchaus nicht bewußten Mißbrauch mit dem Dokument getrieben haben... die vom Evangelisten selbst bezeugte und festgehaltene Naherwartung der Gemeinde mochte angesichts der Tempelzerstörung selbst schon in ein apokalyptisches Fieber umgeschlagen sein.»

stellt hat[24], *mußte* mit dieser zu seiner Zeit wichtigsten Frage sich auseinandersetzen, und er tat es im großen und ganzen zustimmend. Die frühchristlichen Apokalyptiker hatten in seinen Augen recht: diese Welt *war* am Ende, und der Untergang Jerusalems war nur wie das Vorspiel der kommenden universellen Katastrophe[25]. Es konnte passieren, was immer es sei – es galt als das Schicksal der ganzen Welt zu glauben, was Jesus immer wieder den Jüngern seiner Zeit begreiflich zu machen versucht hatte: daß der Tod nur das Tor ist, das zur Herrlichkeit Gottes führt. Selbst der Zusammenbruch aller Ordnungen bis in den Zusammenhalt der Familien hinein (Mk 13,12)[26],

[24] Vor allem, wenn man annimmt, daß das Markus-Evangelium nach der Zerstörung Jerusalems durch *Titus* in Rom im Jahre 71 entstanden ist, so wäre verständlich, daß Grund bestand, «die christliche Gemeinde vor der Verwechslung mit einer jüdisch-apokalyptisch-zelotischen Bewegung zu schützen.» R. PESCH: Naherwartungen, 222.

[25] Es kommt freilich entscheidend darauf an, daß im Sinne des Markus das «Ende der Welt» eben nicht länger als die *zeitliche* Erwartung einer baldigen Katastrophe verstanden werden kann, sondern *existentiell* als die bereits (im Tode Jesu!) eingetretene Durchbrechung der bestehenden Gesetze der Welt gedeutet werden muß. Vgl. Mk 14,58! R. PESCH: Naherwartungen, 223 meint sehr richtig: «Markus hat um der eschatologischen Belehrung und Ermahnung der Gemeinde willen Kapitel 13 in den fertigen Aufbau des Evangeliums eingefügt.» «Das ganze Arrangement ... verrät seine Sorgfalt, ja seine Sorge.» «Durch die Aufnahme des Flugblattes hat er einen ‹Fremdkörper› ins Evangelium aufgenommen, den er nur uminterpretieren, in seiner Situation aber wohl kaum zerschlagen darf, da er das Flugblatt ja offensichtlich als Weissagung Jesu akzeptiert. Der Evangelist zieht aber offensichtlich alle verfügbaren apologetischen und paränetischen Register ..., um der Situation Herr zu werden.» Vgl. die vielen Imperative und die häufige direkte Anrede: «Ihr!» Es geht aber gegenüber der historisch-kritischen Betrachtung des Textes durchaus nicht einfach um die Korrektur politisch gefährlicher Erwartungen, es geht wesentlich um eine *Vertiefung* der christlichen Hoffnung, die sich nicht mehr auf gewisse *Veränderungen* der *äußeren* Welt bezieht, sondern auf eine *innere Verwandlung* des menschlichen Daseins in seinen zentralen Antriebskräften gerichtet ist.

[26] Die Weissagung vom *Zerfall der Familien*, die auf Mi 7,6 zurückgeht, stellt (wie die meisten anderen Bilder) innerhalb apokalyptischer Vorstellungen ein *archetypisches* Symbol dar, das auch bei anderen Völkern und zu ganz anderen Zeiten auftaucht; m. a. W.: man darf Bilder dieser Art primär nicht literarisch zu verstehen suchen, sondern man muß sich psychologisch fragen, was für Erfahrungen sich in ihnen aussprechen. Im *Alten Ägypten* z. B. klagt der Prophet *Nefer-Rehu* um 1990 v. Chr. über die Verwüstung des Landes: «Ich zeige dir das Land in Jammer und Leid; was nie (vordem) geschehen ist, ist geschehen. Man wird die Waffen des Kämpfens ergreifen, daß das Land vom Aufruhr lebe. Man wird sich Pfeile aus Kupfer machen, daß man mit Blut um Brot bettele. Man lacht mit einem krankhaften Lachen. Man weint nicht mehr wegen des Sterbens, man schläft nicht mehr hungrig wegen des Sterbens; das eigene Herz verfolgt den Mann ... und einer mordet den

selbst die schon beginnenden blutigen Verfolgungen (Mk 13,13)[27], selbst das Auftreten verwirrender Irrlehrer (Mk 13,21–23)[28], ja, selbst der Einsturz des Firmaments[29] würde letztlich nur um so rascher und um so sicherer heraufzuführen vermögen, was als die Hoffnung der frühen Christen galt: daß der «Menschensohn» kommen werde auf den Wolken des Himmels mit großer Macht und Herrlichkeit (Mk 13,26). Auch diese Vision hatte der Prophet

andern. Ich zeige dir den Sohn als Feind und den Bruder als Gegner, und ein Mann mordet seinen Vater.» Und dann, erschütternd präzise: «Jeder Mund ist voll von ‹liebe mich›.» (r' nb mḥ m mr-wj) A. ERMAN: Die Literatur der Ägypter, 151–157, S. 155. Im Anschluß an diese Katastrophenvision sieht *Nefer-Rehu* die Ankunft eines heilbringenden (messianischen) Königs voraus: «Freut euch, ihr Menschen seiner Zeit... Das Recht wird wieder an seine Stelle kommen und das Unrecht, das ist herausgejagt. Es freue sich, wer dies sehen wird und wer dann dem König dienen wird.» (A. a. O., 157) Ein weiter Bogen von mehr als 2000 Jahren spannt sich von diesen altägyptischen Texten zu dem «Prinzip» apokalyptischen Denkens im Spätjudentum, das der *Talmud,* Sanhedrin 97a, so formuliert: «Es wird gelehrt: Rabbi Nehorai sagt: In dem Zeitalter, da der Sohn Davids kommt, lassen Jünglinge das Angesicht von Greisen erbleichen, und Greise stehen vor Jünglingen auf. Eine Mutter tritt gegen ihre Mutter und eine Schwiegertochter gegen ihre Schwiegermutter auf. Und das Gesicht des Zeitalters ist wie das Gesicht eines Hundes, und ein Sohn schämt sich nicht vor seinem Vater.» R. MEYER: Der babylonische Tamud, 567. Andere Stellen sind Sach 13,3; *Jubiläen* 23, 19, in: E. LITTMANN: Das Buch der Jubiläen, in: E. Kautzsch (Hrsg.): Die Apokryphen und Pseudepigraphen des Alten Testaments, II 31–119, S. 80; *Henoch* 100, 1–2, in: G. BEER: Das Buch Henoch, a. a. O., II 217–310, S. 305; *4 Esra* 5,9; 6,24, in: H. GUNKEL: Das 4. Buch Esra, a. a. O., II 331–401, S. 360; 366; *syrische Baruchapokalypse* 70,3, in: H. GUNKEL: Die Apokalypsen des Baruch, a. a. O., II 404–446, S. 439. – Zu den verwandten Vorstellungen der *germanischen* Mythologie vgl. E. DREWERMANN: Tiefenpsychologie und Exegese, II 474–475.

27 Vgl. R. PESCH: Das Markusevangelium, II 288: «Sofern Markus für die römische Gemeinde schreibt, kann er auch deren Verfolgungserfahrungen (besonders unter Claudius und Nero) mit dem Text interpretieren. Im Rahmen seiner Evangelienkomposition spricht Jesus kurz vor seiner eigenen Auslieferung zum Tod (vgl. 14,53; 15,1.15); das Geschick der Jünger entspricht seinem Geschick in der Nachfolge auf seinem Weg bei der Verkündigung des Evangeliums (vgl. 8,34 ff.). Markus zeichnet die mit Jesu Verkündigung... begonnene Zeit (1,14 f.) als die Endzeit, zu deren Wehen das Verfolgungsgeschick der Jünger gehört, die – in der Nachfolge Jesu als Missionare und Märtyrer – das Evangelium vor dem Ende bei allen Völkern verkündigen (13,10).» – Was in Mk 13,12 mithin als ein *Archetyp* apokalyptischen Denkens geschildert wird, dient einen Vers später zur Interpretation der geschichtlichen Erfahrung der Verfolgung «um meines Namens willen». – Zu dem wechselseitigen Verhältnis von *Archetypus und Geschichte* vgl. E. DREWERMANN: Tiefenpsychologie und Exegese, I 250–374. Es wäre gut, wenn in theologischen Auseinandersetzungen diese symbolische *Einheit* von Archetypischem und Historischem in der Sprache der Reli-

gion endlich begriffen, statt in einem unsinnigen Entweder-Oder-Denken aufgelöst würde.

[28] Geht man davon aus, daß Markus selbst den Vers Mk 13,22, der ursprünglich hinter 13,6 stand, in den eigens geschaffenen Kontext der jetzigen Verse (Mk 13,21.23) gestellt hat (s. o. Anm. 5), so ist deutlich, wen der Evangelist mit den «Lügenmessiassen» und «Lügenpropheten» meint: diejenigen, die als Verführer (13,5b) «die unmittelbare Gegenwart der Parusie Christi» ansagen. «Der Evangelist legt mit einer äußerst geschickten Wendung nun die ersten Vorzeichen des Flugblattes, das Auftreten von Pseudopropheten, auf die Verführer der Gemeinde selbst aus.» R. Pesch: Naherwartungen, 220. Ursprünglich dürften mit den messianischen Propheten Männer der jüdischen Aufstandsbewegung gemeint gewesen sein, die sich durch Beglaubigungswunder legitimierten und der Meinung waren, «daß die in der Heilsgeschichte Israels bereits vorgegebenen Ereignisse am Ende des gegenwärtigen Äons neu verwirklicht werden müssen. So sind die Urbilder der Idealherrscher Mose oder auch Josua, der Israel nach der Tradition aus der Wüste in das gelobte Land geführt.» R. Meyer: *prophätäs*, in: G. Friedrich (Hrsg.): Theologisches Wörterbuch zum Neuen Testament, VI 813–828, S. 826–827. – So trat unter *Pontius Pilatus* 35 n. Chr. ein Samaritaner auf, der auf dem Berge Garizim Tempelgeräte zeigen wollte, die Moses dort verborgen hätte; Flavius Josephus: Jüdische Altertümer, XVIII 4,1, 2. Bd., S. 519–520 berichtet, wie der Aufstand, der in dem Dorfe Tirathaba entstand, von *Pilatus* niedergemacht wurde. – Der Prophet *Theudas*, der in Apg 5,36 erwähnt wird, soll (laut Flavius Josephus: A. a. O., XX 5,1, 2. Bd., S. 650) unter dem Landpfleger *Fadus* behauptet haben, «durch sein Machtwort die Fluten des Jordan teilen» zu können, eine Erwartung, die ihn in Anspielung an Jos 3,15 ff. offenbar als einen zweiten *Josua* kennzeichnen sollte; *Fadus* aber ließ viele der Anhänger des *Theudas* töten oder verhaften; ihn selber enthauptete er. Flavius Josephus: A. a. O., XX 8,6, Bd. 2, S. 662 erzählt ferner von einem Propheten, der mit dem Volk auf den Ölberg stieg und verhieß, er werde die Stadtmauern einstürzen lassen, offenbar in Anlehnung an die Eroberung Jerichos durch *Josua* (Jos 6,16); der Landpfleger *Felix* aber (52–60 n. Chr.) ließ 4000 seiner Anhänger niedermachen; der ägyptische Prophet selbst aber entkam, und nach Apg 21,38 scheint man im Volk seine Rückkehr erwartet zu haben. – Flavius Josephus: Der jüdische Krieg, VII 11, 1–4, Bd. 2, S. 269–271 berichtet darüber hinaus, daß selbst nach dem Sturz der Bergfestung *Masada* der Sikarier *Jonathan* in Kyrene «eine ansehnliche Zahl von Besitzlosen um sich zu scharen» verstand und mit diesen «in die Wüste» ging «und versprach ihnen dort Wunderzeichen und allerhand Erscheinungen vorzuführen.» Offenbar fühlte *Jonathan* sich als einen zweiten Moses, bis daß der zuständige Statthalter der libyschen Pentapolis, *Catullus*, die «waffenlosen Scharen» töten oder gefangennehmen ließ; *Jonathan* selber zog sich zunächst durch Verleumdungen aus der Schlinge, indem er auf *Catulls* Weisung die angesehensten Juden in Alexandria und Rom beschuldigte und anklagte; doch dann flog der Schwindel auf, so daß Kaiser *Vespasian* auf Fürsprache des *Titus* die Gefangenen freiließ; *Jonathan* aber wurde gefoltert und bei lebendigem Leibe verbrannt, während *Catullus* in eine schwere Psychose (eine Paranoia?) gefallen zu sein scheint. – Zur Interpretation der *messianischen Prophetie* in der spätjüdischen Apokalyptik ist besonders der endzeitliche Rückbezug aller Hoffnung *auf den Anfang* von besonderer Bedeutung. Während diese Tatsache innerhalb der historisch-kritischen Exegese rein literargeschicht-

Daniel (7,13) bereits ausgesprochen[30]: alle Ordnungen der «Welt» würden eines baldigen Tages schon an sich selbst zugrunde gehen; doch so schrecklich dieser Zusammenbruch auch sein werde, er würde doch die Vorbedingung dafür bilden, daß endlich eine neue und wahre Form der Menschlichkeit wie ein Geschenk des Himmels heraufziehen könne.

lich (als ein bloßes Aneinanderreihen alttestamentlicher Schriftstellen) abgehandelt wird, geht es in tiefenpsychologischer Sicht gerade drum, die archetypische Einheit von Anfang und Ende, Urbild und Nachbild, Regression und Progression zu würdigen; vgl. dazu E. Drewermann: Tiefenpsychologie und Exegese, I 230–250 (Der Zyklus von Vergangenheit und Zukunft und die Ambivalenz archetypischer Bilder in der Regression); II 447–452 (Die Eschatologie – eine regressive Mythologie).

[29] Zu den rabbinischen Vorstellungen über *die Vorzeichen der Tage des Messias* und der zukünftigen Welt vgl. bes. H. L. Strack – P. Billerbeck: Kommentar zum Neuen Testament aus Talmud und Midrasch, IV 2, 977–1015, S. 977: «Seit Dtn 12,1 wird die der Heilszeit unmittelbar voraufgehende Periode als eine noch nie dagewesene Drangsalszeit geschildert. Nur unter Wehen kann aus der alten Zeit die neue Zeit herausgeboren werden; man nannte deshalb diese Drangsalsperiode geradezu ‹die Wehen des Messias› . . . So sind nun auch die Zeichen, die diese Zeit ankündigen, durchweg Wehezeichen: Aufruhr und Krieg, Pestilenz und Hungersnot, Mißwachs und Teuerung, Abfall von Gott und seiner Tora, Umkehrung aller sittlichen Ordnungen, Auflösung selbst der Naturgesetze.» Bes. *Henoch* 80,2–8, in: G. Beer: Das Buch Henoch, in: E. Kautzsch: Die Apokryphen, II 285 schildert in dramatischen Bildern die Verkehrung der Natur- und Himmelsordnung infolge der Sünder: die Jahre werden verkürzt werden, die Sonne, der Mond und die Sterne weichen von ihren Bahnen und Zeiten ab. «Die ganze Ordnung der Sterne wird vor den Sündern verschlossen sein, und die Gedanken der Erdenbewohner werden ihretwegen irregehen.» – Auch bei diesen Vorstellungen genügt es natürlich nicht, in historisch-kritischer Absicht es für eine Erklärung zu halten, wenn man einfachhin derartige Stellen als Parallelen aufführt und dann herauszufinden sucht, welcher Autor von wem abhängen könnte, oder wenn man einfachhin konstatiert, daß derartige Vorstellungen seinerzeit «üblich» waren. Von einer *religiösen* Deutung apokalyptischer Texte muß man erwarten, daß sie gerade in ihren *typischen* Motiven sich als menschheitlich gültig und wahr zu erkennen geben; dann aber kommt es darauf an, die entsprechenden Bilder mit Hilfe der Tiefenpsychologie anthropologisch zu begründen; vgl. E. Drewermann: Tiefenpsychologie und Exegese, II 473–485 (Weltuntergangsvorstellungen in der Mythologie und ihre Nähe zum schizophrenen Erleben).

[30] Das Wort taucht außerdem auf in *Henoch* 62,4–8: «Da wird Schmerz über sie kommen, wie (über) ein Weib, das in (Geburts-)Wehen ist. . . . sie werden erschrecken, . . . wenn sie jenen Mannessohn auf dem Throne seiner Herrlichkeit sitzen sehen werden. Die Könige und die Mächtigen und alle, die die Erde besitzen, werden rühmen, preisen und erheben den, der über Alles herrscht, der verborgen war. Denn der Menschensohn war vorher verborgen, und der Höchste hat ihn vor seiner Macht aufbewahrt und ihn den Auserwähl-

Die frühen Christen griffen diese Verheißungen als gültige Wahrheit auf. Gott hatte für sie in der Gestalt Jesu den Gläubigen bereits deutlich gezeigt, zu welch einer Güte und Menschlichkeit wir alle berufen sein könnten; aber es waren eben nur wenige, eine verschwindende Gruppe, die den Mut gehabt hatte, diese Chance der Erneuerung wirklich zu nutzen; alle anderen würden offenbar wirklich erst in und nach der Katastrophe merken, wovon und woraufhin sie wirklich lebten; und gerade dann würde es ihnen erscheinen wie eine «Aussicht» hoch über ihren Köpfen, wie eine Idee, wie etwas, das kommt «auf den Wolken des Himmels» (Mk 13,26)[31], – ein Zeichen des Gerichts mehr als ein Grund, sich endlich zu der wahren Größe des eigenen Wesens aufzurichten.

ten geoffenbart. Die Gemeinde der Heiligen und Auserwählten wird gesät werden, und alle Auserwählten werden an jenem Tage vor ihm stehen.» G. Beer: Das Buch Henoch, in: E. Kautzsch: Die Apokryphen, II 271–272. Das Wort von den «Auserwählten» entspricht Mk 13,20.22; es ist aber, wie Mk 13,27 zeigt, im Unterschied zur Vorlage (und auch wohl in Gegensatz zum Henochbuch) bei Markus nicht partikularistisch gemeint, sondern bezeichnet die Sammlung aller Völker (Mk 13,10). 13,26 selbst erinnert an Mk 8,38 und 14,62 (sowie an 9,1). Es handelt sich um die Vorstellung von dem «Kommen» des »Menschensohnes» zum «Gericht» (vgl. R. Pesch: Naherwartungen, 166–172) – ein Bild, das freilich gleichermaßen als tiefenpsychologisches Symbol interpretiert werden muß, wenn man es nicht als ein historisch überkommenes Mythem metaphysisch festschreiben will.

[31] Die *Wolke* ist das klassische Bild der Gotteserscheinung; sie ist die Hülle bzw. die Mandorla des Göttlichen. A. Oepke: *nephelä*, in G. Kittel (Hrsg.): Theologisches Wörterbuch zum Neuen Testament, IV 904–912, S. 912 meint unter Bezug auf Dan 7,13: «Die Verbindung des danielischen Motivs mit dem als Gerichtsdrohung verstandenen Wort Sach 12,10 ff. ist anscheinend traditionell ... Apk 14,14–16 wird der in Machtherrlichkeit erscheinende Christus formelhaft als der auf der Wolke Sitzende bezeichnet. Dem himmlisch-triumphalen Charakter des Kommens entspricht die weiße Farbe der Wolke ... Wolken sind auch das Gefährt der Gläubigen bei der Parusie: 1 Th 4,17.» In all dem käme es darauf an, das *Symbol* der Wolke selbst vom psychischen Erleben her einfühlbar zu machen; gerade das aber geschieht in der historisch-kritischen Exegese nicht. Stattdessen erklärt A. Oepke, daß die «durchgehende Beziehung auf Christus ... allen Motiven neuen Sinn» gebe (a. a. O., 912); das aber ist durchaus nicht einzusehen und im Grunde nichts weiter als eine theologische Setzung. Umgekehrt: wenn die Bibel offenbar Gott oder den «Menschensohn» am «Tage des Gerichtes» nicht anders zu beschreiben vermag als mit Hilfe uralter mythischer Symbole, so gilt es als erstes, diese Bilder selber mit psychologischen Mitteln zu verstehen, ehe es möglich ist, zu verstehen, inwiefern sie etwas bleibend Gültiges über den «Messias» aussagen. Wie weitgespannt das *menschheitliche* Symbol der *Wolke* sein kann, zeigt die *chinesische* Mythologie: ihr gilt die Wolke, die sich im Himmel auflöst, als «ein Symbol für die notwendige Verwandlung, der sich der Weise unterwerfen

Aber selbst dann: *wann* würde das sein? – Bald schon, meinten viele unter den frühen Christen, und sie hatten *im wesentlichen* recht mit dieser Ansicht. Der Zustand einer Welt *ist* nicht zu halten, in der statt einer freien und vertrauensvollen Selbstlosigkeit, wie Jesus sie z. B. von dem reichen Jüngling forderte (Mk 10,17–27), die blanke Machtgier regiert (Mk 10,42); – zweitausend Jahre nach Christus ist diese Wahrheit uns womöglich noch «näher» gerückt als den Zeitgenossen Jesu damals; jedenfalls ist sie für uns noch unausweichlicher, noch zwingender geworden, je enger wir auf die «Grenzen des Wachstums» stoßen.

Im Kern ist diese Welt der angstbesetzten Selbstsicherungsversuche bereits überwunden durch das Beispiel Jesus. Er war nicht zu besiegen in seinem Vertrauen zu Gott, so daß die Welt der Angst seit dem Karfreitag eine entscheidende Niederlage erlitten hat. Wohl geht die Auseinandersetzung seither unvermindert weiter, ja, sie hat an Heftigkeit eher noch zugenommen; aber das hindert nicht, daß man das Ende dieser «Welt» durchaus schon vor sich sehen kann. Es ist in etwa eine Situation, wie sie 1943 nach der Niederlage der 6. Armee bei Stalingrad bestand[32]: Hitler-Deutschland war buchstäblich am Ende – jeder Einsichtige konnte das wissen; und doch regierte das Regime des Terrors noch länger als zwei Jahre weiter, und der Krieg, der bis dahin schon unzählige Opfer gekostet hatte, verschlang noch weit mehr Menschen als in all den Jahren zuvor. Ein verlorener Krieg ist noch lange kein beendeter Krieg, und gerade ein Gegner, der eigentlich längst am Ende ist, kann in der Kraft der Verzweiflung noch einmal einen äußersten Widerstand mobilisieren. Wenn Jesus oder die frühe Kirche an das baldige Ende der «Welt» glaubte, so irrte sie nicht in ihrer «Naherwartung»; es irren sich vielmehr all diejenigen, die immer noch an ihren «Endsieg» glauben und sich fest überzeugt geben, daß alles unverändert so weitergehen könne wie bisher; sie sind mit ihren Illusionen ein fester Teil der Grausamkeit der Welt[33].

muß, um seine irdische Persönlichkeit verlöschen und im Unendlichen aufgehen lassen zu können.» M. Oesterreicher-Mollwo: Herder Lexikon Symbole, 185. Das «Gericht» des «Menschensohns» auf den «Wolken» hat offenbar zentral etwas zu tun mit der Frage nach der Verunendlichung unserer Menschlichkeit.

[32] Ein ähnliches Bild gebraucht O. Cullmann: Christus und die Zeit, 72; vgl. E. Drewermann: Tiefenpsychologie und Exegese, II 502.

[33] Zu Recht meint J. Jeremias: Neutestamentliche Theologie, I 128–130: «Der Versuch einer Skizzierung der Zukunftserwartung Jesu wird davon auszugehen haben, daß er überzeugt war, daß seine Sendung der Auftakt für das Kommen der eschatologischen Notzeit war. Niemand bilde sich ein, daß er gekommen sei, den Frieden zu bringen – nein, er

Gleichwohl liegt eine gewisse Gefahr in allen apokalyptischen Texten und Vorstellungen, und *Markus* hat ihr offenbar so energisch zu wehren versucht, wie er nur konnte. Jede religiöse Aussage ist dem möglichen Mißverständnis ausgesetzt, daß man als *äußerlich* nimmt, was sich nur innerlich verstehen läßt[34]. Man kann von Gott in gewissem Sinne nur, wie Jesus es tat, in «Rät-

bringt das Schwert (Mt 10,34), den Weltenbrand (Lk 12,49), die kosmische Leidenstaufe (V. 50). Denn die Ermordung des letzten Gottesboten durch das prophetenmörderische Jerusalem wird das von Gott gesetzte Maß der Schuld überlaufen lassen (Mt 23,32), seine Geduld erschöpfen (Mk 12,9 par.) und die Stunde der Finsternis herbeiführen (Lk 22,53). Mit seinem eigenen Leiden wußte Jesus das seiner Jünger unlöslich verbunden; ein Kollektivleiden sah er über die Seinen hereinbrechen, eingeleitet durch seine Passion (vgl. Mk 8,34; 10,39, d. V.). Daß sich diese Erwartung in dieser Form nicht erfüllt hat, verweist die von ihr handelnden Worte in die vorösterliche Zeit. – Aber die Menschen werden sorglos weiterleben in den Tag hinein (Lk 17,26–29 par. Mt 24,37–39), blind dafür, daß das Damoklesschwert über ihrem Haupte hängt und jeden Augenblick herabfallen kann, weil das Maß der Schuld erfüllt ist. Wie ein Blitz aus heiterem Himmel wird das Entsetzliche über sie hereinbrechen, so überraschend wie die Sintflut, wie der Feuerregen über Sodom, wie der Einbrecher, die Schlinge, der Tod. Es kommt das (römische) Schwert, sagt Mt 10,34. Ströme von Blut werden fließen. Das Blutbad des Pilatus unter den Galiläern und der Einsturz des Turmes von Siloah (Lk 13,1–5) nehmen sich wie ein Kinderspiel aus im Vergleich zu dem, was über Israel hereinbrechen wird. So furchtbar wird alles sein, daß Jesus den Frauen, die ihn beklagen, zuruft, sie sollten schon jetzt die Totenklage über sich selbst und ihre Kinder anstimmen (Lk 23,28–31). Sie werden das schreckliche Schicksal teilen müssen, das die letzte Generation trifft.» In dieser Form wird man die Naherwartung Jesu als durchaus «apokalyptisch» bezeichnen müssen; man muß dann aber vor allem *das Leiden an der bestehenden Welt* in den Vordergrund stellen, um zu verstehen, wie sogar der Zusammenbruch von allem, ja, sogar das eigene Leid als *Hoffnung* empfunden werden kann, oder aber man verurteilt sich selbst dazu, die *Bilder* der apokalyptischen «Dogmatik» als einen phantastischen Irrtum zu betrachten, an den auch Jesus wesentlich(!) geglaubt hat.

[34] In gewissem Sinne *äußerlich* bleibt auch der Verständnisansatz *der existentialen Hermeneutik*, indem hier immer wieder Gott und Mensch als Gegensätze nebeneinandergestellt werden. So meint R. Bultmann: Jesus, 90–91 zu dem Problem der *Naherwartung*: «Es läßt sich in der Tat verstehen, daß der Prophet in dem Bewußtsein, den Willen Gottes neu und rein erkannt zu haben, die traurigen irdischen Verhältnisse als reif für den Untergang ansieht und eine Umwälzung aller Dinge durch gewaltige Katastrophen verkündigt. Aber wollte man so die Predigt Jesu erklären, so wäre das doch nur ein psychologisches Verständnis, keine Einsicht in den inneren sachlichen Zusammenhang von Eschatologie und Forderung.» Stattdessen sieht Bultmann (an sich richtig!) in der Botschaft Jesu alle *Ethik* aufgehoben. «Denn eine Ethik setzt das Bestehen der Welt und des Menschengeschlechtes unter den diesseitigen, uns bekannten Bedingungen voraus. Sie setzt Ideale oder zum

seln» bzw. in «Gleichnissen» reden (Mk 4,11.34)[35]; die Versuchung aber ist groß, die symbolische Ausdrucksweise der Religion in falscher Weise «wörtlich» aufzufassen, indem man sie «objektiv», «dinglich», «real», «geschichtlich» nimmt[36]. Die «Nähe» des Reiches Gottes entscheidet sich im Leben jedes einzelnen daran, wie dicht, wie erlebnisstark, wie «gegenwärtig» Gott

mindesten Zwecke voraus, die durch unser Handeln verwirklicht werden sollen, sie setzt damit eine uns zur Verfügung stehende Zukunft voraus. All dies wird ja in der eschatologischen Botschaft Jesu ausdrücklich verneint; sie kennt keine menschliche Zukunft, sondern nur Gottes Zukunft. Aber so lernten wir ja auch Jesu Verkündigung des Willens Gottes verstehen! In ihr waren ja auch nicht dem Menschen Zwecke gesetzt und ihm die Zukunft zur Verfügung gestellt. Jedes Persönlichkeitsideal und jedes Gemeinschaftsideal, jede Wert- und Güterethik war ja abgelehnt! Es handelte sich ja in ihr nur darum, daß der Mensch das Jetzt seiner konkreten Situation als die Entscheidung, in die er gestellt ist, erfaßt und sich in ihr für Gott entscheidet und seinen natürlichen Willen opfert.» So sehr es stimmt, daß Jesus das Ethische *auflöst* durch die Hoffnung auf das «Reich Gottes», so sehr muß man begreifen, woran es denn liegt, daß der Mensch ohne Gott *hoffnungslos* mit sich selber uneins ist und sich nicht für Gott entscheiden *kann*. Der Zusammenbruch dieser Welt ist wesentlich ein Zusammenbruch des moralischen Aberglaubens, der Mensch könne zwischen Gut und Böse frei wählen, einfach weil und wie er wolle; dann aber muß man, um die Wahrheit dieser Einsicht zu begreifen, die psychologische bzw. daseinsanalytische Bedingung hinzufügen, unter der sie gilt: einzig in einer Welt der *Angst* sind *alle* Zwecke und Zielsetzungen des Menschen in sich vorläufig, fragwürdig, ja schädlich. Geht man die Frage der «Eschatologie» bzw. «Apokalyptik» *nicht* «psychologisch» an, so wird aus dem Gegensatz zwischen Gott und Mensch *im Getto der Angst* ein Gegensatz von Übernatürlichem und Natürlichem, und dann wird aus einer Botschaft, die *Zukunft* eröffnen soll, ein System der Selbstunterdrückung von archaischer Gewalt. *So viel* entscheidet sich an der Frage, inwieweit die Theologie sich der Psychoanalyse öffnet oder nicht!

[35] Vgl. E. Drewermann: Das Markus-Evangelium, I 322–333, S. 327–329, Anm. 9.

[36] Vgl. P. Tillich: Die Frage nach dem Unbedingten, 243: «Es ist die beinahe unvermeidbare Gefahr aller religiösen Symbole, daß der symbolische Stoff verwechselt wird mit dem, worauf sie verweisen. Die religiöse Sprache bezeichnet das als ‹Götzendienst›. Dieser Begriff drückt die Gefahr aus, die in allen Religionen gegenwärtig ist, nämlich ihre Symbole absolut zu setzen.» Und S. 243: «... in Ausdrücken, wie ‹Schöpfung›, ‹Vorsehung›, ‹Inkarnation› und ‹Erfüllung›... unterwirft die religiöse Phantasie das Transzendente den Kategorien von Raum, Zeit, Substanz und Kausalität. Die Symbolhaftigkeit dieser Aussagen muß besonders betont werden, denn gerade sie werden oft wörtlich verstanden, geraten so in Widerspruch mit der wissenschaftlichen Erkenntnis der Wirklichkeit und führen zu absurden Vorstellungen vom Verhältnis Gottes zur Welt, z. B. der göttlichen Vorsehung und Allmacht, die in die weltlichen Geschehnisse eingreift und sie bestimmt.» Vgl. z. B. bzgl. dieser Problematik die Interpretation der Wundererzählung von Mk 4,35–41 in: E. Drewermann: Das Markus-Evangelium, I 350–359. Sehr wichtig zum Verständnis reli-

seinem Leben ist; die «Nähe» des kommenden Endes der «Welt» hängt für jeden einzelnen davon ab, wie geistig «präsent» ihm die Tatsache ist, daß die bestehende Ordnung, auf welche die Logik der menschlichen Geschichte sich stützt, in Wahrheit längst eingestürzt ist[37]. Es handelt sich um eine «Nähe» der Existenz, des Erlebens, nicht um eine Frage der Zeit. Dennoch bringen gerade die apokalyptischen Vorstellungen es mit sich, daß man sie als Zeitangaben und als Schilderungen eines äußeren, physikalischen Weltuntergangs mißversteht. Gerade weil alle apokalyptischen Texte auf ein Höchstmaß der Angst antworten wollen, provozieren sie förmlich die Neigung aller Angst, sich über ihre symbolische Sprechweise hinwegzusetzen, um sich an die scheinbar sichere Außenseite ihrer Worte zu halten[38].
So tat man es in den Tagen des *Markus*, und so tun es viele heute noch. Wenn sie hören, es werde die Sonne sich verfinstern, der Mond seinen Schein nicht mehr geben und die Sterne würden vom Himmel fallen (Mk 13,24.25), so sehen sie darin eine Beschreibung des «wirklichen», das heißt für sie des physikalischen oder astronomischen Weltuntergangs. Aber es geht religiös

giöser Symbole ist der Satz von P. Tillich: A. a. O., 243: «Ein Symbol ist authentisch, wenn es eine lebendige religiöse Erfahrung ausdrückt, und es ist nicht authentisch, wenn es diese Erfahrungsgrundlage verloren hat und sein Weiterbestehen nur noch der Tradition und seiner ästhetischen Wirkung verdankt.»

[37] P. Tillich: Systematische Theologie, II 165–170 hat diese Einheit von Einsturz und Verwandlung der «alten» «Welt» sehr richtig an dem *Symbol* von «Tod» und «Auferstehung» des «Christus» veranschaulicht: «Es ist die Gewißheit, die der Christ und die Kirche von ihrem eigenen Siege über die existentielle Entfremdung haben, auf die sich die Gewißheit der Auferstehung des Christus gründet, aber es ist nicht historische Überzeugung oder Anerkennung biblischer Autorität, die diese Gewißheit schaffen.» «Der Glaube an die Auferstehung gründet sich auf das Ergriffensein durch die Macht des Neuen Seins, durch die die zerstörerische Macht der Entfremdung überwunden worden ist.» (S. 168)

[38] Ein durchaus nicht extremes, sondern leider immer noch übliches Beispiel dieses falschen «Wörtlichnehmens» der Symbole christlicher Hoffnung liefert J. Brinktrine: Die Lehre von den letzten Dingen, 114–119, der Stelle für Stelle versucht, die endzeitliche «Mythologie» des Christentums vom «Untergang der Welt» mit der «modernen» Naturwissenschaft (d. h. der des 19. Jh.s!) in Übereinstimmung zu bringen. Vgl. dagegen die ausgezeichneten Betrachtungen bei P. Tillich: Systematische Theologie, III 448–459, der die «endgültige Überwindung der Zweideutigkeiten des Lebens» für das entscheidende Moment an dem *Symbol* des «ewigen Lebens» hält. Noch M. Schmaus: Von den letzten Dingen, 329–348 konnte im Jahre 1948 über die «Auferstehungskräfte» spekulieren, die dem «Kosmos», «durchwirkt vom Herrlichkeitsleben Christi», verliehen würden (342). Eschatologie verwandelt sich bei solchen Betrachtungen in eine mythische Kosmologie bzw. in eine anthropozentrische Metaphysik.

nicht um das Schicksal von Sonne, Mond und Sternen als Himmelskörpern. Astronomisch gesehen wird die Sonne in etwa 5 Milliarden Jahren ihrem Ende entgegengehen, indem sie sich im Verlauf von Jahrmillionen gewaltig auszudehnen beginnt, bis sie die Größe eines Roten Riesen erreicht; alles Leben auf dem winzigen Planeten Erde wird dann den Hitzetod erleiden, ehe die Sonne wieder zusammenschrumpft und nach einer ungeheueren Entladung ihrer Energie für immer erkaltet[39]. Das Schicksal aller Fixsternsonnen durchläuft eine ähnliche Entwicklung. Man kann heute darüber diskutieren, wann und wie der gesamte uns bekannte Kosmos zugrunde gehen wird – ob er sich nach vielen Milliarden Jahren der Ausdehnung wieder zusammenzieht, um in einem riesigen Schwarzen Loch zu enden, oder ob er sich immer weiter ausdehnt und einen Kältetod stirbt[40]. Die Bibel war weder imstande, derartige Fragen zu stellen, noch hatte sie, recht verstanden, die Absicht, auf derlei Fragen zu antworten. Religion ist nicht Naturwissenschaft[41]. Insofern ist es nicht nur ein Mißverständnis, es ist in sich wesentlich unreligiös, darüber zu spekulieren, zu welchem Zeitpunkt wohl die Welt untergehen werde, so als sei der «Weltuntergang» ein äußeres Ereignis, eine physische Tatsache, statt einer seelischen Erfahrung des Glaubens.

Markus selbst muß nicht wenige unter seinen Mitbrüdern gefunden haben, die, mit diesem «Flugblatt» in den Händen, Jesus dahin verstanden, daß jetzt, nach der Zerstörung Jerusalems, das Ende der Welt in kosmischem

[39] Vgl. H. Reeves: Woher nährt der Himmel seine Sterne, 72–89; C. Sagan: Unser Kosmos, 229–255. – Man kann Sagan: A. a. O., 257–279 nur zustimmen, wenn er die religiöse Deutung der Welt im *Hinduismus* für weit angemessener hält als die jüdisch-christliche Weltdeutung, die dem Kosmos in völliger Ignoranz gegenübersteht und deshalb die Naturwissenschaften immer wieder unterdrücken muß.

[40] Vgl. I. Asimov: Die schwarzen Löcher, 181–207; 208–220.

[41] Insofern führt es an der Sache des Religiösen vorbei, wenn K. Hübner: Die Wahrheit des Mythos, 338–341 in seiner Bultmann-Kritik zum Thema Tod und Auferstehung Jesu versucht, die Wahrheit des Christlichen dadurch zu erweisen, daß «Wissenschaft und Philosophie nur eine bestimmte, historisch vermittelte Wirklichkeitsdeutung darstellen, die nicht den Anspruch erheben kann, die einzig mögliche zu sein.» (343) Sehr recht hat K. Hübner darin, daß «lebendiger Glauben immer nur mythisch erfahren werden» kann (343); aber die Art dieser «Erfahrung» ist symbolischer, nicht physischer Natur. Durch seine (berechtigte!) Relativierung des naturwissenschaftlichen Weltbildes der Moderne gerät Hübner in die Gefahr, uralte fundamentalistische Positionen zu erneuern, indem er (S. 71–84) die «symbolistische und romantische Deutung des Mythos» ebenso verwirft wie (S. 57–61) die zugehörige (!) psychologische Mytheninterpretation.

Sinne unmittelbar bevorstehe. Demgegenüber betonte er: «Es ist noch nicht das Ende» (Mk 13,7), denn zunächst müsse das Evangelium unter allen Völkern gepredigt werden (Mk 13,10)[42]. Vor allem aber hebt *Markus* in einem entscheidenden Satz dieser «apokalyptischen Rede» hervor, daß Jesus selbst «Gewißheiten» über das «Ende» vollkommen fremd waren – sie hätten sich mit der Haltung seines Vertrauens nicht vertragen[43]. An das Ende der langen Rede stellt er deshalb einen Ausspruch, der seinen Glauben an Christus in Worten formuliert, die später den Sprachgebrauch vor allem des *Johannes*-Evangeliums bestimmen werden: «Jenen Tag aber oder jene Stunde weiß niemand, auch die Engel im Himmel nicht, auch *der Sohn* nicht, sondern nur *der Vater*.» (Mk 13,32)[44] Gerade an dieser Stelle nennt *Markus* Jesus den «Sohn

[42] Mk 13,10 (das «Missionslogion») dürfte ein Interpretament des Markus darstellen, der das Zeugnis vor dem Gericht als Verkündigung des Evangeliums an die Heiden versteht; vgl. W. Marxsen: Der Evangelist Markus, 119. Zustimmen kann man R. Pesch: Naherwartungen, 129–131, der mit Bezug auf Mk 11,17 (Jes 56,7) den Vers für eine markinische Interpretation von Mk 13,9b hält. Das *«es muß»* ist dabei «keine Zukunftsprognose im Sinne der Parusieverzögerung ..., sondern ... das gegenwärtig erlebte Geschehen.» (129) «Die Verfolgung der Jünger ist ... nicht ‹das Zeichen› für das Ende, sie muß wie die Verkündigung dem Ende voraufgehen.» (130) Die Spannung, die so zu der Haltung Jesu selbst entsteht, der keine Heidenmission betrieb, unterstreicht richtig E. Meyer: Ursprung und Anfänge des Christentums, I 128. Jesus selbst erwartet «nicht eine Mission unter den Heiden; vielmehr erwartet er die eschatologische Völkerwallfahrt zum Zion (Mt 8,11 f. par., Lk 13,28 f.) als Gottes mächtige Tat beim Kommen der Königsherrschaft. Mit alledem ist Mk 13,10 par.; 14,9 par. nicht zu vereinbaren.» J. Jeremias: Neutestamentliche Theologie, I 134.

[43] Es handelt sich in Mk 13,32 offenbar um ein vormarkinisches Logion von der Unkenntnis «jenes Tages», das ein wörtliches Zitat von Sach 14,7 darstellt: «und es wird ein einziger Tag sein – er ist dem Herrn bekannt –, kein Wechsel von Tag und Nacht.» Ähnlich sagt die *syrische Baruch-Apokalypse*, 21,8 von Gott: «der du mit den vielen Regentropfen auf die Erde regnen lässest und allein das Ende der Zeiten, noch bevor sie herbeikommen, kennst: blicke auf mein Gebet!» H. Gunkel: Die syrische Baruchapokalypse, in: E. Kautzsch (Hrsg.): Die Apokryphen und Pseudopigraphen des Alten Testaments, II 419.

[44] J. Jeremias: Abba, in: Abba, 40 meint zu Recht, das absolute Sprechen von dem *Sohn* sei «ein christologischer Titel, der sich erst ebenso spät eingebürgert hat wie das absolut gebrauchte ... (*der Vater*, d. V.): er begegnet erstmalig bei Paulus, aber nur ein einziges Mal (1 Kor. 15,28), wird in den folgenden Jahrzehnten ebenfalls nur spärlich gebraucht (Mt 28,19; Hebr. 1,8) und setzt sich erst in der johanneischen Literatur durch. Da dieses absolut gebrauchte titulare ... (*der Sohn*, d. V.) als Messiasbezeichnung nicht palästinensischer Sprachgebrauch ist, kann Mk 13,32 seine heutige Gestalt erst im Bereich der hellenistischen Gemeinde erhalten haben. Darf man jedoch im Blick auf Apg. 1,7 die Vermutung

Gottes» bzw. läßt er Jesus selbst sich als «Sohn» bezeichnen[45]. Es ist ein Wort der ruhigen Zuversicht, mit welcher Jesus es Gott selbst als seinem «Vater» überläßt, wann (und wie) er auch in physischem Sinne die Welt, die gesamte irdische Existenz, ihrem Ende zuführen wird; zugleich aber enthält dieses Wort auch einen Hinweis auf das Bekenntnis, mit dem Jesus im Verhör vor dem Hohen Priester bald danach sein *eigenes* Leben beenden und *sein* Todesurteil besiegeln wird: «Bist du der Messias, der Sohn des Hochgelobten», wird ihn der Hohe Priester fragen. «Ich bin», wird Jesus ihm zur Antwort geben (Mk 14,61.62)[46]. Mit diesem Bekenntnis seiner Nähe zu Gott wird er

wagen, daß... (*auch nicht der Sohn*, d. V.) Zusatz ist, so tritt... (*der Vater*, d. V.) in Mk 13,32 in neues Licht. Denn gegen... (*der Vater*, d. V.) erheben sich die sprachlichen Bedenken, zu denen... (*der Sohn*, d. V.) Anlaß gibt, nicht, weil das im Aramäischen entsprechende *abba* neben ‹der Vater› die feste Bedeutung ‹mein Vater› hatte.» Die Wendung *«nicht einmal der Sohn»* ist demnach ein späterer Einschub, der theologisch insofern sehr wichtig ist, als er Jesus das Attribut der «Allwissenheit» abspricht und zugleich zeigt, worin die «Sohnschaft» Jesu besteht: nicht in einer supranaturalistischen Wesenheit, sondern in der Haltung eines Vertrauens, das alles, die gesamte Zukunft, vorbehaltlos aus der Hand Gottes erwartet. In diesem Sinn hat R. BULTMANN: Die Geschichte der synoptischen Tradition, 130 nicht unrecht, wenn er in Mk 13,32 «ein jüdisches Wort bis auf den christlichen Schluß» erkennt und darauf verweist, daß *Lukas* «das Wort aus dogmatischen Gründen übergangen» hat.

45 Im Unterschied zu J. JEREMIAS, der (s. Anm. 44) an eine hellenistische Herkunft des Wortes glaubt, sieht E. SCHWEIZER: *hyios*, in: G. Friedrich (Hrsg.): Theologisches Wörterbuch zum Neuen Testament, VIII 364–395, S. 373–374 in dem Wort von Mk 13,32 «die Subordination des Sohnes unter den Vater betont. Freilich gilt sie hier schon für sein irdisches Wirken.» Seiner Meinung nach ist «der Ursprung des Ausspruchs im palästinensischen Judenchristentum zu suchen, das sich mit einer Menschensohnchristologie, die schon die Parusie mit den Engeln voraussetzt, einerseits gegen eine allzu bestimmte Naherwartung, andererseits gegen eine allzu starke Annäherung des Erhöhten an Gott abgrenzt.» Vgl. auch F. HAHN: Christologische Hoheitstitel, 327.

46 C. COLPE: *ho hyios toy anthropoy*, in: G. Friedrich (Hrsg.): Theologisches Wörterbuch zum Neuen Testament, VIII 403–481, S. 438 hält allerdings gerade das *Ich bin* in Mk 14,62 für sekundär gegenüber Lk 22,69, wo sich (sc. Jesus, d. V.) «nicht eindeutig... als Messias bekennt... Das für Gemeindebildung sprechende Argument, daß Mk 14,62 in einer offenbar planvollen Komposition von Selbstaussagen steht, entfällt bei Lk. Hält man das Zitat Da 7,13 für sekundär, ergibt sich auch nicht mehr der der jüd(ischen) Apokalyptik unbekannte Gedanke von der Erhöhung des Menschensohns: der Spruch redet einfach von seiner Hoheit.» «Es handelt sich um eine rein himmlische Gerichtsszene, in welcher der Menschensohn dem obersten Richter beigeordnet ist», in Anlehnung an Ps 110,1. In der ursprünglicheren Fassung von Mk 14,62 würde Jesus, so verstanden, sich also gerade

in der Tat sein Schicksal endgültig Gott anheimstellen: Was immer sich jetzt ereignen mag – Gott muß es, Gott wird es wissen; alle Visionen dieser apokalyptischen Rede werden an der Person Jesu sich als erstes erfüllen: Nur wenig später schon, und die Sonne *wird* sich verfinstern (Mk 13,24; 15,33), und das Gefühl der dichtesten Nähe zu Gott wird dem Empfinden einer äußersten Gottverlassenheit unter dem Verrat und Spott der Menge gewichen sein (Mk 15,34)[47].
Der Untergang der Welt, m. a. W., ist für *Markus* vorgebildet und begründet in der Art des Todes Jesu; und nur wem in der Stunde des Karfreitags *die ganze Welt* mit Jesus stirbt, wird wissen, daß trotz allem, ja deswegen die Herrschaft Gottes *lebt*[48]. Denn wie Jahrzehnte vor Markus schon der Apostel Paulus sagte: «Keiner von uns lebt sich selbst, und keiner stirbt sich selbst; denn leben wir, so leben wir dem Herrn; sterben wir, so sterben wir dem Herrn. Ob wir nun leben oder sterben, sind wir des Herrn.» (Röm 14,7.8)[49]

nicht selbst als den kommenden Menschensohn betrachten, sondern er würde vielmehr sein eigenes Wirken dem Gericht des Menschensohnes am Throne Gottes anheimstellen! Es wäre m. a. W. die verkörperte Menschlichkeit selbst, die über die Bedeutung Jesu vor den Augen Gottes entscheidet, und zwar insbesondere gegenüber den Menschen, die als seine Richter vorgeben, um so besser an Gott zu glauben, als sie die Menschlichkeit zugunsten ihres Gewissensstarrsinns mit Füßen treten und Jesus daher auf den Tod hassen *müssen*. Dem widerspricht nicht das *Ich bin* in Mk 14,62, das an sich die göttliche Offenbarungsformel darstellen könnte, die bes. auf die Sprechweise des Deuterojesaja zurückgeht (vgl. Jes 43,1 ff.). Das *Ich bin* umschreibt auf diesem Hintergrund den Gottesnamen! So, wenn in Mk 13,6 die Lügenpropheten sagen: «Ich bin», was bereits Mt 24,5 *abschwächt*, wenn er sagen läßt: «Ich bin *der Messias*». Ebenso umgeht Mt 26,64 den *gotteslästerlichen* Klang, den die Theophanieformel «Ich bin» für jüdische Ohren besitzt. Vgl. E. Stauffer: Jesus. Gestalt und Geschichte, 130–146, S. 137. Vgl. aber unten zu Mk 14,61.62: Kaiphas, Anm. 26.

[47] Vgl. dazu E. Schweizer: Das Evangelium nach Markus, 194: «Im Rufe Jesu ist in außerordentlicher Prägnanz zusammengefaßt, daß er in radikalster Einsamkeit des Leidens, die als Verlassensein nicht nur von Menschen, sondern von Gott durchlebt werden muß, doch zugleich Gott wider alle Erfahrung, die ihn als Abwesenden, den Beter im Stich Lassenden erfährt, noch immer als ‹meinen› Gott reklamiert und nicht losläßt.»

[48] So meint sehr richtig R. Pesch: Das Markusevangelium, II 318: «Im Blick auf ein theologisch sachgemäßes Verständnis der Naherwartung ist der Platz der eschatologischen Rede Jesu im Mk-Ev unmittelbar vor dem Beginn der Passion Jesu gerechtfertigt.»

[49] Vgl. G. Bornkamm: Paulus, 75 zu der Art der «Herrschaft» des Christus über die «Welt»: «Christus ist für Paulus der Kyrios, weil er zur Erlösung aller gestorben ist, und seine Herrschaft erweist sich darin, daß er ‹reich ist für alle, die ihn anrufen› (Röm 10,12).»

Noch einmal Mk 13,1–13: Wenn jeder Halt zusammenbricht . . .

Was dürfen wir hoffen? Und: wo gibt es einen Ort, der Halt und Zuversicht gewährt?
Es gibt nur zwei Weisen der Vorstellung, auf die wesentlichen Fragen des Menschen nach seiner Herkunft und nach seiner Zukunft mit den Mitteln *des Mythos* zu antworten.
Die erste Form bilden die Urzeiterzählungen der Völker, die Geschichten von der Entstehung der Welt und des Menschen am Anfang der Zeiten[1]. Denke dir, so schlagen sie vor, alle Dinge der bestehenden Welt fort; räume beiseite, was dich umgibt, und versuche, dir eine Welt vorzustellen, in der nichts existiert, – dann gelangst du zu der Erfahrung, in der du Gott begegnest als der einzigen Wirklichkeit, die du nicht wegdenken kannst, weil sie die Ur-«Sache», der Ur-«Sprung» von allem ist. – Es geht den Urzeitmythen, wenn sie vom «Anfang» aller Schöpfung reden, nicht um Zeitbestimmungen; sie wollen auf den *Wesensanfang* aller Dinge hindeuten, jenseits von Raum und Zeit, auf jenen Wesensaugenblick, «als noch nichts war»[2].
Die andere Form, vom Menschen wesentlich zu sprechen, bildet die Apokalyptik[3]. Stell dir vor, so lautet *ihr* Vorschlag, daß alle Dinge der Welt am «Ende» der Tage in Nichts zurücksinken, und frage dich, was dir noch bleibt in Anbetracht der Vergänglichkeit alles Geschaffenen; dann wirst du auf Gott treffen als auf die einzige Macht, die dich durch die Nacht geleitet und über den Abgrund trägt. – Auch die mythischen Erzählungen von der «Endzeit» sprechen nicht über ein zeitliches Ende der Welt; es geht ihnen einzig darum,

– P. TILLICH: Die neue Wirklichkeit, 51–54, S. 53 meint in einer seiner ergreifenden Predigten: «Dies ist der Inhalt des Glaubens an die Vorsehung: Wenn es Tod vom Himmel regnet, wie es heute geschieht; wenn Grausamkeit Völker und einzelne ergreift, wie es heute geschieht; wenn Hunger und Verfolgung Millionen von Ort zu Ort treiben, wie es heute geschieht . . . dann können wir in einer solchen Zeit uns rühmen, daß all dies uns nicht scheiden kann von der Liebe Gottes . . . Vorsehung bedeutet nicht, daß alles wie bei einer Maschine nach einem festgelegten Plan abrollt. Vielmehr bedeutet Vorsehung, daß in jeder Situation eine schöpferische und rettende Möglichkeit liegt.»

[1] Zur Auslegung von «Anfangserzählungen» vgl. E. DREWERMANN: Strukturen des Bösen, 1. Bd., S. XVIII–XXXI.

[2] A. a. O., 1. Bd., 3. erw. Aufl. 1981, S. 359–360.

[3] Vgl. E. DREWERMANN: Tiefenpsychologie und Exegese, II 40; 42; 467–472.

die Hinfälligkeit aller Dinge konsequent «zu Ende» zu denken und um so eindrucksvoller auf Gott zu verweisen als auf den «Fels» und die «Burg» (Ps 18,3.32; 31,3; 62,3.7; 71,3; 89,27; 94,22; 144,2) inmitten der Flüchtigkeit und Schattenhaftigkeit unserer irdischen Existenz.
Die Urzeitmythen ebenso wie die Weltuntergangserzählungen der Apokalyptik umgreifen das menschliche Dasein an den beiden Übergangsstellen zwischen Sein und Nichtsein, zwischen Zeit und Ewigkeit[4]; sie versuchen zu beschreiben, was an sich völlig unbeschreibbar ist: den Augenblick des Entstehens und den Augenblick des Vergehens, und sie möchten dem ganzen menschlichen Dasein ein Gefühl des Vertrauens vermitteln, wie es der Psalm 139,5 mit den Worten ausdrückt: «Du (Gott) hältst mich von hinten und von vorn umfangen, du hast deine Hand über mich ausgestreckt.» Man muß sich zum Verständnis vor allem der apokalyptischen Visionen indessen darüber im klaren sein, daß Darstellungen dieser Art niemals durch philosophische Reflexionen oder spekulatives Nachdenken zustande kommen; es handelt sich vielmehr um Einsichten, die nur in ausgesprochenen Grenzsituationen gewonnen werden können, wenn Menschen unter der Last des Schicksals unerbittlich an den Rand des Lebens geschoben werden und jeder Halt vor ihren Augen zusammenbricht[5].
Die Frage ist im *Markus*-Evangelium überfällig, worauf ein Mensch in seinem Leben wirklich sich verlassen kann. An so vielen Stellen bisher hat sich gezeigt, daß nichts letztlich trägt, was gewöhnlich für «sicher» gehalten wird. Mit Nachdruck hat Jesus die Flucht in den Reichtum (Mk 10,17–27), die Flucht in die Macht (Mk 10,41–45), die Flucht in die Rechtschaffenheit starrer Gesetzestreue (Mk 7,1–23) als Mangel an religiösem Vertrauen, als Mangel an eigener Persönlichkeit, als Mangel an innerer Freiheit bloßgelegt. Was aber gilt dann noch unter Menschen?
Die Rede vom «Ende» der Welt enthält im *Markus*-Evangelium die letzten zusammenhängenden Worte Jesu, bevor er selber das Ende *seines* Lebens auf sich nimmt. Es sind Worte, die wie ein letztes geheimes Vermächtnis der Warnung und der Mahnung an die Jünger gerichtet sind, indem sie ihnen den Sinn der Zerstörung des Tempels (im Jahre 70 n. Chr.) erschließen (Mk 13,2)[6];

[4] Zu dieser wesentlichen *Einheit* von Regression und Progression in den archetypischen Bildern von Urzeit und Endzeit vgl. E. Drewermann: Tiefenpsychologie und Exegese, I 230–250.

[5] Vgl. a. a. O., II 473–485.

[6] Das *Thomasevangelium* 71 schildert den Untergang des Tempels sogar als aktives Tun Jesu: «Jesus sagte: Ich werde (dieses) Haus zer(stören) und niemand wird es (wieder)

ausgehend davon, sind sie in der Folge sogar nur noch an eine begrenzte Gruppe gerichtet, die als einzige in die Lehren über das Ende Jerusalems und das Ende der Welt eingeweiht wird[7]. Gleichwohl geht es durchaus nicht (nur) um die historische Frage der frühen Kirche, wie sie die Ereignisse des Jahres 70

aufbauen (können).» Offenbar dachte Jesus wirklich daran, daß die «Schleifung des Tempels... das Signal für das Eingreifen Gottes» sei: «binnen drei Tagen wird der neue Tempel erstehen (14,58 par.).» J. JEREMIAS: Neutestamentliche Theologie, I 129. C. H. DODD: The Parables of the Kingdom, 100 ff. hat gezeigt, «daß Jesus offenbar nicht zwischen Parusie, Auferstehung, Vollendung und Tempelbau unterschieden hat, sondern daß all diese Wendungen den in Kürze erfolgenden Triumph Gottes umschreiben.» JEREMIAS: A. a. O., I 271. Allerdings gilt diese Feststellung nur für das Wort von Mk14,58, das als Selbstaussage Jesu zu verstehen ist und als ein eschatologisches Rätselwort wohl isoliert überliefert wurde. Es scheint, daß Markus die gesamte Szene von 13,1–2 selbst gebildet hat und dabei das Wort von 14,58 verwandte, um «der Vorhersage der Tempelzerstörung den Klang eines echten Jesuswortes» zu verleihen. R. PESCH: Naherwartungen, 92. Dabei wird die Zerstörung Jerusalems und des Tempels so eindrucksvoll «vorhergesagt», daß Markus sie offenbar als historische Tatsache bereits vor Augen hat: er deutet das eingetretene Faktum des Jahres 70 mithin als Folge der Ablehnung Jesu durch die Führer des jüdischen Volkes. «Es wird kein Stein auf dem anderen bleiben» entspricht exakt dem, was FLAVIUS JOSEPHUS: Der jüdische Krieg, VII 1,1; 2. Bd., S. 221 nach der Einnahme, Plünderung und Brandschatzung Jerusalems berichtet: «Da es nun für das Heer mit dem Morden und Plündern vorbei war und da der Zorn eigentlich kein Ziel mehr hatte, gegen das er sich richten konnte, – denn aus Erbarmen hätten die Soldaten wohl niemanden geschont , gab der Caesar Befehl, die ganze Stadt und den Tempel zu schleifen.» Nur drei Türme sollten stehen bleiben, um den späteren Geschlechtern die Größe der Stadt und die Stärke der römischen Truppen, die sie eroberten, vor Augen zu stellen. «Den Rest der Stadtmauer ebneten die Sieger so nachhaltig ein, daß fremde Besucher keine einstige menschliche Siedlung dort mehr erkannt hätten. So kläglich endete diese großartige, in aller Welt berühmte Stadt Jerusalem wegen des Wahnwitzes ihrer Bewohner.»

[7] Indem Jesus seine Weissagung vom *Untergang Jerusalems* und des Tempels an vier seiner Jünger richtet (Mk 13,3), handelt es sich bei seinen Worten nicht um eine prophetische Drohrede, sondern um eine Art geheimer Jüngerunterweisung, so sehr auch gewisse Anklänge vor allem an 1 Kg 9,7 ff.; Jer 7,4.12.14; 26,18; Dan 8,11 f.; 9,1 f.; 11,31; 12,11 möglich sind. – FLAVIUS JOSEPHUS: Der jüdische Krieg, VI 5,3; 2. Bd., S. 201–204 berichtet von allerhand *Vorzeichen*, die bereits Jahre vorher auf die kommende Zerstörung deuteten: das Tor an der Nordseite des Tempels war am Fest der ungesäuerten Brote aufgesprungen, so daß die Laien glaubten, Gott wolle ihnen das Tor des Heils öffnen (vgl. Mk 15,38!), während die Schriftgelehrten es so deuteten, daß der Tempel sich für die Heiden öffne und eben deshalb sicher untergehen werde. – Schon vier Jahre vor Beginn des Krieges war ein Mann namens *Jesus, Sohn des Ananus*, zum Laubhüttenfest durch Jerusalem gezogen und hatte laut verkündet: «Wehe vom Aufgang, wehe vom Untergang, wehe

theologisch interpretieren könnte; diese «Abschiedsrede» Jesu[8] im *Markus*-Evangelium geht vielmehr am Beispiel der Zerstörung der Heiligen Stadt alle nur denkbaren Formen eines falschen Sicherheitsstrebens ein letztes Mal durch, um sie endgültig zu zerstören und zum Einsturz zu bringen, bis daß dem Menschen wirklich nichts mehr bleibt als Gott allein.

von den vier Winden, wehe über alle, die Bräutigam und Braut sind, wehe über das ganze Volk.» Man geißelte ihn und ließ ihn als Verrückten frei; als er in den Tagen der Belagerung seinem Weheruf über Stadt und Land schließlich noch hinzufügte: «Wehe auch mir!», ward er von dem Stein einer Wurfmaschine getroffen und starb. – Vgl. auch H. L. STRACK – P. BILLERBECK: Kommentar zum Neuen Testament aus Talmud und Midrasch, I 1045–1046. – Im Unterschied zu derartigen offen ausgesprochenen (prophetischen) Warnungen, richtet Jesus laut Mk 13,3 seine apokalyptische Rede einzig an vier seiner Jünger, *«eigens für sich»*, eine Wendung, die Markus auch in 4,34; 6,31.32; 7,33; 9,2.28 gebraucht. Zudem findet die Rede auf dem (Öl-)*Berg* statt, dem Ort, von dem aus in Mk 3,13 die Jünger berufen wurden und an dem Jesus in Mk 9,2.9 vor den drei Jüngern Petrus, Jakobus und Johannes verklärt ward. Auf direkte Weise verbindet Markus also den Berg der Verklärung mit dem Berg der Apokalypse, um deutlich zu sagen, wie er die ihm überlieferte Rede vom Untergang Jerusalems, des Tempels und der Welt verstanden wissen will: als einen letzten Kommentar zu dem «Geheimnis der Gottesherrschaft» – als eine vorweggenommene Erklärung über die Tödlichkeit eines Gottesvolkes und einer ganzen Welt, die es fertig bekommen, Jesus von Nazareth seiner Menschlichkeit wegen zu töten; nur jenseits des Zusammenbruchs von allem wird der «Menschensohn» sichtbar werden. Was in den Leidensweissagungen Jesu bereits deutlich wurde, erweist sich jetzt mithin als das Schicksal aller Welt, bzw. es *ist* das Schicksal aller Welt, das Jesus in seinem Gang nach Golgotha buchstäblich auf den Leib geschrieben wird. Der *Ölberg* selbst markiert die apokalyptische Rede Jesu als eine *messianische* Verurteilung, die er ausspricht *«gegenüber»* dem Tempel (Mk 13,3), d. h. *im Gegensatz* zu dem de facto, als Markus dies schreibt, bereits schon zerstörten Tempel. – Zur Erwartung, der Messias werde auf dem *Ölberg* erscheinen, s. o. zu Mk 11,1–11, Anm. 4. Zu dem *Berg* (der Berufung und Verklärung) vgl. E. DREWERMANN: Das Markus-Evangelium, I 100–102; 295–311; 586–611.

[8] Man versteht die Bedeutung dessen, was mit dem Untergang Jerusalems in den Augen des *Markus* sich ereignet, durchaus nicht, wenn man rein historisch konstatiert, es würden hier die Ereignisse des Jahres 70 theologisch gedeutet, indem mit der einleitenden Frage von Mk 13,4 und der Warnung von 13,5 einer enthusiastischen Naherwartung widersprochen werde: «Die Vorstellung, die eschatologische Irrlehre, der apokalyptische Schwarm von der Verbindung von Tempelzerstörung und Endvollendung, wie sie in der Gemeinde des Evangelisten angesichts der erfolgten Tempelzerstörung verbreitet werden, soll überwunden werden.» R. PESCH: Naherwartungen, 104. Wäre dies das Entscheidende, so wäre die ganze apokalyptische Rede für uns Heutige in ihrem wesentlichen Aussageinhalt schlechterdings inaktuell; das Problem, das sie lösen will, wäre ein für allemal nicht das unsere. Tatsächlich aber beschränkt sich der Aussageinhalt einer religiösen Wahrheit kei-

Es beginnt mit dem Zusammenbruch der offiziellen institutionalisierten Form der Religion. Wie gern würde man mit den Jüngern auf die Prachtgebäude des Glaubens, auf die äußere Architektur der Kirche, auf ihre organisierte Verfassung, auf die Größe ihres kulturellen Reichtums, aufgesammelt in Jahrhunderten, voller Stolz und Bewunderung hinweisen. «Meister, siehst du?» (Mk 13,1)[9] Man muß jedoch nur genau genug hinsehen, um zu bemerken, wie brüchig und baufällig alles das ist, was man als «versteinertes» Leben der Religion wie ein Blendwerk den Menschen vor Augen stellt. Wohl wünschte man so gerne, die Religion, wenigstens sie, stünde da wie etwas Festgefügtes, Stein bei Stein, wuchtig, solide und stabil, ein «Pfeiler im Strom» der Zeit[10], ein Haus der Weisheit mit sieben Säulen (Spr 9,1)[11], eine

nesfalls auf den historischen Anlaß ihrer ersten Artikulation, und so gilt es vor allem, die konkreten Bilder des apokalyptischen Flugblattes selbst, die *Markus* übernimmt, nicht einfach als zeitbedingten, von dem Evangelisten widerlegten Irrtum beiseite zu stellen, sondern sie in ihrer *symbolischen* Bedeutung *als Rede Jesu* zu erschließen. M. a. W.: auch der Untergang von «Stadt», «Tempel», «Himmel» und «Welt» muß als *Symbol* gelesen werden. Entscheidend ist dann, was J. JEREMIAS: Neutestamentliche Theologie, I 133 von der kommenden Katastrophe dieser Welt im Sinne Jesu (mit Blick auf Mt 8,22) sagt: «*Außerhalb der Basileia* (sc. der Königsherrschaft Gottes, d. V.) *gibt es nur Tod und Tote.* Die Existenz im alten Äon, die Existenz unter der Schuld, verdient den Namen Leben nicht. Das Leben hat begonnen, in die Welt des Todes einzudringen, bald wird es sich in seiner Fülle offenbaren. Jede Stunde ist kostbar. Die Toten müssen in die Welt des Lebens gerufen werden, ehe es zu spät ist.» So war es in Mk 1,17 bei der Jüngerberufung; so endet es jetzt in Mk 13,28–32 mit der Mahnung zur Wachsamkeit.

9 Das *«sieh doch»* von Mk 13,1 im Munde der Jünger korrespondiert mit dem *«Seht zu»* von Mk 13,6; die Bewunderung der Äußerlichkeiten der Religion ist nur die erste Stufe für die Äußerlichkeit, mit der Menschen sich an «messianische» Autoritäten zu hängen suchen. In der Interpretation der Stelle ist die Fragestellung selbst als Ausdruck einer bestimmten existentiellen Grundeinstellung und keineswegs nur als literarische Einleitung der Szene zu verstehen; es geht buchstäblich an der «Perspektive» der Frage der Jünger direkt vorbei, wenn R. PESCH: Naherwartungen 85 meint: «Die sorgfältige Formulierung des Ausrufs mit den Vokabeln ... (Stein) und ... (Bauten) scheint ... die Antwort Jesu ... schon feinsinnig intonieren zu wollen.» Nicht um literarischen Feinsinn geht es, sondern um den Einsturz aller menschlichen Hoffnungen. Daß Jesus in Mk 13,1 «aus dem Tempel hinausgeht», «mag für Markus die definitive Trennung abbilden.» E. SCHWEIZER: Das Evangelium nach Markus, 146.

10 Vgl. den gleichnamigen Titel des Buches von R. SCHNEIDER: Pfeiler im Strom. Eingel. v. W. Bergengruen, Frankfurt a. M., o. J.

11 Vgl. den gleichnamigen Titel des Buches von T. E. LAWRENCE: Die sieben Säulen der Weisheit, München (List V.) 1936; 1978; Neudruck: München (dtv 1456) 1979.

romanische Kathedrale: die Wände wie die Mauern einer Festung, die Stützpfeiler tonnenschwer, die Pforten selbst mit der Stoßkraft eines Rammbocks nicht aufzusprengen, eine feste Burg, gewappnet gegen jedwede Erschütterung. Und doch: so imposant diese Schutz- und Trutzwälle gegen die Angst auch ausfallen mögen, – es ist nicht möglich, Gott «festzustellen» und den Glauben in Zement zu gießen. Weit eher als ein sicheres «Gebäude» ist Gott ein Strom unendlicher Gestaltungen, eine schöpferische Kraft unerschöpflicher Möglichkeiten. GOETHE gab diesem Gedanken von Gott als einem unablässig Schaffenden in einem seiner Altersgedichte einmal Ausdruck[12]:

«Und umzuschaffen das Geschaffne,
Damit sich's nicht zum Starren waffne,
Wirkt ewiges lebendiges Tun.
Und was nicht war, nun will es werden
Zu reinen Sonnen, farbigen Erden,
In keinem Falle darf es ruhn.

Es soll sich regen, schaffend handeln,
Erst sich gestalten, dann verwandeln;
Nur scheinbar steht's Momente still.
Das Ewige regt sich fort in allem,
Denn alles muß in Nichts zerfallen,
Wenn es im Sein beharren will.»

«Die Dinge müssen sich verwandeln, um sich gleich zu bleiben.»[13] Von daher würde eine Religion sich gewissermaßen gegen sich selbst wehren, wollte sie die Wahrheit Gottes in Gebirgen aus Stein zu (ver-)bergen trachten. Am Ende ist es Gott selbst, der die Wehrtürme der Angst einreißt; ja, von einem bestimmten Grad der Versteinerung an kann es zu einem Zeichen wahrer Frömmigkeit und Religiösität werden, Gott förmlich darum zu bitten und sehnsüchtig darauf zu warten, daß die Mauern einer falschen Sicherheit endlich dahinfallen (vgl. Jer 7,16; 11,14; 14,11; 21,1–10)[14].

[12] J. W. v. GOETHE: Ein und Alles, in: Gedichte, 368–369.
[13] So lautet der Wahlspruch in T. DE LAMPEDUSA: Der Leopard, München 1959; (Mailand 1958); übers. von Ch. Birnbaum.
[14] S. o. Anm. 7. – Sehr lohnend zu lesen ist F. WERFEL: Jeremias. Höret die Stimme, 87–95, der die beschwörende Rede des Propheten im Tempel psychologisch meisterlich

Immer aber haben die «Mauerbauer» und «Tempelkonstrukteure» ihre Vorarbeiter und Vorbereiter.
Was soll man machen, wenn alles, was man «machen» kann, wenn selbst der Stein des Heiligtums nicht hält? – Man flieht aus den berstenden Kathedralen hinaus zu den Menschen, man sütrzt auf die Straßen, ob unter all den vielen nicht einer sei, der die leergewordene Sicherheit der Religion *durch seine Person* ersetzen könnte[15]. Und wirklich: an Menschen, die behaupten: «Ich bin es», hat es in der Geschichte noch niemals gefehlt[16]. Immer wieder treten Leute auf, die aus der Angst der Menge die Evidenz ihrer eigenen Vertrauenswürdigkeit zu gewinnen suchen, indem sie behaupten, die Zeichen der Zeit zu kennen, und die in beschwörenden Worten verkünden, einzig auf sie komme es an, *jetzt* gehe es um alles, an ihnen entscheide sich das Schicksal der Welt. Aber jede Art von Sicherheit, die sich auf solche «Führer» gründet, ist offensichtlich eine Art von Dummheit. Nur die das Denken vermeiden, «wissen» ganz sicher Bescheid, und es läuft immer auf einen Verrat an sich selbst hinaus, diesem Konvoi der Großtuer und Wichtigmacher, diesem Führerkult der Angst sich anzuvertrauen.
Es ist und bleibt die ewige Frage der menschlichen Geschichte, von welchen Mächten wir uns im letzten bestimmen lassen. Einzig die Liebe ist imstande, einen Menschen als göttlich zu *erkennen*; und einzig die Angst ist imstande, einen Menschen zum Gott zu *erheben*; an diesen beiden Möglichkeiten entscheiden sich Himmel und Hölle[17]. Jede Verbundenheit der Liebe zu einem

gestaltet: «Noch war das Wort des Herrn nicht ganz von ihm gewichen. Dennoch war es weniger eine Frage Zebaoths als ein eigener Angstschrei Jirmijahs, den er noch auszustoßen vermochte: ‹Was aber wollt ihr tun, wenn das Ende hereinbricht?...›» (S. 94) – R. Schneider: Allein der Wahrheit Stimme will ich sein, 98–104 faßte den Sinn der apokalyptischen Vision der Tempelzerstörung im Zusammenhang mit dem Tode Jesu in den Worten zusammen: «Aus dem Tempel, der nur Bild und Vorahnung war und über den das Urteil fällt mit dem Tode des Herrn, gehen wir heute eingedenk dieses Todes in die Herrlichkeit des Tempels ein, der die in Christus vollendete Menschheit ist.»

[15] Es ist gewissermaßen nur ein Fortschritt innerhalb der gleichen Äußerlichkeit der Grundeinstellung, nach der Enttäuschung an der rituell-objektiv zelebrierten Seite des Religiösen sich in die Vergöttlichung menschlicher Autoritäten zu flüchten. Es gibt gegen alle Angst nur den Halt aus Ps 56,5: «Auf Gott vertraue ich, ich fürchte mich nicht; was könnten Menschen mir antun?»

[16] Zu der Gottgleichheit, die sich in der Formel: *«Ich bin es»* ausdrückt, vgl. oben zu Mk 13,1–37, Anm. 46. s. u.: Mk 14,53–65: Kaiphas, Anm. 26.

[17] Zur Erfahrung der Liebe als einer Offenbarung der Nähe Gottes vgl. E. Drewermann: Dein Name ist wie der Geschmack des Lebens, 33–37; 51–58; 59–66.

anderen Menschen besitzt die Kraft, die eigene Person wie die Person des anderen zu erweitern, zu bestätigen und zu verselbständigen; jede Angstbindung hingegen verkleinert, demütigt und versklavt; während die Liebe bereichert, beutet die Angst nur immer weiter aus. Die Art, wie jemand «Ich» sagt, bildet deshalb das deutlichste Kriterium, ob jemand von Gott kommt oder nicht. Ein «Ich», das seine Macht aus der Erniedrigung anderer bezieht, mag sich so oft auf Gott berufen, wie es will – es wird Gott nur im Wege stehen können; nur jemand, der «Ich» sagt, um durch sich selbst ein fremdes Du in das Licht einer wachsenden Vertrautheit zu erheben, ist als ein «Abbild Gottes» in die Welt gesandt. Es ist unvermeidlich, daß in Zeiten der Angst sich Menschen an jeden Strohhalm klammern und ihre Persönlichkeit immer wieder an messianische «Retter» und «Heilbringer» delegieren; wer aber nimmt ihnen die Angst und bestärkt und bestätigt sie so sehr, daß sie den Mut gewinnen, ihr *eigenes* Leben zu riskieren? «Wer nicht durch die Tür in den Schafstall hineingeht, . . . ist ein Dieb und ein Räuber», erklärt Jesus im *Johannes*-Evangelium (10,1)[18] gegenüber all den «Hirten» der Gewalt mit ihren ebenso verfehlten wie verführerischen Machtansprüchen, und er fügt noch hinzu: «Alle, die vor mir gekommen sind, *sind* Diebe und Räuber» (Joh 10,8). Aber auch *nach* ihm offenbar, mitten also in der Zeit der Kirche, werden den Worten des *Markus*-Evangeliums zufolge in Augenblicken der Angst immer wieder Leute auftreten, die sich auf Jesus berufen, nur um ihre Machtansprüche religiös zu umkleiden[19].

[18] Wie das Ergebnis historisch-kritischer Deutungen dieses wichtigen Textes ausfällt, resümiert R. SCHNACKENBURG: Das Johannesevangelium, IV 131–143: «Ein kritischer Leser dieses Überblicks über die joh(anneische) Forschung, wie sie sich konkret an einem bedeutungsvollen Textabschnitt darstellt, kann kaum anders als verwirrt und enttäuscht sein.» (142) Und sein Trost: das Hypothesenwirrwarr sensibilisiere «ihn auch für die stets neu aufbrechenden Fragen seiner eigenen geschichtlichen Existenz» (143). Gerade um die Fragen der eigenen Existenz geht es indessen bei all den historisch-kritischen Hypothesen niemals; ja, diese entstehen überhaupt erst, wenn man die Buchrolle der Hl. Schrift, statt sie zu «essen», in existentiellem Müßiggang als einen «objektiven» Gegenstand «behandelt»: sie bilden sich wie Schimmelkulturen auf faulenden Speiseresten.

[19] Es sagt sich recht einfach, wenn E. SCHWEIZER: Das Evangelium nach Markus, 146 zu Mk 13,6 erklärt: «An sich kann man nicht ‹im Namen Jesu› kommen und zugleich sagen ‹Ich bin es›.» Aber wie oft ist im Verlaufe der Geschichte gerade dies geschehen – innerhalb wie außerhalb der Kirche! Wie oft hat man «im Namen Christi» absoluten *Gehorsam* von Menschen verlangt, indem man Menschen als Stellvertreter Gottes auf Erden in unmenschlicher Weise über Menschen herrschen ließ! Wie stark die *Angst* dazu führen kann, eine irdische Autorität für gottgleich zu erklären, zeigte sich unübertrefflich deutlich im Juli

Die Geschichte der Kirche selbst kennt dafür ungeheuerliche und leider ungeheuer zahlreiche Beispiele. Vielleicht ist *pars pro toto* keine Begegenheit in ihrem Zynismus sprechender als das Bubenstück, das *Papst Sixtus IV.*, der Erbauer der Sixtinischen Kapelle, sich für *Lorenzo Medici*, der zu Recht den Beinamen *«Il Magnifico»* trug, ausgedacht hatte[20]. Selber von ärmlicher Herkunft, sann er auf die Vergrößerung der Macht seiner Sippe, und nachdem er bereits das Familienoberhaupt der *Colonna* hatte töten lassen, plante er nun, den Widerstand der Stadt Florenz zu brechen, indem er in *Lorenzo* ihren fähigsten Führer aus dem Wege zu räumen suchte. Ein gewisser *Francesco Salviati*, den er zum Erzbischof von Pisa hatte ernennen wollen und der an Lorenzos Widerstand gescheitert war, bot sich denn auch gleich zu dem Meuchelmord an. Wohl wünschte angeblich der Papst kein Blutvergießen; doch was tut er, als der von ihm gebilligte Umsturzversuch mißlingt? Er stiftet *Ferrante*, den König von Neapel, zum Krieg gegen Florenz, zum Krieg gegen *Lorenzo* an; ja, er erläßt eine Bannbulle über ganz Florenz, er exkommuniziert den Medici, einzig wegen des «Verbrechens», dem ihm zugedachten päpstlichen Mordanschlag entgangen zu sein. Um den Krieg zu verhindern, begibt sich *Lorenzo* daraufhin persönlich nach Neapel, in die Hand seines «Gegners», um ihn mit Erfolg zum Friedensschluß zu überreden. – Selten in der Geschichte der Kirche wurden Menschen einander gegenübergestellt, die durch Tugend und Laster, durch Adel und Skrupellosigkeit, durch Größe und Machtgier derartig weit voneinander getrennt waren; und selten bot sich eine solche Gelegenheit, zu sehen, wie schändlich und schädlich das Wirken von Menschen ist, die sich *im Namen Christi* zum Träger göttlicher Befehlsgewalt erheben, nur um ihre eigene Herrschaft auszudehnen.

Die Kirche verfügt heute nicht mehr über die politischen und wirtschaftlichen Machtmittel der Renaissance-Zeit, wenngleich sie freiwillig von diesen nicht ein Stückchen abgetreten hat[21]; geistig aber stellt sich die Frage, inwie-

1870, als die französischen Truppen Rom besetzt hielten und dem Kirchenstaat ein Ende bereitet wurde, während im Vatikanischen Konzil gleichzeitig der Papst für unfehlbar erklärt wurde. H. JEDIN: Kleine Konziliengeschichte, 120–124.

[20] Vgl. I. LISSNER: Wir sind das Abendland, 266–276, S. 272–273.

[21] Man verdeutliche sich zum Beleg dieser Behauptung nur zwei Vorgänge im Jahre 1987 n. Chr.: in *Argentinien*, einem säkularen Staat mit wieder beginnender demokratischer Gesetzgebung, wird im Parlament über die staatliche Freigabe der Ehescheidung beraten; daraufhin bedrohen argentinische Bischöfe die Abgeordneten mit Ausschluß aus der katholischen Kirche im Falle eines positiven Votums für die anstehende Gesetzesnovelle. In

weit sie sich wirklich geändert hat. Ist es z. B. nicht auch eine Form von Machtanspruch und Herrschaftswillen, immer wieder, bis in die Gegenwart hinein, Menschen aus der Gemeinschaft der Gläubigen *auszuschließen*, nur weil diese aufgrund ihrer Lebensumstände bestimmten als unfehlbar gelehrten Ansichten der Kirche nicht entsprechen können und also widersprechen *müssen*[22]? Und darf die Kirche sich in so vielen Fällen damit trösten, daß eine

Italien verhindert die kath. Kirche mit ihrem Einfluß erneut eine Änderung des bestehenden Rechtes, wonach eine Ehe erst fünf (5!) Jahre nach der Trennung der Ehegatten gerichtlich geschieden werden kann; sollte innerhalb dieser fünf Jahre eine getrennt lebende Frau mit einem anderen Mann angetroffen werden, so gilt dies als Ehebruch und es droht der Frau, daß ihr im Scheidungsprozeß die Fähigkeit abgesprochen wird, die eigenen Kinder moralisch einwandfrei zu erziehen. Was also sollen Frauen (und Männer) tun, die (in einem säkularen Staat mehr als 120 Jahre nach *Giuseppe Garibaldi*!) das Glück (oder das Pech) haben, nach vielen Jahren einer unglücklichen Ehe endlich dem Manne zu begegnen, der ihnen ein Stück vom Himmel auf die Erde holen könnte? Sie müssen, laut Gesetz, fünf Jahre lang heucheln, so gut sie können, aus Gründen der «Moral», nach dem Willen der Kirche.

22 Vgl. bereits O. Pfister: Das Christentum und die Angst, 235–236, der die Angstbeschwichtigung und Angsterzeugung im Katholizismus so schildert: «Gott ist nicht in erster Linie der liebreiche himmlische Vater, der gnädige, gütige, der dem Menschen aus Gnade und ohne Anrechnung irgendwelcher Verdienste Vergebung und Heil schenkt. Das Dogma erschwert es außerordentlich, ihn zu lieben, obwohl seine Liebe und Gnade durchaus nicht geleugnet, sondern sogar offiziell mancherorts in den Vordergrund gestellt wurden ... Daß Gott nicht mehr, wie in Jesu Predigt, der himmlische Vater, sondern ein aus drei Personen bestehendes, wenn auch eine Einheit bildendes Wesen darstellt, ... erschwert die Liebe zu ihm, begünstigt aber eher die Scheu vor diesem unbegreiflichen Sein, das nicht mehr mit dem eine Persönlichkeit ausdrückenden Vaternamen, sondern durch das abstrakte Nomen ‹Trinität› bezeichnet wird.» «Wie in der jüdischen Religion treten daher auch in der katholischen Kirche Mittelwesen in die ungeheure Lücke, die zwischen Gott und dem Menschen klafft ... Wir nennen die wichtigsten Glieder: Dreieinigkeit (Gott Vater – Christus – der heilige Geist) – Maria, die Mutter Gottes – Erzengel, gewöhnliche Engel – Schutzengel – Heilige – der Schutzpatron – Papst – Erzbischof – Bischof (Abt) – Priester – Sakramente. – Die einen Mittelinstanzen gehören dem Jenseits an, das sich zur Erde und zu den Menschen herabläßt, die anderen der Kirche, dem Diesseits, berufen sich aber auf ihre göttliche Herkunft und ihre unfehlbare Einwirkung auf das Jenseits. – *Christus* ist nicht in erster Linie der Sünderheiland ... Er ist die zweite Person der Dreieinigkeit ... Das Interesse geht von Jesus auf den dogmatischen, präexistenten, Genugtuung leistenden oder ... auf den sakramentalen Christus über ... ‹Aus dem wunderbaren Menschen Jesus, der zu uns durch die synoptische Überlieferung spricht, ist ein kaltes, blutleeres Schemen, ein Begriffsgespenst geworden, an dem man bisweilen kaum noch menschliche Züge entdecken

Entscheidung gegen ihre Jurisdiktion nicht ipso facto auch schon eine Entscheidung gegen Gott ist[23]?
Die Frucht versteinerter Lehren, angstbesetzter Ideologien und persönlicher Machtbesessenheit erntet man stets in der Gestalt von *Kriegen*. Wohl wird seit dem Ende des 30jährigen Krieges in Europa keine militärische Auseinandersetzung «im Namen Christi» mehr geführt, und es ist zur Zeit einzig die islamische Welt noch «mittelalterlich» genug, um sich wirkliche Religionskriege zwischen Sunniten und Schiiten – wie ehedem zwischen Protestanten und Katholiken – zu leisten[24]. Gleichwohl hat im «christlichen Abendland» die Trennung von Staat und Kirche keineswegs zu einer Entideologisierung des Denkens geführt; im Gegenteil haben die ehemals religiös verkleideten Ansprüche auf göttliche Wahrheit und absolute Heilsnotwendigkeit lediglich ihren Standort gewechselt, um in das Lager der Politik überzusiedeln. Die Politik ist auf diese Weise zu einer Art Religionsersatz geworden, und nach dem sakulären Machtverlust der Religion ist sie heute der Ort, an dem die wahren Glaubenskriege mit der ganzen Unerbittlichkeit eines religiösen Fanatismus ausgetragen werden[25]. In Einzelfällen wird man sich dabei durchaus auf die Person Jesu berufen: ist nicht der «Hunger und Durst nach Gerechtigkeit» (Mt 5,6) das eigentliche Bedürfnis etwa des Kommunismus[26]? Und

kann.›» (nach F. HEILER: Der Katholizismus, seine Idee und seine Erscheinung, 1923, S. 364) Und an jeder Stelle dieser Lehrentwicklung stand und steht ein Apparat von Zwang, Mißtrauen, Verleumdung und Ketzermacherei, so daß am Ende schon die bloße Abneigung gegenüber der starren Selbstsicherheit der theologischen Routinephraseologie Verdacht macht, ein Häretiker, ein Häresiarch, ein «Pseudoprophet», just im Sinne von Mk 13,6 womöglich, zu sein. *Corruptio optimi pessumum* – je besser etwas ist, um so schlimmer läßt es sich pervertieren.

23 Wohl gilt auch nach katholischer Überzeugung: selbst das «unüberwindlich irrige Gewissen verpflichtet in derselben Weise wie das wahre Gewissen.» J. MAUSBACH: Katholische Moraltheologie, I 99. Vgl. THOMAS VON AQUIN: Summa theologica. I/II q 19 a 5. Aber war es nicht in der Kirchengeschichte oft genug so, daß das scheinbar «irrige» Gewissen sich am Ende als wahrer erwies als der Standpunkt der Kirche? Die Frage der Wehrdienstverweigerer im Jahre 1956 möge als Beispiel dienen; vgl. E. DREWERMANN: An ihren Früchten sollt ihr sie erkennen, 142–145.

24 Vgl. G. KONZELMANN: Der unheilige Krieg, 9–20.

25 Vgl. E. DREWERMANN: Der Krieg und das Christentum, 222–230.

26 Vgl. z. B. M. MACHOVEC: Jesus für Atheisten, Stuttgart-Berlin 1972, 253 der, gemessen an dem Modell des barmherzigen Samariters, nicht zu Unrecht fragt, ob nicht «die Schüler von Karl Marx ... das größere Recht haben, sich selbst als authentische Fortsetzer ... der urchristlichen Sehnsucht nach radikaler Veränderung zu verstehen.» Ähnlich auch E.

hatte nicht sogar das Dritte Reich seine «Deutschen Christen» und seinen Kult der «Vorsehung»[27]?

Manch einer, der die apokalyptischen Texte des *Markus*-Evangeliums liest, wird geneigt sein, ihrem ausgesprochenen Fatalismus heftig zu widersprechen. «Ihr werdet von Kriegen hören ... das muß so kommen!» (Mk 13,7) In einer Zeit, in der es schlechterdings keine Kriege mehr geben *darf*, wenn nicht das Überleben der Menschheit in Gefahr geraten soll, kann man im Krieg kein «Gottesurteil», keinen «Orlog», keinen göttlichen Willensratschluß mehr erkennen, und schon gegen die apokalyptische Vorstellung eines unabwendbaren Endes sträubt sich alles im Menschen[28]. Wohl entstammt das

Bloch: Atheismus im Christentum, 252–257, der sich freilich der inneren Dialektik wohl bewußt ist (S. 254): «Ein alter Weiser sagte und klagte, der Mensch sei leichter zu erlösen als zu ernähren. Der kommende Sozialismus, gerade wenn alle Gäste sich an den Tisch gesetzt haben, sich setzen können, wird die herkömmliche Umkehrung ... als besonders paradox und schwierig vor sich haben: der Mensch sei leichter zu ernähren als zu erlösen.»

27 Vgl. J. C. Fest: Hitler, 881: «Seine (sc. *A. Hitlers*, d. V.) Beschwörungen waren überbaut von der immer unduldsamer in Anspruch genommenen Gewißheit, daß alle seine Entscheidungen von der Vorsehung gutgeheißen und legitimiert seien, und diese zunehmende Bemühung, die eigenen Entschlüsse irrational abzusichern, spiegelte den Zustand der Beunruhigung am auffallendsten.» Im folgenden spricht J. C. Fest treffend von den «Akten magischer Selbstvergewisserung», mit denen «der Führer» sich selbst der Führung des Schicksals auslieferte.

28 Vgl. E. Drewermann: Der Krieg und das Christentum, 161–171. – Man muß beim Lesen apokalyptischer Texte stets bedenken, daß man die entsprechenden Aussagen, z. B. wenn von «Kriegen» und «Hungersnöten» die Rede ist, so wenig «wörtlich» nehmen darf, wie wenn sie vom «Weltuntergang» sprechen; es handelt sich wesentlich um *psychische Symbole innerer* Zerrissenheit, die in Texten dieser Art in die Geschichte bzw. in den Kosmos hineinprojiziert werden. Dann freilich ist zuzugeben, daß aus der *inneren* Zerrissenheit auch äußerlich Krieg und Chaos aller Art entstehen kann, so wie umgekehrt der Zusammenbruch der äußeren Ordnung die Ursache auch von mancherlei Formen innerer Zerspaltenheit abgeben kann. Das beste Beispiel dafür ist wohl erneut die altägyptische Prophezeiung des *Nefer-Rehu* (s. o. zu Mk 13,1–37, Anm. 26), der mit dem Blick auf den Untergang des Alten Reiches und auf das nachfolgende Elend die *typischen* Kriegsbilder apokalyptischer Texte zum ersten Mal in uns erhaltenen schriftlichen Texten beschwört: «Feinde sind im Osten entstanden, Asiaten sind nach Ägypten herabgezogen; – kein Helfer hört. Nachts wird man überfallen (?) werden; man wird in die Häuser (?) dringen; man wird den Schlaf aus meinen Augen scheuchen (?) und ich liege da und sage: ‹ich bin wach›. ... Dieses Land ist fortgenommen und zugefügt und man weiß nicht, was der Ausgang sein wird ... Ich zeige dir das Land in Jammer und Leid; was nie (vordem) geschehen ist, ist geschehen. Man wird die Waffen des Kämpfens ergreifen, daß das Land

Bild selbst (wieder) einem alttestamentlichen Zitat, wenn Jesus weissagt, es werde «Volk gegen Volk und Reich gegen Reich» sich erheben (Mk 13,8). Der Prophet *Jesaja* schon hatte über *Ägypten* als Wort Gottes (!) ähnlich gesprochen: «Aufstacheln will ich Ägypten gegen Ägypten, daß einer gegen den anderen kämpft, ein jeder gegen seinen Nächsten, Stadt gegen Stadt, Reich gegen Reich» (Jes 19,2); und im 2. *Buch der Chronik* (15,6) hatte der Prophet *Asarja* den König *Asa* als Mahnung zu Umkehr und Zuversicht darauf hingewiesen, wie schon früher in den Tagen der Gottesferne eine große Unruhe über alle Bewohner der Erde hereingebrochen sei, daß «sich ein Volk schlug mit dem anderen und eine Stadt mit der anderen; denn Gott beunruhigte sie durch allerlei Not». Aber: Kann man wirklich Gott eine solche «Pädagogik der Kriege» bzw. einen solchen «didaktischen Willen» zum Unheil unterstellen[29]?

von Aufruhr lebe.» A. ERMAN: Die Literatur der Ägypter, 155. Irgendwo (und nirgendwo) haben die apokalyptischen Bilder gewiß einmal ihre historischen Anlässe und Vorbilder gehabt; aber eben: als *apokalyptische* Visionen dient ihnen die Geschichte nur als Anlaß, um sie ins Absolute zu transzendieren.

[29] Vgl. E. DREWERMANN: An ihren Früchten sollt ihr sie erkennen, 90–99 gegenüber der Meinung von G. LOHFINK – R. PESCH: Tiefenpsychologie und keine Exegese, 92, es sei auch heute noch, 200 Jahre nach der Aufklärung, möglich, die apokalyptischen Vorstellungen so zu lesen, als sei die Weltgeschichte das Weltgericht; wörtlich: «Auch darin geschieht Gottes Gericht, wenn sich seine (sc. Gottes, d. V.) Widersacher selbst umbringen und vernichten.» R. PESCH – G. LOHFINK wollen in ihrer «Streitschrift» gegenüber meiner tiefenpsychologischen Bibelauslegung in «*Tiefenpsychologie und Exegese*, II 541–591 nicht einmal wahrhaben, daß sich der Autor der *Johannes-Apokalypse*, historisch-kritisch betrachtet, in allen wesentlichen Punkten seiner Voraussagen *geirrt* hat: die Hure Babylon (das römische Reich), der Drache mit den sieben Köpfen (den Hügeln Roms), ging keinesfalls unter dem Schwert, das aus dem Munde des am Himmel erscheinenden Messias die Bösewichter treffen sollte, wie vorhergesagt zugrunde, auf daß das Blut der Martyrer endlich gerächt sei – es ging ganz im Gegenteil wenige Generationen später schon die Kirche als Staatsreligion im Römischen Reich auf. Und wenn R. PESCH und G. LOHFINK: A. a. O., 92 versichern: «Genauso kann er (sc. Gott) den *Nero redivivus* aufbieten, um das widergöttliche Rom zu vernichten», so muß man kein historisch-kritischer Exeget sein, um zu wissen, daß die Hoffnung auf diesen «*wiederkehrenden Nero*», der an der Spitze der *Parther* das römische Reich zerstören sollte, geschichtlich nicht einmal zwei Jahre lang gehalten hat. L. FEUCHTWANGER: Der falsche Nero, 206–208 hat die Tragikomödie aller vorschnellen theologischen Geschichtsdeutungen schon vor 25 Jahren mit erbarmungsloser Klarheit vor Augen geführt. Wie wahr sind die Worte, der er (S. 208) seinem *Joannes von Patmos* in den Mund legt: «‹Die Schöpfung ... wird alt und ist über ihre Jugend hinaus› ... Gesichte vom Untergang der altgewordenen Welt (suchten ihn heim). Ach, die Wege in

Man versteht die apokalyptische Literatur nicht so, wie sie sich selbst begreift, wenn man in ihr eine «Philosophie» oder «Weisheitslehre»[30] der Gottergebenheit bzw. der Schicksalsgläubigkeit erblickt. Texte dieser Art wollen den Leser nicht von der Unvermeidbarkeit einer katastrophischen Zukunft überzeugen, sondern sie möchten Menschen Mut machen, die mit der bereits feststehenden Unausweichlichkeit des Unheils leben müssen[31]. Im Sinne der Apokalyptik folgen wir einer Illusion, wenn wir glauben, es genüge, bestimmte Zusammenhänge zu kennen oder bestimmte Vorgänge vorherzuberechnen, um sie auch schon verhindern zu können. Ein Geologe kann sehr wohl wissen und beweisen, wie gefährdet die Stadt Los Angeles am Rande des San-Andreas-Grabens[32] oder die Stadt Tokio am Rande der pazifischen Platte gelegen ist[33]; er kann auch in etwa vorhersagen, was für Ereignisse beim Ausbruch eines Erdbebens zu erwarten sein werden, und man kann sich durchaus vorstellen, was passiert, wenn 20 Stockwerke hohe Wolkenkratzer oder dreifach übereinander geschichtete Verkehrsführungen zusammenbrechen. In Japan fährt kein Schnellzug ohne eine automatische Fahrtenregelung schon bei leichteren Erdstößen; aber für ganz Tokio existiert natürlich kein Evakuierungsplan. M. a. W.: In kleinen Dingen können wir planvoll überlegen und handeln; jedoch von einem bestimmten Umfang einer zu erwartenden Katastrophe an wissen wir eigentlich nur noch, daß durchaus nichts

seinem Zeitalter waren schmal geworden, traurig und mühselig. Das schlimmste aber war wohl der Übergang von diesem seinem Zeitalter ins nächste; denn der Übergang, das eben war das Jüngste Gericht... er weidete sich bis zur Unerträglichkeit an ihrer Pein. Keiner, sagte er sich, könnte mehr als eine Sekunde ruhig atmen, wenn er wüßte, was ihm bevorsteht. Nur das Vieh und das Wild kann frohlocken; denn sie haben kein Gericht zu erwarten. Selbst wenn ich zur Seligkeit begnadet würde, was nützte es mir, da ich vorher die Martern dieses unsäglich qualvollen Gerichts überstehen muß? Armes Geschlecht, wir alle, verworfenes Geschlecht, das regiert wird vom Antichrist und seinem Affen.» *Das* ist apokalyptisches Lebensgefühl. Und das Reich Gottes – wo ist es, außer in Bildern, in Schatten, in Ahnungen und in der Nähe des Christus, der immer neu kommt auf den Wolken des Himmels, wenn wir unsere Häupter erheben gegen die Angst (Lk 21,18.28)!

30 Vgl. E. Drewermann: Tiefenpsychologie und Exegese, II 467–472.

31 A. a. O., II 486–511. Es ist wesentlich die Erfahrung des Todes Jesu, die der apokalyptischen Weltsicht in christlicher Sicht Berechtigung und Evidenz verleiht.

32 Vgl. H. G. Wunderlich: Das neue Bild der Erde, 107–108: 300 km in 16 Mio. Jahren, d. h. 1–2 cm pro Jahr, beträgt die Horizontalverschiebung der beiden Krustenschollen, die an der San-Andreas-Rift aneinander entlang gleiten.

33 Zum Vulkanismus in Japan, einem Abschnitt des zirkumpazifischen «Feuerrings», vgl. H. G. Wunderlich: A. a. O., 220–222.

mehr zu machen ist. *Das* ist die Situation apokalyptischen Denkens. Sie ist uns keinesfalls fremd – man braucht sich nur zu *erinnern*, wenn man schon über die Beurteilung der Gegenwart streiten mag: Was sollten z. B. die Menschen tun, die schon in der Mitte der 20er Jahre unseres Jahrhunderts das Desaster des Nationalsozialismus ganz deutlich auf sich zukommen sahen? Sie konnten versuchen, rechtzeitig zu emigrieren; wenn aber zum Auswandern auf Erden kein Ort mehr ist? Wenn die Katastrophe *global* ist? Soll man sich dann der Verzweiflung anheimgeben und sich das Leben nehmen wie K. TUCHOLSKY[34], J. KLEPPER[35] und viele andere damals?
Angesichts eines deutlich sichtbaren und dennoch unabwendbaren Grauens kann es, wenn überhaupt, nur einen Glauben geben, wie die Apokalyptiker ihn bezeugten: zu hoffen, daß gerade die Katastrophe der Weg Gottes sei, um bestimmte Wahrheiten am Ende nur um so klarer sichtbar zu machen. Freilich wird man, um so zu glauben, oft einen unerträglich langen Atem brauchen; «es ist noch nicht das Ende» meint Jesus (Mk 13,7) zu seinen Jüngern; es ist nur erst «der Anfang der Wehen» (Mk 13,8); gerade der Schmerz an den bestehenden Verwirrungen werde schließlich zum Beginn eines neuen Lebens, einer neuen Geburt führen; – ein ungeheuerlicher Gedanke, der dennoch vieles für sich hat[36]. Kann es denn nicht sein, daß etwas Neues wirklich

[34] Vgl. K. TUCHOLSKY: Unser ungelebtes Leben. Briefe an Mary, hrsg. v. F. J. Raddatz, Hamburg 1982, 544: «Hat einen Goldklumpen in der Hand gehabt und sich nach Rechenpfennigen gebückt; hat nicht verstanden und hat Dummheiten gemacht, hat zwar nicht verraten, aber betrogen, und hat nicht verstanden.» S. 546: «‹O Angst›... nicht vor dem Ende. Das ist mir gleichgültig, wie alles, was um mich noch vorgeht, und zu dem ich keine Beziehung mehr habe. Der Grund, zu kämpfen, die Brücke, das innere Glied, die raison d'être fehlt.»

[35] Vgl. J. KLEPPER: Unter dem Schatten deiner Flügel, 650: «Nachmittags die Verhandlung auf dem Sicherheitsdienst. Wir sterben nun – ach, auch das steht bei Gott. – Wir gehen heute nacht gemeinsam in den Tod. Über uns steht in den letzten Stunden das Bild des Segnenden Christus, der um uns ringt. In dessen Anblick endet unser Leben.» – Zur Frage des *Suizids* vgl. E. DREWERMANN: Vom Problem des Selbstmords oder von einer letzten Gnade der Natur, in: Psychoanalyse und Moraltheologie, III 98–173, S. 140–141.

[36] Es scheint *Markus* selbst zu sein, der in 13,7a das Thema des *Krieges* «in den Vordergrund gestellt und somit den Krieg unter das... (*es muß*, d. V.) gestellt» hat. Von Markus stammt vor allem der Zusatz: «aber es ist noch nicht das Ende»; und so wird auch das Wort: «der Wehenbeginn» in Mk 13,8 auf die Redaktion des Evangelisten zurückgehen. R. PESCH: Naherwartungen, 121. – Wie widersprüchlich die historisch-kritische Exegese *inhaltlich* dem Gedanken einer «eschatologischen» Gesetzmäßigkeit geschichtlicher Prozesse gegenübersteht, solange sie die Psychologie seelischer Krankheit und Verzweiflung

erst kommt, wenn wir mit all unserem Tun an ein Ende gekommen sind? Und wenn man dem «neuen Wein» keine neuen Schläuche zur Verfügung stellt, *muß* er dann nicht das Alte zerreißen (Mk 2,22)[37]?

Oft erlebt man im Verlauf einer Psychotherapie, daß Klienten zunächst überlegen, was sie «machen» können, um mit einem bestimmten Problem fertig zu werden; all ihre Vorstellungen bewegen sich indessen nach wie vor im Umfeld gerade derjenigen Einstellungen und Haltungen, die an dem Zustandekommen gewisser Schwierigkeiten maßgeblich beteiligt waren, so daß ihre Lage sich zunächst keineswegs bessert, sondern sich oft genug sogar verschlimmert. Erst wenn buchstäblich nichts mehr zu «machen» ist, setzt ein neues Denken ein, das nichts mehr vermeiden oder verhindern will, sondern nur noch der Wahrheit auf die Spur kommen möchte. Die Frage lautet jetzt nicht mehr, was man «machen» muß, sondern was sich im eigenen Ich abspielt, daß die bestehenden Probleme in dieser Weise überhaupt haben entstehen können. Immer wieder kommt das wahre Selbst in der Tat erst nach dem Zusammenbruch des ganzen bisherigen Weltbildes, bildlich gesprochen: inmitten furchtbarer «Kriege» und Auseinandersetzungen, jedenfalls in einer *Krise* äußerster Not zustande[38].

Auch die typischen Katastrophenbilder von *Hungersnöten und Erdbeben* (Mk 13,8) gehören hierher. Gewiß begreifen wir heute vermutlich noch besser als die Menschen damals, daß *Kriege und Hunger* eine Einheit bilden. In einer Zeit, da in jedem Jahr weltweit mehr als 50 Millionen Menschen verhungern, während für Rüstungsgüter viele 100 Milliarden Mark verpulvert werden[39], geht bereits der Nicht-Krieg mit Opfern an Menschenleben sowie

nicht als theologisches Verstehensorgan bei der Auslegung apokalyptischer Texte zuläßt, zeigt W. GRUNDMANN: *dei*, in: G. Kittel (Hrsg.): Theologisches Wörterbuch zum Neuen Testament, II 21–25, S. 22: «Hinter dem Begriff des... (*Müssens*, d. V.) steht der Gedanke an eine neutrale Gottheit..., die den Weltlauf bestimmt... Der biblische Gottesbegriff... meint Gott als den den Menschen persönlich fordernden und die Geschichte nach seinem Plan gestaltenden Willen.» Also müßte es Notwendigkeiten geben, die gerade der *Freiheit* entspringen; das aber verstehen Theologen nicht, die den Begriff der Angst im KIERKEGAARDschen Sinne interpretativ nicht mitvollziehen. Vgl. E. DREWERMANN: Strukturen des Bösen, III 436–563.

[37] Vgl. E. DREWERMANN: Das Markus-Evangelium, I 247–267.

[38] Vgl. E. DREWERMANN: Tiefenpsychologie und Exegese, II 452–467; 473–485.

[39] Vgl. U. ALBRECHT, D. ERNST, P. LOCK, H. WULF: Rüstung und Unterentwicklung. Iran, Indien, Griechenland, Türkei. Die verschärfte Militarisierung. Mit einem Vorw. v. O. Kreye; Hamburg (ra 4004) 1976; P. KOCH: Wahnsinn Rüstung, 269–291 (Ein Bomben-

mit Naturschäden einher, wie sie nicht einmal die sechs Jahre des Zweiten Weltkriegs in Europa und im Fernen Osten zusammengenommen verschlungen haben. Vor allem aber lassen *«Hunger» und «Erdbeben»* sich *als* psychische *Symbole* deuten, und in *dieser* Bedeutung gehören sie gewiß regelmäßig zu den Geburtshelfern jeder tieferen Erkenntnis[40]. Wo gäbe es eine Wahrheit im menschlichen Leben, die wir erkannt hätten, *ohne* das Gefühl, im Gefängnis der alten Unwahrheiten buchstäblich «verhungern» zu müssen? Wo auch hätten wir ein Stück Festigkeit gewonnen *ohne* die Erschütterungen und das Wanken aller bisherigen «Standpunkte»? Es gibt keine Sicherungen, weder in dem, was wir errichten, noch in dem, was wir erreichen; und wie will man eine Welt der Lüge ändern, ohne daß zunächst *alles* zusammenbricht? Es ist, als wenn die Predigt des *Johannes* sich verwirklichte, nur, wie in der Taufe Jesu, von innen her, statt wie verhängt von außen (Mk 1,4–8). Einzig *ein* Raum bleibt hoffentlich trotz aller Angst von jeglicher Verwüstung ausgenommen: unser eigenes Herz. Es gibt in dieser Welt unendlich viele Gründe, die uns mutlos machen können und jede Hoffnung aus dem Herzen zu reißen vermögen, und doch zeigt gerade die apokalyptische Rede Jesu im *Markus*-Evangelium, daß man in Wahrheit überhaupt nur leben kann, wenn immer schon eine ganz andere, wirklichere Welt in dieses schattenverwirrte Durcheinander unserer irdischen Existenz hineinragt, jenseits all der Verfinsterungen von Untergang und Tod. Wo sonst, wenn nicht in den «Erschütterungen», Hungersnöten und Auseinandersetzungen des Lebens, muß es sich zeigen, was unser Glaube wert ist und wer wir selber sind im Glauben! In diesem Kern unserer eigenen Identität vor Gott, nicht so sehr in den äußeren Katastrophen, ereignet sich die tiefste Infragestellung, die in unserem Leben möglich ist. Erst wenn die letzten Gründe der Zuversicht, wenn Gott selber uns fragwürdig wird angesichts des Schicksals von Men-

geschäft), zitiert Präsident *Eisenhower*: «Wenn man seine Mittel für Waffen ausgebe, während die Menschen Hunger litten, ‹dann ist das Diebstahl›.» (S. 291) – Auch hier aber kommt es darauf an, die *Typologie* dieser Bilder zu betrachten. Mk 13,7–8 gibt eine Reihe von Plagen wieder, die schon im Alten Testament häufig als *Schwert, Hunger und Pest* aufgezählt werden (Jer 14,12; 21,7; 38,2; Ez 5,12; 14,21; 1 Kg 8,37). Daß «bei Markus die Pest fehlt, kann zufällig sein, weil ‹Hunger› und ‹Pest› im Griechischen fast gleich lauten. (sc. *limos* – Hunger; *loimos* – Pest, d. V.); so ist ‹Pest› z. B. auch Jer 28,2 bei der Übersetzung ins Griechische ausgefallen.» E. SCHWEIZER: Das Evangelium nach Markus, 145.

[40] Vgl. E. DREWERMANN: Tiefenpsychologie und Exegese, II 552–557; 559–568 (zu den Kriegsvisionen der *Geh. Offb.*).

schen, die uns nahe stehen, gibt es in der Tat nichts mehr, was noch Geltung besitzt. «Achtet auf euch», mahnt Jesus daher eindringlich (Mk 13,9)[41]. Aber: können wir unserer selbst, können wir unseres Glaubens uns wirklich so sicher sein?

Zur Zeit, als *Markus* sein Evangelium schreibt, sind die ersten Christenverfolgungen bereits voll entbrannt[42]. Die jüdischen Behörden drängen die kleine Gruppe der Jünger Jesu zunehmend rigoroser aus ihrer Gemeinschaft heraus, und der Bruch zwischen Synagoge und Kirche ist im Grunde längst vollzogen; zugleich aber wird auch der römische Staat zum erstenmal auf die Christen aufmerksam, die immer zahlreicher in die Hauptstadt am Tiber strömen. *Markus* sieht in den beginnenden Verfolgungen selbst ein Zeichen dafür, daß diese Welt am Ende ist, ja, er versteht sie als Erfüllung einer Weissagung, die Jesus selbst gesprochen haben könnte, und er hat recht damit. Denn die Konflikte, für die Jesus in den Tod ging, haben ja nicht aufgehört; sie entzünden sich immer wieder, sobald jemand auch nur ein wenig dem Vorbild Jesu nahe kommt. Man muß damit rechnen, von Anfang an, und statt zu bedauern, daß es so ist, sollte man sich sagen, daß Gott es so will; in den Widerständen, die es zu bestehen gilt, liegt auch eine Chance, für die Wahrheit Zeugnis zu geben (Mk 13,9). Selbst wenn manche in den Tagen

[41] Der Abschnitt Mk 13,9–13 ist als «Kennzeichnung der gegenwärtigen Kirche in dieser Welt» zu verstehen, während man 13,5–8 «nicht so sehr als erste Phase denn als ‹summarischen Überblick›, der die grundsätzliche Situation der Welt charakterisiert», interpretieren muß. PH. VIELHAUER: Apokalypse und Verwandtes, in: K. Koch – J. M. Schmidt (Hrsg.): Apokalyptik, 403–439, S. 430. Dabei schein *Markus* «für seine Aussagen verschiedene Traditionen benutzt» zu haben. «Nach der Einleitung in V.9a, die er selbst geschaffen hat, bringt er in V.9b einen ursprünglich mit Vv. 13a.11 zusammengehörigen Vers einer älteren Verfolgungstradition. Mit V.9c schafft er eine Überleitung, die den Anschluß des wohl redaktionellen V.10 erlaubt ... In V.11 greift der Evangelist die Verfolgungstradition wieder auf, mit V.12 erreicht er das Gerüst seiner Rede, die apokalyptische Vorlage.» R. PESCH: Naherwartungen, 137.

[42] Es ist sachlich unzutreffend, wenn E. MEYER: Ursprung und Anfänge des Christentums, I 130 meinte: «Die Verfolgungen gehen ausschließlich von den Juden aus ... Von dem ... Konflikt mit Rom ... ist noch keine Rede.» Im Gegenteil; so eindeutig die Auspeitschung vor den Gerichten und Synagogen (13,9a) auf jüdische Verfolgungen verweist, so sicher verkörpern die Statthalter und Könige römische Instanzen, die versuchen, der beginnenden Heidenmission der frühen Kirche mit den Mitteln der Macht gegenüberzutreten. Zu Recht meint R. PESCH: Naherwartungen, 127: «Die Geißelung, das Ausgepeitschtwerden, gehört zum Geschick der Knechte im Weinberggleichnis (Mk 12,3.5). Auch Jesu Knechte (vgl. 13,34) erfahren solches Geschick von den jüdischen Gegnern.»

des *Markus* offenbar darauf hinwiesen, daß ihre Glaubensbrüder aus Palästina wie von einem Sturmwind in alle Himmelsrichtungen vertrieben wurden, so sollte gerade diese Rede Jesu über die Endzeit sie damit trösten, daß diese Zeit der Zerstreuung die Botschaft des Glaubens in Wahrheit erst recht zu allen Völkern trägt (Mk 13,10)[43].

Man wird es also akzeptieren können und akzeptieren müssen, daß sich das Kunststück ein für allemal nicht fertig bringen läßt, in dieser maroden und kranken Welt nach dem Vorbild Jesu menschlich zu leben, ohne Anstoß zu erregen. Niemals werden das äußere Glück und die innere Wahrheit harmonisch zueinander passen[44]. Man wird vielmehr die Jünger Jesu *notwendiger-*

[43] H. STRATHMANN: *martys*, in: G. Kittel (Hrsg.): Theologisches Wörterbuch zum Neuen Testament, IV 477–520, S. 509 meint, das *Zeugnis* vor den Verfolgern habe «nur den Zweck, den Gegner schuldig zu machen.» Aber dabei bleibt *Markus* gerade nicht stehen; es ist nach 13,11 Gott selbst, der sich seiner Zeugen bedienen wird, um zu sprechen, was er der (Heiden-)Welt zu sagen hat. «Nun ist der Fortgang in V11 interessant, denn daß der heilige Geist redet, nicht die Christen, deckt sich ja nicht ganz mit der vorangegangenen Aussage, wonach Gott den Christen gibt, was sie zu sagen haben. Man erkennt: der zweite Satz interpretiert den ersten. An die Stelle Gottes tritt der heilige Geist, der die geschichtliche Seite des Handelns Gottes darstellt. Er ist gleichzeitig die Klammer, das Bindeglied, das die Identität von menschlichem Reden und Reden Gottes zum Ausdruck bringt.» W. MARXSEN: Der Evangelist Markus, 118. Die Deutung vom *«Heiligen Geist»* dürfte bereits in der vormarkinischen Tradition enthalten gewesen sein; «denn der heilige Geist spielt sonst bei Markus keine besondere Rolle.» (A. a. O., 119) Derartige historisch-kritische Feststellungen sind formal korrekt, sie verhüllen aber das Ungeheuerliche dieser Zeilen mehr als es zu offenbaren: wie *Markus* eine Erfahrung äußerster Bedrängnis als eine *Chance* für eine größere Zukunft deutet, und wie er im Sprechen vom *«Geist»* die innere Gewißheit gegen die scheinbare Allmacht des Äußeren richtet – und all das mit Hilfe einer bereits vorgeformten Glaubenshaltung, die er zur Korrektur all derer einsetzt, die inmitten ihres Schmerzes bereits glauben, «am Ende» zu sein – positiv wie negativ. P. D. HANSON: Alttestamentliche Apokalyptik in neuer Sicht, in: K. Koch – J. M. Schmidt (Hrsg.): Apokalyptik, 440–470, meint sehr zu Recht, daß «Welt-Müdigkeit... das Kennzeichen noch jeder apokalyptischen Bewegung gewesen« sei und sich daher gerne des Mythos bzw. der überlieferten mythischen Schemata bediene, um «sich von einer Wirklichkeit auszuruhen, die sie zu brutal finden» (469–470). *Markus* aber zeigt gerade, wie man die *mythischen* Bilder verwenden kann, um *geistig*, innerlich, zu verstehen, was Jesus uns *durch* seinen Tod inmitten dieser Welt zu sagen hat. Es gibt Träume zum Einschlafen, und es gibt Träume zum Aufwachen; es liegt nicht an den Bildern, es liegt an dem Geist, mit dem wir sie aufgreifen, was wir aus ihnen machen bzw. was aus uns wird, wenn wir uns ihnen anvertrauen.

[44] Zur Notwendigkeit des *Kreuzes* in diesem Sinne vgl. E. DREWERMANN: Das Markus-Evangelium, I 45–80. Es scheint, daß Jesus selbst noch in Gethsemani darum gebetet hat,

weise in Ketten und Kerker sperren, nur weil sie eine andere Freiheit kennen als die Knechtschaft der Despoten; man wird sie unvermeidlich dafür «hassen» (Mk 13,13), daß sie von einer Liebe sprechen, die nicht so eng und ausbeuterisch ist wie die Praktiken und Gesetze der bürgerlichen Ordnung im Römischen Reich und im Prinzip zu allen Zeiten und an allen Orten der Weltgeschichte[45]; und immer wieder wird es sich zeigen, daß jeder, der in diese Welt auch nur ein Stückchen Güte oder Wahrheit bringen möchte, mit allen möglichen Formen der Engstirnigkeit, der Angst, der Rechthaberei, der Machtbehauptung, der Korruption und der Intrigen wird rechnen müssen. Selbst an den Schranken der eigenen Familie werden die Auseinandersetzungen nicht haltmachen (Mk 13,12)[46]. Die allgemeine Angst braucht nur ein bestimmtes Maß zu erreichen, und es wird sich bestätigen, was der Prophet Micha (7,5–6) bereits warnend voraussah: «Vertraue keiner dem Nächsten! Verlasse sich keiner auf den Freund! Verwahre die Pforte deines Mundes vor dem Weib an deiner Brust. Denn der Sohn verachtet den Vater, die Tochter erhebt sich wider die Mutter, die Sohnsfrau wider die Schwieger; des Menschen Feinde sind die eigenen Hausgenossen.»[47] In B. BRECHTS Theaterszenen[48] aus der Zeit des Naziterrors mag man einen nachträglichen Anschauungsunterricht dafür gewinnen, wie es zugeht, wenn die eigenen Familienangehörigen zu Spitzeln und Denunzianten herangebildet werden. Darf man einen Juden, einen Kommunisten, einen Homosexuellen, einen Geisteskranken schützen, wenn der eigene Sohn, die eigene Tochter bei der Hitlerjugend ihre Nachmittage ver-

Gott möge den Kelch des Leids vorübergehen lassen (Mk 14,36); J. JEREMIAS: Neutestamentliche Theologie, I 138 meint zu Recht, diese Bitte rechne «mit der Möglichkeit, daß Gott die Königsherrschaft auch ohne das vorausgehende Leiden herbeiführen könne.» Aber diese Bitte wurde nicht erhört!

45 Es ist das *Prinzip*, das L. FEUCHTWANGER: Der falsche Nero, 299 Kaiser *Titus* in den Mund legt, wenn er von ihm sagt: «... er wußte, daß es unmöglich ist, den Menschen Glück zu bringen ohne Anwendung von Gewalt.» Wenn aber alles Menschenglück sich auf Gewalt gründet, so wird alles dialektisch, und es muß die Gewaltlosigkeit der Sanftmut den vollkommenen Einsturz von allem herbeiführen, ehe ein Glück wachsen kann, das aus «Geist», aus innen, wächst.

46 S. o. zu dem apokalyptischen Bild vom *Zerfall der Familien* zu Mk 13,1–37, Anm. 26.

47 Zu Mi 7,5–6 vgl. A. WEISER: Die Propheten, I 285–286, der in der Feindschaft aller gegen alle «das Furchtbare des Gottesgerichtes» erblickt; man könnte besser sagen: so in sich und mit sich zerstritten *müssen* Menschen in einem Feld der radikalen Gnadenlosigkeit, biblisch gesprochen: «jenseits von Eden», existieren.

48 B. BRECHT: Furcht und Elend des Dritten Reiches, 83–96 (Der Spitzel).

bringen? Menschlichkeit in einer unmenschlichen Welt ist tödlich. Immer. Die Abstufungen sind nur eine Frage unserer Sensibilität.

Dennoch kann es immer noch mit etwas Stolz, ja, sogar mit einer gewissen Befriedigung erfüllen, für ein Anliegen eintzutreten, an das man mit Herz und Seele zu glauben vermag, selbst wenn man dafür leiden muß. Es gibt indessen Formen der «Verfolgung», die bis zum Kern unseres Denkens, bis zum Zentrum unserer eigenen Person, bis zum letzten Rest auch unseres «Glaubens» vordringen.

1955 schon drehte PETER GLENVILLE den damals berühmten Film *«Der Gefangene»* (mit ALEC GUINESSE in der Hauptrolle)[49], der zeigte, wie ein vom Volk verehrter Bischof in einem totalitären Staat verhaftet und mit rein psychischen Mitteln auf sein Schuldbekenntnis in einem Schauprozeß «präpariert» wird, indem man die Brechungen und Unebenheiten seines Charakters geschickt ausnützt, Selbstvorwürfe und Schuldgefühle seiner Jugendzeit zu neuem Leben entfacht und die Motive seiner zunächst selbstbewußt vorgetragenen Überzeugungen immer bohrender hinterfragt – jedes System der «Gehirnwäsche» verfügt über vergleichbare Praktiken, um die Persönlichkeit eines Menschen, unbeschadet seiner physischen Existenz, zu zerstören. Was aber dann? Es kann durchaus sein, daß wir in eine Situation geraten, der wir uns geistig von einem bestimmten Punkt an nicht mehr gewachsen fühlen, und plötzlich erscheint uns gerade unser «Glaube» wirklich wie etwas Unvernünftiges, ja Kindisches. Ist es nicht vielleicht doch eine unverantwortliche Schwäche, eine bestimmte «Maßnahme» aus Gründen der Menschlichkeit *nicht* durchzuführen? Selbst die Absurditäten der nationalsozialistischen Rassenlehre konnten dem Mann auf der Straße als «Wissenschaft» vorgestellt werden, und es gab schließlich nicht wenige Akademiker, die in dem Mythos von Blut und Boden die Konsequenz der geschichtlichen Entwicklung erblickten. Immer findet ein Regime der uneingeschränkten Herrschaft seine Handlanger, seine Ideologen, seine Überzeugungstäter, und was, wenn wir den eigenen Standpunkt objektiv nicht mehr begründen und rechtfertigen können[50]? Wenn uns allenfalls noch die Stimme unseres Herzens, nicht mehr

[49] P. GLENVILLE (Regisseur): Der Gefangene, England 1955.

[50] Stets in der abendländischen Theologiegeschichte hat man die moralische Angst vor den *Trieben* groß geschrieben; aber die sehr reale Angst vor den falschen *Gedanken*, die als Rationalisierungen an die Stelle verdrängter Antriebe treten, müssen wir offenbar erst lernen. Zur Psychologie des *Fanatismus* vgl. E. DREWERMANN: Der Krieg und das Christentum, 222–230.

indessen die Stimme der Vernunft zu Gebote steht? Was sollen wir dann sagen? (Mk 13,11)

Das Christentum ist und war niemals eine Philosophie, die man, gestützt auf logische Argumente, dozieren oder demonstrieren könnte; es ist und war niemals eine Weltanschauung oder wissenschaftliche Lehrmeinung; es ist und war überhaupt niemals ein Gegenstand gelehrter Diskussion. Wohl kann unsere Angst oft groß und unsere Sorge sehr berechtigt sein, wir hätten den psychologischen, soziologischen oder philosophischen Argumenten unserer «Gegner» in den entscheidenden Augenblicken nichts «Vernünftiges» entgegenzusetzen, und all ihre Welterklärungen muten uns selbst oft weit überzeugender an als unser eigener Glaube. Dennoch leben in uns Wahrheiten des Herzens, Evidenzen der Menschlichkeit, die unausrottbar sind[51]. Deshalb, meint Jesus offenbar, ist es weder notwendig noch sinnvoll, sich ein «Konzept» zurechtzulegen, wie man im Ernstfall bis zu dem Punkt des Rechthabens argumentativ den eigenen Glauben «beweisen» könnte; weit wichtiger ist es, nach innen zu hören und zu merken, daß die rechten Worte sich wie von selbst in uns ergeben werden. Nicht Redekunst und Weisheit sind die Fähigkeiten, die uns als Menschen tragen können. Aber ein jeder von uns hat teil an der Wahrheit des Göttlichen; in jedem von uns lebt die Macht *seines* Geistes. *Sie* in unserem Leben zu Worte kommen zu lassen, ist unsere wesentliche Aufgabe und unsere wichtigste Hoffnung.

Selbst unsere psychische Persönlichkeit – so muß man wohl zugeben – läßt sich zerstören, und nicht einmal uns selbst gegenüber können wir zuverlässig sein. Unser Ich, unser Bewußtsein kann schon getrübt oder ganz aufgelöst werden durch ein paar Grad Fieber, durch ein bißchen Müdigkeit, durch wenige Mengen Kokain; und sehr bald schon wird für einen jeden von uns die Zeit kommen, da die Saiten der Leier, auf welcher die Melodie seines Lebens ertönt, auf immer zerschnitten sein wird; doch die Melodie selbst, oder besser, die Komposition dieser Melodie, die wir aufführen sollten, wird

[51] So war es besonders die Überzeugung der *romantischen* Philosophie und Literatur; vgl. z. B. die berühmte Erzählung von H. v. Kleist: Die Marquise von O . . ., in: Erzählungen, 94–130, wo das Gefühl der Unschuld gegen den physischen Augenschein, die Ordnung des Herzens gegen die scheinbare Eindeutigkeit der Naturgesetze gestellt wird. Freilich weiß gerade die Romantik auch von den Abgründen des Herzens, und es geht ihr, im Widerspruch zu der Verstandeseinseitigkeit der Aufklärungsphilosophie, nicht um ein Entweder-Oder von Rationalismus und Irrationalismus, sondern um eine harmonische Einheit, um die Integration der Gegensätze.

bei Gott niemals vergessen sein[52]. Eine ganze Welt muß oft vergehen, bis daß die Last der Angst von uns abfällt und nur noch Gottes Hände uns umgeben; und selbst *wenn* unsere Welt zugrunde geht, dürfen wir hoffen, niemals aus Gottes Hand herauszufallen. In dieser Hoffnung vermögen wir schon heute, unser Ich in allen Formen seiner Zukunft Gott anheimzustellen. Alles, was wir sind, steht ganz allein bei ihm; daß er uns will, ist der einzige Grund unseres Daseins; und nichts ist tröstlicher in aller Angst, als zu wissen, daß wir sogar die eigene Identität mit uns selber nicht zu «machen» brauchen. Am Ende, gerade wenn wir selber nicht mehr weiter wissen, wird es Gottes Geist sein, der durch unser Dasein redet.

Noch einmal Mk 13,14–32: Das Ende der Welt und die Ankunft des Menschensohnes

Fast immer wird man diese Worte vom Hereinbrechen der Endzeit mit dem Gefühl des Schreckens und der Angst vernehmen, und nur wenige Stellen der Bibel sind im Verlauf der Kirchengeschichte gerade in Zeiten der Angst denn auch so oft und so furchterregend verwandt worden wie diese Visionen vom Zusammenbruch des Himmels und vom Untergang der Welt[1]. Gleichwohl ist es sehr unwahrscheinlich, daß die Leute, die diese Texte zum erstenmal hörten und aufschrieben, selber von dem Gefühl der Furcht und Angst geprägt waren. Noch in der Mitte des zweiten Jahrhunderts gab es in Rom eine kleine christliche Gruppe, die in den Tagen vor Ostern sich auf die Feier des Passahmahls festlich vorbereitete, indem sie voller Hoffnung das baldige Ende der Welt erwartete und dabei die Worte des *Markus*-Evangeliums ganz

[52] Vgl. die wunderbare Predigt bei P. Tillich: Das Ewige im Jetzt, 22–30 (Vergessen und Vergessen-Werden), die mit den Worten schließt: «Nichts Wirkliches wird jemals verloren und vergessen ... Nur das Unwirkliche in uns und um uns verfällt endgültig der Vergangenheit. Dies ist die Bedeutung des göttlichen Gerichts, daß es in uns und in allem Seienden das ewige, wahre Wesen von dem Vergänglichen und Nichtigen scheidet. Wir selbst werden nicht vergessen, aber vieles in uns, was wir liebten und was wir ersehnten, wird auf immer vergessen. Dieses Gericht vollzieht sich in jedem Augenblick unseres Lebens, wenn es in der Zeit auch verborgen bleibt und nur in der Ewigkeit offenbar ist.» (S. 30)

[1] S. o. zu Mk 13,1–37, Anm. 2.

wörtlich nahm: «Diese Generation wird nicht vergehen, ehe all das geschieht» (Mk 13,30). Ja, man betete in den Tagen vor Ostern, daß das Reich Gottes unmittelbar hereinbrechen möge, und verstand es als die richtige Auslegung der Vaterunserbitte: «Dein Reich komme», wenn man den Worten Jesu noch hinzufügte: «Vergehen möge diese Welt.»[2] Wenn Markus unmittelbar auf diese Rede vom Untergang der Erde das Passahmahl Jesu mit seinen Jüngern folgen läßt, so in der Tat wohl in einer ganz ähnlichen Denkweise und Einstellung (Mk 14,25)[3].

Offenbar ist es mehr eine Frage, wie tief man an dem Bestehenden leidet, um das Ende von etwas als Glück oder Katastrophe zu begreifen. Die frühe Kirche ganz gewiß hat unter der Welt, wie sie sich ihr darstellte, mehr gelitten, als daß sie vor der Drohung ihres Endes Angst gehabt hätte. Mit dem Blick auf den Tod Jesu und auf seine Auferstehung glich ihr die ganze menschliche Geschichte einem einzigen Gang in den Abgrund. Was aber ist dann eigentlich mit dem Einsturz des «Himmels» und der Verfinsterung der Gestirne gemeint?

Wenn man diese Texte hört, stellt man den Untergang der Welt sich leichthin als ein Drama des Kosmos vor, als ein kommendes Schicksal an Sonne, Mond und Sternen. Nur deshalb war es in der Tat möglich, daß man Visionen dieser Art im Christentum immer wieder so ausgelegt hat, als ob sie den Untergang der Welt *äußerlich*, womöglich mit konkreten Zeitangaben, vor Augen stellen wollten. Indessen bietet die äußere Wirklichkeit der Welt, die Natur, die uns umgibt, keinerlei Anlaß weder zur Hoffnung noch zur Unruhe[4]. Dieser unser kleiner Planet Erde bereits hat noch eine Lebensdauer von mehreren Jahrmilliarden vor sich. Selbst wenn die Menschheit es zuwege brächte, durch eigene Maßlosigkeit und Unvernunft sich selbst und vieles von dem Leben dieser Erde in den Untergang zu reißen, so wäre die Geschichte unseres Planeten damit doch noch lange nicht zu Ende[5]. Unsere eigene Spezies Mensch hat ihre Entwicklung, selbst wenn man in sehr hohen Zahlen rech-

[2] Vgl. E. Lohse: Das Passafest der Quartadezimaner, Gütersloh 1953. Die Praxis der sog. *Quartadezimaner*, einer judenchristlichen Gruppe im 2. Jh. in Rom, die ihren Namen danach trug, daß sie die Passahfeier am 14. Nisan beging, dürfte ihre Wurzeln in der Jerusalemer Gemeinde haben. – Das Gebet: «Es soll kommen die Gnade und vergehen diese Welt», ist in dem eucharistischen Dankgebet der *Didache*, 10,5 enthalten; in: F. Zeller: Die apostolischen Väter, 1–16, S. 12.

[3] S. u. zu Mk 14,22–25, Anm. 34.

[4] S. o. zu Mk 13,1–37, Anm. 38.

[5] Vgl. E. Drewermann: Der Krieg und das Christentum, 174–176.

net, erst vor drei oder vier Millionen Jahren begonnen[6]; solche Zeiträume sind ein Geringes in den unglaublichen Maßstäben der Weltgeschichte, gemessen an den Jahrmilliarden der Zeit seit dem Beginn des Weltalls mit seinen Milliarden von Fixsternen in den Milliarden seiner Milchstraßen. Wir Menschen rechnen in unserer *Geschichte* höchstens in Jahrhunderten, allenfalls in Jahrtausenden; *das* ist der Zeitraum, den wir uns gerade noch vorstellen können; die *Natur* aber rechnet in Dimensionen, die unsere menschlichen Fragen nach Sinn und Hoffnung, Enttäuschung und Verzweiflung bei weitem übersteigen[7].

Kein Text der Bibel besitzt auch nur die geringste Ahnung von den wirklichen astronomischen Geschehnissen beim Untergang der Welt oder bei der Geburt einer Sonne, und die phantastische Welt des Kosmos lag vollkommen außerhalb ihres Weltbildes[8]. Alles Sprechen vom Ende der Welt in den apokalyptischen Texten des Spätjudentums und des Neuen Testamentes ist daher rein *symbolisch* zu verstehen, als eine Projektion menschlicher Vorstellungen, Ängste und Hoffnungen in die umgebende Natur, und die Frage dieser Bilder ist es, so verstanden, nicht, was in einer fernen Zukunft mit unserer Erde oder mit unserer Sonne passieren wird, sondern wie unser menschliches Leben sich hier und heute zwischen Heil und Unheil gestalten kann; es geht m. a. W. nicht um das Ende der Erde oder um das Ende der Welt in äußerem Sinne, wohl aber geht es darum, sich zu fragen, was alles aufhören könnte und sollte, um ein Leben zu beginnen, das uns aufschauen läßt zu den Wolken des Himmels und uns der Vision der Menschlichkeit näherbringt. Wohin wir auch schauen, stehen wir uns selber im Wege und werfen Schatten auf unsere eigene Hoffnung. Nur deshalb bricht das, worauf wir in Wahrheit am meisten warten, schließlich wie eine tödliche Gefahr, wie ein Weltuntergang, in unser Leben ein.

Das erste Bild, das *Markus* verwendet, entstammt der Angst um den Untergang Jerusalems im Jahre 70 n. Chr.; aber auch diese historische Tatsache

[6] Vgl. R. Leakey: Die Suche nach dem Menschen, 70, der das Alter der frühen Hominiden auf über 3 Millionen Jahre taxiert.

[7] Vgl. H. Haber: Die Zeit, 50–62, der sehr anschaulich auf den nahezu grotesken Kontrast zwischen der Zeit in unserer Vorstellungskraft und der Zeitdauer der Evolution hinweist; im Unterschied zur biblischen Vorstellung von ein paar tausend Jahren Geschichte haben freilich die Inder und Azteken (S. 60), aber, wie man hinzufügen muß, insbesondere *die Alten Ägypter* in ihren Mythen das Ungeheuere der Zeitmaße des Kosmos richtig geahnt.

[8] S. o. zu Mk 13,1–37, Anm. 38–41.

diente ihm nur als Vorbild und Sinnbild für ein Problem, das sich in unserem Leben immer wieder stellt[9].

Immer, wenn einem Menschen die Welt, in der er lebt, zusammenbricht, scheint ihm damit die Welt als ganze unterzugehen. So war es bei den Juden und Christen im letzten Drittel des 1. Jhs. So erschien es AUGUSTINUS, als am 24. August des Jahres 410 dem Westgotenkönig *Alarich* die Einnahme Roms gelang und die Stadt drei Tage lang geplündert wurde[10]; für AUGUSTINUS war dieses Ereignis ein letztes Zeichen Gottes über die Nichtigkeit der menschlichen Geschichte. Schon in seinen *«Bekenntnissen»* hatte er gesagt: «Weg mit all dem! Weg mit dem eitlen und nichtigen Treiben! Wollen wir uns einzig auf die Erkenntnis der Wahrheit konzentrieren! Elend ist dieses Leben, unsicher die Stunde des Todes. Plötzlich überfällt er uns, und wie werden wir dann hinscheiden? Wo läßt sich dann noch lernen, was wir hier vernachlässigen?«[11] Damals erklärten die Nicht-Christen, das antike Rom habe nur fallen können, weil man den alten Göttern untreu geworden sei; die Christen trügen die Schuld an der Schwäche Roms. AUGUSTINUS aber erklärte, nun endlich beginne eine neue Welt- und Himmelsordnung. Er meinte es absolut; aber recht behielt er im Relativen: Die *äußere* Welt ging nicht zugrunde, aber die antike Welt sank dahin; das Mittelalter begann[12].

[9] S. o. zu Mk 13,1–37, Anm. 21.

[10] Vgl. W. SESTON: Verfall des römischen Reiches im Westen. Die Völkerwanderung, in: G. Mann – A. Heuß (Hrsg.): Propyläen Weltgeschichte, IV 487–603, S. 558–560: «Das war die Bilanz des Jahres 410: Verwirrung und Verzweiflung bei den Heiden, für die sich im ewigen Rom das Dasein der Götter symbolisch kundtat; erschütterter Glaube bei den Christen, deren Gott das Kommen der Katastrophe geduldet hatte. Von dem schweren Schlag sollten sich die Heiden nicht mehr erholen: die Verwüstung Roms hatte ihnen den Vertrag, auf dem ihr Vertrauen zu den Göttern beruhte, als Illusion enthüllt. Den Christen blieb allerdings als immer dargebotene Zuflucht das Reich Gottes.»

[11] Zitiert bei I. LISSNER: Wir sind das Abendland, 158. Vgl. auch AUGUSTINUS: Bekenntnisse, IV 10–11, Bd. VII, S. 69–71.

[12] Vgl. A. AUGUSTINUS: Gottesstaat, I 7, Schriften, Bd. I 33–34: «Was sich ... bei der ... Vernichtung Roms zutrug an Verwüstung, Mord, Raub, Brand und Not, das hat der Kriegsbrauch verschuldet; was aber dabei Neues vorkam, die ganz ungewohnte Erscheinung, wonach sich rohe Barbaren so milde zeigten ...: das muß man dem Namen Christi und dem christlichen Zeitalter zuschreiben, und wer das nicht einsieht, ist blind, wer es einsieht und nicht anerkennt, ist undankbar, wer gegen die Anerkennung Widerspruch erhebt, ist nicht bei Trost.» AUGUSTINUS starb im Frühjahr 430, im vierten Monat der Belagerung, die die *Vandalen* um die Stadt seines Bischofssitzes, *Hippo Regius*, das heutige *Annaba* im Osten Algeriens, gelegt hatten.

Immer wieder in der Geschichte haben Menschen den Untergang ihrer Kultur für das Ende der Welt gehalten.
Als am 8. Nov. 1519 die spanischen Truppen des *Hernando Cortés* die Hauptstadt des Azteken-Reiches Tenochtitlan eroberten[13], sahen die Indios darin das Ende *ihrer* Welt und *der* Welt gekommen[14]. Immer schon hatten sie den Untergang des jetzigen Zeitalters «vier Bewegung» erwartet[15] und dabei mit denselben Vorboten gerechnet, die in den Anschauungen vieler Völker *archetypisch* dem Ende vorausgehen: «Erdbeben und Hungersnot; so wie die alten Männer sagen, wird es geschehen, daß die Erde bebt, man Hunger leidet und wir so zugrunde gehen werden.»[16] Doch jetzt, als es eintrat, klagte ihr König *Motecuçoma* (1502–1520): «Was wird auf uns kommen? / Wer steht wirklich aufrecht ? – Einst war ich es. / Zu Tode gequält ist mein Herz, / wie mit Pfefferwasser begossen. / Es schmerzt, es brennt. / Wohin fürwahr, o Herr? // Was sollen wir tun, o meine Kinder? / Wir sind dahin. / Wir haben das Gift geschluckt. / Sollen wir etwa auf irgendeinen Berg steigen? / Sollen wir etwa fliehen? / Wir sind Mexikaner; / soll denn wirklich das Mexikanertum besudelt werden?»[17] In erschütternden Klagen wandte man sich in vor-

[13] Vgl. H. Cortés: Die Eroberung Mexikos. Eigenhändige Berichte an Kaiser Karl V. 1520–1524. Neu hrsg. u. bearb. v. H. Homann; Tübingen-Basel 1975, 180–224.

[14] Vgl. M. Leon-Portilla – R. Heuer (Hrsg.): Rückkehr der Götter. Die Aufzeichnungen der Azteken über den Untergang ihres Reiches, 11–13, wo (nach dem *Codex Florentino* bzw. nach Fray Bernardino de Sahagun, Buch XII, Kap. 1) die sieben bösen Omina beschrieben werden, die der Ankunft der Spanier bereits 10 Jahre früher vorausgingen: Feuer brach im Tempel des Gottes *Huitzilopochtli* aus, ein Blitzstrahl traf den Tempel des Feuergottes *Xiuhtecutli*, Feuer zog über den Himmel, Wind peitschte das Wasser, usw. Die «Vorzeichen» des Untergangs, welche die Erschütterung der religiösen und kosmischen Welt weissagen, sind auffallend gleichförmig den «Zeichen», die Flavius Josephus: Der jüdische Krieg, VI 5,3; 2. Bd., S. 201–204 berichtet (s. o. zu Mk 13,1–13, Anm. 7): es wurden in der Luft Wagen und Kampftruppen gesehen; den Tempel erhellte des Nachts ein gewaltiges Licht usw. Man kann es nicht oft genug sagen, daß die apokalyptischen Bilder nicht der Geschichte entstammen, sondern im Menschen selber bereitstehen, um die geschehende Geschichte in typischer Form zu apperzipieren und zu interpretieren. Das *psychologische* Verstehen derartiger Bilder ist daher vorrangig gegenüber der historischen Zuordnung.

[15] Zu der Zeiteinteilung und dem Kalender der Azteken vgl. P. J. Schmidt: Der Sonnenstein der Azteken, Hamburg 1974.

[16] Aus Reden Motecuçoma II., in: G. Lanczkowski: Früh-welkende Blumen. Aztekische Gesänge, 112.

[17] A. a. O., 105.

wurfsvoller Verzweiflung an den Gott *Ipalnemoa*: «Nur Blumen der Trauer, Lieder des Leides gibt es hier in Mexiko, in Tlatelolco (einem Stadtteil von Tenochtitlan, d. V.); ja, für immer erkennt man dies dort. / Verborgen ist das Gute, das du uns einst schenktest, Ipalnemoa. Werden wir nun hier zugrunde gehen, wir deine Untertanen? / O wir Unglücklichen! Nur das Elend ist uns Untertanen bestimmt. Blutiges Leid haben wir an vertrauter Stelle gesehen. / Wir verwelken, wir sind verbittert. Über deine Untertanen in Tlatelolco legt sich das Leid, das Leid an vertrauter Stelle. Deshalb sind wir müde, verlassen sind wir, o Ipalnemoa. / Wahrhaftig, aus der Stadt im Schilfrohr, aus Mexiko stieg der Rauch auf; wie dichter Nebel ist er ausgebreitet. Das ist deine Tat, Ipalnemoa. / Ihr Mexikaner, bedenkt es: Gerade auf uns sendet er, der Gott, Pein und Furcht herab. / Ihr unsere Freunde, weinet und denkt daran, daß wir das Reich Mexiko verloren haben. Der Trank ist bitter geworden. / Ja, das hat Ipalnemoa in Tlatelolco getan.»[18]

Es ist stets die gleiche Erfahrung: Man versteht Gott nicht mehr, wenn alles zu Staub zerfällt, woran man geglaubt hat; und welch ein Mensch möchte noch leben, wenn seine Götter gestorben, seine Tempel verwüstet, seine Städte verbrannt sind? Sogar im Jahre 1945, als gottlob kein tausendjähriges, sondern nur ein zwölfjähriges Reich zu Ende ging, legte sich über Nachkriegsdeutschland eine endzeitliche Stimmung. Insbesondere die Gründung des Staates Israel galt für manche Theologen damals als ein eschatologisches Zeichen[19], und als nach all den Qualen und Katastrophen des Zweiten Weltkriegs statt der erhofften Versöhnung der Kalte Krieg zwischen den Groß-

[18] A. a. O., 106.

[19] Zur Gründung des Staates *Israel* mit seinen politisch-geschichtlichen Widersprüchen und seinen zionistisch-arabischen Gegensätzen vgl. R. Aron: Weltdiplomatie: Fronten und Pakte, in: G. Mann (Hrsg.): Propyläen Weltgeschichte, X 377–422, S. 414–415. Eigentlich sollte das jahrzehntelange Morden im Nahen Osten für die Theologen aller drei biblischen Religionen: der Juden, Muslim und Christen, Anlaß genug sein, zu merken, daß ein «Wörtlichnehmen» «prophetischer» Geschichtsdeutungen auf nichts anderes hinausläuft als auf eine Ideologie von Macht und Gewalt. Dieses Problem ändert sich nicht, sondern verschärft sich, wenn Theologen glauben, sie könnten «Gott» zum Parteigänger der «Armen» erklären. Bes. P. Scholl-Latour: Allah ist mit den Standhaften, 134–153 (Die Botschaft des Verborgenen Imam; Enterbte, erhebt euch), hat eindringlich beschrieben, wie der Gedanke der *Gottesherrschaft*, der totalen Einbettung der Politik in die Religion, sich in der politischen Wirklichkeit des 20. Jh.s auswirken muß, selbst wenn (oder gerade weil) er mit den hochgespannten Idealen einer sozialen Revolution der Entrechteten einhergeht.

mächten ausbrach und die Zündung der ersten Wasserstoffbombe 1953 eine völlig neue Phase menschlicher Zerstörungskraft einleitete[20], sahen viele die Weissagungen des *Markus*-Evangeliums erfüllt, es würden *Kriegsgerüchte und Erdbeben* das baldige Ende aller Welt einleiten[21]. Es hat noch niemals gestimmt, wenn man die Aussagen der Religion äußerlich verstehen wollte, so wenig diese Neigung selbst in der gegenwärtigen Exegese verschwunden zu sein scheint[22].

In Wahrheit sind alle Weltuntergangsvorstellungen (außerhalb der Astronomie) die Verkörperungen einer Weltsicht vollendeter seelischer Verzweiflung[23]. Reiche versinken, Völker vergehen, und alles, was Menschen sind und hervor-

[20] Zur Entwicklung der *Atombombe* vgl. R. JUNGK: Heller als tausend Sonnen. Das Schicksal der Atomforscher, Bern-Stuttgart-Wien 1956, 212–219; zur Entwicklung der *Wasserstoffbombe* vgl. R. CARTIER: Nach dem Zweiten Weltkrieg, 577–580. E. DREWERMANN: Der Krieg und das Christentum, 152–158.

[21] Vgl. K. JASPERS: Vom Ursprung und Ziel der Geschichte, 202–203; E. DREWERMANN: Der Krieg und das Christentum, 173–174, Anm. 64.

[22] Wie man sich im Rahmen der historisch-kritischen Exegese aus der Verlegenheit retten kann, ohne das grundsätzliche Problem auch nur zu sehen, geschweige denn zu lösen, zeigt z. B. A. VÖGTLE: Das Buch mit den sieben Siegeln, 125–126, wenn er zu Apk 17,1–20,15, zu der Vision vom Großen Endgericht, bemerkt: «Unsere Apokalypse wird im Folgenden die Bestrafung des sich verabsolutierenden Römischen Imperiums sogar mehrfach als endgerichtliche Verurteilung darstellen, am deutlichsten mit der Vision vom wiederkommenden Christus und der Überantwortung des Tieres und seines falschen Propheten in den Feuerpfuhl der Hölle (19,11–21). Das Römische Reich ist wenige Jahrhunderte nach Abfassung unseres Buches zwar untergegangen, das Weltgericht jedoch weder damals noch bis heute erfolgt. Wir täten unserem Verfasser einfach unrecht, wenn wir ihm nicht die Denk- und Darstellungsweise der apokalyptischen Tradition und Literaturgattung zubilligen wollten... Diese erlaubte es unserem Apokalyptiker, das Weltgericht in zeitlicher Nähe zu sehen und dieses im besonderen auch über die aktuelle Verfolgermacht ergehen zu lassen.» Die Wahrheit ist, daß die «Bestrafung» des Römischen Reiches zu einem Zeitpunkt erfolgte, als das Christentum bereits selber zur Staatsreligion avanciert und selbst zur militanten Verfolgung der «Heiden» übergegangen war; das «Weltgericht» im Sinne der beschriebenen Bilder wird es indessen selbst in 4–5 Milliarden Jahren nicht geben, wenn die Sonne sich im Verlauf von Jahrhunderttausenden in einen Roten Riesen verwandeln wird, dessen Ausdehnung vermutlich auch die Erdbahn überschreiten wird. M. a. W.: *äußerlich* genommen, als eine reale Verheißung im Raum von Geschichte und Kosmos, erweist sich die *Johannesapokalypse* (und jede andere Apokalypse) als durch und durch irrig. Wenn Bilder dieser Art eine Wahrheit besitzen, so ist sie psychischer bzw. symbolischer Natur.

[23] Vgl. E. DREWERMANN: Tiefenpsychologie und Exegese, II 473–485.

bringen, wird über kurz oder lang in den Abgrund gezogen. Man mag als Außenstehender die kleine Welt der jeweils Betroffenen belächeln, die ihren winzigen Ausschnitt des Lebens immer wieder mit der ganzen Welt verwechseln; doch wer, der mit schweren Schritten den Bau von Ameisen zertritt, löscht nicht wie unbemerkt, wie im Vorübergehen, eine Welt im ganzen aus? Immer wenn Menschen *aus ihrer Perspektive* nicht weiter wissen, ist für sie die Welt zu Ende, stehen sie am Rand eines Weltuntergangs.
Dennoch geht es bei derartigen Visionen vom Ende der Welt nicht *nur* um das Gefühl der Verzweiflung. Solange Katastrophen und Schicksalsschläge uns von außen ereilen, mögen sie schmerzhaft und schrecklich sein, um so mehr, als sie uns unbegreifbar und sinnlos erscheinen, aber sie stellen uns nicht in unserem eigenen Dasein und Wesen in Frage. Anders, wenn wir uns eingestehen müssen, daß die Ausweglosigkeit, in der wir stecken, im Grunde selbstverschuldet ist, kein Verhängnis, sondern die Summe unzähliger unaufgeklärter Fehler und Versäumnisse der Vergangenheit. Die alten *Sintflutmythen* der Völker formulierten es immer wieder: das Hereinbrechen der «Flut» vollziehe sich niemals als ein Ereignis von außen, es sei nichts weiter als das Resultat aller zurückliegenden Taten[24]. Jeder Stein, den wir ins Wasser werfen, wirft seine Wellen; alles hat seine Folgen, und eines Tages müssen wir Bilanz ziehen, im privaten wie im öffentlichen Leben. Selbst der Bankrott ist am Ende Teil *unseres* Lebens, und wenn wir erst einmal aufhören, in den Kategorien von «Glück» oder «Pech» uns weiter an der Oberfläche zu bewegen, so liegt eine äußerste Chance darin, zu *begreifen*, warum der Zusammenbruch u. U. unvermeidbar, ja, in gewissem Sinne sogar wünschenswert ist. Irgendwann geht es so wie bisher nicht mehr weiter, und wir sind mit unseren Ausreden, Verschwommenheiten, geheimen Komplizenschaften, Doppelbödigkeiten, gefälschten Titeln und Papieren am Ende.
Jeder Zusammenbruch dieser Art ist eine «Enthüllung», eine echte «Apokalypse» der Tatsache, daß nicht nur *etwas* in unserem Leben verkehrt war, sondern die ganze Lebenseinstellung nicht stimmte. So versuchte AUGUSTINUS aus Anlaß der Zerstörung Roms die Geschichte der Völker und der Staaten auf der Bühne der Weltgeschichte als eine einzige ununterbrochene Fortsetzung der Geschichte vom Brudermord[25] zu betrachten – Kain und

[24] Zur Sintflutmythe der Bibel (Gen 6–8) vgl. E. DREWERMANN: Strukturen des Bösen, I 191–229.
[25] Vgl. AUGUSTINUS: Der Gottesstaat, XV 1, Schriften, Bd. 2, S. 359–362.

Abel als Grundgestalten für den verinnerlichten Sadismus unseres Zusammenlebens. Ein Gedanke, zu ungeheuerlich, um wahr zu sein?
Man mache die Probe auf die Gegenwart.
Im Jahr 2000 werden in unserer Welt 40 000 Kinder täglich verhungern, aber eine Viertelmillion wird täglich geboren werden; die Hälfte der Weltbevölkerung wird unterernährt sein, und das Zusammenleben der Völker wird einem Pulverfaß gleichen. Was aber tun wir? Die katholische Kirche erklärt, ein Problem der Überbevölkerung existiere überhaupt nicht[26] und alle künstlichen Mittel zur Geburtenregelung seien strikt abzulehnen[27]. Die christlichen Parteien in unserem Lande erklären, daß wir als erstes unsere Arbeitslosenzahlen abbauen müßten und zu diesem Zweck ein weiteres *Wirtschaftswachstum* benötigten[28]. M. a. W.: Wir konsumieren immer noch nicht genug, um die Binnennachfrage wirksam zu beleben, und wir exportieren auch immer noch nicht genug, um der Wirtschaft genügend Aufträge zu verschaffen. Was aber wird aus unseren Exporten?

[26] Vgl. E. Drewermann: Der tödliche Fortschritt, 4. erw. Aufl., S. 10–14; 46–49; 61–62; 207–208.
[27] A. a. O., S. 10; 207–208.
[28] Die *Wirtschaftsphilosophie* vor allem in den 70er Jahren folgte im wesentlichen den Theorien von J. M. Keynes: Allgemeine Theorie der Beschäftigung, des Zinses und des Geldes, 205–213, wo dieser bereits 1936 (also vor über 50 Jahren) beschrieb, daß die Beschäftigung von der Gesamtgüternachfrage abhängt und daß die Arbeitslosigkeit umgekehrt als Folge mangelnder Güternachfrage zu betrachten ist; daraus folgte für ihn, daß über die Vermehrung von Geld auch eine Belebung der Nachfrage, also auch ein Anstieg der Beschäftigungszahlen zu erzielen sei, während bei einer Inflationsdrosselung negative Beschäftigungsfolgen vorhersehbar seien. Nur von diesem Ansatz her war H. Schmidts Ausspruch zu verstehen, er wünsche sich eher 5% Inflation als 5% Arbeitslosigkeit. Die Wirtschaftsphilosophie der *jetzigen* Bundesregierung gibt sich eher den *neoklassischen* Positionen verpflichtet, wonach bei einem Ausgleich von Angebot und Nachfrage eine automatische Tendenz zur Vollbeschäftigung existiert und es nicht möglich ist, mit monetären Maßnahmen die Arbeitslosigkeit zu bekämpfen, da Produktion und Beschäftigung vom Preisniveau vermeintlich nicht berührt würden. Beide im Grunde *statische* Konzeptionen müßten seit langem durch flexible Anpassungsmodelle ersetzt werden, die z. B. auf die Verflechtungen des Welthandels Rücksicht nähmen und vor allem sich die Frage vorlegten, ob eine immer höhere Ausbeutung der Natur zur Herstellung von Produkten für einen zunehmend überfüllten Markt lediglich zur Beschäftigung möglichst vieler Arbeiter in der Produktion noch länger hinzunehmen ist. Vgl. F. Capra: Wendezeit, 203–256.

Nehmen wir als Beispiel ein Land wie *Brasilien*[29]. – Seit 1963 hat man versucht, das Entwicklungsland Brasilien durch alle möglichen Industrialisierungsmaßnahmen wie einen schlafenden Riesen aufzuwecken, um seine gewaltigen Reserven an Land, Arbeitskräften und Bodenschätzen für den Weltmarkt zu erschließen. Kein Land der Welt hat in dieser Zeit einen größeren Sprung nach vorn getan. Und das Ergebnis? Brasilien ist heute mit 110 Milliarden Dollar Auslandsschulden das am meisten verschuldete Land der Erde, – es ist bankrott; aber den Bankrott müssen die Leute bezahlen, die ursprünglich überhaupt nichts damit zu tun hatten: die Landarbeiter im Nordosten des Landes, die Zuckerrohrarbeiter im Gebiet von Recife. Fast alle Investitionen wurden in dem «goldenen Dreieck» zwischen Rio de Janeiro, São Paulo und Belo Horizonte getätigt, wo heute mehr als 50 % aller Waren des Landes hergestellt werden. Dementsprechend fliehen die Menschen vom Land in die Städte. Noch vor ca. 100 Jahren war São Paulo eine Ortschaft von etwa 20 000 Einwohnern, heute leben dort mehr als 9 Millionen Menschen, und täglich wandern etwa 1500 neue Siedler zu, ohne Wohnung, ohne Arbeit, – sie kommen aus dem Nichts und gehen ins Nichts. Aber kommt die ungeheuere Konzentration des Kapitals wenigstens den dort Ansässigen zugute? Keinesfalls; im Gegenteil! Neben jedem, der durch die Industrialisierung eine Arbeitsstelle erhält, werden sechs andere «freigesetzt». Sie leben in den Favelas, vom Absuchen der Müllhalden, unter unglaublichen hygienischen Bedingungen, so daß man die Ratten beneiden möchte in Anbetracht dieser Menschen. Sie sind buchstäblich überzählig; man braucht sie nicht; und es wäre für alle anderen am besten, wenn es sie gar nicht gäbe.
Inzwischen befindet sich das erwirtschaftete Kapital in den Händen von etwa 1 % der Bevölkerung. Diese Schicht des Geldadels lebt nach nordamerikanischem und mitteleuropäischem Vorbild – es ist unser Lebensstil, an den sie glauben. Die wirtschaftlichen Beziehungen spielen sich denn auch nicht innerhalb Brasiliens ab, sondern sie werden mit dem Ausland getätigt. Um für die Arbeitslosen, die Hungernden, die enteigneten Landarbeiter, vor allem aber für ausländische Unternehmer neues Land zu erschließen, wird notgedrungen der Amazonasurwald systematisch gerodet – Tausende von Tier- und Pflanzenarten werden rücksichtslos für immer ausgerottet und vernich-

[29] Vgl. V. Hummel – D. Maulbetsch – H. P. Schmid: Entwicklung und Unterentwicklung am Beispiel der Dritten Welt, in: N. Zwölfer (Hrsg.): Telekolleg II Geschichte, Bd. 2, Lektion 14–25, Lektion 23, S. 160–172; H. Herring: Lateinamerika heute, in: G. Mann (Hrsg.): Propyläen Weltgeschichte, X 301–376, S. 367–376.

tet. Flächen von der Größe der Bundesrepublik sind inzwischen verödet –, eine Landschaft, über die alle Formen des Abholzens und der Brandrodung wie ein jahrelanger Krieg hinweggezogen sind. Abgesehen davon gehen die Morde an Bauern weiter, um deren Land in Besitz zu bekommen. Doch *uns* ficht alles das nicht an. Wohl plädiert inzwischen der Vatikan für ein gerechtes Welthandelssystem; aber woher soll es kommen, und wie ließe es sich einrichten? Man müßte, statt die Menschen zum Kapital zu bringen, als erstes das Kapital zu den Menschen bringen. Man müßte, statt die Landarbeiter für die Schuldentilgung der Exportgüterindustrie zu verwenden, zunächst einmal die Landwirtschaft für den Eigenbedarf der Bevölkerung entwickeln und durch eine gerechte Landverteilung die Arbeiter selbst aus Lohnsklaven zu Bauern machen. Aber gesetzt, es käme eines Tages dahin, daß ein Entwicklungsland wie Brasilien innerlich gesundet wäre; es würde nicht mehr schwimmende Papierfabriken und Atomkraftwerke von uns kaufen müssen, sondern es finge an, eigene Nahrungsmittel und Konsumgüter anzubieten; was dann?

Dann würde ihm widerfahren, was schon heute sich allerorten zeigt. Aus Furcht vor den Billigwaren der Länder der Dritten Welt werden wir eher die eigenen Erzeugnisse hoch subventionieren, oder an den Grenzen Zollschranken errichten, oder wir werden umgekehrt die eigene Industrie in den Ländern der Dritten Welt ansiedeln, alles eher, als daß wir uns dem viel gepriesenen «freien Markt» international wirklich öffnen und die Lasten einer dichter zusammenrückenden Welt *gemeinsam* teilen werden[30].

Nur: wie lange wird man «weiter so» fortfahren können? – Noch kann man den Vorteil der niedrigen Löhne bei der Preisgestaltung für Waren aus der Dritten Welt durch einen verbesserten Einsatz von Maschinen kompensieren. Aber schon zeigt uns das Beispiel der deutschen Landwirtschaft das Ende dieses Weges auf: wir produzieren inzwischen so viel, so billig und so gut, daß der Abbau der Überschüsse bereits teurer wird als die Kosten der Erzeugung; und dabei scheinen die Belastungen, die wir der Natur auferlegen in Form von «Flurbereinigungen», «Flußbegradigungen», «Trockenlegungen» von Moorgebieten und Feuchtwiesen, durch die Verseuchung des Grundwassers mit Kunstdünger und Pflanzenschutzmitteln[31], durch die Ausrot-

[30] Vgl. E. EPPLER: Ende oder Wende, 12–15; 104–116; DERS.: Wenig Zeit für die Dritte Welt, 65–70.

[31] Vgl. H. GRUHL: Das irdische Gleichgewicht, 63–69, der sehr berechtigt die heutige Form der Ökonomie einer «hirnlosen Liquidation der Natur in allen Erdteilen» (S. 65) anklagt.

tung zahlreicher Tierarten, durch die Züchtung neuer, für viele Tiere unverträglicher «Nutzpflanzen»[32], vor allem aber durch ständig neue Eingriffe in natürliche Zusammenhänge, über deren Folgen wir so gut wie überhaupt nichts wissen, in all den Lohn- und Preisrechnungen nach wie vor kaum eine Rolle zu spielen.

Aus all dem läßt sich nur *ein* Schluß ziehen: Wir haben unser Leben in Wirtschaft und Politik auf Prinzipien gegründet, die für die Natur, die uns umgibt, ebenso tödlich sind, wie für die Menschen, mit denen wir leben. Schon ist der Zeitpunkt absehbar, an dem Länder wie Brasilien, Mexiko oder Ägypten nicht einmal mehr die Zinsen aufbringen können, um die Schulden zu bezahlen, mit deren Hilfe wir ihnen unsere Waren verkaufen wollen[33]. Und spätestens von diesem Augenblick an bricht notwendigerweise alles zusammen, was wir uns in der Welt von Kain und Abel an Sicherheiten auf der Basis von «Geld»und «Macht» «erwirtschaftet» und «erworben» haben. Doch soll man jetzt sagen: Hoffentlich und bald möge diese Welt der Ungerechtigkeit und des Elends zugrunde gehen? – Klar ist, *daß* sie zugrunde gehen wird, unaufhaltsam und unvermeidbar; und genauso klar ist, daß niemand heute weiß, was danach kommen wird und wie es weitergehen kann. So greifbar das Ende, so unvorstellbar der Tag danach – *the day after*[34].

Es gehört zu den ewigen Gesetzen der Angst, daß wir uns, wenn der Boden zu schwanken beginnt, *anzuklammern* versuchen[35]. So als lebten wir seelisch

[32] So z. B. erweist sich der sog. *Doppel-Null-Raps*, der seit Jahren als ausschließliche Rapsanbauart von der EG gefördert wird, als extrem schädlich für Feldhasen, Rehe u. a. Wie der Name sagt, fehlen dem 00-Raps zwei Bitterstoffe, so daß die Hasen oft weite Strecken zurücklegen, um zu diesem wohlschmeckenden Raps zu gelangen; da aber der Nitratgehalt dieser Rapsart zu hoch liegt, verenden die Tiere mit schweren Leber- und Nierenschäden. Das Verdauungssystem der Hasen, das sich in Jahrmillionen der Evolution gebildet hat, braucht rohfaserhaltige Kost, sonst bildet sich Fäulnis. Rehe, die den 00-Raps fressen, erblinden. Dennoch geschieht nichts, den Anbau dieser Rapsart zu verbieten. Das Beispiel zeigt, wie scheinbar kleine Änderungen zugunsten minimaler Vorteile für den Menschen katastrophale Folgen für die Natur haben können. ZDF: Globus, 9.2.87.

[33] Vgl. F. Fröbel – J. Heinrichs – O. Kreye (Hrsg.): Die Armut des Volkes. Verelendung in den unterentwickelten Ländern. Auszüge aus Dokumenten der Vereinten Nationen, Hamburg (rororo 1772) 1974, 82–97, zur Einkommensverteilung in den Entwicklungsländern.

[34] The Day after – *Der Tag danach* war der Titel eines aufrüttelnden amerikanischen Spielfilms aus dem Jahre 1986 über die Folgen eines begrenzten (!) Atomschlags.

[35] Zu dem angeborenen *Klammerreflex* vgl. A. Portmann: Biologische Fragmente zu einer Lehre vom Menschen, 32–33; E. Drewermann: Strukturen des Bösen, II 61–62.

noch immer auf den Bäumen, werden wir versuchen, uns irgendwo festzuhalten, wenn wir den «Boden» unter den Füßen zu verlieren drohen, so daß wir im Gefühl geistiger Haltlosigkeit uns an jedem festzumachen suchen, der uns einen Ausweg zu zeigen verspricht. Niemals sind die falschen (Unheils-) Propheten und Messiasgestalten zahlreicher als in Zeiten der Unsicherheit und der Angst (Mk 13,21.22)[36], und es müssen nicht einmal ihre eigenen Machtansprüche sein, die ihnen die Aufmerksamkeit der Massen zutragen, es ist vielmehr unsere eigene Sehnsucht nach Halt und Geborgenheit, die in den Stunden der Not aus Menschen Propheten und Heilbringer macht, die in ruhigen Zeiten so gut wie kein Gehör finden würden. Die *Propheten* unter ihnen behaupten, die kommende Katastrophe sicher vorhersagen zu können, die *Messiasse* unter ihnen versichern unbeirrt, es bestehe zur Beunruhigung kein Anlaß, solange man nur weiter ihren Anweisungen Folge leiste; und mitunter sind der Prophet und der Messias sogar in ein und derselben Person vereinigt, indem von manchen der Zusammenbruch selbst als Wende zum Guten beschworen wird.

Seit langem kennen wir das. – Alle Revolutionstheoretiker der Neuzeit von SAINT JUST[37] über KARL MARX[38] bis hin zu LENIN[39] betrachteten den Einsturz

[36] Die Verse Mk 13,21.22 sind ersichtlich eine Dublette von Mk 13,5–6; doch hat R. PESCH: Naherwartungen, 112–118; 154–155 recht, daß es mit dieser Feststellung nicht getan ist. Er nimmt an, daß *Markus* die Verse 6.22 in folgender Gestalt vorgefunden hat: «Viele werden kommen in meinem Namen, und viele werden sie irreführen. Erstehen aber werden Lügenpropheten, und sie werden Zeichen und Wunder tuen zur Irreführung der Auserwählten.» *Markus* hat die Verse, die als Prophezeiungen des baldigen Endes gemeint waren, anscheinend so ergänzt und umgruppiert, daß sie jetzt eine Warnung gegen die Verführung zur Naherwartung enthalten. – Dies als Meinung des *Markus* herauszuarbeiten ist nun freilich eines, ein ganz anderes ist es, sich zu fragen, was Texte dieser Art uns Heutigen, die wir das Problem der Naherwartung des kommenden Messias gewiß nicht haben, zu sagen vermögen. Für eine religiöse, existentiell verbindliche Deutung ist es unerläßlich, die Dynamik *der Angst* zu beachten, die immer wieder dazu nötigt, gewisse Menschen und Ideen absolut zu setzen und sich zu fragen, von welcher Art *heute* die «Propheten» und «Messiasse» des Unheils und des Heils sind. Der Widerstand des *Markus* gegen phantastische Utopien in nächster Zukunft bietet dann ein äußerst wichtiges Beispiel dafür, wie man trotz aller Angst die Zukunft *in Ruhe* Gott überlassen kann, und wie es möglich ist, die angstbesetzte Ideologisierung geschichtlicher Mächte und Personen als göttlicher Offenbarungsträger mit dem Blick auf Christus zu relativieren. Die Warnung vor jeder Art politischen Messianismus z. B. ist ein zentraler Punkt, um die Aussage des *Markus* an dieser Stelle zu aktualisieren.

[37] Vgl. die Rede des *Saint-Just* bei G. BÜCHNER: Dantons Tod, in: Ges. Werke, 7–77,

der feudalistischen, der kapitalistischen, der imperialistischen Weltordnung als eine unmittelbar gegebene Tatsache, die es mit allen Mitteln endgültig herbeizuführen gelte, denn erst jenseits der Flammenwand könne es Hoffnung und Zukunft geben. Doch welch eine Welt wird das sein, die von der Angst gezeugt und von der Gewalt geboren wird? Sie nimmt notwendig die Verneinungen wieder in sich auf, die sie eben erst überwinden wollte, und die

S. 46: «Es scheint in dieser Versammlung einige empfindliche Ohren zu geben, die das Wort ‹Blut› nicht wohl vertragen können. Einige allgemeine Betrachtungen mögen sie überzeugen, daß wir nicht grausamer sind als die Natur und die Zeit. Die Natur folgt ruhig und unwiderstehlich ihren Gesetzen; der Mensch wird vernichtet, wo er mit ihnen in Konflikt kommt. Eine Änderung in den Bestandteilen der Luft, ein Auflodern des tellurischen Feuers, ein Schwanken in dem Gleichgewicht einer Wassermasse und eine Seuche, ein vulkanischer Ausbruch, eine Überschwemmung begraben Tausende. Was ist das Resultat? Eine unbedeutende, im großen Ganzen kaum bemerkbare Veränderung der physischen Natur, die fast spurlos vorübergegangen sein würde, wenn nicht Leichen auf ihrem Weg lägen. – Ich frage nun: Soll die geistige Natur in ihren Revolutionen mehr Rücksicht nehmen als die physische? Soll eine Idee nicht ebensogut wie ein Gesetz der Physik vernichten dürfen, was sich ihr widersetzt? Soll überhaupt ein Ereignis, was die ganze Gestaltung der moralischen Natur, das heißt der Menschheit, umändert, nicht durch Blut gehen dürfen?»

[38] Vgl. A. Camus: Der Mensch in der Revolte, 7–8, der gegenüber dem *stalin*istischen Terror die gesamte Geschichtsphilosophie von (Hegel und) Marx auf die Anklagebank setzt: «Am Tage, an dem das Verbrechen sich mit den Hüllen der Unschuld schmückt, wird... von der Unschuld verlangt, sich zu rechtfertigen... Es geht darum zu wissen, ob die Unschuld, sobald sie zu handeln beginnt, sich vom Töten nicht abhalten kann.» Der Essay trug Camus die heftigste Gegnerschaft J. P. Sartres ein; vgl. J. P. Sartre: Antwort an Albert Camus, in: Porträts und Perspektiven, 73–100, mit der Zentralthese: «... die Geschichte ist, losgelöst vom Menschen, der sie macht, nur ein abstrakter, lebloser Begriff, von dem man weder sagen kann, er habe einen Sinn, noch er habe keinen. Und das Problem heißt nicht, ihren Zweck zu *erkennen*, sondern ihr einen zu *geben*.» Das ist in der Tat der eigentliche Gegensatz zu jeder Art von religiöser Geschichtsdeutung. Doch welche «Zwecke» will man der Geschichte geben, ohne Wahrheiten anzuerkennen, die mit der menschlichen Existenz identisch sind – Freiheit z. B.? Aber wiederum: wie will man im Raum der Geschichte *handeln*, ohne die Freiheit einzelner zu transzendieren und umzufunktionieren? R. Schneider hätte gewiß der These zugestimmt, daß der («eschatologische») Glaube vermutlich nicht ein einziges Problem löst, sondern allenfalls hilft, klarer zu sehen und mutiger zu leiden.

[39] Vgl. W. I. Lenin: Theorie. Ökonomie. Politik, 289–296, wo Lenin der Theorie vom «Absterben» des Staates unmißverständlich die These entgegensetzt, daß «jeder Staat unfrei und *kein* Volksstaat ist» (293) und daß die «Ablösung des bürgerlichen Staates durch den proletarischen... ohne gewaltsame Revolution nicht möglich» ist (295).

Unmenschlichkeit, die sie bekämpft, wird notgedrungen in ihrer eigenen Praktik verinnert werden[40].

Welch eine Alternative aber gibt es dann?

Es wird immer, meint diese endzeitliche Rede des *Markus*-Evangeliums, Menschen geben, die insofern etwas Besonderes darstellen, als sie gerade angesichts des allgemeinen Wirrwarrs im letzten nicht «ungehalten» werden – Gottes «Auserwählte» (Mk 13,20)[41]. Sie allein sind imstande, die Unerträglichkeit der Verhältnisse durch ihre Menschlichkeit zu lindern. Sie liefern sich nicht dem ideologischen Einmaleins der Parteien, der Gremien und der Fraktionen aus; sie stürzen sich nicht in die Hetze und Hatz der religiösen und politischen Propaganda; sie verweigern sich dem Führerkult der professionellen Aktionisten und Handlungsreisenden in Sachen Heil und Unheil. Was vermag überhaupt eine politische «Führung» inmitten einer unüberschaubar gewordenen, dem Chaos entgegentreibenden Welt?

Wenn die Magie der beschwörenden Worte, Aufrufe und «Handlungsbedarfs»-Hinweise ihre Sinnlosigkeit demonstriert hat, fällt die Verantwortung

[40] Zu dieser Dialektik der Verinnerung und Rückentäußerung der *Gewalt* im historischen Feld des *Mangels* vgl. E. Drewermann: Strukturen des Bösen, III 373–376; 411–435 (in Anlehnung an die Sozialphilosophie J. P. Sartres).

[41] In Mk 13,20 entstammt der erste Teil des Satzes wohl der apokalyptischen Vorlage. Das Motiv von der *Verkürzung der Tage* taucht in der apokalyptischen Literatur, die einen festen Zeitplan der Geschichte annimmt, immer wieder auf: *4 Esra* 4,26 z. B. heißt es von der alt gewordenen Welt, dieser Äon eile «mit Macht zu Ende.» H. Gunkel: Das 4. Buch Esra, in: E. Kautzsch (Hrsg.): Die Apokryphen und Pseudepigraphen des Alten Testaments, II 357. Das ist Drohung und Verheißung, je nach dem Standpunkt, ineins. In der *syrischen Baruchapokalypse*, 20,1 (a. a. O., S. 419) heißt es: «Tage kommen: da werden die Zeiten rascher eilen als die früheren und die Jahreszeiten rascher laufen als die, die vergangen sind, und die Jahre schneller vergehen als die bestehenden. Darum habe ich jetzt Zion verstoßen, damit ich so eilig als möglich die Welt heimsuche zu ihrer Zeit.» Vgl. *syr. Bar* 83,1. Auch die rabbinische Literatur kennt das Motiv; vgl. H. L. Strack – P. Billerbeck: Kommentar zum Neuen Testament aus Talmud und Midrasch, I 953. – Der in Mk 13,20 folgende Zusatz jedoch, die Kürzung der Tage (ein Gnadenakt in diesem Zusammenhang!) geschehe der «Auserwählten» wegen, scheint eine Hinzufügung des *Markus* zu sein, der sich hier selbst zu einer «Naherwartung» bekennt (vgl. R. Pesch: Naherwartungen, 153–154); *Markus* äußert diese Erwartung freilich nicht als Spekulation über die Zeitmaße der Geschichte, er äußert sie als den letzten Trost, der ihm übrigbleibt, gegenüber einer an Leid, Verfolgung und Verwirrung schwankend werdenden Gemeinde. Es ist eine Zusicherung, ähnlich der Zusage, die man einem an Krebs Sterbenden geben mag, es sei bald alles «zu Ende».

wieder auf jeden einzelnen zurück, und dann ist es paradoxerweise möglich, die Zeit der Qualen dadurch «abzukürzen», daß man der tödlichen Ruhe, mit der trotz aller Hektik alles geschieht, sich endgültig verweigert und das System nicht länger mehr mitträgt. Denn es geht nicht länger darum, an der Spirale der Geschichte bis zum nächsten «Erfolg» weiterzudrehen; es geht viel eher darum, die Wertmaßstäbe aufzugeben, nach denen alle anderen wie selbstverständlich leben, die Ideale zu entwerten, auf die alle anderen noch blicken, und das gesamte Gefüge des Zusammenlebens zu verlassen. Die Eskapisten, die Aussteiger, wie Jesus einer war, werden am ehesten die Tage *abkürzen*[42].

In diesem Sinne, als Symbole einer *inneren* Wirklichkeit verstanden, ergeben sich nun auch die folgenden Bilder vollkommen konsequent und wie zwangsläufig, mit denen das *Markus*-Evangelium «nach den Tagen jener Drangsal» den Zusammenbruch des Firmamentes beschreibt (Mk 13,24–25)[43]. «Der

[42] Es gilt zu beachten, daß die *«Verkürzung der Tage»* für *Markus* nicht einfach als fatalistisches Faktum existiert, sondern an der Existenz der «Auserwählten» hängt; Gott wirkt für *Markus* nicht über die Menschen hinweg oder an ihnen vorbei, sondern durch sie hindurch; und so wie Gott der Menschen bedarf, um seine Botschaft mitzuteilen, so sind es die Menschen des Vertrauens selbst, die *durch ihr Verhalten* die Tage der Drangsal abkürzen.

[43] Nachdem *Markus* selbst den Vers Mk 13,23 als Abschluß des ersten Teils der eschatologischen Rede geformt hat, übernimmt er in 13,24 die Wendung *«Aber in jenen Tagen»* aus der Vorlage, fügt aber *«nach jener Drangsal»* hinzu; dadurch entsteht ein Widerspruch der Zeitvorstellung, auf den *Markus* offenbar Wert legt. Während die Vorlage darauf hofft, der «Menschensohn» werde mitten in den Tagen der Drangsal erscheinen, betont *Markus*, daß es gelte, die Drangsal durchzustehen; sie mag «abgekürzt» werden, aber erst *danach* wird der Menschensohn kommen. Vgl. R. PESCH: Naherwartungen, 157–158, dem sehr zuzustimmen ist, wenn er des weiteren den *symbolischen* Gehalt der Bilder vom Einsturz des Himmels betont und sich gegen jedes «realistische» Verständnis des Textes verwahrt. Allerdings überwindet er dabei die Widersprüchlichkeit und Abstraktheit der historisch-kritischen Methode nicht: wer zugibt, daß die apokalyptischen Texte *symbolisch* zu verstehen sind, wenn sie von *kosmischen* Ereignissen sprechen, der ist nicht konsequent, wenn er sie «realistisch» nimmt, sobald sie von «Geschichte» sprechen; außerdem betont R. PESCH zwar richtig, es gelte, «die symbolischen Aussagen zu ihrem Sinn hin zu übersetzen» (160); dann aber umschreibt er diesen Aussagegehalt «schlicht» und abstrakt: «In jenen Tagen nach der großen Drangsal kommt der Gerichtstag.» (162) Im übrigen kann man es schwerlich für eine Interpretation ausgeben, mit G. BERTRAM: *saleyo*, in: G. Friedrich (Hrsg.): Theologisches Wörterbuch zum Neuen Testament, VII 65–71, S. 66–67 darauf hinzuweisen, daß «der Begriff der Erschütterung charakteristisch (ist) für anthropologische wie theol(ogische) Aussagen über Welt und Menschen ohne Gott.» Es kommt entscheidend

Himmel stürzt ein», sagt man geradezu sprichwörtlich, wenn uns alles zusammenfällt, woran wir *bildhaft* in den Gestirnen von *Sonne»*, *«Mond»* und *«Sternen»* wie an unvergängliche Lichtquellen unseres Lebens geglaubt haben: – als Erleuchtung unseres Verstandes im hellen Glanz des Tages, als milden Schein unserer Träume in der stillen Poesie der Nächte und als Wegweiser im Dunkeln bzw. als hohe Schicksalsmächte in dem Flimmermeer der Sterne. Gerade die Inhalte und Vorstellungen, die wir so hoch an den Himmel gesetzt haben, daß wir unser ganzes Leben nach ihnen ausrichten wollten, fallen irgendwann auf unser eigenes Haupt herab, erweisen sich als Irrlichter und Lügen, und es bricht ein Göttersturz herein, der nichts als Dunkelheit und Aussichtslosigkeit zurückzulassen droht[44]. Man muß diese furchtbare Entwertung alles bisher Lebenswerten, diesen Verlust aller Ziele, dieses Weggewischtwerden aller Orientierungspunkte im Leben eines Menschen einmal miterlebt haben, um zu verstehen, daß ein solches Ereignis in

darauf an, die *Psychologie* dieser Bilder zu verstehen, wenn man ihnen irgendeinen bleibenden existentiellen Wert zusprechen will. Anderenfalls gelangt man immer wieder bei den apokalyptischen Texten zu dem Dilemma, daß die Bibel es offenbar liebt, am «erschütterndsten» gerade dann zu sprechen, wenn für uns im Grunde alles beim alten bleibt: Erfüllungszitate aus dem AT, christologische Umprägungen, die Hoffnung auf den wiederkehrenden Herrn – wer so spricht, erzeugt nicht Spannung, sondern Langeweile. M. a. W.: man kann Texte totaler («kosmischer») Verzweiflung nicht interpretieren, ohne dabei selbst zu spüren, wie der «Boden» unter den eigenen Füßen bebt und der «Himmel» selber ihm einstürzt.

[44] Die *Dunkelheit* ist ein uraltes, menschheitliches Bild des *«Weltuntergangs»*, dessen evolutive Wurzeln vermutlich bis zum Erleben der Kaltblüter noch vor 70 Millionen Jahren zurückreichen: für sie war (und ist) die Dunkelheit, der Schlaf, wirklich wie ein *Sterben* von allem, und jeder Sonnenaufgang wie eine Neuerschaffung der Welt. Die Hypophyse der Säugetiere folgt anscheinend immer noch derartigen Erlebnisvorbildern, wenn sie uns zum Schlafen des Nachts förmlich zwingt. Daß die *Finsternis* als Symbol apokalyptischer Visionen auftritt, läßt sich erneut in der Weissagung des *Nefer-rehu* (um 2000 v. Chr.) feststellen: «Wie ist dieses Land? Die Sonne ist verhüllt und leuchtet nicht, daß die Menschen sehen könnten.» Und dann, typisch *ägyptisch*: «Man lebt nicht, wenn das Unwetter (sie) verhüllt; alle Menschen sind betäubt (?) durch ihr Fehlen.» A. ERMAN: Die Literatur der Ägypter, 154. – Auch in den spätjüdischen Apokalypsen ist die Sonnenverfinsterung ein *typisches* Schreckensbild, so, wenn es *Henoch*, 102,2 heißt: «Alle Lichter werden von großer Furcht erschüttert werden; die ganze Erde wird erschrecken, zittern und zagen.» G. BEER: Das Buch Henoch, in: E. Kautzsch (Hrsg.): Die Apokryphen und Pseudepigraphen des Alten Testaments, II 306; ebenso *Assumptio Mosis*, 10,5: «Die Sonne wird kein Licht mehr geben und sich in Finsternis verwandeln; die Hörner des Mondes werden zerbrechen, und er verwandelt sich ganz in Blut, und der Kreis der Sterne wird in

der Tat das «Ende» aller «Welt» für ihn bedeuten muß. Danach gibt es nichts mehr, – nichts zu erwarten, nichts zu erhoffen, nur noch die gähnende Leere – *oder*: einen Neuanfang jenseits aller Denkbarkeiten, *diskontinuierlich* zu allem Bisherigen, eine Bewegung, die sich nicht mehr aus den Materialien der Zerstörung zusammenfügen läßt, sondern die wie vom anderen Ende, von einem neuen «Himmel», auf die «Erde» herabkommt, in der Gestalt des «Menschensohnes» (Mk 13,26–27, nach Dan 7,13)[45].

Von daher lautet jetzt die entscheidende Frage: wie wir die Katastrophe unseres Lebens, die Einbrüche der menschlichen Geschichte verstehen.

Schon der Prophet *Jesaja* konnte in einer Vision über den Untergang Babels

Verwirrung geraten.» C. Clemen: Die Himmelfahrt Moses, in: A. a. O., II 327. Bei der Auslegung dieser Bilder muß man beachten, daß «Sonne», «Mond» und «Sterne» selbst *Symbole* sind, und natürlich muß man sich dabei fragen, was *im Menschen* sie bezeichnen; anderenfalls schreibt man theologisch die *Projektionen* menschlicher Erlebnisinhalte in «Gott» fest. Genau das geschieht, wenn R. Pesch: Naherwartungen, 165 sagt: «Die kosmologischen Metaphern von der Verfinsterung der gottgeschaffenen Lichtquellen symbolisieren die Überantwortung der Sünder an das der geordneten Schöpfung entnommene Chaos, an das Unheil und den Tod; sie malen ... Gottes Gerichtszorn.» Auf diese Weise werden Gott selber Gefühle zugeschrieben, die man nur verstehen kann auf dem Hintergrund menschlicher Not und Verzweiflung, und die man Gott gerade nicht zuschreiben darf, wenn irgend es aus dem Dilemma der menschlichen Existenz einen Ausweg geben soll.

[45] Vgl. zur Deutung der Stelle vom *Menschensohn* in der spätjüdischen Literatur H. L. Strack – P. Billerbeck: Kommentar zum Neuen Testament aus Talmud und Midrasch, I 956–959. Gerade auf dem Hintergrund solcher Parallelen (z. B. *Himmelfahrt Moses*, 10,10) wird R. Pesch: Naherwartungen, 166–172 zuzustimmen sein, wenn er gegenüber der gängigen Auffassung der Stelle (z. B. E. Schweizer: Das Evangelium nach Markus, 150–151) mit Bezug auf Mk 8,38; 13,26; 14,62 den Sinn der Stelle wesentlich als eine *Gerichtsankündigung* versteht. S. 172: «... auch der Menschensohn des äthiopischen Henochbuches hat die doppelte Aufgabe wie der Menschensohn von Mk 13,26–27: die Sünder zu vernichten (Mk 13,24b.25.26; aeth. Hen 62,13 u. ö.) und die Erwählten zu sammeln (Mk 13,27; aeth. Hen 62,13 u. ö.).» Gleichwohl zeigt sich bei dem bloßen Nachsprechen historisch bedingter Anschauungen und Aussagen auf Schritt und Tritt, daß mit den Mitteln der historisch-kritischen Exegese sich das Thema niemals formulieren läßt, das man existentiell mitvollziehen müßte, um die religiöse Bedeutung der jeweiligen Stelle zu verstehen. In Mk 13,24–27 müßte es darum gehen, einsichtig zu machen, wieso gerade das «Kommen» des «Menschensohnes», d. h. die Verwirklichung gelungener Menschlichkeit, *notwendig* den Einsturz von «Himmel» und «Erde» voraussetzt, die Zerstörung all dessen, was in der bisherigen (un)menschlichen Welt als «Ordnung» gelten mochte. Zu dem «Beben der Erde» s. o. Anm. 43.

(Jes 13,1–22) in triumphierendem Hohn den Feinden Israels zurufen: «Heulet, denn der Tag des Herrn ist nahe . . . sie werden bestürzt, Krämpfe und Wehen befallen sie wie eine Gebärende. Einer starrt den anderen an; wie Flammen glüht ihr Gesicht. Siehe, der Tag des Herrn kommt grausam, mit Grimm und glühendem Zorn, die Erde zur Wüste zu machen und ihre Sünder von ihr hinwegzutilgen. Denn die Sterne des Himmels und seine Orione lassen ihr Licht nicht strahlen; die Sonne ist finster bei ihrem Aufgang, und der Mond läßt sein Licht nicht scheinen . . . Darum wird der Himmel erbeben, und die Erde wird aufschrecken . . . Und wie aufgescheuchte Gazellen und wie Schafe, die keiner sammelt, wird ein jeder sich zu seinem Volke wenden und ein jeder in sein Land fliehen. Wer gefunden wird, wird durchbohrt . . . Ihre Kinder werden vor ihren Augen zerschmettert, ihre Häuser geplündert, ihre Frauen geschändet . . .»[46] usw.! Zusätzlich noch hatte *Jesaja* (34,4) in grausigen Schlacht- und Gerichtsvisionen über «alle Völker», insbesondere über Edom, geschildert, wie «der Himmel sich zusammenrollt wie eine Schriftrolle und all sein Heer (sc. der Sterne) abwelkt wie das Blatt am Weinstock und wie welkes Laub am Feigenbaum»; da wird der Herr sie alle wie Vieh an die Schlachtbank liefern und ihre Erschlagenen hinwerfen, daß der Gestank ihrer Leichen sich zum Himmel erhebt und das Schwert Gottes sich betrinkt am Blut und sich mästet am Fett der hingemetzelten menschlichen Opferschafe (Jes 34,2–6)[47]. *Jesaja* beschreibt in diesen unglaublichen Haßtiraden einen Tag der Rache und des Zornes Gottes, einen blutigen Erntetag, dicht vor dem Einbruch des Winters.

Die Worte Jesu nehmen in der apokalyptischen Rede des *Markus*-Evangeliums auf diese Bilder in gewisser Weise Bezug, aber je klarer man sie vor Augen hat, desto deutlicher wird, wie sehr sie bei aller Widersprüchlichkeit vom «Winter» in den «Sommer», vom Negativen ins Positive gezogen werden. Wohl ist es schrecklich, unter einem «Himmel ohne Sterne» leben zu müssen bzw. den Untergang des gesamten geistigen Überbaus einer Kultur miterleben und überleben zu müssen, – ein Leben ohne Licht, ein Dasein ohne Träume, ein irrendes und irres Existierenmüssen, für das der Tod ein Segen wäre. Aber wenn man bisher schon in einer Welt gelebt hat, die nicht anders als kalt, dunkel und unmenschlich erschien, dann können gerade die Vorboten des Einsturzes wie die Verheißungen zu etwas endgültig Besserem

[46] Zur Auslegung der Stelle vgl. O. Kaiser: Das Buch Jesaja, Kap. 13–39 (ATD 18), Göttingen 1966.
[47] Vgl. a. a. O.

verstanden werden. Und so fordert Jesus im *Markus*-Evangelium in der Tat seine Jünger dazu auf, die drohenden Hinweise auf den Zusammenbruch der bestehenden «Ordnung» zu betrachten, wie wenn ein Feigenbaum Blätter treibt (Mk 13,28.29): es ist – in deutlicher Antithese zu dem Jesaja-Text – ein untrügliches Zeichen, daß es endlich *Sommer* wird, daß die Zeit des Frierens und des Hungerns nach Menschlichkeit ein Ende hat und daß man nicht immer wieder nutzlos bei einem Feigenbaum nach Nahrung zu suchen gezwungen ist, der, wie Israel in den Tagen Jesu, in Wahrheit nichts als Blattlaub trägt (Mk 11,12–14). Es ist ein erstaunliches Bild, das *Markus* damit Jesus in den Mund legt. Denn an sich möchte man meinen, nur ein *herbstliches* Zeichen könnte passen, um als Vergleich in diesen Visionen vom Untergang der Welt zu dienen: «Wenn ihr die Blätter von den Bäumen fallen seht, dann wißt ihr, daß es kalt wird; schützt euch dann gegen das Frieren», – so oder ähnlich, möchte man meinen, könnte ein Bild vom Feigenbaum in diesem Zusammenhang passend sein[48]. Stattdessen, ganz im Gegenteil, an dieser Stelle ein sommerliches Motiv! «Wenn der Feigenbaum sprießt und sein Gezweige saftig wird, dann wißt ihr: Frucht wird er ansetzen und reifen, um Nahrung zu geben, und ihr werdet wissen: die Zeit seiner Erfüllung steht bevor.»[49]

[48] Zu dem *Gleichnis von dem Feigenbaum* (Mk 13, 28–29) vgl. J. Jeremias: Die Gleichnisse Jesu, 119–120, der richtig meint: «nicht im Blick auf die Schrecken der Endzeit, sondern auf die Zeichen der Heilszeit wird das Bild von Jesus geprägt sein.» (120) Und: «Wer steht vor der Tür? Der Messias! Und woran erkennt man die Nähe seines Kommens? Im jetzigen Zusammenhang lautet die Antwort: an den Schrecknissen, die das Ende ankündigen.» (119) Doch dürfte das kaum dem ursprünglichen Sinn des Gleichnisses entsprechen. Nimmt man demgegenüber mit R. Pesch: Naherwartungen, 179–181 an, daß Mk 13,29 als Anwendung des Gleichnisses erst von *Markus* geschaffen wurde, um an 13,4 anzuknüpfen und 13,30 vorzubereiten, so muß man sagen, vor der «Tür» stehe der *«Menschensohn»* (13,26) bzw. der *«Herr»* (Mk 13,35).

[49] Zu Mk 13, 30–32 vgl. R. Pesch: Naherwartungen, 181–195: *«Der Leser des Markusevangeliums* wird ... mit diesem Wort (sc. von 13,30 d.V.) – durch die fiktive Situation der Geheimrede Jesu an seine Jünger hindurch – angesprochen ... Dem Leser und Hörer ... wird mit dem Logion eine intensive Naherwartung verkündigt, aber keine Handhabe geboten, in apokalyptisch-rechnender Manier daraus einen Zeitpunkt abzulesen.» (S. 185) Vgl. Mk 13,32! – *«Dieses Geschlecht»* umschreibt sonst immer «Worte schärfsten Tadels»; J. Jeremias: Neutestamentliche Theologie, I 135; an dieser Stelle aber ist es vor allem eine Zeitangabe, die *Markus* selbst aus Mk 8,38 übernommen haben könnte. Wesentlich greift die Wendung auf Mk 9,1 zurück. «Mk 9,1 hätte, wäre der Vers nicht vom Evangelisten auf

Wieviel eigentlich muß noch zerstört werden, ehe *die* Welt beginnt, für die wir in Wahrheit geschaffen sind? Wievieles von dem Himmel unserer Werte muß erst einstürzen, damit wir Gott tiefer begreifen? Die Antwort fällt schwer, aber sie ist nicht schwierig. In unserem Herzen könnten wir so einfach fühlen, was menschlich ist. Wir brauchten dazu keine großen Worte. Wenn der Plunder abfällt und wir bebenden Schrittes diese bebende Erde überschreiten, wird Gott uns nahe sein mit dem Schutz seiner Liebe. Jene Welt, auf die *wir* als Christen unser Vertrauen und unser Erwarten richten, ist z. B. eine Welt, in der es *keine Grenzen unter Menschen* gibt; und wie sähe unsere Geschichte aus *ohne* die engen Grenzziehungen des nationalen Egois-

die Verklärung (als eine vorweggenommene Parusie) bezogen worden, dem Evangelisten und seiner Gemeinde Schwierigkeiten bereiten können. Die Neubildung 13,30 kann der Naherwartung... Ausdruck verleihen.» R. PESCH: A. a. O., 188. Entscheidend aber ist, daß *Markus* sich mit dieser seiner Erwartung, äußerlich betrachtet, *geirrt* hat, und es kommt für die Interpretation darauf an, die *zeitliche* «Nähe» des «Menschensohnes» erneut als ein Symbol der existentiellen Erfahrung einer greifbar «nahen» Menschlichkeit zu deuten. Auch das *Zeitverständnis* der Apokalyptik ist als ein psychisches *Symbol* zu verstehen, oder es führt, trotz aller Korrekturen des Evangelisten, unausweichlich in die Irre. M. a. W.: man muß, weit radikaler als *Markus* selbst, den nur symbolischen Charakter *alles* apokalyptischen Sprechens von der Nähe oder Ferne Gottes, des Reichs Gottes, des Menschensohnes oder des Messias hervorheben und in der Interpretation herausarbeiten. Mit 13,31, einem wohl schon tradierten Satz, betont *Markus* im Grunde selber die «Workhaftigkeit» bzw. *Innerlichkeit* aller apokalyptischen Zeichen: sie sind Bilder einer Hoffnung, die sich auf Jesus selbst berufen kann. – Das Wort Mk 13,32, das im Grunde aller christologischen Verfeierlichung der Gestalt Jesu entgegensteht, dürfte von Jesus selber stammen und entspricht trotz aller Berechnungsversuche des Termins der kommenden Gottesherrschaft auch der allgemein verbreiteten Überzeugung der Apokalyptik. Die *syrische Baruchapokalypse*, 21,8 z. B. formuliert als Bitte an Gott: «der du mit den vielen Regentropfen auf die Erde regnen lässest und allein das Ende der Zeiten, noch bevor sie herbeikommen, kennst, blicke auf mein Gebet!» H. GUNKEL: Die syrische Baruchapokalypse, in E. Kautzsch (Hrsg.): Die Apokryphen und Pseudepigraphen des Alten Testaments, II 419. Vgl. Sach 14,7. Das Wort kann ursprünglich im Munde Jesu freilich nicht von dem «Sohn» und auch nicht von dem «Vater» gesprochen hatten, sondern dürfte gelautet haben: «auch nicht die Engel im Himmel, nur Gott allein.» Die Wendung: *«auch nicht der Sohn»* ist eine christliche Erweiterung, die im Munde des *Markus* eindeutig besagt, daß auch Jesus, den die Christen als den Sohn Gottes glauben, den Zeitpunkt des «Endes» nicht gekannt, also auch nicht prophezeit haben kann. So aber zeigt sich zugleich, worin Markus die *«Sohnschaft»* Jesu sieht: nicht in einer gottgleichen Allwissenheit, sondern in der Haltung eines mit allem Leid der Welt versöhnten Vertrauens. S. o. zu Mk 13,1–37, Anm. 43; 44.

mus und der nationalen Sicherheit, deren Festschreibung wir immer noch für «Politik» erklären? Jene Welt, nach der *wir* uns sehnen, müßte z. B. eine Welt sein, in der Menschen sich nicht mehr wechselseitig bis zum Tödlichen bedrohen, nur um voreinander geschützt zu sein; und wie anders sähen unsere Wirtschaftsordnung und unser Militärhaushalt aus, könnten und würden wir endlich auf die mörderischen Kriegsdrohungen verzichten – mit all dem Elend und der Angst, die zu ihnen gehören? Jene Welt, auf die *wir* warten und in der wir einzig menschlich leben könnten, müßte getragen sein von dem Bemühen um Verständnis füreinander und von einer universellen Hilfsbereitschaft gegenüber jeder menschlichen Not, wo immer wir ihr begegnen; wieviel könnten wir zu diesem Zweck von unseren ganz normalen Gewohnheiten preisgeben, um an Menschlichkeit zu gewinnen! Wir müßten durchaus nicht fürchten, uns mit unserer Person weniger einbringen zu können, wenn wir in äußerem Sinne «ärmer» würden, so als sei die Öffnung zu der Not anderer Menschen gleichbedeutend mit Selbstunterdrückung oder Selbstverzicht; sie ist dies ebensowenig, wie daß Blumen, die sich zum Licht hin öffnen, auf sich selbst «verzichten» müssen; im Gegenteil: sie wachsen nur zu ihrer wahren Schönheit auf.

Die Frage ist einzig, woher uns ein milderes Klima der Wärme kommt, in dem wir fähig sind, ohne Schutz und ohne Grenzen mit einem gewissen Vertrauen aufeinander zuzugehen und einander und uns selber Gott zu glauben. Seit den Tagen der frühen Kirche glauben wir zu wissen, daß eine solche Welt des Verstehens, des Vertrauens und des Friedens unter allen Menschen im Prinzip in der Gestalt Jesu schon begonnen hat und daß die Gestalt des kommenden «Menschensohnes» identisch ist mit ihm[50]. Alles, was er lebte und sagte, ist so fühlbar wahr, daß wir es nur zu *tun* brauchten, um dem

[50] Um die Menschensohn-Aussagen Jesu läßt sich Stelle für Stelle ein endloser historisch-kritischer Streit führen. Die Quintessenz der vorliegenden Stelle faßt E. SCHWEIZER: Das Evangelium nach Markus, 151–152 sehr schön mit den Worten zusammen: Das «Ziel ist Macht und Herrlichkeit Gottes und das Heimkehren der Erwählten in die volle Gemeinschaft mit ihm. Beides ist damit ausgesagt: daß es im letzten nur um Gott, um seinen Sieg und seine Ehre geht, und daß Gott, wenn er uns in diesem Sieg begegnen wird, das Gesicht des Menschensohnes tragen wird. Er wird also gerade dann, wenn er alles in allem sein ... wird, nicht ein abstrakter Gott ..., sondern der sich uns zuwendende, wie er sich im Menschensohn Jesus von Nazareth offenbart hat.» Oder einfacher gesagt: die einzige und endgültige «Offenbarung» Gottes ist die Menschlichkeit, die Jesus gegen alle Widerstände im Vertrauen auf Gott lebte und die wir lernen können, wenn wir merken, wie brüchig die Welt ist, an die wir bislang geglaubt haben, als gäbe es nur sie.

Reich Gottes nahe zu sein. Freilich, sobald wir es versuchen, werden wir merken, daß wir innerhalb der Welteinrichtung und der Weltauslegung, in die wir seit Kindertagen hineingewachsen sind, immer wieder Gründe finden werden, uns selber in den Arm zu fallen, selber unsere eigenen Gedanken zu unterbrechen und ihnen eine andere Logik, ein System des Widerspruchs und der Verneinung, entgegenzusetzen. In diesem Sinn wird immer wieder ein Stück «Welt» in uns zerbrechen müssen, um dem Reich Gottes Platz zu machen. Doch überall da, wo dies geschieht, brechen Steine aus dem Gefängnis dieser Welt heraus, wächst eine Kathedrale aus Licht ein Stück weit höher dem Himmel entgegen und senkt sich die Leiter Gottes ein bißchen tiefer zur Erde, an der die Engel auf- und niedersteigen (Gen 28,12). Wie vieles muß uns genommen werden, womit wir uns heute noch identisch fühlen! In allem aber können wir lernen, über den Zerbruch hinauszuwachsen. Am Ende geht es einzig darum, das Leben selbst in seiner Ganzheit Gott zu übergeben. Nichts läßt sich ausrechnen und «kalkulieren». Aber das Wort des *«Zweiten» Jesaja* wird dann unverbrüchlich gelten: «Der Herr hat Erbarmen mit Zion, hat Erbarmen mit all ihren Trümmern, ihre Wüste macht er zum Paradies und ihre Steppe gleich dem Garten des Herrn . . . Erhebt eure Augen gen Himmel und schaut auf die Erde drunten; denn die Himmel werden zerfetzt wie Rauch, und die Erde zerfällt wie ein Gewand, und ihre Bewohner sterben wie Mücken; doch meine Rettung wird auf ewig bestehen, und mein Heil wird nicht aufhören.» (Jes 51,3.6)[51]

Noch einmal Mk 13,26.33–37: Die Ankunft des Menschensohnes

Immer, wenn es um letzte Entscheidungen geht, taucht unser Leben in eine Zwischenzone von Rettung und Gefahr, und das Reden von Gott, je nachdem, wie man dazu steht, nimmt den Charakter entweder von Verheißung oder von Drohung an[1].

[51] Vgl. zur Stelle C. Westermann: Das Buch Jesaja, Kap. 40–66, S. 188–192.

[1] Zu der *Ambivalenz* eschatologischer und apokalyptischer Symbole zwischen Integration und Psychose vgl. E. Drewermann: Tiefenpsychologie und Exegese, II 452–467; 473–485.

Schön ist ein Spaziergang am Ufer des Meeres mit dem Ausblick ins Weite bis zu den Grenzen des unsichtbaren Horizonts. Aber an manchen Tagen, wenn ein schwüles Brüten über der See lagert, türmen sich am Himmel drohende Gewitterwolken auf und entfachen bald schon einen Sturm, daß der Wind heult und das Meer Schaumkronen an den Strand peitscht. Wer möchte dann noch sich dem Tosen der See aussetzen? Hinter den Deichen duckt man sich in den Schutz der Riedgrashütten, und nicht einmal die Sturmvögel und die Möwen wagen sich mehr hinaus in den Wind.
Eine bestimmte Art der schwülen Unlebendigkeit muß Gott wirklich fürchten wie einen Hausherrn, der verreist ist und nun unvermutet, d. h. *jederzeit* zur «Unzeit» wiederkommen kann. Nur: wann eigentlich kommt Jesus zu uns Menschen «rechtzeitig»[2]?

[2] Zu dem *Gleichnis von dem Türhüter* (Mk 13,33–37) vgl. J. Jeremias: Die Gleichnisse Jesu, 50–52, der (im Vergleich mit Lk 12, 35–38; Mt 24,42) meint, daß die Version bei *Markus* darin ursprünglich ist, «daß der Befehl, wach zu bleiben, nur dem Türhüter gegeben wird (V. 34b). Aber sie ist an zwei Stellen sekundär durch verwandte Gleichnisse beeinflußt. Aus dem Gleichnis von den anvertrauten Geldern (Mt 25,14) dürften die Worte... (wie ein Mann außer Landes, d.V.) (V.34) stammen, denn der Befehl an den Türhüter, nachts wach zu bleiben, paßt wohl zur Einladung des Hausherrn zu einem Festmahl (Lk 12,36), das sich bis tief in die Nacht ausdehnen kann, nicht dagegen zu einer längeren Reise, bei der der Tag der Rückkehr in unbestimmter Ferne liegt und bei der außerdem – angesichts der Abneigung des Morgenländers gegen nächtliche Reisen – eine nächtliche Rückkehr unwahrscheinlich ist... so paßt zweitens auch die Übergabe der Vollmacht an die Knechte (... Mk 13,34) nicht zum Gleichnis vom Türhüter. Sie wird aus dem Gleichnis von dem mit der Aufsicht betrauten Knecht (Mt 24,45; Lk 12,42) herzuleiten sein, in dem es um gewissenhafte Verwaltung des Anvertrauten während einer längeren Anwesenheit des Hausherrn geht.» «Als Kern bleibt... ein Gleichnis vom Türhüter, der den Auftrag erhalten hat, wach zu bleiben (Mk 13,34b) und sofort zu öffnen, wenn sein vom Gastmahl heimkehrender Herr anklopft (Lk 12,36). Wohl dem, wenn ihn der Herr wachend findet, gleichviel in welcher Nachtwache er heimkehrt (Lk 12,37a. 38; Mk 13,35 f.)... Wenn Jesus das Gleichnis zu seinen Jüngern sprach, so ist der Aufruf zum Wachen in Gethsemane zu vergleichen: ‹Wachet und betet darum, daß ihr nicht in Versuchung geratet› (Mk 14,38).» Gemeint wäre dann der «Anbruch der eschatologischen Trübsal, die Jesus im Zusammenhang mit seinem Leiden erwartete. Sprach Jesus zur Menge, so wäre etwa das Sintflutgleichnis zu vergleichen: unberechenbar wie die Rückkehr des Hausherrn droht das Verhängnis!» J. Jeremias hält es indessen für wahrscheinlich, daß Jesus zu den *Schriftgelehrten* gesprochen habe: «laßt Euch nicht schlafend finden, wenn die Stunde der Krisis kommt.» – Die Unsicherheit dieser Auslegung im Rahmen der historisch-kritischen Methode zeigt besonders deutlich die Unmöglichkeit, in historischer Sicht aus der Gefangenschaft hypothetischer Zirkelschlüsse herauszukommen. Weit wichtiger als

Zu den am meisten beängstigenden Worten Jesu zählen wohl diese Mahnreden von der Ankunft des Menschensohnes. Ist denn hier wirklich die Rede von einer fernen Zukunft, oder sammeln sich in diesem Bild im Grunde nicht schon all die Erfahrungen Jesu (und des Markus) mit seinen Zeitgenossen? So verborgen auch immer Jesus von sich selber spricht, in manchen Andeutungen läßt er durchblicken, daß in ihm all das lebt, was man an Heil erwartet und was in der Gestalt des kommenden Menschensohnes (nach der Weissagung aus Dan 7,13) personifiziert ist[3].
Um zu verstehen, was hier gesagt werden soll, darf man sich daher keine ferne Zukunft vorstellen; man darf nicht in See stechen wollen zu einem fernen Land Utopia; in uns selber und in jedem Menschen an unserer Seite lebt vielmehr alles, wozu wir eigentlich bestimmt sind[4]. Im Herzen eines jeden Menschen läßt sich die Unendlichkeit des Himmels, die grenzenlose Schönheit der eigenen Seele, der Lockruf zur Weite einer unbegrenzten Freiheit entdecken und vernehmen, und eben dazu wollte Jesus einen jeden Menschen auffordern. Er wollte ihm Mut machen, an den Traum seines

die Frage nach der historischen Hörerschaft sollte es in tiefenpsychologischer Sicht sein, sich für die angesprochenen Gefühle zu interessieren und den Punkt zwischen Angst und Vertrauen herauszufinden, der uns Heutige zu «gleichzeitigen» Hörern eines Jesuswortes macht. Vgl. dazu E. Drewermann: Tiefenpsychologie und Exegese, II 716–721. – Wie die Urkirche selber das Gleichnis für *ihre* Zeit aktualisiert hat, zeigt *Markus* durch die genannten allegorisierenden Änderungen: der Hausherr geht auf eine weite Reise – das zeigt den Einfluß der Parusieverzögerung; er gibt Vollmachten an seine Knechte – darin spiegelt sich eine gewisse «Verantwortungsethik», die der Botschaft Jesu selber ganz fremd war, die jetzt aber, angesichts des Ausbleibens des Endes, notwendig scheint. Vgl. R. Bultmann: Jesus, 61, der sehr richtig sagt: «Jesus lehrt überhaupt keine Ethik als eine allgemein für den Menschen einsichtige Theorie über das, was man tun und lassen soll ... Jesus sieht den Menschen und seine Existenz ganz anders, nämlich in einer absoluten Ungesichertheit gegenüber dem, was ihm begegnet. Der Mensch kann nicht vorher verfügen über die Möglichkeiten dessen, was es zu tun gilt; er kann sich nicht im Augenblick der Entscheidung auf Grundsätze, auf eine allgemeine ethische Theorie zurückziehen, die ihn der Verantwortung der Entscheidung enthöbe; sondern jeder Moment der Entscheidung ist wesenhaft neu.» Das ist existentialistischer Aktualismus reinsten Wassers, getragen von einer konzentrierten religiösen Ernsthaftigkeit; die Höhe dieses Standpunkts wird sogleich verlassen, wenn man ihn mit der Ethik des Aristoteles oder der Stoa verknüpft und dabei übersieht, daß Moral*theologie* wesentlich ein Teil der Erlösungslehre ist und eben kein Seitenzweig der philosophischen Ethik werden darf.

[3] S. o. zu: Noch einmal: Mk 13,14–32, Anm. 45; 50.

[4] Vg. St. Andres: Wir sind Utopia, 43–44: «Gott liebt das ihm ganz andere ... Gott liebt die Welt, weil sie unvollkommen ist.»

Lebens wirklich zu glauben; er sollte nicht denken, das Heil komme irgendwie von weit außerhalb seines eigenen Lebens; vielmehr sollte er sein Vertrauen darauf setzen, daß gerade in den kühnsten Visionen seiner selbst die wahre Gestalt seines Wesens sichtbar werde. Niemals also sollte er seine Kindheitsträume verlügen oder ihnen in Resignation abschwören. Wie sehr hat Jesus einen jeden förmlich angefleht, an sein Königtum zu glauben, den Wert seiner eigenen Person zu fühlen und die Augen aufzuschlagen für die Schönheit und die Größe, die in ihm liegt und die einen jeden Menschen, den wir näher kennenlernen, auszeichnet!

In vielen Gleichnissen hat Jesus so gesprochen. Seine Hände haben die Augen von Menschen berührt, die blind geworden waren in Einsamkeit und Hoffnungslosigkeit und die sich unter seinen Worten wieder öffneten zum Licht. Sie haben die Haut von Menschen berührt, die wie verätzt war von dem Gefühl der Scham, der Unreinheit und der Verwundung durch andere und die sich selbst zurückgegeben wurden, heil und ansehnlich unter den Augen anderer. Wie sehr hat Jesus glauben wollen an die Schönheit und die Würde eines jeden Menschen! Aber bis zur Bitterkeit mußte er erleben, daß man sich die Ohren zuhielt und nicht hören wollte, daß man sich die Augen zuhielt und nicht sehen wollte, daß man sich den Mund zuhielt und nicht sprechen wollte. Denn immer findet und erfindet unser KZ-ähnlich umzäuntes Leben im Getto der Angst Gründe, sich selber zu schützen, sich weiter zu verbarrikadieren und sich geradezu pflichtweise vom Heil abzuschnüren.

Was ist zu tun, wenn Menschen schließlich so sehr mit ihrem Un-Leben identifiziert sind, daß sie die Möglichkeit ihrer wirklichen Existenz voller Schrecken zu fürchten beginnen, daß sie den Ruf ins Weite wie einen Taumel erfahren und das Reden von Gott wie eine Zumutung erleben[5]? Es gibt tief in uns allen jene furchtbare Form der Verzweiflung, die schon gar nicht mehr weiß, noch wissen will, daß es jemals so etwas wie Hoffnung gab; es gibt jene abgründige Resignation, die durchaus keine Erinnerung mehr daran besitzt, was Träumen heißt; es gibt jene schreckliche Umnachtung, in der kein Gut und Böse, kein Laster und keine Tugend, keine Größe und keine Niedrigkeit mehr existiert, nur noch das Einerlei und Allerlei, das alltägliche Nichts, aufgeblasen zur Existenzform. Am Ende gibt es nur noch die Bestimmungen des Äußeren. «Man» lebt nicht mehr, man wird gelebt und will schon gar nicht mehr wissen, wie sehr man selber dazu beiträgt, das Leben als einen

[5] Vgl. zu dem «Behandlungswiderstand» *gegen* die mögliche Freiheit, gegen die beginnende Wahrheit, E. DREWERMANN: Das Markus-Evangelium, I 53–80.

bloßen Tummelplatz von «Zufällen» zu arrangieren. Aus Schwäche und Feigheit existieren am Ende wirklich nur noch die Umstände, abgesegnet von den «Sprichwörtern» der Unverantwortlichkeit: man hat nie etwas gewußt, man hat nie etwas gehört, man hat nie etwas gesehen, man hat nie etwas getan; Schuld, Grund und Ursache für alles sind die Umstände, waren die Umstände und werden die Umstände sein; weitab, daß man jemals zu einer eigenen Existenz hätte berufen sein wollen oder aus der Masse der anderen als eine eigene Person sich erheben möchte! Ist es so weit gekommen, so wird es in der Tat *schrecklich*, auch nur davon zu sprechen, daß ein Mensch überhaupt erst zu leben beginnt, wenn er als Individuum zu existieren anfängt und sich in seinem Dasein von den anderen als Person unterscheidet.

Es war die Erfahrung Jesu, daß reif für das Heil eigentlich nur diejenigen sind, die das Leiden noch nicht ganz verlernt haben, die die Hoffnung und die Sehnsucht nach einem anderen Leben noch nicht gänzlich aufgegeben haben, die m. a. W. noch fähig sind zu *weinen*. Diese Menschen sprach er selig, weil sie allein noch verletzbar genug sind, um das übliche Dahinvegetieren unerträglich zu finden und an ein anderes Leben mit aller Leidenschaft zu glauben (Mt 5,3–12). Solche Menschen sind es, die, ob sie es wollen oder nicht, den Einbruch des Heils mit aller Leidenschaft herbeisehnen *müssen*.

Was Jesus hier als *«Wachsamkeit»* bezeichnet[6], gehört, je nachdem, zum Wunderbarsten oder Furchtbarsten, was es im Menschenherzen geben kann: *furchtbar*, wenn es hereinbricht wie eine Sturmflut über den Deichen, wunderbar, wenn es erfahren wird als die einzige Hoffnung, die uns noch bleibt. Man erlebt das Wunder einer solchen «Wachsamkeit» bezüglich der letzten

[6] Von der Dringlichkeit solcher «Wachsamkeit», die im Munde Jesu als Antwort auf eine alles entscheidende *Krisis* gemeint war, entfernt man sich sehr in Richtung des Begriffs ethischer «Verantwortung», wenn man mit E. SCHWEIZER: Das Evangelium nach Markus, 155 sagt: «Die Periode bis zur Parusie (sc. bis zur «Wiederkehr» Jesu als des «Menschensohnes», d. V.) ist also nicht nur ein Provisorium, sondern Zeit des verantwortlichen Handelns angesichts des kommenden Herrn. Die Treue darin ist so das eigentliche und rechte ‹Wachen›.» «Die nicht berechenbare und gerade darum den Menschen jederzeit direkt angehende ›Zeit‹ ruft zum ‹Wachsein› auf, zu jener Haltung, in der der Mensch stets dem kommenden Herrn verantwortlich gegenübersteht.» Im Zusammenhang des Aufbaus von Mk 13 ist es wohl am einfachsten, das «Wachsein» ganz wörtlich als «Augenaufhalten» zu verstehen und es inhaltlich mit den beiden Mahnungen von Mk 13,9: «Seht aber auf euch selbst!» und Mk 13,23: «Ihr aber seht zu!» zu verbinden; das «Wachsein» meint dann vor allem im Sinne des Markus die Standhaftigkeit im Martyrium und die Unbeirrbarkeit gegenüber den Irrlehrern.

Chance, bezüglich der «Ankunft des Menschensohnes», unter Menschen immer wieder: daß nach langen Jahren des seelischen Vertrocknens, der inneren Wüstenei, plötzlich, bei Anbruch der Regenzeit, in wenigen Tagen aus Pflanzen, die sich ihr Leben lang zu stacheligen Gebilden zusammengerollt haben, die herrlichsten Blüten hervorbrechen. In ähnlicher Weise können Menschen in wenigen Augenblicken ungeahnte Kräfte freisetzen, wenn sie nur erst wissen und spüren, daß es jetzt ein für allemal darauf ankommt; dann streifen sie alle Angst ab, brechen die Enge auf und halten sich an ihr stärkeres, an ihr eigentliches Leben und Wesen.

Diese Wachsamkeit für den Moment, in dem unser Leben sich wesentlich entscheidet, diese Sensibilität gegenüber unserer eigenen Menschlichkeit wollte Jesus uns nahebringen. Wir sollten nie vergessen, wozu wir von Gott her bestimmt sind. – Eben deshalb sollten wir die Verzweiflung nicht unser Glück nennen und die Traurigkeit inmitten einer Welt des Un-Lebens nicht durch das laute Getöse der Schein-Froheit betäuben.

In Anspielung auf diese Worte des *Markus*-Evangeliums hat SÖREN KIERKEGAARD einmal von der Ankunft des Menschensohnes ein Gleichnis gebraucht[7]: In einem Theater tritt der Bajazzo auf die Bühne. Er sagt dem Publikum, daß das Theater brennt. Man applaudiert und lacht. Der Bajazzo verschwindet hinter dem Vorhang und tritt noch einmal auf. Sehr ernst sagt er: «Das Theater brennt.» Man applaudiert noch mehr. Und die Balken stürzen nieder unter dem johlenden Gelächter all derer, die da dachten, er mache nur einen Witz. «Wachet, denn ihr wißt nicht, zu welcher Stunde der Hausherr zurückkommt.» (Mk 13,35)

[7] Vgl. S. KIERKEGAARD: Tagebücher, III 115: «Käme Christus jetzt zur Welt, so würde er doch vielleicht nicht getötet, sondern ausgelacht. Dies ist das Martyrium in der Zeit des Verstandes; in der Zeit des Gefühls und der Leidenschaft wird man getötet.» Vgl. A. a. O., III 187 zum «Martyrium des Gelächters».

Noch einmal: Mk 13,33–37: «Wachet!»

Unglücklicherweise ist die religiöse Sprache voller Mißverständnisse; sie meint es meistens anders, als es klingt. Hört man diese Worte des *Markus*-Evangeliums so, wie man Alltagsworte sonst zu hören pflegt, so muß man sich gegen ihren Inhalt förmlich verwahren. «Seid wachsam!»[1] Als ob wir nicht an Rast- und Ruhelosigkeit längst viel zu viel zu leiden hätten! Als ob wir nicht von all der ständigen übernervösen und überreizten Hetze längst randvoll genug hätten! Als ob nicht Schlaflosigkeit und seelische Erschöpfung eine Hauptkrankheit unserer Zeit wären und als wenn wir nicht endlich einmal nur ausspannen, zur Ruhe kommen und ganz einfach ohne Sorgen wenigstens eine Zeitlang mal die Augen zumachen möchten! Jesus aber fordert ganz entschieden zur «Wachsamkeit» auf, ja, wenn man richtig hinhört, fügt er sogar noch ein weiteres Plus an Verantwortung hinzu: «Jedem seiner Knechte gab er eine *bestimmte* Aufgabe.» Dabei haben wir zumeist schon viel zu viel zu verantworten, wofür wir in keiner Weise wirklich geradestehen können, und eines unserer Hauptprobleme besteht doch gerade darin, daß wir ständig mit viel zu viel Verantwortung und folglich mit viel zu vielen Schuldgefühlen behaftet sind.

Paradoxerweise aber meint Jesus mit seiner sonderbaren Anmahnung zur Wachsamkeit gerade *uns* mit unserem Getriebe und Gejage. Denn es gibt ein Rennen und ein Laufen, das nur den Sinn besitzt, ein böses Erwachen zu verhindern oder doch nach Möglichkeit, so lang es geht, hinauszuzögern. Ein berühmtes Beispiel dafür liefert ALBERT SPEER, der Rüstungsminister *Adolf Hitlers*, der in seinen *«Erinnerungen»* davon spricht, wie er gegen Ende des 2. Weltkriegs von Mitte 1944 an immer ruheloser geworden sei; während der von Bombenangriffen zerrissenen Nächte erfaßte ihn ein geradezu hypnotischer Wille zur Arbeit, zur Schlaflosigkeit, als ob, wie er später bemerkte, all dieses Tun nur dem einen Zweck gegolten hätte, nicht wach werden zu müssen und die unbarmherzige, verzweifelte, ja verbrecherische Wirklichkeit, die ihn umgab und die er selber aufzubauen half, zu *sehen*[2]. All

[1] S. o. zu Mk 13,26.33–37, Anm. 2; 6.

[2] A. SPEER: Erinnerungen, 307: «Als Sportler kannte ich den Begriff des Übertrainings. In diesem Zustand wurden wir ... so weitgehend zu Automaten, daß eine Ruhepause geradezu unwillkommen erschien und wir immer weiter trainieren wollten.» S. 440: «Tätigkeit bedeutete für mich in diesem letzten Stadium des Krieges Ablenkung, Beruhigung.»

das Besuchen von Fabriken und Werkanlagen, all das Absitzen von Führerbesprechungen, all das nächtelange Studieren von Produktionsziffern und Waffenbestellungen, all das war nur ein einziger Versuch, nicht aufzuwachen und einen süßen, todbringenden Schlaf zu Ende zu träumen.

So muß es wohl gemeint sein, wenn Jesus in dieser letzten großen Rede des *Markus*-Evangeliums sagt: «Wacht auf.» Er meint damit offensichtlich gerade: Hört auf, nur wie die Irren an euch selbst und an der Wirklichkeit in ihrer unmenschlichen Härte und trostlosen Versteinerung vorbeizulaufen; hört auf, in emsiger Ruhelosigkeit lediglich euch selber auszuweichen; hört auf, euch zu Sklaven und Götzenopfern fremdgelenkter Programme und verschlingender Erwartungen anderer zu machen; macht die Augen auf und seht, was wirklich ist; nehmt Stellung zu dem, was ihr seid und was man aus euch gemacht hat; lebt nicht länger mehr in den Illusionen eurer Selbstwidersprüche, die euch nicht leben lassen, aber auch alle anderen hindern, selber zu leben!

Was «schlafen» in diesem Sinne heißt, das konnte man vor ein paar Jahren sehen, als Tausende von Jugendlichen den wahnsinnigen Streß und Leistungskonkurrenzkampf unseres Alltags nicht mehr aushielten und bewußt aussteigen wollten. Sie flohen nach Afghanistan in die Wüste, sie flohen in die künstlichen Paradiese der Droge, sie wollten in Reaktion auf eine Gesellschaft, die vor allem, was menschlich ist, die Augen zumacht, nichts als «schlafen». Schlafen, das heißt in diesem Sinne, nichts mehr sehen und nichts mehr hören zu wollen *aus Verzweiflung*; das heißt, sich wie der Prophet *Jona* (1,5) im äußersten Winkel zu vergraben und nicht mehr aufstehen zu wollen[3]. Wenn schon der Wecker am Morgen nur das Startsignal eines nicht endenden Alptraums abgibt und man den Schlaf, diesen Bruder des Todes, zu lieben beginnt, weil er das endgültige Nichts, das ewige Verlöschen schon heute vorwegnimmt, wie soll man da «wachen» – wach werden, wach sein?

So gefragt, hören wir zwischen den Zeilen an dieser Stelle des *Markus*-Evangeliums noch etwas anderes heraus. Kein Verzweifelter, kein lebendig Toter, besitzt ein Verhältnis zu seiner *Zeit*[4]. Weil er niemals selbst gelebt hat, kennt er keine Vergangenheit; weil er nichts erwartet, kennt er keine Zu-

[3] Vgl. E. Drewermann: Tiefenpsychologie und Exegese, II 259; ders.: An ihren Früchten sollt ihr sie erkennen, 74.

[4] Zu den unterschiedlichen Formen des *Zeiterlebens* vgl. E. Drewermann: Tiefenpsychologie und Exegese, II 606–624.

kunft. Inmitten seiner resignierten Geschäftigkeit steht er auch der Gegenwart nicht wach gegenüber; er fühlt sich selber vielmehr wie erdrückt, gelähmt, erschöpft; er findet, daß sein Leben überhaupt nur auf der Stelle tritt und wie verschüttet, wie begraben ist. Wach sein im Sinne Jesu ist das genaue Gegenteil dieser Verzweiflung. Ihr braucht doch, scheint Jesus sagen zu wollen, euch nicht ewig in der Tretmühle fremder Diktate und unter der Zuchtrute fremder Pflichten voranpeitschen zu lassen. Ihr könnt endlich anfangen, selber zu leben, indem ihr darauf achtet, was für eine Aufgabe euch entsprechend dem eigenen Wesen wirklich gemäß ist; ihr solltet euch aus dem Traum eurer Abhängigkeiten endgültig befreien und euch fragen, wofür ihr selber wirklich leben wollt; ihr müßtet einen eigenen Lebensinhalt finden, der unvertauschbar euch gehört und von dem ihr sagen könnt: Das bin ich, dazu hat Gott mich bestellt.

Erst dann gibt es so etwas wie eine Vergangenheit und eine Zukunft. Erst dann ist es möglich, über die Hast des Augenblicks hinweg nach rückwärts und vorwärts zu schauen. Erst dann ist es möglich, den Sinn des eigenen Werdegangs zu begreifen und zu spüren, daß unser Leben durchaus nicht abgetan und vorbei ist, sondern noch etwas auf uns zukommt, das wir gespannt erwarten dürfen. Und dabei nun das Entscheidende: das Eigentliche meiner Zukunft kann und brauche ich nicht selbst zu «machen». Ich kann und darf und muß für mein Leben geradestehen; aber für das Resultat, das sich dann einstellt, bin ich im letzten nicht mehr selbst zuständig; das steht bei Gott.

In der Psychologie hört man sagen, gegenüber allen Verdrängungen, Fehleinschätzungen und Realitätsverleugnungen seelischer Erkrankungen sei es therapeutisch wichtig, das Realitätsprinzip geltend zu machen[5], also dem anderen zu helfen, mit beiden Beinen wieder auf den Teppich zu kommen. Was Jesus mit «Wachsein» meint, liegt offenbar in der entsprechenden Erfahrung, daß wir keinen Grund haben, der Wirklichkeit unseres Lebens auszuweichen. Was aus der *Vergangenheit* darin als Schuld überkommen ist, vermögen wir uns zuzugeben, wenn das letzte Wort unseres Lebens ein Wort der Vergebung ist; was in der *Gegenwart* uns überfordernd und untragbar erscheint, wird erträglich, wenn Gott einzig fordert, daß wir so sind, wie er uns erschaffen hat; und was wir auf die *Zukunft* hin als mögliches Versagen und als Schande fürchten, vermögen wir zu akzeptieren, wenn Gott im gan-

[5] Vgl. S. FREUD: Trauer und Melancholie, X 428–446, S. 429–430.

zen zu uns Ja sagt. *Wach sein* und *Warten* – das können wir in dem Bewußtsein, daß Gott auf unser kleines Leben schon seit Ewigkeit gewartet hat. Er wartet einzig und allein darauf, daß wir uns selber leben. Und überall, wo wir das tun, da wird ein Stück von Gott in diese Welt eintreten; da kommt Gott auf uns zu, wie er in Jesus sich gezeigt hat; da rückt des Menschensohnes Ankunft näher.

Ein letztes Mal Mk 13,33–37: Was uns Zukunft gibt

Die Worte dieses Evangeliums sind die letzten Worte Jesu unmittelbar vor dem Beginn seiner Leidensgeschichte. Sie enthalten die Zusammenfassung all dessen, was er zu sagen hat, und zugleich die Begründung dafür, daß er den Weg ins Leiden gehen muß. Die ersten Worte Jesu im Markus-Evangelium waren einer Verheißung gewidmet: «Das Gottesreich ist nahe, kehrt um» (Mk 1,15). Seine letzten Worte jetzt verheißen, daß kein Stein mehr auf dem anderen bleiben wird (Mk 13,2)[1]; alles wird umgekehrt, denn Gott wird sich nicht aufhalten lassen durch die Verkehrtheiten der Menschen. Aber warum muß immer wieder das Heil auf soviel *Umsturz* begründet werden statt auf *Umkehr*, wie Jesus selber sie erhoffte[2]?

[1] Zu Mk 13,2 s. o. Mk 13,1–13, Anm. 6. A. VÖGTLE: Das markinische Verständnis der Tempelworte, in: Offenbarungsgeschehen und Wirkungsgeschichte, 168–188 geht auf den scheinbaren Widerspruch zwischen Mk 13,2 und Mk 14,58 ein: während Mk 13,2 von der Zerstörung des Tempels (durch die Römer) spricht, ist es in Mk 14,58 Jesus selbst, der behauptet, den Tempel abzureißen und wieder aufzubauen. VÖGTLE: A. a. O., S. 187 löst diese Schwierigkeit, indem er meint: Markus «kann die von den Falschzeugen einhellig zitierte Tempelprophetie 13,2 als vollgültige Prophetie reklamieren, weil die beiden Prophetien in seinem Verständnis in völlig verschiedenem Sinne vom Ende des Jerusalemer Tempels sprechen: von dem durch Jesu Sterben bewirkten heilsökonomischen Ende des Tempels die eine (14,58a) und dem physischen Ende des Tempels die andere (13,2).» Von daher deutet VÖGTLE auch *das Zerreißen des Tempelvorhangs* in Mk 15,38: es soll (S. 188) den erfolgten Beginn der Erfüllung der Tempelprophetie 14,58 anzeigen: «die durch das bundstiftende Sühnesterben Jesu ermöglichte Gründung der endgültigen, Juden und Heiden umfassenden Heilsgemeinde, deren effektive Konstituierung ‹binnen drei Tagen› (= in kurzer Frist) erfolgen wird.»

[2] S. u. zu Mk 14,26–42.

Er trug eine glühende Vision in seinem Herzen, ein bestimmtes Bild vom Menschen. Ihm selber, Jesus, war Gott so nahe, daß er jeden Menschen unmittelbar in diese Nähe Gottes stellen wollte. Seine Art, den Menschen zu sehen, war so groß, so frei, so getragen von Zuneigung, von Sympathie und Wärme, daß er von jedem Menschen glauben mochte und jeden Menschen glauben machen wollte, er habe ohne Zögern und ohne Aufschub die Chance, Gott in sein Herz und in sein Leben einzulassen. Wenn nur wir Menschen begreifen würden, zu welcher Größe wir bestimmt sind, welch eine Würde wir in uns tragen und welch einen Respekt wir einander schulden, so könnte unverzüglich, meinte Jesus, ein Reich der Freiheit, des Friedens und des Verstehens auf dieser Welt beginnen.

Es gibt Theologen, die im Rückblick auf das Schicksal Jesu sagen, seine Botschaft von dem nahen Kommen des Gottesreiches sei offensichtlich ein Irrtum gewesen[3]. Das Reich Gottes, wie man sehen kann, ist nicht gekommen, eher schon die Kirche[4]; und 2000 Jahre sind nun schon dahingegangen ohne das Kommen des verheißenen Reiches Gottes. Viele Menschenreiche sind inzwischen auf dieser Welt begründet worden und haben ihren Namen in die Geschichte mit Blut und mit Gewalt eingeschrieben; das Reich Gottes aber scheint ferner denn je. Hat also Jesus sich geirrt – aus Liebe zum Menschen[5], aus vermessener Träumerei, aus einem glühenden Wunsch heraus, der an uns allzu schwachen Menschen scheitern mußte?

So unabweisbar eine solche Ansicht auch sich scheinbar darbietet, sie läuft auf eine betrügerische Selbstberuhigung hinaus[6]. Sollen wir wirklich Jesus, womöglich mit theologischer Erlaubnis, im Rahmen und im Namen einer

[3] Vgl. A. Schweitzer: Geschichte der Leben-Jesu-Forschung, II 402–450 (Die Lösung der konsequenten Eschatologie).

[4] Vgl. A. Loisy: Les évangiles synoptiques, 2 Bde., Ceffonds 1907–1908. Vgl. das Referat der Ansichten Loisy's bei A. Schweitzer: Geschichte der Leben-Jesu-Forschung, II 562–566. Berühmt wurde sein Satz: «Jesus verkündigte das Reich Gottes, aber gekommen ist die Kirche.»

[5] So Sch. Ben Chorin: Bruder Jesus, 23: «So endet also Jesus in jüdisch-historischer Sicht als ein tragisch Scheiternder. Das aber tut seiner Größe keinen Abbruch... Auch Rabbi Akiba, der Bar Kochba für den Messias hielt, irrte tragisch und endete als Blutzeuge seines Glaubens. Sein tragischer Irrtum raubte ihm nichts von seiner Größe im jüdischen Volksbewußtsein. Vielmehr erklärt die jüdische Tradition solches Irren mit der Begründung: ‹Aus Liebe zu Israel verblendet Gott zuweilen die Augen der Weisen.› Auch Jesus von Nazareth ist ein tragisch Irrender, dessen Augen aus Liebe zu Israel verblendet wurden.»

[6] Denn so sind wir es, die den Maßstab über Wahr und Falsch in Händen halten, statt daß wir uns von Jesu «Irrtum» messen ließen.

aufgeklärten Geschichtsbetrachtung einen Narren und Phantasten nennen? Oder sollten wir nicht vielmehr ganz umgekehrt sagen, sein Traum vom Menschen sei absolut richtig gewesen; es stimme vollkommen, wenn Jesus meinte, einem jeden Menschen sei Gott unmittelbar nahe und gegenwärtig, sofern nur das Gefühl der Angst voreinander verschwinden würde zugunsten eines größeren Vertrauens auf Gott? Die Schwierigkeit liegt allem Anschein nach darin, daß es immer wieder Menschen gibt, denen es immer noch zu früh ist, von Gott zu reden, und denen es im Grunde niemals an der Zeit zu sein scheint, an so etwas wie Menschlichkeit als an eine ernsthafte Möglichkeit des Handelns wirklich zu glauben. Freilich kann man sich fragen, ob diese Realisten des Alltags, ob diese skeptischen Pragmatiker nicht immer wieder recht haben. Ist es auf dem blutbesäten Boden dieser Erde nicht nach wie vor unzeitgemäß, eine irrige Illusion, eine fanatische Utopie, Gott so zentral in das menschliche Leben zu rücken, wie Jesus es wollte? Den Menschen des «Hohen Rates» (Mk 14,53–65) z. B. kommt Gott immer zu früh; nie ist für sie die Zeit «reif» oder «erfüllt» (Gal 4,4); und ihre Einwände sind in der Geschichte scheinbar immer wieder ausschlaggebend: Es war doch schon immer so, wie es war, – also kann und darf es sich nicht ändern; man hat schließlich seine Erfahrungen, wie man richtig lebt, – also braucht man im Grunde auch nichts Entscheidendes mehr dabei zu lernen; man hat seine Gewohnheit, wie man sich einrichten muß, – also wäre es nur störend, wenn wirklich etwas Neues käme (Mk 2,21.22); im übrigen: man hat seine Ruhe und sein Auskommen und braucht schon deshalb nicht noch diesen Tumult der neuen Botschaften, der Prophezeiungen, der endzeitlichen Enthüllungen. – Nun denn, wenn der Trott der Schlafmützigkeit recht hat, dann freilich hat Jesus sich geirrt; wenn die Herzensfaulheit und -trägheit recht behalten soll, dann in der Tat war Jesus ein Narr[7]. Aber deshalb wohl auch lautet sein letztes Wort an uns alle, bevor er unter den Stiefeln der Geschichte zermalmt werden wird, eindringlich: *Wachet* (Mk 13,33).

Es ist ein Wort, das die frühe Kirche in der Perspektive der Apokalyptik aufgegriffen hat. Sie hat sich gesagt: Wenn Jesus unter dieser Welt zugrunde gehen mußte, dann wird es nicht anders sich verhalten können, als daß die ganze Welt in sich selber ruinös ist und zugrunde gehen muß, ehe auch nur ein bißchen Wahrheit in unser Leben kommen kann. Ist es so falsch gedacht,

[7] Das ist denn schon der Vorwurf der eigenen Angehörigen Jesu in Mk 3,20! Vgl. dazu E. Drewermann: Das Markus-Evangelium, I 311–321.

wenn die frühe Kirche den Tod Jesu so verstand[8]? Die Welt, die wir zu kennen glauben, gründet sich in der Tat auf gerade die Pfeiler, an denen Jesus rütteln wollte. Er stellte in Frage, daß die Welt, so wie sie ist, den Namen Menschlichkeit verdient. Und es fällt nicht schwer, sich sein Urteil an wenigstens zwei Punkten kurz zu verdeutlichen.

Einer der ehernen Pfeiler unserer beruhigten Trägheit besteht in der Selbstverständlichkeit, mit der wir akzeptieren, daß menschliche Beziehungen an nichts anderem zu messen wären als an *Profit* und *Geldgewinn*. Man mache sich diesbezüglich nichts vor. Unsere moderne Gesellschaft gründet sich *wesentlich* auf das Geld: Die Verwaltung unserer Gesellschaft in Form der Politik, die meisten menschlichen Beziehungen, sogar unsere Ideale gründen sich auf Geld[9]. Gewiß, wir glauben auch an Gott, schon seit 1500 Jahren sind wir Bewohner des christlichen Abendlandes. Aber wie kommt es dann, daß, wo irgend ein anderer Kulturkreis mit uns Europäern in Berührung gekommen ist, er von uns nicht Gott gelernt hat, sondern den krassen Materialismus, daß es in unserem Denken und Handeln keinen *Wert* gibt – keinen religiösen, keinen menschlichen, keinen natürlichen – außer dem Geld, und daß dies offensichtlich die einzige Wahrheit ist, die wir bis in die Südsee und bis zum Nordpol wirklich exportieren: wie man im Namen des Geldes die Natur zerstört, den Menschen entwürdigt und Gott zu diesem Zweck als Alibi mißbraucht[10]?

Der andere Pfeiler, auf den wir uns stützen, ist die *Sicherheit* im Schatten der *Macht*[11]. Auch dieser Ideologie, auch diesem Götzen bringen wir jedes Opfer dar. Wir sehen ganz deutlich, wie die Welt gleich einem Betrunkenen dem Abgrund entgegentaumelt; dennoch halten wir es für ganz normal und unvermeidbar, uns in «Sicherheit» zu wiegen, indem wir voreinander Angst verbreiten. Ja, wir nennen diesen Zustand des wechselseitigen Terrors Freiheit, Verantwortung oder politische Vernunft. Wir sind imstande, ich weiß

[8] So kommt es insbesondere durch die Vorschaltung der apokalyptischen Rede vor die Leidensgeschichte bei *Markus* zum Ausdruck; s. o. zu Mk 13,1–37, Anm. 25.

[9] Siehe oben zu Mk 10,17–31, der Szene von dem reichen Jüngling, Anm. 4; 7; 8; 23.

[10] Vgl. E. Drewermann: Der tödliche Fortschritt, 107–108, die Rede des Stoney-Indianers *Tatanga Mani*.

[11] Es war vor allem R. Schneider: Philipp der Zweite, 20–52 (Glaube und Herrschaft), der das «Gewicht der Welt» gespürt hat, das auf den Schultern der Mächtigen liegt, die doch so ohnmächtig sind, in der Geschichte Heil zu wirken. Alle *Gewalt*, meinte J. P. Sartre, sei verinnerter *Mangel*. Vgl. E. Drewermann: Strukturen des Bösen, III 411–425.

nicht, wie oft, sagen wir einhundertzwanzigmal, ein jeder jeden anderen Erdenbürger für seine «Sicherheit» in die Luft zu sprengen, ihn zu vergasen, ihn zu vergiften, ihn zu verseuchen, ihn zu zerstrahlen. Und nicht nur militärisch, auch ökonomisch verlangen wir nach «Sicherheit». Wir häufen Nahrungsvorräte auf bis zum Übermaß, wir verbreiten dadurch Elend, das millionenfach tödlich wird, wir erklären als Christen (!) all diese Taktiken nach wie vor für selbstverständlich, immer wieder mit der simplen Ausrede, das Reich Gottes sei halt noch nicht gekommen, noch sei es nicht an der Zeit, zu leben, wie Jesus in der Bergpredigt es vorschlug, es gehe eben noch nicht[12]; womöglich müßten wir deshalb nur so *weitermachen*, wie es immer gut und richtig war und also auch morgen noch gut und richtig sein wird; und wer da sagt, dieses unser Weitermachen sei in sich selbst schon eine hausgemachte Apokalypse, diese Welt, nur einfach so weitergedreht wie bisher, werde sich wie von alleine bald schon dem Ende entgegendrehen, der ist ein Unruhestifter, ein Schwarzseher, ein Schwarmgeist, ein politischer Wirrkopf; und so kann die Frage nur lauten, wie man ihn unschädlich macht, wie man ihn beseitigt und so schnell wie möglich liquidiert.

Bis in die Anfänge der Botschaft Jesu reicht das Wort zurück, daß Gott (nur) denen nahe sei, die Hunger hätten nach der Gerechtigkeit, die nicht zufrieden seien mit dem Bestehenden und die über den Status quo hinaus eine andere Welt herbeiwünschten, schon weil sie selber eine solche Welt in ihrem Herzen trügen (Mt 5,3–12). Mit diesen *letzten* Worten im *Markus*-Evangelium, unmittelbar vor der Leidensgeschichte, will Jesus offensichtlich gerade diese Nervosität, diese Spannkraft, etwas Neues zu erwarten, diesen Mut, das Alte für erledigt zu begreifen und kompromißlos das längst Vergangene abzuwerfen wie ein zerschlissenes Kleid, ein letztes Mal herausfordern: Wir sollten die Stirn haben, nach vorne zu blicken, durch die Dunkelheit hindurch, um mehr an die Sterne zu glauben als an die Nacht. Möge doch endlich der «Menschensohn» kommen! Möge er kommen um Mitternacht, daß ihn die Dunkelheit erwartet; möge er kommen am Abend, daß ihn die Dämmerung aufnimmt; möge er kommen beim Hahnenschrei, daß ihn das Morgenrot empfängt (Mk 13,35)[13]. Aber möge er kommen! Und mit ihm eine neue Welt! Dies waren die Gebete der frühen Kirche; mit ihnen feierte sie die Eucharistie – die Gemeinschaft der Wiederkehr Jesu.

[12] So vor allem in der kirchlichen Lehre vom «Gerechten Krieg». Vgl. E. DREWERMANN: Der Krieg und das Christentum, 135–176.

[13] Zu Mk 13,35 s. o. Mk 13,33–37, Anm. 2.

Doch nicht nur in bezug zur Welt im ganzen, auch übertragen auf uns selber geht es um die Haltung einer *wachen* Menschlichkeit[14]. Überall, wo wir einander begegnen, brauchen wir ein solches wachsames Gärtnertum der Seele, daß der neue Keim der Hoffnung nicht erstickt, sondern unterstützt wird – jede Regung der Phantasie, jeder Aufbruch zu neuem Mut, jede Andeutung einer beginnenden Freiheit, jedes Zutrauen zu einem eigenen Gedanken, jede Stärke, mit der jemand seine eigene Person intensiver ergreift, jede sich andeutende Weitherzigkeit und Großzügigkeit im Umgang miteinander – *alles* bedarf unserer Aufmerksamkeit und Schonung. Jeder Aufbruch aus dem Schattendasein der Angst verdient, soviel wir nur können, mit unseren Händen geborgen und behütet zu werden, von Herzen begrüßt, von Gott her gesegnet, von allen beglückwünscht. «Was ich euch sage», spricht Jesus, «sage ich allen: wacht» (Mk 13,37). Hört auf, so möchte man sein Wort an dieser Stelle wiedergeben, euch zu beruhigen; die Welt steht nicht zum besten, und es stimmt nicht, daß man nur so weiterleben müßte, wie man uns gelehrt hat. Eine Änderung in allem tut uns not. Daher werden wir die Unruhe akzeptieren müssen, um dem Frieden entgegenzugehen; daher werden wir den Umbruch wagen müssen, um mit uns selber einszuwerden; daher werden wir den Einsturz von allem, was man uns als heilig vor Augen gestellt hat, bejahen, ja, womöglich sogar selbst betreiben müssen, ehe wir Gott tiefer in unserem Herzen spüren, ihm dankbarer huldigen, ihm frömmer begegnen, ihn menschlicher glauben können.

Wenn der *Menschensohn* kommt, meint Jesus, so wird es sein wie mit einem Mann, der sein Haus verließ; aber er möchte es aufgeräumt wiederfinden, nicht entfremdet, nicht verwüstet, nicht zum Chaos umgestürzt; einen jeden Menschen möchte er wiederfinden, so wie Gott ihn schuf – als sein Eigentum, heil, befriedet und mit sich im Einklang. Fürwahr: Vergehen möge diese Welt des Durcheinanders, der Verwüstung, der Bequemlichkeit, des gierigen Interessenegoismus, der pflichtweisen Gefühlsabstumpfung, der beamteten Unempfindlichkeit. Aber kommen möge das Reich des Friedens, der Wahrheit, des Erbarmens, des Mutes, der individuellen Freiheit, der Tapferkeit, des Glücks für jedes Menschenkind, welches das Licht der Welt erblickt. O laßt uns wachen über jeden Keim der Hoffnung!

[14] Die Haltung der «*Wachsamkeit*» gegenüber der «*Ankunft*» des «*Menschensohnes*» gilt, übersetzt in den existentiellen Vollzug dieser Mahnung, der Herausbildung der Gestalt, die wesenhaft in einem jeden Menschen lebt, die aber gegen alle Angst erst freigesetzt zu werden vermag mit dem Blick auf denjenigen, in dessen Person diese Gestalt bereits vollendet realisiert war.

Mk 14,1–9: Die Salbung Jesu in Bethanien oder: Die absichtslose Güte

[1]Nun war zwei Tage später das Fest des Passah und der ungesäuerten Brote. Da suchten die Hohen Priester und die Schriftgelehrten, wie sie ihn mit einer List festnehmen und töten könnten. [2]Sie sagten nämlich: Nicht am Fest, sonst gibt es Volksaufruhr.
[3]Und als er in Bethanien war, im Hause Simons des Aussätzigen, während er (zu Tische) lag, kam eine Frau mit einer Alabasterflasche voll echter, sehr teurer Nardensalbe, zerbrach die Alabasterflasche und schüttete sie über sein Haupt aus. [4]Da waren einige bei sich entrüstet: Wozu mußte diese Verschwendung der Salbe sein! [5]Man hätte doch diese Salbe verkaufen können für über dreihundert Denare und (davon) den Armen geben! Und sie setzten ihr stark zu. [6]Jesus aber sagte: Laßt sie! Was beschwert ihr sie? Ein gutes Werk hat sie an mir getan. [7]Allezeit habt ihr Bettler bei euch, und wann immer ihr wollt, könnt ihr ihnen wohltun, mich aber habt ihr nicht allezeit. [8]Was sie (zu tun) hatte, hat sie getan: sie hat vorweggenommen, meinen Leib zu salben zum Begräbnis. [9]Wahrlich, deshalb sage ich euch: wo immer die Heilsbotschaft verkündet wird in der ganzen Welt, da wird auch, was sie getan, erzählt werden zum Gedächtnis an sie.

In gewissem Sinne ist diese kleine Erzählung von der Salbung Jesu in Bethanien am Anfang der Passionsgeschichte eine der mutigsten Antworten auf die ewige Frage nach dem unübersehbaren Meer von Leid und Zerstörung in der Welt[1]; sie ist eine der wertvollsten, weil menschlichsten Antworten auf die

[1] Im folgenden soll die Passionsgeschichte Jesu entlang dem Auftreten ihrer Hauptgestalten betrachtet werden; einzelne Details der Handlung, die für die Personenzeichnung unerheblich sind, werden lediglich in den Fußnoten erwähnt. – Die Erzählung von der *Salbung in Bethanien* «unterbricht den Zusammenhang von 14,1 f. zu 14,10 f.; ... Markus gewinnt damit eine eindrückliche Kontrastwirkung zwischen dem Anschlag der Behörden und der im tiefsten Sinne verstehenden Liebe der Frau aus dem Volke.» E. Schweizer: Das Evangelium nach Markus, 158. Insgesamt sind es *Frauen*, die mit ihrer Liebe und Treue die Leidensgeschichte Jesu buchstäblich von Anfang bis Ende begleiten (MK 15,40–41.47); ja, die Passionsgeschichte Jesu vollzieht sich überhaupt nur, indem das Tun der *Männer* die Gegenwart dieser Frauen förmlich verdrängt. P. Ketter: Christus und die Frauen, 269–272, S. 271 spielte auf diesen Kontrast an, als er vor über 50 Jahren mit Bezug zu der Salbung in Bethanien schrieb: «Nüchterne Verstandesmenschen haben oft wenig Verständnis für Marias Tat... Ihnen ist auch Religion und Gottesdienst eine Rechenaufgabe, bei

der etwas herausspringen muß... Jesus hat ... seine treue Jüngerin vor den nörgelnden Männern in Schutz genommen.» Freilich nennt erst Joh 12,3 die Frau, die Jesus salbt, mit Namen: Maria, und erst durch eine Verwechslung dieses Namens mit Maria von Magdala sowie durch eine Vermischung der Geschichte mit der Szene von Lk 7,36–50 ergab sich das Bild der «büßenden» Maria von Magdala. Nach allgemeiner Meinung ist Mk 14,9 «erst zugefügt worden, als schon die Weltmission selbstverständlich wurde (Apg 8,1; 11,19f.) und man den Namen der Frau nicht mehr wußte.» E. SCHWEIZER: A. a. O., 157–158. Gegen diese Ansicht aber spricht die Beobachtung von E. LOHMEYER: Das Evangelium des Markus, Göttingen [16]1963, 295f., der das «Verkündigen» des «Evangeliums» «an die ganze Welt» «von der eschatologischen Tatsache der Verkündigung vor allen Völkern» her verstand und das «Gedenken» als ein «Gedenken Gottes» deutete: «Wie die Gebete der Gläubigen aufsteigen, daß Gott ihrer gedenke, so hier die Verkündigung dessen, was die namenlose Frau an ihm tat.» J. JEREMIAS: Markus 14,9, in: Abba, 115–120, stellte die These auf, daß zwar der Nebensatz («wo immer die Heilsbotschaft verkündet wird in der ganzen Welt») «erst im hellenistischen Bereich», ja, vermutlich von Markus selbst «in Anlehnung an Mk 13,10 eingefügt» worden sei, daß aber das Wort ursprünglich streng eschatologisch gemeint gewesen sei: «Amen, ich sage euch: auch das, was sie getan hat, wird man (vor Gott) sagen, damit er (sc. im Endgericht, d. V.) ihrer (gnädig) gedenke.» DERS.: Die Abendmahlsworte Jesu, 229–246 schlägt demgemäß für 1 Kor 11,24.25; Lk 22,19 dasselbe Verständnis vor: die Eucharistie geschehe, «damit Gott meiner gedenke (durch Herbeiführen der Parusie)». J. JEREMIAS: Die Salbungsgeschichte Mk 14,3–9, in: Abba, 107–115 hat zudem gezeigt, daß bereits rein sprachlich die zahlreichen Semitismen gegen die Annahme von R. BULTMANN: Die Geschichte der synoptischen Tradition, 64 sprechen, der einen «hellenistischen Ursprung des ganzen Stücks» vermutete. Für fundamental zum Verständnis der Perikope hält J. JEREMIAS: A. a. O., 109–115 die Unterscheidung des Spätjudentums von *Almosen* und *Liebeswerken*. Vgl. H. L. STRACK – P. BILLERBECK: Kommentar zum Neuen Testament aus Talmud und Midrasch, IV 1, 559–610, S. 559: «Streng genommen gehörten natürlich auch die Almosen (Werke der Wohltätigkeit) zu den ‹Liebeswerken›; doch hat auch ihre Unterscheidung voneinander ihren guten Grund. Dem altjüdischen Almosenwesen haftete weit mehr Gesetzescharakter an als den Liebeswerken; schon deshalb empfahl sich ihre Auseinanderhaltung... Almosen geschehen nur mit Geld, Liebeswerke auch mit der eigenen Person; jene gelten nur den Armen und den Lebenden, diese auch den Reichen und den Toten.» Die wichtigsten Liebeswerke waren bereits in Jes 58,6–7 zusammengestellt. Angewandt auf Mk 14,3–8, bedeutet diese Unterscheidung: in 14,4–5 sagen einige: «Was die Frau tut ist Sünde. Der vergeudete Wert hätte zu *Almosen* verwendet werden können.» Dagegen weist Jesus in Mk 14,6–8 den Vorwurf zurück: die Frau hat (14,6) «ein gutes Werk», d. h. ein *Liebeswerk* getan, zu dem bald schon keine Gelegenheit mehr bestehen wird. Es scheint, als habe Jesus (gemäß Jes 53,9) erwartet, nach seiner Hinrichtung in ein Verbrechergrab geworfen zu werden, so daß zu einer Totensalbung dann keine Gelegenheit mehr bestehen werde; J. JEREMIAS: Die Salbungsgeschichte, in: Abba, 114, Anm. 45 meint, daß diese Erwartung Jesu «zu den unerfüllten Weissagungen» gehöre und «ganz altertümlich» sei. Von daher ist die gesamte Stelle wesentlich von dem *Gegensatz* zwischen Liebe und Tod, Zärtlichkeit und Zerstörung her zu interpretieren. Auch das Motiv, daß einzig die «Liebeswerke» (im Endgericht)

stets drohende Resignation gerade der Bemühten und Gutwilligen angesichts der erdrückenden Übermächtigkeit und Vielfalt der Nöte und Konflikte in einer Welt des Krieges, des Hungers, der Armut, der Ungerechtigkeit, der Unterdrückung, der Tyrannei, der Verzweiflung.
Irgendwann hört wohl bei einem jeden die Illusion der Pubertätszeit auf, man könnte mit einem weltumspannenden Idealismus die Probleme der Menschheit nach Art des tapferen Schneiderleins sozusagen alle mit einem Schlag erledigen. Irgendwann kommt jeder auf den Boden der Tatsachen, er beginnt, «erwachsen» zu werden, und muß wohl oder übel feststellen, daß es ziemlich naiv war zu glauben, die Dinge lägen so einfach, daß man die Welt wie in einem Wildwestfilm einteilen könnte in die Guten und in die Bösen,

bei Gott «zählen», ist in den Mittelplunkt der Auslegung zu stellen. Hinzu kommt der Gedanke, der sich mit der Person Jesu besonders verbindet und auf den E. Schweizer: Das Evangelium nach Markus, 157 aufmerksam macht: «Jesu Zeit ist herausgehobene Zeit, die Zeit des ‹Bräutigams› (2,19), in der die religiösen Pflichten des Fastens (2,19) und Almosengebens (14,5 . . .) nicht mehr die allerwichtigste Stelle einnehmen können; denn Jesus gegenüber gibt es ein Handeln, das die Maßstäbe des gewöhnlichen Alltags überschreitet. Freilich muß dann das Mißverständnis, als ob Liebestätigkeit überflüssig wäre, abgewehrt werden, was durch Einfügung von V. 7b erfolgt (sc. durch den Zusatz: und wann immer ihr wollt, könnt ihr ihnen wohltun, d. V.). Auch sonst sind Worte Jesu, die den besonderen Charakter, die Einmaligkeit seiner Zeit betonen, nachträglich umgeformt worden, weil für die Gemeinde die ethischen Fragen wichtiger wurden . . . In V. 8a scheint eine neue Ausdeutung der Tat der Frau im Sinne von 12,44b zu liegen: sie hat alles weggeschenkt, was sie hatte.» Man muß freilich hinzufügen, daß es im Sinne der *Gleichzeitigkeitsregel* der Auslegung gerade darum geht, das «Besondere» der Situation Jesu als das Gegenwärtige zu setzen; es geht um den *ständigen*, den *wesentlichen* Vorzug der Liebe vor allen anderen Rücksichtnahmen; es geht niemals (nur!) um «Ethik»; und über dem Haupt eines jeden schwebt bereits der Schatten des Todes; jedes «Liebeswerk» ist eine «Salbung» des «Leibes» für das «Begräbnis». – Insofern ist die *Rahmung* von Mk 14,1–2 besonders wichtig, die den mitgeteilten Vorgang auf den Mittwoch vor dem «Passahfest» ansetzt, d. h. vor der Feier, die am Donnerstagabend begann und am Freitag begangen wurde (Mk 14,12; 15,42). Die Zeit der ungesäuerten Brote bezeichnet die Zeit vom 15.–21. Nisan, wurde aber mit dem Passahfest gleichgesetzt. Die Doppelbezeichnung ist im AT üblich (2 Chr 35,17), verweist hier aber besonders eindringlich auf den Todestag Jesu und damit symbolisch auf die Bedeutung seines Sterbens. Vgl. R. Pesch: Das Markusevangelium, II 319–320. Unterstrichen wird zudem die Niedertracht der Hohenpriester und Schriftgelehrten, die das Volk fürchten und nur mit Hinterlist ihren Todesbeschluß durchsetzen können. Vor diesem Hintergrund und mit dem Blick auf Mk 16,1 erhält die Szene der *Salbung in Bethanien* auch bereits prophetischen Charakter: immer wieder wird man die Liebe zu töten suchen, aber immer wieder wird man erleben, daß die Liebe die Gräber öffnet.

und man selber besäße das Recht, die bestehenden Übel- und Mißstände auf moralisches Versagen anderer, auf ihren bösen Willen oder ähnliches, zurückzuführen. Irgendwann kommt der Zeitpunkt, von dem an wir es uns abgewöhnen, mit Vorwürfen und Anschuldigungen die Welt verbessern zu wollen, und beginnen müssen, zunächst einmal hinter den Tatsachen die oft sehr vielschichtigen Ursachen zu sehen und nicht zu urteilen oder gar zu verurteilen, ehe wir nicht wirklich verstanden und von innen heraus mitvollzogen haben, woher etwas kommt und warum es so ist. Unvermeidbar aber bringt dieser Gesinnungswandel eine schwere Krise mit sich. Was vorher als so einfach und klar erschien, erweist sich nun als überaus kompliziert, – kein Gedanke mehr, es auf Anhieb lösen oder beseitigen zu können. Im Gegenteil: je gerechter und objektiver wir die Dinge betrachten, desto mehr verlieren wir womöglich den Mut, noch etwas an ihnen zu ändern. Je mehr wir sie verstehen, als desto weitläufiger stellen sie sich dar, und desto bescheidener und vorsichtiger werden wir selber, desto begrenzter wird der Spielraum, innerhalb dessen wir noch ernsthaft glauben können, eine wirkliche Lösung bestimmter Probleme zu kennen; und schon beginnen wir, der Annahme zuzuneigen, daß Weisheit und Tatkraft, Einsicht und Entschlossenheit, Denken und Handeln, Ideal und Wirklichkeit auf ewig zwei konträre Größen bleiben müßten.

Mit 16 Jahren etwa konnte man noch glauben, Friede werde sein, wenn endlich auf allen Seiten abgerüstet werde; man hielt ebenso getrost wie erbost eine Handvoll Politiker für dumm und böswillig, man marschierte bei allen möglichen Demonstrationen mit und agitierte und engagierte sich für den Frieden, der so greifbar nahe schien. Mit 20 Jahren kam man bereits dahinter, daß auch Staatsmänner keineswegs allmächtig sind, sondern von der Gunst der Wählermeinung abhängen; es erwies sich als eine kindliche, ödipale Projektion, sie für Überväter zu halten, und man mußte erkennen, daß auch Diktatoren sich nicht selbst erschaffen, sondern aus den Zeitumständen geboren werden. Allzu deutlich erfuhr man, daß die Parolen für den Frieden von einem bestimmten Punkt der Ernsthaftigkeit an von der Mehrheit der eigenen Bevölkerung auf der Straße abgelehnt wurden; es war aber nicht möglich, die Mehrzahl der Menschen einfachhin global zu verurteilen und allein sich selbst für weise zu halten, es sei denn, man hätte wie absichtlich in die Sackgasse des Terrorismus steuern wollen. Vielleicht mit 23 Jahren begann man zu verstehen, daß nicht die Waffen den Krieg machen, sondern die Angst und das Mißtrauen, das die Menschen zwingt, sich zu verteidigen und Waffen zum Schutz voreinander und zum Angriff gegeneinander zu ersinnen. Aber wenn das Mißtrauen und die Angst weltweit verbreitet sind, so können sie unmöglich durch einen bloßen Fehler oder durch einen plumpen Zufall verursacht sein. Deshalb kam man vielleicht mit 25 Jahren dahin, zu glauben, daß es im Menschen selber förmlich ein Bedürfnis geben müsse, aggressiv zu handeln und sich zu verteidigen, daß also die Bereitschaft zu Kampf und Krieg weit tiefer in der menschlichen Psyche, ja womöglich schon im biologischen Erbe des Menschen verankert sei, und daß eine Unzahl von Bedingungen des sozialen Zusammenlebens – alle Arten von Ungerechtigkeit, von Frustration, von Unterprivilegiertheit, alle möglichen ängstigenden Eindrücke wie Liebesverlust und Strafe, die Angst um den Arbeitsplatz, die Sorge um berufliche Anerkennung, Enttäuschungen in der Liebe der nächststehenden Angehörigen – kurzum, daß alles, was nur irgendeinen Menschen aus dem Gleichgewicht zu bringen vermag, auch dazu angetan ist, jene uralten aggressiven und destruktiven Verhaltensmuster aus dem Erbgedächtnis der menschlichen Art auf den Plan zu rufen, die in ihrer Summe kriegsgefährlich sind.

Das einfache menschliche Entsetzen vor der Barbarei des Krieges war mithin im Verlauf weniger Jahre von einer politischen Frage zu einer sozialen Frage geworden, dann von einer sozialen zu einer psychologischen Frage, dann von einer psychologischen oder psychoanalytischen Frage zu einer biologischen. Und wo soll man nun anfangen? Wenn es den Krieg gibt, weil er als Möglichkeit, ja sogar als Handlungsimpuls, als fertiges Reaktionsrepertoire unter bestimmten Umständen in jedem Menschen angelegt ist, so haben offensichtlich jene alten Philosophen und Religionsstifter recht, die meinten, die Veränderung und Verbesserung der Welt müsse bei einem selber, bei jedem einzelnen beginnen. Denn so viel ist jetzt klar: wäre man selbst ein Mensch des Friedens und spräche aus einem selber wirklicher Friede, so müßte man doch wenigstens auf seine nächste Umgebung einen verändernden, begütigenden, beruhigenden Einfluß ausüben.

Man lese diesbezüglich etwa eine Rede oder einen Aufsatz MAHATMA GANDHIS über den Frieden[2]. Keinen einzigen Gedanken wird man dort finden, den man nicht auch selbst hätte denken können und sogar recht oft schon wirklich selber gedacht hat. Und doch ist der Unterschied überdeutlich, daß,

[2] Vgl. P. SHRI S. NEHRU: Mahatma Gandhi, 85–127. Der Zentralbegriff des Denkens Gandhis war *Satyagraha* – die Wahrheit des Seins, die für ihn identisch war mit der Anerkennung der Vielfalt der menschlichen Personen: «Die Wahrheit von einigen wenigen wird von Gewicht sein, die Unwahrheit von Millionen wird wie Spreu vor dem Winde verweht werden.» (93)

wenn ein Mensch wie GANDHI vom Frieden sprach, ihm Hunderttausende Glauben schenken konnten und das Gefühl hatten: bei ihm stimmt es; dieser Mann spricht aus und lebt, was wir alle nur immer gewünscht, aber nie für realisierbar gehalten haben; bei ihm ist vorhanden, wovon wir nur geträumt haben; und so konnten sie sich ihm anschließen in dem Empfinden, zu sich selbst, zu ihrem wahren Selbst zu finden, wenn sie so taten, wie er sagte. Was aber folgt für uns daraus? Es folgt, daß wir selber zunächst andere Menschen sein müßten, um die Welt zum Bessern verändern zu können. Es folgt, daß der Friede wesentlich gar kein organisatorisches oder politisches, sondern ein religiöses Problem ist. Es folgt, daß es letztlich um Erlösung, nicht um Lösungen zu tun ist. Zunächst geht es entscheidend um den Frieden in mir, nicht um den Frieden der Menschheit, um den Frieden in Gott, nicht um den Frieden auf dem Schlachtfeld, um den Frieden des Herzens, nicht um den Sieg der richtigen Heere.

Aber auch ein «Heiliger» wird man nur, wenn man Richtiges denkt und Richtiges tut. Und hier nun setzt das eigentliche Problem ein, auf das diese kleine Erzählung von der Salbung Jesu in Bethanien zu antworten vermag. Wenn wirklich alles undurchsichtig ist, so liegt gewiß der Eindruck längst schon in der Luft, man könne eigentlich doch gar nichts machen; man kuriere im Grunde immer nur an bestimmten Symptomen herum, und letztlich sei doch nur alles vertan und umsonst. Ein penetranter Geschmack bildet sich jetzt, im Grunde komme man doch nie zum Eigentlichen. So überdeutlich spürt und sieht man jetzt die eigene Ohnmacht, und nie mehr weicht das lähmende Gefühl, vielleicht lohne sich doch alles nicht, ja, am Ende sei es vielleicht sogar falsch oder schädlich. Daß man die Welt ändern könnte – dieser Gedanke ist längst schon dahin; der Glaube, daß man einer neuen Generation zugehöre mit einer neuen leitenden Idee, die der Welt ein anderes Gesicht verleihen könnte, diesen Glauben hat man gänzlich aufgegeben. Man glaubt jetzt zu wissen: Man wird die Strukturen des Bestehenden niemals ändern; man wird «das System» niemals überwinden; man fühlt sich mehr denn je am Ende. Und dennoch spürt und leidet man im gleichen Augenblick nur um so mehr darunter, daß nach wie vor so vieles nicht stimmt und falsch läuft, gleichgültig ob in der Gesellschaft, ob in der Kirche, ob in der eigenen Umgebung. Die Kriege hören nicht auf, die Unterdrückung von Menschen geht weiter, die Verzweiflung breitet sich aus. Es ist entmutigend. Mehr denn je. Mitte der 50er Jahre war in den Kinos der Antikriegsfilm *«Die letzte Brücke»* (1954, in der Hauptrolle mit *Maria Schell*)[3] zu sehen. Dieser Film erzählte die

[3] H. KÄUTNER (Regisseur): Die letzte Brücke. Österreich – Jugoslawien 1953.

Geschichte einer Krankenschwester, die in Gefangenschaft gerät und hinter den Linien die Verwundeten des Gegners betreuen muß. Es entspricht an sich ihrem Selbstverständnis als Krankenschwester, Menschen zu pflegen, die Hilfe brauchen, gleichgültig, welcher Herkunft; eines Tages jedoch besucht sie einen russischen Landser, der gerade von einer Armverletzung genesen ist; voller Freude über seine baldige Heilung, demonstriert er mit entsprechenden Bewegungen seiner Finger, daß er bald schon wieder ein Gewehr anlegen und abdrücken kann, und er ist sehr erstaunt zu sehen, welch ein Entsetzen er mit dieser Vorführung bei seiner Pflegerin auslöst. In der Tat kann der Konflikt kaum schärfer dargestellt werden. Es ist, als wenn man immer wieder mit seinen besten Bemühungen nichts anderes zu tun vermöchte, als die Verwundeten eines Krieges zu heilen, der durch die Pflege der Reste verbliebener Menschlichkeit nicht überwunden, sondern allenfalls verlängert würde; ja, es scheint, als wenn man im besten Falle den einen oder anderen der «Kriegsverwundeten» gerade soweit wieder gesund machen könnte, daß er bis zur nächsten Straßenecke kommt, an der er endgültig unter die Räder geraten wird.

Man kann gegen die Trostlosigkeit dieses Eindrucks, gegen dieses Gefühl einer äußersten Vergeblichkeit keine «Argumente» vorbringen. Der Eindruck stimmt; er wird hundertfältig durch Beispiele aus der alltäglichen Erfahrungswelt bestätigt und erhärtet, so daß noch so viele Gegenbeispiele ihn nicht zu beseitigen vermögen. Lediglich ein *Bild* wie diese Erzählung von der Salbung Jesu in Bethanien läßt sich dagegenhalten[4]. Denn diese Geschichte berichtet gerade von einer so absurd anmutenden, einer so ganz und gar vergeblichen Handlung der Liebe.

Als Jesus zwei Tage vor seiner Kreuzigung mit seinen Jüngern als Eingeladener in Bethanien an einem Abendessen teilnahm, trat eine Frau zu ihm und

[4] Sch. Ben-Chorin: Bruder Jesus, 101–102 schlägt vor, die Salbung Jesu im Zusammenhang mit dem jüdischen Midrasch *Genesis-Rabba 39* zu sehen, «in welchem Abraham mit einer Flasche kostbaren Parfüms verglichen wird, die verschlossen im Winkel stand.» «Jesus wird als der neue Adam, der neue Moses und der legitime Nachfolger Davids im Neuen Testament gesehen; in dieser Salbungsszene aber auch als der neue Abraham, der neue Vater des Glaubens, oder der Vater des neuen Glaubens.» «Dabei scheint es mir nun wichtig und typisch, daß zarte Frauenhände diesen neuen Abraham salben, so wie ja auch Abraham selbst in der Gesellschaft seiner besonders schönen Gattin und Halbschwester Sara gesehen wird.» Man muß freilich den Inhalt dieses «neuen Glaubens» präzisieren: es geht um die Treue Gottes zu einem, der bereit ist, für seine Wahrheit in den Tod zu gehen; das ist der «Wohlduft» «Abrahams»!

salbte sein Haupt mit kostbarem Öl. Das war in der Antike nicht ungewöhnlich, aber nur bei feierlichen Anlässen gebräuchlich, nicht bei einem gewöhnlichen Gastmahl. Der Wert des vergossenen Öls wird als ungeheuer groß angegeben, fast den Jahresverdienst eines Arbeiters mag es gekostet haben, nach heutigem Geld etwa 20000 bis 30000 Mark[5]. Die Jünger fragen mit Recht nach dem Nutzen, den das Tun dieser Frau haben soll: sie vergleichen mit gewiß achtbaren Gründen Aufwand und Ergebnis miteinander und schelten es Verschwendung[6]. Und doch, meint Jesus, war diese Verschwendung nicht falsch. Er weist die Kritiker zurecht und verteidigt die scheinbar unsinnige Handlungsweise der Frau. Es habe sich gelohnt, meint er, jenen Körper zu salben, der bald schon dem Tode übergeben werde.

Man kann diesen Text von der Salbung in Bethanien nicht lesen, ohne über den wahnsinnigen Kontrast zu erschrecken: auf der einen Seite die sanften Hände einer Frau, die streicheln, pflegen und zärtlich sein möchten; auf der anderen Seite die rohe Gewalt und Zerstörung, die schon in wenigen Tagen eben diesen Leib in einen bloßen Gegenstand sadistischer Quälerei verwandeln werden; auf der einen Seite die fürsorgliche Güte, auf der anderen Seite die abgestumpfte, ungehemmte Grausamkeit, die scheinbar alles zerstört und sinnlos werden läßt, was diese Frau getan hat[7].

[5] Vgl. R. Pesch: Das Markusevangelium, II 332.

[6] Zur Problematik der *Armen* in Israel vgl. E. Bammel: *ptochos*, in: G. Friedrich (Hrsg.): Theologisches Wörterbuch zum Neuen Testament, VI 888–915, S. 902–903, der mit Blick auf Mk 14,5.7 meint, es werde hier die Almosenpflicht geradezu abgewertet. «Markus hat aus den unwilligen Jüngern seiner Vorlage eine unbestimmte Gruppe (sc. «einige», d. V.) gemacht und dadurch das Jesus gestellte Problem von den Zwölfen und damit der christlichen Gemeinde abgehoben. Auch dieser Zug zeigt: Markus ist das Problem der Armut ferngerückt.» Ob man daraus freilich mit R. Schnackenburg: Die sittliche Botschaft des Neuen Testamentes, 93 folgern kann, auch *Jesus* habe «die Besitzverhältnisse ... in keiner Weise angetastet», ist mehr als fraglich, vor allem wenn die vermeintlich «realistische», «illusionslose» Weltsicht von Mk 14,7 (Arme habt ihr allzeit bei euch) zu einem «einzigartigen Beitrag» zur «Überwindung der sozialen Unterschiede» hochstilisiert wird, wie Schnackenburg es tut.

[7] Die Nuancen dieses Kontrastes von Zärtlichkeit und Zerstörung gehen bis in die Details, so wenn Mk 14,3 eigens das Zerbrechen des (versiegelten) Verschlußdeckels des Nardenfläschchens erwähnt. «Nicht darauf liegt der Nachdruck, daß die *ganze* Flasche verwendet wurde, sondern darauf, daß es sich um ein völlig *neues*, unangebrochenes Gefäß handelte. Und diese Feststellung ist dem Erzähler deswegen wichtig, weil man daraus erstens auf die absolute Reinheit und Unverfälschtheit des kostbaren Nardenöls schließen konnte ..., und weil man zweitens daraus ersah, daß dieses zur Ehrung des Herrn verwendete Öl nicht

Die biblische Erzählung behauptet jedoch, daß es nicht sinnlos und nicht falsch ist, alles an einen Menschen zu verschwenden, über dem schon das Todesurteil schwebt, und daß es gut ist, sich mit allem, was man hat, dem hinzugeben, was man liebt, auch und gerade, wenn es einzig dazu bestimmt zu sein scheint, beseitigt zu werden. Die zärtliche Gebärde der Liebe wird nicht entwertet durch den erbarmungslosen Zugriff der Gewalt. Im Gegenteil: auf dem Hintergrund der Zerstörung leuchtet der Wert absichtsloser Güte nur um so klarer auf, und jedes Denken, das sich nach Begriffen wie rentabel, effektiv, erfolgreich und dergleichen auszurichten sucht, wird als «unangemessen» bezeichnet.

Die Worte Jesu gehen sogar noch weiter. Mit einer verblüffenden Selbstverständlichkeit setzt er voraus, daß sich Probleme wie die Armut ohnedies nicht endgültig werden lösen lassen. «Arme habt ihr allezeit bei euch», zitiert er das Alte Testament (Dtn 15,11)[8]. Es kommt also zunächst offenbar gar nicht darauf an, in dieser Welt etwas «lösen»oder «retten» zu wollen; zuerst sollten wir absichtslos gut sein, und zwar zu dem besonders, der es am meisten braucht. Ein solcher Mensch ist in diesem Moment Jesus. «Sie hat mich gesalbt für mein Begräbnis», sagt er. Nichts vermag diese Frau daran zu ändern oder davon wegzunehmen, daß es mit Jesus diesen Weg nehmen wird. Aber keinerlei Resignation folgt für sie oder für Jesus daraus[9].

schon irgendwelchen anderen profanen Zwecken gedient hatte.» J. BLINZLER: Der Prozeß Jesu, 303. In gleichem Sinne berichtet Mk 15,46, daß Josef von Arimathäa eigens *neue* Leinwand kauft, um den Leichnam Jesu beizusetzen, – in einem noch *unbenutzten* Grab, wie Mt 27,60; Joh 19,41 ergänzt. – Zur *dichterischen* Ausdeutung der Stelle vgl. G. BERNANOS: Das Tagebuch eines Landpfarrers, 72–73; sowie E. SCHAPER: Das Leben Jesu, 178: «Maria ... wußte alles: daß er sie und das Licht der Welt an diesem Tage zu einem der letzten Male gesehen. Nun brach die Nacht herein. Die erste Hand, die Abschied nehmen wollte, war schon ausgestreckt; sein Leib, obgleich noch lebend, empfing die Weihe des Todes.»

[8] Zu dem Ausspruch vgl. H. L. STRACK – P. BILLERBECK: Kommentar zum Neuen Testament aus Talmud und Midrasch, I 987–988. Zur sozialen Fürsorge gegenüber den Armen vgl. J. JEREMIAS: Jerusalem zur Zeit Jesu, 142–150, der S. 142 Rabbi *Hillel* mit dem Satz zitiert: «Viel Almosen, viel Frieden» und das Sprichwort hinzufügt: «Das Salz des Vermögens ist die Liebestätigkeit.» Von einem Mann wie *Rabbi Jochanan* wurde berichtet, daß er all seinen Bodenbesitz verkaufte, «ohne etwas für seine Versorgung im Alter zurückzuhalten», «um des Studiums der Tora willen.» (S. 143)

[9] Es kommt in diesem Sinne nicht darauf an, etwas zu bewirken, sondern darauf, so zu sein, wie es einem selbst und der jeweiligen Situation entspricht. Dann gilt die wunderbare Lehre des LAOTSE: Tao te king, Nr. 78, S. 121: «Auf der ganzen Welt gibt es nichts

Es gibt in der Welt wohl immer wieder diesen zerreißenden Kontrast von Helfen und Ohnmacht, von Güte und Vernichtung, von Zärtlichkeit und Roheit. Die Ergebnislosigkeit der Güte ist in dieser Welt zu offensichtlich, als daß sie je zu widerlegen wäre. Auch der Glaube ändert nichts daran. Aber gerade weil es auf den Erfolg nicht ankommt, zeichnet die Güte auf dem Hintergrund der ewig stärkeren Gewalt sich nur um so klarer ab. Nie wird diese unbekannte Frau von Bethanien und ihre Tat vergessen werden, meint Jesus; ihrer wird man in alle Ewigkeit gedenken. Wir dürfen mithin vor Gott das Gefühl haben, daß es sich lohnt, einfach zu tun, was uns gut erscheint, auch wenn wir damit nicht die Not der Welt beseitigen können. Das Tun dieser Frau ist zentral etwas, das zum Evangelium von Tod und Auferstehung Jesu von Anfang an hinzugehört. Denn nur von dieser Art der Güte her wird man an Auferstehung glauben können, und nur vom Glauben an die Auferstehung her wird man zu dieser Art der absichtslosen Güte fähig sein[10]. Würde der Körper, den die Frau salbt, nur zerstört und nur vernichtet, so wäre in der Tat nicht einzusehen, was an ihrem Tun noch sinnvoll wäre; die Vernichtung hätte dann das letzte Wort, und es wäre nur ein schwacher Trost, der von der Zärtlichkeit der Frau ausgehen könnte. So aber wird das, was sie tut, selbst durch den Tod im Grunde nicht zerstört; denn der, dem sie es schenken wollte, wird niemals ausgelöscht; und das, was sie tut und gemeint hat, bleibt bestehen für immer. Die Ewigkeit des Lebens kann nur glauben, wer die Liebe selbst für ewig hält. Und dies ist für uns Jesus: der Mensch, dem wir glauben, daß die Liebe, die Gott ist, niemals vergeht.

Weicheres und Schwächeres als das Wasser. Und doch in der Art, wie es dem Harten zusetzt, kommt ihm nichts gleich. Es kann durch nichts verändert werden. Daß Schwaches das Starke besiegt und Weiches das Harte besiegt, weiß jedermann auf Erden, aber niemand vermag danach zu handeln. Also auch hat ein Berufener gesagt: ‹Wer den Schmuck des Reiches auf sich nimmt, der ist der Herr bei Erdopfern. Wer das Unglück des Reiches auf sich nimmt, der ist der König der Welt.› Wahre Worte sind wie umgekehrt.»

[10] Vgl. die Ermahnungen des greisen *Sosima* in: F. M. Dostojewskij: Die Brüder Karamasoff, 1. Teil, 2. Buch, 4. Kap.: Die kleingläubige Dame, 1. Bd., 68–76.

Mk 14,10–21: Judas oder: Fürbitte für einen Verzweifelten

[10]Und Judas Iskarioth, der eine der Zwölf, ging weg zu den Hohen
Priestern, um ihn auszuliefern an sie. [11]Die aber, als sie es hörten,
freuten sich und versprachen, ihm Geld zu geben. Da suchte er, wie er
ihn bei günstiger Gelegenheit ausliefern könnte.
[12]Und am ersten Tag der ungesäuerten Brote, da man das Passahlamm
schlachtete, sagen ihm seine Jünger: Wo willst du, daß wir hingehen
und Vorbereitungen treffen, daß du das Passahmahl essen kannst?
[13]Da schickt er zwei seiner Jünger und sagt ihnen: Geht in die Stadt,
da wird euch ein Mann begegnen, der einen Wasserkrug trägt; folgt
ihm, [14]und wo er hineingeht, da sagt dem Hausherrn: Der Meister
läßt sagen: Wo ist mein Gastzimmer, wo ich das Passah mit meinen
Jüngern essen kann? [15]Er selbst wird euch dann ein großes Oberge-
mach zeigen, mit Polstern belegt, fertig bereitet; dort also trefft die
Vorbereitungen für uns. [16]Da gingen die Jünger fort und gingen in die
Stadt und fanden es, wie er ihnen gesagt hatte, und sie bereiteten das
Passahmahl vor.
[17]Und als es Abend geworden, kommt er mit den Zwölf. [18]Und wie
sie (zu Tisch) lagen und aßen, sprach Jesus: Wahrlich, sage ich euch:
einer von euch wird mich ausliefern – (einer), der mit mir ißt. [19]Da
fingen sie an, sich zu betrüben und ihm zu sagen, einer nach dem
anderen: Doch nicht ich? [20]Er aber sagte ihnen: Einer der Zwölf, der
(die Hand) eintaucht mit mir in die Schüssel. [21]Denn der Menschen-
sohn geht dahin, wie geschrieben steht über ihn, wehe aber jenem
Menschen, durch den der Menschensohn ausgeliefert wird. Gut für
ihn, er wäre nie geboren, jener Mensch!

Kaum einem Menschen tut die Bibel so sehr unrecht wie Judas. Es ist beinah, als wenn man ihn absichtlich diffamieren *müßte*, um durch seine Anschuldigung zum Ausdruck zu bringen, wie sehr man sich von ihm doch unterscheide. Diese Tendenz nimmt im Neuen Testament sogar ständig zu, bis *Johannes* schließlich erklärt, Judas sei ganz einfach ein gemeiner Dieb gewesen (Joh 12,6)[1]. *Markus* hingegen betont noch: Er war einer der Zwölf[2]. Wer

[1] Die Theorie von der «Geldgier» des Judas ist ganz unsinnig. «Als Kassenwart, der er war, wäre er da wohl eher mit der Kasse durchgegangen.» W. FRICKE: Standrechtlich gekreuzigt, 154. Die Verzeichnung der Gestalt des Judas im Joh-Ev. ist zudem besonders ungerecht, weil Joh 12,5 die Mitteilung in Mk 14,4.5 aufgreift. Bei dem Protest der Jünger über die «Verschwendung» des Geldes für das kostbare Nardenöl geht es bei Markus aber

durchaus nicht darum, das Geld für sich selber zu behalten, es geht vielmehr um den spätjüdischen Gegensatz von «Almosen» und «Liebeswerken»; s. o. zu Mk 14,1–9, Anm. 1. Wenn schon die Gestalt des Judas mit *diesem* Einwand gegen die Einstellung Jesu verschmilzt, so bietet sich von daher immerhin ein erster Anhaltspunkt für das zentrale Motiv, aus dem heraus der «Verrat» des Judas zu verstehen sein könnte: es ist der ständige Kontrast zwischen Gesetz und Liebe, zwischen Vernunft und Herz, zwischen Pragmatismus und Prophetie, an welchem Judas möglicherweise scheiterte. Es ist dabei wichtig, auch in formalem Sinne die Einschätzung der Stelle durch R. BULTMANN: Die Geschichte der synoptischen Tradition, 282 zu beherzigen: «Geschichtlichen Bericht enthalten die Verse auf jeden Fall kaum. Denn abgesehen davon, daß der Verrat des Judas mindestens in seiner konkreten Darstellung der Legende angehört, hat man von dem Beschluß der Behörde sicher keine authentische Kunde erhalten, sondern ihn aus den Ereignissen erschlossen.» M. a. W.: es kommt darauf an, die Gestalt des Judas aus den Zügen der Legende selbst zu entwickeln, nicht aber, sie historisch zu rekonstruieren. Zur Interpretation von Legenden vgl. E. DREWERMANN: Tiefenpsychologie und Exegese, I 413–450; 456–473. Wohl ist es wahr, daß die Darstellung der Hinterhältigkeit und Boshaftigkeit des «Verrates» die Passionsgeschichte Jesu entsprechend dem Typos von dem «Leiden des Gerechten» schildern will (R. PESCH: Das Markusevangelium, II 338); vgl. die Anspielungen auf Ps 31,19; 41,3.8.10; 43,1–2; 52,3–6; 109,2–5.8; man muß indessen betonen, daß die Typologie solcher Darstellung *menschheitlich* ist und sich keineswegs auf die Psalmen Israels beschränkt. So lesen wir in der Lehre des ägyptischen Königs Amenemhet I (1995–1965 v. Chr.) Worte, die ganz an Ps 41,10 gemahnen: «Ich habe den Armen gegeben und habe das Waisenkind erhalten... (Aber:) Der meine Speise aß, war es, der mich verachtete (?); der, dem ich die Hand gegeben hatte, war es, der Schrecken damit erregte.» A. ERMAN: Die Literatur der Ägypter, 106–107. Zudem gilt es, sich zu fragen, *warum* «der Gerechte» wie im Falle Jesu leiden muß; und hier ist es vor allem die Stellung Jesu «zu Gesetz und Tempel» (Mk 3,6; 11,18; 14,58), die auch den Verrat des Judas im Kontext des Markus (!) motiviert haben dürfte; vgl. E. SCHWEIZER: Das Evangelium nach Markus, 159. Hinzuziehen muß man zur Interpretation der Judasgestalt auch die Legende vom Ende des Judas in Apg 1,15–26. Ob freilich diese ebenfalls stark typologisch geformte «Legende» «eindeutig», wie R. PESCH: A. a. O., II 339 meint, die Historizität des Verrates des Judas beweist, ist mehr als zweifelhaft. Der Tatbestand ist an diesen Stellen der gleiche wie auch sonst: es ist nicht möglich, hinter den deutenden *Bildern* der Evangelien die historischen Fakten des Lebens Jesu «eindeutig» zu rekonstruieren, so wenig wie hinter den Bildern eines Traumes, der die rezenten Eindrücke eines vergangenen Tages verarbeitet. Bilder dieser Art zeigen, was das Geschehene für den Betroffenen bedeutet, nicht aber, was sich äußerlich ereignet hat; dieses Äußere zu wissen trägt zum Verständnis der Bilder selbst nichts bei; und es wissen zu wollen ist vom Standpunkt des Glaubens aus sogar die falsche Fragestellung. – Mit dem tiefenpsychologischen Interpretationsansatz wird indessen gerade nicht behauptet, es sei alles nur Traum und Bild und die Geschichte selber müsse ausgeklammert werden; umgekehrt: die wahre Geschichte Jesu ist uns nur durch die Bilder zugänglich; einzig sie zeigen uns, wer er wirklich (für uns) *ist*. Im übrigen erinnert der Streit um die «Objektivität» des Geschichtlichen stark an das Problem der Erkenntnistheorie I. KANTS: wenn uns das «Ding an sich» nur zugänglich ist in den «Erscheinungen» der

also war Judas «wirklich» – nicht als «historische» Gestalt, denn das werden wir niemals wissen, wohl aber als Typ, als eine menschliche Wirklichkeit in uns selber[3]?

Alle Leidensgeschichten der Evangelien versuchen die Frage zu beantworten, warum Jesus leiden mußte, und sie versuchen das Problem zu lösen, indem sie durch Belege aus dem Alten Testament nachweisen möchten, es sei der

Wirklichkeit, die wir selbst mit Hilfe der eigenen Vorstellungsschemata und Kategorien des Verstandes als objektive konstruieren, so ist damit doch nicht gesagt, es gebe gar keine Wirklichkeit und alles sei nur subjektiver Schein. Richtig sagt G. Bornkamm: Jesus von Nazareth, 145: «Diese Einsicht in das Geschichtsverständnis der Überlieferung (sc. die das Leiden Jesu als eine Kette erfüllter Prophezeiungen hinstellt, d. V.) nötigt uns freilich zu dem Eingeständnis, daß wir über diesen letzten Abschnitt der Geschichte Jesu im eigentlich historischen Sinne nur wenig Sicheres wissen. Denn es kann kein Zweifel sein, daß, in welchem Umfang auch immer, der Weissagungsbeweis nicht nur eine Zutat nachträglicher Reflexion und Deutung ist, sondern auch selbst geschichtszeugend gewirkt hat... Gleichwohl wäre nichts verkehrter, als den Berichten der Evangelien über Jesu Leiden und Sterben jede Geschichtlichkeit abzusprechen, nur weil der Glaube der Gemeinde gerade an diesem Stück der Überlieferung besonderes Interesse nahm und mit Hilfe alttestamentlicher Schriftstellen sie gestaltet.»

[2] Daß Judas «einer der Zwölf» ist (vgl. Mk 3,19; 14,20.43), liegt der Tradition des Markus bereits vor. Vgl. auch E. Drewermann: Das Markus-Evangelium, I 310, Anm. 37. Zu Recht weist R. Pesch: Das Markusevangelium, II 341 darauf hin, daß in Mk 3,13 Judas zu denen gehörte, die «weggegangen» sind zu Jesus, während er jetzt in Mk 14,10 «weggegangen» ist zu den Hohenpriestern. Was aber geht in einem Menschen vor sich zwischen dem einen und dem anderen «Weggang»? Offenbar ist es in den Augen des Judas die *gleiche* Motivation, die ihn zu dem einen wie zu dem anderen drängt. Die Gleichheit der Wortwahl zeigt uns denselben Judas, damals wie jetzt; m. a. W.: man kann den «Verrat» des Judas nur verstehen, wenn man Judas in *Kontinuität* zu seiner Berufung versteht, nicht in Diskontinuität dazu. Gerade als «einer der Zwölf» wird Judas zum Verräter. Dieses Paradox gilt es zu verstehen. Recht hat S. Kierkegaard: Tagebücher, III 122: «Aufs ganze gesehen muß Judas weit gründlicher eingeführt werden denn als ein bloßer Schurke. Auch von ihm gilt ja, daß Christus sagt: Ich habe sie selbst erwählt.» (Vgl. Mk 3,13)

[3] A. Schweitzer: Geschichte der Leben-Jesu-Forschung, II 449 meinte zu Recht, der Verrat des Judas könne «nicht darin bestanden haben, daß er den Gegnern den zur Verhaftung geeigneten Aufenthalt Jesu angab. Das konnten sie billiger haben, indem sie ihn durch Späher beobachten ließen. Aber Markus berichtet (sc. 14,10.11, d. V.) ausdrücklich, daß Judas, als er ihnen den Herrn verriet, von einem für die Verhaftung günstigen Aufenthalt des Herrn noch nichts wußte, sondern nach einer solchen Gelegenheit suchte.» Den eigentlichen Verrat sah A. Schweitzer in der «Preisgabe des Messianitätsgeheimnisses. Jesus starb, weil zwei seiner Jünger das Schweigegebot gebrochen hatten: Petrus, der das Messianitätsgeheimnis den Zwölfen zu Caesarea Philippi kundtat (sc. Mk 8,29 d. V.); Judas

vorbestimmte Wille Gottes gewesen, nach dem alles so kommen mußte. In *dieser* Sicht war Judas nur ein Werkzeug Gottes, und man möchte auf dem Hintergrund einer solchen Theologie beinahe an jene Stelle aus dem Römerbrief (9,22) denken, wo Paulus von den «Gefäßen des Zorns» spricht, die Gott «hergerichtet» habe «zum Verderben»[4]. In gleichem Sinne läßt auch das *Markus*-Evangelium Jesus über den «Verräter» sagen, für diesen Menschen

Iskariot, der es dem Hohenpriester zu wissen gab.» Diese Ansicht scheitert jedoch daran, daß «Judas nicht als Zeuge im Prozeß auftrat (14,61 f.)», wie E. SCHWEIZER: Das Evangelium nach Markus, 159 richtig bemerkt. Es ist eine reine Verlegenheitsauskunft, wenn A. SCHWEITZER: A. a. O., II 449 diesen Sachverhalt damit zu erklären sucht, daß Judas «eben der einzige Zeuge» gewesen sei, und hinzufügt: «Darum nützte ihnen dieser Verrat für die eigentliche Gerichtsverhandlung nichts, wenn Jesus nicht bekannte.» Sie hätten halt nur Petrus gleich mit verhaften und zur Aussage bringen müssen, und es ist undenkbar, daß man Judas in diesem Falle nicht seinem Meister gegenübergestellt hätte. Wenn es aber bei dem Verrat des Judas nicht um das «Messiasgeheimnis» gehen kann, so entfallen auch die phantastischen Konstruktionen, die in Judas Ischkariot einen «Sikkarier» sehen wollten, der mit seinem Verrat Jesus zum Aufstand gegen die Römer habe *zwingen* wollen. Auch die «idealistische» Variante dieses Konstrukts ist dann nicht zu halten, wie sie von R. K. GOLDSCHMIT – JENTNER: Die Begegnung mit dem Genius, 256–276 vorgeschlagen wurde: «Jesus wußte um die Tat, sah sie kommen, mußte sie erwarten und vielleicht – erhoffen. Ja, auch erhoffen. Denn sie brachte die Verheißung vom Messias und seinem Erlösertod für die Menschen zur Vollendung.» (S. 267) Ähnlich zu beurteilen ist auch der Vorschlag von H. VON MENDELSSOHN: Jesus – Rebell oder Erlöser, 79–80, der meint, daß Judas in geheimem Einvernehmen mit Jesus gehandelt habe. «Also muß man annehmen, daß Jesus die Verhaftung gewollt, ja herbeigeführt hat, um die Prophezeiungen bei Sacharja in Erfüllung gehen zu lassen.» (S. 79) In solchen Theorien nimmt man die spätere theologische *Deutung* des Verrates Jesu psychologisch als historisches Motiv der Tat des Judas, m. a. W.: man verwechselt die logischen Ebenen der Interpretation. Insofern ist auch die Darstellung bei W. JENS: Der Fall Judas, Stuttgart 1975, 24; 37 nicht richtig zentriert, wenn er annimmt, Judas habe seinen Meister durch den Verrat dahin bringen wollen, sich als «Herr der Welt» zu erkennen zu geben. Wohl aber scheint es zuzutreffen, wenn W. JENS davon ausgeht, daß Judas nicht einen Verrat, sondern einen Freundschaftsdienst an Jesus habe verrichten wollen. Dann aber muß man *in Judas* eben den Konflikt voraussetzen, der auch objektiv zwischen Jesus und dem Hohen Rat sich aufs tödliche zuspitzt: den Gegensatz der Botschaft Jesu zu «Gesetz und Tempel»; E. SCHWEIZER: Das Evangelium nach Markus, 159; und man muß die Gestalt des Judas so auslegen, daß sie von diesem Gegensatz her unsere *eigene* Widersprüchlichkeit aufhellt. – Zu den bekannten Hypothesen über den Verrat des Judas vgl. auch die Aufzählung bei J. BLINZLER: Der Prozeß Jesu, 62–64.

[4] So setzte 855 das *Concilium Valentinum*: De praedestinatione, Can. 3 mit Berufung auf Rom 9,22 fest: «gläubig bekennen wir die Vorherbestimmung der Auserwählten zum Leben und die Vorherbestimmung der Gottlosen zum Tode, und daß bei der Auserwäh-

(Judas) sei es besser, er wäre nie geboren worden[5]. Solche Worte zählen unzweifelhaft zu den dunkelsten und abgründigsten Stellen des ganzen Neuen Testamentes (Mk 14,21). Schafft Gott sich wirklich in dieser Weise seine «Werkzeuge», nur um sie alsdann zu vernichten? Rückwärts betrachtet, mag es manchmal so erscheinen; aber man darf, um einen Menschen zu verstehen, sein Tun niemals vom Ende her betrachten, sondern nur vom

lung derer, die gerettet werden sollen, das Erbarmen Gottes dem positiven Verdienst vorausgeht, bei der Verdammung derer hingegen, die verloren gehen werden, das negative Verdienst dem gerechten Urteil Gottes.» H. DENZINGER – A. SCHÖNMETZER: Enchiridion Symbolorum, Nr. 628, S. 210. – Zur traditionellen Deutung der Judas-Gestalt vgl. K. LÜTHI: Judas Iskarioth in der Geschichte der Auslegung von der Reformation bis in die Gegenwart, 1955. – Insbesondere AUGUSTINUS: Vorträge über das Evangelium des Johannes, 29. Vortrag, 1. Abschn., Schriften, VI 23–24 stellt die rhetorische Frage: «Oder ist vielleicht auch er (sc. Judas, d. V.) zu etwas erwählt, wozu er eben notwendig war, nicht aber zur Seligkeit»? Um die erste «Ehrenrettung» des Judas bemüht sich ORIGENES: Gegen Celsus, II 11, Schriften, II 118–121, der gegenüber den Angriffen des *Celsus* die Meinung vertritt, «daß mit seiner (sc. des Judas, d. V.) Geldgier und der ruchlosen Absicht, den Meister zu verraten, in seiner Seele ein Gefühl verbunden war, das die Worte Jesu in ihm hervorgebracht hatte, und das sozusagen die Andeutung eines Überrestes an Redlichkeit in ihm enthielt.» So deutet ORIGENES den *Kuß*, mit dem Judas den Herrn verrät, sowie seinen späteren Selbstmord so, daß sich darin zeige, «welche Gewalt die Lehre Jesu selbst über einen Sünder wie Judas ausübte.»

[5] Mit Recht hat E. MEYER: Ursprung und Anfänge des Christentums, I 173–174 auf die historische Unwahrscheinlichkeit dieser messiastheologischen Konstruktion hingewiesen: «Die Tatsache, daß sich in der nächsten Umgebung ihres Meisters ein Verräter gefunden hatte, mußte die Christengemeinde in derselben Weise bedrücken, wie der Verrat des Kalippos an Dion die Akademie Platos. Überdies aber schlug es doch der Anschauung von der übernatürlichen Erkenntnis Jesu . . . ins Gesicht, daß der Messias selbst in den Kreis der auserwählten Zwölf einen Verräter aufgenommen hatte. Unmöglich konnte Jesus sich so geirrt haben; er mußte wissen, mit wem er es zu tun hatte, und den Verräter erkannt haben. Aber er hat ihn aufgenommen, damit durch ihn das Geschick erfüllt werde . . . 14,21. Für die Aufrechterhaltung des Messiascharakters Jesu ist diese Erzählung (sc. Mk 14,17–21, d. V.) ganz unentbehrlich; sie gehört notwendig zum echten Bestand des Marcusevangeliums. Aber daß Marcus sie aus einer anderen Quelle eingefügt hat, als das vorhergehende und folgende, ist ebenso klar. Das wird weiter dadurch bestätigt, daß um ihretwillen das Schema, nach dem sonst der Aufenthalt Jesu in Jerusalem behandelt ist, hier verlassen werden muß: während er sonst den Tag im Tempel zubringt (vgl. 14,49 . . .) und des Abends hinausgeht, hat er hier den Tag draußen zugebracht und kommt abends . . . zum Passahmahl in die Stadt.» – Welche Probleme die Konstruktion von dem Vorherwissen Jesu menschlich wie theologisch aufwirft, hat W. FRICKE: Standrechtlich gekreuzigt, 152 richtig gesehen: «Jesus . . . wußte, daß Judas sich schuldig machen und der Satan ihn zu

ewiger Verdammnis führen werde. Wer diese Auffassung vertritt..., muß sich fragen lassen, warum Jesus es wohl nicht verhindert hat, daß Judas sich an ihm versündigt. Denn das Ende, das dieser Jünger wegen seiner Handlung erleidet, ist so schrecklich, daß Jesus ein Zyniker gewesen sein müßte, wenn er ihn bei der letzten Begegnung ‹mein Freund› genannt... hätte.» – D. DORMEYER: Die Passion Jesu als Verhaltensmodell. Literarische und theologische Analyse der Traditions- und Redaktionsgeschichte der Markuspassion, Münster 1974 (NTA NF 11), 95–99 hält die Wendung in Mk 14,18 «der mit mir ißt» für eine Hinzufügung und ersetzt in 14,20 «einer von den Zwölfen» durch «einer von euch». Demnach wäre es Markus selbst gewesen, der ausdrücklich den Verrat des Judas als Erfüllung von Ps 41,10 interpretiert hätte: «Der von meinen Broten aß, hebt wider mich die Ferse hoch.» Der Satz steht aber auch in *1 QH* 5,23–26: «Auch die, die mein Brot aßen, haben die Ferse gegen mich erhoben. Und es redeten Übles wider mich mit frevelhafter Lippe alle, die meinem Kreise verbunden waren. Und die Menschen meines Anhangs waren störrisch und murrten ringsum. Und über das Geheimnis, das du in mir verborgen hattest, trieben sie Verleumdung bei den Söhnen des Unheils. Damit du dich groß erwiesest an mir und um ihrer Schuld willen, hast du verborgen die Quelle der Einsicht und den Rat der Wahrheit.» E. LOHSE: Die Texte aus Qumran, 131–133. Vgl. oben Anm. 1. Der Gedanke an die Prädestination des Leids zum Machterweis Gottes erinnert im Sinne der Theologie von Qumran sehr an Joh 13,2–3. H.-J. KLAUCK: Judas – ein Jünger des Herrn, 57 formuliert im Sinne der historisch-kritischen Methode ganz korrekt, übergeht aber das psychologische Problem seines eigenen Befundes vollständig (trotz S. 28–30, des knappen Referates von TH. REIK!), wenn er sagt: «Das Schändliche der Judastat erfährt von der Schrift her eine nachdrückliche Ausmalung. Daß Jesus sie im voraus ankündigt, dient einem apologetischen Zweck: Er ist mit vollem Wissen und aus freien Stücken in den Tod gegangen und nicht etwa von finsteren Machenschaften gegen ihn überrascht worden. Ihm konnte auch nicht verborgen bleiben, was im Herzen eines seiner Jünger vor sich ging.» Wenn man dieses «Wissen» nicht rein phantastisch (als Zeichen der göttlichen Allmacht Jesu im Sinne von Joh 2,25) wertet, so ist eben *das* die psychologisch entscheidende Frage: wie man von einem Menschen sicher wissen kann, was er unter gegebenen Umständen tun wird. Die Frage ist um so wichtiger, als in Mk 14,19 die Jünger sich über die Weissagung Jesu «betrüben»: «doch nicht ich?» Im Prinzip könnte es *jeder* sein. L. SCHENKE: Studien zur Passionsgeschichte des Markus. Tradition und Redaktion in Mk 14,1–42, Würzburg 1971, 230f. sieht zwar in der Frage der Jünger nichts als Überheblichkeit, doch diese Deutung paßt nur zu 14,29.31, wo die Jünger die Weissagung des «Strauchelns» und «Verleugnens» weit von sich weisen; gerade die «Betrübnis» der Jünger zeigt, wie tief sie *an dieser Stelle* sich wirklich verunsichert fühlen. Man entschärft diese innere Gefährdung und existentielle Verunsicherung, auf die es bei der Interpretation dieses Legendenmotivs gerade ankommt, in ungebührlicher Weise, wenn man den Konflikt unter Zuhilfenahme der üblichen theologischen Formeln einfach in «Gott» hineinprojiziert. Gerade das aber tut H.-J. KLAUCK: A. a. O., 59, wenn er von Mk 14,21 sagt: «Wir haben es... mit einem weiteren frühen Versuch zu tun, das Handeln des Judas theologisch aufzuarbeiten und zu deuten. Die Dialektik des Ineinanders von göttlichem Heilsplan und menschlichem Verschulden erscheint in äußerst kondensierter Form. Es muß so sein, der Menschensohn muß leiden, weil nur so der in der Schrift niedergelegte Wille Gottes in Erfüllung geht. Dennoch

Anfang her. Im nachhinein erscheint vieles als notwendig, als logisch, als «göttliche Prädestination», was im Augenblick der Tat durchaus nicht notwendig und logisch und also auch nicht «gottgewollt» war. Die Frage bleibt und stellt sich also um so mehr, was Judas selbst mit seiner Tat gewollt hat. Im Sinne der «Erfüllungstheorie» spricht das *Matthäus*-Evangelium (Mt 27,3–9) in Erinnerung an den Verkauf des ägyptischen Josef (Gen 37,28) und angelehnt an ein Zitat aus dem Propheten Sacharja (Sach 11,13) davon, daß Judas für seinen Verrat 30 Silberlinge erhalten habe[6]; daraus hat das *Johannes*-Evangelium seine Ansicht gewonnen, Judas sei ein geldgieriger Geizhals gewesen, der vom Satan verführt worden sei[7]. Aber das Motiv der Geldgier

soll die ganze Wucht des Gerichtshandelns Gottes den Menschen treffen, der seine Hand dazu herleiht.» Wohl greifen «Ansage und Weheruf in Mk 14,21 ... auf das Vokabular der Passionssummarien zurück. In Mk 9,31 (‹Der Menschensohn wird in die Hände der Menschen übergeben›) finden wir sogar das gleiche Wortspiel mit Mensch und Menschensohn.» (A. a. O., 58) Aber darf man sich mit solchen Feststellungen beruhigen? Wann eigentlich wissen wir, was Gottes Wille ist? Und warum spricht «die Schrift» so oft vom «Leiden des Gerechten»? Und wann dürfen wir sagen, «Gott» «strafe» einen Menschen? Und wie steht es um eine «Schuld», die wir wie *unvermeidlich* begehen? Man darf Geschichten dieser Art, die von Begebenheiten auf Leben und Tod ezählen wollen, nicht von rückwärts nach dem fertigen Ergebnis ihrer theologischen Interpretation lesen, sondern man muß diese Interpretation selbst auf die Unheimlichkeit des Anfangs zurückbeziehen.

6 Zu den 30 Silberlingen vgl. H.-J. Klauck: Judas – ein Jünger des Herrn, 50–52. Zur Deutung von Sach 11,13 vgl. K. Elliger: Die Propheten (ATD 25), 162–165. Das Prophetenwort bezieht sich ursprünglich auf «das Endgültigwerden des Schismas zwischen Jerusalem und Samaria ... wahrscheinlich im Zusammenhang mit dem Tempelbau auf dem Garizim.» (S. 163) Das Wort stammt also aus dem letzten Drittel des 4. Jh.'s v. Chr. Vgl. A. Alt: Zur Geschichte der Grenze zwischen Judäa und Samaria, in: Kleine Schriften zur Geschichte des Volkes Israel, II 346–362, S. 358–359. Die «Händler» («Kanaanäer»), die hier die 30 Silberlinge zahlen, bezeichnen dort die samaritanische Herrenschicht. Mt 27,3–10 hat diese Stelle «messianisch gedeutet. In seltsamer Verquickung mit Reminiszenzen aus dem Buche Jeremia wird dort (V. 9f.) auch Sach 11,12b als jeremianisch (!) angesprochen. Dabei werden die 30 Silberlinge auf den Judaslohn bezogen und ‹der Eingeschätzte› auf Jesus Christus. Der Hirt, der nach dem klaren Wortlaut des Textes die Geduld verliert und in voller Freiheit den Vertrag kündigt, auch souverän auf den Lohn verzichten kann, ist zum Märtyrer geworden ... die typologische Deutung des Matthäus ist im Grunde ebensowenig sachgemäß wie die allegorische der Rabbinen, die hier 30 Gebote oder 30 Gerechte finden.» K. Elliger: A. a. O., 165. – Zu der Gestalt des Judas im Sinne eines Midrasch zum Buch Sacharja vgl. Sch. Ben-Chorin: Bruder Jesus, 142–143.

7 Bereits Lk 22,3 führt das Tun des Judas auf den Satan zurück; doch geht es dort weniger um die Motivation des Judas, sondern um «die Zuordnung zur Heilsgeschichte: Der Satan

kann unmöglich zutreffen; ein simpler Geizhals verhält sich nach der Tat nicht so, wie Judas es der Darstellung des *Matthäus*-Evangeliums zufolge tut: daß er das Geld den Hohen Priestern vor die Füße schleudert (vgl. erneut Sach 11,13) und sich aus Verzweiflung erhängt (Mt 27,3–4)[8]. Freilich hat die kirchliche Tradition selbst *darin* noch ein neuerliches Zeichen der dämonischen Verworfenheit des «Judas» erkennen wollen[9]. Aber wenn schon vom «Teufel» die Rede sein soll, warum nicht zugeben, daß Judas ein «*armer* Teufel» war? Es ist das einzige, was wir ganz sicher von ihm wissen – und

ist wieder da. Damit ist die Heilszeit, wie sie 4,18–21 beschrieben war, zu Ende. Es beginnt das Leiden.» H. CONZELMANN: Die Mitte der Zeit, 73. Dann aber muß man sich fragen, welche Kräfte *im Menschen* es eigentlich sind, die nichts weiter möchten, als daß die begonnene «Heilszeit» möglichst rasch wieder beendet wird, und da vertreten bei Markus *die Hohenpriester* und *Schriftgelehrten* offensichtlich mit ihrer Gesetzlichkeit die tödliche Gegenpartei Jesu; der Gegensatz zwischen Jesus und den Hohenpriestern muß dann aber gerade *in Judas selbst* als Motiv für seinen «Verrat» gesehen werden. Man kann gegen Ende des 20. Jh.'s doch nicht einfach die Sprache des Lukas (und Johannes) als theologische Aussage unreflektiert rezitieren, indem man mit H.-J. KLAUCK: Judas – ein Jünger des Herrn, 52 erklärt: «Der Satan macht den Menschen Judas zu seinem Werkzeug, allerdings nicht zu seinem willenlosen Werkzeug, wie es im Fall von dämonischer Besessenheit zuträfe. Judas bleibt für sein Handeln verantwortlich und wird von Lukas dafür behaftet.» Zu dieser fatalen Ersetzung der Psychologie durch Dämonologie s. o. zu Mk 9,14–29, Anm. 7; 8; S. 20–23.

[8] Zu Mt 27,3–10 vgl. H.-J. KLAUCK: Judas – ein Jünger des Herrn, 92–101. Die Judaslegende orientiert sich an dem Selbstmord des *Ahitophel*, der Ratgeber am Hofe Davids war (2 Sam 15,12), sich aber dem Aufstand Absaloms anschloß (2 Sam 15,31; 16,15.20–23); als man seinem klugen Rat nicht folgte, «erhängte er sich» (2 Sam 17,1–23). «Verrat an David, ‹Verrat› an Jesus, dem Davidssohn – Verräter, so lautet die Quintessenz, haben kein anderes Schicksal verdient.» H.-J. KLAUCK: A. a. O., 96. Haben sie nicht?

[9] Vgl. AUGUSTINUS: Gottesstaat, I 17, Schriften, I 52: «Judas nämlich hat, da er Selbstmord beging, zwar einen verbrecherischen Menschen getötet, aber er hat dadurch gleichwohl sein Leben geendet, schuldbeladen nicht nur mit Christi Tod, sondern auch mit dem eigenen Tod, weil er dem Tode anheimfiel zwar wegen seines Verbrechens, aber eben dadurch ein neues Verbrechen von seiner Seite.» Zu der Beurteilung des *Selbstmords* vgl. E. DREWERMANN: Vom Problem des Selbstmords oder von einer letzten Gnade der Natur, in: Psychoanalyse und Moraltheologie, III 98–173, S. 146. Welch ein Abstand trennt die Meinung des *Augustinus* von der gütigen Betrachtung bei ORIGENES: Kommentar zu Matthäus 117 (1767A PG 13), der von Judas sagt: «Er glaubte nämlich im Tode dem todgeweihten Meister zuvorkommen und ihm mit nackter Seele entgegentreten zu können, auf daß er, bekennend, flehend, Barmherzigkeit erlange.» Lateinisch zitiert bei H.-J. KLAUCK: Judas – ein Jünger des Herrn, 96, Anm. 244.

was wir also verstehen müssen, um einer menschlichen Möglichkeit auf die Spur zu kommen, an der wir alle teilhaben.
Vielleicht kommt man den Motiven des Judas am nächsten, wenn man nicht so sehr von dem «Verrat» ausgeht, sondern von der Legende seines Todes. Bereits die Bibel hat das Ende des Judas als etwas Entsetzliches und Grauenhaftes ausgemalt – als ein Zerbersten und Auseinanderplatzen (Apg 1,18), eine Todesart, die in den Legenden der Menschheit für Personen typisch ist, die auf unheilvolle Weise seelisch zerrissen sind[10]. Schon deshalb ist Judas eine unheimliche Gestalt, weil er der einzige Mensch ist, von dem die Bibel (neben der Gestalt des Königs Saul im Alten Testament: 1 Sam 28,16–19) zu sagen wagt, daß er «verloren» sei[11]. Niemand besitzt in der Bibel eine solche Nähe zu dem, was man gemeinhin «Hölle» nennt, wie Judas; kein Mensch jedenfalls dürfte so «höllisch» an sich selbst gelitten haben, – an der Schuld seiner Tat und doch wohl auch an den Motiven, die ihn dazu trieben, Jesus zu «verraten»[12]. Von Petrus heißt es, als er seine Schuld bemerkte, habe er

[10] Vgl. Weish 4,19 und 2 Sam 20,10, wo *Amasa* beim Aufstand *Sebas* gegen David von Joabs Schwert so getroffen wird, «daß er seine Eingeweide zur Erde schüttete»; vgl. auch Ri 3,22. Vgl. bes. H. L. Strack – P. Billerbeck: Kommentar zum Neuen Testament aus Talmud und Midrasch, I 1007–1031. – Die Legende vom Tode des Judas «ist in Anlehnung an die Flurbezeichnung ‹Blutacker›... entstanden... In bezug auf Schuld und Strafe ist der Bericht naiv; an die Möglichkeit einer Vergebung für Judas ist nicht gedacht.» H. Conzelmann: Die Apostelgeschichte, 24. Die Art des Todes ist als echtes *jus talionis* zu werten; dann aber muß man psychologisch von der Art des Todes über die Art der Handlung auf die Art des Motivs zurückschließen: Gleiches für Gleiches! Zerrissenheit für Zerrissenheit! Gerade der Tod durch Zerplatzen bzw. durch Magenfäulnis wird von *Antiochus IV.* (2 Makk 7,1–42; 9,1.4–12.28), von *Herodes dem Großen* (Flavius Josephus: Jüdische Altertümer, XVII 6,5, S. 467–469), von dem Prokonsul *Catull* (73–74 n. Chr.), der zahlreiche Juden hatte umbringen lassen (Flavius Josephus: Der jüdische Krieg, VII 11,4, Bd. II 271), von Kaiser *Galerius* (250–311), der die Christen verfolgte, u. a. berichtet. Vgl. Lactantius: Von den Todesarten der Verfolger, in: Schriften, 3–63, Kap. 33, S. 41–42. Vgl. auch H.-J. Klauck: Judas – ein Jünger des Herrn, 116–121, der allerdings den legendarischen Typos selbst nicht psychologisch deutet.
[11] Vgl. dazu E. Drewermann: Vom Problem des Selbstmords oder von einer letzten Gnade der Natur, in: Psychoanalyse und Moraltheologie, III 98–173, S. 138–139.
[12] Man muß nur die «Dämonologie» ins Psychologische zurückübersetzen, mit welcher Papst Leo der Grosse: Sämtliche Sermonen, Sermo LIV 3, Schriften, II 90–91 *Judas* endgültig verurteilt: «Darum bist... du, o Judas, gottloser und unglücklicher als alle, weil dich nicht Reue zum Herrn zurückführte, sondern Verzweiflung zum Stricke trieb.» «... als verstockter Mensch... folgtest du der wilden Verzweiflung deines Herzens. Satan stand zu deiner Rechten, und so fiel die gottlose Tat, die du gegen das Haupt aller Heiligen

bitterlich geweint (Mk 14,72). Doch der «Verrat» des Petrus war nur eine halbherzige, aus purer Angst geborene Handlung im Augenblick, die ihn mehr überfiel, als daß er selber sie vollzog. Judas hingegen muß in vollem Bewußtsein, überlegt und reflektiert, etwas Bestimmtes mit seinem Verrat gewollt haben. Vielleicht war er gar nicht die niederträchtigste, sondern nur die unbedingteste, die klarsichtigste Persönlichkeit des ganzen Jüngerkreises. Himmel und Hölle – das sind die absoluten, extremen Endzustände von Entscheidungen, die wir im Leben meist nur sehr diffus und unklar überlegen. Judas aber hat offenbar eine bestimmte Richtung seines Handelns mit glasklarer Logik und unbestechlicher Konsequenz gewählt. Ja, wenn im *Markus*-Evangelium Jesus selbst vorgreifend über Judas urteilt, für «diesen Menschen» sei es besser, wenn er nicht geboren wäre, schließt Judas sich dann nicht in vollem Umfang diesem Urteil an, wenn er am Ende selber Hand an sich legt? Nur Judas war fähig, seine Überlegungen und sein Verhalten bis zu diesem Punkt eines reinen Widerspruchs zu steigern; nur er, außer dem klugen Achitophel, dem Ratgeber Absaloms im Alten Testament (2 Sam 17,23), war in der Bibel fähig, auf solche Weise seinem Leben ein Ende zu setzen[13], nachdem er selber zuvor alles auf eine Karte gesetzt hatte. Am Ende scheint Judas unter den Selbstvorwürfen seiner Schuld so sehr gelitten zu haben, daß es für ihn kein Weiterleben mehr geben *durfte*. Er hatte etwas getan, mit dem er alles gewinnen wollte. Als man Jesus zur Hinrichtung abführte, hatte er alles verloren.

Man sagt manchmal, der Unterschied zwischen Petrus und Judas liege darin, daß Petrus auf das Verzeihen Gottes vertraut habe, Judas aber am Erbarmen Gottes verzweifelt sei. Diese Darstellung enthält aufs Wort das ganze Grauen und die ganze Tragödie der Gestalt des Judas. Nur darf man eine solche

unternommen hattest, auf dein eigenes zurück. Deshalb bist du auch selbst zum Richter deiner Bosheit und zum Vollstrecker deiner Strafe geworden, weil dein Verbrechen das Maß jeder Sühne überschreitet. Vgl. DERS.: Sermo LXII 4, a. a. O, II 139–140: «. . . in sein boshaftes Herz, das sich bald mit Betrug und Dieberei, bald mit Verrat und Mord beschäftigte, hatte die Lehre von der Barmherzigkeit des Heilands nie Eingang gefunden . . . Ohne Verständnis stand er der Güte Christi gegenüber . . . So sündigte derjenige, der den Urheber des Lebens an seine Mörder verschachert hatte, selbst noch durch seinen Tod, indem er dadurch seine Schuld nur vergrößerte.»

[13] Siehe oben Anm. 8. Zu dem Selbstmord *Ahitophels* vgl. die sehr lesenswerte Suizidstudie von V. LENZEN: Selbsttötung, 83–85, die (S. 85) auch auf den (zweifelhaften) Vergleich mit Judas eingeht und sich bzgl. der Negativbeurteilung des Todes des Judas bes. mit K. BARTH: Die kirchliche Dogmatik, III 4, S. 466 auseinandersetzt (S. 90–93).

Sprechweise nicht als eine dogmatische Leerformel verstehen. Denn was geht in einem Menschen vor sich, ehe er «an Gottes Barmherzigkeit verzweifelt»? Um zu wissen, wie hoch ein Turm ist, muß man wissen, wie tief der Abgrund ist, über dem er gebaut wurde. Um zu wissen, was der Glaube ist, muß man sein Gegenteil, die Verzweiflung, kennen, sonst wird alles Reden über Gott und Glauben flächig und oberflächlich. In gewissem Sinne verkörpert Judas in der Tat das Gegenteil von «Gottvertrauen». Es ist das Schreckliche an seinem Zustand, daß er offenbar *alles* in ein absolutes, strahlendes Licht getaucht sieht. Andere Menschen überkommt das Böse, er aber hat es getan. Er selber sieht sich unter der furchtbaren und schrecklichen Bestimmung «vor Gott»[14], durch dieses unendliche Vergrößerungsglas aller Schuld, durch dieses Licht, das gleißender und blendender sein kann als der grelle Schein der Jupiterlampen, die sich im Schauprozeß auf einen Angeklagten richten, ehe aus der stechenden Wand ihrer Helligkeit die Stimme des Staatsanwaltes zum Geständnis auffordert. Judas wollte nicht, daß man Jesus tötet; aber er hat ihn ausgeliefert. Das ist seine Schuld; er gesteht alles; er gebraucht nicht den geringsten Winkelzug, nicht ein einziges Wort, sich zu entschuldigen oder sich freizusprechen. Im vollen Bewußtsein der ganzen Schwere seiner Tat versucht er das Unmögliche, die Tat selbst zu widerrufen und ungeschehen zu machen. Voller Verachtung, voller Wut schleudert er das Blutgeld den Mitgliedern des Hohen Rates vor die Füße. Aber es ist zu spät. Nichts läßt sich mehr aufhalten. Unentrinnbar läuft alles zu einem einzigen Knäuel zusammen: die Politik und die Intrigen des Synhedriums, die schmierigen Methoden der Bestechung und Bespitzelung, die ewige Buhlerei der Angst um Ansehen und Macht – wie haushoch steht Jesus über diesem Netzwerk der Gemeinheit! Er aber, Judas, hat das Fangnetz um ihn zugezogen! Auf ewig wird er mit Haut und Haaren zu diesem Kreis gehören, der Jesus mit Verlogenheit, mit Starrheit und mit Hinterlist an den Galgen bringen wird! Was bleibt einem solchen Menschen, als für sich selbst den Strick zu nehmen!

Man kann den Selbstmord des Judas nicht verstehen, wenn man nicht voraussetzt, daß Jesus ihm ursprünglich sein Leben war und bedeutete. Eine verbreitete Theorie, um den Verrat des Judas zu erklären, besagt, daß Judas aus religiös-politischen Motiven Jesus zum Handeln habe zwingen wollen; gerade nach dem triumphalen Einzug Jesu in Jerusalem habe er die Stunde für

[14] Zu dieser *Kategorie* der Verzweiflung *vor Gott* vgl. S. KIERKEGAARD: Die Krankheit zum Tode, 6. Abschn., 1. Kap., S. 75–78: Steigerung im Bewußtsein des Selbst (Die Bestimmung: vor Gott).

gekommen erachtet, die Gunst der Masse auszunutzen und sich zu ihren Messiashoffnungen offen zu bekennen. Es habe ihn entsetzt, mitansehen zu müssen, wie Jesus seine Aktivitäten in diesen entscheidenden Tagen zu verzetteln schien, wie er die jüdischen Instanzen endgültig gegen sich aufbrachte und nichts organisierte und plante, um sich dem absehbaren Zugriff der Obrigkeit entgegenzustellen[15]. Doch diese Hypothese läßt sich kaum halten. Für die Annahme, daß Jesus sich als *politischen* Messias der Menge habe vorstellen wollen, spricht in den Evangelien durchaus nichts – so oft diese Ansicht auch vorgetragen wird[16]; sieht man jedoch von der Annahme eines messiaspolitischen Umsturzversuches des Judas generell ab, so könnte man allenfalls noch annehmen, Judas habe in einer religiös-phantastischen Weise an die «Messianität» seines Meisters geglaubt und gehofft, Jesus durch seinen Verrat soweit in die Enge treiben zu können, daß er seine göttliche Macht endlich unter Beweis stellen mußte. Man kann indessen gar nicht oft genug betonen, daß eine solche Wundermagie, gerade den relativ frühen Zeugnissen des Markus-Evangeliums zufolge, dem Kreise Jesu gänzlich fremd war und, wenn sie je bestanden hätte, bis zu diesem Zeitpunkt gewiß längst korrigiert worden wäre[17]. Immerhin scheint an dieser Theorie doch so viel richtig zu

[15] So erwägt sogar J. Blinzler: Der Prozeß Jesu, 64: «Vielleicht hatte er (sc. Judas, d.V.) einen nationalpolitischen Messias, den Wiederaufrichter des davidischen Thrones und Reiches erwartet und war schließlich in dieser Erwartung aufs bitterste enttäuscht worden.» Als ob Jesus zu solchen Erwartungen je Anlaß gegeben hätte!

[16] S. o. zu Mk 11,1–11, Anm. 1; S. 166–168.

[17] Es war besonders der Einfluß von A. Schweitzer: Geschichte der Leben-Jesu-Forschung, II 420–423, der dazu führte, die «Zwei-Stufen-Christologie» für die dogmatische Voraussetzung des Selbstverständnisses des historischen Jesus selbst zu erklären: «Er dachte sich eben wie jeder, der an die unmittelbare Eschatologie glaubte, in zwei Zuständen: dem jetzigen und dem künftigen, in den er beim Einsetzen der übernatürlichen Welt verwandelt würde.» (S. 422) Natürlich sind unter diesen Voraussetzungen Jesus und seinen Jüngern die aberwitzigsten Erwartungen zuzutrauen. Sehr zuzustimmen ist demgegenüber J. P. Mackey: Jesus. Der Mensch und der Mythos, 78–79: «Es ist... wahrscheinlich..., daß sich die radikale Veränderung, die Jesus in seiner angestammten Religion herbeizuführen versuchte, auch folgendermaßen zutreffend umschreiben läßt: Er wollte eine neue Nähe Gottes zu jedem einzelnen herbeiführen, so daß menschliche Mittler zwischen Gott und dem Menschen nicht mehr nötig sein würden. Das hätte die Religion und ihre Amtsträger bestehen lassen, ihren Status jedoch radikal verändert. Vielleicht hat Jesus sogar das Recht jedes einzelnen verteidigt, den heiligen Namen Gottes auszusprechen, obwohl seine bevorzugte Anrede ‹Vater› war, und vielleicht hat er das sogar vor den Ohren des Hohenpriesters getan, als konkrete Illustration dessen gewissermaßen, worauf sein Auftrag ab-

sein, daß Judas gerade mit seinem Verrat ursprünglich etwas hat bewirken wollen, das dem Anliegen und der Person Jesu *nicht* schaden, sondern im Grunde nützen sollte, indem es dazu beitrug, die wahre Gestalt Jesu vor den Augen aller offenbar zu machen; auch in seinem Verrat muß Judas ein Anhänger Jesu geblieben sein, sonst wäre sein späteres Verhalten vollkommen unverständlich; nur kann das, was er offenbart sehen wollte, sich nicht auf einen politischen oder religiös-phantastischen Messiasanspruch Jesu bezogen haben. Die Frage lautet also: Worauf bezog es sich dann?

Inhaltlich scheint eine andere Vermutung über die Motive des Judas für seinen «Verrat» nicht verkehrt, wonach es angesichts der Worte und Taten Jesu für jeden gesetzestreuen Juden von einem bestimmten Zeitpunkt an zur Pflicht werden mußte, Jesus dem Hohen Rat anzuzeigen[18]. In den Augen

zielte.» «... die beste Hypothese über die Anklagepunkte bei dieser Befragung (sc. in Mk 14,53–65, d.V.)... ist, daß sie sich auf seine (sc. Jesu, d.V.) Absicht bezog, eine Veränderung im jüdischen Gesetz (der jüdischen Religion) herbeizuführen, eine Veränderung, die von den Führern als radikal eingestuft wurde und von der sie fürchteten oder erkannten, daß sie ihre eigene Rolle und ihren Status gefährden konnte. Sind das nun religiöse oder politische Anklagen? Es liegt auf der Hand, daß sie nicht ausschließlich als religiös anzusehen sind. Die Führer des Volkes trachteten Jesus nicht etwa deshalb nach dem Leben, um die göttliche Entscheidung auszuführen, ihn für die Sünden der Welt sterben zu lassen. Ebensowenig wollten sie ihn töten, weil er einen falschen Standpunkt zu einem wichtigen Aspekt der jüdischen Lehre vertrat. Im Gegenteil, die einzig angemessene Antwort ist, daß die gegen Jesus erhobenen Beschuldigungen politische und religiöse Aspekte unlöslich miteinander verbanden. Jesus setzte in Theorie und Praxis eine Bewegung in Gang, die zugleich die Religion verändern und ihre Institutionen einschließlich der Amtsinhaber gefährden würde.» «Was Jesus bewirkte, machte ihn für einige zum Christus, zum Sohn Gottes. Für andere machte es ihn lediglich zu einer Gefahr für die Regierung.» Man muß sich nun bei den Jüngern Jesu, ursprünglich frommen Juden, vorstellen, wie zerreißend dieser Konflikt zwischen Gott und Gesetz, zwischen Person und Institution in der Botschaft Jesu auf sie gewirkt haben muß; dann hat man den Hintergrund, um die widersprüchliche Gestalt des Judas zu verstehen – und zu würdigen!

[18] Darauf hat E. STAUFFER: Jesus. Gestalt und Geschichte, 86 ganz zu Recht hingewiesen: «Judas, der Nichtgaliläer, war offenbar ein treuer Sohn der Synagoge, vielleicht schon seit Monaten der Spitzel des Jerusalemer Synhedriums im Jüngerkreis des Galiläers... Jedenfalls hielt er die Auslieferung des Gotteslästerers und Pseudopropheten nach dem Edikt von J(oh) 11,57 für seine religionsgesetzliche Pflicht im Sinne des Ketzergesetzes.» H.-J. KLAUCK: Judas – ein Jünger des Herrn, 55 ist zuzustimmen, wenn er die Meinung STAUFFERS zurückweist, Judas sei «von Anfang an ein Heuchler, ein versteckter Betrüger oder gar ein verkappter Spitzel des Hohenrates gewesen». Aber es scheint insgesamt unmöglich, sich Judas als einen Mann zu denken, der entweder für *oder* gegen Jesus gewesen wäre; –

strenger Thorajuristen kam die liberale Gesetzesauslegung Jesu gewiß einer einzigen Provokation gleich. Wohl ist es richtig, daß der Theorie nach etwa auch ein Mann wie *Rabbi Hillel* eine höchst menschenfreundliche, der Gottes- und Menschenliebe verpflichtete Interpretation des mosaischen Gesetzes vornahm[19]. Aber es ist bis heute ein großer Unterschied, ob Theologen gewissermaßen unter Fachkollegen gewisse Thesen diskutieren, oder ob sie damit an die Öffentlichkeit gehen, um mit den Menschen draußen zu leben, was sie lehren. Gerade die «unprofessorale», volksnahe, den Leuten zugewandte und verbundene Art Jesu muß die religiöse Frage nach dem Verhältnis zu Gott, statt sie theologisch zu neutralisieren, in eine Machtfrage verwandelt haben. Solange Theologen unter sich bleiben, bleibt die geistige Autorität ihres Standes unangetastet; wenn aber das Volk geradezu eingeladen wird, sich selber seine eigene Gesetzesauslegung zurechtzumachen, so unterminiert eine solche Haltung das Ansehen und die Kompetenz dieser «Theologen vom Fach»; auf eine solche Haltung antworten sie niemals «religiös», sondern stets «politisch» – sie fordern das Gesetz ein, so wie sie es verstehen: als Schuldspruch auf Leben und Tod[20].

gerade weil die meisten Hypothesen über die Gestalt dieses Mannes nur in Schwarz-Weiß zu denken vermögen, gelingt es ihnen nicht, das entscheidende Paradox zu verstehen: einen Verrat als Freundschaftsdienst. Zudem muß man voraussetzen, daß der tödliche Gegensatz zwischen Jesus und dem Hohen Rat sich eben nicht auf die Messiashoffnung an sich bezog, sondern auf die Art, wie Jesus die Nähe Gottes durch seine Person zu leben suchte (gegen KLAUCK: A. a. O., 55). Es ist mehr als sonderbar, daß bis heute sich niemand die Frage vorgelegt hat, was es eigentlich bedeutet haben muß, in der tradierten Religion der Synagoge fest verankert zu sein und dann auf einen Mann zu treffen, der die eigene Existenz auf das tiefste berührt und verwandelt, aber gerade dadurch die «alten Schläuche» (Mk 3,22) zerreißt!

[19] Vgl. dazu bes. SCH. BEN-CHORIN: Bruder Jesus, 15–16, der bei allen Parallelen zwischen der Botschaft Jesu und den Lehren *Hillels* zu der Meinung kommt, Jesus sei gewissermaßen als «dritte Autorität» zwischen *Hillel* und *Schammai* zu stellen. «Es wird dabei nicht ganz leicht sein, die jesuanische Interpretation des Gesetzes zu kennzeichnen. Jesus interpretiert das Gesetz zuweilen milde wie Hillel und andererseits wieder schroff wie Schammai. Und doch meine ich, daß sich in der Interpretation Jesu eine deutliche Tendenz erkennen läßt: die *Verinnerlichung des Gesetzes*, wobei die *Liebe* das entscheidende und motorische Element bildet.»

[20] Noch einmal J. P. MACKEY: Jesus. Der Mensch und der Mythos, 82–83: «... die beste Erklärung ... (sc. für das Todesurteil Jesu durch den Hohen Rat und die Römer, d.V.) ist, daß Jesus nach Meinung der Beteiligten den Status der Amtsträger in der Marionettenregierung in Frage stellte, deren Lebensentscheidung darin bestand, daß sie mit den Römern

Es mag sein, daß Judas, der «Mann aus Karioth», bereits insofern eine Ausnahme im Jüngerkreis bildete, als er als einziger aus Judäa stammte, nicht aus Galiläa wie alle anderen. Schon seine Sprache war anders, sie wies nicht den charakteristischen behäbig-breiten Klang des galiläischen Dialektes des Aramäischen auf. Der russische Dichter ANDREJEV verlieh ihm zusätzlich das Kainsmal körperlicher Entstellung und Häßlichkeit nebst dem zugehörigen Minderwertigkeitsgefühl und dem entsprechenden Wunsch, etwas Besonderes zu sein[21]. Möglich ist jedenfalls, daß Judas durch seine größere Nähe zum

kollaborierten, daß er damit die empfindlichen Strukturen dieses unerläßlichen Zusammenspiels zwischen Unterdrückern und Unterdrückten gefährdete und mit Grund beschuldigt werden konnte, das gesamte Netzwerk der aus zwei Fäden geknüpften Zivilgewalt in diesem Lande zu bedrohen ... seine ... Rolle verband unlöslich religiöse und politische Aspekte. Dennoch war es der politische Aspekt, der vor beiden Tribunalen sein Leben in Gefahr brachte, bis es vor Pilatus schließlich verwirkt war.»

[21] Bzgl. des Namens *Ischkariot* meinte noch H. L. GOLDSCHMIDT: Heilvoller Verrat. Neue Besinnung auf Judas, in: Der Aufbau. Schweizerische Wochenzeitung für Recht, Freiheit und Frieden, 13/14 (1974), 17, das Wort enthalte «das aramäische ‹schekra› und ‹eschkaria›: Täuschung, Betrug und Falschheit»; als erster machte einen solchen Vorschlag B. C. C. TORREY: The Name Iscariot, Harvard Theological Review, Cambridge (Mass.) 36 (1943) 51–62, der bei Ischkariot an aram. *shiqrai* (*sh'qarya*) – «falsch, heuchlerisch» dachte. E. STAUFFER: Neue Wege der Jesusforschung. Wissenschaftliche Zeitschrift der Martin-Luther-Universität Halle-Wittenberg, VII 2 (1958) 451–476, S. 459 f. deutete hingegen (mit der Mehrheit der Exegeten) den Namen als «Mann aus Karioth», das in Südjudäa zu vermuten ist. Vgl. J. BLINZLER: Der Prozeß Jesu, 64, der darauf hinweist, daß in Joh 6,71; 13,26 bereits der Vater des Judas als *Simon Ischarioth* bezeichnet wird, was die «Lügenbedeutung» des Namens deutlich widerlegt. Somit wäre Judas der einzige unter den Jüngern Jesu, der *nicht* aus Galiläa stammte. – L. N. ANDREJEV: Judas Ischariot, in: Die sieben Gehenkten. Lazarus. Judas Ischariot, 89–142 zeichnet im Stil des russischen Symbolismus der Jahrhundertwende die Gestalt des Judas als einen Mann, dessen Antlitz bereits «wie durch einen zweifachen Schwertstreich gespalten und wieder zusammengefügt» ist. «Hinter einem solchen Schädel konnte nicht Stille und Eintracht herrschen, hinter einem solchen Schädel dröhnte der Lärm blutiger und erbarmungsloser Schlachten.» (92) Dieser Mann, dessen eines Auge nach Andrejev blind ist, verkörpert das Böse schlechthin; doch gerade deshalb, meint ANDREJEV, fühlte Jesus sich zu ihm hingezogen. «Der Geist des lauteren Widerspruchs, der Ihn unaufhaltsam zu den Verstoßenen und Ungeliebten trieb, ließ Ihn Judas entschlossen bei sich aufnehmen.» (92) So kommt es zu einem dramatischen Ringen zwischen den beiden, mit dem Ziel, die Liebe Christi bis zu ihrem Übermaß durch die Gegnerschaft des Widerspruchs hervorzulocken. «Mit dem Kuß der Liebe», erklärt Judas bei der Verhaftung Jesu, «überantworten wir Dich dem Hohn, der Folter, dem Tode! Mit der Stimme der Liebe rufen wir die Henker aus ihren finsteren Höhlen zusammen, und wir richten ein Kreuz auf – hoch über dem Scheitel der Erde

Tempel sich auch den Theologenkreisen von Jerusalem entschieden näher fühlte als die anderen Jünger; möglich deshalb auch, daß er schon von daher viel eher und viel intensiver in einen Konflikt geriet, auf den alle anderen erst sehr viel später durch Paulus (Gal 2,11–14) hingewiesen werden sollten: auf den *prinzipiellen* Gegensatz zwischen Jesus und dem Gesetz. Es bestand die verpflichtende Anordnung, daß jemand, der einen anderen als notorischen Gesetzesbrecher erkennt, diesen den Behörden *ausliefern* muß, wenn er sich nicht selbst der Hehlerei und Verdunklung, der passiven Duldung und indirekten Mittäterschaft schuldig machen will. Wäre es nicht denkbar, daß Judas dieser Bestimmung aufs Wort nachgekommen ist? Daß sein «Verrat» eine «Auslieferung» im Sinne des Gesetzes war?

Aber so kann es auch nicht gewesen sein, jedenfalls nicht nur. Hätte Judas einfachhin aus Überzeugung das Gesetz befolgen und den Gesetzesbrecher der verdienten Strafe übergeben wollen, so müßte man annehmen, daß er innerlich beizeiten mit Jesus gebrochen hätte, und gewiß wäre sein Gefühl nach vollbrachter Tat eher ein Empfinden der Erleichterung und der Genugtuung gewesen; tatsächlich aber ist Judas fassungslos, als er erkennt, daß man Jesus verurteilt hat (Mt 27,3–5); daraus kann man doch nur schließen, daß er Jesus zwar dem Hohen Rat melden und überliefern, aber ihn gerade nicht

erhöhen wir die aus Liebe gekreuzigte Liebe.» (125) Das ist die Logik von Rom 5,20, ins Psychologische gewendet. – Sch. Ben-Chorin: Bruder Jesus, 141–142 weist im Rahmen der «Mythologisierung» der Gestalt des Judas darauf hin, daß hier (neben dem Midrasch zum Prophetenbuch des Sacharja – s. o. Anm. 6 – sowie der Qumrantradition von den Söhnen der Finsternis – s. o. Anm. 5) vor allem «der Midrasch von den vier Söhnen in der Haggada» zur Passahliturgie vorliege. «Der Rascha, der Böse, wird als der zweite Sohn der Haggada unter den vier Fragertypen vorgeführt. Von ihm heißt es im Text der Haggada: ‹Und indem er sich von der Gemeinschaft ausschließt, leugnet er die Hauptsache ... und selbst wenn er dabeigewesen wäre, wäre er nicht erlöst worden.› Genau das trifft auf Judas den Sohn des Verderbens (Joh 17,12), zu. Er schließt sich aus der Gemeinschaft des Jüngerkreises aus, verläßt die Tafelrunde, um hinzugehen und den Meister zu verraten. Er ist anwesend bei der Einsetzung des Abendmahles, aber er schließt sich durch seine Tat von der Erlösung aus. Er trägt damit genau die Züge des ‹Bösen› in der Haggada, und er ist selbst ein Sohn des Bösen, des Satans, der in ihn fährt, ihn dämonisiert. ... und auch hier haben wir wiederum einen Anklang an das Buch Sacharja (3,1–2), denn nur bei Sacharja und im Prolog zum Buche Hiob kommt der Satan personifiziert in einer Erzählung des Alten Testamentes vor, ebenso im 2. Buch der Chronik 21,1 und im 109. Psalm, Vers 6.» Diese *Typologie* bedarf natürlich ihrer psychologischen Interpretation.

verurteilt sehen wollte, ja, daß paradoxerweise der «Verrat», die «Auslieferung», womöglich dem Zweck dienen sollte, einen endgültigen Freispruch für Jesus zu erwirken[22].

Man muß, um sich die rechte Vorstellung zu machen, einmal davon ausgehen, daß alles, was die Bibel von Judas erzählt, von ihm selbst auch wirklich

[22] Man kann gerade nicht, wie H.-J. KLAUCK: Judas – ein Jünger des Herrn, 121–123 dies versucht, die Mitteilung über das Ende des Judas seiner legendären Typologie wegen (s. o. Anm. 6) als unhistorisch abtun und *daneben* die historische Gestalt des Judas rekonstruieren wollen. Im Gegenteil kommt es darauf an, die *Einheit* der Legende zur Grundlage ihres Verständnisses zu nehmen und die einzelnen Motive als Teile eines lebendigen Gesamtbildes zu betrachten. Während die verschiedenen Überlieferungen in historisch-kritischer Absicht als einander konkurrierend analysiert und auf ihre jeweils ursprünglichere Form hin reduziert werden müssen, geht es in tiefenpsychologischer Sicht darum, die unterschiedlichen Traditionen eines Mythos, eines Märchens, einer Sage oder Legende als komplementär zu einander zu betrachten, um dadurch das gemeinsame Thema, den Grundkonflikt zu bestimmen, um dessen Lösung sich die Erzählungen in ihrer Vielfalt bemühen. Vgl. dazu (im Vergleich zur Methode *strukturalistischer* Mythendeutung) E. DREWERMANN: Tiefenpsychologie und Exegese, I 183–185. Dabei muß die Historizität der Gestalt des Judas an sich nicht bestritten werden; nur wird das, was Judas war, erst deutlich in dem, was «Judas» als Typos in uns ist. Dieser Interpretationsansatz unterscheidet sich zudem wesentlich von der im Grunde immer noch historisierenden Typologie, mit der A. DREWS: Das Markus-Evangelium als Zeugnis gegen die Geschichtlichkeit Jesu, Jena 1921, 245–249 in «Judas» lediglich einen Repräsentanten des christusfeindlichen Judentums erblicken wollte. – Richtig aber ist der Hinweis auf das *Typische*, das dem *Gegensatz zwischen dem Heiligen und dem Verräter psychologisch* zukommt. So wies G. MARQUARDT: Der Verrat des Judas Ischariot – eine Sage, München (Kleine Studien 30) 1900, 48 nicht zu Unrecht auf die Anschläge des bösen *Dewadatta* in der *buddhistischen* Überlieferung hin. Auch *Dewadatta* fuhr «zur Awitschihölle ..., weil er aus Sucht nach Ehre und Gewinn ohne Anlaß dem vollkommen Erleuchteten grollte.» E. LÜDERS: Buddhistische Märchen, 36. Der Kontrast von Licht und Schatten in der Konfrontation zwischen Jesus und Judas selbst muß *psychologisch* verständlich gemacht werden. Ausgehend von G. SCHLÄGER: Die Ungeschichtlichkeit des Verräters Judas, ZNW 15 (1914) 50–59 u. a. hat vor allem TH. REIK: Der eigene und der fremde Gott, 75–97; 98–129 die Gestalt des Judas als ein späteres Gegenstück des Heilands deuten wollen, das «aus der allmählichen Verschärfung des Ichidealanspruchs und dem gesteigerten unbewußten Schuldbewußtsein entstanden» sei (129); insbesondere die Szene von Mk 14,20 (Joh 13,26) deutete REIK rein *ödipal*: es gebe hier «der Vatergott (Jesus) dem Sohne (Judas) selbst den Auftrag ..., ihn zu töten und zu fressen: die entschiedenste Verleugnung der feindseligen Impulse der Brüderschar. Es stimmt mit dieser Auffassung überein, wenn Christus den Verrat gerade in dieser Szene voraussagt und Judas zuruft: ‹Was du tust, das tue bald› (sc. Joh 13,27, d.V.), was sowohl als Ausdruck der Ungeduld der gegen Jahweh gerichteten feindseligen Impulse als

auch des unbewußten Sühne- und Reuebedürfnisses Jesu verstanden werden» müsse (124); den sexuellen Anteil der ödipalen Triebstrebungen des Jüngerkreises gewinnt Reik aus der Szene von der Salbung Jesu (Mk 14,1–9): «Wir erkennen in der Salbung Jesu... die sexualsymbolische Szene des Geschlechtsverkehrs, also der Vereinigung des jungen Liebesgottes mit der Muttergöttin. Wir verstehen dann den Unwillen Judas, der den alten Vatergott repräsentiert, sowie die darauf folgende Auslieferung. Bedenken wir aber die Doppelgestalt Jesu als Vater- und Sohnesgott, so erscheint uns Judas auch als der neidische Sohn, der den Anblick der Zärtlichkeit zwischen Vater und Mutter zum Motiv des Vatermordes nimmt.» (126–127) Es steht gewiß außer Frage, daß es möglich ist, in der christlichen Frömmigkeitshaltung eine Fülle unaufgelöster Strukturen des Ödipuskomplexes nachzuweisen, wie Th. Reik sie beschreibt, und es ist gewiß ebenfalls mehr als berechtigt, darauf hinzuweisen, wieviel an verdrängtem psychischem Material seitens der Christen über die Gestalt des Judas in «das» Judentum hineinprojiziert wurde. Die eigentliche Bedeutung der psychoanalytischen Interpretation Th. Reiks aber liegt darin, daß er (in Anlehnung an S. Freud: Totem und Tabu) die gesamte Erlösungslehre des Christentums vom Ödipuskomplex her zu verstehen suchte. Um diesen Ansatz sinnvoll mit der Theologie zu verbinden, ist es freilich unerläßlich, das «ödipale» Deutungsraster *therapeutisch* aufzugreifen, es also als dasjenige zu verstehen, wovon die Gestalt Jesu zu erlösen imstande ist, wovon sie selber aber gerade deshalb nicht geprägt sein darf. Vgl. dazu E. Drewermann: Das Markus-Evangelium, I 45–80. Es ist sehr wichtig, gerade im Sinne des Markus zu betonen, daß Jesus nur deshalb die Menschen von «Dämonie» und Krankheit zu heilen vermochte, weil er in sich als eine psychisch integrierte Person in Erscheinung trat – die entsprechende Erzählung davon liegt vor in Mk 1,12–13: In der Wüste und in Gottes Nähe oder: Vereint mit Tieren und mit Engeln; vgl. dazu E. Drewermann: A. a. O., I 142–161. Von daher ist *christologisch* durchaus kein Platz für die *subjektale* Deutung der Schule C. G. Jungs, die in Judas den Schatten Jesu selbst erblicken möchte; vgl. C. G. Jung: Antwort auf Hiob, XI 385–506; S. 438: «Neben der Menschenliebe macht sich im Charakter Christi eine gewisse Zornmütigkeit bemerkbar. ... ebenso ein Mangel an Selbstreflexion. Nirgends findet sich ein Anhaltspunkt dafür, daß Christus sich je über sich gewundert hätte. Er scheint nicht mit sich selber konfrontiert zu sein.» In diese Zone des Unbewußten läßt sich leicht die Gestalt des Judas hineinschieben, der dann die Rolle des geheimen (unbewußten) Komplizen Jesu zu spielen hat, um die Selbsterlösung des Erlösers zu ermöglichen und zu vollenden. All diese Spekulationen scheitern indessen an Mk 1,12–13. – Zudem läßt sich an der Gestalt des Judas besonders deutlich ersehen, wie wichtig das Verständnis der Psychodynamik der *Angst* ist, um gerade das zu vermeiden, was manche Rezensenten mit dem Stichwort «Psychoanalyse» offenbar nach Art eines bedingten Reflexes zu verknüpfen sich angewöhnt haben: *Gnosis*! Gerade weil in der vorliegenden Auslegung des Markus-Evangeliums die Gestalt Jesu *jenseits* aller psychischen Ambivalenzen als *eindeutig* gütig aufgefaßt wird, scheint es unausweichlich zu sein, daß die Erscheinung Jesu all die Zwänge, Sadismen, Abspaltungen und «ödipalen» Strebungen freisetzt, die in der bestehenden Form von Religion institutionalisiert und internalisiert sind. Insofern verkörpert *Judas* gerade die tödliche Schwierigkeit *in uns selbst,* zwischen Gnade und Gesetz, Güte und Gerechtigkeit, Gott und Gewalt eine menschlich glaubwürdige Entscheidung zu treffen.

so gemeint war, wie es berichtet wird[23]. Vor allem sein so rätselhafter Kuß im Garten (Mk 14,45) wäre dann keineswegs ein «Kuß des Todes» oder ein besonders hinterhältiges Zeichen seines Verrates, sondern ein ganz und gar ehrlich gemeinter Ausdruck der bleibenden Verbundenheit mit Jesus. Hätte Judas nur auf Jesus hinweisen wollen, um ihn verhaften zu lassen, so hätte er lediglich mit der Hand einen Wink zu geben brauchen. Es kommt ihm aber offensichtlich darauf an, Jesus *zu küssen* und ihn gerade in dem Moment des Verrates seiner Freundschaft und Treue zu versichern. Judas tut etwas, das

[23] Zu dem *Kuß*, mit dem Judas im Garten am Ölberg seinen Meister begrüßt (Mk 14,43–46), vgl. H.-J. KLAUCK: Judas – ein Jünger des Herrn, 64–67. D. DORMEYER: Die Passion Jesu als Verhaltensmodell, Münster 1974, 145 meint, daß als ursprüngliche Tradition nur Mk 14,43b.46 zu betrachten seien; das Motiv des Judas-Kusses entstammte demnach einer später eingetragenen Legendenbildung. – Als Vorbilder des *trügerischen* Kusses könnte im Alten Testament 2 Sam 20,9–10 dienen, wo *Joab* heuchlerisch *Amasa* grüßt und küßt, nur um ihm das Schwert in den Leib zu stoßen; vgl. H.W. HERTZBERG: Die Samuelbücher, 307–308. H. L. STRACK – P. BILLERBECK: Kommentar zum Neuen Testament aus Talmud und Midrasch, I 996 belegen, daß auch Gen 33,4, der Bruderkuß *Esaus*, als Kuß der Falschheit gedeutet wurde. KLAUCK: A. a. O., 66–67 schließt daraus, daß das «Deutungselement» des heimtückischen Kusses «keinerlei Entschudigung» für Judas gelten lasse. «Er mißbraucht auf schreckliche Weise die menschliche Nähe zu Jesus.» Zugleich handle es sich vor dem innergemeindlichen «Background» des rituellen Heiligen Kusses während des Herrenmahles um eine Warnung vor Treulosigkeit innerhalb des Gemeindelebens. Gegen diese Deutung aber spricht *im Sinne der neutestamentlichen Judas-Legende*, daß schon Matthäus (26,47–50) die Stelle ganz anders gelesen hat und wohl zu Recht! Nicht nur übernimmt er die schon bei Markus überlieferte feierliche Anrede: «Rabbi», sondern er macht auch durch die Antwort Jesu deutlich, «daß Jesus trotz allem seine freundschaftliche Bindung zu Judas aufrecht erhalten will.» KLAUCK: A. a. O., 68. Der *Verrat* des Judas ist gerade das Paradox, das dann Lk 22,47–48 auf die Formel bringt: «Judas, *mit einem Kuß* verrätst du den Menschensohn?» Man kann nur sagen: Ja! Als ein äußerster Freundschaftsdienst, an dessen Ende eine Katastrophe steht! – Einen scheinbar ganz anderen, in Wahrheit aber ergänzenden Zugang zum Verständnis des Judas-Kusses gewinnt SCH. BEN-CHORIN: Bruder Jesus, 153, der das Motiv des «Todes im Kusse», der «*Mitha bi-Neschika*» hier wiedererkennt: «Der Gerechte stirbt nach jüdisch-haggadischer Vorstellung im Kusse: im Kusse Gottes. Diese Vorstellung knüpft sich an den Tod des Mose, den einsamen Bergtod (sc. Dtn 34,5, d.V.). Gott küßt dem Mose die Seele fort. Nicht der Todesengel mit seinen Schrecken naht sich dem Gerechten, sondern Gott, der Vater, neigt sich herab, küßt seinen Sohn und nimmt ihm im Kusse die Seele, die er ihm gegeben.» «Der Kuß des Judas ist nicht nur für die Häscher das Zeichen, er ist es, so verstanden, auch für Jesus selbst.» Diese Deutung setzt voraus, daß Judas mit dem Kusse *Jesus* etwas sagen wollte, und so wird man auch die Legende selbst verstehen müssen; unmöglich aber kann Judas wie in einem Mysterienspiel Jesus den Tod haben bringen

Jesus vielleicht wirklich irgendwie geahnt, aber in dieser Form nicht gewollt oder gebilligt hat; er unternimmt also objektiv etwas Entscheidendes *gegen* die ausdrückliche Absicht Jesu; subjektiv aber scheint er zu meinen (und Jesus mit seinem Kuß in eben diesem Augenblick sagen zu wollen), daß sein Verhalten zu Jesu eigenem Vorteil beitrage und daß Jesus selbst gerade seine Auslieferung als einen äußersten Freundschaftsdienst betrachten möge. Zwar legt *Markus* (Mk 14,18) Wert darauf, daß Jesus das Tun des Judas vorweg erkannt und vor all seinen Jüngern im Sinne des Psalms 41,10 gedeutet habe: «Ja, auch mein Freund, auf den ich vertraute, der mein Brot aß, tut wider mich groß»[24]; wie aber, wenn Judas wirklich gemeint hat, mit seinem «Verrat» Jesus in Wahrheit einen Gefallen zu tun? Wenn er sich gerade in der Szene am Ölberg als einen *wahren* Freund erweisen wollte?
Es ist in der Tat ein sehr naheliegender Gedanke, der sich nicht nur mit all den Details der neutestamentlichen Überlieferung über den Mann Judas verträgt, sondern sich vor allem in die gesamte übrige Problemstellung des *Markus*-Evangeliums ohne Widerpruch einfügt, wenn wir annehmen, daß Judas den Plan zur Auslieferung Jesu faßte, weil er selber in einem unerträglichen Zwiespalt zwischen der Synagoge und der Botschaft Jesu lebte[25]. Zu denken ist, daß Judas mit seinem «Verrat» eine Entscheidung darüber herbeiführen wollte, auf welcher Seite die Wahrheit stehe: ob bei der alten oder bei der neuen Lehre. Vielleicht, daß er hoffte, die Todfeindschaft zwischen Jesus

wollen – sein späteres Entsetzen über die Aburteilung des Meisters spricht eindeutig dagegen. M. a.W.: BEN-CHORINS Deutung bezieht sich allenfalls auf den Symbolismus, den der Kuß des Judas *rückblickend* annimmt. Zu Dtn 34,3 übrigens ist zu sagen, daß die entscheidende Wendung: «Moses starb *'l pj Jhwh*» besagt: «Moses starb *nach dem Munde* (gemäß dem Worte) Jahwes»; die Rabbinen aber übersetzten *'l* mit «hinauf» und gewannen so die Bedeutung: «Moses starb hinauf zum Munde Jahwes». So kam es zu dem Kuß des Todes, mit dem Gott einem Menschen im Sterben die Seele hinwegküßt. – Vgl. auch oben Anm. 4, die Meinung des ORIGENES.

24 S. o. Anm. 1; 5.

25 Es ist mehr als unverständlich, wenn in der Exegese ganz zu Recht immer wieder auf «die Feindschaft» der Hohenpriester gegen Jesus «aufgrund seiner Stellung zu Gesetz und Tempel» hingewiesen wird (E. SCHWEIZER: Das Evangelium nach Markus, 159), dann aber bei der Deutung der Gestalt des Judas gerade dieser entscheidende Konflikt so gut wie ganz ausgeblendet wird. Offenbar fällt es außerordentlich schwer, den «Verrat» des Judas dort anzusiedeln, wo wir selbst am meisten betroffen sind: in der *Unentschlossenheit* zwischen Angst und Vertrauen, zwischen Altem und Neuem, zwischen Abhängigkeit und Freiheit, zwischen Autoritätsgehorsam und Güte, – in der ständigen Neigung, die innere Zerrissenheit *von außen* beantworten zu lassen oder mit falschen Kompromissen zu überspielen.

und dem Hohen Rat müsse sich überwinden lassen. Innerlich völlig zerrissen und im Widerspruch mit sich selber, unfähig sich zu entscheiden, unfähig aber auch, in dieser Unentschlossenheit weiter zu leben, hätte Judas, wie wir ihn uns denken, mit seinem «Verrat» den Versuch unternommen, objektiv ein Problem lösen zu lassen, für das er subjektiv keine Lösung zu finden vermochte. Allem Anschein nach wollte Judas beide verfeindeten Parteien, Jesus *und* den Hohen Rat, auf Leben und Tod miteinander konfrontieren, weil es ihm selber in dieser Frage um Leben und Tod ging. Von den Jüngern war womöglich er allein imstande, den ungeheueren Abstand zwischen der neuen Lehre und dem alten Glauben zu ermessen, da nur er intensiv genug an dem Alten hing, um von der neuen Lehre des Nazareners bis ins Herz erschüttert und ergriffen zu werden.

Ein Priester, den ich sehr hoch schätze, sagte vor Jahren einmal zu mir, es sei ihm völlig unverständlich, wie jemand, der mit Jesus monatelang zusammen war, ihn habe verraten können. Indessen, wenn wir als «Tatmotiv» für den «Verrat» gerade eine solche innere Zwiespältigkeit von «Gesetz» und «Evangelium» voraussetzen, wie wir sie bei Judas annehmen, so fällt es nicht schwer, zu begreifen, daß es sich in dieser Frage damals wie heute um einen Konflikt handelt, bei dem es in der Tat um Sein oder Nichtsein geht. Man denke nur, wie schwer es zu allen Zeiten ist, den Halt, die Bindung und die Geborgenheit einer jahrhundertealten Überzeugung und Tradition durch ein radikales Prinzip der Personalisierung aller religiös und rechtlich vorgegebenen Inhalte in den Fundamenten zu erschüttern. Wäre Judas ein Jünger Jesu gewesen, wenn er *nicht* gespürt und begriffen hätte, wie recht dieser Galiläer mit seiner Sicht der Dinge, mit der Großartigkeit seiner Visionen, mit der Berechtigung und Zielsicherheit seiner Kritik gegenüber dem Bestehenden hatte? Andererseits aber muß Jesus ihm doch zugleich wie ein Versucher, wie ein Zerstörer erschienen sein. Jesus entzweite; er zerriß alles, alles! Es gab nichts Festes, nichts von vornherein Feststehendes mehr, wenn der Atem Jesu es berührte. Und doch sehnte Judas sich von Herzen danach, daß der Standpunkt Jesu in den Augen aller sich als wahr erweisen werde. Erst wenn alle an Jesus glauben würden, hätte auch er die Erlaubnis gewonnen, sich zu der Entscheidung seines Herzens zu bekennen und auch offen den Standpunkt Jesu als allgemein gültig und wahr zu akzeptieren. Aber nun genau zu wissen, wo die Wahrheit liegt, und dennoch die Wohnung des Gewohnten aus eigenen Kräften und eigener Entscheidung nicht verlassen zu können, diese Stellung zwischen den Fronten, beide Seiten liebend und zugleich von beiden Seiten bis zur Unerträglichkeit zerrissen, gerade *das* scheint die Stellung des Judas gewesen zu sein, eine entsetzliche Herausforderung und

Überforderung, die ihm in der Gestalt Jesu zugemutet wurde. Man wird sich vorstellen müssen, wie Judas nie in ein endgültiges, klärendes Gespräch mit Jesus über diese Fragen kommt, denn er hat Angst vor dem Mut und der Unerschrockenheit des Meisters, – bereits im voraus kann er sich ausrechnen, was Jesus zu einzelnen Punkten sagen wird: er wird an der Synagoge kein gutes Haar lassen! Aber kann man in dieser Radikalität leben? Jesus ist einfach zu groß für Judas. Judas hat – wie alle! – Angst vor der bezwingenden Kraft der Güte Jesu; er hat ihr nichts entgegenzusetzen. Alles ist irgendwie zu viel, zu weit, zu offen für ihn. Aber gerade deshalb kann es auch nicht einfach falsch sein! Wie lebt ein Mensch mit solchen Widersprüchen?

Das *Johannes*-Evangelium sagt, Judas habe im Jüngerkreis die Kasse verwaltet (Joh 12,6). Was auch immer an dieser Information historisch zutreffen mag, gewiß war Judas ein Mann, der klar bis drei zählen konnte und einen ausgeprägten Realitätssinn besaß; aber gerade deshalb müssen die Entscheidungen, die Jesus forderte, ihm als zu kompromißlos, zu gewaltig, zu unbedingt erschienen sein. Als einziger vielleicht hat Judas begriffen, wieviel durch Jesus wirklich in Frage gestellt und zerstört wurde; also mußte es unbedingt, ganz unbedingt in dieser Frage eine Klärung geben; und da Judas eine solche Klärung von sich aus nicht herbeiführen kann, setzt er offenbar alle Hoffnung in eine Lösung gewissermaßen auf höherer Ebene: er liefert Jesus *mit einem Kuß* an den Hohen Rat aus; er hofft, daß Jesus sich *mit Erfolg* rechtfertigen werde; und wenn die zerstrittenen Parteien nur erst einmal miteinander diskutieren müssen, dann werden sie sich schon zu einem gemeinsamen Standpunkt durchringen, hofft Judas; dann wird die Synagoge akzeptieren, was der Nazarener mit seiner Botschaft vom Erbarmen Gottes meint, und Jesus wird verstehen, daß man auch die Gesetzesauslegung der Rabbinen nicht als prinzipiell unbarmherzig, gottlos und unmenschlich diffamieren kann noch muß. Vor allem wird dann endlich das ängstliche und unwürdige Versteckspiel auf beiden Seiten aufhören, indem der Hohe Rat Jesus umlauern und bespitzeln läßt, ohne wirklich zuzugreifen, und Jesus sich immer wieder zurückzieht und der drohenden Verhaftung ausweicht. Es muß die Zuversicht des Judas gewesen sein, daß die Synagoge, der Hohe Rat, offener, fairer, menschlicher ist, als Jesus es voraussetzt, wenn man nur die Notwendigkeit schafft, daß wirklich das Gesetz Gottes ausgelegt und durchgeführt wird; und *natürlich* muß er gehofft haben, daß Jesus den Hohen Rat von seiner guten Absicht werde überzeugen können.

Niemand vermag mit Sicherheit zu sagen, ob es sich *historisch* so verhalten hat. *Menschlich* aber kann man von diesem Ansatz her verstehen, warum jetzt alles nur auf eine Katastrophe zutreiben *muß*. Wir denken uns Judas als

einen tief empfindenden, aber gerade darum sehr abhängigen Menschen, der das Äußerste versucht, um jetzt, wo ohnehin die Fronten sich versteift haben, im letzten Augenblick einen Standpunkt zu finden, mit dem er Jesus *und* der Synagoge gleichzeitig folgen kann. Und nun muß er mitansehen, wie statt des erhofften Gespräches zur Aussöhnung der Hohe Rat Jesus einfach aburteilt, in einem nächtlichen Verfahren, durch eine Art Standgericht; er muß mitansehen, wie man sich nicht einmal die Mühe macht, Jesus gründlich zu vernehmen. Vielleicht hat Judas sogar geglaubt, daß gerade die Tage der Passahzeit es verbieten müßten, mit Jesus buchstäblich «kurzen Prozeß» zu machen, und daß sie förmlich die Chance zu einer Zwangspause des Nachdenkens, des gemeinsamen Überlegens, des Austauschs untereinander bieten könnten. Tatsächlich aber nutzt der Hohe Rat, wie *Markus* es schildert, lediglich die Gunst des Augenblicks, die Falle zuschnappen zu lassen. Der «Prozeß» gegen Jesus soll nur das längst gefaßte Vorurteil als vollstreckungsfähiges, rechtswirksames Todesurteil gegen ihn bestätigen[26].
Hat also Judas zu gut von der Synagoge gedacht? Versteht man dort wirklich nur, wie Jesus es immer wieder unterstellt hat (Mk 12,38–40!), die Sprache der Macht und des Geldes? Mit Eiseskälte weist man den Einspruch des Judas ab. Es ist nichts wieder gut zu machen. Endgültig ist Judas ausgestoßen, schuldig an beiden Seiten und zugleich im Widerspruch zu beiden Seiten. Irre geworden an der Synagoge, schuldig geworden am Tod Jesu; der Konflikt, der ursprünglich behoben werden sollte, aufs tödlichste gesteigert; in allem gescheitert und hilfloser denn je – jetzt erst beginnt die höllische Logik der Verzweiflung in Judas: Wenn es doch keine Wahrheit gibt, wenn sie sich jedenfalls nicht finden läßt, wenn Recht und Barmherzigkeit, Gesetz und Güte, Frömmigkeit und Menschlichkeit endgültig als unvereinbare, tödliche Gegensätze einander gegenüberstehen, welch einen Sinn hat dann das Leben noch?
Judas, wie wir ihn uns denken, war niemals fähig, selber sich in entscheidenden Dingen festzulegen; vielleicht gerade deshalb hatte er sich Jesus überhaupt nur angeschlossen – in dem Wunsche, endlich zu Wahrheit und Klarheit geführt zu werden. Jetzt aber ist er der Spielball von Gegensätzen, die ihn vollständig zerreißen, und niemand kann ihm helfen. Er, der so unbedingt eine allgemeine, objektive Lösung herbeiführen wollte, um die Religion der Väter mit der Botschaft der Menschlichkeit zu verbinden, steht jetzt völlig isoliert da, zerrissen in seiner inneren Not, ein Ausgestoßener in seiner Schuld – *alles* ist in diesem Moment sinnlos.

[26] S. o. Mk 12,1–12, Anm. 20, S. 246.

Zweifelt Judas wirklich an dem Erbarmen Gottes? – In Wirklichkeit erlebt er nur, daß Gott und die Barmherzigkeit sich widersprechen. Mit allen Fragen nach Gott steht er allein da. Er selbst schuldig an der Hinrichtung eines – Unschuldigen? Nicht einmal das ist jetzt wirklich klar; die Synagoge, an der Judas *auch* festhalten wollte, *findet* Jesus todesschuldig. Aber widerlegt sie sich nicht selbst mit einem solchen Urteil? Ist es nicht evident, wieviel an Leben und an Menschlichkeit von Jesus ausgeht? Judas müßte sich entscheiden; wenigstens jetzt müßte er eine klare Position beziehen. Aber Judas kann nicht anders sein, als er ist; und so wie er ist, kann er diese einzig entscheidende und lebenswichtige Frage nicht lösen. Wer aber will da von Schuld reden? Wenn Gott ihn so geschaffen hat, – warum hat er ihn überhaupt geschaffen? SÖREN KIERKEGAARD hat einmal gesagt, man müsse sich die Hölle als ein dauerndes Verlangen, nicht mehr existieren zu wollen und doch existieren zu müssen, vorstellen; das Gefühl der Verdammung bestehe darin, das Nichtsein lieber zu wollen als das Sein, indem man das ganze Leben als unsinnig und unerträglich erlebe und Gott mit aller Leidenschaft vorwerfe, uns überhaupt ins Dasein gesetzt zu haben[27]. Wäre es für einen Menschen, der sich so erfährt, nicht wirklich besser, wenn er nicht geboren worden wäre (Mk 14,21)? Judas kann sich diesem Eindruck nur anschließen. Warum ein unmöglich gewordenes Leben noch weiter leben? Dieser reine und vollkommene Widerspruch an Gott und in Gott: existieren zu müssen und nicht existieren zu wollen, sich entscheiden zu müssen und sich nicht entscheiden zu können, an die Wahrheit des Gesetzes glauben zu sollen und doch die Wahrheit der Liebe von ganzem Herzen verlangen zu wollen, *das* muß der Kern der «Hölle» sein, in die sich Judas stürzt, oder besser: in die wir Judas stürzen sehen.
Einen Moment lang müssen wir uns fragen, was denn das Gegenteil der Haltung des Judas wäre. Wäre es nicht der entschiedene Anschluß an Jesus gewesen? Aber ein Jesus, der mit allem brach, ein Jesus, dessen Botschaft eine alles umstürzende, alles umwälzende Entdeckung war, der als Lüge entlarvte, was bis dahin als Frömmigkeit galt, der als Lästerung brandmarkte, was bis dahin heiliger Ritus war, der als Heuchelei demaskierte, was bis dahin Autorität und Lehre hieß – wer eigentlich ist imstande, wer von uns wäre jemals bereit, einem solchen Jesus zu folgen? Ja, wer wäre überhaupt

[27] S. KIERKEGAARD: Die Krankheit zum Tode, 103–107: «Sünde ist Verzweiflung; Potenzierung ist die Sünde, über seine Sünde zu verzweifeln.» (103) DERS.: A. a. O., 77: «Sünde ist: vor Gott verzweifelt nicht man selbst sein wollen.»

auch nur bis zu diesem Entscheidungsbrennpunkt, bis zu diesem Zerreißpunkt gelangt, zu dem Judas getrieben wurde? Wir haben von Judas nur ein hypothetisches Bild gemalt, aber es scheint das einzige Bild zu sein, in dem alle Züge der biblischen Überlieferung sich als innerlich verstehbar, ja, als in sich logisch und absolut konsequent zu erkennen geben, bis hin zu diesem furchtbaren Finale, daß Judas den Widerspruch zu einem in sich hoffnungslos widersprüchlich erscheinenden Gott einem Leben im Widerspruch vorzieht und Gott seine Eintrittskarte ins Leben zurückgibt. Vor allem wird dabei deutlich, daß hier Entscheidungen, Fragen und Probleme auf dem Spiel stehen, für die nicht nur Judas, sondern auch wir selber durchaus keine Lösung zu geben vermögen. Gewiß kann man sagen, Judas habe an der Macht der Gnade Gottes gezweifelt; das hat er. Aber ist nicht der Glaube an die Gnade selbst bereits das Ergebnis reiner Gnade, ein reines Geschenk Gottes? Und wie soll man die Macht der Gnade glauben, wenn man in so brutaler Weise die Macht des Gesetzes erfahren muß? Wenn Jesus sterben mußte, *weil* er an die Gnade Gottes glaubte, ist es dann nicht nur gerecht, daß auch Judas stirbt, *weil* er an die Möglichkeit einer Vermenschlichung des Gesetzes glaubte – und sich einzig darin irrte?

Nichts ist hier klar. Alles ist undurchdringlich. Aber statt zu verurteilen und zu verwerfen, sollte man inständig *beten* für Judas. Er war vielleicht der größte aus dem Jüngerkreis; er litt vielleicht an Fragen, denen kein Petrus jemals sich gestellt hat. Petrus begegnen wir mehr als zehn Jahre später in Antiochien, und er hat immer noch nicht begriffen, daß der Glaube an Christus und der Glaube an das Gesetz einander ein für allemal ausschließen (Gal 2,11–21)[28]. Ja, selbst wenn man der milden Darstellungsweise der Apostelgeschichte (Apg 10,13–16) folgt[29], bedurfte Petrus einer eigenen Vision und einer Himmelsstimme, die es ihm zumindest erlaubte, die jüdischen Speisegesetze zu lockern. Judas wurde keiner solchen Offenbarung gewürdigt; er durchlitt nur Jahre zuvor schon einen Gegensatz, der bis auf den heutigen Tag die Kirche durchzieht und an dem jeder in seinem Leben immer wieder

[28] Vgl. H. Schlier: Der Brief an die Galater, 81–104: «Der Glaubende glaubt also daran, daß sein Leben von der Liebe Christi geliebt ist... Das Leben ist also gerechtfertigt, das sich neubegründet in dem, den es in sich birgt... Von hier aus wird verständlich, daß das Leben des Glaubens und der Rechtfertigung in Christus dem Leben aus den Gebotserfüllungen der Rechtfertigung im Gesetz radikal entgegengesetzt ist.» (103)

[29] Zur Synopse von Gal 1; 2 mit der Apostelgeschichte vgl. H. Schlier: A. a. O., 105–117; zu Apg 10,13–16 vgl. H. Conzelmann: Die Apostelgeschichte, 63.

zur Entscheidung gezwungen wird. In der Tat war Judas in *diesem* Sinne ein «Werkzeug» der Erlösung. Ohne ihn wäre nicht deutlich, wie tödlich die Gefangenschaft ist, in der wir alle leben, wie unversöhnlich das Entweder-Oder, wie unerläßlich die Entscheidung. Erst die Gestalt des Judas zeigt, daß jeder, der versucht, hier einen Kompromiß zu finden, Jesus keinen Dienst tut, sondern ihn verrät – mit einem Kuß. Es war FEDOR MICHAILOWITSCH DOSTOJEWSKI, der in der Gestalt des *«Großinquisitors»* der Kirche des Westens vorwarf, einen solchen Verrat an der Sache Jesu zu üben, indem sie unter dem Mantel der Barmherzigkeit dem Gesetz der Unfreiheit und der Machtausübung zum Triumph verhelfe; aber gerade DOSTOJEWSKI hielt es für möglich, daß Jesus, wenn er zurückkehrte, von sich aus das Zeichen des Judas erneuern würde: er würde schweigend den Großinquisitor *küssen*[30].

[30] F. M. DOSTOJEWSKIJ: Die Brüder Karamasoff, 1. Teil, 5. Buch, 5. Kap., 1. Bd., S. 326: «Er aber (sc. der wiedergekommene Christus, d.V.) nähert sich plötzlich dem Greise und küßt ihn schweigend auf die blutlosen neunzigjährigen Lippen. Das ist die ganze Antwort.» – Eine andere, weniger bekannte, aber große Dichterin, M. NOEL: Erfahrungen mit Gott, 65, beschrieb, wie auf sie als Mädchen der Satz von Mk 14,21 gewirkt hat: «... der Menschensohn geht zwar hin ..., aber wehe dem Menschen, durch den der Menschensohn verraten wird!»: «Mit zehn oder elf Jahren, erinnere ich mich, wurde ich plötzlich durch die entsetzliche Ungerechtigkeit im Schicksal des Judas in Schrecken versetzt. ... Judas, *gezwungen*, zu verraten, um die Schrift zu erfüllen. ... Wir waren in der Familie beim Mittagessen, als das Wort des Evangeliums mir wie ein schwarzer Blitz durch den Kopf schoß. Ich schob meinen Teller zurück. Ich sehe noch, was darauf war: Fisch mit Kaperntunke, das war gut. Aber ich habe an dem Tage nicht weiteressen können. Ich bin sofort mit meiner großen Schwierigkeit zur Großmutter gelaufen – meinem Theologen von damals: Judas zum Bösen gezwungen, Judas *notwendig*, Gott ungerecht ... Ich konnte damit nicht leben. – Aber Großmutter wurde davon überhaupt nicht berührt. ‹Laß doch, das sind nicht unsere Angelegenheiten. Das sind Gottes Angelegenheiten. Er wird damit fertig.› Ach, was für eine gute erleuchtete Großmutter ich hatte!» Nur: wie gewinnen Menschen das Vertrauen in den Gott, der «damit fertig» wird, zurück, wenn seine Theologen immer wieder die Widersprüche der menschlichen Psyche in Gott hineinprojizieren und sie dadurch absolut setzen? Der Satz aus Mk 14,21 über Judas: «Es wäre besser, er wäre nie geboren worden», enthält in der Tat so etwas wie die private Höllenfahrt des Judas – seine «Apokalypse»; denn er entstammt apokalyptischem Denken, wie *äthiop. Henoch*, 38,2 beweist: «wo wird ... die Wohnung der Sünder und wo die Ruhestätte derer sein, die den Herrn verleugnet haben? Es wäre ihnen besser, sie wären nie geboren worden.» G. BEER: Das Buch Henoch in: E. Kautzsch (Hrsg.): Die Apokryphen und Pseudepigraphen des Alten Testamentes, II 258. Es leidet keinen Zweifel, daß ein solcher Satz im Munde Jesu als endgültige Verurteilung des Judas gemeint ist. – Wie aber, wenn es entsprechend derselben Logik wirklich des Judas bedürfte, um das «Werk» der «Erlösung» bzw.

Und ihm vergeben? Er würde ihn küssen. Er würde ihm vergeben. In der Kirche von Vezelay, die, wie die Kathedrale von Autun, für ihre Kapitelle berühmt ist, befinden sich *zwei* Darstellungen des Judas: eine zeigt ihn mit offenem Mund wie einen Schrei, der nie endet, wie den Schmerz einer Verzweiflung, die den eigenen Untergang förmlich sucht; eine andere zeigt, wie Jesus ihn auf seinem Rücken trägt, sein Mund ist geschlossen, der Schmerz verstummt – ein Sieg der Barmherzigkeit, jenseits des Todes, für alle Zeit.[31]

der «Erfüllung der Schriften» zu vollenden? Nimmt man das subjektive Gefühl der Verzweiflung des Judas, verurteilt zu sein, als objektives Urteil Gottes, so sind *die gnostischen Konsequenzen* unvermeidbar. H.-Ch. Puech: Gnostische Evangelien und verwandte Dokumente, in: E. Hennecke – W. Schneemelcher (Hrsg.): Neutestamentliche Apokryphen in deutscher Übersetzung, I 158–271, S. 228–229 nimmt an, daß das sog. «*Evangelium des Judas*», das zwischen 130–170 n. Chr. von einer «kainitischen» Sekte verfaßt worden sein muß, «einen Passionsbericht enthielt; dieser hätte dann das ‹Mysterium des Verrats› . . . dargestellt und erklärt, wie Judas durch seinen Verrat die universelle Erlösung ermöglichte: er wäre der Zerstörung der von Christus verkündeten Wahrheit zuvorgekommen oder hätte die Absichten der bösen Mächte, der Archonten, vereitelt; diese wollten die Kreuzigung verhindern, da sie wußten, sie sollte ihnen ihre schwache Macht rauben und den Menschen das Heil bringen.» In dieser Konzeption schimmert noch einmal der Gedanke durch, daß Judas mit seiner Tat im Grunde Jesus habe *helfen* wollen. Nur zeigt sich an diesem Beispiel auch zugleich die Größe und der Irrtum der sog. *Gnosis*: sie erkannte völlig richtig die seelische Bedeutung aller religiösen Aussagen im Umkreis von Erlösung; sie nahm aber die theologischen Projektionen menschlicher Konflikte und Vorstellungen in Gott unreflektiert als etwas Absolutes und entwickelte daraus die Psychologie des Menschen. Der Einspruch der Kirchenväter gegen die Gnosis hat sehr zu Recht sich gegen die damit gesetzte Vergöttlichung des Menschen verwahrt; aber indem sie den hohen projektiven Anteil der theologischen Vorstellungen über das Handeln Gottes bereits auf dem Boden der Bibel (die notwendige Vermenschlichung Gottes in allem Sprechen von Gott) verleugneten und die entsprechenden Aussagen als objektive Offenbarungen Gottes ausgaben, verewigten sie nicht nur bestimmte zeitbedingte Anschauungen und Sprachspiele der neutestamentlichen Theologie, sondern sie mußten zugleich auch die psychologische Seite der Glaubenssymbole gewaltsam unterdrücken. In Wahrheit könnte man gerade an der Judas-Legende lernen, daß «Erlösung» wesentlich in der Begegnung der menschlichen Angst mit einer Person besteht, in deren Nähe sich die Verzweiflung der menschlichen Existenz auf Gott hin zu öffnen vermag. All die Widerstände und Symbole des aus Angst verdrängten Materials unserer Psyche müssen im Gegenüber dieser absoluten Person unseres Vertrauens durchgearbeitet werden, ehe «Glaube» «heilend» ist. Gerade diese Synthese aus Personalem und Archetypischem, Geschichtlichem und Ewigem, Historischem und Symbolischem bildet die fundamentale Struktur des christlichen Glaubens.

[31] Sch. Ben-Chorin: Bruder Jesus, 144 erwähnt «eine seltsame Darstellung des Judas am Bronzeportal der Kathedrale von Benevento aus dem Jahre 1279. Das Relief zeigt Judas an

einer Palme hängend, mit aufgeplatztem Leib, aus dem die Eingeweide dringen (hier werden die beiden Versionen – sc. von Mt 27,5 und Apg 1,18, d.V. – vereinigt). Die Gestalt des Erhängten aber wird von einem Engel umarmt, der den Verräter küßt.» Nicht mehr zustimmen kann man SCH. BEN-CHORIN, wenn er diese Darstellung im Sinne des *gnostischen Mythems* interpretiert: «Judas wird hier als der Jünger gesehen, der sich opfert, der sein Heil opfert, um die Erlösertat des Meisters zu bewerkstelligen.» Und S. 145: «Judas ist die tragische Gestalt im Neuen Testament. Er muß das Skandalon auf sich nehmen. Er wird der Zeuge dafür, daß auch die Sitra Achra, um hier den Terminus der jüdischen Mystik einzuführen, die dämonische Seite, im Heilsplan Gottes integriert ist. Er wird zur ‹Nachtseite des Elohims› (sc. der Gottheit, d.V.) ... Noch einmal geht in der Passah-Nacht der Würger um, nun in der Gestalt des abgefallenen Jüngers.» Gerade umgekehrt wird man sagen müssen: eben weil Judas wirklich «die tragische Gestalt im Neuen Testament» ist, geht Jesus ihr – so dürfen wir glauben – in seinem Tode nach; er ist am Karfreitag entsprechend dem alten Glaubensbekenntnis «hinabgestiegen zu der Hölle» – es sollte endgültig kein Leid mehr geben, das nicht von der Gnade und Vergebung Gottes durchdrungen wird. Aber das ist die *metaphysische* Ebene der Geschichte. Die *psychische* Ebene besteht in dem buchstäblich höllischen Leid, das in der Seele des Menschen erwacht, wenn er mit all seinen Widersprüchen jemandem begegnet, der die Güte selber ist. Gerade die schattenlose Eindeutigkeit der Person Jesu ist es, die all die Tragik der menschlichen Unerlöstheit verdichtet, welche sich am schmerzhaftesten in Judas verkörpert.

Mk 14,22–25: Die Einsetzung der Eucharistie oder: Das Zeichen des Todes und des Lebens

22 Und während sie aßen, nahm er Brot, sprach die Preisung, brach und gab es ihnen, und er hat gesagt: Nehmt, das ist mein Leib. 23 Und er nahm einen Becher, sprach die Danksagung und gab ihnen, und es tranken daraus alle. 24 Und er hat ihnen gesagt: Das ist mein Bundesblut (Ex 24,8; Sach 9,11; Jer 31,31.34), das vergossen wird für viele (= alle) (Jes 53,11). 25 Wahrlich, sage ich euch: Nicht mehr, nein, niemals, werde ich trinken von dem Erzeugnis des Weinstocks bis zu jenem Tage, da ich es trinke von neuem im Königtum Gottes.

Mit dieser Stunde im Abendmahlssaal beginnt die eigentliche Geschichte des Leidens und des Sterbens Jesu. Es ist ein Augenblick, da der Hohe Rat über ihn bereits den Stab gebrochen hat[1]. Fernab von den Besuchern des Tempels, im Geheimgemach eines Bekannten (Mk 14,12–16), feiert Jesus das Gedächt-

[1] Der traditionelle «realhistorische» Standpunkt in der Abendmahlsfrage wurde am konsequentesten von E. Stauffer: Jesus. Gestalt und Geschichte, 86–90 vertreten, der annahm, Jesus habe 24 Stunden vor dem offiziellen Passahmahl der Tempelgemeinde mit seinen Jüngern das Abendmahl gefeiert, freilich ohne das Passahlamm: «Die jüdischen Ketzergesetze verbieten dem Apostaten, vom Passahlamm zu essen ... Niemand kann einen verketzerten Juden praktisch daran hindern, sich irgend ein häusliches Festmahl herzurichten. Und das Ketzergesetz erlaubt ihm ausdrücklich, Mazzen und Bitterkräuter zu essen. Aber er kann bei diesem Privatmahl kein Passahlamm verzehren, denn er darf kein Passahlamm zur Schlachtung in den Tempel bringen.» (86) Auf diese Weise entstünde eine doppelte idealtypische Situation: zum ersten erinnerte die Szene an das Opfer Abrahams in Gen 22,1–19, wo ebenfalls das Opfertier fehlt – «ich bin Isaak», dieses Motiv legte sich dann besonders deutlich über die Feier dieses Abschiedsmahls Jesu von seinen Jüngern; und dieses Bild würde noch dadurch verstärkt, daß nach der Chronologie von Joh 18,28 (im Widerspruch zu den Synoptikern) Jesus am Tage darauf gerade zu der Stunde stirbt, da im Tempel die rituelle Schlachtung der Passahlämmer beginnt; erst danach feierte das offizielle Jerusalem und der Hochklerus «sein Passahmahl» (86); (s. u. Anm. 7); zu Gen 22,1–19 vgl. E. Drewermann: Abrahams Opfer, in: Bibel und Kirche, 41. Jg., 3/1986, 113–124. Zum Synagogenbann und den einschneidenden Folgen vgl. H. L. Strack – P. Billerbeck: Kommentar zum neuen Testament aus Talmud und Midrasch, IV 1, 304 ff.: «jeder Umgang mit ihm (sc. dem Verbannten, d.V.) vollzog sich gewissermaßen aus der Ferne; denn niemand sollte innerhalb von vier Ellen bei ihm stehen oder sitzen. Dadurch war natürlich z. B. die Tischgemeinschaft mit ihm unmöglich gemacht.» (304) Zum *Verbot des Passahlammes* für einen ausgestoßenen Häretiker vgl. Ex 12,43–48;

Ez 44,9ff.; E. STAUFFER: Jerusalem und Rom, 122. Entsprechend wäre Mk 14,14 zur Vorbereitung des Mahles als Frage nach einem «abgelegenen Zufluchtsraum» zu deuten und als Vereinbarung mit einem Mann, «der den Mut hatte, dem verketzerten Galiläer und seiner verfemten Jüngerschar für ein paar Stunden den erbetenen Unterschlupf zu gewähren.» E. STAUFFER: Jesus, 87. – Es ist indessen sehr zu betonen, daß jede Auslegung der «Einsetzung» des Abendmahles gerade gegenüber dieser idealtypischen Szenerie auf den wesentlich *symbolischen* Angaben der Evangelien beruht. Sogar und gerade bei der Einsetzung des «Abendmahles» gilt der Grundsatz, daß, je religiös wichtiger eine geschichtliche Erfahrung ist, sie um so wahrscheinlicher in symbolischer Form, statt als historisches Faktum mitgeteilt wird; vgl. E. DREWERMANN: Tiefenpsychologie und Exegese, I 364–371; 381–382. – Zu der Diskussion um die «Einsetzungsworte» Jesu vgl. H. FELD: Das Verständnis des Abendmahls, 6–18, der drei Methoden zur Ermittlung eines historischen Befundes in dieser Frage unterscheidet: a) F. SPITTA: Die urchristlichen Traditionen über Sinn und Ursprung des Abendmahls, 1893, der (S. 270) gerade mit Bezug auf Mk 14,22–25 (und Mt 26,26–29) meinte, mit dem Blick auf den historischen Jesus, es habe sich ursprünglich um ein eschatologisches Mahl der messianischen Vollendung gehandelt; daneben aber sei das Herrenmahl als Todesgedächtnismahl gedeutet worden, wie es bei Paulus (1 Kor 11,23–26; Lk 22,14–20) geschieht; bei einem von den Jüngern Jesu nachgefeierten Passah sei Jesus den Jüngern erschienen (292; 294). b) Man betrachtet nicht die Fakten des Lebens Jesu, sondern die Zeit und Umgebung der Entstehung der Texte und deutet die Abendmahlsberichte als ätiologische Kultlegenden. Vgl. W. HEITMÜLLER: Artikel Abendmahl, I. Im Neuen Testament, in: Die Religion in Geschichte und Gegenwart, 1. Aufl., I, 20–52: Jesus habe ursprünglich die Jünger durch das Zeichen des Mahles nur bis zum Kommen des Reiches Gottes zusammenhalten wollen. c) Man wertet die Abendmahlsworte als kultische Traditionen der Gemeinde, die man in die Überlieferung der letzten Tage Jesu hineingestellt hat. Bes. H. LIETZMANN: Messe und Herrenmahl. Eine Studie zur Geschichte der Liturgie, Bonn 1926, nahm an, es habe in der Jerusalemer Urgemeinde (nach Art von Apg 2, 42.46; 20,11) eine Fortsetzung der von dem historischen Jesus begründeten Tischgemeinschaft mit Brot und Wasser gegeben, die nunmehr mit dem erhöhten Christus und in Erwartung der baldigen Wiederkehr des Herrn begangen worden sei; daneben habe es einen Typ des Abendmahls gegeben, der als Gedächtnis des Todes Jesu im Zeichen des Brotbrechens als des Leibs des Herrn begangen worden sei; dieser Typ des Herrenmahles gehe auf Paulus zurück, der dabei eine historisch zuverlässige Tradition von einem letzten Mahl Jesu aufgreife. R. BULTMANN: Die Geschichte der synoptischen Tradition, 285–286 hingegen erklärte Mk 14,22–25 mit Berufung auf HEITMÜLLER für eine «einfache Darstellung der kultischen Feier», bei der von einem Paschamahl (im Gegensatz zu Mk 14,12–16) keine Rede sei. «Kein Leser kann aus dem Mk-Bericht ersehen, daß es sich V. 22 um die Einleitung der Paschamahlzeit, V. 23 um den Schluß (den ‹Segensbecher›) handelt. Außerdem ist die Hauptsache, das Paschalamm, überhaupt nicht erwähnt.» (S. 286, Anm.). Vgl. DERS.: Theologie des Neuen Testaments, 61: «Daß Brotbrechen und Segensspruch zusammengehören, zeigen auch die christlichen Berichte (Mk 6,41; 14,22; Lk 24,30; Did(ache) 9,3; 14,1). Natürlich konnte dabei auch Wein getrunken werden ... aber kultische Bedeutung hatte er nicht, sonst könnte das Mahl nicht einfach ‹Brotbrechen› heißen. Der Ursprung dieser Mahlfeier liegt ohne Zweifel in der

Tischgemeinschaft, zu der Jesus und seine Jünger verbunden gewesen waren; eine spezielle Beziehung zum letzten Mahle Jesu liegt aber dabei nicht vor; sie findet sich erst beim ‹Herrenmahl› der hellenistischen Gemeinden.» Ganz ähnlich urteilt W. Marxsen: Das Abendmahl als christologisches Problem, Gütersloh 1963, der (S. 21 f.) in den Abendmahlsworten eine reflektierte Entfaltung dessen erkennt, was implizit in der Mahlgemeinschaft mit Jesus als Anbruch einer eschatologischen Wirklichkeit enthalten war. – Die wichtigsten *Fragen und Einwände* bzgl. der unbekümmerten Sicherheit, hinter den vorliegenden Texten zu einem geschichtlichen Ur-Bericht der Einsetzung durch Jesus zu gelangen, trägt H. Frankemölle: Eucharistie, in: P. Eicher (Hrsg.): Neues Handbuch theologischer Grundbegriffe, I 297–305, S. 302–304 zusammen: a) Daß Jesus sein letztes Mahl als Pascha-Mahl verstand, «wird fast einhellig ... ausgeschlossen, da das Motiv sich nur im sekundären Rahmen findet. Die Eucharistie als das ‹wahre› Pascha-Mahl ist eine theol. Deutung parallel zu der Vorstellung von Jesus als dem ‹wahren› Pascha-Lamm (1 Kor 5,7; Joh 18,28; 19,14.31 f.).» Dies bes. gegen R. Pesch: Das Markusevangelium, II 354–364, der (S. 362) Mk 14,22–25 «zu den theologisch und christologisch bedeutsamsten Dokumenten der syn(optischen) Tradition» zählt und keinen Grund sieht, «die historische Glaubwürdigkeit der alten Tradition anzuzweifeln.» Vgl. ders.: Das Abendmahl und Jesu Todesverständnis, Freiburg 1978, 163–171. b) Auch die Vorstellung von dem neuen Bund nach Jer 31 (bei Paulus und Lukas) oder die vom Bundesblut nach Ex 24,8 (bei Mk und Mt) «läßt sich nicht auf Jesus zurückführen, da es in den alten Herrenworten immer um ein unmittelbares Handeln Gottes geht.» c) «Die Aufforderung zum Bluttrinken (Mk) ist nach Gen 9,4; Lev 17,10 ff. für Juden ein Greuel. Mk 14,23 f. dürfte sich gegen kelchfeindliche Bestrebungen im hellenistischen Christentum richten.» d) «Der Gedanke der stellvertretenden Sühne (Mk 14,24) nach Jes 53,12 (auf Israel bezogen) findet sich erst und nur im hellenistischen Judentum, nicht aber in genuinen Jesus-Worten (dort wird u. a. vom gewaltsamen Geschick der Propheten, vom Motiv der Leiden des Gerechten gesprochen) ... Mk 14,24 und in Folge dazu Mk 10,45 (‹Lösegeld für viele›) dürften nachösterliche Deutungen aus dem jüdisch-hellenistischen Sprachkontext sein.» e) «Der Sinn des eschatologischen Ausblicks in Mk 14,25 als ältestem Text liegt darin, daß Jesus das eschatologische Heilsangebot seiner Basileia-Verkündigung noch sterbend kontinuierlich durchgehalten hat. Im ältesten Abendmahlsbericht wäre weder von einer Einsetzung (vgl. auch Joh und Did) noch von der Heilsbedeutung des Todes Jesu ... gesprochen worden. Selbst das markinische Brotwort im aramäischen Sinn ‹Dies bin ich› als Zeichen bleibender Verbundenheit wird auf Grund der Spannung zu Mk 14,25 als sekundär erachtet.» M. a.W.: Man hat es in Mk 14,22–25 mit einem Text zu tun, der zeigt, wie «der auferweckte Herr im Geist in der Gemeinde gegenwärtig ist» und «so auch zeichenhaft in Brot und Wein (ohne daß über das Wie bereits Näheres gesagt wird).» Trifft dies zu, so wird man R. Feneberg: Christliche Passafeier und Abendmahl. Eine biblisch-hermeneutische Untersuchung der neutestamentlichen Einsetzungsberichte, München 1971, 86 zustimmen müssen, wenn er die Abendmahlsberichte als «Ausdruck des Glaubenslebens einer bestimmten Gemeinde» interpretiert und meint, sie könnten nur wirklich verstanden werden von jemandem, der «selbst in dieser Wirklichkeit steht und sich auf dieses ‹Sprachgeschehen› als deren Ausdruck einläßt.» – Steht es so, dann muß man von einer Auslegung des Textes verlangen, daß sie die historische Fragestellung als das Unwichtige (und offenbar, wie stets an religiös

nismahl der Freiheit und Erlösung Israels, des Auszugs aus Ägypten. Er selber hält das Mahl wie ein Verbannter, wie ein Jude in der Diaspora, ohne das Passahlamm, nur mit den Bitterkräutern und dem Brot und Wein[2]. Mit ihm am Tisch sind seine Jünger und sein eigener Verräter, mit dem gemein-

bedeutsamen Stellen, auch Unlösbare) hinter sich läßt und stattdessen vor allem *die Symbolbedeutung* der Zeichen und die *Gefühlsbedeutung* der Handlung selbst zu vermitteln sucht. Kein Zweifel ist dabei, daß *Markus* das Abendmahl als Paschamahl schildern will; und *so* möchte er, daß man sich die Gestalt Jesu in den letzten Stunden seines Lebens vorstellt. R. FENEBERG: Formgeschichte und historischer Jesus, in: R. u. W. FENEBERG: Das Leben Jesu im Evangelium, 19–183, S. 155–158 hat vor allem (in Anlehnung an G. SCHILLE: Das Leiden des Herrn. Die evangelische Passionstradition und ihr «Sitz im Leben», in: ZThK 52 (1955) 161–205) gezeigt, daß der Passionsbericht «durch mehrere Traditionsblöcke» strukturiert ist, von denen die wichtigsten «der Bericht von der Nacht... und der Bericht vom Tag mit dem Weg Jesu zum Tod» ist. Als Sitz im Leben des Berichtes von der Nacht dürfte die Eucharistiefeier gelten. «Alle Ereignisse der Nacht, der Gang zum Ölberg, Gefangennahme, Synedriumsszene und Verleugnung,» sind eng mit dem Mahl verknüpft. «Das entscheidende Merkmal dieses Teils besteht darin, daß alle diese Geschehnisse im Unterschied zu denen des folgenden Tages streng auf die Gemeinschaft Jesu mit seinen Jüngern bezogen bleiben.» (157) «Im zweiten Traditionsblock geht es um den Weg Jesu zum Kreuz und in den Tod. Im Schicksal Jesu, in dem sich das Handeln Gottes in der Geschichte erfüllt, ist das neue Passamahl begründet. Die in Ex 3,7 f. angesagte Befreiung aus der Gewalt der Ägypter kommt darin zum Schluß. In der Vielzahl der Schriftzitate und in dem haggadischen Charakter dieser Erzählung wird auch rein äußerlich die Anlehnung an die Haggada des Passafestes sichtbar.» Gleichgültig also, ob das Mahl Jesu *historisch* ein Passafest war oder nicht, so ist doch zum Verständnis des Textes das Passafest selber als Vorlage der Passionsgeschichte Jesu zu sehen bzw. es ist diese selbst als eine christliche Passahaggada zu interpretieren bzw. nachzuträumen und mitzuempfinden, um den Text für sich selbst beim Lesen und Hören als gegenwärtig zu setzen. Zudem ist es gewiß richtig, den *eschatologischen* Sinn der Szenerie von Mk 14,22–25 zu betonen; das *religiöse* Verständnis dieser Verse aber kann nicht bis zum Jüngsten Tage davon abhängen, auf die jeweils neuesten Hypothesen der historischen Forschung in der Abendmahlsfrage zu warten. Zudem ist von vornherein zu beachten, daß der jetzige Text des Markus gerade mit dem Kelchwort vom «Bluttrinken» eine Vorstellung von dem Sakrament des Lebens und des Todes in der Gemeinschaft mit Christus voraussetzt, die mit dem jüdischen Passah gar nichts mehr, mit den mythischen Vorstellungen vom Essen der getöteten Gottheit aber um so mehr zu tun hat. Es geht m. a.W. auch um die Deutung von *Bildern* und (archetypischen) Symbolen *im Hintergrund des Abendmahls*, wenn man den Sinngehalt des Markus-Textes als Antwort auf die ewige Frage nach Leid und Tod gerade des um das Gute bemühten Menschen tief genug verstehen will. Zur *Tiefenpsychologie der Eucharistie* vgl. E. DREWERMANN: Der Krieg und das Christentum, 282–337.

[2] Zum Ritual des Passahmahles vgl. H. L. STRACK – P. BILLERBECK: Kommentar zum

sam er nach dem ersten Becher die Hand in die Schüssel taucht (Mk 14,20). Und nach dem zweiten Becher beginnt er, wie der Ritus es vorschreibt[3], in der Sprache seiner Heimat Galiläa das Gebet: «*lachma anja* – das Brot der Armut[4], das unsere Väter aßen . . . jeder der hungert, komme und esse; jeder, der Not leidet, esse das Passahmahl.»[5] Der dritte Becher, der Segensbecher des Passahmahles, wird gereicht, und wieder zitiert Jesus aus der jüdischen Passahliturgie: «Der Barmherzige und Allmächtige würdige uns, teilzuhaben an den Tagen des Messias. Er, der im Himmel Frieden schafft, senke seinen Frieden über uns und über sein ganzes Volk Israel.»[6] Doch beide Male fügt

Neuen Testament aus Talmud und Midrasch, IV 1,41–76 (bes. S. 63–67 zu den Bitterkräutern); G. Dalman: Jesus – Jeschua, 112; F.-E. Wilms: Freude vor Gott, 309–325.

[3] Vgl. H. L. Strack – P. Billerbeck: Kommentar zum Neuen Testament aus Talmud und Midrasch, IV 1,67–68, zum Ritual des 2. Bechers. Vgl. auch die Darstellung bei E. Stauffer: Jesus, 89: «Nach der Ausstoßung des Verräters hebt Jesus die Mazzenplatte in die Höhe und spricht die aramäische Deuteformel, wie die Liturgie seiner Zeit und Heimat sie vorschreibt: ‹Ha lachma anja, Siehe, das ist das Elendsbrot (Dt 16,3), das unsere Väter aßen im Lande Ägypten. Ein jeder, der da hungert, komme und esse. Ein jeder, der dürftig ist, komme und esse das Passahmahl›. Dann trinken die Jünger den *Zweiten Becher*, und die übliche Passahliturgie nimmt ihren Fortgang, bis die eigentliche Mahlzeit beginnt. Jesus ergreift das Passahbrot, spricht die traditionellen Segensformeln und teilt die Mazze stückweise unter die Jünger aus. Dazu spricht er drei Sätze, die über die vorgeschriebene Passahlegende hinausgehen: ‹Nehmet hin und esset. Dies ist mein Leib, der für euch gegeben wird. Solches tuet zu meinem Gedächtnis.› Danach verzehren die Jünger gemeinsam das gebratene Fleisch, das anstelle des Passahlammes auf dem Tisch steht, Körnerfrüchte, Fisch, Ei oder andere Gerichte, bis das Festmahl beendet ist.»

[4] S. o. Anm. 3. Vgl. auch G. Dalman: Jesus – Jeschua, 111–115.

[5] Vgl. auch R. Mayer: Der babylonische Talmud, 525–528, S. 527: «In jeder einzelnen Generation ist ein Mensch verpflichtet, sich selbst so zu betrachten, als ob er aus Ägypten gezogen sei... Darum sind wir verpflichtet, zu danken, zu loben, zu rühmen... zu huldigen dem, der an unseren Vätern und an uns allen diese Wunder getan hat. Er hat uns aus der Knechtschaft zur Freiheit geführt, aus dem Kummer zur Freude, aus der Trauer zum Fest, aus der Finsternis in großes Licht, aus der Sklaverei zur Erlösung.»

[6] Zu dem 3. Becher (dem «Becher des Segens») als dem Becher der Einsetzungsworte vgl. H. L. Strack – P. Billerbeck: Kommentar zum Neuen Testament aus Talmud und Midrasch, IV 1,75. Vgl. E. Stauffer: Jesus, 89: «Nach der Mahlzeit schenkt man den *Dritten Becher* ein, den sogenannten ‹Segensbecher›. Jesus hebt den Becher hoch und spricht das große Tischgebet, in dem es heißt: ‹Der Barmherzige, er würdige uns der Tage des Messias und des Lebens der künftigen Welt, er, der da groß macht das Heil seines Königs und Gnade beweist an seinem Gesalbten, an David und seinem Samen in Ewigkeit. Der da Frieden stiftet in den Himmelshöhen, er stifte Frieden über uns und ganz Israel. So

Jesus dem Gebet der Liturgie etwas hinzu, etwas Deutendes, Neues und Ungewohntes: beim Brot einen Satz, der so noch nie gesprochen wurde: «Nehmt, das ist mein Leib.» Und zum Wein sagt er: «Das ist mein Bundesblut, das vergossen wird für alle.»[7]

Es ist, wie wenn in diesem Augenblick das Stundenglas zurückgedreht würde zu jener Stunde, da Israel unter dem Berg Sinai stand und Moses die Gesetze des Bundes zwischen Gott und den Menschen verlas[8]. Unter dem Beben der

sprechet Amen›. Nach dem gemeinsamen Amen der Jünger gibt ihnen Jesus den Becher und spricht wiederum drei Sätze, die nicht in der jüdischen Passahagende stehen.» Vgl. auch J. Jeremias: Die Abendmahlsworte Jesu, Göttingen [4]1967, 47–49, zum Ritus des Passahmahles.

[7] Zu den Deuteworten über Brot und Kelch vgl. G. Dalman: Jesus – Jeschua, 122–134; 134–160; vgl. auch J. Jeremias: *pascha*, in: G. Friedrich (Hrsg.): Theologisches Wörterbuch zum Neuen Testament, V 895–903, S. 898–899, der zu Recht darauf verweist, daß die beiden Deutungen «kaum anders als vom Passaritual her zu erklären» seien: «die Deutung der Besonderheiten der Elemente der Mahlzeit ist fester Bestandteil der Passaandacht des Hausvaters.» Von daher verteidigt er die Chronologie der Synoptiker und hält die Zeitangabe aus Joh 18,28 für theologisch motiviert (s. o. Anm. 1); demgegenüber macht Sch. Ben-Chorin: Bruder Jesus, 132 geltend, «daß Jesus, der in offener Opposition zu Sadduzäern und Pharisäern stand und durch seinen Rabbi, Johannes den Täufer, vermutlich zur Sekte von Qumran Fühlung hatte, den solaren Qumran-Kalender benutzt hat, so daß seine Seder-Feier einen Tag früher stattfand als die der offiziellen Kreise in Jerusalem. Für den Einfluß von Qumran auf den letzten Seder Jesu in Jerusalem spricht auch die Tatsache, daß nur die zwölf Jünger an diesem Mahle teilgenommen haben, entsprechend der Mahlregel von Qumran. An sich nahmen Frauen an der Seder-Feier teil... Wir hören aber nichts mehr von den Frauen um Jesus...» Die Form der Feier selbst habe sich unter griechischem Einfluß (abweichend von Ex 12,11) zu einer Art Symposion gewandelt (133). – E. Stauffer: Jerusalem und Rom, 111 meint zu der Danksagung über dem Segensbecher: «Hier kommt die messianische Ausrichtung des Passahrituals mit Macht zum Durchbruch: ‹Herr unser Gott, auf dich sind unsere Augen gerichtet, denn Gott bist du, König der Gnade und Barmherzigkeit. Der Barmherzige, seine Königsherrschaft sei über uns immer und ewiglich. Der Barmherzige, er sende uns den Propheten Elia, daß er uns das Evangelium bringe, Hilfe und Trost. Der Barmherzige, er würdige uns der Tage des Messias und des Lebens der künftigen Welt, er, der da groß macht das Heil seines Königs und Gnade beweist an seinem Gesalbten..., an David und seinem Samen in Ewigkeit.» Es ist die Nacht, in der man das Kommen des *Elias* erwartete.

[8] Vgl. G. Dalman: Jesus – Jeschua, 150–151: «Der Wortlaut bei Jesus (sc. in Mk 14,24, d.V.) erinnert zunächst an die feierliche Handlung, mit der das Volk Israel am Sinai auf das Gesetz verpflichtet wurde... (sc. Ex 24,4 ff., d.V.). Die eine Hälfte des Blutes von Opfern, die im Namen des Volkes dargebracht wurden, schüttete Moses gegen den Altar, die andere Hälfte gegen das Volk. Und bei der letzteren Handlung sprach er das deutende

Erde und dem Zucken der Blitze gelobte das Volk damals, alles zu halten, was der Herr gesagt hatte, und Moses hatte auf das Blut des Lammes hingewiesen, in dem der Bund geschlossen wurde für ein einiges Volk, das nur einem einzigen Herrn dienen sollte: seinem Gott (Ex 24,6). Doch in den Tagen Jesu schienen die Worte vom Sinai längst verhallt[9]. Das Volk schien verstreut über die Hügel wie Schafe ohne Hirten. «Mein Volk weidet der Wind» – diese grausame Weissagung des *Jeremias* (Jer 23,1–3) und des *Ezechiel* (Ez 34,1–10) sieht Jesus vor sich (vgl. Sach 11,16)[10]. Doch gerade deshalb, meint Jesus, gilt in dieser Stunde die neue Weissagung, die der Prophet *Jeremias* nach dem Untergang des ersten Bundes, nach der Zerstörung und dem Brand Jerusalems, in Aussicht gestellt hatte: am Ende der Tage werde Gott einen Neuen Bund stiften und Gesetze erlassen, geschrieben nicht mehr auf Tafeln aus Stein, sondern in die Herzen der Menschen, und es werde Vergebung sein für alle (Jer 31,31–34)[11]; Gott selber werde der Frevel und

Wort (24,8): ‹Das ist das Blut des Abkommens . . ., das der Herr mit euch getroffen hat auf Grund aller dieser Worte.› . . . Das Wesentliche der Handlung ist die Verteilung des Blutes auf beide Parteien unter Bezugnahme auf die Verpflichtung, die sie übernehmen. In Jesu Deutewort wäre sein Blut dem gegen das Volk geschütteten Opferblute gleichgestellt, und der Zuwendung des von ihm gemeinten Abkommens entspräche die Darreichung des Weines.» «Der Begriff des Bundesblutes könnte von hier stammen . . . Heranziehen ließe sich wegen des Ausdrucks das Wort Sacharjas von dem ‹Blut des Abkommens› mit Zion, um dessentwillen seine Gefangenen freigelassen werden (Sach 9,11). . . . Jerem 31,31, Ez. 16,59 f. . . . nennen ein Abkommen Gottes beim Auszuge aus Ägypten . . ., ohne doch den Vorgang von . . . (Ex 24, d.V.) speziell im Sinne zu haben. Alle Vorgänge beim Auszuge bedeuteten ein Abkommen Gottes mit Israel, und es lag dann nicht fern, sich das Passahblut als das Blut dieses Abkommens zu denken.»

[9] Zu Jer 23,1–8 vgl. A. Weiser: Der Prophet Jeremia (ATD 20: 1–25,14), S. 197–200. Der Gedanke von der zerstreuten Herde, die es (in der Zeit des Messias) zu sammeln gilt, klingt besonders in Mk 6,34 an; vgl. E. Drewermann: Das Markus-Evangelium, I 424–430, S. 429, mit der Überleitung zu der (eucharistisch-intendierten) ersten Brotvermehrung in Mk 6,35–44; vgl. a. a. O., I 430–440.

[10] Zu Sach 11,16.17 vgl. K. Elliger: Die Propheten (ATD 25), 165–166.

[11] Zu Jer 31,31–34 vgl. A. Weiser: Der Prophet Jeremia (ATD 21: 25,15 – 52,34), 286–288: «. . . insofern erfährt das Gottesverhältnis des Volkes im neuen Bund eine Neugestaltung, als die Forderung Gottes zu einer Gabe Gottes wird, indem Gott sein Gesetz den Menschen ins Herz gibt und ihnen damit die Freiwilligkeit und Kraft eines freudigen Gehorsams schenkt. Das im alten Bund auf Tafeln (2. Mose 31,18; 34,28 f.) oder in ein Buch (2. Mose 24,4.7) aufgezeichnete Bundesgesetz, das als der Ausdruck eines fremden Willens der Auslegung und Gesetzesbelehrung bedurfte, wird dadurch seinen heterogenen Charakter verlieren, daß Gott es den Menschen zum Gesetz ihres eigenen Inneren macht

Fehler der Menschen nicht mehr gedenken; und alle würden unmittelbar zu Gott sein, so daß niemand mehr den anderen zu belehren brauche, um ihn zu Gott zu führen. Auf diese Worte des *Jeremias*, die das Ende aller autoritären Herrschaft von Menschen über Menschen im Namen Gottes bedeuten, weist Jesus hin, wenn er vom Blut des Neuen Bundes zur Vergebung spricht[12]: daß Friede sei im Herzen eines jeden Menschen und keiner mehr dem anderen im Wege stehe bei seiner Suche nach Gott. Gott sollte dem Menschen *innerlich* sein, so wollte es Jesus; niemals mehr sollte man mit Gesetzen und Geboten von außen her den Menschen im Namen Gottes einschüchtern und niederdrücken. Gott sollte als Freiheit im Herzen eines jeden Menschen atmen. Für diese Freiheit war Jesus bereit, in den Tod zu gehen. Die Einsetzung dieses Zeichens eines Neuen Bundes am Abend des Abschieds Jesu von seinen Jüngern soll die lange Kette religiöser Verheißungen erfüllen; zugleich aber soll sie auch auf eine Frage antworten, für die es von außen keine lehrbare Antwort mehr gibt: welch einen Sinn der Tod besitzt, dem Jesus unabwendbar sich im Abendmahlssaal ausgeliefert sieht[13].

und so die Gehorsamspflicht umwandelt in das Gehorsamsbedürfnis des eigenen Herzens. In diesem aus einem unmittelbaren persönlichen Verhältnis zu Gott entspringenden freiwilligen Gehorsam ... liegt zugleich die ‹Erkenntnis Gottes›.» In der Tat ist eine solche «Sammlung» des «Volkes» in einer neu begründeten Form der Innerlichkeit des Gottesverhältnisses als Ziel und Inhalt all dessen zu betrachten, was das Markus-Evgl. Stelle für Stelle in den Worten und Taten Jesu schildert; eben darin aber liegt zugleich die eigentliche «Schuld», die Notwendigkeit seines Todes begründet. – Von daher findet sich, was wir auch sonst im Rahmen einer tiefenpsychologisch orientierten Interpretation bestätigt sehen: daß die *Bilder* und Motive zur *Deutung* von Leben und Tod Jesu am besten geeignet sind, um die Wirklichkeit auch und gerade der Gestalt des *historischen* Jesus zu beschreiben, während es in direktem Zugriff niemals möglich ist, die geschichtliche Wirklichkeit hinter den neutestamentlichen Erzählungen zu finden. Gerade das historisch betrachtet wahrscheinlich «ungeschichtliche» Szenarium des Passahmahles bzw. der Einsetzung der Eucharistie mit ihren Anspielungen auf einen *neuen* Bund faßt, symbolisch gelesen, auf bestmögliche Weise zusammen, was Jesus wollte und wofür er starb bzw. was er uns schenkte, indem er in den Tod ging.

[12] Der Gedanke der *Vergebung* wird in Mt 26,28 völlig korrekt in Mk 14,24 ergänzt; vgl. E. Drewermann: Das Markus-Evangelium, I 140.

[13] Vgl. zu dieser Frage A. Vögtle: Grundfragen der Diskussion um das heilsmittlerische Todesverständnis Jesu, in: Offenbarungsgeschehen und Wirkungsgeschichte, 141–167, der (S. 165–166) das übliche Dilemma der historisch-kritischen Methode in allen religiös relevanten Fragen folgendermaßen auf den Begriff bringt: «Es scheint ... noch nicht gelungen zu sein, Jesu Konzeption eines heilseffizienten Sterbens seiner Gottes- und Gottesreich-

Für manche Augenblicke unseres Lebens verfügt auch die Religion über keine Deutung in Worten mehr. Sie besitzt dann nur noch gewisse Zeichen und Symbole, die in verschlüsselter Form bestimmte Antworten enthalten,

botschaft überzeugend zu- und einzuordnen. Aus welchem Grund soll Jesus den Schritt von dem von ihm verkündeten Heilsweg (Heilerlangung aufgrund des existentiellen Eingehens auf den von ihm proklamierten Heils- und Heiligkeitswillen Gottes) zur Konzeption seines heilseffizienten Sterbens getan haben?» Das «Problem» ist tatsächlich von außen her nicht zu lösen; denn hätte Jesus von Anfang an mit einem Scheitern seiner Botschaft von der Nähe der Gottesherrschaft gerechnet, würde dies «den vollmächtigen Sendungsanspruch Jesu», der «eschatologische Heilbringer» zu sein, «belasten»; wäre er aber erst durch die Ablehnung seiner Mission von seiten ganz Israels (?) oder von seiten der Führer Israels (?) auf den Gedanken der Unausweichlichkeit des Todes gekommen, so wäre die Konzeption des «Sühnesterbens» nur als eine Art «Notlösung» zu betrachten. H. SCHÜRMANN: Gottes Reich – Jesu Geschick, 62–63 hält es immerhin für eine «Möglichkeit», anzunehmen, Jesus sei «schon mit ‹eingedunkelter› Seele in den Tod gegangen ... (wie das Mk 15,34 – vgl. 14,32–42 – geschildert wird), nur noch sein Ge-Schick, das nun zum Todes-Geschick geworden war, vor Augen, immerhin dieses aber als vom Vater zu-geschickt. Die Grundbefindlichkeit seiner Seele war das gehorsame Ja dazu, seine aktive Pro-Existenz, ein existentielles Anerbieten – und das in der Hoffnung, der Vater würde seinem impetratorischen Sterben Heilsbedeutsamkeit zuerkennen. Wenn Jesus sein Todes-Geschick als Basileia-Geschick verstanden hat, könnte er zuversichtlich hoffen, dieses würde Heil wirken ... weil Jesu proexistente Sünderliebe die proexistente Liebe Gottes präsentierte, die alle Sünde in sich aufnahm und im Herzen Jesu überwand.» – Man kann kaum deutlicher machen, wie gestelzt und künstlich eine «theologische» Erörterung innerhalb der historisch-kritischen Exegese ausfallen muß, wenn sie sich tatsächlich mal anheischig macht, die «Seele» oder das «Herz» Jesu angesichts seines Todes zu «untersuchen». Es ist nicht nur, daß bereits die Sprache dieser Art von Theologie in ein groteskes Mißverhältnis zu all dem tritt, was die Passionsgeschichte Jesu bei Markus wirklich erzählt, es entgeht dieser Art von Exegese vor allem die totale Nichtigkeit ihres Redens von «Sünde», «Sünderliebe» und «Heilsbedeutsamkeit», von «Gehorsam» und «Sterben» im «Basileia-Geschick» usw. Hingegen wird das Gemeinte sogleich klar und verbindlich, wenn man davon ausgeht, daß Jesus in einer solchen Nähe des Vertrauens und der Güte lebte, daß er *notwendig* alle Angst und Verzweiflung («Sünde») der Menschen seiner Zeit (und *aller* Zeit) bis zum Tödlichen auf den Plan rufen mußte; vgl. den Abschnitt «Der Tod des Gottessohnes als Kaufpreis des Menschenlebens», in: E. DREWERMANN: Das Markus-Evangelium, I 45–80. Ohne die Psychodynamik der Angst in ihren verinnerlichten und rückentäußerten (institutionalisierten) Formen wird sich freilich die widersprüchliche *Einheit* von Liebe und Haß, Vertrauen und Verzweiflung, Befreiung und Verfolgung, Leben und Tod, Gottesherrschaft und hochpriesterlicher Verurteilung niemals wirklich verstehen lassen, und alle Erörterungen darüber, was Jesus sich entsprechend den Vorstellungen seiner Zeit wohl gedacht haben könnte, vermögen die eigene Gedankenlosigkeit in diesen entscheidenden *psychologischen* Fragen nicht zu kompensieren.

die man jedoch nicht in mitteilbare Begriffe zu fassen vermag[14]. Immer sind diese sprachlosen Augenblicke von tiefem Schmerz erfüllt: ein Empfinden von Sinnlosigkeit und Verzweiflung breitet sich aus; alles, woran das Leben hing, ist zerstört; ein neuer Anfang scheint nicht möglich, ja, oft sogar wie eine gefühllose Roheit zu sein. Jeder kennt solche Augenblicke der Enttäuschung und der Bitterkeit, eines endgültigen Abschieds und einer nicht wiedergutzumachenden Schuld. Jeder auch weiß, daß in solchen Momenten keine Worte mehr trösten, keine Reden mehr helfen. Was etwa will man einem Mann sagen, der durch einen jähen Unglücksfall sein Kind, auf dem all seine Hoffnung ruhte, verloren hat? Was einer Frau, die ihren Mann unrettbar sterben sieht? Was Menschen, deren ganzer Lebensaufbau scheitert? Nichts kann man solchen Menschen sagen, weil es fast unverschämt wäre und jedenfalls wie eine Taktlosigkeit, inmitten des Unverstehbaren, angesichts der härtesten Zumutung des Lebens, vom Glauben an Gott wie von einem Allheilmittel zu sprechen, und weil man in solchen Augenblicken deutlich spürt, daß kein Mensch ohne weiteres berufen ist, einen solchen Schicksalseinbruch von außen zu deuten und dem anderen eine verpflichtende Lösung dafür mitzuteilen.

Gewiß gibt es Beispiele, gültige Präzedenzfälle des Leidens auch in der Bibel – *Hiob* z. B., der glücklich war und alles besaß, was er begehrte, und der in Gott geborgen war: an einem einzigen Tage wurde ihm alles zerschlagen, geraubt und getötet, – seine Söhne, seine Töchter, sein Vieh –, er besaß nichts mehr; und dennoch haderte er nicht mit dem Schicksal, er klammerte sich nicht voller Bitterkeit an die Vergangenheit, er hängte sich nicht fest an dem Gedanken, das alles hätte nicht passieren dürfen; er versuchte vielmehr zu denken, daß ihm in dem völligen Verlust von allem nichts widerrechtlich genommen werde, sondern daß er gewissermaßen all seine Habe nur wie ein geliehenes Gut in die Hände Gottes zurückgebe (Hiob 1,21). Nur so vermochte Hiob die von außen auferlegte Zerstörung in seinen eigenen Willen zu übernehmen, und nur deshalb versteinerte er nicht; für ihn ging das Leben trotz der Katastrophe weiter, ja, er konnte schließlich in eine noch größere Zukunft eintreten[15]. – Das Beispiel des Hiob ist bekannt und gültig. Wenn

[14] Zum *Symbolismus* der religiösen Sinndeutung insbesondere des *Opfers* vgl. C. G. Jung: Das Wandlungssymbol in der Messe, XI 219–323, S. 278–285; 285–290: «*Wir* gewinnen aus dem Selbstopfer uns selbst, *das* Selbst, denn nur was wir geben, das haben wir.»

[15] Zu Sinn und Aufbau des Buches *Hiob* vgl. A. Weiser: Das Buch Hiob (ATD 13), 13–23.

überhaupt ein Mensch mit einem schweren, unabhänderlichen Leiden leben soll, mit einem Schmerz, der zunächst völlig sinnlos scheint und allen menschlichen Erwartungen entgegensteht, so wirklich nur in dem Gedanken, daß einem im Grunde nichts gehört, daß alles nur Geschenk ist, daß man im letzten irgendwann doch vor die Aufgabe gestellt ist, gerade das Liebste herzugeben und in dieser Hergabe tiefer zu leben als jemals zuvor, gealtert um Jahre vielleicht, aber weiser und menschlicher auch, äußerlich ärmer zunächst, und dennoch innerlich reifer geworden. So ist das wirklich. In den ruhigen Stunden, in den Stunden ohne Leid, kostet es uns freilich keine Mühe so zu denken, nichts scheint uns dann evidenter als die Einsicht, daß es sich so verhält. Aber gerade deshalb kann man schon bei sich selber nicht, geschweige denn bei einem anderen Menschen, erwarten, daß man auch in den Stunden *wirklichen Leids* noch wie selbstverständlich zu solchen Gedanken imstande wäre. Was haben wir denn Gott schon anzubieten außer der Bitte, er möge uns in den Stunden der Not die Kraft des Vertrauens erhalten? Erzwingen von außen läßt sie sich nicht.

Verstandesmäßig kann man ruhig wissen, daß man ein wirkliches, ein unabänderliches Leiden letztlich akzeptieren *muß*, wenn man darüber nicht in Gram, Verbitterung und Hoffnungslosigkeit verfallen will; das aber hindert nicht, daß unser Gefühl gleichwohl mit aller Leidenschaft sich gegen eine solche Hinnahme des im Grunde Unannehmbaren sträubt. Diese Ohnmacht des Verstandes gegenüber jedem tieferen Leid, dieses Verstummen aller Zuversicht, dieses Ende vom *«Trost der Philosophie»*[16] ist wohl der Grund, warum die Religion zur Sinndeutung des Leidens eigentlich keine Lehren

[16] So der Titel der Schrift von BOETHIUS: Philosophiae Consolationis libri V (ca. 500 n. Chr); dt.: Trost der Philosophie, übers. u. hrsg. v. K. Büchner, eingel. v. F. Klingner, Stuttgart (reclam 3154–55) 1971. In dieser wundervollen Schrift gibt es so weise Sätze wie die, «daß die Meinung der meisten nicht die Verdienste der Taten, sondern den glücklichen Erfolg ansieht und der Ansicht ist, nur das ist gut geplant, was der Erfolg empfiehlt... die schlimmste Last des Unglücks ist die, daß man glaubt, indem man den Unglücklichen irgendein Verbrechen anhängt, sie hätten verdient, was sie leiden.» (I 4. Prosa, S. 52) Steht es so, bleibt dem Menschen nichts weiter, als Trost und Gerechtigkeit bei Gott zu erwarten. Durch welche *Zeichen* aber spricht Gott? – Die Philosophie als Trost durch Vermittlung heilsamer Einsicht in die Natur der Dinge zu gebrauchen, besaß vor allem in der *Stoa* eine breite Tradition; vgl. SENECA: Trostschrift an Marcia, in: Philosophische Schriften, I 313–395. Doch gerade bei der Lektüre solcher Schriften wird der *Unterschied* zwischen der religiösen Haltung Jesu und dem Standpunkt des stoischen Weisen nur um so deutlicher.

mehr bereithält[17]; sie weiß aus dem Leid von Menschen seit Jahrtausenden, daß die richtigste Lehre über den Sinn des Leids zu einer unmenschlichen Doktrin entarten würde, wollte man sie als eine parate und probate Formel, als etwas Selbstverständliches, als eine fertige Haltung und Einstellung gewissermaßen arzneimäßig verschreiben und vorschreiben. Allenfalls im Inneren, fernab von allem moralisierenden Zwang, als das größte Geschenk unseres Lebens, vermag die Haltung des Hiob zu wachsen, denn weniger als alles andere ist sie vom Willen zu befehlen und durch guten Vorsatz ins Werk zu setzen.

Deswegen bietet die Religion zur Deutung des Leidens uns immer wieder nur bestimmte Bilder an, heilige Verrichtungen, symbolische Zeichen, archetypische «Sakramente»[18], die es einfach zu tun gilt, rein äußerlich zunächst, und die dennoch, während man sie verrichtet, von Fall zu Fall uns tiefer fragen, inwieweit wir bereit sind, den verborgenen Sinn, der sich in ihnen ausdrückt, zu entdecken und auf uns und unsere eigene Not zu beziehen. So jedenfalls wird man sich diesen letzten Passah-Abend Jesu denken müssen: als eine Feier, in der Jesus sich selber, sein gesamtes Schicksal, in den alten Zeichen Israels gedeutet findet, so sehr, daß er sich selber ganz und gar damit identisch setzt, bis dahin schließlich, daß er sagen kann: das Passah, das geschlachtet wird, bin ich[19]; das Passahlamm, das fehlt, wie das Opfertier Abrahams am Berge Moriah, bin ich, Isaak[20], Jesus (Gen 22,1–19).

[17] Ja, man muß im Grunde genauer sagen, daß die philosophische Reflexion die Evidenz bestimmter Wahrheiten, Werte und Sachverhalte nicht begründet, sondern voraussetzt; die mythische, religiöse Erfahrung ursprünglicher Einheit bildet deshalb stets den Hintergrund des logischen Diskurses. Der *mythische* Grundzug auch der christlichen Eucharistie wird sehr zu Recht von K. HÜBNER: Die Wahrheit des Mythos, 187–192 betont.

[18] Die Ebene des *Sakramentalen* läßt sich im Sinne von R. OTTO: Das Heilige, 197–201 gerade mit dem Blick auf das Leiden Christi auch als *Divination* beschreiben, indem in Christus das Mysterium des unschuldigen Leidens des Gerechten «ganz im Irrationalen» zur «Offenbarung des Jenseitig-Geheimnisvollen in unmittelbarster Wirklichkeit, Nähe und Greiflichkeit» werde. «Hiob, Kap. 38 ist Weissagung auf Golgotha, und auf Golgotha wird die Lösung des ‹Problems›, die schon dem Hiob zuteil ward, wiederholt und überboten.»

[19] S. o. Anm. 1.

[20] Die Parallele zwischen dem Opfer Christi und dem Opfer Abrahams (s. o. Anm. 1) taucht z. B. auf bei LEO DER GROSSE: Sermo LX 3, Schriften, II 127, der im Rahmen einer ausgedehnten Typologie von Beispielen des Alten Testamentes den Sinn des Paschaopfers Christi u. a. darin sieht: «Jetzt erhält der Stammvater Abraham die verheißenen Erben und

Niemals wohl in Israel hat jemand das Bild vom Auszug aus Ägypten tiefer von innen her empfunden und in sein Leben eingelassen als Jesus in dieser Stunde seines Abschiedsmahles[21]. Es ist ein Augenblick, der alles, was an Menschenleid nur möglich ist, in sich vereinigt und der schon deshalb keinen Trost in Worten, keine Erklärung mehr von außen, sondern nur noch ein solches Zeichen zuläßt. An dies Symbol klammert Jesus sich; denn es erweist sich jetzt, im Angesicht des Todes, wie ein vorweggenommenes Sinnbild dessen, was sein ganzes Leben ausmacht. Dies Bild vom Passahmahl spricht zunächst zu ihm persönlich: So ist er selber jetzt, wie einst das ganze Volk der Juden: genauso einsam und genauso ausgestoßen, und ebenso verfolgt und voller Angst. Und all dies zudem aus dem gleichen Grunde: daß er nicht Menschenmacht und Menschenmachwerk über sich anbetet, sondern allein Gott; daß er von einer größeren Freiheit und von einer höheren Würde lebt; daß er den Weg geht, den Gott selbst in seinem Wesen vorgezeichnet hat und sich daran durch nichts und niemand hindern läßt. Die Ruhe und die Güte, mit der er von Gott spricht, verwirrt und erschreckt alle anderen; gerade die Zuversicht und das Vertrauen, das er auf Gott und seine Führung setzt, rührt in den anderen alle Angst seit Urzeittagen auf und nötigt sie zu immer wüsteren und wütenderen Abwehrmaßnahmen; und gerade seine innere Weite, sein unbegrenztes Verstehenkönnen von Schuld und Verfehlung, von Abgrund und Not erbittert die anderen und zwingt sie nur noch mehr in das Getto ihrer Selbstverteidigungsbarrieren. Alle Menschen scheinen zu glauben, daß sie glücklich und frei sind; nur wenn sie jemanden sehen, der es wirklich ist, bekommen sie Angst vor sich selber; *den* hassen sie, so glücklich sind sie, *den* bringen sie um, so frei sind sie. Und offenbar muß all dies einmal tatsächlich so geschehen, um unzweideutig allen die Augen zu öffnen. Offenbar *kann* Jesus seine Freiheit und sein Glück, damit sie auf alle übergehen, wirklich nur leben im totalen Widerspruch, in Verfolgung und Leid, in Mißachtung und Hohn, in Mißverstehen und Ablehnung[22].

werden in seinem Samen statt der Nachkommen des Fleisches die Kinder des Glaubens gesegnet.» Vgl. Gen 22,17 ff.

[21] Zu der kollektiven wie individuellen Bedeutung der Symbolik des Passahopfers vgl. E. Drewermann: Tiefenpsychologie und Exegese, I 317–320.

[22] Das Verständnis des Leidens Jesu wird in der üblichen Weise vom Existentiellen weg auf die rein historische Sicht verengt, wenn z. B. G. Dalman: Jesus – Jeschua, 153 zu dem Kelchwort Jesu in Mk 14,24 meinte: «Zunächst ist klar, daß Jesu Abmachungsblut nicht nötig wäre, wenn das allen Israeliten wohlbekannte Abkommen Gottes mit den Vätern ... in Kraft wäre ... Jesus redet von seinem Abmachungsblut, wie er von dem von ihm zu

Aber eben: derartige Zusammenhänge kann man nicht von außen her begreifen noch erklären. Niemand hätte zu Jesus im Sinne eines theologischen Lehrsatzes in dieser Stunde sagen können: Du mußt sterben, *damit* alle Menschen von ihrer Todesangst befreit werden; du mußt das Verbrechen des Mordes an dir vollziehen lassen, *damit* endlich alle merken, was sie wie selbstverständlich Tag für Tag als ihr normales Handwerk tun; und auch er selber konnte offensichtlich trotz immer neuer Hinweise nicht einmal seinen eigenen Jüngern die Notwendigkeit derartiger Zusammenhänge erklären[23].

bauenden Tempel redet (Mt 26,61...) und wie er dem zu den Alten Gesagten sein neues Gesetz gegenüberstellt (Mt 5,21 ff.). Sein Deutewort zum Wein war in der Tat eine kühne Rede, die mit einem Schlage dem Passahfest und der Beschneidung den Boden entzieht, ja dem ganzen Alten Testament ein Ende bereitet und ein neues an seine Stelle setzt – vom Standpunkt des Judentums aus gesehen grundstürzend und lästerlich. Die Jünger stellt Jesu Wort vor die Frage, ob sie ihr künftiges Leben auf die Grundlage seines Todes stellen wollten... Da kein Zweifel darüber sein kann, daß Israels Sünde das Hindernis war, das Gottes Abkommen unwirksam machte, wird Jesu Sterben ein Mittel sein, das Hindernis zu beseitigen. Die Aussagen von Jesaja 53 über den Tod des Knechtes Gottes, welcher den vielen Straffreiheit vermittelt, konnten allein hier die fehlende Erklärung bieten.» – Es kommt einem Skandal gleich, daß selbst 50 Jahre später immer noch dieselbe Theologensprache über die «Notwendigkeit» des Leidens Jesu hinweggeredet wird, ohne daß von innen her gezeigt würde, wie denn das Leben von Menschen aussieht, die endgültig den Glauben verloren haben, «Verbündete» Gottes zu sein, bzw. wie eine Religionsform beschaffen ist, die selbst die Beziehung zu Gott ganz wörtlich in eine tödliche Recht-Haberei verwandelt; in keiner historisch-kritischen Betrachtung wird der mörderische Gegensatz verständlich, den Jesus gerade durch die Haltung seines *Vertrauens* provozieren *muß*, geschweige denn, daß man bei solchen Auslegungen verstehen könnte, was in unserem Leben durch den Tod Jesu sich ändern sollte. An die Stelle der existentiellen Verwandlung des Daseins tritt in den historisch-kritischen Kommentaren vielmehr ein beredtes Vokabular altisraelitischer Opfertheologie, dessen äußeres Nachsprechen gerade an dieser Stelle um so weniger Sinn macht, wo es den Worten nach doch darum geht, den gesamten Geist des Alten Bundes ad acta zu legen.

23 Der Sache nach richtig, aber den Rahmen eines historischen Positivismus nicht sprengend, meint E. SCHWEIZER: Jesus Christus, 94, es habe «die Gemeinde ganz selbstverständlich Jesus als den Vollender des Weges Israels im Lichte alles Leidens der Gerechten Israels gesehen. Dabei ist in der Passionsgeschichte Jes 53 noch nicht aufgenommen, das heißt, die Besonderheit dieses Leidens im Unterschied zu allem bisherigen ist nicht eigentlich hervorgehoben... Das ist verständlich, wenn bei Jesus selbst nicht der messianisch verstandene Gottesknecht, sondern das mit der Erhöhung des Menschensohnes verbundene Leiden des Gerechten stand. Wie Henoch und wie Elia (Mark 9,12 f.) als die Gerechten des Alten Testamentes leiden mußten und zu Gott erhöht wurden, so der Menschensohn. In diesem Sinne ist Jesu Leiden wahrscheinlich in der allerersten Zeit als notwendig,

Das Leid, das Jesus auf sich nimmt, ist nichts, was er sich selber wünschen könnte; es ist keine demonstrative Selbstverbrennung; es ist etwas, das ihm, wie alles wahre Leid, von außen auferlegt und zugemutet wird und in dem äußerlich durchaus kein Sinn enthalten ist. Was sollen denn Machthunger, Angst, Hartherzigkeit und schriftgelehrter Buchstabengehorsam für einen Sinn besitzen? Der Sinn dieses furchtbaren Leidens, das Jesus in dieser Stunde akzeptieren will und muß, ist nicht durch fromme Redensart herbeizudeklamieren; er ist, wenn überhaupt, nur aufzufinden durch Annahme und innere Verwandlung.
Gerade deshalb aber wird dieses Bild der Passah-Nacht so ausschlaggebend für Jesus selbst. Genau so ist ja seine Lage: wie wenn ihn Gott, wie damals Israel, aufforderte, alles zurückzulassen, alles, was sonst das Menschenleben ausmacht[24], und diesen Schritt hinüberzutun in das Niemandsland der *Wüste*, in das Land des Todes[25], und in die äußerste Ausgesetztheit förmlich hineinzufliehen, um gerade darin Gott zu finden und endgültig frei zu werden. Die Stunde Israels – das ist für Jesus diese Stunde seines Abschieds; das Bild vom Auszug aus Ägypten, aus dem Haus der Knechtschaft, spricht jetzt zu ihm weit radikaler noch als in jenen dunklen Stunden der Verbannung und Vertreibung Israels[26]. Nicht allein das Volk Israel, auch das Opferlamm, vor

das heißt als von Gott verordneter Weg zur Erhöhung angesehen worden. – Freilich, schon auf dieser Stufe wurde dieses Leiden den ‹vielen› zugut durchlitten. Daß Jesus unbeirrbar an Gott festhielt und sich nicht von ihm wegdrängen ließ, führte ja in den Tod. Er hielt aber an Gott fest, seinen Jüngern und allen, die noch in seine Nachfolge treten sollten, zugut.» Die entscheidende Frage wird bei solcher Sprechweise stets umgangen: *warum* führt es *notwendig* in das Leiden, wenn jemand an Gott festhält, so daß man schon wirklich sagen kann: Gott *will*, daß gerade derjenige leidet, der an ihm festhält? Und wieso ist es ein Vorteil für alle anderen, wenn jemand durch die Konsequenz seines Bekenntnisses sie förmlich zwingt, ihn mit allen Mitteln aus dem Weg zu räumen? Unabhängig von der *Psychodynamik der Angst* müssen diese Fragen nicht nur unbeantwortbar bleiben, sondern sie nötigen unausweichlich zu einer Opfertheologie und Leidensmystik, die das Gottesbild extrem sadistisch und das Frömmigkeitsleben der «Gläubigen» exquisit masochistisch werden läßt.

[24] Zu dem Motiv des *Exodus* vgl. E. Drewermann: Tiefenpsychologie und Exegese, I 484–502.

[25] Vgl. a. a. O., I 496–497.

[26] Sehr ernst und wahr hat P. Tillich: In der Tiefe ist Wahrheit, 92–94 die Exodus-Situation Jesu gegenüber jeder Art von «Religion» herausgearbeitet: «Die religiösen Gesetze sind der große Versuch des Menschen, Angst, Unruhe und Verzweiflung zu besiegen ... Daher steht der Mensch immer unter dem Druck des Gesetzes, müht sich ab, quält

allem aber das Brot der Armut und der Wein des Segens werden zu Vorbildern des Lebens Jesu und damit zu Symbolen seines Todes. Es ist ein alter mythischer Gedanke. Wenn man in der Antike auf den Feldern im Herbst das Korn vom Halme schnitt, wenn man die Reben von den Zweigen trennte, dann sang der Schnitter, sang der Winzer Trauerlieder für den Gott, der in dem Korn, im Wein, in allen Nahrungspflanzen gegenwärtig war, der sterben mußte unter den Sichelhieben und den Messerschnitten der Erntearbeiter und der doch gerade so der Menschen Leben wurde, indem er aus dem Schoß der Erde auferstand als Halm und Rebzweig, wenn das neue Frühjahr kam[27]. Das

---

sich in seinem Denken und plagt sich in seinem Tun. Das religiöse Gesetz verlangt vom Menschen, daß er bestimmte Vorstellungen und Dogmen anerkennt, daß er an traditionelle Lehren glaubt, deren Annahme die unerläßliche Bedingung für ihn ist, von Angst, Verzweiflung und Tod geheilt zu werden. So versucht er das alles anzuerkennen, obwohl er daran zweifelt und es ihm fragwürdig geworden ist. Er steht dauernd unter dem religiösen Anspruch, Dinge glauben zu sollen, die er nicht glauben kann, quält sich und leidet darunter.» «Das gleiche gilt für die *praktischen* Gesetze der Religion. Sie verlangen Beteiligung am Ritual und Gottesdienst, Kenntnis der religiösen Überlieferung, Teilnahme an Gebet, Sakrament und Meditation. Sie verlangen moralischen Gehorsam, Selbstzucht und Askese, Hingabe an Menschen, Dinge und Pflichten weit über unsere Kraft, absolute Selbstkontrolle und uneingeschränkte Vollkommenheit. Das Gesetz der Religion verlangt Endgültiges in jeder Hinsicht. Und unser Gewissen sagt ja dazu. Aber unser Sein wird gespalten, denn Vollkommenheit – obwohl wir ihre Wahrheit anerkennen – übersteigt unsere Möglichkeiten.» «Und so sehen wir in allen christlichen Kirchen Menschen, die als ernste Christen angesehen werden, sich abmühen unter unzähligen Gesetzen, die sie nicht erfüllen können, vor denen sie fliehen, zu denen sie wieder zurückkehren oder die sie durch andere Gesetze ersetzen. Das ist das Joch, von dem uns Jesus befreien will. Er ist mehr als ein Priester, ein Prophet oder ein religiöses Genie. Sie alle unterwerfen uns der Religion. Er macht uns frei von der Religion. Sie alle machen neue religiöse Gesetze. Er überwindet das Gesetz der Religion.» Besser kann man nicht sagen, was es heißt, zwischen Gott und Mensch einen «neuen» Bund zu schließen, der nicht mehr auf Stein, sondern in das Herz des Menschen geschrieben ist (Jer 31,33), klarer auch läßt sich nicht deutlich machen, warum ein solcher «Bund» mit all dem brechen muß, was objektiv wie subjektiv in den Strukturen des menschlichen Daseins an Angst grundgelegt ist. Ein solcher «neuer» Bund kann *unter der Voraussetzung der fundamentalen Angst* tatsächlich nur in tödlichem Gegensatz zu dem Bestehenden zustande kommen. Erst von daher eröffnet sich ein gewisser Zugang zu dem Verständnis auch der kultsymbolischen Deuteformeln des Neuen Testamentes bzgl. des Todes Jesu, während umgekehrt das rein historische Rezitieren dieser Formeln notwendig der Stabilisierung der *alten* Religion dienen muß, die bis heute nicht aufhört, Menschen zu töten – womöglich sogar im Namen des Christus!

[27] So verkehrt es auch war, die Gestalt Jesu in sich selbst als die bloße Verkörperung eines Mythos deuten zu wollen, so richtig bleibt es doch, wenn A. Drews: Die Christusmythe,

Brotbrechen, das Kornmahlen, das Keltertreten war ein *Sakrament*[28], ein äußerstes Symbol dem Leiden gegenüber, und gerade so muß Jesus selbst an diesem Abend das Passah-Brot des alten Israel verstanden haben: «Ich selbst», sagt er dem Sinne nach zu seinen Jüngern, «bin dieses Brot, das man zerbricht und das gerade dadurch Leben schafft. Gott führt mich in ein

89–99 auf die zahlreichen Parallelen hinwies, die zwischen dem «Messias» bzw. dem «Menschensohn» und z. B. dem *indischen* Purusha als dem Urbild des *mandäischen* und apokalyptischen Heilbringers bestehen. Zu Vorstellungen dieser Art gehört auch der Gedanke des Selbstopfers. «Die Feier sakramentaler Mahle war im ganzen Altertum weit verbreitet. Sie gehörte zu den wichtigsten Kulthandlungen der Mysterienreligionen und stand hier überall zur Idee des Heilands (Soter) und Opfergottes in Beziehung, der sein Leben für die Welt dahingab. So sollte auch Mithra, der persische Agni, in einem letzten Mahle mit Helios und den übrigen Genossen seiner Mühsale das Ende ihrer gemeinsamen Kämpfe gefeiert haben; und die in die Mithramysterien Eingeweihten feierten das Ereignis durch gemeinsame Mahlzeiten.» (97) Insbesondere «der Sieg des Sonnenfeuers (Agni) über die Winternacht und die Auferstehung der Natur zu einem neuen Leben» finde seinen Ausdruck in dem Opfer eines «Lammes», des Widderzeichens, «in welches die Sonne zur Zeit des Frühlingsäquinoktiums eintritt.» (104) Tatsächlich war die Übereinstimmung der christlichen Eucharistie speziell mit dem Mithraskult so groß, daß JUSTIN: Erste Apologie, 66, in: Frühchristliche Apologeten, I 135 meinte: «Auch diesen Brauch (sc. das Essen von «Fleisch und Blut» des menschgewordenen Gottes, d. V.) haben die bösen Dämonen in den Mithrasmysterien nachgeahmt und Anleitung dazu gegeben.» F. CUMONT: Die Mysterien des Mithra, 145–147 schildert den Ritus des heiligen Mahles: «Man stellte vor den Mysten ein Brot und einen mit Wasser gefüllten Becher, über den der Priester die heiligen Formeln sprach. Diese Oblation von Brot und Wasser, welchem man dann später zweifellos Wein beimischte ... wurde ... erst nach einem langen Noviziat gewährt.» «Diese Agapen sind offenbar die rituelle Gedächtnisfeier des Mahles, welches Mithra mit Sol gehalten hatte vor seiner Himmelfahrt. Man erwartete von dieser mystischen Mahlzeit ... eine glorreiche Unsterblichkeit.» Zu dem religionsgeschichtlichen und tiefenpsychologischen Hintergrund der Vorstellung von dem sakramentalen Mahl mit der sterbenden Gottheit, die sich in einem zerrissenen Tier, später in dem gemahlenen Korn oder in dem gekelterten Wein nach der Art des *Dionysos* oder *Osiris* den Menschen zur Speise gibt, vgl. E. DREWERMANN: Der Krieg und das Christentum, 290–300; dort auch die entsprechenden Literaturverweise. Gerade das israelitische Ritual des Passahlammes erscheint als bewußte Abwehr der *kanaanäischen* Form des Kultes des *Dionysos-Zagreus*; mit der Ersetzung des *jüdischen Passahmahles* durch das Kelchwort in Mk 14,24 findet mithin so etwas statt wie eine Wiederkehr des Verdrängten. Der Hintergrund der uralten mythischen Bilder ist für ein symbolisches Verständnis der christlichen Abendmahlsfeier unerläßlich.

[28] Vgl. die ausgezeichneten Ausführungen bei K. HÜBNER: Die Wahrheit des Mythos, 189–192 zu dem *Mythos* des kultischen Opfermahles. Das Problem der Darlegungen HÜBNERS beginnt, wenn er die «Substantialität» des Sakramentes als «etwas Stoffliches»

Äußerstes an Leid hinein; aber wenn es doch unvermeidbar so geschehen muß, ob es sich dann nicht so vollziehen kann wie das Sterben des Korns auf den Feldern, wie das Sterben der Weinrebe an den Hängen, die sich im Tod verjüngen und im Sterben auferstehn?»
«Ich bin das Brot», «ich bin der Wein» – sind Worte, die von innen her im Unzumutbaren, im gänzlich Unerträglichen, in dem, womit sich sonst kein Mensch versöhnen kann, auf einen hintergründigen, verborgenen Sinn hindeuten, auf etwas Unvergängliches und Unveräußerliches, für das es wirklich keine Worte gibt. Dies Zeichen selber ist das ganze Leben, die einzige Antwort auf das ganze Leid der Welt[29]. Schon die Natur, sagt dieses Bild, vernichtet nicht, ohne von neuem zu erschaffen; der Tod ist in ihr nur ein Übergang zu größerem Leben. Die Worte Jesu aber muß man dann so übersetzen, wie sie in den Übersetzungen nicht lauten und wie es doch in ihnen sinngemäß enthalten ist[30]. Im Angesicht des Sterbenmüssens, des Verurteilt-

betrachtet, das «durch einen besonderen Ritus gewissermaßen (!) numinos aufgeladen sei», und dann diese «mythische Substanz» als etwas Objektives interpretieren will, das «keineswegs nur ‹psychisch› verstanden werden» dürfe (329). Es ist richtig, dem Programm der «Entmythologisierung» bei R. BULTMANN vorzuwerfen, es opfere die Welt des Numinosen der neuzeitlichen Aufklärung mit ihrem einseitigen Wissenschaftsbegriff; aber es ist nicht möglich, hinter die Aufklärung bzw. hinter BULTMANN zurückzugehen; es kommt vielmehr darauf an, mit Hilfe der Tiefenpsychologie die Anliegen der existentialen Hermeneutik weiterzuführen und die konkreten Symbole z. B. des christlichen Abendmahles in ihrer «numinosen» Kraft innerlich zu verstehen und mitzuvollziehen.

[29] Vgl. die sehr schönen Betrachtungen bei P. TEILHARD DE CHARDIN: Die Messe über die Welt, in: Lobgesang des Alls, 15–16: «Ehedem schleppte man in Deinen Tempel die Erstlinge der Ernten und die besten Stücke der Herden. Das Opfer, das Du wirklich erwartest, das Opfer, dessen Du in geheimnisvoller Weise jeden Tag bedarfst, um Deinen Hunger, um Deinen Durst zu stillen, ist nichts weniger als das Wachsen der Welt, die von dem universellen Werden mitgerissen wird. Empfange, Herr, diese totale Hostie, die die von Deiner Anziehung bewegte Schöpfung Dir im neuen Sonnenaufgang anbietet. Dieses Brot, unser Mühen, ist aus sich selbst, ich weiß es, nur ein unermeßlicher Zerfall. Dieser Wein, unser Schmerz, ist erst, leider, nur ein auflösender Trank. Doch in die Tiefe dieser unförmigen Masse hast Du ... ein unwiderstehliches und heiligendes Verlangen gelegt, das uns alle, vom Ungläubigen bis zum Gläubigen, schreien läßt: ‹Herr, mache uns eins!›» Das «Opfer» und der «Schmerz» sind für TEILHARD die kreativen Bedingungen der Entfaltung des Alls, das sich aus allen Teilen zu seiner *einen* Gestalt zusammenfügt.

[30] Die Wendung: «Das ist mein Leib» (Mk 14,22) heißt aramäisch *den hu guphi*; vgl. G. DALMAN: Jesus – Jeschua, 129, der (S. 131) meint: «Es wäre wohl möglich, hier *guphi* im Sinn von ‹ich selbst› zu verstehen. Aber sowohl die Auffassung der ersten Christen ... als der Gegensatz zur Nennung des Blutes beim Weine fordern die Übersetzung ‹mein

werdens, des unendlichen Alleinseins grenzenloser Angst, da bittet Jesus in dem Ritual des Passahmahles seinen Vater: «Wenn ich schon sterben muß, so möchte ich den Tod des Brotes und des Weines sterben dürfen; laß meinen Tod sein wie den Tod der Körner und der Trauben; mach, daß es stimmt, wenn ich jetzt sage: ‹Ich bin, *ich möchte sein* wie Brot und Wein, für euch, für alle und für alle Zeit, mit meinem ganzen Leben und ganz besonders in der Weise meines Sterbens›.»

In diesem Augenblick muß Jesus von der festen Zuversicht beseelt gewesen sein, daß sein Gebet bei Gott Erhörung fände. Wie es am Ausklang der Passahfeier üblich war, betet er mit seinen Jüngern die sogenannten Hallelpsalmen[31], die Psalmen 113–118, die Gebete vom Auszug Israels aus Ägypten und von dem ewigen Königtum Davids, mit den wunderbaren Worten des Psalms 115: «Nicht uns, o Herr, nicht uns, nur deinem Namen gib die Ehre», und mit den bitteren Worten des Psalms 116: «Ich sprach in meiner Angst: ein jeder Mensch – ein Lügner; wie aber soll ich Gott vergelten, was er an mir getan hat?» Jesus hat seinen Jüngern vom Sinn und Inhalt seines Todes nicht *mehr* erklärt, als in dem Zeichen liegt, mit dem er selbst sich ganz und gar identisch setzte. Er hat gemeint, eine andere Art, sein Sterben zu verstehen, gebe es in alle Zukunft auch gar nicht, als selbst von diesem Brot zu essen und aus diesem Kelch zu trinken und am eigenen Leib das gleiche zu vollziehen. Anderes, Tieferes konnte auch er auf die ewige Frage nach dem Leiden der Menschen und der Kreatur uns nicht mit auf den Lebensweg

Leib›.» Dagegen spricht freilich, daß gerade die Formel von dem «Bluttrinken» «für den Juden ein solcher Greuel» ist, «daß die Markusformel ... in jüdischer Umgebung undenkbar ist.» E. SCHWEIZER: Das Evangelium nach Markus, 164. Der ursprüngliche Sinn des Wortes war wohl: «Dies bin ich» «als Zeichen bleibender Verbundenheit»; H. FRANKEMÖLLE: Eucharistie, in: P. EICHER (Hrsg.): Neues Handbuch theologischer Grundbegriffe, I 303. Es ist kirchengeschichtlich ein überaus bitteres Faktum, daß in der Interpretation dieses Satzes der bleibenden Gemeinsamkeit der Jünger in der Einheit mit Jesus bis heute einer der Hauptgründe der Glaubensspaltung zwischen Katholiken und Protestanten besteht; der Streit geht dabei um das Verständnis des «ist» in Mk 14,22 – eines Wortes, das im Aramäischen gar nicht gesagt worden sein kann. In beiden Konfessionen formuliert man aufgrund der gemeinsamen Unfähigkeit, von seiten der Tiefenpsychologie her zu verstehen, was eine *kultische* Realität bzw. *Verwandlung* ist, entweder zu viel oder zu wenig: Transsubstantiation (katholisch) oder «nur» ein Symbol (reformiert) verkörpern dabei das Unvermögen der Theologen *beider* Konfessionen, die Spaltung zwischen Objekt und Subjekt innerhalb der Spannungspole eines Symbols zu revidieren. Vgl. E. DREWERMANN: Der Krieg und das Christentum, 353–359.

[31] Zu der Rezitation der *Hallelpsalmen* vgl. G. DALMAN: Jesus – Jeschua, 120–121.

geben als das Angebot dieses bildhaften Zeichens vom zerteilten Brot und vom zerpreßten Wein[32]. – Ob du dich, scheint dies Bild seither uns zu fragen, mit deinem eigenen Leiden darin wiederfinden kannst? Ob du, wenn alle anderen Antworten auf deinen Schmerz, auf deine Angst, auf deine Untröstlichkeit versagen, dich trotz allem mit diesem Sinnbild identifizieren kannst? Im entscheidenden Moment kannst du kraft dieses Bildes jenseits aller vernünftigen Gründe vielleicht doch denken, daß auch dein Leid für etwas gut sein wird. Du wirst dann, wie im Brot und wie im Wein, erfahren, daß das Zerbrochene neues Leben schafft; du wirst nicht mit der Zerstörung der Vergangenheit zugrunde gehen, sondern weiterleben; und sogar wenn es bis zum Letzten kommt, wenn nur der Tod noch auf dich wartet: es ist nichts Neues, was dann auf dich zukommt, es wird dann nur ein letztes Mal, und dann endgültig, sich bestätigen, was alles Leid, das in dein Leben miteinging, dich all die Zeit schon lehren konnte: du wirst von neuem leben, wenn du gerade das, was dir so unabänderlich entgegensteht, von Gott her annimmst und bejahst. *«Du stirbst, damit du lebst.»*[33]

Die Kommunion, das Abendmahl, ist nur ein Zeichen; aber mehr Hoffnung wurde nie verkündet als in dem Brot und in dem Kelch, den Jesus seinen Jüngern reichte mit den Worten: «Ich selber bin das Brot, ich selber bin der Wein.» Tatsächlich ist dies Gottes Herrlichkeit und unsere Erlösung, der Tod des Herrn und seine Auferstehung. In dieser Stunde des letzten Abendmahles empfangen die Jünger, was sie selbst in alle Zeit sein werden: Leib des Herrn, der Anfang jenes Reiches, das Jesus allen Menschen bringen wollte und auf das er selbst von Herzen wartete (Mk 14,25)[34].

[32] SCH. BEN-CHORIN: Bruder Jesus, 135 weist mit H. KOSMALA: Hebräer-Essener-Christen, 1959, S. 186 darauf hin, daß die Formel «vergossen für alle» (Mk 14,24) eine Absage an einen negativen Teil des Seder-Rituals darstellen könnte, eine Widerlegung der Ausgießung des *Zornes Gottes* (Ps 79,6): «Nicht der Zorn Gottes wird ausgegossen, kein Zornesbecher wird den vielen zu trinken gegeben: Der Becher, der ausgegossen wird, ist der neue Bund, in welchem sich Gottes Liebe und Barmherzigkeit offenbart.» Vgl. zu dem Problem der Hingabeformel beim Abendmahl auch F. HAHN: Christologische Hoheitstitel, 60–63, der einen direkten Einfluß von Jes 53,12b auf die Stelle verneint. Zu der *Hyper*-Formel vgl. a. a. O., 55–57.

[33] So der Titel von I. CLARUS: Du stirbst, damit du lebst. Ägyptische Mythologie in tiefenpsychologischer Sicht, Fellbach 1979.

[34] Vgl. E. SCHWEIZER: Das Evangelium nach Markus, 166: «Herrenmahl wäre ... nicht Herrenmahl ohne den Ausblick auf die Vollendung. Die Gegenwart der Tischgemeinschaft ist Gegenwart der Zukunft.» Bes. O. CULLMANN: Urchristentum und Gottesdienst, 17ff.

hebt die endzeitliche Bedeutung des Herrenmahls anhand der urchristlichen Gebetsformel *maranatha* hervor. Es ist wichtig zu betonen, daß diese «eschatologische» Erwartung der «Wiederkehr» des «Menschensohnes» sich bereits in den symbolischen Strukturen des Passahmahles ausprägt, als dessen Grundgestalt SCH. BEN-CHORIN: Bruder Jesus, 136 f. die *Vierzahl* hervorhebt: da sind die vier Becher Weins, die vier Fragen des Jüngsten der Söhne, da ist der vierbuchstabige Gottesname selbst. C. G. JUNG: Versuch einer psychologischen Deutung des Trinitätsdogmas, XI 119–218, S. 179–209 hat überzeugend nachgewiesen, daß erst die *Quaternität* Gott als den All-Umfassenden, als die Einheit aller Gegensätze, als Urbild einer versöhnten menschlichen Psyche zeigt. Das «eschatologische» Symbol seelischer Integration ist die *Vierzahl.*

Noch einmal Mk 14,22–25: Von Propheten und Priestern

Mit Recht sagt man, in dieser Stunde des Abendmahls habe Jesus das «Priestertum» der Kirche eingesetzt[1].

Fragt man einen Moslem, wo sein Gott wohnt, so wird er zum Himmel

[1] So die alte Definition des Konzils von *Trient*, das definierte, die Priesterweihe sei als Sakrament im wahren, eigentlichen Sinne von Christus selber eingesetzt worden. H. Denzinger – A. Schönmetzer: Enchiridion Symbolorum, Nr. 963, S. 414. Pius XII erklärte noch am 1. Nov. 1954, die Worte: «Tut dies zu meinem Gedächtnis» aus Lk 22,19; 1 Kor 11,24 f. bildeten die Grundlage des Priestertums als eines von Christus eingesetzten Amtes der Kirche. Vgl. J. Brinktrine: Die Lehre von den heiligen Sakramenten der katholischen Kirche, II 188. In Wahrheit dürften die Worte Jesu sich indessen nicht auf das (kultische) Gedenken von *Menschen* beziehen, sondern (wenn Jesus wirklich ein Abschiedsmahl mit seinen Jüngern gefeiert hat, dann allenfalls) darauf, daß *Gott* seiner gedenken möge «durch Herbeiführen der Parusie»; vgl. J. Jeremias: Die Abendmahlsworte Jesu, 229–246. Man wird also wiederum (!) feststellen müssen, daß es, historisch gesehen, nicht möglich ist, gerade die zentralen Inhalte des Glaubens oder des kirchlichen Selbstvollzugs aus dem Leben Jesu zu begründen. K. Rahner: Kirche und Sakrament, 37–67 suchte aus dieser dogmatischen Verlegenheit zu helfen, indem er «die verlangte Verordnung dieser zeichenhaften Erscheinung der Gnade durch Gott und Christus (sc. in Gestalt der Sakramente, d.V.) als in der Stiftung der Kirche impliziert» erachtete (S. 66), nach dem Axiom: «wo in einem absoluten Engagement die Kirche einen ihrer Grundakte vollzieht, in dem sie ihr Wesen als Ursakrament der Gnade auf einen einzelnen hin in dessen entscheidenden Heilssituationen voll aktualisiert, dort haben wir ein Sakrament.» (85) Es braucht dann nur noch gesagt zu werden, daß die «eigentlichen Grundämter in der Kirche ... wesentlichste Konstitutive der Kirche selbst» seien (87), um auch die Priesterweihe auf Jesus zurückführen zu können. In Wirklichkeit aber kommt man auf diese Weise nur zu einer Ideologie von Kirche, die den faktischen Werdegang der katholischen Kirche selbst als den just von Gott selbst gewollten und von Jesus intendierten «Heilsweg» für alle Menschen interpretiert. Sind z. B. die Kirchen der Reformation nicht in der Kirche Christi, nur weil sie ein Priesteramt nicht kennen? Und haben umgekehrt die Hindus z. B. nicht sehr wohl ein Priesteramt, ohne deswegen schon zur Kirche zu zählen? Offenbar ist die Gestalt des Priesterlichen etwas Archetypisches, in der menschlichen Psyche Vorgegebenes, das sich innerhalb einer bestimmten Religion sehr unterschiedlich artikulieren kann und in unterschiedlichen Religionen in sehr verwandten Formen aufzutreten vermag. Auch die Gestalt des Priesters zählt zu dem, was innerhalb einer Sphäre des Vertrauens, wie sie von der Person Jesu ausging, an archetypischen Vorstellungsinhalten freigesetzt werden konnte; in diesem *psychologischen* Sinne gilt es als erstes, das von Jesus eingesetzte «Priestertum» als eine menschliche Grundhaltung zu verstehen, ehe man es als ein «Amt» institutionalisieren und dogmatisieren kann.

zeigen und sagen: Dort wohnt Gott[2]. Fragt man einen Hindu, so wird er auf die Erde zeigen, auf die Tiere, auf die Blumen, und sagen: Hier, überall wohnt Gott[3]. Fragt man einen Buddhisten, so wird er auf einen Mönch zeigen, der in Versenkung sitzt, und sagen: Dort ist Gott[4].

Fragt man einen Christen, so zeigt er seit der Stunde des Abendmahles auf ein Stückchen Brot und einen Becher Wein und sagt: Dieses ist Gott. Aber er meint damit den Himmel und die Erde und die Andacht und sich selbst. Denn alles dies ist Christus, und alle Wege führen zu ihm hin. Es handelt sich, wenn man so will, um eine außerordentlich nüchterne Mystik[5]. Um Hunger geht es und um Essen, um Nahrung und Verdauen. Um unser Leben geht es – oder um das, wovon wir leben.

Wenn wir an die Eucharistie denken, dann denken wir in der Kirche an die *Priester*[6]. Gewiß gibt es die Feuergeister, die Propheten[7], mit ihren glühen-

[2] Sehr schön heißt es im KORAN, Sure 13,3.13.17: «Allah ist's, der die Himmel erhöhte, ohne sie auf sichtbare Säulen zu stützen, dann seinen Thron bestieg und die Sonne und den Mond zu seinem Dienste zwang... Er ist es, der euch, in Furcht und Hoffnung, den Blitz zeigt und der die Wolken mit Regen schwängert... Sprich: ‹Wer ist der Himmel und der Erde Herr?› Antworte: ‹Allah›.»

[3] Vgl. S. NIKHILANANDA: Der Hinduismus, 24–45 (Die Gottheit und die Schöpfung): «Er, der ewige Inhaber von Wissen, Hoheit, Macht... bringt die Maya (sc. den Schleier der Illusion einer Wirklichkeit, getrennt von Gott) unter Seine Herrschaft. Und dann wird Er durch diese Maya sichtbar, als ob Er geboren, als ob Er mit einem Körper behaftet wäre und als ob Er Mitleid mit den Menschen empfände; denn Er ist in Wirklichkeit ungeboren, unwandelbar, der Herr aller erschaffenen Dinge und von Natur ewig, rein, erleuchtet und frei.» (S. 42)

[4] Vgl. D.T. SUZUKI: Der westliche und der östliche Weg, 41–76 zu den Grundlagen buddhistischer Philosophie, der (S. 69) aus dem *Dhammapadam* zitiert: «Ich habe gesucht und weiß alles. Ich bin erleuchtet ganz durch mich selbst, niemand ist mein Lehrer. Niemand gleicht mir in der Welt, die voller Gottheiten ist. Ich bin der allein würdige, der höchste Lehrer... Ich bin nun im Nirvana.»

[5] Vgl. W. ZELLER: Einführung, in: H. SEUSE – J. TAULER: Mystische Schriften, Werkauswahl von W. Zeller, hrsg. v. B. Jaspert, S. XIII–XXIV, der (S. XVIII) meint: «Die deutsche Mystik hat das Auseinanderfallen von Theologie und Frömmigkeit bekämpft und demgegenüber die Einheit von Glauben und Lehre betont... Die Mystik hat dieses Geheimnis (sc. der Einheit von Innen und Außen, d.V.) von der Gestalt Christi selbst abgelesen.» Genau dies ist es, was die vorliegende tiefenpsychologische Interpretation eines Evangeliums zum Ziel hat.

[6–7] Zur Kennzeichnung des Gegensatzes von *Priester* und *Prophet* vgl. E. DREWERMANN: Tiefenpsychologie und Exegese, II 368–371; E. FROMM: Propheten und Priester, V 295–308, der soweit geht, zu sagen: «Die Propheten haben ihre Ideen. Die Priester verwalden, beschwörenden Visionen von der Welt, wie sie sein sollte. Propheten ziehen in Jahrhunderten nur selten auf, wie ferne, leuchtende Kometen. Ihr Wort scheint die Erde zu streifen wie ein noch nicht eingelöstes Unheilszeichen, das aufflammt und sich wieder im Unendlichen verliert. Wo sie reden, ist es wie ein Sturm, der einen Steppenbrand entfacht und alles trockene, dürre Gras, Laub oder Gehölz hinwegfrißt. Propheten dulden weder Kompromisse noch haben sie Verständnis mit dem Gestrüpp kleinlicher Halbheiten und kurzlebiger Augenblicksnotwendigkeiten. Sie wollen das Unbedingte. Alles Vordergründige, nur heute Gültige, zu kurz Gedachte reißen sie ein und fegen sie fort. Ihr Atem ist wie der eines Orkans, der seine Energie aus den Tief- und Unterdruckterrains der umliegenden Landschaft saugt: An den Vakuumrändern des leer gewordenen Lebens gewinnt er seine Kraft. Und oft genug entwurzeln sie, knicken sie um, reißen sie fort, daß erst ein späteres Geschlecht die weit verstreuten, weit hinweggewehten Samenfäden des alten entblätterten Lebens wahrnimmt, sammelt und neu anpflanzt[8]. Nicht so der Priester. Er will eher die Unruhe, den Gottesschrecken lindern, beruhigen und besänftigen. Es ist das alte, das uralte Erbe der Schamanen- und Brahmanenweisheit, in immer wiederkehrendem, nach Formeln festgelegtem Brauch und Ritus das immer Gleiche und Ewige zu feiern und die Angst vor der Vergänglichkeit, vor der Geschichte, vor all der Unruhe des Wandels mit einer einzigen Gebärde zu beschwichtigen[9]. Ein Priester glaubt niemals daran, daß das Entscheidende noch kommt, daß man auf irgendetwas warten müsse oder daß es erst nach einem ganzen Katarakt sich überstürzender Entscheidungen am Ende vorbereitet werden könne. Woran er glaubt, ist, daß das Ewige schon jetzt im Gleichmaß eines immer gleichen Tuns sichtbar gemacht, erfahrbar, vorbereitet werden kann.

ten sie für diejenigen, die sich mit diesen Ideen identifizieren. Dabei verlieren die Ideen ihre Lebendigkeit und werden zu Formeln. Den Priestern ist die Formel wichtig – dies ist immer so, wenn das Erlebnis selbst tot ist.» (296) «Es gibt kaum einen größeren Unterschied als den zwischen jenen, welche das Leben, und jenen, die das Tote lieben.»

[8] Vgl. R. M. Rilke: Ein Prophet, in: Der neuen Gedichte anderer Teil, Sämtliche Werke, I 566–567.

[9] Sehr beherzigenswert ist der Satz von P. Tillich: Systematische Theologie, III 220 über das Verhältnis von Prophetie und Priestertum, von Geist und Institution: «Der Geist befreit die Kirche von jeder Art rituellem Legalismus. Keine Institution – weder das Priestertum, das kirchliche Amt, spezielle Sakramente noch bestimmte Formen des Gottesdienstes – folgt notwendig aus dem Wesen der Kirche, aber die Funktionen, um derentwillen die Institutionen geschaffen wurden, folgen aus ihr. Sie fehlen nie vollständig.»

Für den Propheten ist Gott niemals eine sichere Sache, eher ein Magmaherd von Erdbeben und Eruption; dem Priester ist Gott wie ein Untergrund erkalteten Lavagesteins, zuverlässig, fest, solide, ein Fels, der ein für allemal bezeugt und garantiert ist. Die Priester klagen nicht an, sie suchen alles zu verstehen. Sie glauben, daß die Welt als ganze, nicht eine künftige, sondern die gegenwärtige, der Ort ist, wo Gott wohnt und herrscht. Gott ist für sie der Raum, sich auszuspannen und zu ruhen. Und umgekehrt: der Einklang und die Harmonie, der Friede mit sich selbst, die große absolute Ruhe – das ist ihnen Gott.

Man nehme das nicht harmlos als Ausdruck des Trägheitsgesetzes und der Bequemlichkeit. Die Priester widersprechen im Grunde nicht den Maßstäben der Propheten; nur glauben sie, daß Gott darauf verzichtet, sie an die Menschen anzulegen[10]. Denn die Menschen könnten sonst nicht leben. Daß die Menschen überhaupt leben – wie soll man das, denken die Priester, anders verstehen, als daß Gott ein für allemal sich mit dem Menschen abgefunden hat und ihm vergibt, gerade *weil* er von «Grund auf zum Bösen» neigt[11]? Priester glauben nicht an die rasche Veränderbarkeit des Menschen. Sie halten nichts von aufrüttelnden Mahnungen. Ihr Ziel ist nicht die Umgestaltung, sondern die Verwandlung. Wo Priester wirken, bleiben sich die Dinge gleich, nichts scheint verändert. Und dennoch ändert sich im Inneren die Bedeutung aller Dinge. Die Menschen tun, was sie immer tun: sie waschen sich, sie nehmen Nahrung auf, sie lieben sich – und doch geht dieses Tun nicht einfach auf in Wasser, Brot und Frau und Mann, es geht durch alles Sichtbare hindurch auf Gott. Und die Vergangenheit mit ihrer Schuld und ihren Hypotheken verwandelt sich in Neuanfang und Zukunft. Alles bleibt sich gleich und ist doch völlig anders[12].

[10–11] Am meisten «antiprophetisch» in diesem Sinn ist die Szene am Ende der Sintfluterzählung des Jahwisten, als Gott in Gen 8,21 beschließt, nie wieder ein solches Strafgericht über die Menschheit zu bringen, «weil das Gebild des Menschenherzens von seiner Jugend her bös ist.» Vgl. zur Stelle E. Drewermann: Strukturen des Bösen, I 223–227.

[12] Das Prinzip der *Verwandlung* (nicht der Veränderung) ist die eigentliche Dimension des Priesterlichen. J. Blank: Priester/Bischof, in: P. Eicher (Hrsg.): Neues Handbuch theologischer Grundbegriffe, III 411–428, S. 416–417 verweist zu Recht auf die unerhörte Unabhängigkeit und äußerst kritische, konfliktreiche Einstellung Jesu gegenüber der Tempel-Priesterschaft. «Hier war der Konflikt mit der Tempelhierarchie, den Angehörigen der Sadduzäer-Partei angelegt ... Daß Jesus als Bote der Heilsherrschaft Gottes im Konflikt mit der kultischen Institution ‹Priesterschaft und Tempel› sterben mußte, machte eine grundsätzliche Alternative deutlich.» Die (alttestamentlichen) Ausdrücke «Priester», «Ho-

Die Feier des *Priestertums Christi,* die Feier der Verwandlung des Brotes, der Vergöttlichung aller Dinge und des ganzen menschlichen Lebens, steht in dieser Sicht im Mittelpunkt. Nichts gilt dem Christentum als zu gering, als zu verächtlich oder als zu trivial, als daß es nicht als Träger Gottes oder Weg zu Gott in Frage käme. Im Gegenteil: gerade bevorzugt lehnt das Christentum in seinen Riten sich an die Grundformen des Lebens an. Und es hat auch gar kein anderes Ziel, als diese Grundformen des Lebens zu verwandeln und zu heiligen, so daß während der Feier der Eucharistie beim Essen des Brotes nicht mehr bloße Nahrung aufgenommen wird, sondern Gott selbst. Die Menschen leben nicht vom Brot allein, und ein Leben ist für sie kein Leben, das nur in Gang gehalten wird, bis daß sein absehbares Ende eintritt. Wenn sie essen, wollen sie leben; aber ihr Bedürfnis nach Leben erfüllt sich nicht im bloßen Essen. Und was sie eigentlich suchen, finden sie erst, wenn sie der winzigen Spanne des Daseins die Bedeutung und den Wert der Ewigkeit verleihen können. Dieses unser Leben mit seinen harmlosen, banalen Allzumenschlichkeiten, mit seinen Größen und mit seinen Tiefen ist der Ort, an dem Gott wohnt. Denn Gott ist das, wovon wir leben. Und wenn wir «Nahrung» sagen, meinen wir Gott, und wenn wir Leben sagen, meinen wir Gottes Unsterblichkeit.
Gewiß: der Geist Gottes ist im Munde der Propheten. Aber Gott selber ist in dem kleinen Bissen Brot, den jeden Morgen irgendwo ein unwürdiger Priester unwürdigen Menschen reicht[13].
Und doch ist die Gemeinschaft des Brotes und des Weines, die Jesus in dieser Stunde im Abendmahlssaal begründet, nicht nur Bestätigung und Segnung des Gegenwärtigen, sie ist zugleich der Ort, an dem in einem Klima der Annahme und der gegenseitigen Verbundenheit all die Kräfte freigesetzt werden, aus denen heraus die Zukunft sich gestaltet. Nichts verleiht eine solche

herpriester», «Priesterschaft» dienen im NT nur zur Bezeichnung der Würde Christi oder zur «Bezeichnung des allgemeinen Priestertums aller Glaubenden (vgl. 1 Petr 2,5.9; Apk 1,6; 5,10; 20,6). ‹Priester› sind danach Christus selbst und alle Glaubenden als das ‹priesterliche Gottesvolk›... Einen ‹Priesterbegriff› für ein hierarchisches Amtspriestertum kennt das NT noch nicht.» Andererseits zeigen gerade die Worte Jesu in Mk 14,22–25, worin sein «Priestertum» besteht: darin, Tod und Schuld von Gott her auf sich zu nehmen und sie in Freiheit und Leben *umzuwandeln.* Zum Bild des *Priesters* im AT vgl. W. Eichrodt: Theologie des Alten Testaments, I 264–294, der (S. 292) den «Begriff der feststehenden Ordnung» als Grundlage des Priesterlichen versteht.

[13] In Anlehnung an M. Noel: Erfahrungen mit Gott, 117.

Zuversicht in das Kommende wie die gütige Annahme des Augenblicks. Niemals ist deshalb das Abendmahl nur ein «priesterlicher» Segen über die Gegenwart, es ist wesentlich auch ein Vorgriff der Hoffnung, eine lebendige Verheißung der Einheit aller Menschen mit sich selber und mit Gott, eine *prophetische* Verkündigung des kommenden Königtums Gottes (Mk 14,25)[14]. Was wir jetzt bereits in der Gemeinschaft des Mahles erfahren, ist ein Vorausbild jener Wirklichkeit, zu der wir alle berufen sind: miteinander eins zu sein und in der Liebe zueinander ewig bei Gott.

Ein letztes Mal Mk 14,22–25: Das Geschenk seiner Liebe

Was immer wir in unserem Leben von Gott verstehen, werden wir am intensivsten in der Sprache unserer tiefsten Sehnsucht und unserer tiefsten Gefühle verstehen[1]. Kein Gefühl aber lehrt uns, Gott tiefer zu begreifen, als die Empfindung einer Liebe, die unser ganzes Dasein ergreift, ist doch Gott selber die Liebe – ihr Ursprung, ihr Ziel, ihre Hoffnung.[2].
Wenn wir einen Menschen so anreden, daß wir die Tiefe seines Wesens berühren, wenn wir sein Du so aussprechen, daß es seinen Namen möglichst

[14] S. o. zu Mk 14,22–25, Anm. 34, S. 469–470.

[1] Vgl. R. Otto: Das Heilige, 172: «Es ist zweierlei, an ein Übersinnliches nur glauben oder es auch erleben, vom Heiligen Ideen haben oder es als ein Wirkendes, Waltendes ... gewahr werden ... Daß auch das zweite möglich sei, daß nicht nur die innere Stimme ... die Ahnung und Sehnsucht von ihm zeuge, sondern daß man ihm begegnen könne in besonderen ... Tat-erweisungen der Selbstoffenbarung ..., das ist eine Grundüberzeugung aller Religionen und der Religion selbst. Solche Tat-erweisungen, solche Erscheinungen des Heiligen in spürbarer Selbstoffenbarung nennt die Sprache der Religion ‹Zeichen›. Als Zeichen hat von der Zeit der primitivsten Religion an immer alles das gegolten, was imstande war, das Gefühl des Heiligen im Menschen zu reizen: ... das Fürchterliche, das Erhabene, das Übermächtige ...»

[2] Vgl. 1 Joh 4,8: «Gott ist Liebe.»

vollständig verdichtet und bezeichnet[3], so öffnet sich seine Person und wird für uns zu einem Weg, der ins Unendliche hinüberführt[4]. Hinter der Gestalt einer jeden menschlichen Person, eines jeden menschlichen Du, taucht unsichtbar die Person und das ewige Du Gottes auf und ist mit angeredet und mit gegenwärtig; und wann immer wir selber uns so angesprochen fühlen, daß unser eigenes Ich davon umfangen, gemeint und getragen wird, so fühlen wir uns selbst verbunden mit dem Ursprung unseres Daseins, den wir Gott nennen. Wenn wir zu einem anderen Menschen «Du» sagen, so verbindet es uns mit dem Auftrag unseres Lebens; und wenn wir selber uns von einem anderen in unserem eigenen Wesen tief genug angeredet fühlen, so tauchen wir zurück in den Grund unseres Daseins; und am Anfang wie am Ende unseres Lebens ist es Gott, der in jeder Anrede wechselseitiger Liebe zur Sprache kommt.

Deshalb ist es vermutlich ein zentraler Weg, jedenfalls ein möglicher Zugang, um zu verstehen, was Jesus uns in dem Bild der Abendmahlsgemeinschaft seiner Jünger sagen wollte, wenn wir das Sakrament der Eucharistie als Ausdruck und Gebärde eines *Geschenks der Liebe* betrachten.

Wir machen für gewöhnlich einander Geschenke in Antwort auf bestimmte Erfahrungen[5]. Wenn wir einen anderen Menschen selber dankbar als Bereicherung unseres Lebens empfinden, als etwas, das uns gnadenhaft verliehen wurde, sogar als etwas, das wir notwendig brauchen, um selber zu sein, so antwortet in uns alles auf die Gegenwart des anderen, und wir selber möchten uns am liebsten auch für ihn als Geschenk, Bereicherung und Gabe

[3] Vgl. M. Buber: Ich und Du, in Werke, I 77–170, S. 152: «Was ist das ewige: das im Jetzt und Hier gegenwärtige Urphänomen dessen, was wir Offenbarung nennen? Es ist dies, daß der Mensch aus dem Moment der höchsten Begegnung nicht als der gleiche hervorgeht, als der er in ihn eingetreten ist.»

[4] Vgl. ders.: Zwiesprache, in: Werke, I 171–214, S. 204: «Nur wer den anderen Menschen selber meint und sich ihm zutut, empfängt in ihm die Welt. Nur das Wesen, dessen Anderheit, von meinem Wesen angenommen, ganz existenzdicht mir gegenüberlebt, trägt mir die Strahlung der Ewigkeit zu.»

[5] Vgl. M. Mauss: Die Gabe, 39–49 (Geschenke an Menschen und Geschenke an Gott), S. 40–41, der auf das Wetteifern der Freigebigkeit beim indianischen *Potlatsch* hinweist und meint: «Der Austausch von Geschenken zwischen ... Menschen, die den Namen der gleichen Geister tragen – veranlassen die Geister der Toten, die Götter, die Dinge, die Tiere, die Natur, ‹den Menschen gegenüber großzügig zu sein›. Der Austausch von Geschenken erzeugt Überfluß an Reichtümern, heißt es.»

seines Lebens verstehen[6]. So gehört es zum Wesen und zur Erfahrung der Liebe. Dennoch drängt es uns, das Gefühl unserer Liebe einander zu zeigen, indem wir bestimmte Dinge miteinander tauschen und einander zum Geschenk machen. Solche Geschenke sind nötig, solange wir auf Erden noch begrenzt in den Schranken von Raum und Zeit miteinander leben müssen. Mit Hilfe von Geschenken möchten wir einander nicht nur sagen: Ich erlebe dich als ein solches Geschenk für mein Leben, so daß ich auch für dich eine solche Bereicherung und ein solcher Beistand sein möchte; im Grunde sind Geschenke auch ein Versuch, die Trennungen der Zeit zu überbrücken in Form der bleibenden Gegenwart des geschenkten Gegenstandes[7]. Das bloße Ding, das wir miteinander als Geschenk austauschen, soll sich in den Augen des anderen mit unserer Person erfüllen und für ihn als Ausdruck unserer Seele mit einem eigenen Leben begaben. In dem Gegenstand des Geschenkes möchten wir selber dem anderen nahe sein, und genauso möchten wir, daß er uns selbst in dem geschenkten Ding als gegenwärtig fühlt[8].

Je tiefer wir dieses Gefühl in uns verspüren, desto mehr erleben wir den geschenkten Gegenstand des anderen nicht mehr als ein totes Ding vor uns oder neben uns, sondern zunehmend als etwas Lebendiges, das erfüllt ist von der Poesie und der Spürkraft der Liebe. Das geschenkte Ding, das ursprünglich nur *ein Zeichen* unserer Liebe war, wird jetzt zum *«Sakrament»*, zu einem Gegenstand, der sich belebt durch die Gegenwart einer geliebten Person und uns ihrer Liebe versichert[9]. Raum und Zeit verlieren mit einemmal

[6] Vgl. DERS.: A. a. O., 31–36 (Der Geist der gegebenen Sache), S. 35–36, der sehr schön beschreibt, daß die Gabe selbst «eine Art Individuum» (S. 34) darstellt, die, in sich beseelt und individualisiert, die Neigung hat, zu ihrer «Ursprungsstätte» zurückzukehren (36).

[7] Vgl. A. GANOCZY: Sakrament, in: P. Eicher (Hrsg.): Neues Handbuch theologischer Grundbegriffe, 94–104, der den Begriff des Sakramentes wesentlich aus dem Verständnis des «Mysteriums» entwickelt und die «Vergegenwärtigung der Heilstaten ... Christi mittels kultischer Feier zwecks Teilnahme an den Heilsgütern» (S. 98) vor allem bei den Kirchenvätern herausarbeitet.

[8] Vgl. R. OTTO: Das Heilige, 102–115 (Das Numinose im Neuen Testament), der (S. 108) vor allem auf die Dimension der *Gnade* im NT hinweist: «Es handelt sich um eine religiöse Erschauung, die als solche für sich allein steht und für sich allein gilt, die der Systematisierung und der logischen Folgemacherei gar nicht fähig ist, und die vergewaltigt wird, wo man dergleichen versucht. Mit Recht sagt SCHLEIERMACHER ...: Jede (religiöse) Intuition ist ein für sich bestehendes Werk ... von Ableitung und Anknüpfung weiß sie nichts.»

[9] Zu der Definition des hl. THOMAS (Summa theologica, III q 60 a 2), ein Sakrament sei das «Zeichen einer heiligen Sache, insoweit es Menschen zu heiligen vermag», vgl. J. BRINKTRINE: Die Lehre von den heiligen Sakramenten der katholischen Kirche, I 31.

ihre Kraft, uns voneinander zu trennen, und es kann sein, daß wir etwas, das zunächst nur ein Gegenstand der Erinnerung sein sollte, als etwas uns Begleitendes empfinden, als etwas ganz und gar Lebendiges, als etwas zu uns Sprechendes. Es ist wahr, wir können ein Bild, ein Erinnerungsstück, ein Geschenk aus vergangenen Zeiten nehmen, und es beginnt ein sonderbares Zwiegespräch mit uns: Wir selber sprechen plötzlich wieder die gleichen Worte von damals, aber es geschieht in Antwort auf das Hören von Worten, die jetzt zu uns reden, und wir wissen, daß es eine Vergangenheit gar nicht gibt, sondern nur eine lebendige Gegenwart, ein nie abreißendes Gespräch, den unendlichen Dialog einer unsterblichen Liebe[10].

Auf gerade diese Weise feiern wir seit dieser Nacht des Abschiedsmahles Jesu sein *Geschenk* der Eucharistie. Wir hören die Worte, die er damals sprach, und wissen: Sie sind nie vergangen[11]; sie sind in unserem Leben gegenwärtig, und die Zeit trennt uns nicht von ihm, sondern sie taucht uns immer wieder in dieselbe unmittelbare Erfahrung seines uns begleitenden Lebens. In jeder Gemeinschaft dieses Mahles formen wir jene Worte der Dankbarkeit, der Fürbitte und der Verehrung nach, die Jesus damals uns vorgesprochen hat, und in Hören und Antwort versammeln wir uns um den Gegenstand seines Geschenkes, um das Brot seines Lebens und um den Kelch seiner Liebe.

Es ist die Frage, wie man einem anderen etwas so schenken kann, daß es vollkommen ausdrückt, was wir ihm sagen möchten. Wenn wir zu wählen hätten, vor allem: *was* wir einander schenken könnten, und – gesetzt –, wir wären gezwungen, dem anderen etwas Endgültiges in dieser irdischen Welt zu hinterlassen, als Geschenk unseres Abschieds, als unser letztes Vermächtnis, – was würden, was könnten wir dann einander schenken?

Ein Bild von uns? – Der andere trägt unser Bild schon in seinem Herzen, und zudem würden wir in zehn Jahren bereits längst nicht mehr so aussehen, wie ein Photo heute uns zeigen könnte.

Ein Gemälde von uns? Es wäre nur wahr, wenn es gezeichnet wäre in den Umrissen und in der Wahrnehmungskraft der Liebe, und nur der andere, dem wir es schenken wollen, ist imstande, ein solches Bild zu sehen, zu

[10] S. o. Anm. 3; 4 zu dem *dialogischen* Prinzip der Erfahrung des Heiligen.

[11] Wenn auf diese Weise das «Sakrament» der Eucharistie wesentlich als «Geschenk» oder «Gabe» (der Liebe) interpretiert wird, so folgt diese Bestimmung nur der Vorstellung, daß in einem Sakrament die Gnade Gottes sich besonders verdichtet; und eben das Wissen, daß alles, was Jesus uns zu sagen und zu geben hatte, niemals «tot» sein kann, macht aus der Feier des Todes Jesu in der Abendmahlsszene wesentlich zugleich die Feier seiner Auferstehung am Ostermorgen.

zeichnen und bei sich zu behalten[12]. Also bedarf es eines *solchen* Ausdrucks nicht.

Worte von uns, testamentarische Hinterlegungen? Was irgend lebendig war an unseren Worten, lebt in dem Herzen des anderen weiter, es ist Teil, Garantie und Bestand seines Lebens[13]. Nichts ist dem hinzuzufügen, was wichtig wäre, ein Kommentar ist überflüssig; denn selber wird der andere mit seinem Leben zur Auslegung all dessen werden, was wir ihm zu sagen hatten. Von daher läßt sich wirklich nicht denken, was Jesus Besseres hätte sagen oder tun können, als was er in den letzten Stunden seines Abschieds seinen Jüngern tat und sagte. Weil er unser Leben ist, darum wußte er nichts Besseres, als zum Geschenk an uns die «Lebensmittel» Brot und Wein zu wählen. Weil seine Gegenwart uns Nahrung ist, deshalb wollte er, daß wir niemals mehr Brot äßen, ohne daß es uns mit ihm verbände; weil er unser Glück, unsere Freude, der Rausch unseres Lebens ist, darum mochte er, daß wir den Wein, das Getränk der Festlichkeit[14], niemals mehr zu uns nähmen, ohne daß es uns in Verbindung setzen würde mit allem, was unser Herz weit macht und zum Himmel erhebt. Er mochte, daß wir die Grenzen unseres Lebens aufbrechen könnten: die drückende Angst, die lastende Schuld. Er mochte, daß wir gemeinsam in derselben Weise des Fühlens und des Denkens im Umkreis der Liebe uns miteinander in seinem Namen verbündeten. Und wann immer wir einander tief genug begegneten, sollten wir seine Gegenwart spüren wie Brot und Wein, wie eine Festgemeinschaft, die nie mehr enden würde. Beendet sein sollten die Gottesdienste der blutigen Opfer; und nie mehr sollten Kasteiung, Askese, Qual und Bedrückung die Vorbedingung bilden, um sich Gott zu nahen; beendet sein sollte das Darbringen von Opferlämmern, das Auswählen von Sündenböcken, das Spießrutenlaufen

[12] Es ist stets die Frage, welche *Wahrheit* z. B. ein Portrait besitzt. Vgl. dazu St. Andres: El Greco malt den Großinquisitor, in: Homo viator, II 11–35; E. Drewermann: Tiefenpsychologie und Exegese, I 448.

[13] Dabei ist vorausgesetzt, daß «Worte» poetisch genug sind, um die Sprache der Liebe zu reden – um die Gesänge des *Orpheus* zu singen; vgl. E. Drewermann: Tiefenpsychologie und Exegese, II 169–174.

[14] Sehr schön meint J. P. Mackey: Jesus, 189 von der Eucharistie: «Das Mahl lädt alle ein, in ritueller Freude das Mittel des Lebens, das Lebens-Mittel zu teilen. Essen und Trinken, Tischgemeinschaft zu haben, eins zu sein – ein Leib und ein Geist – mit Jesus und seinen übrigen Nachfolgern in dieser lebendigen Philosophie der Lebensgnade, teilzunehmen, Teil-zu-nehmen, am Leib Jesu, des Christus, eine freudenvolle Gemeinschaft ohne Zertrennung, im Frieden, im Ritus die Güte des Lebens feiernd, Anteil gebend und dienend, einen neuen Geist untereinander empfindend, das Erwachen neuen Lebens.»

von Prügelknaben. Im Gegenteil sollten wir als eine heilige Gemeinschaft des Glücks und der Freude miteinander leben, indem wir unser eigenes Dasein wechselseitig als etwas unendlich Kostbares am anderen und für den anderen begreifen lernen.
Ein Geschenk wäre keine Gabe des Glücks, wäre es nicht, mehr noch als eine Erinnerung, im Grunde eine Verheißung. Alle Erinnerung verbindet nur mit rückwärts, und stets trägt sie deshalb das düstere Gewand der Traurigkeit; bei aller Freude, die sie uns aus der Vergangenheit vor Augen stellt, hört das Gefühl des Getrenntseins nicht auf. Wahr ist ein Geschenk erst, wenn es uns nicht allein mit der Vergangenheit verbindet, sondern viel mehr noch mit der Zukunft[15]. Wir erinnern uns ja nicht an etwas Totes, sondern in Wirklichkeit an etwas Lebendes und Gegenwärtiges; und am allermeisten ist ein Geschenk der Liebe wahr, wenn in ihm die Hoffnung lebt und zur Gewißheit wird, daß wir einander wiedersehen und daß es eigentlich gar keinen Abschied, keine Trennung gibt, sondern nur eine Überbrückung der Zeit und des Raumes, solange das irdische Leben noch dauert.
Indem Jesus das Brot seinen Jüngern brach und mit ihnen den Becher leerte, enthüllte er noch einmal seine leidenschaftlichste und schönste Vision: den Bund seines Vermächtnisses vom Reiche Gottes, in dem wir vom Gewächs des Weinstocks mit ihm trinken werden in alle Ewigkeit (Mk 14,25). Niemals mehr wollen wir essen, trinken oder schlafen, ohne verbündet zu sein miteinander und aneinander Ruhe zu finden in der Nähe Gottes. Sie ist uns zugesagt, sie ist uns anvertraut, sie ist das, was uns begleitet, wohin immer wir gehen bis an die Grenzen der Erde. Diese Gewißheit ist die eigentliche Gabe Jesu in Gestalt von Brot und Wein. Geschenke sind Brücken zwischen Vergangenheit und Zukunft. Das Geschenk der Eucharistie aber ist eine Brücke zwischen Zeit und Ewigkeit, der reinste Ausdruck dessen, was die Liebe Gottes ist: ein Weg der Gemeinsamkeit durch die Welt hindurch bis zum Horizont des Unendlichen.
Da sangen die Jünger den Lobgesang und gingen hinaus zum Ölberg, hinaus nach Golgotha, zu jenen Bergen des Herzens, auf denen Leid in Freude, Traurigkeit in Hoffnung, Schuld in Weisheit und Angst in Tapferkeit verwandelt wird.

[15] Wie jedes echte Symbol stellt ein Sakrament stets eine Einheit aller drei Zeitstufen: der Vergangenheit, Gegenwart und Zukunft her. Zu der Einheit von Vergangenem und Zukünftigem, von Regressivem und Progressivem im symbolischen Erleben vgl. E. Drewermann: Tiefenpsychologie und Exegese, I 230–250.

Mk 14,26–42: Die Nacht von Gethsemane oder: Die begnadete Angst

26 Und nachdem sie den Hymnus gesungen, gingen sie hinaus an den
Ölberg. 27 Da sagt ihnen Jesus: Alle werdet ihr straucheln. Denn es
steht geschrieben:
Schlagen will ich den Hirten
daß die Schafe sich versprengen (Sach 13,7).
28 Aber nach meiner Auferweckung werde ich euch vorausgehen nach
Galiläa. 29 Petrus aber sprach zu ihm: Wenn auch alle straucheln wer-
den, aber nicht ich! 30 Da sagt ihm Jesus: Wahrlich, sage ich dir: *du*,
heute (noch), in dieser Nacht, ehe zweimal der Hahn kräht, wirst du
mich dreimal verleugnen. 31 Er aber redete überlaut: Selbst wenn ich
sterben müßte mit dir, nein, dich werde ich nicht verleugnen. So aber
sprachen auch alle (anderen).
32 So kommen sie in ein Landgut namens Gethsemani. Da sagt er
seinen Jüngern: Setzt euch hier, bis ich gebetet habe. 33 Doch nimmt
er Petrus, Jakobus und Johannes mit sich. Da fing er an zu erschau-
dern und zu erbeben 34 und sagt ihnen: *Voll Trauer ist meine Seele* (Ps
42,6.12; 43,5; Jon 4,9; Sir 37,2) – bis zum Tode; bleibt hier und
wacht. 35 Und als er ein wenig weitergegangen, fiel er zur Erde und
betete, daß, wenn es möglich ist, die Stunde an ihm vorübergehe.
36 Und er sprach: Abba, Vater, alles ist dir möglich (vgl. Mk 10,27!).
Laß diesen Becher an mir vorübergehen; doch nicht, was ich will,
sondern du! 37 Da kommt er und findet sie schlafend und sagt dem
Petrus: Simon, du schläfst? Warst du nicht stark genug, *eine* Stunde
zu wachen? 38 Wacht und betet, damit ihr nicht in Versuchung
kommt. Der Geist zwar ist willig, das Fleisch aber schwach. 39 Und
abermals ging er hin und betete, dieselben Worte sprechend. – 40 Und
abermals kam er und fand sie schlafend, denn ihre Augen waren
schwer geworden, und sie wußten nicht, was sie ihm antworten soll-
ten. 41 Dann kommt er zum drittenmal und sagt ihnen: Ihr schlaft
euch aus und ruht euch aus? Es ist vorbei! Die Stunde ist gekommen!
Nun wird der Menschensohn in die Hände der Sünder überliefert.
42 Steht auf. Gehen wir! Da: der mich ausliefert, ist schon in der Nähe.

Erschütternder noch als die Szene der Kreuzigung wirkt diese «Schilderung» der Angst von Gethsemane[1]. Was dort nur physischer Schmerz, ist hier ganz

[1] Ch. de Foucauld: Die Schriften von Charles de Foucauld, 192–196 faßt seine stark auf die *Nachahmung* des Leidens Christi bezogenen Betrachtungen der Szene von Gethsemane

seelisches Leid, und jeder, der diesen Abschnitt des *Markus*-Evangeliums liest, muß sich fragen, wie man eine solche Erzählung in der frühen Kirche überhaupt hat ersinnen und überliefern können. Oft genug hat das Christentum den Unterschied der Gestalt Jesu zu anderen Religionsstiftern in der «Göttlichkeit» des Christus zu sehen versucht; aber auch der *Buddha*[2], auch *Pythagoras*[3], auch andere Retter-und Erlösergestalten der Antike wurden als Gottessöhne verehrt. Was Jesus wesentlich von allen anderen Lehrern der Menschheit unterscheidet, ist vor allem seine Menschlichkeit. Von *Buddha* wird berichtet, wie er wochenlang unter dem Baum von Bodhgaya fastete und meditierte, um den Weg zu ergründen, auf dem wir aus dem Kreislauf des Leids heraustreten können[4]; von *Mani* wird überliefert, daß auch er gekreuzigt worden sei[5]. Doch einzig von Jesus berichtet man, er habe bebend

mit Bezug auf Mk 14,39 in die Worte zusammen: «Du lehrst uns beten, mein Gott, ohne einstudierte Rede, ohne Phrasen, ohne Künstelei, lehrst uns, daß der einfache Schrei des Herzens genügt, ein einziges Wort, das immer wiederholt wird, immer in die Worte mündet: ‹Doch nicht was ich will, sondern was Du willst.›» In der Tat ist das die innere Mitte der Stunde am Ölberg: die Verwandlung des gesamten Daseins in ein einziges Gebet der Annahme.

[2] Vgl. E. Conze: Der Buddhismus, 31–35, der die drei Seiten der Wirklichkeit des *Buddha* sehr zu Recht mit dem Historismus des westlichen Denkens kontrastiert: «Für den christlichen und den agnostischen Historiker ist nur der menschliche Buddha *Wirklichkeit*, während der geistige und der magische Buddha für ihn nur Fiktionen bedeuten. Die Anschauung des Gläubigen ist völlig anders. Für ihn ist die wahre Natur und der verklärte Körper des Buddha das Wesentliche, während sein menschlicher Körper und seine historische Existenz ihm nur wie ein paar Lumpen erscheinen, mit denen man diese verklärte Geistigkeit bekleidet hat.» (35) Zur Buddha-Legende vgl. E. Waldschmidt: Die Legende vom Leben des Buddha, 15–53 (Der Geburtszyklus).

[3] Zur Gestalt des *Pythagoras* vgl. die Darstellung bei E. Drewermann: Tiefenpsychologie und Exegese, II 143–157.

[4] Vgl. E. Waldschmidt: Die Legende vom Leben des Buddha, 117–175 (Die Erleuchtung).

[5] Vgl. H. v. Glasenapp: Die nichtchristlichen Religionen, 237–42, S. 238: «Als... 274 der den orthodoxen Zarathustriern zugeneigte König Bahram I zur Regierung gekommen war, wurde Mani Anfang 277 in Gundeshahpur der Häresie angeklagt und eingekerkert. Er starb am 26. Februar 277. Ob er, wie eine Überlieferung behauptet, ans Kreuz geschlagen wurde, nachdem man ihm bei lebendigem Leibe die Haut abgezogen hatte, ist unsicher. Diese Behauptung kann aus dem Wunsch erwachsen sein, Manis Passion in Parallele zu der Christi zu stellen und das Furchtbare möglichst zu steigern.» Vgl. W. B. Henning: Neue Materialien zur Geschichte des Manichäismus, in: G. Widengren (Hrsg.): Der Manichäismus, 400–417, S. 405.

vor Angst seiner Auslieferung und seiner Hinrichtung entgegengesehen. Warum wird gerade er, dieser Prophet des Vertrauens, angesichts seines Todes von solcher Angst überwältigt – bis hin zum Blutschweiß, wie das Lukas-Evangelium ergänzt (Lk 22,44), bis hin zu der Erscheinung eines Engels, der ihn stärkte (Lk 22,43)[6]? Ein Mann wie *Sokrates* ging heiter und gelassen im Kreise seiner Freunde in den Tod[7]; warum wird gerade Jesus und der Kreis der Jünger von solchen Ängsten heimgesucht?

Es kann nicht an der Tatsache des Todes selber liegen, die Jesus unvermeidbar auf sich zukommen sieht. Das *Markus*-Evangelium legt sogar noch einmal großen Wert auf die Festellung, Jesus habe den Weg in das Leid selbst als Erfüllung einer alttestamentlichen Weissagung (des Propheten *Sacharja* 13,7) verstanden: «Ich werde den Hirten schlagen, und die Schafe werden sich zerstreuen», und er habe die Jünger über seinen baldigen Tod ein letztes Mal hinwegtrösten wollen mit dem Ausblick auf ein Wiedersehen in Galiläa jenseits der Schranke des Todes (Mk 14,28; vgl. Mk 16,7)[8]. Tatsächlich wird man solche Hinweise nicht einfach als literarische Verknüpfungen oder theologische Reflexionszitate deuten können. Niemand vermag Unrecht, Leid und Tod zu akzeptieren, ohne einen Sinn in derartigen Schicksalsschlägen zu erkennen.

[6] Zu Lk 22,43–44 vgl. E. Schweizer: Das Evangelium nach Lukas, 228, der bei der Stärkung durch den Engel an Dan 10,13.15–18 erinnert. Der jüdischen Sage nach wurde auch *Abraham* von *Nimrod* in den Feuerofen geworfen und von Gott beschirmt; vgl. H. L. Strack – P. Billerbeck: Kommentar zum Neuen Testament aus Talmud und Midrasch, IV 1, 454, Anm. 4. Das Motiv der Sage stammt aus Gen 15,17, wo man das Wort: «herausgeführt aus Ur» durch entsprechende Punktation als «herausgeführt aus *Or*», d. h. aus dem *Feuer*, interpretierte. E. Schweizer meint (S. 228) lakonisch von der Stelle: «jedenfalls wird Jesus nicht als Stoiker beschrieben».

[7] Vgl. Platon: Phaidon, Kap. 66; Werke III, S. 65–66; vgl. auch die Darstellung bei R. Schneider: Verpflichtung und Liebe, 7–10, der (S. 10) meint: «der furchtbare Widerspruch wird nicht erchüttert werden, daß die Welt zwar nur besteht aus der Macht der Wahrheit und gehalten wird von ihr; daß aber, wer die Wahrheit tun will, unaufhaltsam gedrängt wird aus der Gemeinschaft der Menschen, aus der Welt.»

[8] Zu Sach 13,7 vgl. K. Elliger: Die Propheten (ATD 25), 175–176. Mk 14,28 ist offenbar von Markus selbst hier eingeschaltet worden. «Das bedeutet nun aber: 14,28 interpretiert 14,27. In Galiläa wird Jesus seine zerstreute Herde sammeln. Aus der Geschichte der Redaktion heraus formuliert: Galiläa ist der Sammelpunkt für die zerstreuten Gemeinden. Das eben hängt mit der Parusie zusammen», die Markus als nahe bevorstehend erwartet – ein Gedanke, den bereits Matthäus und Lukas haben als irrig korrigieren müssen. W. Marxsen: Der Evangelist Markus, 57–58.

Jesus muß die Gefahr des Todes immer wieder vor sich gesehen haben – er kannte seine Gegner und ihre Machenschaften gewiß gut genug, und er muß beschlossen haben, ihnen nicht länger mehr auszuweichen[9]. Wohl könnte er ohne Schwierigkeiten fliehen. Vom Landgut Gethsemane aus sind es nur wenige Minuten bis zum Gipfel des Ölbergs, und dann winkte die Freiheit – mühelos könnte Jesus in die Täler des Berglandes von Judäa entkommen,

[9] Es ist als *Symbol* zu verstehen, daß Jesus auch hier, an dieser entscheidenden Stelle, erneut die *drei* Jünger: Petrus, Jakobus und Johannes mit sich nimmt; die Dreizahl plus dem hinzugefügten *Vierten* ist ein Bild seelischer *Ganzheit*; vgl. E. DREWERMANN: Das Markusevangelium I 101; 602. Es ist diese innere Einheit, die Jesus erhalten muß, indem er das Leid *annimmt*, und es ist diese Einheit, die es ihm *ermöglicht*, das Leid anzunehmen. Sehr eindrucksvoll beschreibt SCH. BEN-CHORIN: Bruder Jesus, 148–152 die Nacht von Gethsemane, indem er (S. 148–149) mit Bezug zu dem *Kelchmotiv* von Mk 14,36 an die Frage nach dem 5. Becher des Seder-Abends anknüpft: «Man kann diesen Bericht in den Evangelien nicht lesen, ohne zu Tränen erschüttert zu sein: Hier steht kein Held, kein Halbgott, kein Mythos! Hier zittert ein Mensch um sein Leben. Und in dieser Stunde der Angst ist uns Jesus besonders nahe. Es ist mir unfaßlich, wie man diese menschliche Tragödie auf dem Hintergrund eines Dogmas von der Zweinaturenlehre Christi verstehen kann: wahrer Mensch und wahrer Gott. Hier steht nur noch, ergriffen von Todesfurcht, der wahre Mensch vor uns, der mit der Furcht vor dem Tode geboren wird, desssen Leben immer Leben zum Tode ist und dessen Sinnen und Trachten immer die Flucht vor dem Tode bleibt. Jesus betet: ‹Mein Vater, ist's möglich, so gehe dieser Kelch an mir vorüber.› Der Betende ist noch ganz in das Ritual der soeben beendeten Seder-Feier einbezogen. Vier Kelche hat er mit den Jüngern geleert. Die vierfache Rettertat Gottes wird... durch die vier Kelche in der heiligen Nacht beim Passah-Mahle gefeiert. ‹Wehozejti›, ich habe euch herausgeführt – darauf erhebt man den ersten Kelch; ‹Wehizalti›, ich habe euch errettet – darauf erhebt man den zweiten Kelch; ‹Wegaalti ethchem›, und ich habe euch erlöst – wieder wird ein Kelch, der dritte, geleert, der Kelch der geschehenen Erlösung; ‹Welakachti ethchem›, und ich nehme euch an, euch, ihr Söhne Israels, das ist der vierte, der letzte Becher, der auch der Becher des Heils ist... Ist es wirklich der letzte Kelch? so fragt nochmals der einsam gewordene Beter in Gethsemane. Ist nicht in dieser Nacht für ihn noch ein fünfter Kelch vorgesehen in der Planung Gottes? Ein furchtbarer Becher, wie der Taumelbecher, den Gott denen reicht, die zum Verderben bestimmt sind. (Vgl. Jes 51,17.22; Jer 51,7; Ez 23,33, d.V.) Ein fünfter Becher, um dessen Vermeidung Jesus fleht, ist im Ritual der Seder-Nacht ebenfalls vorgesehen, aber strittig. Die Frage eines fünften Kelches am Seder-Abend blieb unentschieden, und man hat sie daher zurückgestellt, ‹bis Elia kommt› (die übliche talmudische Ausdrucksweise bei unentschiedenen Lehrfragen). Der Volksglaube knüpfte daran an und interpretierte diesen fünften Kelch als ‹Becher des Elia›, der für den wieder erwarteten Propheten auf den Festtisch gestellt wird. Der Prophet Elia wird als der *Herold des Messias* erwartet, der die Herzen der Väter mit denen der Kinder versöhnt (Mal. 3,24), ehe der Jüngste Tag anbricht. Jesus erkennt nun,

wohin so viele Könige vor ihm geflohen sind; die Erde würde ihn aufnehmen und verbergen, und niemand könnte ihn dort finden. Aber Flucht böte ihm keine Lösung. Die üblichen Auswege des Sich-Versteckens, des Ausweichens, des Untertauchens sind gerade Jesus nicht erlaubt – allen anderen vielleicht, ihm nicht. Denn er wollte, daß wir Menschen unseren Glauben gegen alle Angst auf Gott richten, so fest und unverbrüchlich, daß unser Herz darunter weit genug würde, um zur Güte fähig zu sein. Soeben noch hat er mit seinen Jüngern im Anschluß an das Passahmahl die «Hallelpsalmen» 113–118 gebetet (Mk 14,26) mit den herrlichen Texten: «Wer ist dem Herrn gleich, unserem Gott, . . . der aus dem Staub den Geringen aufrichtet und aus dem Kot den Armen erhebt?» (Ps 113,5.7) «Nicht uns, o Herr, nicht uns, nur deinem Namen schaffe Ehre . . . Die Toten preisen den Herrn nicht, keiner von allen, die zur Stille hinabfahren. Wir aber, wir loben den Herrn von nun an bis in Ewigkeit.» (Ps 115,1.17–18) «Ich liebe den Herrn, denn er erhört mein flehentliches Rufen; ja, er hat sein Ohr zu mir geneigt – ich will ihn anrufen mein Leben lang. Stricke des Todes hatten mich umfangen, die Ängste der Unterwelt mich befallen, ich kam in Not und in Kummer; aber ich rief den Namen des Herrn an: Ach, Herr, errette mein Leben . . . Ich sprach in meiner Bestürzung: Eitel Trug sind die Menschen alle. Wie soll ich dem Herrn vergelten alles Gute, das er mir getan? Ich will den Becher des Heils erheben und den Namen des Herrn anrufen.» (Ps 116,1–4.11–13) «Der Herr ist für mich, ich fürchte mich nicht; was sollen Menschen mir tun?» (Ps 118,6) «Ich werde nicht sterben; ich lebe! Ich werde erzählen Gottes Taten» (Ps 118,17). Sollen all die Gebete, die Jesus seit seiner Jugend immer wieder gesprochen hat, jetzt nichts weiter sein als leeres Gerede[10]? Würde er sich aus

daß dieser Becher aber als ein Kelch der Leiden *Ihm* vom Vater gereicht wird. Ach, möchte doch dieser letzte Kelch, der Kelch der Bitternisse, an ihm vorübergehn. Jetzt will Jesus sein wie alle, wie einer aus dem angenommenen Bundesvolke, dem nur vier Kelche gereicht werden: der Befreiung, der Rettung, der Erlösung, der Annahme. Ist's möglich – ist es *noch* möglich, dann soll dieser letzte, dieser allerletzte Becher nun doch an ihm vorübergehen.»

[10] Zu den «*Hallelpsalmen*» sowie zu dem Abschluß des Passahmahles mit dem «Lobgesang» (Mk 14,26) vgl. G. Dalman: Jesus – Jeschua, 120–121: «Schon Jes 30,29 setzt für die Nacht, in der ein Fest geheiligt wird, Gesang voraus . . . Schon bei dem ägyptischen Passah soll solcher Gesang nicht gefehlt haben, wie auch das *Jubiläenbuch* (49,6) annimmt . . . Den ersten Teil des Lobgesangs stimmte man schon vor dem eigentlichen Mahle an. Er endete mit dem Schluß von Ps. 113, nach anderer Ansicht mit Ps. 114, umfaßte also höchstens Ps. 113 und Ps. 114. Nach dem Mahle und dem Genuß des dritten Bechers

Angst vor den Menschen seiner drohenden Verhaftung durch Flucht entziehen, so wären auch seine eigenen Worte als bloße Sonntagspredigten entlarvt. Jesus ist es sich selbst und allen Menschen schuldig, die Probe zu wagen und auf sich zu nehmen, welche Macht im menschlichen Herzen stärker ist: die Angst vor den Menschen oder die Gottesfurcht. Anders als alle, darf Jesus nicht fliehen[11].

Wein folgte der mit Ps. 114 oder 115 beginnende zweite Teil, von dem gewiß ist, daß er Psalm 118 in sich schloß... Den Schluß des ersten Teils des Hallels bildete ein Lobpreis des Erlösergottes. Den zweiten Teil beendete die Benediktion des Gesangs... Für Jesus war Psalm 118... ein wohlbekanntes Lied... Sein Hosianna (V. 25) war ihm bei seinem Einzug in Stadt und Tempel erst neulich zugerufen worden... In diesem Augenblick wäre aber Jesus am wichtigsten gewesen, was der Psalmist in V. 17f. sagt: ‹Nicht sterbe ich, sondern ich lebe und erzähle die Werke des Herrn. Mich züchtigt wohl der Herr, aber dem Tode überläßt er mich nicht.›» Sollte Jesus *darauf* gehofft haben? J. JEREMIAS: Neutestamentliche Theologie, I 138, der die historische Glaubwürdigkeit der Gethsemaneperikope verteidigt, weil «die christologische Anstößigkeit der Perikope es sehr schwierig» mache, «sie für frei erfunden zu halten», meint sehr richtig: «Die Bitte Jesu um das Vorübergehen des Kelches (Mk 14,36 par.) wird kaum richtig interpretiert, wenn man aus ihr lediglich den Wunsch heraushören wollte, daß sich ein Ausweg aus einer hoffnungslosen Situation bieten möge; denn dann hätte Jesus ja den Versuch machen können zu fliehen. Vielmehr hat die Bitte eschatologischen Bezug: sie rechnet mit der Möglichkeit, daß Gott die Königsherrschaft auch ohne das vorausgehende Leiden herbeiführen könne. Eschatologischen Bezug hat auch der Aufruf zu Wachsamkeit und Gebet; denn Jesus begründet damit, daß die Anfechtung vor der Tür steht (V. 38). Eschatologischen Klang hat schließlich auch das die Gethsemaneperikope abschließende Logion V. 41»: die Stunde ist da. Vgl. zur *Wachsamkeitsforderung* Mk 13,35. Die Frage, um die es in der Bitte Jesu eigentlich geht, ist mithin nicht sein persönliches Leid; auf dem Spiel steht am Beispiel des Schicksals Jesu das Problem der gesamten menschlichen Geschichte, ob es jemals möglich sein wird, daß wir Menschen aus unserer Angst zu Güte und Weisheit hinfinden, ohne immer wieder zuvor uns gerade gegen *die* Wahrheiten am meisten zu verteidigen, die wir am meisten benötigen, um *endlich* («eschatologisch») wirklich zu *leben*. Der Fall Jesu zeigt ein für allemal, daß es nicht möglich sein wird. Dieses Grauen der gesamten menschlichen Geschichte vor Augen – *das* ist die Angst Jesu in Gethsemane.

[11] Er darf es so wenig tun wie z. B. *Sokrates*; er selber ist sich dieses Leid schuldig – das ist sein «Gehorsam» gegenüber dem «Willen» Gottes. S. TERRIEN: Länder der Bibel, 72 meint richtig: «Nachdem sie (sc. Jesus und die Jünger) einen Psalm gesungen hatten, ging Jesus... durch das Kidrontal zum Ölberg, an dessen Abhang sich der Garten Gethsemane, zu deutsch ‹Ölpresse›, befand. Von hier aus wäre es Jesus ein leichtes gewesen, in wenigen Minuten die Bergspitze zu erreichen und nach Osten oder Süden in die tiefen Täler des Berglandes von Judäa zu fliehen, wo Verfolger ihn kaum aufgespürt hätten. Aber Jesus wählte nicht die Flucht.»

Gerade deshalb aber ist seine Einstellung zum Tod ganz anders als etwa die Haltung des *Sokrates. Sokrates* hatte nur den Tod zu fürchten, und das brauchte er nicht. Er war ein alter Mann, und im Alter stirbt es sich mitunter geradeso leicht wie in der Jugend. Zudem wußte er sich in seinem Innersten gerechtfertigt – keine der Anschuldigungen seiner irdischen Richter trafen auf ihn zu, und ganz gewiß würden die Richter des Totenreiches, würden Minos, Rhadamanthys, Aiakos und Triptolemos ihn voller Freude willkommen heißen. *Sokrates* glaubte vor allem, daß es im Herzen des Menschen etwas gebe, das unzerstörbar und ewig sei[12]. Äußerlich mochte man ihn schuldig sprechen – sein Innerstes blieb unversehrt; wie eine Muschel zwischen zwei Schalen aus Stein würde er alle Gefahren der Brandung überstehen. Und so nahm er heiter und ruhig den Schirlingsbecher entgegen.

Auch Jesus muß der Überzeugung gewesen sein, daß Gott auf seiner Seite stehe und daß all die Vorwürfe gegen ihn auf nichts als Verleumdung und Verständnislosigkeit beruhten. Warum aber bricht er dann in Angstschweiß aus, weinend und betend, zu Boden geworfen, wie ein Verzweifelter? Aus Empfindsamkeit gegenüber der Vorstellung des physischen Leids? Wohl kaum. Es muß vielmehr etwas geben, das eine solche Unruhe und Unsicherheit hervorzurufen vermag, daß davon alle Bereiche der Persönlichkeit zentral in Frage gestellt scheinen.

Immer wieder hat man gemeint, daß Jesus in der Stunde von Gethsemane zutiefst an Gott irre geworden sei. RAINER MARIA RILKE darf mit seinem berühmten Gedicht *«Der Ölbaumgarten»* als bedeutendster Sprecher dieser Auffassung gelten[13]. In Gedanken versetzt RILKE uns in den Augenblick zurück, da Jesus mit den Jüngern am Rande des Hügels Ophel den Weg ins Kidron-Tal zum Ölberg hinuntergeht[14], wo unterhalb der hohen Mauern der

[12] Vgl. PLATON: Apologie, 32; Werke I, S. 30–31; vgl. DERS.: Kriton, 15–16; Werke I, S. 45–47, wo *Sokrates* das Urteil der Totenrichter über das Urteil seiner menschlichen Richter stellt und damit das Angebot einer möglichen Flucht aus dem Kerker zurückweist.

[13] R. M. RILKE: Neue Gedichte, I 492–494.

[14] Vgl. die Karte bei S. TERRIEN: Länder der Bibel, 72. Gegen die Historizität des Ganges Jesu nach Gethsemane wurde eingewandt, daß es nach Ex 12,22 verboten ist, «in der Passahnacht aus dem Hause zu gehen. Diese Vorschrift hing zusammen mit dem Schutze vor dem Verderber, welchen die Israeliten in ihren mit dem Blut des Passah bezeichneten Häusern genossen.» Doch nach Dtn 16,7 «wird bestimmt, daß der Ort des von Gott erwählten Heiligtums am Morgen nach dem Passah verlassen werden darf.» G. DALMAN: Jesus – Jeschua, 87. DALMAN sucht die Schwierigkeit so zu lösen, daß *Beth Page* als «rituell zu Jerusalem gehörig» galt und Jesus also das «Heiligtum», d. h. die «heilige Stadt», in

eigentlichem Sinne tatsächlich nicht verlassen hätte. In Wahrheit dürfte R. BULTMANN: Die Geschichte der synoptischen Tradition, 287 recht haben, wenn er in Mk 14,26 einen Einschub vermutet, während Mk 14,27–31 «ursprünglich nach rückwärts selbständig» gewesen sein könnte; die Fortsetzung dieses Abschnitts liege nicht in 14,32–42, sondern in 14, 43–52 vor. «Die in Mk 14,27–31 vorliegende Tradition wird man als legendarisch gefärbten Geschichtsbericht bezeichnen müssen; sie bereitet auf Verhaftung und Verleugnung vor.» Von der Szene in Gethsemane (Mk 14,32–42) meinte BULTMANN: A. a. O., 288, es handle sich hier ursprünglich um eine «Einzelgeschichte ganz legendarischen Charakters», innerhalb deren 14,41b.42 als sekundärer Zusatz zu betrachten sei; ursprünglich habe die Erzählung in 14,41a mit dem effektvollen: «Die Stunde ist da», geschlossen. 14,38 sei ein eingeschobenes Wort der christlichen Erbauungssprache. Schließlich konkurrierten in 14,32.33 die Anzahl aller Jünger mit den drei Jüngern; doch da man für die Nennung des Ortsnamens Gethsemane in V. 32 schwerlich die Redaktion des Mk verantwortlich machen dürfe, werde V. 32 der ursprüngliche Anfang der Perikope sein. Da schließlich in 14,32 das «kommen sie in ein Landgut...» mit dem «sie gingen hinaus zu dem Ölberg» von 14,26 konkurriere, zeige sich noch einmal, daß V. 32–41 eine ursprünglich nicht für den Mk-Zusammenhang bestimmte Einzelgeschichte sei. – Zur fast in allen Details umgekehrten Ansicht kommt L. SCHENKE: Der gekreuzigte Christus, 124–134, der (wie BULTMANN) in 14,32–42 «eine enge literarische Verbindung... mit 14,43–47.50» erkennt, daraus aber folgert, «daß die ursprüngliche Fassung der Gethsemaneszene von jeher mit der Verhaftungserzählung eng verbunden und darum Einleitung und Auftakt des gesamten Passionsberichtes war.» (127) Als die «ursprüngliche Fassung betrachtet er die Verse Mk 14,(1a.)32a.34.35a.36–38.(40c.)42. Der Text lautet dann: «Es war aber das Pascha und das Fest des ungesäuerten Brotes nach zwei Tagen. (Da kommen sie) zu einem Landgut mit Namen Gethsemane. Und er begann zu zittern und zu beben und sagt (zu seinen Jüngern): «Meine Seele ist betrübt bis zum Tod. Bleibt hier und wacht! Und er ging ein wenig weiter, fiel nieder auf die Erde und sprach: Abba, Vater, alles ist Dir möglich! Nimm diesen Kelch von mir fort! Aber nicht was ich will, sondern was Du willst. Und er kommt und findet sie schlafend. Und er sagt zu Petrus: Simon, du schläfst? Konntest du nicht eine Stunde wachen? Der Geist ist zwar willig, aber das Fleisch ist schwach. Denn ihre Augen waren ihnen schwer geworden, (und sie wußten nicht, was sie ihm antworten sollten.) Und er sagt zu ihnen: Es ist genug! Steht auf! Laßt uns gehen! Siehe, der mich überliefert, ist nahe.» Als die theologische Aussage des Abschnitts betrachtet L. SCHENKE in besonderer Betonung des «Gebetskampfes Jesu» in Gethsemane, in dem er die Anklänge an die Klagepsalmen (Ps 22,25; 31,10f.; 41,6.12; 42,5; 69,4) besonders hervorhebt, diese Aussage: «Jesus hat als der zum Leiden bereite Gerechte seine Passion freiwillig und in völliger Einheit mit dem Willen des Vaters auf sich genommen.» (131–132) «Unser Ergebnis lautet also: «Die Gebetsszene in Gethsemane bildet zusammen mit der Verhaftungsszene eine ursprüngliche literarische Einheit. Diese will Jesus als ‹leidenden Gerechten› darstellen, der in gehorsamer Unterwerfung unter Gottes Willen den Leidenskelch annimmt. Da die Passionserzählung durch zahlreiche Anspielungen an die Klagepsalmen des Alten Testamentes dieses Bild vom ‹leidenden Gerechten› durchhält, ist es überaus wahrscheinlich, daß die Gethsemaneszene der Beginn des ursprünglichen Passionsberichtes ist. Sie muß zugleich als theologische Überschrift über den gesamten nach-

Heiligen Stadt der kleine Garten liegt, der den Namen Gath-Schemane (die Ölpresse) trägt[15]; er stellt uns die gedrungenen, breitstämmigen Ölbäume mit ihren borkigen Rinden vor Augen und beschwört die Stille dieses Abends, nur gestört von dem Lärmen der Zikaden und dem raschelnden Spiel des Abendwindes in den kleinen, dicklappigen Blättchen der Bäume, – die stille Einsamkeit einer orientalischen Nacht, ein Hund, der in der Ferne anschlägt – und wie an diesem Abend sich die ganze Schwermut der Seele Jesu wie Mehltau über die Dinge legt, inmitten der unsäglichen Teilnahmslosigkeit der Natur und preisgegeben dem unbegreiflichen Schweigen des Himmels:

«Er ging hinauf unter dem grauen Laub
ganz grau und aufgelöst im Ölgelände
und legte seine Stirne voller Staub
tief in das Staubigsein der heißen Hände.

Nach allem dies. Und dieses war der Schluß.
Jetzt soll ich gehen, während ich erblinde,

folgenden Passionsbericht, der mit der Verhaftungsszene einsetzt, angesehen werden.» (133–134) – Damit fällt in gewissem Sinne freilich auch bereits das Urteil über die Historizität der Erzählung – und zwar negativ! Schon Origenes: Gegen Celsus, II 24; Schriften, II 138 argumentierte, es zeuge von der «Wahrheitsliebe der Verfasser der Evangelien», daß sie den Vorfall des Zitterns und Klagens Jesu «nicht verschwiegen» hätten; immer wieder ist dieses Argument dann zum Beweis der Geschichtlichkeit der Szene von Gethsemane geltend gemacht worden. Aber dagegen hat M. Dibelius: Gethsemane, in: Botschaft und Geschichte, I, Tübingen 1953, 258–271 sehr zu Recht eingewandt, daß Jesus hier gerade *nicht* als schwach und verzweifelt geschildert werde, sondern als ganz und gar in Einvernahme mit Gott. «Daß Jesus in seinem Ringen gebetet hatte ‹mit Schreien und Tränen›, war sozusagen die Verwirklichung eines alttestamentlichen Leidensideals und dementsprechend auch die Erfüllung eines messianischen Postulats.» (266) Dann aber gilt es, vor allem die *psychischen* Spannungsmomente der *Typologie* der *Legende* von dem «leidenden Gerechten» herauszuarbeiten; d. h., man darf gerade nicht dabei stehen bleiben, in historisch-kritischer Absicht die Tatsache der mangelnden Historizität der Erzählung und ihres typologischen Erfüllungsschematismus festzustellen, sondern es ist die Aufgabe der Interpretation, die seelischen Konflikte selbst von innen her mitzuempfinden, die das «Leiden des Gerechten» kennzeichnen: um die Konflikte von Angst und Vertrauen, Recht und Ungerechtigkeit, Gottvertrauen und Menschenliebe geht es da, – um ein erschütterndes Bild, das positiv zeigt, wie es möglich ist, im Vertrauen auf Gott den Abgrund der Verzweiflung zu überschreiten.

[15] S. o. Anm. 11.

und warum willst Du, daß ich sagen muß
Du seist, wenn ich Dich selber nicht mehr finde.

Ich finde Dich nicht mehr. Nicht in mir, nein.
Nicht in den andern. Nicht in diesem Stein.
Ich finde Dich nicht mehr. Ich bin allein.

Ich bin allein mit aller Menschen Gram,
den ich mit Dir zu lindern unternahm,
der Du nicht bist. O namenlose Scham...

Später erzählte man: ein Engel kam –.

Warum ein Engel? Ach, es kam die Nacht
und blätterte gleichgültig in den Bäumen.
Die Jünger rührten sich in ihren Träumen.
Warum ein Engel? Ach, es kam die Nacht.

Die Nacht, die kam, war keine ungemeine;
so gehen hunderte vorbei.
Da schlafen Hunde und da liegen Steine.
Ach eine traurige, ach irgendeine,
die wartet, bis es wieder Morgen sei.

Denn Engel kommen nicht zu solchen Betern,
und Nächte werden nicht um solche groß.
Die Sich-Verlierenden läßt alles los,
und sie sind preisgegeben von den Vätern
und ausgeschlossen aus der Mütter Schoß.»

Weiß Gott, es gibt diese Angst einer äußersten Verlassenheit, in der ein Mensch sich wie lebendig tot empfindet, als bedeckte ihn bereits der Staub der Verwesung und als gäbe nur noch der heiße Atem seiner Not ein letztes Zeugnis von seinem Leben, das längst schon aufgehört hat, noch weiter lebensfähig zu sein: er hat die einzige Sünde begangen, die das Leben niemals vergibt: er hat sich verloren.
Was verliert man eher: Gott oder sich selbst? – Es ist, als wenn jegliches Vertrauen in die eigene Wahrnehmungsfähigkeit, in das eigene Urteilsvermögen zusammengebrochen wäre, und zwar nicht durch die Entdeckung einer

höheren Wahrheit, in die man nach Abstreifen der Hüllen alter Irrtümer endlich hineinwachsen könnte, sondern durch die bittere Erkenntnis, daß alles falsch war, wofür man gelebt hat oder wofür man doch wenigstens leben wollte. Nichts spricht mehr von Gott, nichts spricht mehr für Gott, wenn die Liebe sich als Trug erweist[16]. Alle Dinge scheinen ihrer Seele beraubt, und selbst die sonst belebten Wesen liegen da wie tot. In einer solchen seelenlosen, toten Welt ist kein Ort mehr, an dem sich Göttliches erfahren ließe. Recht haben scheinbar alle, die seit eh und je an keinen Himmel glauben mochten, da sie die Erde selbst schon als eine vollendete Hölle erfuhren[17]. Jesus wollte die Verzweiflung, die Hoffnungslosigkeit, die fiebrige Kälte der Einsamkeit nicht als letzte Auskunft über unser Leben gelten lassen – er redete dagegen, indem er sich auf Gott berief und indem er im Namen Gottes das menschliche Dasein zu verwandeln, zu befreien hoffte. Jetzt aber, da nur noch der Schmerz redet, steht er selber da als ein lächerlicher Träumer und Phantast; er hat sich blamiert mit seinem Glauben an die Güte, mit seiner Besserwisserei von einer anderen Welt und einer Macht jenseits der menschli-

[16] Denselben Gedanken formulierte, vom anderen Ende her, R. SCHNEIDER: Allein der Wahrheit Stimme will ich sein, 181, indem er forderte, sich einmal eine Welt *ohne Wahrheit* vorzustellen: «Die Welt ohne Wahrheit ist ohne einigende Kraft, eine Welt des Hasses und des Streits, der einander vernichtenden Behauptungen, Leidenschaften und Süchte, der Düsternis oder des erlogenen, die Distanz verhehlenden Lichtes, ein Karfreitag entsetzlichen Leidens, aber ein Karfreitag ohne Trauer und Heiligung.» S. 182: «Von der Erfahrung der Welt ohne Wahrheit gelangen wir zur Trauer um sie, von der Trauer zur Liebe, von der Liebe zur Einsicht in das Wesen der Wahrheit, zur Erkenntnis der Wahrheit als Person Jesu Christi und damit zu einem erneuerten, auferstandenen Glauben.» Aber die entscheidende Voraussetzung einer solchen Auferstehung aus dem «Grabe», eines solchen Glaubens aufgrund der Unerträglichkeit einer Welt *ohne* Wahrheit, liegt einzig in der Gewißheit der Liebe: niemand vermag um etwas zu trauern, das er nicht liebt. In gewissem Sinne ist die Wahrheit eine Funktion der Liebe.

[17] Am frühesten in der Menschheitsliteratur schildern die altägyptischen Mahnworte des *Ipu-wer* am Ende der 6. Dynastie (um 2200 v. Chr.) das Elend einer an der Bosheit der Menschen verödeten Welt, bis hin zu dem verzweifelten Wunsch: «Es ist doch so: ... Das Land ist seiner Mattigkeit überlassen, wie wenn man Flachs ausgerissen hat. – – – Ach, daß es aufhörte mit den Menschen und es gäbe kein Schwangerwerden mehr und kein Gebären. Möchte die Erde schweigen von Geräusch und kein Streit mehr sein.» A. ERMAN: Die Literatur der Ägypter, 138. Philosophisch reflektiert wurde die scheinbare Gesetzlosigkeit der Welt zum ersten Mal im alten Griechenland zur Zeit der Sophistik, als deren Vertreter in PLATON: Politeia, II 8, Werke, III 103 *Thrasymachos* und seine Gesinnungsgefährten mit der Ansicht hervortreten, daß es entweder keine Götter gebe «oder sie sich um menschliche Dinge nicht kümmern.»

chen Gewalt. Alle Visionen und göttlichen Botschaften sind nichts als Lüge und Legende, eine fromme Zutat für Leute, die die Tragik des Scheiterns nicht ertragen und sich lieber selber betrügen, als daß sie die Wahrheit ertrügen.

Und doch muß es gerade dem Verzweifelten am Ende noch scheinen, als sei nur seine Schwäche die Ursache seiner Gottverlorenheit. Würde Gott ihn verlassen haben, wenn er sich nicht selber aufgegeben hätte[18]? Ist nicht seine Verlorenheit nur die gerechte Strafe dafür, daß er sich selbst nicht zu bewahren wußte? – Alles kommt darauf an, sich menschlich zu bewahren; wie aber, wenn man die Menschlichkeit nicht fand, die es gestattet hätte, in der Wahrheit aufbewahrt zu bleiben?

Wir kennen diese Angst der Selbstverlorenheit und Gottverlassenheit, wie RILKE sie beschreibt, so sehr in unserem Jahrhundert. «Nach Auschwitz kann man an keinen Gott mehr glauben.» Millionen Menschen haben so gedacht, und Millionen Menschen denken so. Ist es *ihre* Angst, die Jesus geteilt hat in der Nacht von Gethsemane? Die Angst, Gottes Antlitz aus den Augen zu verlieren, weil das Ebenbild Gottes, der Mensch, zu einem grimassierenden Ungeheuer entartet scheint[19]?

Gedacht hat man immer wieder, daß diese Stunde von Gethsemane auch im Leben Jesu zutiefst geprägt gewesen sei von der Unsicherheit gegenüber Gott. Was wird Gott tun? Was kann Gott tun? Wir, die wir die Bibel kennen, wissen es. Nichts wird Gott tun. Die Erde wird sich weiter drehen, die Sterne werden weiter ihr kaltes Licht in den Raum abstrahlen, und anders als es die Legende sagte, wird keine Sonne sich verfinstern und keine Erde beben (Mk 15,33; Mt 27,45.51)[20]. Aber gerade das ist es wohl, was Jesus wußte. Keine Heerschar von Engeln wird kommen (Joh 18,36), um die Soldateska, gekauft und bestellt vom Schacher zwischen Tempel und Thron, zur Raison zu rufen. Das Problem Jesu war nach allem, was wir im *Markus*-Evangelium

[18] Zu der archaischen Logik, nach der alles Unglück gerade von dem Betroffenen als eine *Strafe* für vermeintlich oder wirklich begangene Schuld empfunden wird, vgl. E. DREWERMANN: Strukturen des Bösen, II 223–226.

[19] So, wenn R. SCHNEIDER: Winter in Wien, 119 schreibt: «des Vaters Antlitz hat sich ganz verdunkelt; es ist die schreckliche Maske des Zerschmeißenden, des Keltertreters; ich kann eigentlich nicht ‹Vater› sagen.» Es ist dabei vor allem das Bild des *Kosmos*, das R. SCHNEIDER bis zur Verzweiflung quält, in das hinein aber er all die Widersprüche und Leiden geschichtlicher Erfahrung projiziert.

[20] Zu dem Motiv der (apokalyptischen) Sonnenfinsternis s. o. zu: Noch einmal: Mk 13,14–32, Anm. 44, S. 391–392.

darüber lesen, wohl niemals die Frage, wie zuverlässig Gott sei. Ihm war Gott unendlich nahe, selbst in der Stunde des Todes; und selbst das furchtbare Gebet der Psalmworte: «Warum, mein Gott, mein Gott, hast du mich verlassen?» (Ps 22,2; Mk 15,34)[21], wird Jesus weiterbeten mit den Worten des Psalms 31: «In deine Hände, Herr, gebe ich meinen Geist.» (Ps 31,6; Lk 23,46)[22] Daß wenigstens Gott treu ist und Vertrauen verdient, wird Jesus niemals völlig zweifelhaft gewesen sein. Selbst jetzt am Ölberg betet Jesus in der Angst seines Herzens den Psalm eines starken Vertrauens gegen alle Verfolgung und Not: «Schaffe mir Recht, o Gott, und führe meine Sache wider ein liebloses Volk, errette mich vor falschen und bösen Menschen. Denn du bist der Gott meiner Zuflucht, warum verstößt du mich? ... *Was bist du so gebeugt, meine Seele,* und so unruhig in mir? Harre auf Gott, denn ich werd ihm noch danken, ihm, meinem Helfer und meinem Gott» (Ps 43,1–2. 5; vgl. Mk 14,34)[23]. An Gott kann Jesus also nicht gezweifelt haben; ihm legt er im Gegenteil sein Schicksal in die Hände; ihn nennt er mit der zärtlichen Anrede eines Kindes auch jetzt noch «Abba» – lieber Vater; und was immer im folgenden geschehen wird – Gott als sein Vater muß es, wird es wissen (Mk 14,36)[24]. An ihn hat Jesus unverwandt geglaubt.

[21] Zu Ps 22,2 vgl. A. Weiser: Die Psalmen I (ATD 14), 149, der die Frage nach dem «Warum» nicht als einen Vorwurf gegen Gott deutet, wohl aber als ein erschreckendes «Bewußtwerden des quälenden Rätsels..., das ihm der verborgene Gott bedeutet.»

[22] Zu Ps 31,6 vgl. a. a. O., 186: «Was ihm (sc. dem Beter, d.V.) dieser Rückhalt (sc. in Gott, d.V.) bedeutet, das drückt er V. 6 mit dem Wort aus, das als letztes Wort des sterbenden Heilands für den Christen seine besondere Weihe trägt und als solches nach der Überlieferung neben anderen einem Polykarp und Luther in der Todesstunde helfend zur Seite gestanden hat.» Zum Martyrium des *Polykarp* vgl. G. Rauschen (Übers.): Echte alte Märtyrerakten, in: Frühchristliche Apologeten, II 291–369, S. 297–308, Kap. 14, S. 304, wo der Heilige vor seinem Tode betet: «Ich preise dich, daß du mich dieses Tages und dieser Stunde gewürdigt hast, teilzunehmen in der Gemeinschaft deiner Märtyrer an dem Kelche deines Christus zur Auferstehung ins ewige Leben nach Leib und Seele in der Unvergänglichkeit des Heiligen Geistes. Unter diesen möchte ich heute vor dir aufgenommen werden als ein ... wohlgefälliges Opfer ...»

[23] Zu Ps 43,1–2 vgl. A. Weiser: Die Psalmen, I (ATD 14), 236, der in der Forderung nach einer sinnlichen Garantie des Vertrauens «die Schranken des Psalms» erkennt.

[24] Es ist beachtenswert, daß die Bibel nur an zwei Stellen *Gebete* Jesu überliefert: Mt 11,25 f. par.; Mk 14,36 par., dazu die Kreuzesworte Mk 15,34 par. J. Jeremias: Neutestamentliche Theologie, I 182. Alle drei Stellen aber, selbst wenn man sie in historisch-kritischer Sicht für «legendär» halten muß, zeigen psychologisch den Grund, der es allerst ermöglicht, daß der frühen Kirche derartige «Legenden» einfallen konnten: sie zeigen in

Aber etwas ganz anderes ist es, *an den Menschen* nicht mehr glauben zu können. Zwischen Jesus und den Menschen muß in dieser Nacht am Ölberg ein Abgrund sich aufgetan haben.
Was kann, was soll man Menschen noch sagen, die jedes Wort der Wahrheit in sich fühlen könnten, aber aus lauter Angst weiterlügen *müssen*; die genau wissen könnten, wie einfach das Leben wäre, kehrte man zu dem zurück, was im eigenen Herzen stimmt, und die dennoch weiter aus Gewohnheit, aus Trägheit, aus Fortsetzung all der alten Mechanismen nur so weitermachen, wie sie es gewohnt sind, – und zertreten müssen, was sie leben ließe, und töten müssen, wovon sie selber existieren könnten?
Wenige Stunden später, im Prozeß vor Kaiphas, vor Pilatus, wird Jesus so gut wie kein Wort mehr sagen. Es ist möglich, auf Gott zu vertrauen, aber gerade deshalb aufs äußerste sich gepeinigt zu fühlen angesichts der Möglichkeiten, *die Menschen* besitzen, einander wehzutun. Wenn nicht einmal die Wundertaten, die Jesus in Galiläa wirkte, wenn nicht einmal die wunderbaren Worte des Vertrauens und der Güte das menschliche Herz zu ändern vermögen, was soll dann auf dieser Erde noch passieren? Oder umgekehrt gefragt: Was soll denn alles noch in dieser Welt geschehen müssen, wenn alles unverändert nur so weitergeht?
Es gab Propheten in Israel, die das Problem anders gelöst hätten. Sie hätten sich hingestellt und trotz aller Angst mit versteinertem Gesicht, wie eherne Säulen (Jer 1,18), dem Volk die Leviten gelesen und es im Namen Gottes angeklagt und zurechtgewiesen. Auch das kann Jesus nicht. Er ist in diesem

der Person Jesu die Verkörperung eines Vertrauens gegenüber Gott als dem *Vater* gerade der Kleinen und Geringen in einer solchen Weise, daß keine Erniedrigung und kein Leid dieses Bild eines väterlichen Gottes jemals mehr verwischen kann. Zu der Gebetsanrede Jesu vgl. J. JEREMIAS: Abba, in: Abba, 15–67, S. 58: «alle fünf Quellenschichten der Evangelienüberlieferung berichten übereinstimmend und ohne jedes Schwanken, daß Jesus Gott stets... mit ‹mein Vater› angeredet hat, und sie lassen erkennen, daß er dabei das aramäische *Abba* verwendete.» Die Wendung in Mk 14,36: «Alles ist dir möglich» erinnert an Hi 42,2: «Ich habe erkannt, daß du alles vermagst; nichts, was du sinnst, ist dir verwehrt.» Es ist dort die demütige Einsicht des ungerecht Leidenden, daß Gott ihn in seiner Größe unendlich überragt. Es geht dabei nicht um das Attribut der «Allmacht» in dogmatischem Sinn, sondern um den Inbegriff eines Vertrauens, das Gott *alles zutraut*. Selbst der Gott, der unter den Bedingungen der Welt, die er gewollt, und der Menschen, die er geschaffen hat, durchaus nicht mehr «alles» kann und vermag, ohne seine eigene Schöpfung zurückzunehmen, verdient doch alles Vertrauen des Menschen, dessen einziger Schutz und Trost er ist.

Sinne kein Prophet, der sagt: «Hier stehe ich und habe recht; ihr aber solltet euch danach richten!» Er ist jemand, der mitfühlt (Hebr. 4,15)[25], jemand, von dem das *Johannes*-Evangelium sagt: «Er wußte, was im Menschenherzen ist.» (Joh 2,25)[26] Und darin gerade liegt das Furchtbare dieses Augenblicks: all das, was Menschen tun, zu verstehen und es dennoch nicht ändern zu können; genau zu begreifen, besser womöglich als die Akteure selber, was in ihnen vor sich geht und welchen Zwängen sie immer wieder unterliegen, und dennoch nichts davon verhindern zu können. Es ist, als wenn man ein Mühlrad vor sich sähe und es kreiste und kreiste, und man käme nicht dahin, es abzustellen, denn der Schalter, der es antreibt, wäre hinter dem Schwungrad angebracht, und um den Schalter zu bedienen, müßte man mitten durch die Speichen greifen – man riskierte, zermahlen zu werden, und man wüßte nicht einmal, wielange das Rad sich noch dreht, selbst wenn der Schalter längst abgestellt ist . . .

Wie ohnmächtig auf dieser Erde ist die Güte, wie schrecklich glaubhaft hingegen das probate Mittel der Macht: das Rezept der Gewalt! Und dann immer wieder unser gesunder Menschenverstand, aufgebläht bis zum Wahnsinn von Phrasen und Nichtigkeiten und vollgepumpt mit den Reflexionen der Menschenangst! Es ist entsetzlich, mitansehen zu müssen, daß sogar die Leute, auf die man gehofft und gezählt hat, die eigenen Jünger womöglich, von all den Worten und Taten des Heils durchaus nichts begriffen haben. So oft Jesus zu ihnen auch sprechen mochte, kein Wort über dieses Geheimnis seines Leids scheint sie jemals wirklich erreicht zu haben. Sie schlafen[27]! In

[25] Zu Hebr 4,15 vgl. H. Strathmann: Der Brief an die Hebräer (NTD 9), 98, der die Stelle dahin deutet: «Wir können an ihm (sc. Jesus, d.V.) festhalten! Trotz seiner Erhabenheit versteht er uns. Er weiß, was es heißt, ein schwacher Mensch zu sein.»

[26] Zu Joh 2,25 vgl. R. Schnackenburg: Das Johannesevangelium, I 373, der meint, «mit seiner Herzenskenntnis» stehe Jesus «Gott nahe, dem im AT häufig ein inneres Durchforschen und Durchschauen des Menschen zugesprochen wird.» Aber nicht so sehr um die Überlegenheit als um die *Nähe* Jesu geht es an dieser Stelle, und es ist nicht möglich, die «Göttlichkeit» des Christus gegen die «Menschlichkeit» Jesu zu stellen; im Gegenteil: gerade deshalb ist Jesus von Gott, weil er so menschlich ist, daß er unser Leben auf Gott hin zu ordnen vermag.

[27] Zum «*Wachsein*» als «eschatologischer» Forderung gegenüber der (endzeitlichen) «Versuchung» s. o. zu: Noch einmal: Mk 13,26.33–37, Anm. 6. Die Wendung Jesu in Mk 14,38: «Der Geist ist zwar willig, das Fleisch aber schwach», meint im Hebräischen eigentlich nicht einen Gegensatz innerhalb des Menschen, sondern «Geist» meint (wie in Jes 31,3) an sich die Welt Gottes und «Fleisch» die Welt des Menschen. «So ist Gott selbst,

sein Wort, seine Gnade, seine Erwählung der häufigste Gegensatz zu ‹Fleisch› (Jes 40,6–8 usw.) ... Nun geht die Ausdrucksweise (sc. in Mk 14,38, d.V.) auf den hebräischen Text von Ps 51,14 zurück, wo vom ‹willigen Geist› gesprochen ist, den Gott dem Menschen schenken soll und der nichts anderes ist als Gottes eigener ‹heiliger Geist› (Ps. 51,13)... Menschlicher Schwachheit tritt also nicht menschliche Geisteskraft entgegen, sondern Gottes, dem Menschen immer neu verliehene Macht.» E. SCHWEIZER: Das Evangelium nach Markus, 171–172. Es zeigt aber der Sprachgebrauch der *Qumranliteratur*, daß «Geist» und «Fleisch» (unter griechischem Einfluß?) zur Zeit Jesu doch eher die «Geistesart» und das faktische «Dasein des Menschen» meinen, so wenn es *Loblieder* 1 QH IX 15.16 (E. LOHSE: Die Texte aus Qumran, 147) heißt: «Ein Mensch ist gerechter als der andere und ein Mann klüger (als der andere) und ein Fleisch(eswesen) würdiger als ein Gebilde von (Ton) und ein Geist stärker als der andere.» Dabei sind «Fleischwesen» und «Lehmgebilde» «Synonyme», und mit «Geist» ist hier gewiß die «Gesinnung des Menschen» gemeint; J. MAIER: Die Texte von Qumran, II 102; 206. Statt den Satz komparativisch zu verstehen, kann das hebräische *min* («mehr als») auch mit «*von*» übersetzt werden, und so gibt A. DUPONT – SOMMER: Le Livre des Hymnes découvert près de la Mer Morte (1 QH). Traduction intégral avec introduction et notes, Semitica VII 1967, die Stelle mit der Umschreibung wieder: «Das menschliche Dasein, stammend von menschlichem Dasein – kann es je gerecht sein?» Vgl. auch H. L. STRACK – P. BILLERBECK: Kommentar zum Neuen Testament aus Talmud und Midrasch, IV 1, 466–483, die (S. 466) das (paulinische) «Fleisch und Geist» (Gal 5,16) mit der rabbinischen Lehre von dem «bösen und dem guten Trieb» in Verbindung setzen, die beide von Gott geschaffen seien, wobei man realistischerweise annahm, «daß der böse Trieb im Menschen älter sei als der gute Trieb» (468). Da der «gute Trieb» nach rabbinischer Anschauung eigentlich erst mit dem 12. Lebensjahr beginnt, ist er am ehesten als «sittliches Bewußtsein» oder als «moralisches Wollen» zu verstehen, während der «böse Trieb» alles Unbewußte, nur Animalische, Außer-Moralische umfaßt. – In historisch-kritischer Sicht ist das *Schlafen* der Jünger natürlich ein klarer Beweis dafür, daß die gesamte Gebetsszene am Ölberg legendarisch ist. So stellt G. BORNKAMM: Jesus von Nazareth, 149 richtig fest: «Auf das letzte Mahl Jesu mit seinen Jüngern folgt sein einsamer nächtlicher Gebetskampf im Garten Gethsemane (Mk 14,32–42). Man darf auch diese Erzählung nicht sofort als historischen Bericht lesen. Schon die Tatsache, daß ja kein Mensch Zeuge dieses Ringens Jesu war, beweist es. Doch ist auch hier wieder die Erzählung ein Geschichtszeugnis höherer Art: Jesus in der Tiefe der Anfechtung allein, von seinen Jüngern geschieden, nicht als ein ‹Gottwesen›, sondern gerade in seiner Menschlichkeit. Die Jünger können sich des Schlafes nicht erwehren und versagen in der Stunde der Anfechtung, Jesus dagegen ist der, der mit Zittern und Zagen den Willen seines Vaters in Gehorsam annimmt.» – Hervorzuheben bleibt, daß bei der *symbolischen* bzw. idealtypischen Gestaltung einer Szene auch die *lokalen* Details der Handlung als *Bilder* verstanden werden müssen. Vollkommen unter geht in allen Kommentaren die Tatsache, daß die Szene des Gebetes Jesu sich im *Garten* Gethsemane zuträgt. W. TEICHERT: Gärten, 69–71 ist der bisher einzige, der auf den symbolischen Charakter der räumlichen Gegebenheiten hingewiesen und von dorther auch den «Schlaf» der Jünger gedeutet hat: «Dieser Garten Gethsemane, in den die drei gegangen sind, war ein Ölbaumgarten. In jüdischer Tradition sind die Ölbäume die Leuchter Gottes. Die Öl-

dieser entscheidenden Stunde, während Jesus allein mit sich und seinem Gott im Gebete ringt, schlafen sie! Und als sie endlich aufwachen, laufen sie fort! Da ist jedem sein Hemd näher als der Mantel; da geht es darum, buchstäblich die nackte Haut zu retten (Mk 14,51–52)[28]! Sie wissen anscheinend überhaupt nicht, was hier auf dem Spiel steht, außer Judas vielleicht, diesem unglückseligen Freund, der alles retten will und gerade dadurch alles verdirbt.

bäume, das drückt dies Bild aus, sind ein Sinnbild zentraler Lebenssubstanz des Morgenländers. Sie machen ihm den Lebenssinn bewußt und erleuchten ihm die Welt.» «Seit dem Abenteuer des Gilgamesch wissen wir, daß der Sieg über den Schlaf, das ‹Wach-Bleiben›, die härteste Initiationsprüfung darstellt. Sie zielt nämlich auf eine Art Verwandlung der profanen Lebensweise. Man erlangt ‹Unsterblichkeit›... Indem die christliche Tradition der Urkirche den Mythos vom sterbenden Gott am Geschick Jesu von Nazareth wiederentdeckte, verwandelte sie ihn zugleich. Denn sie bezog ihn nun auf diese geschichtliche Person ‹Jesu›. Darin liegt – bei aller Archetypik – die Besonderheit dieser Gartengeschichte.» Sie ist, so verstanden, freilich noch mehr als das: sie beantwortet vor allem durch ihren räumlichen Symbolismus selbst die Frage nach dem Grund und dem Sinn des Leidens Jesu. Es handelt sich in der Szene des *Gartens* symbolisch um ein Gegenbild des *Paradieses*, aus dem die Menschen *aus Angst* vertrieben wurden, vgl. E. Drewermann: Strukturen des Bösen, I 97–106, zu Gen 3,20–24, und dieses Bild ist entscheidend, gerade jetzt, wo es darum geht, zu der (paradiesesähnlichen) Geborgenheit in Gott zurückzufinden. Es ist m. a.W. die Angst von Gethsemane, welche die Angst der Gottesferne im Wesensursprung des Menschen besiegen und in das verlorene Paradies des «Anfangs» zurückführen kann und soll.

[28] Recht hat E. Schweizer: Das Evangelium nach Markus, 174–175, wenn er zu Mk 14,51–52 meint: «Ohne jede Entschuldigung wird die Flucht der Jünger berichtet. Die Einsamkeit des Menschensohnes ist total. Auch die kleine Episode mit dem Jüngling verstärkt nur die Atmosphäre des ‹Rette sich, wer kann›, von der sich die Stille und Nüchternheit, mit der Jesus ruhig seinen Weg geht, deutlich abhebt.» Andererseits ist es natürlich geradezu grotesk, daß es in der Passionsgeschichte Jesu in historisch-kritischer Betrachtung immer wieder gerade diese Zeugnisse menschlicher Nichtigkeit und Schwäche sind, die noch am ehesten für geschichtlich glaubwürdig gelten dürfen. Während das erschütternde Gebet Jesu am Ölberg als «Legende» zu betrachten ist, gilt die Flucht der Jünger in Mk 14,51 f. als «das Rudiment alter Tradition»; R. Bultmann: Die Geschichte der synoptischen Tradition, 290. Es ist innerhalb der historisch-kritischen Methode offenbar nicht möglich, das eigene Geschichtsverständnis dahin zu kritisieren und zu korrigieren, daß die traumnahe Erzählform (z. B. der Legende) die religiöse Wahrheit geschichtlicher Erfahrungen womöglich zuverlässiger auszudrücken und wiederzugeben vermag als die historische Berichterstattung in ihrer trostlosen Aneinanderreihung von Schuld und Versagen, von Schlafmützigkeit und Feigheit, von Ohnmacht und Sinnlosigkeit. Man braucht m. a.W. die Augen der Legende, um die Wahrheit Gottes in der menschlichen Geschichte zu erkennen.

Ein Mann, der das Leid des auserwählten Volkes tief in sich aufgenommen hat, der Jude SCHALOM BEN CHORIN, meinte einmal: Wenn Jesus sich geirrt habe, als er vom Reich Gottes sprach, dann allenfalls darin, daß er den Menschen zutraute, das Geheimnis dieses Reiches zu verstehen[29]. Ein Irrtum der Liebe, wenn es denn ein Irrtum war; aber welch ein Alptraum der Verzweiflung – am Menschen! In dieser Nacht, erzählt das Neue Testament, habe Jesus gebetet zu Gott, zu seinem Vater, er möge, wenn es denn möglich sei, den Kelch an ihm vorübergehen lassen; er möge einen Weg finden *ohne* das Leid, einen Pfad zur Wahrheit *ohne* den Schmerz (Mk 14,35)[30]. Seit dieser Nacht am Ölberg steht fest, daß es einen solchen Weg niemals geben wird, daß wir in alle Zeit jedes Stück Weisheit einzig lernen werden aus den Fehlern und Tragödien des Lebens, und daß wohl immer erst jenseits der Tränen die Freude beginnt.

Immer, wenn man am Abgrund steht, wird man sich den Kopf zermartern, was man falsch gemacht hat. Alle seine Worte, alle seine Taten wird Jesus wieder und wieder in dieser Stunde geprüft haben wie Granulat im Schmelzofen. Was hätte er anderes sagen können? Was hätte er anderes tun können? Was eigentlich hat er gewollt?

Man wirft ihm vor, daß er das Gesetz verraten und übertreten habe und daß er die Weisung der Väter nicht genau genug befolge. Aber das ist doch nicht wahr! Man kann die Bibel aufschlagen, wo man will: wenn man sie liest mit den Augen Jesu und mit seinem Herzen, sprechen all die Texte, selbst die über 660 Gesetze, selbst die Stellen, wo von Krieg, Verrat und Mord, von Haß, von Meineid und von Rache die Rede ist, im Grunde eine einzige Sprache, auf die es ankommt: In jeder Zeile, wenn man sie mit den Augen Jesu liest, möchte die Heilige Schrift als Wort Gottes den Menschen versichern: einen jeden einzelnen in Israel werde der Allmächtige erhören, wenn er in seiner Not zu ihm rufe; Gott stehe auf seiner Seite inmitten der Verlassenheit (Ps 10,14), er richte ihn auf aus dem Staub inmitten der Verachtung (Ps 113,7), er zersprenge die Seile des Todes, die die Angst um sein Herz zu legen vermöge (Ps 18,5.6). Diese Botschaft wollte Jesus leben und wahrmachen, nichts weiter[31]. Er wollte in seiner Existenz die Art seines Gottes

[29] Vgl. SCH. BEN-CHORIN: Bruder Jesus, 23, der den Satz der jüdischen Tradition zitiert: «Aus Liebe zu Israel verblendet Gott zuweilen auch die Augen der Weisen.»

[30] S. o. Anm. 10.

[31] Zu Ps 18,5.6 vgl. A. WEISER: Die Psalmen, I (ATD 14) 127, der in Ps 18,5 «die Welt des Todes ähnlich wie bei Babyloniern und Griechen als Strom und Meer gedacht» findet.

verkörpern, den er seinen und unseren Vater nannte (Joh 20,17)[32], und er wollte ganz einfach, daß wir ein für allemal aufblicken könnten zu diesem Gott mit den wiedergewonnenen Augen von Kindern, die die Angst noch nicht gelernt haben und die noch imstande sind zu einem großen, grenzenlosen Vertrauen[33].
So geschah es, daß, wenn er die Augen der Blinden berührte, sie sich öffneten zum Licht, und daß Menschen, die sich selber in ihrer eigenen Existenz so unzumutbar und abscheulich fühlten wie Aussätzige, unter der Berührung seiner Hände sich selbst zurückgegeben wurden und in die Gemeinschaft der Menschen zurückkehren durften. Sollte an dieser Botschaft der Menschlichkeit, an dieser Lebensweise des Heils, an diesen Wundern des Vertrauens etwas Verkehrtes gewesen sein?
Gewiß, wer wirksam die Angst bekämpft, muß die Stacheldrähte, die Mauern, die Kerkerwände zerreißen, die die Angst errichtet, und jedes seiner Worte wird aufgenommen werden wie eine ungeheure Herausforderung. Menschen, die es wagen, selber zu leben, sind in ihrem ganzen Wesen dem Terror der Einschnürungen, der Einengungen, der Vorschriften entnommen; solche Menschen, die keine Angst haben, für die nichts geschrieben steht, weil sie selber die Geschichte ihres Lebens schreiben, wirken notwendig wie Ekrasit auf all das, woran Menschen für gewöhnlich sich klammern, wenn die Angst sie überkommt. Wer wie Jesus möchte, daß Menschen ihre eigene

«Wenn es auch fraglich bleibt, ob dabei auf das verbreitete Motiv des Kultmythos von der Höllenfahrt angespielt ist, so tritt doch der unerbittliche Ernst der Lebensbedrohung der Sphäre des Todes... heraus, damit deutlich werde, daß der Beter schlechthin alles der rettenden Heilstat seines Gottes verdankt. Weiteste Dimensionen umspannend, ringt sich das Gebet des Königs aus der äußersten Tiefe der Hölle seiner verzweifelten Not empor zu Gottes himmlischem Heiligtum; und das große Wunder geschieht: Gott erscheint selbst als der Retter in der Not.» – Wenn das Glaubensbekenntnis «*Quicumque*» erklärt, Jesus sei im Tode «hinabgestiegen in die Hölle» (Denzinger – Schönmetzer: Enchiridion Symbolorum, S. 42), so muß man sagen, daß diese «Höllenfahrt» Jesu seelisch in der Szene am Ölberg entsprechend den alten Klagepsalmen Israels geschildert wird; doch während in Ps 18,7ff. das Gebet des Königs durch eine großartige Theophanie in Finsternis (18,12) und Erdbeben (18,8) beantwortet wird, bringt die Sonnenfinsternis von Mk 15,33 gerade nicht die Rettung des Gerechten, sondern sie bestätigt nur sein endgültiges Sterben. M. a.W.: die entscheidende «Theophanie», in welche alle Gebete Jesu um Rettung einmünden, ist sein eigener Tod, – seine Erhöhung zu Gott für den, der mit dem Herzen sieht (Joh 19,37 nach Sach 12,10).

[32] Zu Joh 20,17 vgl. R. Schnackenburg: Das Johannesevangelium, III 375–379.

[33] Vgl. oben zu Mk 10,13–16, Anm. 2; 5; S. 105; 106–107.

Würde und Größe entdecken, der stößt zu allen Zeiten unbarmherzig auf den Widerstand all derer, die erwarten und verlangen, daß Menschen sich beherrschen lassen. Jemand, der wie Jesus will, daß Menschen ihre Wahrheit ahnen und verwirklichen, gerät unaufhaltsam in Konfrontation mit den professionellen Verwaltern des Menschenlebens[34]. Jemand, der wie Jesus die Freiheit des Menschen anstrebt, befindet sich stets auf der Gegenseite derer, die alle möglichen anderen Interessen: Geld und Geltung, Gewinn und äußeres Gepränge, für wichtiger nehmen und es schon von daher immer wieder fertigbringen, ja, die Pflicht dazu verspüren, Menschen zum Mittel ihrer eigenen Zwecke bzw. ihrer objektiven Notwendigkeiten zu erniedrigen.

Aber war es falsch, diesen Aufruhr gewollt zu haben, um des Menschen willen? Hätte man an irgendeiner Stelle sich zurückziehen sollen, wie die Jünger es Jesus immer wieder warnend anempfahlen, indem sie ihm rieten, das Licht unter den Scheffel zu stellen (Mk 4,21) und dem Leiden auszuweichen (Mk 8,32–33)? Hätte man wirklich leiser, vorsichtiger, taktierender, diplomatischer reden und vorgehen sollen? Nein und abermals nein! Wenn man den Menschen Mut machen möchte, an sich selbst zu glauben, wie soll man dann sich selber vor lauter Angst immer wieder zurückziehen? Dies war es doch, was Jesus seinen Jüngern sagte: Ihr könnt noch so leise und flüsternd von dem reden, was ihr als Wahrheit im Herzen tragt, man wird es bald schon laut von den Dächern rufen; man kann und darf nicht unterdrücken, was von Gott ist (Mk 4,22; Mt 10,27)[35]. Und was habt ihr für eine Angst vor Menschen, die nur Macht über euch haben, solange sie euch einschüchtern können, indem sie eure physische Existenz bedrohen? Es gilt, nur Gott zu respektieren, einzig Gott (Mt 10,28)[36]. Alles andere sind Vorwände, die ihr

[34] Vgl. zu Mk 1,21–28, in E. Drewermann: Das Markus-Evangelium, I 180–202.

[35] Vgl. zu Mk 4,21–25 a. a. O., I 334–342.

[36] Zu Mt 10,28 vgl. E. Schweizer: Das Evangelium nach Matthäus, 160–161: «Für Matthäus ist ... das Hauptanliegen ... der Ruf zur Furchtlosigkeit in diesem Leben, weil nur ein einziger Furcht verdient, Gott selbst. Furcht vor Gott ist aber dasselbe wie Vertrauen (Ps 33,8; vgl. zu Mk 4,41); sie ist nichts anderes als die völlige Ausrichtung eines Menschenlebens auf den, der, wie Matthäus verdeutlicht, seinen Kindern Vater sein will.» – Es wäre viel wert, wenn die Bibelübersetzungen zentrale Aussagen nicht durch grundfalsche Assoziationen immer wieder verzerren würden. So heißt es in Spr 1,7 angeblich: «Die Gottesfurcht ist der Weisheit Anfang» – ein Satz, der in vier Worten vier Fehler enthält; denn es geht nicht um «Gottesfurcht», sondern darum, «Gott ernst zu nehmen»; und dies ist nicht der «Anfang» der Weisheit, sondern deren Grundlage und Inbegriff; und wiederum geht es auch nicht um «Weisheit», sondern um ein sinnerfülltes Leben. Vgl. E. Drewermann: Strukturen des Bösen, I. Bd., S. XXIII.

euch zurechtlegt, solange ihr Angst habt. Aber eine solche Angst ist nicht nötig für den, der glaubt, sie ist nicht nötig unter den Augen Gottes. Weder die Vorsorge für den morgigen Tag, noch das Sich-Klammern an die Gier all der Scheinsicherheiten, mit denen Menschen sich verschanzen, noch die immer neuen Erstickungsversuche der Freiheit, der Güte und der Liebe sind nötig für Menschen, die auf Gott vertrauen. – *Das* war seine Überzeugung. Für sie lebte er.
Doch gerade er, der mochte, daß man keinen Menschen ausstößt, ist in dieser Nacht selbst ein Ausgestoßener. Man nimmt ihm übel, daß er grenzenlos geliebt hat. Man verlangt zurück und fordert ein: die Grenzziehungen, die Abriegelungen, die Einordnungen, die Einschnürungen, – die Welt muß wieder sicher werden; sie darf nicht so maßlos beunruhigt werden, wie der Mann aus Nazareth es wollte. Man nimmt ihm übel die Unmittelbarkeit und die Nähe seiner Hoffnung, – sie richtet sich gegen die Resignation all der alltäglichen, grauen, abgestandenen, unlebendigen Pflichttorturen, durch die wir uns selbst nicht leben lassen und auch niemandem an unserer Seite zu leben gestatten. Er wollte, daß die Liebe unser Leben durchdringe wie ein Gesang; dagegen erhebt sich das Pfeifkonzert und das Gejohle des Spottes.
Und doch ist nicht die Einsamkeit und Ablehnung die entscheidende Frage Jesu in dieser Stunde; am schlimmsten ist die ohnmächtige Sorge, wie es weitergehen soll. Was wird aus den Menschen werden, wenn sie fähig sind, das Kostbarste, das ihnen gegeben wird, in kürzester Zeit wieder zurückzunehmen und zu zertreten wie etwas, das niemals hätte existieren sollen[37]?
Es ist nicht anders möglich, als daß Jesus aus seinem Vertrauen zu Gott, selbst wider alles Begreifen, ein Vertrauen auch zu den Menschen wieder zurückgewinnt. Es ist, wie wenn er selbst jetzt noch einmal lernen müßte, was er doch eben noch im Zeichen des Brotbrechens den Jüngern als sein Vermächtnis hinterließ: daß er das Schicksal seines Lebensauftrags, die Wahrheit seiner Lehre, gänzlich und buchstäblich in ihre Hände legt und sich an sie ausliefert in Zeit und Ewigkeit[38]. Um sich herum *hat* Jesus in der Tat nur diesen kleinen Kreis von verständnislosen, müden, verschlafenen, verängstigten Jüngern. Er braucht ihnen nur in die Augen zu sehen, um zu wissen, wie brüchig all das ist, was er auf sie zu gründen versucht hat. Es wird immer wieder diesen stets selbstgewissen, tapferen Großsprecher *Petrus* geben, der

[37] Vgl. die Betrachtung bei F. M. Dostojewskij: Der Idiot, III 6, S. 395–397, die Beschreibung des Gekreuzigten.
[38] S. o. zu Mk 14,22–25, Anm. 1; 6; 7; S. 450–453; 454–455.

sich selber überhaupt nicht kennt und der in Wahrheit mehr gefährdet ist als alle anderen (Mk 14,29–31); ihn hat er das Fundament aus Felsgestein genannt (Mt 16,18)[39]! Sieht man genau hin, so weiß man, daß selbst Berge wanken und wandern können wie Dünen aus Sand, wenn nur der Wind lange genug weht. Es wird immer wieder den Mann *Judas* geben, der bestellt war, die Kasse zu verwalten, aus der man die Armen speisen wollte, und der nicht zurecht kommt zwischen der Wahrheit des Herzens und der scheinbaren Klarheit des Gesetzes. Und welch ein Abgrund ist selbst das menschliche Herz! Es wird immer wieder *Johannes* geben, der ihn liebt und der ihm zusammen mit seiner Mutter (allerdings nicht im *Markus*-Evangelium) nachfolgt bis zum Kreuz (Joh 19,26), nur um desto deutlicher zu zeigen, wie hilflos preisgegeben in dieser Welt die Liebe ist[40].

Wird es also immer so bleiben wie im Alten Bund, daß man in der Passahnacht die einjährigen Lämmer schlachtet und mit ihrem Blut die Türpfosten bestreicht, auf daß die rasenden Dämonen sich besänftigen und endlich vorübergehen[41]? Und daß immer erst die Unschuld geschunden, gequält und getötet werden muß, ehe der menschliche Wahnsinn an sich selbst ein Ende findet?

Wie auch immer die menschliche Geschichte weitergehen wird, es ist nicht zu

[39] Zu Mt 16,18 vgl. E. SCHWEIZER: Das Evangelium nach Matthäus, 222: «Der ‹Fels› ist Petrus selbst, nicht sein Bekenntnis. Nur dann gibt das Wortspiel einen Sinn... Die Sonderstellung des Petrus ist vor Ostern durch die drei Evangelien bezeugt... Der Paulussatz, daß es keinen anderen Grund der Kirche gebe als Christus (1 Kor. 3,11... 54/55 n. Chr.) könnte Polemik gegen unser Wort enthalten. Doch auch nach Matthäus ist Petrus nicht auf Grund seines starken Charakters oder Glaubens gepriesen, sondern als der von Gott Beschenkte.» Gerade bei Petrus wird die Kluft und der Gegensatz von «Geist» und «Fleisch» (s. o. Anm. 27) besonders deutlich.

[40] Zu Joh 19,26 vgl. R. SCHNACKENBURG: Das Johannesevangelium, III 323–328, der Maria für die «Repräsentantin aller das wahre Heil Suchenden» hält (324) und sich zu Recht gegen eine historisierende Auslegung verwahrt, die «in der Szene nichts anderes» sieht «als die Kindessorge Jesu für seine Mutter» (325) oder die in der Gestalt Mariens «die Kirche» vertreten findet. Es handelt sich in der Darstellung des Joh-Ev.'s mehr noch als in den synoptischen Evangelien um das Bild einer Ikone, nicht um ein dokumentarisches Photo in historischem Sinne.

[41] S. o. Anm. 9; vgl. SCH. BEN-CHORIN: Bruder Jesus, 149, der von der «Nacht» spricht, «da wieder der Würger umgeht wie in der Nacht der Überschreitungen in Ägypten.» Es ist das «Blut» Jesu selbst, das jenen Ritus ersetzt und überwindet, mit dem in Ex 12,7 die Israeliten die Pfosten ihrer Häuser mit dem Blut der geopferten Lämmer bestrichen, um die vorüberziehenden Dämonen des Todes zu vertreiben.

vermeiden, daß Jesus sich selber an die Hohen Priester und die römischen Behörden ausliefert, um gerade so sich völlig in die Hände dieser «Jünger» zu geben. In alle Zukunft wird der Weg seiner Botschaft abhängen von ihren Worten und von ihren Taten. Doch was können sie tun, außer im besten Falle immer von neuem zu merken, wovon sie wirklich leben? Sie mögen zu Verrätern werden, sie mögen zu Lügnern werden, sie mögen immer wieder zu Ohnmächtigen werden; aber immer auch werden sie auf ihrer Zunge und in ihrem Herzen den Geschmack des Lebens spüren, das in Jesus gegenwärtig ist als ein niemals vergangener, ständig zukünftiger Auftrag, als ein Weg, den er ihnen immer schon nach Galiläa vorausgeht (Mk 14,28)[42]. Dann aber wird es doch möglich sein, sogar inmitten der Nichtigkeit und der Niedrigkeit des Menschen die langsam reifenden Wegspuren Gottes zu erkennen und die allmählich wachsende Offenbarung seiner Schönheit wahrzunehmen. An diese Möglichkeit *muß* man glauben, *um Gottes willen*: daß Menschen fähig sind zum Guten und würdig der Gnade, daß sie begabt sind zur Liebe – und daß sie tun können, was sie wollen, sie werden sich Gott niemals aus der Seele reißen können[43]. Jesus selber muß in dieser Stunde bedingungslos darauf vertrauen, was seine ganze Lehre war: daß selbst noch mitten in der Sünde eine Ahnung der Barmherzigkeit wohnt, daß mitten in der Schande noch ein verborgenes Wissen um die verlorene Würde und Unschuld lebendig ist und daß es keine Bosheit unter Menschen gibt, die nicht zugleich auch an sich selber leiden würde.
In dieser entscheidenden Stunde am Ölberg muß es Jesus möglich geworden sein, *dem Menschen* wieder zu vertrauen und sich der kleinen Gemeinschaft seiner Jünger endgültig anzuvertrauen, aus keinem anderen Grund, als weil Gott selber an sie glaubt. Sie wird so wahr sein, diese Gemeinschaft der Jünger, wie sie selbst es wagt, an Gott zu glauben. Dann aber gilt das Zeichen des letzten Abendmahles, dieses Gründungssymbols der Kirche. Gewiß ist es möglich, zerrissen zu werden wie das Brot auf dem Altar; gewiß ist es möglich, zertreten zu werden wie der Wein in der Kelter; gewiß ist es möglich, verleumdet zu werden, verhöhnt zu werden und ausgepeitscht zu werden (Mk 10,34) – alles ist möglich, was Menschen an Leid und an Schmerz einander zufügen können. Und dennoch ist es nicht länger mehr nötig, von

[42] Siehe oben Anm. 8.
[43] Es ist das *Leiden* der Gottesverlorenheit selbst, das zeigt, wie sehr dem Menschen der Glaube an Gott *wesentlich* ist. Vgl. E. Drewermann: Strukturen des Bösen, III. Bd., S. XLI–XLVII.

der Wahrheit auch nur einen Schritt weit abzuweichen, um sich vor der Folter zu schützen. Es schützt uns nicht, wenn wir uns jeden Tag selber anspucken und begeifern, nur damit andere uns eine solche Schmach nicht antun. Es ist nicht sinnvoll, sich jeden Tag selber in Angst zu zerwühlen und zu vergraben, nur damit andere uns nicht zuvorkommen im Betrug, im wechselseitigen Hintergehen und in der Arglist gegeneinander. Es ist möglich, gradeaus zu leben, und selbst der Tod ist, so verstanden, kein Widerspruch zum Leben.

Allein deshalb war die Todesangst Jesu nötig[44], weil es einzig die Angst ist, die uns immer wieder hindert, wirklich zu sein. Um uns zu zeigen, daß es keine Angst mehr geben muß, die uns von Gott, von uns selbst und von den Menschen trennen könnte, waren diese Stunden in Gethsemane unerläßlich. Von dieser Stunde kann man wirklich sagen, wie es die Kirche am Karfreitag betet: «Wir danken Dir, Herr Jesus Christus, und benedeien Dich, denn durch Dein heiliges Kreuz hast Du die Welt erlöst.»

[44] Zu diesem Verständnis von «Erlösung» vgl. E. Drewermann: Das Markus-Evangelium, I 45–80. Nur in dieser Sicht versteht man vor allem die Details der Passionsgeschichte Jesu, die bei Licht besehen eine einzigartige Szenerie der Angst in allen denkbaren Erscheinungsformen darstellt.

Mk 14,43–52: «Einer aber zog das Schwert» oder: Die Verhaftung Jesu

[43] Und sogleich, noch während er redet, stellt Judas sich ein, einer der Zwölf, und mit ihm eine Schar mit Schwertern und Knüppeln von den Hohen Priestern, den Schriftgelehrten und den Ältesten. [44] Es hatte aber, der ihn ausliefern wollte, ein gemeinsames Zeichen ihnen angegeben, sprechend: Den ich küsse, der ist's, den nehmt fest und führt ihn sicher ab. [45] Und so kommt er, kommt sogleich auf ihn zu und sagt: Rabbi! und küßte ihn. [46] Sie aber legten Hand an ihn und nahmen ihn fest. [47] Einer aber, – jemand – von den Umstehenden, zog das Schwert, traf den Knecht des Hohen Priesters und hieb ihm das Ohr ab.

[48] Doch als Antwort hat Jesus ihnen gesagt: Wie gegen einen Räuber seid ihr ausgezogen mit Schwertern und Knüppeln, mich zu ergreifen? [49] Täglich war ich bei euch im Heiligtum und lehrte, und ihr habt mich nicht festgenommen; – doch erfüllt werden müssen die Schriften (Jes 53,7)! [50] Da verließen ihn und flüchteten alle. [51] Doch ein gewisser Jüngling folgte ihm, nur ein Leinengewand auf bloßem Leib übergeworfen, auch den nehmen sie fest; [52] er aber ließ sein Gewand fahren, und nackt ergriff er die Flucht.

In entscheidenden Augenblicken des Lebens gibt es keine nebensächlichen Details. Gerade in den Grenzsituationen des Daseins tritt die Person eines Menschen ganz in Erscheinung. Und so kann es nicht verwundern, daß bereits die frühe Kirche diese Szene der Verhaftung Jesu als besonders wichtig angesehen und sie immer wieder in den Evangelien variiert hat.

Jeder, der als Christ, mit den Worten der Bergpredigt im Ohr, die Erzählung von der Verhaftung Jesu liest, muß sich fragen, woher dieser Mann kommt, der das Schwert zückt, um Jesus zu verteidigen. Ein solcher Akt der Gewalt scheint mit der Ethik des Neuen Testamentes an sich völlig unvereinbar zu sein. Bereits *Lukas* läßt daher die Begleiter Jesu ausdrücklich die Frage stellen, ob sie zur Abwehr der drohenden Gefangennahme wirklich «mit dem Schwert dreinschlagen sollen» (Lk 22,49)[1], und als einer von ihnen, unaufge-

[1] Zu Recht meint E. Schweizer: Das Evangelium nach Lukas, 230 zu Lk 22,49: «Die Frage der Gewalt ist ausdrücklich gestellt. Sie wird beantwortet mit Jesu Bereitschaft, zu leiden und selbst den Gegner zu heilen. Beides gehört zum Weg Jesu. Er bestreitet zwar dem Pilatus sein Recht und auch seine militärische Macht nicht; aber für sich selbst ver-

fordert und ohne die Antwort abzuwarten, auf den Knecht des Hohenpriesters einschlägt, fährt Jesus ihn mit einem scharfen «Genug» in die Parade und wirkt das letzte seiner Wunder: er berührt das abgeschlagene Ohr des Knechtes und heilt es (Lk 22,51). Deutlicher kann man nicht sagen, daß für *Lukas* keinerlei Gewaltanwendung sich mit seinem Bild von Jesus als dem Heiland in Übereinstimmung bringen läßt[2].
Das *Matthäus*-Evangelium geht in dieser Tendenz sogar noch einen Schritt weiter, indem es Jesus den strikten Befehl in den Mund legt: «Steck das Schwert an seinen Ort», und als Begründung noch hinzufügt: «Denn alle, die zum Schwert greifen, werden durch das Schwert umkommen.» (Mt 26,53)[3] Das kann in aller Klarheit doch nur heißen, daß Jesus im Sinne des *Matthäus*-Evangeliums *prinzipiell* jede Art von Gewaltanwendung ablehnt, weil sie ebenso zerstörerisch wie selbstzerstörerisch ist und Gefahren letztlich nicht

wirft er den Schwertgebrauch. Er will Leben schenken, nicht nehmen. Damit ist das Problem nicht gelöst, aber doch ein Wegweiser errichtet.» Natürlich kommt es in der Auslegung der Stelle nun darauf an, die Richtung dieser «Wegweisung» zu betrachten, – und wieder zeigt sich die historisch-kritische Methode bei der Erörterung der von ihr selbst aufgeworfenen Fragen überfordert.

[2] Bes. J. LASSERRE: Der Krieg und das Evangelium, 34–45 weist (S. 45) energisch darauf hin: «er (sc. Jesus) hat den streng getadelt, der mit seinem Schwert einen Diener des Hohenpriesters verwundete. Eine christliche Rechtfertigung der tötenden Gewalt kann in diesem Text keine Grundlage haben.» Freilich gilt diese Ansicht explizit nur mit Blick auf Lk 22,51, wobei man bedenken muß, daß die «zwei Schwerter» schon in Lk 22,38 wesentlich symbolische Bedeutung haben. Soviel aber ist klar, daß der Text bei *Markus* bereits der frühen Kirche eine außerordentlich wichtige Problemstellung aufgegeben hat.

[3] E. SCHWEIZER: Das Evangelium nach Matthäus, 324 weist ganz richtig darauf hin, daß es nach Mt 26,51 nicht mehr (wie in Mk 14,47) irgend ein «jemand», sondern einer der Jünger Jesu selbst ist, der zum Schwert greift. «Vor allem fügt Matthäus mit dem bei ihm beliebten ‹da› ein grundlegendes Jesuswort ein. Es heißt Petrus sein Schwert wieder in die Scheide stecken (ebenso Joh 18,11). Eine Bestätigung des Schwertgebrauchs ist sicher nicht aus diesem Vers herauszulesen, wie Luther meint. Im Gegenteil hält sich Jesus an seine eigene Lehre und wird so zum Vorbild seiner Nachfolger, die auf Gewalt verzichten und lieber Unrecht leiden sollen (Mt 5,39), kann doch der Griff nach dem Schwert sie nicht wirklich schützen, sondern nur Gegengewalt hervorrufen, der sie schließlich erliegen werden. Dabei ist Jesus nicht nur Vorbild, das mehr oder weniger auf gleicher Ebene mit ihnen stünde; er hätte ja jene Gewalt zur Verfügung, die aller andern endgültig ein Ende bereitete; aber gerade darauf verzichtet er (vgl. Mt 4,1–11).» Natürlich handelt es sich in dieser Sicht um eine christologische Überhöhung, die der Menschlichkeit der ursprünglichen Szene bei Markus vollkommen fremd ist; gerade dieser Ansatz aber wird im Johannesevangelium und von der frühen Kirche theologisch breit entfaltet werden.

abwehrt, sondern allererst heraufbeschwört. Wie ernst *Matthäus* diese Absage an das Schwert verstanden wissen will, unterstreicht er noch dadurch, daß er Jesus an dieser entscheidenden Stelle auf *jede* Gewalt, sogar auf den Schutz der himmlischen Heerscharen, verzichten läßt, damit «die Schriften» erfüllt werden (Mt 26,53.54)[4].

Gerade diesen Gedanken hat dann das *Johannes*-Evangelium aufgegriffen und in legendärer Weise weitergeführt: bei seiner Gefangennahme habe Jesus sich seinen Häschern in überlegenem, göttlichem Wissen als denjenigen zu erkennen gegeben, den sie suchten, und diese Selbstmitteilung habe seine Widersacher in heiligem Schrecken zu Boden geworfen[5]; obwohl Jesus also eigentlich leicht hätte fliehen können, habe er, in Erfüllung seines Gott gegebenen Versprechens (Joh 17,12), zunächst um Schutz und freies Geleit für die Jünger gebeten (Joh 18,4–9)[6]; da aber habe «Simon Petrus» – wie der ur-

[4] Vgl. E. SCHWEIZER: Das Evangelium nach Matthäus, 324: «Begründet wird dies (sc. der Gewaltverzicht Jesu, d.V.) mit dem Hinweis auf die Schrift, die ‹geschehen muß›... So rückt Jesu Leiden in die Reihe jener Ereignisse, die nach Gottes Plan und Willen geschehen müssen, damit sein Reich der Vollendung kommen kann.» Um jedoch zu allererst aus dem theologischen Positivismus erfüllter Schriftzitate herauszukommen, muß man zunächst einmal verständlich machen, wieso denn «das Reich der Vollendung» *nur* gewaltlos errichtet werden kann. An jeder Stelle müßte die historische Sprache in Exegese und Theologie sich der psychologischen Implikationen ihrer eigenen Problemstellungen klar werden, ehe sie den Anschluß an die Wirklichkeit des Lebens wiederfinden könnte.

[5] R. SCHNACKENBURG: Das Johannesevangelium, III 253 weist darauf hin, daß das «*Ich bin*» in Joh 18,5 nicht nur Jesus als den Gesuchten identifizieren soll, sondern in sich bereits «mit jenem vollen göttlich-hoheitsvollen Klang, der mit dieser Formel verbunden ist», ausgesprochen wird. «Die Wirkung des majestätischen Wortes Jesu ist ein Zurückweichen und Niederstürzen der Bewaffneten.» Zu falschen Gegensätzen freilich gelangt SCHNACKENBURG, wenn er (a. a. O., 253) erklärt, dieses «dramatische Moment» sei «weder psychologisch-rationalistisch» noch «als wunderbare Machttat» zu erklären, denn es handle sich um ein Verhalten wie «vor der epiphanen Gottheit (BULTMANN)» bzw. es gehe um die christologische Sicht der Stelle; denn die Frage stellt sich *psychologisch* nur um so mehr: was eigentlich zwingt denjenigen in die Knie, der in einem zu verhaftenden Gesetzesbrecher *Gott* begegnet?

[6] R. SCHNACKENBURG: A. a. O., III 255 meint in Joh 18,9 die Haltung «des guten Hirten» zu erkennen, «der sich freiwillig dem Tod überliefert (vgl. 10,18), um seinen Schafen das Leben zu retten». Aber das kann hier nicht gemeint sein, denn, wie auch SCHNACKENBURG selbst als Schwierigkeit anerkennt: es geht durchaus nicht um den Schutz der «Herde» Christi vor den Anschlägen des Bösen, – es geht ganz einfach um den Schutz ihrer irdischen Existenz; d. h., genau besehen, geht es auch darum nicht, sondern es soll lediglich betont werden, daß Jesus absolut freiwillig und ganz allein in den Tod geht; dabei kann er

sprünglich Unbekannte nun heißt – zum Schwert gegriffen und dem Knecht des Hohen Priesters, der bei *Johannes* den Namen Malchus erhält, das Ohr abgeschlagen, so daß Jesus ihm ein solches Vorgehen mit ähnlichen Worten wie bei *Matthäus* energisch habe verbieten müssen (Joh 18,10–11).
Das Bild, das *Johannes* mit dieser Darstellung malt, gleicht gewiß eher einem romanischen Altarbild als einer Darstellung der geschichtlichen Wirklichkeit. Es antwortet auf ein Problem, das sich jetzt *theologisch* ergibt: Wie war es möglich, daß der Sohn Gottes, der fleischgewordene Logos, in die Hände der Menschen fiel? Es war möglich, lautet die Antwort des *Johannes*-Evangeliums, weil Jesus selber es so wollte. Vor diesem Hintergrund erscheint es natürlich als ein Mißverständnis, wenn Petrus noch versucht, Jesus mit dem Schwert zu schützen. Aber die Ausgangsfrage ist damit von der Ethik in die Christologie verschoben worden[7], und man darf das ursprüngliche Problem nicht aus den Augen verlieren: wie ist überhaupt das Auftreten jenes Mannes mit dem Schwert im Umkreis Jesu schon im *Markus*-Evangelium zu verste-

den zweifelhaften Mut seiner Jünger am allerwenigsten gebrauchen. In diesem Sinne will diese Stelle weit eher die überragende, buchstäblich «einsame» Größe Jesu herausstellen, als seine Großmut gegenüber seinen Jüngern betonen.

[7] R. SCHNACKENBURG: A. a. O., III 257 meint an sich richtig: «Der stürmische, eigenwillig dreinschlagende Jünger wird durch Jesus, der göttliche Macht besitzt und sich doch in die Hände der Feinde gibt, belehrt, daß der Wille des Vaters über allem steht. Petrus, der führende Mann der Jüngergruppe, wird ähnlich wie in ... Cäsarea Philippi (Mk 8,33 par) zum Repräsentanten einer menschlichen Gesinnung, die Gottes Pläne nicht begreift.» Er wird vor allem, worauf SCHNACKENBURG taktvollerweise gar nicht zu sprechen kommt, zum Repräsentanten einer Kirche, die immer wieder in der Geschichte geglaubt hat, die Sache Christi mit dem Schwerte nicht nur verteidigen, sondern geradewegs durchsetzen zu müssen. Vor diesem Hintergrund wirkt es gespenstisch, wenn R. SCHNACKENBURG: Die sittliche Botschaft des Neuen Testamentes, 91 allen Ernstes meint, Jesus habe zu den Fragen von Krieg und Frieden «nicht grundsätzlich Stellung» genommen (was zweifellos zutrifft), und dann folgert: «In dieser wie in anderen Fragen ist es der Kirche überlassen, aus dem Geiste und nach den Richtlinien Jesu die jeweilige Entscheidung zu finden.» Denn solange die historisch-kritische Exegese sich als nur historische Methode der Aufgabe entzieht, diese «Richtlinien» Jesu in ihren psychologischen, soziologischen und politologischen Konsequenzen zu formulieren, führt die schriftgelehrte Abstraktheit ihrer Erörterungen notwendig zu eben dem Schauspiel, das die Kirche auch heute noch bietet: daß die Berufung auf den «Geist» Jesu *jede* Art von Entscheidung ideologisch zu stützen vermag, indem die Kirche, eben weil sie (historisch!) die Kirche Jesu zu sein beansprucht, immer auch schon vom «Geiste» Jesu getragen und geleitet ist. Mit einer solchen Theologie im Kopfe löst man keine Probleme, man verewigt sie.

hen, und welch eine moralische Haltung ergibt sich aus dem Prinzip der Gewaltlosigkeit bei *Matthäus* und *Lukas*?

Bis in die Gegenwart hinein hat es an Autoren nicht gefehlt, die aus den Umständen bei der Verhaftung Jesu den Schluß ziehen wollten, daß Jesus und der Kreis seiner Jünger, wenngleich mit unzureichenden Mitteln und offenbar in dilettantischer Vorbereitung, auf einen politisch-religiösen Umsturz hätten hinarbeiten wollen[8]; erst nach dem kläglichen Scheitern des Unternehmens hätten die frühen Christen ihr Heil in einem resignativen Pazifismus gesucht[9]. So wenig sich diese Auffassung aus den Evangelien begründen läßt[10], so wirft sie doch die Frage auf, um die es bei der Auslegung

[8] Herausgelesen wird diese Behauptung gern aus Mk 14,2, der Befürchtung der Hohenpriester und Schriftgelehrten, es könne «ein Aufruhr» im Volk entstehen. H. VON MENDELSSOHN: Jesus – Rebell oder Erlöser, 62–63 interpretiert: «Daß aber doch ein Aufruhr stattgefunden hat, erfährt man mehr durch Zufall, da Barabbas gefangen wurde ‹mit den Aufrührern, die im *Aufruhr* einen Mord begangen hatten› (Mk 15,7). Mit der Ankunft eines friedlichen Wanderpredigers hat all das aber wenig zu tun.» Vor allem, so muß man entgegnen, hat die Gestalt des Barabbas mit Jesus so wenig zu tun, daß es sogar alternativisch zwischen beiden zu wählen gilt (Mk 15,9–11), und zudem richtet sich die Furcht des Hohenrates ersichtlich nicht darauf, daß ein Aufruhr im Volk zu befürchten sei, wenn man Jesus *nicht* festnehme, sondern *wenn* man ihn – womöglich in aller Öffentlichkeit! – verhafte.

[9] Die These von R. EISLER, Jesus sei als jüdischer Bandenkämpfer *von den Römern* nach seinem Sturm auf den Tempel verhaftet und hingerichtet worden, wurde 1965 noch einmal von J. CARMICHAEL (Leben und Tod des Jesus von Nazareth) aufgegriffen. In einer gemilderten Form vertritt neuerdings W. FRICKE: Standrechtlich gekreuzigt, 131–175 die These, daß nicht die Juden, sondern die Römer Jesus hingerichtet hätten, freilich in der fälschlichen Meinung, einen politischen Aufrührer vor sich zu haben; das Motiv für die grobe Geschichtsfälschung der Evangelien bzgl. der Urheber an dem Tode Jesu sieht FRICKE zum einen in der ausgeprägt judenfeindlichen Gesamthaltung aller vier Evangelisten, die er aus den wachsenden Reibungen der frühen (hellenistischen) Kirche mit den Pharisäern nach 70 n. Chr. zu erklären sucht (168), zum anderen in dem Sicherheitsbedürfnis aufgrund der bald einsetzenden Christenverfolgungen. «Es war besser (sc. gegenüber den Römern, d.V.), Jesus nicht eindeutig als einen Mann erscheinen zu lassen, der den typischen Rebellentod gestorben war.» (174) Es ist FRICKE gewiß zuzustimmen, daß das Bild des *Pilatus* bereits bei Markus freundlicher geschildert wird, als es der historischen Wirklichkeit entsprechen dürfte, und daß diese römerfreundliche Tendenz in den Evangelien wächst (235–253); keinesfalls aber geht es an, aus Joh 18,3 zu folgern, daß gar nicht die Juden, sondern die Römer Jesus (überraschend!) verhaftet und im Schnellverfahren hingerichtet hätten (156 ff.). Vgl. dazu auch J. BLINZLER: Der Prozeß Jesu, 54–76, bes. S. 67.

[10] Es ist vor allem zu beachten, daß in Mk 14,47 überhaupt nicht gesagt wird, daß einer *der Jünger* zum Schwert gegriffen habe; wäre dies der Fall gewesen, so hätte Jesus selber oder

dieser Stelle wesentlich geht: Wie steht die Religion Jesu zu der Anwendung bewaffneter Gewalt? Ist die Friedfertigkeit des Christentums nur eine Haltung des Ressentiments, ein Notbehelf der Unterdrückten und der Ohnmächtigen, oder entstammt sie einer ursprünglichen, in sich gültigen Erfahrung der Nähe Gottes[11]? Muß man eventuell annehmen, daß der Hinweis auf

doch die Wachmannschaft darauf reagieren müssen; G. SCHNEIDER: Die Verhaftung Jesu, in: ZNW 63 (1972) 188–209, S. 201 f. hat deshalb den Vers selbst für einen Einschub gehalten, der die erniedrigende Szene der Verhaftung Jesu durch die Erfindung eines (nachträglichen) Zornesausbruchs für christliche Leser habe mildern wollen. L. SCHENKE: Der gekreuzigte Christus, 119–120 schlägt demgegenüber vor, die Wendung «von den Umstehenden» in Mk 14,47 als eine Hinzufügung des Markus zu betrachten; ursprünglich habe es nur geheißen, irgendeiner habe zum Schwert gegriffen – und zwar, wie SCHENKE meint, einer von den bewaffneten Häschern, die in dem entstehenden Tumult einen der Ihrigen verletzt hätten, wie mit einer gewissen «Schadenfreude» berichtet werde (119); geflohen seien die Jünger, wie in Mk 14,50 berichtet wird, eben vor dem gezückten Schwert in 14,47. Die Verse Mk 14,48–49 sind offenbar von Markus selber eingeschoben worden und unterbrechen den klaren Handlungsablauf. – Doch selbst wenn man dieser These zustimmt, so bleibt das Problem der Gewaltanwendung bei der Verhaftung Jesu nur um so mehr bestehen; denn es wäre dann ausdrücklich Markus selber, der mit seinem Zusatz von den «Umstehenden» den Schwertstreich dahin uminterpretiert hättte, daß er die Verhaftung Jesu habe *verhindern* sollen. «Dann wird», meint L. SCHENKE (120), «in V. 47 aber nicht ‹Rache› an den Häschern für die Schmach Jesu genommen, sondern der Vers zeigt ein fundamentales *Mißverständnis* des so Agierenden an, das in V. 48 f von Jesus richtiggestellt wird. Die Verhaftung und damit die Passion Jesu *dürfen* nicht verhindert werden, weil sie dem in der Schrift zum Ausdruck kommenden Willen Gottes entsprechen. Mk wird V. 47 dann im Rahmen des Motivs vom Jüngerversagen verstanden haben.» Woher aber weiß man, was Gott will, und wie überwindet man gerade in der Interpretation der Passionsgeschichte Jesu den religiös äußerst schädlichen Rekurs auf ein rein äußerlich verstandenes Erfüllungsmotiv alttestamentlicher Verheißungen? Vgl. dazu E. DREWERMANN: Das Markus-Evangelium, I 68–69.

[11] Die psychologische These von der *Ressentimentmoral* des Christentums hat ungleich subtiler, als alle politischen Winkelzugtheorien über die «Schwertszene» bei der Verhaftung Jesu es vermochten, vor allem F. NIETZSCHE: Der Antichrist, Nr. 40, S. 42–43 vertreten: «Das Verhängnis des Evangeliums entschied sich mit dem Tode (sc. Jesu, d. V.)... Erst der Tod, dieser unerwartete schmähliche Tod... brachte die Jünger vor das eigentliche Rätsel... ‹*wer* hat ihn getötet?...› diese Frage sprang wie ein Blitz hervor. Antwort: das *herrschende* Judentum, sein oberster Stand. Man empfand sich von diesem Augenblick in Aufruhr *gegen* die Ordnung, man verstand hinterdrein Jesus als *im Aufruhr gegen die Ordnung*. Bis dahin *fehlte* dieser kriegerische, dieser nein-sagende, nein-tuende Zug in seinem Bilde... Gerade das am meisten unevangelische Gefühl, die *Rache*, kam wieder obenauf. Unmöglich konnte die Sache mit diesem Tode zu Ende sein: Man

den Beistand der himmlischen Heerscharen nur einen wehmütigen Wunschtraum darstellt, der sich lediglich aus der faktischen Wehrlosigkeit des Augenblicks ergibt? Und wenn dies zuträfe, droht er dann nicht sogleich in eine Ideologie des gottgewollten Militarismus umzuschlagen, sobald die Verhältnisse es erlauben oder nahelegen?

Was also bedeutet die Gestalt dieses Mannes, der mit dem Schwert das Leben und die Freiheit Jesu zu schützen versucht? Für welch eine Verhaltensmöglichkeit steht er? Und wie paßt sein Auftreten *wesentlich* zu der Person und Mission Jesu[12]? – Um diese Fragen an uns selber geht es, weit über die unmittelbare Situation dieses Augenblicks hinaus.

Wohl kein Erlebnis im menschlichen Leben ist schmerzlicher, als tatenlos mitansehen zu müssen, wie einem Menschen, der uns nahesteht, schweres Unrecht zugefügt wird. Alles in uns rebelliert dagegen, und wir möchten tun, was wir können, um den anderen zu schützen, nur wissen wir oft nicht, wie. In solchen Augenblicken der Hilflosigkeit und der Angst überlegt man

brauchte ‹Vergeltung›, ‹Gericht› ... Jetzt erst trug man die ganze Verachtung und Bitterkeit gegen Pharisäer und Theologen in den Typus des Meisters ein, – man *machte* damit aus ihm einen Pharisäer und Theologen! Andererseits hielt die wildgewordene Verehrung dieser ganz aus den Fugen geratenen Seelen jene evangelische Gleichberechtigung von jedermann zum Kind Gottes, die Jesus gelehrt hatte, nicht mehr aus: Ihre Rache war, auf eine ausschweifende Weise Jesus *emporzuheben*, von sich abzulösen: ganz so, wie ehedem die Juden aus Rache an ihren Feinden ihren Gott von sich losgetrennt und in die Höhe gehoben haben. Der Eine Gott und der Eine Sohn Gottes: beides Erzeugnisse des ressentiment...» Tatsächlich war es offenbar gerade die Güte und die Menschlichkeit Jesu, die ihn an den «Pharisäern» (im Sinne eines religiösen Typos) scheitern ließen; der tödliche Gegensatz zwischen Jesus und den herrschenden Kreisen des Judentums entstammt gewiß nicht erst einer späteren Rachephantasie der frühen Kirche; gleichwohl ist NIETZSCHE psychologisch sehr zuzustimmen: es ist in der Kirchengeschichte die Theologie vom «Sühneleiden» Christi von sadistischen Tönungen niemals gänzlich frei gewesen, und so sehr NIETZSCHE bzgl. des historischen Jesus als Historiker irren mochte, so hellsichtig erwies er sich bzgl. des historischen Christentums als Psychologe.

12 Auch und gerade an dieser Stelle geht es darum, die Details der Passionsgeschichte als eine Typologie der wesentlichen Ursachen zu verstehen, die zu allen Zeiten der menschlichen Geschichte den «Menschensohn» töten werden. Wie man sich der ganzen Auseinandersetzung um die Fragen von Gewalt, Gerechtigkeit und Leid mit Hilfe historisch-kritischer Allerwelterklärungen aus der Affäre ziehen kann, demonstriert R. PESCH: Das Markusevangelium, II 398: «Das ‹Ziel› der Erzählung ist offensichtlich die Berichterstattung über die Verhaftung Jesu ... Motive der *passio-iusti*-Thematik werden berührt.» PESCH übersieht geflissentlich, daß in der markinischen Form der Verhaftungsszene die Gewaltanwendung den Anhängern Jesu selber zugeschrieben wird.

nicht lange – man handelt einfach wie in einem Reflex. Es kommt dabei nicht einmal darauf an, etwas zu tun, was objektiv für das Wohl des anderen erfolgversprechend ist, es wäre nur ganz einfach unverzeihlich, in einem solchen Moment untätig zu bleiben.

Es gibt im Menschen offenbar noch gewisse Reste eines urtümlichen Brutpflegeinstinktes aus dem Tierreich, demzufolge man selbst unter Einsatz des eigenen Lebens zu schützen versuchen *muß*, was an unserer Seite schutzbedürftig ist[13]. Viele höhere Tiere teilen mit uns diese Neigung, einen Angriff gegen einen völlig Wehrlosen mit allen Mitteln vereiteln zu wollen. Sogar von dem sprichwörtlich ängstlichen Hasen sind Beispiele bekannt, daß eine Häsin mit den Hinterläufen einen Bussard abzuwehren sucht, der sich auf eines der Jungtiere stürzen will[14]. Die Natur duldet allem Anschein nach in einer solchen Szene von Hilflosigkeit und Schutzbereitschaft schon zum Erhalt der eigenen Art keine Feigheit.

Was Wunder deshalb, daß das erste christliche Epos «deutscher» Sprache, der *«Heliand»*, im 9. Jh. die «Tapferkeit» des «Petrus», entsprechend dem Geschmack der eben erst mit Gewalt bekehrten Sachsen, in großem Stil herauszustellen versuchte, indem es Petrus mit großen Worten versprechen ließ: «Ich gebe mein Leben für dich /Beim Schwingen der Schwerter: nun und nimmer / Laß ich davon, so lange mir währt / Herz und Handkraft.» Und wirklich: als Petrus sieht, wie die Rotte Jesus umringt, «Da brauste auf /Der schnelle Schwertdegen Petrus, / Ihm wallte der Mut, kein Wort konnt' er sprechen, / So voll Harm war sein Herz, als sie seinen Herren da / Binden wollten: dann ging er voll Grimm / Der kühngenannte Kämpfer vor seinen Fürsten, / Hart vor den Herrn. Sein Herz war bereit / Und unverzagt, er zog ohne Zögern / Das Schwert von der Seite und schlug voll Wucht / Auf den vordersten Feind mit der Hände Kraft, / Sodaß Malchus wurde von der Schneide der Waffe / An der rechten Seite mit dem Schwert gezeichnet, / Er hieb ihm das Ohr ab, sein Haupt ward wund, / Daß vom Schwert zerschnitten Backe und Ohr / In Todeswunde barst und das Blut nachsprang, / Aus der Wunde wallend. So war die Wange verwundet / Dem vordersten Feind; das Volk floh auseinander, / Des Schwertes Biß scheuend.»[15]

[13] Zu dem Selbstopfer aus Mutterliebe bereits im Tierreich vgl. E. Drewermann: Vom Problem des Selbstmordes oder von einer letzten Gnade der Natur, in: Psychoanalyse und Moraltheologie, III 98–173, S. 161.

[14] Vgl. V. B. Dröscher: Nestwärme, 161.

[15] Vgl. P. Herrmann (Übers.): Heliand. Nach dem Altsächsischen, Str. 56, V. 4687f.,

Wäre die Situation der Gefangennahme Jesu nicht so bitter ernst, – man müßte fast lächeln über die emsige Bemühtheit dieses altsächsischen Dichters, aus der menschlichen Tragödie der Szene am Ölberg ein dramatisches Heldengedicht zu formen.

In Wahrheit geht es nicht um heroische Posen männlicher Selbstdarstellung, sondern um ein elementares Gefühl der Empörung und der Auflehnung angesichts der Ungeschütztheit eines Unschuldigen. Was ist zu tun, wenn immer wieder in der menschlichen Geschichte die Schwachen und Hilflosen jeder Art von Willkür preisgegeben sind?

Man mag bei dieser Frage an die Greuel der Vergangenheit denken, z. B. an die grausigen Feldzüge Timur-i-Lengs: als er am 17. Dezember 1398 Delhi eroberte, wütete er derart unter der Bevölkerung, daß sich zwei Monate lang in der Stadt kein Leben regte, «nicht einmal ein Vogel»[16]. Als er am 19. März des folgenden Jahres nach der Verwüstung Lahores den Industrom nordwärts überquerte, ließ «er ein Leichenfeld hinter sich, das in der Geschichte Indiens ohne Beispiel war. Hungersnöte waren die unausbleibliche Folge der von seinen Truppen angerichteten Zerstörungen; ebenso zwangsläufig brach durch die zurückgelassenen Leichen die Pest aus». Sein Heer war derart mit Beute beladen, «daß es kaum vier Meilen am Tag marschieren konnte».

Darf man derartigen Wüstlingen schutzlos die Welt überlassen? Muß man gegen sie nicht irgendetwas tun, und sei es noch so verzweifelt?

Diese Frage hat nie aufgehört. Sie hat sich auch im 20. Jh. nicht geändert, allenfalls zugespitzt. Es ist undenkbar, daß man z. B. 1939 Europa dem Expansionismus *Adolf Hitlers* hätte ausliefern sollen[17]; es kann nicht als verantwortlich gelten, wenn man die Japaner zur gleichen Zeit die Nachfolge der Kolonialländer in Ostasien hätte antreten lassen[18] – in tausenderlei Variationen läßt sich auf der politischen Ebene der bittere Satz variieren: «Du bist verantwortlich», und zwar auf Leben und Tod, in Verstrickungen, die offenbar immer wieder nur die Wahl zwischen Satan und Baalzebul zulassen. In solchen Situationen kann man sich drehen und wenden, wie man will, man muß allem Anschein nach aus Verantwortung Dinge tun, die niemals zu verantworten sind. Gegen Hitler-Deutschland Krieg zu führen – das bedeu-

S. 163; Str. 58, V. 4867–4884, S. 169. Motive dieser Art werden auch in der modernen Exegese immer noch in den Text hineingelesen; s. o. Anm. 10.

[16] Vgl. B. Gascoigne: Die Großmoguln, 9.

[17] Vgl. dazu E. Drewermann: Der Krieg und das Christentum, 160.

[18] A. a. O.

tete seit 1942, mit Tausenden von Bomben immer wieder, Nacht für Nacht, die deutschen Großstädte: Hamburg, Köln, Nürnberg, Berlin, anzugreifen[19], bis daß sich der Feuersturm der Phosphorbomben unaufhaltsam durch ganze Stadtviertel fraß; gegen Japan Krieg zu führen – das bedeutete, die Bambushäuserreihen Tokios in ein einziges Flammenmeer mit über 100 000 Toten zu verwandeln[20], von den Atombombenabwürfen auf Hiroshima und Nagasaki ganz zu schweigen[21]. Was soll man tun in einer Welt, in welcher sich die Tore zu den Konzentrationslagern von Auschwitz und Dachau nur mit der Gewalt von Stalinorgeln und Sherman-Panzern aufsprengen lassen? «Du bist verantwortlich» – das heißt angesichts der wehrlosen Opfer von Gewalt selber zu den Mitteln der Gewalt greifen *zu müssen*. Aus diesem Muß gibt es seit Jahrmillionen der Evolution offenbar kein Entrinnen.

Und dennoch: Was eigentlich entschuldigt der Zwang der Verantwortung, wenn man, um Hitler zu besiegen, dem *Wesen Hitlers* in Wahrheit zum endgültigen Sieg verhelfen muß? «Wer zum Schwert greift, wird durch das Schwert umkommen» – dieser Satz stimmt moralisch noch weit mehr als machtpolitisch. Ist es unter solchen Umständen nicht weit besser, weit vernünftiger, weit christlicher, mindestens nicht von sich aus das Schwert in die Hand zu nehmen, um aktiv die Waffen des Bösen im Kampf für das Gute

[19] Vgl. H. BRUNSWIG: Feuersturm über Hamburg. Die Luftangriffe auf Hamburg im Zweiten Weltkrieg und ihre Folgen. Stuttgart, 4. Aufl. 1981.

[20] Vgl. E. DREWERMANN: Der Krieg und das Christentum, 154–155; R. CARTIER: Der Zweite Weltkrieg, 1036; 1050.

[21] Vgl. R. CARTIER: Der Zweite Weltkrieg, 1052–1053. Die Meldung über den «Einsatz» auf Hiroshima erhielt Präsident *Truman* an Bord des Kreuzers *Augusta*; sie lautete: «Wirkung in jeder Hinsicht deutlich erfolgreich. Sichtbare Ergebnisse größer als bei allen Versuchen.» *Truman's* Reaktion: «‹Jungs, wir haben ihnen einen Ziegel mit 20 000 Tonnen TNT auf den Schädel geschmissen!› Die Seeleute brachen in ein Freudengeheul aus. Die Gewissensqualen, die angeblich den Triumph begleiteten, sind historische Fälschungen.» An jenem und in den folgenden Tagen starben nach amtlicher «Erfassung» in Hiroshima 78 150 Menschen, 9284 wurden verletzt, 13 938 wurden seither vermißt; die 40 000 Soldaten, die in Hiroshima stationiert waren und von denen etwa die Hälfte umkam, wurden in der Liste nicht registriert. Zur «Logik» der «Bombe» vgl. E. DREWERMANN: Der Krieg und das Christentum, 152–158. Übrigens: tatsächlich erzielte die Hiroshimabombe «nur» eine Sprengwirkung von 13 000 Tonnen TNT. «Im ausgehenden 20. Jahrhundert wird bei der Zündung einer einzigen, mehr oder weniger alltäglichen thermonuklearen Bombe eine Energie von zwei Megatonnen (sc. 2 000 000 to TNT, d. V.) freigesetzt. Das aber bedeutet, daß sich heute in einer einzigen Bombe die ganze Vernichtungskraft des Zweiten Weltkriegs konzentriert findet.» C. SAGAN: Unser Kosmos, 332.

einzusetzen? Entspricht es nicht ganz eindeutig der Haltung Jesu am Ölberg, in *keinem* Falle und unter keinem Umstand Gewalt gegen Gewalt zu setzen[22]?
Die frühe Kirche war einhellig dieser Meinung[23]. Sie blieb dabei solange, als sie selbst noch nicht zur Staatsreligion erklärt worden war[24] und sich noch nicht gezwungen sah, die «Weltverantwortung» ebenso ernst zu nehmen wie die Nachfolge Christi. Jedoch vom Ende des 4. Jhs. an machte die Kirche sich die Lehre der antiken Staatsphilosophen vom «gerechten Krieg» zu eigen[25] und erteilte nicht nur dem Staat das Recht und die Pflicht, seine Bürger notfalls mit militärischen Mitteln gegen einen «ungerechten» Angriff zu schützen, sie erklärte es seither zur Pflicht auch und gerade eines christlichen Staatsbürgers, der staatlichen Obrigkeit Gehorsam zu leisten, wenn diese ihn zu den Waffen rufe. «Gebt dem Kaiser, was des Kaisers ist» (Mk 12,17), dieses Wort Jesu wurde fortan gegen das Beispiel Jesu am Ölberg gestellt[26]. Notgedrungen begann man, den Menschen aufzuspalten in einen Privatmann, der vermeintlich in jeder Lebenslage friedfertig sein kann und friedfertig zu sein hat, und einen «Bürger», der seiner Pflicht gegenüber dem Allgemeinwohl nachzukommen gehalten ist[27]. Diese Ansicht wurde jahrhun-

[22] So stellt JUSTIN: Apologie I 16, in: Frühchristliche Apologeten, I 81–83, S. 81 den Grundsatz auf: «Wir dürfen ... nicht Widerstand leisten.» Und TERTULLIAN: Über den Götzendienst, 19, in: Schriften, I 168 meint mit Bezug zu der Szene der Verhaftung Jesu: «Wie aber wird der, dem der Herr das Schwert weggenommen hat, Krieg führen, ja auch nur in Friedenszeiten ohne Schwert Soldat sein? Wenn auch Soldaten zu Johannes kamen und die Richtschnur für ihr Verhalten hinnahmen, wenn sogar ein Hauptmann gläubig wurde, so hat doch der Herr in der Entwaffnung des Petrus jedem Soldaten den Degen abgeschnallt.»

[23] Vgl. A. VON HARNACK: Die Mission und Ausbreitung des Christentums in den ersten drei Jahrhunderten, 577–588, der freilich auch auf die taktische Vorsicht mancher Stellungnahmen in der frühen Kirche hinweist.

[24] Vgl. K. DESCHNER: Abermals krähte der Hahn, 506–508, der vor allem am Beispiel des Kirchenvaters LAKTANZ den vollständigen Umschwung des frühkirchlichen Pazifismus in eine devote staatstragende Ethik bürgerlicher Verantwortung schildert.

[25] Zur Entwicklung und zur Dialektik der Lehre vom gerechten Krieg vgl. E. DREWERMANN: Der Krieg und das Christentum, 135–176.

[26] Bes. R. SCHNEIDER: Der Friede der Welt, 85–87 wies (damals ungehört!) auf die *Tragik* allen Kriegsdienstes hin; vgl. E. DREWERMANN: Das Tragische und das Christliche, in: Psychoanalyse und Moraltheologie, I 19–78, S. 45–50.

[27] R. SCHNEIDER: Der Friede der Welt, 82 hat vor über 30 Jahren schon das ethische Dilemma des Kriegsdienstes bzw. das Recht des Christen, entgegen der offiziellen Lehr-

dertelang so rigoros vertreten, daß noch Papst Pius XII. in seiner Weihnachtsansprache 1956 erklären konnte, im Falle eines ungerechten Angriffs habe kein Katholik das Recht, sich auf sein Gewissen zu berufen[28].
Es ist klar, daß man mit solchen Gedankengängen sich keinesfalls auf das Beispiel Jesu berufen kann noch konnte, und selbst die Worte des hl. *Paulus* aus dem Römerbrief: «Wer sich der Obrigkeit widersetzt, widersetzt sich der Anordnung Gottes» (Röm 13,2), die lediglich die Steuerpflicht der Christen betonen wollten (Röm 13,7), mußte man in den Rechtfertigungsversuchen einer «gerechten» und notwendigen Gewaltanwendung arg überstrapazieren, um aus ihnen eine Antwort auf die Frage nach der Problematik des «Schwertes» abzuleiten[29]. In Wirklichkeit zeigte sich lediglich, daß die offizielle und

meinung der katholischen Kirche die Frage des Kriegsdienstes überhaupt als ein ethisches Dilemma betrachten zu dürfen, mit den Worten verteidigt: «Der Christ hat... nur sich selbst, sein Gewissen. Diesem aber werden die Prämissen gar nicht geliefert, nach denen es entscheiden könnte. Aber hat er denn nun wenigstens ein klares Gesetz? Bis heute ist sich die Christenheit nicht darüber einig geworden, welchen Geltungsbereich das fünfte Gebot hat.»

[28] Vgl. E. DREWERMANN: Der Krieg und das Christentum, 182–183.

[29] Zu Rom 13,1–7 vertritt die klassische Auffassung R. SCHNACKENBURG: Die sittliche Botschaft des Neuen Testamentes, 189–191: «Der Staat mit seinen Machtorganen ist keine absolute Größe, sondern nur vorläufig, nur für diesen Äon eingesetzt... und hat von Gott den Auftrag erhalten, sein Helfer für eine Ordnung der Gerechtigkeit zu sein.» Wie aber, wenn dieser «Äon» als so verderbt und reif zum Untergang empfunden wird, daß man im Staat geradewegs die Verkörperung derjenigen Strukturen von organisierter Destruktion und Gewalt sehen muß, die es zu erlösen, statt gehorsam zu befolgen gilt? Vgl. R. SCHNEIDER: Der Friede der Welt, 56–61, der sehr positiv die Kritik von SEBASTIAN FRANCK an LUTHERS «Zwei-Reiche-Lehre» schildert (S. FRANCK: Kriegsbüchlein des Friedens, 1539): «Er sagte es auf der ersten Seite, daß er sich mit seinem Büchlein... keinen ‹Kranz ertanzen› werde, daß er nach keinem Bistum fische, sondern eher der Welt der Krieger und blutgierigen Theologen Todfeindschaft auf sich laden werde.» (57) «Ohne LUTHER (sc. seine Schrift: Ob Kriegsleute auch im seligen Stande sein können, d. V.) zu nennen, ergießt Franck seinen Zorn über die Theologen, ‹die unter alle Ellenbogen ein Kissen machen›... Ein christlicher Krieg ist im Neuen Testament ‹so selten wie die Störche im Winter›. Jetzt aber ist letzte Zeit... Er reißt den Schleier von den Greueln des Krieges, den Wunden, die er den Seelen schlägt... Es gibt keinen uneingeschränkten Gehorsam, der in diesem Endprozeß ja auch Christen gegen Christen werfen könnte: allein Gottes Geist in uns... weist den Weg durch diese furchtbare Welt, ‹wo die vom Geschütz verderbten Krieger, Marterhansen und Eisenbeißer warm im Pulverrauche zum Himmel fahren›.» R. SCHNEIDER meint von diesen Worten: «Das ist der Aufschrei eines verzweifelt zwischen allen Fronten dahinflüchtenden, von allen Seiten mit Steinen beworfenen Mannes, des freien, das heißt

offiziöse Moralauffassung der christlichen Kirchen im Verlauf der Jahrhunderte immer mehr auf die Seite der Machthaber trat, und je mehr Verständnis sie für die objektiven (und oft auch rein subjektiven) «Erfordernisse» und Zwangslagen der Regierenden aufbrachte, desto verständnisloser trat sie den Reaktionen der Regierten gegenüber. Das Wohl aller stellte sich immer mehr gegen das Glück des Einzelnen, und sich der Allgemeinheit in Selbstlosigkeit, Gehorsam und Treue zu «opfern» wurde so einseitig und abstrakt zum Inhalt der Moral erklärt, daß Ziele wie Selbstentfaltung, Selbstfindung oder gar Selbstverwirklichung von vornherein als unchristlicher Egoismus abgestempelt wurden[30].

Alle Probleme kehren also wieder, und statt durch ethische Theorien gelöst zu werden, erfahren sie im Verlaufe der Jahrhunderte der menschlichen Geschichte eher eine Steigerung und Verschärfung bis zur Unerträglichkeit. Es ist die unerhörte Herausforderung dieser Szene der Verhaftung Jesu am Ölberg, daß es im Sinne des Christentums eigentlich keinen Wert gibt, der eine Gewalttat vor Gott rechtfertigen könnte. Nichts auf Erden ist einem gläubigen Christen so kostbar und heilig wie das Leben und die Person Jesu. Wenn es nicht einmal richtig war, wenigstens *ihn* mit der Macht des Schwertes zu verteidigen, was um alles in der Welt sollte dann noch die Anwendung von Gewalt zum Schutze irgendeines Menschen oder einer Sache oder eines Ideals rechtfertigen können[31]?

dem Heiligen Geist allein überlieferten Christen. Hinter den sich aufbauenden Kriegshaufen jeder Partei standen Theologen, uneinig im Glauben und in der Auslegung des Wortes, einig in der Rechtfertigung und Verteidigung des von ihnen für gerecht erklärten Krieges; einig auch im Reden vom Frieden, das niemand ihnen glaubte.» (60–61) Wo, außer bei R. SCHNEIDER, ist je SEBASTIAN FRANCK eine solche warmherzige Zustimmung im Leiden an diesem gottverdammten «Äon» zuteil geworden! Sollte es wirklich die «Ethik» des Neuen Testamentes sein, den Gesetzen, d. h. den «Dämonen» dieses (hoffentlich bald!) zu Ende gehenden geschichtlichen Zeitabschnitts weiter zu gehorchen? Was gäbe man um Theologen, die sich wenigstens die Probleme eingestehen wollten, die ihre famosen schriftgelehrten Redensarten den leidenden Menschen auferlegen! – Sehr wohltuend anders schrieb vor Jahren J. LASSERRE: Der Krieg und das Evangelium, 117–123, S. 123 zu Rom 13: «es ist unsere Sorge, daß, wenn man dem Staate immer den Vorrang läßt, es dahin kommt, daß man diese Texte sagen läßt, man müsse dem Staate immer gehorchen.»

[30] Vgl. zur Neurotisierung bes. der Bergpredigt E. DREWERMANN: Der Krieg und das Christentum, 177–183.

[31] Vgl. J. LASSERRE: Der Krieg und das Evangelium, 257: «Gott ... stellt dem Staatsmann, dem Soldaten dieselbe Frage wie Kain: ‹Wo ist dein Bruder? ..› Um dieser furchtbaren Frage zu entgehen, haben sich die Waffenträger aller Zeiten in jener Dämmerung versteckt,

Aber auch dieser Satz läßt sich nicht zu einem moralischen Prinzip machen, ohne einen circulus vitiosus der Gedanken auszulösen. Es sind immer dieselben unentrinnbaren Paradoxien. Soll man wirklich, gestützt auf das Beispiel Jesu, wie die buddhistischen Mönche im Tal von Bhamian, die Truppen Dschingis Khans in der brutalen Roheit ihrer Zerstörungswut und Mordlust über Frauen und Kinder, Klöster und Tempel marodierend und brandschatzend herfallen lassen[32]? Soll man, wenn möglich, sie nicht doch weit eher zugunsten eines Rechts auf Menschlichkeit erschlagen wie tolle Hunde? Nur: wozu machen wir uns selber und was soll aus uns werden, wenn wir uns zwingen, unsere Hände notfalls bis zu den Ellbogen in Blut zu tauchen? Doch dann muß man auch wieder fragen: Ist es erlaubt, sich ein reines Gewissen zu bewahren in einer Welt, in der die Unschuld auf der Anklagebank sitzt und man ihr vorwirft, daß sie nicht genug gemordet hat? Was, wenn wir heute in Israel leben würden? Was, wenn wir Christen im Libanon wären? Was, wenn wir in den Slums von Johannesburg leben müßten?
In seinem Roman *«Die Stunde der Komödianten»*, in dem GRAHAM GREENE den Terror der Tontons Macoute unter dem Diktator *Duvalier* auf Haiti schildert, läßt er einen einheimischen Priester einmal eine kurze Predigt über die Worte des Apostels Thomas halten: «Laßt uns nach Jerusalem hinaufgehen und mit ihm sterben» (Joh 11,16). «Er sagte: ‹Die Kirche ist in der Welt, sie nimmt Anteil an den Leiden auf der Welt, und wenn Christus auch den Jünger zurechtwies, der dem Diener des Hohenpriesters das Ohr abschlug, so wenden sich unsere Herzen doch in Mitgefühl denen zu, die durch die Leiden anderer zur Gewalt veranlaßt werden. Die Kirche lehnt die Gewalt ab, aber noch schärfer verwirft sie die Gleichgültigkeit. Gewalt kann der Ausdruck von Liebe sein, Gleichgültigkeit niemals. Jene ist die Unvollkommenheit der Liebe, doch diese die Vollkommenheit des Egoismus. In den Tagen der Angst, der Zweifel und der Verwirrung empfahl ein Apostel in

wo die Gottheiten des Staates, des Krieges und des Fatums hausen.» In seinem ehrlichen Ringen um den Ernst des christlichen Gewaltverzichts, um die Widerlegung der «konstantinischen Häresie» von dem Kriegsrecht des Staates, kommt LASSERRE allerdings dazu, immer wieder den «reinen» Verteidigungsfall als äußerste Grenze des sittlich Erlaubten vor Augen zu stellen; er entfernt sich damit leider von der Härte des geschichtlichen Widerspruchs gegenüber einer *moralischen* Beantwortung der Kriegsproblematik. Vgl. zu dem prinzipiellen Scheitern aller ethischen Lösungsversuche bzgl. der Fragen um Krieg und Frieden E. DREWERMANN: Der Krieg und das Christentum, 171–176.

[32] Vgl. M. BRION: Die frühen Kulturen der Welt, 181–183; E. BACON (Hrsg.): Versunkene Kulturen, 251–277.

seiner Einfachheit und Anhänglichkeit eine politische Lösung. Er hatte unrecht, aber ich möchte lieber mit dem heiligen Thomas (sc. dem Apostel Petrus, d. V.) unrecht, als mit den Kalten und Feigen recht haben. Lasset uns nach Jerusalem hinaufgehen und mit ihm sterben.›»[33]

In einer verzweifelten Lage, meint G. Greene, kann es gerade aus Liebe zu Christus und aus Liebe zu den Menschen unerläßlich werden, zur Waffe zu greifen. Gewiß, daß man sich damit das Gesetz des Handelns von der Unmenschlichkeit der Gewalt aufzwingen läßt und die Lieblosigkeit der gegebenen Situation in das eigene Handeln übernimmt; aber was bleibt gerade den Wehrlosen oft genug anderes übrig? Nur die unangefochten Überlegenen können es sich leisten, den Einsatz ihrer Machtmittel innerhalb bestimmter humaner Grenzen zu halten; die Ohnmächtigen müssen mit *allen* ihnen zu Gebote stehenden Mitteln kämpfen, immer in der Hoffnung oder in der Illusion, mit einem «kleinen» Unrecht ein großes Unrecht aus der Welt zu schaffen.

Kann dieser Fall einer gewaltsamen Notwehr gerade im Namen Christi nicht immer wieder eintreten? Kann es nicht sein, daß man, um die Person Jesu in so vielen Armen und Notleidenden zu schützen, dem ausdrücklichen Wort Jesu an diesen unbekannten Jünger mit dem Schwert, den *Johannes* «Petrus», den Herrn der Kirche, nennt, zuwiderhandeln muß[34]?

Die christliche Moraltheologie hat vor 1500 Jahren im Erbe der alten Römer das vermeintliche Recht auf Gewaltanwendung allein dem Staat vorbehalten wollen; wer aber garantiert denn, daß ausgerechnet der Staat der Hüter der Ordnung und nicht vielmehr das Monopol des Unrechts ist? Wieviele Priester in den Ländern Lateinamerikas wurden und werden aus Solidarität mit den Entrechteten in den gewaltsamen Widerstand getrieben, nicht selten sogar der korrupten Anpassungsfähigkeit weiter Kreise der kirchlichen Obrigkeit wegen? Noch einmal Graham Greene, der in seinem Roman *«Der Honorarkonsul»* den Expriester Pater Rivas sagen läßt: «Ich könnte nie auf eine Institution zornig sein . . .» – «Sie (sc. die Kirche) ist auch eine Person . . . sie erhebt ja den Anspruch, Christus auf Erden zu sein . . . Sie können nicht verstehen, wie ich mich dafür geschämt habe, was ich den Leuten da predigen mußte. Ich war Priester im Armenviertel von Asuncion, unten am Fluß.» – «Sie (die Evangelien) haben keinen Sinn . . . hier in Paraguay. ‹Verkaufe, was du hast, und gib's den Armen› – das mußte ich ihnen predi-

[33] G. Greene: Die Stunde der Komödianten, 261–262.

[34] Siehe oben, Anm. 7.

gen, während der alte Erzbischof, den wir damals hatten, mit dem General einen schönen Fisch aus Iguazu speiste und dazu französischen Wein trank. Natürlich waren die Leute nicht wirklich am Verhungern – man kann sie mit Maniok am Leben erhalten, und Unterernährung schützt die Reichen viel wirksamer als Hunger. Hunger treibt den Menschen zur Verzweiflung. Unterernährung macht ihn so müde, daß er nicht einmal die Faust hebt... Unsere Leute verhungern nicht – sie welken dahin. Die Worte wollten mir nicht über die Lippen – ‹Lasset die Kindlein zu mir kommen›, und da saßen die Kinder in den ersten Reihen vor mir mit ihren aufgetriebenen Bäuchen, aus denen die Nabel hervorstanden wie Türknöpfe. ‹Wer aber ärgert dieser Geringsten einen, dem wäre besser, daß ein Mühlstein an seinen Hals gehängt würde. Wer ihnen aber etwas gibt› – was gibt? Maniok? Und dann teilte ich die Hostie aus – sie hat nicht so viel Nährwert wie eine gute *chipá*, und dann trank ich den Wein. Nein! Wer von diesen armen Seelen hatte jemals Wein gekostet? Warum kann man beim Sakrament nicht Wasser nehmen? Er hat es auch genommen – in Kana. Gab es beim heiligen Abendmahl nicht einen Becher Wasser, den Er statt des Weines nehmen konnte?»[35]
Kann es sein, daß die Einsetzung des Abendmahles wenige Stunden vor der Verhaftung Jesu, daß sein Gedanke einer universellen Gemeinschaft aller Menschen in der versöhnenden Nähe Gottes, es unter Umständen geradezu nötig macht, zum Schwert zu greifen, und es jedenfalls nicht erlaubt, die Armen an ihre Schinder zu verraten[36]? – Und dennoch, und noch einmal um so mehr, muß das Wort Jesu sinnvoll sein: «Stecke dein Schwert in die Scheide.» Nur ist dieser Sinn ethisch nicht begreifbar.
Solange man die Szene am Ölberg vor dem Hintergrund der Frage nach Recht und Unrecht stellt, wird man den Paradoxien einer möglicherweise unverantwortlichen Reinheit und einer möglicherweise verantwortbaren Unreinheit niemals entgehen[37]. Indessen: Wer Jesus in den Garten von Gethsemane begleitet, der überschreitet am Kidrontal offenbar eine unsichtbare Grenze, an der alle menschlichen «Machbarkeiten» enden und der Raum des Absoluten beginnt; jenseits dieser Grenze ist nichts mehr zu wollen oder zu verhindern, es gilt einzig, sich vorbehaltlos an die Unvermeidbarkeit der

[35] G. Greene: Der Honorarkonsul, 107–108.
[36] Zu dem Grundgedanken des Abendmahls als eines archetypischen Symbols des universellen Teilens vgl. E. Drewermann: Der Krieg und das Christentum, 334–337.
[37] Vgl. E. Drewermann: Das Tragische und das Christliche, in: Psychoanalyse und Moraltheologie, I 19–78, S. 39–52.

Situation auszuliefern und dabei zu hoffen und zu glauben, daß es in Wahrheit die Hände Gottes sind, in die man fällt, indem man den Händen der Häscher ausgeliefert wird. Man betritt einen Raum, an dem die Sphäre der Ethik endet und der Bereich des Religiösen beginnt[38]. Von daher geht es nicht mehr darum, was etwa «Petrus» für Jesus in ethischem Sinne tun mußte oder nicht tun durfte, es geht allein darum, einen Standpunkt jenseits des «Handelns» zu gewinnen, an dem Jesus seinen Weg zu Ende gehen muß, allein im «Gehorsam» gegenüber Gott.

Vermutlich gibt es nur wenige religiöse Wahrheiten, die dem abendländischen Christentum so schwer zugänglich sind wie die Wahrheit des Nichthandelns. Die Mystik Ostasiens, der Taoismus[39], der Zen-Buddhismus[40] hingegen haben religiöse Erfahrungen dieser Art gerade in den Mittelpunkt ihres Denkens gerückt und, typisch für die Denkweise des alten Asiens, unterschiedliche Stufen der Wahrheit innerhalb ein und derselben Religionsform ausgebildet und zugelassen; von ihnen wird man am ehesten lernen können, wie diese Szene am Ölberg zu verstehen ist.

Einen Buddhisten des Hinayana (des «kleinen Fahrzeugs») fragte man einmal, wie er sich verhalten werde, wenn ein anderer Mönch von Räubern tödlich bedroht werde; er werde sich nicht aus der Ruhe seiner Meditation aufschrecken lassen, gab er zur Antwort. Ein Buddhist des Mahayana (des «großen Fahrzeugs») antwortete auf die gleiche Frage, er werde unzweifelhaft die Meditation preisgeben, dem Mitbruder beistehen und notfalls den Räuber töten. Ein Buddhist des Zen aber sagte, er werde weder meditieren noch handeln, sondern einfach dasein, eingedenk dessen, daß kein Unterschied sei zwischen Nichtsein und Sein. So zu denken bietet keine ethische Lösung des Problems der Gewalt, wohl aber eine religiöse Antwort, die auch dem Christentum nicht gänzlich fremd ist.

Die Ausdruckswelt Asiens ist anders als die Sprache der abendländischen Philosophie; aber die zugrundeliegende Überzeugung, die sich in dieser kleinen Episode ausspricht, wird man in unserem Denken nicht anders wiedergeben können, als daß es gilt, ein Vertrauen zu lernen, das die Angst vor dem Tod nicht mehr kennt und der Gewalt somit jegliches Motiv entzieht. Erst

[38] Vgl. E. Drewermann: Der Krieg und das Christentum, 311–313: Die absolute Differenz zwischen einer ethischen und einer religiösen Antwort auf die menschliche Aggressivität.

[39] Vgl. E. Drewermann: A. a. O., 110–122.

[40] A. a. O., 108–109.

jenseits der Furcht ist ein «reines» «Sein» möglich, und was immer dann geschieht, – es wird von Gott sein.

Im Brief an die Römer meint *Paulus* in bezug auf den Tod und die Auferstehung Christi: «Keiner von uns lebt ja sich selbst, und keiner stirbt sich selbst; denn leben wir, so leben wir dem Herrn; sterben wir, so sterben wir dem Herrn. Ob wir nun leben oder sterben, so sind wir des Herrn.» (Röm 14,7–8) Es muß diese Erfahrung sein, die Jesus in der Stunde am Ölberg selber für sich in bezug auf Gott macht. Es ist eine zutiefst menschliche Erfahrung, die groß ist in ihrem Vertrauen und stark in der Unbedingtheit ihrer Menschlichkeit. Man vergißt sie leicht, wenn man sie vorschnell im Sinne des *Johannes*-Evangeliums ins Göttliche überhöht, und wir müssen zunächst dieser Menschlichkeit Jesu uns erinnern, um der Bedrohung der Unmenschlichkeit standzuhalten; allein im Raume der Menschlichkeit reift die Kirche Gottes auf Erden.

Entsprechend sagt Vater Rivas bei GRAHAM GREENE an anderer Stelle: «Christus war ein Mensch . . ., auch wenn manche von uns glauben, daß er zugleich Gott war. Nicht den Gott haben die Römer getötet, sondern einen Menschen. Einen Zimmermann aus Nazareth. Manche der Gebote, die er aufgestellt hat, waren nur die Gebote eines guten Menschen. Eines Menschen, der in seiner Provinz, der in seiner Zeit lebte. Er hatte keine Vorstellung von der Welt, in der wir jetzt leben. Gib dem Kaiser, was des Kaisers ist, aber wenn *unser* Kaiser Napalm und Splitterbomben verwendet . . . Auch die Kirche lebt in ihrer Zeit. Nur manchmal, für eine kurze Weile, für manche Menschen – ich gehöre nicht zu ihnen – ich bin kein visionärer Mensch –, da denke ich, daß vielleicht – aber wie kann ich es dir erklären, wenn mein eigener Glaube so schwach ist? –, da denke ich, daß die Erinnerung an diesen Mann, diesen Zimmermann, ein paar Menschen aus der Kirche unserer Zeit, dieser schrecklichen Jahre, wo der Erzbischof mit dem General an einem Tisch sitzt, hinausheben kann in die große Kirche jenseits von Zeit und Raum, und dann . . . diese Glücklichen . . . dann werden sie nicht Worte haben, die Schönheit dieser Kirche zu beschreiben.»[41]

Es wäre der Anfang einer Welt, jenseits des Zwangs, jenseits der Angst, jenseits sogar der entsetzlichen Pflichtwahl der Ethik, immer wieder zwischen Gut und Böse entscheiden zu sollen und nach dem Bösen greifen zu müssen um des vermeintlich Guten willen. Es wäre der Anfang einer Welt des reinen Seins, jenseits der Antinomien und Widersprüche des Handelns.

[41] G. GREENE: Der Honorarkonsul, 205–206.

Es wäre der Eintritt in eine Welt der Gelassenheit, der Ruhe und der Stille, aus welcher alles Tun, so gebrochen auch immer, wie der Strahl eines weißen Lichtes in unser Leben fallen könnte, und es erschiene uns nur deshalb so verwirrend, schillernd und gegensätzlich, weil wir seinen Strahlengang immer wieder an dem Prisma der Angst sich zersplittern und aufspalten lassen. Das «Neue Testament» der *Hindus*, das große Lehrgedicht der *Bhagavad-Gita*, enthält die berühmte Szene, da der General der Pandavas, *Arjuna*, auf dem Schlachtfeld seiner Brudersippe gegenübertritt und davor zurückschaudert, Krieg gegen seine eigenen Angehörigen zu führen; er, der Krieger, der Angehörige der Kaste der Kshatriyas, weigert sich zu kämpfen. Da erscheint ihm der Gott Vishnu und enthüllt ihm die Geheimnisse seines Wesens. Auch er, der Gott, ist reine Tätigkeit in absichtsloser Ruhe, und so auch sollte der Mensch sein. Er sollte so handeln, wie es seinem Sein entspricht und wie es sich aus der Situation ergibt, in die er gestellt ist[42]. Wenn er ihr gerecht zu werden versucht, ohne die Wirklichkeit durch eigene Ängste und eigene Interessen zu verfälschen, so wird sein Handeln, was immer er tun muß, vor Gott berechtigt sein und aus der Ordnung der Welt nicht herausfallen[43]. Für Jesus war es richtig und unerläßlich, ungeschützt in den Tod zu gehen, und jeder an seiner Stelle wird so handeln müssen, ohne daß ein anderer ihn in dieser Situation mit noch so gut gemeinter Gewalt daran hindern dürfte. Aber schließt das aus, daß es manchmal richtig sein kann, ein «Kshatriya» zu sein, der in der Ruhe des Herzens um so aktiver nach außen wirkt, und sei es mit Gewalt? Gibt es Menschen, die zum Schwert greifen können, ohne ihre Unschuld zu verlieren? Erst am Ende der Welt der ethischen Sicherungen mitsamt ihren Widersprüchen beginnt das Wagnis der menschlichen Existenz unter den Augen Gottes. Und alles kann falsch sein, alles kann richtig sein. Nur auf der Ebene der menschlichen Existenz gibt es keine Relativität der Beliebigkeiten, sondern einzig die Unbedingtheit der Entscheidung. Allein in ihr zeigt sich, was jemand für ein Mensch ist. Für *«Petrus»* beispielsweise wird sich wenig später zeigen, daß er nicht der «Held» des *«Heliand»* gewesen ist. Denn seine Hand ergriff das Schwert mehr noch als aus Angst um Jesus aus Angst um sich selbst.

[42] Vgl. S. Radhakrishnan: Die Bhagavadgita, III 33, S. 166: «Selbst der wissende Mensch handelt in Übereinstimmung mit seiner eigenen Natur. Die Lebewesen folgen ihrer Natur. Was vermag hier Unterdrückung auszurichten?»

[43] Vgl. E. Drewermann: Das Tragische und das Christliche, in: Psychoanalyse und Moraltheologie, I 52–59.

Mk 14,53–65: Kaiphas oder: «Es ist besser, wenn einer stirbt, als das Volk»

[53] Dann führten sie Jesus ab zum Hohen Priester. Da kommen zusammen alle: die Hohen Priester, die Ältesten, die Schriftgelehrten.
[54] Doch Simon, von weitem, war ihm gefolgt, bis hinein in den Hof des Hohen Priesters, und saß zusammen mit den Dienern und wärmte sich am offenen Feuer.
[55] Die Hohen Priester aber und der ganze Hohe Rat suchten gegen Jesus ein Zeugnis, um ihn zum Tod zu verurteilen, doch fanden sie
nicht. [56] Denn viele traten als Lügenzeugen gegen ihn vor, doch ihre
Zeugnisse waren nicht übereinstimmend (Dtn 17,6; 19,15). [57] Da stan-
den einige als Lügenzeugen gegen ihn auf, die sagten: [58] Wir selber haben ihn sagen hören: *Ich* werde diesen Tempel, der mit Händen gemacht wurde, niederreißen und binnen drei Tagen einen anderen,
nicht mit Händen gemachten, erbauen. [59] Doch auch so war ihr Zeug-
nis nicht gleichlautend. [60] Da stand der Hohe Priester auf, in die Mitte, und begann die Befragung Jesu, sprechend: Nein, du antwor-
test nichts! Was bezeugen doch die gegen dich! [61] Er aber schwieg
(weiter) und antwortete nichts (Jes 53,7). Abermals fragte der Hohe Priester ihn und sagt ihm: Du, bist du der Messias, der Sohn des
Gepriesenen? [62] Jesus aber hat gesagt: Ich bin, und ihr werdet schauen: *den Menschensohn,* zur Rechten sitzend (Ps 110,1) der
Macht und *kommend mit den Wolken des Himmels* (Dan 7,13). [63] Da
zerreißt der Hohe Priester seine Kleider und sagt: Was haben wir
noch Zeugen nötig! [64] Ihr habt die Lästerung gehört. Was scheint euch (dafür angemessen)? Sie aber alle verurteilten ihn, schuldig zu sein – des Todes (Lev 24,16).
[65] Da begannen einige, ihn anzuspucken, ihm das Gesicht zu verhüllen, ihn zu ohrfeigen und ihm zu sagen: Nun weissage! Und die Diener nahmen ihn mit Schlägen dazwischen.

Warum spricht man Jesus schuldig? Was hat er getan? Wer ist der Mann, der die Hinrichtung über ihn verfügt? Und was sind das für Maßstäbe, nach denen er des Todes schuldig ist? Wenn der Prozeß gegen Jesus eine bloße Willküraktion oder eine klare Fehlentscheidung, ein Justizirrtum oder ein Justizmord gewesen wäre[1], so würde Jesus durch einen bloßen Zufall ums

[1] Äußerst umstritten ist bereits die Frage, ob es einen Prozeß vor Kaiphas überhaupt gegeben hat. H. L. STRACK – P. BILLERBECK: Kommentar zum Neuen Testament aus Talmud und Midrasch, I 1020–1022; 1024 bereits sahen in der «Verurteilung Jesu während der Nachtzeit» sowie in der «Beendigung des Prozesses in Einer Verhandlung» einen «Verstoß gegen die Prozeßordnung»; zudem hätte die «angebliche Gotteslästerung Jesu ... nach der Halakha nie mit dem Tode bestraft werden dürfen.» Sie folgerten deshalb: «Eine

eigentliche Gerichtsverhandlung hat offenbar überhaupt nicht stattgefunden.» Trotz der Mühe, die G. Dalman: Jesus – Jeschua, 91–93 sich gab, diese Einwände zu widerlegen, sind sie bis heute stichhaltig. Zudem wies H. Lietzmann: Der Prozeß Jesu (SBA Nr. 14) Berlin 1931, 313–322 darauf hin, daß das jüdische Synhedrium vor 70 n. Chr. entgegen Joh 18,31b «das volle Recht» besaß, «jüdische Religionsbrecher und Gotteslästerer mit dem Tode zu bestrafen.» (S. 319) Jesus aber wurde nicht nach jüdischem Recht gesteinigt, sondern nach römischem Recht gekreuzigt, also, meinte Lietzmann, könne er nicht vom Hohen Rat verurteilt worden sein. Dagegen suchte J. Jeremias: Zur Geschichtlichkeit des Verhörs Jesu vor dem Hohen Rat, in: Abba, 139–144 unter anderem auch aus Joh 7,53–8,11 (der Geschichte von der Ehebrecherin) zu erweisen, daß die Juden, «wie überall im römischen Reich die Provinzialen», kein Exekutionsrecht besaßen. Doch damit entfällt lediglich *ein* Grund, der *gegen* die Historizität des Textes spricht. Vgl. zu der Frage der Kompetenz des Synedriums vor allem J. Blinzler: Der Prozeß Jesu, 163–174. R. Bultmann: Die Geschichte der synoptischen Tradition, 290–292 hielt demgegenüber den Bericht über die Verhandlung vor dem Synedrium (Mk 14,55–64) vor allem aus literarkritischen Erwägungen «für eine sekundäre Ausführung der kurzen Angabe 15,1», wonach die Hohenpriester mit den Ältesten und Schriftgelehrten und das ganze Gericht eine Beratung abhielten und Jesus dann an Pilatus auslieferten. Vermutlich kommt diese Darstellung der historischen Wirklichkeit tatsächlich am nächsten; sie belegt eine jüdische Mitbeteiligung an der Hinrichtung Jesu und macht zugleich deutlich, daß der Hohe Rat mit der Auslieferung Jesu an die Römer, «vielleicht aufgrund vorheriger Verständigung» (wie E. Schweizer: Das Evangelium nach Markus, 179 meint), die Hinrichtung Jesu betreiben wollte. Insofern muß es auch eine formelle Feststellung gegeben haben, daß Jesus im Sinne des jüdischen Gesetzes todesschuldig sei, wenngleich die Art und der Zeitpunkt eines solchen Beschlusses aus der Darstellung in Mk 14,55–64 nicht mehr zu erschließen sind. Mk 15,1 spricht zudem davon, daß das Gericht am Morgen einberufen wird, ganz so, als hätte es nicht in der Nacht schon getagt. Die Probleme, die J. Blinzler: Der Prozeß Jesu, 123–126 für den Fall aufwirft, daß das nächtliche Verhör vor Kaiphas als unhistorisch betrachtet würde, ließen sich überbrücken, wenn man gewissermaßen als historische Minimalhypothese «nur eine nächtliche Befragung durch den Hohenpriester, vielleicht auch Verspottung durch seine Knechte, und kurze Synedriumsberatung am Morgen» für wahrscheinlich hielte; E. Schweizer: Das Evangelium nach Markus, 180. Gleichwohl hat R. Bultmann: Die Geschichte der synoptischen Tradition, 291 recht: «Zunächst muß doch gefragt werden: nicht, was ist als geschichtlich denkbar? sondern: was ist als christliche Gemeindetradition verständlich?» Dann fällt auf, daß das Verhör vor Kaiphas (Mk 14,53a.55–65) in allen Details eine Dublette zu dem Verhör Jesu vor Pilatus in Mk 15,1–5.15b–20a darstellt. L. Schenke: Der gekreuzigte Christus, 55–58 führt im einzelnen auf:

Mk 14,53a: sie führten Jesus zum Hohenpriester; Mk 15,1: sie führten Jesus zu Pilatus;

Mk 14,55: der Hohepriester suchte ein falsches Zeugnis; Mk 15,3: die Hohenpriester brachten als Anklagen vieles vor;

Mk 14,60: der Hohepriester fragte Jesus: Antwortest du nichts? Mk 15,4, dasselbe von Pilatus;

Mk 14,61a: Er aber schwieg und antwortete nichts; Mk 15,5: Jesus aber antwortete nicht mehr, nichts!

Mk 14,61b: Wiederum fragte ihn der Hohe Priester: Bist du der Messias?; Mk 15,2: Da fragte ihn Pilatus: Du, bist du der König der Juden?
Mk 14,62: Jesus aber sprach: Ich bin es; Mk 15,2: Er aber antwortet und sagt ihm: *Du* sagst so.
Mk 14,64: Sie aber verurteilen ihn alle, des Todes schuldig zu sein; Mk 15,15: Pilatus lieferte Jesus aus, damit er gekreuzigt werde.
Mk 14,65: die Verspottung Jesu durch Mitglieder des Hohen Rates (?) ist parallel zu dem Spott der römischen Soldaten, Mk 15,16–20. – Möglich ist, daß auch die Entscheidung des jüdischen Gerichtes in Mk 14,63.64 einmal eine Parallele zu der Entscheidung der römischen Verwaltungsbehörde besaß, die jetzt wegen des Einschubs der Barabbas-Episode in 15,6–15 weggebrochen wurde. Aus diesem Befund folgt, daß der ganze Abschnitt Mk 14,53–15,20a als eine größere literarische Einheit zu betrachten ist (in welche – gg. BULTMANN: die Geschichte, der synoptischen Tradition, 291 – die Petrusepisode Mk 14,66–72 erst später eingefügt wurde); dieser Abschnitt bildete offenbar das Mittelstück des vormarkinischen Passionsberichtes zwischen Verhaftung (Mk 14,43–52) und Kreuzigung (15,20b). Die theologische *Tendenz* dieser Darstellung ist offensichtlich: Jesus wird verurteilt als *der Messias* Israels, und das Entscheidende liegt darin, daß dieser Titel «entgegen jüdischer Hoffnung auf den politisch Erfolglosen und Verurteilten, ja in 15,26 schließlich auf den *Gekreuzigten* angewendet und damit die jüdische Messiaserwartung geradezu auf den Kopf gestellt wird.» L. SCHENKE: A. a. O., 63. Obwohl ein ausgeführter Schriftbeweis in dem Abschnitt fehlt, erinnert doch besonders das *Schweigen* Jesu an Jes 53,7: Jesus erduldet als Messias das Schicksal des leidenden Gerechten. Daraus aber folgt für die *historische* Bewertung des Textes: «Wir haben ... in 14,53–15,20a ein eindrucksvolles Zeugnis des lebendigen Glaubens der Urgemeinde vor uns. Von Ostern her beginnt sie, Passion und Kreuz Jesu positiv und im Licht des im Alten Testament niedergelegten Gotteswillens zu deuten.» «Nach dem ... Gesagten ist es unmöglich, hinter 14,53–15,20a nur ein unmittelbar historisches Interesse am Werk zu sehen, das sich damit begnügt, den *Verlauf* der Ereignisse objektiv-genau festzuhalten. Vielmehr ist deutlich zu spüren, daß der Erzähler christlich-engagiert und mit apologetischer Tendenz berichtet. So ist das Synedrium als voreingenommene Partei dargestellt (vgl. 14,55 f), die Messiasfrage des Hohenpriesters spiegelt *christliche* Reflexion und ist so historisch undenkbar, die Kennzeichnung der Antwort Jesu in V. 62a als *Blasphemie* ist historisch unhaltbar ... Auch wird man wohl mit Recht infragestellen dürfen, ob der Hohepriester tatsächlich, wie in 15,3 f geschildert wird, bei der Pilatusverhandlung als Ankläger aufgetreten ist. Auch hier ist antijüdische Polemik im Spiel.» Was also bleibt als historisch *wahrscheinlich* in dem vormarkinischen Bericht von dem Verhör Jesu vor Kaiphas und Pilatus? «Insgesamt scheint er als denkbaren historischen Tatbestand vorauszusetzen, daß Jesus von den jüdischen Behörden, aus welchen Gründen auch immer (sic!), als politisch gefährlicher Messiasprätendent an die Römer ausgeliefert und von diesen gekreuzigt worden ist. Es ist jedenfalls undenkbar, daß erst die frühe Passionsgeschichte aus apologetischen Tendenzen dem Synedrium eine Mitschuld an Jesu Tod nachgesagt hätte; vielmehr muß diese Behörde tatsächlich bei Jesu Hinrichtung ihre Hand im Spiel gehabt haben ... Der Erzähler könnte ... die möglicherweise nur *indirekte*, moralische Schuld des Synedriums an Jesu Tod dadurch verobjektiviert haben, daß er nun ein regelrechtes Verfahren dieses Gremiums mit abschließendem

Leben gekommen sein. Doch der Prozeß gegen ihn war völlig konsequent und logisch. Logisch im Sinne unserer Geschichte. Wenn Kaiphas, der Jesus aburteilte, ein unbedeutender Mann ohne Namen gewesen wäre, so würde Jesus einem bloß menschlichen Versagen erlegen gewesen sein. Doch Kaiphas war einflußreich und groß. Ein großer Mann im Sinne unserer Geschichte. Die Angaben zu seiner Person sind ausgezeichnet[2]: verheiratet ist er mit der Tochter des Hochpriesters Hannas, der von 6–15 n. Chr. Hoher Priester war und dessen Familie bis zum Ende Jerusalems im Jahre 70 im Hohen Rat einen beherrschenden Einfluß hatte. Hannas ist Inhaber der Hannashallen auf dem Tempelberg, in denen für die Pilger, die zu den Festtagen nach Jerusalem kommen, mit Opfertieren gehandelt und Tempelgeld gewechselt wird. Mit ihm ist Jesus spätestens in tödliche Feindschaft geraten, als er bei der Tempelreinigung die Wechsler und die Tierhändler davonjagte und den Tempel in diesem Zustand für eine Räuberhöhle erklärte (Mk 11,15–19)[3]. Schon durch die Einheirat in die mächtige Familie des Hannas hat Kaiphas auf das beste für sein Emporkommen und seinen Erfolg gesorgt. Dieser Mann muß ein brillanter Diplomat und ein hervorragender Taktiker gewesen sein.
Im Jahre 18 n. Chr. hat er das Hochpriesteramt bekommen, und er behält dieses Amt, bis im Sommer 36 Pontius Pilatus wegen eines neuerlichen Massakers an den Passahpilgern in Jerusalem im Frühjahr 35 durch kaiserlichen Erlaß von seinem Posten abberufen wird[4]. 18 Jahre lang also hat es Kaiphas

Todesurteil schildert.» L. SCHENKE: Der gekreuzigte Christus, 67–68. Von daher ist klar, daß wir es auch in der Geschichte des Verhörs Jesu vor dem Hohen Priester mit einer *Legende* zu tun haben, die wesentlich nicht als historische Quelle, wohl aber als Darstellung eines zentral religiösen Konfliktes zu interpretieren ist, der zu allen Zeiten seine bleibende Aktualität besitzt: des Konfliktes zwischen einer verwalteten, beamteten, in Gesetzen vorwegentschiedenen Religion und der Freiheit des «Menschensohnes» (Mk 14,62), dessen Schicksal bei Gott steht. Vor allem kommt es darauf an, das nachösterliche Bekenntnis der frühen Kirche zu dem *Gottessohn* als die eigentlich todwürdige «Blasphemie» der Gestalt Christi mit den Erfahrungen des irdischen Jesus zu verbinden und die Legende aus der Situation zu verstehen, in die hinein sie sich selber stellt: in das Geflecht der Intrigen und Machtinteressen, die allein erst die menschliche Tragödie des immer wieder notwendigen «Leidens des Gerechten» zu erklären vermögen.

2 Zur Person des *Kaiphas* und des *Hannas* vgl. E. STAUFFER: Jerusalem und Rom, 67–68. Vgl. auch J. BLINZLER: Der Prozeß Jesu, 96–97, der insbesondere auf die Geldgier der Hannasgruppe zu sprechen kommt.

3 Zu dem Zusammenhang zwischen der Tempelreinigung und dem Prozeß Jesu, den Mk 11,18 behauptet, vgl. J. JEREMIAS: Neutestamentliche Theologie, I 144–145.

4 Zur Gestalt des *Pilatus* vgl. E. STAUFFER: Christus und die Caesaren, 126–133. 136–137, der vor allem auf die 1961 veröffentlichte Pilatusinschrift von Caesarea eingeht.

an dieser hochbrisanten Schaltstelle zwischen römischer Besatzungspolitik und jüdischer Verwaltung ausgehalten. 18 Jahre lang stand er im Einvernehmen mit der oft zynischen und judenfeindlichen Politik der römischen Prokuratoren. Obwohl ein Vertrauensmann der Römer, der Heiden, hat er dennoch das Vertrauen auch der orthodoxen Kreise in Jerusalem niemals verloren. Er war ein Mann der Kunst des Möglichen. Die römische Besatzungsmacht aus dem Land zu drängen, war nicht möglich; man mußte sich loyal verhalten. Kaiphas hat alles getan, um der Religion der Väter eine Überlebenschance zu geben[5].
Wie kann ein jüdischer Hoher Priester Helfershelfer und Kollaborateur eines erklärten Antisemiten wie Pontius Pilatus sein[6]? – Er kann es, wenn er glaubt, daß so und nur so die Religion vor einem blutigen Fiasko bewahrt bleiben könnte. Gerade ein Mann, der prinzipiell weiß, wie unvereinbar der Glaube Jerusalems und der Standpunkt Roms miteinander sind, der spüren und ermessen kann, wie unauflöslich, wie diametral entgegengesetzt, wie tödlich dieser Widerspruch ist, kann dazu kommen, nach außen hin ein doppeltes Spiel zu inszenieren, um den Gegensatz zu mildern.
Zeiten der Fremdherrschaft, wenn sie nur lange genug andauern, bilden zwiespältige Menschen aus. Kaiphas scheint die Zwiespältigkeit in vollem Umfang akzeptiert und bis zur Virtuosität gesteigert zu haben. Er hat es vermocht, die Provinzregierung der Römer durch gespielte Loyalität zu hofieren und andererseits die Leute im eigenen Lager durch eine geduldige Hinhaltetaktik von unnötigen Provokationen fernzuhalten. Etwas anderes ist in solcher Lage scheinbar gar nicht möglich. Noch einmal: wenn Kaiphas einfach ein schwacher, primitiver Krämergeist gewesen wäre, dann wäre Je-

[5] So meint E. STAUFFER: Jerusalem und Rom, 67: «Wir wissen, daß er (sc. Kaiphas, d.V.) anno 18 das Hochpriesteramt erhielt und bis zur Absetzung des Pilatus in diesem Amt blieb, achtzehn Jahre lang, ein sicheres Indizium dafür, daß er ein willfähriger Kollaborateur der Besatzungsmacht war und speziell mit Pilatus unter einer Decke steckte.»

[6] Selbst W. FRICKE: Standrechtlich gekreuzigt, 176–178, der eine Mitschuld des Synhedriums am Tode Jesu generell bestreitet, räumt ein, daß *Kaiphas* «ein geschickter Politiker» gewesen sein muß, «der es in erster Linie verstand, zur römischen Besatzungsmacht ein erträgliches Verhältnis zu finden» bzw. der eine «römerfreundliche Politik» betrieben habe. FRICKE zieht indessen nicht die einfache Folgerung aus dieser seiner ganz richtigen Feststellung: daß es nämlich bei so viel Entgegenkommen des Hohen Priesters gegenüber den Römern ein Zusammenspiel zwischen *Kaiphas* und *Pilatus* in der Sache Jesu gegeben haben *muß*, und zwar wesentlich aus Gründen machtpolitischer Rücksichtnahme. Von diesem zentralen Motiv her ist demgmäß die Gestalt des *Kaiphas* zu interpretieren.

sus nur durch Schicksalsungunst und durch Zufall hingerichtet worden. Doch weder Judas noch Kaiphas (noch Pilatus) waren Unmenschen. Ihr einziger Fehler scheint darin bestanden zu haben, daß sie taten, was jeder von uns an ihrer Stelle getan hätte, bzw. das, was jeder von uns in ähnlicher Lage immer wieder tut[7].

Man bedenke nur, wieviel Zähigkeit, Unbeirrbarkeit und gespannte Entschlossenheit hinter dem Kollaborationsprogramm des Kaiphas steht! Wie oft wohl mußte er Aufrührer und Heißsporne, Ungeduldige und Naivlinge bremsen, die mit ihrem Geradeaus nur alles Porzellan zerschlagen hätten? Wie oft wohl mußte er zwischen Skylla und Charybdis steuern als ein Mann der Mitte, als ein Mann, wie ihn die Stunde forderte: hinhaltend, taktierend, kalkulierend? Nichts ist verloren, wenn es nur nicht zu einem Eklat kommt. Es gilt, die offene Konfrontation um jeden Preis zu vermeiden. Keiner wird besser als Kaiphas gewußt haben, was die Römer wirklich denken und wozu sie imstande sind, wenn man sie reizt.

Ist es nicht eine Form der Barmherzigkeit, der Menge den Preis des Bekenntnisses zu ersparen? Ist es nicht die Pflicht einer kirchlichen Führung, der Schar der Gläubigen ein sinnloses Martyrium, wenn es bereits aufgrund der Machtverhältnisse ohnehin nichts ändern würde, mit allen Mitteln zu ersparen? Ist nicht z. B. ein Reichskonkordat, selbst wenn es, oder besser: *weil* es mit dem Teufel abgeschlossen werden muß, immer noch besser als ein selbstmörderisches Bekenntnis? Vor Jahren, als das Schauspiel *«Der Stellvertreter»*

[7] M. NOEL: Erfahrungen mit Gott, 177 zitiert den Ausspruch GOETHES: «Ich ziehe ein Unrecht einer Unordnung vor», und meint: «Kaiphas hat getan, was Goethe getan hätte, und seine ‹Staatspflicht› erfüllt, die darin bestand, die alte Ordnung, über die er wachen mußte, zu schützen. Er hat sich gegen den Störenfried gewandt, ihn hat er geschlagen, um die Kirche Israels zu verteidigen; hierdurch tat er, was er tun mußte, was in der Folge der Zeiten alle Priesterkönige und andere ebenso getan haben, deren Aufgabe es war, eine geheiligte Vergangenheit zu bewahren, indem sie sich der Zukunft entgegenstellten. Und allein der Richter des Jüngsten Tages wird wissen, ob dieser Hohepriester auf seine Art nicht gewissenhaft war. Aber wird er ihn rechtfertigen, wie Goethe ihn gerechtfertigt hätte und wie andere in der gleichen Rolle sich gerechtfertigt haben, da sie um des Zweckes willen *alle* Mittel angenommen und sich der Lüge und Gewalttat bedient haben zur Aufrechterhaltung der Ordnung, zum Heil des Volkes und auch dessen, was sie dafür hielten, sogar zur größeren Ehre Gottes?» M. a. W.: die eigentlichen Verbrechen der menschlichen Geschichte geschehen nicht aus mangelndem moralischem Verantwortungsgefühl oder aus der Verletzung gewisser moralischer Gesetze, sondern aus einem Mangel an Menschlichkeit sowie aus dem Fehlen innerer Freiheit gegenüber den Erfordernissen der konkreten Situation.

von Rolf Hochhuth über Pius XII. lebhaft diskutiert wurde[8], sagte der evangelische *Probst Grüber:* «Wer das dritte Reich als Erwachsener überlebt hat, ist ein Schuldiger.» Doch kann solch ein Rigorismus die Haltung eines Mannes sein, der an der Spitze einer Kirche steht?

Kaiphas hat erreicht, daß man aus Palästina in Rom melden kann: *sub Tiberio quies!* Zu einer Zeit, als in Rom der Judenhaß einen ersten Höhepunkt erreicht, herrscht unter Tiberius, dem Kaiser, «Ruhe» in Jerusalem[9]! Kaiphas hat durch sein Geschick erreicht, daß die jüdische Religion ihre Unabhängigkeit bewahrt hat. Der Tempel bleibt trotz einiger provokativer Übergriffe seitens der Römer im großen und ganzen unangetastet. Hat nicht Kaiphas, dieser geschmeidige Dialektiker, am Ende für den Erhalt des Judentums in Palästina mehr getan als irgendeiner sonst? Er hat die Bedingtheiten des Handelns akzeptiert; wer will ihm vorwerfen, daß er dabei das Unbedingte leugnen mußte? Er hat das Mögliche des Handelns angestrebt; wer will ihm vorwerfen, daß er das «Einzige», «Notwendige» (Lk 10,41), dabei zurückstellte? Er hat die Relativität und Vorläufigkeit allen Tuns gelebt; wer will ihm vorwerfen, er habe nicht genügend das Absolute und Endgültige gewollt? Auch Kaiphas hat sein Volk geliebt, seine Religion, seine Überlieferung; aber er war zu klug, um ein Phantast zu sein. Kaiphas, wie wir ihn uns denken, war nicht *trotz* seiner Stellung als Hoher Priester ein Instrument der Römer, sondern *aufgrund* seiner Stellung. Welch eine echte Alternative hätte sich ihm vernünftigerweise stellen sollen? Es ist einzig die Gestalt Jesu, die die Unausweichlichkeit der geschichtlichen Logik und des machtpolitischen Kalküls in ihrer ganzen Unmenschlichkeit entlarvt.

Das *Johannes*-Evangelium gibt von Kaiphas einen Ausspruch wieder, der diesen Mann vortrefflich kennzeichnet: Kaiphas begründet dort den Verhaftungsbefehl gegen Jesus mit dem unnachahmlichen Konzentrat aller staatspolitischen Weisheit: «Es ist besser, wenn einer stirbt, als das Volk.» (Joh 18,14)[10] Diese Angst wird Kaiphas in der Tat nie losgelassen haben, daß unter

[8] R. Hochhuth: Der Stellvertreter, Hamburg (rororo 997) 1959.

[9] Zur Gestalt des *Tiberius* vgl. E. Stauffer: Christus und die Caesaren, 113–116; 128–136. Sueton: Leben der Caesaren, Kap. 61, S. 154–155 schildert vor allem die unberechenbare Grausamkeit des Kaisers, als deren rechter Arm auf viele Jahre hin sein Gardechef *Sejan* fungierte.

[10] Zu Joh 18,14 vgl. R. Schnackenburg: Das Johannesevangelium, III 264–266, der, wie üblich, «alle psychologisierenden Deutungen» des Verhörs Jesu für «fehlgeleitet» erklärt, um dann als die gültige theologische Meinung der Stelle die im 20. Jh. offenbar in der deutschsprachigen Theologie immer noch mögliche These aufzustellen: «Die verblendete

den Schwertern der römischen Legionen das Volk dahinsterben könnte. Er wird die Situation Israels so ähnlich gesehen haben wie die Lage eines Fisches, der einem Angler an den Haken gegangen ist und der jedem Zucken der Angel möglichst schon im voraus folgen muß, damit das tödliche Eisen sich nicht noch tiefer im Schlund verfängt; zwar wird der Weg zum Fangboot durch das vorsichtige Nachkommen bei jedem Zucken der Leine Stück für Stück kürzer, aber wenn nur der Haken noch nicht ganz eindringt, so besteht vielleicht doch noch eine Chance des Entkommens. Warum soll Joseph, dem man wegen seines Verhandlungsgeschicks und seiner unbestechlichen Strenge in den Untersuchungen den ehrenden Namen «Qajjapha», «der Inquisitor», gab[11], nicht jeden Abend, wenn er mitten zwischen dem Volk durch die Gassen der Stadt ging, durch das Tal der Käsemacher, an der Gichonquelle vorbei, von Mitleid ergriffen worden sein beim Anblick der heiligen Stadt, bei dem Gedanken an ihr ebenso entwürdigtes wie ehrwürdiges Schicksal, bei dem Betrachten des kleinen Glücks ihrer Bewohner? Und *wenn* es so war: Ließe sich eine menschlichere Weisheit in unserer Geschichte denken? «Es ist besser, wenn einer stirbt, als das Volk.» Einen solchen Satz spricht nur, wer die unmenschliche Logik der Menschlichkeit in unserer Geschichte vorurteilsfrei und illusionslos durchschaut hat, wer die Gesellenprüfung in der Handwerkskammer menschlicher Machtausübung mit Auszeichnung bestanden hat; es ist ein Satz, der in seiner Dialektik einem «Kaiphas» gut ansteht. Ein Fuchs, der in der Falle sitzt, beißt sich das Bein ab, sagt man. Kaiphas weiß, daß man mitunter Teile opfern muß, wenn man das Ganze retten will. Kaiphas *will* das Ganze retten; ein solcher Teil aber, den man zu diesem Zwecke opfern muß, ist Jesus. Es ist der Zynismus, mit dem VOLTAIRE die Politik seiner Zeit brandmarken wollte: *«Entre nous Socrate a raison, mais il a tort d'avoir raison si publiquement»* – «Unter uns, Sokrates hat recht, aber er hat unrecht, so öffentlich recht zu haben.» Was soll man machen, wenn eine

jüdische Führerschaft treibt mit ihrem tödlichen Haß gegen Jesus doch nur Gottes Heilsplan voran.» Man wird die zeitbedingte antijüdische Polemik der Evangelisten erst dann überwinden, wenn man die Typologie ihrer legendenhaften Darstellungsweise gerade mit psychologischen Mitteln auf die in ihnen enthaltenen *wesentlichen* Konflikte der menschlichen Existenz und der menschlichen Geschichte bezieht, oder die vier Evangelisten haben uns Heutigen an der entscheidenden Stelle ihrer «Verkündigung» schlechterdings nichts mehr zu sagen!

[11] Vgl. E. STAUFFER: Jerusalem und Rom, 67: «Der Beiname Kaiphas heißt auf deutsch: Der Untersucher. Das spricht dafür, daß Kaiphas zunächst als Untersuchungsrichter oder Großinquisitor bekannt geworden ist.»

Wahrheit gefährlich ist, gerade weil sie wahr ist? Man muß verhindern, daß sie öffentlich bekannt wird; also muß man denjenigen mundtot machen, der sie bekanntmachen will[12].
Berichtet wird (Mk 11,15–19), daß der Todesbeschluß gegen Jesus unmittelbar nach der Tempelreinigung gefaßt wurde. Jesus vollzog mit seiner Handlungsweise eine Weissagung des Propheten Sacharja (Sach 14,21): «Kein Händler soll mehr sein im Hause des Herrn der Heerscharen an jenem Tage.»[13] Dieser Angriff gegen die gesamte Priesterkaste, inklusive gegen das Haus Hannas, bildete in der Tat wohl den Gipfelpunkt der antipriesterlichen und antischriftgelehrten Demonstration Jesu[14]. Daß die Priester Gott in den Dienst von Profit und Gewinn stellen, die Schriftgelehrten in den Dienst von Ehrgeiz, Scheinheiligkeit und leerem Gerede – das sind furchtbare, umstürzende Vorwürfe. Man klagt Jesus an, daß er ein falscher Prophet sei, daß Teufelsgeist aus ihm spreche (Mk 3,22), und so muß er sterben (Dtn 18,20)[15], und zwar nach Dtn 17,13 *öffentlich*, zur Abschreckung[16] – während des Festes also am besten. Man vermag es sich nicht vorzustellen, so wenig wie in den Tagen des *Jeremias* (Jer 23,11 f; 26,7–9), daß Gott die gesamte Frömmigkeit der Priester und der Schriftgelehrten in Frage stellen und als nutzlose

[12] Zu der prinzipiellen *Wahl* zwischen dem politischen und dem religiösen Prinzip vgl. E. Drewermann: Der Krieg und das Christentum, 13–14.

[13] S. o. zu Mk 11,12–26, Anm. 1; S. 189–190.

[14] S. o. zu Mk 11,12–26, Anm. 1; J. Jeremias: Neutestamentliche Theologie, I 145.

[15] Zu den rechtlichen Bestimmungen gegen einen Pseudopropheten vgl. E. Stauffer: Jerusalem und Rom, 117, der (S. 119) als die Leitprinzipien der Urteilsbegründung gegen jeden Abfallprediger aufzählt: «Die Hinrichtung des Apostaten erfolgt ad maiorem Dei gloriam (sc. zur größeren Ehre Gottes, d. V.). Der Volksverderber muß sterben, damit die Verderbnis nicht weiter um sich greife. Man soll den Bösen vernichten, damit Gottes Zorn vom Volke weiche. Die Hinrichtung des Gottlosen ist zum Heile für ihn selbst und das Volk. Wenn die Verurteilten vor der Hinrichtung ihre Schuld bekennen und bereuen, so ist ihnen Gottes Vergebung und ein Anteil an der Künftigen Welt gewiß. Selbst die Hinrichtung eines Unschuldigen kann der Erhaltung der Rechtsordnung und dem Heil des Gottesvolkes dienlich sein.» So betrachtet, erscheint die spätere *kirchliche Inqusition* eigentlich nur wie eine Rückkehr in die Welt des Alten Testamentes, und es ist bis heute die Frage, wann und wie die Kirche jemals von dem Terror der im Namen Gottes zelebrierten Verurteilung Andersdenkender sich wird lösen können. Dabei muß man betonen, daß die Synagoge niemals ein zentralistisches, unfehlbares Lehramt hervorgebracht hat wie später die römische Kirche und daß sie im ganzen wesentlich toleranter war als der intellektualistische Dogmatismus der christlichen Kirchen.

[16] Zu Dtn 17,13 und 18,20 vgl. G. v. Rad: Das fünfte Buch Mose (ATD 8), 84–85; 89.

Äußerlichkeit verwerfen könnte[17]. Gleichgültig, ob es sich bei der Anschuldigung der «falschen Zeugen» im Verhör vor Kaiphas um mißverstandene oder erfundene Worte Jesu handelt, auch in historischem Sinne dürfte es zutreffen, daß man Jesus für einen «Tempelzerstörer» hielt, und das mit gewissem Recht[18]. Denn alles im Verhältnis zu Gott war für Jesus eine Frage der Innerlichkeit und der Menschlichkeit. Der Prophet *Sacharja* mochte

[17] Zu Jer 23,9–12 vgl. A. Weiser: Der Prophet Jeremia (ATD 20), 201–202, der – selten genug – sich nicht scheut, das *Gefühl* des Propheten in seinem einsamen Kampf gegen all die Tüftler und Schwätzer im Namen Gottes anzusprechen. «Das natürliche Daseinsgefühl und die naive Lebenswirklichkeit des Propheten ist... bis in den Grund erschüttert. Mit gebrochenem Herzen und zitternden Gliedern steht er (sc. Jeremias, d. V.) ‹vor dem Angesicht Jahwes›, wie ein Trunkener seiner Sinne und Gedanken nicht mehr mächtig.»

[18] Offenbar hat das Wort Jesu gegen den Tempel (Mk 14,58) bei der Ablehnung durch die *Sadduzäer* und Hohen Priester eine große Rolle gespielt. «Das Tempelwort Jesu... hat der Gemeinde schwere Verlegenheit bereitet. Markus löst diese so, daß er es als Falschzeugnis bezeichnet. Nach Mt 26,60 f hätte Jesus nur gesagt, daß er das könne, nicht daß er es tue. Lukas läßt das Wort überhaupt weg, kennt aber Apg. 6,13 f. im Prozeß gegen Stephanus einen ähnlichen Vorwurf. Joh. 2,19 allegorisiert die Weissagung und läßt sie in Tod und Auferstehung Jesu erfüllt sein. Die vielfachen Bemühungen, das Wort zu entschärfen, weisen darauf hin, daß es in der Tradition sehr fest saß und schwer abgeleugnet werden konnte. Gekannt hat die Gemeinde es aber wahrscheinlich als isoliertes Jesus- oder Prophetenwort. Sie wußte vielleicht noch, daß es für die Anklage Jesu eine Rolle gespielt hat; da Tempelreinigung und Vollmachtsfrage vermutlich den Konflikt ausgelöst haben, ist das historisch auch wahrscheinlich. Nichtübereinstimmen der Zeugen ist fraglich, das wäre doch vorher besser abgesprochen worden.» So meint E. Schweizer: Das Evangelium nach Markus, 179. Tatsächlich aber wird das Wort über den Tempel in Mk 14,58 allenfalls der Tendenz nach für die Hinrichtung Jesu bedeutsam gewesen sein. L. Schenke: Der gekreuzigte Christus, 33–35 hat vor allem aus literarkritischen Gründen die Historizität dieses Wortes in dem Prozeß Jesu bestritten: die Verse Mk 14,57–59 dürften einen sekundären Einschub darstellen, denn obwohl Jesus in 14,58 «eine todeswürdige Lästerung gegen den Tempel nachgesagt wird, spielt diese bei der Verurteilung Jesu dann doch keine Rolle... V. 60 f fährt vielmehr so fort, wie V. 55 f eigentlich erwarten läßt.» (S. 33) Dabei läßt sich der Ausspruch von der Tempelzerstörung (14,58b) leicht von den Rahmenversen lösen – es war offenbar ein isoliert umlaufendes Logion, das in Mk 13,2 und 15,29 variiert wird. So wie das Wort jetzt vorliegt, kann es aber von Jesus nicht gesagt worden sein; denn der Gegensatz «*von Händen gemacht*» und «*nicht von Händen gemacht*» ist typisch für hellenistisches Denken. «Näher liegt es, Entstehung und Tradierung des Tempelwortes in Kreisen der hellenistischen Judenchristen in Jerusalem anzusetzen. Diese standen dem mosaischen Gesetz und dem jüdischen Tempel durchaus kritisch gegenüber, wie der Prozeß gegen Stephanus zeigt (vgl. Apg 6,11.13 f; 7,48 f.). Ob das Tempelwort in diesen Kreisen als ein ‹Wort des Erhöhten› umlief, oder ob die Jerusalemer Hellenisten *Jesu eigene*

noch in Aussicht stellen, am Ende der Tage werde der Tempel zum Zentrum der Wallfahrt der Völker werden (Sach 14,12–21), die in heiligem Gottesschrecken sich unter die Herrschaft Israels beugen müßten[19]; Jesus hingegen, so wie *Markus* ihn schildert, dachte weit eher in den Vorstellungen des *Jeremias*, es gelte, nach dem kompletten Zusammenbruch des gesamten Lügendienstes der Priester und Propheten (Jer 23,9 f.) den Bund zwischen Gott und Mensch noch einmal zu schließen, einen Bund, dessen «Gesetze» nicht

Gesetzes- und Kultkritik (vgl. Mk 2,23–28; 7,6–13; 11,15–17) mit diesem Wort aufgriffen und radikal weiterführten, muß wohl offenbleiben.» (A. a. O., S. 34–35) – Letztere Feststellung gilt jedoch lediglich für die historische Zuordnung des Wortes. Für das *existentielle* Verständnis des Wortes selber ist es außerordentlich wichtig, die innere Spannung mitzuvollziehen, mit der Jesus der gesamten Äußerlichkeit in Sachen Religion einen tödlichen Kampf anzusagen wagte; doch statt erst einmal diese radikale Verinnerlichung der gesamten Gottesbeziehung in der Verkündigung Jesu mitzuvollziehen, wird gerade dieser entscheidende Schritt in der historisch-kritischen Exegese regelmäßig übersprungen; für sie ist der «andere» geistige «Tempel» zumeist mit Berufung auf die Allegorisierung des Wortes in Joh 2,21 die «Gemeinde», ohne daß die Frage auch nur angedeutet wird, wie es denn möglich ist, von dem «äußeren» in den «inneren» Tempel zu gelangen; vgl. R. SCHNAKKENBURG: Das Johannesevangelium, I 365–367. Indem man mit einer solchen Exegese die «Kirche» Christi für eine fertige Größe nimmt, die unterschwellig ohnedies mit einer bestimmten verfaßten Kirche identisch gesetzt wird, macht die Äußerlichkeit solcher Erklärungen am Ende jeden Unterschied zwischen den künstlichen «Tempeln» der Äußerlichkeit und den geistigen «Tempeln» der Innerlichkeit wieder rückgängig. – *Der prophetische Widerstand Jesu gegen den Tempel* kann sich übrigens auf eine lange Tradition berufen: vgl. 2 Sam 7,5 ff, wo der Prophet *Nathan* erklärt, daß Jahwe niemals einen Tempel gewollt hat, oder Jer 35, wo die *Rechabiten* nicht in den Tempel gehen, ehe *Jeremias* mit ihnen geredet hat. In Jes 66,1 stellt ein Prophet nach dem Exil ausdrücklich fest, daß Jahwe durchaus keinen Tempel nötig hat. Vgl. R. DE VAUX: Das Alte Testament und seine Lebensordnungen, II 158–159. Ähnlich stellt J. JEREMIAS: Neutestamentliche Theologie, I 201 das Liebesgebot in der Verkündigung Jesu *gegen* die tempelbezogene Opfermentalität der Priester: «Für das zeitgenössische Judentum ist der Tempel ewig; Jesus dagegen kündigt seinen Abbruch an. Der neue Gottestempel steht schon bereit, der in der Heilszeit den alten ersetzen wird (Mk 14,58 par.).» Wie anders würde die Kirche selbst heute aussehen, nähme sie den Zusammenbruch ihrer äußeren Geltung in der Gesellschaft, ihr *heutiges* «Exil» zum Anlaß, *innerlich* zu werden und sich im Sinne Jesu auf die wesentlichen Fragen von Angst und Erlösung zu konzentrieren, statt in ruhiger Selbstgewißheit von den Exegeten historisch-kritischer Provenienz sich versichern zu lassen, daß sie ja von vornherein der «geistige Tempel» des Herrn, sein «Leib», sein «Volk», seine «Herde», sein «Weinstock», seine «Braut» und was noch alles sei.

[19] Zu Sach 14,12–21 vgl. K. ELLIGER: Die Propheten (ATD 25), 184–187.

mehr auf Tafeln aus Stein, sondern auf den Tafeln des Herzens geschrieben sein würden (Jer 31,33)[20]. In den Augen der Gesetzeshüter und der Religionsverwalter muß das Programm Jesu als ein einziger Umsturz erschienen sein; sie konnten und wollten nicht sehen, daß die Zerstörung der «alten Schläuche» (Mk 2,22) unbedingt notwendig war (und immer wieder ist), um die Starre und Entfremdung des Religiösen aufzubrechen zugunsten einer inneren Freiheit und Weitherzigkeit, die jeden Zwang und jede Äußerlichkeit aufhebt und ausschließt; sie fühlten sich selber in ihrer ganzen Existenz tödlich herausgefordert und angegriffen, und so *mußten* sie sich zur Wehr setzen.

Das *Johannes*-Evangelium hat diesen tödlichen Konflikt zwischen Geistigkeit und Hohlheit, zwischen den «Tafeln» des Herzens und den «Tafeln» aus Stein, sehr zutreffend in das Zentrum der gesamten Botschaft Jesu gestellt, indem es die Szene der «Tempelreinigung» betont *an den Anfang* des öffentlichen Wirkens Jesu gerückt hat (Joh 2,12–17). Mit seinem eigenen Leib vergleicht Jesus dort den «Tempel» Gottes (Joh 2,18–22), indem er an seinem eigenen Leib vollziehen läßt, was mit der «Zerstörung» und dem «Wiederaufbau» des «Tempels» gemeint ist: daß alles äußerlich Sichtbare aufgehoben werden muß, ehe seine innere Wahrheit, seine verklärte Gestalt, zur Erscheinung kommen kann[21]. Wie der Mond nach den *drei Tagen* seines Verschwindens am Himmel in der schmalen Sichel des Neumonds am westlichen Abendhimmel schöner als zuvor von neuem erscheint, so muß offenbar immer wieder die äußere Fassade des religiösen Umgangs mit Gott zerstört

[20] Zu Jer 31,33 vgl. A. Weiser: Der Prophet Jeremia (ATD 21), 287–288, der sehr zu Recht auf den Weg verweist, «den der Prophet in der Unmittelbarkeit seines persönlichen Verhältnisses zu Gott geführt wurde.» Nur in dieser persönlichen Unmittelbarkeit entsteht und besteht der «neue Bund» auf den «Tafeln des Herzens.» – Im Spätjudentum erwartete man natürlich von dem Messias die Mehrung und Verschönerung des Tempels, nicht seine Zerstörung, und nach dem Jahre 70 «wandelte sich diese Erwartung dann zu der Hoffnung, daß in den Tagen des Messias der Tempel in unbeschreiblicher Herrlichkeit neu entstehen werde.» H. L. Strack – P. Billerbeck: Kommentar zum Neuen Testament aus Talmud und Midrasch, I 1003–1005.

[21] So die «mystische» Interpretation, die bereits Meister Eckhart: Intravit Jesus in templum, in: F. Heer (Hrsg.): Meister Eckhart. Predigten und Schriften, 173–178, S. 173 für den «Tempel» als ein Symbol des inneren Menschen vorschlägt: «Der Tempel, in dem Gott mit seiner Gewalt und nach seinem Willen herrschen will, das ist des Menschen Seele, die er so recht ihm selber gleich gebildet und erschaffen hat.»

werden, ehe ein Leben «in Geist und Wahrheit» (Joh 4,23) aus dem Dunkel der Nacht «nach drei Tagen» neu aufleuchten kann[22].

Man hat in der Auslegung des Verhörs Jesu vor dem Hohen Priester immer wieder gemeint, Jesus habe seinen Gegnern tatsächlich keine andere Wahl gelassen, als ihn zum Tode zu verurteilen, indem er sich selber zum Gott erklärt habe (Mk 14,62)[23]; eine solche Gotteslästerung habe der Hohe Priester unweigerlich als das schlimmste aller Vergehen ahnden *müssen*. Eine solche Deutung unterlegt der Frage des Hohen Priesters jedoch bereits christlichen Inhalt. Im israelitischen Sprachgebrauch war es nicht üblich, den

[22] Die «drei Tage» zwischen Tod und Auferstehung Jesu werden für gewöhnlich als Semitismus gedeutet, der soviel besagt wie «in Kürze», «in ein paar Tagen»; vgl. J. JEREMIAS: Neutestamentliche Theologie, I 271. Man muß aber bedenken, daß speziell das Auferstehungsmotiv schon in Hos 6,2 auf die Liturgie eines kanaanäischen Festkultes hindeuten dürfte; vgl. A. WEISER: Die Propheten (ATD 24), 57, Anm. 1. Das Zahlenschema der *drei Tage* für die Auferstehung besitzt sein Jahrtausende altes Vorbild und seine unmittelbare Evidenz in der «Auferstehung» des Mondgestirns aus den drei Todesnächten der Neumondzeit. Vgl. E. SIECKE: Drachenkämpfe, 15; 65: «Es sind die bekannten drei Tage oder Nächte, während welcher der Mond unsichtbar ist und welche wer weiß wie oft ihre Rolle spielen.»

[23] Vor allem in der Dogmatik wird immer noch die Anschauung vertreten, daß Mk 14,62 eine klassische Stelle zum Beweis dafür sei, daß Jesus selbst sich für den Gottessohn gehalten habe. Vgl. J. BRINKTRINE: Die Lehre von der Menschwerdung und Erlösung, 80: «Gemäß dieser Antwort ist Jesus mehr als der Messias, denn zur Messiaswürde gehören nicht die göttliche Sohnschaft, nicht das Sitzen zur Rechten der Kraft Gottes... Daher zerreißt Kaiphas seine Kleider.» Noch vor kurzem wurde ich selbst in bischöflichem Auftrag einem «dogmatischen» Verhör bzgl. meiner Rechtgläubigkeit unterzogen und mit erhobener Stimme und erhobenem Zeigefinger auf dieses Wort Jesu vor Kaiphas hingewiesen. Ich selber, zugegeben, kritisiere die historisch-kritische Exegese wegen ihres absoluten religiösen Ungenügens, wo immer ich kann; aber ein beträchtliches Problem liegt darin, daß ich mit Hilfe tiefenpsychologischer Auslegungsverfahren auf mancherlei Schwierigkeiten zu antworten versuche, die sich gerade aus der historisch-kritischen Analyse der Bibeltexte, die ich voraussetze, ehrlicherweise ergeben müssen, wohingegen manche Dogmatiker in Amt und Würden es immer noch weit unter ihrer Würde finden, die Ergebnisse historisch-kritischer Forschung überhaupt erst zu rezipieren, geschweige denn, daß sie auf weiterführende Ansätze in Dogmatik, Bibelexegese (und Moraltheologie) vorbereitet wären. Eben weil es in jüdischen Ohren blasphemisch wäre, den Messias für einen Gottessohn zu halten, kann ein jüdischer Hoherpriester unmöglich danach gefragt haben, ob Jesus sich für den «Sohn des Hochgelobten» halte. Vgl. F. HAHN: Christologische Hoheitstitel, 126ff.; 181–183, der den Gottessohntitel zu Recht als ein *christliches* Bekenntnis zu dem wiederkommenden und erhöhten Christus versteht (S. 287–292). Vgl. oben Anm. 1.

«Messias» als «Sohn des Hochgelobten» zu bezeichnen, – der Ausdruck enthält wohl den Glauben an eine metaphysische Gottessohnschaft Jesu[24] im Sinne der späteren christlichen Dogmatik, er ist aber deshalb im Munde des Hohenpriesters undenkbar. Wenn Jesus sich (bei Markus!) vor dem Synhedrium als Messias bekannt hat, so kann die «Lästerung» also nicht darin bestehen, daß Jesus sich überhaupt als den Messias ausgibt, sondern daß *er* in *seiner* Weise Anspruch auf diesen politisch wie religiös gefährlichen Titel erhebt[25].

[24] Schon G. Dalman: Die Worte Jesu, 219 ff.; 223 verwies darauf, daß die Wendung «der Sohn des Hochgelobten» in Mk 14,61 «zu einer geläufigen Messiasbezeichnung» sich «erst recht nicht eignete. Wenn Gott den Messias seinen Sohn nennt, ist dies nur gemeint als Zeichen seiner ihm vor anderen zugewandten Liebe. Selbst der von Ps. 2 an die Sohnschaft geknüpfte Gedanke des Erbes wird in der jüdischen Literatur für den Messias nicht weiter verwertet. Es ist eine wichtige Eigenheit Israels, daß es weder sich selbst noch seinen Königen göttliche Herkunft zugeschrieben hat.» Daraus folgt, wie L. Schenke: Der gekreuzigte Christus, 45 richtig meint: «die Frage des Hohenpriesters ist aus christlicher Sicht gestellt, denn erst in der urchristlichen Gemeinde ist die in ... (der Sohn des Hochgelobten) enthaltene Königstitulatur ‹Sohn› (vgl. 2 Sam 7,14; Ps 2,7) auf den Messias übertragen worden ... Die Frage des Hohenpriesters bietet daher nicht etwa zwei zu unterscheidende christologische Titel ... (sc. «Christus» und «Sohn»), sondern interpretiert gemäß urchristlicher Tradition den Messiastitel durch den alttestamentlichen Königstitel ‹Sohn›.»

[25] So zu Recht J. Blinzler: Der Prozeß Jesu, 110: «Das Judentum erwartete vom Messias, daß er sich als solcher legitimieren werde. Ein gefangener, von seinen Freunden verlassener, ohnmächtig der Gewalt seiner Gegner ausgelieferter Messias – das war für sie eine unvollziehbare Vorstellung. Ein Mensch, der in solcher Lage sich als Messias, als Inhaber der höchsten von Gott einem Menschen (sic!) zu übertragenden Würde, ausgab, der mußte in ihren Augen ein Frevler sein, der die großen Verheißungen Gottes an sein Bundesvolk bewußt zu verhöhnen wagte. Wenn dieses Urteil noch nicht identisch sein sollte mit dem Vorwurf der Gotteslästerung, so liegt dazwischen jedenfalls nur ein ganz kleiner Schritt ... Die Frage des Kaiphas ist also wirklich die Entscheidungsfrage.» Man muß freilich beachten, daß die ganze Szene in sich selbst dem *christlichen* Glaubensbekenntnis dient; es ist der *christliche* Glaube an die Gottessohnschaft Jesu, der für jüdische Ohren einen Rückfall in die heidnische Mythologie, eine «Blasphemie» darstellt. Es handelt sich in dem Verhör nicht um eine historische, sondern um eine *ideale* Szene. Man kann nicht sagen, wie noch E. Meyer: Ursprung und Anfänge des Christentums, I 194 glaubte: «Es kann ... kein Zweifel sein, daß Jesus sich vor dem Synedrion auf die Frage des Hohenpriesters wirklich (sc. zwar nicht als Gottessohn, wohl aber) als der Messias bekannt hat. Bis dahin war er der Antwort ausgewichen ...; jetzt blieb ihm keine Wahl mehr.» Ähnlich G. Dalman: Die Worte Jesu, 256–257. Noch weniger ist es denkbar, daß Kaiphas in dieser Stunde eine *ernstgemeinte* Frage nach der Messianität an Jesus gerichtet hätte, wie noch M. Dibelius: Jesus, 83 sich vorstellte: «Die Hoffnung der Nation wird, wenn auch in fragendem Ton, noch einmal in letzer Stunde an Jesus herangetragen.» Die einfache historische Wahrheit

Wie denn, es sollte das Werk des Messias sein, den Tempel niederzureißen? Man sollte es als den Willen Gottes betrachten, dem Volk an der Gesetzeserklärung der Schriftgelehrten und dem Opferdienst der Priester *vorbei* ein unmittelbares Verhältnis des Vertrauens zu Gott zuzusprechen?
Gerade das meinte Jesus, und für gerade diesen Glauben stand er mit seiner ganzen Person ein. Eine Form reiner Menschlichkeit, wie der Prophet Daniel (Dan 7,13) sie in der Person des kommenden *«Menschensohnes»* am Ende der Tage verheißen hatte[26], schwebte Jesus als Anspruch und Hoffnung vor; und

muß es gewesen sein, daß Jesus in den Augen der Hohenpriester und der Schriftgelehrten nicht nur keine «Hoffnung der Nation» darstellte, sondern ganz im Gegenteil als eine Gefahr für die Nation, mindestens als eine Gefahr für die eigenen Machtinteressen und für den eigenen Dünkel empfunden wurde. In ihren Augen war die ganze Person Jesu eine einzige Provokation, und da sie in ihrem Selbstverständnis ganz und gar die Sache Gottes selbst verwalteten und verkörperten, war alles, was er gegen *sie* sagte und tat, ipso facto «Blasphemie». Ob Messias oder nicht, dieser Mann hatte zu verschwinden, und egal, wann und wie dieses Urteil formuliert wurde, es stand längst fest, ehe man Jesus verhaftete. Der wahre Grund der Anklage durch den Hohen Priester ist nicht eine metaphysische «Gottessohnschaft», die Jesus nie für sich beansprucht hat, sondern die Art seiner Menschlichkeit, die er im Vertrauen auf Gott zu leben wagte. Sie ist sein «Königtum», sie macht ihn zum «Menschensohn» – zum «Gottessohn», wenn man den «Titel» so versteht, daß gerade aufgrund seiner Menschlichkeit die Gestalt Jesu fortan im Zentrum des Lebens eines jeden Menschen stehen sollte.

[26] In Mk 14,62 kann die Antwort Jesu auf die Frage des Hohen Priesters nur gelautet haben: «Ich bin (es).» E. Stauffer: Jesus 137 hat freilich in dieser bejahenden Antwort die «Ich-bin»-Formel der alttestamentlichen Gottesoffenbarung wiederfinden wollen und gemeint, eben in dieser Wendung liege die eigentliche «Gotteslästerung» dieser Szene. Aber man kann schließlich auf die Frage «bist du ...» kaum anders antworten als: «ich bin» oder «ich bin nicht»; alle Mystifikationen sind an dieser Stelle fehl am Platze. Mk 14,62b hingegen («und ihr werdet schauen: den Menschensohn, zur Rechten sitzend der Macht und kommend mit den Wolken des Himmels») ist gewiß eine sekundäre Erweiterung des Textes. Da das Wort aber ganz mit dem Kontext verknüpft ist, kann es sich hier nicht um ein isoliertes, womöglich echtes Jesuswort handeln. Vielmehr liegt hier eine Kombination von Dan 7,13 und Ps 110,1 vor. N. Perrin: Was lehrte Jesus wirklich? Göttingen 1972, 194–210 hat gezeigt, daß in Mk 14,62b offenbar zwei verschiedene frühchristliche Traditionen miteinander verbunden wurden, welche einmal *die Auferstehung* Jesu als «Erhöhung» bzw. als «Himmelfahrt» interpretierten und sich dazu (wie in Apg 2,35 f.) des Psalms 110,1 sowie des Zitats aus Dan 7,13 als der Auffahrt des Menschensohnes zu Gott bedienten (vgl Apg 7,56), wohingegen eine andere (vielleicht jüngere) Überlieferung Dan 7,13 verwandt hat, um die Notwendigkeit des Kreuzes Christi aus dem Alten Testament zu erweisen; besonders Sach 12,10 ff. hat dabei offenbar eine große Rolle gespielt: «sie werden hinschauen auf ihn, den sie durchbohrt haben» – eine Stelle, die auch in Joh 19,37 zitiert

wird; vor allem in Apk 1,7 findet sich eine entsprechende Kombination von Sach 12,10 und Dan 7,13: «Siehe, er kommt mit den Wolken, und sehen wird ein jedes Auge, auch die, welche ihn durchbohrt haben.» Das «Kommen» des «Menschensohnes» ist in diesem Sinne die Wiederkehr des Gekreuzigten, und zwar zum Gericht; vgl. oben zu Mk 13,1–36, Anm. 46; und: Noch einmal: Mk 13,14–32, Anm. 45; vgl. L. Schenke: Der gekreuzigte Christus, 40–42. Die Kreise, in denen Vorstellungen dieser Art formuliert wurden, dürften nach dem Visionswort von Apg 7,56 bei den hellenistischen Judenchristen in Jerusalem, in der Nähe zu *Stephanus*, zu suchen sein; L. Schenke: A. a. O., 43–44: diese Kreise also «dürften... für den Einschub von V. 62b in die Synedriumsszene und damit für die apologetische Neuinterpretation dieser Erzählung verantwortlich sein. Die Apologetik richtete sich gegen das offizielle Judentum, das in Jesus seinen Messias zum Tode verurteilt hat.» – Damit entfallen natürlich alle Konstruktionen, die, wie H. E. Tödt: Der Menschensohn in der synoptischen Überlieferung, Gütersloh ²1963, 33 ff., in der Verwendung des Menschensohntitels an dieser Stelle eine *Korrektur* des Messiastitels erblicken wollten; zwar *geht* es um eine Korrektur der jüdischen Messiasvorstellungen, aber nicht so, als wenn diese alternativisch durch einen anderen Titel ersetzt werden sollten, sondern so, daß gerade aus Dan 7,13 und Sach 12,10 herausgelesen wird, daß der Messias gekreuzigt werden muß, «um gerade so in seine Herrlichkeit einzugehen» (Lk 24,26). – Zu der Vision des Stephanus in Apg 7,55–56 vgl R. Pesch: Die Vision des Stephanus, 50–56, der (gegen H. E. Tödt: A. a. O., 101 ff) vor allem das *Gerichtsmotiv* der Vorstellung vom Kommen des Menschensohnes unterstreicht. – H. L. Strack – P. Billerbeck: Kommentar zum Neuen Testament aus Talmud und Midrasch, I 956–959 weisen darauf hin, daß der Messias nur in gewissen apokalyptischen Kreisen als «Menschensohn» verstanden wurde; «aber die Bezeichnung ist nie allgemein gebräuchlich geworden.» Sie macht also durch sich selbst bereits die sehr frühe Abspaltung der Jünger Jesu von der Synagoge deutlich. – In all dem wird zugleich (erneut!) sichtbar, daß gerade die dogmatischen Zentralaussagen des Neuen Testamentes in historisch-kritischer Sicht sich nicht auf den historischen Jesus zurückführen lassen, ja, daß sie oft genug dem Selbstverständnis Jesu in wörtlichem Sinne geradewegs entgegenstehen. Um so mehr gilt es, gerade die dogmatischen Vorstellungen der frühen Kirche mit den Mitteln der Tiefenpsychologie *symbolisch* zu lesen, statt sie als religionsgeschichtliche Fakten zu Tode zu rezitieren. In dem *Bild* von dem Kommen des Menschensohnes auf den Wolken des Himmels haben wir es offenbar (über Dan 7,13) mit dem Nachhall der *Inthronisationspsalmen* zu tun, «wo Gott als ‹der Reiter auf den Wolken› beschrieben wird.» Es handelt sich dabei um «eine Anlehnung an die Liturgie des kanaanäischen Neujahrsfestes mit der Beschreibung von Baal, dem göttlichen dynamischen König als ‹Er, der die Wolken besteigt›. In der Übertragung des Bildes auf den Menschensohn spiegelt sich die Entwicklung der späten jüdischen Religion zur transzendentalen Gottesvorstellung: das unmittelbare Eingreifen von Gott wird auf Seine Engel übertragen oder, wie in diesem Fall, auf Seine Vollstrecker, den übernatürlichen Menschensohn.» J. Gray: Mythologie des Nahen Ostens, 134. – Will man Texte dieser Art verstehen statt sie nur verbal nachzusprechen, so lautet die entscheidende Frage der Auslegung – und zwar gerichtet an das Leben des *historischen* Jesus! –: was muß man in seiner Gegenwart erlebt und erfahren haben, um in ihm Gott *endgültig* nahe zu wissen, so sehr, daß die Wahrheit seiner Person, seiner Menschlichkeit, durch die Kreuzigung nicht widerlegt, sondern geradewegs *bestätigt* wird und von Gott her als sichtbares Richtmaß der gesamten menschlichen Geschichte bis in alle Zukunft erscheinen kann? Nicht welche Schriftzitate die frühe Kirche verwandt hat, um ihren Glauben an Christus zu formulieren, ist die eigentliche Frage der Auslegung, sondern welche Erfahrungen sie mit Jesus gemacht hat, um einen Glauben zu finden, der sie die «passenden» Schriftzitate (oft gegen den Widerspruch des Judentums und notfalls «an den Haaren») herbeiholen ließ. – Wie man gerade den Begriff des *Menschensohnes* als *Symbol* lesen kann und muß, darüber hat kein geringerer als F. NIETZSCHE: Der Antichrist, Nr. 34, S. 37 in gewissem Sinne sehr richtig geschrieben: «Wenn ich irgend etwas von diesem großen Symbolisten (sc. Jesus, d. V.) verstehe, so ist es das, daß er nur *innere* Realitäten als Realitäten, als ‹Wahrheiten› nahm, – daß er den Rest, alles Natürliche, Zeitliche, Räumliche, Historische nur als Zeichen, als Gelegenheit zu Gleichnissen verstand. Der Begriff ‹des Menschen Sohn› ist nicht eine konkrete Person, die in die Geschichte gehört, irgendetwas Einzelnes, Einmaliges, sondern eine ‹ewige› Tatsächlichkeit, ein von dem Zeitbegriff erlöstes, psychologisches Symbol. Dasselbe gilt noch einmal, und im höchsten Sinne, von dem *Gott* dieses typischen Symbolisten, vom ‹Reich Gottes›, vom ‹Himmelreich›, von der ‹Kindschaft Gottes›. Nichts ist unchristlicher als die *kirchlichen Kruditäten* von einem Gott als *Person*, von einem ‹Reich Gottes›, welches *kommt*, von einem ‹Himmelreich› *jenseits*, von einem ‹Sohne Gottes›, der *zweiten Person* der Trinität. Dies alles ist – man vergebe mir den Ausdruck – die *Faust* auf dem Auge – o auf was für einem Auge! – des Evangeliums: ein *welthistorischer Zynismus* in der Verhöhnung des Symbols ... Aber es liegt ja auf der Hand, was mit dem Zeichen ‹Vater› und ‹Sohn› angerührt wird – nicht auf jeder Hand, ich gebe es zu: mit dem Wort ‹Sohn› ist der *Eintritt* in das Gesamt-Verklärungs-Gefühl aller Dinge (die Seligkeit) ausgedrückt, mit dem Wort ‹Vater› *dieses Gefühl selbst*, das Ewigkeits-, das Vollendungs-Gefühl.» Es stimmt wohlgemerkt ganz und gar nicht, daß für Jesus das Wort «Vater» in bezug zu Gott nur ein *Gefühl* der Seligkeit wiedergegeben habe, wohl aber ist es sehr richtig, daß Gott für Jesus den Grund eines solchen Gefühls des Vertrauens bildete, daß er sich selbst ihm ganz nahe und als versöhnt mit sich und allen Menschen und Dingen ringsum empfand; und ebenso wahr ist, daß der *«Menschensohn»* als ein *Symbol* eben dieses Zustandes der Menschlichkeit verstanden werden muß, der sich einstellt, wenn Menschen es lernen, zu Gott in ein solches Verhältnis des Vertrauens zu Gott zu gelangen, wie es in Jesus lebte. Die christliche, die *geschichtliche* Erfahrung ist es freilich, daß es nicht anders möglich ist, zu dieser Nähe Gottes, zu seinem «Thron», zu gelangen als durch den Widerspruch zu der gesamten «Ordnung» der bestehenden Welt. J. P. MACKEY: Jesus, 201 meint von der Gestalt Jesu, des *«Menschensohnes»*: «So schätzte Jesus alles Leben und Dasein, besonders das anderer Menschen, als Gottes kostbare Gabe ein; so nahm er alle ohne anderweitige Motive an und diente ihren Nöten; so befähigte und inspirierte er sie, den in ihrem Leben verborgenen Schatz zu finden. Das ist dann Glaube. Die einzige Alternative an dieser Stelle wäre, die Personalität des Menschen Jesus als ausschließlich passive Maske für die dramatischen Reden der Gottheit zu sehen ... Solcherart also ist das Leben Jesu, das einzige Leben Jesu von Interesse für die Welt. Solcherart ist der historische Jesus, der am Ende jeder Forschung alten oder neuen Stils entdeckt werden kann. Ein Mensch des Glaubens, ein Leben des Glaubens ... der jene, die mit ihm in Berührung kommen, zu ähnlichem Glauben inspirierte, so daß sie ihrerseits andere zu inspirieren vermochten. Das war sein Leben.

gerade darin scheint die todwürdige «Lästerung» in den Augen des Hohen Priesters bestanden zu haben. Es ist die ganze Art und Weise, wie Jesus alles, statt auf die Machenschaften und Institutionen von Menschen zu gründen, auf Gott setzt.

Das ist der Punkt, an dem Jesus in den Augen der Mächtigen gleich zwei Arten von «Schuld» auf sich lädt: er ist ein religiöser wie politischer Aufrührer; er stellt die religiöse ebenso wie die politische Ordnung in Frage; er vertritt einen Standpunkt, wie ihn wirklich nur ein «*Sohn* Gottes» im Sinn des «*Vater*-unsers» haben kann: einen Standpunkt des reinen Vertrauens auf Gott, einen Standpunkt ohne Angst, eine Haltung des unbedingten Sich-Festmachens in der Wahrheit Gottes.

In der Tat bringt Jesus mit seiner provozierenden Vision des *Menschensohnes* alles durcheinander. Er hält das unglaublich Erscheinende für möglich: eine Machtausübung ohne Unterdrückung und ohne das Verrechnen von Menschen; ein Königtum der Liebe und der Menschlichkeit, gegründet allein auf das Vertrauen zu Gott; und er glaubt an diese Möglichkeit nicht in einer fernen, sondern in unmittelbar naher Zukunft. *Eben deshalb* wird man ihn als angemaßten *«König Israels»* an die Römer ausliefern und verurteilen lassen (Mk 15,31.32)[27]. Nur: welch ein Problem will man damit gelöst haben? Das Problem des *Kaiphas* mag es gewesen sein, wie man den Konflikt zwischen der Messiashoffnung der Menge und der Machtpolitik des Prokurators entschärfen könnte. Das «Problem» *Jesu* aber war die innere Verwandlung

Das war der Glaube, für den er lebte und starb. Es war ein Glaube, der seine tiefsten Wurzeln im gewöhnlichsten Alltagsleben hatte. Der Mensch Jesus hatte, abgesehen natürlich von der Tradition, in der er lebte und die bereits versucht hatte, diesen Glauben zu verbalisieren, nicht mehr ‹Informationen› über Gott, als sich zusammentragen ließ von den Vögeln des Himmels, den Bauern auf dem Feld, den Königen in ihren Schlössern und den Kaufleuten am Markt. Aus genau diesem Grund, weil sein Glaube in den gewöhnlichen Alltagserfahrungen wurzelte, war dieser Glaube außerordentlich radikal.» Er bedeutete das Ende für alles schriftgelehrte, beamtete und unpersönliche Sprechen von und über «Gott». – Geht man nicht von diesem *menschlichen* Erfahrungshintergrund aus, so wird man dem kritischen Urteil kaum widersprechen können, das M. Buber: Zwei Glaubensweisen, in: Werke, I 731–732, äußerte, als er vor allem die Herauslösung aus allen irdischen Bedingungen in Mk 14,62 hervorhob; die fehlende irdische Macht des geglaubten Messias habe jetzt nur noch von «oben» kommen können; – aus diesem historischen Faktum habe dann bei den hellenistisch Beeinflußten das mythische Element ein binitarisches Gottesbild erzeugt.

[27] Zu der Parallelität der Verurteilung vor Kaiphas *und* Pilatus s. o. Anm. 1.

des Menschen, eine Umgestaltung der menschlichen Hoffnung insgesamt. Was tut es, daß Jesus später recht behalten wird, auch politisch? 34 Jahre nach Kaiphas bricht das Spalierwerk der politischen Rückversicherungen und Abschirmungen unter dem politischen Messiasruf religiös fanatischer Aufständischer zusammen, – Lösungen von der Art, wie Kaiphas sie brachte, sind immer nur ein Aufschub, eine bloße Verlängerung des immer gleichen Irrtums[28]. Jesus aber, dieser scheinbare Phantast, dieser vermeintliche Ignorant und Utopist in Fragen der Politik, der alles allein und ausschließlich auf eine innere Veränderung des Menschen wie der Menge setzte, hätte eine *wirkliche* Lösung für dieses Problem zu bieten vermocht, das gar nicht erst zustandegekommen wäre, wenn man schon immer so gedacht hätte wie er. Aber: die Frage bleibt auf ewig: wer *vermag* so zu denken wie er?
Niemand kann das, vor ihm nicht und nach ihm nicht. Die Synagoge nicht. Die Kirche nicht. Der Hohe Priester tötet ihn. Und was tun wir? «Es ist besser, wenn einer stirbt, als das Volk.» Die ganze politische Vernunft unseres Handelns liegt in diesem einen Satz beschlossen. Wir müssen vermeintlich mit Menschen rechnen, und also müssen wir Menschen verrechnen[29]. Nur er,

[28] Man möchte in unseren Tagen vor allem mit Bezug zu den äußeren politischen Überlebensstrategien der *Kirche* laut wiederholen, was F. Werfel: Höret die Stimme, 355 dem Propheten *Jeremias* angesichts des drohenden Untergangs des Tempels als Gedanken eingab: «Nichts werde den Untergang aufhalten, die vollkommene Demütigung allein könne ihn mildern. Es gehe nur mehr um ein einziges Ziel: durch die grausamste Aufopferung des eigenen Stolzes den Tempel vor der Zerstörung zu bewahren und den Dienst des Herrn aufrecht zu erhalten, ohne der völkischen Schmach zu gedenken. Die Bewahrung der Lehre sei alles, die Bewahrung des Stolzes nichts.» Natürlich gilt ein gleiches auch auf der Ebene der inneren, psychischen Erfahrung; auch dort geht es immer wieder darum, gegen die Ausflüchte der Angst sich der eigentlichen Wahrheit des Lebens zu stellen

[29] *Daran* liegt es, daß F. Nietzsche: Umwertung aller Werte, Nr. 397, S. 231 nicht ganz Unrecht hatte, als er meinte: «Das Christentum ist möglich als *privateste* Daseinsform; es setzt eine enge, abgezogene, vollkommen unpolitische Gesellschaft voraus ... Ein ‹christlicher *Staat*›, eine ‹christliche Politik› dagegen ist eine Schamlosigkeit, eine Lüge, etwa wie eine christliche Heerführung, welche zuletzt den ‹Gott der Heerscharen› als Generalstabschef behandelt. Auch das Papsttum ist niemals imstande gewesen, christliche Politik zu machen ...; und wenn Reformatoren Politik treiben, wie *Luther*, so weiß man, daß sie eben solche Anhänger *Machiavellis* sind wie irgend welche Immoralisten oder Tyrannen.» Und a. a. O., Nr. 395, S. 232: «Der Typos ‹Christ› nimmt schrittweise alles wieder an, was er ursprünglich negiert ... Der Christ wird Bürger, Soldat, Gerichtsperson, Arbeiter, Handelsmann, Gelehrter, Theologe, Priester, Philosoph, Landwirt, Künstler, Patriot, Politiker, ‹Fürst› ... er nimmt alle *Tätigkeiten* wieder auf, die er abgeschworen hat (– die

der Sohn Gottes, tut das Phantastische: mit Gott zu rechnen und mit dem «Tempel» unseres Herzens, der nicht ein Gemächte von Menschen ist.
Kaum ist die Verhandlung in dieser Nacht beendet, da fällt der Pöbel über Jesus her und mißhandelt ihn mit Spott und Schlägen. Man gibt seine Botschaft der Lächerlichkeit preis[30]. Man stellt die alte Ordnung, die eben noch ins Wanken zu geraten drohte, mit Brachialgewalt wieder her. Weh dem, der schwach ist – dieser Satz wird immer wieder gelten, und selbst die Sensibilität des Herzens, die «messianische» Gabe der «Prophetie», wird zum zynischen Hohn eines grausamen Schabernacks erniedrigt. Es soll nichts mehr geben, woran Menschen glauben könnten, außer der Sprache der Angst und der Gewalt und damit der kollektiven Mißhandlung des Menschen. Alles aber, selbst der Sadismus, wird seine protokollarische Ordnung haben. Im Innenhof des Palastes des Hohen Priesters bleibt Jesus während dieser Nacht verhaftet, bis er am Morgen zum Großen Gerichtshof auf den Tempelberg geführt wird und die Plenarversammlung das Urteil bestätigt (Mk 15,1)[31]. In den gleichen Hannashallen, die Jesus reinigen wollte für Gott, wird er selber jetzt verurteilt. Der Oberste Gerichtshof Israels verurteilt einstimmig und unwiderruflich den «Pseudopropheten» zum Tode. Der Einspruch des Judas kommt viel zu spät (Mt 27,3–10). Der römische Gouverneur hat das Urteil noch zu bestätigen, und er wird es bestätigen.
Alles ist seither so geblieben. Die Prozesse des «Kaiphas» gehen weiter. Weiter werden Unschuldige dem Kalkül geopfert. Weiter befolgen wir in Staat und Kirche die Maxime des Hohen Priesters: «Es ist besser, wenn einer stirbt, als das Volk.» Und doch glauben wir Christen, daß wirklich, indem dieser eine gestorben ist, sich die ganze Welt zu ändern vermöchte. Als ihn Pilatus fragte, ob er der König der Juden sei, antwortete Jesus, ja, er sei ein König (Joh 19,37). Wir könnten noch *heute* die Ankunft des *Menschensohnes* sehen, erhöben wir ihn wirklich zum *König* unseres Herzens!

Selbstverteidigung, das Gerichthalten, das Schwören, das Unterscheiden zwischen Volk und Volk, das Geringschätzen, das Zürnen ...) Das ganze Leben des Christen ist endlich genau das Leben, *von dem Christus die Lösung predigte* ... Die *Kirche* gehört so gut zum *Triumph* des Antichristlichen, wie der moderne Staat, der moderne Nationalismus ... Die Kirche ist die Barbarisierung des Christentums.» Sie ist es mindestens solange, als sie den Prozeß vor Kaiphas nicht als fundamentale Anfrage an sich selbst begreift.

[30] Zu der *Verspottung* durch die Ratsmitglieder (Mk 14,65), die der Verspottung durch die *Soldaten* parallel ist, s. u. zu Mk 15,16–20a: «Soldaten» oder: die Legionäre und der Hauptmann.

[31] Siehe unten zu Mk 15,1–15: Pilatus oder: Das Königtum Gottes.

Mk 14,66–72: Der Verrat des Petrus

66 Und während Petrus unten in der Halle ist, kommt eine von den Mägden des Hohen Priesters, 67 sieht Petrus sich wärmen, blickt ihn an und sagt: Auch du – bei dem Nazarener warst du, dem Jesus! 68 Er aber leugnete, sprechend: Nein, ich weiß nicht, ich verstehe nicht mal, was du sagst, und ging hinaus in die Vorhalle; – da krähte ein Hahn –. 69 Doch die Magd sah ihn und fing abermals an, den Umstehenden zu sagen: Der *ist* von denen. 70 Er aber leugnete abermals. Doch nach einer Weile abermals: die Umstehenden sagten Petrus: Ganz sicher, du bist von denen, du bist doch auch ein Galiläer! 71 Er aber fing an, zu fluchen und zu schwören: Ich kenne den Menschen nicht, von dem ihr sprecht. 72 Und sogleich zum zweitenmal krähte ein Hahn. Da erinnerte sich Petrus an das Wort, wie ihm Jesus gesagt hatte: Ehe der Hahn kräht zum zweitenmal, zum drittenmal wirst du mich verleugnen. Und losbrach er und weinte.

Wann immer man die Leidensgeschichte des Evangelisten *Markus* liest, wird einem auffallen, was für eine große Rolle die Gestalt des Petrus dabei spielt. Für den Ablauf der äußeren Ereignisse kommt ihm so gut wie keine Bedeutung zu. Alles, was von ihm überliefert ist, könnte man streichen, ohne etwas am Gang der Dinge zu ändern[1]. Die Überlieferung über sein Verhalten in der

[1] Als irrig ist der Vorschlag anzusehen, den R. BULTMANN: Die Geschichte der synoptischen Tradition, 290 machte, indem er Mk 14,55–64 (das Verhör vor Kaiphas) als «störend in die Petrus-Geschichte eingeschoben» betrachtete. Gerade umgekehrt ist L. SCHENKE: Der gekreuzigte Christus, 19–20 zuzustimmen, «daß der Erzählzusammenhang ohne die Verleugnungsgeschichte (14,43–52.53.55–65; 15,1) nach Abzug redaktioneller Elemente durchaus organisch wäre. Hinzu kommt die Beobachtung, daß anders als im ganzen übrigen Passionsbericht in der Verleugnungsgeschichte nicht Jesus selbst und sein Geschick im Mittelpunkt des Erzählinteresses steht, sondern die Gestalt des Petrus und sein Versagen. Für das Schicksal Jesu hat dieses Versagen keine direkten Folgen.» Da die Verleugnungsgeschichte (Mk 14,54b.66b–72) als in sich geschlossene, isolierte Einzeltradition plausibel gemacht werden kann, folgert L. SCHENKE: A. a. O., 22–23: «Erst Mk hat die Verleugnungsgeschichte . . ., die er als ursprünglich selbständige, aber auf die Passion Jesu bezogene Einzelgeschichte vorfand, mit der Synedriumsszene . . . eng verknüpft und dadurch ein kontrastreiches Doppelbild geschaffen, in dem der bekennende Jesus und der verleugnende Jünger einander gegenüberstehen. Durch die so betonte *Gleichzeitigkeit* von Synedriumsverhör und Petrusverleugnung wird die Verhörszene nun in die Nacht verlegt. In 15,1a schafft Mk darum eine Überleitung, mit der das Pilatusverhör abgeschlossen werden kann. Ursprünglich wird erzählt worden sein, daß das Synedriumsverhör am Tage

Nacht vor dem Karfreitag scheint denn auch nachträglich, vielleicht von Markus selbst, in die bereits fertige Leidensgeschichte eingeschaltet worden zu sein. Warum aber hat man dann so ausführlich von dem «Verrat» des Petrus erzählen wollen[2]? Gerade wenn Petrus in der frühen Kirche wirklich eine besondere Stellung innehatte, wozu dann diese wenig schmeichelhafte Erinnerung an sein Versagen? Nur zum Zwecke der Mahnung: denke, wie

stattgefunden hat. Auch daß 14,53.55–65 im Hause des Hohenpriesters spielt, geht erst aus 14,54.66–72 hervor. Ursprünglich dürfte ganz selbstverständlich vorausgesetzt sein, daß die Verhörszene im Gebäude des Synedriums stattfand.» M. a. W.: manche offenbaren Ungereimtheiten der Passionsgeschichte bei Markus werden gut verständlich, wenn man annimmt, daß sie als Folge des *sekundären* Einschubs der Petrus-Szene zu betrachten sind.

2 Es scheint abwegig, mit M. Dibelius: Die Formgeschichte des Evangeliums, 217 die Erzählung auf eine Selbstaussage des Petrus zurückzuführen. Auch diese Geschichte ist, wie R. Bultmann: Die Geschichte der synoptischen Tradition, 290 richtig sagte, durch und durch «legendarisch und literarisch». Es macht schon von daher keinen Sinn, ihre Historizität mit geschichtlichen Argumenten über das damals Mögliche oder Unmögliche erweisen oder abweisen zu wollen. So machte seinerzeit W. Brandt: Die evangelische Geschichte, 1893, S. 32–35 darauf aufmerksam, daß nach rabbinischer Lehre die Hühnerzucht in Jerusalem untersagt war, also doch wohl auch kein Hahn bei dem Verrat des Petrus habe krähen können; H. L. Strack – P. Billerbeck: Kommentar zum Neuen Testament aus Talmud und Midrasch, I 992–993 bestätigten das Verbot mit der Begründung, «daß durch das Kratzen der Hühner verunreinigendes Gewürm ans Tageslicht gebracht werden könnte. Aus dem gleichen Grunde war der Priesterschaft das Halten von Hühnern auch außerhalb Jerusalems verboten.» Aber hielt man sich wirklich zur Zeit Jesu an dieses Gebot? Und: wie hoch, wie dick und, je nach Material, wie schalldurchlässig war wohl die Stadtmauer Jerusalems, daß man Hähne vielleicht doch von außerhalb hätte schreien hören können? Oder ist der «Hahnenschrei» in Mk 14,30 nur als Zeitangabe genannt gewesen, aus der dann die Petruslegende später herausgesponnen wurde? Fragen über Fragen! Und so geeignet, von der eigenen Existenz abzulenken! Die Lage wird nicht wesentlich besser, wenn L. Schenke: Der gekreuzigte Christus, 21–22 als «Sitz im Leben» die Situation der Mitglieder der Jerusalemer Gemeinde vermutet, die «wegen ihres Bekenntnisses zum gekreuzigten Messias Jesus durch Denuntiationen und Anzeigen an die Behörde seitens ihrer Mitbürger angefochten wurden. Die in dieser Situation schwach gewordenen und abgefallenen Christen werden mit dem Beispiel des Petrus gemahnt, reuevoll umzukehren. Für diese Lösung spricht, daß Petrus zweimal (V. 69.70) als einer ‹von ihnen› angesprochen wird, das heißt als Glied der (sc. nachösterlichen d. V.) Gemeinde der Christen.» Die (stets hypothetische!) Zuordnung einer Erzählung zu einer bestimmten historischen Situation ist nur dann von gewissem Nutzen, wenn der geschichtliche «Ort» *typologisch*, als Modell für die Konflikte und Gefährdungen der eigenen Existenz, genommen wird; gerade gegen diese *symbolische* Auffassung geschichtlicher Erfahrungen aber richtet sich die Grundhaltung der historisch-kritischen Methode; sie verengt

schwer selbst ein Petrus sündigte und wie bitterlich er bereute? Eine bloße Warnung vor Überheblichkeit und ein Beispiel tätiger Reue also?
In der Tat: Petrus hatte sich so sicher gefühlt; selbst wenn alle Jesus im Stich lassen würden – er nicht! Er wollte lieber mit Jesus sterben, als ihn zu verraten (Mk 14,28–31). Aber geht es hier wirklich nur darum, daß jemand in herrlicher Selbstüberschätzung alle Vorsichtsmaßregeln gegenüber der eigenen Versuchbarkeit außer acht läßt? Handelt es sich wirklich nur um einen Kontrast von Selbstsicherheit und Versagen[3]?

damit nicht nur von vornherein den Bedeutungsgehalt der biblischen Erzählungen, sie verhindert vor allem die notwendige Identifikation des heutigen Lesers mit den Geschichten von damals. Um es konkret zu sagen: unser heutiges Problem als «Gläubige» ist so gut wie niemals die physische Bedrohung mit Verfolgung und Martyrium; wohl aber erlebt jeder jeden Tag alle möglichen Formen von Angst und Menschenabhängigkeit, die ihn daran hindern, die Menschlichkeit, für die Jesus in den Tod ging, wirklich zu leben. Der Verrat an Jesus als dem «Menschensohn» ist immer wieder und zu allererst ein Verrat nicht an einem formalen dogmatischen Glaubensbekenntnis zu dem «Messias Jesus», sondern an dem eigenen Wesen, an dem «Menschensohn» *in uns*. Erst mit Hilfe einer tiefenpsychologischen Deutung gelangt man zu der bleibenden Aktualität und Brisanz solcher Erzählungen wie der von dem Verrat des Petrus.

[3] Es mutet aberwitzig an, wenn L. SCHENKE: Der gekreuzigte Christus 20 zunächst ganz richtig auf den dreistufigen Aufbau der Erzählung vom Verrat des Petrus hinweist, der «künstlich» sei und «der Steigerung» diene, nur um dann aus gegebenem Anlaß das Grunddogma der historisch-kritischen Methode in prachtvoller Klarheit zu wiederholen: «Eine psychologisierende Betrachtung verbietet sich von selbst.» In Wahrheit ist bereits die «Dreigliederung» der Erzählung ein beliebtes Stilmittel unzähliger Mythen, Märchen, Sagen und Legenden; natürlich soll mit dieser Erzählweise der «Volksliteratur» «Psychologie» getrieben werden: der Leser *soll* gerade von Mal zu Mal die «Steigerung» der *Angst* des Petrus mitverfolgen; während er einerseits von Frage zu Frage hofft, es würden am Ende in Petrus die Treue und Wahrhaftigkeit Sieger bleiben, muß er schließlich mit um so größerer Bestürzung feststellen, daß die Sackgasse der Lüge und der Angst für diesen «Felsen» von Jünger immer enger und immer unentrinnbarer wird. Jede Art von Vergleich mit der eigenen Psychologie des Lesers in vergleichbaren Situationen ist das ausgesprochene Ziel einer solchen «legendären» Erzählweise. Gerade die «Legenden der Unfertigen» (vgl. E. DREWERMANN: Tiefenpsychologie und Exegese, I 429–443) verlangen bei der Auslegung ein eigenes psychologisches Feingefühl. Zudem ist es im Sinne des Markus unerläßlich, den von ihm selbst geschaffenen *Kontrast* zwischen der Selbstsicherheit des Petrus in Mk 14,29 und seinem kläglichen Versagen *psychologisch* herauszuarbeiten und als eine innerlich notwendige Einheit verständlich zu machen. Zu vermeiden ist daher die vorschnelle Theologisierung dieses seelischen Zweikampfes mit der Angst in der Seele des Petrus, und es führt nur zu einer entfremdeten, über dem Menschen schwebenden Überich-Sprache, wenn E.

Psychologisch ist etwas ganz anderes wahrscheinlich. Ein Mann, der so um sein Leben bangen kann wie Petrus, sollte der nicht auch schon vorher, als er sich noch so felsenfest und zuverlässig gab, bereits von Angst und Unsicherheit erfüllt gewesen sein? Es besteht offenbar wenig Grund, in Petrus einfach einen Sanguiniker, einen schnell entflammbaren Strohfeuercharakter zu sehen, der große Worte macht, doch wenig davon hält; viel eher wird man in ihm einen Mann sehen müssen, der bedingungslos gut sein möchte, aber es nicht kann, der zugunsten einer gespielten Sicherheit seine Angst verdrängt, nur um desto hilfloser von ihr weggeschwemmt zu werden, der als ein «Tatmensch» seine eigenen Gefühle völlig ignoriert, aber gerade deshalb ihnen ohnmächtig ausgeliefert ist. *Dieses* psychologische Drama der Gestalt des Petrus gilt es zu sehen; die bloße Warnung: Hochmut kommt vor den Fall, kann das Problem der Angst, in das Petrus gerät, nicht lösen, ja, sie muß es, isoliert vorgetragen, in Wahrheit sogar noch verstärken[4].

SCHWEIZER: Das Evangelium nach Markus, 182 meint: «Was Markus im ganzen Aufbau seines Buches sagen will, wird hier besonders klar. Jesus ist die Präsenz Gottes unter den Menschen; in ihm will Gott sich den Menschen öffnen. Aber diese verschließen sich wider ihn. Selbst der Jesus zunächst stehende Jünger, dem es an Einsatzfreudigkeit und Todesbereitschaft nicht fehlt (14,31), versagt. So stehen sich Treue des Menschensohns und Untreue der Menschen als scharfer Kontrast gegenüber. Daran wird sichtbar, wie schwer es die Menschen Gott machen, sich ihnen zu offenbaren, und der Schluß des Abschnitts zeigt, daß es Begegnungen mit Gott nur gibt, wo der Mensch sich nicht in der frohgemuten Selbstsicherheit von 14,29 unangefochten wähnt, sondern sich unter das Gericht Gottes gestellt weiß.» Das ist beste reformatorische Diktion und Gesinnung – allerdings mit der in solcher Verkürzung unausbleiblichen Folge eines menschlich ruinösen Selbstwertgefühls und einer Gottesvorstellung, die immer wieder den Menschen erst in den Staub drückt, um ihn hernach huldvollerweise wieder aufzurichten. Gerade die außerordentlich wichtige reformatorische Einsicht in die *wesentliche* Hilflosigkeit und Ausweglosigkeit des Menschen wird erst durch die Tiefenpsychologie der Angst wirklich verständlich; dann erst versteht man auch die grundsätzliche Angewiesenheit des Menschen auf Gott; und man erfährt *ohne* Demütigung und Erniedrigung die Befreiung, die in der Nähe Gottes liegt: die Befreiung von einer Angst, die Jesus am Ölberg bis zum äußersten durchleidet, während alle anderen Akteure der Passionsgeschichte des Markus auf je ihre Weise nur dem Diktat eben dieser Angst verzweifelt Folge leisten.

[4] Ebenso sehr wie eine vorschnelle Theologisierung der Erzählung gilt es, eine vorschnelle *Moralisierung* der Stelle zu vermeiden; es kommt vielmehr darauf an, in der Seele des Menschen den Ort zu berühren, an dem sich zeigen läßt, daß erst ein absolutes Verhältnis zu Gott von der Angst vor den Menschen erlöst und uns die Fähigkeit zurückschenkt, auch wirklich so zu handeln, wie wir es eigentlich wollen.

Die Erzählung vom Verrat des Petrus beginnt mit der dunklen Voraussage Jesu: «Ihr alle werdet straucheln» (Mk 14,27), und schon dieser Anfang erscheint ungeheuerlich. Kann es sein, daß menschliches Verhalten in entscheidenden Augenblicken derart berechenbar ist? Daß man wissen kann, was jemand tun wird, selbst wenn, ja, gerade *weil* er es nicht will[5]? Und ist es denkbar, eine Schuld zu akzeptieren, die man noch gar nicht begangen hat? Nirgendwo sonst stellt sich die Frage nach der menschlichen Freiheit und Verantwortlichkeit herausfordernder als dort, wo Menschen vorhersehbar, durch «Vorsehung» scheinbar, schuldig werden. Kann überhaupt da noch von Schuld die Rede sein, wo alles einem Plan gehorcht? Doch gerade dieses Paradox will Jesus hier betonen[6]. Er möchte, daß die Jünger im voraus ihr eigenes Versagen wie ein schier unvermeidbares und unabwendbares Geschick betrachten. Die Schuld liegt bereits über ihnen, sie wird ihnen gewissermaßen fertig in die Hand gegeben. Das ist der wohl befremdlichste Gedanke, auf den an dieser Stelle alles zutreibt: daß menschliche Schuld in Anbetracht unserer Persönlichkeit und unseres Charakters unvermeidbar

[5] Das «Vorherwissen» Jesu wirft in historisch-kritischer Sicht scheinbar keinerlei Probleme auf. So meint R. PESCH: Das Markusevangelium, II 383: «Jesu Vorhersage (V 30) bedarf keiner weiteren Bekräftigung; sie wird durch die Erzählung der Erfüllung (14,66–72) bestätigt.» Im übrigen geht es bereits in 14,27 mal wieder nur darum, daß die «Vorhersage Jesu ... durch den Schriftbeweis mit Sach 13,7 gestützt» wird (a. a. O., II 379). Was aber geschieht, wenn man das *Weltbild* akzeptieren muß, das Markus hier gestaltet: es gibt – wie in der griechischen Tragödie! – ein Vorherwissen um eine Schuld, die sich um so sicherer ereignen wird, als die Menschen verzweifelt versuchen, ihr zu entgehen! Wer die Menschen so zu sehen beginnt, wie Markus es hier tut, dem wird die Welt und das eigene Herz zu einem Abgrund, aus dem wirklich nur Gott uns erlösen kann. Und diese Einsicht ist gewissermaßen die Eintrittsbedingung der Erlösung! *Das* ist es, was CALVIN in seiner Gnadenlehre sagen wollte, aber man versteht es nur, indem man es nicht als dogmatisches Theorem diskutiert, sondern als Erfahrung im eigenen Leben gelten läßt.

[6] Es ist die endlose Debatte um den freien und den geknechteten Willen, die zwischen AUGUSTINUS und PELAGIUS, zwischen M. LUTHER und ERASMUS, zwischen B. PASCAL und den Jesuiten geführt wurde und in der immer wieder die humanistische Grundüberzeugung des ethischen Postulats der Freiheit des Willens, zwischen Gut und Böse entscheiden zu können, gegen das scheinbar düstere Bild der paradoxen Lehre des Christentums von «Erbsünde» und «Gnade» rebelliert. Zu dem Streit zwischen LUTHER und ERASMUS vgl. F. HEER: Die Dritte Kraft, 213–241 (Erasmus, Luther und die Lutherischen Erasmianer), sowie ST. ZWEIG: Triumph und Tragik des Erasmus von Rotterdam, 113–147 (Der große Gegner), die beide ganz richtig die *Angst* als die Zentralerfahrung der Reformationszeit herausarbeiten.

sein kann, und daß gerade in dieser Unvermeidbarkeit sich Gottes Wille erfüllt. Stand es so nicht bereits beim Propheten *Sacharja* verkündet: «Ich werde den Hirten schlagen, und die Schafe werden sich zerstreuen» (Sach 13,7; Mk 14,27)[7]? Aber kann ein Mensch mit einer solchen Zwangsgesetzlichkeit des Schicksals leben?
An gerade dieser Frage setzt der Protest des Petrus an: Sein Wort ist zunächst einmal ein Einspruch gegen die angebliche Unausweichlichkeit der Schuld. – Es ist für uns schon schwer und manchmal beinah unerträglich, zu einer Schuld zu stehen, die zeitlich der Vergangenheit angehört. Ganz unmenschlich aber scheint es, eine Schuld anzuerkennen, die wir trotz aller Gegenwehr ebenso vorhersehbar wie unausweichlich auf uns laden sollen; eine solche schicksalhafte Schuld *in der Zukunft* anzuerkennen, würde ja bedeuten, daß wir uns bereits in der Gegenwart als Wesen verstehen müßten, aus deren Zustand mit Notwendigkeit die Sünde folgen würde. Gesündigt *zu haben* ist schlimm, aber menschlich betrachtet gibt es doch die Möglichkeit der Umkehr; hingegen *die Zukunft* als unentrinnbare Schuld vor sich zu sehen, ohne die Möglichkeit, ihr auszuweichen, das müßte den letzten Rest an Selbstvertrauen in uns untergraben. Kein Mensch könnte einen solchen Gedanken akzeptieren, ohne an sich selber zu verzweifeln[8].

[7] Statt die Schriftzitate als äußere Argumente der frühchristlichen Messiastheologie zu «würdigen», kommt es vielmehr darauf an, die Ungeheuerlichkeit mitzuvollziehen, die bereits darin liegt, den Ablauf der Geschichte insgesamt nach dem Schema von sich erfüllenden göttlichen Weissagungen zu konzipieren. Hier und nur hier erreicht das Wissen der Bibel um die Verstrickungen des menschlichen Daseins das Format der attischen Tragödien; nur wer die völlige Aussichtslosigkeit aller guten Bemühungen des Menschen im Feld der Angst, im Feld der Gottesferne, wirklich akzeptiert, vermag die Passionsgeschichte des Markus von innen her als eine Erlösungsgeschichte der menschlichen Angst in allen ihren Formen zu verstehen. Zu Sach 13,7 vgl. K. Elliger: Die Propheten (ATD 25), 175–176, der an Stellen wie Sach 12,2ff und Ez 38f. erinnert, «in denen ja auch Gott selbst als Urheber der letzten Not erscheint.» Aber auch hier gilt es, die «Wehen des Messias» als den Geburtsschmerz zu deuten, der uns überfällt, wenn wir aus einer Welt der Angst und der Verzweiflung wiedergeboren werden zur Freiheit eines Vertrauens notfalls *gegen* alle Welt.
[8] Zu dem dogmatischen Verwirrspiel, die Vorsehung Gottes mit der Willensfreiheit des Menschen zu vereinbaren, vgl. die Ausführungen bei J. Brinktrine: Die Lehre von der Gnade, 135–142 über die «Wirkungsweise» der Gnade. Das gestellte Problem ist solange nicht lösbar und wird solange zu immer neuen Ketzermachereien führen, als man nicht anerkennt, daß die Problemstellung selbst sich aus der Projektion menschlicher Gefühlsambivalenzen zwischen Angst und Vertrauen in den Raum des Absoluten hinein ergibt; die

Doch offenbar will Jesus gerade den Zusammenbruch unserer moralischen Persönlichkeit erreichen. Es geht ihm um diesen Tod unserer ethischen Selbstzufriedenheit, mit der wir glauben, gut sein zu können, einfach weil wir es wollen. Denn mit dieser Einstellung werden wir der Unheimlichkeit des Bösen im Menschen nicht gerecht, und wir werden auch Gott nicht gerecht, der uns *alles* vergeben muß, nicht nur das, was wir tun, auch das, was wir sind. Es ist ein erschütternder Gedanke, den eigenen moralischen Untergang, die eigene Unfähigkeit zum Guten akzeptieren zu sollen; aber erst so gewinnen wir ein Vertrauen, das uns von den Krämpfen und Vergeblichkeiten unserer guten Vorsätze und angestrengten Bemühungen im Felde der Angst befreit.
Mit Absicht legt *Markus* gerade an dieser Stelle Jesus den Hinweis auf seine Auferstehung in den Mund (Mk 14,28); denn das ist es, was wir an der Seite Jesu lernen können: auch nach begangener Schuld werden wir Gott nicht aus den Augen verlieren; er wird zu uns stehen, selbst wenn wir straucheln; erst jenseits des Zwangs zum Bösen im Getto der Angst, erst kraft eines unbedingten Vertrauens zu Gott, beginnt ein wahres Leben der Freiheit; erst dann liegt der Weg vor uns, den Jesus mit uns nach «Galiläa» gehen wird[9].
Wieviel müssen wir Menschen erst tun und hinter uns bringen, ehe wir spüren, daß wir wirklich von Gott umgriffen sind, in unserem ganzen Dasein, in Vergangenheit und Zukunft, möge passieren, was will? Erst wenn wir tiefer an Gott glauben, als es im Korsett der Angst und der dazugehörigen moralischen Zielsetzungen unseres sogenannten guten Willens möglich ist, werden wir merken, daß wir Gott *alles* verdanken: unser ganzes Dasein, unser ganzes Leben. Erst der Zusammenbruch der Ethik, unserer gesamten moralischen Persönlichkeit, entläßt uns in das neue Leben, das Jesus uns schenken wollte, als er in «Galiläa» zu uns redete. Dort werden wir ihn wiederfinden[10].

so entstehende theologische Metaphysizierung von im Grunde psychischen Gegebenheiten führt notwendig zu logischen Widersprüchen, die bei aller jesuitischen Begriffsjonglierei sich nicht auflösen lassen.

[9] Vgl. Mk 14,28; 16,7.

[10] Sehr schön hat P. TILLICH: Systematische Theologie, II 192 dieses Betreten eines absoluten Raums der Rechtfertigung des menschlichen Daseins, diese Erlösung «aus Gnade», für welche «*Galiläa*» als räumliche Chiffre stehen mag, als «die Wiederherstellung der Einheit von Gott und Mensch» beschrieben: «Bejahen, daß man bejaht ist – das ist das Paradox der Erlösung, ohne das es keine Erlösung, sondern nur Verzweiflung geben würde.» Selbst wenn wir, wie Petrus in dieser Erzählung, nur noch Gründe sehen, uns

Petrus indessen hört dieses von *Markus* eingeschobene Wort von der Auferweckung von den Toten gar nicht. Es hat ihm nichts zu sagen, weil er bereits die Voraussetzung nicht akzeptiert. Mögen auch alle schwach sein oder werden – er nicht. Und ganz bezeichnend: so wie er, sprechen die Jünger alle (Mk 14,31)[11]. Spätestens an dieser Stelle wird deutlich, was die Gestalt des Petrus mit der Leidensgeschichte Jesu zu tun hat. Er und die Jünger stehen stellvertretend für uns alle, mit unserem Vertrauen in die eigene Richtigkeit, mit der Oberflächlichkeit unserer Selbsterkenntnis und mit der «Überlautheit» (Mk 14,31), mit der wir unser Ich für frei und uns selbst im Grunde für gute Menschen halten, die keinerlei Erlösung brauchen, um vor sich und anderen bestehen zu können. In Wahrheit gibt es nur *einen* Weg, um die Unausweichlichkeit der Schuld zu überwinden: sie einzugestehen und dennoch nicht zu resignieren, weil es doch Gott gibt, und auch, weil diese Sicht der Dinge prinzipiell erst von Gott her möglich ist. Nicht eine abstrakte Lehre von der Unausweichlichkeit der Schuld steht hier auf dem Spiel, es geht vielmehr um Erfahrungen, die wir immer wieder mit uns machen können, machen müssen. Nicht in einer theologischen «Lehre», in Gott selber und in der Dynamik unserer Angst liegt dieses Paradox begründet, daß wir immer wieder aus lauter Angst gerade *das* Böse am ehesten tun werden, das wir um alles in der Welt am meisten vermeiden möchten, und daß wir zum Guten erst fähig sind, wenn wir darauf verzichten, unsere Ängste mit den Mitteln moralischer Kontrolle und Selbstdisziplin zu bekämpfen[12].

Insofern zeigen Petrus und die Jünger uns allen, woraus wir wirklich leben: Nur das Vertrauen zum Erbarmen Gottes, am Ende all der Wohlgemutheit

selber abzulehnen, so müßte es die Erfahrung sein, die in Jesus lebte, daß wir trotz allem von Gott uns nicht getrennt zu fühlen brauchen. Die geniale Formel LUTHERS: *simul justus et peccator* – berechtigt zu sein, trotz aller Unvollkommenheit und Schuld, gibt diese Formel zeitlos gültig wieder.

[11] Sehr schön sagt E. SCHWEIZER: Das Evangelium nach Markus, 168 zu Mk 14,31: «Selbst letzter Einsatz, ehrliche und echte Bereitschaft zum Martyrium helfen nicht; der Mensch täuscht sich im Positiven wie im Negativen immer wieder, solange er noch außerhalb der Notsituation bloß sich selbst und die Stärke seines Glaubens betrachtet. Was ihn rettet, ist einzig die Verheißung Jesu (V. 28).»

[12] Die klassische Stelle eines solchen Zusammenbruchs des psychisch überforderten guten Willens ist Gen 4,7.8, wo *Kain* gerade noch der (nur moralischen!) Weisung Gottes zu folgen versucht und gerade dadurch zum Mord an seinem Bruder gedrängt wird. Zur Auslegung der Stelle vgl. E. DREWERMANN: Strukturen des Bösen, I 117–134; DERS.: Das Markus-Evangelium, I 18–23.

unserer moralischen Selbstberuhigungen, vermag uns aus dem Strudel der Angst zu erretten.
Die Psychologie kann diese theologische Einsicht nur bestätigen.
«Wenn unser Herz uns auch verurteilt: Gott ist größer als unser Herz.» (1 Joh 3,20) Offenbar ist es zu oberflächlich, in der Haltung des Petrus lediglich einen Akt persönlicher Prahlerei zu sehen. Er und die Jünger möchten Jesus wirklich nicht im Stich lassen. Sie sind wirklich bereit, mit ihm bis in den Tod zu gehen. Und doch macht schon die Überschwenglichkeit, mit der Petrus seine Versicherung vorträgt, den Leser mißtrauisch. Man spürt, daß hinter seinem Enthusiasmus, hinter seiner Begeisterung, hinter seinem Idealismus von Anfang an die Macht der Angst steckt, die sich wie verzweifelt an einen Halt zu klammern sucht. Petrus klettert offenbar in den Behauptungen seiner Treue so hoch, weil er die Furcht vor dem Verrat so heftig niederringen muß. Würde sein Ja zu Jesus aus einer in sich geschlossenen und gefestigten Haltung erwachsen, so wäre weder seine übertriebene Zusicherung noch später die Tiefe seines Falls verständlich. Petrus möchte offenbar für sich selber um so energischer einstehen, als er den Augenblick möglicher Schwäche angstvoll fürchten muß[13]. Das aber ist gerade das Dilemma: selbst ein Maximum an gutem Willen, selbst ein scheinbar felsenfester Idealismus, selbst die subjektiv glaubwürdigsten Versicherungen und Vorsätze stehen tiefenpsychologisch oft genug in dem Verdacht, keineswegs in sich geschlossen, ursprünglich und unverfälscht zu sein; selbst das, was wir an sich gut meinen, ist oft doch nur die Reaktion eines genau entgegengesetzten Verlangens. Das Böse, das wir in uns tragen, läßt sich auf diese Weise vielleicht eine Zeitlang verdrängen oder verschieben, aber auf die Dauer doch nicht verhindern. Dostojewskij sagt in seinem Roman *«Die Brüder Karamasoff»* einmal: «Ein Mensch mit erhabenem Geist und Herz beginnt mit dem Ideal der Madonna und endet mit dem Ideal von Sodom. Aber noch schrecklicher ist, daß ein Mensch mit dem Ideal von Sodom in seiner Seele das Ideal der Madonna nicht aufgibt, und sein Herz kann für dieses Ideal entflammt sein, echt entflammt sein, geradeso wie in den Tagen seiner Jugend und Un-

[13] In der Psychoanalyse hat S. Freud: Das Unbewußte, Werke X 263–303, S. 280 den sehr glücklichen Ausdruck der *«Gegenbesetzung»* eingeführt, «durch welche sich das System *Vbw* (sc. das Vorbewußte, d. V.) gegen das Andrängen der unbewußten Vorstellung schützt ... Die Gegenbesetzung ist der alleinige Mechanismus der Urverdrängung; bei der eigentlichen Verdrängung (dem Nachdrängen) kommt die Entziehung der *vbw* Besetzung hinzu.»

schuld.»[14] Diese ewige Zerrissenheit und Zwiespältigkeit unseres Herzens läßt uns immer wieder das Gute tun, nur um dem Bösen auszuweichen, aus bloßer Angst; und umgekehrt begehen wir nicht selten die schlimmsten Verbrechen aus einer verborgenen, enttäuschten Sehnsucht nach dem Guten. Das ganze Leid unserer Seele scheint daher zu rühren, daß wir, getrieben von Angst, weder das Gute noch das Böse einheitlich und geschlossen zu tun vermögen; irgendwo bleibt immer ein Rest, der wie ein Sprung in einem Glas alles verdirbt. «Ideale muß man untersuchen in Richtung auf den Kopf, der sie nötig hat», meinte F. NIETZSCHE[15] schon vor 100 Jahren, und ANNA FREUD erkannte vor 50 Jahren in den vermeintlichen «Idealen» gewisse Abwehr- und Schutzmechanismen gegen bestimmte andrängende Triebgefahren[16].

Das Erschütternde an der Gestalt des Petrus ist mithin nicht das Problem seines *bösen* Willens oder seiner Feigheit; erschütternd an ihm ist die Vergeblichkeit bzw. die Gegenfinalität seines *guten* Willens[17]. «Gerade du wirst

[14] F. M. DOSTOJEWSKIJ: Die Brüder Karamasoff, I 3,3, 1. Bd., S. 137, freies Zitat.

[15] Vgl. F. NIETZSCHE: Morgenröte. Gedanken über moralische Vorurteile, Nr. 523, S. 304: «Bei allem, was ein Mensch sichtbar werden läßt, kann man fragen: Was soll es verbergen? Wovon soll es den Blick ablenken? Welches Vorurteil soll es erregen? Und dann noch: Bis wie weit geht die Feinheit dieser Vorstellung? Und worin vergreift er sich dabei?» Und: Nr. 538, S. 310: «Drei Viertel alles Bösen, das in der Welt getan wird, geschieht aus *Furchtsamkeit.*» Und das letzte Viertel, darf man hinzufügen, aus *Angst*, die noch nicht Furcht geworden ist.

[16] Vgl. A. FREUD: Das Ich und die Abwehrmechanismen, 95–104 (Eine Form von Altruismus), S. 103: «Eine kleine Beobachtung am Phänomen der Todesangst ermöglicht schließlich noch von anderer Seite her den Zugang zum Begriff der altruistischen Abtretung. Wo immer die Projektion von Triebregungen auf andere in größerem Umfange stattfindet, dort fehlt dem betreffenden Individuum das Erlebnis von Todesangst. Ein solches Ich spürt auch im Augenblick der Gefahr keine wirkliche Besorgnis für das eigene Erleben. Es kennt aber statt dessen eine gesteigerte Besorgnis und Angst um das Leben seiner Liebesobjekte.» Ganz entsprechend löst Petrus das Problem seiner eigenen Todesangst, indem er es zunächst in Fürsorge für Jesus umwandelt (Mk 14,31). Ein solcher Mechanismus setzt ein hohes Maß an *Identifikation* voraus, indem das Ich des anderen als konstitutiv für das eigene Selbstwertgefühl genommen wird. Um so totaler fällt natürlich dann das Verlassenheitsgefühl und die Ichentwertung der «Reue» aus. (Mk 14,72)

[17] Den Begriff der «*Gegenfinalität*» hat J. P. SARTRE: Kritik der dialektischen Vernunft, 1. Bd.: Theorie der gesellschaftlichen Praxis, Reinbek 1967 im Wechselspiel zwischen Freiheitsentwurf und den Strukturen des Materiell-Inerten sowie in der Funktionalisierung bzw. Instrumentalisierung der eigenen Freiheit durch den Freiheitsentwurf des anderen als

heute, in dieser Nacht, ehe zweimal der Hahn kräht, mich dreimal verleugnen.» (Mk 14,30) Dieses Wort Jesu ist so endgültig und so aussichtslos, daß es wirkt wie ein resigniertes: Gib's auf! Offensichtlich drängt Jesus darauf, daß Petrus (stellvertretend für uns alle) sich der eigenen Hilflosigkeit endlich bewußt wird; «der aber redete überschwenglich: Müßte ich sterben mit dir, nie werde ich dich verleugnen.» Vermöchte Petrus wirklich so zu handeln, wie er hier vorgibt, so müßte unsere menschliche Wirklichkeit anders sein, als sie ist. In Wirklichkeit aber sind selbst unsere Versprechungen und Vorsätze noch verschleierte Formen der Unwahrheit, mit denen wir uns einreden, im Grunde den Beistand und das Erbarmen Gottes doch nicht so unbedingt nötig zu haben. Und in jedem Falle überfordern wir uns selber – psychisch wie moralisch.

Erbärmlicher kann die mannhafte Rede des Petrus in ihrer Ohnmacht gar nicht entlarvt werden als dadurch, daß wir wenig später schon diesen tapferen Begleiter Jesu in Gethsemane schlafend finden. Während Jesus die Stunde schlimmster Angst durchleiden muß, verkriecht die Seele des Petrus sich in die schwere Müdigkeit des Fleisches, abwechselnd zwischen Betriebsamkeit und Erschöpfung, zwischen Hektik und Hohlheit, zwischen Selbstermannung und Ermattung[18]. Ein gewisses Maß an Wachsamkeit und Sensibilität wäre das einzige, was Jesus von uns erwarten würde; wir aber, in dem Bemühen, ihm zu folgen, verlieren uns nur allzu gern in hochgespannten Idealen und Absichtserklärungen. Wir sind so haltlos, daß wir uns mit Leibeskräften an Jesus anzuklammern suchen, aber wir merken vor lauter Anstrengung dabei nicht, daß er uns selber tragen und festhalten muß, wenn es Halt für uns geben soll.

So bricht denn über Petrus endgültig die Nacht herein. Schon hat man Jesus abgeführt, und Petrus ist allein. Den er begleiten wollte, er ist fort. Er hat ihn nicht zu verteidigen vermocht – nicht einmal mit dem Schwert. Und während Jesus bei dem Hohen Priester verhört wird und der Ausgang des Verfahrens durchaus noch offen ist, sitzt Petrus bei den Dienern im Hof des Hohen

eine zentrale Kategorie der dialektischen Geschichtsphilosophie entwickelt; der Begriff eignet sich zudem hervorragend, um die Umkehrung von Ziel und Ergebnis bei allen ausgeprägt neurotischen (angstgeprägten) Verhaltensweisen zu beschreiben. Vgl. E. DREWERMANN: Strukturen des Bösen, III 401–411.

[18] Die *Müdigkeit* von Mk 14,37 ist tiefenpsychologisch wohl am besten als Abwehrvorgang, als ein «Nicht-länger-mitansehen-können» zu verstehen. Zur Psychodynamik eines solchen *Vermeideschlafs* vgl. E. DREWERMANN: Die kluge Else, 36–38.

Priesters am Feuer, um sich zu wärmen. Bis dahin ist er Jesus inkognito gefolgt. Er hat sich bis in diese Einsamkeit vorgewagt; man sage nicht, er habe keinen Mut gehabt. Wohl ist er soeben, wie alle anderen Jünger, bei der Verhaftung Jesu geflohen (Mk 14,50)[19]; doch diese Überlieferung von seinem «Verrat» behauptet, er habe trotz allem die Nähe Jesu gesucht und die Gefahr nicht gescheut.
Dann aber, plötzlich und unvermutet, trifft er auf die tiefste Prüfung seines Lebens. Seine galiläische Mundart verrät einer Magd des Hohen Priesters seine wahre Zugehörigkeit zu den Jüngern Jesu – er ist gesehen worden. Petrus weicht immer mehr zurück; er weicht aus in die Vorhalle des Hohen Priesters, er ist förmlich auf der Flucht. Alles in ihm steigt in diesem Augenblick auf, was er vorhin noch durch seine lautstarken und wortreichen Versicherungen unterdrücken wollte. Die reine Angst kriecht in ihm hoch. Alles, was er gewollt hat und weswegen er gekommen ist, erscheint nunmehr wie weggeblasen. Ein einziges Wort einer Frau, ein kurzer Augenblick der Wärme am Feuer seiner Gegner, und alles ist wie vergessen, wie vollkommen ohnmächtig und unwirksam. Macht hat in Petrus jetzt nur noch die Angst. Soll er sich wirklich wegen des Tonfalls einiger unbedachter Worte verhaften lassen[20]? Und wem soll es nützen, wenn auch er den Kopf mit in die Schlinge steckt?

[19] Insofern muß es als ein gewisses «Lob» gewertet werden, daß Petrus überhaupt in diese verfängliche Lage hineingerät. Ziemlich unglaubhaft sind demnach die Hypothesen von G. KLEIN: Die Verleugnung des Petrus. Eine traditionsgeschichtliche Untersuchung, ZThK 58 (1961) 285–328, der die Erzählung von dem Verrat des Petrus für eine ressentimentgeladene Erfindung von Gruppen hält, die Petrus seine mehrmaligen Gesinnungsänderungen im Kreis der «Zwölf», der «Apostel» und der «Säulen» in Jerusalem übel genommen hätten.

[20] Psychologisch ist dabei auch die Rolle der *Magd* (Mk 14,67.69) von Interesse. In einer sehr einfühlsamen Meditation weist O. H. SEMMET: Die Magd im Hof, in: W. Leierseder (Hrsg.): Jesu Leidensweg – Menschen am Rande. Predigten zur Fastenzeit 2, Regensburg 1988, 9–16, S. 13–14 darauf hin, daß die Magd sich offenbar ganz «der Meinung ihres mächtigen Arbeitgebers ... angepaßt» hat. «Macht, Terror und Gewalt setzen sich ... immer von oben nach unten fort. Wo von oben her Druck gegen mißliebige Personen ausgeübt wird, wo die Ausübung der Macht in Verfolgung ausartet, da finden sich schnell die kleinen Geister, die sich solcher Bewegung anschließen, die ihre Chance wittern, im Schlepptau der Mächtigen zeigen zu können, daß sie auch jemand sind. Dabei haben sie keine Hemmungen, wenn es sein muß, auch schnell die Fronten zu wechseln. Worum es geht, ist nicht wichtig. Man muß nur rechtzeitig auf der jeweils stärkeren Seite stehen.» Tatsächlich genügt es, jemanden in der Meute der Menschen jagdfrei zu geben, und es

Wozu ist ein Mensch imstande, wenn ihn die Angst überfällt? Gibt es irgendeine Gemeinheit, die Menschen nicht begehen würden, um ihre nackte Haut zu retten? Sind wir am Ende nicht fähig zu verleugnen, was uns heilig war, und es schließlich sogar zu verfluchen, weil es uns in tödliche Gefahr zu bringen droht? Geschüttelt von Angst, können wir dahin gelangen, zu hassen, was uns eigentlich am Herzen liegt, und die Heftigkeit, mit der wir es verwünschen, entspricht dabei sogar der Heftigkeit, mit der wir uns selbst hassen unserer Feigheit wegen. Alles ist ambivalent, alles ist dialektisch, solange wir Sklaven der Angst sind[21]. Nicht der «Verrat» des Petrus ist erschütternd. Erschütternd ist, was unter der Beteuerung unserer Treue tief verborgen in uns wohnen kann, unbemerkt von uns selber und überraschend für die anderen. Erschütternd ist die tiefe innere Zwiespältigkeit und Widersprüchlichkeit, die in uns liegt, gerade wenn wir uns aus Angst dem Guten zuwenden. Soll man womöglich glauben, daß wir überhaupt niemals einen Menschen wirklich zu lieben vermögen, ohne ihn unterschwellig zugleich zu hassen? Jedenfalls bedarf es oft nur bestimmter Umstände, um die Magma-Masse unserer Seele an die Oberfläche zu schleudern. «Ich kenne diesen Menschen nicht» – wer kann bei diesen Worten zweifeln, daß Petrus ganz entgegen seinem eigentlichen Willen redet, ein Getriebener der Angst, ein Leidender der Todesfurcht, ein ohnmächtiger Sklave des Willens zum Leben! Doch *erleiden* wir Menschen das Böse im Grunde nicht immer weit mehr, als daß wir es selber *tun*? Nichts im Menschen ist entsetzlicher als dieser unheimliche Zwang zum Bösen, gegen den wir uns immer wieder auflehnen und den wir doch gerade dadurch vollstrecken, daß wir uns gegen ihn zur Wehr setzen, als wären wir nach einem Bild MARTIN LUTHERS ein Schlachtfeld zwischen zwei tödlich miteinander streitenden Heeren, ein zerstampfter und zertretener Acker ohne Fruchtbarkeit und Schönheit[22]. Und doch ist selbst die Ausgeliefertheit in unserer Angst ein Teil unserer Schuld, der wir uns stellen müssen, wenn es überhaupt eine Rettung für uns geben soll.

werden sich augenblicklich gerade die subalternen Geister, die ewigen «Mägde» und «Diener» der Großen, wie Hunde von der Leine gelassen fühlen, um die Spur ihres Opfers aufzunehmen.

[21] Vgl. E. DREWERMANN: Strukturen des Bösen, III 123–144 – die Rückführung der HEGELschen Dialektik der Bewußtwerdung auf die Psychodynamik der Angst inmitten einer Welt der Freiheit ohne Gott.

[22] Vgl. auch F. M. DOSTOJEWSKIJ: Die Brüder Karamasoff, I 3,3, 1. Bd., S. 137: «Da kämpft der Teufel mit Gott, das Schlachtfeld aber – ist das Menschenherz.»

«Sogleich, zum zweitenmal, krähte der Hahn.» (Mk 14,72) Der Nacht des Bösen folgt auf dem Fuße eine furchtbare Aufklärung. «Und losbrach er und weinte bitterlich.» (Mk 14,72)

Im Jahre 1958 hat OTTO DIX[23] diesen Petrus in einem Farblitho dargestellt, ganz reduziert auf sein Gesicht, weinend, bedeckt von seinen breiten Händen; es ist das einzige, was von diesem Mann noch übrig geblieben ist, wie er dasteht, in die Ecke gedrückt, in furchtbarem Begreifen (siehe Tafel 3). Die braunen, erdenschweren Farben, vermischt mit dem schmutzigen Grünschwarz der kräftigen Umrandung, tauchen die Gestalt des Petrus in eine wässerige Helligkeit. Wie ein riesiges, überlebensgroßes und übermächtiges Fanal steht daneben der Hahn, einen Schrei ausstoßend, den man im Mark zu fühlen glaubt – unerbittlich, weckend, fordernd, ein gellender Ruf, der weit über Petrus hinaus geht und die ganze Welt durchdringt. Über dieser Welt der Angst, der Schuld und der ewig zu späten Reue erhebt sich langsam und unwillig eine regenschwere, verweinte, rotäugige Sonne, deren Schein kein Licht zu geben vermag. Was soll ein neuer Morgen nach einer Nacht, die ewig währen müßte, um ewig unsere Schande zu bedecken? «Da erinnerte sich Petrus der Worte, wie Jesus ihm gesagt hatte: ‹Ehe der Hahn zweimal kräht, wirst du mich dreimal verleugnen›.» (Mk 14,72) Es ist, als bräche alles auf in Petrus, als lehnte er sich kraftlos und gebrochen in seine Schuld zurück, als fiele und fiele er. Und doch war er noch nie so umfangen vom

[23] Siehe Abbildung 3. Eine Art Beispiel, wie der Verrat an Christus mitten in der Kirche in Form der ideologischen Unterdrückung der Wahrheit sich auch heute noch fortsetzen kann, gibt SCH. BEN-CHORIN: Bruder Jesus, 113: «Diese Stelle (sc. Mt 16,18 die Verleihung der Schlüsselgewalt an Petrus, d. V.) hat in meinem eigenen Leben eine merkwürdige Rolle gespielt. Sie ließ mich einen Lehrer finden, dem ich hier danken möchte: Professor JOSEPH SCHNITZER, der an der Universität München Vergleichende Religionswissenschaft, insbesondere Urchristentum, las. Er war ursprünglich katholischer Theologe und sollte als solcher die Echtheit der Stelle (sc. Mt 16,18, d. V.) gegen den Protestanten ADOLF VON HARNACK verteidigen. Als unbestechlicher Wissenschaftler stellte SCHNITZER aber fest, daß die Beweise HARNACKS nicht zu erschüttern seien. Älteste Manuskripte bieten die Schlüsselgewalt-Texte nicht. Schnitzer wurde für diesen Bekennermut seines Amtes enthoben und schließlich exkommuniziert. Da ihn aber die Universität nicht seiner Professur entheben konnte, wurde er von der theologischen in die philologische Fakultät versetzt. Er las dort über Urchristentum, und den katholischen Theologen war es verboten, die Vorlesungen des Ketzers zu hören. Evangelische Theologen gab es in den dreißiger Jahren an der Universität München nicht, so daß ich, der Jude, zu den ganz wenigen Hörern dieses bedeutenden Forschers zählte.» – «Und weinte bitterlich.» Wann?

Erbarmen Gottes! Hat Jesus nicht alles bereits vorhergesagt? Und er hat ihn nicht verurteilt! Er hat ihm vergeben, noch ehe es geschah. Er, der alles verstand, er würde ihn nicht verstoßen. Erst in diesem Moment gewinnt Petrus die Kraft, wirklich zu *können*, was er Jesus versprach: ihm überall hin zu folgen, und sei es auch in den Tod.

Die Kirche feiert die Person des Petrus am 29. Juni zusammen mit dem Fest des heiligen Paulus. All die Erfahrungen, von denen in der Erzählung von dem Verrat des Petrus die Rede ist, hat Paulus zu einem gewaltigen theologischen Gebäude ausgestaltet. «Was kann uns trennen von der Liebe Christi?» lautet sein Siegesruf (Röm 8,35). Gleich neben ihm steht im Heiligenkalender der Kirche Petrus, kämpfend und erliegend, begeistert und enttäuscht, todesmutig und weinend in dem Schmerz seiner Schuld. Es ist, als verkörperte dieser erste Mann im Kreis der Jünger Jesu an diesem Morgen nach seinem Verrat jene Erfahrung, die Paulus später voraussetzt, als er an die Gemeinde von Rom schreibt: «Sind wir aber mit Christus abgestorben, so vertrauen wir darauf, daß wir auch mit ihm leben.» (Röm 6,8)

Mk 15,1–15: Pilatus oder: Das Königtum Gottes

[1]Und gleich in der Frühe, dem Beschluß entsprechend, den die Hohen Priester gemeinsam mit den Ältesten und Schriftgelehrten sowie der ganze Hohe Rat gefaßt hatten, ließen sie Jesus fesseln, abführen und ausliefern an Pilatus.
[2]Da fragte ihn Pilatus: Du, bist du der König der Juden? Er aber antwortet und sagt ihm: *Du* sagst so. [3]Da brachten gegen ihn die Hohen Priester als Anklagen vieles vor. [4]Daher fragte Pilatus ihn abermals, sprechend: Antwortest du nicht, gar nichts? Sieh doch, was sie alles gegen dich als Anklagen vorbringen! [5]Jesus aber antwortete nicht mehr, nichts!, so daß es Pilatus verwunderte.
[6](Jeweils) zum Fest aber ließ er ihnen einen Häftling frei, den sie sich erbaten. [7]Nun war da der Mann, der Barabbas hieß, zusammen mit den Aufrührern in Haft, die beim Aufruhr einen Mord begangen hatten. [8]Da zog nun das Volk hinauf und begann zu verlangen, daß er wie sonst ihnen tue. [9]Pilatus antwortete ihnen, sprechend: Wollt ihr, ich soll euch den König der Juden freilassen? [10]Denn er hatte erkannt: (nur) aus Neid überlieferten ihn die Hohen Priester. [11]Die Hohen Priester aber wiegelten das Volk auf, daß er lieber den Barabbas freilasse für sie. [12]Pilatus jedoch abermals antwortete und sagte ihnen: Was – wollt ihr – soll ich denn machen mit dem, – den ihr nennt den – König der Juden? [13]Da schrien sie abermals: Kreuzige ihn! [14]Pilatus aber sagte ihnen: Was hat er denn Böses getan? Da schrien sie überlaut: Kreuzige ihn.
[15]Pilatus da, willens, dem Volke Genüge zu tun, ließ ihnen Barabbas frei, und er lieferte Jesus aus, nachdem er ihn hatte geißeln lassen, damit er gekreuzigt werde.

Dieses Verhör vor Pilatus[1] entscheidet nicht nur über das Leben Jesu, es entscheidet über unser aller Leben; es stellt in Frage, wieweit unser Dasein den Namen «Leben» überhaupt verdient. Wohl ist Pilatus uns aus der antiken

[1] Daran, daß Jesus durch die Römer hingerichtet wurde, gibt es historisch keine vernünftigen Zweifel; umstritten aber ist die Rolle, die die Römer beim Tode Jesu spielten. J. Blinzler: Der Prozeß Jesu, 175–186 versuchte die Darstellung der Evangelisten als historisch zu begründen: Die Juden hätten Jesus aus religiösen Gründen verurteilt und sich dann mit politischen Argumenten der Römer bedient, um die ihnen entzogene Ausführung der Todesstrafe vollstrecken zu können. Andere, wie W. Fricke: Standrechtlich gekreu-

zigt, 131–175 vertreten demgegenüber die Ansicht, daß vor allem die Kirche in Rom (in welcher man auch die Entstehung des Markus-Evangeliums vermuten darf) «besonders stark vom Sog des römischen Sieges über Israel erfaßt» worden sei und nun, um sich vor den beginnenden Verfolgungen zu schützen, die Schuld der Römer am Tode Jesu möglichst zu verringern gesucht habe, indem sie insbesondere die letzte noch intakt gebliebene theologisch maßgebende Gruppe des Judentums, die Pharisäer, zu dem eigentlichen Sündenbock gemacht und ihre eigenen Kontroversen in Streitgespräche zwischen Jesus und diesen gesetzestreuen Juden gekleidet habe, die ihrer eigenen Missionsarbeit so sehr im Wege standen (FRICKE: A. a. O., 169); andererseits räumt auch FRICKE (162) eine mögliche Interessiertheit und Beteiligung der römerfreundlichen *Sadduzäer* an dem Tode Jesu durchaus ein. Der Mangel all solcher Hypothesen liegt methodisch darin, daß sie das historisch Tatsächliche aus dem historisch Wahrscheinlichen zu rekonstruieren suchen, ohne zunächst *literarkritisch* und traditionsgeschichtlich Aufbau und Eigenart der biblischen Erzählungen selbst zu untersuchen. Bereits bei der Auslegung des Verhörs Jesu vor Kaiphas (s. o. zu Mk 14,53–65, Anm. 1) hat sich gezeigt, daß die Erzählung von dem Verhör des Pilatus (Mk 15,1–5.15b–20a) in allen Details eine Dublette darstellt und daß *beide* Geschichten aus ein und derselben Hand stammen dürften. Vor allem R. BULTMANN: Die Geschichte der synoptischen Tradition, 293 hat darauf hingewiesen, daß in Mk 15,1–5 die Frage des Pilatus: «Bist du der König der Juden» in 15,2 mit den folgenden Versen 15,3–5 konkurriere; er meinte deshalb, die Pilatusfrage sei als sekundäre Erweiterung zu betrachten und insgleichen der damit zusammenhängende Vers 15,26 mit der Kreuzesinschrift. «Der Zweck dieser Zusätze ist klar: wie in dem sekundären Bericht 14,55–64 soll die Darstellung unter den Gesichtspunkt gestellt werden, daß Jesus wegen seines Messiasanspruches hingerichtet worden ist.» «Ferner ist offenbar die Barabbas-Episode eine legendarische Erweiterung, die nicht ganz genau abzugrenzen ist (etwa V. 6–15a); sie zeigt (V. 12) dieselbe Anschauung wie die in V. 2 und 26 vorliegende Redaktion.» Tatsächlich sollte man nach 15,5 ein *Urteil* des Pilatus, sei es einen Freispruch, sei es eine Verurteilung, erwarten, stattdessen scheint dieses Urteil durch die Barabbas-Erzählung weggebrochen worden zu sein, in der es gar nicht mehr um die Verurteilung Jesu, sondern um den Versuch der Freilassung Jesu geht – eine deutliche Verschiebung des ursprünglichen Textes zugunsten des Pilatus. Zudem zeigt sich, wie L. SCHENKE: Der gekreuzigte Christus, 47–51, ausführt, daß die Barabbas-Erzählung gewiß nicht isoliert überliefert wurde, sondern erst mit Bezug auf die Gerichtsszene vor Pilatus geschaffen wurde. Für diese These spricht vor allem die lange und umständliche Überleitung in Mk 15,6–8: der Brauch der Amnestie muß zunächst allgemein eingeführt werden; dann tritt Barabbas auf, der in 15,7 bereits als Mörder qualifiziert wird; in 15,8 kommt jetzt erst (!) das Volk, bis daß endlich in 15,9 die Handlung wieder dort einsetzt, wo sie aufgehört hat: bei Pilatus, der schließlich unter dem Druck des Volkes und wider Willen Jesus zur Kreuzigung freigibt, um «dem Volke Genüge zu tun» (15,15); selbst hier aber fehlt ein eigentliches Todesurteil! Aus einem wirklichen Verhör vor Pilatus ist also durch den Einschub der Barabbas-Episode eine Art öffentlicher Audienz geworden, bei dem ein Plebiszit zum Tode führt; hinter diesem Plebiszit aber stehen die Hohenpriester, die «aus Neid» (15,10) das Volk dazu aufwiegeln (15,11), es solle «einen Mörder dem Messias vorziehen»; L. SCHENKE: A. a. O., 50: «Auch in diesem Einschub dürfte sich also die Polemik der hellenistischen Judenchristen gegen das offizielle Judentum widerspiegeln: diesem wird vorgeworfen, daß es aus Haß und Neid den wahren Messias Gottes verworfen und ans Kreuz gebracht hat, dagegen mit den mörderischen und dem politischen Messiasideal anhängenden Zeloten gemeinsame Sache gemacht hat.» (50–51) Die Darstellung des Markus verfolgt offenbar wirklich den Zweck, die Anhänger Jesu von jeder Verdächtigung einer Komplizenschaft mit den jüdischen Aufständlern gegen Rom freizusprechen: es waren der Barabbas-Episode zufolge ja gerade die antirömischen Kräfte in Israel, die Jesus schließlich gegen den Willen des römischen Prokurators ans Kreuz brachten. Man kann also gerade nicht sagen, wie R. PESCH: Das Markusevangelium, II 421: «Das verbreitete Bild einer verhetzten jüdischen Menge, die an Jesu Tod Schuld trägt, entspringt jedenfalls einer antijüdischen Fehldeutung der ältesten Überlieferung.» Im Gegenteil: der Einschub der Barabbas-Episode verfolgt geradewegs den Zweck, die Juden mit dem Tode zu belasten, und es ist ein aussichtsloses Unterfangen, angesichts des literarkritischen Befundes trotz allem, wie PESCH es versucht, an der Historizität der Details beim Pilatus-Verhör festhalten zu wollen. Gegen die jetzige Version der einseitigen Schuldzuweisung am Tode Jesu in Richtung der jüdischen Behörden spricht freilich der klare Befund von Mk 15,26: die Schulderklärung, daß Jesus von den Römern als «König der Juden» hingerichtet wurde. Dieser Vers dürfte (gegen BULTMANN) so wenig sekundär sein wie die Pilatus-Frage in Mk 15,2; man muß vielmehr denken, daß Mk 15,2 ursprünglich *hinter* 15,5 stand und zu der endgültigen Verurteilung überleitete, denn es handelt sich in der Frage des Pilatus offenbar (vor allem in Verbindung mit dem Schuldspruch von 15,26!) um die eigentliche Anklage gegen Jesus, und die (mindestens zum Teil) zustimmende Antwort Jesu in Mk 15,2b kann nicht anders als ein Schuldgeständnis geklungen haben; die direkte Frage des Pilatus würde im Anschluß an Mk 15,5 zudem *das Schweigen* Jesu beenden, ganz ähnlich wie in dem Verhör vor Kaiphas (Mk 14,60–62). Es scheint daher, daß 15,2 erst infolge des Einschubs der Barabbas-Episode an die jetzige Stelle gerückt wurde: «Warum der Redaktor V. 2 nicht einfach wegließ, sondern vor die gesamte Verhandlung stellte, kann nur vermutet werden. Vielleicht wollte er damit die Tendenz von 15,6–15 noch verstärken: das Bekenntnis Jesu, der ‹König der Juden› zu sein, war für Pilatus gerade kein Grund, ihn zum Tode zu verurteilen. Der Tod Jesu geht allein auf das Betreiben des Hohenpriesters und der Juden zurück.» L. SCHENKE: A. a. O., 54. – Fragwürdig bleibt auch die Formulierung von Mk 15,1, wonach «gleich in der Frühe» «die Hohen Priester gemeinsam mit den Ältesten und Schriftgelehrten sowie der ganze Hohe Rat» Jesus an Pilatus ausgeliefert haben sollen. Die «Ältesten und Schriftgelehrten» sind im «Hohen Rat» eigentlich schon mitgemeint; sie dürften ebenso wie der Plural: *die Hohen Priester* auf das Konto des Markus gehen, der mit dieser Aufzählung die Leidensweissagung Jesu von Mk 10,33 *en detail* als erfüllt hinstellt; ursprünglich wird nur die Rede gewesen sein von «dem Hohenpriester und dem ganzen Hohen Rat». Auch die Wendung *«gleich in der Frühe»* scheint von Markus zu stammen, der in Mk 14,54.66 großen Wert darauf legt, das Verhör Jesu vor Kaiphas als *zeitgleich* zu der Verleugnung des Petrus zu schildern. Da die Verleugnungsgeschichte in der «Nacht» spielte und mit dem Hahnenschrei endete, mußte Markus auch die Verhandlung vor dem Hohenpriester in die Nacht verlegen; demgemäß mußte er die Verhandlung vor Pilatus auf den Morgen des anbrechenden Tages verlegen. Die Wendung *«gleich* in der Frühe» ist eine Lieblingswendung des Markus, der 42mal *«sogleich»* adverbiell verwendet (gegenüber 7mal bei Mt und nur 1mal

Geschichtsschreibung als ein besonders übler Machtmensch bekannt[2], und man könnte daher geneigt sein, ihm allein die Schuld an der Verurteilung Jesu zu geben. Aber das *Markus*-Evangelium legt großen Wert darauf, die eigentliche Ursache des Todesurteils über den «König Israels» gerade nicht in der individuellen, zufälligen Person des Pilatus zu sehen, sondern in dem Bekenntnis Jesu zu dem unsichtbaren Königreich der Liebe und der Menschlichkeit, das er uns allen bringen wollte und das noch stets, zu allen Zeiten, an den Bedingtheiten gewisser Machtinteressen und angsterfüllter Allzumenschlichkeiten scheitern mußte[3].

Man hat in der Auslegung dieser Szene immer wieder gemeint, daß *Markus* aus politischen Gründen die eigentliche Schuld an der Hinrichtung Jesu, den historischen Tatsachen zuwider, den Juden habe zuschieben wollen; deshalb habe er so sehr hervorgehoben, daß Pilatus ursprünglich Jesus sogar habe freilassen wollen und erst von der aufgebrachten Menge zu seinem Urteil

bei Lk). R. Morgenthaler: Statistik des neutestamentlichen Wortschatzes, 102. Das historisch so umstrittene Problem des *nächtlichen* Verhörs vor dem Hohen Priester löst sich mithin am besten redaktionsgeschichtlich. Zugleich aber dürfte damit auch ein Stück symbolischer Wahrheit angedeutet sein: daß Jesus zwar «am hellen Tage» von den Römern abgeurteilt und hingerichtet wird, daß aber die «grauen Eminenzen» im Synhedrium als die eigentlichen Nachtgestalten und Dunkelmänner in der ganzen Affäre zu gelten haben. Sie haben an der Person Jesu die Sache Gottes verraten, so wie Petrus Jesus verriet.

2 Zu der Person des *Pilatus* vgl. J. Blinzler: Der Prozeß Jesu, 187–198: «‹Er war von Charakter unbeugsam und rücksichtslos hart!› Zu seiner Zeit herrschten in Judäa ‹Bestechlichkeit, Gewalttaten, Räubereien, Bedrückungen, Demütigungen, fortwährende Hinrichtungen ohne Urteilsspruch und grenzenlose, unerträgliche Grausamkeit›. So zeichnet im Jahre 40 n. Chr. König Herodes Agrippa I. in einem Brief an seinen kaiserlichen Freund und Gönner Caligula die Person und das Wirken des Pilatus.» (187)

3 Die Unangemessenheit einer nur historisch-kritischen Auslegung religiöser Texte wird gerade in der Szene des Verhörs Jesu vor Pilatus besonders deutlich. Gerade diese Stelle zählt zu den ganz wenigen «harten» Fakten der Passionsgeschichte Jesu; aber gerade sie ist bereits in den Überlieferungen, die dem frühesten Evangelium der Christenheit zugrunde liegen, von allen möglichen Interessen verformt und überlagert, die mit historischer Wahrhaftigkeit nichts zu tun haben. Schlimmer noch: die geschichtliche Wahrheit ist Zug um Zug entstellt worden, um die Christen unter den Augen der Römer zu entlasten, indem man die Juden einseitig mit der Schuld am Tode Jesu belastete. Am schlimmsten aber: ausgerechnet die zentrale Szene der christlichen Religion: der Tod Jesu, erscheint in der frühesten uns überkommenen Form bereits als ein antijudaistisches Dokument ersten Ranges. Genau diese Darstellungsweise hat die Judenfeindlichkeit des christlichen Abendlandes begründet und geprägt, und es sind diese Texte von der Hinrichtung Jesu, in deren

Wirkungsgeschichte der Holocaust möglich wurde. Die historische Kritik an den Texten kann die Zeitbedingtheit und die Relativität dieser Darstellungsweise aufzeigen und somit einen wichtigen Beitrag zur theologischen Entideologisierung der jahrhundertealten Judenfeindlichkeit des Christentums leisten; zugleich damit aber geht der religiöse Gehalt dieser Texte insgesamt verloren, indem Jesus nunmehr als das bloße Opfer bestimmter Zeitumstände erscheint; ja, die humane Leistung der historischen Kritik besteht gerade darin, die gesamte Sündenbock-Theologie der frühen Kirche als einen gefährlichen Antijudaismus zu entlarven und – endlich! – ad acta zu legen. Ja, es wäre nur konsequent gedacht, wenn man am Karfreitag nicht nur das frühere Gebet für die «ungläubigen Juden», sondern die Verlesung der Passionsgeschichte insgesamt als Zeichen tätiger Buße für die Verbrechen der Christenheit an dem jüdischen Volk ersatzlos streichen würde. Wenn Texte dieser Art *nach Auschwitz* nicht als ganz und gar unerträglich empfunden werden sollen, so muß man sie vollkommen anders betrachten als mit dem Blick auf irgendeine *historische* Wirklichkeit. Es ist das Anliegen einer tiefenpsychologischen Schriftauslegung, gerade von den Engführungen historischer Fragestellungen wegzukommen und die Ebene zurückzugewinnen, an der es nicht mehr um «Juden» und «Römer», um den «Hohenpriester» und «Pilatus», sondern um uns selber geht. Nicht was geschichtlich *war*, sondern was von den ewigen Fragen der Menschheit unter den Bedingungen eines bestimmten geschichtlichen Augenblicks sichtbar wird, ist dann die entscheidende Frage. *So betrachtet*, erzählt die Geschichte von dem Verhör Jesu vor Pilatus gerade nicht, die «Juden» seien an allem schuld gewesen; sie erzählt vielmehr von der ewigen Tragödie der Macht: von ihrer Abhängigkeit und Ohnmacht, von ihrer Angst und Gegenfinalität, von ihren faulen Kompromissen, von ihren immer neuen unschuldigen Opfern. Gerade mit Hilfe psychologischer Deutungsverfahren gewinnt die Gestalt des *Pilatus* ihre eigentliche *religiöse Bedeutung* zurück, indem die Frage nicht länger mehr lautet, was der Prokurator historisch wirklich gewollt oder getan hat, sondern was für Gesetze die menschliche Geschichte beherrschen, wenn sie unausweichlich einen Mann wie Jesus selbst dann töten *müssen*, wenn wir uns vorstellen, ein offensichtlicher Schurke vom Format des historischen Pilatus meine es wirklich einmal gut mit dem «König» der «Himmel», mit dem «König» jenes «Reiches», das nicht von dieser Welt ist (Joh 18,36). Sehr zu Recht meint E. Schweizer: Das Evangelium nach Markus, 186: «Die Frage, die er (sc. der Bericht vom Verhör vor Pilatus, d. V.) dem Leser stellt, ist ... nicht die, ob er die Wiedergabe der Tatsachen für historisch korrekt hält; das ist sie, mindestens in Einzelheiten, kaum. Die Frage ist die, die Markus und die Gemeinde schon vor ihm als Verkünder des Evangeliums stellen: Steht es mit dem Menschen so wie mit den Jüngern, die fliehen, mit Petrus, der verleugnet, oder gar mit den Jerusalemern, die lieber irgendeinen obskuren armen Sünder ... losbitten, als daß sie zum Wege Gottes Ja sagten, auf dem göttliche Verheißung und Forderung sie so träfe, daß sie ihrer Selbstsicherheit beraubt würden? Und steht es dann mit Jesus tatsächlich so, daß in ihm der ‹Sohn des Hochgelobten›, der von Gott gesandte ‹König der Juden› in den Tod geht, damit dieser Mensch frei werde?» Sind dies die Fragen, um die es in der Passionsgeschichte des Markus geht, dann darf man sie nicht länger nur historisch-kritisch lesen, dann beginnt ihr eigentliches Verstehen erst, indem man sie *typologisch* liest und all die Ereignisse, von denen sie erzählt, mit Hilfe der Tiefenpsychologie auf die Unfreiheit der menschlichen Existenz im Getto der Angst hin transparent macht.

genötigt worden sei[4]. In der Tat enthält die Darstellung des *Markus*-Evangeliums über den Prozeß Jesu eine Fülle von Ungereimtheiten und Sonderbarkeiten[5]. Dem Hohen Rat war nach dem Jahre 30 durch ein Urteil der römischen Reichsregierung die Blutgerichtsbarkeit entzogen; es durften zwar in Religionsfragen Todesurteile gefällt werden, sie mußten aber von dem römischen «Prokurator» bestätigt und vollstreckt werden[6]; sollte Pilatus, den wir aus anderen Quellen als einen unerbittlichen Antisemiten kennen, gerade angesichts eines verhafteten «Messias» wirklich auf die Meinung der von ihm so verachteten jüdischen Bevölkerung gehört haben[7]? Von einem Passahbrauch der Gefangenenfreigabe ist uns aus keiner jüdischen Rechtsüberlieferung auch nur ein Wort bekannt[8]. Und vor allem: wenn wirklich Jesus sich vor dem römischen «Prokurator» als «König» zu erkennen gegeben hätte, wäre Pilatus dann nicht geradezu verpflichtet gewesen, Jesus auf der Stelle aburteilen zu lassen[9]? Möglicherweise hat es für die Darstellungsweise des

[4] S. o. Anm. 1; vgl. W. FRICKE: Standrechtlich gekreuzigt, 131 ff.

[5] So müßte man nach der Umstellung von Mk 15,2 (s. o. Anm. 1) glauben, daß die Hohenpriester ihre Anklagen erst vorbringen, als Pilatus den Zentralvorwurf bereits erhoben hat; in 15,8 scheint das Volk ganz allgemein eine ihm üblich scheinende Amnestie zu erbitten und wie zufällig just in die Verhandlung hineinzuplatzen, die jetzt in aller Öffentlichkeit abgehalten wird; in 15,13 fordert die Menge «abermals» die Kreuzigung Jesu, es war davon aber bislang nicht die Rede. Vor allem: wenn Pilatus in 15,10 die Arglist der Hohenpriester durchschaut, wieso unterbindet er dann nicht den Kontakt zwischen dem Volk und den Hohenpriestern, die mit ihm verhandeln?

[6] Zur Frage der Kompetenz des Synedriums vgl. J. BLINZLER: Der Prozeß Jesu, 163–174: «Das Synedrium von Jerusalem konnte zur Zeit der Prokuratoren Kapitalprozesse verhandeln und Todesurteile fällen, die Vollstreckung der Todesurteile jedoch stand, wie anscheinend überall in den römischen Provinzen, nur dem Statthalter zu.»

[7] Zu der judenfeindlichen Politik des Pilatus vgl. E. STAUFFER: Christus und die Caesaren, 126–137. E. MEYER: Ursprung und Anfänge des Christentums, I 202–205.

[8] Vgl. E. SCHWEIZER: Das Evangelium nach Markus, 184, der zusätzlich zu den literarkritisch bedingten Eigenarten der Darstellung sachlich einwendet: «Die Sitte, jedes Jahr einen Gefangenen freizugeben, bestand schwerlich. Weder in römischen noch in jüdischen Quellen ist auch nur ein Hinweis darauf zu finden. Lukas berichtet nichts davon, obwohl er die Entscheidung des Volkes für Barabbas kennt. Das Angebot einer Freilassung V. 9, bevor ein Urteil gefällt, ja, die Frage nach einer Schuld (V. 14) gestellt ist, schlägt römischer Gerichtspraxis ins Gesicht.» Diese schweren historischen Bedenken lassen sich auch durch die Argumente von J. BLINZLER: Der Prozeß Jesu, 232–235 nicht aus der Welt schaffen, der aus *Pesachim* VIII 6a die Sitte einer Paschaamnestie politischer Gefangener nachzuweisen sucht.

[9] In Mk 15,2.26 ist der Königsanspruch Jesu als die eigentliche Urteilsbegründung voraus-

Markus wirklich gewisse politische Rücksichtnahmen in der Zeit der frühen Kirche gegeben, als diese sich von der jüdischen Synagoge um das Jahr 70 bereits endgültig getrennt hatte und jetzt um so mehr darauf achten mußte, mögliche Konflikte mit dem römischen Staat zu vermeiden[10].

Doch so sehr man über solche Fragen der Historie auch streiten mag, weit wichtiger ist das Bild, das sich *religiös* aus dem Bericht des *Markus*-Evangeliums ergibt, und dieses Bild zeigt, daß Jesus mit seinem Bekenntnis zum Königtum Gottes unter allen Umständen und zu allen Zeiten würde sterben müssen, selbst wenn der korrupteste Machthaber ihn an sich freigeben wollte[11]. Die entscheidende religiöse Frage ist nicht, ob «die» Juden oder ob «die» Römer Jesus getötet *haben*; entscheidend ist die Frage, in welchen Motiven, in welchen Strukturen geschichtlichen Handelns, so wie *Markus* sie schildert, wir selber uns wiedererkennen können. Alles Historische ist in der Bibel, wenn überhaupt, zumeist nur hypothetisch hinter den Berichten der Evangelisten zu rekonstruieren; eindeutig hingegen muß und kann das Bild unseres eigenen Protraits sein, das uns in dem Spiegel der biblischen Erzählungen entgegenblickt; und erst wenn wir verstehen, inwieweit wir selber

gesetzt; um so eigentümlicher ist es, daß Pilatus das jüdische Volk befragt, was er mit einem vermeintlichen Kronprätendenten zu tun habe. Die Ungereimtheit dieser Szene ist nicht mit historischen Mitteln, sondern nur literar-kritisch zu lösen, indem man Mk 15,2.26 (zusammen mit 14,61!) einer Quelle zuordnet, die gerade zeigen wollte, daß Jesus als der Messias Israels von der jüdischen wie von der römischen Behörde gemeinsam in den Tod getrieben wurde; s. o. zu Mk 14,53–65, Anm. 1; die eingeschobene Barabbas-Episode schiebt die Verantwortung am Tode Jesu im Widerspruch zu dieser Darstellung *ganz und gar* den jüdischen Behörden zu.

[10] Vgl. W. Fricke: Standrechtlich gekreuzigt, 174.

[11] Sehr eindrucksvoll schildert T. Aitmatow: Der Richtplatz, 200; 208 in dichterischer Form die Situation eines Pilatus, für den die Geschichte sich einzig um die Frage von Macht und Machterhalt dreht und der mit seinem Verhör im Grunde auch Jesus als einen Mann entlarven möchte, der mit seinem Versprechen eines gerechten Gottesreiches, in dem es keinen Platz mehr gibt «für Kaiser und Könige, für ihre Statthalter und dienstfertigen Synagogen», nur selber an die Macht kommen möchte. «Ein Reich der Gerechtigkeit kann es niemals geben. Gerecht ist immer das, was ist. In dieser Welt ist Tiberius der Imperator, er ist das unerschütterliche Bollwerk der Weltordnung. Und das Reich der Gerechtigkeit... ist ein Hirngespinst.» S. 211: «Den Pöbel wollte er aufwiegeln, gegen Kaiser und Könige rebellieren, damit die Seuche von Plebs zu Plebs übergreift und um die Welt geht. Die ganze althergebrachte Weltordnung hat er auf den Kopf stellen wollen... Nein, so einer darf nicht am Leben bleiben. Sieht so gewöhnlich und friedlich aus, aber was sich in ihm verbirgt – so einen Plan kann nur ein großer Geist anzetteln. Wer hätte ihm das zugetraut?»

Kaiphas und Pilatus, Judas und Petrus, die Pharisäer und die römischen Soldaten *sind*, verstehen wir den Text des *Markus*, wie er in seinem religiösen Anspruch *sicherlich* gemeint ist: als Botschaft Gottes *an uns*, in der ständigen Entscheidung zwischen Tod und Leben, zwischen Macht und Gnade, zwischen Menschenherrschaft und Gottesherrschaft[12].

Was wir von der *historischen* Gestalt des Pilatus durch außerbiblische Quellen wissen, erlaubt – verglichen mit den meisten anderen biblischen Gestalten – sogar ein relativ einhelliges Bild. Es handelt sich um das Portrait eines Mannes, der nichts weiter will, als Macht besitzen und Macht vermehren, und der *gerade deshalb* die Ohnmacht und Dialektik der Macht auf nahezu vollkommene Weise verkörpert.

Seine Geschichte[13] beginnt für uns im Sommer des Jahres 14 n. Chr., als nach dem Tod des Augustus Kaiser Tiberius den Thron der Caesaren besteigt. Der engste Mitarbeiter des neuen Kaisers ist der Präfekt der Leibgarde Aelius Sejanus, der als ein glühender Judenhasser in vollem Ernst die Ausrottung des ganzen jüdischen Volkes zu seinem politischen Programm erhebt. Als Tiberius sich im Jahre 26 aus Rom zurückzieht, ist Sejan praktisch der einflußreichste Mann des römischen Staates, und er schickt als erstes Pontius Pilatus als *Präfekten*[14] nach Judäa, der dann auch sogleich seine judenfeindli-

[12] S. o. Anm. 3. – R. SCHNEIDER: Allein der Wahrheit Stimme will ich sein, 180 aktualisierte die Passionsgeschichte mit der Pilatusfrage nach der Wahrheit mit den Worten: «Unsere Zeit, so scheint es, ist dem Karfreitag sehr nahe. Es ist eine Zeit, über der das Kreuz allgewaltig errichtet ist, aber das verhüllte Kreuz; eine Zeit, da die Wahrheit nicht hinreichend bekannt und getan wird und gewissermaßen im Grabe liegt – und das kann nur heißen: im Grab eines jeden einzelnen Lebens ... Aber wenn unsere Zeit in diesem Sinne dem Karfreitag zu vergleichen wäre, so wäre sie ein Karfreitag ohne die rechte Trauer, ohne den brennenden Schmerz um die begrabene Wahrheit und also, trotz allem Leiden, ein unheiliger Karfreitag.» Eben dieser «unheilige Karfreitag» ist die ganze Weltgeschichte, wenn man sie im Schatten der Sonnenfinsternis von Golgotha betrachtet (Mk 15,33).

[13] Vgl. E. STAUFFER: Christus und die Caesaren, 128; DERS.: Jerusalem und Rom, 16–17.

[14] *«Praefectus Judaeae»* lautet der Titel des Pilatus auf dem Kalksteinblock, der bei Caesarea Maritima 1961 von italienischen Archäologen gefunden wurde; vgl. E. STAUFFER: Christus und die Caesaren, 126. «Prokurator» nennt TACITUS: Annalen XV 44, S. 391 Pontius Pilatus. Ein römischer Prokurator amtiert in Judäa und Samaria, seit im Jahre 6 n. Chr. *Archelaos* wegen seiner terroristischen Regierungsart von *Augustus* abgesetzt und nach Gallien verbannt wurde. Der Prokurator ist «ein Verwaltungsbeamter zweiten Ranges, der dem kaiserlichen Statthalter in Antiochien untersteht und seinen Amtssitz in Caesarea Palaestinae hat. Auf ihn geht nunmehr auch das Recht über, den jüdischen Hochpriester ein- und abzusetzen.» E. STAUFFER: Jerusalem und Rom, 16. Zur der Frage,

che Arbeit aufnimmt. Im Frühjahr 27, so berichtet FLAVIUS JOSEPHUS, läßt er «die Kaiserbilder, die sogenannten ‹Legionsadler›, nächtlicherweise verhüllt nach Jerusalem bringen»[15]; die Bevölkerung Jerusalems reagiert auf diese flagrante Verletzung des Bilderverbotes, auf diesen «wüsten Greuel» (Mk 13,14), «aufs schwerste erschüttert»; auch die Landbevölkerung strömt zusammen. Man zieht nach Caesarea zu Pilatus und bittet ihn inständig, die Bilder aus der Heiligen Stadt wieder zu entfernen. Pilatus aber lehnt ab. Daraufhin beginnt die Menge rings um den Palast einen Sitzstreik, bis daß der Präfekt schließlich Truppen aufmarschieren und die Juden umstellen läßt. «Pilatus drohte gar, er wolle sie umbringen lassen, falls sie die Kaiserbildnisse nicht bei sich duldeten; und schon gab er den Soldaten ein Zeichen, die Schwerter blank zu ziehen. Doch die Juden fielen allesamt zu Boden, als hätten sie es so vereinbart, und sie boten den Nacken dar und riefen laut, sie wollten lieber sterben als gegen das Gesetz der Väter verstoßen. Pilatus aber war betroffen ob ihrer lauteren Gottesfurcht und befahl, die Bildnisse sofort aus Jerusalem wegzubringen.»[16]

Doch trotz dieses Mißerfolgs gibt Pilatus nicht auf; er provoziert die Juden, wo immer er kann. Im Jahre 27 läßt er Kupfermünzen prägen, die ein «Simpulum» auf der Bildseite tragen, ein Opfergerät aus dem Kaiserkult. Drei Jahre später geht er noch weiter und gibt Münzen heraus, die einen «Lituus» zeigen, einen Krummstab, das Wahrzeichen des Anspruchs des römischen Kaisers, ein olympischer Gott zu sein[17]. Kein Zweifel, Pilatus will mit allen Mitteln das jüdische Volk *mores* lehren und ihm mit Gewalt beibringen, an welch einen Gott es zu glauben hat. Im Jahre 31 erneuert er noch einmal diese Münzprägung. Wenig später veranstaltet er unter den galiläischen Passahpilgern eine brutale Metzelei (vgl. Luk 13,1)[18]. All das entspricht an sich der offiziellen kaiserlichen Politik, die zu dieser Zeit den orientalischen Religionsformen gegenüber insgesamt (noch) feindlich eingestellt ist. So weiß man, daß Tiberius die «jungen Juden . . . unter dem Vorwand des Militärdienstes über die Provinzen mit ungesundem Klima verteilen (ließ), die übrigen Angehörigen dieses Volkes oder ähnlicher Sekten wies er aus Rom aus,

welche Amtsbezeichnung (Praefekt oder Prokurator) die richtige ist, vgl. E. STAUFFER: Christus und die Caesaren, 132–133.

15 FLAVIUS JOSEPHUS: Der jüdische Krieg, II 9,2; Bd. 1, S. 180.

16 DERS.: A. a. O., II 9,3, Bd. 1, S. 180–181.

17 Vgl. E. STAUFFER: Christus und die Caesaren, 108–109; 129.

18 A. a. O., 130.

wobei auf Nichtbeachtung dieses Befehls lebenslängliche Sklaverei stand.»[19] Für die Durchführung derartiger antijüdischer Maßnahmen waren der Gardechef Sejan und sein Günstling Pilatus ohne Zweifel die richtigen Leute am richtigen Platz.

Doch während Sejan bereits einen großen weltweiten Schlag gegen das Judentum vorbereitet und Pilatus den Titel «Freund des Kaisers» erhält (Joh 19,12), wird plötzlich am 18. Okt. 31 Sejan auf kaiserlichen Befehl verhaftet und hingerichtet – er hat den Prinzen Drusus ermorden und eine Revolution vorbereiten lassen[20]. «Seine Freunde werden nach Rom zitiert und sterben reihenweise durch Selbstmord oder den Henker. Gleichzeitig beginnt im ganzen Imperium die Jagd auf Umstürzler und Thronprätendenten aller Art... Man kann sich ausmalen, wie fieberhaft Pilatus und Kaiphas, aber auch Herodes Antipas, alle drei belastet durch ihre bisherige Verbindung mit Sejan, nun bemüht sind, ihre Position zu retten, wie sie sich umstellen, Akten vernichten, alte Feindschaften begraben, alte Freundschaften verleugnen, neue Freundschaften suchen, vor allem die nun wieder so kostbare Freundschaft mit den jüdischen Volkskreisen.»[21] – In diesen Augenblick der Schwäche muß der Prozeß Jesu gefallen sein[22].

In der Tat ließe sich das sonderbare Verhalten des Pilatus während des Prozesses gegen Jesus ganz gut verstehen, wenn man unterstellt, daß der «Prokurator» für den Augenblick alles tun will, alles tun *muß*, um nach Möglichkeit die Gunst der Bevölkerung zurückzugewinnen und unter allen Umständen einen neuerlichen Eklat zu vermeiden. Dabei handelt Pilatus indessen keineswegs aus Überzeugung. Wenig später schon versucht er wieder auf die alte Linie des Kaiserkultes einzuschwenken und provoziert das jüdische Volk erneut durch ein paar vergoldete, wenngleich bilderlose Weiheschilde, die er «zu Ehren des Kaisers im alten Königspalast zu Jerusalem» aufstellen läßt. «Dennoch protestieren die Juden. Pilatus bleibt dickköpfig, er hat ausnahmsweise ein (relativ) gutes Gewissen. Aber die Juden lassen sich nichts mehr

[19] SUETON: Leben der Caesaren. Tiberius, Kap. 36, S. 142.

[20] SUETON: A. a. O., Kap. 62; 65; S. 156; 157–158.

[21] E. STAUFFER: Jerusalem und Rom, 18.

[22] So meinte E. BAMMEL: *Philos toy Kaisaros*, ThLZ 77 (1952) 205–210; 208 f., nur nach dem Sturz des *Sejan* habe das Wort vom «Freund des Kaisers» in Joh 19,12 eine wirksame Drohung für Pilatus sein können; der Prozeß gegen Jesus könnte dann nicht vor Ostern 32 stattgefunden haben. J. BLINZLER: Der Prozeß Jesu, 249–257 versucht freilich zu zeigen, daß «die jüdische Drohung und des Pilatus Besorgnis» «sich auch in der Seianus-Ära begreifen» lassen. (191)

gefallen und appellieren an den Kaiser. Tiberius reagiert blitzartig mit einem höchst ungnädigen Brief an Pilatus und befiehlt ihm, die umstrittenen Schilde unverzüglich aus Jerusalem zu entfernen und im Augustustempel zu Caesarea aufzuhängen.»[23] Im Jahre 35 richtet Pilatus ein letztes Mal ein Massaker unter samaritanischen Wallfahrern an, ganz so, wie er vier Jahre zuvor die galiläischen Passahpilger niedermachen ließ. Er hat nicht nur nichts dabei gelernt, er ist im Gegenteil endlich wieder ganz der alte. Doch diesmal «greift der Reichsstatthalter von Antiochien ein. Es ist Lucius Vitellius, der Vater des späteren Kaisers. Der unverbesserliche Militärgouverneur von Palästina wird mit sofortiger Wirkung suspendiert und zur persönlichen Verantwortung vor dem Kaiser nach Rom geschickt. Dort verlieren sich seine Spuren.»[24]

«Gekreuzigt unter Pontius Pilatus» – der einzige Mensch, der (neben der Mutter Jesu) im christlichen Glaubensbekenntnis namentlich erwähnt wird, steht da als lebendes Portrait menschlicher Macht, die sich entsprechend ihren eigenen Gesetzen am Leben erhalten muß, indem sie zum Zwecke bestimmter Ziele und bestimmter Menschen andere Menschen in Mittel verwandelt und notfalls beseitigt, physisch oder moralisch; und doch bereitet sie immer wieder durch den Untergang anderer Menschen ihren eigenen Untergang vor. Es ist eine Welt, in der es kein größeres Verbrechen gibt als Unvorsichtigkeit und Schwäche und in der jeder verloren ist, den der Verdacht trifft, die unsichtbaren Spielregeln des inneren Terrors nicht exakt genug befolgt zu haben[25].

«Bist du der König der Juden?» (Mk 15,2) Wie soll Jesus darauf antworten?

[23] E. Stauffer: Christus und die Caesaren, 131–132.

[24] A. a. O., 132. Zur Absetzung des Pilatus vgl. J. Blinzler: Der Prozeß Jesu, 191: «Als der abgesetzte Pilatus in Rom eintraf, war Tiberius soeben gestorben (16. März 37). Die weiteren Lebensschicksale des Richters Jesu liegen im Dunkel.» Eusebius: Kirchengeschichte, II 7, Schriften II 70 berichtet, Pilatus habe 39 n. Chr. unter Gajus *(Caligula)* «in der Not Hand an sich» angelegt, um sich einer drohenden Verurteilung zu entziehen. «Nicht lange ließ, wie es sich gehörte, die göttliche Gerechtigkeit ihm gegenüber auf sich warten», kommentiert mit christlicher Genugtuung Eusebius die Mitteilung. Obwohl E. Meyer: Ursprung und Anfänge des Christentums, I 205 darin eine geschichtliche Information erblickt, handelt es sich wohl eher um eine Legende über das *typische* Ende der Feinde Gottes; s. o. zu Mk 14,10–21: Judas, Anm. 10; S. 430.

[25] Am klarsten hat J. P. Sartre: Kritik der dialektischen Vernunft, 498 die «Terrorbrüderlichkeit» aller Gruppenbildungen im Felde des *Mangels* analysiert; vgl. die Darstellung bei E. Drewermann: Strukturen des Bösen, III 345–346.

Ein «König» ist im Munde der Macht ein Herrscher mit Befehlsgewalt, der Führer an der Spitze eines durchorganisierten Sozialwesens mit Soldaten, Beamten, Polizisten, Richtern, Ministern – Staatsdienern aller Art, die auf sein oberstes Wort hin weisungsgemäß in Aktion treten; ein «König» in diesem Sinne ist der Mittelpunkt des gesamten öffentlichen Lebens; er ist die Seele im Organismus seines Volkes. Es ist Jesus nicht möglich, auf die Frage des Pilatus mit «ja» zu antworten. Im Sinne des Pilatus ist er gerade kein König, eher ein Bettler, ein Dichter, ein Visionär, ein Phantast, in jedem Falle ein ohnmächtiger Habenichts, der sich auf einen Gott beruft, den man nicht sehen kann. Den römischen Kaiser kann man sehen, und Pilatus will, daß man ihn vor sich sieht, auf den öffentlichen Plätzen und im Heiligtum, auf den Geldmünzen und an den Zollstätten. Die Macht ist in seinen Augen das einzig Reale, das einzig nicht nur Eingebildete, das einzige, an das zu glauben sich wirklich lohnt. Die ungeheuere Leistung Jesu besteht darin, den Anspruch, ein «König» zu sein, aller politischen Inhalte, der gesamten Außenseite staatlicher Macht völlig entkleidet zu haben – zu Recht läßt das *Johannes*-Evangelium ihn zu Pilatus sagen: «Mein Reich ist nicht von dieser Welt» (Joh 18,36). Den Titel eines «Königs» verdient in den Augen Jesu niemand, der es nötig hat, andere Menschen seinem Diktat zu unterwerfen und über sie zu herrschen (Mk 10,42–45)[26]; wirklich «königlich» ist für ihn einzig und allein ein Mensch, der sich vor der Not des anderen beugt und ihm auf jede erdenkliche Weise hilfreich zu sein versucht. Stärker als alle Weisungen und Befehle ist in seinen Augen die Macht der Liebe. Sie ist das einzige «Königtum», das sich mit der Freiheit und der Würde eines Menschen vereinbaren läßt[27]. Nur in der Liebe ist die Unterwerfung unter fremden Willen nicht erniedrigend; nur in der Liebe ist der Wunsch eines anderen Menschen wie ein Befehl, dem man gerne gehorcht; nur in der Liebe ist der fremde Anspruch und die eigene Sehnsucht vollkommen eins. Ein solches Reich der Liebe wollte Jesus heraufführen; in einem solchen Reich, in dem allein die

[26] Vgl. R. SCHNEIDER: Allein der Wahrheit Stimme will ich sein, 144–153, S. 151: «Mein Herr und mein Gott, entreiße uns der Lüge unseres Lebens, der Lüge der Eitelkeit und der Lüge der Gefälligkeit, der Lüge der Angst! Lasse den Glauben in uns wachsen, der die Angst auslöscht, und schenke uns den Mut, der deinem Sohne auf geradem Wege entgegengeht durch die Bangnis der Zeit, diesen Glauben, der weiß, daß kein Herr ist in der Welt außer deinem Sohne.»

[27] Vgl. E. DREWERMANN: Dein Name ist wie der Geschmack des Lebens, 59–66: «Die Mächtigen des Reiches und der König der Könige.»

Menschlichkeit zu sagen hat, würde der «Menschensohn» «König» sein[28]; in diesem Königreich des Himmels würde ein jeder sich wieder seiner königlichen Abkunft, seines göttlichen Ursprungs, erinnern können. Um diese alles verändernde Entdeckung ging es Jesus: es ist für einen jeden Menschen möglich, noch heute zu spüren, daß er Gott in seinem Herzen trägt; es ist möglich, sich selbst in seinem eigenen Leben ganz und gar zu bejahen, schon weil Gott will, daß es uns gibt; und es ist möglich zu glauben, daß alles, was war, die gesamte Vergangenheit, zu einem Weg wird, der zu Gott hinführt.

Nie anders hat Jesus von dem Königreich des Himmels sprechen wollen als so, daß darin jeder Mensch sich selber wieder akzeptieren könnte, nicht weil sein Leben reich, erfolgreich, glücklich, schön oder was immer wäre – all diese Dinge sind zu oberflächlich –, sondern weil es Wahrheiten und Schönheiten zu entdecken gibt, die unendlich reicher und glücklicher machen als alles, was wir selber «machen» können. In der Nähe Jesu konnten Menschen spüren, daß ihr Leben niemals vom Besitz abhängt, und umgekehrt: daß ein jeder, mag er auch noch so arm sein, Gott zugehört. Alles in unserem Leben hängt davon ab herauszufinden, wozu Gott uns mit unseren Befähigungen

[28] Es ist eine Wahrheit, die T. Aitmatow: Der Richtplatz, 225–226 in die Worte Jesu an Pilatus zu fassen sucht: «Nicht ich, dessen Lebensweg noch von hier durch die Stadt bis zur Schädelstätte reicht, werde nach der Auferstehung wiederkommen, sondern ihr Menschen seid es, die in Christo wiederkehren werdet – in höchster Gerechtigkeit, ihr werdet zu mir kommen in den unerkennbaren Generationen, die da folgen werden. Und dies wird meine Wiederkunft sein. Anders gesprochen, in den Menschen kehre ich wieder durch meine Leiden, in den Menschen komme ich zu den Menschen zurück. Darum geht es. Ich bin ihre Zukunft, tausend Menschenjahre nach mir, dies ist der Plan des Allmächtigen, so soll der Mensch auf den Thron seiner Bestimmung geführt werden – zum Guten und zur Schönheit. Darin liegt der Sinn meines Predigens, darin ist die Wahrheit, aber nicht in diesen umherschwirrenden Gerüchten und Märchen, welche die hohen Gedanken seicht machen. Doch fürs Menschengeschlecht ist dieser Weg der allerschwerste und unendlich längste unter allen Wegen, und mit diesem Einwand, Statthalter Roms, hast du recht. Dieser Weg beginnt mit dem Schicksalstag, der Tötung des Gottessohnes, und Generationen werden darob in ewiger Reue leben und ein jedes Mal von neuem erbeben angesichts des Opfers, das ich heute beweinen will zur Erlösung der Menschen von der Sündhaftigkeit, auf daß in ihnen die göttlichen Ursprünge erleuchtet und erweckt werden. Den Menschen als ewiges Beispiel zu dienen, bin ich in diese Welt hineingeboren. Damit die Menschen auf meinen Namen Hoffnung setzen und zu mir kommen durch das Leid, durch den tagtäglichen Kampf mit dem Bösen in sich, durch die Abscheu gegen Laster, Gewalt und Blutrünstigkeit, welche die Seelen so verhängnisvoll niederdrücken, wenn sie nicht in Liebe zu Gott erfüllt sind und folglich auch nicht zu ihren (seinen, d. V.) Ebenbildern, zu den Menschen!»

und Eigenarten berufen hat. Das Gottesreich besteht in dieser Grunderfahrung: alles ist Gnade.

In G. BERNANOS' *«Tagebuch einer Landpfarrers»* teilt der Pfarrer von Torcy seinem jüngeren Mitbruder in einem Gespräch einmal seine Gedanken über die *Berufung* mit. Der Landpfarrer, mit dem er spricht, ist magenleidend (Krebs), in seiner Art gänzlich erfolglos, persönlich von Ängsten und Depressionen aller Art heimgesucht, ein Mann, der es zu nichts zu bringen scheint, von vielen angefeindet, von allen mißverstanden, – ein scheinbar völlig armes Leben. «Ich habe», sagt der Pfarrer zu ihm, «viel über die Berufung nachgedacht. Wir sind alle berufen, das ist richtig, nur nicht alle auf dieselbe Weise. Und um die Sache zu vereinfachen: ich fange an zu versuchen, einen jeden von uns im Evangelium an seinen wahren Platz zu stellen. Ich sage mir, daß lange vor unserer Geburt – um in menschlicher Sprache zu reden – unser Herr irgendwo in Bethlehem, in Nazareth, auf den Straßen von Galiläa oder dort in der Nähe uns begegnet ist. An einem jener Tage haben seine Augen auf uns geruht, und entsprechend dem Ort, der Stunde, den Umständen hat unsere Berufung ihre eigentümliche Art angenommen. Versteh mich recht! Ich biete dir das nicht als Theologe. Ich denke vielmehr, ich stelle mir vor oder ich träume, nenne es wie du willst: wenn unsere Seele, die nicht vergessen hat, die sich stets erinnert, unseren armen Körper von Jahrhundert zu Jahrhundert schleppen und ihn die riesige Anhöhe von zweitausend Jahren hinaufsteigen lassen könnte, würde sie ganz ohne Umweg an dieselbe Stelle führen, wo (schon damals der Herr uns angesehen hat).»[29]

Es gibt keinen schöneren Ausdruck für das, was «Reich Gottes», was die «Königsherrschaft» Jesu meint: daß jeder Mensch sich selbst an einem ganz bestimmten Punkt des Evangeliums wiederfindet. Dies, daß ihn Gott mit den Augen Jesu angesehen hat, dies ist sein ganzes Ansehen; und daß der Herr auch ihn gerufen hat, dies ist seine Berufung, sein ganzes Glück, das Einverständnis seines Lebens. So schreibt der Landpfarrer später nach diesem Gespräch in sein Tagebuch: «ich weinte . . . Die Wahrheit ist, daß ich von jeher auf dem Ölberg bin . . . Ich hatte bis jetzt nie daran gedacht, und auf einmal . . . hat mir Unser Herr heute durch den Mund meines Freundes und Lehrers die Gnade verliehen zu wissen, daß nichts mich von dem von aller Ewigkeit her auserwählten Platz würde losreißen können, daß ich Gethsemane, der Heiligen Todesangst verhaftet bin.»[30]

[29] G. BERNANOS: Tagebuch eines Landpfarrers, (Fischer Tb. 116), 252; Zürich 1975, 209.

[30] A. a. O.

Nur dies zu wissen: keiner kann mich mehr von der Gestalt des Menschensohnes trennen – das ist das Königtum Jesu. Es ist dem Landpfarrer vor seinem Tode noch vergönnt, in seiner letzten Tagebucheintragung diese Worte zu schreiben: «Das eigentümliche Mißtrauen, das ich gegen mich, gegen meine Person hegte, beginnt sich zu verflüchtigen, und das wohl für immer. Dieser Kampf ist zu Ende. Ich verstehe ihn nicht mehr. Ich bin mit mir selber versöhnt, versöhnt mit dieser armen sterblichen Hülle. Es ist leichter, als man glaubt, sich zu hassen. Die Gnade besteht darin, daß man sich vergißt. Wenn aber aller Stolz in uns gestorben wäre, dann wäre die Gnade der Gnaden, sich selbst demütig zu lieben als irgendeinen, wenn auch noch so unwesentlichen Teil der leidenden Glieder Christi.»[31]

Sich so sehen zu können, das enthält alles, was wir bezeichnen als Vergebung, Glaube, Auferstehung, wie wenn unser ganzes Leben sich selber durchsichtig und in sich selbst verständlich würde, als erhielte von diesem Augenblick an überhaupt alles erst seinen Sinn und als wären wir erst jetzt auf jene Kraft gestoßen, die in uns allen lebt, die Kraft, die uns hilft, alles Leid und alle Angst zu überwinden. Diese Macht ist unzerstörbar; kein Mensch vermag sie anzutasten; denn diese Macht ist von Gott selbst, sie ist das Wunder unserer leeren Hände und die Verwandlung unserer Armut.

Paulus sagt einmal, die Früchte des Geistes seien «Liebe, Friede, Geduld, Freundlichkeit, Güte, Treue, Milde, Keuschheit» – die dem «Christus» angehörten, hätten all ihre «Begierden» aufgegeben (Gal 5,22)[32]. Tatsächlich kann es anders wohl nicht sein, als daß diese Entdeckung weitergeht: daß in dem Augenblick, wo jemand anfängt, sich und sein Leben von Gott selbst her zu verstehen, er auch sogleich beginnt, alle anderen Menschen in sein Verstehen und in seine Liebe miteinzubeziehen. Es gibt nichts mehr, was man gegen ihn festhalten und behaupten müßte; es kann nicht anders sein, als daß man wie von selber anfängt, allen zu vergeben; alles ringsum, was früher vielleicht nur wie schwarz, unheimlich und bedrohlich war, erscheint jetzt hell, wahr und voller Zuversicht und, selbst in aller Traurigkeit, voll Freude.

So hat Jesus selber es geschildert: daß fortan alles überflüssig würde, was Menschen voneinander trennen könnte: Besitz und Reichtum, Ehre und Bestätigung, Erfolg und Einfluß – alles, unser ganzes Sein, liege gänzlich in den

[31] A. a. O., (Fischer Tb., 116), 364; Zürich 1975, 303.

[32] Zu Gal 5,22 vgl. H. Schlier: Der Brief an die Galater, 255–260, der (S. 260) besonders darauf hinweist, daß «Glaube» «hier ... nicht der theologische Glaube, sondern entweder die Treue oder das Zutrauen bzw. Vertrauen» sei.

Händen Gottes, unseres wahren Königs, unseres und aller Menschen Vater. Dies war seine Botschaft vom Reich Gottes. Sie schloß niemanden aus. Sie sah nur auf die Not. Sie suchte einen jeden innerlich in seinem Herzen zu berühren. Und wenn sie dort die Sprache Gottes zum Erklingen brachte, wurde die Welt verwandelt. So fand ein jedes Leben seine Wahrheit, die Gott selber ist[33].

Und doch stellt gerade diese Botschaft Jesu alles das in Frage, was wir kennen. In seiner Antwort an Pilatus überläßt er es dem Prokurator, selbst zu überlegen, was die Frage nach dem «König Israels» wohl in Wahrheit bedeute und welch eine Art von Königtum ihm selbst als wirklich wünschenswert erscheinen könne. Doch zu dieser Überlegung kommt es nicht – schon gehen die Verleumdungsreden der hochpriesterlichen Ankläger weiter. Alle Kreise und Gruppierungen der Gesellschaft stehen da und wünschen seinen Tod. Er, der ganz Israel zusammenführen wollte, gerät endgültig zwischen die Mühlsteine aller Parteien: *die Politiker* (die Sadduzäer und Herodianer) wol-

[33] Sehr schön weist P. TILLICH: Die neue Wirklichkeit, 118–130: «Was ist Wahrheit?», darauf hin, daß es nicht darum geht, Jesus in einen Gegenstand vermeintlich wahrer Lehren zu verwandeln, sondern selber in seiner Nähe wahr zu werden und dadurch zu erkennen, daß er die Wahrheit *ist*. S. 126–127: »... auch Jesus Worte sind – sobald sie als Gesetz genommen werden – nicht die Wahrheit, die uns frei macht. Und sie sollten von unseren Gelehrten, Predigern und Religionslehrern nicht als Gesetz aufgefaßt werden, auch niemals als eine Sammlung unfehlbarer Vorschriften für Leben und Denken. Sie *weisen hin* auf die Wahrheit, stellen aber kein Gesetz der Wahrheit auf. Auch die Lehren über Jesus sind nicht die Wahrheit, die frei macht. Ich sage euch das als jemand, der ein Leben lang um einen wahrhaftigen Ausdruck für die Wahrheit, die der Christus ist, gerungen hat. Aber je mehr man daran arbeitet, um so klarer wird einem, daß unsere Ausdrücke sowie alles, was unsere Lehren und die kirchliche Lehre aller Zeiten uns vermittelt haben, nicht die Wahrheit sind, die uns frei macht. Die Kirche vergaß sehr früh das Wort unseres Evangeliums, daß der Christus die Wahrheit *ist* (sc. Joh 14,6 d. V.), und forderte die Anerkennung, daß ihre Lehren über ihn die Wahrheit seien. Aber diese Lehren, so gut und notwendig auch immer sie waren, erwiesen sich nicht als die Wahrheit, die frei macht. Nur zu bald wurden sie zu Werkzeugen der Unterdrückung, der Versklavung unter Autoritäten. Sie wurden Werkzeuge für die Verhinderung einer aufrichtigen Wahrheitssuche, wurden Waffen zur Spaltung der Menschenseelen zwischen Treue gegen die Kirche und Ehrlichkeit gegenüber der Wahrheit. Und auf diese Weise geben sie zugleich denen, die im Namen der Wahrheit die Kirche und ihre Lehren angriffen, tödliche Waffen in die Hand. Nicht jedermann empfindet diesen Konflikt. Es gibt viele Menschen, die sich unter dem Gesetz eines Dogmas am geborgensten fühlen. Sie sind in Sicherheit, aber in der Sicherheit eines Menschen, der seine geistige Freiheit und sein wahres Selbst noch nicht gefunden hat.»

len seinen Tod, weil er von Gott niemals «politisch» redet[34]; *die Priester* wollen ihn beseitigen, weil er von Gott nicht amtsmäßig vermittelt und behördlich eingeordnet redet[35]; *die Schriftausleger* hassen ihn, weil er kein Schriftgelehrter ist und sich dagegen wehrt, mit Zitaten und Kommentaren vergangener Gottesrede sich die ergehende Gottesanrede vom Leibe zu halten[36]; *die Armen im Lande* sind von ihm enttäuscht, weil er nicht das Recht zum Aufruhr und zur Revolte verkündet[37]; *die Reichen* lehnen ihn ab, weil er

[34] Der Widerspruch zu den realpolitisch denkenden Sadduzäern ergibt sich aus der Verkündigung Jesu von der Nähe der Königsherrschaft Gottes selbst. So meint J. JEREMIAS: Neutestamentliche Theologie, I 237–238: »Die königliche Herrschaft Gottes ist die Zeit der erfüllten Gebete. Gottes Name wird geheiligt, er herrscht als König. Dreierlei ist kennzeichnend für Jesu Aussagen über die Vollerfüllung: a) Bei Jesus ist die Basileiavorstellung nicht nur entnationalisiert, sondern auch *entmaterialisiert*... Audrücklich lehnt Jesus es im Streitgespräch mit den Sadduzäern (Mk 12,18–27 par.) ab, daß der Endzustand als ein Fortbestehen der irdischen Zustände in überhöhter Form vorgestellt werden dürfe... b) Wo Jesus von der verklärten Welt redet, spricht er fast nur in den Bildern der *Symbolsprache*... Das Schauen Gottes bewirkt die Verwandlung in sein Bild... c)... Die Vollendung ist die Stunde, in der die Tore der irdischen Heiligtümer geschlossen sind, der Streit um die Heiligtümer beendet ist (Joh 4,21) und die Gemeinde der Erlösten anbetet vor Gottes Thron.» In letzterem liegt zugleich der Grund für den Widerspruch Jesu gegen die *Priester*.

[35] Siehe oben zu Mk 11,12–26 (die Tempelreinigung), Anm. 1; 10; 11; 12; S. 189ff.

[36] Siehe oben zu Mk 11,12–26 (die Tempelreinigung), Anm. 30; 40. Vgl. E. DREWERMANN: Das Markus-Evangelium, I 180–202.

[37] Zu Jesu «politischer Haltung vgl. J. JEREMIAS: Neutestamentliche Theologie, I 219–221: «Die Zugehörigkeit zur Königsherrschaft (sc. Gottes, d. V.) bestimmt auch die politische Haltung. Fragen wir... nach Jesu eigener Stellungnahme, so ist davon auszugehen, daß die Nachricht, er sei am Kreuz gestorben, als historisch gesichert gelten darf. Sie zeigt, daß er vom Prokurator als Rebell zum Tode verurteilt worden ist. Es hängt nun viel davon ab, ob man die jüdische Anklage, Jesus habe nach der politischen Macht gestrebt (Mk 15,2 par. 26 par.) und zum Aufruhr sowie zur Verweigerung der Steuerzahlung an die Besetzungsmacht aufgerufen (Lk 23,2b...), für glaubwürdig hält oder mit der christlichen Überlieferung für Verleumdung. Im ersten Fall wird Jesus in die Nähe der zelotischen Aufrührer gerückt und erhält die von ihm entfachte Bewegung, insbesondere der Einzug in Jerusalem..., einen ausgesprochen politischen Akzent.» (219) Dagegen aber spricht, daß Jesus es nach Mk 12,13–17 abgelehnt hat, der römischen Bessatzungsmacht die Steuern zu verweigern. «Der Zelotismus sieht im römischen Staat die widergöttliche Macht, die zu stürzen religiöse Pflicht ist, um die Königsherrschaft Gottes zu errichten. Wenn Jesus sich dem widersetzt und die zelotische Revolutionsforderung ablehnt, so kann das nur einen Grund haben: daß er in der zelotischen Haltung Ungehorsam gegen das Weltregiment Gottes sah.»

ihnen Schuldgefühle macht – in ihren Villen, Karossen und Gewändern –[38]; *alle* hassen ihn, weil er niemals von Politik, von Theologie, von sozialer Reform oder konservativer Restauration spricht; alle *müssen* ihn hassen, weil er ganz allein von Gott spricht und von nichts anderem sprechen will.
Die größte Infragestellung unseres Lebens liegt in der Tat darin, daß jemand *nicht* mehr fragt, wie etwas wirkt, wozu man etwas brauchen kann und was man machen muß, um eine ganz bestimmte Absicht zu erreichen, sondern daß er sich nur noch dafür interessiert, ob etwas innerlich stimmt, ob es von Gott ist, ob es wahr ist. Nach den gewöhnlichen Maßstäben unseres Lebens ist es schließlich nicht mehr zu rechtfertigen, wenn jemand einzig aus der Wahrheit leben möchte.
Was also bleibt Jesus anders übrig, als nach dem Wort des Propheten *Jesaja* «den Mund nicht aufzutun wie ein Lamm, das zur Schlachtbank geführt wird, und wie ein Schaf, das vor seinen Scherern verstummt»? (Jes 53,7)[39] Kein Wort der Erklärung oder der Verteidigung kommt mehr über seine Lippen. Alle Argumente zählen doch nur in der Welt der Zwecke. Gott aber kann man nicht rechtfertigen in den Kategorien eines Denkens, das immer nur fragt, wem etwas nützt und wie man es als Wasser auf die eigene Mühle leiten kann. Es bleibt nur ein einziger «Beweis» für das «Königtum» Jesu: daß er seine Existenz allein auf Gott setzt und fest daran glaubt, daß alles gut ist, selbst wenn alle, um sich vor ihm zu schützen, seinen Tod verlangen. Dies ist ja das Geheimnis der Gottesherrschaft: es gibt nur eine einzige Geborgenheit – in Gott allein. Denn: «Wen der Himmel schützen will, den schützt er durch die Liebe.» (Laotse)[40]
Was aber kann *Pilatus* tun? – Er tut, was alle Amtsträger und Machthaber an seiner Stelle tun: er *macht weiter* in den Dunstkreisen der Macht. Der Gott, an den *er* glaubt, der Kaiser, droht ihn fallen zu lassen, wenn er die Lage der Römer in der jüdischen Provinz unnötig erschwert; und so muß er widerwillig für eine Weile das jüdische Volk vergöttern und ihm, so gut es geht, zu

[38] Siehe oben zu Mk 10,17–31 (der Geschichte vom reichen Jüngling), Anm. 4; 6; 8.
[39] Zu Mk 15,4.5, zu dem *Schweigen* Jesu, meint E. SCHWEIZER: Das Evangelium nach Markus, 186: «Das konsequente Schweigen Jesu, das vorsichtig-gerechte und doch wirkungslose und unüberzeugende Lavieren des Pilatus, das zielbewußte Agieren des jüdischen Priesteradels und das Geschrei der fanatisierten Menge sind Stilmittel, die nicht einfach Protokoll der damaligen Vorgänge sein, sondern das, was sich darin wirklich abgespielt hat, in jener Tiefe, um die erst der Glaube weißt, darstellen wollen.»
[40] Vgl. LIN YUTANG (Hrsg.): Laotse, S. 191; LAOTSE: Tao te king, Nr. 67, S. 110.

Gefallen sein. Ist Jesus *ein* oder gar *der* «König der Juden», so gilt es, sich mit seinen Anhängern nicht zu überwerfen; aber wenn die Menge in der Art eines «Plebiszits» die Hinrichtung des Nazareners fordert, so darf man auch sie nicht verprellen. Pilatus, dieser Mann der Macht, dieser Repräsentant der Weltmacht Roms, dieser Amtsträger des lebenden Gottes auf Erden, ist in Wahrheit bis zur Groteske abhängig, unfrei und ohnmächtig[41]. Fragen der Religion versteht er nicht, und wenn er sie sich erklären ließe, so verstände er sie nur unter dem Aspekt bestimmter miteinander konkurrierender Ideologien. Daß ihm in Jesus ein Mensch begegnet, für den das Verhältnis zu Gott die Quelle aller Unabhängigkeit und Freiheit ist, vermag er nicht zu sehen, und so gehorcht er weiter der unerbittlichen Logik des Machterhalts. Er wird niemals merken, daß all die Zwänge des geschichtlichen Handelns überhaupt nur solange bestehen, als man in der Gnadenlosigkeit einer Welt lebt, für die es Gott nicht gibt. So verlegt sich Pilatus notgedrungen aufs Taktieren. So sonderbar dieser «König Israels» ihm auch erscheinen mag, man kann nicht wissen, über wieviele Gefolgsleute er im Lande verfügt; das Beste wäre daher, wenn man ihn frei bekommen könnte. Aber man darf dabei die Menge nicht übergehen. Aus lauter Angst wird Pilatus, dieser Vertreter eines rigorosen Gottkönigtums, zu einem echten Demokraten: die Mehrheitsmeinung soll entscheiden. Nur: wie paktiert man mit ihr am geschicktesten? In Haft sitzt zur Zeit gerade ein gewisser Bar-Abbas (oder Bar-Rabbas[42], der «Gelehrtensohn»?), der vielleicht als Widerstandskämpfer einen (messiaspolitischen)[43] Aufstandsversuch unternommen hat; zwischen ihm und Jesus soll das Volk wählen.

[41] Sehr richtig meint E. SCHWEIZER: Das Evangelium nach Markus, 185: «Während der Gefangene (sc. Jesus, d. V.) in seinem Schweigen der wahrhaft Freie ist, wird Pilatus als der völlig Unfreie charakterisiert.»

[42] Zur Gestalt des *Barabbas* vgl. J. BLINZLER: Der Prozeß Jesu, 220–232. H. L. STRACK – P. BILLERBECK: Kommentar zum Neuen Testament aus Talmud und Midrasch, I 1031 sehen in *Barabbas* («Sohn des Abba», des «Vaters») einen gewöhnlichen Rufnamen. E. STAUFFER: Jerusalem und Rom, 146, Anm. 17 hingegen schreibt Barrabas und übersetzt: *Sohn des Rabbis*, wofür freilich nur das judenchristliche *Hebräerevangelium* als Zeugnis dient; vgl. P. VIELHAUER: Judenchristliche Evangelien, in: E. Hennecke – W. Schneemelcher (Hrsg.): Neutestamentliche Apokryphen, I 75–108, S. 104–108.

[43] J. BLINZLER: Der Prozeß Jesu, 224–225 verwahrt sich zu Recht dagegen, die Gestalt des Barabbas mit Lk 13,1 und dieses Ereignis wieder mit einer Geschichte aus FLAVIUS JOSEPHUS: Jüdische Altertümer XVIII 3,2; 2. Bd., S. 515 in Verbindung zu bringen, in der Pilatus die Tempelgelder zur Ableitung einer Quelle hatte verwenden wollen und einen

Es ist die ewige Entscheidung unserer Geschichte: zwischen dem Glauben an die Macht Gottes auf Erden oder dem Glauben an die Göttlichkeit irdischer Macht. – Der gesamte jüdisch-islamische Kulturkreis hat bis heute nicht aufgehört, auf einen *«Propheten mit dem Schwert»* zu warten[44], der die rituelle Wallfahrt zu den Heiligtümern der Religion in einen kämpferischen Pilgerweg zur Freiheit verwandelt[45]. Und wie oft schon hatte das Volk der Bibel auf einen solchen Messias gewartet! Man muß diese endlose Kette von Hoffnungen und Enttäuschungen aus den letzten 200 Jahren vor Christus sich nur einmal im Zeitraffer anschauen. Erst dann versteht man, was in dieser Wahl zwischen Jesus Christus und dem Christus Barabbas immer wieder auf dem Spiel steht[46].

Gerade die Stellen aus dem Propheten *Sacharja*, die in der Passionsgeschichte des *Markus*-Evangeliums eine so große Rolle spielen, richteten sich ursprünglich wohl gegen den Hohen Priester Alkimos (1 Makk 7,9 ff.), den die syrische Regierung 162 v. Chr. eingesetzt hatte; ihm sagte *(Deutero-)Sacharja* den Untergang durch die Ankunft eines Friedenskönigs voraus, der ein

daraus resultierenden Aufruhr nur mit Waffengewalt hatte niederschlagen können. Es bleibt freilich auch Spekulatuion, in Barabbas, wie BLINZLER (225) es vorschlägt «eine Art Freiheitsheld» sehen zu wollen, «sonst hätten die schlauen Synedristen ihn nicht gegen Jesus ausgespielt.» E. STAUFFER: Jerusalem und Rom, 146, Anm. 17 sieht in «Barabbas», dem «Sohn des Gelehrten» (s. o. Anm. 42), nicht einen «Straßenräuber», sondern einen messiaspolitischen Bandenführer, der ähnlich wie Judas Galilaeus mit schriftgelehrten Kreisen in Vebindung stand.»

[44] Zu der Gestalt des *«Propheten mit dem Schwert»* vgl. T. E. LAWRENCE: Die sieben Säulen der Weisheit, 57; 96; 101; 276, der von *Scherif Faisal* ausdrücklich sagt, daß er die Religion als Motiv des arabischen Aufstandes gänzlich aus dem Spiel ließ. «Der Glaube, für den er kämpfte, war der Nationalismus.» Dennoch artikuliert er immer wieder seine Vision von der Einheit aus Geist und Gewalt, die er schließlich in den Gestalten von *Faisal* und *Auda*, dem Scheich der *Howeitat*, verwirklicht sieht – «ein prächtig ungleiches Paar, die Verkörperung des Besten in Arabien: Faisal der Prophet und Auda der Krieger, jeder in seiner Art vollendet und auf den ersten Blick sich verstehend und liebend.» Zu der *Gefahr* des «Archetyps» von dem «Propheten mit dem Schwert» vgl. E. DREWERMANN: An ihren Früchten sollt ihr sie erkennen, 114–115.

[45] T. E. LAWRENCE: Die sieben Säulen der Weisheit, 520; vgl. bes. auch S. 511–512 – die «Philosophie» des Aufstandes.

[46] Es geht also darum, gerade die *Wahl* zwischen Jesus und Barabbas nicht als eine taktische Ungeschicklichkeit des Pilatus oder als eine tendenzbedingte Ungeschichtlichkeit der Berichterstattung «abzuhandeln», sondern darin die *wesentliche* Alternative der menschlichen Geschichte zu erkennen. S. o. Anm. 3.

neues Reich Davids heraufführen werde[47]. Tatsächlich starb Alkimos auch bereits nach zwei Jahren, nur von einem neuen Friedenskönig war weit und breit nichts zu sehen. Um 140 v. Chr. verkündeten *die Hasmonäer* den makkabäischen Hohen Priester und Feldherrn Simon als neuen Messias (1 Makk 14,4 ff.); aber im Jahre 135 v. Chr. starb Simon[48]. Im ersten Jh. v. Chr. prophezeite *das sibyllinische Orakel* (Sib. 3,337–380) den Sieg des Mithridates und der Völker des Ostens gegen Rom sowie die Heraufführung einer paradiesischen Endzeit; doch 63 v. Chr. verübte Mithridates Selbstmord und Pompejus besetzte Palästina und Syrien[49]. Immer wieder erneuern sich in dieser Zeit die messianischen Hoffnungen, und als Pompejus 48 v. Chr. bei Pharsalus endlich besiegt wird, feiern *die Psalmen Salomos* seinen Sturz überschwenglich als Fall des Großen Drachens, als Sturz des Teufels selber (Ps Sal 2,25 ff.)[50]. Aber die Macht der Römer hat damit nur ihre Akteure ausgetauscht. Jetzt setzt man die Hoffnung auf Kleopatra (44–30 v. Chr.) und feiert *sie* als die Königin, in deren Tagen Gott der Herr den Himmel aufrollen werde wie ein Buch und das Gericht des Großen Gottes erscheinen werde (Sib 3,77–91)[51]; aber in der Schlacht bei Aktium wird Kleopatras Flotte vernichtend geschlagen und die Römer befestigen den Anspruch ihrer Weltherrschaft, während das Königtum Gottes weiter auf sich warten läßt.

[47] Vgl. E. Stauffer: Jerusalem und Rom, 76; E. Kautzsch: Das erste Buch der Makkabäer, in: E. Kautzsch (Hrsg.): Die Apokryphen und Pseudepigraphen des Alten Testaments, I 24–81, S. 53.

[48] E. Stauffer: Jerusalem und Rom, 77; E. Kautzsch: A. a. O.,, I 74–75.

[49] E. Stauffer: A. a. O., 79; F. Blass: Die Sibyllinen, in: E. Kautzsch: (Hrsg.): Die Apokryphen und Pseudepigraphen des Alten Testaments, II 177–217, S. 191–192: «Denn alle Gesetzlichkeit und Gerechtigkeit wird vom gestirnten Himmel zu den Menschen kommen und mit ihr die für die Sterblichen alles übertreffende besonnene Eintracht und Liebe, Treue und Gastlichkeit ... fliehen wird von den Menschen die Armut, und fliehen die Not und Mord und verderblicher Streit und trauriger Zank und nächtlicher Diebstahl und alles Schlechte in jenen Tagen.» (3, 373–380). So wurde immer wieder im Rahmen einer *politischen Theologie* gehofft und verheißen, und so ging man immer wieder von neuem in die Irre.

[50] E. Stauffer: Jerusalem und Rom, 79–80; R. Kittel: Die Psalmen Salomos, in: E. Kautzsch: (Hrsg.): Die Apokryphen und Pseudepigraphen des Alten Testaments, II 127–148, S. 133: «Zögere nicht, Gott, ihnen auf (ihr) Haupt zu vergelten, des Drachen Übermut in Schmach zu wandeln.»

[51] E. Stauffer: A. a. O., 80; F. Blass: Die Sibyllinen, in: E. Kautzsch: Die Apokryphen, II 186–187: «Dann, wenn eine Witwe über die ganze Welt Königin geworden ist und das Gold und das Silber in die hehre Salzflut hingeworfen und das Kupfer und das Eisen

Keine Hoffnung Israels hat so oft in die Irre geführt wie der Glaube an das baldige Kommen der Gottesherrschaft, aber immer wieder klammert sich die verzweifelte Not des Volkes an diese Erwartung.
Im Jahre 7 v. Chr. ruft Juda ben Hiskia (= Judas Galilaeus) zum Kampf gegen die Römer auf und verheißt als messianischer Befreier das Reich Gottes auf Erden[52]. Selbst *das Achtzehnbittengebet*[53] der Synagoge fleht darum: «Den Sproß Davids laß eilends aufsprossen, und sein Horn erhebe sich durch deine Hilfe. Gepriesen seist du, Herr, der da sprossen läßt das Horn der Hilfe.»
Einer dieser «Hoffnungsträger» könnte auch *Barabbas* gewesen sein[54]. Ihn

der kurzlebigen Menschen ins Meer geworfen hat, dann werden alle Elemente der Welt verlassen sein, wenn der im Äther wohnende Gott den Himmel aufrollt, wie wenn eine Buchrolle aufgewickelt wird, und fallen wird das ganze vielgestaltige Himmelsgewölbe auf die hehre Erde und in das Meer, und es wird fließen ein Gießbach mächtigen Feuers unermüdlich, verbrennend die Erde, verbrennend das Meer, und wird das Himmelsgewölbe und die Tage (?) und die Schöpfung selbst in eins zusammenschmelzen und reinlich auseinanderlesen. Und nicht mehr (werden sein) die prunkenden Kugeln der Himmelsleuchten, nicht Nacht, nicht Morgen, nicht viele Tage der Sorge, nicht Frühling, nicht Winter, nicht auch Sommer, nicht Herbst. Und dann wird das Gericht des großen Gottes erscheinen.»

52 E. Stauffer: A. a. O., 81; vgl. Flavius Josephus: Jüdische Altertümer, XVII 10, 5, 2. Bd., S. 487: «Ferner sammelte ein gewisser Judas, der Sohn des Räuberhauptmanns Ezechias, der eine große Macht besaß und von Herodes nur mit Mühe niedergehalten worden war, bei Sepphoris, einer Stadt in Galiläa, eine Schar verkommener Menschen, griff damit das Zeughaus an, bemächtigte sich der daselbst befindlichen Waffen, teilte sie unter die Seinigen aus, raubte auch das dort aufbewahrte Geld und verbreitete allseitig Schrecken, indem er jeden, der ihm in die Hände fiel, plünderte und mit sich fortschleppte. Ja, er strebte sogar nach der Königsherrschaft und glaube dieselbe nicht so sehr durch Tapferkeit, als vielmehr durch zügellose Zerstörungssucht erringen zu können.»

53 Vgl. R. Mayer: Der babylonische Talmud, 485–489 (*Megilla* 17b/18a); S. 491: Eine Kurzform des Achtzehngebetes (*Brachot* 29a) lautet: «Mache uns einsichtig, Herr, unser Gott, deine Wege zu erkennen; beschneide unsere Herzen, dich zu fürchten; vergib uns, damit wir erlöst seien; halte uns fern von unseren Schmerzen; gib uns fette Weiden auf den Auen deines Landes; unsere Versprengten sammle aus den vier Enden; mache, daß Irrende gemäß deiner Erkenntnis richten; über die Frevler erhebe du deine Hand; die Bewährten sollen sich freuen am Aufbau deiner Stadt, an der Wiederherstellung deines Tempels, am Aufsprossen des Hornes für David, deinen Knecht, an der Bereitung der Leuchte für den Sohn Isais, deines Gesalbten; ehe wir rufen, antwortest du. Gelobt seist du, Gott, der Gebet erhört.»

54 Vgl. E. Stauffer: Jerusalem und Rom, 82; s. o. Anm. 43.

wählt die Gunst des Volkes – als den Propheten mit dem Schwert! Es ist eine Wahl, die im Prinzip schon jetzt den großen Aufstand gegen die Römer Jahrzehnte später einleiten und Jerusalem vollends in den Untergang reißen wird.

Und selbst danach noch wird die Hoffnung auf den kommenden Messias weitergehen – *Markus* selbst läßt Jesus warnend darauf hinweisen (Mk 13,22.23)[55]; immer wieder erwartet man, daß der kommende Messias, der Löwe von Juda, die Gottlosen vernichten werde (4 Esra 12,33)[56]; aber der ersehnte Messias bleibt aus, und der Neue Äon bricht niemals an. Selbst die große Revolte des *Barkochba* bricht 135 n. Chr. zusammen[57]; der «Sternensohn», den Rabbi Akiba nach Num 24,17 verkündet hatte: «Ein Stern geht auf aus Jakob», hatte sich als «Lügensohn» erwiesen; der Bar-Kochba war nur ein Bar Kosiba[58].

[55] Siehe oben: Noch einmal: Mk 13,14–32, Anm. 36; S. 387.

[56] Vgl. H. Gunkel: Das 4. Buch Esra, in: E. Kautzsch: (Hrsg.): Die Apokryphen und Pseudepigraphen des Alten Testaments, II 331–401, S. 394: «Der Löwe aber, der vor deinen Augen mit Gebrüll aus dem Walde hervorgestürzt ist, der zum Adler gesprochen und ihm seine Sünden vorgehalten hat, mit allen den Worten, die du gehört hast: das ist der *Christus*, den der Höchste bewahrt für das Ende der Tage, der aus dem Samen Davids erstehen und auftreten wird, um zu ihnen zu reden; er wird ihnen die Gottlosigkeit vorhalten, die Ungerechtigkeiten strafen, die Frevel vor Augen führen. Denn er wird sie zunächst lebendig vor Gericht stellen; dann aber, nachdem er sie überwiesen, wird er sie vernichten.» 4 Esra 12,31–33.

[57] Vgl. E. Stauffer: Jerusalem und Rom, 86; Y. Yadin: Bar Kochba, 17–27: «... zweiundsechzig Jahre nach der Zerstörung Jerusalems, brach erneut ein Aufstand gegen die Römer aus, diesmal im Heiligen Land selbst. Der Krieg Bar Kochbas – der sogenannte Zweite Aufstand – war ein grausamer Krieg; grausamer vielleicht als der Erste Aufstand von 66–70. Er dauerte über drei Jahre, mit anfänglichen Erfolgen für die Juden, die unter Bar Kochba Jerusalem eroberten, den jüdischen Staat wieder errichteten und damit das Römische Reich unter Hadrian bedrohten, der seine besten Legionen zur Bekämpfung der Rebellen nach Palästina entsandte.» (S. 18)

[58] Die Deutung ist umstritten. Vgl. Y. Yadin: Bar Kochba, 18–19: «Der Name Bar Kochba – in Hebräisch und Aramäisch bedeutet er wörtlich ‹Sohn des Sterns› – weist offensichtlich auf seine messianische Natur hin und war nur in den Schriften der frühen Kirchenväter bewahrt. In jüdischen Quellen hingegen wird er Bar (oder Ben) Koziba genannt, was bei nur wenig geänderter Aussprache eine ganz andere Bedeutung hat, nämlich ‹Sohn eines Lügners› oder ‹Betrügers›. Scharen von Gelehrten haben darüber argumentiert und debattiert. Eine Schule glaubte, sein Name sei wirklich Bar Kochba gewesen (vielleicht nach seinem Geburtsort), später aber, als sein Unternehmen fehlschlug, als Wortspiel in ‹Betrüger› abgeändert worden. Andere wieder argumentieren genau umge-

Soll es so immer weiter gehen? – *Das* ist die Frage dieser ewigen Wahl zwischen den politischen Messiashoffnungen, für die Barabbas stehen mag, und den Erwartungen auf ein Reich Gottes in den Herzen der Menschen, für die Jesus eintritt und sich kreuzigen läßt.

Paradoxerweise mag es wirklich immer wieder im Interesse der Machthaber liegen, dem unterdrückten Volk seinen «Messias» zu (über)lassen. So wie man Fliegen am besten fängt, indem man eine Schale mit Honig ausstellt, so mag das Volk sich getrost um seine Heilsgestalten scharen; man wird es dann nur um so sicherer und gründlicher zerschlagen können. Zudem bestätigen sich Revolution und Diktatur immer von neuem wechselseitig in der Gültigkeit ein und desselben Weltbildes. Der Gott, der sich in den Machthabern inkarniert, ist im Grunde kein anderer als der Gott, der die Erniedrigten mit Gewalt an die Macht bringen soll. Oben und Unten, Gewalt und Gegengewalt, Revolution und Reaktion – sie alle bilden nur die Speichen in dem endlos sich drehenden Rad der Macht[59]. Jesus aber, der kam, uns von dem Kreislauf der Macht und Gewalt zu erlösen, wird immer wieder unter die Räder unserer Geschichte kommen, wenn wir nicht das Prinzip dieser ewig falschen Hoffnungen durchbrechen. Es ist nicht möglich, innerhalb der Spirale der Macht einen Mann wie Jesus am Leben zu erhalten und ihn in das System der Machterhaltung zu integrieren. Selbst wenn man es wollte, wie Pilatus, er wird immer wieder zugrunde gehen. An der Ohnmacht der Macht, an ihren ängstlichen Kompromissen, an der Feigheit und Phantasielosigkeit der Herrschenden wird er zugrunde gehen – immer wieder, bis ans Ende der Zeiten.

Das vielleicht beste Lehrstück über die Unversöhnbarkeit zwischen den Erfordernissen einer «verantwortlichen» Machtausübung und dem tödlichen Anspruch des Einzelnen auf Selbstverwirklichung und Glück schrieb JEAN

kehrt: sein wirklicher Name sei Bar Koziba gewesen – ebenfalls nach seinem Geburtsort oder Vater –, den später seine Anhänger, die glühend an seine messianische Mission glaubten, in Bar Kochba, ‹Sternensohn›, umänderten. Der berühmte Ausspruch des großen Rabbi Aqiba, in Talmud und Midrasch überliefert, wurde zur Unterstützung dieser Ansicht so zitiert: ‹Rabbi Simon Ben Yohai sagte: Rabbi Aqiba, mein Lehrer, erläuterte die Stelle ‹Es soll ein Stern *(kwkb)* aufgehen aus Jakob› wie folgt: ‹Es geht *kwzba* auf aus Jakob.› Darüber hinaus wird zitiert, Rabbi Aqiba habe von Bar Kochba gesagt: ‹Du bist der König Messias.›»

59 Vgl. das Filmdrehbuch von J. P. SARTRE: Im Räderwerk, 173: «Die Gewalt! Immer die Gewalt! Sie mit Gewalt retten! Mit Gewalt die Landwirtschaft industrialisieren! Was, guter Gott, was habe ich getan, um zur Gewalt verurteilt zu sein? Was kann ich tun?»

Anouilh bereits im Jahre 1942 in seinem Drama *«Antigone»*, – ein echtes Karfreitagsstück. Kreon, der Herrscher von Theben, will die kleine Antigone retten, die der religiösen Forderung gefolgt ist und ihren erschlagenen Bruder Polyneikes beerdigt hat – gegen das Verbot, das der König aus Gründen der Staatsraison unter Todesstrafe erlassen hat. Von dem alten Glauben der (christlichen) Religion ist in dem Stück des französischen Dichters nichts weiter geblieben als der Rest eines existentialistischen Freiheitsbegriffs und eine Ahnung davon, daß eine gewisse Unbedingtheit des Glücksverlangens immer wieder die Zäune und Absperrungen niederreißen muß, die zur Beruhigung der Mächtigen errichtet werden. Die Frage aber richtet sich an unser aller Leben: Gibt es den Anspruch der Freiheit nur im Tode? Und was ist der Besitz von Macht tatsächlich wert, wenn er uns ständig zwingt, Dinge zu tun, die wir im Grunde gar nicht tun wollen? Erregend ist der abschließende Dialog zwischen Antigone und Kreon, der hier (gekürzt) wiedergegeben sei[60].

«Antigone: Du bist niederträchtig!

Kreon: Ja, mein Kind, ich bin's, das verlangt mein Beruf. Man kann sich zwar darüber streiten, ob man ihn ausüben soll oder nicht. Aber wenn man ihn ausübt, dann schon richtig.

Antigone: Und warum willst du ihn ausüben?

[60] J. Anouilh: Antigone, S. 41–42; 49–51. Vgl. ders: Jeanne oder die Lerche, 64, wo er die prinzipielle Menschenfeindlichkeit der Macht in der Gestalt des Inquisitors aufreten läßt, der die ewig gültigen Worte jeder Diktatur ausspricht: «Die Beobachtung einer straffen Ordnung innerhalb der Heiligen Kirche, die alle Außenseiter – und hätten sie die besten Absichten – unnachsichtlich wieder auf ihren Platz verweist, ist eine zweitrangige Polizeiarbeit, welche die Inquisition den Bischöfen und Pfarrern überläßt. Die heilige Inquisition verteidigt höhere und geheimere Dinge als das zeitliche Wohl der Kirche. Sie kämpft im Unsichtbaren gegen einen Feind, den sie allein entdecken kann, dessen Gefährlichkeit nur sie allein ermißt... Jeanne –, ihr einziger Feind ist der Mensch.» Und S. 67: «... wer den Menschen liebt, liebt Gott nicht.» Und S. 76: «... die Jagd auf den Menschen geht niemals zu Ende. Selbst wenn wir eines Tages noch so mächtig werden und unser Glaube wie ein schwerer Panzer über der Welt liegt, so grausam und schlau unsere Polizei auch sein mag – immer gibt es irgendwo einen Menschen, auf den Jagd gemacht werden muß... Wir müssen lernen, meine Herren, so oder so, und mag es der Welt noch so teuer kommen, wie wir den Menschen dazu bringen, ‹ja› zu sagen! Solange es einen einzigen Menschen gibt, dessen Stolz noch nicht gebrochen ist, solange schwebt die Idee in Gefahr.» Die Geschichte von der Wahl zwischen Jesus und Barabbas ist die ewige Geschichte der Wahl zwischen Gewalt und Menschlichkeit, zwischen Tyrannei und Freiheit, zwischen dem politischen und dem religiösen Weg der «Erlösung».

Kreon: Als ich eines Morgens aufwachte, stellte ich fest, daß ich König von Theben geworden war. Gott weiß, daß es mich noch nie in meinem Leben nach Macht gelüstet hat.
Antigone: Dann hättest du eben nein sagen sollen!
Kreon: Ich hätte es wohl gekonnt. Aber ich wäre mir vorgekommen wie ein Arbeiter, der sich weigert, sein Tagewerk zu verrichten. Das schien mir unehrenhaft . . .
Antigone: Gut, so ist das deine Sache. Ich, ich habe nicht ja gesagt! Was gehen mich deine Politik, deine Notwendigkeiten und die ganzen armseligen Geschichten an? Ich kann noch nein sagen zu allem, was mir mißfällt. Ich bin mein eigener Richter. Und du, mit deiner Krone, mit deinen Wächtern und deinem ganzen Staat, du kannst mich nur noch töten lassen, weil du einmal ja gesagt hast . . . Du willst mich nur retten, weil es sicher viel bequemer ist, eine kleine, schweigsame Antigone irgendwo im Palast zu halten. Du bist noch etwas zu empfindlich, um einen guten Tyrannen abzugeben. Aber im Grunde weißt du genau, daß du mich töten lassen mußt. Und weil du es weißt, deshalb hast du Angst. Ein Mann, der Angst hat, ist erbärmlich!
Kreon: Ja . . . gut, ich habe Angst. Bist du jetzt zufrieden? Ich habe Angst, daß ich dich töten lassen muß, wenn du nicht nachgibst. Ich möchte es nicht.
Antigone: Ich, ich muß nicht tun, was ich nicht möchte. Wolltest du vielleicht auch meinem Bruder das Grab nicht verweigern? Jetzt sage nur, daß du es nicht wolltest!
Kreon: Ich habe es dir schon gesagt.
Antigone: Und trotzdem hast du es getan. Und jetzt wirst du mich töten lassen, ohne es zu wollen. Und das heißt König sein!
Kreon: Ja, so ist es.

—

Kreon: Dein ganzes Leben liegt noch vor dir. Glaub mir, unsere Auseinandersetzung war sehr müßig. So viel Schönes wartet auf dich . . . Vielleicht ist das ganze Leben nur ein bißchen Glück.

—

Antigone: Was wird mein Glück sein? . . . Welche Niedrigkeiten werde ich Tag für Tag begehen müssen, um dem Leben mit den Zähnen ein kleines Fetzchen Glück zu entreißen? Sag doch, wen werde ich belügen, wem falsch ins Gesicht lächeln und an wen mich verkaufen müssen? Bei wem muß ich mich abwenden und ihn sterben lassen? . . . Ah – ich muß lachen, Kreon, ich muß lachen, weil ich mir plötzlich vorstelle, wie du wohl mit fünfzehn ausgesehen hast. Sicher dieselbe machtlose, unfähige Miene und die Einbildung, alles zu können. Das Leben hat dir nur die kleinen Falten und den

Speck dazugegeben ... Schlag mich, denn du weißt, daß ich recht habe. Glaubst du, ich sehe es dir nicht an den Augen an, daß du es weißt? Nur zu gut weißt du, daß ich recht habe, aber zugeben wirst du es nie – denn jetzt verteidigst du dein Glück wie ein Hund seinen Knochen ... Ihr seid mir alle widerlich mit eurem Glück und eurer Lebensauffassung. Gemein seid ihr! Wie Hunde, die geifernd ablecken, was sie auf ihrem Weg finden. Ein bescheidenes Alltagsglück und nur nicht zu anspruchsvoll sein! Ich, ich will alles, sofort und vollkommen – oder ich will nichts. Ich kann nicht bescheiden sein und mich mit einem kleinen Stückchen begnügen, das man mir gibt, weil ich so brav war. Ich will die Gewißheit haben, daß es schön wird, wie meine Kindheit war – oder ich will lieber sterben ... Wir gehören zu den Menschen, die jeder Frage auf den Grund gehen, bis kein Fünkchen Hoffnung mehr bleibt. Wir treten die Hoffnung mit Füßen, wo immer sie auch auftaucht, eure niedrige weibische Hoffnung ... Sie sind zäh, deine niedrigen Hoffnungen, aber sie werden dir doch nichts nützen. Ich brauche euch alle nur anzusehen mit euren armseligen Köpfen – ihr Glückskandidaten! Ihr seid häßlich, selbst die Schönsten unter euch! Ihr habt alle etwas Gemeines in den Augen und um die Mundwinkel – und Köpfe wie die feisten Köche.»
Um das Zwangssystem der Macht zu verlassen, muß man die Angst vor dem Tod überwinden. Und umgekehrt: nichts wird der Macht gefährlicher als Menschen, die in der Unbedingtheit ihres Glücksverlangens die Angst vor dem Tod überwunden haben und selbst von der Hoffnungslosigkeit der kleinen Alltagströstungen nicht davon abzuhalten sind, die Wahrheit ihres Daseins rein zu leben. Sie sind immer nahe dem Tode; sie sind immer nahe bei Gott.
Das Gebetbuch Israels enthält einen kleinen Psalm, wie ihn Jesus im stillen gebetet haben könnte, während er schweigend vor seinen Anklägern und vor seinem Richter steht:

Psalm 9,2–3.8–21 (in eigener Übersetzung)

Dem Herrn möcht ich danken aus ganzem Herzen,
mitteilen möchte ich gern,
wie wunderbar du gehandelt hast.
Ich kann mich freuen über dich,
ich kann vor Freude jauchzen über dich,
ich möchte besingen, wer du bist,
du, Höchster.

Der Herr regiert in Ewigkeit,
ganz souverän vermag er Recht zu schaffen.
Er richtet den Erdkreis, so, daß es stimmt,
er beurteilt die Völker in Unbestechlichkeit.
So ist der Herr für den Bedrückten
die einzige Zuflucht,
die einzige Zuflucht in Zeiten der Not.
Daher suchen in dir Geborgenheit,
die wissen, wer du wirklich bist.
Du, Herr, läßt ja doch nicht im Stich,
diejenigen, die dich suchen.
Singt dem Herrn, ihr Bewohner von Zion,
macht kund den Völkern, wie er denkt.
Ihm ist das Blutvergießen nicht gleich,
ihm gräbt sich das ein,
er kann nicht vergessen den Angstschrei der Armen.
Erbarme dich meiner, Herr,
sieh meine Armut,
wie man mich ablehnt;
du allein hältst mich fern
von den Pforten des Todes, –
wie wenn ich jetzt dazu bestimmt bin,
alles, was irgend du Menschen bedeutest,
an den Pforten von Zion weiterzusagen,
und zu jubeln über die Rettung,
die du bist!
Ganze Völker müssen versinken
in den Fallgruben, die sie selbst gruben;
in dem Fangnetz, das sie selbst spannten,
verfangen sich ihre Füße.
Auf diese Weise zeigt Gott sich an,
so bewirkt er Gerechtigkeit –
im Tun seiner eigenen Hände
verfängt sich der Mensch, der Gemeinheit will.
Und Menschen, die so sind,
müssen zurück ins Totenreich,
all die Völker, die Gott übergehn.
Nicht ewig wird der übergangen, der sich hilflos fühlt,
nicht immer die Sehnsucht der Armen nur enttäuscht,

Steh auf, Herr
daß der Mensch, dieses Nichts, sich nicht so mächtig fühle,
damit die Völker endlich unter deinen Augen
zur Rechenschaft gezogen werden.
Erteile ihnen, Herr,
die Lehre, die sie brauchen;
die Völker sollen wissen:
Menschen sind sie, und nichts weiter.

Noch einmal Mk 15,1–15: Der König der Juden oder: Die zwei Reiche

Was ist das für ein Königtum, das, unsichtbar und ohnmächtig, sich geltend machen will vor dem Prokurator des mächtigen Roms? Ein Königtum der Wahrheit (Joh 18,37)[1]? Doch wann auf dieser Erde hätte man um «Wahrheit» schon etwas gegeben? Ein Königtum «nicht von dieser Welt» (Joh 18,36)[2]? Das müßte gewiß die Herrschenden der Welt zum Lachen reizen!

[1] Die folgende Meditation im Anschluß an Joh 18,36.37 über das Königtum Jesu erläutert die Frage, die in Mk 15,2.26 im Grunde offenbleibt: In welchem Sinne ist es zu verstehen, daß Jesus als der «König der Juden» hingerichtet wird – von welcher Art ist sein Königtum, worin besteht es, und wieso stellt es in der menschlichen Geschichte eine gewissermaßen tödliche Schuld dar, auf solche Weise «König» sein zu wollen? R. SCHNACKENBURG: Das Johannesevangelium, III 284–287 meint zu Joh 18,36: «Jesus will dem Römer, der an machtpolitisches Denken gewöhnt ist, klarmachen, daß er keine Rebellion erstrebt, die mit ‹weltlichen› Mitteln, mit Waffen, durchzusetzen wäre. Darum argumentiert er: sonst hätten seine ‹Diener›... dafür gekämpft, daß er nicht den Juden ausgeliefert würde... Der Vertreter des römischen Staates wird zunehmend mit einer Wirklichkeit konfrontiert, die er nicht begreift, aber ahnt und in ihrer Unfaßlichkeit fürchtet (Joh 19,9...).»

[2] Sehr zu Recht stellt E. STAUFFER: Christus und die Caesaren, 82–101 *Augustus* und Jesus einander als diametrale Antagonismen gegenüber. Beide verkörpern zwei radikal verschiedene Prinzipien bzw. Grundeinstellungen, Welt und Geschichte zu betrachten. Insofern kommt es besonders darauf an, in der Passionserzählung der Evangelien die ewigen Konflikte der menschlichen Geschichte herauszuarbeiten und von der Gestalt Jesu her zu beantworten, unwesentlich ist demgegenüber die Frage nach der historischen Faktizität

Als der hl. AUGUSTINUS über die Szene des Verhörs Jesu vor Pilatus nachdachte, in einer Zeit, da die Wogen der Völkerwanderung über Rom zusammenschlugen und bereits an die Stadt Karthago brandeten, meinte er, daß die

und Glaubwürdigkeit der biblischen Erzähler. Worum es hinter den theologischen Redewendungen von dem «Reich Jesu» und dem «Reich der Welt» eigentlich geht, hat T. AITMATOW: Der Richtplatz, 229–230 meisterlich formuliert, indem er Jesus zu dem römischen Prokurator sagen läßt: «Du bist keine Ausnahme, Statthalter Roms, fast ein jeder verlangt leidenschaftlich danach, über wenigstens einen einzigen seiner Brüder zu herrschen. Darin liegt das Unheil. Du sagst es, so ist die Welt nun eingerichtet. Für das Laster gibt es immer tausend Gründe. Nur wenige aber denken darüber nach, worauf der Fluch des Menschengeschlechts beruht, daß nämlich alle vom Übel der Herrschsucht angesteckt sind, von den Vorstehern der Kehrfeger auf den Basaren bis zu den furchterregenden Imperatoren, und daß dieser Fluch das schlimmste aller Übel ist und daß das Menschengeschlecht dafür einmal die volle Rechnung wird begleichen müssen. Ganze Völker werden im Kampf um die Vorherrschaft, um Länder untergehen, sie werden sich gegenseitig bis auf die Fundamente und die letzten Wurzeln vernichten.» Darauf Pilatus: «Die Welt wird geführt von den Mächtigen, anders kann es nicht sein. So funktioniert die Welt, und so wird es bleiben. Der Stärkere hat die Macht, und immer und ewig werden die Starken die Welt beherrschen. Und diese Ordnung ist unwandelbar wie die Sterne am Himmel. Sie wird niemand versetzen. Vergebens ist deine Sorge um das Menschengeschlecht, vergeblich das Opfer deines Lebens. Den Menschen ist nichts beizubringen, weder mit Predigten in Tempeln noch mit Stimmen vom Himmel. Sie werden immer den Kaisern folgen, wie die Herde dem Hirten, und sie werden vor der Stärke und dem Wohlstand in die Knie gehen und den verehren, der sich als der schonungsloseste und mächtigste von allen erweist, und sie werden die Heerführer und ihre Schlachten rühmen, wo in Strömen das Blut fließt, damit der eine herrschen kann und der andere unterworfen und erniedrigt ist. Darin beruht ja auch das Heldentum des Geistes...; und im Namen des Volkes wird feierlich verkündet, wie nötig der Krieg ist, man wird zum Haß auf die Feinde des Vaterlandes erziehen: Möge der eigene Zar hochleben, der andere aber zerschmettert und auf die Knie gezwungen werden, man will ihn samt seinem Volk versklaven und das Land wegnehmen – darin liegt doch der ganze Reiz des Lebens, der ganze Sinn des Daseins seit undenklichen Zeiten, und du, Nazarener, willst alles das verdammen und verfluchen, du rühmst die Armen und Schwachen, du willst Wohltat überall und vergißt dabei: Der Mensch ist ein Raubtier, er braucht den Krieg zum Leben wie der Leib das Salz. Denk nach, worin deine Fehler und Irrtümer liegen, wenigstens zu dieser Stunde, bevor sie dich auf die Schädelstätte hinaus eskortieren. Aber zum Abschied sage ich dir: Du siehst die Wurzel des Bösen in der großen Machtgier der Menschen, in der Unterwerfung der Länder und Menschen durch Gewalt, damit vertiefst du aber nur deine Schuld, denn wer gegen die Gewalt ist, steht gegen die Starken. Dir geht es um das römische Imperium, du willst dein Reich der Gerechtigkeit verkünden, um dich der wachsenden Macht Roms in den Weg zu stellen, seiner Herrschaft über den gesamten Weltkreis, schon allein dafür hast du dreimal die Hinrichtung verdient.»

ganze menschliche Geschichte im Grunde wie durch einen Riß geteilt sei[3]. Der Autor am Anfang der Bibel habe ganz recht, wenn er meine, unserer Menschheitsgeschichte liege wie ein Archetyp das Bild von Kain und Abel (Gen 4,1–16) zugrunde: der Mörder und sein Opfer, die Gewalt und ihr Opferlamm, das Reich der Erde und das Reich der Himmel, und diese Auseinandersetzung zwischen Gut und Böse, zwischen Sanftmut und Brutalität, zwischen Durchsetzung und Hingabe höre niemals auf bis ans Ende der Tage[4].

Das *Mittelalter* hat diese ebenso weise wie traurige Lehre des AUGUSTINUS konkreter und oberflächlicher fassen wollen: Es stünden in *organisierter Gegensätzlichkeit* das Reich der Welt und das Reich Gottes gegenüber in Form von Staat und Kirche, ähnlich wie oft in der politischen und religiösen Ideologie Ost und West, Heidentum und Christentum einander gegenübergestellt wurden[5]. Jedoch: Das Mittelalter hatte unrecht, denn jener Riß,

[3] Vgl. A. AUGUSTINUS: Gottesstaat, XV 1, in: Schriften II 359–362, wo AUGUSTINUS ausführt: «Zuerst wurde von jenen beiden Stammeltern des Menschengeschlechtes (sc. Adam und Eva, d. V.) Kain geboren, der zum Staat der Menschen gehört, nachher Abel, der zum Gottesstaat gehört.» «Es steht nun geschrieben von Kain, daß er einen Staat gründete (sc. Gen 4,17, d. V.); Abel dagegen als Fremdling gründete keinen. Denn der Staat der Heiligen ist jenseitig, obwohl er hienieden Bürger erzeugt, in denen er in der Fremde pilgert, bis die Zeit seines Reiches herbeikommt, da er alle in den eigenen Leibern Auferstehenden sammelt, wenn ihnen das verheißene Reich wird gegeben werden, wo sie mit ihrem Fürsten, dem König der Ewigkeit, ohne Zeitende herrschen werden.»

[4] Vgl. AUGUSTINUS: Gottesstaat, XV 4, in: Schriften, II 365–366: «Des irdisch gesinnten Staates Kampf und Friede.»

[5] Zu den imperialen bzw. ekklesialen Reichsgottesansprüchen im Mittelalter vgl. M. BUSSMANN: Reich Gottes. B. Historisch, in: P. Eicher (Hrsg.): Neues Handbuch theologischer Grundbegriffe, IV 45–58, S. 50–53. Während die *ottonisch-staufischen* Kaiser sich selbst für beauftragt hielten, durch ihre Politik die Ankunft des Himmelskaisers vorzubereiten, trat die (primär hierarchische Kleriker-)Kirche diesem Anspruch entgegen, indem sie sich selber mit dem Reich Gottes identisch setzte. «Damit wurde das *imperium* aus der ehedem der *christianitas* gemeinsamen Aufgabe entlassen, das Reich Gottes herbeizuführen: Das *sacerdotium* (sc. die kirchliche Hierarchie, d. V.) mußte entsprechend die politische Religiosität der staatlichen Gewalt benutzen, um das Reich Gottes durchzusetzen, die Kirche nahm das ‹Reich› in sich auf.» (50) Es mutet unglaublich modern an, wenn man liest, daß zur selben Zeit MARSILIUS VON PADUA: Der Verteidiger des Friedens, Teil II, Kap. IX § 8, S. 124 die kirchlichen Machtansprüche während des Investiturstreites mit Berufung auf das Vorbild Christi in die Schranken zu weisen suchte: «Daher ist es höchst verwunderlich, wieso ein Bischof oder Priester, wer auch immer er sei, sich eine größere oder andere Machtbefugnis anmaßt, als Christus oder seine Apostel sie in der Welt haben

von dem AUGUSTINUS sprach, teilt weder Machtblöcke noch Staaten, er geht im Grunde durch die Seele eines jeden.

Denn bei diesem Gegensatz zwischen Gottesherrschaft und Menschenherrschaft handelt es sich nicht um einen Widerspruch von Gut und Böse in moralischem Sinne, vielmehr geht es hier um zwei vollkommen unterschiedliche Weisen, die Welt zu sehen; beide Sehweisen sind, nach einem Wort von BERNANOS, wie zwei Flüssigkeiten von verschiedener Schwere, die einander überlagern[6].

Man kann die Welt so betrachten, daß man *nur* «Welt» sieht[7]. Man muß deswegen durchaus nicht üblen Willens im Sinne der Moral sein, ganz im Gegenteil. Aus Verantwortung und im Bestreben, diese Welt möglichst gut einzurichten und optimal zu verwalten, streben Menschen immer wieder zu dem, was zur Herrschaft, zur Verwaltung unerläßlich ist: zur Macht. Wenn sie das Sagen haben, wenn sie es gutmeinen und wenn sie klug genug sind, so wird die Welt schon von allein in Ordnung kommen, denken sie. Seitdem die Menschheit existiert, wird so gedacht, und solange sie existiert, wird man schwerlich auf eine andere Idee verfallen. Trotzdem zeigt sich immer wieder, wie unser Leben sich bei dieser Weltsicht in KAFKAS *«Schloß»*[8] verwandelt; es

wollten. Denn die Apostel sind in Knechtsgestalt von weltlichen Herrschern gerichtet worden. Deren Nachfolger aber, die Priester, weigern sich nicht nur, gegen Christi und der Apostel Vorbild und Gebot sich den Herrschern zu unterstellen, sondern behaupten sogar, mit einer zwingenden Rechtsprechung über dem Herrscher und höchsten Gewalten zu stehen. Christus jedoch hat bei Matthäus im 10. Kap. (sc. V. 18, d. V.) gesagt: Und man wird euch vor Könige und Statthalter führen um meinetwillen; und nicht: Statthalter und Könige werdet ihr sein.»

[6] G. BERNANOS: Tagebuch eines Landpfarrers, Zürich 1975, S. 9.

[7] Zum Begriff der *«Welt»* im Joh.-Ev. vgl. R. BULTMANN: Theologie des Neuen Testamentes, 367–373; 378–385, der die «Welt» wesentlich als «Knechtschaft unter der Sünde» versteht. «Das Schauerlichste der Verfallenheit an den Tod ... ist die Feindschaft der Welt gegen das Leben.» (368) Man vertut den Ernst dieser sehr richtigen Bestimmung, wenn man die Beschreibung BULTMANNS auch nur einen Moment lang moralisch interpretiert, etwa, wenn er selber (S. 379) sagt: «Der aus dem Selbst-sein-wollen erwachsende Wahn verkehrt die Wahrheit zur Lüge, verkehrt die Schöpfung zur ‹Welt›.» Es ist sehr wichtig, Stelle für Stelle das zentrale *Motiv* zur Sprache zu bringen, das den Menschen dazu bestimmt, nur noch aus sich selbst heraus existieren zu wollen: Es ist der Taumel der *Angst*, die dazu führt, Gott als den tragenden Grund der menschlichen Existenz aus den Augen zu verlieren und auf verzweifelte Weise dem haltlos gewordenen Dasein einen eigenen Inhalt, einen eigenen Grund verschaffen zu wollen.

[8] Vgl. bes. F. KAFKA: Das Schloß, Kap. 15, S. 147–159, wo es um die beängstigende

gleicht zunehmend einem Spiegelkabinett, in dem ein jeder Lichtstrahl sich in sich selber bricht und ein verkehrtes Bild ergibt. Man will die Macht, gut; man will sie einsetzen zum Richtigen, – noch besser; aber noch ehe man an die Macht kommt, muß man beginnen, sich Menschen gefügig zu machen: Man darf nicht fragen, wer sie als Personen sind, man muß sich fragen, was man mit ihnen im Interesse bestimmter Zielsetzungen machen kann; was sie selber möchten, spielt dabei nur insoweit eine Rolle, als man sehr genau abwägen muß, wie das, was sie wollen, zu dem paßt, was man selber für richtig und «notwendig» hält. Also: Wie man Menschen manipuliert, wie man mit ihnen Mehrheiten bildet, wie man sie auf bestimmte Programme hin organisiert und gruppiert, *dies* ist die Kunst im Erwerb von Macht und im Umgang mit Macht[9]. Gleichwohl scheint selbst bis dahin an diesem Vorgehen immer noch nichts bedenklich – wenn nur die Programme und Handlungsabsichten selbst in Ordnung sind; und doch ist das erste Prinzip aller Humanität bereits verletzt: Menschen niemals als Mittel zum Zweck zu gebrauchen! Wer Macht will, darf sich nicht fragen, welch eine Wahrheit in einem Menschen lebt, er muß sich als erstes fragen, wie die Wahrheit auf andere wirkt; er muß die «Verantwortung» gegen die «Überzeugung» setzen,

«Langsamkeit» geht, mit der man im «Schloß» sich der Frage der rechten Berufskleidung annimmt: In der absurden Welt des «Schlosses» weiß man niemals, «was diese Langsamkeit bedeutet; sie kann bedeuten, daß die Sache im Amtsgang ist, sie kann aber auch bedeuten, daß der Amtsgang noch gar nicht begonnen hat..., sie kann aber schließlich auch bedeuten, daß der Amtsgang schon beendet ist... Genaueres kann man darüber nicht erfahren oder erst nach langer Zeit. Es ist hier die Redensart...: Amtliche Entscheidungen sind scheu wie junge Mädchen.» Es ist eine Welt der radikalen Entfremdung und Außenlenkung, in der, wie in allen totalitären Systemen, dem einzelnen niemals Gelegenheit gegeben wird, mitzuvollziehen, was die vermeintlich «objektive» Vernunft der Partei oder der «heilige» Geist der Kirche oder die «Sachzwänge» des Staates mit ihm vorhaben.

[9] Es liest sich leicht als Karikatur der Macht, während es in Wahrheit ihre zutreffende Beschreibung ist, wenn N. Machiavelli: Der Fürst, 18. Kap., S. 104 dem Regenten geradewegs zum Zwecke des Machterhalts *die Lüge* empfiehlt. «Ein kluger Fürst kann und darf... sein Wort nicht halten, wenn er dadurch sich selbst schaden würde oder wenn die Gründe weggefallen sind, die ihn bestimmten, es zu geben. Wenn alle Menschen gut wären, wäre diese Vorschrift nicht gut; da sie aber schlecht sind und dir die Treue nicht halten würden, brauchst du sie ihnen auch nicht zu halten.» Es kommt darauf an, zu begreifen, daß inmitten einer «gefallenen Welt» die Sphäre des Politischen, weit entfernt, ein Mittel der Erlösung zu sein, selber erlösungsbedürftig ist. – Zum Problem der *Lüge* vgl. E. Drewermann: Ein Plädoyer für die Lüge oder: vom Unvermögen zur Wahrheit, in: Psychoanalyse und Moraltheologie, III 199–236.

das Machbare gegen die innere Übereinstimmung, er muß stets vor Augen haben, daß eine Wahrheit gegebenenfalls falsch sein kann, z. B. wenn sie zu Unruhe, Aufruhr oder Tumult führt; in solchen Fällen wird es unerläßlich sein, sich sehr genau zu überlegen, wie man bestimmte *Teil*wahrheiten wichtig macht, wie man seine bisherige Überzeugung ändert, wenn es opportun erscheint, oder wie man längst fallen gelassene Meinungen wieder zum ehernen Prinzip erhebt, wenn es die Umstände erfordern[10].

Dieses *Spiel* mit der Wahrheit, die sich nur in ihrer Wirkung auf das Publikum wirklich bewahrheiten kann, droht sich in jedem Augenblick zur Lüge zu verfälschen. Pilatus hat vollkommen recht, wenn er im *Johannes*-Evangelium auf diesen fast hochmütigen Satz Jesu: «Ich bin gekommen in die Welt, um für die Wahrheit Zeugnis abzulegen» (Joh 18,37), mit Achselzucken fragt: «Was ist Wahrheit?» (Joh 18,38)[11] Zu deutsch: Selbst wenn man die Wahrheit wüßte, was sollte man dann mit ihr machen? Einzig *das* ist die Frage, die Pilatus interessiert, und es scheint ihm nicht zu Unrecht evident, daß die Wahrheit Jesu wohl nicht sehr wirksam und sehr durchsetzungsfähig sein dürfte.

Und dennoch ist ein solches Königreich der Erde, gegründet auf das Spiel mit Menschen, gegründet auf die verwaltete Macht, gegründet auf die Machbarkeit von Plan und Menschenordnung, soweit wir in die Geschichte rückwärts sehen können und soweit wir sie im voraus abzuschätzen vermögen, eine nicht endende Kette von Verkehrungen und menschlichen Tragödien.

[10] Vgl. E. Drewermann: A. a. O., III 215–232.

[11] Sehr schön meint Hölderlin: Hyperion, in: Werke und Briefe, I 319 gegenüber der Vorstellung von dem Staat als einem Sachwalter zwar nicht mehr des Reiches Gottes, wohl aber der Sittlichkeit: «Du räumst dem Staate denn doch zu viel Gewalt ein. Er darf nicht fordern, was er nicht erzwingen kann. Was aber die Liebe gibt und der Geist, das läßt sich nicht erzwingen. Das laß er unangetastet, oder man nehme sein Gesetz und schlag es an den Pranger! Beim Himmel! Der weiß nicht, was er sündigt, der den Staat zur Sittenschule machen will. Immerhin hat das den Staat zur Hölle gemacht, daß ihn der Mensch zu seinem Himmel machen wollte. – Die rauhe Hülse um den Kern des Lebens und nichts weiter ist der Staat. Er ist die Mauer um den Garten menschlicher Früchte und Blumen. – Aber was hilft die Mauer um den Garten, wo der Boden dürre liegt? Da hilft der Regen vom Himmel allein.» In christlicher Sicht ist auch diese rein negative bzw. restriktive Sicht des Staates noch zu positiv. Nach Lk 4,5.6 ist es der Teufel selber, der die Reiche dieser Welt in all ihrer «Macht und Herrlichkeit» vergibt, und nur wer der Macht als dem Teufel selber entsagt, vermag die Welt zu erlösen. Wo außerhalb des *Buddhismus* und des *Taoismus* hat man noch eine Ahnung davon, was hier auf dem Spiel steht?

Keine Frage zwischen Himmel und Erde wird heute z. B. so heftig diskutiert wie die Frage von *Krieg und Frieden*. Niemand wird einem verantwortungsbewußten Politiker heute unterstellen, daß er Krieg wolle; und doch ist die Art, den Frieden zu betreiben, nach wie vor wesentlich darin gelegen, verantwortungsbewußt und gutwillig die Schafe vor den Wölfen zu schützen, so daß man gegen jeden möglichen Überfall gewappnet sein muß, indem man mindestens so stark ist wie jeder mögliche Aggressor[12]. Willst du den Frieden, so bereite den Krieg[13], – weiter als bis zu dieser Devise der alten Römer sind wir bis heute nicht gekommen, nur daß wir inzwischen weit deutlicher sehen, wie gegenläufig die Logik der Macht in allen Bereichen ist. Man will mit Hilfe militärischer Rüstung *aus Verantwortung* Frauen und Kinder schützen, – ein bewährtes Programm, wie in den Tagen der Steinzeit[14]. Aber ein moderner Krieg wird als erstes gerade die Frauen und Kinder weit hinter der «Front» vernichten, während die Soldaten in den Leitständen ihrer Raketensysteme, in ihren U-Booten, in ihren Bombern relativ unbedroht sind[15]. Man will die Gerechtigkeit verteidigen, die Humanität, die Freiheit, aber man muß all diese Werte bereits geopfert haben, ehe man fähig ist, sich Waffensysteme auszudenken und im Ernstfall einzusetzen, die in Bruchteilen von Sekunden Hunderttausende von Menschen zerstrahlen, verbrennen, vergiften, verseuchen – was man will. Wir haben längst den Punkt erreicht, da die Vorbereitung des Schutzes das zu Schützende geistig und moralisch millionenfach vernichtet[16]. Freilich kann man immer noch sagen, daß man durch kontrollierte Abschreckung wenigstens den Nicht-Krieg rettet, indem man dem hungrigen Wolf kein allzu leichtes Opfer als Beute darbietet; nur: Uns kostet heute bereits der Nicht-Krieg täglich mehr Opfer, als jeder konventionelle Krieg in der Geschichte der Menschheit je gekostet hat. Jedes Jahr sterben allein 15 Millionen *Kinder* an Hunger[17]; das ist mehr, als der ganze Zweite Weltkrieg in Ostasien und Europa auf dem Höhepunkt des Kriesgjahres 1944 an Menschen gefressen hat. Wir müssen für die Rüstungsindustrie halbe Kontinente verwüsten und riesige Biotope zerstören, nur um unseren

[12] Vgl. E. Drewermann: Der Krieg und das Christentum, 123–132; 161–171.
[13] A. a. O.,135–161 – zur Lehre vom «gerechten Krieg» und ihrer Aporie.
[14] A. a. O., 57–60.
[15] A. a. O., 162–171.
[16] A. a. O., 158–161.
[17] E. Drewermann: Der tödliche Fortschritt, 10–14; 47.

Nicht-Krieg zu erhalten[18]. Aber auch wer in Protesten, Demonstrationen und Mahnungen gegen das Grauen des Krieges zu Frieden und Abrüstung aufruft, wird erleben, daß er sich in der Logik verwalteter Macht hin und herdreht wie ein Tanzbär im Zirkus. Denn die Logik der Höhlenmenschen hat immer noch recht: der Schwache fordert schon durch sein Dasein den Starken heraus, das Lamm den Wolf, die Hühner den Habicht, und es ist also wirklich nicht zu verantworten, das einzig Verantwortbare zu tun: den Frieden auf *direktem Wege* anzustreben.

Wir sind bei diesem Königtum der Erde heute mit allem Fleiß und aller Tüchtigkeit in einer Situation, wie sie vor einiger Zeit in den Gazetten berichtet wurde. Ein Adler hatte einen Fuchs gefangen und hielt ihn fest in seinen Fängen, der Fuchs aber lebte noch und hatte sich seinerseits fest in den Adler verbissen. Dieser, aus Schmerz, flatterte hoch und höher, auf über 80 Meter, bis der Fuchs in seiner Verzweiflung und in seinem Todesschmerz es schaffte, den Adler zu töten; doch dieser, niederstürzend, tötete den Fuchs. – In eben dieser Spirale der Angst leben wir heute in einer schwindelnden, tödlichen Höhe, und kein Mensch kann uns sagen, wie wir jemals wieder lebend von dort herunterkommen sollen. – Also, wird man denken *müssen*, haben die Religionen aller Zeiten recht: In Wahrheit sind die Mächtigen ohnmächtig, die Starken schwach, die Herrschenden gefangen, und gerade die Könige sind am meisten die Sklaven ihrer Völker und die Marionetten ihrer Zeit. Am Ende zeigt sich diese Welt, konzentriert um die Macht, in ihrem wahren Gesicht: als eine endlose Stätte der Angst, der Unfreiheit und der wechselseitigen Tyrannei[19].

Erst wenn man die fundamentale Dialektik aller Menschenmacht begriffen hat, versteht man, wieso Jesus in seinem Verhör vor Pilatus von einem unsichtbaren Königreich sprechen kann, das einer anderen Welt entstammt, in der es keine «Soldaten» gibt, die für die Wahrheit streiten. In diesem unsichtbaren Königreich zählt es nicht als Beweis gegen die Wahrheit, wenn jemand ausgeliefert und mißhandelt wird; in diesem Königreich kommt es nur darauf an, unter Einsatz der eigenen Existenz für die Wahrheit Zeugnis abzulegen, gleichgültig, was in irdischen Maßstäben daraus folgt.

Es ist mithin eine grundlegende *Wahl* zu treffen: zwischen Politik *und* Religion, zwischen Macht *und* Glaube, zwischen Geschäft *und* Wahrheit[20]. *Prin-*

[18] E. Drewermann: Der Krieg und das Christentum, 170–171.

[19] Vgl. die Analyse bei E. Drewermann: Strukturen des Bösen, III 353–435.

[20] So erzählt die *buddhistische* Legende, es habe bei der Geburt des Bodhisattva der Seher

zipiell widersprechen beide Perspektiven der Weltbetrachtung einander. Ein glaubender Mensch kann und darf niemals fragen, wie die Wahrheit sich verwaltet; er muß hoffen dürfen, daß sie sich *von allein* durchsetzt. Für ihn ist die Macht eine Versuchung, keine Berufung; sie ist niemals die Bühne seiner «Berufsausübung». Ihm wird es niemals darum gehen dürfen, wie er mit anderen Menschen umgeht. Ihm hat und sollte es einzig darum zu tun sein, wachzurufen, was im anderen leben möchte.

Die Unterschiede gehen bis in alle Details. – Für einen Politiker ist es gefährlich, *ein eigenes Gefühl* auch nur zu äußern; mindestens muß er immer wieder reflektieren, ob (s)eine Gefühlsäußerung bei der nächsten Wahlkampfkundgebung auch wirklich opportun ist; selbst wenn er lächelt, wird sein Lächeln eine Maske sein, und sogar noch sein «leidenschaftlicher Zorn» wird so kalt kalkuliert sein wie ein gutgezielter Florettstoß. Einzig in der Religion könnten der Mut und das Vertrauen wachsen, vor Gott habe ein jeder geradezu die heilige Pflicht, zu entfalten und zu leben, wozu er in seinem eigenen Herzen berufen ist: ein König zu *sein*. Darin gerade erweist sich die Wahrheit dieses Königtums der Menschlichkeit Jesu, daß es nicht erniedrigt, sondern erhebt, daß es nicht versklavt, sondern an die eigene Größe zu glauben lehrt, daß es nicht auf die Menschen herunterherrscht, sondern sie zu der Geradheit ihres Wesens aufrichtet. «Ihr wißt», meinte Jesus bereits gegenüber dem Machthunger und Ehrgeiz seiner Jünger, «daß die, welche als Fürsten der Völker gelten, sie knechten und ihre Großen über sie Gewalt üben.» (Mk 10,42)[21] *Seine* Art der «Herrschaft» sollte demgegenüber darin bestehen, einem jeden ein Gespür zu geben für das, was er wert ist, und ihn zu überzeugen von seiner eigenen Würde. Deswegen kann das *Johannes*-Evangelium Jesus an gleicher Stelle zu Pilatus sagen lassen, jeder, der aus der Wahrheit sei, werde auf seine Stimme hören (Joh 18,37)[22]. Alles, was Jesus wollte, war und ist ein Reich des Friedens, der *von innen* kommt, eines Friedens, «den die Welt nicht geben kann» (Joh 14,27)[23]. Krieg und

Asita geweissagt, der neugeborene Knabe könne nur zwei Wege einschlagen «und keinen andern: verweilt er im Welterleben, so wird er ein weltbeherrschender König; wenn er aber aus dem Hause in die Heimatlosigkeit fortzieht, wird er ein Pfad-vollender.» E. WALDSCHMIDT: Die Legende vom Leben des Buddha, 50.

[21] S. o. zu Mk 10,32–45, S. 129–147.

[22] Vgl. R. SCHNACKENBURG: Das Johannesevangelium, III 285–287.

[23] A. a. O., III 96–97: «Solchen Frieden gibt die Welt nicht. Gibt sie überhaupt Frieden? Die negative Formulierung ... soll wahrscheinlich der Welt den Frieden überhaupt abspre-

Gewalt sind in den Augen Jesu nicht Fehler der Politik, sie sind die notwendige Folge bzw. ein unauflöslicher Teil des Reiches dieser Welt[24], einer Art der Machtausübung, die auf die Herausforderung und ständige Infragestellung durch Angst und Gewalt kein anderes Mittel weiß als den Gegenterror und die Gegengewalt durch den Einsatz noch besserer, noch schlimmerer «Waffen».

Um zu konkretisieren, wie ein solches Königreich der Wahrheit *praktisch* werden könnte, läßt sich einmal überlegen, wie unsere Erde denn aussähe, würden wir zwischen Ost und West einmal auf die Spirale der Angst verzichten; wir würden endlich aufhören, in allen möglichen Verhandlungen darüber zu debattieren, wie viele Raketen die einen haben und die anderen haben dürfen; wir würden vielmehr erkennen, daß Feindschaft nur so lange Bestand hat, als wir einander unterstellen, der andere sei einfach bösen Willens. Wäre es nicht möglich, einmal nicht mehr über das Anwachsen und die wechselseitige Begrenzung von Macht zu verhandeln, sondern zu denken, daß die Idee der Gerechtigkeit – etwa im Kommunismus – auf alle Länder des Elends eine unerhörte Faszinationskraft ausüben *muß*, solange wir nicht durch die Tat zu erkennen geben, daß es auch ohne Gewalt und Revolution, aus Überzeugung und in Freiheit, möglich ist, eine gemeinsame Beteiligung aller Menschen an den gemeinsamen Gütern dieser Erde vorzubereiten und zu gewährleisten? Wir könnten dann sehen, daß der Begriff Freiheit, den wir als Motiv oder als Propaganda unserem politischen Handeln unterlegen, solange eine Lüge sein muß, als er den Begriff der Gerechtigkeit nicht einschließt. Erst dann vermöchten wir auch der «Gegenseite» glaubwürdig zu sagen, daß es keine Gerechtigkeit geben kann *ohne* Freiheit. Und erst von diesem Augenblick an könnten wir wirklich voneinander lernen und miteinander in Frieden leben. Wechselseitig könnten wir dann zusammen Hand anlegen, um Werte, die der

chen. Nichts deutet darauf hin, daß Joh an die Pax Romana oder an sonstigen Frieden dächte, den die Welt geben könnte.» Das ist völlig wahr, bis auf das «vielleicht», mit dem SCHNACKENBURG der Radikalität des gestellten Problems *aller*, kirchlicher wie weltlicher Macht ins Unverbindliche ausweicht.

[24] Vgl. E. DREWERMANN: Der Krieg und das Christentum, 37–45. R. SCHNEIDER: Allein der Wahrheit Stimme will ich sein, 229 meint deshalb sehr richtig: «So ist mit dem Frieden, den der Herr den Seinen brachte, mit der Liebe, die sich des Volkes erbarmt, mit der Barmherzigkeit, die nicht Opfer will, auch etwas Entsetzliches in die Welt gekommen – und wir haben vielleicht nur Hoffnung auf Rettung, wenn wir dieses Entsetzliche empfinden und annehmen und von seiner Kraft bis ins Herz erschüttert werden.»

Idee nach unauflöslich zusammengehören, auch in der Wirklichkeit zusammenzuführen[25].

Freilich, wir müßten, um die Welt zu erneuern, ein für allemal aufhören, an das Königreich der Welt zu glauben. Wir müßten buchstäblich Zeugnis ablegen von der Wahrheit. Wir müßten uns *erlösen* lassen aus der Perspektive einer *anderen* wahreren Welt, um in *dieser* Welt nicht unermeßlichen Schaden anzurichten. Wir brauchten endlich den unangenehmen Wahrheiten nicht mehr aus dem Weg zu gehen. Wir könnten freimütig und offen sagen, was ist. Und in der Tat, es hätte auch politisch ungeheuere Folgen, auf der Stelle. Ohnmächtig wäre die Wahrheit nicht, riskant vielleicht, doch keinesfalls unwirksam, ängstigend im Augenblick, gewiß, unpraktisch aber sicher nicht; sie wäre einzig und allein nicht «pragmatisch» im Sinne der endlichen Logik machbarer Macht. Doch wäre es nicht insgesamt denkbar, daß, bevor die Welt an uns selber zugrunde geht, noch *vor* der Apokalypse unserer Geschichte, wir den Mut aufbrächten, an jenes wahre Königreich zu glauben, das mit der Menschlichkeit der Menschen rechnet, statt mit ihrer Unnatur? Jede Lüge beleidigt es, jeder Versuch, sich zu schützen, verrät es, aber jedes Stück Ehrlichkeit, das wir in unser Leben bringen, bringt uns diesem Reich Gottes näher.

[25] Nichts scheint dem «durchschnittlichen» Bewußtsein heute noch schwieriger zu sein, als zu erkennen, daß gewisse Werte des Zusammenlebens für die eigene Gruppe eine (subjektiv) «unbedingte» Geltung beanspruchen können, während sie doch (objektiv betrachtet) relativ sind und sogar der Ergänzung durch andere, logisch unvereinbar scheinende moralische Inhalte bedürfen, die in anderen Gruppen stärker ausgeprägt sind. Vgl. E. Drewermann: Der Krieg und das Christentum, 65–74.

Mk 15,16–20a: «Soldaten» oder: Die Legionäre und der Hauptmann

[16] Die Soldaten führten ihn ab ins Innere der Halle, d. h. in die Burg des Statthalters, und riefen die ganze Kohorte zusammen. [17] Und sie ziehen ihm ein Purpurgewand an und setzen ihm, (eigens) geflochten, einen Dornenkranz auf. [18] Dann fingen sie an, ihm zu huldigen: Sei gegrüßt, König der Juden. [19] Und sie schlugen ihn auf den Kopf mit einem Rohrstock, spuckten ihn an, beugten die Knie und warfen sich vor ihm nieder. [20a] Und als sie ihn so verspottet hatten, zogen sie ihm den Purpurmantel aus und zogen ihm seine Kleider an.

Es gibt in der Passionsgeschichte Jesu innerhalb des *Markus*-Evangeliums keine Stelle, die ein unheimlicheres Bild von uns Menschen zeigen würde als diese. Im *Johannes*-Evangelium erscheint die Szene von der Geißelung bereits ein Stück weit zugunsten der «Römer» gemildert: Pilatus verhängt dort die Auspeitschung Jesu offenbar nur in der Absicht, das jüdische Volk mit seinem «König» mitleidig zu stimmen und es einer Freigabe des augenscheinlich Unschuldigen geneigter zu machen (Joh 19,1–5)[1]. Bei *Markus* hingegen bildet die Tortur der Geißelung lediglich das Vorspiel der längst beschlossenen Hinrichtung; mit ihr nimmt die brutale und scheußliche Maschinerie der Exekution ihren makaberen Anfang[2]. (Mk 15,15)

[1] Vgl. R. Schnackenburg: Das Johannesevangelium, III 291: «Diese Darstellung ist vom Evangelisten (sc. Joh., d. V.) beabsichtigt: Pilatus, der sich dem Ruf des Gottgesandten verschließt (18, 37 f) verfängt sich bei all seiner Macht immer mehr in die Machenschaften der Menschen.»

[2] Vgl. C. Schneider: *mastigoo*, in: G. Kittel (Hrsg.): Theologisches Wörterbuch zum Neuen Testament, IV 521–525, S. 523: «Nach römischem Recht ist die *verberatio* (sc. die Züchtigung, Geißelung, d. V.) immer Begleitstrafe bei Todesurteilen ... und anderen entehrenden Strafen mit Freiheits- oder Bürgerrechtsverlust. In zahlreichen Fällen wirkte sie allerdings allein schon tödlich. Der Kreuzigung ging sie in den meisten Fällen voran. Sie wurde als so schrecklich empfunden, daß selbst Domitian sich darüber entsetzte ... Über den Vollzug im einzelnen wissen wir wenig; die Anzahl der Schläge war nicht festgelegt; man geißelte solange, bis das Fleisch in blutigen Fetzen herabhing. Geschlagen wurde von dazu angestellten Sklaven, der Verurteilte war dabei an eine Säule gebunden.» Sueton: Leben der Caesaren. Domitan, Kap. 8, S. 333 berichtet von der «alten Sitte» des Totpeitschens, die (Kap. 11, S. 336) den Kaiser selbst ihrer Grausamkeit wegen erschreckte – wenn nicht dieses «Erschrecken» lediglich ein weiteres Surrogat war, um den ausgeprägten Sadismus des Kaisers noch kunstvoller zu befriedigen.

Bei einer religiösen Lektüre der Bibel kann es nicht darum gehen, in historischem Sinne zu untersuchen, ob eine solche Häufung von Strafen, wie *Markus* sie schildert, im römischen Recht überhaupt möglich und vorgesehen war[3] – die in sich eigenständige Passionsgeschichte des *Lukas*-Evangeliums z. B. berichtet von keiner Geißelung[4]; ähnlich wie *Johannes* erwähnt es lediglich, daß Pilatus die Geißelung als mögliche Strafe in den Verhandlungen mit den Hohen Priestern ins Spiel gebracht habe (Lk 23,16.22), jedoch damit nicht durchgedrungen sei; *Matthäus* wiederum übernimmt an dieser Stelle die Darstellung des *Markus* und besitzt insofern nicht den Wert eines eigenen Zeugnisses (Mt 27,26–31). Jede der drei Varianten liefert indessen ihr eigenes menschlich verschieden akzentuiertes Bild, und es kommt also vor allem darauf an, das jeweilige Bild zu verstehen und psychologisch nachzuzeichnen, das die Evangelisten von jenen Menschen und Begebenheiten bieten, die den Weg Jesu bis zu seinem Ende begleitet haben. Man wird dann bald begreifen, daß *Markus* offenbar mit Absicht bei seiner Schilderung der Leidensgeschichte Jesu keine Dunkelseite des menschlichen Wesens unbeleuchtet lassen kann noch darf, um verständlich zu machen, *warum* der «Menschensohn» sterben muß[5]. Seine Antwort auf diese seine Zentralfrage liegt in

[3] S. o. Anm. 2. J. Blinzler: der Prozeß Jesu, 246–248 führt die Widersprüche in der Berichterstattung sorgfältig auf: Bei Johannes «ist die Geißelung deutlich eine von der Kreuzigung unabhängige Strafe. Nach ihrem Vollzug wird die Verhandlung vor Pilatus wieder aufgenommen.» «Zugunsten von Mk-Mt kann angeführt werden, daß nach römischer Kriminalpraxis der Kreuzigung immer die Geißelung vorausging.» Dennoch meint Blinzler, daß auch bei Mk-Mt das Schema: «Freigabe des Barabbas – Geißelung Jesu – Verurteilung Jesu zum Kreuzestod» vorliege, so «daß die Geißelung eine selbständige Strafe war und zwischen ihrem Vollzug und dem Schluß des Prozesses weitere Verhandlungen vor Pilatus stattgefunden haben können.»

[4] J. Blinzler: Der Prozeß Jesu, 247 meint zu Recht: «Was die Darstellung des Lukas anlangt, so wird man annehmen müssen, daß er den Vollzug der Geißelung deswegen nicht erwähnt, weil er Pilatus in möglichst günstigem Licht erscheinen lassen will.»

[5] Recht hat E. Schweizer: Das Evangelium nach Markus, 186: «Der Bericht vermeidet ... bewußt jedes Ausmalen der scheußlichen Prozedur, das Mitleid oder Haß erwecken könnte ... Beides würde diese Passion neben Tausende von anderen Hinrichtungen stellen, die oft noch grausamer verliefen. Auch hier wird auf genaue historische Schilderung absichtlich verzichtet.» In der Tat sind in Karfreitagspredigten unter eifriger Verwendung der Stilmittel des «schwarzen Kitsches» wahrhaftige Ströme von Blut vergossen worden, um die Leidensbereitschaft der Gläubigen anzueifern. Aber es geht nicht um die Frage: Wer hat mehr gelitten?, sondern um Einsichten in die *typischen* Mechanismen, die immer wieder in der Geschichte Grausamkeit und Leid produzieren werden, solange sie nicht als

ein *wesentlicher* Teil der Passionsgeschichte Jesu begriffen werden. – Insbesondere die *Verspottungsszene* (Mk 15,16–20a) hielt R. Bultmann: Die Geschichte der synoptischen Tradition, 293–294 für «eine sekundäre Ausführung des Motivs von V. 15b... (sc. der Geißelung, d. V.), zu der ein traditioneller Soldatenbrauch vielleicht die Farben geliefert hat.» Literarkritisch ist zuzugeben, daß die Wendung in Mk 15,15b («Pilatus lieferte Jesus aus, nachdem er ihn hatte geißeln lassen, damit er gekreuzigt werde») zu Mk 15,16 in einer gewissen Spannung steht: Die Ausführung der Geißelung wird nicht geschildert, und die folgende Verspottung wird zumindest nicht vorbereitet. Geht man indessen davon aus, daß die gesamte Barabbas-Episode (Mk 15,6–15) sekundär in den Text eingeschoben wurde, so wird man L. Schenke: Der gekreuzigte Christus, 54–55 zustimmen können, wenn er eher bezweifelt, «ob V. 5b ursprünglicher Bestandteil der Gerichtsszene gewesen ist», und meint, es schließe die übrige Szene der Verspottung sich «durchaus gut an den als ursprünglich vorauszusetzenden Kontext an, greift den nur in diesem Kontext wichtigen Titel ‹König der Juden› auf (V. 18.26) und leitet dann sachgemäß zum Kreuzigungsbericht über (15,20b–47)». Vor allem aber spricht die Parallelität zwischen dem Verhör Jesu vor Kaiphas (Mk 14,53a.55–65) und dem Verhör vor Pilatus (15,1–5.15b–20a) dafür, daß die Verspottung Jesu durch die römischen Soldaten (Mk 15,16–20) von Anfang an in Parallele zu der Verspottung durch Mitglieder des Hohen Rates (14,65) erzählt werden sollte; s. o. zu Mk 14,53–65: Kaiphas, Anm. 1. Ausnahmslos wird in den historisch-kritischen Kommentaren die Verspottungsszene indessen als ein Tatbestand abgehandelt, der – wie üblich – historisch stattgefunden haben *könnte* – oder eben auch nicht; auf diese Weise kann gar nicht erst die Idee aufkommen, daß das Motiv der *Verspottung* im Zusammenhang mit der Hinrichtung eines *Königs* ein *archetypisches* Ritual darstellt, dessen Gefühlsambivalenzen *tiefenpsychologisch* erörtert werden müssen, um zu verstehen, welche Konflikte und Verhaltensbereitschaften im Menschen in dieser Szene angesprochen und «miterlöst» werden sollen. J. G. Frazer: Der goldene Zweig, 835–839 hat anhand eines umfangreichen Materials aus der griechisch-römischen Antike sowie vor allem aus der Ethnologie gezeigt, daß es im Rahmen von *Fruchtbarkeitsriten* einen weitverbreiteten Brauch gegeben haben muß, bei dem man einen menschlichen oder tierischen Gott tötete, «um zu verhindern, daß sein göttliches Leben von den Übeln des Alters heimgesucht werde... Er wurde ursprünglich nicht getötet, um die Sünde fortzunehmen, sondern um das göttliche Leben vor der Entartung des Alters zu bewahren. Da er nun aber auf jeden Fall getötet werden mußte, mögen die Leute gemeint haben, sie könnten dann wenigstens gleich die Gelegenheit benutzen, die Last ihrer Leiden ihm aufzubürden.» (838) M. a. W.: aus dem Repräsentanten des «Vegetationsgeistes» wird zugleich ein *Sündenbock*, der alle Übel und alle Schuld der Welt aufgeladen bekommt, und so kann zugleich *der göttliche Mensch als Verbrecher* erscheinen. «Wenn eine Nation nämlich zivilisiert wird, sucht sie sich zu Opfern nur solche Elenden aus, die ohnehin getötet würden, wenn sie nicht gar Menschenopfer überhaupt fallen läßt. So wird die Tötung eines Gottes vielleicht manchmal mit der Hinrichtung eines Verbrechers verwechselt.» (838) Insbesondere erinnerte Frazer an die Vertreibung des alten *Mars*, der *Mamurius Veturius*, der als Vertreter des alten Jahres am 14. März, dem der erste Vollmond des römischen Jahres vorausging, «in Prozession durch die Straßen Roms geführt, mit langen, weißen Ruten geschlagen und aus der Stadt getrieben» wurde (839). Auch an die griechischen *Thargelien* und die römischen *Saturnalien* ist dabei zu

der Art seiner Darstellung selbst, wie Jesus getötet wird: Das Szenarium, das er malt, soll offensichtlich für sich selbst sprechen, indem es in grellen Farben zeigt, wer wir sind bzw. wozu wir gegebenenfalls imstande sind; es ist ein Bild, so typisch für die Art unseres Handelns, daß Jesus es nach der Darstellung des *Markus en detail* hat voraussehen können, ja müssen (Mk 10,34). In der Tat: was werden Menschen tun, die einem völlig Wehrlosen *außerhalb ihrer eigenen Gruppe* begegnen[6]? Ein archaisches Gesetz in uns scheint zu verlangen, daß alles Fremde als feindlich zu betrachten sei, so als müßten wir es fürchten und bekämpfen, schon einfach *weil* es fremd ist[7]. Es bedroht uns, weil wir es nicht kennen, es stellt uns in Frage, weil es anders ist als wir, es verletzt uns, weil es den Nimbus unserer Einzigartigkeit und Unvergleichlichkeit zerstört. Je stärker unsere Angst ist, desto enger zieht das Band unserer Menschlichkeit sich um die uns Nächststehenden zusammen, desto

denken (839–853). Stets geht es dabei um «Gestalten ..., die lächerlich und doch tragisch ... mit Scheinkronen und im Staatsmantel ein paar kurze Stunden oder Tage lang ihre kleinen Späße aufführten und vorzeitig eines gewaltsamen Todes starben» (851). Der «Narrenkönig» des *Karnevals* scheint an derartige Praktiken der Saturnverehrung anzuknüpfen, wo der Brauch herrschte, «einen Mann auszuwählen, der eine Zeitlang die Rolle des Saturn spielte und alle seine überlieferten Vorrechte genoß, der dann aber entweder durch eigene Hand oder durch die eines anderen durch das Messer oder das Feuer oder am Galgen in der Rolle des guten Gottes starb, der sein Leben für die Welt dahingab». (852) Vor diesem Hintergrund gehört die *Verspottung* wesentlich zu dem Ritual der Hinrichtung eines *Königs*; die römischen Soldaten veranstalten mit dem «König der Juden» also ihre *eigenen* Saturnalien, wobei sie auf groteske Weise dem religiösen Sinn des Sterbens Jesu außerordentlich nahe kommen. Überhaupt versteht man das gesamte Deutungsschema, daß ein Gott oder König sterben muß, damit die Welt lebe, allererst im Zusammenhang mit den uralten Vegetationsritualen. Vor allem aber gewinnt man auf diese Weise Zugang zu den beiden großen *psychologischen* Themen, die in der Szene der Geißelung und der Verspottung Jesu anklingen: zu dem Problem der menschlichen Grausamkeit und, ineins damit, zu der Ambivalenz, die es mit sich bringt, als ein sterbliches, dem Altern und dem Leid unterworfenes Wesen zur Welt geboren zu werden. Schließlich ist es für das Verständnis der Szene wesentlich, daß hier (neben dem Hohen Priester und dem Prokurator) als ausführende Organe *die Soldaten* auf den Plan treten: Es geht am Beispiel dieses Berufsstandes zentral um die Verquickung von Pflicht und Gehorsam mit den *typischen* Formen sadistischer Exzesse gegenüber den «Feinden» bzw. den willkürlichen «Opfern» der eigenen Gruppenmoral.

[6] Vgl. E. Drewermann: Der Krieg und das Christentum, 60–74.

[7] Vgl. a. a. O., 57–60; vgl. auch I. Eibl-Eibesfeldt: Der vorprogrammierte Mensch, 93; 115–122.

entschiedener schließt es alle anderen als Gegner aus[8]. Moralische Regeln, die uns im Umgang mit unseresgleichen absolut bindend vorkommen, verlieren ihre Geltung, ja verkehren sich ins Gegenteil gegenüber Menschen, die nicht zu uns gehören[9]. Je stärker unsere eigene Gruppe – der Clan, der Stamm, das Volk, die soziale Schicht, die Religionsgemeinschaft, die Partei – bestimmt, was menschlich ist, desto weniger dürfen uns diejenigen als Menschen erscheinen, auf die das jeweilige System von Normen und Verhaltensregeln nicht anzuwenden ist. Statt als Menschen haben sie uns als Gesetzlose, als Volksgegner, als Klassenfeinde, als Ungläubige, als Reaktionäre zu gelten, denen Kampf, Verachtung und Verfolgung anzusagen ist[10]. In dieser Mentalität wächst das Saatgut der Feindschaft, und als deren reifste Frucht hat die menschliche Geschichte die Spezialisten des Todes, den betrüblichen Stand der Soldaten, gezüchtet.

Räumt man die Gloriolen des Militarismus einmal beiseite, so gibt es in der Entwicklung der Staaten und der Machtgebilde dieser Erde keine Berufsgruppe, deren Existenzform ambivalenter und tragischer anmuten würde als der gehorsame Dienst der Soldaten[11]. Er erhält sich allein an der *Grenze* des Menschlichen, er ist überhaupt nur solange erforderlich, als immer noch Feindschaft, Unrecht und Gewalt menschliche Gruppen *gegeneinander* ins Feld schicken; dabei «arbeitet» ein Soldat pflichtgemäß selber mit gerade den Mitteln, vor denen er die eigene Gruppe schützen soll und die innerhalb der eigenen Gruppe im privaten Leben auf das strengste geahndet werden. Menschen zu töten, sonst ein schweres Verbrechen, ist eine ruhmreiche Tat, wenn

[8] E. Drewermann: Der Krieg und das Christentum, 60–64.

[9] A. a. O., 65–66.

[10] A. a. O., 67–69.

[11] Vgl. bes. R. Schneider: Der Friede der Welt, 85–86, der an das Beispiel des hl. *Martin* erinnert: Als *Kaiser Julian* seine Truppen «gegen die über den Rhein hervorgebrochenen Franken und Alemannen geführt hatte und im Lager vor Worms, vor der erwarteten Schlacht, eine Geldspende verteilen ließ, weigerte sich Martinus, ein Offizier der Reiterei, sie anzunehmen. ‹Bis heute›, sprach er zum Kaiser, ‹habe ich dir gedient, erlaube mir, daß ich jetzt Gott diene. Ich bin Soldat Christi. Es ist mir nicht erlaubt, zu kämpfen.› ... Hier, vielleicht zum letzten Mal, erscheint die altchristliche Haltung, ohne Zweifel eine echt christliche ... Der Widerspruch ..., aus dem Martin von Tours sich löste, indem er seinen Stand aufgab und den mönchischen wählte, kann überhaupt nicht aufgehoben werden. Er ist der christlich-geschichtlichen Existenz wesenseigen, ist eben eine Erscheinungsform des Kreuzes auf Erden, und es ist nicht wohlgetan, das zu verschleiern und zu verlangen, daß mit dogmatischem Ja oder Nein diese schmerzlichste aller Freiheiten vernichtet werde.»

es sich um die Tötung von Feinden handelt; Lug und Trug, List und Gemeinheit, sonst als unsittlich geächtet, gelten als Schläue, Umsicht und Klugheit, wenn sie sich gegen vermeintliche oder wirkliche Feinde richten[12]; die brutalsten Formen der Treibjagd, wie man sie sonst nur zum Erlegen von Tieren einsetzen würde[13], erscheinen als Tapferkeit und Tüchtigkeit, sobald man es mit dem «Feind» zu tun hat. Am zwiespältigsten an dem Beruf des Soldaten aber erscheint das Grundprinzip all seines Handelns: das Prinzip des *Gehorsams*[14]!

In manchen antimilitärischen bzw. pazifistischen Schriften wird der Soldatenberuf gern mit primitiver Mordlust und mit dem Ausleben sadistischer Instinkte in Verbindung gebracht[15]. Nichts könnte, unmittelbar genommen, falscher sein! Von einem guten Soldaten erwartet man gerade, daß er die eigenen Gefühle in eiserner Selbstzucht und Disziplin zu beherrschen vermag; weder Furcht noch Mitleid, weder Müdigkeit noch Eigensinn, weder Unmut noch Übermut sollen sein Verhalten bestimmen. An die Stelle *seines* Willens muß der Wille seines Befehlshabers, an die Stelle seiner Person der Korpsgeist der Kameradschaft, an die Stelle seiner individuellen Sicht der Dinge die Weisung der zuständigen übergeordneten Entscheidungsträger treten. Mit einem Wort: je mehr ein Soldat sich als eine freie, individuelle Persönlichkeit *zurücknimmt*, um so besser wird er in dem Räderwerk der Macht, in der Maschinerie der Zerstörung seinen «Dienst» tun[16].

[12] Vgl. E. DREWERMANN: Der Krieg und das Christentum, 15.

[13] Zur Herkunft des Krieges aus der Jagd vgl. E. DREWERMANN: Der Krieg und das Christentum, 46–56.

[14] So läßt R. HOCHHUTH: Soldaten, 173–174 bei der Diskussion über den von *Churchill* befohlenen Angriff auf die deutschen Großstädte während des Zweiten Weltkriegs Bischof *Bell* sagen: «Was ist ein Asozialer, gemessen an einem Offizier, der sich und seinen Männern *irgendeinen* Vorwand einredet, um – gezielt – Städter auszurotten? ... wäre ich im *Zweiten* Weltkrieg Soldat gewesen – ich wäre ebenso gedankenlos kriminell geworden und hätte selber das Ehrloseste neben dem Ehrenvollen angerichtet ... Wir müssen erst das Bewußtsein wieder wecken für das, was kriminell ist.» «Postulieren Sie: nur die *Zahl* seiner Opfer unterscheidet *den* Sittlichkeitsverbrecher, der, im Waffenrock und durch Befehl getarnt, mit Vorsatz Zivilisten mordet, von jenem ..., der eine Siebzehnjährige nachts im Park schlachtet.» Was HOCHHUTH sagen will, stimmt objektiv, aber es stimmt natürlich nicht auf der Ebene der subjektiven Motivation: Es ist gerade die *Ausschaltung* der individuellen Aggressivität, die *auf Befehl* den Soldaten als eine lebende, intelligente Tötungsmaschine hervorbringt.

[15] Vgl. E. DREWERMANN: Der Krieg und das Christentum, 31–37; vgl. aber auch S. 146–149.

[16] Vgl. E. DREWERMANN: A. a. O., 162–166.

Warum mußte Jesus sterben? – *Eine* der Antworten im Puzzle des *Markus*-Evangeliums lautet: weil es immer wieder Menschen gibt, die als ausführende Organe bedingungslos tun, was ihnen befohlen wird[17]. Die römischen Soldaten quälen und kreuzigen Jesus nicht, weil sie ihm persönlich gegenüber Gefühle von Haß oder Angst empfinden würden; sie handeln ganz so, wie es nach 1945 Hunderttausende von Deutschen zu ihrer Entschuldigung vorzubringen suchten: nach der Devise «Befehl ist Befehl»[18]. Diese Formel allein bietet in der Tat die Erklärung für die schlimmsten Ungeheuerlichkeiten, die in der Menschheitsgeschichte verübt wurden, für all die Formen kalter, emotionsloser, vom Verstand diktierter, perfekt verübter Verbrechen, die eigentlich niemals einen Täter haben, aber eben deshalb unzählige Opfer fordern[19]. Ohne die Mentalität der ewig gehorsamen, blind ergebenen Handlan-

[17] Vgl. bes. E. FROMM: Anatomie der menschlichen Destruktivität, in: Gesamtausgabe, VII 185–186: «Zur konformistischen Aggression gehören verschiedene Akte der Aggression, die nicht deshalb vollzogen werden, weil der Aggressor von seinem Zerstörungswillen getrieben wird, sondern weil man ihm so zu handeln vorschreibt und er es als seine Pflicht ansieht, Befehlen zu gehorchen. In allen hierarchisch strukturierten Gesellschaften (wie also z. B. auch in der Kirche, d. V.) ist der Gehorsam vielleicht der am tiefsten eingewurzelte Charakterzug. Gehorsam wird mit Tugend, Ungehorsam mit Sünde gleichgesetzt. Ungehorsam sein ist das Urverbrechen, aus dem alle anderen Verbrechen entspringen. Abraham war bereit, aus Gehorsam seinen Sohn zu töten. Antigone wird von Kreon wegen ihres Ungehorsams gegen die Staatsgesetze getötet. Besonders beim Militär wird der Gehorsam kultiviert, da es seinem Wesen nach auf der absoluten, reflexartigen Befolgung von Befehlen aufgebaut ist, wobei jedes Fragen ausgeschlossen ist. Der Soldat, der andere tötet und zum Krüppel macht, der Bomberpilot, der in einem einzigen Augenblick Tausende von Menschenleben vernichtet, wird nicht notwendigerweise von destruktiven oder grausamen Impulsen dazu veranlaßt, sondern vom Prinzip des Gehorsams, der keine Fragen stellt.»

[18] Vgl. insbesondere das berühmte Experiment, das S. MILGRAM 1963 durchführte, in dem er an 40 Männern zwischen 20–50 Jahren demonstrierte, daß so gut wie jeder unter Umständen bereit wäre, auf Anweisung hin einen Mord zu begehen. Referat und Auswertung des Experimentes bei E. FROMM: Anatomie der menschlichen Destruktivität, VII 44–49. Vgl. auch G. KELLER: Die Psychologie der Folter, 17–24.

[19] Vgl. E. FROMM: Jenseits der Illusionen, IX 39–157, S. 145–146: «Nachdem das vergangene Jahrhundert durch den Kampf gegen die Autorität von Kirche und Familie gekennzeichnet war, haben wir inzwischen eine völlige Kehrtwendung gemacht und sind zu einem neuen Gehorsam zurückgekehrt. Aber dieser Gehorsam bezieht sich nicht auf eine autoritäre Persönlichkeit, sondern auf die Organisation. Der ‹Organisationsmensch› merkt gar nicht, daß er gehorcht; er glaubt, er richte sich nur nach dem, was vernünftig und praktisch ist. Tatsächlich wurde der Ungehorsam in der Gesellschaft von Organisationsmenschen fast ausgerottet, welche Ideologie sie auch immer vertreten. Man sollte jedoch

ger wäre die Stunde von Golgotha nicht denkbar und wären all die Greuel niemals zustande gekommen, von denen die Geschichte voll ist. Man trifft diese dienstbaren Sklaven einer ehernen Gehorsams- und Opfermoral immer wieder, allerorten und zu allen Zeiten, unter wechselnden Auftraggebern, zu verschiedensten Zwecken, im Zusammenhang der unterschiedlichsten Begründungen. Stets verrichten sie ihre Aufgaben mit Sorgfalt, gleich, ob im Heer der Inquisition gegen die Feinde des Glaubens[20], ob beim Schüren der Scheiterhaufen gegen die Hexen der Fleischeslust und des Teufels[21], gleich, ob bei der Buchhaltung der Lagerbestände von Auschwitz und Dachau[22]; sie

nicht vergessen, daß die Fähigkeit zum Ungehorsam eine ebenso große Tugend ist wie die Fähigkeit zum Gehorsam.» «Wenn die Fähigkeit zum Ungehorsam den Beginn der Menschheitsgeschichte bildet, so könnte es sein, daß der Gehorsam ihr Ende bedeutete... Wenn die Menschheit Selbstmord begeht, so wird es deshalb dazu kommen, weil die Menschen dem Befehl gehorchen, auf den tödlichen Knopf zu drücken, weil sie den archaischen Leidenschaften von Angst, Haß und Gier gehorchen; weil sie den veralteten Klischees von der Souveränität des Staates und der nationalen Ehre gehorchen.»

[20] Vgl. Ch. Lea: Die Inquisition, 175: «Es ist nicht uninteressant, sich einmal das Idealbild eines vollkommenen Inquisitors vor Augen zu führen... *Bernhard Guidonis*, der erfahrenste Inquisitor der Zeit um das Jahr 1320, schließt seine ausführlichen Anweisungen über das Inquisitionsverfahren mit einigen allgemeinen Bemerkungen über das Verhalten und den Charakter des Inquisitors. Der Inquisitor, so meint er, müsse fleißig und glühend sein in seinem Eifer für die religiösen Wahrheiten, für die Rettung der Seelen und die Vertilgung der Ketzerei... er müsse unerschrocken sein und in seiner Arbeit für die religiöse Wahrheit der Gefahr selbst bis zum Tode mutig ins Auge schauen... Er dürfe sich nicht rühren lassen durch Bitten und Schmeicheleien derer, die ihn zu beeinflussen suchten... Wenn er einen zu körperlicher Strafe verurteile, so müsse sein Gesicht Mitleid verraten, während seine innere Absicht unerschütterlich bleibe; auf diese Weise (man höre die Begründung! d. V.) werde er den Schein des Unwillens und Zornes vermeiden, der leicht zur Anklage der Grausamkeit führen könne... Die Liebe zur Gnade und Wahrheit, die nie aus dem Herzen eines Richters schwinden dürfe, müsse stets aus seinem Antlitz leuchten, damit seine Entscheidungen frei schienen von jeglichem Verdacht der Begehrlichkeit oder der Grausamkeit.»

[21] W. Behringer: «Erhob sich das ganze Land zu ihrer Ausrottung.» Hexenprozesse und Hexenverfolgungen in Europa, in: R. van Dülmen (Hrsg.): Hexenwelten, 131–170, der (S. 150) an Ursachen für die Hexenverfolgungen aufzählt: «Ideologischer Fanatismus, die Höherbewertung abstrakter Prinzipien (‹Rettung der Ehre Gottes›), der praktische Gesichtspunkt der Abwendung von Unwetter- und Ernteschäden, die psychologische Disposition der autoritären Charakterstruktur mit ihrer Neigung zu radikalen Ausrottungslösungen...»

[22] Vgl. Heinrich Himmler: Geheimreden 1933–1945 und andere Ansprachen, S. 215–237: Geheim! Rede vor dem Offizierskorps einer Grenadierdivision auf dem Trup-

verdammen, sie verbannen, sie verbrennen, sie tun alles, was man von ihnen will, und dies ist das einzige, was man von ihnen will: daß sie selber ihren eigenen Willen gehorsam zerstören! Die Unmenschlichkeit ihrer Taten ist im Grunde nur die objektive Außenseite der Tatsache, daß man sie selber mit System dazu erzogen und gezwungen hat, ihre eigene Person als Menschen auszuschalten[23]. Das an sich Unglaubliche erlangt damit fast schon den Charakter des Normalen: diensttuende Beamte am Schreibtisch, Richter in Robe im Amtssaal, Amtsträger, Würdenträger aus Staat und Kirche – verlangt ist von ihnen im Notfall allein ein «soldatischer» Gehorsam, gestützt auf heilige Eide[24], abgeleistet bereits zum Zeitpunkt ihrer «Indienststellung», ihrer Gefolgschaft versichert mithin im voraus und ein für allemal, den Begriff der Verantwortung damit ersetzend durch den Begriff der Pflicht und der Treue – das heißt: der «Loyalität» gegenüber der Autorität.

Gerade bei der Lektüre des *Markus*-Evangeliums ist es erschreckend zu sehen, wie beiläufig und unmotiviert Pilatus die Tortur der Geißelung wie eine Nebensache noch zusätzlich über Jesus verhängt, so als käme es schon gar nicht mehr darauf an, wie zerschunden das Fleisch ist, dem man bald schon endgültig auf dem Hügel von Golgotha die Seele herausmartern wird.

Die Geißelung war und ist im Orient eine entsetzliche Form der Folter. T. E. LAWRENCE, der 1917 im Kampf gegen die Türken dem Bei von Dera in die Hände fiel, ist einer der wenigen Europäer, die am eigenen Leibe diese Tortur

penübungsplatz Bitsch am 26. 7. 1944: «Es muß wieder der unbedingte und kompromißlose Gehorsam einsetzen. Etwas ist ganz klar – das spreche ich offen aus: Je höher der Rang, um so vorbildlicher muß gehorcht werden. Von Ihnen allen im Saal muß ich am meisten gehorchen, am bedingungslosesten, weil ich den höchsten Rang habe. In einem Regiment muß der Regimentskommandeur am vorbildlichsten gehorchen, denn sonst reißt er die Pyramide der Autorität, an deren Spitze er steht, ein. Wenn er gehorcht, wenn er die verderbliche, an manchen Stellen eingerissene Kritiksucht restlos unterdrückt, dann handelt er vorbildlich. Der Befehl des Vorgesetzten ist heilig, und er wird ganz und total durchgeführt und nach unten vertreten.» (224)

[23] Am deutlichsten hat F. M. DOSTOJEWSKIJ: Die Dämonen, II. Teil, 6. Kap., 7. Abschn., S. 403 «die Scheu vor einer eigenen Meinung» als den treibenden Faktor in der Psychologie der seelisch zerstörten Zerstörer der frühsozialistischen, z. T. anarchistischen Bewegungen seiner Zeit herauszustellen versucht: «Die Leute schämen sich jedes selbständigen Denkens!»

[24] Zu der «Terrorbrüderlichkeit» des *Eides* vgl. J. P. SARTRE: Kritik der dialektischen Vernunft, 460, der den Eid definiert als den freien «Versuch, an die Stelle der Angst vor sich selbst und vor dem anderen in jedem und durch jeden die Angst vor allen zu setzen.» Vgl. E. DREWERMANN: Strukturen des Bösen, III 340–345.

erlebt und geschildert haben. In *«Die sieben Säulen der Weisheit»*, seinem Bericht vom arabischen Aufstand unter Scherif Feisal, beschreibt er ausführlich, wie die Tscherkessenpeitsche der bestellten Schläger «aus geschmeidiger, schwarzer Lederhaut» «wie ein glühender Draht» über seinen Körper leckte[25]. «Um mich in der Gewalt zu behalten, zählte ich die Schläge, aber nach dem zwanzigsten konnte ich nicht mehr weiterzählen. Ich fühlte nur noch den Druck eines ungeheuren, aber nicht bestimmbaren Schmerzes; es war nicht, als ob scharfe Klauen mir die Haut aufrissen (worauf ich gefaßt gewesen war), sondern wie ein allmähliches Auseinanderbersten meines ganzen Ichs durch eine übermächtige Kraft, deren Wogen mein Rückgrat hinaufwallten, bis mein Hirn sie als einen furchtbaren Zusammenprall wahrnahm . . . Ich wand und drehte mich, wurde aber so fest gehalten, daß meine Anstrengungen zwecklos waren . . . Je länger die Prozedur dauerte, desto mehr alte Striemen traf die Peitsche, und dort, wo sie getroffen hatte, wurde die Haut dunkler und feuchter, bis mein Fleisch von dem rasenden Schmerz und dem Entsetzen vor dem nächsten Schlag zitterte. Das besiegte bald meinen Entschluß, nicht zu schreien.» «Ich hatte mich gezwungen, allen Schmerz bis in den Tod hinein kennenzulernen und, nicht mehr als Mitspieler, sondern als Zuschauer, mir vorgenommen, nicht darauf zu achten, wie mein Körper sich aufbäumte und jammerte.» «Das Lebensmark schien mir langsam aus den zerreißenden Nerven auszulaufen, durch diese . . . Pein endgültig aus dem Körper herausgetrieben.»[26]

Warum fügen Menschen einander derartige Qualen zu? – Das *Prinzip des emotionslosen Handelns auf Befehl* ist eine wichtige, vielleicht oft die entscheidende Seite beim Zustandekommen solcher Greueltaten, doch es enthält nicht die ganze Wahrheit. Ein anderes starkes Moment ergibt sich bereits aus der pflichtweisen *Unterdrückung der Gefühle* selbst. Plötzlich, anläßlich z. B. eines solchen Befehls zur Auspeitschung, erhält der Damm der Verdrängungen einen Riß, und in die so entstandene Bresche drängt die gesamte Energie der aufgestauten Triebregungen. Endlich steht der Gegner, der bislang nur unsichtbar, abstrakt oder kollektiv bekämpft werden konnte, in personifizierter Gestalt vor uns, – die leibhaftige Verkörperung des Hassenswerten, des Lächerlichen, des «Untermenschlichen»[27]. Wer auf diese Attrappe des Schändlichen tritt, wer sie bespuckt, wer sie verhöhnt, bestärkt

[25] T. E. Lawrence: Die sieben Säulen der Weisheit, 552.

[26] A. a. O., 552–553.

[27] Vgl. E. Drewermann: Der Krieg und das Christentum, 65–67.

dadurch nicht nur sein eigenes Selbstwertgefühl, er stellt damit auch die Zugehörigkeit zu seiner Gruppe, zu diesem eigentlichen Hort wahrer Menschlichkeit, unter Beweis und verstärkt auf diese Weise den Zusammenhalt aller innerhalb der Gruppe[28]. Gerade die *Schwäche* des Opfers, sonst ein starkes Motiv zu Gefühlen des Mitleids, eignet sich jetzt besonders zur Demonstration der eigenen Macht und Überlegenheit.
Nur so läßt sich das perverse Ritual der *Folter* verstehen[29], zu dessen unerläß-

[28] A. a. O., 60–64.

[29] Vgl. G. Keller: Die Psychologie der Folter, 10–17, der zwischen dem Sado-Folterer und dem Gehorsamsfolterer unterscheidet und den letzteren mit den Worten beschreibt: «Was den ‹Gehorsams-Folterer› im wesentlichen ausmacht, ist die Empfänglichkeit für die Appelle und Befehle seiner Autoritäten, die Bereitschaft, diese reflexhaft in Handlungen umzusetzen, ohne zu prüfen, ob sie mit menschlichen Werten überhaupt vereinbar sein können. Das Über-Ich dieses Foltertyps funktioniert wie ein Automatismus, der auf hierarchische Reize sofort mit entsprechenden Handlungen antwortet. Autoritätsfiguren, die die Entwicklung des Über-Ichs zu einem Gehorsamsautomaten wesentlich beeinflußt haben, wundern sich dann auch noch, wenn ... ihre Söhne wegen Folterns angeklagt sind.» (14) «Dadurch, daß der Folterer die Möglichkeit erhält, andere Menschen durch Folterungen physisch und psychisch zu traktieren, wird seine Minderwertigkeit in Höherwertigkeit, seine Ohnmacht in Macht verwandelt. Eine derartige Machtausübung führt zumindest eine Zeitlang zur Auflösung von Minderwertigkeitskomplexen. Sie verleiht ihm ein Machtgefühl, das er außerhalb der Foltersituationen in natürlichen zwischenmenschlichen Beziehungen nie hätte erreichen können.» (15–16) Über diese individualpsychologischen und sozialpsychologischen Betrachtungen hinaus wird man die Folter freilich nicht verstehen, solange man sie nicht als ein *archetypisches Ritual* zu begreifen versucht. Alles im Vollzug der Folter hat seine *«Ordnung»*: die Situation selbst wird künstlich arrangiert, die Reihenfolge der Peinigungen ebenso wie der Peiniger selbst ist genau festgelegt, der Zustand des Opfers wird *kollektiv* genossen – die Folter ist wesentlich eine *soziale* Einrichtung im Dienste der eigenen Gruppe, die sich im Vollzug der Folter zugleich als die alleinige Quelle von Moral und Menschlichkeit manifestiert, indem es ersichtlicherweise keinen Wert gibt, der ihr im entscheidenden Augenblick *nicht* unterzuordnen wäre. Entscheidend gehört zum Ritual der Folter, daß der andere (der Feind, der Delinquent, der Geheimnisträger) eben durch die Bedingungen des Rituals der Folter als Nicht-Mensch markiert wird, dessen zumindest im Widerstand sich noch bekundende Menschlichkeit aus Gründen der «Gruppenmenschlichkeit» zerbrochen werden muß, um ihn als das Nichts, als das widerliche und schädliche Tier zu entlarven, als welches er in der Feindpropraganda längst zuvor geschildert wurde. So wie der *Krieg* aus der Jagd hervorgegangen ist, so wird man die Folter in ihrer archaischen Urform am besten als ein verlängertes Auskosten des Jagderfolges verstehen müssen: das Opfer ist gänzlich in die Hände des Beutegreifers gegeben, seine Situation ist an sich unentrinnbar, aus dem Ernst der Jagd ist für den Beutegreifer das Spiel, das genußvolle Ritual der Jagd, geworden und so gilt es, alle

lichem Bestand immer wieder *die völlige Entblößung* des Opfers[30] zu gehören scheint. Die Nacktheit des Opfers liefert den gefesselten Körper schutzlos jeder Peinigung aus; sie entehrt und erniedrigt den «bloßgestellten» Menschen[31], indem sie ihn mit dem Abstreifen der Kleider seiner Kulturzugehö-

Szenen: Flucht und Verfolgung, Kampf und Bezwingung, Abwehr und Zugreifen noch einmal *spielerisch* durchzugehen. Die Frage lautet daher nicht: woher kommt die Folter, sondern: welche kulturellen Faktoren vermochten sie aus dem Erlebnisalltag des zivilisierten Zusammenlebens zu verbannen? Der wesentliche Faktor dabei ist offenbar das Gefühl und die Einsicht in die *Einheit* und Zusammengehörigkeit *aller* Menschen, aller Lebewesen; alles, was dieses Gefühl und diese Einheit *schwächt*, macht die Folter *möglich*. M. a. W.: die politischen Faktoren erschaffen nicht die Folter, sie bedienen sich lediglich des archaischen Verhaltensrepertoires der Folter für ihre als zweckrational notwendig vorgestellten Ziele. F. Fanon: Die Verdammten dieser Erde, 204–206 schildert aus dem algerischen Kolonialkrieg die psychischen Reaktionen der Folterer auf die Konfrontation mit ihren Opfern, die gequält wurden, um aus ihnen Informationen herauszupressen; bemerkenswert ist dabei besonders das Konkurrenzmotiv: «Bist du fähig, den Kerl zum Sprechen zu bringen? Das ist eine Frage des persönlichen Erfolgs, man steht eben im Wettstreit miteinander. Zum Schluß hat man sich die Pfoten kaputtgeschlagen. Wir haben mal ‹Senegalesen› angestellt. Aber die schlagen entweder zu stark und machen den Kerl in einer halben Stunde zum Krüppel oder sie schlagen nicht richtig, und das hat keinen Zweck. Man muß nämlich intelligent sein, um bei dieser Arbeit Erfolg zu haben. Man muß wissen, wann man anziehen und wann man nachlassen soll. Dazu muß man den richtigen Riecher haben. Wenn der Kerl reif ist, braucht man nicht mehr weiter zu schlagen... Worauf es vor allem ankommt: dem Kerl nicht den Eindruck zu geben, daß er nicht lebend wieder herauskommt. Sonst fragt er sich nämlich, warum er sprechen soll, wenn ihm das nicht einmal das Leben retten kann. In diesem Fall hätten Sie gar keine Chance, irgend etwas aus ihm herauszubekommen. Er muß eine Hoffnung haben: Die Hoffnung bringt ihn nämlich zum Sprechen.» (205–206) – Bei dem Typ von Folter, mit dem wir es bei der Geißelung und Verspottung *Jesu* zu tun haben, geht es indessen durchaus nicht mehr um irgendeinen Zweck, der über das Szenarium der Qual erreicht werden sollte, die Folter erfüllt hier im Gegenteil ihren Zweck in sich selbst. Die Lust an der Qual des gefangenen Feindes ist hier Motiv und Ziel zugleich.

[30] Indem die Folter selber als eine archaische Regression betrachtet werden muß, ist *das Abstreifen der Kleidung* bzw. die Rückkehr zur vorkulturellen Nacktheit ihr unentbehrliches Attribut, in welches sich regelmäßig sexualpathologische Anteile hineinmischen.

[31] Vgl. E. Drewermann: Strukturen des Bösen, II 203–223; 223–226 zu der beschämenden Exposition des Niederrangigen vor dem Blick des Ranghöchsten, dem das vollkommene Inspektionsrecht über seine Untergebenen zusteht. Das Motiv der an sich Unterlegenen, wenigstens im Moment der Tortur sich als *Herren* über ihr Opfer aufwerfen zu können, bestimmt wesentlich *das Ritual der moralischen Erniedrigung* während der Folter, zu der auch *die Nacktheit* gehört.

rigkeit beraubt, die wesentlich durch das Bedecken der Haut (mit Bemalungen, Tätowierungen, dem Anlegen von Fellen oder Tüchern)[32] markiert wird; sie bietet vor allem aber den offenbar unerläßlichen sexuellen Anreiz, um die eigenen verdrängten und unterdrückten Triebneigungen endlich auf perverse Weise abarbeiten zu können.

LAWRENCE z. B. erwähnt ausführlich den *homosexuellen* Hintergrund seiner Auspeitschung[33]: die Schläge mit der Tscherkessenpeitsche waren der Ersatz und die Strafe für die Zurückweisung der perversen Liebkosungen des Beis, und paradoxerweise reagierte sein gequälter Körper, überschüttet mit Hormonen aller Art, am Ende sogar wirklich wie im Zustand eines sexuellen Glücksgefühls[34] – ein neuerlicher Anlaß natürlich für entsprechende Späße und Vergnügungen seiner Peiniger, die sich auf dem sinistren Umweg der Folter schließlich doch an das Ziel ihrer ursprünglichen Wünsche gekommen wähnten.

Indessen wird man das eigentliche Motiv der Folter, den Sinn ihrer sadistischen Perversion[35], noch ein Stück tiefer, unterhalb der Psychopathologie

[32] Zu dem Zusammenhang von Kleidung und Kultur vgl. C. LÉVI-STRAUSS: Traurige Tropen, 137, wo er die Tätowierung als «Übergang von der Natur zur Kultur, vom ‹dumpfen› Tier zum zivilisierten Menschen» interpretiert. Gerade dieser Aufstieg des Menschen von der Natur zur Kultur wird im Ritual der Folter rückgängig gemacht, und gerade in diesem Abfall der psychischen Energie auf ein regressiv niedriges Niveau liegt der Hauptanteil der Lust an der Folter. Sozusagen die Reindarstellung dieser Rückkehr zum Tier gelang einem der größten Virtuosen in der Kunst des Folterns, dem römischen Kaiser *Nero*, von dem SUETON: Leben der Caesaren, 29, S. 248–249 berichtet, daß er als eine besondere Art des Vergnügens zu schätzen wußte, wenn er sich mit dem Fell eines wilden Tieres bekleidete und sich aus einem Käfig heraus auf Männer und Frauen, die an Pfähle gebunden waren, stürzte, um sich an ihnen sexuell zu vergehen, bis er als verkleidetes Tier rituell zur Strecke gebracht wurde.

[33] T. E. LAWRENCE: Die sieben Säulen der Weisheit, 550–551.

[34] A. a. O., 553. – Ein ausgesprochen homosexuelles Gebaren erwähnt SUETON: Leben der Caesaren. Nero, Kap. 28, S. 248 von dem römischen Kaiser, der den Knaben *Sporus* entmannen ließ, um mit ihm wie mit einer Frau Umgang zu pflegen. Die latente oder manifeste Homosexualität bildet jedoch selber nur ein Teilsymptom der tieferliegenden ödipalen Problematik.

[35] Das sadistische Lustgefühl ist niemals in der Literatur so eindringlich und genau beschrieben worden wie von E. ZOLA: Das Tier im Menschen, 73–89; 347–362; 383–411; 483–502. Vgl. auch E. DREWERMANN: Zur Frage der moraltheologischen Beurteilung bestimmter Formen sexuellen Fehlverhaltens in: Psychoanalyse und Moraltheologie, II 162–225, S. 212–221 (Sadismus und Masochismus).

der Sexualverdrängung suchen müssen. Wohl sind gerade die Männergesellschaften des Militärs durch eine extreme Unterdrückung *aller* «weiblichen» Gefühlsregungen geprägt[36], und ihr ganzer Habitus von männlichem Mut und heldenhafter Schmerzunempfindlichkeit verrät im Untergrund eine oft groteske *Angst vor der Frau*[37]; schon dadurch muß die Liebe zum Kameraden sehr bald die Liebe zur Frau ersetzen, nur daß auch dieser sexuelle Beitrag der Männerfreundschaft erneut der Verdrängung anheimfallen muß. Vieles spricht unter solchen Umständen dafür, daß die Folter schließlich den quasi erlaubten Weg einer echten Ersatzbefriedigung eröffnet: das Opfer, der «Feind», übernimmt für die Zeit seiner Geißelung die Rolle der Frau – in ihrer Fesselung, in ihrer Gebundenheit, in der Obszönität ihrer Nacktheit, und man schlägt auf das Opfer ein, wie um in einer stellvertretenden Paarung den Körper des anderen bis ins Innerste zu öffnen: das schmerzhafte Zucken

[36] Insbesondere G. Gorer: Die Amerikaner, 86 ff. schilderte die Angst der amerikanischen Rekruten, ein *sissy*, ein «Weichling» zu sein; seinerzeit suchte man den Homosexualitätsvirus durch einen «halb pornographischen Kunstbetrieb» einigermaßen zu desinfizieren. Aber das Problem besteht in *jeder* Männerhorde, in jeder Armee der Welt.

[37] E. Borneman: Das Patriarchat, 451–452 hält den «Sadismus und seine masochistische Inversion» für das «Kernproblem des römischen Geschlechtslebens». «Verglichen mit diesem alles überschattenden Problem war selbst die Homosexualität von relativer Unwichtigkeit. Der Sadismus ist die spezifische Sexualpsychose des Patriarchats, aber nirgends finden wir die Symptome in so eindeutiger Form wie in Rom. Nahezu alles in der ökonomischen Basis und dem kulturellen Überbau Roms war angelegt, um eine Eskalation sadistischer Tendenzen zu fördern. Das begann mit der Ökonomie einer Sklavengesellschaft, die den Körper des Sklaven und der Sklavin, von den Kindern der Sklaven ganz zu schweigen, wehrlos der Libido des Herrn und der Herrin auslieferte ... Dazu kam eine herrische, dem späteren Militärdienst untergeordnete, der Mutter entfremdete, von Sklaven oder ehemaligen Sklaven vorgenommene Erziehung, die körperliche Züchtigung nicht nur als legitimes Strafmittel, sondern als selbständiges Härtungsinstrument betrachtete und benutzte. Dazu kamen schließlich die langen Kriegsjahre, die verrohenden Erfahrungen des Felddienstes, die absolut schonungslose Form des Krieges, bei der nur selten Gefangene gemacht und der Feind oft in großer Zahl niedergemetzelt wurde. All das spiegelte sich in den ‹Spielen›, der eigentümlichen, auf sadistischer Reizung des Publikums aufgebauten Dramatisierung der Folter und des Mords.» «Fast alle uns aus den Hexenprozessen des Mittelalters bekannten Foltermethoden sind von den Römern erfunden und von den Christen übernommen worden.» Wie stark der Sadismus in Rom mit den Themen der Frauenfeindlichkeit und der Homosexualität im römischen Patriarchat zusammenhing, zeigt E. Borneman: A. a. O., 436–451. Zu dem tiefenpsychologischen Zusammenhang sadistischer Triebregungen mit dem Motiv der Rache an der als bedrohlich empfundenen Frau bzw. Mutter(göttin) vgl. F. W. Doucet: Sadismus und Masochismus, 104–105.

und Beben seines mißhandelten Leibes, das Austreten des Blutes, das verzerrte Gesicht, sein Schreien und Stöhnen – all das soll offenbar den Schauer des verdrängten sexuellen Glücksgefühls imitieren und ersetzen[38]. «Fuck Indira» schrieben die Pakistani an die Wände, als sie im Grenzkonflikt um das Kashmirtal gegen Indien Krieg führten; «Fuck Elisabeth» riefen die argentinischen Soldaten im Falkland-Krieg. Die Folter an dem einen, der den Gegner im ganzen repräsentiert, nimmt derartige Formeln auf brutale Weise beim Wort. Immer folgt der Sieg einer Truppe über eine eroberte Stadt zugleich dem Archetyp einer sexuellen «Eroberung», und immer entsteigen Jagd, Krieg und der Kampf um den Besitz der «Weibchen» den gleichen Quellen[39], vermischen sich Aggression und Sexualität und sind es dieselben Kräfte, die den Gestus entehrender Unterwerfung, Schändung und Bloßstellung fordern.

Die eigentliche Bedeutung der Auspeitschung versteht man jedoch erst, wenn man auch die sexuelle Energie der gesamten Szene noch nicht als etwas Letztes nimmt, sondern darin noch einmal einen symbolischen Ausdruck für ein ursprünglicheres Bedürfnis erblickt. Immer wieder, wenn von Folterungen die Rede ist, wird mit monotoner Regelmäßigkeit von Fällen berichtet, in denen Frauen der Unterleib aufgeschlitzt und die Brüste abgeschnitten bzw. Männern die Genitalien abgetrennt werden. So irrsinnig und barbarisch auch immer, drückt sich in derartigen Handlungen wohl das Bedürfnis aus, sich der Organe der Liebe, der Instrumente der Liebesvereinigung, wie eines festen Besitztums zu bemächtigen und damit im Grunde einen Zustand her-

[38] Die «sadistische» Interpretation des (elterlichen) Koitus bildet einen regelmäßigen Bestand der infantilen Sexualtheorien; vgl. S. Freud: Über infantile Sexualtheorien, in: Werke, VII 169–188, S. 182–184: «Die sadistische Theorie des Koitus, die in ihrer Isoliertheit zur Irreführung wird, ... ist wiederum der Ausdruck einer der angeborenen sexuellen Komponenten, die bei dem einzelnen Kinde mehr oder minder ausgeprägt sein mag, und sie hat daher ein Stück weit recht, errät zum Teil das Wesen des Gechlechtsaktes und den ‹Kampf der Geschlechter›, der ihm vorhergeht.» Ders: Der Mann Moses und die monotheistische Religion, XVI 101–246, S. 183–185 zeigt insbesondere die Entwicklung des Umschlagens schwerer Kastrationsangst in einen wütenden Vaterhaß verbunden mit einer ausgesprochenen Angstbindung an die Mutter sowie einer totalen Kontaktscheu gegenüber anderen Frauen und schließlich den Aufbau einer absolut egoistischen, despotischen und brutalen Persönlichkeit, «der es offenbar Bedürfnis war, die anderen zu unterdrücken und zu kränken. Es war die getreue Kopie des Vaters..., also ein Wiederaufleben der Vateridentifizierung.» (S. 185)

[39] Vgl. E. Drewermann: Der Krieg und das Christentum, 41, Anm. 38; 80–81.

beizuführen, in dem man auf ewig mit der verbotenerweise begehrten Frau, *mit der eigenen Mutter*, wieder vereinigt ist[40]. Das Zerpeitschen und Zerstückeln des Fleisches scheint in gewisser Weise dem Zweck zu dienen, sich für den Trennungsschmerz der Geburt, für die Lieblosigkeit des Ausgestoßenseins oder besser: für den *Schmerz, auf der Welt sein zu müssen*, zu rächen und den Vorgang der Geburt selbst symbolisch zu revidieren. Der Mann, der die Peitsche schwingt, legt unfehlbar in jeden seiner Schläge all den Haß und den Zorn hinein, den er bei den Streichen empfand, die andere Menschen *ihm* zugefügt haben, seit er in diese Welt hineingestoßen wurde; mit all seiner Grausamkeit möchte er eigentlich mit dem Schicksal abrechnen und mit den Quälereien, Erniedrigungen und Schmerzen, die *ihm* auferlegt wurden, quitt sein; ja, er möchte, wenn möglich, sich an den Ort zurückprü-

[40] F. W. Doucet: Sadismus und Masochismus, 140–141 belegt, daß insbesondere die blutigen Massenopfer *Neros* «weniger Ausdruck seiner sadistischen Perversion ... als Blutopfer an die furchtbare ‹Muttergöttin›» waren, «die in der Gestalt der eigenen Mutter ja sein Leben vernichten wollte und seine Stellung als Herrscher eines patriarchalischen Reiches bedrohte. Durch die Bluttat des Muttermords hatte er ‹die furchtbare Weiblichkeit› überwunden, die aber als Archetyp immer wieder durch Blutopfer versöhnt werden mußte.» Sueton: Leben der Caesaren. Nero, Kap. 28, S. 248 berichtet, daß Nero ursprünglich «nach geschlechtlichem Umgang mit seiner Mutter lüstern gewesen» sei. «Auf jeden Fall steht fest, daß er später eine Dirne unter seine Konkubinen aufnahm, die angeblich eine überraschende Ähnlichkeit mit (sc. seiner Mutter, d. V.) Agrippina besaß. Man sagt auch, er habe früher, wenn er mit seiner Mutter in der Sänfte fuhr, inzestuösen Verkehr mit ihr gepflogen.» Jedenfalls brach der Sadismus Neros erst nach dem Mordanschlag seiner Mutter offen aus; zum Verhalten Neros bei der Ermordung seiner Mutter vgl. a. a. O., Kap. 34, S. 252–253. – Die höchst ambivalente Rolle, *die den Frauen* beim Vollzug der Folter in Kulturen zufiel, die ihnen einen aktiven Platz dabei einräumten, belegt in drastischer Weise das Beispiel der nordamerikanischen Indianer im 17.–18. Jh., die als wahre Meister im Ritual der Folter gelten können. Vgl. P. O'Neil: Der Weg nach Westen, 87, der bes. auf das Wechselspiel von Stolz und Demütigung zwischen dem siegreichen Folterer und seinem pflichtgemäß tapferen Opfer hinweist. «Die Folter war, zumindest in der Theorie, kein völlig einseitiger Vorgang, denn es erfüllte den besiegten Krieger mit großem Stolz, seine Henker zu schmähen, bis er starb ... Viele Stämme überließen sie (sc. die Gefangenen) gewöhnlich den Frauen ... Oft wurde es den Frauen ... gestattet, sich als Folterknechte zu betätigen. Besondere Freude machte es ihnen, dem Opfer der Reihe nach die einzelnen Fingergelenke ‹wegzumachen› und dann ihre Aufmerksamkeit mit entsetzlich qualvollen Methoden den Genitalien zuzuwenden. Manchmal brachten die Krieger solche Riten damit zum Abschluß, daß sie einen kleinen Jungen hochhoben und ihn unter allgemeinem Beifall dazu anhielten, dem Opfer mit einem Tomahawk den Schädel einzuschlagen.»

geln, an dem das Leben seinen Anfang nahm und eine Welt bestand, die Leid und Tränen noch nicht kannte[41].

Erst vor diesem tiefenpsychologischen bzw. daseinsanalytischen Hintergrund der Folter begreift man, warum das Inhumanste, das sich unter Menschen denken läßt – der Sadismus absichtlicher, systematischer Schmerzzufügung auf Befehl –, einen *notwendigen* Teil jeder wirklichen Erlösungsgeschichte darstellt und eben deshalb auch in der Bibel nicht fehlen kann. Was alles müssen Menschen tun, ehe sie die Schmach ihres Lebens – seine ungerechten Leiden, seine entwürdigenden Schikanen, seine unfreiwilligen Opfer, seine zerstörerischen Einengungen – an ein stellvertretendes Sündenbock-

[41] Vor allem O. RANK: Das Trauma der Geburt, 128–132 hat am Beispiel von *Ixion, Tantalos, Sisyphos* und der Kreuzigung *Christi* den Nachweis zu erbringen versucht, daß die verschiedenen grausamen Strafakte der griechischen Mythologie regelmäßig die «Auflehnung gegen den höchsten der Götter, meist begründet mit dem Begehren nach dessen Weib, der Urmutter», zu ahnden beabsichtigen (129). Den sadistisch-masochistischen Lustgewinn der Strafen sah O. RANK sehr richtig in dem Verlangen nach der Rückkehr in den Mutterleib, für welches der «Ödiupuskomplex» nur einen Sonderfall darstellt. «Die Verbrennung und Räderung der Hexen – nicht zu sprechen von den Körperverrenkungen der Gefesselten und Gefolterten (Kopfabwärtshängen) – die Blendung oder Aussetzung im Wasser, die typische Strafe für den Vatermörder, der in einen Sack vernäht ins Meer versenkt wird: All dies zeigt so recht deutlich den unverwüstlichen Wunschcharakter des Unbewußten, wie ihn FREUD erkannt hat, daß selbst noch die schrecklichsten Strafen, die der Mensch ersinnen konnte und die er in den körperlichen Symptomen der Neurose gegen sich selbst richtet, in die Form der ersten und stärksten Lusterfahrung des Intrauterinlebens eingekleidet werden. So wird es möglich und verständlich, daß deratige Strafen nicht nur ertragen, sondern auch lustvoll empfunden werden... Die eigentliche Strafe... war ursprünglich das Verlassen des Mutterleibs, die Vertreibung aus diesem Ur-Paradies, das immer wieder in allen möglichen Formen von der unstillbaren Sehnsucht realisiert zu werden versucht. – Auch die *Kreuzigung*, die als Strafe für die Auflehnung gegen Gottvater im Mittelpunkt der Christusmythe steht, entspricht derselben Verwandlung und Angleichung der intrauterinen Situation, wie die Einschließung des *Ixion* ins Rad, mit dessen Wegfall die Speichen zum Kreuz werden. Die Kreuzigung entspricht somit gleichfalls der unlustbetonten Rückkehr in den Mutterleib, auf die ganz folgerichtig die Auferstehung, d. h. die Geburt und nicht die Wiedergeburt folgt. Denn es handelt sich auch hier um nichts anderes als um eine ins Ethisch-Religiöse sublimierte Wiederholung und Reproduktion des Geburtsvorgangs im Sinne der neurotischen Überwindung des Urtraumas. Daher erklärt sich die große Rolle, die das christliche Erlösungsmysterium auch im Phantasieleben der Neurotiker und der Geisteskranken spielt, als Identifizierung mit dem passiven Heros, dem die Rückkehr auf dem Wege des lustvollen Leidens geglückt ist.» (130–132) S. u. zu: Noch einmal Mk 15,20b–41, Anm. 1; S. 648–651

Opfer abgegeben[42] und rückentäußert haben! Die offensichtliche Unschuld des anderen ist, wie man jetzt versteht, unter solchen Umständen durchaus kein Grund, auf die Abreaktion der entsprechenden Antriebe zu verzichten, im Gegenteil: es geht nach dem Gesagten ja gerade darum, all die Schmerzen, die man selber *schuldlos* erleiden mußte, an eine unbekannte Instanz zurückzugeben. Ja, es geht in Wahrheit darum, mit aller Grausamkeit das «Opfer» förmlich zu zwingen, uns, stellvertretend für die eigene Mutter, in den Schoß wieder zurückzunehmen, dem wir entstammen, und mit Gewalt die Pforten wieder zu öffnen, die sich im Moment unserer Geburt auf immer hinter uns geschlossen haben. Der tödliche Sadismus der Folter steht symbolisch für dieses Desiderat, in eine Welt zurückkehren zu dürfen, in welcher der Schmerz der Trennung aufgehoben ist[43].

Das eigentliche Thema der Folter ist, so betrachtet, eine mißverstandene, sich selber unbewußte Sehnsucht von im Grunde religiöser Qualität, die Suche nach einer Geborgenheit, die uns des Leids der Welt enthebt; *das* scheint der eigentliche Grund, warum Jesus auch die Tortur der Geißelung offenbar an sich vollziehen lassen *mußte*: Irgendwann einmal sollten und müßten wir entdecken, wie sinnlos und erniedrigend es für uns selber ist, wenn wir das Quantum an Leid, das die Natur uns auferlegt, immer von neuem an andere weitergeben, statt es *gemeinsam* zu übernehmen und uns jenseits der Grenzen von Gruppen und Gruppierungen zusammenzuschließen als Verbündete gegen den einzigen gemeinsamen Gegner aller: gegen das Leid und gegen den

[42] Zu dem *psychoanalytischen* Modell des *stellvertretenden* Ausagierens alter, verdrängter Aggressionen an der Person des Therapeuten vgl. E. Drewermann: Strukturen des Bösen, II 577–586; ders: Das Markus-Evangelium, I 45–80.

[43] Vgl. O. Rank: Das Trauma der Geburt, 35–36: «Für den *Masochismus* haben mich schon frühere analytische Erfahrungen ahnen lassen, daß es sich dabei um die Umwandlung der Geburtsschmerzen (‹Schlagephantasien›) in lustvolle Empfindungen handelt, was sich aus anderen typischen Elementen der masochistischen Phantasie erklärt, wie der fast regelmäßigen Fesselung (*Strafe* ...), als teilweise Wiederherstellung der intrauterinen Lustsituation der Unbeweglichkeit ... Auf der anderen Seite scheint der typische *Sadist*, der im Blut und in den Eingeweiden wühlende Kinderschlächter oder Frauenmörder (Bauchaufschlitzer), die infantile Neugierde, wie es im Leibesinnern aussieht, restlos zu agieren. Während der Masochist den ursprünglichen Lustzustand durch affektive Umwertung des Geburtstraumas wiederherzustellen sucht, verkörpert der Sadist den unauslöschlichen Haß des Ausgestoßenen, der mit seinem voll erwachsenen Körper wirklich versucht, dort wieder hineinzukommen, wo er als Kind herausgekommen war, ohne Rücksicht darauf, daß er dabei auch sein Opfer zerfleischt.»

Tod[44]. Wenn wir in der grausigen Dramatik der Folter in Wahrheit nur nach Armen und nach Händen suchen, die uns bergen und beschützen, warum gewähren wir einander nicht freiwillig diese Geborgenheit und diesen Schutz?

Nur in dieser Sicht eines verhüllten Verlangens nach Rückkehr in den Zustand einer unbedrohten Geborgenheit und Leidfreiheit versteht man auch den *Spott*, den die römischen Soldaten während der Auspeitschung mit der «Königswürde» Jesu treiben. Äußerlich betrachtet, geht es nur darum, den Messiasanspruch des Nazareners lächerlich zu machen: Soldaten, deren «Gott» der Kaiser ist, müssen es als grotesk empfinden, in einem Lande stationiert zu sein, in dem alle paar Jahre neue Leute auftreten und sich als gottgesandte Weltenheilande ausgeben. Für solche Soldaten muß es ein Vergnügen sein, in der Person Jesu den ganzen «Wahn» der jüdischen Messiashoffnung ein für allemal ad absurdum geführt zu sehen: es gibt in Judäa nur «Könige», denen *die römischen Kohorten* den Königsmantel umhängen – das «Spiel», das die Legionäre mit Jesus treiben, ist das genaue Abbild der politischen Realität[45]. Dann aber, unterhalb der historischen Posse, geht es in tiefenpsychologischer Sicht wesentlich auch darum, den Anspruch *aller* «Könige», aller Autoritäten und Vorgesetzten, in einem einzigen Akt der Selbstbefreiung symbolisch zurückzuweisen. Je patriarchalischer eine Gesellschaft ausgerichtet ist, desto mehr sind alle Wünsche nach Liebe, nach Zärtlichkeit und Verschmelzung von einer ausgeprägten Vaterangst begleitet, und aller Sehnsucht nach Rückkehr in den Mutterschoß steht das Bild der *väterlichen* Autorität entgegen, die mit ihrem Anspruch nach Leistung, Triebverzicht und Realitätsbewältigung Stelle für Stelle das widerstrebende Ich nach vorne treibt[46]. Das sadistische Ritual der Auspeitschung soll nicht nur Rache an der

[44] So A. Camus: Der Mensch in der Revolte, 329: «Auf der Mittagshöhe des Denkens (sc. nach der Überwindung der christlichen Leidensmystik und der marxistischen Utopie, d. V.) lehnt der Revoltierende... die Göttlichkeit ab, um die gemeinsamen Kämpfe und das gemeinsame Schicksal zu teilen.»

[45] Zuzüglich zu dem Motiv des rituellen *Spottkönigs* nach dem Vorbild der Saturnalien; s. o. Anm. 5.

[46] Vgl. E. Drewermann: Der Krieg und das Christentum, 232–282, bes. S. 242–248. Es ist prinzipiell zu fragen, wie die christlichen Kirchen ihren Friedensanspruch noch länger meinen glaubwürdig vertreten zu können, wenn sie nach wie vor an den patriarchalischen Strukturen ihrer vorwiegend (oder, wie im Katholizismus, vollkommen) männlich aufgebauten Ämterhierarchie und Theologenzunft mit dogmatischem Anspruch festzuhalten beabsichtigen!

Mutter nehmen, die uns ins Leben hineingeboren hat, sie wendet sich zugleich auch gegen die Gestalt eines «Vaters», der uns als Gott im Himmel und als Abgott auf Erden unaufhörlich weiter in dieses grausame Leben hineinpeitscht.

Die mittelamerikanischen *Azteken* waren es, die ein religiöses Ritual ersannen, das die Ungeheuerlichkeit einer solchen Geißelung (und Kreuzigung) als einen Akt symbolischer *Wiedergeburt* sichtbar machte. Kein Problem war dem Denken dieser Indios wichtiger als die Frage, wie es so etwas geben könne wie geschichtliche Bewegung und Veränderung[47]. Vorgänge in der Zeit beruhen, wie die Azteken richtig erkannten, darauf, daß etwas von der Bühne des Lebens abtritt, um einem anderen Platz zu machen, und daß es sich opfert für etwas Neues, dem es durch seinen Tod zum Ausgangsstoff seiner Selbstgestaltung dient. Vor allem die Sonne galt den mittelamerikanischen Indios als ein Gott, der sich selber verbrennt, damit das Leben auf Erden sich entfalten kann. Insbesondere wenn im Frühjahr die Spitzen der jungen Gräser und Blumen die trockene Erdkruste durchbrachen, erschien den Azteken dieser Vorgang so, als ob die Erde ihre Haut aufrisse und sich ihr Blut wie befruchtender Same in ein neues Leben ergießen würde, das sich wie eine neue Haut über die wundgewordene Oberfläche legte. Dementsprechend verehrten sie in ihrem Gott *Xipe totec* («Unser Herr, der Geschundene»)[48] eben dieses Mysterium der Verjüngung bzw. der «Häutung» der Erde, indem sie einem ihrer menschlichen Opfer die Haut abzogen und diese einem Priester in der Rolle des Gottes umhängten.

Was im Ritual der Azteken sich auf die äußere Natur bezog, wird man

[47] Zu der indianischen Philosophie der Zeit vgl. J. E. S. Thompson: Die Maya, 256–269; P. J. Schmidt: Der Sonnenstein der Azteken, Hamburg 1974.

[48] Zur Gestalt des *Xipe totec* vgl. W. Krickeberg: Altmexikanische Kulturen, 135–136; 212–213: Der Gott wurde «bereits lange vor den Azteken von den älteren Hochlandvölkern und von den Mixteken, Zapoteken und Pipil verehrt... Die Azteken führten den Xipe-Kult erst unter ihrem sechsten König Axayacatl (sc. 1469–1483, d. V.) ein... und nannten den Gott den ‹Herrn des (pazifischen) Küstenlandes›, da sie ihn von den Yopi oder Tlappaneken herleiteten, die in der Tat, wie ein ihnen nahe verwandter Stamm in Nicaragua, das Menschenschinden als Kultgebrauch kannten. Für die Azteken war Xipe der Frühlingsgott, da sie die abgezogene Haut als das neue Kleid auffaßten, das die Erde überzieht, wenn sie sich nach dem ersten Frühlingsregen mit frischer Vegetation bedeckt.» Vgl. auch G. Lanczkowski: Götter und Menschen im alten Mexiko, 82–84. Zu Sinn und Bedeutung der Menschenopfer im allgemeinen vgl. K. Helfrich: Menschenopfer und Tötungsrituale im Kult der Maya, 176–180.

tiefenpsychologisch nach innen ziehen müssen, indem man sich vorstellt, daß das brutale Ritual der Auspeitschung *seelisch* eine ganz analoge Funktion wie in dem aztektischen Opfer des *Xipe totec* gegenüber der äußeren Natur zu erfüllen hat: es soll eine Art Selbsterneuerung darstellen und herstellen, in der in unheimlicher Weise alles auf einmal verdichtet zusammenkommt: die Versicherung fester Gruppenzusammengehörigkeit durch Bekämpfung eines wehrlosen Opfers, das die Nichtswürdigkeit des «Feindes» repräsentiert; die Rache für alles im Leben als «feindlich» Empfundene; der Wunsch nach Rückkehr in eine leidfreie Welt und die Abarbeitung des Schmerzes, überhaupt auf Erden zu sein; die Vereinigung mit der «Mutter» und der Haß auf einen «Vater», der diese «Vereinigung» verbietet – all das vermengt zu einem nicht endenden Ritual des Schindens von seiten der selber Geschundenen, einer erbarmungslosen Schlägerei von seiten der selber Geschlagenen, eines bitteren Aktes erniedrigender Bloßstellung von seiten der selber schutzlos Mißhandelten.

Eine andere Form wirklicher «Erneuerung» aus dem schlimmen Ritual des Leids scheint seelisch in der Tat *nicht vorstellbar* als in Gestalt von Erfahrungen, wie sie dem Ritual derartiger Götter wie des *Xipe totec* (bzw. den analogen Mysterien des *Orpheus*[49], des *Dionysos*[50], des *Adonis-Attis*[51], des *Tammuz*[52], der *Hainuwele*[53] und aller möglichen anderen Vegetationsgottheiten) zugrunde lagen. Es geht um die entscheidende Entdeckung, gerade durch die Orgie der Zerstückelung und des Schmerzes *selber* mit der eigenen Existenz im Grunde ein und derselben unteilbaren Welt zuzugehören. «Das bist du» – *tat tvam asi* –: diese Formel des Sanskrit beschreibt am besten den Akt einer solchen ebenso unvermeidbaren wie rauschhaften Einheitserfahrung im Leid[54]. Wenn es möglich ist, den eigenen Schmerz in die Physis und in die Psyche eines anderen Menschen zu verschieben, sollte es dann nicht

[49] Vgl. K. Kerényi: Pythagoras und Orpheus, in: Humanistische Seelenforschung, 15–51, bes. S. 40–44.

[50] K. Kerényi: Dionysos. Urbild des unzerstörbaren Lebens, 78–85 (Zagreus).

[51] Zu *Adonis* vgl. W. W. Baudissin: Adonis und Esmun, 65–93; 121–184. J. G. Frazer: Der Goldene Zweig, 472–505; zu *Attis* vgl. a. a. O., 506–519.

[52] Zu dem Gott *Tammuz* vgl. W. W. Baudissin: Adonis und Esmun, 94–120.

[53] Zum Kult der Hainuwele auf der Molukken-Insel Ceram vgl. A. E. Jensen: Die getötete Gottheit, 47–50; vgl. E. Drewermann: Strukturen des Bösen, II 603–610.

[54] Vgl. K. Kerényi: Pythagoras und Orpheus, in: Humanistische Seelenforschung, 42: «In der dionysischen Daseinssteigerung wird das Lebendige durch das Lebendige verschlungen. In solchen, die selbst das blutrünstige Erlebnis des Verschlingens von Lebendi-

auch denkbar sein, das fremde Leid als dem eigenen Leben und Wesen zugehörig zu erleben?
Wäre ein solches Erleben möglich, so wäre der Punkt erreicht, an dem alle Angst voreinander und aller Haß aufeinander verschwinden würden, an dem die Grenzen entfielen und wir unseres *gemeinsamen* Loses inne würden, so daß es auf immer als sinnlos erschiene, die winzigen Unterschiede des Schicksals noch immer in Trennung und Zerspaltung einander zum Vorwurf zu machen.
Die entscheidende Voraussetzung einer derartigen religiösen Verschmelzung im Leid *trotz* allen Leids liegt allerdings in gerade der Einstellung, die Jesus in allem, was er tat und sagte, beschwören und verkörpern wollte: daß der Weltengrund nicht länger mehr als eine ins Leben verstoßende «Mutter» bzw. als ein ins Leben voranpeitschender «Vater» verstanden wird, sondern als ein Gott erscheint, der sich «betreffen» läßt von den Schlägen leidender Menschen und der uns das Leid *vergibt*, das wir als Leidende einander zufügen. Damit die grausige Orgie eines gehorsamen Sadismus sich zu einer versöhnenden Erfahrung der Einheit und Gemeinsamkeit aller Menschen und aller Lebewesen dieser Erde öffnen kann, müßten wir an gerade jenes Gottesbild zu glauben lernen, dem Jesus sich mit seinem ganzen Dasein anvertraute und dem er bis in diese Stunden von Folter und Tod hinein seine Stimme und seinen Leib leihen mochte: an einen Gott, der *versteht*, statt zu strafen, der vergibt, statt zu verurteilen, an einen Gott, der den Menschen bedingungslos will, statt ihn von sich zu stoßen und auf immer zu verstoßen. Nur im Umkreis einer solchen unbedingten Liebe im Hintergrund der Welt ist es möglich, zu reifen ohne zu töten, zu wachsen ohne zu zerstören, zu werden ohne zu vernichten, und ein Leben der Synthese statt der Auflösung, der Gemeinsamkeit statt der Grausamkeit, der Verbundenheit statt der Geschundenheit zu führen.
War es dies, was der römische Hauptmann als erster Mensch im ganzen *Markus*-Evangelium unter dem Kreuz Jesu auszusprechen vermochte: «Wahrlich, dieser Mensch war Gottes Sohn» (Mk 15,39)[55]?

gem erlebten, taucht dann ebenso gesteigert das Gefühl des gemeinsamen Schicksals mit der Tierwelt auf, das Mitleid mit ihr und die Angst in das gleiche, leidende Tierdasein.»

[55] Vgl. E. Schweizer: Das Evangelium nach Markus 195: «Markus ... stellt neben dieses Zeichen des Endes alles jüdischen Tempeldienstes (sc. in Mk 15,38, dem Zerreißen des Tempelvorhangs, d. V.) bewußt den Heiden, der als erster wirklich versteht, was hier geschehen ist. An sich läßt sich ebenso gut übersetzen ‹ein Gottessohn› wie ‹der Gottes-

In seiner Kurzgeschichte *«Heute ist Freitag»* hat ERNEST HEMINGWAY[56] – sehr vorsichtig und voller Skepsis vor den großen Worten – das Gespräch von drei römischen Soldaten, die auf Golgotha dabei waren, am Abend des Karfreitags aufgezeichnet. Was haben sie erlebt?
«Der hat sich heute da recht ordentlich benommen», sagt der erste Soldat. «Warum ist er nicht vom Kreuz runtergestiegen?» – «Weil er nicht vom Kreuz runtersteigen wollte. Das gehörte nicht zu seiner Rolle.» «Ich muß sagen – der hat sich heute da recht ordentlich benommen.» «Was ich nicht mag, ist, wenn sie sie annageln. Wißt ihr, das muß einem furchtbar an die Nieren gehen.» «Das ist nicht so schlimm, als wenn sie sie hochhissen ... Wenn ihr Gewicht an ihnen zieht, das ist der Moment, wo's sie packt.»

sohn›, und wenn Markus sehr stark hätte betonen wollen, daß der einzige Gottessohn, neben dem es keinen andern gibt, gemeint sei, hätte er es griechisch anders formulieren können ... (Gleichwohl, d. V.:) Markus sieht ... in diesem Ausspruch sicher nicht nur die Ahnung eines Heiden vor irgend etwas Göttlichem, sondern ein vollgültiges Bekenntnis.» Dabei ist für Markus (wie schon in Mk 9,7) die Offenbarung der Gottessohnschaft Jesu auf das engste an die Passion geknüpft: «Erst als sein Leiden einsetzt, bekennt Jesus selbst sich, wenn auch in merkwürdig zurückhaltender Weise, zu dem vom Hohenpriester (nicht von ihm selbst) verwendeten Titel (sc. Mk 14,61.62, d. V.), und nicht bevor Jesus mit lautem Schrei verschieden ist, kann der erste Mensch von sich aus glaubend bekennen: ‹Wahrhaftig, dieser Mensch ist Gottes Sohn gewesen.› Daß es ein Heide ist, zeigt zugleich, wie dieser Tod die Tür in die Völkerwelt hinaus geöffnet hat.» E. SCHWEIZER: A. a. O., 197. – Der Titel *Gottessohn* wird dabei in der Theologie der frühen Kirche immer weiter in das Leben Jesu zurückverlagert. Nach dem Glaubensbekenntnis von Rom 1,3.4 ist Jesus zum Sohn Gottes eingesetzt worden «aufgrund der Auferstehung von den Toten»; für Markus bezeugt sich die Gottssohnschaft Jesu indessen schon im Tode Jesu, ja, bereits im Moment der Taufe Jesu (Mk 1,9–11). Mt und Lk hingegen berichten in ihren Kindheitserzählungen, daß Jesus bereits durch die Art seiner Geburt als Gottessohn in Erscheinung trat, wobei der Einfluß vor allem altägyptischer Vorstellungen von der Geburt des Königs und Gottessohnes unübersehbar ist; vgl. E. DREWERMANN: Dein Name ist wie der Geschmack des Lebens, 32–66. Nach Joh 1,2 ist Jesus ein präexistentes Wesen, das als der ewige Logos schon «im Anfang» «bei Gott» war. In Formeln dieser Art versucht die frühe Kirche inmitten der Heidenwelt und in Begriffen der Heidenwelt auszusagen, was einmalig und einzigartig ist und was doch auf Heil oder Unheil das Schicksal *aller* Menschen bestimmt. Sehr richtig meint E. SCHWEIZER: A. a. O., 196: «Der durch das Alte Testament geschulte Mensch zur Zeit Jesu fragt nicht so sehr nach dem Wesen, als nach dem Handeln, dem Wirken einer Person oder einer Sache. Ob einer ‹an und für sich› Gottessohn ist, interessiert ihn nicht; ja, er könnte diese Fragestellung kaum verstehen. Ihm ist allein wichtig, ob ihm jemand in seinem Handeln begegnet als der, der ... ihn beschützt und führt.»

[56] E. HEMINGWAY: Männer ohne Frauen, 104–108.

«Manche packt's verdammt schlimm.» «Hab ich sie denn nicht gesehen? Ich hab 'ne Masse gesehen. Ich sage euch, der hat sich heute da recht ordentlich benommen.» «Hast du sein Mädel gesehen?» «Ich hab sie häufig in der Stadt gesehen.» «Der gings früher glänzend. Aber er hat ihr kein Glück gebracht.» «Ach, der hat kein Glück. Aber ich muß sagen, er hat sich heute da recht ordentlich benommen!» «Was ist denn aus seiner Blase geworden?» «Na, die haben sich verdrückt. Nur die Frauen sind bei ihm geblieben.»

HEMINGWAYS Frage ist berechtigt: ist es einem Menschen möglich, die Rolle seines Lebens «ordentlich» zu Ende zu spielen – trotz allen Leids, selbst als Verlierer? Gibt es sie – die *«beautiful loosers»*[57], die Menschen, die schön sind gerade in ihrem Scheitern? Die liebenswert bleiben gerade im Grauen ihres Untergangs? Die unter den Händen von Männern sterben und an die zu glauben bestimmte Frauen dennoch nie aufhören werden?

Alles hängt offenbar von der «Rolle» selbst ab. – Trotz allen Unglücks – worin bestand diese «Rolle» Jesu sonst, wenn nicht darin, der Angst der Geburt zu widerstehen und den Frauen nicht länger mehr vorzuwerfen, uns in diese Welt geboren zu haben? Nur wenn es Wahrheiten gibt, die stärker sind als der Schmerz, dringt ein Schimmer des Himmels durch die Sonnenverfinsterung des Karfreitags (Mk 15,33)[58]; nur dann zerreißt der Vorhang des Tempels, der das Heilige und das Allerheiligste voneinander trennt (Ex 26,33; Mk 15,38)[59]. Seither gibt es kein Gesetz mehr, das Menschen im

[57] Vgl. L. COHEN: Schöne Verlierer. Auf sehr schöne Weise hat L. COHEN: Blumen für Hitler, Gedichte – Lieder, 198–201 vor Jahren in seinem Liebesgedicht von *Suzanne* geschrieben: «Jesus war ein Seemann / wenn er auf dem Wasser ging / und lange stand er da und blickte / von einem einsamen Turm aus Holz / und als er sicher wußte / daß nur Ertrinkende ihn sehen / sprach er: Jeder wird ein Seemann sein / bis einst das Meer ihn freimacht / doch er selbst war schon zerbrochen / lang bevor der Himmel aufging / verachtet, fast menschlich / sank er in deine Weisheit wie ein Stein. / Und du gehst mit ihm auf Reisen / die man blinden Auges reist / und vielleicht wirst du ihm trauen / denn er berührte deinen makellosen Körper / mit seinem Geist.» Die Strophe ist eingeschaltet in die Schilderung der Begegnung mit einer Halbirren, einer von der Heilsarmee Ausgehaltenen, die jemand trotzdem eine Nacht lang drunten am Fluß liebt und die sich am Morgen verklärt zur «Madonna unseres Hafens». Wann lassen wir uns bis in den Körper hinein geistig berühren, bis wir blinden Auges mit einer Ertrinkenden auf Reisen gehen? Es wäre, meint COHEN in seinem wunderbaren Lied, gerade die Art, zu einem «Seemann», zu einem «Fischer» im Sinne Jesu zu werden.

[58] Zu dem *apokalyptischen* Bild der Sonnenfinsternis s. o. zu Mk 13, in: Noch einmal: Mk 13,14–32, Anm. 41–44; S. 389–392.

[59] Zu dem Zerreißen des Tempelvorhangs vgl. H. L. STRACK – P. BILLERBECK: Kommen-

Namen Gottes von Menschen trennen dürfte; seither gibt es keinen «Bund» mehr, den Menschen im Namen Gottes mit Menschen schließen müßten im Zeichen des Blutvergießens und zum Zwecke des Blutvergießens; seither gibt es nur *eine* Botschaft im Namen der Menschlichkeit: daß Menschen im Namen Gottes Verbündete sind und die Macht der Liebe stärker ist als die Perversion der Peitsche. Am Ende aller Qualen möchte Gott uns als Menschen, in denen die Abspaltungen und Trennungen aufgehoben sind, welche uns zwingen, immer wieder aus Angst vor uns selber die Kraft der Liebe niederzuknüppeln und den Schlagriemen an die Stelle der möglichen Zärtlichkeit unserer Hände treten zu lassen. Es gibt nur eine Befreiung von dem grausigen Zwang, einander zu foltern als gehorsame Knechte sadistischer Befehle: daß wir unserer eigenen Psyche bewußt werden und merken, was man mit uns gemacht hat, ehe wir fähig wurden, weisungsgemäß, wenn irgend ein «Vorgesetzter» es will, andere Menschen zu mißhandeln. In jeder gefolterten und geschlagenen Kreatur mißhandeln wir ebenso Gott wie uns selbst, und es gibt nur *eine* Form des Gehorsams, die sich in unserem Leben lohnt: den Dienst zu quittieren, der in der Tretmühle der Angst immer von neuem Menschen unter die Knute zwingt.
Sollte es wirklich so unvorstellbar sein, daß wir den Mut und die Tapferkeit, die Treue und das Pflichtgefühl, die einen «Soldaten» auszeichnen, eines Tages weit besser und wahrer in der Courage des Einzelnen und im Dienst an jedem einzelnen Menschen, der leidet, zu leben vermöchten als in den Schlachthäusern der Geschichte, in denen wir diese Tugenden zuerst kennengelernt und ausgebildet haben? Ein unbekannter römischer Centurio unter dem Kreuz machte damit den Anfang, – zu spät, um Jesus noch zu retten, doch vielleicht früh genug, uns einen Rest an Menschlichkeit zurückzugeben. Er, der «Heide», ist der erste, der sich zu dem «Gottessohn» am Kreuz bekennt; er ist der erste Repräsentant all derer, für die *Markus* unmittelbar schreibt[60]. Vielleicht gibt es sie also doch: eine universelle Evidenz der Menschlichkeit und eine Gemeinde von Menschen, die in dem gekreuzigten König Israels gelernt haben, sich durch keinerlei Angst mehr einschüchtern zu lassen, indem sie zu leben wagen, was Gott in ihr Herz gelegt hat.

tar zum Neuen Testament aus Talmud und Midrasch, I 1043–1046, die (S. 1045) meinen, daß nur theologische Gründe den Ausschlag geben könnten, *welcher* Vorhang im Tempel gemeint sei, und die «angesichts der kultischen Bedeutungslosigkeit des äußeren Vorhangs und der hohen kultischen Bedeutung des inneren Vorhangs für den letzteren» plädieren, der vor dem Allerheiligsten ausgespannt war.
[60] S. o. Anm. 55.

Mk 15,20b–41: Die Kreuzigung oder: Warum der Messias sterben mußte

20b Dann führten sie ihn hinaus, um ihn zu kreuzigen. 21 Und sie requirieren einen Vorübergehenden, einen gewissen Simon von Kyrene, der gerade vom Land kommt, den Vater des Alexander und Rufus, daß er ihm das Kreuz *abnehme*.

22 So schleppen sie ihn zum Golgotha-Platz, das heißt übersetzt: Schädel-Platz. 23 Und sie gaben ihm mit Myrrhe gewürzten Wein (Ps 69,22); er aber nahm nicht.

24 Dann kreuzigen sie ihn, und *sie verteilen seine Kleider, das Los über sie werfend* (Ps 22,19), was jemand (davon) *nehme*. 25 Es war aber die dritte Stunde, da sie ihn kreuzigten. 26 Und als Aufschrift seiner Schuld war drauf geschrieben: Der König der Juden.

27 Und mit ihm kreuzigten sie zwei Räuber, einen zur Rechten, einen zu seiner Linken. – 28 So erfüllte sich die Schriftstelle, die da sagt: Und unter die Verbrecher ward er gerechnet (Jes 53,12; Luk 22,37). –

29 Und die Vorübergehenden lästerten, schüttelten ihre Köpfe (Ps 22,8; 109,25) und sagten: Uah! Der du den Tempel niederreißt und ihn aufbaust in drei Tagen – 30 rette dich selbst! Steig herunter vom Kreuz! (Vgl. Weish 2,17!) 31 Ebenso spotteten auch die Hohen Priester untereinander samt den Schriftgelehrten und sagten: Andere hat er gerettet, sich selbst kann er nicht retten! 32 Der Messias! Der König Israels! Steige er jetzt vom Kreuz herab, daß wir sehen und glauben! (Vgl. Mk 8,12! Zeph 3,15 f.) Auch die mit ihm Mitgekreuzigten verhöhnten ihn.

33 Dann kam die sechste Stunde. Da kam eine Finsternis über die ganze Erde (Am 8,9) bis zur neunten Stunde. 34 Da in der neunten Stunde rief Jesus mit lauter Stimme:
Eloi, Eloi, lema sabachthani (Ps 22,2),
das heißt übersetzt:
Mein Gott, mein Gott, warum hast du mich verlassen!

35 Und einige der Umstehenden hörten es und sagten: Sieh nur, Elias ruft er. 36 Da lief einer – und – füllte einen Schwamm mit Essig (Ps 69,22), steckte ihn auf einen Rohrstock und wollte ihn tränken, sprechend: *Laßt!* Wir wollen doch sehen, ob Elias kommt (Mk 9,13), ihn herunterzuholen. 37 Jesus aber *ließ* einen lauten Schrei und hauchte den Geist aus.

38 Da spliß der Vorhang des Tempels (Ex 26,31–33) entzwei von oben bis unten. 39 Es sah aber der Hauptmann, der ihm gegenüber dabeistand, daß er auf diese Weise den Geist aushauchte; er sagte: Wahrhaftig, dieser Mensch war ein Gottessohn!

40 Da waren aber auch Frauen, von weitem zuschauend, unter ihnen

auch Maria von Magdala und Maria, die Mutter Jakobus des Jüngeren und des Joses, und Salome, 41 die ihm, als er in Galiläa war, gefolgt waren und ihn bedient hatten (Mk 1,13.31), und noch viele andere, die mit ihm hinaufgezogen waren nach Jerusalem.

In langen Schatten fällt der Abend über Golgotha. Das Werk des Todes ist zu Ende. Verstummt die Klagerufe, verstummt die Stimmen der Kommandos; der wahre König Israels ist tot. Und tot ist mit ihm alles, was groß und gut und menschlich heißen kann. An dem, was wir sind, mußte er zugrunde gehn.

Man sagt, dies sei die Stunde, in der Gott durch Menschenhand getötet wurde[1]. In Wahrheit kann man Gott nicht töten; er kann allein in unserem Bewußtsein sterben[2]. Dies aber ist die Stunde, die zeigt, wie mörderisch wir Menschen sind, wenn Gott für uns im Grunde immer schon gestorben *ist*[3]. Unsere furchtbare Unmenschlichkeit, in die wir ohne Gott geraten müssen, enthüllt sich hier in ihrer ganzen Aussichtslosigkeit. Es ist ja nichts passiert, was ungewöhnlich wäre. Im Gegenteil. Eben weil alles ganz normal ablief,

[1] So bes. G. W. F. HEGEL: Philosophie der Religion, II 300: «Gott ist todt – dieses ist der fürchterlichste Gedanke, daß alles Ewige, alles Wahre nicht ist, die Negation selbst in Gott ist; der höchste Schmerz, das Gefühl der vollkommenen Rettungslosigkeit, das Aufgeben alles Höheren ist damit verbunden. – Der Verlauf bleibt aber nicht hier stehen, sondern es tritt nun die Umkehrung ein, Gott nämlich erhält sich in diesem Prozeß und dieser ist nur der Tod des Todes. Gott steht wieder auf zum Leben.» Sehr richtig bestimmt HEGEL: A. a. O., II 299 die *polemische* Seite des Todes Jesu: «Wenn das Kreuz zum Panier erhoben ist und zwar zum Panier, dessen *positiver* Inhalt zugleich das Reich Gottes ist, so ist die innere Gesinnung in ihrem tiefsten Grunde dem bürgerlichen und Staats-Leben entzogen und die substantielle Grundlage desselben hinweggenommen, so daß das ganze Gebäude keine Wirklichkeit mehr, sondern eine leere Erscheinung ist, die bald krachend zusammenstürzen und, daß sie nicht mehr an sich ist, auch im Daseyn manifestiren muß.» Sehr aber irrte HEGEL darin, in dem Tode Jesu nur die zeitbedingte Antwort auf die Erniedrigung des Menschen in der römischen Kaiserzeit zu sehen; nicht das Ende Roms, – das Ende all dessen, was wir die geschichtliche Vernunft nennen, stürzt in sich zusammen, wenn ein Mensch wie Jesus nach den Gesetzen ihrer Logik hingerichtet werden muß.

[2] G. W. F. HEGEL: Glauben und Wissen, 123 nannte es «das Gefühl..., worauf die Religion der neuen Zeit beruht, das Gefühl: Gott selbst ist tot.» Zur Diskussion um die «Gott-ist-tot-Theologie» vor allem der 60er Jahre vgl. H. ZAHRNT: Gott kann nicht sterben, 256–259; 259–262.

[3] Vgl. die *Ableitung* der Kain- und Abel-Geschichte aus der Situation radikaler Gnadenlosigkeit in: E. DREWERMANN: Strukturen des Bösen, III 251–331.

weil alle so gehandelt haben, wie sie entsprechend ihrer ganzen Art schlechterdings handeln mußten, eben deshalb mußte der wahre König Israels gekreuzigt werden[4].

Noch sind die Worte aus den Synagogen Galiläas nicht verklungen, in denen Jesus unser Leben vor Gott hingestellt hat. Er sah unser gesamtes Dasein ohne Gott wie in sich selbst von Angst verkrümmt, gnadenlos dazu getrieben, sich das eigene Lebensrecht am anderen zu beweisen, verzweifelt auf der Suche nach einem Menschen, einem Ding, von dem her sich so etwas wie eine Notwendigkeit zurückgewinnen ließe. Alles, was Jesus tat und sagte, diente der sanftmütigen und geduldigen Beruhigung dieser Angst am Grunde unseres Daseins. Wenn er von Gott sprach, nannte er ihn unsern «Vater»[5]; denn jeder sollte sich in Gott geborgen wissen. In Gott sollte ein jeder die Erfahrung machen, daß er in sich selbst eine unveräußerliche Würde und Berechtigung besitze. Er sollte sich im Wesentlichen nur von seinem Schöpfer abhängig und ihm allein verpflichtet fühlen; und seine ganze Größe sollte darin liegen, nur diesem Höchsten, seinem Gott, zu dienen. Es waren freie Worte, stolz, vertrauensvoll und gütig. Menschen, die sich bis dahin nie getraut hatten, ihr Leben auf eigene Füße zu stellen, lernten auf seinen Anruf hin, einen festen Standpunkt zu gewinnen und selber in ihrem Leben einen Schritt vor den anderen zu tun (Mk 2,1–12). Andere, die ihr Leben lang sich bis ins Physische hinein unrein und ekelhaft vorkommen mußten, gewannen auf sein Wort hin das Gefühl zurück, in Gottes Augen rein zu sein – und dann doch ansehnlich auch vor den Menschen (Mk 1,40–45). Maria Magdalena,

[4] Sehr wahr meinte R. SCHNEIDER: Das Kreuz in der Zeit, 111–112: «Der Hammerschlag der Kriegsknechte hat sich vertausendfacht, und Millionen Hände sind geschäftig an Werken des Todes, zu kreuzigen die Wahrheit und die Liebe, Gott selbst zu kreuzigen, indem sie ihm entgegentun. All ihr Fleiß, ihre dumpfe Geschäftigkeit, ihr blinder Gehorsam ist der Liebe entgegen; sie zerstören, was sie erhalten sollen, und vernichten Gottes Bild im Menschen, in den anderen – und zuvor in sich selbst. In einer ungeheueren Umnachtung wissen sie nicht, was sie tun. Das Wort vom Kreuze erreicht sie nicht. Aber sie richten das Kreuz auf Tag für Tag, und das Kreuz steigt immer gewaltiger empor in der Nacht. Denn alle Werke der Finsternis, alles Tun der Lüge ... wiederholt und steigert das Ereignis von Golgotha. Hat die Welt von Gott sich losgesagt, so kann in ihr gar nichts anderes geschehen, als was auf Golgotha geschehen ist. Denn Gott läßt nicht von der Welt.» «Die tosende Werkstatt der Erde ist Golgotha. Und so erhebt sich das Kreuz übermächtig über wimmelnden Völkern, hoch über alle, die ihnen befehlen, und wir schaffen rastlos und ratlos zwischen Gnade und Verdammung.»

[5] Vgl. J. JEREMIAS: Abba, in: Abba, 15–80.

eine der wenigen, die Jesus bis zum Kreuz hin folgen, hat selbst aus der Zerrissenheit und Ohnmacht ihres Lebens durch die Begegnung mit dem Mann aus Nazareth zu sich zurückgefunden (Lk 8,2)[6]. Und so konnte ein jeder auf seine Weise die Erfahrung machen, daß er in Jesu Nähe weiter, gerader, ruhiger und in sich selber klarer wurde, daß er auf Gott hin mit sich selbst ins Reine kommen konnte und daß sein Leben heil wurde, indem es mehr und mehr zu seinem Ursprung hin zurückfand.

Und eben deshalb mußte Jesus sterben? – Ja, eben deshalb. Denn nichts bedroht die Gnadenlosigkeit unserer Angst so sehr wie diese feste Kraft der Zuversicht und des Vertrauens Jesu.

Was waren das für Worte innerer Befreiung, die er in der Bergpredigt zu uns sprach: «Sorgt euch nicht ängstlich für euer Leben; ist nicht das Leben mehr als Speise und Kleidung? Sucht als Wesentliches nur das Reich Gottes» (Mt 6,25.33)[7]? Mit Nachdruck lehrte er, das Leben nicht so sehr unter dem Blickwinkel der Mißerfolge und der Einbußen zu betrachten, sondern fest daran zu glauben, daß unser Dasein sich vor Gott hundertfach lohnen werde (Mk 4,3–8). Er unterwies uns in der Kunst eines göttlichen Wartens, das nicht vor lauter Ungeduld das Unkraut mit dem Weizen ausreißt, sondern den bestellten Acker bis zur Ernte reifen läßt (Mt 13,29.30)[8]. Er schärfte uns ein, daß es im Grunde nur zwei Dinge gebe, durch die wir gänzlich Gott verfehlen könnten: aus lauter Angst und Minderwertigkeitsgefühlen das Talent unseres Lebens ungenutzt zu verstecken (Lk 19,20–24)[9] oder vor uns selbst und den anderen so zu tun, als ob wir unbarmherzig Fehlerlosigkeit

[6] Zu Lk 8,2 vgl. E. Schweizer: Das Evangelium nach Lukas, 92–93.

[7] Zu Mt 6,25.33 vgl. E. Schweizer: Das Evangelium nach Matthäus, 104 ff.

[8] Zu Mt 13,29.30 vgl. E. Schweizer: A. a. O., 198, der meint: »Wenn der Kern des Gleichnisses (sc. vom Unkraut im Weizen, d. V.) auf Jesus zurückginge, dann wäre es ein scharfer Protest gegen die Praxis der Pharisäer wie der Leute von Qumran wie der Zeloten, eine Sondergruppe der Frommen zu bilden. Jesus hat gerade dies abgelehnt und seinen Kreis weit offen gehalten. Darum hat er auf einen neuen Namen für seine Gruppe, ja auf jeden fixierten Titel für sich selbst oder seine Sache, selbst auf einen festen Treffpunkt oder irgendwelche noch so lose Organisation seiner Bewegung verzichtet. Darum hat er so unsystematisch Menschen, die ihm nachfolgen wollten, abgeschreckt (8,20 ff.) oder sie anderswohin geschickt (Mk 5,18 f.) und solche, die überhaupt nicht daran dachten, zu sich gerufen (4,18–22).» Was, wenn dies zutrifft, ist in der Kirche aus der Gruppe derer, die Jesus um sich sammeln wollte, geworden? Und was haben wir Theologen daraus gemacht! Vgl. E. Drewermann: An ihren Früchten sollt ihr sie erkennen, 158–161.

[9] Zu Lk 19,20–24 vgl. E. Schweizer: Das Evangelium nach Lukas, 194–197; vgl. zur Deutung des Gleichnisses E. Drewermann: Tiefenpsychologie und Exegese, II 746–753.

und Perfektion verlangen und unnachsichtig jegliches Versagen aburteilen könnten (Mt 18,23–35)[10]; nur diese beiden Dinge: aus purer Angst mit dem eigenen Leben gar nichts anzufangen oder aus phantastischen Vollkommenheitsansprüchen wie ein Scharfrichter mit sich und andern umzugehen, müßten uns von den Grundlagen unseres Lebens endgültig entfernen, meinte Jesus. Vertrauen aber, so wie er es vor Gott lebte, könnte die einzige Gegenkraft zu unserer Angst bilden; es wäre jedenfalls die einzige Macht, die uns zu Nachsicht und Vergebung uns selber und den anderen gegenüber zu befähigen vermöchte.

Doch gerade deshalb müssen wir Jesus offenbar umbringen. Eben deshalb muß in uns alles schon gegen die bloße Wahrscheinlichkeit protestieren, daß er mit dem, was er lebte und sagte, recht haben könnte. Denn wenn er recht hätte, wäre es einfachhin unnötig und in keinem Falle mehr berechtigt, so zu sein, wie wir sind: so zutiefst von Angst geprägt, so ständig auf uns selbst und unsere eigene Durchsetzung fixiert, so ständig kampf- und fluchtbereit. Kein Mensch kann in der Bodenlosigkeit der Angst sich selber und dem anderen gut sein[11]; er muß vielmehr mit allen Mitteln um sein pures Überleben kämpfen. All unsere göttlichen und menschlichen Gesetze und Bestimmungen setzen im Grunde viel zu spät an: Sie können nicht verhindern, daß selbst unsere besten Einsichten, Erkenntnisse und Leistungen unter dem Herzschlag der Angst in Instrumente des Todes umgeschmiedet werden. Ständig leben wir so in Angst, als wenn Gott für uns überhaupt nicht existieren würde, und eben dies ist wiederum auch schon der Grund all unserer Angst, *daß* wir Gott aus den Augen verloren haben und in blinder Panik und Hektik in die Welt hinein fliehen. Deshalb *müssen* wir Gott töten und jeden, in dem wirklich etwas von Gott lebt, um wenigstens so die Berechtigung unserer Angst aufrechtzuerhalten[12].

Was ist denn die Leidensgeschichte Jesu bei *Markus* (neben den Anspielungen auf Jes 53; Sach 9–13; Ps 22 und Ps 69) anderes als ein einziges, wahnsinniges Dokument unserer Angst? Man muß nur die einzelnen Stationen alle noch einmal durchgehen[13].

[10] Zu Mt 18,23–35 vgl. E. Schweizer: Das Evangelium nach Matthäus, 245–247: «Gottes unvorstellbares, allem menschlichen Recht widersprechendes Handeln der Barmherzigkeit ist so hervorgehoben, daß der Hörer nur staunen, ja sich darüber ereifern kann.»

[11] Vgl. dazu E. Drewermann: Strukturen des Bösen, III. Bd., S. XIV–XX; LXIX–LXXVI (Vorrede zur 2. Aufl.).

[12] Vgl. E. Drewermann: Das Markus-Evangelium, I 11–44.

[13] S. o. die Ausführungen zu Judas, Kaiphas, Petrus, Pilatus. – In dem Abschnitt Mk

15,20b–41 existieren eine Reihe von Spannungen, die L. SCHENKE: Der gekreuzigte Christus, 83–87 übersichtlich darstellt und begründet: *15,20b. (Dann führten sie ihn hinaus, um ihn zu kreuzigen.)* findet seine Fortsetzung in 15,22a (So schleppten sie ihn zum Golgotha-Platz); 22b, die Übersetzung des Ortsnamens, wurde offenbar eingefügt, als der Passionsbericht ins Griechische übersetzt wurde; das gleiche gilt von 15,34b. Die Erzählung setzt sich dann fort in *15,23.24*: – der Trank mit Myrrhe, die Kreuzigung und das Loswerfen über die Kleider mit entsprechenden Anspielungen auf Ps 69,22 und 22,19. In 15,25b (da sie ihn kreuzigten) wird aber die Kreuzigung noch einmal erwähnt, offenbar um die Zeitangabe von 25a (Es war aber die dritte Stunde) inhaltlich zu füllen. Der ganze Vers scheint sekundär; er entstammt wohl dem Willen, zusammen mit den beiden (gleichfalls sekundären) Zeitangaben von 15,33 die Kreuzigungsszene in ein Schema von dreimal drei Stunden einzuteilen. Die Passionserzählung findet ihren Fortgang in *15,26.27*, in der Angabe des Titels: Der König der Juden und in der Angabe von den zwei Mitgekreuzigten, die deutlich aus Jes 53,12 herausgesponnen ist; 15,28 erscheint als ein sekundäres Reflexionszitat, das für Leser, die das AT kennen, überflüssig ist. In der folgenden Vespottungsszene von 15,29–32 sind es gleich drei Gruppen von Leuten, die Jesus verhöhnen: die Vorübergehenden (15,29), die Hohenpriester und Schriftgelehrten (15,31) und die Mitgekreuzigten (15,32). Dabei sind «die Hohenpriester samt den Schriftgelehrten» (15,31a) deutlich als sekundär zu erkennen: sie sind (wie in 14,53.55; 15,1.3.10 f.) als die typischen Gegner Jesu wohl von Markus selbst hier eingefügt. Auch 15,29b, der Spott über die Niederreißung des Tempels, dürfte ein sekundärer Einschub sein, der auf 14,58 Bezug nimmt, – das Wort ist im Munde von zufällig Vorüberkommenden nicht denkbar. *15,29a* selbst aber, wo die Vorüberkommenden (in Anspielung wieder auf Ps 22,8; 109,25) zum Spott mit dem Kopf schütteln, darf als ursprünglich gelten und findet seine logische, auf die Situation bezogene Fortsetzung in *15,31b: Andere hat er gerettet, sich selbst kann er nicht retten.* 15,30 scheint als Dublette aus diesem Vers entstanden zu sein. *15,32*, die Verurteilung des Messias, steht in Verbindung zu Mk 14,61.62; 15,2.26 und ist ein Teil dieser zusammenhängenden Erzählung. Die Stundenangabe in 15,33 geht zurück auf Am 8,9: «... da lasse ich die Sonne untergehen am Mittag und bringe Finsternis über die Erde am hellichten Tage»; das gesamte Stundenschema scheint erst hieraus erwachsen; daß es sekundär ist, zeigt sich auch daran, daß in all den Stunden buchstäblich nichts geschieht – die (apokalyptische) Zeitgliederung hat ihren Sinn in sich selbst; zudem scheint niemand der Anwesenden auf die Sonnenfinsternis zu reagieren. (Natürlich entfallen von daher bereits rein literarkritisch jene Versuche, das Todesdatum Jesu mit Hilfe der Astronomie zurückzurechnen.) *Mk 15,34a*, der laute Schrei Jesu und die erneute Anspielung auf Ps 22,2, ist offenbar Teil der ursprünglichen Erzählung, während die Übersetzung in 15,34b ebenso sekundär ist wie 15,35: das Mißverständnis, Jesus rufe den *Elias*; das Wortspiel ist überhaupt nur für *Leser*, nicht für Hörer verständlich und in den Ohren der Hohenpriester ebenso *unmöglich* wie in den Ohren von römischen Soldaten *sinnlos*; der Vers soll allem Anschein nach die Juden weiter belasten: sie haben mit dem wiedergekehrten Elias (Mk 9,13) nichts weiter als ihren Spott getrieben, und sie verhöhnen mit dem Namen des Elias sogar ihren gekreuzigten Messias! Auch hier scheint Markus selbst die Akzente zu setzen. *15,36a*, der Trunk mit dem Essig, führt die Erzählung organisch fort und greift erneut mit Ps 69,22 ein alttestamentliches Zitat auf, während 15,36b in der Handschrift des Markus das sekundäre Elias-Motiv fortsetzt. *15,37* scheint den Schrei von 15,34 zu wiederholen, L. SCHENKE: A. a. O., 97 macht es indessen wahrscheinlich, «daß der Erzähler in V. 34a.36a und V. 37 *gleichzeitig* Ereignisse schildern will: Mit dem Gebetsruf V.34a stirbt Jesus; *während* der Ruf ‹mit großer Stimme› ertönt, *versucht* ‹einer›, den Sterbenden zu tränken; Jesus ist aber bereits gestorben. Ist die Absicht des Erzählers so richtig erfaßt, dann ist die Stundenangabe V.34a direkt auf das Sterben Jesu in V.37 zu beziehen. Dann muß aber auch V. 36a ursprünglicher Teil des Passionsberichtes sein, denn unmittelbar nebeneinander können V. 34a und V. 37 nicht gestanden haben.» 15,38, das Zerreißen des Tempelvorhangs, steht im Zusammenhang mit der Weissagung der Tempelzerstörung in Mk 14,58; 15,29b und ist wohl ebenso sekundär wie diese beiden Stellen: «Die scharfe Polemik gegen den jüdischen Tempel und seinen Dienst und damit gegen das Judentum überhaupt in V. 38 ist unübersehbar. Von dieser Polemik ist aber die sekundäre Bearbeitung des Passionsberichtes in 14,57–59.62b; 15,6–15a.29b f.33 überhaupt geprägt. Deshalb muß auch V. 38 dieser Bearbeitung zugeschrieben werden; in diesem Vers gelangt die antijüdische Tendenz der Redaktion zu ihrem Ziel: Gott wohnt nicht mehr in einem ‹von Händen gemachten Haus› (vgl. Apg 7,48 ff.). Im Kreuzestod Jesu ist das Judentum als Heilsgemeinde abgelöst worden; an seine Stelle tritt nun die christliche Gemeinde... (So, d. V.) wird... auch V. 38 auf die hellenistische Urgemeinde in Jerusalem zurückgehen, von deren tödlichen Auseinandersetzungen mit dem orthodoxen Judentum um die Geltung von Gesetz und Tempel Agp 6–7 ein beredtes Zeugnis gibt.» Schwierig ist die Zuordnung von 15,39, dem Bekenntnis des römischen Hauptmanns. R. BULTMANN: Die Geschichte der synoptischen Tradition, 296 sah darin einen Teil «der legendarischen Weiterbildung». Tatsächlich entspricht der Vers sehr der prorömischen, heidenfreundlichen Tendenz des Markus und betont, im Kontrast, noch einmal die antijüdische Aussage von 15,38. So fällt es (gegen L. SCHENKE: A. a. O., 102–103) schwer, den Vers für ursprünglich zu halten. Sekundär ist auch in Mk 15,40–41 das Auftreten der Frauen. «Wie bei der Auferstehung werden hier Frauen als Zeugen aufgeboten. Sie sind hier so wenig geschichtlich wie dort; man brauchte sie, weil man die geflohenen Jünger nicht auftreten lassen konnte», meinte R. BULTMANN: A. a. O., 296. Gleichwohl dürfte es sich (gegen BULTMANN) nicht um ein isoliertes Traditionsstück handeln, sondern eher um einen Versuch des Markus, «zwischen den traditionellen Frauenlisten in 15,47 und 16,1 sekundär auszugleichen». L. SCHENKE: A. a. O., 101. Dafür spricht vor allem die Gegenüberstellung von Galiläa und Jerusalem in 15,41 sowie das Motiv von dem «Hinaufziehen nach Jerusalem» (vgl. Mk 10,32 f.; 8,27; 9,30.33; 10,52; 11,1). Im Unterschied zu den Jüngern mit ihrer Furcht (10,32) und ihrer Flucht (14,50) sind es *die Frauen*, die Jesus wirklich nachfolgen. Sie umrahmen die Passionsgeschichte: am Anfang in Gestalt der Frau, die Jesus salbte (14,3–9), und jetzt in Gestalt der Frauen unter dem Kreuz. – Im ganzen ergibt sich in historisch-kritischer Sicht, daß selbst die Szene der Kreuzigung in ihrer ursprünglichen Überlieferung alles andere als eine historische Darstellung der geschichtlichen Ereignisse bietet; vielmehr schildert sie den Tod Jesu Stelle für Stelle anhand entsprechender Psalmenworte als das Leiden des «Königs Israels», den Juden wie Heiden verspotten und töten, den aber die Christen als den verheißenen Messias erkennen. Als historisch darf lediglich die Tatsache der Kreuzigung selbst und (vermutlich!) die Tatsache der Kreuzesinschrift gelten. Von daher «ist 15,20b–47 kein *historischer* Bericht. Manche Erzählzüge (sc. so gut wie alle!, d. V.) ent-

Der *Hohe Priester Kaiphas*: er kennt alle Satzungen des Mosaischen Gesetzes, er bedient sich des gesamten Apparates staatlicher und religiöser Bestimmungen, und jede dieser Anweisungen könnte gut und nützlich sein; aber in seinem Herzen regiert die blanke Furcht vor politischen Verstrickungen mit den Römern; seine Angst nennt er Verantwortung, und so zwingt ihn die Angst der Verantworutng, im Namen des Rechtes Unrecht zu tun. «Es ist besser, daß ein einziger Mensch stirbt, als das ganze Volk.» (Joh 18,14) Die Angst vor der nationalen Katastrophe zwingt ihn zur Verdrehung des Gesetzes.

Der *Prokurator Pontius Pilatus*: er weiß im Grunde um die Unschuld Jesu, aber um ihn gefügig zu machen, genügt die bloße Drohung: «Du bist kein Freund des Kaisers mehr» (Joh 19,12), – und Pilatus läßt Jesus hinrichten. Er, der Mächtigste in Jerusalem, ist in seiner Angst am meisten von der Gunst des Volkes abhängig. Und so schließt sich der Kreis: Kaiphas fürchtet die Römer um seines Volkes willen, und Pilatus fürchtet dieses Volk um des Kaisers willen. Und jeden zwingt die Angst, das Gegenteil von dem zu tun, was er wirklich will.

Es gibt aus dieser Automatik unserer Angst anscheinend kein Entrinnen – sie

stammen durchaus nicht lebendiger Erinnerung, sondern theologischer Reflexion. Das gilt vor allem für alle Anklänge an die Leidenspsalmen (V. 23.24b.29a.36a). Bei diesen Zügen wird historische Rückfrage zwangsläufig ohne Ergebnis bleiben müssen.» L. SCHENKE: A. a. O., 110. Hinzu kommt die krasse antijüdische Tendenz, in der die Vorlage sekundär überarbeitet wurde; der Tod Jesu wird bald schon zu einer theologischen Waffe gegen das Judentum. Will man unter diesen Umständen die Passionsgeschichte Jesu so lesen, daß sie uns Heutigen etwas zu sagen hat, so muß man von der «historisch-kritischen» Aussageabsicht der Autoren und Redaktoren in gewissem Sinen gerade absehen und sich den *typischen, menschlich* allgemeingültigen, *gefühlsmäßig* zugänglichen Zügen der Erzählung zuwenden. Gerade weil Jesus das *typische* «Leiden des Gerechten» auf sich nimmt, gilt es herauszustellen, daß und inwieweit die Art seines Sterbens selbst als eine letzte und äußerste Form der Offenbarung Gottes über einer in sich heillos gewordenen und Unheil wirkenden Menschenwelt zu betrachten ist. Nicht die Schuld der «Juden» (oder der «Römer») – das, was wir *als Menschen* im Getto der Gottesferne sind, gilt es *im Verhalten* der Menschen von damals sichtbar zu machen. M. a. W.: es kommt in der Interpretation darauf an, das Paradox des gekreuzigten Messias nicht einfach als theologische Aussage zu rezitieren, sondern die *Notwendigkeit* des Leidens gerade auf Grund der *Menschlichkeit* Jesu inmitten dieser unmenschlichen Welt aus den (nicht historischen, wohl aber) *typischen* Szenarien der Passionsgeschichte verständlich zu machen, indem man die theologische Typologie mit den Mitteln der Tiefenpsychologie in ihren psychologischen Typen und Bildern einfühlbar werden läßt.

funktioniert in gleicher Unentrinnbarkeit im öffentlichen wie privaten Leben. Sind denn nicht alle Menschen so wie *Petrus*: bemüht, nach Kräften gut und treu zu sein (Mk 14,29.31), und dann am Ende doch voll Angst zu dem getrieben, was wir gerade *nicht* wollen und was uns hinterher am allermeisten leid tut (Mk 14,66–72)? Die endlose Tragödie des Bösen besteht zumeist nicht darin, daß wir von Hause aus das Böse, das wir uns und anderen zufügen, wirklich selber wollten; das eigentliche Verhängnis unserer Bosheit ergibt sich fast immer dadurch, daß wir aus lauter Angst unsere ursprüngliche Absicht nicht festhalten können und schließlich wie hypnotisiert dem Besten in uns untreu werden. Kein einziger in der Leidensgeschichte Jesu bei *Markus* tut das, was er wirklich will; jeder wird aus Angst dazu gedrängt, etwas zu tun, das er eigentlich um jeden Preis vermeiden möchte. *So* sind wir Menschen, wenn wir böse sind. Das Furchtbare an unserem Leben ist nicht so sehr, daß wir nicht guten Willens wären; vielmehr, daß wir in unserer Angst nicht gut sein *können* und sich sogar noch unser bestes Wollen, Denken und Erkennen in die falsche Richtung hin verbraucht, – *das* macht unser gesamtes Dasein so quälend bösartig und aggressiv.

Keiner von den maßgeblichen Gestalten der Leidensgeschichte will eigentlich, daß Jesus hingerichtet wird, – nicht einmal *Judas*, sein Verräter; jeder glaubt ganz im Gegenteil, gar keine andere Möglichkeit zu haben, und also hat er sie tatsächlich nicht, – so total und versklavend ist die Angst. – Wie selbstverständlich und gewissermaßen schon mit gutem Recht ertönt daher die völlig widersprüchliche, aber in sich ganz konsequente Forderung des Volkes, Jesus zu kreuzigen und den Barabbas freizugeben (Mk 15,6–15), einen Aufrüher und Bandenkämpfer. Gewalt *und* Unterdrückung, Chaos *und* Selbstentfremdung – dazwischen werden wir aus Angst ständig umhergetrieben, und immer scheinbar müssen wir beides gleichzeitig akzeptieren.

Dasselbe gilt für *Simon von Cyrene* (Mk 15,21)[14], den, vom Felde kommend,

[14] Die Gestalt des *Simon von Cyrene* (15,21) ist gewiß sekundär in die Passionsgeschichte eingeschoben worden, und zwar wohl von Kreisen, die ausdrücken wollten, «daß es der hellenistische Jude ‹Simon von Cyrene› war, der das Kreuz Jesu trug und dessen beide Söhne in hellenistischen Kreisen der Urgemeinde wohl eine bestimmte Rolle spielten». «Das bedeutet aber nicht, daß V.21 ursprünglich selbständig überliefert worden ist ... Wir haben es vielmehr mit einer sehr alten Notiz zu tun, die durchaus historischer Erinnerung entstammen kann.» L. Schenke: Der gekreuzigte Christus, 84; 91. Offenbar wollte die hellenistische Urgemeinde in Jerusalem mit der Gestalt des Simon auf ihre *eigene* Verbindung zu dem gekreuzigten Messias hinweisen. «Nachösterlich erscheint diese Tat des Simon (sc. Jesus das Kreuz tragen zu helfen, d. V.) als echter Jüngerdienst und wahre

man zwingt, Jesus das Kreuz tragen zu helfen. Was will ein Mann wie er *wirklich* in diesem Augenblick? Seine Frau, sein Sohn Rufus, vermutlich er selbst und seine ganze Familie scheinen später im Rom sich sehr aktiv für die Botschaft Jesu eingesetzt zu haben (Röm 16,13)[15]. Möglich, daß er beim Anblick dieses Mannes auf dem Weg zur Hinrichtung selber von Mitleid ergriffen war und man deshalb gerade auf ihn als möglichen Helfer verfiel; – aber in diesem Falle hätte man ihn zu etwas *zwingen* müssen, das er selber von sich her aus Angst nicht zu tun wagte. Das Umgekehrte ist wahrscheinlicher: daß man ihn mit Gewalt zu etwas zwingen mußte, das ihm damals noch

Nachfolge. Ein kritischer Unterton gegen die Jünger, von denen eine Anwesenheit beim Kreuzgang Jesu nicht berichtet werden konnte, mag in V. 21 mitschwingen.» (A. a. O., 92) – So liest sich die Stelle in historisch-kritischer Sicht, aber so gelesen ist sie absolut nichtssagend für den heutigen Leser, den die Rivalitäten in der Jerusalemer Urgemeinde durchaus nicht berühren und der sich darüber hinaus fragen wird, was aus dem «Kreuztragen» eigentlich wird, wenn es sich auf der Stelle in ein theologisches Argument zur Durchsetzung partikularer Gruppeninteressen verwandelt. Es ist das ständige Problem der historisch-kritischen Methode, daß sie nicht nur Stelle für Stelle die Historizität der biblischen Berichte in Frage stellen *muß*, sondern auch als Motive der Komposition, der Tradition und der sekundären Interpretation (Redaktion) immer wieder auf die am wenigsten christlichen Antriebe stoßen wird. Vor allem aber geht ihre Fragestellung, was man mit den Texten hat sagen wollen, immer wieder an dem eigentlichen Inhalt der Texte selbst vorbei: erzählt wird eben nicht von hellenistischen Gruppierungen der Jerusalemer Urgemeinde, sondern von einem Mann, der *gezwungenermaßen* einem zum Tode Verurteilten auf seinem Kreuzweg beisteht – und offenbar dann fortgegangen ist, denn weiter wird von ihm nichts mehr berichtet. *Dies* aber ist etwas, das uns als Menschen zutiefst betrifft: daß wir selbst das Beste in unserem Leben nur wie von außen befohlen tun und daß wir selbst mit unseren Hilfestellungen immer wieder nur ein in sich inhumanes System funktionsfähig halten! Man darf die Passionsgeschichte Jesu in ihren handelnden Personen gerade nicht «nachösterlich» lesen, man gelangt vielmehr nach «Ostern» nur, wenn man die ganze Spannung menschlich «mitträgt», die in die apokalyptische Dunkelheit des Karfreitags (Mk 15,33) hineinführt.

[15] Die Erwähnung der Namen der Simon-Söhne: Alexander und Rufus, zeigt nicht nur, daß es sich bei ihnen um hellenistische Diasporajuden handelte, sondern auch, daß die Familie des Simon später in der hellenistischen Gemeinde eine gewisse Rolle spielte. Aber auch hier sollte man, buchstäblich um Jesu willen, nicht «historisch-kritisch» fragen. Die Frage im Munde aller «Söhne», aller Glaubenden aus zweiter Hand, lautet: Wem kann ich glauben, daß der gekreuzigte Jesus der Heiland der Welt ist? Eine glaubwürdige Antwort wird stets nur geben können, wer durch sein Leben wenigstens etwas dazu bei-«getragen» hat, das Leid des Menschen(sohnes) ein wenig zu erleichtern, und wer gerade auf diesem Wege ein Stück von der Wahrheit Jesu kennengelernt hat.

sehr ferne lag. In jedem Falle bleibt sein Tun ein Werk der Angst, und immer ist es äußerst zwiespältig, jemanden auf die Weise des *Simon von Cyrene* an sein Grab zu begleiten. Wieviele Seelsorger z. B. mußten schon Menschen, die ganz sicher unschuldig waren, zum Galgen, zum Schafott, zum Holzstoß, zum Erschießungsplatz, bis zur Gaskammer begleiten, und vermochten kein einziges glaubwürdiges Wort zu sagen, weil ihre Stimme ein einziger Schrei des Protestes hätte sein müssen, den *sie* nicht auszustoßen wagten aus Angst um ihr eigenes Leben[16]! Immer wieder glauben wir, lügen zu müssen und mitmachen zu müssen, im Wahn, anderen sogar hilfreich und dienstbereit zu sein, wenn wir schon «müssen». Doch müssen wir wirklich?

Es gibt eine andere Möglichkeit; Jesus hat sie ergriffen; es ist die einzige, die gegen die Menschenangst aufkommen kann; allerdings besteht sie in einem radikalen Bruch mit unserer gesamten Reaktions- und Verhaltensweise, auf Angst mit Flucht oder Angriff zu antworten. Auch Jesus kennt, wie wir alle, die Angst vor dem Tod und die Angst vor der Folter; aber er läßt sich von diesen Ängsten nicht bestimmen. Das ist das Allerwichtigste: daß Jesus in das allgemeine Zwangsgesetz der Angst nicht eintaucht. Er kennt eine andere Grundlage seines Lebens, die ihn außerhalb der Menschenfurcht stellt und es ihm erlaubt, allein danach zu fragen, was vor Gott gilt und was im letzten richtig ist (Mk 4,21–22). Was irgend Menschen sonst, gegen ihr besseres Wollen, ins Böse versklavt, erweist sich als ohnmächtig in der Sichtweise Jesu. Die Allmacht der Angst hat ein Ende, wenn man über dem menschlichen Tun Gott nicht aus den Augen verliert. Es ist möglich, bei dem zu bleiben, was man wirklich will, wenn man in Gott seine Angst überwindet. Der Zwang zum Bösen, das ist die Erfahrung Jesu, besteht nicht, wenn man,

[16] Es war und ist (oder müßte doch sein!) das Problem so vieler Feldgeistlicher (der heutigen Wehrmachtspfarrer!). Erschütternd hat der französische Jurist und Filmregisseur A. Cayatte: Nous sommes tous des assassins (dt.: Wir sind alle Mörder), 1962 in seinem leidenschaftlichen Filmplädoyer gegen die (immer noch in Frankreich bestehende) Todesstrafe einen Geistlichen gezeigt, der einen zum Tode Verurteilten in den Tod begleiten soll; die ritualisierten Gebete und Gesten des Geistlichen geraten zur Groteske durch den verzweifelten Hilfeschrei eines Menschen, der leben will und den Menschen immer noch, 2000 Jahre nach dem Tode Jesu, im Namen ihrer «Gesetze» zum Tode verurteilt haben. Vgl. auch A. Camus: Der Fremde, 145–153, der den Auftritt eines Gefängnisgeistlichen schildert, der den zum Tode Verurteilten mit seinen Versuchen, von Gott zu reden, nur stört und ärgert: «Er wollte wieder von Gott sprechen, aber ich ging auf ihn zu und versuchte, ihm ein letztes Mal klarzumachen, daß ich nur noch wenig Zeit hätte. Die wollte ich nicht mit Gott vertrödeln.»

statt auf die Menschen, auf Gott schaut und keinen anderen Grund gelten läßt als das, was vor Gott wahr und richtig ist.
All die großen Worte, welche die unfreiwillige Bosheit der Angst normalerweise legitimieren sollen, entbehren vor Gott jedes Sinns. «Die historische Notwendigkeit», hätte *Kaiphas* gesagt; «die politische Vernunft der Machterhaltung», hätte *Pilatus* gesagt; «mein bloßes Überleben», hätte *Petrus* gesagt; «das Gesetz», sagen die *Sadduzäer*; «die Religion», sagen die *Pharisäer*; «die Moral», sagen die *Wohlanständigen*, «der Gehorsam», sagen die *Soldaten*; und jeder weiß damals wie heute: all diese Worte kaschieren nur die eigene Angst; sie wollen nur das schlechthin Böse, das Unanständige und Widerliche als legitim, als pflichtgemäß, als gottgewollt, ja, am Ende sogar als das einzig Richtige und Notwendige hinstellen; sie liefern die ewig einfallslose, die überall gleichlautende, die immer verlogene Rechtfertigung jedweder Bosheit; sie bilden die ewige Ausrede gegen die Macht des Schuldgefühls, gegen das widerliche Gefühl, sich für die nackte Armseligkeit seiner Angst im Grunde schäbig fühlen zu müssen.
Das ganze Ritual der Hinrichtung Jesu strotzt nur so von der genauen Einhaltung der Zuständigkeiten und der Kompetenzen, von der Befolgung des diplomatischen Protokolls, von der Rücksicht auf die Spielregeln des Gesetzes, doch gerade deshalb enthüllt es nur um so deutlicher den jämmerlichen Versuch, das eigene Gewissen zu beruhigen und, wie Pilatus, schließlich sich noch «die Hände in Unschuld zu waschen» (Mt 27,24)[17]. All die wohltönenden Worte sollen nur die eigene Feigheit in eine reine Heldentat, die eigene Niedrigkeit in verdienstvolle Größe ummünzen; und doch könnte ein jeder der Akteure sehr wohl wissen, was er sich da vormacht und wie er mit derartigen Phrasen aus lauter Angst die Flucht nach vorn antritt und verzweifelt versucht, über das Gefühl der Schuld hinweg zur Tagesordnung überzugehen.

[17] Nach Dtn 21,6f. sollen die Ältesten einer Stadt, in deren Nähe jemand erschlagen worden ist, sich über einer getöteten Kuh die Hände waschen und sprechen: «Unsere Hände haben dieses Blut nicht vergossen, und unsere Augen haben nichts gesehen.» Vgl. Ps 26,6; 73,13. Die Geste war auch bei den Griechen üblich und wäre an sich historisch denkbar; doch daß Pilatus selbst «seine unrechtmäßige Entscheidung und die Ohnmacht Roms gegenüber dem Drängen des unterworfenen Volkes öffentlich demonstriert hätte», ist unvorstellbar. E. Schweizer: Das Evangelium nach Matthäus, 333. Auch hier handelt es sich wieder um «typische», legendäre Züge, die es entsprechend *psychologisch* zu interpretieren gilt.

Jesus allein setzt an die Stelle der Angst das Vertrauen, an die Stelle des bloß aus Angst gewalttätigen und innerlich vollkommen widersprüchlichen Reagierens die Haltung freier Hingabe, an die Stelle des Selbstbetrugs die Möglichkeit, in der Wahrheit zu bleiben. Er beweist damit, daß wir Menschen auch anders sein können, als es die Angst uns vorschreibt. Aber eben: indem er uns durch seine ganze Art, durch alles, was er tut und sagt, auf diese andere eigentliche Möglichkeit unseres Lebens verweist, spricht er uns im Grunde *schuldig für unsere Angst*[18], stellt er uns indirekt bloß, und dafür müssen wir ihn hassen, dafür müssen wir ihn als störend und unerträglich empfinden, dafür müssen wir uns an ihm rächen und uns seiner entledigen. Eben weil er den Kreislauf unserer Angst durchbricht, ruft er unsere Angst auf den Plan; eben weil er den Kreislauf der Gewalt verläßt, lenkt er unsere Gewalttätigkeit auf sich; eben weil er sich jenseits unserer Todespraxis zum Leben, zu Gott bekennt, zieht er unausweichlich den Tod auf sich. Er wehrt sich nicht, und wehrlos tritt die Soldateska ihn mit ihrem Spott und Hohn unter die Füße (Mk 15,16–20.24). Ja, es legen auch die Hohenpriester und die Schriftgelehrten besonderen Wert darauf, ihn als den «König» der Juden der Lächerlichkeit preiszugeben (Mk 15,31–32), indem sie ein letztes Mal die Äußerlichkeit ihres gesamten Gottesverhältnisses unter Beweis stellen: würde ihnen ein sichtbares Spektakel geboten, so vermöchten sie an die Macht Gottes in der Gestalt Jesu zu glauben; daß Gott indessen gerade stark

[18] Vgl. E. Drewermann: Strukturen des Bösen, III 540–562. Es ist gerade nicht wahr, wie manche «Rezensenten» nicht müde werden zu unterstellen, daß die tiefenpsychologische Schriftauslegung und Daseinsdeutung die «Schuld» des Menschen auflöse; im Gegenteil! In Verbindung mit der *Existentialen Analytik* gibt sie dem Menschen allererst seine Verantwortung für die Unentrinnbarkeit der Psychodynamik der Angst in einem Leben der Gottesferne wieder zurück. Recht hat M. Bulgakow: Der Meister und Margarita, Kap. 25, S. 293–325, wenn er das ganze Drama der Verurteilung und Hinrichtung Jesu als den symbolischen Hintergrund der schizophrenen Pathologie des gegenwärtigen Bewußtseins insgesamt versteht und als die Summe der menschlichen Tragödie Jesus am Kreuz als einzigen Satz sagen läßt, «die Feigheit sei eine der Hauptsünden» (300). In der Nacht nach der Aburteilung Jesu wird Pilatus von Alpträumen heimgesucht. «Die heutige Hinrichtung war natürlich ein reines Mißverständnis, denn der Philosoph, der auf die unwahrscheinlich absurde Idee gekommen war, daß alle Menschen gut seien, ging ja hier neben ihm, folglich lebte er ... Nein, die Hinrichtung hatte nicht stattgefunden ... Freie Zeit hatten sie, soviel sie wollten, und ein Gewitter stand erst gegen Abend zu erwarten, und die Feigheit war ohne Zweifel eine der schrecklichsten Sünden. So sagte Jeschua han-Nasri. Nein Philosoph, ich widerspreche dir: Es ist die schrecklichste Sünde!» (313–314)

ist in der Freiheit eines *inneren* Gehorsams, dafür fehlt ihnen jedes Verständnis; und so äußerlich sie sich an die Befolgung geschriebener Gesetze halten, so äußerlich verlangen sie wieder und wieder und jetzt um so mehr, daß Gott sich durch äußere Zeichen, durch willkürliche Umgehung und Aufhebung der Naturgesetze beglaubige (Mk 8,11). Die Wahrheit des Religiösen müßte sich gerade umgekehrt erweisen: indem man den Gang der äußeren Natur in ihren Gesetzen und Grenzen akzeptiert, die Weisungen und Gebote des menschlichen Verhaltens aber ihrem inneren Sinn nach zu leben versucht[19]. Von daher möchte man einen Moment lang wirklich denken, man müsse unbedingt den Soldaten in den Arm fallen, man müsse das Urteil des Kaiphas revidieren, man müsse, wie Petrus, mit dem Schwert dreinfahren, um das Entsetzliche im letzten Augenblick trotz allem abzuwenden. Schon um unserer selbst willen möchte man so denken. Denn was kann schlimmer sein, als mitansehen zu müssen, wie ein Mensch sinnlos, grausam und ungerecht, nur aus Feigheit, Angst und Schwäche unter die Räder unserer Intrigen und Gemeinheiten gerät! «Es sahen aber auch Frauen von ferne zu, unter ihnen Maria aus Magdala und Maria, die Mutter des Jakobus und des Joses, sowie Salome und viele andere» (Mk 15,40–41)[20]. Man muß sich vorstellen, was es bedeutet, den Menschen, den man über alles liebt, völlig zu Unrecht umgebracht zu sehen, wie man dabeistehen muß und genau weiß: hier geschieht ein furchtbares Verbrechen, – und man kann nichts, überhaupt nichts tun, um es zu verhindern! Der einzige, für den man lebte, ja, durch den man überhaupt zum Leben kam, wird durch ein ungeheuerliches Unrechtsurteil erbarmungslos fertiggemacht, – und man kann nichts tun! Ein solcher An-

[19] Vgl. zu Mk 8,11–21 (der Zeichenforderung der Pharisäer) E. DREWERMANN: Das Markus-Evangelium, I 507–519.

[20] Zu den Namenlisten der Frauen s. o. Anm. 13. Vgl. auch R. PESCH: Das Markusevangelium, II 503–509, der bes. die Rolle *Magdalenas* hervorhebt, «deren Rang in ihrer überwiegenden Erstplazierung und durchgängigen Nennung in den Frauenlisten ... gespiegelt ist ... Ihre frühere Krankheit (Lk 8,2 ...) könnte verständlich machen, daß sie unverheiratet war und deshalb im Unterschied zu den übrigen Frauen durch die Herkunftsbezeichnung identifiziert wird.» (505–506) Die entscheidende Frage stellt sich freilich psychologisch, nicht historisch: Wer *ist* Jesus von Nazareth, wenn seine Gestalt und Botschaft gerade auf *Frauen* eine solche Faszination ausübt, während sie die Männer in tödliche Rechthaberei und ängstliche Flucht treibt? Und von welcher Art müßte *eine Kirche* sein, die vorgibt, sich auf den Mann Jesus zu gründen? Zu dem Patriarchalismus der Kirche mit ihrer strukturellen Friedensunfähigkeit und Gewalttätigkeit vgl. E. DREWERMANN: Der Krieg und das Christentum, 232–254.

blick zerreißt einem das Herz, und es ist, wie wenn man selber mitvernichtet würde. Und dennoch kann man in diesem Falle nichts tun, ja, *darf* man nicht einmal etwas tun. Es muß wohl tatsächlich einmal im Leben der gesamten Menschheit, einmal im Leben eines *jeden* Menschen die Stelle kommen, an der ganz deutlich wird, wie wir uns mit unserer Angst selbst umbringen. An diese Grenze *müssen* wir von Gott her offenbar gelangen, damit wir endlich begreifen, daß es kein Unglück gibt, das wir *mehr* fürchten müßten als eben diese Aussichtslosigkeit all unserer Lebenslügen aus purer Angst. Wenn selbst jemand wie Jesus unter uns nicht leben konnte, wer von uns könnte dann noch existieren? Wenn sein Tod als die einzig logische, als die ganz normale Konsequenz unseres vermeintlich ganz normalen Alltagslebens erscheint, muß man dann nicht wirklich ein für allemal mit der gesamten angstvollen Perversion unseres Lebens Schluß machen?

Bis zu diesem Ende der Sackgasse mußte Jesus uns offensichtlich führen; bis dahin wollte er uns begleiten. «Er gab sein Leben hin, aus Liebe zu uns Sündern», heißt es im kirchlichen Sprachgebrauch[21]. Anscheinend wußte Jesus wirklich keinen anderen Weg mehr, als uns *durch seinen Tod* zu zeigen, wie völlig sinnlos, ja, wie vollkommen mörderisch uns diese Angst beherrscht, die uns immer wieder, immer wieder ins Böse treibt[22]. Wäre es im Grunde nicht viel leichter, uns der Angst zu stellen, viel leichter jedenfalls, als all die Verdrehungen unseres ganzen Lebens noch länger hinzunehmen? Nackt dazustehen, angespuckt zu werden, wie ein Hund geschlagen und ausgepeitscht zu werden, als eine lächerliche Spottfigur vor aller Augen vorgeführt zu werden – all das ist schlimm; doch ist es wirklich schlimmer, als aus Angst davor sein Leben lang sich selber zu besudeln, sich selber zu verhöhnen und sich selber zu verstümmeln (Mk 15,16–20)? Daß einem jedes Wort im Munde umgedreht wird (Mk 15,29) und daß man so tut, als wenn alles, was je gesprochen und getan wurde, vollkommen sinnlos und gleichgültig wäre (Mk 15,31), daß man gerade für die Wahrheit, die man sagen und vertreten mochte, nur Ablehnung und zynische Verachtung erntet (Mk 15,32), – all das ist furchtbar; aber ist es wirklich furchtbarer, als in den völligen Zynismus der willenlosen Speichelleckerei des vormanipulierten

[21] Zur Problematik und zum Wert solcher Sprechweise vgl. B. J. Hilberath – Th. Schneider: Opfer, in: P. Eicher (Hrsg.): Neues Handbuch theologischer Grundbegriffe, III 287–298, bes. S. 293–295.

[22] Vgl. E. Drewermann: Das Markus-Evangelium, I 45–80.

Massenurteils abzugleiten und aus Angst vor der Menge Gott und sich selber zu verraten[23]?

Ja, dieser Kelch des Leidens Jesu ließ sich *nicht* vermeiden (Mk 14,35). Es durfte dieses eine Mal vor Gott kein Pardon geben, und zwar gerade in bezug auf diesen einen einzigen Unschuldigen nicht. Es mußte in der ganzen Kraßheit einmal deutlich werden, wie wir uns selbst durch unsere Angst zugrunderichten, und daß sich diese Angst vor Gott nicht lohnt. Gott *hier* um einen Ausweg anzuflehen, das hieße nur, die Angst noch einmal in den Himmel zu erheben[24]. Einmal muß diese grausame Angst vor allem, was uns Menschen zur Unmenschlichkeit verführt, in all ihren Facetten durchgestanden werden. Einzig deshalb bedeutet der Tod Jesu gerade nicht, daß wir endgültig in Verzweiflung verfallen müßten; sein Tod verleiht uns, recht verstanden, in der Tat die entscheidende Kraft gegen unsere Angst und gegen unsere Ohnmacht, mit der wir immer von neuem ins Böse taumeln.

So kommt es bereits schon einem ersten Wunder gleich, daß Frauen wie Maria Magdalena, Salome und Maria, die Mutter des Jakobus und des Joses, im Angesicht des Todes Jesu nicht verzweifeln. In anderen Zusammenhängen kennen wir die Sage der Antike, wie *Niobe*[25] versteinerte vor Leid, als ihr der Gott *Apoll* den ganzen Reichtum ihres Lebens, ihre sieben Kinder, tötete. Diese Frauen unter dem Kreuz erleiden *nicht* das Schicksal Niobes. Eher

[23] Der *Mangel an Individualität* erscheint in der Gefangenschaft der Angst stets als das Grundübel im Kern alles Bösen. Es ist ein schlimmer theologischer Übelstand, daß in der kirchlichen Sprechweise immer noch so getan wird, als sei gerade das Selbst-sein-Wollen der Inbegriff der Sünde. Der entscheidende Punkt, um den es geht, wurde schon vor 100 Jahren von H. Ibsen: Peer Gynt, in: Dramen, I 419–564, 2. Akt, S. 456 mit der Frage erörtert: «Wodurch unterscheiden sich Mensch und Troll?» Antwort: «Draußen im Sonnenstrahl ruft man sich zu / Als heimlichste Weisheit: ‹Mensch, sei du!› / Hier aber unter uns Trollen heißt klug / Geredet: ‹Troll, sei du – dir genug!›» Man muß schon die Logik der «Trolls» auf das Leben loslassen, um den Wagemut der Selbstfindung (das ganze Drama *Peer Gynts!*) mit der Selbstgenügsamkeit des Spießers zu verwechseln!

[24] Zu dem *exemplarischen* Durchleiden der Angst s. o. zu Mk 14,26–42: Die begnadete Angst; S. 482 f.

[25] Zur Gestalt der *Niobe* vgl. K. Kerényi: Apollon und Niobe, 264–278: «Als Mondgöttin, bei welcher der düstere Aspekt vorwog, gehört Niobe nach Kleinasien, wo sich die Spuren ihres Kultes erhielten und wo auch ihr Name seine sprachlichen Parallelen hat. Die Griechen aber erkannten in ihr die Ur-Menschenmutter, einen Aspekt des Weiblichen im Menschen: jenes Weibliche, das die Leiden auf der Erde als die Leiden einer Mutter, doch nicht als Geburtswehen, sondern als Seelenleiden trägt.» Vgl. Homer: Ilias, XXIV 605–612, übers. v. *W. Schadewaldt*, S. 418.

schon gleicht die Gestalt der Magdalena unterm Kreuz der trauernden und klagenden Erd-Muttergottheit der *Sumerer*[26], der *Syrer*[27], der *Ägypter*[28], die um ihren einzigen Sohn oder Gatten fassungslos weint, der als das Korn des Feldes in den Frühlingstagen auf das Land geworfen und ins Erdreich eingesenkt wird, um später dann, im Herbst, unter den Erntesicheln der erbarmungslosen Schnitter abgemäht zu werden[29]. Es ist ein wehmütiges Sterben, und doch, so weiß man, dient dies Sterben einem neuen größeren und fruchtbareren Leben.

Dies ist die Stunde, in der die Angst scheinbar allmächtig ist, in der allein die Unmenschlichkeit siegreich scheint; und doch ist es zugleich die Stunde, die uns zeigt, daß wir so wie bisher nicht länger weiterleben können. Gerade indem Jesus getötet wird, legt er das eindringlichste Zeugnis dafür ab, daß wir in der gewohnten Weise nicht mehr weitermachen können, beweist er geradezu die Wahrheit und die Unzerstörbarkeit all dessen, was er sagte und getan hat. Gerade weil er unter uns, so wie wir sind, notwendig sterben *mußte*, sind wir förmlich gezwungen, ihm im ganzen recht zu geben. Gerade der *tote* Jesus ist *nicht* tot; gerade in seinem Tod beginnt er vielmehr überhaupt erst eigentlich zu leben.

Vermutlich hat Jesus selbst von seinem Leiden, seinem Tode so gedacht. Wenn man in der Dogmatik sagt, er sei «für uns»[30] «aus Liebe» in den Tod gegangen, so doch gewiß in jenem tieferen und wesentlichen Sinne, daß er nie aufgehört hat, uns Menschen weit mehr zuzutrauen, als daß wir immer weiter damit fortführen, in unserer Angst uns gegenseitig zu zerstören; und daß

[26] Zu der sumerischen Muttergöttin *Inanna* (der akkadischen *Ischtar*), die in die Unterwelt geht, um den Geliebten *Dumuzi (Tammuz)* zu erlösen, vgl. D. O. Edzard: Die Mythologie der Sumerer und Akkader, in: H. W. Haussig (Hrsg.): Wörterbuch der Mythologie, I 17–140, S. 81–89, bes. S. 87–89.

[27] Zur Gestalt des babylonischen und syrischen *Tammuz* vgl. W. W. Baudissin: Adonis und Esmun, 94–111; vgl. bes. H. Gese: Die Religionen Altsyriens, in: H. Gese – M. Höfner – K. Rudolph: Die Religionen Altsyriens, Altarabiens und der Mandäer, 3–232, S. 149–165, bes. 156–160 zu der Göttin *Anat.*

[28] Zu der Gestalt der ägyptischen *Isis* und ihrer Trauer um den ermordeten Gatten und Bruder (Geliebten) Osiris vgl. G. Roeder: Urkunden zur Religion des Alten Ägypten, 15–45.

[29] Vgl. J. G. Frazer: Der goldene Zweig, 472–506 zum Kult des *Adonis.*

[30] Zu der Formel *«für uns»* vgl. F. Hahn: Christologische Hoheitstitel, 55–57, 60–61; 62–66, der bes. den Anschluß an Jes 53 für den Gedanken stellvertretender Sühne zur Deutung des Todes Jesu hervorhebt.

er niemals, selbst angesichts der härtesten Anfeindung nicht, vergessen hat, wie tief all seine Ankläger, Verleumder, Henker und Richter von Angst und Hilflosigkeit hin- und hergerissen werden. Niemals wird Jesus davon abgelassen haben, auf die unaustilgbare Wahrheit Gottes in der Seele eines jeden Menschen bedingungslos zu hoffen: wenigstens angesichts des Äußersten würden wir Menschen – das war seine feste Zuversicht – imstande sein, uns die Unhaltbarkeit unserer angstvollen Lebenslügen einzugestehen und frei zu werden für das, was ohne die Verzerrungen der Angst an Wahrheit und an innerem Einklang zutiefst in uns enthalten ist. Wenigstens kraft seines Todes würden einzelne von uns die Fähigkeit erlangen, die eigene Angst aufzugeben und sich zur Wahrheit zu bekennen.

Und jedes Wort aus Jesu Mund und jedes Wunder seiner Hände würde dann beweisen, woraus wir Menschen wirklich leben können. Eben deshalb gefriert der Schmerz der Frauen, erstarrt die Traurigkeit *Maria Magdalenas* unterm Kreuz nicht zur *Niobe*versteinerung. Am Abend dieses grauenhaften Tages ist deutlicher denn je, wem unser Herz gehört und was es eigentlich auf dieser Welt zu lieben gilt. Für uns kann Jesus nicht gestorben sein, wenn wir in Zukunft selber leben wollen. Vielmehr ist deutlich, daß wir selber nur in ihm das Leben haben. Er, der für uns gestorben ist, kann für uns nicht «gestorben» sein. Er, der für uns gerade in seinem Tod zum Leben wurde, muß in uns selber, *für uns*, weiterleben. Zwar hüllt man ihn in einem letzten Akt der Trauer in das Leichentuch; zwar öffnet sich für ihn das Grab; aber es herrscht doch, wie in jeder tiefen Liebe, so hier besonders eine Ahnung und Gewißheit, daß er vor Gott und um uns Menschen willen nicht tot sein kann. Unseren Menschenhänden, die ihn töteten, ist nicht die Macht gegeben, von uns selbst her das Geschehene je wiedergutzumachen; unseren Menschenhänden verbleibt allein das traurige Werk des Abschieds und der Pietät – eine verspätete Fürsorglichkeit, die menschlich Jesus schon nicht mehr erreicht. Und doch bleibt gerade mitten in der Trauer das leidenschaftliche Gefühl bestehen: er, der von Gott her sterben mußte, er hätte eigentlich nie sterben dürfen; er wird vor Gott nie tot sein können. Wenn wir fortan nur leben können, weil er für uns gestorben ist, wenn wir durch seinen Tod das Grab tödlicher Angst zu Gott hin endgültig verlassen können, wird dann nicht er erst recht in Gott vom Grabe auferstehn? Wenn er für uns zum Leben wurde, kann er dann für sich selber tot und abgestorben sein? Und sollten wir dazu verurteilt bleiben, in der Erkenntnis unserer Schuld ewig in Reue an der Last unserer eigentlich schon überwundenen Vergangenheit zu haften? Von diesem Tage an vermögen wir endlich zum Leben zu gelangen, vorausgesetzt, daß wir nicht unter dem Gewicht der Traurigkeit und Schuld zerbrechen.

So mischt sich in die Klagen des Karfreitags eine Bitte, an der alles hängt: «Jetzt, wo wir endlich wissen, wie wir leben könnten, Herr, laß dieses Opfer unserer Angst, laß deinen Sohn, nicht endgültig zerstört zurück. Tu uns, damit wir leben können, noch ein Letztes und mache wieder gut, was wir von uns her nicht mehr korrigieren können: erwecke den, der in uns fortan ewig leben wird, selber zum ewigen Leben. Denn es ist wahr, was der Prophet Jesaja sagte: ‹Durch seine Wunden sind wir geheilt!› (Jes 53,5) Nimm, Herr, von uns die Schuld und laß ihn, unser Leben, selber zum Leben auferstehn. Jetzt, da wir ihn getötet haben, wissen wir, was wahres Leben ist; und gegen alle Angst und gegen alle Selbstvorwürfe, Herr, damit wir wirklich leben können, erwecke *ihn* zum Leben und laß ihn bei uns sein für immer, alle Tage, bis an das Ende unseres Lebens, bis an das Ende aller Welt.»

Das *Markus*-Evangelium hat die Darstellung des Leidens und des Sterbens Jesu in sich bereits geschildert wie ein sich erfüllendes Gebet. Es sind der *Psalm 22*[31] und der *Psalm 69*, die *Markus* in der Passionsgeschichte vor allem erfüllt sieht. Diese beiden Karfreitagsgebete muß man für sich selber durchmeditieren, um die Haltung Jesu zu verstehen, mit der er in den Tod ging, und jenen Glauben für sich selber einzuüben, mit dem er alle Angst auf Gott hin überwand.

[31] Eine vortreffliche tiefenpsychologische Interpretation von Ps 22 hat E. FROMM: Ihr werdet sein wie Gott. Eine radikale Interpretation des Alten Testaments und seiner Tradition, in: Gesamtausgabe VI 83–226, S. 213–217; 223–226 vorgelegt, der zu Recht betont, daß Jesus in Mk 15,34 gerade nicht als ein Verzweifelter stirbt, sondern als jemand, der diesen Psalm der «Errettung» (215) auf den Lippen trägt, als er stirbt. Natürlich ist das Gebet Jesu am Kreuz eine «Legende», aber auch die Erzählform der Legende besitzt ihre *typische* Wahrheit. «So berichtet zum Beispiel der Talmud von Rabbi Akiba, er habe gelächelt, während man ihn folterte, und als der römische General ihn fragte, weshalb er lächelte, habe er geantwortet: ‹Ich habe mein ganzes Leben lang gebetet: Du sollst den Herrn, deinen Gott von ganzem Herzen, mit deiner ganzen Seele (was *Leben* bedeutet) und mit all deiner ganzen Kraft lieben. Ich konnte ihn bis zu diesem Augenblick nie ‹mit meinem ganzen Leben› lieben. Deshalb bin ich glücklich.» (S. 223) Vgl. R. MAYER: Der babylonische Talmud, 384–385 (*Brachot* 61b).

Psalm 22,2–32 (in eigener Übersetzung)

Mein Gott, mein Gott,
warum hast du mich verlassen (Mk 15,34),
fern meinem Bitten um Hilfe,
fern dem Ruf meines Flehns?
Mein Gott,
ruf ich am Tage, gibst du keine Antwort,
des Nachts – keine Beruhigung mir.
Du selbst –
ganz heilig, du,
thronend auf den Gebeten Israels.
Von altersher fand man Geborgenheit in dir,
man fand Geborgenheit,
du rettetest.
Zu dir konnte man rufen,
und fühlte sich befreit,
in dir fand man Geborgenheit,
man fiel der Schande nicht anheim.
Aber ich,
ein Wurm,
kein Mensch,
der Spott für jedermann,
rundweg verachtet.
Wer immer mich sieht, muß mich verspotten,
verzieht den Mund,
schüttelt den Kopf (Mk 15,29).
(Sie höhnen:) «Wälz es doch auf den Herrn,
mag der ihn retten, ihn entreißen,
er hatte ja an ihm Gefallen.»

Und doch bist du es, der mich ins Dasein rief,
warst du die Urgeborgenheit
schon in den Armen meiner Mutter.
Auf dich hin bin ich ausgestoßen worden aus dem Mutterschoß,
von Anfang an bist mein Gott du.
So bleibe mir nicht fern, während die Angst sich naht,
es gibt niemanden sonst, der hilft.
Zahlreiche Stiere haben mich eingekreist,

die starken Basansstiere eingekeilt.
Sie öffnen drohend über mich den Rachen,
wie wenn ein Löwe schlingen will und brüllt.
Wie Wasser bin ich ausgeschüttet,
ganz und gar aufgelöst im Innern,
mein Herz ist geworden wie Wachs,
zerschmolzen drinnen, im Kern selbst.
Trocken wie ein Stück Ton – mein Hals,
die Zunge festgeklebt am Gaumen,
in Todesstaub hast du mich hingestreckt.
Wie Hunde haben sie mich eingekreist,
die ganze skrupellose Rotte hält mich eingeschlossen.
Gefesselt haben sie
meine Hände,
meine Füße.
Völlig zerschlagen fühle ich mich,
sie schauen mich an, sie betrachten mich,
sie teilen meine Kleider unter sich,
sie werfen über mein Gewand das Los (Mk 15,24).

Doch du, Herr, bleib nicht fern,
du, meine Stärke,
eile mir zu helfen.
Entreiß mein Leben dem drohenden Schwert,
das Kleinod (meines Daseins) den Pfoten der Hunde.
Bewahre mich vor dem Rachen der Löwen,
fort von den Hörnern der Büffel. –
Du *hast mir* Antwort gegeben. –
Jetzt möcht ich meinen Brüdern sagen,
wer du wirklich bist,
inmitten der Gemeinde
möchte ich dich preisen.
Die ihr den Herrn verehrt,
preist ihn,
alle vom Haus Jakob
gebt ihm Ehrfurcht,
alle vom Haus Israel.
Er hat nicht übersehen, nicht verachtet,
das Elend des Elenden,

sein Antlitz nicht vor ihm verborgen.
Als er um Hilfe flehte,
hat er ihn erhört.
Von dir her kommt mein Lobpreis in der Menge der Gemeinde.
Was ich versprochen, will ich halten
unter den Augen derer, die ihn fürchten.
Die Armen werden satt zu essen haben,
preisen dürfen den Herrn,
die wirklich nach ihm suchen.
Aufleben soll euer Herz für immer.
Selbst an den Randzonen der Erde
wird man von neuem die Gedanken hinlenken auf den Herrn.
Vor deinem Antlitz werden alle Völkerstämme niederfallen.
Denn der Herr hat allein die entscheidende Macht,
er ist es, der die Völker regiert.
Ihn allein beten selbst die an,
die bereits in der Erde ruhen;
vor seinem Antlitz beugen ihr Knie
alle, die bereits in den Staub gestiegen sind.
Drum: meine Seele gehört ihm allein.
All meine Nachkommen werden ihm dienen;
vom Herrn erzählen wird man kommenden Geschlechtern;
von seiner Art zu handeln
wird man späteren Geschlechtern Kunde geben:
(denn sagen wird man:) «So hat er's gemacht.»

Psalm 69,2–37 (in eigener Übersetzung)

Rette mich, Herr,
denn die Wasser stehen mir bis zum Hals.
Versunken bin ich in Schlamm und Morast,
und es gibt keinen Halt;
ich bin so tief ins Wasser geraten
– gleich droht die Strömung mich fortzuspülen.
Ich habe mich müde gerufen, meine Stimme ist heiser,
meine Augen sind stumpf vom Warten auf dich,
meinen Gott.
So viele hassen mich ohne Grund –

mehr als die Haare auf meinem Haupt;
stark sind, die mich vernichten wollen,
meine Feinde, voll Intrigen.
So soll ich zurückgeben, was ich nie genommen!
Ach Herr, du weißt um meine Torheit,
meine Vergehen – vor dir sind sie nicht verborgen.
Laß doch nicht meinetwegen die Menschen unglaubhaft werden,
die auf dich hoffen, mein Herr, du König der Scharen;
laß doch nicht meinetwegen Menschen sich schämen müssen,
die um dich ringen, du, Gott Israels.
Denn um deinetwillen
habe ich Gespött auf mich genommen,
hat Schande mein Antlitz bedeckt.
Meinen eigenen Brüdern bin ich fremd geworden,
den Kindern meiner Mutter wie jemand von draußen.
Ja, der Eifer um dein Haus hat mich verzehrt,
trotz des Spotts all der Spottenden, der auf mich fiel.
Ich weinte die Seele mir aus unter Fasten,
aber es ward nur zum Spott für mich.
Als ich Sackleinen anzog als Kleid, konnten sie über mich nur spotten.
Über mich klatschen, die sitzen am Stadttor,
zum Witz für den Stammtisch bin ich geworden.

Aber ich – mein Gebet zu dir, Herr, wenn es recht ist,
o Gott, in der Fülle deiner Huld
gib Antwort mir;
auf deine Hilfe ist doch Verlaß.
Rette mich aus dem Morast, ich will nicht versinken,
daß ich denen entkomme, die mich so hassen,
ebenso wie den Wassertiefen.
Laß die Strömung mich nicht wegspülen,
laß den Schlamm mich nicht verschlingen;
der Brunnen darf sich nicht über mir schließen.
Gib Antwort mir, Herr, deine Liebe tut gut;
nach der Fülle deines Erbarmens wende dich her zu mir.
Verbirg nicht dein Antlitz vor deinem Knecht,
in meiner Not gib rasch mir Antwort.
Nahe dich meiner Seele, erlöse sie,
um meiner Feinde willen befreie mich.

Du, du kennst ja den Spott, den Hohn, das Gelächter,
all meine Bedränger sind dir gegenwärtig.
Das Gespött hat mir das Herz gebrochen,
ich bin ganz krank davon.
Ich hatte gehofft auf ein bißchen Verständnis – doch nein;
auf Tröster, aber ich fand sie nicht.
Sie vergifteten mir meine Speise,
als ich Durst hatte, gab man mir Essig zu trinken (Mk 15,36).

Drum werde der Tisch vor ihnen zur Schlinge
und ihre Gelage zur Falle.
Umdüstern sollen sich ihre Augen, – außerstande zu sehen.
Schwanken laß ihre Lenden auf immer.
Deinen Grimm gieß über sie aus,
die Glut deines Zorns erreiche sie.
Ihr Lagerplatz möge verwüstet sein,
in ihren Zelten soll niemand mehr wohnen.
Denn sie verfolgen, die du geschlagen;
zum Schmerz deiner Durchbohrten erzählen sie sich.
Sprich sie schuldig für ihre Schuld,
sie sollen nie kommen zu deiner Bewährung;
Sie seien getilgt aus dem Buche des Lebens,
mit den Gerechten seien sie nicht aufgezeichnet.

Aber ich – das Nichts, der Leidende,
daß du mich rettest, o Gott,
ist das einzige, was mich noch hält.
Ich möchte preisen den Namen Gottes im Gesang,
ich möchte ihn groß machen im Dank;
das gefällt dem Herrn mehr als ein Stieropfer,
als ein Stierkalb mit Hörnern und Hufen.
Sehen das die Armen, so freuen sie sich,
die da suchen nach Gott –
ihr Herz lebe auf!

Denn einer, der auf die Armen hört, ist der Herr;
die für ihn in Ketten gehen müssen, mißachtet er nicht.

Ach preiset ihn, Himmel und Erde,
Meer und alles, was sich tummelt darin.

Denn Gott wird Sion erretten,
die Stätte Judas baut er wieder auf.
Sie dürfen dort wieder wohnen;
sie dürfen es wieder zum Eigentum nehmen.
Die Nachkommen seiner Knechte werden es erben;
die seinen Namen lieben, dürfen darin wohnen.

Noch einmal Mk 15,20b–41: Das Kreuz des Heiles oder: Wider den Masochismus des Religiösen

Wieso ist das Kreuz ein Zeichen des Heils[1]? In der Liturgie des Karfreitags fordert die Kirche die Gläubigen auf, zum Kreuz hinzutreten und es zu küssen. Aber wird unter uns auch nur einer sein, der es liebt, zu leiden? Jesus wollte es nicht. Er hatte grauenhafte Angst davor, gemartert und gequält zu werden. *Das Leben* hatte er lieb, nicht das Leid. Im Sinne Jesu kann es keine

[1] Zu der *symbolischen* Bedeutung des Kreuzes vgl. E. Drewermann: Die Symbolik von Baum und Kreuz in religionsgeschichtlicher und tiefenpsychologischer Betrachtung, Schwerte 1979, wo insbesondere der *kosmische* Bezug der vier Achsen des Kreuzes herausgestellt wird. Bereits O. Rank: Das Trauma der Geburt, 131–132 sah in der Kreuzigung eine ödipale Verschmelzung des Sohnes mit dem mütterlichen Baum und somit einen symbolischen Ausdruck für den Wunsch und die Strafe der Tendenz, sich gegen das Verbot des Vaters mit der Mutter zu vereinigen. «Die Kreuzigung entspricht somit ... der unlustbetonten Rückkehr in den Mutterleib, auf die ganz folgerichtig die Auferstehung, d. h. die Geburt und nicht die Wiedergeburt folgt. Denn es handelt sich hier um nichts anderes als um eine ins Ethisch-Religiöse sublimierte Wiederholung und Reproduktion des Geburtsvorgangs im Sinne der neurotischen Überwindung des Urtraumas.» S. o. zu Mk 15,16–20a, Anm. 41. Um die religiöse Bedeutung der Symboldeutungen O. Ranks zu würdigen, muß man seine Diktion selber symbolisch lesen: Der Tod Jesu gilt der Überwindung der Urangst, auf der Welt zu sein; Jesus stirbt, weil er gegen jede (männliche!) Vernunft an die Macht der Liebe und des Vertrauens glaubt und in der Tat zum «Sohn» (eines im Grunde mütterlich gedachten) Gottes wird; nur in dieser Sicht erhält der Tod Jesu eine von der Angst des «Urtraumas» erlösende Funktion. Lediglich gilt es, das «Urtrauma» selbst und

die Gestalt der «Mutter» als Symbole des Daseins zu verstehen und sie nicht rein objektal zu lesen; es ist aber erstaunlich, wieviel an religiösen Einsichten gerade O. RANK in seinen Schriften bereits zu einem Zeitpunkt vermittelte, als er noch glaubte, das Ende des Christentums durch die Psychoanalyse vorhersagen zu müssen. Durchaus im «Objektalen» verbleibt hingegen G. GRODDECK: Eine Symptomanalyse, in: Internationale Zeitschrift für Psychoanalyse 6 (1920), S. 320–327, S. 320: «Christus ist der Gesalbte, das Kreuz ein Mensch mit ausgebreiteten Armen, ein umfangendes Weib, an das der Mann, die Mutter, an die der Sohn genagelt ist. Der Gesalbte ist der Phallus, der in der Umarmung des Weibes erschlafft, stirbt; um den Phallus zu töten, bewegt das Weib das Kreuz, das Os sacrum (sc. das Kreuzbein, d. V.). Das Kreuz ist das Leid, alles Leid kommt von dem Weibe, von der Mutter, von dem Inzestwunsch des Sohnes... Christus ist die Menschheit, die an der Mutter leidet, an dem Mutterproblem.» S. 325: «Nimmt man an, daß das Kreuz das umarmende Weib ist, so ergibt sich das andere von selbst... Die Kreuzabnahme ist die Trennung nach der Begattung, während das Begräbnis und das dreitägige Verweilen im Grabe Befruchtung und Schwangerschaft sind... Das Niederfahren zur Hölle ist eine Verdoppelung des Beischlafsymbols; die Hölle ist ja nichts anderes, als die Projizierung des weiblichen Genitales in die Religion. Die Auferstehung ist die Geburt und das neueinsetzende Geschlechtsvermögen, das in der Himmelfahrt die Erektion darstellt.» Vgl. DERS.: Das Kreuz als Symbol (1926), in: Psychoanalytische Schriften zur Literatur und Kunst, 92–96: «So steht denn im Mittelpunkt der christlichen Religion das eine, ewige Menschenproblem..., daß Mutter und Sohn mit Nägeln aneinandergenagelt sind, ohne je sich nahe kommen zu können.» (S. 95–96) Vorstellungen dieser Art mögen sich beim ersten Lesen horrende anhören, aber sie sind im Unbewußten ohne Zweifel existent. Über Jahrhunderte hin spricht dafür vor allem das Ritual der Schwarzen Messe, in dem das Symbol der Kreuzigung stets in seinem sexualsymbolischen Anteil aktualisiert wurde; vgl. G. ZACHARIAS: Satanskult und Schwarze Messe, 1964. Am provokativsten war das Bild von *Félicien Rops*: Ithyphallischer Kruzifixus, dessen Darstellung ganz und gar den Ausführungen bei G. GRODDECK entspricht. Als obszön verboten wurde noch vor 35 Jahren der Film von PIER PAOLO PASOLINI, der Maria Magdalena als Dirne unter dem Kreuz zeigte, die den Gekreuzigten auf ihre Weise über seine Leiden hinwegzutrösten sucht. PASOLINI meinte seinen Film durchaus nicht ironisch oder antichristlich, sondern auf sehr ernste Weise religiös: Er wollte, daß die Kreuzigung Jesu gerade nicht länger mehr als ein Instrument der Lustfeindlichkeit und der Triebunterdrückung gesehen werde, sondern als eine «Strafe», die derjenige erleidet, der in dieser Welt unmenschlicher Gesetze so etwas wie Glück und Freude hineinzubringen versucht. Zu erinnern ist auch an die Arbeit von O. RANK: Die Matrone von Ephesus, in: Pschoanalytische Beiträge zur Mythenforschung, 50–71; vgl. PETRONIUS: Die Witwe von Ephesos (Einlage in: *Saturae*), in: W. MUNIN: Eros in Hellas, 262–266. Die «objektale» Deutung des Kreuzigungssymbols macht vor allem verständlich, wie stark das Bild des Kreuzes (inklusive der männlichen Nacktheit und der extrem sadistischen Gefühlsbeimengungen) als ein geradezu klassisches Motiv der Sexualverdrängung und gewisser zwangsneurotischer Verformungen des Sexualtriebs wirken kann; bes. bei Patienten, die dem kirchlichen Leben eng verbunden sind, etwa in der Analyse von Priestern und Ordenssschwestern, wird man immer wieder erleben, wieviel an Haß und Selbstunterdrückung und an entsprechenden niedergehaltenen obszönen Sexualphantasien sich mit der Kreuzessymbolik verbinden. Damit der Tod Jesu ein Zeichen des *Heiles*, nicht der weiteren zwangsweisen Zerstörung sei, dürfen die sexualsymbolischen Inhalte der Kreuzigungsszene auch in ihrer objektalen Außenseite nicht länger mehr der Tabuisierung und der angstbedingten Gegenbesetzung im Sinne phantastischer Keuschheitsideale anheimfallen. – Zudem leitet allererst die objektale Betrachtung der Kreuzesthematik im Sinne O. Ranks hinüber zu den religionsgeschichtlich verwandten Riten sterbender Gottheiten, bei denen insbesondere der Kult des *Adonis-Attis* eine ausgeprägt ödipale Thematik aufweist. A. Drews: Die Christusmythe, 107–110 erinnerte zu Recht daran, daß die «Verwendung des Kreuzes zu mystischen oder religiösen Zwecken ... bis in die graue Vorzeit zurück« reicht (108). Ein *Thau* bzw. ein Kreuz war das Zeichen, mit dem in Jes 66,19 und Ez 9,4 die Geretteten bezeichnet werden. Das Kreuz war ein Schutzzeichen «im Kulte der ägyptischen Götter, insbesondere der Isis und des Horus ..., und ebenso findet es sich bei den Assyrern und Persern.» «In Alexandria fanden es die Christen bei der Zerstörung des Serapistempels im Jahre 391 in die Steine eingemeißelt. Serapis selbst war in diesem Tempel in übermenschlicher Größe, gleichsam das All umfassend, mit ausgebreiteten Armen in der Gestalt eines Kreuzes dargestellt. In Rom trugen die Vestalinnen das Kreuz an einem Bande um den Hals. Ja, es diente sogar als Schmuck auf den Waffenstükken der römischen Legionen.» (108; 109) Deutlich ist vor allem der Bezug der Kreuzessymbolik zu den Strahlen der Sonne bzw. zur Symbolik des Feuerkultes und bestimmter Vegetationsgottheiten. Firmicus Maternus: Vom Irrtum der heidnischen Religionen, XXVII 1–3, in: Frühchristliche Apologeten, II 205–288, S. 72–73 erwähnt vor allem das Symbol des *Fichtenbaumes* im Rahmen des phrygischen Attiskultes, den er als teuflische «Nachäffung» des «Kreuzesholzes» versteht, und fügt hinzu: «Mitten auf den Baum wird das Bild eines Jünglings (sc. des Attis) gebunden. Bei dem Kult der Isis wird von einem Fichtenbaum der Stamm abgehauen. Der mittlere Teil dieses Stammes wird tief ausgehöhlt, dort wird die aus Holzstücklein gemachte Statue des Osiris beigesetzt. Bei dem Kult der Proserpina wird ein Baum gefällt und in die Gestalt und Form einer Jungfrau gebracht, und wenn er in die Stadt hereingetragen worden ist, wird er vierzig Nächte hindurch beklagt, in der vierzigsten Nacht aber verbrannt.» (S. 276) Seit den Tagen der frühen Kirche stellt es ein entscheidendes theologisches Problem dar, ob man die offensichtliche Ähnlichkeit der christlichen Glaubenssymbolik mit den mythischen Vorstellungen der «heidnischen» Religionsformen für eine Erfindung des Satans oder für etwas in allen Menschen von Gott her Grundgelegtes, «Archetypisches» erkennt; je nachdem, muß das Kreuzessymbol der Kirche selber die Menschen bis in die Tiefenschichten ihrer Psyche hinein verstören und zerstören, oder es eröffnet die Möglichkeit, sich zwischen den Religionen mit Hilfe gemeinsamer Zeichen und aufgrund gemeinsamer Erfahrungen zu verständigen und die menschlichen Antriebskräfte des Unbewußten zu integrieren, von Angst zu *erlösen*. – Zum Mythus und Kult des Attis vgl. J. G. Frazer: Der goldene Zweig, 506–519, der in Attis einen Vegetationsgott in Gestalt eines Baumgeistes erkennt, dessen Feier von Tod und Auferstehung im Frühling (vom 22.–25. 3.) begangen wurde; auch auf die Verbindung zu Wein und Korn sowie zu dem Symbol des am Baume aufgehängten Menschengottes weist er hin. – Liest man die «ödipale» Symbolik der Kreuzigung auf der *subjektalen* Deutungsebene, so erscheint die Vereinigung des geopferten Messiaskönigs mit dem Holz des Kreuzes (der Mutter) als ein Bild für die Verschmelzung des Ichs mit dem Unbewußten. C. G.

Parole geben, die unchristlicher wäre als diese: daß man im Namen Christi das Leiden lieben müsse[2]. Christlich ist es, das Leid, die Krankheit, den Wahnsinn so weit als irgend möglich zu bekämpfen. Sich für das Leben und die Lebensmöglichkeit eines jeden einzelnen einzusetzen ist christlich, nicht aber das Leiden zu predigen und den Masochismus heilig zu sprechen. Andernfalls wäre Jesus in der Tat umsonst gestorben; dann behielten der Tod und die Lebensverneinung nach wie vor das letzte Wort; dann trüge der Priester im Gottesdienst das Leichentuch Christi als Meßgewand[3].

Jung: Der philosophische Baum, XIII 271–376, S. 357–358 erinnert demgemäß an das Symbol der Quaternität (der seelischen Ganzheit), die beim Baumsymbol anklingt, und verweist zu Recht auf die alte Legende, «das Kreuzholz stamme vom Paradiesesbaum.» G. Heinz-Mohr: Lexikon der Symbole, 164–168 sieht in dem Kreuz daher als «Verbindung diametral entgegengesetzter Punkte ... das Sinnbild der Einheit von Extremen (z. B. Himmel und Erde), der Synthese und des Maßes.» Während die *objektale* Deutung der Kreuzessymbolik mehr von den Ursachen und Motiven des Leidens Jesu Aufschluß gibt, verweist die *subjektale* Deutung mehr auf den Sinn und das Resultat der Kreuzigung.

[2] Sehr richtig schreibt A. von Harnack: Das Wesen des Christentums, 97–98 von der *positiven* Wirkung der Opfertheologie bereits im apostolischen Zeitalter: «Der Tod Christi ... hat den blutigen Opfern in der Religionsgeschichte ein Ende gemacht ... Dieser Tod hatte den Wert eines Opfertodes; denn sonst hätte er nicht die Kraft besessen, in jene innere Welt einzugreifen, aus der die blutigen Opfer hervorgegangen sind; aber er war kein Opfertod wie die anderen, sonst hätte er ihnen nicht ein Ende machen können: er hob sie auf, indem er sie abschloß. Noch mehr dürfen wir sagen – die Geltung der *dinglichen* Opfer überhaupt ist durch den Tod Christi abgetan worden. Wo immer einzelne Christen oder ganze Kirchen zu ihnen zurückgekehrt sind, da war es ein Rückfall.» Man muß freilich hinzufügen: Jesus starb gerade, weil er durch die Haltung seines Vertrauens alles Quälende, Opfer Fordernde aus dem Gottesbild entfernen wollte; nur deshalb konnte sein Sterben die Wirkung haben, dem gesamten Opferwesen ein Ende zu bereiten. Psychoanalytisch wird man vor allem auf die Durcharbeitung der *Gefühlsambivalenzen* und sadistischen Aggressionen in dem Gottesverhältnis jeder Gesetzesreligion hinweisen müssen, die immer neue «Opfer» verlangt.

[3] Vgl. O. Pfister: Das Christentum und die Angst, 237: «Im Zentrum des Erlösungswerkes (sc. der katholischen Sühneopfertheorie, d. V.) steht der *Sühneopfertod* Christi, der in Messe und Kommunion stereotypierend wiederholt wird. Nach der kirchlichen Lehre vergibt Gott nicht aus reiner Gnade ohne Entgelt; vielmehr verlangt seine Gerechtigkeit Genugtuung und volle Strafabbüßung. Folglich wäre der Mensch dem ewigen Verderben ausgeliefert, wenn nicht der sündlose Gottmensch Christus aus Erbarmen freiwillig den Tod an Stelle der Sünder erduldete und die von Gottes Gerechtigkeit unbedingt geforderte Satisfaktion und Sühne objektiv ableistete. – Allein wo bleibt da Gottes Gnade? Wo volle Strafabbüßung erfolgt, redet man doch nicht von Begnadigung! Gott, genauer gesagt: Gott-Vater nimmt die Todesqual des unschuldigen Gott-Sohnes als Ersatz für die dem

Dies zu sagen ist unerläßlich, weil kein Tag im Kirchenjahr so nachhaltig auf die Gemüter wirkt und wirken soll wie der Karfreitag, und zwar oft genug in diesem Sinne: daß Gott uns unendlich geliebt hat, wir aber Sünder und Mörder sind[4]; daß Gottes Sohn für uns am Kreuz gestorben ist, wir aber das Leiden scheuen und dem Opfer aus dem Weg zu gehen suchen; daß Christus

schuldigen Menschen gebührende ewige Pein an. Aber von der Strafe wird nicht das Geringste nachgelassen. Nur hierin besteht die Gnade. Erscheint dabei Gott als ein furchtbarer Richter, der – im Widerspruch zu unserem sittlichen Empfinden – einen Unschuldigen zu Tode martern läßt, so wirkt er *angstverschärfend*, er wird im höchsten Grade ein numen tremendum», eine schreckliche Macht. Vgl. E. FROMM: Die Entwicklung des Christusdogmas, in: Gesamtausgabe, VI 11–81, S. 49, der die Intellektualisierung des christlichen Dogmas zu Recht mit der Einordnung der ehemals autoritätsfeindlichen Religion «in das absolutistische System des römischen Imperiums» in Verbindung bringt.

[4] E. CANETTI: Masse und Macht, 158–162 hat den treffenden Ausdruck: *Klagereligionen* für religiöse Anschauungen geprägt, in deren Mittelpunkt, wie bei *Adonis-Attis, Tammuz* und *Osiris*, die «Legende ... eines Menschen oder Gottes» steht, «der zu Unrecht umgekommen ist». «Um sein Ende bildet sich eine Klagemeute ...: der Tote ist den Menschen zuliebe gestorben, die um ihn klagen ... Eben er ist es, der nicht tot sein dürfte. Sein Tod wird von den Klagenden nicht anerkannt. Sie wollen ihn wieder am Leben haben.» «Die Öffnung der Klagemeute geschieht ... über lange Zeiträume hin, die Zahl der Gläubigen *vermehrt* sich. Es beginnt mit den wenigen Getreuen, die am Kreuze stehen, als Kern der Klage. Am ersten Pfingstfeste mögen es ihrer 600 Christen sein, zu Zeiten des Kaisers Konstantin sind es zehn Millionen. Der Kern der Religion ist aber derselbe geblieben, ihr Zentrum ist die Klage.» «In allen, die sich ihr anschließen, geschieht dasselbe: die Jagd- oder Hetzmeute *entsühnt* sich als Klagemeute. Als Verfolger haben die Menschen gelebt, und als Verfolger leben sie auf ihre Weise immer weiter. Sie suchen nach fremdem Fleische, und sie schneiden hinein, und sie nähren sich von der Qual der schwachen Geschöpfe. In ihrem Auge spiegelt sich das brechende Auge des Opfers, und der letzte Schrei, an dem sie sich ergötzen, gräbt sich unauslöschlich in ihre Seele ... Schuld und Angst in ihnen nehmen unaufhaltsam zu, und so sehnen sie sich ... nach Erlösung. So schließen sie sich einem an, der für sie stirbt, und in der Klage um ihn fühlen sie sich selber als Verfolgte. Was immer sie getan, wie immer sie gewütet haben, für diesen Augenblick stellen sie sich auf die Seite des Leides. Es ist ein plötzlicher und weittragender Wechsel der Parteien. Er befreit sie von der angesammelten Schuld des Tötens und der Angst, daß der Tod sie selber trifft. Was immer sie anderen angetan haben, das nimmt ein anderer nun auf sich, und, indem sie ihm treu und ohne Rückhalt anhängen, entgehen sie, so hoffen sie, der Rache. – Es zeigt sich so, daß die Klagereligionen für den seelischen Haushalt der Menschen unentbehrlich sind, solange sie das Töten in Meuten nicht aufgeben können.» Zu dem sehr wichtigen religionsgeschichtlichen Hintergrund der Kreuzessymbolik zu dem Erleben von *Jagd* und (totemistischer) *Mahlgemeinschaft* vgl. E. DREWERMANN: Der Krieg und das Christentum, 290–304.

sich für uns hingegeben hat und den Weg des Dienstes gegangen ist, wir aber Egoisten sind, die selber das Sagen haben möchten und sich selbst verwirklichen wollen. Träfen diese Entgegensetzungen zu, so wäre das Kreuz in der Tat nichts weiter als ein Fanal zum heiligen Selbstmord, als ein Inbegriff tödlicher Selbstvorwürfe und Selbstbeschuldigungen; es erlöste uns nicht, es brächte uns um, indem es lediglich mit anderen Mitteln fortsetzen würde, was Jesus selbst am leidenschaftlichsten bekämpft hat: eine Art von Religion, die nur aus Angst und Schuldgefühlen besteht, und die auf eine sadistische Form von Zwangsneurose hinausläuft, indem sie immer wieder verlangt, daß man töten muß[5]: Tiere müssen als Opfer geschlachtet werden[6], Triebe müssen als unrein unterdrückt werden, Gefühle müssen als gefährlich kontrolliert werden, Gedanken müssen als zu eigensinnig vermieden werden; und bereit stünden immer schon als die zum Töten geeigneten Instrumente: Gebote, Gesetze, Verordnungen und Institutionen nebst einem riesigen Haufen von Tabus, Denkhemmungen und Strafen[7].

Jede Religion bindet nicht nur Angst, sie erzeugt auch Angst[8], und es ist nicht zu erkennen, daß das Christentum a priori dagegen gefeit wäre, genauso menschenfeindlich sein zu können wie jede andere in Loyalismus und Moralismus erstarrte Religion. Daß die frühe Kirche mit Berufung auf die Lehre und die Praxis Jesu den Mut aufgebracht hat, sich aus den Bindungen an die Gesetze zugunsten einer tieferen Menschlichkeit zu lösen, beweist noch nicht, daß das Christentum selbst nach zwei Jahrtausenden auch wirklich besser, wirklich menschlicher geworden sei[9]. Man braucht hier gar nicht

[5] Vgl. die Theorie von S. Freud: Totem und Tabu, IX 91: «Man könnte den Ausspruch wagen, eine Hysterie sei ein Zerrbild einer Kunstschöpfung, eine Zwangsneurose ein Zerrbild einer Religion, ein paranoischer Wahn ein Zerrbild eines philosophischen Systems.»

[6] Wohlgemerkt stellten die kultischen Tierschlachtungen innerhalb des Christentums niemals ein Problem dar; einzig für die Buddhisten und Pythagoreer besaßen auch Tiere ein Recht auf Schutz und Schonung. Vgl. E. Drewermann: Der tödliche Fortschritt, 90–110, Nachw. zur 3. Aufl., 199–208.

[7] Zur Tabubildung und der entsprechenden Ambivalenz der Gefühlsregungen vgl. S. Freud: Totem und Tabu, IX 26–92; vgl. auch Th. Reik: Dogma und Zwangsidee, 91–101, der zu Recht das *Tabu* des Dogmas auf die unbewußte Feindseligkeit und Angriffslust seiner Bekenner zurückführt.

[8] Vgl. O. Pfister: Das Christentum und die Angst, 124–143: Lösung und Bildung von Angst in der israelitischen Religionsgeschichte.

[9] Vgl. O. Pfister: A. a. O., 165: «Je stärker Jesus die Liebe sich durchsetzen läßt, desto mehr schrumpft der zwangsneurotische Kultus zusammen.» «Die Religion der Liebe ver-

eigens an die Scheiterhaufen der Inquisition[10] zu erinnern, die man aus Angst vor der Gedankenfreiheit des Menschen errichtete; man braucht nicht zu erinnern an die Hexenprozesse[11], die man aus Angst vor der Frau und aus Ekel vor der eigenen Sexualität durchführte – stets gerechtfertigt wohlgemerkt mit dem Zeichen des Kreuzes und mit der Notwendigkeit der «Leidensnachfolge» Christi[12]. Es genügt, in der Gegenwart zu betrachten, wie im Namen des Christentums gerade die Besten und die Frömmsten unter den Christen sich ständig zu Selbstmißtrauen und Selbstunterdrückung angehalten fühlen. Das Kreuz bedeutet für sie, daß sie vor sich selber ständig auf der Flucht zu sein haben, daß sie sich nach Möglichkeit in ihren tieferen Gefühlen gar nicht wahrzunehmen brauchen und sich stattdessen besser um andere kümmern, immer mit einer wohlaufgesetzten Maske christlichen Lächelns und einem Wust von religiösen Phrasen auf den Lippen, in der Tat emsig bemüht, mit einem ungeheueren Maß an gutem Willen, und doch in Wahrheit unmenschlich und grausam. Es ist ein ungeheuerliches Faktum, mit dem wir uns als Christen erst einmal auseinandersetzen müssen, daß ein Genie wie S. Freud in Anbetracht seiner Patienten auf keinen anderen Gedanken zu kommen vermochte, als daß die Religion insgesamt eine einzigartige Kreuzigung des Menschen darstelle, eine grandiose neurotische Veranstaltung, eine Unterdrückung von allem, was im Menschen menschlich leben will[13].

bietet es, den Kultus als erzwungene Leistung, als notwendige Prozedur zur Beschwichtigung der Angst vor Gott auszuüben. Stereotype Formeln, die im profanen und religiösen Gebrauch dem Zwangsneurotiker so viel Lust eintragen und Unlust verscheuchen oder ersparen können, haben in Jesu Frömmigkeit keinen Raum mehr.»

[10] Vgl. Ch. Lea: Die Inquisition, 58–74, der vor allem die materielle Ausbeutung des Volkes durch Priester und Mönche als ein Hauptmotiv der Inquisition hervorhebt.

[11] Es ist wichtig, die soziale Unterdrückung des «Volkes» durch eine hierarchische Beamtenschaft in engstem Zusammenhang mit der psychischen Unterdrückung des Unbewußten durch eine intellektualisierte Theologie zu sehen und beides mit der patriarchalen Angst vor der Frau in Verbindung zu bringen; vgl. E. Drewermann: Der Krieg und das Christentum, 232–254.

[12] Ch. Lea: Die Inquisition, 285 schildert die Strafe des *Kreuztragens* bereits im 13. Jh.: »Schon im Jahre 1208 befahl . . . der hl Dominikus einem bekehrten Ketzer, auf der Brust zwei kleine Kreuze als Zeichen seiner Sünde und Reue zu tragen. Wohl scheint ein innerer Widerspruch in der Tatsache zu liegen, daß das Sinnbild der Erlösung . . . eine fast unerträgliche Strafe sein sollte; aber tatsächlich gab es, als die Kirche das Kreuz zu einem Zeichen der Sünde und Schande gemacht hatte, nur wenige Strafen, die man jener nicht vorgezogen hätte.»

[13] Vgl. S. Freud: Zwangshandlungen und Religionsübungen, VII 129–139: «Es ist nicht

Man mag einwenden, so etwas gehöre nicht zu der Thematik des Karfreitags und zu den Texten von der Kreuzigung Jesu. Was aber wäre denn sonst die Thematik des Karfreitags, wenn nicht die Barbarei und die Unmenschlichkeit gerade und sogar des Religiösen? Und so muß man denn fragen, an welcher Stelle der Kirche man von den wirklichen Nöten der Menschen eigentlich sprechen kann, ohne gleich auf einen ganzen Apparat vorweg entschiedener Richtlinien zu stoßen, die ohne weiteres formulieren und deklarieren, was als christlich bzw. als katholisch zu gelten hat und was nicht? Oder noch genauer gefragt: Wo denn unter den Klerikern, unter den Schriftgelehrten und Hohen Priestern *heute*, trifft man auf Menschen, die *nicht* randvoll wären von Unfreiheiten aller Art, von grausamen Kinderängsten und von einem ganzen Ensemble angstvoll verinnerlichter und später für sakrosankt erklärter Vorurteile[14]? Eines scheint klar: wer die Menge, wer die große Zahl will, braucht Institutionen und Ordnungen, er braucht gehorsame Menschenkolonnen. Wer aber den Menschen will, der muß den Einzelnen unendlich höher schätzen als die Masse, dem muß, wie Jesus, an dem hundertsten Schaf unendlich viel mehr gelegen sein als an den neunundneunzig anderen. Das aber ist nun der entscheidende Punkt: Man bringe in diese Welt der geregelten Ängste auch nur einen Funken Zuversicht und Freiheit, – gleich geht es los mit der Treibjagd, gleich fürchtet man das Chaos, gleich wird man sich dagegen wehren wie gegen den Leibhaftigen[15].

Diese Paradoxie muß man begreifen, um zu verstehen, warum Jesus sterben mußte; aufhören aber muß man mit der Angewohnheit, unter Berufung auf das Kreuz Christi die Menschen im Namen Gottes zu erniedrigen und mit Schuldgefühlen zu zerstören; aufhören muß man damit, unter Hinweis auf

zu verkennen, daß auf dem religiösen Gebiete eine ähnliche Neigung zur Verschiebung des psychischen Wertes (sc. vom Eigentlichen weg auf scheinbar unwichtige Details, d. V.)... besteht, so daß allmählich das kleinliche Zeremoniell der Religionsübung zum Wesentlichen wird, welches deren Gedankeninhalt beiseite gedrängt hat.» «Nach diesen Übereinstimmungen und Analogien könnte man sich getrauen, die Zwangsneurose als pathologisches Gegenstück zur Religionsbildung aufzufassen, die Neurose als eine individuelle Religiösität, die Religion als eine universelle Zwangsneurose zu bezeichnen.» (138–139)

[14] Vgl. die Studie von K. G. Rey: Das Mutterbild der Priester, 130, der den in Mutterkomplexen und männlichen Minderwertigkeitsgefühlen befangenen Theologen eine ausgesprochene «Angst vor dem Unbewußten, dem Trieb- und Naturhaften» sowie «Angst und Antipathie so vieler Priester gegenüber der Tiefenpsychologie» bescheinigt, «die nichts anderes als der Ausdruck der Angst vor den Tiefen der eigenen Seele ist.»

[15] Siehe oben zu Mk 15,1–5, Anm. 60; S. 584.

das Kreuz die Menschen nach wie vor ans Kreuz zu schlagen und diese Travestie des Religiösen womöglich als Nachfolge Christi auszugeben. Würden wir die Botschaft Jesu in einer derart menschenfeindlichen Auslegung verstehen, so wären wir selbst um nichts verschieden von den Herren Hannas, Kaiphas, Herodes und Pilatus. Hätte Jesus *das* gewollt, so müßte man ihn ohne Zweifel so blasphemisch malen wie jener belgische Künstler im königlichen Museum von Brüssel, der die Kreuzigung Jesu darstellte wie eine gewöhnliche Ikone, mit Goldglanz und Heiligenschein, der aber unter das Kreuz zwei halbverhungerte weinende Kinder stellte und das Gesicht des Gekreuzigten mit triumphierenden Augen und blutgierigen Lippen malte, – ein Gott, der sich mästet am Leid der Menschen und der, wie der Sonnengott der Azteken, nur lebt, indem er täglich Hekatomben von getöteten Kindern und Jünglingen verzehrt.

Man kann gegen die frömmelnde Perversion des Kreuzes in eine Ideologie der Leidensmystik nicht eindringlich genug wiederholen: Jesus wollte nicht am Kreuz sterben, und er hat nie daran gedacht, Unmenschlichkeit und Quälerei als Zeichen wahren Gottvertrauens zu erklären[16]. Im Gegenteil: er

[16] Wenn es einen Willen Jesu zum *Leid* gibt, dann allenfalls in dem Sinne von Lk 6,21: «Selig seid ihr, die ihr jetzt weint.» Kh. Gibran: Geheimnisse des Herzens, 36–42 hat den Gegensatz einmal so beschrieben: «Wir sind die Söhne des Leides, ihr seid die Söhne der Lustbarkeit. Wir sind die Söhne des Leides und das Leid ist der Schatten eines Gottes, der in bösen Herzen keine Wohnstätte hat. Wir sind leidvolle Geister und das Leid ist zu groß, um in kleinen Herzen Platz zu finden. Wenn ihr lacht, weinen wir und wehklagen. Wer einmal von seinen eigenen Tränen durchdrungen und gereinigt wurde, wird rein sein für immer.» «Wir sind die Söhne des Leides. Wir sind Poeten, Propheten und Musikanten. Für die Gottheit weben wir ein Gewand aus den Fäden unseres Herzens und die Hände der Engel füllen wir mit den Samen unseres inneren... Wenn ihr euch über uns lustig macht, vermengt sich euer Hohn mit dem Zertrümmern von Schädeln, dem Rasseln von Ketten und dem Wehgeschrei aus den Abgründen. Wenn wir weinen, fallen unsere Tränen in das Herz des Lebens, so wie Tautropfen vom Auge der Nacht in das Herz der Morgendämmerung fallen. Wenn ihr lacht, verströmt sich euer Hohngelächter wie Viperngift in einer Wunde... Wir weinen, denn wir lauschen dem Klagen der Armen und dem Gram der unterdrückten Schwachen. Ihr aber lacht, denn ihr hört nichts als das fröhliche Klingen der Weingläser. Wir weinen, denn unser Geist ist getrennt von Gott. Ihr aber lacht, denn eure Körper krallen sich in Sorglosigkeit an die Erde.» «Seit dem Beginn der Welt habt ihr mit eurer gewöhnlichen Schwachheit unsere sanfte Macht bekämpft. Ihr habt Jesus gekreuzigt und habt unter dem Kreuz gestanden mit Gotteslästerung und Spott. Er aber stieg vom Kreuze herab, überwand die Generationen und wandelte unter euch als Held und das Universum war erfüllt von seinem Ruhm und seiner Schönheit... Ihr aber lebt in der

hat dafür gelebt, daß die Menschen ihre Würde als Geschöpfe Gottes zurückerhielten, daß sie ihre Unschuld und Unbefangenheit Gott gegenüber zurückgewännen und daß das unablässige Leiden der Menschen an Gott in den Religionen der menschlichen Geschichte ein Ende finden möge.
Alles, was man an Zeichen und Wundern von Jesus überliefert, spricht für diese Einstellung. In Jesu Nähe ereignete es sich immer wieder, daß Menschen, die ihr Leben lang verkrüppelt waren, sich im Vertrauen auf Gott aufrichten konnten, daß ihnen durch seine Worte wieder ihre Sinne zurückgegeben wurden und daß sie die Welt wieder so zu sehen vermochten, wie sie ist. Auf sein Wort hin lernten sie wieder ihren eigenen Ohren, ihrem eigenen Urteil, ihrem eigenen Denken zu vertrauen. Für Jesus bedeutete es keinen Gegensatz, für ihn war es ein und dasselbe: zu Gott zu finden und zu sich selbst zu finden; beides geschah für ihn in der Kraft ein und desselben Vertrauens, und das eine war für ihn nur das Zeichen des anderen. Eben deswegen nannten ihn die Leute, die ihn verstanden, *das Leben*: weil das, was er sprach, sie leben ließ und lebendig machte; eben deshalb nannten sie ihn *den Weg*: weil es so für sie eine Richtung und Perspektive in ihrem Leben gab; eben deshalb nannten sie ihn *die Wahrheit*, weil durch ihn ihr Leben und alle Dinge ringsumher zu ihrer wirklichen Gestalt zurückfanden. Weil sie in ihm so leben konnten, wie sie eigentlich gemeint und geschaffen waren, deshalb nannten sie ihn *Gottes Sohn* (Joh 14,6)[17].
Und brachten ihn um? Und kreuzigten ihn? Nur weil er sie menschlich leben ließ?

Erinnerung der Menschen wie Leichen auf dem Angesicht der Erde, und ihr könnt keinen Freund finden, der willens wäre, euch zu begraben in die Dunkelheit des Nichts und des Vergessens, die ihr auf Erden gesucht habt. Wir sind die Söhne des Leides, und das Leid ist wie eine volle Wolke, die die Menge mit Wissen und Wahrheit überschüttet. Ihr seid die Söhne der Lustbarkeit, und wie hoch immer eure Lust reichen mag, nach den Gesetzen Gottes muß sie von den Winden des Himmels zerstört und ins Nichts zerstreut werden, denn sie ist nur eine dünne, schwankende Säule von Rauch.» Die einzige Form von *Leid*, m. a.W., die Jesus wollte, ist das *Mitleid*, nicht aber der abstrakte Masochismus einer verlogenen Theologenideologie.

[17] Zu Joh 14,6 vgl. R. SCHNACKENBURG: Das Johannesevangelium, III 72–75, der diesen «Höhepunkt joh. Theologie» in die Theologenrede kleidet: «In Jesus Christus hat sich der unsichtbare und unbegreifliche Gott in seinem den Menschen zugewandten Heilswillen so greifbar und begreiflich gemacht, daß sie auf diesem Wege, in der gläubigen Annahme der ihnen in Jesus Christus erschlossenen Wahrheit und in der Teilhabe an seinem Leben, das Ziel ihrer Existenz erreichen können.»

Ja, nur deshalb, aus keinem anderen Grund. Nur die nichts mehr zu verlieren hatten, konnten sich ihm ohne Angst anschließen; alle anderen fingen irgendwann an, sich gegen seine einfachen Wahrheiten zu wehren und ihre Unmenschlichkeiten zu verteidigen. Diese ganze Welt und jeder Mensch in ihr besteht in Wahrheit nur aus Angst; jeder versucht auf seine Art, sich gegen seine Nichtigkeit zu wehren, und diejenigen, denen das am besten gelingt, sind am Ende die schlimmsten. Nichts ist so schwierig, wie angesichts der Angst menschlich zu bleiben, wahr zu bleiben, gütig zu bleiben und nicht in die Macht, in die Lüge, in die Zerstörung auszuweichen. Aber das wollte Jesus sagen, und das war sein ganzes Leben: daß wir von Gott her die Angst besiegen könnten und als freie Menschen zu leben vermöchten. Wirklich nur deshalb *mußte* er sterben, und eben deshalb kann das Kreuz, dieses verfluchte Schandmal, dieses ungeheuerliche Inbild aller Menschenquälerei, für uns trotz allem zu einem Zeichen des Heiles werden[18].

Man komme dieser Welt im Sinne Jesu mit einem bißchen Güte und Mitleid, man überschreite dabei auch nur ein wenig den engen Kreis der Krankenschwestern- und Rot-Kreuz-Moral, man beschäftige sich jenseits der karitativen Symptompflege mit den strukturellen Hintergründen und Ursachen unseres Dilemmas[19], da wird man sehr bald schon erleben, wie wenig ein solches Bemühen in diese Welt paßt, da beginnen alsbald die absichtlichen Verdrehungen, die Fallenstellereien, die Rechthabereien, und vor allem: der Rekurs auf das, was immer schon so war und was bestimmt auch irgendwo geschrieben steht. *Aus Angst* hat jeder ein solches Interesse, sich selbst zu belügen und sich selbst zu «verstecken», daß er denjenigen umbringen muß, der ihm die Wahrheit sagt. Nicht weil die Menschen an sich gegen Gott eingestellt wären, nicht weil sie von Hause aus Egoisten wären, nicht weil sie prinzipiell nicht leiden wollten, bringen sie Jesus um, sondern weil aus Angst kein einziger den Mut hat, einfach ein Mensch zu sein.

Insofern kommt es für Jesus entscheidend darauf an, sich selbst und uns zu zeigen, daß es stimmt, woran er glaubt: daß es möglich ist, die Angst im Vertrauen auf Gott zu überwinden und der Wahrheit des eigenen Wesens die Treue zu halten. An dieser Stelle, wo es um alles geht, nutzen keine Worte,

[18] Vgl. E. Drewermann: Das Markus-Evangelium, I 45–80.

[19] Recht absurd mutet der Vorwurf an, der gegenüber einer tiefenpsychologischen Textauslegung immer wieder erhoben wird, sie sei nichts weiter als eine individualistische Symptomkur, gemessen an den eigentlichen sozialen Schäden und Ursachen. Vgl. dazu E. Drewermann: An ihren Früchten sollt ihr sie erkennen, 128–136.

keine Wunder mehr – am Schluß der Leidensgeschichte des *Markus* spricht Jesus kein einziges kommentierendes Wort mehr; vielmehr kommt es in dieser Stunde allein darauf an, das eine entscheidende «Werk» zu tun, von dem das *Johannes*-Evangelium so oft spricht und das alles Gesagte und Getane auf die einzig mögliche und gültige Art zu bezeugen vermag: durch den Einsatz des eigenen Lebens, durch den Tod (Joh 17,4)[20].
Die alles entscheidende Frage richtet sich deshalb an uns, inwieweit wir dieses Zeugnis des Todes Jesu annehmen. Wenn ja, dann in der Tat kommt aus dem Kreuze Heil. An sich ist das Kreuz das Zeichen für das Schändlichste und Gemeinste, das wir Menschen einander antun können; aber wenn selbst das Kreuz die Macht verliert, zu ängstigen, dann endlich können wir in Wahrheit anfangen, als Menschen zu leben, dann gibt es nichts mehr, vor dem wir seither noch ausweichen müßten.
Oft hört man sagen, ein Mensch bedürfe zum Glauben eines anderen Menschen. Das ist richtig. Aber alle Angst besteht gerade darin, keinem Menschen mehr glauben zu können. Wir haben jenseits der Angst aller Menschen nur dieses eine Beispiel Jesu. Wenn wir ihm seinen Tod glauben, so ändert sich die Welt in allen ihren Teilen. Dann haben die höhnenden Hohenpriester, die Soldaten und Mitgehenkten (Mk 15,31) ein für allemal unrecht mit der brutalen Logik ihrer ohnmächtigen Macht und mit der so begrenzten Wahrheit ihres angstgejagten Zwangsgehorsams. Dann gibt es gegenüber der möglichen Menschlichkeit keinen Einwand mehr, der sich nicht im Prinzip mit dem Blick auf das Kreuz Jesu durchstehen und ertragen ließe. Dann ist jedes seiner Worte über die Würde auch des kleinsten Menschen, über die Macht des Vertrauens und über die Chance der Güte unwiderlegbar wahr. Können wir aber auch dem Tode Jesu nicht glauben, so bebt in der Tat an diesem Tag die Erde bis in ihre Fundamente, und es verfinstert sich die Sonne (Mk 15,33; Mt 27,45.51), und unerlösbar bleiben wir dann, was wir immer waren: Unmenschen purer Angst, lebendige Tote ohne Auferstehung. Mehr kann kein Gott tun, um die Angst von uns zu nehmen, als auf diese grauenvolle Art als Mensch für uns zu sterben.

[20] Zu Joh 17,4 vgl. R. SCHNACKENBURG: Das Johannesevangelium, III 196–197.

Ein letztes Mal Mk 15,20b–41: Von der Überwindung des Kreuzes

Das Zeichen des Karfreitags ist das Kreuz. Hoch aufgerichtet steht es vor uns. An jedem Karfreitag möchte die Kirche, daß wir es verehren und unsere Knie davor beugen. Aber wie kann man das: im Kreuz ein Zeichen des Heils erblicken? Keine Theologeninterpretation wird es fertigbekommen, aus dem abscheulichsten Marterinstrument der Weltgeschichte auch nur den Schatten und den Schimmer von etwas Ehrwürdigem und Großem herauszudeuteln. In 2000 Jahren abendländischer Kunst existiert außer GRÜNEWALDS *Isenheimer Altar*[1] wohl kein einziges Bild, das imstande wäre oder auch nur den Mut besäße, die Szene des Karfreitags so zu zeigen, wie sie wirklich ist. Man muß schon zu GOYAS Impressionen aus dem Bürgerkrieg, *«Die Grauen des Krieges»*[2], greifen, um eine rechte Vorstellung der Unmenschlichkeit dieses Tages zu gewinnen.

Wie man die rohe Wirklichkeit des Karfreitags in Wahrheit sich wird vorstellen müssen, sah ich an einem Julinachmittag in einer Seitengasse der südindischen Stadt Madras. Auf dem kochenden Asphalt verendete ein Hund. Alle viere von sich gestreckt, klebte sein Leib auf dem marternden Untergrund. Ein Häufchen Elend, lag er da, außerstande und zu schwach, Harn und Kot noch zu verhalten. Aus seinen Lefzen rann der Speichel, und in jeder Höhlung seines Leibes, auf jedem Quadratzentimeter seines Körpers, saugten sich die Fliegen fest, um ihn in lebendiges Aas zu verwandeln. Einzig das Beben seiner Flanken zeigte den Rest an Leben, das er, leise stöhnend, verhechelte.

Bis ins Wörtliche hinein muß man dieses Bild in die Realität von Golgotha übertragen; dann erblickt man die Wirklichkeit dieses Tages, bis auf den einen Unterschied, daß sich um ein verendendes Tier für gewöhnlich niemand bekümmert, um einen Gekreuzigten schon.

Das Instrument der Kreuzigung diente innerhalb der römischen Hinrichtungspraxis zur Abschreckung, es bildete den Hauptbestandteil einer systematisierten Folter. Ein Gekreuzigter in den Händen römischer Soldaten starb langsam, nach dem Kalkül eines wohl berechneten Sadismus. Die Logik dieses Terrors ähnelte der Praxis, mit der im Ersten Weltkrieg in den Schützengräben Frankreichs die Landser sich der Rattenplage zu erwehren

[1] Vgl. F. WINZINGER: Grünewald, in: Kindlers Malerei Lexikon, V 205–223.

[2] Vgl. P. LECALDANO: F. Goya: Die Schrecken des Krieges, München 1976.

suchten, indem sie eines der Tiere ergriffen und es langsam zu Tode quälten, so daß es vor den Eingängen der Unterstände schrie wie ein kleines Kind, – zur Abschreckung für alle anderen. Genau so, als das Instrument eines zur Waffe gewordenen Hasses, muß man sich das Kreuz vorstellen. Es ist vermutlich entstanden aus der archaischen Barbarei, zur «Strafe» Menschen auf Pfähle zu spießen[3]. Doch man hatte bald schon entdeckt, daß Menschen

[3] Das Alte Testament kennt in Jos 8,29; 10,26; Dt 21,22–23 den Brauch, den Leichnam eines Hingerichteten an einen Pfahl zu hängen: «Denn ein Gehängter ist von Gott verflucht und du sollst dein Land nicht verunreinigen.» Wenngleich es sich dabei «nur» um die posthume Schändung bereits Toter handelte, so ist doch der Brauch, Menschen an Bäume oder Pfähle zu hängen, um sie dort qualvoll sterben zu lassen oder als Gestorbene auszustellen, vermutlich aus alten *kultischen* Vorstellungen erwachsen, wie sie J. G. FRAZER: Der goldene Zweig, 515–519 im Zusammenhang mit dem *Attis*kult erwähnt: Er erinnert an den phrygischen Satyr *Marsyas*, der im Stolz auf seine «mütterliche» Musik den Gott *Apoll* zum Wettkampf herausgefordert hatte und unterlegen war; er wurde an eine Kiefer gebunden und langsam zu Tode gequält. Dem germanischen Gott *Odin* wurden Menschenopfer durch Erhängen dargebracht, wie *Odins Runengedicht* (Runatal) 2–3, in: F. GENZMER: Edda, II 171–173 zeigt, wo *Odin* selbst von sich sagt: «Ich weiß, daß ich hing / am windigen Baum / neun Nächte lang, / mit dem Ger verwundet, geweiht dem Odin, / ich selbst mir selbst, / an jenem Baum, / da jedem fremd, / aus welcher Wurzel er wächst. / Sie spendeten mir / nicht Speise noch Trank; / nieder neigt ich mich, / nahm auf die Stäbe, / nahm sie stöhnend auf, / dann stürzte ich herab.» Es scheint, als sei das *Strafmotiv* sehr viel später erst, in weniger barbarischen Zeiten, aus derartigen Opferriten zur Erneuerung der Vegetation herausgewachsen. Die eigentliche Form der *Kreuzigung* scheint bei den *Persern* aus der Hinrichtungsart des *Pfählens* entstanden zu sein: HERODOT: Historien, I 128, Bd. 1, S. 95–96 berichtet, daß der Meder *Astyages*, nach seiner verlorenen Schlacht gegen den Perserkönig *Kyros*, «zunächst die Traumdeuter der Mager, die ihn überredet hatten, Kyros laufenzulassen, auf den Pfahl» spießte. Auch *Esra*, 6,1–12 kennt das Pfählen als persische Strafe. Vielleicht bedienten indessen auch die Perser sich zunächst aus kultischen Gründen der Kreuzigung als Tötungsart, «weil die dem Ormuzd geweihte Erde nicht durch den Körper eines Hingerichteten verunreinigt werden sollte. Später begegnet das Kreuz als Hinrichtungsmittel bei Alexander dem Großen, bei den Diadochenherrschern ... und vor allem bei den Puniern.» J. BLINZLER: Der Prozeß Jesu, 263. Gerade aber bei den *Phöniziern* und *Karthagern* galt «die Darbringung lebender Menschen ... als *das* Opfer schlechthin»; G. HERM: Die Phönizier, 107–110, S. 109; auch die Ersetzung des Menschenopfers durch die Tötung von Lämmern, wie sie Gen 22,1–19 erzählt, war bei den Phöniziern üblich und bildet den Hintergrund auch der christlichen Deutung des Menschenopfers des getöteten Christus als des «Lamm Gottes». Zu einem reinen Strafmittel ohne jeden kultischen Beiklang geriet die Kreuzigung wohl erst bei den *Römern*, die sie von den Puniern übernahmen. «In den römischen Provinzen war diese Strafe eines der wichtigsten Mittel zur Aufrechterhaltung von Ordnung und Sicherheit, und namentlich die Geschichte der unruhigen Provinz Judäa weiß von zahllosen Exekutionen am Kreuz zu

dabei zu schnell sterben; deshalb die Annagelung an einen Pfahl, deshalb die Präzision einer Hinrichtung im Verlauf von Stunden[4]. Man kann es gar nicht kraß genug hervorheben: Nichts, aber auch gar nichts an Verehrungswürdigem, an Menschenwürdigem, an göttlich Großem ist über das Kreuz zu sagen. Es ist im Gegenteil die schrecklichste Form der Quälerei und Men-

berichten. Daß Quintilius Varus zweitausend Juden auf einmal dem Kreuz überantwortete, wurde schon erwähnt. Um das Jahr 46 n. Chr. ließ der Prokurator Tiberius Alexander, ein jüdischer Renegat und Neffe des berühmten Philosophen Philo, die beiden Söhne des Freischarenführers Judas des Galiläers, Jakobus und Simon, ans Kreuz schlagen.» J. BLINZLER: Der Prozeß Jesu, 263–264. FLAVIUS JOSEPHUS: Jüdische Altertümer, XX 5,2; S. 651; DERS.: Der jüdische Krieg, II 13,2; Bd. 1, S. 193 nennt die Zahl derer «unermeßlich», die von dem Prokurator *Felix* (52–60 n. Chr.) gekreuzigt wurden, als es diesem gelang, den «Räuberhauptmann», d. h. den «Freiheitskämpfer» *Eleazar* und seine Mannschaft gefangenzunehmen. A. a. O., V 11,1, Bd. 2, S. 148–149 berichtet JOSEPHUS, daß *Titus* bei der Belagerung Jerusalems täglich bis zu 500 und mehr Flüchtlinge aus der Stadt, die aus Hunger auf Nahrungssuche waren, aufgreifen ließ. «Sie wurden dann gegeißelt und auf jede Art gequält, ehe man sie tötete, und zuletzt wurden sie im Angesicht der Mauer ans Kreuz geschlagen... Vor allem... ging er... nicht von den Kreuzigungen ab; er hoffte nämlich, die Juden könnten unter dem Eindruck dieses Schauspiels doch noch kapitulieren, da ihnen ja das gleiche Schicksal drohte, wenn sie bei ihrem Starrsinn blieben. Die Soldaten aber waren so wütend und haßerfüllt, daß sie ihre Opfer noch verspotteten und jeden in einer anderen Weise kreuzigten, und schließlich war kein Platz mehr vorhanden für die Kreuze, und auch die Kreuze reichten nicht mehr aus für die Menge von Körpern.» – E. STAUFFER: Jerusalem und Rom, 123–127 gibt eine ausführliche Aufzählung der Kreuzigungen in der Zeit der *Seleukiden* und *Makkabäer*: «In der frühmakkabäischen Zeit sind es zunächst die Männer der sadokidischen Priesteropposition, die den Märtyrertod am Kreuze sterben... Anno 88 feiert *Alexander Jannai* einen großen Sieg über seine pharisäischen Gegner und veranstaltet mitten in Jerusalem ein großes Festbankett mit seinen Mätressen, während vor seinen Augen achthundert kriegsgefangene Pharisäer ans Kreuz geschlagen werden... Alexander Jannai... heißt bei seinen Gegnern hinfort nur noch Thrakidas, d. h. der grausame Thraker.» (125) Vgl. FLAVIUS JOSEPHUS: Jüdische Altertümer, XIII 14,2, S. 193. *Jannäus muß auch das Wirken des Lehrers der Gerechtigkeit*, der an der Spitze der Essenergemeinde von Qumran sich als den Priester-Messias von Israel ausgab, als politische Rebellion aufgefaßt haben, «und als solche verdiente sie eine besonders grausame Strafe, die Jannäus von seinen heidnischen Söldnern gelernt hatte: die Kreuzigung, die Hinrichtung eines Menschen, indem man ihn bei lebendigem Leibe an einen Pfahl hing, bis er vor Hunger und Kälte starb. Da ein Begräbnis untersagt war, blieb der Körper des Toten hängen, bis er zerfiel.» J. M. ALLEGRO: Die Botschaft vom Toten Meer, 85. Vgl. auch Y. YADIN: Die Tempelrolle, 234–237.

[4] Zu den Verfahren der Kreuzigung vgl. J. BLINZLER: Der Prozeß Jesu, 265–267; J. SCHNEIDER: *stayros*, in: G. Friedrich (Hrsg.): Theologisches Wörterbuch zum Neuen Testament, VII 572–580, S. 573. E. STAUFFER: Jerusalem und Rom, 127 schildert als das

schenschinderei, die man als öffentliche Strafe in der Geschichte der Menschheit jemals zur «Abschreckung» erfunden hat.
Aber wovor eigentlich will man abschrecken? – Erst mit dieser Frage gelangt man zu der wirklichen Bedeutung dieses Tages. Einzig «schrecklich» findet man an Jesus die Macht seiner Freiheit und das Maß seiner Unbefangenheit; *sie* fürchtet man auf den Tod. Zum Hassen findet man an ihm die Kraft seiner Güte; *sie* erträgt man nicht. Also, daß man sich fragen muß, wie dieser Tag denn möglich war.
Man ist als Theologe schon daran gewöhnt, in fixen Worten zu verkünden, wie Jesus sich freiwillig hingegeben hat zum Sterben, aus Liebe zu uns Menschen. Aber solche Theologenrede geht entschieden zu leicht von den Lippen, und sie stimmt so nicht. Immer wieder, sagt selbst das Neue Testament, hat Jesus sich versteckt (Mk 3,7; Joh 10,39; Lk 21,37). Er wollte nicht sterben. Und in wörtlichem Sinn hat er sich nicht «hingegeben». Wozu denn auch, und wem gegenüber? Er war gekommen, einem jeden Menschen zu sagen, daß dieses Leben, das er in seiner Hand hält, ein Werk der Gnade seines Vaters sei, dazu bestimmt, in Angstfreiheit und Unbefangenheit glücklich zu sein, um in der Dankbarkeit des Daseins Güte zu lernen und zu üben. An keiner Stelle findet man Jesus in der Nähe zu Masochismus, Qual und Gewalt.
Wenn Jesus trotzdem in gewissem Sinne wie mutwillig sich am Gründon-

übliche Kreuzigungsverfahren im römischen Palästina: «Der Verurteilte wird zunächst erbarmungslos gegeißelt. Dann schleppt er den Querbalken seines Kreuzes durch die Stadt auf den Richtplatz, wo der senkrechte Kreuzesstamm bereits im Boden eingerammt ist. Dort wird er nackt ausgezogen. Dann nagelt man ihn mit ausgespannten Armen an den Querbalken, zieht den Balken am Kreuzesstamm hoch und befestigt ihn zwei bis drei Meter über dem Erdboden, so daß das fertige Kreuz normalerweise die Form eines lateinischen T hat. Nun nagelt man die Füße des Verurteilten am Kreuzesstamm fest. Über dem Kopf des Gekreuzigten aber bringt man den Titulus an, eine Tafel mit kurzer Urteilsbegründung. Der Kreuzestod ist nach *Cicero* die ‹grausamste und fürchterlichste Todesstrafe›. Wenn man mit dem Delinquenten Erbarmen hat, so verkürzt man seine Leiden durch das Zerbrechen der Schienbeine oder einen Lanzenstich in die Achselhöhle. Wenn das nicht geschieht, muß der Unglückliche in seiner qualvollen Lage viele Stunden, oft mehrere Tage hängen, bis endlich der Tod eintritt durch Erschöpfung, Ersticken, Blutstokkung, Herzriß, Kollaps oder einen traumatischen Schock. Die ganze Zeit hindurch aber ist der Gekreuzigte völlig hilflos den Raubtieren und Vögeln preisgegeben, die ihn anfallen. Nicht einmal den Fliegen und Bremsen kann er wehren, die sich auf seinen Wunden niederlassen. In summa: Die Kreuzesstrafe ist die infernalischste Erfindung der antiken Justiz, die qualvollste Marter, die Menschen durch Menschen erleiden können.»

nerstagabend den Häschern stellt, so muß sein Verhalten einen Grund haben, der einzig in ihm selber liegt, und diesen Grund kann man verstehen. Was man aus seinem Munde in jeder Rede hören und was man in jeder Begegnung mit ihm erfahren konnte, bestand immer wieder in der Versicherung, daß es nicht nötig sei, vor irgend etwas in dieser Welt eine solche Angst zu entwikkeln, daß wir unser eigenes Wesen, das Werk Gottes, verbiegen und verlügen müßten. Alles, was Jesus lehrte, war einzig dies, daß wir festen Sinnes Vertrauen haben könnten in die Grundlagen unseres Daseins. Wir brauchten uns nicht länger wie verzweifelt an die Äußerlichkeiten des Lebens zu klammern, sondern wir könnten in jedem Augenblick eine wie selbstverständliche Weitherzigkeit des Glücks zu leben beginnen. So lehrte er, und so lebte er; nur deshalb offenbar war er es sich selbst schuldig, von einem bestimmten Zeitpunkt an seiner Verhaftung nicht mehr auszuweichen. All seine Bilder, Verheißungen und Worte hatten ihre letzte Probe solange nicht bestanden, als er selber sich versteckte oder auf der Flucht war[5].

Paßt denn eine Botschaft der Angstfreiheit, des Vertrauens und der Güte in eine Welt, wie wir sie kennen? Haben nicht all diejenigen recht, die der Botschaft Jesu gegenüber erklären, sie sei nichts weiter als das Gerede eines Sonntagsredners der üblichen Couleur, das phantastische Geschwätz eines Mannes, der die Not, die Gemeinheit, die Herausforderung des Bösen nicht wirklich zur Kenntnis nehme? Beweist denn die Macht des Faktischen nicht an jeder Stelle, daß man so, wie Jesus es sich dachte, einfach nicht leben *kann*?

Vermutlich hat Jesus sich selber immer wieder gefragt, was eigentlich stimmt an seiner Botschaft. Und wie war es gemeint, wenn der Prophet *Sacharja* für die Tage der Endzeit die Gestalt eines Lügenpropheten weissagte[6]? Im Grunde klagt man Jesus nur eines einzigen Verbrechens an: daß er das Volk aufwiegele, von Galiläa angefangen bis herunter nach Judäa (Lk 23,5). Aufruhr und Anarchie scheinen in der Tat die unvermeidlichen Folgen seiner Reden und seiner Handlungen zu sein. Es läßt sich nicht leugnen: alle Ordnung dieser Welt bringt dieser Mann aus Nazareth durcheinander; all die gewohnten Verteilungen von Macht und Rang stürzt er um (Mk 10,25–27): alle Rangabzeichen nichtig, all die Stufenpyramiden der Herrschaft auf den Kopf gestellt (Mk 10,44). Muß Jesus sich nicht selber fragen, ob er die Macht

[5] Siehe oben zu Mk 14,26–42: Die begnadete Angst; S. 482ff.

[6] Siehe oben zu Mk 11,12–26: Zwischen Glauben und Geschäft, S. 204, Anm. 21; S. 206–207.

der Tiefe nicht doch zu stark herausgefordert hat, indem er vielleicht Gott genügend, den Menschen aber *zu viel* Vertrauen entgegenbrachte? Wo sind denn die Menschen, die ihn ohne Angst ertragen, wo diejenigen, denen der Verstand nicht schwindet, wenn sie ihn begreifen, wo solche, die nicht geneigt wären, den Mann aus Nazareth für verrückt zu erklären oder für dämonisch besessen, der Ungeschütztheit seiner Liebe und des Mutes seiner Freiheit wegen?

Nein, das Kreuz ist kein Zeichen der Ehre und kein Zeichen der Verehrung. Es ist die Zusammenballung alles Gegenmenschlichen, alles Gegengöttlichen, und wenn es in der Stunde des Karfreitags irgend etwas zu bedenken und zu überlegen gibt, so einzig, wie man das Kreuz in aller Zukunft *vermeiden, abschaffen, beseitigen, unnötig* machen kann in jeder Form.

Bezogen auf diese Frage enthält die Leidensgeschichte des *Markus*-Evangeliums eine Reihe wichtiger Hinweise, die alle Bereiche und Ebenen unseres Lebens betreffen. Die erste Wahrheit gilt *unserem Kopf*, symbolisiert in Personen wie *Kaiphas* und *Pilatus*. Ihr alle, sagt die Leidensgeschichte Jesu, die ihr die Denkzentralen dieser Welt besetzt haltet, die ihr die Programme macht, die ihr die Befehle ausgebt, hütet euch vor dem Aberglauben der Lüge. Gewiß, bei MAX WEBER kann man es lesen: es sei einfach nicht wahr, daß aus guten Taten immer nur Gutes hervorgehe und aus bösen Taten immer nur Böses, und wer das nicht begreife, sei politisch ein Kind[7]. Alles spricht dafür, daß MAX WEBER recht hat. Aber wenn von der Leidensgeschichte Jesu auch nur die geringste Veränderung ausgehen soll, so muß man sagen: es ist auf dieser Welt tausendmal besser, als ein Kind zu sterben, denn als ein Erwachsener zu morden. Es muß irgendwann einmal möglich werden, daß zwei mal zwei wieder gleich vier ist, im Denken wie im Handeln, und daß die Dialektik aufhört, die jeden geraden Satz verbiegt und immer nur mit Tricks glaubt, zum Erfolg zu kommen. Ein Hindu wie MAHATMA GANDHI hat so zu leben versucht. «Wenn du weißt, was recht ist», schlug er vor, «so stell dich hin und handle wie Jesus: Wenn man dich schlägt, schlage nicht zurück; bleib stehen, wo du bist; weiche nicht aus. – Ich habe gesehen, daß das funktioniert», bekannte dieser Mann, dem man den Namen «Die große Seele» – *Mahatma* – zu Recht gab[8]. Warum nur fällt uns das so schwer, einfach zu

[7] Vgl. M. WEBER: Der Beruf zur Politik, in: J. Winckelmann (Hrsg.): Max Weber: Soziologie. Weltgeschichtliche Analyse. Politik, 175–177; E. DREWERMANN: Der Krieg und das Christentum, 158, Anm. 58.

[8] Vgl. E. H. ERIKSON: Gandhis Wahrheit, 473–489: Homo religiosus; P. SHRI S. NEHRU:

tun, was wir als Wahrheit glauben? Und warum lassen wir uns von den Zeitungen, von den Rundfunkmeldungen, von der Propaganda ständig einreden, daß die Wahrheit keine Chance habe und man sie nicht leben *dürfe* – aus Verantwortung! Denn eines sei die *Gesinnungsethik*, ein anderes aber die *Verantwortungsethik*? Auch ein Mann wie Pilatus *wollte* Jesus nicht hinrichten; aber er glaubte es zu *müssen*. Diesen *kalten Sadismus der Berechnung* muß man verstehen. Auch ein Mann wie Kaiphas *wollte* Jesus nicht beseitigen, er glaubte lediglich, klar zu erkennen, daß man sich den Propheten aus Nazareth nicht länger leisten könne. Diesen *pragmatischen Zynismus* muß man begreifen. Oder es wird der Karfreitag nie aufhören auf dieser blutgetränkten Erde.

Ein zweites kann man lernen für die *Hände* und die *Arme*, symbolisiert in der Masse des Volkes und in den römischen Soldaten. Jeder Befehl, und sei er noch so falsch, hat seine Handlanger, und überall auf der Welt trainiert man Achtzehn- und Zwanzigjährige, wie man am rationellsten und am praktischsten andere Menschen zu verwunden und zu töten vermag[9]. *Die Legionäre* haben von sich her nicht das geringste Interesse an Jesus; im Grunde ist er ihnen vollkommen gleichgültig; doch gerade deshalb taugt er als Beute für ihren obszönen Sadismus. Die schlimmsten Verbrechen auf dieser Erde werden nicht aus Mordlust begangen; teuflischer ist der Gehorsam, der sich scheut, über den Inhalt bestimmter Befehle selber nachzudenken[10]. Das furchtbarste Raubtier dieser Welt ist nicht der Panther und der Löwe, wohl aber ein Menschentyp, der das Denken aufgegeben hat, indem er seine Verantwortung delegiert[11]: an die Systeme, an die Instanzen, an die Hierarchie der Weisungen. Die ständig Unschuldigen, diese chronisch Gewissensreinen, diese notorischen Pflichttäter sind die Furchtbarsten; sie haben immer ihre Ausreden, sie tragen immer ihren Persilschein bei sich, sie sind es am Ende nie gewesen. – «Hört auf, nur die Muskulatur, nur die Reflexmaschine, nur

Mahatma Gandhi, 87–127 zitiert S. 92–93 *Gandhi* mit den Worten: «Der Weg der Wahrheit ist auch der Weg des Friedens. Die Lüge dagegen ist die Mutter der Gewaltsamkeit. Ein nach der Wahrheit strebender Mensch kann auf die Dauer nicht gewaltsam sein. Er wird auf seinem Weg bald erkennen, daß er die Gewalt überhaupt nicht benötigt, und er wird weiterhin entdecken, daß, solange die geringste Spur von Gewalttätigkeit in ihm steckt, seine Suche nach der Wahrheit ergebnislos bleiben wird.» Vgl. M. Gandhi: Freiheit ohne Gewalt, 164–165.

9 Siehe oben zu Mk 15,16–20a: Soldaten, Anm. 14; 17–19; S. 604; 605 f.

10 Siehe oben zu Mk 15,16–20a: Soldaten, Anm. 18; 20, 22; S. 605; 606 f.

11 Vgl. E. Drewermann: Der Krieg und das Christentum, S. 48, Anm. 4; S. 53.

das Ausführungsorgan der Inhumanität zu sein» – das ist die zweite Botschaft der Leidensgeschichte. «Schlagt euch das Denken nicht selber aus den Köpfen; macht euch zuständig für die eigenen Taten!» Ohne das Wagnis eigener Freiheit, eigener Zuständigkeit und eigener Verantwortung wird der Karfreitag immer wiederkehren.

Die dritte Botschaft des Karfreitags ist wie ein Auftrag und wie ein Befehl für unser eigenes *Herz*, verkörpert in den Frauen der Leidensgeschichte. Es ist undenkbar, daß man Jesus getötet hätte, wenn auch nur ein einziger von den Männern, die während des Prozesses Jesu in Aktion treten, auf *die Frauen in der Leidensgeschichte* gehört hätte. Die *Frau des Pilatus*, z. B., überliefert Matthäus (Mt 27,19), hatte einen Traum in jener Nacht, die der Sonnenverfinsterung des Karfreitags vorausging, und sie warnte ihren Mann[12]. Doch wo in unserer so praktisch eingerichteten Welt der Männer hätten Träume je etwas gegolten? Der russische Dichter F. M. Dostojewski hat in seinem Roman *«Raskolnikow»* einmal beschrieben, wie ein junger Student, ehe er sich selber zu einem Mord zwingt, in einem Traum sieht, wie auf offener Straße ein Pferd vor einem überladenen Karren brutal zusammengeschlagen wird. Er selber, sein Gefühl, sein eigenes Herz ist es im Grunde, das er mit seinem Mordplan malträtiert[13]. Jeder Henker zerstört zunächst sich selber. Doch wieviele Träume muß man getötet haben, um in dem traumlos gewordenen «Realismus» der «Männer» diese Welt zu verwalten – und dabei über

[12] Zur Gestalt der *Frau des Pilatus* vgl. E. Schweizer: Das Evangelium nach Matthäus, 332: «Durch das Zeugnis der Frau des Statthalters wird das Groteske der Entscheidung gegen Jesus Christus und für Barabbas noch verstärkt... Später nennt man auch den Namen der Frau, Procula Claudia; in der griechischen und äthiopischen Kirche wird sie sogar zu Heiligen.» Tiefenpsychologisch ist es wichtig zu sehen, daß mit der Welt der *Frau* des Pilatus und ihrem *Traum* konsequent eine Gegenwelt zu der Verstandesherrschaft der Männer auftritt. W. Leierseder: Die Frau des Pilatus, in: W. Leierseder (Hrsg.): Jesu Leidensweg – Menschen am Rande, 26–34 meint (S. 33–34) sehr schön: «Die Frau des Pilatus... legt als Heidin Zeugnis für Christus ab. Sie steht dadurch in enger Beziehung zum Centurio in Kafarnaum und zum Hauptmann unter dem Kreuz. Diese Heiden erkennen Jesus und bezeugen ihn. Die vermeintlich Frommen – sein Volk – verwerfen ihn... Es könnte doch sein, daß es auch heute Menschen gibt, die wir nicht zu den Frommen zählen und die dennoch ein feines Gespür dafür haben, wo Gott heute wirkt und gegenwärtig ist. Und es wäre doch denkbar, daß diese Menschen heute genauso wie jene Heiden damals, die Frommen beschämend, die Gegenwart Gottes erkennen und bezeugen.»

[13] F. M. Dostojewski: Schuld und Sühne, I 5, S. 60–65; vgl. E. Drewermann: Vom Problem des Selbstmords oder von einer letzten Gnade der Natur, in: Psychoanalyse und Moraltheologie, III 98–173, S. 157; ders.: Tiefenpsychologie und Exegese, I 157, Anm. 124.

Leichen zu gehen, nötigenfalls? Immer wieder gibt es Frauen von der Güte jener Unbekannten, die zu Jesus kam und ihn salbte für sein Begräbnis (Mk 14,1–9). Immer wieder gibt es diese Gruppe der Frauen unter dem Kreuz. – «Vergeßt niemals die Botschaft eurer Träume und die Wahrheit eurer Gefühle!» sagen uns diese Gestalten der Frauen in der Leidensgeschichte Jesu. Mag unser Gesellschaftssystem und die Institution Kirche noch so patriarchalisch sein, wir dürfen nicht vergessen, was jede Frau weiß, die ein Kind zur Welt bringt: daß sie dies nicht tut im Interesse von Tod, Martyrium und Folterung, sondern als Zeichen einer unverbrauchten Hoffnung, einer noch unzerstörten Menschlicheit und einer instinktiven Güte, die keiner weiteren Rechtfertigung bedarf. Solange wir unsere Träume töten, unsere Gefühle unterdrücken und die Welt der Frauen zum Schweigen verurteilen, bleibt der Karfreitag unser aller Schicksal.

Eine letzte Botschaft der Leidensgeschichte gehört unserer *Seele*, symbolisiert in der Person Jesu selber. Wenn wir an diesem Tag die Knie beugen, dann nicht vor dem Schandpfahl des Kreuzes, wohl aber vor dem Gekreuzigten. Er war der wunderbarste Mensch, der je gelebt hat auf diesem Planeten. Alles, was wir je von Gott begreifen werden, war in ihm lebendig, und wo immer wir untereinander ein Stück Liebe pflegen und erfahren, werden wir nach und nach von jener Wahrheit mehr verstehen, die er uns bringen wollte. Wenn es an diesem Tage eine Hoffnung gibt, so besteht sie einzig in der Evidenz einer solchen Liebe: *Nichts, was wir wirklich lieben, wird zerstörbar sein*. Nichts, woran wir so hängen, daß es uns ermöglicht, Menschen zu sein, wird im Tod zugrunde gehen. Unzerstörbar ist allein die Macht der Liebe, und Menschen, die wir wirklich lieben, können nicht sterben. Dieses Zeugnis unserer Seele hat recht. Selbst der Karfreitag ist nur ein Anfang. Begreifen wir Jesus in der Stunde seines Todes tief genug, so schwinden die letzten Gründe der Angst. Es *gibt* die Kraft einer unzerstörbaren Liebe. Es *gibt* den Mut einer ewigen Wahrheit. Es *gibt* einen Gott, der will, daß wir leben, und der uns beruft zur Unsterblichkeit.

Es ist im Gebetbuch des Alten Israels der *Psalm 34*, der am tiefsten wider alle Anfechtung das Vertrauen ausspricht, es sei möglich, das Böse von Gott her zu überwinden. Dieser Psalm lautet (in eigener Übersetzung):

Preisen möchte ich den Herrn zu jeder Zeit.
Immer erklinge sein Lob in mir.
Im Herrn kann ich selbst mich über mich freuen.
Die Bettler des Lebens: möchten sie's hören,
möchten sie innerlich froh sein.

Verehrt den Herrn zusammen mit mir,
gemeinsam laßt uns ihn rühmen, daß er so ist.
Ich habe so sehr nach dem Herrn gesucht,
und er hat mir Antwort gegeben.
Er riß mich heraus aus all meinen Nöten.
Blickt auf ihn hin, und es wird in euch hell,
daß man nicht mehr rot werden muß vor Scham.
Denn es ist so: wo ein Armer ruft,
erhört der Herr,
aus all seinen Ängsten errettet er ihn.
Beschützend umlagert der Engel des Herrn
diejenigen, die ihn achten,
er wird sie befreien.
Erspürt und erfahrt:
der Herr ist gut.
Glücklich der Mensch,
der sich birgt in ihm.
Achtet den Herrn,
die ihr zu ihm gehört,
für die, die ihn achten,
besteht kein Mangel.
Selbst starke Menschen sind schon verarmt und mußten hungern;
die den Herrn suchen aber
leiden nicht Mangel an irgend etwas, das gut ist.
Kinder,
hört mir zu,
die Achtung des Herrn möcht ich euch lehren.
Trägt nicht ein jeder Verlangen nach Leben,
wünscht nicht ein jeder, lange zu leben, gut zu leben?
So bewahrt eure Zunge vorm Bösen
und eure Lippen, Betrug zu reden.
Meidet das Böse, tut das Gute,
strebt nach Frieden, geht ihm nach.
Die Augen des Herrn ruhen auf denen,
die in ihm gerechtfertigt sind,
und seine Ohren hören
auf ihr Flehn um Hilfe.
Nur die, die immerzu Böses tun,
gegen die wendet Gott sein Angesicht,

um jede Erinnerung an sie
von dieser Erde zu tilgen.
Die anderen aber, – sie riefen um Hilfe,
und Gott hat erhört,
aus all ihren Ängsten riß er sie heraus.
Nah ist der Herr denjenigen,
die innerlich zerbrochen sind,
er rettet die Verzweifelten.
Wer an Gott glaubt, muß vieles leiden,
aber aus allem reißt Gott ihn heraus.
Er behütet alles, was in ihm lebt,
nichts davon darf zerbrochen werden.
Den Frevler bringt das Böse um,
die den Gläubigen hassen,
werden es zu bereuen haben.
Der Herr macht frei im Inneren,
die seine Diener sein möchten:
und alle, die sich in ihm bergen,
werden es nicht zu bereuen haben.

Mk 15,42–47: Joseph von Arimathäa oder: Die Moral des Absurden

[42]Und als es schon Abend geworden, zumal es Rüsttag, das heißt Vorsabbat war, [43]kam Joseph – der – von Arimathäa, ein angesehener Ratsherr, der selbst auch ein Wartender war auf das Königtum Gottes, wagte es, ging hin zu Pilatus und erbat sich den Leib Jesu. [44]Pilatus aber wunderte sich, ob er denn schon tot sei, rief den Hauptmann herzu und fragte ihn, ob er schon länger gestorben sei. [45]Und als er es vom Hauptmann erfuhr, schenkte er die Leiche dem Joseph. [46]Da kaufte er Leinen, nahm ihn herab, wickelte ihn in das Leinen und setzte ihn bei in einem Grab, das aus Felsen herausgehauen war, und wälzte einen Stein ans Tor des Grabes. [47]Maria aus Magdala aber und die Maria des Joses sahen, wo er beigesetzt war.

Joseph von Arimathäa tritt auf, als alles schon vorüber ist, – ein erstaunlicher Mann, dessen Verhalten ebenso imponierend wie überraschend wirkt. Er mutet an wie das lebendige Beispiel einer Ethik des Absurden, hineingestellt in die Zeit zwischen Karfreitag und Ostern, das heißt, genauer gesagt, hineingeworfen in den Abend des Karfreitags, ohne Wissen, daß es je ein Ostern geben wird[1]; und doch bereitet er durch seine Art des Handelns den Raum

[1] Dies gilt besonders, wenn man (gegen R. Pesch: Das Markusevangelium, II 509) voraussetzt, daß die Grablegungsgeschichte einmal die Passionsgeschichte abgeschlossen hat. Für diese Annahme spricht vor allem die Spannung zwischen den beiden Zeuginnenlisten in Mk 15,47 und 16,1 – eine Spannung, die offenbar erst durch Markus in 15,40-41 ausgeglichen wurde; vgl. L. Schenke: Der gekreuzigte Christus, 77–78. I. Broer: Die Urgemeinde und das Grab Jesu, 135–136 weist zudem darauf hin, daß die Grablegungsgeschichte «das Begräbnis Jesu in keiner Weise als nur vorläufiges, in aller Eile stattfindendes und unvollständiges» schildern will; der Gang der Frauen zum Grab am Ostermorgen aber unterstellt, daß eine Salbung des Leichnams Jesu nicht stattgefunden hätte. Fraglich ist allerdings die von Broer (S. 82) vertretene Meinung, die Grablegungsgeschichte stehe «einfach unverbunden hinter dem Kreuzigungsbericht», weil in ihr «bisher in der Kreuzigungstradition nicht genannte Personen die Szene» beherrschten; vielmehr wird L. Schenke (S. 78) zuzustimmen sein, daß hier lediglich ein neuer, abschließender Teil der Passionsgeschichte erzählt werde, der auch durch die Erzählung des Pilatus und des Hauptmanns folgerichtig an das Erzählte anschließt. «15,42–47 schildert also die Grablegung als letzten Akt der Passionsgeschichte: dem von Synedrium und Pilatus zum Tode verurteilten und gekreuzigten Messias wird von einem seiner Richter doch noch die Ehre einer würdigen Bestattung zuteil.» Daß bereits die Qualifizierung «der Grabstätte als

der Auferstehung vor; von ihm wie sonst von niemandem läßt sich erlernen, wie man die Stunden der Sonnenfinsternis dieses Abends zu durchleben vermag, ohne daß die Dunkelheit sich endgültig um unser Dasein schließt.
Er war Mitglied des Hohen Rates, und ausdrücklich vermerkt das *Markus*-Evangelium, daß er dort ein angesehener Mann war (Mk 15,43)[2]. Man kann

Felsengrab ..., in das man hineingehen und in dem man einen Engel treffen kann (16,5)», auf die Ostergeschichte hinweisen soll, ist ein «Argument, an das trotz R. PESCH: Das Markusevangelium, II 515 schon Matthäus nicht glauben mochte: Mt 28,2 findet es viel beeindruckender, den Engel des Herrn auf dem umgewälzten Grabstein Platz nehmen zu lassen; noch absurder wird es, wenn der Rollstein (Mk 15,46) schon auf das Gespräch der Frauen in 16,3 hinweisen soll (PESCH: A. a. O., II 515); im Gegenteil: Wenn die Frauen *wußten*, daß sie den Rollstein nicht entfernen konnten, wieso gehen sie dann, ohne Hilfe mitzunehmen, «früh» am Morgen überhaupt zum Grab? – Man kann nicht mit historisch klingenden Realia einen Text «vorbereiten», der wesentlich *symbolisch* zu verstehen ist, wie Mk 16,1–8.

[2] Die Grablegungsgeschichte (15,42–47) ist, wie I. BROER: Die Urgemeinde und das Grab Jesu, 189 feststellt, durchaus *novellistisch* (im Sinne von M. DIBELIUS: Die Formgeschichte des Evangeliums, 66–67; 73) geprägt: «Die Nennung Josephs als eines reichen Mannes und als eines Freundes Jesu und des Pilatus; die Nennung Josephs als eines guten und gerechten Mannes; die Bezeichnung seines Vorgehens als Wagnis; das Erstaunen des Pilatus; die Neuheit des Grabes; die große Menge der Spezereien.» Das bedeutet, daß in der Auslegung der Erzählung keinesfalls die Tatsache eines «ehrenvollen» Begräbnisses des «Messias» Jesus in abstrakter Einseitigkeit in den Mittelpunkt der Betrachtung gestellt werden darf; es geht in der Erzählung *wesentlich* um den Mann, der die Beisetzung Jesu vornimmt. Dies gilt um so mehr, als in der Historizität des Berichtes erhebliche Zweifel anzumelden sind, die sich *literarkritisch* und *sachkritisch* ergeben: In Mk 15,42 dürfte die Zeitangabe: *«und als es schon Abend geworden»*, die sich mit der Erwähnung des «Rüsttages» deutlich stößt, von Markus selber stammen, der dieselbe Wendung nicht nur bereits in 4,35 und 6,47 einbringt (vgl. I. BROER: A. a. O., 142), sondern auch das Passionsstundenschema in 15,25.33.34 voraussetzt (siehe oben zu Mk 15,20b–41, Anm. 13). Ursprünglich dürfte 15,42 nur geheißen haben: *«Weil es Rüsttag war...»*, wozu dann von Markus noch die Ergänzung: *«das heißt Vorsabbat»* (also Freitag) hinzugefügt wurde; diese Notiz aber wurde erst durch die Anfügung der Ostergeschichte von 16,1–8 nötig, die am ersten Wochentag, dem heutigen Sonntag, spielt (16,2), und es scheint darin sogar eine gewisse Sabbatentwertung und -kritik anzuklingen (BROER: A. a. O., 155); an sich konnte mit dem «Rüsttag» auch der Rüsttag des Passahfestes, also im Grunde jeder beliebige Wochentag gemeint sein. (L. SCHENKE: Der gekreuzigte Christus, 80) Ohne das Zeitschema des Markus kann auch von einem eiligen oder «provisorischen» Begräbnis Jesu (wie E. SCHWEIZER: Das Evangelium nach Markus, 209 es annimmt), in der ursprünglichen Erzählung keine Rede sein; im Gegenteil hat Joseph von Arimathäa noch genug Zeit, nach dem Besuch bei Pilatus Leinwand zu kaufen. Am meisten problematisch aber ist das *Motiv*, das Joseph von

Arimathäa zugeschrieben wird und das in der Zeitangabe des «Rüsttages» selbst liegt: nach Dt 21,22–23 darf ein am Pfahl Gehängter «nicht über Nacht am Pfahl bleiben, sondern du sollst ihn noch am selben Tage begraben.» I. BROER: (a. a. O., 192–195) meint richtig, daß nach dieser Vorschrift «im Lauf des Nachmittags dieses Rüsttages eigentlich nicht nur alle Pharisäer und Schriftgelehrten, sondern alle gesetzesfrommen Juden bei Pilatus» sich hätten einfinden und für das Begräbnis der drei Hingerichteten hätten sorgen müssen (192). FLAVIUS JOSEPHUS: Der jüdische Krieg, IV 5, 2; Bd. 2, S. 45 erwähnt ausdrücklich, daß «den Juden so viel daran gelegen ist, ihre Toten beizusetzen, daß sie sogar die Leichen der Gekreuzigten noch vor Sonnenuntergang abnehmen und bestatten». Von all dem aber geschieht nichts; das Motiv des Rüsttages scheint gerade *nicht* mehr ausschlaggebend für die Beisetzung Jesu zu sein, und wohl schon Markus selbst hat «den Mangel eines persönlichen Motivs» bei Joseph von Arimathäa bemerkt und aus diesem Grunde in 15,43 eingefügt: *«der selbst auch ein Wartender war auf das Königtum Gottes»; dies*, nicht mehr die jüdische Ritualvorschrift, motiviert jetzt den jüdischen Ratsherrn. In summa: «Nimmt man das von der Tradition gebotene Motiv... (sc. vom «Rüsttag») wörtlich, so wird einerseits nicht deutlich, warum gerade Joseph von Arimathäa Jesus begraben hat und nicht alle gesetzesfrommen Juden diesen Wunsch hatten. Auf der anderen Seite ist verwunderlich, daß hier nicht mit Dt 21 argumentiert wird. – Beides könnte ein Anzeichen sein, daß der ‹Verfasser› unserer Geschichte keine konkreten Anschauungen vom Begräbnis Jesu hat.» I. BROER: A. a. O., 194–195. Für den Aufbau der Erzählung an sich überflüssig und im Rahmen der Erzählung nicht ohne Spannung sind Mk 15,44.45: die Verwunderung des Pilatus über den raschen Tod Jesu und die Berichterstattung des Hauptmanns. Nimmt man an, daß die Erwähnung des Hauptmanns in Mk 15,39 nicht sekundär, sondern ursprünglich ist (s. o. zu Mk 15,20b–41, Anm. 15), so könnte die Notiz freilich bereits der Erzählung selbst zugehört haben; vgl. L. SCHENKE: Der gekreuzigte Christus, 81. Sehr seltsam indessen ist die Tatsache, daß in Mk 14,46 Joseph von Arimathäa zwar eigens Leinwand kauft, um Jesus «ein relativ würdiges Begräbnis» zu ermöglichen; J. BLINZLER: Der Prozeß Jesu, 291; auch werden alle Details der Kreuzesabnahme und der Beisetzung, nicht aber die Salbung und Waschung des Leichnams selbst berichtet; dies «könnte wiederum ein Anzeichen dafür sein, daß unserer Geschichte keine konkreten Anschauungen vom Begräbnis Jesu zugrunde liegen». I. BROER: A. a. O., 198; vgl. S. 292. M. a. W.: «Bleibt man ... in erster Linie bei den Texten, so lassen diese eine positive Beantwortung der Frage, ob die Urgemeinde Jesu Grab kannte, mit Sicherheit nicht zu, da die näheren Kennzeichnungen des Grabes Jesu bei allen vier Evangelisten – vorsichtig ausgedrückt – nicht unverdächtig sind, sekundär zu sein... So teilt die Grablegung Jesu das Schicksal mit vielen anderen Daten der evangelischen und profanen Geschichte, die sich in ihrem genauen Ablauf nicht mehr rekonstruieren lassen.» (S. 294) Unter diesen Umständen wird man die Erzählung der Grablegung Jesu gerade nicht unter der Frage lesen dürfen, was historisch mit dem Leichnam Jesu geschehen ist, sondern wie *Menschen* auf die Hinrichtung Jesu reagieren könnten und sollten. – Zur Person des *Joseph von Arimathäa* ist es nicht eindeutig, ob die Bezeichnung «Ratsherr» wirklich ein Mitglied des Hohen Rates in ihm sieht; vgl. die Überlegungen bei I. BROER: A. a. O., 175–176. E. SCHWEIZER: Das Evangelium nach Markus, 209–210 läßt die Frage offen, wenn er schreibt: «Ein ‹Ratsherr› kann Mitglied des Hohen Rates..., aber auch irgendeiner lokalen Gerichtsbehörde sein.» Mit der Mehrheit

sich vorstellen, mit welchen Gefühlen er die Verhandlungen des Synhedriums besuchte und das Intrigenspiel gegen Jesus verfolgte. Auch er erwartete das Königtum Gottes (Mk 15,43)[3]; doch das muß nicht bedeuten, daß er in eigentlichem Sinne zu den Anhängern Jesu zählte; wohl stand er diesen offensichtlich nahe, – mindestens sympathisierte er mit ihnen; aber er scheint ein Mann zwischen den Fronten geblieben zu sein. Wir wissen nicht, wie er sich in den einzelnen Ratssitzungen und bei den Beschlüssen des Hohen Rates gegen Jesus verhalten hat. Doch bereits der Umstand, daß er diesem Gremium nach wie vor angehört, kennzeichnet ihn auf besondere Weise. Offensichtlich war er ein Mann des Möglichen, der nicht *mehr* durchsetzen wollte, als durchzusetzen war, der aber mit Mut und Entschlossenheit den vorgegebenen Handlungsspielraum zugunsten der Sache Jesu auszuschöpfen suchte. Joseph von Arimathäa scheint aus Überzeugung der Meinung gewesen zu sein, Unrecht abzuschwächen sei besser als nutzlos zu protestieren. Bereits an dieser Stelle beginnt jene bemerkenswerte Moral des Absurden[4],

der Autoren (und schon mit Lukas 23,50–51) wird in der vorgeschlagenen Auslegung Joseph gerade als Mitglied des Synhedriums vorgestellt, der dem Todesbeschluß gegen Jesus nicht zustimmt. – Die *«Angesehenheit»* des Joseph von Arimathäa (Mk 15,43) dürfte den Ratsherrn als «reichen Grundbesitzer» bezeichnen, wie J. JEREMIAS: Jerusalem zur Zeit Jesu, 111 meint. In dieser Deutung zeigt sich noch einmal, daß die frühe Kirche die Gestalt Jesu sich gewiß nicht nach der Art eines Sozialrevolutionärs vorgestellt hat. Die Wohlhabenheit des Joseph läßt zugleich annehmen, daß Joseph «selbstverständlich über Dienstpersonal» verfügte und «daß Joseph den Leinwandkauf durch einen Diener vornehmen ließ und auch bei den übrigen Verrichtungen Helfer zur Hand hatte.» J. BLINZLER: Der Prozeß Jesu, 290. Bei der Stadt *Arimathäa*, aus welcher Joseph stammen soll, dürfte es sich um Ramathaim bei Lydda handeln. (1 Sam 1,1) «Seinen Wohnsitz muß er in Jerusalem gehabt haben, da er ein Mitglied des Synedriums war.» BLINZLER: A. a. O., 288. – Wohlgemerkt: es handelt sich hier um die Züge der *Legende* des Joseph von Arimathäa; nicht als historische, sondern als *typische* Gestalt ist seine Person zu interpretieren, wenn man das übliche Dilemma einer nur historischen Fragestellung in der historisch-kritischen Exegese überwinden will.

[3] I. BROER: Die Urgemeinde und das Grab Jesu, 160–161 sagt richtig: «Nach Mk ist Jesus der Verkündiger der Nähe der Gottesherrschaft (sc. wie in Mk 1,15, d. V.); hier ist nun einer, der das Wagnis auf sich nimmt, zu Pilatus zu gehen und um den Leichnam Jesu zu bitten, *weil* er das von Jesus verkündete Gottesreich erwartet, also insofern ein Jünger ist... Hier ist also das Motiv des Joseph von Arimathäa nicht mehr der Charakter des Todestags Jesu, sondern Joseph von Arimathäa geht zu Pilatus, weil auch er einer ist, der die von Jesus verkündete Gottesherrschaft erwartet.»

[4] Die existentialistische «Moral des Absurden» hat A. CAMUS: Der Mensch in der Revolte, 38–40 ebenso richtig wie falsch mit dem christlichen Ansatz verbunden: «Christus kam,

der wir im Verlauf der menschlichen Geschichte an prominenter Stelle immer wieder begegnen. Es ist die Moral einer klarblickenden, doch ohnmächtigen Elite, eine Haltung, die den römischen Philosophen *Seneca* dazu brachte, am Hofe *Neros* zu leben,[5] und einen so weisen Mann wie den römischen Kaiser

zwei Hauptprobleme zu lösen: das Böse und den Tod, die beide gerade die Probleme der Revolte sind. Seine Lösung bestand zuerst darin, sie auf sich zu nehmen. Der Gottmensch leidet auch, und mit Geduld. Das Böse und der Tod können ihm nicht völlig zugeschoben werden, da auch er zerrissen ist und stirbt. Die Nacht von Golgotha hat nur darum für die Geschichte der Menschen so viel Bedeutung, weil in ihrem Dunkel die Gottheit sichtbar auf alle hergebrachten Privilegien verzichtend, bis zu ihrem Ende, alle Verzweiflung eingeschlossen, die Todesangst durchlebt» «Solange das Abendland christlich war, waren dagegen (sc. gegen die Revolte, d. V.) die Evangelien Mittler zwischen Himmel und Erde. Auf jeden einsamen Schrei der Revolte wurde das Bild des größten Schmerzes vorgezeigt. Da Christus ja dies erlitten hatte, und mit vollem Willen, so ist kein Leiden mehr ungerecht.» «Doch vom Augenblick an, da das Christentum am Ende seines Triumphes der Kritik der Vernunft unterworfen wurde, wurde in gleichem Maße, wie die Göttlichkeit Christi geleugnet wurde, der Schmerz aufs neue zum Los der Menschen. Der betrogene Christus ist nur ein Unschuldiger mehr, den die Vertreter des Gottes Abraham in öffentlicher Schaustellung hingerichtet haben.» Es ist richtig, daß das Christentum auf extreme Weise die Dimension des Absurden entdeckt und zu überwinden versucht hat. Aber im Unterschied zum *Buddha* etwa, kam Christus gerade nicht, den Menschen mit der Endlichkeit der Welt, mit dem *Tod*, zu versöhnen; wohl aber kam er, die *Todesangst* im Menschen zu überwinden, die den Menschen «böse» macht, indem sie ihn nötigt, aus Angst vor dem eigenen Tod die Sterblichkeit und Nichtigkeit des anderen zum Zwecke des Selbsterhalts zu instrumentalisieren. Nicht die Einrichtung der Schöpfung, sondern die Todespraxis der menschlichen Geschichte stellte das entscheidende Problem Jesu dar; es war gerade das *nicht*-ambivalente, vertrauenswürdige Bild eines väterlichen Gottes, mit dessen Hilfe Jesus die Grundangst der menschlichen Existenz besänftigen wollte. *Das* war seine Art, die Nähe des «Gottesreiches» zu leben; gerade dadurch aber enthüllte sich die menschliche Geschichte in ihrer vollendeten Sinnlosigkeit und Unmenschlichkeit – in ihrer fundamentalen Gnadenlosigkeit im Feld der Gottesferne. Innerhalb einer solchen*Menschenwelt* mutet ein Glaube an Gott, der sich selber ernst nimmt, schlechterdings absurd an, und er muß doch «gewagt» werden, selbst wenn am Ende nichts anderes zu tun bleibt, als immer wieder nur die unschuldigen Opfer «in Ehren» beizusetzen.

[5] Vgl. G. Stenzel: Seneca: Vom wahren Leben. Ausgewählte Schriften, S. XLI: «Seneca ist der Mann der inneren Revolution. Als einer der verantwortlichen Führer des antiken Weltreiches hatte er genügend realen Sinn, um zu wissen, daß das gesamte wirtschaftliche und politische System zusammenbrechen müßte, wenn an der Institution der Sklaverei gerüttelt würde. Aber davon abgesehen wäre ihm eine äußere Revolution unsinnig erschienen, ehe bei Unfreien und ‹Freien› die innere Voraussetzung dafür geschaffen war. Auch die Frage der Gemeinschaftshilfe rollt er daher von innen her auf.»

Marc Aurel die Staatsgeschäfte weiterführen ließ, trotz endloser Kriege, die ihm menschlich vollkommen widerstrebten[6]. Es ist eine Haltung, die die Forderung des Unbedingten und des moralisch Richtigen mit geduldiger Zähigkeit und unbeugsamer Entschlossenheit in der Wirklichkeit des politischen Alltags zu realisieren sucht, indem sie lieber neunundneunzigmal Unrecht mitunterschreibt und zuläßt, als die Möglichkeit preiszugeben, es beim hundertsten Mal vielleicht doch verhindern zu können; und diese Möglichkeit des hundertsten Mals ist die Rechtfertigung der übrigen neunundneunzig Fälle.

Nach einer solchen Ethik des Absurden versuchten z. B. im Dritten Reich manche Ärzte in den Konzentrationslagern von Dachau oder Buchenwald zu handeln, indem sie in formaler Korrektheit die Totenlisten von zu vernichtenden jüdischen Häftlingen unterschrieben, in der Hoffnung, allein auf diesem Wege unter Umständen den einen oder anderen retten zu können[7]. Zu dieser Haltung gehört die Bereitschaft, selbst für ein unerreichbares Ziel lange Wege in Kauf zu nehmen und jeden Umweg zu riskieren, der vielleicht doch hinüberführt. Wie die Mannschaften *Magelhaes* wochenlang nach Süden segelten, ehe sie endlich die Richtung nach Westen fanden, und auch dann, an den Inseln vor Feuerland noch, ständig den Kurs ändern mußten, um nicht vom Sturm an die Felsen geworfen zu werden, – wie jemand, der

[6] Vgl. W. THEILER: Marc Aurel: Wege zu sich selbst, S. 105: «Marc Aurel anerkennt weder Schicksals- noch Weltangst... er flieht die religiös belastete Frage: woher das Übel?, kennt natürlich keinen Teufel, aber auch keine rettenden Kräfte, keine Gnade, abgesehen vom schlichten Glauben, daß Gott für den Menschen sorgt... er kennt nicht den Genuß der Seligkeit, überhaupt keine persönliche Unsterblichkeit, weiß nichts von einem Gottesreich am Ende eines geschichtlich-übergeschichtlichen Ablaufes, in dem schließlich Gott alles in allem ist. Es gibt für ihn keine eschatologische Vollendung.» Und doch nimmt *Marc Aurel* immer wieder den Kampf für die Vernunft, die Ordnung und den Frieden auf!

[7] Eine solche in gewissem Sinne tragische Gestalt war Papst *Pius XII*, als er im Zweiten Weltkrieg die Rolle des großen Friedensstifters zu übernehmen versuchte und dabei in einem Feld von Kompromissen das einzig Nötige nicht wagte: den undiplomatischen, eindeutigen Widerspruch. «Er denkt an einen neuen Wiener Kongreß – wohl in Rom? –, er möchte Frieden stiften zwischen den Achsenmächten und den Westmächten, gegen die Sowjetunion. Frieden zwischen Hitlers Reich und dem Westen. Er scheitert. Seine Rundfunkreden und Neujahrsansprachen ab 1945, die sich für die Demokratie aussprechen, klingen seltsam aus dem Munde eines Mannes und höchsten Repräsentanten eines Herrschaftssystems, das bis heute (sc. als Kirche!, d. V.) Demokratie noch nicht erlernt und praktiziert hat.» F. HEER: Gottes erste Liebe, 511.

einen Berg nicht übersteigen kann und um ihn herumgeht, indem er sich sorgfältig die ursprüngliche Marschzahl merkt und genau die Schritte zählt, mit denen er vom Kurs abweicht, um *hinter* dem Berg wieder in der vorgezeichneten Richtung weitergehen zu können – so ähnlich wird man sich die Teilnahme Josephs von Arimathäa an den Sitzungen des Hohen Rates vorstellen müssen. Er war angesehen, offenbar weil er weiter zu sehen vermochte als andere; er tat das Vorläufige, gerade indem er das Endgültige erwartete; er gehorchte dem Heute, gerade indem er dem Morgen lebte; und so sah er sich gezwungen, immer wieder vor dem Wind zu kreuzen, und vergaß doch niemals den Kurs; so verwaltete er die Macht unter den Menschen und hörte doch niemals auf, sich nach dem Königtum Gottes zu sehnen. «Joseph von Arimathäa war ein angesehener Ratsherr, der selbst auch des Königtums Gottes harrte.» (Mk 15,43)[8] Mehr sagt *Markus* nicht von ihm, aber dieses Wenige genügt, um sich ein Leben voll innerer Spannung, Tragik und Größe, aber auch voll innerer Geschlossenheit und Entschlossenheit und vor allem: erfüllt von einer nie erlahmenden zähen Geduld vorzustellen. Es sind nur zwei Angaben, die das *Markus*-Evangelium uns über den

[8] Selbst wenn man mit L. SCHENKE: Der gekreuzigte Christus, 80, Zweifel anmeldet, ob die Kennzeichnung Josephs von Arimathäa als eines Mannes, der selbst auch die Herrschaft Gottes erwartete, in Mk 15,43 wirklich redaktionell sei, so kann doch kein Zweifel herrschen, daß in ihr das wahre Motiv für das «Wagnis» dieses Mannes zu sehen ist. «Ein Wagnis war die Bitte deswegen, weil sie als ein Bekenntnis zu dem Verurteilten und Hingerichteten aufgefaßt werden mußte.» J. BLINZLER: Prozeß Jesu, 289. Freilich liegt auch hier ein historisches Problem, auf das BLINZLER, ohne es zu wollen, selber hinweist (a. a. O.): «Da nach der damaligen Rechtslage die Freigabe eines wegen Majestätsverbrechens Hingerichteten keineswegs selbstverständlich war... bestätigt dieser Vorgang in eindringlicher Weise das Bild, das die evangelischen Prozeßberichte von Pilatus zeichnen: Nur wenn es zutrifft, daß Pilatus in Jesus keinen wirklichen Staatsverbrecher gesehen und das Todesurteil nur ungern ausgesprochen hatte, wird verständlich, daß er dem Antrag auf Ausfolgung der Leiche ohne jede Bedingung oder Auflage stattgegeben hat.» Umgekehrt muß man schließen: Da sich gezeigt hat (s. o. zu Mk 15,1–15, Anm. 1; 3), wie tendenziell und historisch fragwürdig die positive Darstellung der Rolle des Pilatus im Prozeß Jesu zu betrachten ist, macht sich die gesamte Erzählung von der Beisetzung des Leichnams Jesu «in eindringlicher Weise» historisch unglaubwürdig. Insbesondere Mk 15,44.45 – die sorgsame Erkundigung des Pilatus nach der Art des Todes Jesu – hielt bereits R. BULTMANN: Die Geschichte der synoptischen Tradition, 296 für «legendarisch». Um so wichtiger ist es, die *psychischen* Momente der Erzählung in den Motiven der handelnden Personen interpretativ herauszuarbeiten, indem die Frage nicht lautet: Wer *war*, sondern wer *ist* Joseph von Arimathäa als *Typ*, als Möglichkeit unseres gegenwärtigen Sich-Verhaltens.

Ratsherrn Joseph von Arimathäa hinterläßt, aber sie genügen, um das Thema und das Ringen eines ganzen Lebens zu markieren.
Es entspricht der eigentümlichen Mischung aus Realitätssinn und Hoffnung, wenn wir erfahren, daß dieser Mann bereits zu Lebzeiten an seinen Tod gedacht und schon sein Grab bestellt hat. Wohl war es in der Antike der Brauch vornehmer, hochgestellter Leute, die Einrichtung der eigenen Grabstätte, ihren Ort, ihre Ausschmückung genau so umsichtig zu planen wie die Ausstattung einer Ferienwohnung auf dem Land[9]; aber es zeugt doch von dem Realismus, wie ihn jene Menschen in hohem Maße besaßen: der Tod war in ihren Augen ein unausweichlicher Teil des Daseins[10]; er begann bereits

[9] Vgl. H. L. Strack – P. Billerbeck: Kommentar zum Neuen Testament aus Talmud und Midrasch, I 1049–1051: «Die Grabstätten wurden gern als Familiengräber auf dem der Familie gehörenden Grund und Boden angelegt. Innerhalb Jerusalems waren Grabanlagen verboten, sie sollten mindestens 50 Ellen von der Stadt entfernt sein. Besonders beliebt zur Herrichtung von Familiengräbnisstätten waren Felsenhöhlen oder Felsenspalten, die durch Aushauen künstlich vertieft und erweitert wurden, bis sie die gewünschte Größe erlangt hatten.» Die Maße solcher Felsengräber betrugen für den Höhleneingang 4 Ellen in der Breite und 6 Ellen in der Länge. «An jeder Längsseite wurden 3 Nischen... und an der dem Eingang gegenüberliegenden Breitseite 2 Nischen ausgehauen, so daß im ganzen 8 Nischen vorhanden waren. Jede von ihnen hatte eine Tiefe von 4 Ellen, eine Breite von 6 Handbreiten und eine Höhe von 7 Handbreiten. In sie wurden die Leichen, sei es mit Sarg, sei es ohne Sarg hineingeschoben.» Geht man von der Anlage eines solchen *Familiengrabes* aus, so ergibt sich eine Bedeutung der Beisetzung Jesu, die in den historisch-kritischen Kommentaren eigentümlicherweise gänzlich übersehen wird: daß Joseph von Arimathäa den toten Jesus im Grunde in seine eigene Familie aufnimmt, buchstäblich als seinen «Bruder», um mindestens mit dem Verstorbenen auf immer vereint zu sein. Kann man deutlicher ausdrücken, wie «verwandt» er sich in der Erwartung des Königreiches Gottes dem Manne aus Nazareth fühlte?

[10] Der Brauch, schon zu Lebzeiten das eigene Begräbnis vorzubereiten, reicht von den Pyramiden der Alten Ägypter bis zu den Totenstädten der Etrusker. Bes. L. A. Seneca: Trostschrift an Marcia, XI 3, in: M. Rosenbach: Philosophische Schriften, I 313–395, S. 341–342 meinte eindringlich: «Das besagt jener an der pythischen Orakelstätte angeschriebene Spruch: *Erkenne dich*. Was ist der Mensch? Ein Gefäß, durch beliebige Erschütterung und beliebigen Stoß zu zerbrechen. Nicht ein großer Sturm, dich bersten zu machen, ist nötig; wo immer du anstößt, löst du dich auf. Was ist der Mensch? Ein schwacher Körper und gebrechlicher, der nackt, von Natur ohne Waffen, fremder Hilfe bedürftig, an alle Mißhandlungen des Schicksals ausgeliefert ... Kälte, Hitze, Anstrengung unfähig zu ertragen, schon allein durch Unsauberkeit und Müßiggang wieder in Fäulnis übergehend; um seine Nahrung in Furcht, durch deren Mangel er bald verfällt, durch deren Überfluß er bald birst; von angstvoller und gefährdeter Sicherheit, von auf Widerruf geliehenem Atem.»

mitten im Leben, und so begannen sie denn auch selbst bereits zu Lebzeiten damit, sich ihr Grab zu errichten: Aus Felsen gemeißelt, wartet es auf den Tag, an dem es für immer sich schließen wird.
Soweit kann man Joseph von Arimathäa verstehen, insoweit ist er der «Ratsherr» der Hoffnung. Und doch ist all das noch nicht das Entscheidende, das seine Gestalt in ihrer wahren Größe kennzeichnet. Joseph von Arimathäa tritt auf in einem Augenblick, wo aller Realismus überfordert ist, wo alles Denken in Kompromissen endgültig sich als fragwürdig erweist, wo alles Hoffen auf Gott enttäuscht zu werden droht, indem die Gegenwart von der Last der Vergangenheit förmlich aufgezehrt wird. Er hat das einzig Wesentliche: die Hinrichtung Jesu, nicht verhindern können! *Diese Tatsache stellt alles in Frage.* Vielleicht hat er doch zu lange geschwiegen? Vielleicht hat er doch zu viel taktiert? Was nützt alles Abwägen von Vor- und Nachteilen, was nützen politische Weisheiten und diplomatisches Können, wenn selbst der Tod solcher Menschen wie Jesus von Nazareth am Ende doch nicht zu verhindern ist? Jetzt steht es fest: er hat zu lange auf die hundertste Möglichkeit gewartet. Jetzt gibt es keinerlei Legitimation mehr, für nichts mehr. Jetzt ist das gesamte Konstrukt der Kompromisse und der Winkelzüge zusammengebrochen, jetzt steht es unter Anklage, nein, jetzt ist es in sich selbst schon überführt und schuldig gesprochen.
In dieser Stunde geht Joseph von Arimathäa hin und bittet um den Leichnam des Mannes, dessen Leben er nicht zu retten vermochte[11]! Es ist ein Schritt, den er mit großem Mut geht. Aber für was? Warum tritt jetzt, wo alles aus ist, dieser Mann vor, um einen so ungewöhnlichen Schritt zu tun? Warum stellt er für den ebenso ungerecht wie unrettbar Verurteilten seine eigene Gruft zur Verfügung? Es gibt dafür nur die eine Erklärung: Joseph von Arimathäa muß den Tod Jesu erlebt haben wie sein eigenes Sterben; bei der Grablegung Jesu muß es für ihn so gewesen sein, als trüge man ihn selbst zu Grabe[12]. An diesem Tag der Hinrichtung Jesu muß das Leben dieses Mannes

[11] Es ist mehr als fragwürdig, wenn J. BLINZLER: Der Prozeß Jesu, 290 es ausschließt, daß Joseph von Arimathäa «bei Abnahme und Herrichtung des Leichnams (sc. Jesu, d. V.) selbst mit Hand angelegt» hätte, um sich nicht durch die Berührung der Leiche zu verunreinigen und damit «vom Genuß des abendlichen Paschamahles» auszuschließen (Num 19,11); gewiß, ein jüdischer Ratsherr hätte solche Bedenken gehabt, aber ein Mann, der den toten Christus als seinen Bruder entdeckt...?

[12] Erst wenn man voraussetzt, daß im Tode Jesu Joseph von Arimathäa sich selbst stirbt, versteht man, warum dieser Mann sein Leben riskiert, um einen Toten beizusetzen. Zu Recht, wenngleich viel zu schwach, sagt K. MUCHA: Joseph von Arimathäa, in: W. Leiers-

selbst den Boden verloren haben. Es bedurfte unbedingt einer Neubesinnung, eines festen Punktes, und dieses Feste lag allein in der Überzeugung der sicheren Unschuld Jesu. Joseph von Arimathäa muß das Äußerste wagen, weil er selbst durch den Gang der Ereignisse bis zum Äußersten getrieben wurde.

Und hier nun beginnt im entscheidenden diese Moral des Absurden, die diesen faszinierenden Mann auszeichnet. Jetzt, wo durchaus gar nichts mehr zu retten ist, wo man das Leben eines absolut Unschuldigen mit List, Verrat und Lüge unwiderruflich zerstört hat, wo man infolgedessen allen Grund hätte, an die alleinige Herrschaft des Stärkeren und des Verschlageneren zu glauben, da hält Joseph von Arimathäa sich an das älteste Gebot des Mitleids und der Pietät: Tote begraben! Da tut er etwas, das vor Zeiten *Rizpa,* eine Nebenfrau des Königs Saul, an ihren Söhnen tat, die von den Gibonitern erschlagen worden waren (2 Sam 21,10)[13]: sie spannte Sackleinen über die Toten und bewachte sie bei Tag und bei Nacht. – Nach ihrem Beispiel handelte *der greise Tobit* in Ninive, als er gegen den Befehl des Königs von Assur die Toten seines Stammes begrub (Tob 1,18)[14]. Auch Joseph von Arimathäa folgt diesem Beispiel. Er weiß, daß man laut Gesetz bis Sonnenuntergang den Leib eines Hingerichteten begraben muß; die Beisetzung hätte an sich auf dem besonderen Verbrecherfriedhof zu erfolgen unter Wegfall der üblichen Trauerbräuche; und es müßte der Leichnam bis zur Verwesung dort liegen, ehe die Angehörigen die sterblichen Überreste in einer Urne sammeln könnten[15]. Aber Joseph von Arimathäa weiß auch, daß dieser Mann, den man als

eder (Hrsg.): Jesu Leidensweg – Menschen am Rande, 45–51, S. 49: «Für Joseph von Arimathäa ... ging es offenbar darum, einem Unschuldigen ein letztes Stück Ehre zurückzugeben ... Es gab also nicht nur davongelaufene Jünger Jesu, es gab auch Menschen, die ihm über den Tod hinaus die Treue hielten. Wieder einmal gerade die, von denen man es nicht erwartet hätte.»

13 Vgl. E. Drewermann – I. Neuhaus: Voller Erbarmen rettet er uns, 16–18; M. Buber: Weisheit und Tat der Frauen, in: Werke, II, 923.

14 E. Drewermann – I. Neuhaus: Voller Erbarmen rettet er uns, 16–18.

15 Vgl. J. Blinzler: Der Prozeß Jesu, 286–287: Für die Hingerichteten waren statt des Familiengrabes «zwei öffentliche Begräbnisplätze eingerichtet, der eine für die Gesteinigten und Verbrannten, der andere für die Enthaupteten und Erdrosselten. Sünder sollten nicht neben Frommen beigesetzt werden ... Waren die Leichen verwest – wohl nach etwa einem Jahr –, galt die Schuld als gesühnt. Die Gebeine wurden gesammelt und in sogenannten Ossuarien im Familiengrab beigesetzt. Die Totentrauer hatte aber auch in diesem Falle zu unterbleiben.»

Verbrecher unter Verbrechern hingerichtet hat (Mk 15,28; Jes 53,12)[16], ganz sicher kein Verbrecher ist. Es gibt inmitten dieses menschenverachtenden Chaos unserer Geschichte gewisse Werte, auf die man sich besinnen muß, wenn es angesichts des Todes überhaupt ein Leben geben soll. Der gemarterte Leib eines unschuldig Hingerichteten ist ein solcher Wert. An dieser Stelle gibt es für Joseph von Arimathäa kein Zurück mehr, und so beschützt er mit dem Einsatz seines eigenen Lebens den Leichnam eines Toten. Irgendwo gibt es in all der Dunkelheit und Nacht unseres Lebens einige Dinge, die klar sind und unter allen Umständen klar bleiben müssen: der Respekt, die Ehrfurcht, das Mitleid, das Bekenntnis der Schuld, das Bekenntnis zu der Würde des Menschen, die Überzeugung, daß die Macht in ihrer Zerstörungskraft über Menschen Grenzen haben muß, – all das zählt zu solchen Punkten, die klar bleiben müssen. An ihnen nimmt alle Dunkelheit auf Erden sich aus wie ein Schatten, der beim Sonnenuntergang über die Dinge fällt: gerade im Längerwerden des Dunkels heben sie sich in ihren Konturen nur um so klarer und schärfer gen Westen ab. Es sind die Punkte, von denen unter allen Umständen gilt, daß sie sinnvoll sind, auch wenn alles Übrige vollkommen unsinnig erscheint; sie sind wie «Pfeiler im Strom»[17], zwischen denen allein das Geländer einer eingestürzten Brücke neu gespannt werden kann. Wenn irgend es Hoffnung geben soll, so muß sie jenseits der Zerstörung an diesen unzerstörbaren Resten der Menschlichkeit anknüpfen.

Wir lesen die Bibel immer gern vom Ende her, und da wissen wir denn immer schon im voraus, daß alles gut ausgehen wird: Jesus wird auferstehen. Aber mit diesem vermeintlichen Wissen sparen wir uns die Not und die Angst, die dazugehörten, als man gerade noch nicht wissen konnte, wie alles ausging[18]. Joseph von Arimathäa wußte nichts von Ostern, als er zu Pilatus ging; und doch hielt er einzig auf diese Weise den Ort auf Erden offen, an dem so etwas

[16] Nach Jes 53,9 («man gab ihm sein Grab bei den Gottlosen und bei den Übeltätern seine Stätte») hätte man an sich auch eine ehrlose Beisetzung Jesu noch als eine Bestätigung «messianischer» Prophezeiungen interpretieren können; es geht an dieser Stelle nicht mehr darum, *wie* Jesus beigesetzt wurde, es geht um den Mann Joseph von Arimathäa, der das Absurde wagt zugunsten einer anderen Welt, die nicht sterben darf, wenn überhaupt Leben (noch!) möglich sein soll.

[17] Vgl. R. Schneider: Pfeiler im Strom, eingel. von W. Bergengruen, Frankfurt (Insel-V.) o. J.

[18] Es ist religiös nicht möglich, die Bibel von der gesicherten Warte fertiger Ergebnisse aus zu lesen; vgl. (in Anlehnung an S. Kierkegaard) E. Drewermann: Tiefenpsychologie und Exegese, I 59–60; 221.

wie Ostern geschehen konnte. Joseph von Arimathäa wußte nicht von der Hoffnung eines neuen Anfangs, aber er wirkte in seiner Haltung der Ehrlichkeit, des Mitleids und der Pietät an den Voraussetzungen dieses neuen Anfangs entscheidend mit. Es gibt Stunden, Tage, Jahre der Sonnenfinsternis und des Erdbebens, aber Joseph von Arimathäa war der Mann, der dieser Nacht und diesem Beben standhielt. Sein Grab liegt mitten zwischen Golgotha und Ostern, zwischen Schuld und Erlösung, zwischen Geschichte, Zeit und Ewigkeit, zwischen Enttäuschung, Hoffnung und Erfüllung. Seine Stunde ist die Stunde des *Karsamstags,* des unheimlichsten, schwersten, des eben deshalb wohl am meisten christlichen Tages.

Die Gestalt Josephs von Arimathäa vermag uns nicht zu trösten. Sie hilft nur, klar zu sehen, und sie ermutigt, zäh zu sein. Zwar: Gott hat diesem Manne recht gegeben; doch in der Stunde, da er sich bewährte, konnte er das nicht «wissen». Er *wagte* alles in dem Augenblick, wo alles auf dem Spiel stand; wo alles schon verspielt schien, da setzte er, selbst schon am Ende, den höchsten Einsatz gegen alles: die Stätte seines Todes um des Lebens willen. Er tat etwas, das die jüdische Dichterin NELLY SACHS in die Worte gekleidet hat: «Nicht einschlafen lassen die Blitze der Trauer, das Feld des Vergessens.»[19] Wohl: es wird alles nur schwerer, wenn man angesichts all der Absurdität und Tragik des Lebens den Glauben an den Menschen und an Gott trotz allem nicht verliert. Doch nur der Schmerz vermag geheilt, nur die Traurigkeit vermag erlöst, nur die Sehnsucht vermag erfüllt zu werden. Die Wunden zwischen Gestern und Morgen dürfen sich nicht schließen, die Risse in den Wänden dürfen nicht verstopft werden; nur so vermag das neue Leben aufzubrechen.

Eine koptische Buchmalerei des 12. Jhs.[20] zeigt auf eine unnachahmliche Weise die Gestalt Josephs von Arimathäa vor Pilatus; sie zeigt ihn im Kontrast, denn nur so gewinnt sein Profil die ganze, ihm gemäße Größe der Statur (siehe Tafel 4). Vor ihm sitzt Pilatus, kalt vorbeischauend, unbeteiligt, wie fern; ihm gegenüber der Hauptmann – eine lebende Rüstungskammer, behängt mit Waffen aller Gattungen: doppelt gezinkter Speer, Köcher, Bogen, Pfeile, Schild, Panzer, Stiefel, Schwert, das gestaltgewordene, ruhelose Mißtrauen des Kriegers, – von unten heraufschauend, Ablehnung schon von ferne winkend, so ähnlich wie auf manchen Darstellungen aus den *«Fioretti»*

[19] N. SACHS: Chor der Tröster, in: Das Leiden Israels, Frankfurt (edition suhrkamp 51) 1964, 104 f.

[20] Vgl. Abb. 4.

des hl. FRANZISKUS der blutrünstige *Fürst Nicolas* dargestellt ist, den der einfältige *Bruder Ginepro* durch seine Demut besiegte[21]. Daneben aber die Gestalt Josephs von Arimathäa, riesengroß, gebeugt, barfüßig, ungeschützt, ein alter Mann mit weißem Haar, die langen, überlangen Arme flehend ausgestreckt – und dieser Mann dringt durch! Er ist es, der, wo alles sich verfinstert, den Sieg der Menschlichkeit über die Macht erringt. Er stellt den Ort bereit, der Ostern vorbereitet. Die Kammer seines Grabes wird zur Stätte für den Sieg des Lebens werden.

[21] Vgl. die Legende von dem Wolf von Gubbio, den Franziskus durch die Güte seines Herzens besiegte; W. VON DEN STEINEN – M. KIRSCHSTEIN (Übers.): Franz von Assisi: Die Werke, 93–95 (Fioretti XXI).

Mk 16,1–8: Der Weg zum Grab und der Weg nach Galiläa

[1]Und als der Sabbat vorüber war, kauften Maria von Magdala, die
Maria – des – Jakobus und Salome wohlriechende Öle, um hinzuge-
hen und ihn zu salben. [2]Und ganz in der Frühe, am Ersten der Wo-
che, kommen sie zum Grab, als gerade die Sonne aufgegangen war.
[3]Und sie sagten (noch) zueinander: Wer wälzt uns den Stein vom Tor
des Grabes? [4]Da blicken sie auf und sehen: weggewälzt ist der Stein!
Er war ja sehr groß. [5]Da gingen sie in das Grab hinein und sahen
einen Jüngling dasitzen, auf der rechten Seite, umgetan einen weißen
Talar; da erschauderten sie. [6]Er aber sagt ihnen: Erschaudert nicht!
Jesus sucht ihr, den Nazarener, den Gekreuzigten; auferweckt ward
er. Er ist nicht hier! Seht da: der Ort, wo sie ihn beigesetzt haben.
[7]Aber geht hin, sagt seinen Jüngern und auch dem Petrus: Vorausgeht
er euch nach Galiläa. Dort werdet ihr ihn sehen, wie er euch gesagt
hat (Mk 14,28). [8]Und hinausgingen sie und flohen vom Grab, denn
Zittern und Entsetzen hielt sie (gefangen); und zu niemandem, gar
nichts, sagten sie, voll Furcht, wie sie waren.

Ostern, meint dieser fast unheimliche Bericht des Auferstehungstages, ist wie das milde Licht des Sonnenaufgangs eines ewigen Morgens. Ostern ist wie das Frührot über Gräbern. Ostern, das ist, wie wenn die Steine reden und der Schoß der Erde sich dem Leben öffnet.
Wie kann man sprechen von Erfahrungen, die das gesamte Leben ändern? Uralt ist in der Menschheit der Glaube an Unsterblichkeit[1]. Aber das ist es

[1] Die wichtigsten Varianten der menschheitlichen Hoffnung auf ein Leben jenseits des Todes im Umfeld von Judentum und Hellenismus stellt PH. SEIDENSTICKER: Zeitgenössische Texte zur Osterbotschaft der Evangelien, Stuttgart (SBS 27) 1967 zusammen. Es scheint, daß es in der frühen Kirche zunächst zwei verschiedene Denkweisen gab, um sich die Bedeutung des Todes Jeus verständlich zu machen: «Als Erhöhung Jesu aus seiner Erniedrigung heraus oder als Auferweckung von den Toten. Beide Denkformen sind für die frühe Osterverkündigung der Kirche bezeugt (vgl. Apg 2,32 f.; 5,30 f.). Beide besitzen aber auch ein Motivfeld, das die jeweiligen Aussagen von der Erhöhung bzw. Auferweckung in verschiedener Weise anschaulich werden läßt.» Die Denkform «Auferstehung des Fleisches» ist für die kirchliche Osterverkündigung die wichtigste Aussageweise geworden. Sie beherrscht die Glaubensaussage (vgl. 1 Kor 15,3 ff.; 1 Thess 4,14; 2 Kor 5,15; Röm 8,34 u. a.) und die Berichterstattung der Evangelien und Apostelgeschichte. Die andere Möglichkeit, das Ostergeschehen zu erklären, die Denkform ‹Erniedrigung und Erhöhung›,

besitzt nicht die gleiche Konkretheit in der Aussage. Sie verbindet sich in der Osterverkündigung mit dem Motivfeld des zu Gott erhöhten ‹Menschensohnes› von Dan 7,13 und übernimmt dessen apokalyptische Bilder und Darstellungselemente. Wegen dieser vom Visionären geprägten Eigenart war sie für eine immer stärker auf die Apologetik hingedrängte Predigt nicht geeignet, die reale Wirklichkeit des Ostergeschehens glaubhaft zu bezeugen.» A. a. O., 43. Eine der wichtigsten Stellen, die den Tod Jesu auf apokalyptische Weise als Erhöhung des Menschensohnes deuten, ist Mk 14,62; s. o. zu Mk 14,53–65, Anm. 23; 25; 26. «Die Menschensohn-Christologie hat sich... (sonst, d. V.) nur noch in der Eingangsvision zur Apokalypse erhalten (Apk 1,12–18...) und in der Vision des Stephanus Apg 7,56. Sie ist von der Messias-Christologie und von der Denkform ‹Auferstehung von den Toten›... verdrängt worden.» (A. a. O., 43) Daraus geht bereits zweierlei hervor: Die «Auferstehung» Jesu beschreibt keine Erfahrung, die sich historisch in Raum und Zeit hätte machen lassen, so etwa, als sei «das leere Grab» der Grund der Osterbotschaft gewesen; vielmehr ist «Auferstehung» ein *Symbol*, nicht anders als «Erhöhung» des «Menschensohnes» oder als die Chiffre «Himmelfahrt». Zum anderen: Die «reale Wirklichkeit des Ostergeschehens» *erscheint* zwar faßlicher und «konkreter» in der Formel «Auferstehung», aber es handelt sich um eine Konkretheit, die man prinzipiell mißversteht, wenn man sie aus der Ebene der Symbolik entläßt und in die Außenseite des Geschichtlichen herabzuziehen sucht, obwohl derartige Tendenzen bereits im Neuen Testament zu beobachten sind, so etwa, wenn in Mt 27,62–66 die Legende von der Grabeswache die historische Tatsache des leeren Grabes als unerschütterliches Fundament des Auferstehungsglaubens gegen die «Betrugshypothese» absichern soll, oder wenn die Erzählung von Lk 24,36–43 die Materialität des Auferstehungsleibes gegen die «Gespensterhypothese» verteidigen soll. Sehr richtig meinte P. Tillich: Systematische Theologie, II 166: «Gewiß wird das Kreuz Jesu als etwas betrachtet, das sich in Raum und Zeit ereignet hat. Aber das Kreuz Jesu, der der Christus ist, ist ein Symbol und Teil eines Mythos. Es ist der Mythos von dem Bringer des neuen Äons, der den Tod eines Verbrechers unter den Mächten des alten Äons erleidet. Das Kreuz, was immer seine historischen Umstände gewesen sein mögen, ist ein Symbol, das auf ein Faktum gegründet ist. – Aber dasselbe gilt von der Auferstehung. Auferstehung von Göttern und Halbgöttern ist ein bekanntes mythologisches Symbol. Es spielt eine große Rolle in solchen Mysterienkulten, in denen mystische Partizipation an Tod und Auferstehung des Gottes im Zentrum des Ritus steht. Im Spätjudentum entwickelte sich der Glaube an die zukünftige Auferstehung der Märtyrer. In dem Moment, in dem man in Jesus den Christus sah und seine messianische Würde mit einem schimpflichen Tod in Verbindung gebracht wurde... war es unvermeidlich, daß die Idee der Auferstehung auf ihn angewandt wurde. Die Behauptung der Jünger, daß dem Symbol ein Ereignis zugrunde liegt, war zum Teil eine Konsequenz ihres Glaubens an Jesus als den Christus. Aber dieser Glaube wurde durch ein Ereignis bestätigt, das über den mythischen Symbolismus der Mysterienkulte hinausführte, genauso wie das konkrete Bild Jesu als des Christus über die mythischen Bilder der Mysteriengötter hinausführte. Der Charakter dieses Ereignisses bleibt in Dunkelheit trotz seiner poetischen Rationalisierung durch die Ostergeschichte.» Dem ist nur hinzuzufügen, daß man den «Charakter des Ereignisses» der Osterbotschaft nicht findet, solange man Erzählungen wie Mk 16,1–8 nur als rationalisierende Veräußerlichung des religionsgeschichtlich vorgegebenen

nicht, was dieser Text vom Ostermorgen meint. Wohl ist es groß, zu wissen und zu glauben, daß etwas in unserer Person für alle Zeiten unzerstörbar ist. Es ist ein Glaube, der zu trösten weiß; und doch behebt er nicht den Schmerz der Welt.

Wüßten wir nur, was alle Religionen vor dem Christentum für sicher glaubten, so könnten wir *dem Tod* gefaßt ins Antlitz sehen; es gäbe viele wunderbare Bilder, die uns über die Sterblichkeit des irdischen Daseins hinwegtrösten könnten und die wir auch in die christliche Volkspraxis übernommen haben. – Eines dieser Symbole z. B. ist *das Bild von dem gefärbten Ei*[2]: Es mußte sich der Gott des ewigen Lichtes, Zeus, erzählt die alte Mythe, verpaaren mit der Königin der Nacht, der flügelbreitenden Leda, um in Gestalt der Mondgöttin Helena das Zeichen des unzerstörbaren Lichts hervorzubringen, niedergelegt am Gestade der Unendlichkeit, am Ufer des Meeres[3].

Vorstellungskomplexes «Auferstehung» betrachtet; es kommt vielmehr darauf an, die «poetische» Darstellungsweise der Erzählung selber *symbolisch* zu lesen, so wie man einen *Traum* symbolisch lesen muß, um zu verstehen, welche Erfahrungen *innerlich* dem Traumtext zugrunde liegen. M. a. W.: Man muß Mk 16,1–8 so lesen, daß deutlich wird, was es heißt, vom Tode Jesu her ein Vertrauen geschenkt zu bekommen, das es ermöglicht, Gräber geöffnet zu sehen. In der Sprache von C. G. JUNG: Über die Auferstehung, XVIII, 2, S. 742–746, S. 746: «Für die Urchristen, wie für alle Primitiven, mußte die Auferstehung ein konkretes, materialistisches Ereignis sein, das mit den Augen geschaut und mit den Händen befühlt werden konnte, so als hätte der Geist keine eigene Existenz. Selbst in der heutigen Zeit können die Menschen nicht ohne Schwierigkeit die Realität eines psychischen Ereignisses begreifen, es sei denn, dieses wäre gleichzeitig konkret. Die Auferstehung als ein psychisches Ereignis ist allerdings nicht konkret. Sie ist nur eine psychische Erfahrung. Es ist komisch, daß die Christen immer noch so heidnisch sind, daß sie die geistige Existenz lediglich als körperlich und als physisches Ereignis verstehen. Ich fürchte, unsere christlichen Kirchen können diesen schockierenden Anachronismus nicht länger aufrechterhalten, wenn sie sich nicht in unerträgliche Widersprüche verstricken wollen.»

[2] Vgl. R. VON RANKE-GRAVES: Griechische Mythologie, I 110–112; 184–186. Die von *Zeus* verfolgte Göttin war ursprünglich *Nemesis*; «sie war die Große Göttin, die in ihrer Nymphengestalt auch Leda hieß.» Zeus verfolgte Nemesis u. a. in Gestalt eines Adlers und eines Schwans, deren Bilder heute als Sternzeichen am Himmel stehen. *Nemesis*, die sich auf der Flucht vor Zeus in eine Gans verwandelt hatte, legte ein hyazinthenfarbenes Ei, das eines Tages *Leda*, die Gemahlin des Königs *Tyndareos*, fand; aus diesem ging *Helena* hervor, die deutlich die Merkmale einer Mondgöttin an sich trägt. Nach einer anderen Version ist das Ei selbst «vom Mond herabgefallen . . ., gleich dem, das die Babylonier im Euphrat gefunden hatten» und aus dem die syrische Göttin der Liebe hervorging. «Das hyazinthenfarbene Ei erinnert an das blutrote Osterei der Druiden, das *glain* genannt und das jedes Jahr an der Meeresküste gesucht wurde.»

[3] Zur Mythe von *Helena* vgl. K. KERÉNYI: Die Geburt der Helena, in: Humanistische

Der Atemwind beseligender Ewigkeit und Weite liegt in solchen Bildern, als hörte man das Rauschen einer Musik vom anderen Ufer.
Aber gäbe es nur diese Bilder, so blieben wir auf dieser Erde immer heimatlos. Ewig würden wir unser Dasein verhocken müssen vor Scheiben, die nur milchig weiß das Licht des Himmels durchscheinen ließen. Nie würde es warm im Innenraum unserer Seele, sondern voller Sehnsucht schauten wir hinaus auf ein anderes Leben, ohne zu wissen, warum und wie wir in diese Welt geraten sind, ist es doch die ewig gültige furchtbare Erfahrung des Karfreitags, daß man alles zerstören kann, was uns leben lassen könnte. Alle Worte der Güte, alle Besänftigung der Trauer, all die Milde im Umgang mit menschlichem Schmerz, sogar die Macht, Wunder der Hoffnung in Menschen zu wirken, – all das läßt sich kreuzigen, mit Berufung auf Gesetze, womöglich göttlichen, ausgefertigt mit höchstrichterlichen Bescheiden, womöglich unwiderruflichen. Besäßen wir nur bestimmte Symbole einer möglichen Unsterblichkeit, so wüßten wir unser Leben kaum auszuhalten.
Deswegen muß man den Gang Maria Magdalenens und ihrer Gefährtinnen am Ostermorgen mitgehen wie einen Weg, der von Verzweiflung hinüberführt zu Hoffnung[4]. Alle Wege, die zu Gräbern führen, enden in Traurigkeit

Seelenforschung, 52–67. Vgl. E. Drewermann: Tiefenpsychologie und Exegese, I 330–335.

[4] Als das entscheidende Ereignis der Ostererzählungen ist nach Mk 16,1–8 (ähnlich wie in Joh 20,1.11–18) die Erfahrung anzusehen, daß «Jesu Wirken mit der Kategorie des Scheiterns nicht zu begreifen» ist. «Diese Erkenntnis eröffnet einen Zugang zum Auferstehungsglauben, insofern die neue Sinngebung von Ostern nicht die Praxis Jesu als das Entscheidende seines Lebens vernachlässigt und somit diese Praxis auch für die, die sich auf ihn berufen, zur Hoffnung wird... Die Erfahrung der Güte Gottes befähigte Jesus, diesem Reich Gottes in der Zuwendung zum Verlassenen Raum zu geben und diese Zuwendung in keinem Kompromiß preiszugeben. Im Konflikt der Passion gab Jesus seinen unvoreingenommenen Einsatz nicht auf, er unterwarf sich nicht der Autorität des Gottes, der Tora. Jesu Einstellung führte damit in aller Konsequenz zur radikalen Überwindung von Zwang...: Indem Jesus den Tod nicht scheut..., ist seine Zuwendung gerade dem Zugriff des Todes und Scheiterns entzogen. Der Ernst der Zuwendung kann sich letztlich nur im Tod bewahrheiten... Bewahrheitet sich aber die Praxis Jesu im Tod des Kreuzes, qualifiziert das Kreuz Jesus nicht als Gescheiterten; im Kreuz sind in Jesu Zuwendung der Anfang des Reiches Gottes als eines Reiches der Brüderlichkeit, in dem alle gleichwertig sind, und die Güte Gottes über den Tod hinaus erschlossen... Aus der Überwindung des Zwiespaltes resultiert eine neue Einheit der Seele, die sich im Symbol der Auferstehung manifestiert.» H. A. Zwergel: Die Bedeutung von Leben und Tod Jesu von Nazareth in tiefenpsychologischer Sicht, in: R. Pesch – H. A. Zwergel: Kontinuität in Jesus, 95–124, S. 120–121. Daraus folgt, daß an «Auferstehung» nur zu glauben vermag, wer selber durch

die Beziehung zu der *Person* (nicht nur der «Praxis») Jesu vom «Tod» zum Leben übergegangen ist, so daß es für ihn den Tod als Daseinsmacht nicht mehr gibt (Joh 11,25). R. PESCH: Zur Theologie des Todes Jesu. Ein Versuch, in: R. Pesch – H. A. Zwergel: A. a. O., 73–94 geht noch weiter, indem er das Sterben Jesu als «Tod Gottes» versteht: «Der christliche Glaube steht und fällt damit, daß der Tod dieses Menschen Jesus von Nazaret und Gott zusammengehören, daß Gottes Gottheit im Tod dieses Menschen offenbar ist. Der Tod Jesu als der ‹Tod› Gottes legt sich der nachdenkenden theologischen Rede als die Verwandlung des Todes des (gläubigen) Menschen und des Todes in der (gläubigen) Menschheit aus. Diese Auslegung muß aber, um vom Denken verstanden werden zu können, den Tod Jesu als den Tod des Menschen Jesus von Nazaret denken, mit dem sich Gott identifiziert; daß Gott sich nicht mit einem ‹Toten› (über den der Tod Macht hat), sondern eben im Akt seiner Identifikation (seines ‹Todes›) mit einem ‹Lebendigen› (der er selbst ist, als der er selbst gerade als der Totenerwecker offenbar wird) identifiziert, sprechen wir im Glauben an Jesu ‹Auferweckung›, an Jesus als den Christus und Sohn Gottes aus. Jesu Auferstehung ist so gesehen – fern davon, bloßes Mirakel zu sein – keine bloße Überwindung des Todes ..., kein bloßes Wieder-Lebendig-Werden usw., sondern die Verwandlung des ‹Todes› selbst.» (81) Vollkommen recht hat R. PESCH, wenn er (a. a. O., 87) als die entscheidende Frage der «Auferstehungserfahrung» herausstellt: «Würde der Tod vermögen, Jesus zu widerlegen? Jesu Tod als Ereignis mußte die Antwort geben. Er gab sie auf unvordenkliche Weise als ‹Tod Gottes›. Die waltende Grenze des Lebens Jesu war nicht der Tod, sondern Gott, der in Jesu Tod den Tod verwandelte ... Jesu Tod ist also das Siegel auf sein Leben: die Ansage des Endes der Todesherrschaft.» (S. 93): «Hat Jesus die Auferstehung (und den Tod des ‹alten Menschen› ...) nicht schon in das Leben hineingebracht? Er tut das, indem er Gott für die Verlorenen in Anspruch nahm. Die ‹Verlorenen›, die sich durch Jesus Glauben schenken ließen, kamen durch ihn zu neuem Leben. Mußte der Tod Jesu als der Verlust dessen, der Glauben gewährte, die Glaubenden in Verzweiflung stürzen oder nicht vielmehr in die Eigentlichkeit ihres Glaubens führen? Durfte der Tod Jesu von den Glaubenden überhaupt als ‹Verlust› gedeutet werden, mußte er nicht vielmehr als Gewinn interpretiert werden, als Gewinn ewigen Lebens: Auferstehung?» Diese Darstellung kann man gedanklich nur unterstreichen, indem sie als den Grund des Glaubens an die Auferweckung den Tod Jesu selber deutlich macht – und nicht ein *äußerlich* greifbares, historisches Faktum nach dem Karfreitag. Dann allerdings muß man zwei sehr wichtige Bemerkungen hinzufügen, soll die Konzeption von R. PESCH nicht auf gerade die Positionen hinauslaufen, die er an anderer Stelle meiner tiefenpsychologischen Textauslegung fälschlicherweise vorwirft: auf reine Gnosis (G. LOHFINK – R. PESCH: Tiefenpsychologie und keine Exegese, 45–46). Zum einen ist die Rede vom *«Tode Gottes»* im Sterben Jesu fast unvermeidlich dem HEGELianischen Mißverständnis ausgesetzt (s. o. zu Mk 15,20b–41, Anm. 1; 2), und R. PESCH tut mit seiner objektivistischen Sprechweise geradezu alles, was in die Richtung HEGELS weist, ohne daß er das philosophische Problem, das er damit berührt, auch nur mit einem Wort diskutiert; gerade vom Sterben Jesu kann man nicht sagen, daß hier *Gott* sterbe, oder man müßte unterstellen, daß für Jesus selbst das Sterben auf Golgotha einem Tode Gottes, d. h. einer völligen Verzweiflung gleichkam; dann aber wäre Jesus wirklich ein Gescheiterter gewesen, und sein Tod würde nur beweisen, daß auch in ihm die Angst stärker werden konnte als die Macht des Vertrau-

und Nacht, und jeder Grabstein fühlt sich kalt an. Die Frauen unternehmen den Versuch, wenigstens die Erinnerung daran zu retten, wovon sie gemeint hatten, leben zu können, und selbst dieser Versuch ist belastet mit dem Gewicht eines riesigen Felsblocks[5]. Immer, wenn die Angst die Liebe besiegt, ist es wie ein Stück Kalvaria. Immer wenn Verzweiflung die Hoffnung

ens. Jesu Sterben ist einzig deshalb eine Auferstehung, weil ihm in seinem Bewußtsein Gott unendlich lebendiger war und blieb als all das, was Menschen einander zufügen können. Erst dann kann man sagen, daß gerade für Menschen wie Maria von Magdala, die in der Nähe Jesu zu Gott und zu sich selbst zurückgefunden hatten, mit dem Tode Jesu *alles*, Gott selber, zerstört zu werden drohte und daß für sie insofern das Sein Gottes mit dem Leben Jesu identisch war und werden mußte. Zum anderen verurteilt sich R. PESCH mit seiner konsequenten Ablehnung des Wahrheitswertes der «mythischen» Symbole der «heidnischen» Religionsgeschichte selber dazu, daß die Chiffre «Auferstehung» in seiner Interpretation zu einer Formel von rein subjektivem, bewußtseinsabhängigem Inhalt wird; der Glaube an die Auferstehung von den Toten muß aber in seinem objektiven, vor- und außerchristlichen Inhalt genommen werden, um allererst verstehen zu können, wie Jesus es im Vertrauen auf Gott wagen konnte, die Todesangst zu besiegen und die Macht des Todes durch sein Sterben zu brechen. Der Glaube an die Auferstehung war *der Grund* für die Art des Strebens Jesu; er überhaupt erst bildete die Überzeugung, aus der heraus Jesus so leben konnte, daß er die Todespraxis der Angst im Feld der Gottesferne endgültig («eschatologisch») zu überwinden vermochte. M. a. W: Während man vom Tode Gottes nur *subjektiv* sprechen kann, muß man das religionsgeschichtlich vorgegebene Symbol «Auferstehung» gerade als Ahnung und Wissen um eine *objektiv* gegebene Wirklichkeit verstehen. Genau umgekehrt aber klingt es bei R. PESCH, indem er vom Tode Gottes als von einer an sich bestehenden Tatsache, von der «Auferstehung» Jesu aber als von einer bloßen Deutungschiffre des Todes Jesu, rein subjektiv, spricht. Siehe auch oben zu Mk 12,18–27, Anm. 3; 5; 12; 14. Es ist am Ende gerade *die Tiefenpsychologie der Angst*, die in der Erlösungslehre darauf bestehen muß, *daß Gott nicht sterben kann* sowenig wie die Menschen, die er zum Leben, nicht zum Tod geschaffen hat.

[5] Der Rollstein vor dem Grab spielt in historisch-kritischer Betrachtung der Auferstehungserzählung eine doppelte Rolle. Zum einem rankt sich um ihn die Frage, ob die Erwähnung des Steins bei der Grablegung (15,46) nicht schon das Gespräch der Frauen am Ostermorgen (16,3) vorbereiten soll; wir haben (gegen R. PESCH: Das Markusevangelium, II 515) gesehen, daß eine solche «Vorbereitung» logisch absurd ist: Gerade der Stein, der in der (legendären) Grablegungsgeschichte *kein* Symbol darstellt, sondern nichts weiter ist als ein «realer» Stein, müßte auf der Ebene einer physischen Tatsache den Gang der Frauen zum Grab in der geschilderten Form geradewegs verhindern. Umgekehrt aber beweist das Gespräch der Frauen beim Gang zum Grab allerdings, daß die Ostererzählung des Markus ihrerseits die Erzählung der Grablegung in der Tat bereits voraussetzt und insofern kein isoliertes Traditionsstück gewesen sein kann. Freilich wird in der Ostergeschichte von Mk 16,1–8 aus dem «Stein» etwas ganz anderes: Ein Stein, der von Engels- oder Gotteshand

beseitigt wird, ist ein geistiger, symbolischer Gegenstand, kein Ding im Raume mehr. Es ist daher ebenso richtig wie einseitig, wenn R. Bultmann: Die Geschichte der synoptischen Tradition, 314–315 meint: «Die Pointe der Grabesgeschichte ist das leere Grab als Auferstehungsbeweis... Die Geschichte ist eine apologetische Legende... Paulus weiß nichts vom leeren Grab, woraus zwar nicht folgt, daß die Geschichte zu seiner Zeit noch nicht existierte, wohl aber, daß sie ein Nebentrieb ist, der für das offizielle Kerygma keine Bedeutung hatte... Das wird endlich dadurch erwiesen, daß ursprünglich zwischen Auferstehung und Erhöhung Jesu kein Unterschied bestand; dieser entsteht erst als Folge der Osterlegenden, die schließlich eine besondere Himmelfahrtsgeschichte als Abschluß des Erdenaufenthalts des Auferstandenen notwendig machen. Die Grabesgeschichte aber gehört mitten in diese Entwicklung hinein.» (Vgl. auch M. Dibelius: Die Formgeschichte des Evangeliums, 191, der bes. auf den «Legendenton» der Erzählung vom leeren Grab hinweist.) Es ist (vor allem auf dem Hintergrund der *ägyptischen* Religionsgeschichte) nicht möglich, die Vorstellungen von der «Entrückung», der Auferstehung und der Himmelfahrt dogmatisch auseinander zu entwickeln; es handelt sich vielmehr um in sich selbständige, sich ergänzende Deutungsschemata über das Schicksal eines Menschen im Tode (s. o. Anm. 1); gewiß ist Bultmann zuzugeben, daß die Ostererzählungen einem apologetisch-dogmatischen Ziel folgen, aber auch die christliche Dogmatik spricht in und von *Symbolen*, nicht von äußeren Tatbeständen, und insofern muß man die Erzählung vom leeren Grab als *symbolische* Verdeutlichung eines Glaubens*symbols* lesen, oder es lösen die wichtigsten Texte des Christentums sich augenblicklich in «Beweismittel» auf, die, realäußerlich verstanden, eine gewisse zeitbedingte, dem einfachen Volke plausible Überzeugungskraft besessen haben mögen, in ihrer kruden Naivität aber eher peinlich als erbaulich wirken müßten. – Zum anderen weist R. Pesch: Das Markusevangelium, II 522 zu Recht darauf hin, daß das Motiv von dem weggewälzten Stein in Verbindung «mit der Gattung der Befreiungs- bzw. Türöffnungswundertradition» stehe; es handelt sich um ein Motiv, das in den Märchen und Mythen der Völker eine große Rolle spielt, wie z. B. in dem Grimmschen Märchen «Die drei Schlangenblätter» (KHM 16), wo eines armen Mannes Sohn des Königs Tochter heiratet und nach ihrem Tod in dem königlichen Gewölbe sich, wie er versprochen hat, beisetzen lassen muß, ehe er mit Hilfe von drei Schlangenblättern sich und die Königstochter zugleich vom Tode erlöst. Geschichten dieser Art haben zweifellos eine große Ähnlichkeit zu dem Motiv aus Mk 16,4, vor allem wenn man in der «Königstochter» ein *anima*-Symbol der vom Tode gefangen gehaltenen Menschheit erblickt. Zudem hat L. Frobenius: Das Zeitalter des Sonnengottes, 43–44 im Rahmen der Mythe von der *Nachtmeerfahrt des Sonnengottes* bzw. im Rahmen der weltweit verbreiteten *Walfischmythe* gezeigt, daß das Motiv von dem solaren Helden, der sich aus seiner Gefangenschaft (mit magischen Mitteln) zu befreien weiß, ein archetypisches Symbol darstellt; der Aufenthalt des Gottessohnes im *Grabe* wird in der christlichen Symbolsprache später zu Recht entprechend dem (altägyptischen) Vorbild der Sonnenmythologie als Abstieg in die Unterwelt (in die *Duat*) gedeutet (1 Petr 3,19). Gleichwohl übersieht R. Pesch, daß in all diesen Erzählungen die Perspektive der Handlung aus der Sicht des «Helden» selbst entwickelt wird; die für die Interpretation sehr wichtige Frage nach der zentralen Gestalt einer Erzählung (vgl. E. Drewermann: Tiefenpsychologie und Exegese, I 212–218; 379) beantwortet sich in Mk 16,1–8 ganz eindeutig: Im Mittelpunkt der Handin den Staub tritt, ist es ein Stück von Golgotha, und in uns selber ist es wie ein langsames, grausames Sterben. Wie aber leben wir mit den Funken der Erinnerung an das Leben, wie es sein sollte? Wir können versuchen, wenigstens seine verbliebenen Spuren zu sammeln; doch können wir aus den Funken der Asche noch einmal das Feuer entfachen? Lastet nicht gerade in der Erinnerung alles doppelt schwer auf uns? Und oft wissen wir aus eigener Kraft nicht einmal die Erinnerung aufzubewahren. Sie zieht uns nur weiter nach unten, sie beschwert uns nur immer drückender wie ein Bleigewicht, das niemand von uns nimmt. Gerade so sehen diese Frauen es am Ostermorgen vor sich. Man kann zerstörte Hoffnungen nicht einbalsamieren oder konservieren, so als ob an einem fernen wärmeren Morgen alles noch einmal beginnen könnte[6]. Aus eigener Kraft gibt es nicht einmal einen Zugang zu der Erinnerungsstätte des Grabes[7].

lung stehen die Frauen; *für sie*, nicht für den toten und beerdigten Jesus, ist das Grab verschlossen; die Frage von Mk 16,1–8 lautet daher nicht: wie konnte Jesus auferstehen? (bzw. ist er überhaupt auferstanden?), sondern: wie konnten die Frauen (d. h.: wie können *wir selber*) zu der Erkenntnis gelangen, daß Jesus auferstanden ist. Nicht die «objektive» Tatsache, sondern der Prozeß der subjektiven Erfahrung ist das Entscheidende an diesem Gang der Frauen zum Grabe.

6 Das Motiv der Totensalbung erweist in historisch-kritischer Sicht die Ostererzählung sowohl literarkritisch als auch sachkritisch als sekundär: Nach Mk 14,3–9, der Salbung in Bethanien, ist geradewegs vorausgesetzt, daß eine Salbung Jesu *nach* seinem Tode nicht stattfindet, und vollends ging die Grablegungsgeschichte von Mk 15,42–47 davon aus, daß Jesus «ordentlich» beigesetzt worden ist, auch wenn dort eine Leichensalbung nicht eigens erwähnt wurde. Zudem ist es undenkbar, daß nach anderthalb Tagen, in einem Zustand, den Joh 11,39 ziemlich korrekt wiedergibt, ein Toter noch gesalbt werden sollte. Gleichwohl hat R. Pesch: Das Markusevangelium, II 529 recht, daß das Motiv der Salbung von der Ostererzählung selbst sich nicht abtrennen läßt, wie L. Schenke: Auferstehungverkündigung und leeres Grab (SBS 33), Stuttgart 1968, 31 ff. dies versucht. Dann aber muß man das historisch Unglaubwürdige um so mehr als *symbolisch* interpretieren, um es in seinem eigentlichen Anliegen zu verstehen. Erst in der symbolischen Existentialisierung der Erzählung vom leeren Grab, nicht auf der Ebene der Symbolsprache selber, wird auch der Unterschied zwischen dem Christentum und z. B. der altägyptischen Religion deutlich, in der die «Salbung» (Balsamierung) des Leichnams eines Toten nahezu als Voraussetzung der Unsterblichkeit des Verstorbenen verstanden werden konnte: Es ist *der Faktor der Verinnerlichung*, der den gesamten Totenkult in seiner Symbolik ebenso bestätigt, wie er ihn in seiner Äußerlichkeit aufhebt; eben in der Verinnerlichung des Symbolverständnisses selbst aber liegt der entscheidende Schritt zum Christlichen – in der Auferstehungslehre ebenso wie in der Opfervorstellung.

7 Vgl. E. Schweizer: Das Evangelium nach Markus, 205: «Die Frage der Frauen (sc. in

Wie erzählt man an dieser Stelle eine Geschichte weiter, die merkwürdig spät im Christentum aufgetaucht ist[8] und von einem Morgen kündet, der die Gräber öffnet, von einem Anfang, der die Steine reden macht, und von einer Vision des Lebens, die das ganze Dasein umkehrt?
Während die Frauen zum Grab gehen, ist es wie in Dämmerlicht gehüllt, wie

Mk 16,3, d. V.) soll die Menschen charakterisieren, für die der große Stein immer noch und endgültig das Grab verschließt. Gottes schon geschehene Wundertat wirkt daneben um so gewaltiger. Daher wird auch hinterher, wie es bei volkstümlichem Erzählen leicht geschieht, noch einmal die Größe des Steins erwähnt.» Daß in Mk 16,3 unsere eigene Situation geschildert wird, die wir angesichts der Gräber von den Menschen getrennt sind, die wir doch lieben, ist absolut wahr; dann aber muß man auf der *symbolischen* Ebene des Vestehens *stehen*bleiben und darf sich nicht über das Staunen der Volkspsychologie an pompösen Mirakeln lustig machen.

[8] Vgl. E. Schweizer: Das Evangelium nach Markus, 201–202, der das Ergebnis historisch-kritischer Forschung zu den Osterberichten wie folgt zusammenfaßt: «Der früheste (1. Kor 15,3–8) ist ca. 55 n. Chr. niedergeschrieben, aber als wörtliches Zitat aus der Überlieferung der Gemeinde (Jerusalem? Antiochia?) und von Paulus, der seit 5–6 Jahren nach Jesu Tod eine Reihe der Zeugen persönlich kennengelernt ... hat. Von den dort angeführten Erscheinungen Jesu vor Petrus und den Zwölfen, vor mehr als fünfhundert Brüdern, ‹von denen die meisten noch leben›, vor Jakobus und allen Aposteln, die also einen von den Zwölf unterschiedenen (größeren?) Kreis darstellen, schließlich vor Paulus selbst ist nur noch die zweite in den Evangelien erzählt. Die kurze Erwähnung einer Petruserscheinung Lk 24,34 zeigt, daß Lukas (aus einer Formel?) noch die Tatsache, aber keine Einzelheiten mehr kennt. Nach Lk 24,36–49 und einem völlig anderen Bericht Joh 20,19–23 erschien der Auferstandene am Ostersonntag in Jerusalem, nach Mt 28,16–20 in Galiläa. Wollte man dieses Ereignis nach denen in Jerusalem, die von Matthäus aber mit keinem Wort angedeutet werden, einordnen, wären doch, nach Lk 24,36–49 und Joh 20,24–29, die Zweifel einiger Jünger unmöglich und der Zug nach Galiläa klarer Ungehorsam gegen den Befehl des Auferstandenen (Lk 24,49) gewesen. Von einer galiläischen Erscheinung, die ursprünglich als erste geschildert war, aber sich völlig anders abspielt als die von Mt 28,16–20, weiß ... Joh 21 und Pt. ev. 60. Die verschiedenen Berichte sind, wenn man nach dem historischen Ablauf fragt, nicht mehr zu vereinen. Historisch am zuverlässigsten ist 1. Kor 15,5–8. Über Ort und Art der Erscheinungen ist daraus aber nichts zu entnehmen, abgesehen davon, daß Paulus ... wohl an Erscheinungen des himmlischen Herrn, nicht eines auf Erden Wandelnden, denkt.» M. a. W.: Die historisch-kritische Fragestellung nach dem «historischen Ablauf» erweist ihre eigene Unangemessenheit nirgendwo deutlicher als an den zentralen Texten religiöser Botschaft, und das beste Ergebnis, das bei derartigen Untersuchungen zustande kommt, sollte darin bestehen, die Äußerlichkeit des Denkens selber aufzugeben und sich (mit Hilfe der Tiefenpsychologie) der symbolischen Innenseite der Erzählungen zuzuwenden. Vgl. auch Ph. Seidensticker: Die Auferstehung Jesu in der Botschaft der Evangelisten, 24–30 zu 1 Kor 15,3–7f.

wenn durch den Schleier der Tränen zum erstenmal etwas Neues sichtbar würde, ohne daß es die Augen, die weinen, schon wirklich wahrzunehmen vermöchten. Und doch gilt es: Es ist möglich, zurückzukehren an den Ort des Todes, hineinzugehen in die Kammer des Grabes und ungehindert des ganzen Schmerzes gewärtig zu sein. Nur so kommt es zu dieser Erfahrung des Ostermorgens, daß wir das ganze Leben *neu* betrachten können. Dort, wo wir sonst nur Zerstörung oder Verwesung zu sehen vermögen, gerade dort, aus dem Abgrund, erhebt sich die Gestalt des Lichtes.
Mit welchen Augen sieht man einen Engel[9]? Es ist das Wunder des Vertrauens und der Liebe, bereits in diesem Leben, nicht auf den Friedhöfen erst, sondern hier, in diesem Leben, eine solche Sehweise füreinander zu gewinnen. Gewiß können wir uns betrachten als Menschen, die dem Tode ausgeliefert sind und die ihr Sterbedasein immer mehr zum Grab hin tragen müssen. Aber ein solches Bild läßt uns nicht leben, und es ist unwahr, insofern es jede Hoffnung Lügen strafen müßte. Die Wahrheit unseres Lebens liegt in dieser Vision eines Jünglings, der bekleidet ist mit dem Lichtglanz des Himmels, angetan mit dem Strahlengewand der Sonne und der Wolken. Dies ist das Bild, das wir in uns tragen, mitten in der scheinbaren Hoffnungslosigkeit, wenn die Vision des Ostermorgens stimmt. So können wir einander wahrnehmen, daß nicht Alter und Verfall die letzte Auskunft über unser Leben

[9] Richtig meinte R. Bultmann: Die Geschichte der synoptischen Tradition, 314, es sei «irreführend», die Erscheinung des Engels den Erscheinungen Christi gegenüberzustellen; «der Engel hat keine selbständige Bedeutung, sondern spielt nur die Rolle des *Angelus interpres*». Aber damit ist die entscheidende Frage nach dem *«Sehen»* der Frauen noch nicht einmal gestellt, geschweige denn beantwortet. Wie man mit äußeren Beschreibungen und dem Aneinanderreihen von «Beobachtungen» und «Parallelen» das «Sehen» von «Engeln» sich und dem Leser förmlich abgewöhnen kann, demonstriert im Rahmen der historisch-kritischen Exegese R. Pesch: Das Markusevangelium, II 532, wenn er lakonisch feststellt: «Das (latente) Türöffnungswunder mündet mit dem Gang der Frauen ins Grab in eine Epiphanieszene ein... Die Engelsepiphanie wird aus der Perspektive der Frauen erzählt (als träfe das nicht für die ganze Erzählung zu! S. o. Anm. 5); sie sahen... einen Jüngling..., der durch das Attribut des langen weißen Gewandes (vgl... 2 Makk 5,2; Offb 6,11; 7,9.13... Mk 9,3) als himmlischer Bote charakterisiert ist... Die Furchtreaktion der Frauen, die schaudern..., gehört zu den festen Motiven von Epiphanieerzählungen...: Vor der Erscheinung des Himmlischen schaudert der Mensch.» Das wäre zu wünschen! Doch damit wir es wieder lernen, «Engel» zu «sehen», die «Gräber» «öffnen», müßten wir unsere ganze Weltanschauung ändern, als deren besonders grotesker Ausdruck die historisch-kritische Methode gerade bei der Auslegung von Erscheinungsgeschichten erscheint.

sind, sondern etwas Unvergängliches an Schönheit in uns aufleuchtet, etwas Nie-Verlöschendes an Licht, eine Vision der Liebe, die voneinander träumen macht. – Die Maler des Mittelalters wußten die Menschen so darzustellen: auf einem Hintergrund von Gold, ganz eingetaucht in die Farbe der Sonne am Himmel und doch noch auf Erden wandelnd[10]. Alle Religionen vor dem Christentum mochten glauben an die Unzerstörbarkeit und Unsterblichkeit der Seele. Aber wie man so leben kann, daß aller Schatten sich nur noch zu erkennen gibt als Zeugnis des Lichtes und alle Verzweiflung nur als ein Zuwenig an Hoffnung und alles Materielle nur als die Außenseite des Geistes, dies ist es, was die Frauen am Grab vor Augen haben, als sie die Botschaft des Jünglings im Grabe vernehmen: «Ihn, den ihr sucht, hat Gott auferweckt, er ist nicht hier; vorausgegangen ist er euch nach Galiläa.» (Mk 16,6.7)[11]

[10] Vgl. G. Tolzien: Christliche Malerei, in: Kindlers Malerei Lexikon, XIII, Begriffe, I 210–220, S. 215–218 zur mittelalterlichen Malerei.

[11] W. Marxsen: Der Evangelist Markus, 47–53 wies zu Recht darauf hin, daß die Wendung: *«Vorausgeht er euch nach Galiläa. Dort werdet ihr ihn sehen, wie er euch gesagt hat»* in Mk 16,7 auf 14,28 zurückweist, und so meinte er, der Vers sei, wie jener, redaktionell in den Text eingeschoben worden, wobei bereits 14,28 den vorhergehenden Vers 14,27 interpretiert habe. Das bedeutete für ihn: «In Galiläa wird Jesus seine zerstreute Herde sammeln... Galiläa ist der Sammelpunkt für die zerstreuten Gemeinden. Das eben hängt mit der Parusie zusammen.» Von daher erklärt sich nach Marxsen auch die Spannung zu 16,8, daß die Frauen aus lauter Furcht *schweigen*, während der Engel sie doch auffordert zu reden – eine seltsame Umkehrung zu den Tagen, da Jesus den Leuten zu schweigen gebot, während sie redeten. «In beiden Fällen besteht... eine Spannung zwischen Reden und Schweigen, wenn auch jeweils umgekehrt... Hinter der gemeinsamen Spannung steht also ein innerer Zwang, der zum Weitersagen hin drängt – und zugleich gehemmt, aufgehalten wird. Dabei handelt es sich um einen literarischen Ausdruck für die Spannung zwischen Offenbarung und Verhüllung, die das Kennzeichen des ‹Messiasgeheimnisses› ist, also eines typisch marcinischen Phänomens.» (58–59) Dagegen meint R. Pesch: Das Markusevangelium, II 382; 520, daß 14,28, der 16,7 voraussetze, nicht als isoliert umlaufendes Logion verständlich gemacht werden könne. «Sowohl 14,27f. wie 16,6f. haben Tod *und* Auferstehung Jesu im Blick, sind auf dem Hintergrund des urchristlichen Kerygmas formuliert.» Gewiß ist besonders die Formel: *«auferweckt ward er»* (16,6) «Zitat des urchristlichen Kerygmas (1 Kor 15,4)»; Pesch: a. a. O., II 533; gewiß trifft es auch zu, daß in 14,28 nicht mit Sicherheit von einem isolierten Jesuswort auszugehen ist; gleichwohl ist damit die Möglichkeit einer redaktionellen Herkunft beider Verse (14,28–16,7) noch nicht widerlegt. Umstritten bleibt auch, wie das *«Sehen»* der Jünger in *«Galiläa»* aufzufassen ist. Für W. Marxsen (a. a. O., 73) meint 16,7 die «Parusie»; R. Pesch (a. a. O., II 538–539)

Seit diesem Augenblick des Ostermorgens kann unser Leben eine neue Richtung gewinnen, kein Verhocken mehr an den Rändern des Diesseits, kein bloßes Starren der Sehnsucht auf ein Ufer jenseits des Meeres. Unser Leben hier auf Erden vermag zu einem Weg zu werden, der an den Ort zurückführt, wo wir all das schon einmal gehört haben, an das wir glauben mochten, um zu leben: «Selig sind die Weinenden.» (Lk 6,21) «Die Zöllner und die Dirnen kommen vor euch in das Himmelreich.» (Mt 21,31) «Selig die Hungernden.» (Lk 6,21) All diese Worte des Trostes, die Jesus in Galiläa zu uns sprach, sind die Fußspuren eines Weges, auf dem er uns vorangegangen ist. Niemals seither ist unser Leben nur ein Weg zum Grab, ein Weg ins Nirgendwo, sondern wir folgen fortan den Fußspuren einer unzerstörbaren Hoffnung, und unser Leben ist wie eine Wallfahrt zur Stätte der Wahrheit an den Ufern des kleinen Sees Gennesareth, in dem der Himmel sich spiegelt und an dem

erwägt indessen auch «ekstatische Visionen der Jünger» und zitiert (Anm. 45) dabei sogar C. G. Jung: Der Mensch und seine Symbole, 102: «Wir sind von unserem subjektiven Bewußtsein so gefangen, daß wir die jahrhundertealte Tatsache vergessen haben, daß Gott hautpsächlich in Träumen und Visionen spricht.» Aber gerade R. Pesch greift diesen Gedanken, der einer Totalrevision der gesamten Exegese gleichkommt, nur als ein Aperçu zur Stelle ohne jede Konsequenz auf. Ginge man von einem «Sehen» als innerer Erfahrung aus, so bestünde zu dem Begriff der «Parusie» keine Spannung, die man nach Art eines Entweder-Oder lösen müßte. E. Schweizer: Das Evangelium nach Markus, 202 verweist auf Mk 14,62, wo das Sehen des Erhöhten und das Sehen des einst Kommenden identisch sind. – Noch weniger überzeugt die Rolle, die Pesch (a. a. O., II 534) den *Frauen* am Grab zuweist: «Die Frauen werden im Horizont einer Grabeslegende zu Zeugen der Nichtauffindbarkeit Jesu gemacht; sie können die Auferweckungsbotschaft, die ihnen aus Engelsmund verkündigt wird, bestätigen. Petrus und die Jünger (= die Zwölf), die im Kontext der vorm(arkinischen) Passionsgeschichte *von Jesus selbst* über seine Auferstehung nach drei Tagen ‹belehrt› (8,31; 9,31) worden sind (auch 9,9; 10,34), sollen hingegen *mit dem Auferstandenen selbst* Kommunikation haben; sie sind die Primärzeugen (vgl. 1 Kor 15,5).» Ganz im Gegenteil zeigt sich, daß alle «Belehrungen» vor Ostern nicht die Herrschaft der Angst und des Todes in den Herzen der Jünger durchbrechen konnten; einzig den Frauen, die Jesus bis in den Tod *folgten*, wird die Schau des geöffneten Grabes zuteil, einzig sie, in ihrem *heiligen* Schrecken, überwinden das Unheil der Angst. Nicht zu Unrecht meint E. Schweizer: a. a. O., 200 zu Mk 14,47, von den Frauen unter dem Kreuz: «Wiederum erscheinen nur Frauen als Zeugen; gerade die, die bei Juden und Griechen eine eher verachtete Stellung einnehmen, halten besser durch als die Jünger. Die neue Stellung der Frau in der Gemeinde Jesu zeichnet sich darin ab.» Die Frauen am Grabe – das ist, das müßte sein: das endgültige Ende der Männerherrschaft in Sachen Gottes! Inmitten der Kirche!

jene Worte ewigen Friedens zum erstenmal gesprochen wurden. Sie werden uns immer *«voraus»* sein[12], aber sie markieren doch die Richtung und Bestimmung unseres Lebens, und je mehr wir ihnen folgen, desto weiter wird unser Herz in der Freude des Glücks, je mehr wird hereinscheinen vom Lichte dieses Ostermorgens. Der «Engel», der zur *rechten Seite* der Stelle Platz genommen hat, an die man den Leichnam Jesu gelegt hatte, möchte und ermöglicht, daß wir *bewußt* zu leben beginnen, was vordem in der Unmittelbarkeit der «Nachfolge» geschah[13].

Als der skandinavische Maler EDVARD MUNCH am Rande einer schweren Psychose sich selber wieder zurückgegeben ward, malte er für die Stadthalle von Oslo das Bild eines solchen Sonnenaufgangs[14]: eine fast noch wässerige Sonne wie mit verschwimmenden, tränenverschatteten Augen und doch gebrochen in den Farben des Regenbogens, des Zeichens des ewigen Bundes Gottes mit unserem Leben[15], – eine Botschaft der Umkehr, hinaus aus den Gräbern, wandernd über diese Welt zum Ort unserer Berufung.

Die Lehre der Unsterblichkeit erfüllt uns mit der Sehnsucht nach der Ewigkeit; die Botschaft des Ostermorgens schenkt uns die Unzerstörbarkeit der Freude hier in diesem Leben. Sie gibt uns den Geschmack am *Leben jetzt* zurück. Sie schenkt uns die Kraft, diese wenigen Jahre unseres irdischen Lebens so zu führen, daß wir Jesus wieder begegnen in jedem Menschen, gemeinsam unterwegs mit ihm auf dem Weg zum Himmel.

[12] E. SCHWEIZER: a. a. O., 206 meint sehr schön: «Mit der besonderen Nennung des Petrus wird wahrscheinlich auf seine Verleugnung zurückgewiesen. Noch einmal werden die, die bei der Verhaftung Jesu flohen, und der, der ihn verleugnete, von Jesus gerufen (vgl... 14,28). Noch einmal geht er ihnen voran (vgl. 10,32) und heißt sie, ihm nachzufolgen. Noch einmal geschieht darin Gnade und werden sie ihn, der sie nicht verlassen hat, als sie ihn verließen, wieder sehen.» Es ist die Geschichte der Kirche bis heute: dieser Weg dorthin zurück, wo alles begann.

[13] Die «*rechte* Seite», an welcher der Engel Platz genommen hat, bedeutet nach R. PESCH: Das Markusevangelium, II 532 «von vornherein ..., daß er eine gute Botschaft auszurichten hat». Aber so einfach ist es nicht; «rechts» symbolisiert die «gute», *weil* «bewußte» Seite; vgl. E. DREWERMANN: Tiefenpsychologie und Exegese, II 407–408.

[14] Vgl. A. EGGUM: Edvard Munch. Gemälde, Zeichnungen und Studien, S. 239, Abb. 357: Die Sonne, um 1912.

[15] Vgl. Gen 9,14 ff.

Noch einmal Mk 16,1–8: Die Botschaft der Frauen – das Wissen der Liebe

Es gibt Texte im Neuen Testament, die vorzutragen eigentlich nur Frauen möglich ist[1]. Die *Leidensgeschichte* des *Markus*-Evangeliums ist eine Geschichte von *Männern;* alles, was dort geschieht, wird von Männern geplant und ausgeführt. Erst ganz am Ende, unter dem Kreuz, wird diese Gruppe von Frauen erwähnt, die Jesus begleiten bis zum Tod[2]. Während alle Jünger Jesu in der entscheidenden Stunde am Ölberg Reißaus nehmen, um ihre bloße Haut zu retten (Mk 14,50.51), sind es diese drei Frauen: Maria aus

[1] Zur Stellung Jesu zu den Frauen vgl. SCH. BEN-CHORIN: Bruder Jesus, 98–106, der sich zu Recht gegen das «asketische Ideal christlicher Anachoreten und Mönche» wehrt. «Jesus selbst war kein Asket, im Gegensatz zu den (anderen) Jüngern des Johannes, sondern er war den Freuden des Lebens durchaus zugetan.» (98–99) Insbesondere in dem Mitleid gegenüber den «Dirnen» «zeigt sich der verborgene messianische Impuls Jesu, der Versuch, das Verlorene wiederzugewinnen» (100). Vor allem aber muß die ganze Art Jesu, zu denken und zu sprechen, in den Frauen seiner Zeit eine weit stärkere Resonanz als in den Männern erweckt haben. Wenn es primär Frauen sind, deren Treue wir das Zeugnis von Tod und Auferstehung Jesu verdanken, welch eine Verirrung dann, wenn die katholische Kirche auch heute noch glaubt, Frauen von der Verkündigung des Glaubens ausschließen zu müssen! Vgl. E. DREWERMANN: Das Markus-Evangelium, I 116–117.

[2] Vgl. L. SCHENKE: Der gekreuzigte Christus, 102: «Die Frauen werden (sc. in Mk 14,40–41, d. V.) im Gegensatz zu den ‹Zwölfen› (vgl. 10,32 f.) als solche gezeichnet, die wahre Jüngerschaft als ‹Dienst› (10,43 ff.) und ‹Kreuzesnachfolge› (8,34 f.) verwirklichen und damit Vorbild für die Gemeinde sind (1,29 ff.; 14,3–9). Damit fügt sich 40 f. gut in die Intention des Evangelisten ein.» Ein gewisses Problem liegt darin, daß die Liste der Frauennamen in 16,1 sich zwar mit 15,40 deckt, nicht aber mit 15,47, wo nur Maria Magdalena und die Maria des Joses erwähnt werden, woraus L. SCHENKE: Auferstehungsverkündigung und leeres Grab, Stuttgart ²1969, 11–30 den Schluß zog, daß die Erzählung vom Gang der Frauen zum leeren Grab in 16,1–8 erst von Markus mit der Passionsgeschichte, die ursprünglich mit der Grablegung geendet habe, verknüpft worden sei; die Liste in 15,40–41 sei erst von Markus mit 16,1 harmonisiert worden. Auch PH. SEIDENSTICKER: Die Auferstehung Jesu in der Botschaft der Evangelisten, 63 meint, «daß die Verbindung der Grablegungsgeschichte mit dem Ostermorgenbericht nicht ursprünglich ist, sondern beide Berichte verschiedenen Traditionskreisen angehören. Ohne ersichtlichen Grund ist nämlich Maria im Grablegungsbericht des Markus (Mk 15,47) als Mutter des uns weiter nicht bekannten Herrenbruders Joses bezeichnet (vgl. Mk 6,3; Mt 13,55: Joseph), während sie im Ostermorgenbericht als Mutter des bekannten Herrenbruders Jakobus genannt ist (Mk 16,1).» Und S. 80: «Es ist auffällig, daß die Namen dieser Frauen in der Überlieferung

Magdala, Maria, die Mutter des Jakobus und des Joses, und Salome, die Jesus die Treue halten[3]. Einzig sie sind es, die der männlichen Welt der Zerstörung und der «Herr»-schaft durch ihr bloßes Dasein entgegentreten. Sie sind es auch, die am Ostermorgen zu den ersten Zeugen der Auferstehung Jesu werden[4]. Wesentlich ihnen vertraut der Engel im Grab die Osterbotschaft an. Das entscheidende Wort des Christentums an die Welt ist spezifisch eine

nicht festliegen. Allein Maria Magdalena wird in allen vier Berichten genannt.» Die drei Synoptiker erwähnen nur noch Maria, die Mutter des Jakobus, gemeinsam (Mk 16,1; Lk 24,10; Mt 28,1: Die andere Maria). Aber an die Stelle der Salome von Mk 16,1 hat Lk 24,10 Johanna und «noch andere» gesetzt. Es fällt schwer, unter dem ständigen Wechsel der Namen das historische Vertrauen von R. PESCH: Das Markusevangelium, II 507–508 zu gewinnen, der in den drei Listen von Mk 15,40.47; 16,1 keinerlei Spannungen erkennt, sondern eine historische Erinnerung daran vermutet, daß von den vier Frauen in 15,40 eben nur zwei Jesus bis zum Grab gefolgt seien, während in 16,1 halt «die erste, zweite... und vierte Frau» habe nachholen wollen, was Joseph von Arimathäa versäumt habe: die Salbung Jesu. Recht aber hat PESCH: a. a. O., II 508, wenn er meint: «Der Rang dieser galiläischen Ahängerinnen Jesu, die ihm bis in die Nähe des Kreuzes folgten, ist in der Urgemeinde wohl auch durch ihren Jesus geleisteten Dienst begründet. Diese Frauen gehören neben den Jüngern – und betreffs der Passion Jesu teilweise mehr als diese – zu den Zeugen des Lebens Jesu.» Vor allem über *Maria von Magdala*, die in Joh 20,1 als einzige das leere Grab entdeckt, gehen die wildesten Spekulationen. W. FRICKE: Standrechtlich gekreuzigt, 105 sieht in ihr gar diejenige, «die Jesus zur Frau erkoren hatte. Die eigene Ehefrau wäre es dann gewesen, die, dem *Philippus-Evangelium* zufolge, Jesus oftmals geküßt hat. Und völlig gleichgültig ist es, welchen Lebenswandel diese Maria vor ihrer Begegnung mit Jesus geführt hat. Mag sie eine ‹Sünderin› gewesen sein!»

[3] Siehe oben zu Mk 14,1–9, Anm. 1; S. 412f.

[4] Es ist eine drastische Verkürzung von kirchenpolitisch erheblicher Tragweite, wenn R. PESCH: Das Markusevangelium, II 534 die Frauen lediglich zu «Zeugen der Nichtauffindbarkeit Jesu» erklären will, wohingegen die Jünger die Auferstehung Jesu selbst bezeugten. Wenn die Frauen in Mk 16,7 den Jüngern sagen sollen, wo sie ihren Herrn «sehen» könnten, setzt doch dieser Auftrag implizit voraus, daß Jesus auferstanden *ist*. Man darf vor allem nicht übersehen, daß die Erzählung vom leeren Grab gerade die Tatsache der Auferstehung apologetisch absichern will. PH. SEIDENSTICKER: Die Auferstehung Jesu in der Botschaft der Evangelisten, 149 meint richtig: «Die Berichte von der Entdeckung des leeren Grabes am Ostermorgen führen in ihrer ältesten Überlieferung (Mk/Mt) in die Nähe des Versuches, eine Art Beweis für die Auferstehung zu erbringen.» Solche «Beweise» seien durch das «Anwachsen der *pharisäischen Geistesrichtung* innerhalb der Urgemeinde in Jerusalem» notwendig geworden (71). Freilich: «Schon Lukas (sc. 24,22–24, d. V.) hat den Bericht der Frauen im Hinblick auf eine rechtliche Gültigkeit für eine Sicherung des Osterglaubens in der Kirche neutralisiert... Das leere Grab ist nach Johannes nur ein

Botschaft von Frauen. Allein sie offenbar sind fähig und würdig, den Sieg des Lebens über den Tod zu *sehen* und sichtbar zu machen[5].
Wie sollte es auch anders sein? – Das Geheimnis der Auferstehung läßt sich nicht äußerlich «feststellen», man kann es nur glauben, und es läßt sich nur mitteilen in Bildern und Symbolen[6]. Von dem Geschehen des *Karfreitags* kann man so sprechen, daß es sich mit Augen sehen und mit Händen greifen

‹Zeichen› des Auferstandenen, das erst im Glauben in seiner Bedeutung erkannt wird.» (149) Für *Markus* aber ist es gerade die Aufgabe der Frauen, vom leeren Grab her zu bezeugen, daß Jesus lebt.

[5] Zu dem *«Sehen»* vgl. oben zu Mk 16,1–8, Anm. 9; S. 693.

[6] Was hätte man in der (katholischen) Theologie dieses Jahrhunderts an Auseinandersetzungen und Verurteilungen sich sparen können, hätte man die einfachen Sätze beherzigt, die 1909 bereits A. VON HARNACK: Lehrbuch der Dogmengeschichte, I 95–97, Anm. 1 über das vermeintliche «Faktum» der «Auferstehung» schrieb: «Historisch stehen folgende Punkte fest: 1) daß Niemand von den Gegnern Christi ihn nach seinem Tode gesehen hat, 2) daß Jünger Christi bald nach dem Tode Christi überzeugt gewesen sind, ihn geschaut zu haben, 3) daß die Reihenfolge und Zahl dieser Erscheinungen ... nicht mehr sicher ermittelt werden können, 4) daß die Berichte über den Auferstandenen sehr schnell gewaltig ausgeschmückt worden sind, ihr Kern aber bloße Erscheinungen (nicht Reden und Handlungen) sind, 5) daß die Jünger ... Christus nicht in dem gekreuzigten, irdischen Leibe, sondern in himmlischer Glorie gesehen ... Da nun auch das am dritten Tage leerbefundene Grab nicht als ein ganz sicheres geschichtliches Factum gelten kann, weil es mit offenbar sagenhaften Zügen (Engelerscheinungen) verbunden erscheint ..., so ergiebt sich, I) daß sich jede Auffassung ... von der *usprünglichsten* Auffassung entfernt, welche die Auferstehung Christi als eine einfache Wiederbelebung seines sterblichen Leibes vorstellt, II) daß lediglich die Frage, ob reale himmlische *Erscheinung* ... oder Vision, hier zu erörtern ist, und daß III) überhaupt das Problem, ob Jesus auferstanden ist, für Niemanden existieren kann, der von dem Inhalt und Werth der Person Jesu absieht; denn das bloße Factum ... (sc. von Erscheinungen Jesu in *himmlischer* Glorie, d. V.) bietet doch für den, dem es mit der Feststellung geschichtlicher Thatsachen Ernst ist, auch nicht den geringsten Anlaß zu der Annahme, Jesus sei *nicht* im Grab geblieben.» «Die Frage für den Glauben, welche die Geschichte übrigläßt, ist diese: ist Jesus Christus im Tode versunken oder ist er durch Kreuz und Leiden zur Herrlichkeit ... übergegangen? Im Sinne Jesu hätten die Jünger davon überzeugt sein und seine Wiederkunft erwarten sollen, auch ohne ihn in Herrlichkeit gesehen zu haben (ein Bewußtsein hiervon befindet sich noch Lc 24,26 ... und Joh 20,29 ...), und man darf wohl hinzufügen, daß keine Erscheinungen des Herrn sie auf die Dauer von seinem Leben hätten überzeugen können, wenn sie nicht den Eindruck seiner Person ... im Herzen besessen hätten. Der Glaube an das ewige Leben Christi und an das ewige Leben der Seinen ist nicht eine vorläufige Bedingung, um überhaupt Christi Jünger zu sein, sondern er ist das *Schlußbekenntnis* der Jüngerschaft ... Es ist ... die ganze Frage

läßt; alles was roh genug ist, um zu töten, ist von dieser Art der Wirklichkeit. Die Wirklichkeit des *Ostermorgens* aber kann man nur mit den Augen des Herzens wahrnehmen, denn alles, was uns leben läßt, entstammt dem unsichtbaren Raum der Ewigkeit; und *Frauen* scheinen seit altersher die berufenen *Priesterinnen* dieser Geheimnisse des Unsichtbaren zu sein.
Seit Urzeittagen durchweht eine bestimmte Frage die menschliche Geschichte, leise gleich einem Lufthauch am Anfang und stark wie ein Sturmwind am Ende. Je mehr das menschliche Bewußtsein sich entfaltet, desto deutlicher wird uns der Tod zum Problem[7]. Je mehr wir Menschen dazu reifen, uns als Einzelwesen zu entdecken, desto verlorener fühlen wir uns in der Weite des Alls, und unser menschlicher Geist formt zum erstenmal auf dieser Erde Fragen, auf die die Welt uns keine Antwort geben kann. Seit den Anfangstagen der Menschheit rufen wir daher *die Sinne* auf, unserem Bewußtsein Zeugnis zu geben von der Unzerstörbarkeit des Lebens *gegen* das Zeugnis der Sinne von der scheinbaren Allmacht des Todes, und so entstehen

nach der Auferstehung Christi ... dadurch verwirrt worden, daß man sich gewöhnte, das ewige Leben auch abgesehen von Christus als eine sichere Aussicht zu betrachten.» Dem ist vollkommen zuzustimmen, bis auf die Tatsache, daß die Person Jesu, an welcher aller Glaube seinen Halt findet, selber ihre Kraft in der *menschheitlichen* Überzeugung von der *Unsterblichkeit* fand (s. o. zu Mk 12,18–27, S. 270–283). Eine Liste «seltsamer Umschreibungen für die Auferstehung Jesu» hat P. LAPIDE: Auferstehung, 79 unter den modernen Theologen katalogisiert: «‹Jesus ist in das Kerygma hinein auferstanden›, sagt *Rudolf Bultmann*. ‹Er ist auferstanden, weil er die innerste Mitte alles irdischen Seins im Tode für ewig erobert hat›, sagt *Karl Rahner*. ‹Der Glaube an die Auferstehung ist eine altchristliche Ausdrucksform ..., die wir heute nicht als für uns verbindlich empfinden können›, schreibt *Herbert Braun*. ‹Ostern bedeutet: Die Sache Jesu geht weiter›, erklärt *Willi Marxsen*, für den die Auferstehung ‹ein Interpretament› der Urgemeinde ist. ‹Das Ereignis, das wir nach spät-jüdischer Tradition mit der Metapher ‹Auferstehung von den Toten› bezeichnen, bedeutet keine Verwandlung, sondern eine Bestätigung Jesu.› So *Heinz Zahrnt*. ‹An die Auferstehung Jesu glauben heißt, das überraschende Wagnis zu unternehmen, mit Jesus Christus als einer gegenwärtigen Wirklichkeit zu rechnen›, meint *Meinrad Limbeck*.» So könnte man fortfahren. Aber es geht auch nicht an, mit P. LAPIDE zu einer Art spätjüdischem Fundamentalismus zurückzukehren und am Ende das Symbol der «Auferstehung» wieder in eine historische «Tatsache» rückzuverwandeln. Man sollte vielmehr sagen: Auferstehung ist die Hoffnung, die Jesus lehrte, im Vertrauen auf Gott den Tod als Daseinsmacht menschlicher Angst zu besiegen, so daß denjenigen, die an die Wahrheit seines Lebens und seiner Person zu glauben beginnen, das eigene Leben und die eigene Person als etwas Unzerstörbares zurückgeschenkt wird; solche vermögen es, Gräber «leer» zu sehen und in den Höhlen der Verwesung einen «Jüngling» in «Weiß» wahrzunehmen.

[7] Siehe oben zu Mk 12,18–27, Anm. 6; S. 276.

Symbole des ewigen Lebens, wie sie allen Religionen gemeinsam sind[8]. Eine Vielzahl dieser Bilder hat auch die Kirche in den Riten der Osternacht aus den Jahrhunderttausenden der menschlichen Geschichte gesammelt, um mit ihrer Hilfe die engen Wände der Welt unseres irdischen Daseins aufzubrechen zum Horizont der Ewigkeit.

Ein solches Symbol ist von altersher *das Wunder der Sonne*[9]: an jedem Abend scheint sie blutig rot am Westhimmel zu sterben und in das Grab der Nacht zu sinken, und mit ihr scheint das Leben selbst unterzugehen; doch immer wieder kehrt an jedem neuen Morgen das Licht der Welt zurück und macht den Menschen Mut zu glauben, daß auch für sie die Nacht des Lebens einem neuen Morgen weichen werde[10]. Alle Wege, die zu Gräbern führen, enden in Traurigkeit und Dunkelheit; den Frauen aber, die am Ostermorgen unterwegs zum Grabe Jesu sind, *geht eben die Sonne auf* (Mk 16,2)[11] – der ewige Morgen eines Lichts, das keinen Untergang mehr kennt.

Ein anderes menschheitliches Symbol der Hoffnung ist *das Geheimnis des Mondes*[12]: allmonatlich erhebt das Lichtgestirn der Nacht sich *nach den drei Tagen* der Neumondzeit am Westhimmel aus dem Grabe der Dunkelheit zu neuem Leben und kehrt zurück zu seiner alten Schönheit; es schenkt durch seine Wiederkehr den Menschen Hoffnung, daß auch ihr Leben nicht von Tag zu Tag nur unaufhaltsam weiter welkt und unabänderlich dahinsiecht, sondern daß es sich in einem heiligen Ring der Zeit verjüngt und verschönert zu einem Leben bleibenden Glücks. Mit den Rhythmen des Kommens und Gehens des Mondes am Himmel verglich man in der Geschichte der Menschheit sehr früh schon das pulsierende Leben der Frauen[13]; der Mond selber

[8] Vgl. E. Drewermann: Tiefenpsychologie und Exegese, II 511–541 zu den altägyptischen Jenseitsvorstellungen im Hintergrund der apokalyptischen Chiffren des Spätjudentums und Christentums.

[9] Vgl. zu den entsprechenden Anschauungen im Alten Ägypten a. a. O., 513–519.

[10] Vgl. I. Clarus: Du stirbst, damit du lebst, 113–118, zur Unterweltsfahrt der Sonne.

[11] Vgl. R. Pesch: Das Markusevangelium, II 531, der auf das Motiv der Hilfe Gottes «am Morgen» in Ps 17,15; 143,8; Klgl 3,22f. hinweist. Es handelt sich um «symbolträchtige Zeit», deren Erlebnishintergrund sich offenbar der alten Sonnenmythologie verdankt. Es ist daher ein symbolischer Unterschied, der ein seelisch sehr verschiedenes Erleben kennzeichnet, ob die Frauen, wie in Mk 16,2, unmittelbar *mit Sonnenaufgang* zum Grab kommen, oder ob Maria von Magdala in Joh 20,1, *«als es noch dunkel war»*, sich zum Grabe Jesu begibt.

[12] Vgl. E. Siecke: Drachenkämpfe, 4–10.

[13] Vgl. M. E. P. König: Die Frau im Kult der Eiszeit, in: R. Fester – M. E. P. König –

galt als eine weibliche Göttin, und das Geheimnis seiner *Auferstehung am dritten Tage* aus dem Reich der Finsternis verlieh auch den Frauen auf Erden die Fähigkeit, neues Leben hervorzubringen[14]. Es ist noch heute der *Sonntag nach Frühlingsvollmond*, an dem wir das Osterfest feiern – ein Geheimnis, das seit Urzeittagen Frauen buchstäblich auf den Leib geschrieben ist.
Doch auch *der Frühling* selbst: ist er nicht nach der Kälte und der Starre des Winters wie eine Wiedergeburt des Lebens? Alles Gebären indes galt als Mysterium der Frauen – die Erde selber war wie eine Große Mutter[15], und alle Blumen waren ihre Töchter; das Korn auf den Feldern[16], der Mais[17], die Banane[18], die Agave[19] – alle Pflanzen, die Menschen ernähren, galten den Mythen der Völker als *weibliche* Gottheiten. Die Entstehung des Lebens

D. F. Jonas – A. D. Jonas: Weib und Macht. Fünf Millionen Jahre Urgeschichte der Frau, 107–158, S. 116, die besonders auf die Dreiheit der Mondphasen und die Dreiheit im Begräbnisritual des Paläolithikums hinweist. Zu der Gleichstellung der Frau mit dem *Mond* vgl. bereits J. J. Bachofen: Das Mutterrecht, I 130, der bes. auf die Doppelgeschlechtlichkeit des Mondes hinwies: «Der Mond ... ist androgyn ..., weiblich gegenüber der Sonne, männlich hinwieder gegenüber der Erde ... in der Gynaikokratie (sc. der Frauenherrschaft) beherrscht die Nacht den Tag, den sie aus sich gebiert, wie die Mutter den Sohn; in dem Vaterrecht der Tag die Nacht.»

[14] Siehe oben zu Mk 9,30–37, Anm. 5; S. 44–45.

[15] Vgl. E. Neumann: Die Große Mutter, 229–253: Die Herrin der Pflanzen.

[16] Vgl. J. Przyluski: Die Mutter-Göttin als Verbindung zwischen den Lokal-Göttern und dem Unviersal-Gott, in: O. Fröbe-Kapteyn (Hrsg.): Gestalt und Kult der Großen Mutter (Eranos-Jahrbuch VI), 35–57, S. 43: «Das Korn wird in den verschiedenen Ländern teils durch einen Gott, teils durch eine Göttin verkörpert. Das Paar der Göttin-Mutter und des Korns, das sie hervorgebracht hat, macht eine Entwicklung durch gleich der Zweigestalt Gattin-Gatte. Mutter und Kind ... wuchsen in einer einzigen Gestalt zusammen, die dank einem wunderbaren Erneuerungsprozeß – einem gewaltsamen Tod mit nachfolgender Wiedergeburt – immer wieder vom Alter zur Jugend und umgekehrt hinüberwechselte.»

[17] Zu der aztekischen Maisgöttin *Chicome coatl* («Siebenschlange») vgl. W. Krickeberg: Altmexikanische Kulturen, 211; 215; F. Anders: Das Pantheon der Maya, 125–129; C. Burland: Gefiederte Schlange und Rauchender Spiegel, 85–86; G. Lanczkowski: Götter und Menschen im alten Mexiko, Olten 1984, 84.

[18] Zu dem Mythos von dem *«Pflanzenmädchen»*, das getötet werden muß, um gepflanzt und gegessen werden zu können, vgl. A. Jensen: Die getötete Gottheit, 47–51 – zu dem Tode der *Hainuwele* auf Ceram, die die Kokosnuß, aber auch die Knollenfrüchte, die Banane und den Mond verkörperte; E. Drewermann: Strukturen des Bösen, II 603–610.

[19] Die Göttin der *Agave* (bzw. die Göttin des berauschenden Pulquetrankes) hieß bei den Azteken *Mayahuel*, vgl. W. Krickeberg: Altmexikanische Kulturen, 195; 211; der Pul-

selbst, sein Sterben, seine Wiedergeburt im Lauf der Natur verrät ein Mysterium, dem *die Frauen* wesenhaft näherstehen als die Männer.
Nicht zuletzt *das Geheimnis des Feuers,* der wohl wichtigsten «Erfindung» der Menschheit[20], untersteht in der ganzen Antike der Obhut der Frauen[21]. In jeder Osternacht greift die Kirche mit der Symbolik der *Osterkerze* zurück auf eine der ältesten und staunenswertesten Erfahrungen eiszeitlicher Menschen: es ist möglich, totes, trockenes Holz, aus dem jegliches Leben entwichen ist, so zu reiben und zu beatmen, daß Wärme und Licht daraus entstehen; es ist möglich, kalte, harte Steine so aneinanderzuschlagen, daß Funken des Lichtes daraus entspringen. Nichts scheinbar kann so tot sein, daß es sich nicht zurückverwandeln ließe in Leben; es waren aber *die Frauen,* die die heilige Flamme des Herdes behüten und bewahren mußten.
Am wichtigsten überhaupt aber ist *das Mysterium des Wassers*[22]. Daran erinnern die meisten Riten der Kirche in der Osternacht mit ihren Bildern vom Durchzug Israels durch das Rote Meer (Ex 13,17–14,31) und mit den Symbolen der Taufe[23], mit den Lesungen von den Wassern der Urflut und den Wassern der Sintflut. Alles Leben auf Erden entstammt dem Wasser, und überall auf Erden vermag das Wasser die schlummernden Kräfte des Lebens

que selbst verkörperte sich in einer Schar von Göttern, die *Centzon totochtin* («Vierhundert Kaninchen») hießen. «Das Kaninchen war ein Mondwesen ... Die Pulquegötter waren also ebenfalls Mondwesen.» Vgl. G. Lanczkowski: Götter und Menschen im alten Mexiko, 84–85.

[20] Möglicherweise stellen die sog. *«Feuerraubmythen»* nach Art der Prometheussage die älteste Menschheitserinnerung überhaupt dar.

[21] Zum Kult des *Herdes,* der Göttin *Hestia,* vgl. W. Fauth: Hestia, in: K. Ziegler – W. Sontheimer (Hrsg.): Der Kleine Pauly, II 1118–1120, der u. a. auf den «phallischen» Charakter des Herdfeuers verweist. V. Engelhardt: Die geistige Kultur der Antike, 114–115 rechnet *Hestia,* die Göttin des Herdfeuers, zu den ältesten olympischen Göttern. «Hestia, zuinnerst mit dem Herde verbunden, wurde so zum guten Schutzgeist des Menschen. Rein war ihr Wesen, wie das des hellen verzehrenden Feuers. Jungfrau blieb sie. Ihren Dienst konnten nur keusche Frauen und Jungfrauen versehen.» «Das ewige Licht in den katholischen Kirchen, in der Osternacht an dem aus dem Stein geschlagenen, jungfräulichen Feuer entzündet, trägt bis heute späte Erinnerung an die einstige heilige Bedeutung nie erlöschenden Feuers in sich.»

[22] Zum Symbol des *Wassers* vgl. Ph. Rech: Inbild des Kosmos, II 303–394, die vor allem auf das Wasser der Wiedergeburt, des Lebens und der Weisheit eingeht.

[23] Zu den Riten der Osternacht bzw. zur Symbolik des Exodus vgl. E. Drewermann: Tiefenpsychologie und Exegese, I 264–265; II 505–506.

im Boden zu wecken. Das Wasser ist *das* Symbol von Geburt und Regeneration schlechthin[24], und es ist schon von daher ein durch und durch *weibliches* Symbol[25].

All diese menschheitlichen Bilder der Religion möchten aus dem Erbe urzeitlicher Erinnerungen Brücken ins Unendliche schlagen. Wenn es möglich ist, daß der Wind, der über die See weht, Leben ans Land trägt, wenn es sein kann, daß in der Dürre der Wüste und der Kälte des Winters Blumen und Getreide aus der Erde entstehen, ist es dann nicht auch möglich, daß aus den Gräbern die Seele sich erhebt und aus dem toten Körper der Geist? Es ist erschütternd zu sehen, wie in Jahrzehntausenden der menschlichen Kulturgeschichte als ein langsam reifender Hymnus sich diese Gewißheit von der Unzerstörbarkeit des Lebens formt. Eine ganz und gar *mütterliche* Zuversicht entsteht, die uns den Weltenhintergrund als wohlmeinend und gütig vor Augen stellen möchte, als eine Macht, die unser Leben *will;* und einzig diese Hoffnung ist es, die uns als Menschen *leben* läßt.

Was denn wären wir ohne die Erwartung der Ewigkeit? Wir klebten mit unserem Leib an der Erde, bis daß kein Unterschied mehr bestünde zwischen unserem Fleisch und ihrem Staub; die besten Gedanken würden wir verbrauchen, um uns gegen die ständige Nähe des Todes zu schützen; aus lauter Angst würde unser hellwacher Verstand immer wieder das Leben in Waffen des Todes umschmieden, und nie würden wir bei dem Versuch, unser Überleben zu sichern, wirklich zu leben beginnen. Zerquält von Verzweiflung und umdüstert von Aussichtslosigkeit, würden wir nicht existieren, wir würden vegetieren, armseliger als die Tiere, die den Tod erleiden, aber nicht erleben. Wir *wissen* um die Bedrohung unseres Daseins. Nur wir Menschen existieren in der Wachheit unseres Bewußtseins als einzelne, und nur wir wissen daher, daß es so etwas wie uns im Kreisen der Sphären, im Gang und Gesang der Natur nur ein einziges Mal gibt. Welch eine Antwort könnte es für uns gegen die Macht des Verlöschens im Tode geben außer der einzigen: daß es jenseits

[24] Vgl. C. G. JUNG: Symbole der Wandlung, V 410f. zu dem Motiv der «zweifachen Mutter» bzw. der «zweimaligen Geburt» in Form von Kreuzestod und Taufe.

[25] Die psychoanalytische Erklärung dafür hat S. FERENCZI: Versuch einer Genitaltheorie, in: Schriften zur Psychoanalyse, II 317–400, S. 357–369 mit der Hypothese von dem «thalassalen Regressionszug» zu geben versucht: Jede sexuelle Vereinigung sei eine Rückkehr zu dem «Urgewässer», aus dem alles Leben entstanden sei; nach FERENCZI ist es der Gang der Evolution selbst, der den Schoß der Frau als eine ontogenetische Nachahmung des Urmeeres am Anfang der Lebensentstehung zu erkennen gibt.

der Welt Gott gibt als einen absoluten Willen und als eine unendliche Liebe, die von Ewigkeit her möchte, daß wir sind? Es ist dieses Gefühl einer mütterlichen Geborgenheit, der wir verdanken, daß wir als *Personen* sind und uns in dieser Welt zu leben wagen[26]. Jeder von uns vermag sich als Person nur zu finden im Gegenüber einer anderen Person, der wir so wichtig sind, daß sie die Schalen sprengt, in denen unser Wesensbild gefangen liegt. Es geht um die Erfahrung einer *zweiten Geburt* – aus dem «Geist» wie die Bibel sagt (Joh 3,5), gezeugt von der Liebe und entlassen in das Licht der Freiheit[27].

Auf eine solche absolute Weise müssen *die Frauen, die am Ostermorgen an das Grab kommen,* Jesus in ihrem Leben erfahren haben. Er muß in ihr Leben getreten sein wie ein Erwachen aus langem Schlaf, wie ein Aufruf aus dem Unleben zur Wirklichkeit, wie ein Zerreißen angstvoller Träume, wie ein Aufschlagen der Augen zum Licht. In seiner Nähe müssen alle Dinge sich verwandelt haben, so daß das Verrinnen der Jahre des Lebens nicht mehr erschien wie ein bloßes Vorlaufen des Daseins zum Tode, sondern sich formte zu einem reifenden Ring des Glücks und der Freude; die alten Fesseln verloren ihre Geltung: die Vorschriften der Angst, die Bindungen der Umgebung, die Rollenzwänge der anderen. In das Leben dieser Frauen muß Jesus mit einer solchen alles verändernden Macht getreten sein, daß sie sogar ihre Ehe, ihre Familie, ihren bisherigen Beruf verließen, daß sie ihr Zuhause, ihre Sicherheit, ihr Einkommen aufgaben und einzig dem Weg ihrer Wahrheit folgten, selbst wenn man sie öffentlich deswegen für entehrt halten mochte. Maria, die Frau aus dem Fischerdorf Magdala am See Gennesareth, mag für sie alle stehen: ihr Leben, sagt das *Lukas*-Evangelium (Lk 8,2), war von sieben bösen Geistern besessen, ehe sie Jesus begegnete, – ein Dasein offensichtlich, das sich selber nicht gehörte, das unter dem Diktat von fremden Stimmen, aufgezwungenen Ängsten und furchtbaren Schuldgefühlen wie gejagt dahingetrieben wurde, ein Leben der Entfremdung, der Entwürdigung und Ohnmacht, hin- und hergeschleudert zwischen Tod, Schmerz, Wahnsinn und Verlorenheit. Die Begegnung mit Jesus muß für Maria Magdalena wirklich wie eine solche zweite Geburt gewesen sein, ein Neuanfang von allem, ein Wiedergewinnen und Ordnen aller Kräfte – endlich war es wieder möglich, einen eigenen Geist, eine eigene Freiheit, einen eigenen Körper, ein

[26] Zu der Wechselseitigkeit von Personwerdung und (personaler, monotheistischer) Gotteserfahrung vgl. E. DREWERMANN: Tiefenpsychologie und Exegese, II 355–363 – das Paradigma der alttestamentlichen Prophetie: Visionen zwischen Ich und Du.

[27] Vgl. E. DREWERMANN: Dein Name ist wie der Geschmack des Lebens, 51–59.

eigenes Gefühl, eine eigene Empfindung, ein eigenes Ich zu sein und zu haben!
Nur in der Nähe eines Menschen, der uns *unbedingt* meint, strahlt so viel von Gott auf, daß es uns als Personen neu erschafft und zu der Wahrheit unseres Wesens führt; und ein solcher Mensch war Jesus für Maria Magdalena und für die anderen Frauen. In seiner Nähe war es wirklich für sie, wie wenn Funken aus den Steinen, Körner aus der Erde, Lichtgestirne aus der Nacht geboren würden. Ihm schlossen sie sich an, weil nur bei ihm ihr Leben seinen Ursprung wiederfinden konnte. In seiner Nähe wohnte Gottes Heil[28].
Diese Auferstehung ins Leben muß man in der Begegnung mit der Person und mit der Botschaft Jesu in der Betroffenheit der ganzen Existenz erlebt und durchlitten haben, oder man wird nie verstehen, was die Verkündigung der Frauen am Ostermorgen sagen will. Wem die Gestalt Jesu nicht längst vor seinem Tod bereits *alles* geworden ist, wer sie nicht als den entscheidenden Wendepunkt seines Daseins auf Leben und Tod erlebt hat, der wird auch nach der Trauer des Karfreitags weiterleben können wie bisher – wenn denn das «Leben» ist – dieses «Weiterleben»! Nur wer die Person und das Wort Jesu auf eine Weise an sich selbst erfahren hat, daß es für ihn zur *Auferstehung* wurde, wird glauben können, was die Frauen sagen. Ihre Botschaft ist zunächst keine Belehrung über ein anderes Leben nach dem Sterben[29]; ihre

[28] Vgl. zu Mk 5,1–20, E. DREWERMANN: Das Markusevangelium, 360–365, S. 365; DERS: Tiefenpsychologie und Exegese, II 247–272, S. 272–277.
[29] S. o. zu Mk 16,1–8, Anm. 4; s. o. Anm. 6. – Nicht unproblematisch ist die Interpretation, die P. TILLICH: Systematische Theologie, II 169 zur Deutung der Chiffre «Auferstehung» vorschlägt: «Ein Jesus, der nur noch der Vergangenheit angehörte, hätte nicht der Träger des Neuen Seins sein können. Aber sein Sein hatte sich den Jüngern unauslöschlich eingeprägt. In dieser Spannung ereignete sich etwas Einzigartiges. In einer ekstatischen Erfahrung verschmolz das konkrete Bild Jesu von Nazareth unlösbar mit der Realität des Neuen Seins: Er ist gegenwärtig, wo immer das Neue Sein gegenwärtig ist. Der Tod vermochte es nicht, in die Vergangenheit zu stoßen. Aber diese Gegenwart ist nicht die Gegenwart eines Toten, der wiederbelebt und verwandelt wäre, sie ist nicht das Wiederauftauchen der Seele eines Verstorbenen – vielmehr hat sie den Charakter spiritueller Gegenwart. Der Christus ist ‹der Geist›, und wir kennen ihn jetzt nur, weil er der Geist ist.» Es ist gewiß richtig, wenn P. TILLICH mit diesen Worten sowohl eine «physikalische» wie auch eine «spiritistische» Deutung der «Auferstehung» abzuwehren sucht, andererseits ist es nicht klar, was das Sprechen vom «Geist» bezeichnen soll, wenn es sich dabei nicht wesentlich um «etwas in uns», also um eine psychologisch zu beschreibende Erfahrung handeln soll. Es ist gewiß wahr, wenn P. TILLICH es mehr als unzureichend findet, die Auferstehung Jesu als ein bloßes Ereignis im Bewußtsein der Jünger zu interpretieren; aber

Erfahrung beschreibt vielmehr, wie unser Leben sich wandeln kann von dem ewigen Gang zu den Gräbern in einen Wallfahrtsweg nach «Galiläa»[30]; sie enthält an sich keine Auskunft über die menschliche Natur oder unser Schicksal nach dem Tod, sie dient vielmehr der endgültigen Versicherung,

dieses «Bewußtseinsunabhängige» scheint mit den Kategorien «Geist» oder «in Gott Sein» unterinterpretiert; vielmehr wird man sagen müssen, daß *die Erfahrung* der Auferstehung Jesu durchaus psychologisch verstanden werden kann und muß, sofern man voraussetzt, daß das Verlangen nach Ewigkeit und die zugehörigen Vorstellungen eines ewigen Lebens archetypisch in der Psyche jedes Menschen angelegt sind; gerade diese Bilder sind es, die durch ein Vertrauen, wie Jesus es von Gott her lebte, heilend und begütigend in den Menschen, die sich ihm anschließen, wachgerufen und bestätigt werden; das Vertrauen zu Gott aber findet darin seinen «Abschluß», zu hoffen und zu glauben, daß die Erwartung der Ewigkeit, die in unserer Seele lebt, etwas objektiv Wirkliches meint. Es handelt sich um die «Folgerung» eines Vertrauens in die Güte Gottes ähnlich dem Gedanken, den R. DESCARTES: Abhandlung über die Methode, Kap. 4, in: I. Frenzel: Descartes, 69 bzgl. der Gewißheit rationaler Erkenntnis äußerte: «... vor allem ist... jener Satz...: daß... alle Dinge, die wir ganz klar und deutlich begreifen, wahr sind, nur deshalb sicher, weil Gott existiert, und weil er ein vollkommenes Wesen ist und alles in uns von ihm herrührt. Daraus aber folgt, daß unsere Ideen oder Begriffe, da sie wirkliche Wesen sind, die von Gott kommen, soweit sie klar und deutlich sind, wahr sein müssen.» M. a. W.: daß die Sehnsucht nach der Unendlichkeit und die archetypischen Symbole eines ewigen Lebens, die wir in uns tragen, eine *objektive* Wahrheit bezeichnen, läßt sich nur unter der Voraussetzung annehmen, daß Gott existiert und daß er kein Gott ist, der mit der ganzen Einrichtung seiner Schöpfung uns hat in die Irre führen wollen. Diese Voraussetzung aber läßt sich nicht mehr logisch deduzieren; daß ein gütiger Gott ist, kann als Überzeugung nur aus einem Glauben entspringen, der durch eine andere glaubwürdige Person vermittelt worden ist. Insofern bedeutet die «Auferstehung» Jesu die Summe aller Erfahrungen mit seiner Person und seinem Leben, das seinerseits durch den Glauben an die Unzerstörbarkeit des menschlichen Lebens in Gott ermöglicht wurde.

[30] Zu der Chiffre *«Galiläa»* vgl. oben zu Mk 16,1–8, Anm. 11. – P. LAPIDE: Auferstehung, 67–69 sucht die Spannung, daß die Auferstehungserscheinungen nach Markus und Matthäus in Galiläa sich zutragen, nach Lukas aber in Jerusalem, aus einem Übersetzungsfehler zu erklären, indem *«Galil»* bzw. *«Galilah»* hebräisch nichts anderes bedeute als «Umkreis», «Landstrich». «Seit Jes 9,1, der vom ‹Bezirk der Heiden› (Galil ha-gojim) spricht, pflegt man zwar die nördliche Bergprovinz als ‹Galiläa› zu bezeichnen, was der griechischen Transkription von ‹Galilah› gleichkommt, doch kennt Ezechiel 7,8 eine ‹Galilah Kadmonah› (östlicher Umkreis), die dem Landstrich östlich vom Tempelplatz in oder bei Jerusalem entspricht.» «Galiläa» sei also nur ein Mißverständnis der Bezeichnung für den «Bezirk Jerusalem». Auf diese Weise möchte LAPIDE die Zeugenschaft der Jünger räumlich und zeitlich möglichst eng mit dem leeren Grab verknüpfen, wie es bei Lukas denn auch geschieht; doch handelt es sich hier um eine relativ späte Folgerung aus der

daß auch der Tod diesen absoluten Wendepunkt unserer gesamten Lebenseinstellung nicht zu widerlegen vermag[31]. Es gibt keinen Tod mehr! «Wer an mich glaubt, wird leben, auch wenn er stirbt, und jeder, der an mich glaubt, wird in Ewigkeit nicht sterben», sagt Jesus im *Johannes*-Evangelium bei der

apologetischen Legende vom leeren Grab selbst, gerade Mk 16,7 aber verweist auf die ursprüngliche Tatsache, daß der eigentliche Ort der Ostererfahrung nicht in Jerusalem, sondern (nach der Flucht der Jünger) in Galiläa lag. Vgl. A. VÖGTLE: Was Ostern bedeutet, 19–21. Darüber hinaus aber ist «Galiläa» gerade für Markus ein «theologischer» Ort: «Jerusalem» ist in seinen Augen der «Ort» des Todes, der Sitz der Mörder des «Sohnes» (vgl. Mk 12,8); «Galiläa» aber ist für ihn der «Ort» der Gottesoffenbarung – damals und für alle Zeit – bis zur Wiederkunft des Herrn. Vgl. W. MARXSEN: Der Evangelist Markus, 47–61: «Es liegt also kein ‹historisch-geographisches› Interesse vor, wenn Markus ein galiläisches Evangelium schreibt, sondern man könnte es vielleicht ein ‹eschatologisch-geographisches› Interesse nennen ... Markus will nicht zum Ausdruck bringen: Jesus hat in Galiläa gewirkt; sondern umgekehrt: wo Jesus gewirkt hat, da ist Galiläa.» (60) Von daher kann sich der Auferstandene seinen Jüngern nur zeigen in «Galiläa». Während der Weg Jesu in den Tod von «Galiläa» nach «Jerusalem» führt, führt sein Weg ins Leben von «Jerusalem» zurück nach «Galiläa». Der «geographische» Aufriß entspricht in gewissem Sinne dem symbolischen Schema zahlreicher Mythen und Märchen von der Ausreise (der Suchwanderung) und der Rückkehr des «Helden»; es ist der klassische «Weg» der Erlösungsgeschichten, der «Zaubermärchen».

[31] R. BULTMANN: Theologie des Neuen Testaments, 293–306 erinnerte zu Recht daran, daß Paulus (bzw. die ihm vorliegende Tauf- und Eucharistietradition) «den Tod Christi nach Analogie des Todes einer Mysteriengottheit beschreibt» (297) und dabei den Mysteriengedanken erweitert, indem er ihn «in den Kategorien des gnostischen Mythos interpretiert. Er folgt auch darin einer schon im hellenistischen Christentum vor ihm festzustellenden Tradition, wie er denn Phl 2,6–11 zitiert.» (298) Gerade mit den «Kategorien» (besser: mit Hilfe der Bilder und Symbole) der Mysterien und des gnostischen Mythos ließ sich «das Heilsgeschehen als ein wirklich am Menschen sich vollziehendes Geschehen» recht gut deuten (300). Dieser sehr richtige Ansatz wird bei BULTMANN dann freilich bis zu den Grenzen eines reinen Entscheidungsvoluntarismus verengt: Auferstehung bedeutet für ihn einzig, «ob er (sc. der Glaubende, d. V.) anerkennen will, daß Gott einen Gekreuzigten zum Herrn gemacht hat; ob er damit die Forderung anerkennen will, in der Preisgabe seines bisherigen Selbstverständnisses das Kreuz zu übernehmen» (303). «Die Wahrheit der Auferstehung Christi kann nicht vor dem Glauben, der den Auferstandenen als den Herrn anerkennt, eingesehen werden. Die Tatsache der Auferstehung kann ... nicht als ein objektiv feststellbares Faktum, auf das hin man glauben kann, erwiesen werden.» (305) In der Tat bedeutet «Auferstehung» zunächst und wesentlich, im eigenen Leben die Person des Gekreuzigten als Ort aller Wahrheit (als Grundlage allen Vertrauens) zu entdecken. Dann aber kann es nicht gleichgültig sein, daß dieser Glaube sich nur mit Hilfe vorgegebener Bilder vollziehen und weitergeben läßt. Nirgendwo zeigt sich der religiöse Schaden einer

Auferweckung des Lazarus zu Martha (Joh 11,25.26)[32]; dieser Ausspruch Jesu gibt aufs Wort die Erfahrung der Frauen am Ostermorgen wieder: eine mystische, keine physische Erfahrung, eine Verklärung der Person, nicht des materiellen Leibes, eine absolute Bestätigung Gottes in der Wahrheit all dessen, was mit der Person Jesu in unser Leben getreten ist, – nicht eine Beseitigung der äußeren Reste eines toten Leibes.
Es geht um eine Erfahrung, die es erlaubt, die Gräber *leer* zu sehen. In der Logik des Todes, die Jesus tötete, bleiben Menschen Gefangene der Erde. Wir kennen die Fotos und die Bilder von den Schlachtfeldern bei Verdun oder in Flandern während des Ersten Weltkrieges[33]; wir sehen die Fernsehberichte von den Kämpfen am Schatt al Arab; sieht man das menschliche Schicksal *so*, dann sind wir als Lebende bereits ein Teil der Erde – und nichts weiter[34]; – der nächste Granateneinschlag, die nächste Giftwolke, das nächste Stocken des Herzens, und es gibt uns nicht mehr; ununterscheidbar wird unser Leib sich mit dem Schlamm der Gräben vermischen, und das wird der einzige Aspekt sein, der von unserem Leben wirklich gilt, längst ehe man es einstampft und zurücknimmt wie etwas nie Gewesenes. Jesus hat mit seiner ganzen Person dieser Ansicht des menschlichen Lebens widersprochen. Es ging ihm nicht um eine abstrakte Lehre von der Unsterblichkeit im Sinne der

rein historisch-kritischen Betrachtung so katastrophal als hier, in der Interpretation der Grundlagen des Christentums; denn solange die «Kategorie» Auferstehung lediglich historisch betrachtet wird, steht sie zum christlichen Glauben in einem nur zufälligen, rein äußeren Verhältnis – die fundamentalistische Apologetik, welche die «Auferstehung» aus äußerer, historischer Erfahrung zu begründen suchte, ist gerade durch die Erkenntnis der historisch-kritischen Forschung ein für allemal zerstört. Erst von seiten der Tiefenpsychologie läßt sich zeigen, welch eine menschheitliche Wahrheit die Chiffre «Auferstehung» besitzt; erst von daher läßt sich die Osterbotschaft wirklich «weltweit», «eschatologisch» aussagen.

[32] Bes. AUGUSTINUS: Johannesevangelium, IL 22–23, Schriften V 321–322 deutete den Tod des Lazarus konsequent als ein Symbol der Sünde und seine Auferweckung als Beseitigung der Gesetzlichkeit: «Der Tote unter dem Stein ist der Sünder unter dem Gesetze. Ihr wißt ja, daß das den Juden gegebene Gesetz auf Stein geschrieben war. Alle Sünder aber sind *unter* dem Gesetze, die Gerechten aber sind mit dem Gesetze. Für den Gerechten ist kein Gesetz gegeben. Was heißt nun: ‹Entfernet den Stein›? (sc. Joh 11,39) Predigt die Gnade!» Man muß auch die Begriffe «Sünde», «Gesetz» und «Gnade» heute übersetzen; dann aber findet sich bei AUGUSTINUS eine Deutung der «Auferstehung», die den Symbolismus der Chiffre existentiell meisterhaft wiedergibt.

[33] Vgl. OTTO DIX: Flandern (1934), Berlin, Nationalgalerie.

[34] Vgl. G. KONZELMANN: Der unheilige Krieg, 268.

platonischen Philosophie[35]; er wollte vielmehr, daß wir im Vertrauen auf Gott, auf seinen und (deshalb) auch unseren Vater (Joh 20,17)[36] davon lassen könnten, den Tod so zu fürchten, daß er unser ganzes Dasein zu einem endlosen Sterben entwertet[37]; er wollte uns mit seiner Zugewandtheit, mit seiner Güte und mit seinem Verstehen ein Empfinden für unseren wirklichen Wert unter den Augen Gottes zurückgeben, so daß auch die Tatsache des Todes daran nichts zu ändern vermag. So ging er in den Tod, um stellvertretend für uns die Angst vor der Nichtigkeit unserer Existenz angesichts der Vernichtungsgewalt des Todes ein für allemal durchzugehen und durchzustehen. Unsere Blicke sollten sich von den Gräbern lösen und in ein unbedrohtes, vertrauensvolles, weit gewordenes Leben schauen dürfen, auf daß der tödliche Zwang zur Unmenschlichkeit aus der jederzeit drohenden Gegenwart des Todes herausgenommen würde. So sollte der Tod seine Macht verlieren[38]; so sollte das Leben siegen über den Tod; so sollte die Macht Gottes, sein verborgenes Königtum, sich als stärker erweisen als die Macht der Angst, der Einschüchterung und der Todespraxis des verinnerlichten und rückentäußerten Terrors[39].

Kann man ein Mensch bleiben, auch wenn man sterben muß? – Diese tiefste

[35] Es ist der fundamentale Unterschied zwischen der zentralreligiösen Grundeinstellung des Judentums und der philosophischen Weltbetrachtung der Griechen, die beide erst in der Zeit der frühchristlichen Apologeten Mitte des 2. Jh.'s. miteinander verschmolzen werden – unter erheblichen Einbußen an religiöser Innigkeit ebenso wie an gedanklicher Klarheit. Man vgl. den Versuch des ATHENAGORAS: Über die Auferstehung der Toten, in: Frühchristliche Apologeten und Märtyrerakten, I (BKV 12) 326–365, der bereits um 170 n. Chr. die Auferstehung nicht mehr mit der Auferstehung Christi begründet, sondern (mit z. T. erstaunlichen Argumenten) aus der Doppelnatur des Menschen als eines Leib-Seele-Wesens zu erweisen sucht.

[36] Vgl. R. SCHNACKENBURG: Das Johannesevangelium, III 375–379, der in den Worten des Auferstandenen an Maria Magdalena vor allem eine Erinnerung der Jünger an die Anfangsworte der Abschiedsrede in Joh 14,1–3 annimmt: «Der Auferstandene löst das Wort ein, das er scheidend den Jüngern als Verheißung gab.» (377)

[37] Die dramatischste Form der Totalentwertung des Daseins durch den Tod hat F. M. DOSTOJEWSKI: Ein Todesurteil, in: Tagebuch eines Schriftstellers, 255–259 zum Ausdruck gebracht, indem er dem Leser die Gedanken eines jungen Mannes vorträgt, der seinem Dasein ein Ende setzt, weil er eine Welt nicht erträgt, die Leben nur hervorbringt, um es wieder zu verschlingen.

[38] Entsprechend dem Pauluszitat aus 1 Kor 15,54.55: «Der Tod ist verschlungen in Sieg. Tod, wo ist dein Sieg? Tod, wo ist dein Stachel?»

[39] Siehe oben zu Mk 14,26–42: Die begnadete Angst; S. 482 ff.

Frage des menschlichen Daseins hat Jesus mit seiner ganzen Person zu beantworten versucht: jedes Stück Güte vermag uns zu zeigen, daß wir nicht Nichts sind in den Augen Gottes, und es gibt dieses Wissen der Liebe um die unendliche Kostbarkeit eines jeden Menschenlebens.

Von daher muß man unbedingt *die Art, wie Jesus starb,* vor Augen haben, um sein Grab geöffnet zu sehen und den Engel Gottes zu bemerken, der vom Himmel herabsteigt, den Stein vom Eingang zu wälzen[40]. Nur diese Gruppe der Frauen jedoch war dem Sterben Jesu nahe genug gewesen; nur sie war in jener Stunde seelisch mit ihm zugleich gestorben; nur sie ist daher jetzt imstande, den wirklichen Sinn, die wahre Bedeutung von Karfreitag und Ostern zu *sehen:* es gibt keinen Tod mehr[41]! Was hätten die Gräber uns noch zu sagen! Der Tau und die Kühle der Erde mögen unsere toten Körper umfangen, und der Sarkophag des Firmaments mit all seinen Sternen mag uns im Tode umhüllen wie ein Leichentuch; aber unser wirkliches Leben, beginnend und reifend in der Liebe, wird unzerstörbar sein. Sammeln können wir deshalb schon hier die kurzen Momente des irdischen Daseins, in denen das zeitlose Glück der Einheit mit uns selbst und mit den Menschen, die wir am innigsten lieben, die Uhren anzuhalten scheint. Sammeln können wir schon hier die traumgeborenen Phantasien und Sehnsüchte, in denen einzig die Wahrheit der Seele, die Wahrheit der Worte und die Allmacht der Liebe gilt. Es sind die Ahnungen eines Lebens, das wir als einziges ewig wollen können.

Die entscheidende Frage des *Karfreitags* lautete, ob all das am Ende nicht doch nur ein schönes Versprechen, eine großartige Hoffnung und zugleich ein furchtbarer Irrtum war und ist, was mit Jesus in unser Leben getreten ist. Gewiß: er hat durch sein eigenes Leben gezeigt, daß alle Worte der Bergpredigt, all seine Lehren von Gott keinesfalls nur Wunschvorstellungen oder erhabene Ideale bleiben müssen; sie sind die selbstverständlichen Formen der Menschlichkeit im Umgang mit uns selbst und miteinander, wenn wir erst einmal in unserem Leben begriffen haben, wer Gott für uns ist; aber gerade deshalb provozierte die Art Jesu auch allen Widerstand. – Wohl: auch dadurch hat er sich nicht irritieren lassen; aber die entscheidende Frage für uns bleibt: *bestätigt* die Art seines Sterbens das Vertrauen in Gott, das er lebte, oder *widerlegt* gerade die Tatsache seines Todes dieses Vertrauen, das wir

[40] So die Darstellung in Mt 28,2.

[41] Vgl. Joh 11,25–26; 1 Kor 15,54–55. Vgl. K. Rahner: Zur Theologie des Todes, 62–63: «Es gibt ein ‹Sterben im Herrn› (Apok 14,13; 1 Thess 4,16; 1 Kor 15,18), ein Sterben, das eigentlich kein Tod ist; ... es gibt ein Mitsterben in Christus, das das Leben schenkt.»

aufgrund seiner Person in Gott setzen mochten? Wie also betrachtet man, bildlich gesprochen, sein *«Grab»*? Auf diese Frage antwortet endgültig erst die Erfahrung des *Ostermorgens*.

Es war eine alte Weisheit vor allem der ägyptischen Religion, gerade den Frauen zuzutrauen, daß sie vermöge der Liebe das Geheimnis des *Todes* eines Menschen in Wahrheit *als ein Leben in Gott* zu erkennen verstünden. Nach ägyptischer Vorstellung besaß jede Frau die Gabe der Göttin Isis, die sich trauernd über ihren getöteten Bruder und Gemahl Osiris beugte und ihn aus dem Tode zum Leben erweckte[42]. In der Liebe, so meinten die Ägypter, sei es nicht möglich, den anderen als tot zu denken; und so zeigten sie in ihren Gräbern, wie die Gemahlin des Verstorbenen als *Merit*[43], als ewig Geliebte, auf den für die Außenwelt Toten zutritt und ihm die Tücher der ewigen Vereinigung der Liebe entgegenhält[44]. Wir hören im Tod nicht auf, einander zu suchen, wenn irgend die Liebe Wahrheit besitzt, und Menschen, die unser Leben sind, können nicht sterben. Eine Botschaft jenseits der Gräber ist stets eine Botschaft der Liebe, und schon deshalb ist sie wesentlich eine Botschaft von Frauen[45]. Maria Magdalena, Salome und Maria, die Mutter des Joses und

[42] Vgl. CH. VIROLLEAUD: Die große Göttin in Babylonien, Ägypten und Phönikien, in: O. Fröbe-Kapteyn (Hrsg.): Gestalt und Kult der Großen Mutter, 121–160, S. 121–141; H. KEES: Totenglauben und Jenseitsvorstellungen der Alten Ägypter, 132–159.

[43] C. DESROCHES NOBLECOURT – M. DUC – E. EGGEBRECHT – F. HASSANEIN – M. KURZ – M. NELSON: Sen-nefer. Die Grabkammer des Bürgermeisters von Theben, 21–22, wo die Gattin des Sen-nefer (Senet-nai) im Grab als «Merit» (Geliebte) bezeichnet wird bzw. als «geliebte Schwester, die sein Herz erfreut.» «Es ist möglich, daß sich in Merit, der ‹Geliebten› niemand anders als die Gattin Senet-nai verbirgt, die als Personifizierung der Göttin Isis mit ihrer Treue zu ihrem Gemahl Osiris und zugleich der Hathor, der Herrin über Tod und Liebe, auftritt.» (43)

[44] A. a. O., S. 75: Das Überreichen zweier Leinenstreifen als Symbolhandlung der Liebesvereinigung. – Ein *griechisches* Pendant des Mythos von der geliebten Göttin, die ihren verstorbenen Gemahl aus der Unterwelt befreit, ist die Erzählung von *Alkestis*, die für ihren Gemahl *Admetos*, um ihn vor dem baldigen Tod zu retten, an seine Stelle trat. *Persephone* selbst, die Herrin des Totenreiches, soll Alkestis dem Leben zurückgegeben haben, als sie deren Liebe sah. Vgl. HOMER: Ilias, II 714; übers. v. R. Hampe, S. 43; *Apollodor*, I 104 ff.; *Hygin*: 24; 243; 251, in: L. MADER (Übers.): Griechische Sagen, S. 25; 253; 349; 352. Bes. in dem christlichen Symbol von dem Abstieg Jesu zur Hölle (Unterwelt) wird der Gedanke von dem Kampf der erlösenden Gottheit mit der Macht des Todes (dem Hades) in vollem Umfang wieder aufgegriffen. Vgl. J. KROLL: Gott und Hölle. Der Mythus vom Descensuskampf, Leipzig 1932.

[45] So sehr es zweifelhaft sein mag, welche geschlechtsspezifischen Merkmale im einzelnen

Jakob, die drei Frauen am Ostermorgen, müssen Jesus über alles geliebt haben – er war ihr Ein und Alles; aber welch einen Sinn hat die Liebe, wenn im Tod alles dahinstirbt, was man im Leben lieben könnte und was aus Liebe dem Leben Sinn verleiht?

Es entscheidet über unser ganzes Dasein, inwieweit wir mitten in der Höhle des Grabes die Gestalt eine *«Engels»* zu erblicken vermögen[46]; das heißt, genau besehen spricht das *Markus*-Evangelium nicht von einem Engel, sondern von der Gestalt eines *Jünglings* in weißen Gewändern, und diese Beschreibung besagt an dieser Stelle in der Tat weit mehr als das formelhafte

«angeboren» oder kulturell variabel sind, so lassen sich doch kulturanthropologisch eine Reihe von Eigenschaften und Verhaltensweisen als «paternistisch» bzw. als «maternistisch» definieren, die u. a. auch den Gegensatz von Autorität und Partnerschaftlichkeit, von Hemmung und Spontaneität, Sexualunterdrückung und Toleranz, Askese und Sinnenfreude u. a. m. umfassen; vgl. G. R. TAYLOR: Kulturgeschichte der Sexualität, 71–73; vgl. E. DREWERMANN: Der Krieg und das Christentum, 242–251.

[46] Zur Gestalt des *«Engels»* vgl. E. DREWERMANN: Voller Erbarmen rettet er uns, 36–38; DERS.: Dein Name ist wie der Geschmack des Lebens, 37–44. Es stellt für das Verständnis der österlichen Erscheinungsgeschichten ein wesentliches Moment dar, daß in ihnen die Jünger zunächst gerade *nicht* den «Auferstandenen» sehen, sondern einen «anderen», der mit ihnen nach *Emmaus* geht, wie in Lk 24,13–35, oder der am «Ufer» steht und sie im Morgengrauen erwartet (Joh 21,1–14), oder daß sie, wie in Mk 16,1–8, «nur» einen «Engel» sehen; es bedarf stets noch einmal einer Art innerer «Kehrtwendung», um, wie in Joh 20,1.11–18 (der Erscheinung vor Maria Magdalena) nach der Vision des «Engels» oder jenes «anderen» wirklich Christus zu begegnen. Zur Psychologie der Erscheinungen gehört es, daß in ihnen nichts sichtbar werden kann, was nicht als Sehnsucht und Vorstellung in unserer Seele angelegt ist; jede Vision ist wesentlich eine Begegnung mit uns selbst; erst in einem zweiten Schritt der (theologischen) *Deutung* der Visionserfahrung läßt sich die Aktivierung eines bestimmten Vorstellungskomplexes dann mit einer transzendenten Ursache (Gott, Jesus Christus, der Engel Gabriel u. a.) verknüpfen bzw. sogar identifizieren. Wenn jedoch in der historisch-kritischen Exegese stets so getan wird, als handle es sich in den Ostererscheinungen um etwas schlechterdings Objektives, Irreduzibles, An-und-für-sich-Gegebenes, so ist eine solche Betrachtungsweise ebenso kurzschlüssig, wie wenn am Ende des 20. Jahrhunderts ein Theologe immer noch die Ausdrucksweise der Alten Griechen: «Zeus donnert» als die objektive Wirklichkeit ausgeben wollte. «Zeus» «donnert» ist ein Satz, der ein Naturphänomen metaphysisch deutet; «der Auferstandene» «erscheint» ist ein Satz von logisch der gleichen Struktur. Vgl. dazu ausführlich E. DREWERMANN: Tiefenpsychologie und Exegese, II 311–320; 329–355. M. a. W.: Die Erscheinungen sind eine subjektiv wichtige Bestätigung des Glaubens an Christus, aber sie sind nicht die Grundlage dieses Glaubens. S. o. Anm. 6.

Wort «Engel». Denn das gerade *gilt* es «im Grab» zu *sehen:* eine *jugendliche Gestalt* unverbrauchten Lebens[47]! Die Wahrheit Jesu – deutet *Markus* damit an –, die Schönheit und die Menschlichkeit, in der er lebte, sind und bleiben der ewige Anfang und Ausdruck unseres erneuerten Lebens; nichts ist vergangen und tot, auch mit dem Karfreitag nicht; es ist im Gegenteil noch viel lebendiger als jemals zuvor. Die Art, in der Jesus in den Tod ging, zeigte gerade nicht, welch eine Macht der Tod besitzt, sie zeigte, welche Macht Gott über Menschen hat, die sich ihm anvertrauen; die Art, wie Jesus starb, wird das Johannes-Evangelium sagen, *verherrlichte* Gott (Joh 17,1.4.5)[48], und auch die Jünger Jesu werden fortan auf eine solche Weise in den Tod

[47] Auch die Art, in der ein «Engel» «erscheint», sagt etwas über seine Botschaft aus, und es ist hier offensichtlich der Kontrast einer Gestalt blühenden Lebens inmitten des Orts von Verfall und Verwesung, der in dem «Engel» als «Jüngling» sich darstellt. Die *Selbsterfahrung* der Frauen, die in der Nähe Jesu ihr eigenes Leben wiedergefunden haben: daß es den «Tod» nicht gibt, daß jedenfalls der Tod Jesu gerade kein Scheitern, sondern eine Bestätigung seiner Wahrheit gewesen ist, daß deswegen sein Grab keine Stätte der Auflösung, sondern im Gegenteil: eines unzerstörbaren, geistigen Lebens darstellt, – diese Erfahrung bildet nach Mk 16,1–8 die Voraussetzung, um Jesus in «Galiläa» zu «sehen», wobei die Art dieses «Sehens» offenbar (im Unterschied zu Joh 20,1.11–13.14–18 nicht mehr «erzählt», sondern nur noch gelebt werden kann: es ist (es müßte) unser Leben (sein), an dem man müßte sehen können, daß und wieviel wir an «Einsicht» in die Wahrheit des Lebens Jesu gewonnen haben.

[48] Vgl. R. Schnackenburg: Das Johannesevangelium, III 192–197: «Was der Sohn für sich (sc. in der ‹Stunde von Kreuz und Verherrlichung›, d. V.) erbittet, geschieht wieder nur, um den Vater zu verherrlichen. Dies ist der Ansatzpunkt für das ganze folgende Gebet; denn diese in die Zukunft weisende Zielsetzung ist, wie sogleich deutlich wird, die Ausübung der dem Sohne verliehenen Heilsmacht, die Lebensspendung an die Menschen... Der Finalsatz ist wie ein Scharnier, das die Einsetzung Jesu in die Herrlichkeit beim Vater zwangsläufig zur Heilsvermittlung an die Glaubenden macht.» Wohlgemerkt: Dieser Ausdrucksweise muß man sich befleißigen, um als historisch-kritischer Exeget ein *Gebet* Jesu zu – «interpretieren»? Wann endlich legen wir Theologen unsere Begriffsspielzeuge aus der Hand und streichen all die leergeredeten Lieblingsphrasen von der «Heilsvermittlung», der «Lebensspendung» und der «Ausübung» der «verliehenen Heilsmacht»? Wenn es in der Literatur als Kennzeichen für Kitsch (also für Unechtheit des Gefühls) gilt, Gefühle zu *benennen*, statt sie durch die Darstellung selber zu *erzeugen*, so darf es als ein sicheres Kriterium der inneren Unglaubwürdigkeit (der existentiellen Verlogenheit) in der Theologie gelten, wenn sie das «Heil» des «Sohnes» in seiner «vermittelnden» «Macht» selber in reiner Ohnmacht, unvermittelt, unversöhnt und zum Unheil der Glauben Suchenden, nur noch in toten Sprachspielen «abhandelt» – d. h. unter Wert auf dem Markte zu (v)ersteigern sucht.

gehen können (Joh 21,19)[49]. Diese Wahrheit von der Unzerstörbarkeit des neu geschenkten Lebens sehen die Frauen in dieser *Jünglingsgestalt* im Grabe, und man versteht die Furcht, die sie ergreift. Noch einmal, ein letztes Mal, muß alle Angst und Hoffnungslosigkeit von Gott her überwunden werden. Es ist wie ein endgültiges Aufschrecken aus der Friedhofsruhe der jederzeit möglichen Resignation, aus der Schwermut der Tränen, aus der scheinbaren Sicherheit des Untergangs – die Frauen *fliehen* in diesem Moment das Grab wie etwas Unheimliches und Gefährliches, das man tunlichst vermeidet; ein heiliger Gottesschrecken, eine ewige Beunruhigung geht von diesem Grab aus, denn es ist jetzt Gewißheit, daß niemals mehr über Menschen Gräber sich schließen werden[50]. Die Erde gibt den Menschen frei, und alles, was von Jesus ausging, kann und darf und muß fortan die Richtung sein, in die hinein wir «jugendlich», wie neugeboren, angetan mit dem Gewand des Lichts, zu leben vermögen. Insofern bedeutet es unendlich viel, daß den Frauen diese Gestalt eines neuen Lebens als *ein Engel Gottes* entgegen tritt.

In einem Gedicht aus dem Jahre 1823 hat der russische Dichter ALEKSANDR PUŠKIN einmal beschrieben, daß in dem *geöffneten Grab* statt eines Engels *ein Teufel* erscheinen müßte, wenn der Blick der Frauen vor lauter Angst so getrübt bliebe, daß es sie auf immer in die Grabkammer der Entmutigung und der Hoffnungslosigkeit zurückziehen würde. Tatsächlich ist und war dies die Gefahr, die *Markus* in seinem ganzen Evangelium vor Augen stand. Immer im *Markus*-Evangelium war das Wirken Jesu von dem Widerspruch der *Dämonen* begleitet; an jeder Stelle eines Aufbruchs zur Freiheit, an jedem

[49] Wie man Gefangenschaft, Hunger und Entbehrung als den Weg einer (kollektiven) Läuterung durchleben und durchleiden kann, hat in Anknüpfung an Joh 21,18 H. GOLLWITZER: ... und führen, wohin du nicht willst, München 1951 beschrieben: «Das Neue Testament selbst übernahm die Verantwortung für diese unglaubliche Botschaft und Anweisung, die in dem einen Satz zusammenschoß: Ihr seid nicht allein.» (303)

[50] Es trifft nicht zu, wenn E. SCHWEIZER: Das Evangelium nach Markus, 206 die Furcht der Frauen am Grabe nur wieder für ein neues Zeichen völliger «Blindheit» hält, die erst durch die Erscheinungen in Galiläa, von denen der verlorene Schluß des Markusevangeliums erzählt habe, überwunden worden sei. Im Gegenteil findet das Markus-Evangelium gerade in dem «Schrecken» der Frauen sein wirkliches Ende: Es ist der «Gottesschrecken», der endgültig jetzt die Menschenfurcht besiegt; es ist die Erfüllung und Bestätigung des Jesuswortes aus Mt 10,28–31: «Fürchtet euch nicht vor denen, die den Leib töten, die Seele aber nicht töten können, fürchtet vielmehr den, der Seele und Leib verderben kann in der Hölle... Darum fürchtet euch nicht!»

Ort eines Wunders warteten die «Aber»-Geister, um im Verein mit den Schriftgelehrten und mit den Hohen Priestern Jesus in den Tod zu treiben[51]. Erst jetzt, ganz am Ende, nach dem grausigen Finale des Karfreitags, tritt zum erstenmal ein Engel Gottes auf, um den Frauen am geöffneten Grab den Weg in die Freiheit, hinaus nach «Galiläa», zu weisen. Während die «Dämonen» die alten Mächte der Angst darstellen, die jeden Aufbruch nach vorn zu verhindern suchen, steht dieser «Jüngling» im «Grab» da, um entgegen aller Angst die Botschaft des Vertrauens, wie sie zum erstenmal in den Dörfern Galiläas erklang, als gültige Vision des Herzens zu verkörpern und zu bekräftigen. An die Stelle der Dämonen, mitten in aller Unruhe und Angst, ist die Gestalt eines Engels getreten, der unserem Dasein den Weg zurück weist in das Leben, mit dem Jesus uns auf immer vorangegangen ist[52].

Dieser Gegensatz zwischen «Geist» und «Abergeist», zwischen «Engel» und «Teufel» könnte im *Markus*-Evangelium nicht größer sein, als an dieser entscheidenden Stelle am Ostermorgen. In seinem Gedicht *«Der Dämon»* hat *A. Puškin* wie im Kontrast zu jener Engelbotschaft den Geist der Verneinung in Form einer autobiographischen Erinnerung meisterlich beschrieben, und es lohnt sich, diese erregenden Zeilen zu lesen, um zu verstehen, wie unser Leben aussähe *ohne* die Erscheinung dieses Engels im Grab[53]: «In jenen Tagen, als mir neu waren / alle Eindrücke des Daseins –/ die Blicke der Mädchen, das Rauschen des Hains, / nachts das Singen der Nachtigall –, / als erhabene Gefühle, / Freiheit, Ruhm und Liebe / und die inspirierenden Künste / das Blut so stark erregten, / die Stunden der Hoffnungen und Wonnen /durch plötzliche Trauer überschattend – / damals begann mich ein böser Genius / heimlich zu besuchen. / Traurig waren unsere Begegnungen: / Sein Lächeln, der seltsame Blick, /seine verletzenden Worte / träufelten kaltes Gift in meine Seele. / Durch ständige Verleumdung / führte er die Vorsehung in Versuchung; / er nannte das Schöne Einbildung; / er verachtete die Inspiration; / er traute nicht der Liebe, nicht der Freiheit; / spöttisch betrach-

[51] Vgl. E. Drewermann: Das Markus-Evangelium, I 180–202; s. o. zu Mk 9,14–29, S. 15–17.

[52] Zu dem «Vorausgehen» nach «Galiläa», s. o. zu Mk 16,1–8, Anm. 11; S. 694 f.

[53] Es ist für die Interpretation symbolischer Erzählungen immer wieder von großer Bedeutung, im Kontrast die *Alternativen* durchzugehen, die durch die vorliegende Erzählung ebenso angedeutet wie ausgeblendet werden. Erst so versteht man die Breite der Problemstellung, die in der jeweiligen Geschichte ihre Bearbeitung (und Lösung?) findet. – A. Puschkin: Der Dämon (1823), in: K. Borowsky – L. Müller (Hrsg.): Russische Lyrik. Von den Anfängen bis zur Gegenwart. Russisch-Deutsch, 114–117.

tete er das Leben – / und nichts in der ganzen Natur / wollte er gutheißen.» *Das* ist es, was man als *«Aber»*-Geist im *Markus*-Evangelium bezeichnen muß. Der weiß gekleidete Jüngling im Grabe hingegen möchte durch seine ganze Erscheinung bewirken, daß die Frauen zu ihrem ursprünglichen Vertrauen, das sie in Jesus gewonnen hatten, zurückfänden und sich von neuem dorthin wendeten, wo alles begann. Ein jeder «Engel», ein jeder Gottesbote hat stets nur eine einzige Mission zu erfüllen, und er ist selber deren gestaltgewordene Erscheinung[54]. Der «Engel», der im Grab zu den Frauen redet, drückt aus, was den Jüngern Jesu in alle Zukunft, zu allen Zeiten und an allen Orten, gesagt werden muß: ein jeder Mensch, der in der Nähe Jesu zu einem neuen Leben gefunden hat, braucht fortan selbst den Tod nicht mehr zu fürchten; ein jeder von uns ist geboren zum Licht; er ist ein Kind der Sterne, ein Sohn des ewigen Gottes. Und *gemeinsam* sind wir unterwegs auf dem Pilgerweg zurück nach Galiläa, zum Berg der Verklärung (Mk 9,2), zur Stätte, wo der Himmel die Erde berührt[55]. Ewig werden wir leben, und die Macht der Angst, die Macht der Verzweiflung, der Schatten der Schuld wird vergehen wie ein Traum in den Morgenstunden der Nacht: der Tag hat begonnen an diesem ersten Wochentag, eben, als gerade die Sonne aufging (Mk 16,1) und der Stein bereits weggewälzt war von der Kammer des Grabs unseres Herzens[56].

Ein anderer russischer Dichter, FËDOR TJUTČEV, hat im Jahre 1870 in einem seiner religiösen Gedichte Verse geschrieben, die so schön sind, daß sie in der Tat von dem «Engel» des Ostermorgens gesprochen sein könnten – wundervolle und ewig wahre Worte der Zuversicht über das Leid und den Tod hinaus. TJUTČEV schrieb[57]:

«Was uns das Leben auch lehren sollte, / das Herz glaubt doch an Wunder: / Es gibt eine unversiegbare Kraft, / es gibt auch eine unverwesliche Schönheit. Das irdische Verwelken / berührt die unirdischen Blumen nicht, / und von der Hitze des Mittags / trocknet der Tau auf ihnen nicht.

[54] Vgl. SCH. BEN-CHORIN: Mutter Mirjam, 41, der meint, es entspreche «einer alten hebräischen Tradition», daß «der Bote (Engel) und die Botschaft identisch sind. Deshalb kann auch nach talmudischer Auffassung ein Engel jeweils nur *eine* Botschaft ausrichten, *eine* Sendung vollziehen. – Der Bote ist die Botschaft.» Vgl. E. DREWERMANN: Dein Name ist wie der Geschmack des Lebens, 22.

[55] Zu Mk 9,1–13 vgl. E. DREWERMANN: Das Markus-Evangelium, I 96–102; 586–599.

[56] Siehe oben zu Mk 16,1–8, Anm. 5; 14; s. o. Anm. 11; S. 689; 696.

[57] F. TJUTSCHEV: Was uns das Leben auch lehren sollte (1870), in: K. Borowsky – L. Müller (Hrsg.): Russische Lyrik, 162–163.

Und dieser Glaube betrügt jenen nicht, / der allein durch ihn lebt. / Nicht alles, was hier blühte, wird verwelken, / nicht alles, was hier war, wird vergehen!
Aber der Segen dieses Glaubens *für wenige* / ist nur für den erreichbar, / der, wie Sie, unter den herben Versuchungen des Lebens / liebend zu leiden vermochte,
fremdes Leid / durch eigenes Leiden zu heilen vermochte, / der die Seele für andere hingab / und bis zum Schluß alles erduldete.»
Nicht eine einzige Hoffnung, die an den Ufern des Sees von Gennesareth zu blühen begann, ist durch den Tod Jesu widerlegt. Widerlegt ist im Gegenteil die Schreckensherrschaft des Todes, die Allmacht der Angst, die Satanei der «Aber»-Geister, und begonnen hat das Reich der Liebe, des Vertrauens und der Menschlichkeit. Erfüllt ist alles, was im *Markus*-Evangelium mit den Worten begann: «Kehrt um. Denn gekommen ist das Königtum Gottes.» (Mk 1,15) Der Weg der Frauen vom Grabe weg nach «Galiläa» ist die letzte, endgültige Umkehr unseres Lebens, die wir nur lernen konnten durch das Sterben Jesu. Es ist seine und unser aller Auferstehung. Seit diesem Morgen sind wir eingetreten in ein unsterbliches Leben.
Was aber *wird* im Tode aus uns[58]? Die Ostererzählungen des Neuen Testamentes geben auf diese immer wieder gestellte Frage eigentlich keine Antwort; und doch geben sie die Richtung vor, in der wir das Unausdenkbare denken und das Unvorstellbare uns vorstellen dürfen. Die Liebe, die uns leben läßt, kann selber niemals sterben – *das* ist die Vision und die Botschaft der Frauen am Ostermorgen; und auch umgekehrt: wir entdecken und erfah-

[58] Mit Recht warnte P. TILLICH: Systematische Theologie, III 463–465 davor, das *Symbol* «Unsterblichkeit» in einen fertigen *Begriff* von der «unsterblichen Seele» zu verwandeln. «Die ‹natürliche Theologie› der Katholiken und der Protestanten bediente sich alter und neuer Argumente für die Unsterblichkeit der Seele, und beide verlangten die Annahme dieses Begriffs im Namen des Glaubens. Sie sanktionierten die Verwechslung von Symbol und Begriff und forderten so die Kritik an der metaphysischen Pychologie von Philosophen wie Locke, Hume und Kant heraus. Die christliche Theologie sollte diese Kritik nicht als Angriff auf das *Symbol* der Unsterblichkeit auffassen, sondern als Angriff auf den *Begriff* einer von Natur unsterblichen Seelensubstanz. Wenn ‹Unsterblichkeit› als Symbol verstanden wird, wird die Gewißheit des ewigen Lebens von seiner gefährlichen Verbindung mit dem Begriff einer unsterblichen Seele befreit.» Wie die dogmatischen Formeln über den Zustand der unsterblichen Seelen im Tode aussehen, wenn man diese Warnung nicht beachtet, zeigt z. B. J. BRINKTRINE: Die Lehre von den letzten Dingen, 37–40: Näheres über den Zustand und die Tätigkeit der abgeschiedenen Seelen.

ren kraft unserer eigenen Liebe den anderen als unvergänglich und unsterblich. Wenn wir einen anderen Menschen wirklich liebgewinnen, so sagen wir ihm im Grunde bei jeder Begegnung: Es ist gut, daß es dich gibt; es ist unendlich viel besser, daß es dich gibt, als wenn es dich nicht gäbe; und wir sprechen damit nur nach, was Gott «gesagt» hat, als er uns ins Dasein rief – wir verstehen mit einemmal die Gründe, die Gott dazu bestimmten, die ganze Welt, uns selber inbegriffen, zu erschaffen. Und wie die Liebe die einzige Ursache bildet, warum wir *als Personen* auf der Welt sind, so bietet sie auch die Grundlage unserer Hoffnung auf ein ewiges Leben jenseits des physischen Todes.

Schon auf Erden läßt uns die Liebe unsere körperliche Existenz auf eine Weise erleben, die uns ein Stück vom Himmel zeigt. Wie denn verhält es sich, wenn Menschen auf Erden zueinander finden, daß es Gültigkeit beansprucht bis in alle Ewigkeit? Ohne unseren Körper könnten wir einander weder fühlen noch hören noch sehen; und doch ist es das Eigenartige in der Liebe, daß alle körperlichen Bereiche der Wahrnehmung sich zu einem Feld zeitloser Poesie öffnen. Wir sagen z. B. einander, daß wir «Hand in Hand» miteinander durchs Leben gehen wollen – das Wort selbst ist ganz dem körperlichen Erleben entnommen, aber in Wahrheit versichert es uns bildhaft einer unauflöslichen Verbundenheit, ganz unabhängig von jeder räumlichen Nähe. Oder wir sagen einander: «Ich werde meine Hand über dich halten», und wir meinen damit nicht eine körperliche Gebärde, sondern eine gewisse Behütetheit in der Art, einander zu behandeln. Oder wir sprechen von den glänzenden Augen des anderen, sie können hell schimmern wie Sterne oder dunkel sein vor Traurigkeit; oder wir sehen das Haar des anderen, und es erinnert uns an das Funkeln der Steine, an das Wogen des Grases oder an das Band der Milchstraße. *Jeder* Teil des Körpers eines Menschen, den wir lieben, verwandelt sich in der Poesie der Liebe in einen Reichtum von Bildern, die sich ausdehnen, wie wenn alles Körperhafte sich in der Zärtlichkeit der Sprache verunendlichen würde, indem es immer neue Assoziationen in sich aufnimmt und zu der ganzen Welt der Schönheit, die uns umgibt, in immer tiefere Verbindung tritt[59]. So lehrt die Liebe schon auf Erden, miteinander so

[59] Bes. für K. Rahner: Zur Theologie des Todes, 79 war die «offene» Übergabe des Daseins im Augenblick des Todes Kernpunkt seiner Lehre vom «anonymen Christentum»: «... darum können und müssen wir die in der Gnade Christi geschehene Tat, in der der Mensch den umfassenden Sinn seines Daseins im finsteren Anschein der Todessinnlosigkeit bejaht, notwendig Glauben nennen, die Übergabe des ganzen Menschen in der Unverfüg-

zu leben, daß es an jeder Stelle um uns und in uns weit wird bis zum Horizont und unsere Seele sich erhebt zu dem Gesang der Ewigkeit.
Will man von daher verstehen, was im Tode mit uns geschieht, so muß man wohl sagen, daß Gott, der die Liebe ist, im Augenblick des Sterbens eigentlich nur dies tut: daß er die Liebe ewig setzt und aus ihr einen nicht endenden Lobpreis des Glücks und der Dankbarkeit formt[60]. Wir brauchen eines Tages nicht mehr die Hände, um einander zu spüren, und wir brauchen nicht mehr die Augen, um einander zu sehen; was wir einzig brauchen, ist eine Seele, die nicht aufhört, in Bildern zu fühlen, in Gleichnissen zu träumen und in der Poesie der Liebe einander nahe zu sein. Wir sind und werden niemals «reine» Geister sein; aber die dichte Erfahrung einer nicht endenden Welt der Bilder, in der wir die Existenz des anderen buchstäblich als «verklärt» zu erfahren vermögen, muß die Art sein, in der wir in der Liebe einander nahe sind.
Jenseits der Schranken des Todes werden wir «Gott schauen», lehrt die Kirche seit altersher; und das ist wahr. Wir werden Gott nicht sehen mit den Augen des Leibes, denn Gott ist Geist; und wir werden Gott nicht sehen mit den Augen der Seele, denn Gott ist unendlich; doch wenn wir einander lieben, werden wir, wechselseitig versunken im anderen, im eigenen Herzen spüren, wie Gott ist. Denn Gott selbst ist die Liebe (1 Joh 4,8.16), und in ihr ist er selber uns ganz nah. Einzig in der Liebe können wir Gott *sehen.*
In diese Welt der Liebe Gottes öffnet sich das Grab Jesu am Ostermorgen[61]. Jede Verzweiflung, jede Traurigkeit, jede Einsamkeit ist wie ein in sich geschlossenes Grab. Erst seit der Vision dieser Frauen ist unser Leben endgültig zur Hoffnung, zur Freude, zur Gemeinsamkeit offen. Seither braucht man

barkeit und Undurchdringlichkeit des Daseins an den unbegreiflichen Gott. Dort, wo so gestorben wird, frei und gläubig vertrauend, alles einzelne lassend in dem freien Vertrauen, dadurch alles zu erhalten, wo man scheinbar ins Leere und bodenlos Abgründige zu fallen erfährt, dort tut man etwas, was man nur in der Gnade Christi tun kann, worin diese zu ihrem Sieg kommt, dort stirbt man nicht den Tod Adams, des Sünders in seiner Liebe zum eigenmächtig verfügten Nichtigen, sondern, ob man es weiß oder nicht, den Tod Christi.»

[60] Es ist dies auch der symbolische Kern der Mythen von dem unzerstörbaren Leben, in Gestalt z. B. des altägyptischen Mythos von *Isis* und *Osiris*; s. o. Anm. 42–44.

[61] Die dogmatische Formel dafür lautet, daß der *heilige Geist* Jesus aus dem Grabe auferweckt habe. Das hindert nicht die Meinung der 11. Synode von Toledo im Jahre 675, Jesus sei «virtute propria sua» – aus eigener Kraft vom Grabe auferstanden, wenn man nur hinzufügt, daß die Liebe das Sein und das Tun eines Menschen nicht ausschaltet, sondern allererst höchstmöglich aktiviert und zur Vollendung bringt. Vgl. H. Denzinger – A. Schönmetzer: Enchiridion Symbolorum, Nr. 286, S. 180.

den Lebenden nicht mehr zu suchen bei den Toten (Lk 24,5). Denn er begleitet uns; er spricht mit uns; er bricht mit uns das Brot (Lk 24,13–35). Er, der die Liebe ist, hört niemals auf, an uns zu glauben, und weil er unser Leben *ist,* bedeutet und erwirkt, werden auch wir nie aufhören, an ihn zu glauben – und einander zu lieben von ganzem Herzen. Es ist möglich, das Leben hundertmal zu töten, es wird sich tausendmal nur um so glaubhafter erweisen als die Macht der Liebe, die niemals vergeht.
Vielleicht gibt es als Lied des Ostermorgens, als Lobgesang der Neuen Schöpfung, kein schöneres Gebet als den Psalm 19,2–15 (in eigener Übersetzung):

Die Himmel rühmen des Ewigen Ehre,
das Werk seiner Hände verkündet das All.
Ein Tag ruft dem andern dies Lobwort zu,
eine Nacht gibt der andern die Kunde fort,
ohne Sprache, ohne Worte,
unhörbar ist ihre Stimme.
Hinaus durch die ganze Welt zieht der Klang,
bis zum Erdkreisende das Tönen.
Der Sonne schuf er ein Zelt am Himmel,
und sie, wie ein Bräutigam aus dem Gemach,
so kommt sie strahlend hervor;
in der Freude des Siegers zieht sie ihre Bahn.
Der Himmelsrand ist der Ort ihres Starts,
ihr Umlauf folgt seinen äußersten Grenzen,
und nichts bleibt vor ihrem Glutstrahl verborgen.

Die Weisung des Herrn ist schlechthin vollendet,
sie ist es, die von Herzen belebt;
die Bindung an Gott ist verläßlich,
sie schenkt dem Einfältigen Weisheit.
Die Ordnung des Herrn ist gerade,
sie schafft die tiefste Freude;
das Gebot des Herrn ist sauber,
es macht die Augen hell.
Die Ehrfurcht vor Gott ist rein,
sie ist, was ewig besteht.
Die Maßstäbe Gottes sind Wahrheit,
gerecht sind sie ganz und gar,

erstrebenswerter als Geld und Gold,
angenehmer als Honig und Honigseim.
Darum auch will dein Knecht, daß ihr Licht in ihm scheine,
indem er sie beachtet voll und ganz.
Wer kann merken, wie oft er fehlt?
Ach reinige mich von dem, was ich selbst nicht weiß.
Auch halte deinen Knecht zurück
vor den Selbstüberheblichen;
sie sollen über mich niemals Gewalt gewinnen.
Dann werd ich frei sein
und gereinigt von der Mannigfaltigkeit der Sünde.

Ach, mögen dir gefallen, Herr, die Worte,
die ich äußern kann,
und was ich tief im Herzen wünsche, Herr,
sieh du es in Gnaden an,
du, Herr,
mein Fels,
du mein Befreier.

Ein Nachwort: Mk 16,9–20: Die Himmelfahrt Jesu und die Sendung der Jünger

9 Auferstanden in der Frühe, am Ersten der Woche (Mk 16,1), er-
schien er zuerst Maria von Magdala (Joh 20,11–17), aus der er sieben
Abergeister ausgetrieben hatte (Lk 8,2). 10 Diese ging hin und meldete
es denen, die seine Begleiter geworden waren und (nun) trauerten und
weinten (Joh 16,20; 20,18; Lk 24,10). 11 Doch die, als sie hörten, er
lebe und habe von ihr sich sehen lassen, glaubten es nicht (Lk 24,11).
12 Danach aber hat er sich zweien von ihnen unterwegs in anderer
Gestalt sehen lassen, als sie aufs Land gingen (Lk 24,13–35). 13 Und
die gingen (vom Ort der Erscheinung) weg und meldeten es den übri-
gen; doch auch ihnen glaubten sie nicht.
14 Später – aber –, wie sie (bei Tisch) lagen, hat er sich den Elf sehen
lassen. Da schalt er ihren Unglauben und ihre Herzensstarre, daß sie
denen, die ihn geschaut hatten als auferweckt, nicht geglaubt hatten
(1 Kor 15,5; Lk 24,25; Joh 20,26–29). 15 Dann sagte er ihnen: Geht
hin in alle Welt und verkündet die Heilsbotschaft aller Schöpfung (Mt
28,18–20). 16 Wer gläubig wird und sich taufen läßt, wird gerettet
werden, wer aber ungläubig bleibt, wird (von Gott) verdammt wer-
den (Joh 3,18; Apg 2,38; 16,31.33). 17 An Zeichen aber werden denen,
die gläubig werden, *diese* mitfolgen: In meinem Namen werden sie
Abergeister austreiben (Mt 10,8; Lk 10,17; Mk 6,7f.; Apg 8,7;
16,18), in neuen Zungen werden sie reden (Apg 2,4; 19,6; 1 Kor
14,2), 18 – und mit den Händen – werden sie Schlangen aufheben (Ex
4,4; Apg 28,3–6), und wenn sie etwas Tödliches trinken, wird es
ihnen nicht schaden, Kranken werden sie die Hände auflegen und sie
werden es (wieder) gut haben (Mt 9,18; Jak 5,14f.).
19 Nun ward zwar der Herr Jesus, nachdem er (so) zu ihnen geredet,
hinaufgenommen in den Himmel (Apg 1,9–11; 2 Kön 2,11) und hat
Platz genommen zur Rechten Gottes (Ps 110,1; Mt 26,64). 20 Sie aber
sind hinausgegangen und haben mit der Verkündigung begonnen
überall (Mk 13,10), während der Herr mitwirkt und das Wort bekräf-
tigt durch die dabei folgenden Zeichen (Apg 14,3).

Versteht man die mythologische Ausdrucksweise in ihrer wahren Bedeutung, so ist «Christi Himmelfahrt» eigentlich das ruhigste, das zuversichtlichste aller Feste des Kirchenjahres. Viele Völker in der Antike haben den Lebenslauf ihrer Helden geschmückt mit der Vision einer Himmelfahrt. So glaubten die *Griechen* an die Entrückung des Sonnenhelden Herakles[1]; so glaubten *die*

[1] Vgl. K. Kerényi: Die Mythologie der Griechen, II 162–163: *Herakles* ließ sich auf die

Römer, daß ihr Stadtgründer Romulus unter Gewitterdräuen und Wolkendonner in den Himmel aufgefahren sei[2]. Auch wir Christen glauben an die «Himmelfahrt» unseres *Herrn*. Aber in einem spezifisch anderen Sinne. Was ist für uns so entscheidend an der Gestalt Jesu, daß wir sie gleich neben Gott gestellt sehen? Was gilt uns an ihr als so mächtig und groß, daß wir sie in den Himmel emporgehoben schauen und zum Richtmaß und Maßstab aller

Bergwiese des Zeus auf den *Oita* tragen. Dort hatte *Hyllos* einen mächtigen Scheiterhaufen errichtet, auf dem *Herakles* Platz nahm. *Philoktetes* zündete auf Bitten des Heros den Holzstoß an. «Das Feuer, das da entfacht wurde, war dennoch kein trauriger Brand. Wo immer es zum Gedächtnis des Herakles bei den Griechen angezündet wurde, war es ein heiteres Fest, an dem die Atmosphäre der Liebe . . . herrschte. In den reinigenden Flammen wurden seine Glieder göttlich und nicht, wie manche glauben, der sterbliche Leib des Gottes wie die Leiche eines Sterblichen verbrannt. Es wurde erzählt, daß er vom brennenden Scheiterhaufen in einer Wolke unter Donnergetöse in den Himmel stieg.» Auf einer attischen Amphore in *Paestum* sieht man, wie *Herakles* mit *Athene* den Wagen besteigt, der ihn zum Himmel trägt – ein Motiv, das auch in 2 Kön 2,1–15, der Himmelfahrt des *Elias*, vorliegt. Vgl. E. Drewermann: Tiefenpsychologie und Exegese, II 423–435. Das *Feuer* als Symbol der Himmelfahrt des Gottes findet seine Fortsetzung in dem christlichen Volksbrauch des *Osterfeuers*.

[2] Vgl. Livius: Römische Frühgeschichte, I 16, Bd. 1, S. 31–32: «Gerade hielt er (sc. *Romulus*) auf dem Feld am Ziegensumpf eine Versammlung ab, um sein Heer zu mustern, da brach ein Gewitter los und hüllte den König unter krachenden Donnerschlägen in eine so dichte Regenwolke, daß die Versammelten ihn nicht mehr sehen konnten. Nach diesem Ereignis weilte Romulus nicht mehr auf Erden. Als der Himmel sich nach dem Gewitter wieder aufhellte und beruhigte und der Schrecken schwand, fanden die römischen Soldaten den Sitz des Königs leer. Zwar mißtrauten sie nicht gerade der Aussage der Väter, die ihm am nächsten gestanden hatten und sagten, diese Gewitterwolke hätte ihn in den Himmel gehoben. Aber sie trauerten doch eine Zeitlang still um ihn wie Waisen, die sich fürchteten. Bald aber folgten sie dem Beispiel einzelner; und alle verabschiedeten sich von Romulus mit den Anrufen: ‹Gott! Gottessohn! König und Vater!› Sie beteten innig um seine Gnade: Er solle sie, seine Kinder, gnädig mit seinem Schutz beglücken!» Ja, wenig später, als ein Gerücht umging, die Väter selber könnten den König *Romulus* ermordet haben, trat *Julius Proculus* vor die Versammlung und sagte: «Heute im Morgengrauen, Quiriten, kam Romulus plötzlich vom Himmel herab und stand vor mir. Schauder und Ehrfurcht ergriffen mich. Als ich um die Gnade bat, meine Augen zu ihm erheben zu dürfen, sprach er: ‹Geh und teile den Römern mit, es sei göttlicher Wille, daß mein Rom die Beherrscherin des Erdkreises werde!›» Die Himmelfahrt des «Königs» und die weltweite Machtergreifung durch sein «Volk» sind von altersher, seit den Himmelfahrtssprüchen der altägyptischen Pyramidentexte, einander wechselseitig ergänzende Anschauungen. Vgl. A. Erman: Die Literatur der Ägypter, 26–35.

Zeiten erklären, ihn selber zur rechten Hand Gottes, als die entscheidende Norm, nach der das Leben eines jeden zu messen und auszurichten sei[3]? *Die Römer*, wenn sie von der Himmelfahrt des Romulus erzählten, berichteten im Grunde von ihrem Glauben an die Macht der Cäsaren. Romulus als Gottheit war für sie gleichbedeutend mit der Dauerhaftigkeit des Römischen Imperiums, mit der garantierten Überlegenheit seiner Kohorten. *Die Griechen*, wenn sie von der Himmelfahrt des Herakles erzählten, glaubten im Grunde an die Göttlichkeit des Menschen, an den fließenden Übergang zwischen dem Göttlichen und dem Menschlichen; die Größten, die Kräftigsten, die Stärksten, so meinten sie, seien berufen, sich in Licht zu verwandeln kraft der Heldentaten ihres Geistes. Beide, die Griechen wie die Römer, lehrten mit den entsprechenden Mythen, daß Menschen durch heroische Taten sich das Vermögen erwirken, zur Größe von Göttern emporzusteigen.
Die frühe Kirche, als sie die antiken Bilder in der Erzählung von der Himmelfahrt des Gekreuzigten und Auferstandenen übernahm[4], schuf damit eigentlich das Bild eines Anti-Helden[5]. Alles, was Jesus uns zu sagen hatte, ist

[3] Vgl. A. Vögtle: Was Ostern bedeutet, 49–50: «Die göttliche Macht des erhöhten Christus ist die Krönung und Vollendung des vollmächtigen Redens und Handelns des irdischen Jesus.» In diesen Wendungen soll wohl umschrieben werden, daß nur derjenige die «Himmelfahrt» Jesu zu «sehen» vermag, dem der Mann aus Nazareth zum Zentrum seines Lebens geworden ist. – Das «Sitzen zur Rechten» Gottes (Mk 16,19) ist zwar angelehnt an Ps 110,1; s. o. zu Mk 14,53–65: Kaiphas, Anm. 26; die Vorstellung selbst aber, die im Judentum nur als ein singuläres mythisches Fragment erscheint, ist gleichermaßen *ägyptischer* Herkunft; so, wenn es im Spruch 439 der *Pyramidentexte* von dem verstorbenen Pharao heißt: «Er ist zum Himmel gestiegen und hat den Re (sc. den Sonnengott, d. V.) gefunden ... Er setzte sich an seine Seite ... Er wird verklärter sein als die Verklärten.» A. Erman: Die Literatur der Ägypter, 28.

[4] Es ist wichtig zu sehen, daß bis zuletzt die Aussagen des Christentums auf der Ebene der *Symbolik* ältestes Menschheitsgut aufgreifen und durchaus nicht originell oder exklusiv sind. Eben deswegen gilt es, *die Herkunft dieser Bilder*, die zwar geschichtliche Erfahrungen deuten, aber sich nicht der Geschichte verdanken, nicht selber nur historisch aus der Religionsgeschichte der zeitgenössischen Umwelt abzuleiten, sondern sie mit Hilfe der Tiefenpsychologie als anthropologisch vorgegebene Chiffren der Daseinsdeutung verständlich zu machen und darin ihre allgemeinmenschliche Wahrheit zu erweisen. *Auf der Ebene seiner Symbole* kann das Christentum keine Wahrheit beanspruchen, die größer oder anders wäre als die Wahrheit aller Religionsformen der Menschen; wer die Symbole der «heidnischen» Religionen in ihrer Wahrheit leugnet, entzieht damit augenblicklich auch dem Christentum selbst seine dogmatische Grundlage.

[5] Entscheidend *neu* am Christentum ist nicht der Bildgehalt seiner Symbole und Riten

wie ein Gegen-Evangelium zu jeder Art von Menschenvergöttlichung. Jesus wollte uns beschwören, endlich davon zu lassen, mit titanenhaften Anstrengungen den Himmelsberg zu erklimmen und durch herkulische Taten uns unter die Unsterblichen und ihren Ruhm zu versetzen. In seinen Bildern und Gleichnissen legte Jesus uns immer wieder nahe, unser Leben nach Menschenmaß zu betrachten. Gerade in der Winzigkeit unseres irdischen Daseins, meinte Jesus, lebe ein Stück der Ewigkeit Gottes; jeder einzelne von uns habe das Recht und die Möglichkeit, sich selbst in den Augen Gottes einen unendlichen Wert beizumessen und von sich selber vertrauensvoll genug zu denken: *als Mensch* verdiene er die Gnade, den Beistand, die Zusage Gottes, und er müsse sich nicht erst zum Gott machen, um menschenwürdig zu leben; vielmehr bestehe seine unveräußerliche Größe und Würde gerade darin, daß Gott ihn als Menschen erschaffen habe. Das Zentrum der Botschaft Jesu lag in der Lehre dieses Vertrauens: wir brauchen aus uns nicht etwas anderes zu machen, als wir sind, wenn wir nur in Ruhe als Menschen, als Geschöpfe Gottes, zu leben vermögen.

Diese Erzählung von dem «Abschied» und der «Himmelfahrt» Jesu hat ganz recht, wenn sie meint, wir könnten diese Rückkehr zu unserem menschlichen Maß nur durch eine Art von Sterben, durch die Wiedergeburt einer *«Taufe»* lernen (Mk 16,16). Denn alles muß sich umkehren, ehe wir von der Verstiegenheit heroischer Himmelsstürmer wieder mit beiden Beinen auf die Erde zurückkehren[6]. Je mehr die Angst uns umtreibt, desto höher müssen wir hinaus. Solange wir Menschen der Angst sind, gehen wir ständig auf Zehenspitzen, um unsere Minderwertigkeitsgefühle durch ein künstliches Großseinwollen auszugleichen. «Wer denn von euch», meinte Jesus zu diesen verzweifelten Formen der Überkompensation aus Angst, «kann seiner Größe auch nur eine Elle hinzufügen?» (Mt 6,27) In der Tat: Was soll die ganze Anstrengung des Sich-Groß- und Wichtigmachens? Und doch fliehen wir aus lauter Angst vor dem eigenen Abgrund immer wieder hinauf zum Zenit und halten es nicht aus, in den «Ebenen» der Erde zu leben. Das «Programm» Jesu, uns aus diesen Zonen fluchtversprengter Einsamkeit zurückzuholen

selbst, wohl aber die Deutung, die es den alten Bildern gibt, und der Gebrauch, den es von ihnen macht. Vgl. E. DREWERMANN: Dein Name ist wie der Geschmack des Lebens, 25–31.

[6] Das biblische Paradigma des menschlichen Strebens, nach den Sternen zu greifen, ist die Erzählung vom Turmbau zu Babel (Gen 11,1 ff.), deren Motive in den Mythen der Völker menschheitlich verbreitet sind; vgl. E. DREWERMANN: Strukturen des Bösen, I 279–287.

und uns wieder auf Erden heimisch zu machen, muß gerade den Allergrößten unter uns vorkommen wie die tiefste Demütigung, wie ein furchtbarer Abstieg, buchstäblich wie eine Höllenfahrt[7]. Das Allereinfachste: ein Stück irdischen Glücks, ein Stück einfachen Lebens, ein Stück menschlichen Umgangs mit uns selber – gerade diese sanfte Kunst des Lebens ist etwas unzumutbar Schweres für uns Angstverstörte; und so kommt es, daß wir wirklich nur wie durch ein Sterben lernen, was uns leben läßt, und wir wie durch eine Taufe neu geboren werden müssen, um zu uns selbst zu finden.

Wer eine solche Wandlung der Existenz vom Unleben zum Leben, von der Entfremdung zur Freiheit, von der «Besessenheit» zur eigenen Persönlichkeit an sich selbst nicht erfährt, für den wird die «Frohbotschaft» nicht gelten, meint diese Erzählung von der «Himmelfahrt» Jesu, der wird buchstäblich nicht «gerettet» werden und schließlich sein gesamtes Leben trotz aller Anstrengungen empfinden müssen wie verflucht, wie ganz und gar verwünschenswert (Mk 16,16); denn so überfordert, so ständig nur getrimmt auf Perfektion und Leistung ist es unmenschlich zu leben. Die Heroen der Antike mögen das Übermenschliche mit Bravour vollbracht haben, wir Menschen nicht. *Uns* sagt diese Erzählung von der Himmelfahrt Jesu, daß wir nicht den Himmel stürmen müssen, um als Menschen Wert und Würde zu gewinnen; wir, im Gegenteil, verlieren alles, was wir sind: uns selbst als menschliche Wesen, wenn wir von der Angst uns in immer schwindelndere Höhen treiben lassen.

In Jesus lebte dieses gütige Vertrauen, wir könnten hier auf Erden heimisch sein. In ihm lebte diese Gewißheit so selbstverständlich und so ungebrochen, daß er wie mühelos davon sprechen konnte, daß Gott bereit sei, dem hundertsten Schaf nachzugehen, das sich verloren und verlaufen hat; Gott empfinde mehr Freude über einen einzigen, der zu Gnade und Barmherzigkeit

[7] Das Symbol vom «Abstieg in die Hölle» (meist auf Sonne und Mond bezogen) ist tiefenpsychologisch als ein Vorgang der «Bewußtwerdung», der Durcharbeitung des Unbewußten durch das Eintauchen des Geistes zu deuten; so, wenn in der altägyptischen Mythologie die Sonne «mit ihrem Untergang im Westen durch ein Tor oder den Mund der Himmelsgöttin *Nut* in die Unterwelt» eintritt. Vgl. I. Clarus: Du stirbst, damit du lebst, 113–115. «‹Täglich neu›, so weiß der mit dem Herzen denkende Ägypter, muß ein Mensch bereit sein, *alle* Dimensionen seines Lebens anzunehmen und zu durchschreiten.» «Es liegt nahe, auch das Geschehen innerhalb einer analytischen Psychotherapie als einen Weg zur Maat (sc. zur Wahrheit, d. V.) zu bezeichnen.» (A. a. O., 205) Was, freiwillig eingegangen, sich als ein Weg des Heiles darstellt, muß subjektiv wie eine Höllenstrafe anmuten, wenn es wie schicksalhaft durch Krankheit und Not dem Ich von außen auferlegt wird.

gelange, als über neunundneunzig Rechtschaffene, die gar nicht wüßten, wie sehr sie der Buße und der Gnade überhaupt bedürften (Lk 15,4–7); in Sachen Gottes gehe es so zu, wie wenn jemand gesät habe, und es wachse im Frühjahr wie von selber, ohne unser «Mühen» (Mk 4,26–29); das Wort Gottes entfalte sich von ganz allein in unserem Herzen, wenn wir es nur ließen. Alle Dinge unseres Glücks werden nicht *geschaffen*, sie *sind* von Gott gesetzt; wir brauchen sie nur zu finden und reifen zu lassen, nicht zu erfinden und zu erstreiten. Es gibt nur eine Möglichkeit für den Menschen, sein Leben in Ordnung zu bringen: nämlich mitten in der Welt einen Standpunkt zu gewinnen, der aus dem Zentrum der Dinge kommt und es ermöglicht, keinem Ding zu dienen, sondern frei sich aller Dinge zu bedienen: «die Welt als Welt behandeln, aber nicht von der Welt sich zur Welt herabziehen zu lassen»[8]. Weil Jesus es uns durch seine Person ermöglicht hat, einen solchen Standpunkt weltüberlegenen Vertrauens zu gewinnen, *deshalb* steht er für uns höher als alle, deshalb steht seine Gestalt für uns an der Seite Gottes, deshalb ist in ihm alle Macht Gottes für uns gegenwärtig.
Wie hat es nur dahinkommen können, daß man den Glauben an den Himmel als etwas beinahe Verdächtiges, ja Krankhaftes hat hinstellen können: als eine Flucht vor der Welt und als eine Bewegung der Angst vor den Dingen[9]? Es geht in Wahrheit darum, zugleich mit dem inneren Gleichgewicht eine ruhige Freiheit gegenüber der Welt ringsum zu gewinnen. Der Mensch bestimmt sich wesentlich durch das, wozu er sich verhält. Gibt es für ihn nur die Dinge

[8] DSCHUANG DSI: Südliches Blütenland, XX 1: In der Welt, nicht von der Welt, S. 208–209.

[9] Vgl. die Würdigung von F. ENGELS: Bruno Bauer und das Urchristentum, in: Marx-Engels Werke, XIX 297–305, der das Christentum anhand der historischen Ergebnisse von B. Bauer uminterpretiert als Reaktion auf die allgemeine Rechtlosigkeit und «Verzweiflung an der Möglichkeit besserer Zustände» (301), indem «das Christentum das allgemein verbreitete Gefühl, daß die Menschen am allgemeinen Verderben selbst schuld seien, als Sündenbewußtsein jedes einzelnen zum klaren Ausdruck brachte und gleichzeitig mit dem Opfertod seines Stifters eine überall leicht erfaßliche Form der allgemein ersehnten inneren Erlösung von der verderbten Welt, des Bewußtseinstrosts, lieferte.» (304) In Wahrheit geht es dem Christentum nicht um eine Vertröstung, sondern Durcharbeitung der konkreten Not, allerdings in der Meinung, daß erst der Glaube an eine jenseitige Welt die Kraft verleiht, die diesseitige zu ertragen und zu verändern. Das Bild *der Himmelfahrt* als Verabsentierung der Götter von dem Leid der Menschen verwendet B. BRECHT: Der gute Mensch von Sezuan, 158, wo die scheidenden Götter singen: «Leider können wir nicht bleiben / Mehr als eine flüchtige Stund... Eure Körper werfen Schatten / In der Flut des goldenen Lichts / Drum müßt ihr uns schon gestatten / Heimzugehn in unser Nichts.»

der Welt, so wird er notwendig und ganz in das Getriebe der Dinge hineingezogen. Seine Welt besteht dann nur noch aus Gegensätzen wie Leben und Tod, Lust oder Unlust, Gewinn und Verlust, Glück oder Unglück, Ehre und Tadel – und immer, immer wird er das eine fliehen und das andere suchen müssen. Auf diese Weise wird sein Leben zu einer *«Flucht ohne Ende»*[10]. Immer wieder entsteht der Zwang, sich an die Umstände anzupassen: um Unlust zu vermeiden, um Verlust zu verhüten, um Unglück fernzuhalten, um Tadel auszuweichen; und nur indem man den Gesetzen und Vorschriften der Umstände folgt, mag man glauben, sein Glück zu finden, Lust zu erlangen oder Ehre einzulegen; doch alles wird dabei nur immer äußerlicher, immer unfreier, immer unpersönlicher – man selbst wird dabei immer mehr ein Ding. Es ist gerade diese Erlebnisweise, die in ihrer substanzlosen Ausgeliefertheit an die Umgebung den Kern all dessen ausmacht, was im *Markus*-Evangelium im Getriebe der Angst als «Dämonie» bezeichnet wird: eine fortschreitende Zerstörung des Ichs in dem irrsinnigen Bestreben, gerade so sein Glück machen zu können; eine ständige Erniedrigung des Menschen unter das erstickende Gestrüpp alltäglichen Kleinkrams; ein ermüdendes Kreislauf-Einerlei ohne Ausblick, ohne Richtung, ohne Perspektive, ohne einen festen Halt und ohne jeden festen Sinn.

Christi Himmelfahrt ist im Grunde ein ganz ruhiges «Fest» oder besser, es ist die Ruhe, die dadurch entsteht, endlich zu wissen, wohin wir gehören, wo wir zu Hause sind, wofür wir wirklich leben und wovon unser Leben eigentlich abhängt. Um dieses freie Heraustreten aus der Versklavung der Umstände, um diese Überwindung der Herrschaft der Verhältnisse, um diese Gewinnung eines Standpunktes über den Dingen geht es bei der Vision der Himmelfahrt Jesu[11]. Es ist die Entdeckung eines Vorgangs, der sich ganz im Inneren abspielt, wenngleich er als Bild wie ein Vorgang im Raum empfunden und dargestellt werden muß[12].

[10] So der Titel der Novelle von J. Roth: Die Flucht ohne Ende, 1927.

[11] In symbolischen Chiffren alter Mythologie wird existentiell ausgedrückt, was S. Kierkegaard: Furcht und Zittern, 31 ff. als «Glauben», als «Doppelbewegung der Unendlichkeit», beschrieb; vgl. E. Drewermann: Strukturen des Bösen, III 497–504; vgl. ders.: Tiefenpsychologie und Exegese, II 423–435 (zur Himmelfahrt des Elias, 2 Kön 2,1–15).

[12] Man muß sich nur recht klar machen, daß noch um 1960 in Dogmatik und Fundamentaltheologie als Häretiker verklagt werden konnte, wer die Himmelfahrt Jesu nicht als eine historische Tatsache betrachtete. Vgl. J. Brinktrine: Die Lehre von der Menschwerdung und Erlösung, 252: «Christus stieg mit Leib und Seele aus eigener Kraft in den Himmel auf. De fide.» Zu solchen intellektuellen Gewaltakten muß die Theologie Zuflucht neh-

Wie soll man die Freiheit von allen äußeren Bestimmungen anders beschreiben als dadurch, von der Erde weggenommen zu werden und hoch, immer höher hinaus an die Seite Gottes entrückt zu werden? Uns selber sehen zu können mit den Augen Gottes, die Übersicht über unser Leben zu gewinnen und die Welt nicht mehr als ein Warenlager und Tollhaus betrachten zu müssen, sondern sie verstehen zu können von dem in sich ruhenden Gleichmaß der Ewigkeit aus, und zu wissen, daß es keine Macht gibt, die unser Ich zu zerstören vermöchte – *das* ist es, was Jesus in seiner ganzen Person uns ermöglichen wollte. Deshalb ist er «aufgefahren in den Himmel, sitzend zur Rechten Gottes, von wo er kommen wird zu richten die Lebenden und die Toten»[13]. (Mk 16,19)

Für diese Freiheit gegenüber der Welt gibt es verschiedene *«Zeichen»*, versichert Jesus seinen Jüngern in diesem letzten Aussendungsbefehl.

Alle, die in der Haltung eines solchen Vertrauens und einer solchen Freiheit

men, solange sie nicht die Wahrheit der «heidnischen» Symbole des Mythos anerkennt, sondern als «Wirklichkeit» nur gelten läßt, was in Raum und Zeit erweisbar ist.

[13] Vgl. M. Noel: Erfahrungen mit Gott, 256–257, die in ihrer sehr schönen Meditation zu Christi Himmelfahrt freilich vor allem das wehmütige Gefühl des *Abschieds* betont: «Erhoben: angezogen, in die Höhe getragen, / aber auch / erhoben: weggenommen. / Himmelfahrt, dieser Tag der Maienherrlichkeit, den die Kirche uns als einen Tag der Glorie vorstellt, war für mich immer, menschlich, ein trauriges Fest. / ‹A Dieu!› ‹Zu Gott›, singt die Himmelfahrt, aber ich, ich hörte: ‹Adieu›, ‹Lebewohl›. / ‹Adieu!› Trennung, Entschwinden, Abwesenheit. / ‹A Dieu!› Glorie im Himmel. Aber wo?... / Der heutige Tag der Himmelfahrt entzieht uns, was Weihnachten uns brachte. / Uns, den Hirten von Bethlehem, verkündeten die Engel der Weihnacht: ‹Ihr werdet ein Kind finden, das in einer Krippe liegt.› / Uns, den Fischern vom See, sagen die Engel der Himmelfahrt: ‹Ihr seht ihn nicht mehr, Männer von Galiläa.› (sc. Apg 1,11, d. V.) / Die Himmelfahrt, das glorreiche Geheimnis, ist ein schwer zu fassendes Geheimnis: des Gottessohnes Rückkehr zu Gott. Des Menschensohnes Abschied vom Menschen. / Das Ende der göttlichen Geburt. / In dreiunddreißig erhabenen Jahren hat sich von einer strahlenden Winternacht bis zu den Wolken eines Maitages das Geheimnis vollendet. / In der Nacht der Geburt steigt Gott, der Unbekannte, herab zum Menschen. / Der Unsichtbare wird zum erstenmal sichtbar. / Am Tage der Himmelfahrt entschwindet Er. Der Gott, dessen Antlitz wir kannten, läßt uns nur noch den Zugang zu Ihm im Unsichtbaren. In der Nacht der Geburt sucht er uns dort auf, wo wir sind, in unserer niedrigen Menschlichkeit, um uns auf unseren eigenen Wegen zu Gott zu führen. / Am Tage der Himmelfahrt zieht er uns dorthin, wo Er ist, in seine hohe Göttlichkeit, und zieht uns zu Gott auf seiner ihm eigenen Straße. / O Himmelfahrt, Aufstieg zu Gott, Prüfung der Seele, blinder Tag, verloren im Wandel der Welt, an dem der Gottmensch, dem du folgtest, den du liebtest, dich verläßt, ohne dich anzuschauen, in sein Licht ohne Antlitz, / den Heiligen Geist.»

gefestigt sind, werden in seinem Namen *die «Abergeister» austreiben* (Mk 16,17). In der Tat: wo der Glaube an Gott schwindet, da entfällt sofort der feste Punkt, das Sinnzentrum, der Halt, der es uns erlaubt, frei zu sein ohne Angst. Gerade die Vision von der Himmelfahrt Jesu, gerade diese Vision, wie der Menschensohn Platz nimmt zur Rechten Gottes, ermöglicht die klare Vorstellung, daß alle Dinge der Welt nicht die Welt selber sind und die Welt als ganze nicht das letzte. Entfällt dieser Glaube, so hebt sofort der Hexensabbat aller Dämonien im Sinne des *Markus*-Evangeliums an: daß unser Dasein aufgespalten wird in hundert verschiedene Rollen, die wir alle spielen müssen und mit denen wir uns ganz und gar zu identifizieren haben, obwohl sie sich alle widersprechen und wir uns im Grunde mit keiner einzigen wirklich zu identifizieren vermögen.

Diese furchtbare *Schizophrenie*[14] ist sowohl Grund wie Folge des eigentlichen Glaubensverlustes, daß wir mit unserem Leben durchaus nicht wissen, wohin, und auf Anweisung dieses tun und jenes, ohne selbst noch Klarheit zu haben, woran wir mit uns sind; daß wir überhaupt keine einheitliche Richtung mehr in unser Leben hineinbekommen und wir uns wie verzerrt fühlen, als ob hundert Stimmen in uns redeten, und es sind nie die eigenen, als ob wir immer wieder aus Angst repetieren und aufsagen müßten, was andere mit Zwang, Befehl und Terror in uns hineingelegt haben; und wir lebten nicht selber, wir handelten nicht selber, sondern wir wären in unserer eigenen Seele ausgeliefert wie Marionetten, gezogen an Fäden, ohnmächtige Gliederpuppen in den Händen unbekannter Puppenspieler[15].

Diese furchtbare Auflösung eines einheitlichen Zentrums, das den Dingen Ordnung und unserem Ich Zusammenhalt und Einheit geben könnte, macht aus der Welt einen Jahrmarkt der Angebote, der Meinungen, der Ideologien:

[14] Zur *daseinsanalytischen* Deutung von Schizoidie und Schizophrenie vgl. E. DREWERMANN: Strukturen des Bösen, III 471–475. N. B.: Es wäre für manche Rezensenten gut, zu lesen und zu verstehen, daß ich die Psychoanalyse (nicht anders als die historisch-kritische Exegese) nur benutze, «um von ihr loszukommen» (a. a. O., II. Bd., S. XX). Die psychoanalytische Betrachtung dient für mich «nur» als empirisches Verfahren zur Beschreibung, zur Phänomenologie dessen, was aus dem menschlichen Dasein in einem Felde radikaler Gnadenlosigkeit wird und werden muß. Den Vorwurf der «Verpsychologisierung» der Theologie jedenfalls kann ich nur als krasses Mißverständnis meines wirklichen Anliegens (zumeist aus Mangel an Lektüre) betrachten.

[15] Es ist die *Verzweiflung der Endlichkeit*, die S. KIERKEGAARD: Die Krankheit zum Tode, 31–33 so meisterlich beschrieben hat; vgl. E. DREWERMANN: Sünde und Neurose, in: Psychoanalyse und Moraltheologie, I 128–162, S. 155–161.

daß jeder Teilbereich des Lebens mit Teilargumenten seiner Bedeutungsverleihungen[16] den Menschen zerteilt, indem er sich für absolut erklärt, und wir am Ende vor lauter Erklärungen dastehen wie der Famulus in J. W. v. GOETHES *«Faust»* bei den Erklärungen des Mephisto: «Mir ist von alledem so dumm, als ging' mir ein Mühlrad im Kopf herum.»[17]

Alle Dinge der Welt unterliegen ohne den Ausblick zum Himmel der unausweichlichen Alleinherrschaft der Sachgesetze, denen wir schon deshalb gehorchen müssen, weil es Sachgesetze sind. *Die Macht* z. B. hat ihre Gesetze, und sie wird uns je nach den Umständen dazu zwingen, zu intrigieren, zu diffamieren, zu spionieren, zu dissimulieren, kurz, alles zu tun, was dem Machterhalt dient; auch *die Wirtschaft* hat ihre Gesetze, und sie wird uns dazu zwingen, zu profitieren, zu expandieren, zu investieren, zu konkurrieren, zu prosperieren oder zu liquidieren – je nach den Umständen. Und so hat das ganze Leben seine Gesetze. Auch *der Staat* hat seine Gesetze, auch *die Kirche* hat ihre Gesetze, und wir kommen vielleicht viele Jahre lang mit all diesen Gesetzen zurecht – aber am Ende sind wir wie zerstört, – ein *«lebender Leichnam»*[18]; denn was ist ein Leichnam schon, wenn nicht ein Organismus, der bis zur Selbstauflösung und Verwesung nur noch fremden Gesetzen unterworfen ist!

Der Feldzug gegen die «Abergeister», gegen die tödliche Veräußerlichung des Lebens im Namen der Gesetze des Lebens, gegen diese Zerstörung der Freiheit unter Berufung auf die Freiheit – wie soll er anders gewonnen werden als dadurch, daß ich ein für allemal weiß: ich bin nicht nur ein Wesen dieser Erde; ich berühre mit der Stirn den Himmel; mein kleines Ich hat seinen unveräußerlichen Stellenwert – bei Gott und neben Gott. Und ich kann unterscheiden zwischen dem, was unwesentlich ist, und dem, was wesentlich ist, dem, was absolut ist, und dem, was nur relativ von Bedeutung ist. Denn ich habe diesen Halt bei Gott. Einzig durch die Gegenmacht zur Angst, einzig durch die Macht des Vertrauens vermögen wir auch im Herzen anderer

[16] Der Begriff der *Bedeutungsverleihung* stammt von J. v. UEXKÜLL: Bedeutungslehre, 1940.

[17] J. W. v. GOETHE: Faust, Erster Teil, V. 1946–1947, hrsg. v. E. Trunz, S. 63.

[18] So der Titel des Dramas von L. N. TOLSTOI: Der lebende Leichnam, in: A. Scholz: Dramen, 67–114, wo er um 1900 die faktische Zerstörung einer Ehe mit den absurden Gesetzen der russisch-orthodoxen Kirche konfrontiert; es ist die Geschichte eines Mannes, der sich tot stellen muß, damit seine Frau und er selbst legitim aus einer Ehe erlöst werden können, die nichts weiter ist als eine endlose Quälerei.

Menschen ein Vertrauen zu begründen, das die Menschenfurcht besiegt. Dann endlich endet das ständige Fragen: Was denken die andern? Was wollen die anderen? Was steht in den Gesetzen? Wie muß man sein, um anzukommen? – All diese Fragen können jetzt aufhören, und wir dürfen wieder den eigenen Verstand gebrauchen[19].

Am Ende der Seelenzerfaserung der Angst – so stellt diese Erzählung in Aussicht – werden wir zugleich fähig, *in anderen Sprachen zu reden* (Mk 16,17). Es ist eine Verheißung, die den Kern unseres Umgangs miteinander betrifft. Im Bannkreis der Angst redet jeder monologisch, wie wenn ein jeder in dem geschlossenen Abteil seines Ichs durch eine Welt reisen würde, in der die Menschen um Lichtjahre voneinander getrennt wären. Jeder spricht in der Angst eine verstellte, uneigentliche, der Übersetzung bedürftige Sprache. Selbst Menschen, die einander nahestehen, schlagen oft schon nach wenigen Sätzen eines «Gesprächs» mit den Mißverständnissen ihrer selbstentfremdeten Ersatzsprache aufeinander ein. Allein ein wachsendes Vertrauen könnte uns wieder in den Stand setzen zu hören, was der andere wirklich sagt, was er mit seinen Äußerungen andeuten möchte und wie man seine Art zu leben verstehen muß; erst dann wird es möglich, in der Sprache des anderen zu Hause zu sein und sich in ihr so auszudrücken, daß ein wechselseitiger Dialog des Verstehens und der Gemeinsamkeit möglich wird. Wirklich fangen die Glaubenden an, «in neuen Sprachen zu reden»: das noch nicht Gesagte auszusprechen, das noch nicht Gesehene zu entdecken, das noch Unerhörte zu vernehmen, das noch Unsagbare zu besprechen[20].

Auch die anderen Bilder dieser Erzählung wird man in entsprechender Weise deuten müssen. Menschen, die so leben, wie Jesus es tat, werden *Schlangen aufheben* (Mk 16,18). Es gibt so vieles, was wir am liebsten im «Wüstensand» belassen möchten, in der Hoffnung, es werde sich nicht regen[21]. Die Lebens-

[19] Vgl. zu Mk 7,31–37: Die Heilung des Taubstummen, in: E. DREWERMANN: Das Markus-Evangelium, I 520–532.

[20] Das Reden in neuen Sprachen, das Wunder des Pfingstmorgens (Apg 2,4), bedeutet nicht mehr und nicht weniger als den Versuch, die gesamte Menschheitsgeschichte unter den Strukturen der babylonischen Sprachzertrümmerung (Gen 11,1–9) rückgängig zu machen und von ihrem Ursprung her *neu* zu gestalten. Vgl. E. DREWERMANN: Von der Zerstörung der religiösen Rede. Ein Rascheln ist und ein Zusammenraffen, in: Pschoanalyse und Moraltheologie, III 174–198.

[21] Das Symbol des *«Schlangenaufhebens»* hat sein alttestamentliches Vorbild in der Berufungsgeschichte des Moses in Ex 4,4; vgl. zur Auslegung der Stelle E. DREWERMANN: Tiefenpsychologie und Exegese, II 379–392.

kunst der meisten von uns besteht darin, die unliebsamen Dinge zu verdrängen oder vor sich selber zu verstecken. – Dinge, die peinlich oder gefährlich sind und die man deshalb möglichst weit von sich wegschiebt. Natürlich löst man auf diese Weise Probleme nicht, sondern verschlimmert sie; natürlich beseitigt man so Gefahren nicht, sondern vergrößert sie; irgendwann kommt alles wieder vervielfacht auf uns zurück, und die ganze «Schlangenbrut» unseres verdrängten Lebens meldet sich im Untergrund nur um so unheimlicher zu Wort. Es hilft nichts, wir müssen irgendwann unsere *«Schlangen»*: die heißen Eisen zum Beispiel, die «Kastanien im Feuer», das «Pech», dessen Berührung uns besudelt, *anpacken*, und statt immer weiter davor wegzulaufen, müssen wir es lernen, darauf zuzugehen und es in unser Leben einzulassen, es in die Hand zu nehmen und ihm nicht mehr auszuweichen[22]. Wir werden mit dem «Bösen» nicht anders fertig als durch das Bewußtsein innerer Unbedrohtheit[23]. Hundert gute Vorsätze erreichen das nicht, und tausend Anstrengungen erzwingen das nicht. Aber irgendwann wird der Blick frei und der Zwang fällt fort und wir lernen es, unbedroht mit all dem umzugehen, wovor wir sonst nur gewarnt wurden.
Ähnliches gilt schließlich bzgl. der Verheißung dieser Vision der Himmelfahrt Jesu, die zum Glauben Gekommenen könnten *tödliches Gift trinken* ohne Schaden (Mk 16,18). – Wir haben aus lauter Angst in unserer Seele mengenweise «Gift» gelagert; wir sind wahre Meister in der Injektion des Zerstörerischen, in den feinen Methoden, Spritzen so zu verabreichen, daß sie dem anderen in den Blutkreislauf gehen und ihn an sich tödlich vergiften müssen[24]: ein Wort der Verleumdung, ein harmlos scheinendes Bonmot, ein

[22] Vgl. a. a. O., II 386–389.

[23] Es geht um diese ständige Alternative der menschlichen Existenz zwischen Angst oder Vertrauen als den beiden Grundhaltungen, die über Heil oder Unheil, über Gelingen oder Mißlingen des Daseins im ganzen entscheiden.

[24] Wie man um einen Menschen ein Nessos-Gewand aus Lügen und Intrigen weben kann, in dem er sich verfangen und in welchem er verbrennen *muß*, schildert unübertrefflich W. Shakespeare: Othello, der Mohr von Venedig, in: Sämtliche Werke, 831–857, in der Gestalt des *Jago*, 2. Akt, 3. Szene, S. 841: «Und wer ist nun, der sagt, ich sei ein Schurke? / ... Bin ich ... ein Schurke? / ... Theologie der Hölle! / Wenn Teufel ärgste Sünde fördern wollen, / So locken sie zuerst durch frommen Schein, / Wie ich anjetzt. Derweil der gute Tropf (sc. Cassio, d. V.) / In Desdemona dringt, ihm beizustehn, / Und sie mit Nachdruck sein Gesuch begünstigt, / Träuf ich den Gifttrank in Othellos Ohr: / Daß sie zu eigner Lust zurück ihn ruft! / Und um so mehr sie strebt, ihm wohl zu tun, / Vernichtet

kleines Aperçu in vornehmer Gesellschaft genügt für gewöhnlich, um den anderen fertigzumachen, ihn als nicht mehr gesellschaftsfähig hinzustellen, ihn sozial zu ruinieren. An tödlichem Gift, begabt mit den Phantasien der Angst, sind unsere Vorräte unerschöpflich. Und doch ist es wahr, daß ein Mensch des Vertrauens von all diesen Giftigkeiten nicht tödlich getroffen sein muß; auf geheimnisvolle Weise scheint er dagegen gefeit – man kann ihm nichts anhaben[25]. Die Gerüchteküche der anderen z. B. mag an Gift brauen und kochen, was sie will, er wird sich daran nicht vergiften. Auf merkwürdige Weise steht er darüber, ihm gilt die bürgerliche Existenz nicht als etwas Absolutes. Ja, es kann sogar sein, daß das an sich Schädliche für ihn wie Impfstoff und Arznei wirkt. Er braucht in seinem Leben nicht nach der Art der kleinen Moralisten zu verfahren, die mit dem Leben umgehen wie die Gärtner im Schloß von Versailles, die alle Hecken und Bäume zu willkürlichen Figuren zurechtschneiden.

Wie oft hat *die Kirche selber* gemeint, ganze Bibliotheken von Büchern des europäischen Geisteslebens in Kunst, Philosophie und Literatur als «Gift» verbieten zu müssen! Für Menschen, die wirklich «gläubig» sind, bedarf es solcher Maßnahmen der Angst nicht; im Gegenteil, sie lernen womöglich von all den auf den Index der verbotenen Bücher gesetzten Autoren: von SCHOPENHAUER [26], NIETZSCHE [27], SARTRE [28] u. a. weit mehr über Gott und

sie beim Mohren das Vertrauen! / So wandl ich ihre Tugend selbst zum Laster, / Und strick ein Netz aus ihrer eignen Güte, / Das alle soll umgarnen.»

[25] Sehr schön sagte in diesem Sinne LAOTSE: Tao te king, Nr. 68, S. 111: «Wer gut zu führen weiß, / ist nicht kriegerisch. / Wer gut zu kämpfen weiß / ist nicht zornig. / Wer gut die Feinde zu besiegen weiß, / kämpft nicht mit ihnen. / Wer gut die Menschen zu gebrauchen weiß, / der hält sich unten. / Das ist das *Leben*, das nicht streitet; / das ist die Kraft, die Menschen zu gebrauchen; / das ist der Pol, der bis zum Himmel reicht.»

[26] Zur jahrhundertelangen Praxis des Bücherverbotes in der katholischen Kirche vgl. F. HEER: Gottes erste Liebe, – der bereits 1967 warnend und mahnend meinte: «Gekränkte Christen: Eingeschlossen in eine ‹Mauerkirche› –..., ausgeschlossen von jeder gültigen Mitsprache bei der Arbeit an der Lösung der erstrangigen Weltprobleme, haben sich die Großkirchen als Selbstzweckverbände konstituiert. *Kirche als Selbstzweck* – wobei jeder ernsthafte Versuch, die Kirche zu öffnen, als Beleidigung der heiligen Mutter Kirche denunziert wurde... ‹Man› möchte nicht zugeben, daß man sich selbst – als Mensch, als Person, als Kirchenfürst und so weiter – beleidigt fühlt, und spricht deshalb von der Beleidigung Gottes, von der Beleidigung der Mutter Kirche, des Heiligen Vaters.» (511) Und S. 513: «Eine in sich selbst verschlossene Kirche kennt nur Selbstverteidigung um jeden Preis.» «Eine in Selbsthaß erstickende Christenheit, die sich ihre eigenen Komplexe

den Menschen als von der Unzahl bemühter kirchentreuer Skribenten, die mit all ihrem Eifer nichts bewirken, weder Gutes noch Böses, nur Überflüssiges. Das Leben ist mehr als Gärtnerweisheit.

Die wichtigste Mit-«Gift» Jesu indessen, die er den zum Glauben Gekommenen inmitten dieser angstgejagten Welt hinterläßt, liegt in der Befähigung,

nicht einzugestehen wagt, muß sich von Jahrhundert zu Jahrhundert immer neue äußere Todfeinde und Sündenböcke selbst erschaffen, um von der tiefen geistigen, seelischen und mentalen Störung in der eigenen Brust, im Schoß der eigenen Gemeinde, abzulenken... So konstituiert sich die Kirche selbst als ein permanenter Scheiterhaufen, auf dem ‹Häretiker›, Rechts- und Linksabweicher verbrannt werden.» Und S. 514–515: «Der Index Romanus stellt einen ‹permanenten Kreuzzug gegen Geist und Mensch› dar. Ein hoher Prozentsatz der schöpferischen Gesamtproduktion des Geistes in Europa... findet sich heute noch in diesem einzigartigen Werk der Verdammung... Von SCOTUS ERIUGENA im 9. Jahrhundert über MAIMONIDES bis zu ALBERT DEM GROSSEN, zu DANTE... herauf bis... KANTS *‹Kritik der reinen Vernunft›*, PASCALS *‹Pensées›*..., SPINOZAS *‹Traktate›* und LESSINGS hohe Gedanken über die *Erziehung des Menschengeschlechts.*» «Der Index Romanus kerkerte neben einigen der größten Werke der italienischen und englischen Dichtung und Hauptwerken des deutschen Geisteslebens mit einer gewissen Vorliebe – durch französische Denunziationen in Rom genährt – französische Werke ein, von FÉNELON über VOLTAIRE bis zu SARTRE. EMILE ZOLA wurde viermal indiziert.» «Der Index Romanus... bekundete... jene gefährliche Neigung zur Reinfantilisierung und Repubertisierung des Menschen, der die Kirchenführer im 19. und 20. Jahrhundert nicht selten erlagen. In diesem Sinne ermahnte der ‹Osservatore Romano› anläßlich der Indizierung eines Werkes des Löwener Theologen CAMILLE MULLER, der sich 1954 kritisch mit naturwissenschaftlichen Thesen der Enzyklika *‹Humani Generis›* von PIUS XII auseinandergesetzt hatte, die katholische Gelehrtenwelt, sie habe ‹künftig noch kindlichere Ergebenheit gegenüber dem Lehramt der Kirche zu bekunden!» – Speziell von A. SCHOPENHAUER hätte die Kirche seit 150 Jahren lernen können, wie verkehrt ihre gesamte anthropozentrische Weltinterpretation ausfällt und wie grausam ihre Weigerung wirken muß, eine Moral des universellen Mitleids auch gegenüber den Tieren anzuerkennen. Vgl. E. DREWERMANN: Der tödliche Fortschritt, 99–102.

[27] Von F. NIETZSCHE hätte die Kirche seit 100 Jahen lernen können, daß sie sich psychologisch um jeden Kredit bringt, wenn sie in der Verleumdung, Verleugnung und Verdrängung der *inneren* Natur des Menschen weiter fortfährt; vgl. E. DREWERMANN: Der tödliche Fortschritt, 127–128.

[28] Der existentialistische *Atheismus* J. P. SARTRES lieferte in außerordentlicher Klarheit eine Phänomenologie der menschlichen Freiheit ohne Gott, so daß allein schon die deskriptiven Kategorien SARTRES das Sprechen der Christlichen Theologie von «Sünde» und «Erlösung» mit Inhalt und Anschauung erfüllen könnten; vgl. E. DREWERMANN: Strukturen des Bösen, III 198–435.

«Kranken die Hände aufzulegen, so daß sie genesen» (Mk 16,18). Es ist die wunderbarste Befähigung des Glaubens, in einer Haltung unbedingten Vertrauens anderen Menschen einen Schutzort der Geborgenheit zu geben, Hände über sie zu breiten, die sie beschirmen, und ihnen das Gefühl zu vermitteln, in ihrem ganzen Dasein angenommen zu sein[29]. Die Frage lautet jetzt nicht mehr, was der andere tut, was der andere besitzt, wie der andere sein müßte, um in unseren Augen berechtigt zu sein, die Frage ist jetzt nur, *wer* der andere ist, was in ihm lebt, worunter er leidet, was er in Wahrheit denkt und fühlt; über ihn Hände zu breiten bedeutet, ihn vorbehaltlos zu akzeptieren.

Gerade das *Markus*-Evangelium hat Stelle für Stelle gezeigt, wievieles an Krankheit uns heimsuchen muß, wenn wir voller Angst den «Aber»-Geistern der inneren Zerrissenheit ausgeliefert sind. Bis in die Physis hinein besetzen die abgespaltenen Anteile unserer Seele auch unseren Körper, der statt einer lebendigen Einheit sich in eine Maschine verwandelt, deren einzelne Teile immer mehr gegeneinander funktionieren[30]. Nur in einer Zone des Vertrauens und der Geborgenheit, im Schatten freundschaftlich ausgebreiteter Hände, vermögen wir wieder mit uns selber, seelisch wie körperlich, zusammenzuwachsen. Bis in die letzten Zeilen des *Markus*-Evangeliums hinein

[29] Es war P. Tillich: Das Ewige im Jetzt, 54, der in der Kirche «den krankhaften Wunsch, der Krankheit zu entgehen» anprangerte und mit Blick auf Mk 16,18 meinte: «Ihr erhaltet den Auftrag zu heilen von Euren Kirchen. Aber die Kirchen selbst bedürfen der Heilung, um die Kraft zu haben, durch Euch Dämonen auszutreiben. Die Krankheit vieler Kirchen und Gemeinden besteht darin, daß sie nicht mehr wagen, sich in Gefahr zu begeben, und sich von dem abschneiden, was schöpferisch und zerstörerisch sein kann. Eine Kirche, die die Kraft nicht hat, neue Wege zu gehen, hat wenig Kraft, zu heilen und die Dämonen der Zeit auszutreiben. Jeder Pfarrer, der stolz darauf ist, daß er in seiner Kirche keinen Schwierigkeiten und Konflikten begegnet und daß seine Gemeinde zunimmt, sollte sich fragen, ob seine Kirche ihren Gliedern den Mut geben kann, ihre Krankheit zu sehen und die Botschaft der Heilung anzunehmen. Er sollte sich fragen, warum sich die großen schöpferischen Kräfte in vielen Bereichen des geistigen Lebens überwiegend außerhalb der Kirche entfalten. Zum Beispiel kommt in vielen Schöpfungen unserer profanen Kultur das Wissen um die Krankheit des Menschen deutlich zum Ausdruck. Sollte es wirklich nur Vorurteil sein, daß so viele Menschen, die um die dämonische Macht in ihrem Innern wissen, Heilung nicht bei der Kirche und ihren Vertretern suchen? Oder ist es so, daß die Kirche, die krank ist aus Furcht vor Krankheiten, keine Kraft zu heilen hat?»

[30] Zur Psychosomatik von Krankheit vor dem Hintergrund fundamentaler Daseinsangst vgl. E. Drewermann: Tiefenpsychologie und Exegese, II 95–114; 188–238.

bleibt dieses Vermächtnis Jesu bestehen: es sollte nie anders mehr von Gott die Rede sein, als daß es Menschen intensiver, angstfreier, glücklicher leben läßt, heil und gesund an Seele und Leib. *Der Glaube an Gott als gelebte Psychotherapie und der Weg unserer Selbstfindung als Weg zu Gott* – diese gütige Verbundenheit zwischen Gott und Mensch war alles, was Jesus lebte und lehrte, sein bleibendes Vermächtnis.

So vermögen wir auf Erden zum Himmel aufzuschauen in dem Bewußtsein, daß die Art zu leben, wie sie in Jesus gegenwärtig war, niemals mehr enden wird. Wir blieben auf immer Gefangene dieser Erde, hätten wir diesen Ausblick zum Himmel nicht, wo der Herr auf uns wartet. «Sie aber zogen aus und verkündeten die Frohbotschaft überall, indem der Herr mitwirkt und das Wort durch die begleitenden Zeichen bestätigt.» (Mk 16,20) Ein *«Fest»* ist «Christi Himmelfahrt» in diesem Sinne eigentlich nicht. Eher eine Entdekkung. Eher ein Programm. Eher ein bestimmter Geschmack am Leben. Doch der Inhalt dieser Entdeckung, die Festigkeit dieses Programms, die Empfindung dieses Geschmacks vermitteln allsamt einen Abstand von den Dingen, wie er von Feiertagen ausgeht, in denen Gottes Wahrheit selbst in Stille reift und wächst. Es ist eine Wahrheit, die sich nur in solchen *mythischen Bildern* wie dem *Symbol* der «Himmelfahrt» mitteilen läßt, die das Unvorstellbare anschaulich machen und das Geheimnisvolle durchscheinen lassen[31]. Wir ha-

[31] Zu dem «Missionsauftrag» des «erhöhten Christus» in Mk 16,15 meinte MAHATMA GANDHI: Freiheit ohne Gewalt, 120–121: «Es ist wahr, daß jeder von uns seine eigene Interpretation von ‹Gott› hat. Das ist notwendig so, da Gott nicht nur diesen unseren winzigen Erdball umfaßt, sondern Millionen und Milliarden solcher Erdkugeln, und Welten über Welten. – Obwohl wir also dieselben Worte über Gott sagen mögen, müssen sie doch nicht dieselbe Bedeutung haben. Was tut das schon? Wir brauchen nicht zu proselytieren – weder durch unser Reden noch durch unser Schreiben. Wir können es nur durch unser Leben tun. Unser Leben soll ein offenes Buch sein, für alle zum Lesen aufgeschlagen. – Wenn ich nur meine Missionarsfreunde überreden könnte, ihre Mission so anzusehen. Dann gäbe es kein Mißtrauen, keinen Verdacht, keine Eifersucht und keine Unstimmigkeit zwischen uns in diesen religiösen Angelegenheiten, sondern nur Harmonie und Frieden ... Ich frage euch, die ihr Missionare seid – tut ihr nicht unbewußt den Leuten, mit denen ihr lebt, Gewalt an? Ich versichere euch, es gehört nicht zu eurer Berufung, die Menschen des Ostens zu entwurzeln.» Und S. 124: «Gott hat das Kreuz nicht nur vor 1900 Jahren getragen, sondern er trägt es heute, und tagtäglich stirbt er und steht er von den Toten auf. Es wäre ein schwacher Trost für die Welt, wenn sie von einem historischen Gott abhinge, der vor 2000 Jahren starb. Verkündigt nicht den Gott der Geschichte, sondern zeigt ihn, wie er heute durch euch lebt.» Vgl. E. DREWERMANN: An ihren Früchten sollt ihr sie erkennen, 30. Die französische Dichterin M. NOEL: Erfahrungen mit Gott, 44–45 meinte schon vor Jahren: «Im Laufe der Geschichte wollten große Eiferer, und

möchten es noch, kraft der Autorität den Glauben den Menschen vorschreiben. ‹Nötigt sie, hereinzukommen.› (Sc. Lk 14,23, d. V.) Ach, wer regiert – ob geistlich oder weltlich –, wendet den Satz so an, daß er, der die Macht hat, sie gebraucht, den Irrtum aus jedem Munde, aus jeder Feder, in jedem Gedanken verfolgt, allen die Wahrheit aufzwingt... Mein Gott, ich kann mich nicht diesem Eifer fügen, ich fürchte, eine armselige Christin zu sein, gleichgültig gegenüber Deiner Herrschaft. Dennoch, ich glaube, Herr... ‹In der ersten Stunde der Welt›, sprach Gott, ‹im Garten der Unschuld habe ich den Menschen erschaffen. Ich habe ihn frei erschaffen. Auf meine Kosten. Auf seine Kosten... Was fügt ein knechtischer Arbeiter, ein Sklave meiner Glorie, meiner Freude hinzu? Gewinne sie für mich, neige sie mir zu, damit sie mich wählen. Aber wenn du, wider meinen Willen, durch Drohung oder Versprechen, die Worte ihrer Lippen und das Beugen ihrer Knie meinem Dienste einfügst, wenn du ihre Seele in Knechtschaft zwingst, widersetzest du dich dem Wehen des Geistes, du entwürdigst das Werk des sechsten Tages.›» «Apostel... mehr sein als ein predigender Mund, eine strahlende Seele. Gott verkündigen durch Heiligkeit, Worte ohne Worte.» «Manche glauben, das Apostolat sei eine äußere Verpflichtung der Religion, eine Verhaltensweise des guten Katholiken, wie die, am Freitag Fisch auf den Tisch zu bringen. Einige sind Apostel, weil das Eifern in der Luft liegt, durch den Geist einer Gruppe oder einer Partei, durch Berufsgewohnheit, handwerksmäßig. Wie es Reisende in Lebensmitteln gibt – oder Wahlredner –, so sind sie Reisende in Credo. Aktiv, unternehmend, beredt, halten sie jedem, der kommt, ihre Ware hin, bringen mit Eifer ihre Glaubensartikel oder Gleichwertiges an, Andachten als letzte Neuigkeit, sogar politische Meinungen. Gutes und Schund. Ich habe diese Art Apostel für meinen persönlichen Gebrauch nicht gern. Sie sind – von allen Schattierungen – Leute, die glauben, es sei ihnen erlaubt oder sogar befohlen, ihren großen Fuß mitten in das Innerste der anderen zu setzen. Man muß sie offen und mit Achtung empfangen – auf der Schwelle der Tür. Aber der, der eintritt, bis ins Innere vordringt, der empfangen wird, das ist ein anderer als diese... Im Verborgenen kämpfen, geduldig, demütig, still für die Göttlichkeit seiner Seele, das heißt die Welt retten.» – Zu dem gesamten Abschnitt Mk 16,9–20 ist historisch-kritisch anzumerken, daß Matthäus und Lukas ihn gewiß noch nicht im Markus-Evangelium gelesen haben; es ist ein Anhang, der wohl zu Beginn des 2. Jh.'s entstanden ist und eine Kompilation aus Matthäus, Lukas und der Apostelgeschichte darstellt. Besonders aber in 16,19.20 ist der Text mit der Betonung der Zeichen und Wunder, welche die «Mission» der frühen Kirche begleiten (sollen!), durchaus selbständig. Vgl. R. Pesch: Das Markusevangelium, II 544; 555. Daß der Text «offenbar bereits auf eine längere Epoche der frühen urchristlichen Missionsgeschichte» zurückblickt (a. a. O., II 555), ist sehr wahrscheinlich; aber recht unwahrscheinlich ist, daß die genannten Zeichen des Beistandes beschreiben sollen, wie «die Boten des Evangeliums den Beistand des erhöhten Herrn erfahren haben.» Weit näher liegt die Annahme, daß dieser relativ späte Text gegenüber der bereits beginnenden Intellektualisierung des «Glaubens» durch die frühchristlichen Apologeten noch einmal – und zwar sehr im Sinne des Markus! – betonen möchte, woran man den rechten Glauben erkennen kann: nicht an der Schlagfertigkeit rationaler Argumente (s. o. zu Mk 13,10, S. 370–375), sondern an der Überwindung des Leids entlang den Symptomen der Angst des menschlichen Daseins durch die Macht des Vertrauens in Gott, wie Jesus es lebte und uns durch sein Dasein ermöglicht.

ben einen Beistand, einen Schutz, ja, hier auf Erden bereits eine Heimat, die unangreifbar über allem steht.
Das *Markus*-Evangelium begann mit der Erzählung, wie der Geist Gottes aus dem Himmel über Jesus herabsteigt und eine himmlische Stimme ihn anredet: «Mein geliebter Sohn» (Mk 1,10.11); es endet in dieser Nachtragserzählung damit, daß Jesus hinaufsteigt zum Himmel und uns allen vom Himmel versichert, auf ewig Gottes geliebte Töchter und Söhne zu sein.

«Jesus kam nicht aus dem Inneren des Lichtes, um die Wohnungen zu zerstören und auf ihren Ruinen Klöster und Abteien zu errichten. Er überredete nicht die Starken, Mönche oder Priester zu werden. Er kam, um einen neuen Geist auf diese Erde zu senden mit der Kraft, die Grundfesten eines jeden Reiches zu erschüttern, das auf Gebeinen und Totenköpfen von Menschen errichtet ist... Er kam, um die majestätischen Paläste einzureißen, die auf den Gräbern der Schwachen errichtet sind; er kam, um die Götzen zu stürzen, die auf Kosten der Armen ihre Tempel erbauten. Jesus wurde nicht gesandt, um die Menschen zu lehren, wie man großartige Kirchen und Heiligtümer inmitten kalter, elender Hütten und düsterer Schuppen erbaut... Er kam, um die Herzen der Menschen zu Tempeln zu machen, ihre Seelen zu Altären und ihren Geist zu Priestern.
Das war die Sendung des Jesus von Nazareth, und das sind die Lehren, für die er gekreuzigt wurde.»

KHALIL GIBRAN: Geheimnisse des Herzens, 58–59

Verzeichnis der zitierten Literatur

(zitiert stets nach der letztgenannten Ausgabe)

1) Philosophie

ARISTOTELES: Nikomachische Ethik, Übers. u. Nachw. v. F. Dirlmeier, Anm. v. E. A. Schmidt, Stuttgart (reclam 8586–5) 1969

E. BLOCH: Atheismus im Christentum. Zur Religion des Exodus und des Reichs, Frankfurt 1968; Hamburg (rde 347) 1970

BOETHIUS: Philosophiae Consolationis libri V (ca. 500 n. Chr.); dt.: Trost der Philosophie, übers. u. hrsg. v. K. Büchner, eingel. v. K. Klingner, Stuttgart (reclam 3154–55) 1971

G. BRUNO: La cena delle cenere, Oxford 1583; dt.: Das Aschermittwochsmahl, übers. v. F. Fellmann, eingel. v. H. Blumenberg, Frankfurt 1969; Neudruck: Frankfurt (it 548) 1981

G. BRUNO: De la causa, principo et uno, Venetia 1584; dt.: Über die Ursache, das Prinzip und das Eine, übers. u. komm. v. Ph. Rippel, Nachw. und Lit. v. A. Schmidt, Stuttgart (reclam 5113–2) 1986

M. BUBER: Ich und du (1923; Nachwort 1957), in: Werke, 1. Bd.: Schriften zur Philosophie, München–Heidelberg 1962, 77–170

M. BUBER: Zwiesprache (1930), in: Werke in 3 Bden., 1. Bd.: Schriften zur Philosophie, München–Heidelberg, 1962, 171–214

M. BUBER: Zwei Glaubensweisen (1950), in: Werke, 1. Bd., München–Heidelberg 1962, 651–782

M. BUBER: Geltung und Grenze des politischen Prinzips (1951), in: Werke, 1. Bd.: Schriften zur Philosophie, München–Heidelberg 1962, 1095–1108

M. BUBER: Die Erzählungen der Chassidim (1949), in: Werke, Bd. 3: Schriften zum Chassidismus, München–Heidelberg 1963, 69–712

M. BUBER: Der Weg des Menschen nach der chassidischen Lehre (1950), in: Werke, 3. Bd.: Schriften zum Chassidismus, München–Heidelberg 1963, 713–738

M. BUBER: Die chassidische Botschaft (1952), in: Werke in 3 Bden., 3. Bd.: Schriften zum Chassidismus, München–Heidelberg 1963, 739–894

A. CAMUS: Le Mythe de Sisyphe, Paris 1942; dt.: Der Mythos von Sisyphos. Ein Versuch über das Absurde; übers. v. H. G. Breuner–W. Rasch, Boppard 1950; Neudruck Reinbek (rde 90) 1959, mit einem komm. Essay von L. Richter

A. CAMUS: L' Homme révolté, Paris 1951; dt.: Der Mensch in der Revolte. Essays; übers. v. J. Streller; neubearb. v. G. Schlocker unter Mitarbeit von F. Bondy, Hamburg 1953

F. CAPRA: The turning Point, 1982; dt.: Wendezeit. Bausteine für ein neues Weltbild, übers. v. E. Schuhmacher, Bern–München–Wien ^{7}1984

E. CORETH: Metaphysik. Eine methodisch-systematische Grundlegung, Innsbruck 1964

R. DESCARTES: Discours de la méthode pour bien conduire sa raison et chercher la vérité dans les sciences (1637); dt.: Abhandlung über die Methode; übers. v. K. Fischer (1836), in: R. Descartes, ausgew. u. eingel. v. I. Frenzel, Frankfurt (Fischer Tb. 357) 1960, 47–91

F. ENGELS: Bruno Bauer und das Urchristentum (1882), in: Marx–Engels Werke, hrsg.

vom Institut für Marxismus–Leninismus beim ZK der SED, Bd. XIX 297–305, Berlin 1978
F. ENGELS: Herrn Eugen Dührings Umwälzung der Wissenschaft, 3. verm. u. verb. Aufl. Stuttgart 1894; Marx-Engels-Werke, Bd. 20, hrsg. vom Institut für Marxismus–Leninismus beim ZK der SED, Berlin-O. 1975, 1–303
ERASMUS VON ROTTERDAM: Institutio principis christiani – Die Erziehung des christlichen Fürsten (1515); übers., eingel. u. komm. v. G. Christian, in: Ausgew. Schriften. Ausgabe in 8 Bden., lat. u. dt., hrsg. v. W. Welzig, Bd. 5, Darmstadt 1968, 111–357
ERASMUS VON ROTTERDAM: Querela pacis undique gentium ejectae profligataeque – Die Klage des Friedens, der von allen Völkern verstoßen und vernichtet wurde (1516); übers., eingel. u. komm. v. G. Christian, in: Ausgew. Schriften. Ausgabe in 8 Bden., lat. u. dt., hrsg. v. W. Welzig, Bd. 5, Darmstadt 1968, 359–451
L. FEUERBACH: Über Philosophie und Christentum in Beziehung auf den der Hegelschen Philosophie gemachten Vorwurf der Unchristlichkeit, in: Werke in 6 Bden., hrsg. v. E. Thies, 2. Bd.: Kritiken und Abhandlungen I (1832–1839), Frankfurt 1975, 261–330
G. W. F. HEGEL: Glauben und Wissen oder die Reflexionsphilosophie der Subjektivität in der Vollständigkeit ihrer Formen als Kantische, Jacobische und Fichtesche Philosophie (1802), hrsg. v. G. Lasson, Leipzig 1928; Hamburg (Philos. Bibl. Bd. 62b) 1962
G. W. F. HEGEL: Vorlesungen über die Philosophie der Religion (Vorlesungen von 1821, 1824, 1827 und 1831), Einf. v. Ph. Marheineke; hrsg. v. H. Glockner, in: Sämtliche Werke in zwanzig Bden.; Bd. 15–16, Stuttgart-Bad Cannstatt [4]1965
G. W. F. HEGEL: Grundlinien der Philosophie des Rechts oder Naturrecht und Staatswissenschaft im Grundrisse, mit Hegels eigenhändigen Notizen in seinem Handexemplar und den mündlichen Zusätzen, hrsg. u. eingel. v. H. Reichelt, Frankfurt–Berlin–Wien (Ullstein Tb. 2929) 1972
M. HEIDEGGER: Sein und Zeit (1926), Tübingen 1963
K. HÜBNER: Die Wahrheit des Mythos, München 1985
K. JASPERS: Vom Ursprung und Ziel der Geschichte, München 1949; Neudruck: Frankfurt (Fischer Tb. 91) 1955
K. JASPERS: Der philosophische Glaube, München 1948; Neudruck: Frankfurt (Fischer Tb. 249) 1958
K. JASPERS: Die maßgebenden Menschen. Sokrates, Buddha, Konfuzius, Jesus, München 1964; Neudruck: München (Serie Piper 126) 1975
I. KANT: Kritik der praktischen Vernunft, Riga 1788, in: Werke in zwölf Bänden, hrsg. von W. Weischedel, Frankfurt 1968, Bd. VII 103–302
S. KIERKEGAARD: Über den Begriff der Ironie mit ständiger Rücksicht auf Sokrates, Kopenhagen 1841 (Dissertationsschrift), übers. v. E. Hirsch, Düsseldorf–Köln 1961; Frankfurt (stw 127) 1976
S. KIERKEGAARD: Die Krankheit zum Tode. Eine christliche psychologische Entwicklung zur Erbauung und Erweckung, von Anti-Climacus; Kopenhagen 1849; übers. ins Deutsche von L. Richter, in: Kierkegaards Werke in 5 Bänden, in neuer Übertragung und mit Kommentar versehen von L. Richter, Hamburg (rk 71; 81; 89; 113; 147) 1960–64; Bd. 4 (rk 113)
S. KIERKEGAARD: Indővelse i Christendom. Af Anti-Climacus, Kopenhagen 1850; dt.:

Einübung im Christentum, von Anti-Climacus, übers. v. E. Hirsch u. H. Gerdes, Werke XII, Düsseldorf–Köln 41971; in: Werkausgabe in 2 Bden., Bd. 2, 9–307, Düsseldorf–Köln 1972
S. Kierkegaard: Der Augenblick. Aufsätze und Schriften des letzten Streits zwischen 1854–1855; übers. v. H. Gerdes, Werke XIV, Düsseldorf–Köln 1959; in: Werkausgabe in 2 Bden., Bd. II, 309–567, Düsseldorf–Köln 1971
S. Kierkegaard: Die Tagebücher. Ausgew., neugeordnet und übers. von H. Gerdes, 5 Bde., Düsseldorf–Köln, 1. Bd.: 1962; 2. Bd.: 1963; 3. Bd.: 1968; 4. Bd.: 1970; 5. Bd.: 1974
N. Machiavelli: Il Principe, 1513, dt.: Der Fürst, übers. v. E. Merian-Genast, eingel. v. H. Freyer, Stuttgart (reclam 1218–2) 1961
Marsilius von Padua: Defensor Pacis, 1324; dt.: Der Verteidiger des Friedens, auf Grund der Übers. v. W. Kunzmann bearb. v. H. Kusch; Ausw. u. Nachw. v. H. Rausch, Stuttgart (reclam 7963–3) 1971
F. Nietzsche: Morgenröte. Gedanken über moralische Vorurteile, München (GGTb. 630–631) 1960
F. Nietzsche: Ecce homo. Warum ich so gute Bücher schreibe, in: Der Antichrist. Ecce homo. Dionysos-Dithyramben, München (GGTb. 1471), 1964, 75–164, S. 108–115
F. Nietzsche: Der Antichrist. Versuch einer Kritik des Christentums (1888) – Ecce homo. Wie man wird, was man ist (1888) – Dionysos-Dithyramben (1884–85), München (Goldmann 1471, Gesammelte Werke in 11 Bden., Bd. 11) 1964, mit einem Nachw. v. B. H. Bonsels
F. Nietzsche: Umwertung aller Werte. Aus dem Nachlaß zusammengestellt und herausgegeben von F. Würzbach, Nachw. v. H. Friedrich, München (dtv 6079) 1969
B. Pascal: Pensées de M. Pascal sur la religion et sur quelques autres sujets, qui ont esté trouvées après sa mort parmy ses papiers, postum 1669; dt.: Über die Religion und über einige andere Gegenstände, übers. v. E. Wasmuth, Stuttgart 5(erw. u. neu bearb.) 1954
J. P. Sartre: L'être et le néant. Essai d'ontologie phénoménologique, Paris 1943; dt.: Das Sein und das Nichts. Versuch einer phänomenologischen Ontologie; übers. v. J. Streller, K. A. Ott u. A. Wagner, Reinbek 1962
J. P. Sartre: Critique de la raison dialectique, précédé de Question de méthode. Tome 1.: Théorie des ensembles pratiques, Paris 1960; dt.: Kritik der dialektischen Vernunft. 1. Bd.: Theorie der gesellschaftlichen Praxis, übers. v. T. König, Reinbek 1967
J. P. Sartre: Réponse à Albert Camus, in: Situation IV, Paris 1964, dt.: Antwort an Albert Camus, übers. v. A. Christaller, in: Porträts und Perspektiven, Hamburg 1968, Neudruck: Hamburg (rororo 1443) 1971, 73–100
M. Scheler: Der Formalismus in der Ethik und die materielle Wertethik, Ges. Werke, Bd. 2, Bern 1954, hrsg. v. M. Scheler
F. Schleiermacher: Über die Religion. Reden an die Gebildeten unter ihren Verächtern (1799), mit einem Nachw. v. C. H. Ratschow, Stuttgart (reclam 8313) 1969
A. Schopenhauer: Die Welt als Wille und Vorstellung (11818; 21844; 31859); in: Sämtliche Werke in 7 Bden., nach der ersten von J. Frauenstädt besorgten Gesamtausgabe bearb. u. hrsg. v. A. Hübscher, Bd. 2–3; Wiesbaden 1965
B. de Spinoza: Tractatus Theologico-Politicus, Amsterdam 1670; dt.: Theologisch-politi-

scher Traktat, übertr., eingel. u. komm. v. C. Gebhardt, Hamburg (Philos. Bibl. 93) [5]1955
J. TAUBES: «Frist» als Form apokalyptischer Zeiterfahrung, in: O. Schatz – H. Spatzenegger (Hrsg.): Wovon werden wir morgen geistig leben? Mythos, Religion und Wissenschaft in der «Postmoderne», Salzburg 1986, 89–99.
K. VORLÄNDER: Geschichte der Philosophie. Mit Quellentexten, 5 Bände; gek. Ausg., Hamburg (rde 183; 193; 242; 261; 281) 1963–1967; bearb. v. E. Metzke u. H. Knittermeyer

2) Systematische Theologie, betrachtende Texte, Mystik

W. BEINERT: Theologie und kirchliches Frauenbild, in: W. Beinert (Hrsg.): Frauenbefreiung und Kirche. Darstellung, Analyse, Dokumentation, Regensburg 1987, 51–76
W. BEINERT: Die Frauenfrage im Spiegel kirchlicher Verlautbarungen, in: W. Beinert (Hrsg.): Frauenbefreiung und Kirche. Darstellung, Analyse, Dokumentation, Regensburg 1987, 77–97
J. BLANK: Priester/Bischof, in: P. Eicher (Hrsg.): Neues Handbuch theologischer Grundbegriffe, 4 Bde., München 1984–85, III 411–428
J. BRINKTRINE: Die Lehre von der Gnade, Paderborn 1957
J. BRINKTRINE: Die Lehre von der Menschwerdung und Erlösung, Paderborn 1959
J. BRINKTRINE: Die Lehre von den heiligen Sakramenten der katholischen Kirche, 1. Bd.: Allgemeine Sakramentenlehre, Taufe, Firmung und Eucharistie, Paderborn 1961
J. BRINKTRINE: Die Lehre von den letzten Dingen, Paderborn 1963
J. BRINKTRINE: Die Lehre von der Kirche, Paderborn 1963
W. BÜHLMANN: Weltkirche. Neue Dimensionen. Modell für das Jahr 2001, mit einem Nachwort von K. Rahner; Graz–Wien–Köln 1985
W. BÜHLMANN: Von der Kirche träumen. Ein Stück Apostelgeschichte im 20. Jahrhundert, Wien–Köln 1986
M. BUSSMANN: Reich Gottes. B. Historisch, in: P. Eicher (Hrsg.): Neues Handbuch theologischer Grundbegriffe, München 1984–85, IV 45–58
(D. BARRAT [Ed.]:) Die Schriften von Charles de Foucauld, zusammengestellt v. D. Barrat, übers. aus dem Franz. v. E. Klein, Zürich–Köln 1961
CODEX DES KANONISCHEN RECHTES, lat.-dt. Ausgabe, hrsg. im Auftr. der dt. Bischofskonferenz, übers. die Gruppe: W. Aymans . . ., Kevelaer 1983
O. CULLMANN: Christus und die Zeit. Die urchristliche Zeit und Geschichtsauffassung, Zollikon [2]1948
H. DENZINGER – A. SCHÖNMETZER: Enchiridion Symbolorum, Definitionum et Declarationum de rebus Fidei et Morum, Freiburg [32]1963
H. DOMBOIS: Mensch und Strafe, Witten 1957
E. DREWERMANN: Strukturen des Bösen. Die jahwistische Urgeschichte in exegetischer, psychoanalytischer und philosophischer Sicht.
1. Bd.: Die jahwistische Urgeschichte in exegetischer Sicht, Paderborn [1]1977; [2]1979 erw. durch ein Vorwort: Zur Ergänzungsbedürftigkeit der historisch-kritischen Exegese; [3]1981: erg. durch ein Nachwort: Von dem Geschenk des Lebens oder: das Welt- und Menschenbild der Paradieserzählung des Jahwisten (Gn 2, 4b–25), S. 356–413; 6. Aufl. 1987

2. Bd.: Die jahwistische Urgeschichte in psychoanalytischer Sicht, [1]1977; [2]1980 erw. durch ein Vorw.: Tiefenpsychologie als anthropologische Wissenschaft; 6. Aufl. 1987
3. Bd.: Die jahwistische Urgeschichte in philosophischer Sicht, Paderborn [1]1978; [2]1980 erw. durch ein Vorw.: Das Ende des ethischen Optimismus; 6. Aufl. 1987
E. DREWERMANN: Das Tragische und das Christliche. Von der Anerkennung des Tragischen – oder: gegen eine gewisse Art von Pelagianismus im Christentum, Schwerte 1981; erweitert um Teil 3: Die Tragik der menschlichen Unzulänglichkeit oder: die Tragik Gottes, in: Psychoanalyse und Moraltheologie, 3 Bde., Mainz 1982–84, 1. Bd. Angst und Schuld, 19–78
E. DREWERMANN: Zum Verhältnis von Psychotherapie und Seelsorge, in: Psychoanalyse und Moraltheologie, 3 Bde., Mainz 1982–1984, 1. Bd.: Angst und Schuld, 163–178
E. DREWERMANN: Ehe – tiefenpsychologische Erkenntnisse für Dogmatik und Moraltheologie, in: Psychoanalyse und Moraltheologie, 3 Bde., Mainz 1982–1984, Bd. 2: Wege und Umwege der Liebe, 38–76
E. DREWERMANN: Von einer besonders tragischen Form des Mißverständnisses in der Ehe – oder: vom Recht auf Scheidung und auf Wiederverheiratung in der katholischen Kirche, in: Psychoanalyse und Moraltheologie, 3 Bde., Mainz 1982–1984, 2. Bd.: Wege und Umwege der Liebe, 77–111
E. DREWERMANN: Aus Schuld geschieden – verdammt zum Unglück? Von dem Recht auf Vergebung auch in der katholischen Kirche. Ein Plädoyer, in: Psychoanalyse und Moraltheologie, 3 Bde., Mainz 1982–1984, Bd. 2: Wege und Umwege der Liebe, 112–137
E. DREWERMANN: Vom Problem des Selbstmords oder von einer letzten Gnade der Natur, in: Psychoanalyse und Moraltheologie, 3 Bde., Mainz 1982–1984, 3. Bd.: An den Grenzen des Lebens, 98–173
E. DREWERMANN: Ein Plädoyer für die Lüge oder: vom Unvermögen zur Wahrheit, in: Psychoanalyse und Moraltheologie, 3 Bde., Mainz 1982–1984, Bd. III, S. 199–236
E. DREWERMANN: Der tödliche Fortschritt. Von der Zerstörung der Erde und des Menschen im Erbe des Christentums, Regensburg [3](erw.) 1981
E. DREWERMANN: Der Krieg und das Christentum. Von der Ohnmacht und Notwendigkeit des Religiösen, Regensburg 1982
G. ERMECKE: Zur ethischen Begründung der Todesstrafe heute. Vortrag beim Antritt des Rektorats am 17. Okt. 1958, Paderborn 1959
A. GOMOCZY: Sakrament, in: P. Eicher (Hrsg.): Neues Handbuch theologischer Grundbegriffe, 4 Bde, München 1984–85, IV 94–104
L. GNÄDINGER (Hrsg. u. Übers.): Johannes Tauler, Gotteserfahrung und Weg in die Welt, Olten–Freiburg 1983
H. GOLLWITZER: ... und führen, wohin du nicht willst, München 1951
A. GÖRRES: Kirchliche Beratung – eine dringende Antwort auf Symptome und Ursachen seelischer Krisen, in: Arbeitshilfen, Nr. 51; Kirchliche Beratungsdienste. Studientagung 1986 der Herbst-Vollversammlung der Deutschen Bischofskonferenz, Bonn 1987
A. VON HARNACK: Das Wesen des Christentums (Vorlesungen 1899–1900), mit einem Vorwort von W. Trillhaas, Gütersloh (Siebenstern Tb. 227) 1977
A. VON HARNACK: Lehrbuch der Dogmengeschichte, 3 Bde., Tübingen [4](verm.) 1910; Neudruck: Darmstadt 1983

F. HEER (Hrsg.): Meister Eckhart. Predigten und Schriften, ausgew. u. eingel. v. F. Heer, Frankfurt (Fischer Tb. 124) 1956
F. HEILER: Der Katholizismus, seine Idee und seine Erscheinung, 1923
B. J. HILBERATH – TH. SCHNEIDER: Opfer, in: P. Eicher (Hrsg.): Neues Handbuch theologischer Grundbegriffe, München 1984–85, III 287–298
L. JERPHAGNON: Prières pour les jours intentables, Paris 1959; dt.: An unerträglichen Tagen, übers. v. W. Schreckenberg, Graz [10]1969
TH. a KEMPIS: Nachfolge Christi (ca. 1450), übers. v. I. M. Sailer, bearb. v. F. Eulen, Kempen 1947
A. LÄPPLE (Hrsg.): Neues Meßbuch für Sonn- und Feiertage, Kirchenjahr B, Aschaffenburg 1972
J. LASSERRE: La Guerre et L' Evangile, Paris 1953; dt.: Der Krieg und das Evangelium, übers. v. G. Markhoff u. W. Dignarth, München 1956
W. LEIERSEDER: Die Frau des Pilatus, in: W. Leierseder (Hrsg.): Jesu Leidensweg – Menschen am Rande. Predigten zur Fastenzeit II, Regensburg 1988, 26–34
V. LENZEN: Selbsttötung. Ein philosophisch-theologischer Diskurs mit einer Fallstudie über Cesare Pavese, Düsseldorf 1987
M. MACHOVEČ: Jesus für Atheisten; aus dem Tschechischen übers. v. P. Kruntorad, Geleitwort v. H. Gollwitzer, Stuttgart 1972
F. MALMBERG: Één Lichaam en één Geest, Utrecht 1958; dt.: Ein Leib – ein Geist. Vom Mysterium der Kirche, Freiburg 1960
J. MAUSBACH: Katholische Moraltheologie, 3 Bde., Münster [6]1930; 3. Bd.: Die spezielle Moral, 2. Teil: Der irdische Pflichtenkreis
J. MOLTMANN: Theologie der Hoffnung. Untersuchungen zur Begründung und zu den Konsequenzen einer christlichen Eschatologie, München (Beiträge zur evangelischen Theologie, Bd. 38) 1966
K. MUCHA: Josef von Arimathäa, in: W. Leierseder (Hrsg.): Jesu Leidensweg – Menschen am Rande. Predigten zur Fastenzeit II, Regensburg 1988, 45–51
H. MÜHLEN: Die Erneuerung des christlichen Glaubens. Charisma – Geist – Befreiung, München 1974
D. NEUHAUS: Der Schatten der Bilder. Versuch eines Protestanten, den Bildern ins Wort zu fallen, in: Einwürfe, 4, 1987, 79–114
PIUS XII: Humani Generis, Acta Apostolicae Sedis 1950
K. RAHNER: Kirche und Sakrament, Freiburg–Basel–Wien 1960
A. SCHILLING: Evangelium von einem Menschen. Szenen aus dem Leben Jesu, Freiburg (Herder Tb. 1357) 1987
M. SCHMAUS: Von den letzten Dingen, Münster 1948
O. H. SEMMET: Die Magd im Hof, in: W. Leierseder (Hrsg.): Jesu Leidensweg – Menschen am Rande. Predigten zur Fastenzeit II, Regensburg 1988, 9–16
P. TEILHARD DE CHARDIN: La messe sur la monde (1923), in: Hymne de l' univers, Paris 1961; dt.: Die Messe über die Welt, in: Lobgesang des Alls, übers. v. K. Schmitz-Moormann, Olten–Freiburg 1964, 9–42
H. THIELICKE: Das Bilderbuch Gottes. Reden über die Gleichnisse Jesu, Stuttgart 1957; Neudruck: Stuttgart (Quell Verl.) 1964

H. THIELICKE: Leiden an der Kirche. Ein persönliches Wort, Hamburg (Furche 52) 1965
P. TILLICH: Systematic Theology, 3 Bde., Illinois 1951; 1957; 1963; dt.: Systematische Theologie, übers. v. R. Albrecht, M. Rhine, G. Siemsen, G. Stöber, Dr. Schrey, hrsg. v. A. Rathmann; 1.–2. Bd., Berlin–New York [8]1987; 3. Bd.: Das Leben und der Geist. Die Geschichte und das Reich Gottes, Stuttgart 1966
P. TILLICH: The Dynamics of Faith, 1961, dt.: Wesen und Wandel des Glaubens, vom Verf. durchges. u. bearb. Übers., Frankfurt–Berlin (Ullstein 318) 1969
P. TILLICH: The Shaking of the Foundations; dt.: In der Tiefe ist Wahrheit, übers. v. R. Albrecht u. G. Stöber, Stuttgart 1952
P. TILLICH: Die neue Wirklichkeit, Auswahl aus: In der Tiefe ist Wahrheit (The Shaking of the Foundations), hrsg. v. A. Rathmann; und: Das Neue Sein (The New Being), übers. v. M. Rhine u. G. Stöber, München (dtv 70) 1962
P. TILLICH: The Eternal Now, New York 1963; dt.: Das Ewige im Jetzt. Religiöse Reden. 3. Folge, übers. v. I. C. Henel, Stuttgart 1964
P. TILLICH: Die Frage nach dem Unbedingten. Schriften zur Religionsphilosophie, Ges. Werke V, hrsg. v. R. Albrecht, Stuttgart 1964
H. ZAHRNT: Gott kann nicht sterben. Wider die falschen Alternativen in Theologie und Gesellschaft, München 1970; Neudruck: München (dtv 957) 1973
W. ZELLER: Einführung, in: H. Seuse – J. Tauler: Mystische Schriften, Werkauswahl von W. Zeller, hrsg. v. B. Jaspert, München (Diederichs Gelbe Reihe) 1988, S. XIII–XXIV

3) Exegese

a) Hilfsmittel und Übersetzungen

K. ALAND (Ed.): Synopsis Quattuor Evangeliorum. Locis parallelis evangeliorum apocryphorum et patrum adhibitis, Stuttgart 1964
F. BLASS: Grammatik des neutestamentlichen Griechisch, bearb. v. A. Debrunner, 12. Aufl. Göttingen 1965, mit einem Ergänzungsheft von D. Tabachowitz
M. BUBER: Die Schrift und ihre Verdeutschung (1936), in: Werke, 2. Bd.: Schriften zur Bibel, München–Heidelberg 1964, 1093–1186
M. BUBER – F. ROSENZWEIG: Bücher der Geschichte, Köln 1956
G. DALMAN: Grammatik des jüdisch-palästinensischen Aramäisch. Nach den Idiomen des palästinensischen Talmud, des Onkelostargum und Prophetentargum und der Jerusalemischen Targume, Leipzig [2](erw.) 1927; Neudruck: Darmstadt 1960
K. ELLIGER – W. RUDOLPH (Hrsg., unter Mitarbeit von H. P. Rüger und J. Ziegler): Biblia Hebraica Stuttgartensia, Stuttgart 1977
W. GESENIUS: Hebräisches und aramäisches Handwörterbuch über das Alte Testament, bearb. v. F. Buhl, Berlin–Göttingen–Heidelberg, Neudruck der 1915 erschienenen 17. Aufl., 1962
G. LISOWSKY: Konkordanz zum Hebräischen Alten Testament nach dem von R. Kittel besorgten Masoretischen Text, Stuttgart 1958
R. MORGENTHALER: Statistik des neutestamentlichen Wortschatzes, Zürich 1958

Nestle-Aland: Novum Testamentum graece, post Eberh. Nestle et Erw. Nestle ed K. Aland, M. Black, C. M. Martini, B. M. Metzger, A. Wikgren, Stuttgart, 26. neu bearb. Aufl. 1979

A. Schmoller: Handkonkordanz zum Griechischen Neuen Testament (Text nach Nestle), Stuttgart [12]1960

F. Stier: Die Heilsbotschaft nach Markus, übersetzt von F. Stier, München 1965

Die Zürcher Bibel. Die Heilige Schrift des Alten und des Neuen Testamentes, Zürich 1942; [17]1980, hrsg. v. Kirchenrat des Kantons Zürich

b) Artikel und Kommentare

A. Alt: Zur Geschichte der Grenze zwischen Judäa und Samaria, in: Kleine Schriften zur Geschichte des Volkes Israel, 2. Bd., München 1953, 346–362 (1935)

T. J. Baarda: Mark 9, 49, in: NT St 5, 1958–1959, 318–321

E. Bammel: *Philos toy Kaisaros*, ThLZ 77 (1952), 205–212

E. Bammel: *ptochos*, in: G. Friedrich (Hrsg.): Theologisches Wörterbuch zum Neuen Testament, Stuttgart 1959, VI 888–915

J. B. Bauer: Drei Tage, Biblica 39, 1958, 354–358

J. Becker: Israel deutet seine Psalmen. Urform und Neuinterpretation in den Psalmen, Stuttgart (SBS 18), 1966

Sch. Ben-Chorin: Bruder Jesus. Der Nazarener in jüdischer Sicht, München 1967; Neudruck: München (dtv 1253) 1977

Sch. Ben-Chorin: Mutter Mirjam. Maria in jüdischer Sicht, München 1971; Neudruck: München (dtv 1784) 1982

G. Bertram: *thambos*, in: G. Kittel (Hrsg.): Theologisches Wörterbuch zum Neuen Testament, Stuttgart 1938, III 3–7

G. Bertram: *saleyo*, in: G. Friedrich (Hrsg.): Theologisches Wörterbuch zum Neuen Testament, Stuttgart 1964, VII 65–71

H. Bietenhard: *onoma*, in: G. Friedrich (Hrsg.): Theologisches Wörterbuch zum Neuen Testament, Stuttgart 1954, V 242–281

J. Blinzler: Der Prozeß Jesu. Das jüdische und das römische Gerichtsverfahren gegen Jesus Christus auf Grund der ältesten Zeugnisse dargestellt und beurteilt, Regensburg [3](erw.) 1960

G. Bornkamm: Jesus von Nazareth, Stuttgart (Urban Tb. 19) 1956

G. Bornkamm: Paulus, Stuttgart–Berlin–Köln–Mainz (Urban Tb. 119) 1969

G. Bornkamm: *Pneuma alalon*. Eine Studie zum Markusevangelium, in: Geschichte und Glaube, 2. Bd., München 1971, 21–36

W. Brandt: Die evangelische Geschichte, 1893

I. Broer: Die Urgemeinde und das Grab Jesu. Eine Analyse der Grablegungsgeschichte im Neuen Testament. München (STANT XXXI) 1972

M. Buber: Moses (hebr. 1945; dt.: 1948), in: Werke, Bd. 2: Schriften zur Bibel, München–Heidelberg 1964, 9–230

M. Buber: Königtum Gottes (1932), in: Werke, 2. Bd.: Schriften zur Bibel, München–Heidelberg 1964, 485–723

M. BUBER: Der Gesalbte (entstanden 1938), in: Werke, 2. Bd.: Schriften zur Bibel, München–Heidelberg 1964, 725–845
M. BUBER: Abraham der Seher (hebr. 1939; dt. 1955), in: Werke, 2. Bd.: Schriften zur Bibel, München–Heidelberg 1964, 871–893
M. BUBER: Weisheit und Tat der Frauen (1929), in: Werke, 2. Bd.: Schriften zur Bibel, München–Heidelberg 1964, 917–923
R. BULTMANN: Das Evangelium des Johannes, Göttingen (Kritischer-exegetischer Kommentar über das Neue Testament) 1941; [17]1962
R. BULTMANN: Die Geschichte der synoptischen Tradition, Marburg 1931; Göttingen 1957
R. BULTMANN: Theologie des Neuen Testamentes, Tübingen [3](durchges. und erg.) 1958
R. BULTMANN: Jesus, Tübingen 1926; München–Hamburg (Siebenstern Tb. 17) 1964, mit einem Nachwort von W. Schmithals
J. CARMICHAEL: Leben und Tod des Jesus von Nazareth, Frankfurt 1968
C. COLPE: *ho hyios toy anthropoy*, in: G. Friedrich (Hrsg.): Theologisches Wörterbuch zum Neuen Testament, VIII 403–481, Stuttgart 1965
H. CONZELMANN: Die Mitte der Zeit. Studien zur Theologie des Lukas, Tübingen (Beiträge zur historischen Theologie, 17), 5. Aufl., unveränderter Nachdruck der 4. verb. u. erg. Aufl. 1964
H. CONZELMANN: Die Apostelgeschichte, Tübingen (Handbuch zum Neuen Testament 7) 1963
G. DALMAN: Die Worte Jesu. Mit Berücksichtigung des nachkanonischen jüdischen Schrifttums und der aramäischen Sprache. Bd. 1: Einleitung und wichtige Begriffe. Mit Anhang: Das Vaterunser. Nachträge und Berichtigungen, Leipzig [2]1930 (Reprint: Darmstadt 1965)
G. DALMAN: Jesus-Jeschua. Die drei Sprachen Jesu in der Synagoge, auf dem Berge, beim Passahmahl, am Kreuz. Im Anhang: Ergänzungen und Verbesserungen, Leipzig 1922 (Reprint: Darmstadt 1967)
H. DANIEL-ROPS: La vie cottidienne en Palestine au temps du Jesus, Paris 1961; dt.: Die Umwelt Jesu. Der Alltag in Palästina vor 2000 Jahren, übers. v. S. Stahlmann, München (dtv 1597) 1980
H. DANIEL-ROPS: Histoire Sainte. Le peuple de la Bible, Paris; dt.: Geschichte des Gottesvolkes, übers. v. M. M. v. Nostitz, Freiburg 1950
D. DAUBE: The New Testament and Rabbinic Judaism (Jordan Lectures 1952), London 1956
G. DELLING: *nyx*, in: G. Kittel (Hrsg.): Theologisches Wörterbuch zum Neuen Testament, Stuttgart 1942, IV 1117–1120
M. DIBELIUS: Gethsemane, in: Botschaft und Geschichte, I. Bd., Tübingen 1953, 258–271
M. DIBELIUS: Die Formgeschichte des Evangeliums (1919), 4. Aufl. der dritten durchges. Aufl. mit einem Nachw. v. G. Iber, hrsg. v. G. Bornkamm, Tübingen 1961
M. DIBELIUS: Jesus (1939), 3. Aufl. mit einem Nachw. v. W. G. Kümmel, Berlin (Sammlung Göschen 1130) 1960
C. H. DODD: The Parables of the Kingdom. Revised edition first issued in Fontana books, Glasgow 1961
D. DORMEYER: Die Passion Jesu als Verhaltensmodell. Literarische und theologische Ana-

lyse der Traditions- und Redaktionsgeschichte der Markuspassion, Münster 1974 (NTA NF 11)
E. DREWERMANN: Tiefenpsychologie und Exegese. 2 Bde., 1. Bd.: Die Wahrheit der Formen. Von Traum, Mythos, Märchen, Sage und Legende, Olten–Freiburg 1984; 2. Bd.: Die Wahrheit der Werke und der Worte. Wunder, Vision, Weissagung, Apokalypse, Geschichte, Gleichnis, Olten–Freiburg 1985
E. DREWERMANN – I. NEUHAUS: Voller Erbarmen rettet er uns. Die Tobit-Legende tiefenpsychologisch gedeutet, Freiburg–Basel–Wien 1985
E. DREWERMANN: Dein Name ist wie der Geschmack des Lebens. Tiefenpsychologische Deutung der Kindheitsgeschichte nach dem Lukasevangelium, Freiburg–Basel–Wien ^{4}1988
E. DREWERMANN: Abrahams Opfer. Gen 22, 1–19 in tiefenpsychologischer Sicht, in: Bibel und Kirche, 41. Jg. 3/1986, 113–124
E. DREWERMANN: Das Markus-Evangelium, 1. Bd., Olten ^{2}1988
E. DREWERMANN: An ihren Früchten sollt ihr sie erkennen. Antwort auf Rudolf Peschs und Gerhard Lohfinks «Tiefenpsychologie und keine Exegese», Olten–Freiburg ^{2}1988
A. DREWS: Die Christusmythe; Jena ^{4}(verb. u. erw.) 1910
A. DREWS: Das Markus-Evangelium als Zeugnis gegen die Geschichtlichkeit Jesu, Jena 1921
W. EICHRODT: Theologie des Alten Testamentes, Göttingen–Stuttgart, 1. Teil: Gott und Volk (^{5}1957) ^{7}(durchges.) 1962; 2.–3. Teil: Gott und Welt, Gott und Mensch, ^{5}(durchges.) 1964
R. EISLER: Jesus Basileus u Basileusas, 2 Bde., 1929–1930
K. ELLIGER: Die Propheten, 2. Bd.: Nahum, Habakuk, Zephanja, Haggai, Sacharja, Maleachi, Göttingen (ATD 25) 1956
H. FELD: Das Verständnis des Abendmahls, Darmstadt (Erträge der Forschung, Bd. 50) 1976
R. FENEBERG: Christliche Passafeier und Abendmahl. Eine biblisch-hermeneutische Untersuchung der neutestamentlichen Einsetzungsberichte, München 1971
R. FENEBERG: Formgeschichte und historischer Jesus, in: R. u. W. Feneberg: Das Leben Jesu im Evangelium; mit einem Geleitwort von K. Rahner; Freiburg–Basel–Wien 1980, 19–183
W. FOERSTER: *exoysia*, in: G. Kittel (Hrsg.): Theologisches Wörterbuch zum Neuen Testament, Stuttgart 1935, II 559–571
W. FOERSTER: *Kyrios*, in: G. Kittel (Hrsg.): Theologisches Wörterbuch zum Neuen Testament, Stuttgart 1938, III 1081–1098
H. FRANKEMÖLLE: Eucharistie, in: P. Eicher (Hrsg.): Neues Handbuch theologischer Grundbegriffe, München 1984–85, I 297–305
W. FRICKE: Standrechtlich gekreuzigt. Person und Prozeß des Jesus aus Galiläa, Freiburg 1986
B. GERHARDSSON: Memory and Manuscript. Oral Tradition and Written Transmission in Rabbinic Judaism and Early Christianity, Lund-Copenhagen (Acta Seminarii Neotestamentici Upsaliensis 22) 1961
J. GNILKA: Die Verstockung Israels. Is 6, 9–10 in der Theologie der Synoptiker (St ANT 3), München 1961

H. L. Goldschmidt: Heilvoller Verrat. Neue Besinnung auf Judas, in: Der Aufbau. Schweizerische Wochenzeitung für Recht, Freiheit und Frieden, 13/14 (1974)
L. Goppelt: *peinao*, in: G. Friedrich (Hrsg.): Theologisches Wörterbuch zum Neuen Testament, Stuttgart 1959, VI 12–22
W. Grundmann: *dei*, in: G. Kittel (Hrsg.): Theologisches Wörterbuch zum Neuen Testament, II 21–25, Stuttgart 1935
W. Gutbrod: *Israel*, in: G. Kittel (Hrsg.): Theologisches Wörterbuch zum Neuen Testament, Stuttgart 1938, III 360–394
F. Hahn: Christologische Hoheitstitel. Ihre Geschichte im frühen Christentum, Göttingen 1963, ²1964
P. D. Hanson: Alttestamentliche Apokalyptik in neuer Sicht (1961), aus dem Amerik. übers. von M. Richter-Bernburg, in: K. Koch – J. M. Schmidt (Hrsg.): Apokalyptik, Darmstadt (Wege der Forschung, 365) 1982, 441–470
W. Heitmüller: Artikel Abendmahl, I: Im Neuen Testament, in: Die Religion in Geschichte und Gegenwart, 1. Aufl. I 20–52
E. Hennecke: Neutestamentliche Apokryphen in deutscher Übersetzung; 3. völlig neu bearb. Aufl., hrsg. v. W. Schneemelcher; 2 Bde., 1. Bd.: Evangelien, Tübingen 1959; 2. Bd.: Apostolisches, Apokalypsen und Verwandtes, Tübingen 1964
H. W. Hertzberg: Die Samuelbücher, Göttingen (Das Alte Testament Deutsch, Teilband 10), ²(neudurchges.) 1960
G. Hölscher: Der Ursprung der Apokalypse Mrk 13, in: Th. Bl. 12 (1933), 193–202
C. H. Hunzinger: *sykä*, in: G. Friedrich (Hrsg.): Theologisches Wörterbuch zum Neuen Testament, Stuttgart 1964, VII 751–759
J. Jeremias: *pascha*, in: G. Friedrich (Hrsg.): Theologisches Wörterbuch zum Neuen Testament, Stuttgart 1954, V 895–903
J. Jeremias: Jerusalem zur Zeit Jesu. Eine kulturgeschichtliche Untersuchung zur neutestamentlichen Zeitgeschichte, 3. neubearb. Aufl. Göttingen 1962
J. Jeremias: Die Gleichnisse Jesu, 6. neubearb. Aufl. Göttingen 1962
J. Jeremias: Abba, in: Abba. Studien zur Neutestamentlichen Theologie und Zeitgeschichte, Göttingen 1966, 15–67
J. Jeremias: Die Salbungsgeschichte Mk 14, 3–9 (1936), in: Abba. Studien zur neutestamentlichen Theologie und Zeitgeschichte, Göttingen 1966, 107–115
J. Jeremias: Zur Geschichtlichkeit des Verhörs Jesu vor dem Hohen Rat (1950–51), in: Abba, Göttingen 1966, 139–144
J. Jeremias: *Pais (theou)* im NT (1954), in: Abba. Studien zur neutestamentlichen Theologie und Zeitgeschichte, Göttingen 1966, 191–216 (neu bearb.)
J. Jeremias: Das Lösegeld für Viele (Mk 10, 45) (1947–48), in: Abba. Studien zur neutestamentlichen Theologie und Zeitgeschichte, Göttingen 1966, 216–229
J. Jeremias: Die Abendmahlsworte Jesu, Göttingen 1935; ⁴1967
J. Jeremias: Neutestamentliche Theologie, 1. Teil: Die Verkündigung Jesu, Gütersloh 1971
A. Jülicher: Die Gleichnisreden Jesu, Tübingen 1910; 1. Teil: Die Gleichnisreden Jesu im allgemeinen; 2. Teil: Auslegung der Gleichnisreden der drei ersten Evangelien; Neudruck: 2 Teile in einem Band, Darmstadt 1976

O. KAISER: Der Prophet Jesaja, Kap. 1–12, Göttingen (Das Alte Testament Deutsch, Teilband 17) ²(verb.) 1963
O. KAISER: Das Buch Jesaja, Kap. 13–39 (ATD 18), Göttingen 1966
O. KEEL: Die Welt der altorientalischen Bildsymbolik und das Alte Testament. Am Beispiel der Psalmen, Zürich–Einsiedeln–Köln 1972
U. KELLERMANN: Auferstanden in den Himmel. 2. Makkabäer 7 und die Auferstehung der Märtyrer, Stuttgart (Stuttgarter Bibelstudien 95) 1978
P. KETTER: Christus und die Frauen. Frauenleben und Frauengestalten im Neuen Testament, Düsseldorf 1935
G. KITTEL: *aggelos*, in: G. Kittel (Hrsg.): Theologisches Wörterbuch zum Neuen Testament, Stuttgart 1933, I 79–87
H. J. KLAUCK: Judas – ein Jünger des Herrn, Freiburg–Basel–Wien (Quaestiones disputatae 111) 1987
G. KLEIN: Die Verleugnung des Petrus. Eine traditionsgeschichtliche Untersuchung, ZThK 58 (1961), 285–328
A. KLOSTERMANN: Die Bücher Samuelis und der Könige, 1887
H. W. KUHN: Ältere Sammlungen im Markusevangelium (SUNT 8), Göttingen 1971, 146–191
P. LAPIDE: Auferstehung. Ein jüdisches Glaubenserlebnis, Stuttgart–München 1977
J. LEHMANN: Jesus Report. Protokoll einer Verfälschung, Düsseldorf 1970; Neudruck: München–Zürich (Knaur 301) 1973
H. LIETZMANN: Messe und Herrenmahl. Eine Studie zur Geschichte der Liturgie, Bonn 1926
H. LIETZMANN: Der Prozeß Jesu (SBA Nr. 14), Berlin 1931, 313–322
E. LOHMEYER: Das Evangelium des Markus, Göttingen 1937, ¹⁷1967
E. LOHMEYER: Gottesknecht und Davidssohn, FRLANT NF 43, ²1953, S. 80ff.
E. LOHSE: *hyios David*, in: G. Friedrich (Hrsg.): Theologisches Wörterbuch zum Neuen Testament, Stuttgart 1965, VIII 482–492
A. LOISY: Les évangiles synoptiques, 2 Bde., Ceffonds 1907–1908
K. LÜTHI: Judas Iskarioth in der Geschichte der Auslegung von der Reformation bis in die Gegenwart, 1955
V. MAAG: Tod und Jenseits nach dem Alten Testament, in: Schweizerische Theologische Umschau, 1964, 17–37
J. P. MACKEY: Jesus, the Man and the Myth, London 1979; dt.: Jesus. Der Mensch und der Mythos. Eine zeitgemäße Christologie; übers. v. U. Hühne, München 1981
G. MARQUARDT: Der Verrat des Judas Ischariot – eine Sage, München (Kleine Studien 30) 1900
W. MARXSEN: Der Evangelist Markus. Studien zur Redaktionsgeschichte des Evangeliums, Göttingen 1959
W. MARXSEN: Das Abendmahl als christologisches Problem, Gütersloh 1963
H. VON MENDELSSOHN: Jesus – Rebell oder Erlöser. Die Geschichte des frühen Christentums, Hamburg 1981; Neudruck: München (dtv 10722) 1987
W. MICHAELIS: *protos, protokathedria* u. a., in: G. Friedrich (Hrsg.): Theologisches Wörterbuch zum Neuen Testament, Stuttgart 1959, VI 866–883

O. MICHEL: *onos*, in: G. Friedrich (Hrsg.): Theologisches Wörterbuch zum Neuen Testament, Stuttgart 1954, V 283–287
O. MICHEL: *skopizo* u. a., in: G. Friedrich (Hrsg.): Theologisches Wörterbuch zum Neuen Testament, VII, Stuttgart 1964, 419–424
A. MEYER – W. BAUER: Jesu Verwandtschaft, in: E. Hennecke – W. Schneemelcher: Neutestamentliche Apokryphen in deutscher Übersetzung, 2 Bde., Tübingen 1959; 1964, I 312–321
R. MEYER: *prophätäs*, in: G. Friedrich (Hrsg.): Theologisches Wörterbuch zum Neuen Testament, Stuttgart 1959, VI 813–828
R. MEYER: *Saddoykaios*, in: G. Friedrich (Hrsg.): Theologisches Wörterbuch zum Neuen Testament, Stuttgart 1964, VII 35–54
M. NOTH: Geschichte Israels, Göttingen ²(verb.) 1954
F. NÖTSCHER: Altorientalischer und alttestamentlicher Auferstehungsglauben, Würzburg 1926; Neudruck: Darmstadt 1970, mit einem Nachtrag von J. Scharbert
A. OEPKE: *mesitäs*, in: G. Kittel (Hrsg.): Theologisches Wörterbuch zum Neuen Testament, Stuttgart 1942, IV 602–629
A. OEPKE: *nephelä*, in: G. Kittel (Hrsg.): Theologisches Wörterbuch zum Neuen Testament, Stuttgart 1942, IV 904–912
A. OEPKE: *pais*, in: G. Friedrich (Hrsg.): Theologisches Wörterbuch zum Neuen Testament, Stuttgart 1954, V 636–653
N. PERRIN: Was lehrte Jesus wirklich? Göttingen 1972
R. PESCH: Die Vision des Stephanus. Apg 7, 55–56 im Rahmen der Apostelgeschichte, Stuttgart (Stuttgarter Bibelstudien 12) 1966
R. PESCH: Naherwartungen. Tradition und Redaktion in Mk 13, Düsseldorf 1968
R. PESCH: Zur Theologie des Todes Jesu. Ein Versuch: in: R. Pesch – H. A. Zwergel: Kontinuität in Jesus. Zugänge zu Leben, Tod und Auferstehung, Freiburg–Basel–Wien 1974, 73–94
R. PESCH: Das Abendmahl und Jesu Todesverständnis, Freiburg 1978
R. PESCH: Das Markusevangelium, 1. Bd.: Einleitung und Kommentar zu Kap. 1, 1–8, 26, vierte durchges. Aufl. mit einem 2. Nachtrag, Freiburg–Basel–Wien 1982; 2. Bd.: Kommentar zu Kap. 8, 27–16, 20 mit einem 2. Nachtrag, Freiburg–Basel–Wien 1984
R. PESCH – G. LOHFINK: Tiefenpsychologie und keine Exegese, Stuttgart (SBS 129) 1987
N. W. PORTEOUS: Das Daniel-Buch (ATD 23), übers. aus dem Engl. v. W. Beyerlin u. R. Walz, Göttingen 1962
H.-CH. PUECH: Gnostische Evangelien und verwandte Dokumente, in: E. Hennecke: Neutestamentliche Apokryphen in deutscher Übersetzung, Bd. 1: Evangelien, 3. völlig neubearb. Aufl. hrsg. v. W. Schneemelcher, Tübingen 1959, 158–271
G. VON RAD: Das fünfte Buch Mose. Deuteronomium, Göttingen (ATD 8) 1964
C. ROTH: The Cleansing of the Temple and Zechariah XIV 21, Novum Testamentum 4 (1960)174–181
W. ROTHSTEIN: Die Zusätze zu Daniel, in: E. Kautzsch (Hrsg.): Die Apokryphen und Pseudepigraphen des Alten Testaments, Tübingen 1900; Darmstadt 1962, 1. Bd., 172–195
L. RUPPERT: Jesus als der leidende Gerechte? Der Weg Jesu im Lichte eines alt- und zwischentestamentlichen Motivs (SBS 59), Stuttgart 1972

L. SCHENKE: Auferstehungsverkündigung und leeres Grab, Stuttgart ²1969
L. SCHENKE: Studien zur Passionsgeschichte des Markus. Tradition und Redaktion in Mk 14, 1–42, Würzburg 1971
L. SCHENKE: Der gekreuzigte Christus, Stuttgart (Stuttgarter Bibelstudien 69) 1974
G. SCHILLE: Das Leiden des Herrn. Die evangelische Passionstradition und ihr ‹Sitz im Leben›, in: Z Th K 52 (1955) 161–205
A. SCHILLING: Evangelium von einem Menschen. Szenen aus dem Leben Jesu, Freiburg (Herder 1357) 1987
G. SCHLÄGER: Die Ungeschichtlichkeit des Verräters Judas, ZNW (1914) 50–59
H. SCHLIER: *elaion*, in: G. Kittel (Hrsg.): Theologisches Wörterbuch zum Neuen Testament, Stuttgart 1935, II 468–470
H. SCHLIER: Der Brief an die Epheser. Ein Kommentar, Düsseldorf 1957
J. SCHMID: Das Evangelium nach Markus, Regensburg ⁴1958
O. SCHMITZ: *thronos*, in: G. Kittel (Hrsg.): Theologisches Wörterbuch zum Neuen Testament, Stuttgart 1938, III 160–167
R. SCHNACKENBURG: Gottes Herrschaft und Reich. Eine biblisch-theologische Studie, Freiburg–Basel–Wien ³1963
R. SCHNACKENBURG: Die sittliche Botschaft des Neuen Testamentes. Handbuch der Moraltheologie, hrsg. v. M. Reding, Bd. VI; München ²(verm. u. verb.) 1962
R. SCHNACKENBURG: Das Johannesevangelium, 3 Teile, Freiburg–Basel–Wien (Herders Theologischer Kommentar zum Neuen Testament Bd. IV) 1972–1975
C. SCHNEIDER: *kathämai*, in: G. Kittel (Hrsg.): Theologisches Wörterbuch zum Neuen Testament, Stuttgart 1938, III 443–447
C. SCHNEIDER: *mastigoo*, in: G. Kittel (Hrsg.): Theologisches Wörterbuch zum Neuen Testament, IV, Stuttgart 1942, 521–525
C. SCHNEIDER: Die Verhaftung Jesu, in: ZNW 63 (1972), 188–209
J. SCHNEIDER: *baino* u. a., in: G. Kittel (Hrsg.): Theologisches Wörterbuch zum Neuen Testament, I, Stuttgart 1933, 516–521
J. SCHNEIDER: *stayros*, in: G. Friedrich (Hrsg.): Theologisches Wörterbuch zum Neuen Testament, VII 572–584, Stuttgart 1964
H. SCHÜRMANN: Gottes Reich – Jesu Geschick. Jesu ureigener Tod im Licht seiner Basileia-Verkündigung, Freiburg–Basel–Wien 1983
E. SCHWEIZER: *pneuma*, in: G. Friedrich (Hrsg.): Theologisches Wörterbuch zum Neuen Testament, Stuttgart 1959, VI 387–453
E. SCHWEIZER: Erniedrigung und Erhöhung bei Jesus und seinen Nachfolgern (ATh ANT 28) Zürich ²1962
E. SCHWEIZER: *Hyios*, in: G. Kittel – G. Friedrich (Hrsg.): Theologisches Wörterbuch zum Neuen Testament, VIII 364–384, Stuttgart 1965
E. SCHWEIZER: Jesus Christus im vielfältigen Zeugnis des Neuen Testamentes, Hamburg (Siebenstern Tb. 126) 1968
E. SCHWEIZER: Das Evangelium nach Lukas, Göttingen (NTD 3) 1982
E. SCHWEIZER: Das Evangelium nach Markus, Göttingen (NTD 1) 1983
E. SCHWEIZER: Das Evangelium nach Matthäus, Göttingen (NTD 2), 1986
A. SCHWEITZER: Geschichte der Leben-Jesu-Forschung (1913; 1906 unter dem Titel: Von

Reimarus zu Wrede); Neudruck: München–Hamburg (Siebenstern Tb. 77–80) 1966, 2 Bde., eingel. v. J. M. Robinson
PH. SEIDENSTICKER: Die Auferstehung Jesu in der Botschaft der Evangelisten, Stuttgart (SBS 26) 1967
PH. SEIDENSTICKER: Zeitgenössische Texte zur Osterbotschaft der Evangelien, Stuttgart (SBS 27) 1967
F. SPITTA: Die urchristlichen Traditionen über Sinn und Ursprung des Abendmahls, 1893
G. STÄHLIN: *skandalon*, in: G. Friedrich (Hrsg.): Theologisches Wörterbuch zum Neuen Testament, Stuttgart 1964, VII 351–352
E. STAUFFER: Christus und die Caesaren. Historische Skizzen, Hamburg 1952; Neudruck: München–Hamburg (Siebenstern Tb. 83–84) 1966
E. STAUFFER: Jerusalem und Rom im Zeitalter Christi, Bern (Dalp Tb. 331) 1957
E. STAUFFER: Jesus. Gestalt und Geschichte, Bern (Dalp Tb. 332) 1957
E. STAUFFER: Die Botschaft Jesu damals und heute, Bern–München (Dalp Tb. 333) 1959
E. STAUFFER: Neue Wege der Jesusforschung. Wissenschaftliche Zeitschrift der Martin-Luther-Universität Halle-Wittenberg, VII 2 (1958) 451–476
O. H. STECK: Israel und das gewaltsame Geschick der Propheten. Untersuchungen zur Überlieferung des deuteronomistischen Geschichtsbildes im Alten Testament, Spätjudentum und Urchristentum, Neukirchen–Vluyn 1967
H. L. STRACK – P. BILLERBECK: Kommentar zum Neuen Testament aus Talmud und Midrasch, München, I 1922, II 1924, III 1926, IV 1 1928, IV 2 1928, V (hrsg. v. J. Jeremias, bearb. von K. Adolph) 1956, VI (hrsg. v. J. Jeremias in Verbindung mit K. Adolph) 1961
H. STRATHMANN: *martys*, in: G. Kittel (Hrsg.): Theologisches Wörterbuch zum Neuen Testament, Stuttgart 1942, IV 477–520
H. STRATHMANN: Der Brief an die Hebräer, in: Der Brief an Timotheus und Titus. Der Brief an die Hebräer, übers. u. erkl. v. J. Jeremias und H. Strathmann, Göttingen (NTD 9) 1970, 69–158
S. TERRIEN: Lands of the Bible, 1957; dt.: Länder der Bibel, übers. v. W. J. Eggebrecht, Zürich–München 1958
G. THEISSEN: Urchristliche Wundergeschichten. Ein Beitrag zur formgeschichtlichen Erforschung der synoptischen Evangelien, Gütersloh 1974
G. THEISSEN: Der Schatten des Galiläers. Historische Jesusforschung in erzählender Form, München 1986
H. E. TÖDT: Der Menschensohn in der synoptischen Überlieferung, Gütersloh [2]1963
B. C. C. TORREY: The name Iscariot, Harvard Theological Review, Cambridge (Mass.) 36 (1943) 51–62
R. DE VAUX: Les Institutions de l' Ancien Testament, Paris 1958–60; dt.: Das Alte Testament und seine Lebensordnungen, 2 Bde.; übers. v. L. Hollerbach, Freiburg–Basel–Wien [2]1964
PH. VIELHAUER: Judenchristliche Evangelien, in: E. Hennecke – W. Schneemelcher (Hrsg.): Neutestamentliche Apokryphen, 2 Bde., Tübingen 1964, I 75–108
PH. VIELHAUER: Apokalypsen und Verwandtes. Einleitung, in: W. Schneemelcher (Hrsg.): Neutestamentliche Apokryphen in deutscher Übersetzung, hrsg. v. E. Hennecke,

[3](völlig neubearb.), 2 Bde., Tübingen 1964, 2. Bd.: Apostolisches, Apokalypsen und Verwandtes, 407–427; auch in: K. Koch – J. M. Schmidt (Hrsg.): Apokalyptik, Darmstadt 1982, 403–439
A. Vögtle: Was Ostern bedeutet. Meditation zu Matthäus 28, 16–20, Freiburg–Basel–Wien 1976
A. Vögtle: Grundfragen der Diskussion um das heilsmittlerische Todesverständnis Jesu (1981), in: Offenbarungsgeschehen und Wirkungsgeschichte, Neutestamentliche Beiträge, Freiburg 1985, 141–167
A. Vögtle: Das markinische Verständnis der Tempelworte (1983), in: Offenbarungsgeschehen und Wirkungsgeschichte. Neutestamentliche Beiträge, Freiburg–Basel–Wien 1985, 168–188
A. Vögtle: Das Buch mit den sieben Siegeln. Die Offenbarung des Johannes in Auswahl gedeutet, Freiburg–Basel–Wien 1981
A. Weiser: Das Buch Hiob (ATD 13), Göttingen 1951
A. Weiser: Die Psalmen, 2 Bde., Göttingen (ATD 14: Ps 1–60; 15: Ps 61–150) 1950
A. Weiser: Der Prophet Jeremia. Kapitel 1,1–25, 14, Göttingen (Das Alte Testament Deutsch, Teilband 20) [4](neu bearb.) 1960; Kap. 25,15–52, 34, Göttingen (ATD 21), 3. neu bearb. Aufl. 1960
A. Weiser: Die Propheten, I. Bd.: Hosea, Joel, Amos, Obadja, Jona, Micha, Göttingen (ATD 24) 1950
W. Zimmerli: *pais theoy*, in: G. Friedrich (Hrsg.): Theologisches Wörterbuch zum Neuen Testament, Stuttgart 1954, V 653–676
H. Zimmermann: Neutestamentliche Methodenlehre. Darstellung der historisch-kritischen Methode, 7. neubearb. Aufl. v. K. Kliesch, Stuttgart 1982
C. Westermann: Das Buch Jesaja, Kap. 40–66 (ATD 19), Göttingen 1966
U. Wilckens: *stolä*, in: G. Friedrich (Hrsg.): Theologisches Wörterbuch zum Neuen Testament, Stuttgart 1964, VII 687–692
H. Windisch: *aspazomai*, in: G. Kittel (Hrsg.): Theologisches Wörterbuch zum Neuen Testament, Stuttgart 1933, I 494–500
H. W. Wolff: Anthropologie des Alten Testamentes, München 1973

4) Geschichte

a) Kirchengeschichte und Kirchenvätertexte

Ambrosius: Exameron, übers. v. J. E. Niederhuber, in: Ausgew. Schriften, Bd. 1, München–Kempten (BKV 17) 1914
Ambrosius: Lukaskommentar mit Ausschluß der Leidensgeschichte, übers. v. J. E. Niederhuber, in: Ausgew. Schriften, Bd. 2, München–Kempten (BKV 21) 1915
Athenagoras von Athen: Über die Auferstehung von den Toten (ca. 170), übers. v. A. Eberhard, in: Frühchristliche Apologeten und Märtyrerakten, aus dem Griech. übers., 1. Bd., München–Kempten (BKV 12) 1913, 326–365
Aurelius Augustinus: De civitate Dei (413–426); dt.: Des hl. Kirchenvaters Aurelius

Augustinus 22 Bücher über den Gottesstaat; aus dem Lat. übers. v. A. Schröder; in: Augustinus' ausgew. Schriften, Bd. I, II u. III, Kempten u. München 1911; 1914; 1916 (BKV Bd. 15/16; 28); eingel. v. J. N. Espenberger

A. Augustinus: Vorträge über das Johannesevangelium, 3 Bde., übers. u. eingel. v. Th. Specht, in: Des heiligen Kirchenvaters Aurelius Augustinus ausgewählte Schriften, aus dem Latein. übers., Bd. 4–6, Kempten–München (BKV Bd. 8; 11; 19) 1913–1914

A. Augustinus: Confessiones (ca. 400); dt.: Bekenntnisse, übers. v. A. Hoffmann, in: Ausgew. Schriften, Bd. VII, Kempten–München (BKV 18) 1914

Der Barnabasbrief, in: Die Apostolischen Väter, übers. v. F. Zeller, Kempten–München (BKV 35) 1918, 70–105

Basilius von Caesarea: Brief an Amphilochius über Kanones, in: A. Stegmann (Übers.): Ausgew. Schriften, 1. Bd.: Ausgew. Briefe (Nr. 188), München (BKV 46) 1925, 203–214

Basilius von Caesarea: An die Reichen, in: Ausgewählte Predigten (Reden), in: Des hl. Kirchenlehrers Basilius des Großen, Bischofs von Cäsarea, ausgew. Homilien und Predigten, aus dem Griech. übers. u. angem. v. A. Stegmann, Bd. 2, München (BKV Bd. 47) 1925, 239–257

Basilius von Caesarea: Die neun Homilien über das Hexaemeron (ca. 368 n. Chr.), in: Des heiligen Kirchenlehrers Basilius des Großen, Bischofs von Cäsarea ausgewählte Schriften, 2 Bde., Bd. 2: Ausgewählte Homilien und Predigten, aus dem Griechischen übers. u. erl. v. A. Stegmann, Kempten–München (BKV 47) 1925, 3–153

Ch. Baur: Die christliche Gnosis, Tübingen 1835

Johannes Chrysostomus: Kommentar zum Evangelium des hl. Matthäus, aus dem Griech. übers. v. J. Ch. Baur, 4 Bde., Kempten–München (BKV Bd. 23: Mt 1,1–5, 48; Bd. 25: Mt 6,1–12, 37; Bd. 26: Mt 12,38–22, 46; Bd. 27: Mt 23,1–28,20) 1915–1916 (Des heiligen Kirchenlehrers Johannes Chrysostomus ausgewählte Schriften, Bd. 1–4)

Cyprian: An Magnus, in: J. Baer (Übers.): Sämtliche Schriften, Bd. 2: Briefe, München (BKV 60) 1928, Nr. LXIX, S. 305–322

Cyprian: An Jubaianus, in: J. Baer (Übers.): Sämtliche Schriften, Bd. 2: Briefe, München (BKV 60) 1928, Nr. LXXIII, S. 335–356

K.-H. Deschner: Abermals krähte der Hahn. Eine Demaskierung des Christentums von den Evangelisten bis zu den Faschisten, Stuttgart 1962; Neudruck: Hamburg (rororo 6788) 1972

K.-H. Deschner: Kriminalgeschichte des Christentums. 1. Bd.: Die Frühzeit. Von den Ursprüngen im alten Testament bis zum Tod des hl. Augustinus (430), Hamburg 1986

Didache oder Apostellehre, in: F. Zeller (Übers.): Die apostolischen Väter, Kempten–München (BKV 35) 1918, 1–16

F. J. Dölger: Der Einfluß des Origenes auf die Beurteilung der Epilepsie und Mondsucht im christlichen Altertum, in A Ch 4, 1934, 95–109

Ephräm der Syrer: Hymnen gegen die Irrlehren, in: A. Rücker (Übers.): Ausgewählte Schriften, Bd. 2, München (BKV 61) 1928

Epiphanius von Salamis: Anakephalaiosis, in: J. Hörmann (Übers.): Ausgewählte Schriften, Kempten–München (BKV 38) 1919, 185–227

Eusebius: Kirchengeschichte, aus dem Griech. übers. v. P. Haeuser, in: Des Eusebius von Cäsarea ausgew. Schriften, Bd. 2, Kempten–München (BKV) 1932

FIRMICUS MATERNUS: Vom Irrtum der heidnischen Religionen, in: A. Müller (Übers.): Frühchristliche Apologeten und Märtyrerakten, II 205–288, Kempten–München (BKV 14) 1913
GREGOR VON NAZIANZ: Reden, übers. v. Ph. Häuser, 2 Bde.; 18. Rede: Grabrede auf den Vater, in Gegenwart des Basilius, I 352–390, München (BKV 59) 1928
A. GUILLERMOU: St. Ignace de Loyola et la Compagnie de Jésus, Paris 1960; dt.: Ignatius von Loyola in Selbstzeugnissen und Bilddokumenten, übers. v. H. Finé, Hamburg (rm 74) 1962
A. VON HARNACK: Die Mission und Ausbreitung des Christentums in den ersten drei Jahrhunderten, [4](verb. u. verm.) Leipzig 1924
M. HENGEL: Eigentum und Reichtum in der frühen Kirche. Aspekte einer frühchristlichen Sozialgeschichte, Stuttgart 1973
DER HIRTE DES HERMAS (ca. 150 n. Chr.), in: Die Apostolischen Väter, aus dem Griech. übers. v. F. Zeller, München (BKV 35) 1918, 171–289
IRENÄUS: Fünf Bücher gegen die Häresien (ca. 180–192 n. Chr.), übers. v. E. Klebba, 2 Bde., Kempten–München 1912
H. JEDIN: Kleine Konziliengeschichte. Die 20 ökumenischen Konzilien im Rahmen der Kirchengeschichte. Freiburg–Basel–Wien (Herder Tb. 51) 1959
JUSTIN: Apologien (ca. 140 n. Chr.), aus dem Griechischen übers. u. eingel. v. G. Rauschen, in: Frühchristliche Apologeten und Märtyrerakten, Bd. 1, 55–155; Kempten und München (BKV Bd. 12) 1913
L. KAUFMANN: Ein ungelöster Kirchenkonflikt. Dokumente und zeitgeschichtliche Analysen, Freiburg (Schweiz) 1987
LACTANTIUS: Von den Todesarten der Verfolger, in: Ausgew. Schriften, übers. v. A. Hartl, Kempten–München (BKV 36) 1919, 3–63
H. CH. LEA: History of the Inquisition of the Middle Ages, 3 Bde., New York 1887; dt.: Geschichte der Inquisition im Mittelalter, übers. v. H. Wieck und M. Rachel, rev. v. J. Hansen, 3 Bde., Bonn 1905, 1909, 1913; Neudruck im Auszug: Nördlingen 1985
LEO DER GROSSE: Sämtliche Sermonen, aus dem Latein. übers. v. Th. Steeger, 2 Bde., München 1927, Bibliothek der Kirchenväter, Bd. 54–55
E. LOHSE: Das Passafest der Quartadezimaner, Gütersloh 1953
M. LUTHER: Von der Freiheit eines Christenmenschen (1520), in: Von der Freiheit eines Christenmenschen. Fünf Schriften aus den Anfängen der Reformation, Bd. 2 der Luther-Ausgabe, hrsg. v. W. Metzger, München–Hamburg (Siebenstern Tb. 24) 1964, 161–187
E. MEYER: Ursprung und Anfänge des Christentums, 3 Bde., Stuttgart–Berlin 1921–1923
W. NIGG: Große Heilige, Zürich 1947; Neudruck: Zürich (Diogenes 21459) 1986
W. NIGG: Das Buch der Ketzer, Zürich 1949, Neudruck: Zürich (Diogenes 21460) 1986
A. NITSCHKE: Frühe christliche Reiche, in: G. Mann (Hrsg.): Propyläen Weltgeschichte. Eine Universalgeschichte in 10 Bden. (1960–64), Berlin– Frankfurt 1986, V 273–393
ORIGENES: Gegen Celsus (ca. 248 n. Chr.); aus dem Griech. übers. u. eingel. v. P. Koetschau, in: Des Origenes ausgew. Schriften, Bd. 2–3; Kempten–München 1926, 1927; BKV Bd. 52, 53
G. RAUSCHEN (Übers.): Echte alte Märtyrerakten, in: Frühchristliche Apologeten, 2 Bde., Kempten–München (BKV 12; 14) 1913; II 291–369

C. SCHNEIDER: Das Christentum, in: G. Mann (Hrsg.): Propyläen Weltgeschichte. Eine Universalgeschichte in 10 Bden. (1960–64), Berlin–Frankfurt 1986, IV 429–485
G. STEMBERGER (Hrsg.): 2000 Jahre Christentum. Illustrierte Kirchengeschichte in Farbe, Salzburg 1983
W. VON DEN STEINEN – M. KIRSCHSTEIN (Übers.): Franz von Assisi: Die Werke. Sonnengesang, Testament, Ordensregel, Briefe. Die Blümlein; Hamburg (rk 34) 1958
TERTULLIAN: Über den Götzendienst, in: Ausgew. Schriften, übers. v. H. Kellner, 2 Bde., Kempten–München (BKV 7; 24) 1912; 1915; I 137–174
TERTULLIAN: Apologetikum (198 n. Chr.), aus dem Latein. übers. u. mit Einl. vers. v. G. Esser, in: Ausgew. Schriften, Bd. II, Kempten–München (BKV 24) 1915, 33–183
TERTULLIAN: Über die einmalige Ehe, in: Ausgew. Schriften, übers. v. H. Kellner, durchges. u. hrsg. v. G. Esser, 2 Bde., Kempten–München (BKV 7; 24) 1912; 1915; II 473–519
THOMAS VON AQUIN: Summa theologica, Straßburg 1466 (Secunda secundae partis); Mainz 1471 (Prima secundae partis); Venedig 1473 (Pars I); Venedig 1478 (Pars III); Basel 1485 (Partes I–III); Rom 1888–1906 (in: Opera omnia, Bd. 4–5, 9–12; Editio Leonina).

b) Kulturgeschichte und Profangeschichte, Zeitgeschichtliches

R. AARON: Weltdiplomatie: Fronten und Pakte, in: G. Mann (Hrsg.): Propyläen Weltgeschichte. Eine Universalgeschichte in 10 Bden. (1960–64), Berlin–Frankfurt 1986, X 377–422
U. ALBRECHT – D. ERNST – P. LOCK – H. WULF: Rüstung und Unterentwicklung. Iran, Indien, Griechenland, Türkei. Die verschärfte Militarisierung. Mit einem Vorwort v. O. Kreye, Hamburg (ra 4004) 1976
H. ARENDT: Elemente und Ursprünge totaler Herrschaft, Frankfurt 1955, mit einem Vorw. v. K. Jaspers
W. BEHRINGER: Vom Unkraut unter dem Weizen. Die Stellung der Kirchen zum Hexenproblem, in: R. van Dülmen (Hrsg.): Hexenwelten. Magie und Imagination vom 16.–20. Jahrhundert, Frankfurt (Fischer Tb. 4375) 1987, 15–47
W. BEHRINGER: «Erhob sich das ganze Land zu ihrer Ausrottung.» Hexenprozesse und Hexenverfolgungen in Europa, in: R. van Dülmen (Hrsg.): Hexenwelten. Magie und Imagination. Frankfurt (Fischer Tb. 4375) 1987, 131–170
E. BORNEMAN: Das Patriarchat. Ursprung und Zukunft unseres Gesellschaftssystems, Frankfurt 1975; Neudruck: Frankfurt (Fischer Tb. 3416, mit eigenem Nachwort) 1979
H. BRUNSWIG: Feuersturm über Hamburg. Die Luftangriffe auf Hamburg im Zweiten Weltkrieg und ihre Folgen, Stuttgart [4]1981
E. BULLEN: Die Neger in der Landwirtschaft im Süden der USA, in: E. Evans-Pritchard (Hrsg.): Peoples of the World; dt.: Bild der Völker, Bd. 4, 1. Teil: Nordamerika, Wiesbaden 1974, übers. v. R. Kasperek, 64–71
J. BURCKHARDT: Weltgeschichtliche Betrachtungen. Mit einer Biographie J. Burckhardts v. H. Heimpel; Berlin (Ullstein Tb. 79) 1965
E. CANETTI: Masse und Macht, Düsseldorf 1960; Neudruck: Frankfurt (Fischer 6544) 1980
R. CARTIER: La seconde guerre mondiale, Paris 1965; dt.: Der Zweite Weltkrieg; übers. v.

M. Harries-Kester, W. D. Bach, W. Thaler unter Beratung von H. G. Dalms, H. Weiß u. W. Kneip; München 1967; Neudruck: München–Wien 1977
R. Cartier: Histoire mondiale de l' Après-Guerre, 1970; dt.: Mächte und Männer unserer Zeit; übers. v. W. Thaler unter Beratung v. L. Ziegenbalg; München 1971; Neudruck unter dem Titel: Nach dem Zweiten Weltkrieg. Die internationale Politik von 1945 bis heute; München–Zürich 1980; mit einem zus. Kapitel von Ch. Zeile
H. Cortés: Die Eroberung Mexikos. Eigenhändige Berichte an Kaiser Karl V. 1520–1524. Neu hrsg. u. bearb. v. H. Homann; Tübingen–Basel 1975
J. Delumeau: La peur en Occident (XIVe–XVIIIe siècles). Une cite assiégée, Paris 1978; dt.: Angst im Abendland. Die Geschichte kollektiver Ängste im Europa des 14.–18. Jahrhunderts, übers. v. M. Hübner, M. Roters-Burck, G. Konder, 2 Bde., Hamburg (rororo 7919–7920) 1985
E. Eppler: Wenig Zeit für die Dritte Welt, Stuttgart–Berlin–Köln–Mainz (Urban Tb. 822) ^{2}1971
E. Eppler: Ende oder Wende. Von der Machbarkeit des Notwendigen, Stuttgart–Berlin–Köln–Mainz ^{4}1976
E. H. Erikson: Gandhi's Truth, 1969; dt.: Gandhis Wahrheit. Über die Ursprünge der militanten Gewaltlosigkeit, übers. v. J. Behrens, Frankfurt 1971; Neudruck: Frankfurt (stw 265) 1978
F. Fanon: Les damnés de la terre, Paris 1961; dt.: Die Verdammten dieser Erde; Vorw. v. J. P. Sartre; übers. v. T. König; Hamburg (ra 1209–1210) 1969
J. C. Fest: Hitler. Eine Biographie, Frankfurt–Berlin–Wien 1973
F. Fröbel – J. Heinrichs – O. Kreye (Hrsg.): Die Armut des Volkes. Verelendung in den unterentwickelten Ländern. Auszüge aus Dokumenten der Vereinten Nationen, Hamburg (rororo 1772) 1974
M. Gandhi: Freiheit ohne Gewalt. Eingel., übers. und hrsg. v. K. Klostermeier, Köln 1968
M. K. Gandhi: An Autobiography or The Story of My Experiments With Truht, Ahmedabad; dt.: Eine Autobiographie oder: Die Geschichte meiner Experimente mit der Wahrheit, übers. nach der engl. Übers. aus dem Gujarati von F. Kranz, Gladenbach 1977 (überarbeitete Fassung der 1960 in Freiburg–München erschienenen Fassung)
M. Gandhi: The Words of Gandhi, ed. by R. Attenborough, New York 1982; dt.: M. Gandhi: Ausgewählte Texte, übers. v. R. u. H. Soellner, München (Goldmann 6577) 1983
F. Heer: Die Dritte Kraft. Der europäische Humanismus zwischen den Fronten des konfessionellen Zeitalters; Frankfurt 1959
H. Herring: Lateinamerika heute, in: G. Mann (Hrsg.): Propyläen Weltgeschichte. Eine Universalgeschichte in 10 Bden. (1960–1964), Berlin–Frankfurt 1986, X 301–376
Heinrich Himmler: Geheimreden 1933–1945 und andere Ansprachen, hrsg. v. B. F. Smith u. A. F. Peterson, eingel. v. J. C. Fest, Berlin–Wien 1974
V. Hummel – D. Maulbetsch – H. P. Schmid: Entwicklung und Unterentwicklung am Beispiel der Dritten Welt, in: N. Zwölfer (Hrsg.): Telekolleg II Geschichte, Bd. 2, Lektion 14–25
R. Jungk: Heller als tausend Sonnen. Das Schicksal der Atomforscher; Bern 1956

M. L. KING: Where do we go from there, New York 1967; dt.: Wohin führt unser Weg. Chaos oder Gemeinschaft?, übers. v. H. Jany, Düsseldorf–Wien 1968
P. KOCH: Wahnsinn Rüstung, Hamburg 1981
G. KONZELMANN: Der unheilige Krieg. Krisenherde im Nahen Osten, Hamburg 1985; Neudruck: München (dtv 10846) 1988 (erweiterte Ausgabe)
T. E. LAWRENCE: Seven Pillars of Wisdom, London 1926; dt.: Die sieben Säulen der Weisheit, übers. v. D. v. Mikusch, 1936; Neudruck: München (dtv 1456) 1979
W. I. LENIN: Der «Radikalismus», die Kinderkrankheit im Kommunismus; Werke, ins Deutsche übertr. nach der 4. russ. Ausgabe, Berlin 1955–1964, 40 Bde., Bd. 10, 54–64; Abdruck in: W. I. Lenin: Theorie, Ökonomie, Politik. Ausgew. Texte u. Werke, hrsg. u. erl. v. I. Fetscher, Stuttgart (Kröner Tb 455) 1974
I. LISSNER: Das Rätsel der großen Kulturen, Olten 1961; Neudruck: München (dtv 1498) 1979
I. LISSNER: Wir sind das Abendland. Gestalten, Mächte und Schicksale Europas durch 7000 Jahre, Olten 1966; Neudruck: München (dtv 1559) 1980
U. LOBBEDEY: Der Dom zu Paderborn. Das Ende eines Forscherstreits, in: Archäologie in Deutschland, Heft 1 (1987), 4–7
P. SHRI S. NEHRU: Mahatma Gandhi, Köln 1983; Neudruck: Bergisch-Gladbach (Bastei-Lübbe 580–61083) 1985
R. NÜRNBERGER: Das Zeitalter der Französischen Revolution und Napoleons, in: G. Mann (Hrsg.): Propyläen Weltgeschichte. Eine Universalgeschichte in 10 Bden. (1960–64); Berlin–Frankfurt 1986, VIII 59–191
R. R. PALMER: Der Einfluß der amerikanischen Revolution auf Europa, in: G. Mann (Hrsg.): Propyläen Weltgeschichte. Eine Universalgeschichte in 10 Bden. (1960–64), Berlin–Frankfurt 1986, VIII 29–58
P. SCHOLL-LATOUR: Allah ist mit den Standhaften. Begegnungen mit der islamischen Revolution, Stuttgart 1983; Neudruck: Frankfurt–Berlin (Ullstein Tb. 34308) 1986
W. SESTON: Verfall des römischen Reiches im Westen. Die Völkerwanderung, in G. Mann: (Hrsg.): Propyläen Weltgeschichte. Eine Universalgeschichte in 10 Bden. (1960–64), Berlin–Frankfurt 1986, IV 487–603
A. SPEER: Erinnerungen, Frankfurt–Berlin–Wien 1969; Neudruck: Frankfurt– Berlin–Wien (Ullstein TB. 3026) 1975
D. STROTHMANN: Das doppelt gelobte Land – Vierzig Jahre Israel. Ein Rückblick voller Sorgen, in: Die Zeit, Nr. 17, 22. 4. 88
M. WEBER: Der Beruf zur Politik; Erstdruck: Politik als Beruf. Geistige Arbeit als Beruf. Vier Vorträge vor dem Freistudentischen Bund. Zweiter Vortrag. 1919; ²1926, 50–67; ⁴1964; Abdruck in: Max Weber: Soziologie. Weltgeschichtliche Analysen. Politik; mit einer Einl. v. E. Baumgarten; hrsg. u. erl. v. J. Winckelmann; Stuttgart ⁴(erneut durchges. u. verb.) 1968, 167–185

5) Religionsgeschichte und Ethnologie

a) Hochreligionen: Manichäismus, Hinduismus, Buddhismus, Islam, Taoismus, germanische Mythologie

E. Bacon: Brücke zum Osten, in: E. Bacon (Hrsg.): Versunkene Kulturen. Rätsel und Geheimnis früher Kulturen; übers. v. E. Ehm, Zürich 1963, 251–277

E. Conze: Buddhism, its Essence and Development, Oxford 1951; dt.: Der Buddhismus. Wesen und Entwicklung, Stuttgart (Kohlhammer Tb. 5) 1953

Dschuang Dsi: Das wahre Buch vom südlichen Blütenland (um 350 v. Chr.); aus dem Chines. übers. u. eingel. v. R. Wilhelm (1912); Köln–Düsseldorf 1972

B. Gascoigne: The Great Moghuls, London 1971; dt.: Die Großmoguln. Glanz und Größe mohammedanischer Fürsten in Indien, übers. v. K. u. R. Habich, München 1973

K. F. Geldner: Die Zoroastrische Religion. Das Avesta, Tübingen 1926 (Religionsgeschichtliches Lesebuch, 1)

H. Haas: Das Scherflein der Witwe und seine Entsprechung im Tripitaka, 1922

W. B. Henning: Neue Materialien zur Geschichte des Manichäismus (1936), in: G. Widengren (Hrsg.): Der Manichäismus, Darmstadt (Wege der Forschung 168), 1977, 400–417

Laotse: Tao te king. Das Buch des Alten vom Sinn und Leben; aus dem Chines. übertr. u. erl. v. R. Wilhelm (1910), Köln–Düsseldorf 1957

Liä Dsi: Das wahre Buch vom quellenden Urgrund. Die Lehren der Philosophen Liä Yü Kou und Yang Dschou (ca. 350 v. Chr.); übers. v. R. Wilhelm, Köln–Düsseldorf 1972

Lin Yutang (Ed.): The Wisdom of Laotse, New York 1948; dt.: Laotse, übers. v. G. Coudenhove, Frankfurt (Fischer Tb. 89) 1955

E. Lüders: Buddhistische Märchen aus dem alten Indien; ausgew. u. übertr. v. E. Lüders, Nachw. v. H. Lüders, Düsseldorf–Köln 1961

Th. Merton: The way of Chuang Tzu, New York 1965; dt.: Sinfonie für einen Seevogel und andere Texte des Tschuang-tse, hrsg. v. Th. Merton, übers. aus dem Engl. v. J. Hoffmann-Herreros, Nachw. v. B. Schellenberger, Düsseldorf 1971; Neuausg. 1984

S. Nikhilananda: Hinduism: Its Meaning for the Liberation of the Spirit, 1958; dt.: Der Hinduismus. Seine Bedeutung für die Befreiung des Geistes; übers. v. L. Voelker; Frankfurt (Ullstein Tb. 291) 1960 (Weltperspektiven, hrsg. v. R. N. Anshen, Bd. IV)

M. Percheron: Buddha, Paris; dt.: Buddha. In Selbstzeugnissen und Bilddokumenten, übers. v. J. Rassat, Hamburg (rm 12) 1958

G. Quispel: Gnosis und hellenistische Mysterienreligionen, in: U. Mann (Hrsg.): Theologie und Religionswissenschaft. Der gegenwärtige Stand ihrer Forschungsergebnisse und Aufgaben im Hinblick auf ihr gegenseitiges Verhältnis, Darmstadt 1973, 318–331

S. Radhakrishnan: The Bhagavadgita, London; dt.: Die Bhagavadgita. Sanskrittext mit Einleitung und Kommentar v. S. Radhakrishnan. Mit dem indischen Urtext verglichen und ins Deutsche übers. v. S. Lienhard, Baden-Baden 1958

B. Roy (Ed.): Das Mahabharata. Ein altindisches Epos, aus dem Engl. übers. v. E. Roemer, Düsseldorf–Köln 1961

K. Schmidt (Übers.): Buddhas Reden. Majjhimanikaya. Die Sammlung der mittleren

Texte des buddhistischen Pali-Kanons, in kritischer, kommentierter Neuübertragung v. K. Schmidt, Reinbek (Rowohlts Klassiker 87–88)1961
E. SIECKE: Drachenkämpfe. Untersuchungen zur indogermanischen Sagenkunde, Leipzig 1907; Mythologische Bibliothek, hrsg. v. d. Gesellsch. für vergleichende Mythenforschung, 1. Bd., Heft 1
D. T. SUZUKI: Mysticism: Christian and Buddhist, 1957; dt.: Der westliche und der östliche Weg. Essays über christliche und buddhistische Mystik, übers. v. L. u. W. Hilsbecher, Berlin (Ullstein Tb. 299) 1960
E. WALDSCHMIDT: Die Legende vom Leben des Buddha. In Auszügen aus den heiligen Texten. Aus dem Sanskrit, Pali und Chinesischen übers. u. eingef. v. E. Waldschmidt, verm. u. verb. Nachdruck der Ausg. von 1929 (Berlin), Graz 1982
L. WINTER (Übers.): Der Koran. Das heilige Buch des Islam. Nach der Übertragung von L. Ullmann neu bearb. und erl. v. L. Winter, München (Goldmann Tb. 521–522) 1959
O. WOLFF: Indiens Beitrag zum neuen Menschenbild. Ramakrishna, Gandhi, Sri Aurobindo, Hamburg (rde 56) 1957

b) Altes Ägypten und Alter Orient, Kanaan, Judaistik, Texte des Spätjudentums

J. M. ALLEGRO: The Dead Sea Scrolls, Harmondsworth; dt.: Die Botschaft vom Toten Meer. Das Geheimnis der Schriftrollen, übers. v. W. Hilsbecher, Frankfurt (Fischer 183) 1957
J. ASSMANN: Der König als Sonnenpriester. Ein kosmographischer Begleittext zur kultischen Sonnenhymnik in thebanischen Tempeln und Gräbern, Glückstadt (Abhandlungen des Deutschen Archäologischen Instituts Kairo, Ägyptische Reihe, Bd. 7) 1970
J. ASSMANN: Ägyptische Hymnen und Gebete, eingel., übers. u. erl. v. J. Assmann, Zürich–München 1975
W. W. BAUDISSIN: Adonis und Esmun. Eine Untersuchung zur Geschichte des Glaubens an Auferstehungsgötter und an Heilgötter, Leipzig 1911
G. BEER: Das Martyrium Jesajae, in: E. Kautzsch (Hrsg.): Die Apokryphen und Pseudepigraphen des Alten Testaments, Tübingen 1900; Neudruck: Darmstadt 1962, II 119–127
G. BEER: Das Buch Henoch, in: E. Kautzsch (Hrsg.): Die Apokryphen und Pseudepigraphen des Alten Testaments, Tübingen 1900; Neudruck: Darmstadt 1962, II 217–310
FR. W. VON BISSING: Altägyptische Lebensweisheit, eingel. u. übers., Zürich 1955
F. BLASS: Die Sibyllinen, in: E. Kautzsch (Hrsg.): Die Apokryphen und Pseudepigraphen des Alten Testaments, Tübingen 1900; Neudruck: Darmstadt 1962, II 117–217
M. BRION: La résurrection des villes mortes, Paris 1959; dt.: Die frühen Kulturen der Welt, übers. v. K. H. Bergner und E. Heller, bearb. u. hrsg. v. K. Gutbrod, Köln 1964
I. CLARUS: Du stirbst, damit du lebst. Ägyptische Mythologie in tiefenpsychologischer Sicht, Fellbach 1979
C. CLEMEN: Die Himmelfahrt Moses (Assumptio Mosis), in: E. Kautzsch (Hrsg.): Die Apokryphen und Pseudepigraphen des Alten Testaments, Tübingen 1900; Neudruck: Darmstadt 1962, II 311–331
C. DESROCHES NOBLECOURT – M. DUC – E. EGGEBRECHT – F. HASSANEIN – M. KURZ – M. NELSON: Sen-nefer. Die Grabkammer des Bürgermeisters von Theben, Mainz 1986

A. DUPONT-SOMMER: Le Livre des Hymnes découvert près de la Mer Mort (1 QH). Traduction intégral avec introduction et notes. Semitica VII, 1967
I. E. S. EDWARDS: Tutankhamun: His Tomb and its Treasures, New York 1976; dt.: Tutanchamun. Das Grab und seine Schätze; übers. u. mit Nachw. vers. v. J. Rehork; Bergisch-Gladbach 1978
D. O. EDZARD: Die Mythologie der Sumerer und Akkader, in: H. W. Haussig (Hrsg.): Wörterbuch der Mythologie, 2 Bde., Bd. 1: Götter und Mythen im Vorderen Orient, Stuttgart 1965, 17–139
A. ERMAN: Die Literatur der Ägypter. Gedichte, Erzählungen und Lehrbücher aus dem 3. und 2. Jahrtausend vor Christus, Leipzig 1923
H. GESE: Die Religionen Altsyriens, in: H. Gese, M. Höfner, K. Rudolph: Die Religionen Altsyriens, Altarabiens und der Mandäer (Die Religionen der Menschheit, hrsg. v. Ch. M. Schröder, Bd. 10, 2); Stuttgart–Berlin–Köln–Mainz 1970, 3–232
J. GRAY: Near Eastern Mythology, London 1969; dt.: Mythologie des Nahen Ostens; übers. v. J. Schlechta; Wiesbaden o. J.
H. GUNKEL: Das 4. Buch Esra, in: E. Kautzsch (Hrsg.): Die Apokryphen und Pseudepigraphen des Alten Testaments, 2. Bd.: Die Pseudepigraphen des Alten Testaments, Tübingen 1900; Neudruck: Darmstadt 1962, 331–401
H. GUNKEL: Die Apokalypsen des Baruch, in: E. Kautzsch (Hrsg.): Die Apokryphen und Pseudepigraphen des Alten Testaments, Tübingen 1900; Neudruck: Darmstadt 1962; II 402–457; Die syrische Baruchapokalypse, 404–446; Die griechische Baruchapokalypse, 446–457
F. HEER: Gottes erste Liebe. Die Juden im Spannungsfeld der Geschichte, Esslingen 1967; Neudruck: Frankfurt (Ullstein 34329) 1986
M. HENGEL: Die Zeloten. Untersuchungen zur jüdischen Freiheitsbewegung im späthellenistischen Zeitalter, Herodes I bis 70 n. Chr., Leiden–Köln 1961
G. HERM: Die Phönizier. Das Purpurreich der Antike, Wien 1973; Hamburg (rororo 6909) 1975
E. HORNUNG: Das Totenbuch der Ägypter, eingel., übers. u. erl. v. E. Hornung, Zürich–München 1979
E. HORNUNG: Tal der Könige. Die Ruhestätte der Pharaonen, Zürich–München 1982
FL. JOSEPHUS: Antiquitates (94 n. Chr., 20 Bücher); dt.: Jüdische Altertümer, übers. u. mit Einl. u. Anm. vers. v. H. Clementz, Wiesbaden o. J. (Fourier-Verlag)
FLAVIUS JOSEPHUS: Der jüdische Krieg (bellum Judaicum; ca. 75–79 n. Chr.); übers. u. eingel. v. H. Endrös; 2 Bde., München (GGTb. 1642–1645) 1965–1966
A. KAMPHAUSEN: Das zweite Buch der Makkabäer, in: E. Kautzsch (Hrsg.): Die Apokryphen und Pseudepigraphen des Alten Testaments, Tübingen 1900; Neudruck: Darmstadt 1962, I 81–119
E. KAUTZSCH: Das erste Buch der Makkabäer, in: E. Kautzsch (Hrsg.): Die Apokryphen und Pseudepigraphen des Alten Testaments, Tübingen 1900; Neudruck: Darmstadt 1962, I 24–81
E. KAUTZSCH: Die Testamente der 12 Patriarchen, in: E. Kautzsch (Hrsg.): Die Apokryphen und Pseudepigraphen des Alten Testaments, Tübingen 1900; Neudruck: Darmstadt 1962, II 458–506

H. Kees: Totenglauben und Jenseitsvorstellungen der alten Ägypter. Grundlagen und Entwicklung bis zum Ende des Mittleren Reiches, Berlin ^{3}1977
R. Kittel: Die Psalmen Salomos, in: E. Kautzsch (Hrsg.): Die Apokryphen und Pseudepigraphen des Alten Testaments, 2 Bde., Tübingen 1900; Reprint: Darmstadt 1962, II 127–148
H. Kosmala: Hebräer – Essener – Christen, 1959
S. Landmann: Jüdische Witze, Olten 1962; Neudruck: München (dtv 139) 1963
E. Littmann: Das Buch der Jubiläen, in: E. Kautzsch (Hrsg.): Die Apokryphen und Pseudepigraphen des Alten Testaments, Tübingen 1900; Neudruck: Darmstadt 1962, II 31–119
E. Lohse: Die Texte aus Qumran. Hebräisch und Deutsch. Mit masoretischer Punktation, Übersetzung, Einführung und Anmerkungen hrsg. v. E. Lohse, München 1964
J. Maier: Die Texte vom Toten Meer. Erste deutsche Gesamtübertragung, 2 Bde., München–Basel 1960
R. Mayer: Der babylonische Talmud. Ausgew., übers. u. erkl. v. R. Mayer, München (Goldmann Tb. 1330–1332) 1963
F. Nötscher: Zur theologischen Terminologie der Qumrantexte, Bonn 1956
G. Roeder (Hrsg.): Urkunden zur Religion des Alten Ägyptens, Jena 1915; Nachdruck: Düsseldorf–Köln 1978
S. Schott: Altägyptische Liebeslieder. Mit Märchen und Liebesgeschichten, Zürich 1950
Ch. Seeber: Untersuchungen zur Darstellung des Totengerichts im Alten Ägypten, München–Berlin (Münchner Ägyptologische Studien, hrsg. v. H. W. Müller, Heft 35) 1976
J. Settgast (Red.): Tutanchamun. Kestner Museum Hannover, 20. 2.–26. 4. 1981
F. E. Wilms: Freude vor Gott. Kult und Fest in Israel, Regensburg 1981
Y. Yadin: Bar Kokhba – The Rediscovery of the legendary hero of the last Jewish Revolt against Imperial Rome, London 1971; dt.: Bar Kochba. Archäologen auf den Spuren des letzten Fürsten von Israel, übers. v. H. Balling, Hamburg 1971
Y. Yadin: The Temple Scroll. The Hidden Law of the Dead Sea Sect, London 1985; dt.: Die Tempelrolle. Die verborgene Thora vom Toten Meer, übers. v. E. Eggebrecht, München–Hamburg 1985

c) Griechenland und Rom

Lucius Apulejus: Der Goldene Esel; übers. v. A. Rode; München 1961 (GGTb 476)
F. Cumont: Die Mysterien des Mithra. Ein Beitrag zur Religionsgeschichte der römischen Kaiserzeit, autorisierte deutsche Ausg. v. G. Gehrlich, 5. unveränderte Aufl. der von K. Latte besorgten, vermehrten und durchges. Aufl. v. 1923; Darmstadt 1981
E. Dönt (Übers. u. Hrsg.): Pindar: Oden. Griechisch-Deutsch, Stuttgart (reclam 8314) 1986
V. Engelhardt: Die geistige Kultur der Antike; Stuttgart (erw. Neuausgabe) 1956 (reclam 8034–41)
W. Fauth: Hestia, in: K. Ziegler – W. Sontheimer (Hrsg.): Der Kleine Pauly. Lexikon in fünf Bänden, München 1975; Neudruck: München (dtv) 1979, II 1118–1120
P. Grimal: Liebe im Alten Rom (Paris 1963), aus dem Franz. übers. v. U. Schuller, Frankfurt 1981

HERODOT: Historien (ca. 445 v. Chr.), Gesamtausgabe in 5 Bden., übers. v. E. Richtsteig, München (GGTb. KL 3; 767; 777; 787; 797) o. J.; in der Übers. v. J. Feix, Wiesbaden (Vollmer) o. J.
HOMER: Ilias, übers. v. W. Schadewaldt, Frankfurt (it 153) 1975
HOMER: Ilias, übers. v. R. Hampe, Stuttgart 1979
K. KERÉNYI: Pythagoras und Orpheus (1934–1937), in: Humanistische Seelenforschung, München–Wien (Werke, hrsg. v. K. Kerényi, Bd. I) 1966, 15–51
K. KERÉNYI: Die Geburt der Helena (1939), in: Humanistische Seelenforschung. Werke in Einzelausgaben, hrsg. v. K. Kerényi, Bd. 1, München–Wien 1966, 52–67
K. KERÉNYI: Die Mythologie der Griechen, 2 Bde., 1. Bd.: Die Götter- und Menschheitsgeschichten, 2. Bd.: Die Heroengeschichten, München 1958; Neudruck: München (dtv 1345–1346) 1966
K. KERÉNYI: Dionysos: Urbild des unzerstörbaren Lebens. Werke VIII, hrsg. v. M. Kerényi, München–Wien 1976
K. KERÉNYI: Apollon und Niobe, hrsg. v. M. Kerényi, Werke in Einzelausgaben, Bd. IV, Wien–München 1980
T. LIVIUS: Römische Frühgeschichte (Ab urbe condita); übertr. u. ausgew. v. J. Feix; 2 Bde., München (GGTb. 675; 831), 1. Bd. ^{4}1971; 2. Bd. ^{2}1972
L. MADER (Übers): Griechische Sagen (Apollodoros, Parthenios, Antoninus Liberalis, Hyginus), eingel. u. neu übertr. v. L. Mader; aus dem Nachlaß hrsg. u. erg. v. L. Ruegg; Zürich–Stuttgart (Die Bibliothek der alten Welt) 1963
W. MUNIN (Hrsg.): Eros in Hellas. Griechische Liebesgeschichten, Düsseldorf–Köln 1964
OVID: Metamorphosen. Epos in 15 Büchern, übers. u. hrsg. v. H. Breitenbach, eingel. v. L. P. Wilkinson, Stuttgart (reclam 356–357 a–f) 1975
PLATON: Apologie, in: Sämtliche Werke in 6 Bden., in der Übers. v. F. Schleiermacher mit der Stephanusnumerierung hrsg. v. W. F. Otto, E. Grassi, G. Plamböck, Reinbek (rk 1; 14; 27; 39; 47; 54) 1957–1959; Bd. 1, 1957, 7–31
PLATON: Kriton, in: Sämtliche Werke, übers. v. F. Schleiermacher, hrsg. v. W. F. Otto, E. Grassi, G. Plamböck, 1. Bd.: Apologie, Kriton, Protagoras, Hippias (Das kleinere Gespräch dieses Namens), Charmides, Laches, Ion, Euthyphron, Gorgias, Briefe, Hamburg (rk 1, 1 a) 1957, 33–47
PLATON: Phaidon, in: Sämtliche Werke, 3. Bd.: Phaidon. Politeia, in der Übers. v. F. Schleiermacher, hrsg. v. W. F. Otto, E. Grassi, G. Plamböck, Hamburg (rk 27, 27 a) 1958, 7–66
PLATON: Politeia (Staat), in: Sämtliche Werke in 6 Bden., in der Übers. v. F. Schleiermacher mit der Stephanusnumerierung hrsg. v. W. F. Otto, E. Grassi, G. Plamböck, Reinbek (rk 1; 14; 27; 39; 47; 54) 1957–1959; Bd. 3, 1958, 67–310
R. VON RANKE-GRAVES: The Greek Myths, 1955; dt.: Griechische Mythologie. Quellen und Deutung; übers. v. H. Seinfeld, 2 Bde., Hamburg (rde 113–114; 115–116) 1960
W. SCHADEWALDT: Die Anfänge der Philosophie bei den Griechen. Die Vorsokratiker und ihre Voraussetzungen; Tübinger Vorlesungen Bd. 1, Frankfurt (stw 218) 1978
L. A. SENECA: Ad Marciam de consolatione, dt.: Trostschrift an Marcia, in: M. Rosenbach (Übers.): Seneca, Philosophische Schriften, lateinisch-deutsch. 1. Bd., Darmstadt 1980, 313–395

G. Stenzel (Hrsg.): Einleitung zu: Seneca: Vom wahren Leben. Ausgewählte Schriften, übers. u. eingel. v. A. Th. Lang (Sigbert Mohn Verlag), o. J. u. o. O., S. IX–XLV: Mensch und Werk

Gaius Suetonius Tranquillus: De vita Caesarum (8 Bücher, ca. 120 n. Chr.); dt.: Leben der Caesaren, übers. u. hrsg. v. A. Lambert (1955), München (dtv 6005) 1972

Tacitus: Annales (um 112 n. Chr.); dt.: Annalen, übers. v. C. Hoffmann, München 1954

W. Theiler: Einleitung zu: Marc Aurel: Wege zu sich selbst, Hamburg (rk 181) 1965, 98–110: Zum Verständnis des Werkes

U. v. Wilamowitz-Moellendorf: Die hippokratische Schrift peri hieres nosu (Über die heilige Krankheit, ca. 450 v. Chr.), 1901 (SB Berlin)

Xenophon: Memorabilien. Erinnerungen an Sokrates, übers. v. P. M. Laskowsky, München (GGTb. 597) 1960

d) Ethnologie und Religionsphänomenologie, motivgeschichtliche Untersuchungen, Indianerkulturen

F. Anders: Das Pantheon der Maya, Graz 1963

J. J. Bachofen: Das Mutterrecht. Eine Untersuchung über die Gynaikokratie der alten Welt nach ihrer religiösen und rechtlichen Natur; Stuttgart 1861; Neuausgabe, hrsg. v. K. Meuli (Ges. Werke, 10 Bde., Bd. 2/3) Basel ^{3}1948, 2 Bde.

C. Burland: Feathered Serpent and Smoking Mirror, London 1975; dt.: Gefiederte Schlange und Rauchender Spiegel. Götter und Schicksalsglaube im alten Mexiko, übers. v. Schmidthus, Freiburg–Basel–Wien 1977

J. G. Frazer: The Golden Bough, 3 Bde., London 1890; 10 Bde., London ^{3}1911–1935; abgek. Ausg. 1922; danach dt.: Der goldene Zweig. Das Geheimnis von Glauben und Sitten der Völker, Leipzig 1928; übers. v. H. v. Bauer

L. Frobenius: Das Zeitalter des Sonnengottes, 1. Bd., Berlin 1904 (2. Bd. nicht erschienen)

H. v. Glasenapp: Die nichtchristlichen Religionen; verf. u. hrsg. v. H. v. Glasenapp; Frankfurt (Fischer Lexikon 1) 1957

K. Helfrich: Menschenopfer und Tötungsrituale im Kult der Maya, Berlin 1973 (Monumenta Americana, hrsg. v. G. Kutscher, Bd. IX)

A. E. Jensen: Die getötete Gottheit. Weltbild einer frühen Kultur, Stuttgart–Berlin–Köln–Mainz (ub 90) 1966

M. E. P. König: Die Frau im Kult der Eiszeit, in: R. Fester – M. E. P. König – D. F. Jonas – A. D. Jonas: Weib und Macht. Fünf Millionen Jahre Urgeschichte der Frau, Frankfurt 1979; Neudruck: Frankfurt (Fischer Tb. 3716) 1980, 107–158

W. Krickeberg: Altmexikanische Kulturen. Anhang: G. Kutscher: Zur Kunst Altmexikos, Berlin 1975

J. Kroll: Gott und Hölle. Der Mythus vom Descensuskampf, Leipzig 1932

G. Lanczkowski: Früh-welkende Blumen. Aztekische Gesänge, Freiburg–Basel– Wien (Herder Tb. 1072) 1983

M. Leon-Portilla u. R. Heuer (Hrsg.): Rückkehr der Götter. Die Aufzeichnungen der Azteken über den Untergang ihres Reiches, Leipzig 1964

C. Lévi-Strauss: Tristes Tropiques, Paris 1955; dt.: Traurige Tropen, übers. v. S. Heintz, Köln–Berlin (Pocket 10) 1970
M. Mauss: Essai sur le Don, Paris 1950; dt.: Die Gabe. Form und Funktion des Austauschs in archaischen Gesellschaften, übers. v. E. Moldenhauer, Vorw. v. E. E. Evans-Pritchard, aus der engl. Ausgabe: The Gift, London 1966, Frankfurt (Suhrkamp, Theorie 1) 1968
G. Mensching: Die Religion. Eine umfassende Darstellung ihrer Erscheinungsformen, Strukturtypen und Lebensgesetze, München (GGT 882–883) o. J.
W. Müller: Die heilige Stadt. Roma quadrata, himmlisches Jerusalem und die Mythe vom Weltnabel, Stuttgart 1961
P. O'Neil: Der Weg nach Westen, aus dem Engl. übers. v. H.-H. Wellmann (Time-Life Books / Nederland B. V.) 1979
E. Neumann: Die Große Mutter. Eine Phänomenologie der weiblichen Gestaltungen des Unbewußten, Zürich 1956; Neudruck: Olten–Freiburg [5]1981
W. F. Otto: Die Manen oder von den Urformen des Totenglaubens. Eine Untersuchung zur Religion der Griechen, Römer und Semiten und zum Volksglauben überhaupt, Darmstadt [2]1958
R. Otto: Das Heilige. Über das Irrationale in der Idee des Göttlichen und sein Verhältnis zum Rationalen, 1936; München 1963; Neudruck: München (Beck'sche Reihe 328) 1979
J. Przyluski: Die Mutter-Göttin als Verbindung zwischen den Lokal-Göttern und dem Universal-Gott, in: O. Fröbe-Kapteyn (Hrsg.): Gestalt und Kult der Großen Mutter (Eranos-Jahrbuch VI), Zürich 1938, 35–57
Fray Bernardino de Sahagun (ca. 1550 n. Chr.): Historia general de las cosas de la Nueva España; daraus dt.: E. Seler: Einige Kapitel aus dem Geschichtswerk des Fray Bernardino de Sahagun, aus dem Aztekischen übers. v. E. Seler; hrsg. v. C. Seler-Sachs; Stuttgart 1927
P. J. Schmidt: Der Sonnenstein der Azteken, Hamburg 1974 (Wegweiser zur Völkerkunde, Heft 6, im Selbstverlag des Hamburgischen Museums für Völkerkunde)
J. E. S. Thompson: The Rise and Fall of Maya Civilization, Oklahoma 1954; dt.: Die Maya. Aufstieg und Niedergang einer Indianerkultur; übers. v. L. Volker, Essen 1975

6) Empirische Anthropologie, Biologie, Verhaltensforschung, Naturwissenschaft, Wirtschaftslehre

I. Asimov: The Collapsing Universe. The story of Black Holes, New York 1977; dt.: Die schwarzen Löcher. Die Lebensgeschichte des Universums, übers. v. H.-M. Hahn, Köln 1979; Neudruck: Bergisch-Gladbach (Bastei-Lübbe Tb. 60083) o. J.
W. A. Bentley – W. J. Humphreys: 2453 Photographien natürlicher Schneekristalle, New York 1931
M. Burton: Infancy in Animals; dt.: Die Kindheit der Tiere, übers. v. F. Walter, Hamburg (rde 57) 1957
H. von Ditfurth: Der Geist fiel nicht vom Himmel. Die Evolution unseres Bewußtseins, Hamburg 1976; Neudruck: München (dtv 1587) 1980

V. B. Dröscher: Nestwärme. Wie Tiere Familienprobleme lösen, Düsseldorf–Wien 1982
I. Eibl-Eibesfeldt: Liebe und Haß. Zur Naturgeschichte elementarer Verhaltensweisen, München–Zürich 1970
I. Eibl-Eibesfeldt: Der vorprogrammierte Mensch. Das Ererbte als bestimmender Faktor im menschlichen Verhalten, Wien–München–Zürich 1973
M. Eigen – R. Winkler: Das Spiel. Naturgesetze steuern den Zufall, München–Zürich 1975
A. Einstein: Über die spezielle und die allgemeine Relativitätstheorie, Braunschweig (Sammlung Vieweg. Tagesfragen aus den Gebieten der Naturwissenschaften und der Technik, Heft 38) [10](erw.) 1920
H. Fritzsch: Vom Urknall zum Zerfall. Die Welt zwischen Anfang und Ende, München–Zürich [3](überarb.) 1983
H. A. Frye: Die übrigen Erd- und Baumhörnchen, in: B. Grzimek (Hrsg.): Enzyklopädie des Tierreichs in 13 Bden., Zürich 1970; Neudruck: München (dtv 1979), Bd. 11, Säugetiere Bd. 2, 234–266
G. Gerke: Ostwestfalen. Bilder einer Landschaft, Luzern 1980
H. Gruhl: Das irdische Gleichgewicht. Ökologie unseres Daseins, Düsseldorf 1982
H. Haber: Die Zeit. Geheimnis des Lebens, München–Wien 1987
W. Heisenberg: Der Teil und das Ganze. Gespräche im Umkreis der Atomphysik, München (dtv 903) 1973
J. Huizinga: Homo ludens. Vom Ursprung der Kultur im Spiel, Hamburg 1956; Neudruck: Hamburg (re 435) 1987
J. M. Keynes: The General Theory of Employment, Interest and Money, 1936; dt.: Allgemeine Theorie der Beschäftigung, des Zinses und des Geldes, übers. v. F. Waeger, Berlin 1936; Nachdruck 1983
R. Leakey: The Making of Mankind. London 1981; dt.: Die Suche nach dem Menschen. Wie wir wurden, was wir sind; übers. v. F. W. Gutbrod, Frankfurt 1981
K. Lorenz: Das sogenannte Böse. Zur Naturgeschichte der Aggression, Wien 1963
H. R. Maturana – F. J. Varela: El arbol del conocimiento, 1984; dt.: Der Baum der Erkenntnis. Die biologischen Wurzeln des menschlichen Erkennens, übers. v. K. Ludewig, Bern–München–Wien 1987
D. Morris: The Human Zoo, London 1969; dt.: Der Menschenzoo, übers. v. F. Bolle, Zürich 1969
D. Morris: Manwatching, London 1977; dt.: Der Mensch, mit dem wir leben. Ein Handbuch unseres Verhaltens, übers. v. K. H. Silber u. W. Wagmuth, Zürich–München (Knaur 3659) 1978
H. Müller-Karpe: Geschichte der Steinzeit, München [2](erg.) 1976
A. Portmann: Biologische Fragmente zu einer Lehre vom Menschen, Basel–Stuttgart [3](erw.) 1969
A. Portmann: An den Grenzen des Wissens. Vom Beitrag der Biologie zu einem neuen Weltbild, Wien–Düsseldorf 1974
H. Reeves: Patience dans l'azur. L'évolution cosmique, Paris 1981; dt.: Woher nährt der Himmel seine Sterne? Die Entwicklung des Kosmos und die Zukunft des Menschen, übers. v. N. Lauinger, Basel–Boston–Stuttgart 1983

H. U. Reyer: Formen, Ursachen und biologische Bedeutung innerartlicher Aggression bei Tieren, in: K. Immelmann (Hrsg.): Verhaltensforschung. Sonderband zu Grzimeks Tierleben, Zürich 1974, 343–391
P. Rietschel – K. Rohde: Die einzelligen Tiere, in: B. Grzimek (Hrsg.): Grzimeks Tierleben, Enzyklopädie des Tierreichs in 13 Bden., Zürich 1970; Neudruck: München (dtv) 1979, Bd. 1: Niedere Tiere, 89–137
C. Sagan: Cosmos, New York 1980; dt.: Unser Kosmos. Eine Reise durch das Weltall, übers. v. S. Summerer u. G. Kurz, München–Zürich 1982
K. Schmidt-Koenig: Vogelzug und Vogelorientierung, in: K. Immelmann (Hrsg.): Verhaltensforschung. Sonderband «Verhaltensforschung» in: Grzimeks Tierleben. Enzyklopädie des Tierreiches, Zürich 1974, 182–188
J. v. Uexküll: Bedeutungslehre, Leipzig 1940
H. G. Wunderlich: Das neue Bild der Erde. Faszinierende Entdeckungen der modernen Geologie, Hamburg 1975

7) Tiefenpsychologie, Daseinsanalyse, Psychiatrie und Psychosomatik, Symboldeutung

K. Abraham: Über Einschränkungen und Umwandlungen der Schaulust bei den Psychotikern nebst Bemerkungen über analoge Erscheinungen in der Völkerpsychologie (1914), in: Psychoanalytische Studien zur Charakterbildung und andere Schriften, hrsg. v. J. Cremerius, Frankfurt 1969, 324–382
F. Alexander: Psychosomatic Medicine, Chicago 1950; dt.: Psychosomatische Medizin. Grundlagen und Anwendungsgebiete; mit einem Kap. über: Die Funktionen des Sexualapparates und ihre Störungen, von Th. Benedek; übers. v. P. Kühne, Berlin 1951
G. Bateson – D. D. Jackson – J. Haley – J. H. Weakland: Vorstadien zu einer Theorie der Schizophrenie aus: Behavioral Science, Bd. I, Nr. 4, 1956, in: Steps to an Ecology of Mind. Collected Essays in Anthropology, Psychiatry, Evolution and Epistemology, 1972; dt.: Ökologie des Geistes. Anthropologische, psychologische, biologische und epistemologische Perspektiven, übers. v. H. G. Holl, Frankfurt 1981, 270–301
R. Battegay: Der Mensch in der Gruppe. Bd. 1: Sozialpsychologische und dynamische Aspekte; Bd. 2: Allgemeine und spezielle gruppenpsychotherapeutische Aspekte, Bern–Stuttgart 1967 (Bd. 1: 2. verb. Aufl. 1968)
E. Bleuler: Lehrbuch der Psychiatrie, Berlin–Heidelberg–New York [11](umgearb. v. M. Bleuler) 1969
Ch. Bühler: Psychologie im Leben unserer Zeit, München–Zürich (Knaur 3269) 1962
F. W. Doucet: Sadismus und Masochismus, München 1967
E. Drewermann – I. Neuhaus: Das Mädchen ohne Hände. Grimms Märchen tiefenpsychologisch gedeutet, Bd. 1, Olten–Freiburg 1981; [7]1987
E. Drewermann – I. Neuhaus: Der goldene Vogel. Grimms Märchen tiefenpsychologisch gedeutet, Bd. 2, Olten–Freiburg 1982
E. Drewermann – Ingritt Neuhaus: Schneeweißchen und Rosenrot (Reihe Grimms Märchen tiefenpsychologisch gedeutet, Bd. 4), Olten–Freiburg 1983

E. DREWERMANN: Die kluge Else; Rapunzel. Grimms Märchen tiefenpsychologisch gedeutet, Bd. 7, Olten 1986
E. DREWERMANN: Der Trommler. Grimms Märchen tiefenpsychologisch gedeutet, Bd. 8, Olten–Freiburg 1987
E. DREWERMANN – I. NEUHAUS: Das Eigentliche ist unsichtbar. Der Kleine Prinz tiefenpsychologisch gedeutet, Freiburg–Basel–Wien 1984; [10]1987
S. FERENCZI: Versuch einer Genitaltheorie (1924), in: Schriften zur Psychoanalyse, 2 Bde., hrsg. v. M. Bálint, Frankfurt 1970–72, II 317–400
A. FREUD: Das Ich und die Abwehrmechanismen (1936), München (Kindler Tb. 2001) o. J.
S. FREUD: Bruchstücke einer Hysterie-Analyse («Dora») (1905), in: Werke V, London 1942, 161–286
S. FREUD: Zwangshandlungen und Religionsübungen (1907), Werke VII, London 1941, 127–139
S. FREUD: Über infantile Sexualtheorien (1908), in: Ges. Werke, VII, London 1941; 169–188
S. FREUD: Totem und Tabu (1912), Ges. Werke, Bd. IX, London 1944
S. FREUD: Das Unbewußte (1913), in: Ges. Werke, X, London 1946; 263–303
S. FREUD: Zeitgemäßes über Krieg und Tod (1915), in: Gesammelte Werke, Bd. X, London 1946, 323–355
S. FREUD: Trauer und Melancholie (1916), in: Ges. Werke X, London 1946, 427–446
S. FREUD: Vorlesungen zur Einführung in die Psychoanalyse (1917), in: Werke XI, London 1944
S. FREUD: Jenseits des Lustprinzips (1920), in: Ges. Werke XIII, London 1940, 1–69
S. FREUD: Das ökonomische Problem des Masochismus (1924), in: Gesammelte Werke, Bd. XIII, London 1940, 369–383
S. FREUD: Die Zukunft einer Illusion (1927), in: Ges. Werke XIV, London 1948, 323–380
S. FREUD: Der Humor (1928), in: Ges. Werke, XIV, London 1948, 381–389
S. FREUD: Dostojewski und die Vatertötung (1928), Gesammelte Werke XIV, London 1948, 397–418
S. FREUD: Der Mann Moses und die monotheistische Religion (1937), Ges. Werke XVI, London 1950, 101–246
E. FROMM: To Have or to Be (1976); dt.: Haben oder Sein, übers. v. B. Stein, überarb. v. R. Funk, in: Gesamtausgabe, hrsg. v. R. Funk, Bd. II: Analytische Charaktertheorie, Stuttgart 1980, 269–414
E. FROMM: The Sane Society, New York 1955; dt.: Wege aus einer kranken Gesellschaft, in: Gesamtausgabe, hrsg. v. R. Funk, IV: Gesellschaftstheorie, Stuttgart 1980, 1–254
E. FROMM: Prophets and Priests (1967), dt.: Propheten und Priester, in: Gesamtausgabe, hrsg. v. R. Funk, V: Politik und Sozialistische Gesellschaftskritik, Stuttgart 1981, 295–308
E. FROMM: Die psychologischen und geistigen Probleme des Überflusses (1970), in: Gesamtausgabe, hrsg. v. R. Funk, V: Politik und Sozialistische Gesellschaftskritik, Stuttgart 1981, 317–332
E. FROMM: Die Entwicklung des Christusdogmas. Eine psychoanalytische Studie zur sozialpsychologischen Funktion der Religion (1930); in: The Dogma of Christ and other

Essays on Religion, Psychology and Culture, New York 1955; dt.: Das Christusdogma und andere Essays; übers. v. C. Dietlmeier; überarb. v. R. Funk; Gesamtausgabe in 10 Bden., VI 11–68, Stuttgart 1980
E. FROMM: You Shall Be as Gods. A Radical Interpretation of the Old Testament and Its Tradition, New York 1966; dt.: Ihr werdet sein wie Gott. Eine radikale Interpretation des Alten Testamentes und seiner Tradition, in: Gesamtausgabe, hrsg. v. R. Funk, VI: Religion, Stuttgart 1980, 83–226
E. FROMM: The Anatomy of Human Destructiveness, San Francisco–New York 1937; dt.: Anatomie der menschlichen Destruktivität, in: Gesamtausgabe, hrsg. v. R. Funk, VII: Aggressionstheorie, Stuttgart 1980, übers. v. L. u. E. Mickel, überarbeitet von R. Oetker-Funk
E. FROMM: Beyond the Chains of Illusion. My Encounter with Marx and Freud, 1962; dt.: Jenseits der Illusionen. Die Bedeutung von Marx und Freud, übers. v. L. u. E. Mickel, in: Gesamtausgabe, hrsg. v. R. Funk, Bd. IX: Sozialistischer Humanismus und Humanistische Ethik, Stuttgart 1981, 37–157
G. GORER: The Americans; dt.: Die Amerikaner. Eine völkerpsychologische Studie, übers. v. H. Kahn; Zürich 1949; Neudruck: Hamburg (rde 9) 1956
G. GRODDECK: Eine Symptomanalyse, in: Internationale Zeitschrift für Psychoanalyse 6 (1920), 320–327
G. GRODDECK: Das Kreuz als Symbol (1926), in: Psychoanalytische Schriften zur Literatur und Kunst, neu ausgew. u. hrsg. v. F. Siefert, Wiesbaden 1964; Neudruck: Frankfurt (Fischer Tb. 6362) 1978, 92–96
ST. GROF: Beyond the Brain. Birth, Death and Transcendence in Psychiatry, New York 1985; dt.: Geburt, Tod und Transzendenz. Neue Dimensionen der Psychologie, übers. v. W. Stifter, München 1985
GISELA HEINEN: Sterben für die Keuschheit? Maria Goretti mal vier, WDR III, 11. 1. 88
G. HEINZ-MOHR: Lexikon der Symbole. Bilder und Zeichen der christlichen Kunst, Köln 1971
J. HIRSCHMANN: Primitivreaktionen, in: Handbuch der Neurosenlehre, hrsg. v. E. Frankl – V. E. v. Gebsattel – J. H. Schulz, 2. Bd.: Spezielle Neurosenlehre, München–Berlin 1959, 92–101
C. G. JUNG: Symbole der Wandlung. Analyse des Vorspiels zu einer Schizophrenie (1952; Neubearbeitung von «Wandlungen und Symbole der Libido», 1912), Werke V, Olten–Freiburg 1973
C. G. JUNG: Versuch einer Psychologischen Deutung des Trinitätsdogmas (1942), in: Ges. Werke, Bd. XI: Zur Psychologie westlicher und östlicher Religion, Olten–Freiburg 1963, 119–218
C. G. JUNG: Das Wandlungssymbol in der Messe (1924), in: Ges. Werke, XI: Zur Psychologie westlicher und östlicher Religion. Olten–Freiburg 1963, 219–323
C. G. JUNG: Antwort auf Hiob (1952); Ges. Werke, XI, Olten–Freiburg 1963, 385–506
C. G. JUNG: Der philosophische Baum (1945), in: Ges. Werke, XIII: Studien über alchemistische Vorstellungen, Olten–Freiburg 1978, 271–376
C. G. JUNG: Über die Auferstehung (engl. 1954), in: Ges. Werke, XVIII: Das symbolische Leben, Olten–Freiburg 1981, 2. Teil, S. 742–747

G. Keller: Die Psychologie der Folter, Stuttgart (Fischer Tb. 3441) 1981
S. Maderegger: Dämonen. Die Besessenheit der Anneliese Michl im Lichte der Analytischen Psychologie. Ein Beitrag zur Diskussion über die Personalität des Teufels, Wels 1983
A. Maeder: Persönliche Erinnerungen an Freud und retrospektive Besinnung (1956), in: Der Psychotherapeut als Partner, Zürich 1957; Neudruck: München (Kindler, Geist und Psyche 2050) o. J., 73–84
A. Maeder: Mein Weg von der Psychoanalyse zur Synthese, in: Der Psychotherapeut als Partner, Zürich 1957; Neudruck: München (Kindler, Geist und Psyche 2050) o. J., 85–112
M. Oesterreicher-Mollwo (Bearb.): Herder-Lexikon. Symbole, Freiburg–Basel–Wien 1978
S. v. Paczensky: Gemischte Gefühle von Frauen, die ungewollt schwanger sind, München 1987
O. Pfister: Das Christentum und die Angst, 1944; Neudruck: Olten 1975, mit einem Vorw. v. Th. Bonhoeffer; Neudruck: Frankfurt–Berlin–Wien (Ullstein Tb. 35219) 1985; zitiert ausnahmsweise nach 1944
O. Rank: Psychoanalytische Beiträge zur Mythenforschung, Gesammelte Studien aus den Jahren 1912–1914, Leipzig–Wien 1919; Internationale Psychoanalytische Bibliothek, Nr. 4
O. Rank: Das Trauma der Geburt und seine Bedeutung für die Psychoanalyse, Leipzig–Wien–Zürich (Internationale Psychoanalytische Bibliothek, Bd. XIV) 1924
Ph. Rech: Inbild des Kosmos. Eine Symbolik der Schöpfung, 2 Bde., Salzburg–Freilassing 1966
Th. Reik: Der eigene und der fremde Gott. Zur Psychoanalyse der religiösen Entwicklung; Wien 1923; Neudruck: Frankfurt (st 221) 1975, mit einem Vorwort von A. Mitscherlich
Th. Reik: Dogma und Zwangsidee. Eine psychoanalytische Studie zur Entwicklung der Religion (1927); Neudruck, eingel. v. Y. Spiegel u. J. Scharfenberg, Berlin–Köln–Mainz (Urban Tb. 601) 1973
Th. Reik: Masochism in Modern Man, New York 1941; dt.: Aus Leiden Freuden. Masochismus und Gesellschaft, Frankfurt (Fischer Tb. 6768) 1983
Th. Reik: Der unbekannte Mörder. Psychoanalytische Studien (1925); Hamburg 1978; Neudruck: Frankfurt (Fischer Tb. 6767) 1983
K. G. Rey: Das Mutterbild des Priesters. Zur Psychologie des Priesterberufes; Zürich–Köln–Einsiedeln 1969
W. Schmidbauer: Ist Macht heilbar? Therapie und Politik, Hamburg (rororo 8329) 1986
O. W. Schonecke: Verhaltenstheoretisch orientierte Therapieformen in der psychosomatischen Medizin, in: Th. von Uexküll (Hrsg.): Lehrbuch der psychosomatischen Medizin, München–Wien–Baltimore ^{2}(durchges.) 1981, 389–407
H. Schultz-Hencke: Der gehemmte Mensch. Entwurf eines Lehrbuches der Neo-Psychoanalyse (^{2}1947); Stuttgart 1965
H. Schultz-Hencke: Lehrbuch der analytischen Psychotherapie (1951), Stuttgart 1965
P. Schwarzenau: Das göttliche Kind. Der Mythos vom Neubeginn, Stuttgart 1984
W. Schwidder: Hemmung, Haltung und Symptom, in: Fortschritte der Psychoanalyse, Göttingen 1964, 1. Bd., 115–128
S. Stephanos – W. Biebl – F. G. Plaum: Die Konversionssyndrome, in: Th. von Uexküll

(Hrsg.): Lehrbuch der psychosomatischen Medizin, München–Wien–Baltimore [2](durchges.) 1981, 441–452
L. SZONDI: Triebpathologie, 1. Bd.: Elemente der exakten Triebpsychologie und Triebpsychiatrie, Bern 1952
L. SZONDI: Lehrbuch der experimentellen Triebdiagnostik, Bd. I: Textband, Bern–Stuttgart [2](völlig umgearb.) 1960
F. TANNER: Bis daß der Mord euch scheidet. Ein Therapeut zum verhängnisvollen Weiterführen zerrütteter Ehen, Olten–Freiburg 1981
W. TEICHERT: Gärten. Paradiesische Kulturen, Stuttgart (Symbole) 1986
TH. V. UEXKÜLL – W. WESIACK: Psychosomatische Medizin und das Problem einer Theorie der Heilkunde, in: Th. v. Uexküll (Hrsg.): Lehrbuch der psychosomatischen Medizin, München–Wien–Baltimore [2](durchges.) 1981, 7–21
H. A. ZWERGEL: Die Bedeutung von Leben und Tod Jesu von Nazaret in tiefenpsychologischer Sicht, in R. Pesch – H. A. Zwergel: Kontinuität in Jesus, Zugänge zu Leben, Tod und Auferstehung, Freiburg–Basel–Wien 1974, 95–124

8) Belletristik, Malerei, Film, Märchen und Sagen

T. AITMATOW: Placha, Moskau 1986; dt.: Der Richtplatz, übers. v. F. Hitzer, Zürich 1987
L. N. ANDREJEV: Judas Ischariot, in: Die sieben Gehenkten. Lazarus. Judas Ischariot, Hamburg (rk 15) 1957, 89–142, übers. v. S. Geier
ST. ANDRES: Wir sind Utopia. Novelle, München 1951
ST. ANDRES: El Greco malt den Großinquisitor (1936) in: Homo Viator. Moderne christliche Erzählungen, 2 Bde., Nachwort v. H. Beckmann, Köln–Olten 1966, II 11–35
J. ANOUILH: Antigone, Paris 1942; dt.: Antigone, übers. v. F. Geiger, München–Wien 1971
J. ANOUILH: L'alouette, Paris 1953; dt.: Jeanne oder Die Lerche, übers. v. F. Geiger, in: Dramen, Bd. 3, München 1957; Neudruck: Stuttgart (reclam 8970) 1987
L. BALDASS: Hieronymus Bosch, unter Mitarbeit von G. Heinz, München–Wien [3](erw.) 1968
S. DE BEAUVOIR: Pour une Morale de l'Ambiguité; Pyrrhus et Cinéas; Faut-il bruler Sade?, Paris 1955; dt.: Soll man de Sade verbrennen? Drei Essays zur Moral des Existentialismus, übers. v. A. Zeller, Hamburg (rororo 5174) 1964
S. DE BEAUVOIR: Mémoires d'une jeune fille rangée, Paris 1958; dt.: Memoiren einer Tochter aus gutem Hause, übers. v. E. Rechel-Mertens, Hamburg 1960; Hamburg (rororo 1066) 1968
G. BERNANOS: Journal d'un Curé de Campagne (1936); dt.: Tagebuch eines Landpfarrers; übers. v. J. Hegner, Köln [11]1966
F. BLEI: Einleitung, in: Charles Baudelaire. Ausgewählte Werke, hrsg. v. F. Blei, übers. v. T. Robinson, München o. J., S. IX–XXXIV
J. BOLTE – G. POLIVKA: Anmerkungen zu den Kinder- und Hausmärchen der Brüder Grimm, 5 Bde., Leipzig 1913–1932
K. BOROWSKY – L. MÜLLER (Hrsg.): Russische Lyrik. Von den Anfängen bis zur Gegenwart. Russisch-Deutsch, Stuttgart (reclam 7994–9) 1983

B. BRECHT: Der gute Mensch von Sezuan. Parabelstück, 1938/40; Berlin (Suhrkamp) 1955
B. BRECHT: Furcht und Elend des Dritten Reiches. 24 Szenen, Frankfurt 1957; Hamburg (rororo 577) 1963
B. BRECHT: Geschichten, Frankfurt (sv 81) 1962 (Erzählungen aus «Kalendergeschichten», Berlin 1949)
G. BÜCHNER: Dantons Tod (1835), in: Ges. Werke, hrsg. v. H. Honold, München (Goldmann Klassiker 7510) o. J., 7–77
M. BULGAKOW: Master i Margarita (gek. Fassung), Moskau 1966–1967; dt.: Der Meister und Margarita, übers. v. Th. Reschke, G. Drohla, Darmstadt–Neuwied 1968; Neudruck: München (dtv 10168) 1978
A. CAMUS: L'Etranger, Paris 1942; dt.: Der Fremde; übers. v. G. Goyert u. H. G. Brenner, Boppard 1948; Neudruck: Hamburg (rororo 432) 1961
A. CAMUS: Caligula, Paris 1947; dt.: Caligula, in: Dramen, übers. v. G. G. Meister, Hamburg 1959, 15–73
A. CAYATTE (Regisseur): Nous sommes tous des assassins, dt.: Wir sind alle Mörder, Frankreich 1962
G. K. CHESTERTON: St. Francis of Assisi, London 1923, dt.: Franziskus. Der Heilige von Assisi, übers. v. J. L. Benvenisti, Zürich 1981; Neudruck: Frankfurt (Fischer Tb. 5976) 1986
L. COHEN: Blumen für Hitler; aus dem Amerik. übers. v. A. v. Cramer-Klett u. A. Hauptmann; Frankfurt 1971
F. M. DOSTOJEWSKIJ: Unižennye i oskorblennye, Petersburg 1861; dt.: Die Erniedrigten und Beleidigten, übers. v. K. Nötzel, München (GGTb. 936–937) o. J.
F. M. DOSTOJEWSKIJ: Idiot (1868); dt.: Der Idiot; übertr. v. K. Brauner, München (GGTb. 361–362) 1958
F. M. DOSTOJEWSKIJ: Besy (1872); dt.: Die Dämonen; übers. v. G. Jarcho, München (GGTb. 575–577) 1959
F. M. DOSTOJEWSKIJ: Podrostok (1875); dt.: Der Jüngling, übers. v. E. K. Rahsin, München 1957; Neudruck: Frankfurt (Fischer EC 6) 1960, mit einem Nachw. v. A. Naumann
F. M. DOSTOJEWSKIJ: Bratja Karamazovy (1880); dt.: Die Brüder Karamasoff; übers. v. K. Noetzel; München (GGTb. 478–479; 480–481) 1958
F. M. DOSTOJEWSKIJ: Tagebuch eines Schriftstellers (1873; 1876; 1877; 1888); übers. v. E. K. Rahsin; München 1963
A. EGGUM: Edvard Munch. Gemälde, Zeichnungen und Studien (Oslo 1984), übers. aus dem Englischen von G. u. K. Felten, C. Buchbinder-Felten, Stuttgart 1986
A. DE SAINT-EXUPÉRY: Le petit Prince (1943); dt.: Der Kleine Prinz, mit den Zeichnungen des Verfassers, übers. v. G. u. J. Leitgeb, Düsseldorf 1956
L. FEUCHTWANGER: Der jüdische Krieg, Berlin 1932; Frankfurt (Fischer Tb. 5707) 1982
L. FEUCHTWANGER: Jud Süß, Berlin–Weimar 1959; Neudruck: Frankfurt (Fischer Tb. 1748) 1976
L. FEUCHTWANGER: Der falsche Nero, Berlin–Weimar 1963; Neudruck: Frankfurt (Fischer Tb. 5364) 1984
L. FEUCHTWANGER: Goya oder der arge Weg der Erkenntnis, Berlin–Weimar 1968; Neudruck: Frankfurt (Fischer Tb. 1923) 1977

TH. FONTANE: Frau Jenny Treibel (1892), in: Werke, hrsg. v. H. Geiger, Bd. 2, Wiesbaden (Vollmer V.) o. J., 765–921
F. GENZMER: Die Edda, übertr. v. F. Genzmer; 2. Bd.: Götterdichtung und Spruchdichtung. Einleitungen und Anmerkungen von A. Heusler, Düsseldorf–Köln (Thule, Bd. 2) 1963 (Neuausgabe)
KH. GIBRAN: The Prophet, New York 1972; dt.: Der Prophet, übers. v. C. Malignon, Olten–Freiburg [14]1982
KH. GIBRAN: The Madman, New York 1946; dt.: Der Narr, übers. v. F. Langegger, Olten 1975
KH. GIBRAN: Secrets of the Heart, New York 1975; dt.: Geheimnisse des Herzens, übers. v. E. Hirsch, Olten 1979
DAS KHALIL GIBRAN LESEBUCH. Ausgewählte Texte und Aufsätze zum Werk. Biographie – Bibliographie – Fotos, Olten–Freiburg 1983
J. GIONO: Les Vraies Richesses, Paris 1937; dt.: Vom wahren Reichtum, übers. v. R. u. W. Gerull-Kardas, Zürich 1958; Neudruck: Frankfurt (Fischer Tb. 5974) 1986
P. GLENVILLE (Regisseur): Der Gefangene, England 1955
J. W. v. GOETHE: Gedichte, kommentiert v. E. Trunz, München [10]1974
R. K. GOLDSCHMIT-JENTNER: Die Begegnung mit dem Genius. Darstellungen und Betrachtungen, Hamburg (Fischer Tb. 56) 1954
R. GRAVES: King Jesus; dt.: König Jesus, übers. v. F. G. Pincus, Darmstadt–Genf, o. J.
G. GREENE: The Comedians, 1966; dt.: Die Stunde der Komödianten; übers. v. H. Spiel, Hamburg–Wien 1966; Neudruck: Hamburg (rororo 1189) 1969
G. GREENE: The Honorary Consul, 1973; dt.: Der Honorarkonsul, übers. v. S. Rademacher und H. W. Polak, Wien–Hamburg 1973; Neudruck: Hamburg (rororo 1911) 1976
BRÜDER (J. u. W.) GRIMM: Kinder- und Hausmärchen, mit einer Einl. v. H. Grimm und der Vorrede der Brüder Grimm zur ersten Gesamtausgabe von 1819, Zürich (Transitbooks) 1975
K. HAMBURGER: Tolstoi. Gestalt und Problem, Göttingen [2](neubearb.) 1963
H. HELLENKEMPER (Hrsg.): Der Schatz von San Marco in Venedig, Römisch-Germanisches Museum, Köln 1984
E. HEMINGWAY: Men Without Women, dt.: Männer ohne Frauen, übers. v. A. Horschitz-Horst, Hamburg (rororo 279) 1958
P. HERRMANN (Übers.): Heliand. Nach dem Altsächsischen, Leipzig (reclam 3324–25) 1940
R. HOCHHUTH: Der Stellvertreter, Hamburg (rororo 997) 1959
R. HOCHHUTH: Soldaten. Nekrolog auf Genf. Tragödie, Hamburg 1967; Neudruck: Hamburg (rororo 1323) 1970
E. T. A. HOFFMANN: Das fremde Kind, in: Die Serapionsbrüder (1819–1821), in: Werke in 5 Bden., hrsg. auf Grund der von G. Ellinger besorgten Ausgabe von G. Spiekerkötter, Zürich 1965, 222–258
F. HÖLDERLIN: Hyperion oder Der Eremit in Griechenland, in: Werke und Briefe, hrsg. v. F. Beißner u. J. Schmidt, 3 Bde., Frankfurt 1969, I 293–460
F. HÖLDERLIN: Briefe, in: Werke und Briefe, hrsg. v. F. Beißner u. J. Schmidt, 3 Bde., Frankfurt 1969, I 793–1011

H. Ibsen: Peer Gynt. Ein dramatisches Gedicht, Christiania 1867; aus dem Norweg. übertr. u. mit Nachw. vers. v. H. Stock; Stuttgart (reclam 2309) 1953
W. Jens: Der Fall Judas, Stuttgart 1975
Ch. M. Joachimides – N. Rosenthal – W. Schmied (Hrsg.): Deutsche Kunst im 20. Jahrhundert. Malerei und Plastik 1905–1985, München 1986
F. Kafka: Das Schloß, Berlin 1935; Neudruck: Frankfurt (Fischer Tb. 900) 1968
H. Käutner (Regisseur): Die letzte Brücke. Österreich–Jugoslawien 1953
E. Keuerleber: Otto Dix zum 80. Geburtstag. Galerie der Stadt Stuttgart, 1982
H. v. Kleist: Die Marquise von O..., in: Erzählungen, Gesamtausgabe in 8 Bden., hrsg. v. H. Sembdner, Bd. 4, München (dtv) 1964, 94–130
T. de Lampedusa: Der Leopard (Mailand 1958), übers. v. Ch. Birnbaum, München 1959
P. Lecaldano: F. Goya: Die Schrecken des Krieges; Mailand 1975; aus dem Italien. übers. v. U. Knöller-Seyffarth u. H. Werner; München 1976; Vorw. v. R. Hagelstange.
M. Noel: Notes intimes, Paris; dt.: Erfahrungen mit Gott. Eine Auswahl aus den Notes intimes, übers. v. A. Heitzer, Mainz 1961
E. A. Poe: The Pit and the Pendulum, 1843; dt.: Grube und Pendel, in: Das gesamte Werk in zehn Bänden, hrsg. v. K. Schumann und H. D. Müller, übers. v. A. Schmidt und H. Wollschläger, Bd. 4: Phantastische Fahrten, II. Teil: Faszination des Grauens, Herrsching 1979, 721–745
A. Radiguet: Le diable au corps, Paris 1923; dt.: Den Teufel im Leib, übers. v. H. Jacob, Berlin 1925; dass.: übers. v. F. Kemp, München–Wien 1954; Neudruck: Frankfurt (sv 147) 1965
H. Read: James Ensor, in: Kindlers Malerei Lexikon, Bd. 1–12 hrsg. v. R. Linnenkamp, IV 15–22, Neuausgabe: München 1985
R. M. Rilke: Die frühen Gedichte, in: Sämtliche Werke, hrsg. v. Rilke-Archiv; in Verbindung mit R. Sieber-Rilke besorgt durch E. Zinn, 6 Bde., Frankfurt 1955–1966; 1. Bd.: Gedichte 1. Teil 1955, 143–200
R. M. Rilke: Das Stundenbuch (1905), in: Sämtliche Werke, hrsg. v. Rilke-Archiv; in Verbindung mit R. Sieber-Rilke besorgt durch E. Zinn, 6 Bde., Frankfurt 1955–1966; 1. Bd.: Gedichte 1. Teil 1955, 249–366; enthaltend die 3 Bücher: Vom mönchischen Leben (1899); Von der Pilgerschaft (1901); Von der Armut und vom Tod (1903)
R. M. Rilke: Der neuen Gedichte anderer Teil (1908), in: Sämtliche Werke, hrsg. v. Rilke-Archiv; in Verbindung mit R. Sieber-Rilke besorgt durch E. Zinn, 6 Bde., Frankfurt 1955–1966; 1. Bd.: Gedichte, Frankfurt 1955, 555–642
R. M. Rilke: Die Aufzeichnungen des Malte Laurids Brigge, in: Sämtliche Werke, hrsg. v. Rilke-Archiv; in Verbindung mit R. Sieber-Rilke, besorgt durch E. Zinn, 6 Bde., Frankfurt 1955–1966, VI 709–978
J. Roth: Die Flucht ohne Ende. Ein Bericht (Paris 1927), München (dtv 1408) 1978
N. Sachs: Das Leiden Israels, Frankfurt (edition suhrkamp 51) 1964
N. Sachs: Späte Gedichte, Frankfurt (sv 161) 1965
J. P. Sartre: L'Engrénage, Paris 1946; dt.: Im Räderwerk, übers. v. H. de Haas, Frankfurt–Berlin–Wien (Ullstein 15) 1970
J. P. Sartre: Les mots, Paris 1964; dt.: Die Wörter, übers. u. m. Nachw. vers. v. H. Mayer; Hamburg 1965; Neuausgabe: Hamburg (rororo 1000) 1968

E. Schaper: Das Leben Jesu. Mit einem Nachwort: Widerruf und Bekenntnis, Hamburg (Fischer Tb. 96) 1955
R. Schneider: Innozenz der Dritte (1931), mit einem Nachw. v. J. Rast, München (dtv 116) 1963
R. Schneider: Las Casas vor Karl V. Szenen aus der Konquistadorenzeit (1938); Neudruck: Frankfurt–Berlin (Ullstein Tb. 9) 1962
R. Schneider: Macht und Gnade. Gestalten, Bilder und Werte in der Geschichte, Wiesbaden 1946; Neudruck: München–Zürich (Knaur Tb. 41) 1964
R. Schneider: Das Kreuz in der Zeit. Das Vaterunser. Der Kreuzweg. Die sieben Worte am Kreuz, Freiburg 1947
R. Schneider: Philipp der Zweite oder Religion und Macht, Olten 1949; Neudruck. Frankfurt (st 1412) 1987
R. Schneider: Herrscher und Heilige, Köln–Olten 1953
R. Schneider: Pfeiler im Strom. Eingel. v. W. Bergengruen, Frankfurt a. M., o. J.
R. Schneider: Winter in Wien. Aus meinen Notizbüchern 1957–58. Mit einer Grabrede von W. Bergengruen, Freiburg–Basel–Wien 1958
R. Schneider: Allein der Wahrheit Stimme will ich sein, Freiburg–Basel–Wien 1962
R. Schneider: Verpflichtung und Liebe, Freiburg–Basel–Wien 1964
N. Schnurre: Der Schattenfotograf, München 1978; Neudruck: Frankfurt–Berlin (Ullstein Tb. 20683) 1986
W. Shakespeare: Othello, der Mohr von Venedig (Othello. The Moor of Venice, 1622); übers. v. W. Graf Baudissin; in: W. Shakespeare. Sämtliche Werke in einem Band, Wiesbaden (Löwit Verl.) o. J., 830–857
W. Shakespeare: Sonnets, 1609; dt.: Die Sonette, übers. v. G. Regis: in: Sämtliche Werke, Wiesbaden (Löwit) o. J.
I. B. Singer: Reaches of Heaven. A Story of the Baal Shem Tov, New York 1980; dt.: Die Gefilde des Himmels. Eine Geschichte vom Baalschem Tow, übersetzt von H. Neves, München–Wien 1982; Neudruck: München (deutscher taschenbuch verlag 10265) 1984
C. Sīvaramurtī: Indien. Kunst und Kultur, Freiburg–Basel–Wien (Ars Antiqua – Große Epochen der Weltkunst, Serie II), 1987, bearb. v. O. von Hinuber
F. Spunda: Legenden und Fresken vom Berg Athos, Stuttgart 1962
J. Steinbeck: To A God Unknown; dt.: Der fremde Gott, übers. v. H. B. Wagenseil, München 1973; Neudruck: Frankfurt–Berlin–Wien (Ullstein 302) o. J.
Stendhal (Henri Beyle): Le Rouge et le Noir, 1830; dt.: Rot und Schwarz. Chronik aus dem Jahr 1830; übers. v. W. Widmer, München 1953
M. Szyrocki (Hrsg.): Lyrik des Barocks, 2 Bde., Hamburg (rk 538; 539) 1971
L. N. Tolstoi: Krieg und Frieden. Historischer Roman (1864–69), übers. v. M. Kegel, Zürich 1974
L. N. Tolstoi: Anna Karenina, Moskau 1978; dt.: Anna Karenina. Ein Roman in 8 Teilen, übers. v. A. Scholz, München (GGTb. 692–694) 1961
L. N. Tolstoi: Der lebende Leichnam (1911), in: A. Scholz: Dramen, Hamburg (rk 203–204) 1966, 67–114
Tatjana Tolstoi: Ein Leben mit meinem Vater, München–Zürich 1980

G. Tolzien: Christliche Malerei, in: Kindlers Malerei Lexikon, XIII: Begriffe, hrsg. v. K. Fassmann, 1. Teil, 210–220, Neuausgabe: München 1985
K. Tucholsky: Unser ungelebtes Leben. Briefe an Mary, hrsg. v. F. J. Raddatz, Hamburg 1982
W. Weisbach: Vincent van Gogh. Kunst und Schicksal, 2 Bde., Basel 1949–1950
F. Werfel: Jeremias. Höret die Stimme (1938), Frankfurt 1966
F. Winzinger: Grünewald, in: Kindlers Malerei Lexikon, Bd. 1–12, hrsg. v. R. Linnenkamp, VI 205–223, Neuausgabe: München 1985
E. Zola: La Bête humaine, Paris 1890, in: Les Rougon-Macquart, Bd. 17; dt.: Das Tier im Menschen, übers. v. G. Krüger, Nachw. v. R. Schober, München 1977
St. Zweig: Der Kampf mit dem Dämon. Hölderlin, Kleist, Nietzsche, Leipzig 1925; Frankfurt 1951; Neudruck: Frankfurt (Fischer Tb. 2282) 1981
St. Zweig: Drei Dichter ihres Lebens. Casanova, Stendhal, Tolstoi, 1927; Neudruck: Frankfurt (Fischer Tb. 2290) 1961
St. Zweig: Joseph Fouché. Bildnis eines politischen Menschen, 1929; Neudruck: Frankfurt (Fischer Tb. 1915) 1977
St. Zweig: Triumph und Tragik des Erasmus von Rotterdam, 1934; Neudruck: Frankfurt 1950
St. Zweig: Magellan. Eine Biographie, Wien 1938; Neudruck: Frankfurt (Fischer Tb. 1830) 1977

Verzeichnis der zitierten Bibelstellen

Altes Testament

Spätjüdische Schriften

Qumranschriften

Babylonischer Talmud

Neues Testament

Johannes

Apostelgeschichte

Römer

Neutestamentliche Apokryphen